ALEXANDRE LEBRETON

MK ULTRA
Abuso ritual y control mental
Herramientas de dominación
de la religión sin nombre

OMNIAVERITAS.

Alexandre Lebreton

MK ULTRA
Abuso ritual y control mental,
Herramientas de dominación
de la religión sin nombre

MK ULTRA, Abus rituel et contrôle mental,
outils de domination de la religion sans nom, 2016.

Traducido del francés por Omnia Veritas Limited.

Publicado por
Omnia Veritas Ltd

ⵁMNIA VERITAS®

www.omnia-veritas.com

© Omnia Veritas Limited – Alexandre Lebreton - 2022

ADVERTENCIA

Este libro trata un tema especialmente doloroso y contiene información impactante que puede resultar muy perturbadora para todos. Su contenido, a veces muy brutal, sobre todo en los testimonios, pretende revelar una dura realidad enmascarada por un síndrome de negación masiva de la sociedad. Algunos de los contenidos también pueden desencadenar reacciones negativas en los supervivientes de abusos rituales y control mental, pero también en cualquiera que haya sido víctima de incesto o de abusos y abandono en la infancia. Por lo tanto, hay que tener precaución y dejar de leer si provoca emociones o reacciones inadecuadas. Este libro está destinado únicamente a lectores adultos.

Este libro es estrictamente informativo, en ningún caso puede ser un sustituto del tratamiento terapéutico.

Está dirigido tanto a creyentes como a no creyentes, aunque algunos pasajes de contenido bíblico o escatológico pueden resultar molestos para el lector ateo. Un relativo conocimiento de la teología y de la guerra espiritual que tiene lugar aquí en la tierra puede ayudar a comprender plenamente el contenido de este libro. Se aconseja a los lectores creyentes que se preparen en oración antes de dicha lectura.

Todo lo que está oculto debe salir a la luz,
todo lo que es secreto debe salir a la luz. Marcos 4:22

PROLOGO

C uando examinamos los casos de pedocriminalidad, en algún momento nos encontramos con relatos de violaciones en grupo, rituales ocultos, esclavitud mental e incluso sacrificios humanos en los que el terror y el sufrimiento de las víctimas llegan a su punto álgido. Una solución puede ser mirar hacia otro lado, rechazar estos testimonios porque son demasiado chocantes y alteran demasiado nuestro paradigma; o bien tomarlos en consideración y aceptarlos como una posible realidad del mundo en el que vivimos... Una eventualidad que poco a poco se convertirá en una certeza a la vista de los numerosísimos testimonios que relatan las mismas prácticas. A partir de ahí, es posible indagar en el tema y darse cuenta de que es una especie de *caja de Pandora*. ¿Es la inocencia de la infancia una fuente de juventud para ciertos círculos? ¿Es la conciencia inmaculada de la infancia una página en blanco en la que algunos se conceden el derecho de grabar lo que quieran para servir a sus propios intereses? ¿Existe realmente el satanismo elitista, también llamado *pedo-satanismo*?

La canalización de la conciencia es la clave de la dominación aquí en la tierra. El control mental adopta muchas formas, desde las más simples hasta las más complejas. Los métodos de aprendizaje que moldean el cerebro, los planes de estudio escolares y universitarios que formatean las creencias y el pensamiento crítico, son una primera forma de moldear al futuro adulto para que sea compatible y útil al sistema social actual. La información "periodística" y el entretenimiento de los medios de comunicación son otros factores que influirán en su conciencia de una manera determinada. La presión social para someterse al llamado "pensamiento único" es también una forma de control mental. Las diversas contaminaciones alimentarias y ambientales alteran su cerebro y, en consecuencia, su capacidad de razonamiento y análisis... En esta etapa, la población aún tiene una apariencia de libre albedrío. Cada individuo tiene la posibilidad de cuestionar todo lo que le han enseñado desde la infancia. Puede reinformarse eligiendo otras fuentes, deshacerse de su televisión, cambiar su forma de comer, aligerar el mundo material para volcarse en el mundo espiritual, etc. También podríamos mencionar lo subliminal o lo psicotrónico como herramientas que pueden influir y controlar la conciencia humana.

La "religión sin nombre" (que se definirá en el capítulo 2) ama y necesita robots y autómatas. Necesita crear un planeta de ilusiones donde sus pensamientos, ideas y creatividad estén bajo su control. Su mundo es una guerra permanente para manipular tu subconsciente de todas las maneras posibles. Desde la desinformación hasta los símbolos ocultos y las armas tecnológicas invisibles, el modus operandi de la "religión sin nombre" es el CONTROL MENTAL.

Lo que se estudiará en este libro es una herramienta de esclavitud en la que el libre albedrío de la víctima ya no existe en absoluto, o apenas. Se trata de un control mental basado en el trauma y la manipulación del mundo psíquico, un proceso que comienza en la primera infancia. El control mental o *Mind-Kontrol* (programación MK) puede definirse como una tortura sistemática que bloquea la capacidad de la víctima para tomar conciencia del tratamiento infligido. Las sugerencias y el condicionamiento se utilizan para implantar pensamientos y directivas en la mente subconsciente, normalmente en nuevas identidades (personalidades disociadas o "alter") creadas artificialmente por traumas extremos y repetitivos, obligando a la víctima, a través de un mecanismo natural de protección del cerebro, a actuar, sentir, pensar o percibir las cosas como el programador desea. El objetivo es hacer que la víctima ejecute las instrucciones sin ser consciente de ellas. La instalación de estos programas de MK se basa en la capacidad de la víctima para disociar profundamente. Por lo tanto, los niños muy pequeños que ya padecen trastornos disociativos graves son los "principales candidatos" para la programación.

El niño es como una pieza de arcilla a la que se puede dar forma. Durante los primeros seis años, el cerebro está en pleno desarrollo, sus neuronas se organizan en función de su experiencia, está en modo "grabación" y no es capaz de criticar la información que recibe. Así, almacena los datos y construye los cimientos de su subconsciente que dirigirán su vida adulta. Por ello, las estructuras internas de la programación de la doble personalidad se establecen durante la primera infancia, antes de los 6 años. Estamos hablando de una verdadera *cirugía psíquica*. El niño se verá rápidamente animado a disociarse durante las sesiones traumáticas, a *atravesar el espejo,* a *cruzar el arco iris*, a acceder a una realidad alternativa, a otras dimensiones. En un niño, los estados de conciencia profundamente alterados durante una experiencia traumática crean una especie de "desbloqueo" psíquico y energético.

La *cultura de los* estados disociativos es tan antigua como el mundo y es parte integrante de las prácticas de la "religión sin nombre" que la utiliza sistemáticamente en sus descendientes. Este proceso psicoespiritual es, por tanto, una especie de puerta de entrada a otras dimensiones y proporciona *iluminación a la persona* que experimenta estados disociativos. La forma más directa de acceder a este estado modificado de conciencia es a través de un traumatismo puro causado por el terror y el dolor extremo, que puede llegar incluso a experiencias cercanas a la muerte, como veremos. Estas técnicas son empleadas sistemáticamente por las cofradías satánicas/luciferinas como un proceso de inversión de la santificación: la contrainiciación. Se utilizan como herramientas para controlar la sociedad. Como dice el famoso hacker Kevin Mitnick: *"El eslabón débil de cualquier sistema de seguridad es el factor humano. Para* asegurar un sistema de dominación global, es por lo tanto imperativo implementar un *hackeo de* las mentes de los peones humanos colocados en posiciones estratégicas detrás de las fachadas democráticas. El MK es el punto central de las diversas organizaciones ocultas de este planeta. El eje principal en el que se basa esta herramienta de control es el trastorno de identidad disociativo, es decir, el síndrome de personalidad múltiple, una consecuencia de las iniciaciones rituales traumáticas practicadas desde la primera infancia.

Este libro es como un recuerdo dividido en mil pedazos que ha sido armado como un rompecabezas. En efecto, los temas de los abusos rituales y del control mental son difíciles de comprender cuando sólo se tiene acceso a retazos de testimonios o a raros artículos sobre las redes pedófilas, el satanismo y el control mental. Esto es tanto más cierto cuanto que la información disponible en el mundo francófono es todavía muy limitada.

Para empezar a entender este pesado tema, este rompecabezas requería unir piezas de antropología, psicotraumatología, programas gubernamentales MK-Ultra, satanismo transgeneracional, los *"fragmentos de alma"* de las tradiciones chamánicas, demonología, pero también el aspecto social de la cosa: es decir, todo el simbolismo MK infundido ante nuestros ojos en la cultura popular a través de la industria del entretenimiento. Una vez que todas estas piezas se conectan entre sí de forma coherente, parte de los arcanos de este mundo se vuelven accesibles al profano... el ojo de la tormenta, una clave esencial para entender el sistema pedófilo-satánico y más globalmente lo que hoy llamamos el *Nuevo Orden Mundial*.

Este libro trata de armar el *rompecabezas del MK de la* mejor manera posible, y debería ayudarle a comprender uno de los aspectos más oscuros de nuestro mundo, y tal vez también iluminarle sobre nuestra situación actual, tanto material como espiritual.

El sociólogo canadiense Herbert Marshall McLuhan dijo: "Sólo los secretos más pequeños necesitan protección. Los más grandes están protegidos por la incredulidad del público."

Los que no sufren la locura común son llamados locos...

CAPITULO 1

CONTROL MENTAL:
DE LO SIMPLE A LO COMPLEJO

L a influencia interindividual o social fascina y asusta. (...) los terribles sucesos que se le atribuyen (suicidios colectivos, crímenes rituales...) así como los inquietantes estudios científicos (trabajos sobre la hipnosis, estudios experimentales sobre el conformismo o la sumisión a la autoridad...) afirman la existencia de una fuerza casi irresistible que podría empujarnos a hacer o pensar cosas que no querríamos, una fuerza que podría incluso llevarnos a la ruina. Hay, con la influencia, la idea de una intrusión, una verdadera violación de la conciencia, de la voluntad... que parece poder pasar bajo el control o la voluntad de otro. Ya no es uno mismo el que quiere o actúa, es la voluntad de otro la que ha entrado en uno mismo y es otro el que actúa a través de uno mismo (sentimiento de posesión) - Stéphane Laurens, "Les dangers de la manipulation mentale".

Hay diferentes tipos de control mental. Existe el control a gran escala, de masas, y el control individual, que se centra en un solo sujeto. Puede ser directa y violenta o indirecta y no violenta (conocida como *guerra silenciosa* o *invisible*). En el control mental masivo, los individuos conservan su libre albedrío general, mientras que el control mental individual más complejo lo suprimirá totalmente. A través de la biología, la neurología y la psicología aplicada, los *magos-controladores* han logrado un conocimiento avanzado del ser humano, tanto biológico como psicológico. Este sistema ha llegado a conocer a los humanos mejor que ellos mismos, lo que significa que tiene un gran poder para controlar a los individuos, ya que la forma más eficaz de conquistar a un hombre es capturar su mente. Controla la mente de un hombre y controlarás su cuerpo, no todos los hombres tienen los mismos pensamientos, pero todos piensan con el mismo mecanismo: el cerebro. El control mental masivo o individual también puede denominarse control mental duro o blando, directo o indirecto, activo o pasivo. El lavado de cerebro de tipo militar es el método activo y directo, mientras que el lavado de cerebro de tipo televisivo es el método pasivo e indirecto, sin duda el más eficaz porque las víctimas no son conscientes de lo que les ocurre y continúan su lavado de cerebro incansable y voluntariamente.

1 - CONTROL MENTAL DE LAS MASAS

No son sólo las víctimas del MK-Ultra (programa de control mental individual de Estados Unidos, capítulo 3) las que están programadas, sino todo el mundo, sometido a una forma de control mental. Por ejemplo, hemos sido programados para creer que nuestros líderes políticos son hombres de honor y lealtad con gran respetabilidad debido al estatus social que ostentan... Mientras que nuestras actuales élites gobernantes no son más que psicópatas corruptos, violadores de niños y adictos a la cocaína, individuos impregnados del más oscuro ocultismo. La muerte de un niño o la utilización de un esclavo humano reducido al estado de robot no los convierte en fríos o calientes. ¿Le choca esta declaración deliberadamente afirmativa y provocativa? ¿Explota su paradigma? ... Tal vez cierre este libro aquí para proteger su imagen del mundo en el que vive. Esta sería una reacción defensiva muy natural: la preservación instintiva de su paradigma.

La ya famosa parábola de *"Matrix"* en la que estamos inmersos no puede ser más acertada, las personas están permanentemente enchufadas a una *corriente* que las mantiene en una ensoñación segura e infantilizante. El funcionamiento de nuestro cerebro, nuestra mente, nuestras emociones e incluso nuestro mundo espiritual es perfectamente conocido por los "arquitectos del control", que sólo tienen que pulsar tal o cual botón para desencadenar tal o cual reacción.

Un principio importante del control mental es la distracción. La distracción permite centrar la conciencia en uno o varios de los cinco sentidos (vista, tacto, oído, olfato, gusto) para programar paralelamente la mente subconsciente. Este principio se aplica tanto a los trucos de magia como a la propaganda estatal, el marketing y la publicidad. El segundo principio del control mental que acompaña al primero es la repetición. La combinación de distracción y repetición es muy eficaz para programar el subconsciente humano. La televisión, la radio, los circos diversos (de entretenimiento y de variedades), se dirigen a tu subconsciente, el arte de la propaganda es dirigirse directamente a tu subconsciente. Y este arte se ha convertido ahora en una verdadera ciencia aplicada a gran escala. El ser humano necesita entretenimiento, en efecto, pero hoy podemos ver que lo que se nos ofrece a todas horas en la televisión, con los reality shows por ejemplo, es más un sabotaje de la conciencia que un inocente juego de belote...

La gente se somete al control mental porque nace en él. La ciencia de la ingeniería social (el análisis y la automatización de una sociedad) que trabaja en el control de masas establece la manipulación, la dominación y la opresión de forma gradual para que la gente nunca pueda verlo venir... Es la famosa alegoría de la rana en una olla de agua caliente. Si pones una rana en agua muy caliente, reaccionará muy rápidamente para escapar. Pero si la pones en agua fría y la calientas poco a poco hasta hervir, la rana se acostumbrará a la temperatura, se entumecerá y no tendrá fuerzas para huir, acabará escaldada. Esta es una buena ilustración del fenómeno de habituación que lleva a no reaccionar ante una situación grave y nuestra sociedad moderna está totalmente adormecida en esta *"Matrix"* cuyo punto de ebullición no parece estar muy lejos...

a/ Televisión

"La estupidez de los medios de comunicación no es un epifenómeno. Está librando una guerra de aniquilación contra la cultura. Hay muchas batallas que librar. Pero si la industria mediática gana su guerra contra la mente, todo estará perdido."

Pierre Jourde

Una de las fuentes que sumergen a las masas en esta *"Matrix"* está directamente en su salón, el televisor, que ha sustituido a la chimenea como "corazón del hogar"... Este aparato es una herramienta de control mental de primer orden, quizá incluso la más importante en términos de control global. Imaginemos por unos minutos una sociedad sin televisión, ni que decir tiene que las conciencias tendrían un funcionamiento completamente diferente, los deseos y las necesidades no tendrían nada que ver con los de ahora. Imagina una sociedad sin la infantilización, el atontamiento, la polémica, la división, el miedo, el condicionamiento publicitario, la desculturización, la estandarización y el conformismo que este aparato difunde todo el tiempo. Imagínese el *"tiempo cerebral disponible"* (término utilizado por Patrick Le Lay, director general de TF1) que podría destinarse a otras actividades familiares, sociales, creativas, verdaderamente educativas y pedagógicas, sabiendo que, por término medio, el 75% de nuestro tiempo libre (INSEE) lo ocupan los programas de televisión. Ningún electrodoméstico ha conseguido entrar en el hogar de forma tan rápida y masiva. La familia organiza sus muebles en torno al televisor, la hora de comer y de acostarse se organiza según el horario del programa (y viceversa), se ha convertido en cierto modo en la dueña de la casa, programando el horario familiar y las mentes de los miembros más asiduos de la familia a este horario...

Se trata de una verdadera tecnología de control mental, la televisión tiene un poderoso efecto hipnótico. En *"Vie et Santé"* (1992) Liliane Lurçat escribe: *"Los niños y los adultos están fascinados por las imágenes y las palabras. Una vez que el espectador está frente al televisor, no puede despegarse de él. Este comportamiento es especialmente impresionante en los niños, ya que la televisión es lo único capaz de inmovilizar a un niño pequeño, que suele ser muy activo en otras circunstancias."*

En 1997, el filósofo Jean-Jacques Wunenberg escribió en Télérama: "Como primer agente de la globalización de la moral, la televisión da lugar a un conjunto casi ritual de comportamientos uniformes, cualquiera que sea el entorno y los mensajes visuales: disposición del mobiliario, reunión de los espectadores orientada hacia la fuente de luz, horarios constreñidos por un espectáculo generalmente programado a una hora fija, etc.[1]

Se han realizado varios estudios sobre los efectos de la televisión en el cerebro. La conclusión general es que debilita la capacidad de atención y el pensamiento crítico. La televisión crea un estado de hipnosis bajo la apariencia de relajación. El pasatiempo más popular del mundo también conduce a una forma de adicción, cuyos criterios son: *"pasar mucho tiempo consumiendo la sustancia, consumirla más a menudo de lo que uno quisiera, pensar en reducir el consumo o hacer esfuerzos repetidos pero infructuosos para reducir el consumo, dejar de realizar actividades sociales, familiares o laborales importantes para consumirla y mostrar síntomas de abstinencia cuando se deja de consumirla"*. Todos estos criterios pueden aplicarse a los grandes consumidores de televisión.

En 1986, Byron Reeves, de la Universidad de Stanford, Esther Thorson, de la Universidad de Missouri, y sus colegas empezaron a estudiar si las características formales de los contenidos televisivos, es decir, los cortes, los montajes, los zooms, las panorámicas, los ruidos repentinos, etc., activaban una respuesta de orientación en el individuo y, en consecuencia, mantenían su atención centrada en la pantalla. La respuesta de orientación es la movilización de la atención tras un cambio en el entorno del sujeto, acompañada de un complejo conjunto de cambios sensoriales, somáticos y autonómicos que tienen como objetivo preparar al sujeto para reaccionar ante una posible contingencia. Al observar cómo las ondas cerebrales se veían afectadas por las características formales de la televisión, los investigadores concluyeron que los montajes de vídeo podían, efectivamente, desencadenar respuestas involuntarias en el individuo... Es la forma, no el contenido, lo que hace que la televisión sea única. Esta respuesta orientadora puede explicar en parte comentarios como: *"Si hay una televisión encendida, no puedo dejar de verla"* o *"Me siento hipnotizado cuando veo la televisión"*. Los productores de programas educativos para niños han comprobado que estas características formales pueden mejorar el aprendizaje, pero que el mayor número de cortes y disparos acaba por sobrecargar el cerebro. Los clips y anuncios que utilizan cortes rápidos con escenas no relacionadas entre sí están diseñados para captar la atención del espectador más que para ofrecer información. La gente puede recordar el nombre del producto o la marca, pero los detalles del anuncio le entran por un oído y le salen por el otro; o deberíamos decir que le entran por un ojo y le salen por el otro. Esta es la consecuencia de una respuesta de orientación sobrecargada.[2]

En 1964, el filósofo Marshall McLuhan publicó "*Understanding the Media*", un libro en el que explicaba que la televisión es la herramienta preferida de los anunciantes porque es capaz de hacer descender la sensación de exterioridad con las escenas vistas, como si fuera una extensión del cerebro. Este

---

[1] *Télérama"*, 15/10/97

[2] *"Adicción a la televisión"* - Kubey, Csikszentmihalyi - Scientific American, 2003.

fenómeno lo confirma un experimento realizado por Marshall y su hijo Eric McLuhan, reproducido veinte años después en la Universidad de Toronto por su hijo en el documental "*The Tube*" de Peter Entell. El experimento consiste en demostrar que una película vista en la televisión o en el cine no se percibe de la misma manera. En este experimento, dos grupos de individuos ven la misma película a ambos lados de una pantalla suspendida, uno recibe la luz reflejada de la pantalla (similar al cine) y el otro (al otro lado de la pantalla) recibe la luz directamente de la fuente (similar a la televisión). A continuación, se pide a cada uno de los participantes de ambos grupos que escriba un comentario de una página sobre sus impresiones y lo que le pareció significativo de la proyección. El experimento demuestra que la "luz reflejada" y la "luz directa" no tienen los mismos efectos sobre el cuerpo y la mente. En el grupo de la "luz reflejada" (cine), las personas eran conscientes de algo externo a ellas mismas y eran relativamente objetivas sobre el contenido de la película. En cambio, en el grupo de "luz directa" (televisión), la gente hablaba más de sí misma, de sus sentimientos y pensamientos. Sus comentarios fueron mucho más subjetivos que los del otro grupo. En la luz directa, como la de la televisión, el espectador es ni más ni menos que la pantalla sobre la que se proyecta la luz y vive el contenido de los programas con una impregnación emocional mucho más fuerte, con una pérdida de la sensación de exterioridad de las escenas vistas. Ya no hay distancia: tú eres la pantalla y la proyección de la imagen se imprime en ti como un tatuaje. Esta luz directa da a las imágenes de televisión el poder de invadir la mente como en un sueño, neutralizando la mente crítica. Como se demostró en el experimento anterior sobre la respuesta de orientación, es más el medio (la herramienta) que el contenido lo que actúa sobre el cerebro.

El neurólogo estadounidense Thomas Mulholland ha demostrado mediante un electroencefalograma (EEG) que la televisión crea un estado de profunda relajación, incluso de somnolencia en el sujeto. Descubrió que el EEG mostraba ondas cerebrales alfa cuando el sujeto veía la televisión. Estas ondas cerebrales son las mismas que se observan cuando los humanos están inactivos, cuanto menos trabaja el cerebro, más ondas alfa produce. Esta relajación hipnótica explica en gran medida la adicción que provoca la televisión, sobre todo después de una jornada de trabajo. La relajación hipnótica es, por tanto, una forma eficaz de absorber los contenidos publicitarios y otros mensajes propagandísticos. Gracias a este efecto hipnótico y a su función de entretenimiento, la televisión mantiene al ciudadano en una distracción ilusoria y lo aleja de los problemas reales para gobernarlo mejor. Frederick Emery, uno de los científicos sociales más brillantes de su generación y miembro del Instituto Tavistock, dijo: "*La televisión puede ser conceptualizada como el análogo tecnológico de la hipnosis.*"

Lo que dijo Herbert Krugman sobre la televisión también es muy interesante. Krugman es un antiguo ejecutivo de una agencia de publicidad, cuando era consultor de la Oficina de Investigación de Inteligencia del Departamento de Estado de EE.UU., y su trabajo fue sobre la infiltración del comunismo en la sociedad estadounidense, así como sobre el lavado de cerebro durante la Guerra de Corea y la resistencia a la propaganda. En el documental

"*The Tube*", Herbert Krugman afirma que los publicistas estaban fascinados por las técnicas de lavado de cerebro, y dice que él mismo conoció a unos cuantos "*lavacerebros*" de primera categoría a los que luego reclutó para sus servicios... No duda en comparar la televisión con ciertas técnicas utilizadas por los militares, como las cámaras de privación sensorial, que también se utilizaron en el proyecto MK-Ultra. Según él, estas técnicas se basan en una fase de desensibilización muy similar al estado mental que provoca la televisión. En efecto, la imagen televisiva es pobre en datos sensoriales, lo que hace que el espectador pierda la sensación de su cuerpo. En el caso del lavado de cerebro individual, la pérdida de las señales sensoriales por las que la persona se reconoce a sí misma es la fase preparatoria del cambio impuesto en su mundo mental. En el caso de la televisión, las imágenes sumergen al espectador en un sueño de vigilia, su cerebro trabaja en ondas alfa, su identidad se disuelve y la "caja de imágenes" le proporciona sueños programados a horas fijas para él.[3]

La televisión es la herramienta ideal para aplicar el principio de "tensión y liberación". Permite crear tensión en un entorno controlado, aumentando así el nivel de estrés, y luego ofrece una serie de opciones para la liberación de la tensión y el estrés. Mientras la víctima crea que las opciones que se le ofrecen son las únicas soluciones posibles, aunque a primera vista parezcan inaceptables, acabará tomando una de esas opciones inaceptables. En una situación así, el ser humano está condicionado a responder a la tensión como un animal que busca la válvula de escape de la presión. La clave del éxito de este proceso de control mental es la gestión equilibrada de la tensión y las opciones para aliviarla. Mientras estas dos cosas estén controladas, se puede hacer que la víctima elija y acepte más y más cosas inaceptables. Esto es ingeniería social, *psiquiatría cultural*, y la televisión es el vehículo esencial para infundir en cada hogar la tensión por un lado y la válvula para liberar esa tensión por otro. La televisión infunde imágenes que crean tensión y luego sirve las soluciones en bandeja.[4]

La televisión, con su mundo de semirrealidad, ilusión y evasión, emitido las 24 horas del día, es una verdadera caja de programación mental, su papel verdaderamente cultural y educativo sigue siendo muy secundario.

Anton Szandor Lavey, fundador de *la Iglesia de Satán* y autor de la Biblia Satánica, tiene una idea muy clara del papel de la televisión en nuestra sociedad moderna... escribe en su libro "*El Cuaderno del Diablo*": *El nacimiento de la televisión es un acontecimiento mágico con significado satánico (...) Lo que comenzó modestamente en las familias con pequeñas cajas ha crecido gradualmente hasta convertirse en grandes antenas parabólicas que dominan el horizonte y sustituyen a las cruces de las iglesias. La televisión, o el altar satánico, ha crecido rápidamente desde los años 50, pasando de ser una pequeña pantalla borrosa a un enorme aparato que cubre paredes enteras. Lo que empezó como un inocente entretenimiento en la vida cotidiana de las*

---

[3] "Los estudios atacan a la televisión" - Louise Renard.

[4] *Apaga tu televisor*, Lonnie *Wolfe*, New Federalist, p.6, 1997.

familias ha acabado sustituyendo a la vida real para millones de personas, se ha convertido en una importante religión para las masas.

El clero de la religión televisiva son los artistas, los presentadores, especialmente los que propagan la oscuridad a través de los rayos del tubo de rayos catódicos. Los presentadores de la red son los sumos sacerdotes y las sumas sacerdotisas del mercado de consumo. Los presentadores locales son los párrocos, que sacan provecho de la última tragedia local. Las celebridades, ya sean locales, nacionales o internacionales, forman parte de la jerarquía de la iglesia, de la web.

Comedias, dramas y comedias se emiten noche y día, los siete días de la semana, para activar y sostener el estilo de vida de los feligreses, antes sólo los más fanáticos practicaban la devoción a diario. Con la intensificación de la estratificación satánica (ayudada por esta máquina diabólica), una de nuestras tareas es desarrollar gradualmente un sistema para que la gente se adapte perfectamente a su estilo de vida televisivo."[5]

También es interesante señalar sobre la televisión que su pieza central, el tubo de rayos catódicos, fue inventado por un ocultista británico llamado William Crookes. Crookes fue miembro de la sociedad secreta *Golden Dawn* y presidente de la Sociedad de Investigación Psíquica, y fue él quien inspiró las investigaciones de Oliver Lodge sobre el éter y el mundo de los espíritus. Este físico inventó varios dispositivos cuya finalidad era interactuar con diminutas partículas elementales como los electrones. Crookes, aficionado al espiritismo, creía que los espíritus eran capaces de interactuar con partículas como los electrones y los protones para manipularlas. En su autobiografía, Crookes dijo que debía ser posible que los espíritus influyeran en estas diminutas partículas; trabajando en esta cuestión, inventó el *"tubo de Crookes"*. Un dispositivo para proyectar electrones en un haz: fue el nacimiento de los rayos catódicos. La versión de Crookes del tubo de rayos catódicos se convertiría en la base del desarrollo de la televisión, inventada cuarenta años después por el escocés John Logie Baird. La televisión, un invento que acabaría sometiendo e hipnotizando al mundo entero, se inspiró en parte en la investigación del mundo espiritual...

b/ Lo subliminal

Subliminal significa *"bajo el umbral"* de la conciencia, es una percepción inconsciente que penetra en la llamada zona "subconsciente" del cerebro. El mensaje subliminal puede ser formal con una o varias palabras, o visual con una imagen, una foto, un símbolo. Pero también pueden ser ondas sonoras.

Las imágenes subliminales son indetectables a simple vista, pero el cerebro las percibe y procesa a nivel subconsciente. El cerebro procesa mucha información, pero parece tener diferentes niveles de percepción y algunas informaciones pueden influir en nuestras acciones y emociones sin que el

---

[5] *The Devil Notebook* - Anton Lavey, 1992, p. 86.

cerebro cognitivo tenga acceso a ellas. En 1997, un experimento de Ahmed Channouf demostró que se producen reacciones electrodérmicas (R.E.D.) cuando se expone a los sujetos a caras famosas o desconocidas de forma subliminal (las caras se presentan durante 50 milisegundos). Las reacciones electrodérmicas de los sujetos eran más largas cuando se conocía el rostro. Llegaron a la conclusión de que, incluso cuando el sujeto no es consciente de haber visto estas caras, existen indicios fisiológicos que demuestran que, no obstante, existe una percepción y un reconocimiento implícitos.[6]

Por tanto, las imágenes subliminales pueden utilizarse como medio de manipulación de multitudes. Hay muchos casos de imágenes subliminales que se emiten en la televisión. En 1958 se prohibieron los mensajes subliminales en Estados Unidos, Inglaterra y Australia. En 1992, Francia promulgó un decreto (n° 92-280) por el que se prohibían las *técnicas subliminales*, en el que se establecía: *"La publicidad no debe utilizar técnicas subliminales entendidas como destinadas a llegar al subconsciente del espectador a través de la exposición muy breve de imágenes.* A pesar de esta ley y de la supervisión de la CSA, se han observado varios casos de imágenes subliminales incrustadas en programas de televisión, películas o anuncios. En Francia, el caso más conocido tuvo lugar durante una campaña electoral en 1988: el retrato de François Mitterrand se insertó subliminalmente en el logotipo de Antenne 2 durante los créditos del telediario. Esta foto subliminal se emitió desde septiembre de 1987 hasta mayo de 1988, 2949 veces. François Mitterrand fue elegido el 8 de mayo de 1988. Los créditos de los telediarios fueron finalmente sustituidos discretamente el 28 de mayo de 1988 a petición de la CNCL (Comisión Nacional de la Comunicación y la Libertad, predecesora de la CSA). Este caso fue juzgado en los tribunales pero el juicio se perdió porque la imagen duró más de 60 ms (milisegundos), lo que excluye la calificación de subliminal, considerando la ley que una imagen es subliminal cuando dura menos de 50 ms.

En el año 2000, durante las elecciones estadounidenses, se descubrió por casualidad una imagen subliminal incrustada en un anuncio de George W. Bush. Era un mensaje subliminal formal. El insulto "*ratas*" apareció al mismo tiempo que el anuncio se refería al competidor Al Gore.

En 2008, también en Estados Unidos, *FOX 5 News* introdujo en sus créditos una imagen muy sigilosa del candidato republicano John McCain y su esposa. La cadena de televisión francesa M6 también ha sido denunciada en dos ocasiones por emitir imágenes publicitarias subliminales durante los programas *"Popstars"* y *"Caméra café"*.

En la revista militar *Orienteer*, de febrero de 1997, el comandante Shemishev del ejército ruso enumeró una lista de "armas psíquicas" en la que cita el *"efecto marco 25"*. Se trata de una técnica en la que cada 25 fotogramas de una bobina o largometraje contiene un mensaje captado por el inconsciente. Esta técnica, si tiene éxito, podría utilizarse para frenar el abuso del alcohol y el tabaco, pero también podría aplicarse a otros ámbitos más preocupantes si se

---

[6] *Emociones y cogniciones* - Ahmed Channouf y Georges Rouan, 2002.

utiliza con espectadores de televisión u operadores de sistemas informáticos. Chemishev también afirma que los japoneses han desarrollado la capacidad de insertar en la música secuencias de voz a frecuencias subalternas, voces que sólo se detectan a nivel subconsciente. Los rusos afirman utilizar un "bombardeo subliminal" similar en combinación con programas informáticos para tratar el alcoholismo o el tabaquismo.[7]

Algunos minoristas japoneses incluso ponen CDs con mensajes subliminales en sus tiendas para combatir los robos. Estos CD de control mental reproducen música o sonidos de la naturaleza, pero están codificados con un mensaje en siete idiomas que advierte que quien sea sorprendido robando en una tienda será denunciado a la policía.[8]

En 1993 y 1994, varios artículos de la prensa[9] estadounidense informaron de que Igor Smirnov, un experto ruso en armas no letales, había estado experimentando para el Servicio Secreto de EE.UU. y el FBI con tecnología capaz de insertar subliminalmente pensamientos en la mente de las personas para controlar sus acciones. El FBI se planteó utilizar el dispositivo de Smirnov contra David Koresh, de la *secta de David,* durante el asedio a Waco. Smirnov dijo: *"Sugerí que las voces de los niños y las familias instando a los suicidas a volver a casa se mezclaran con los sonidos de los coches de policía* (el edificio estaba rodeado de ellos)". También se trataba de enviar mensajes a Koresh para hacerle creer que escuchaba la voz de Dios directamente en su cabeza. Al parecer, el FBI no siguió esta opción por la razón (oficial) de que Smirnov sólo garantizaba un 70% de posibilidades de éxito. La prensa rusa también publicó artículos sobre Igor Smirnov. *Pravda* escribió el 6 de marzo de 1994: *"Village Voice publicó la 'escandalosa noticia' de que los rusos son capaces de controlar el comportamiento humano".* [10]Dos semanas más tarde, el *Moscow News* publicó un largo artículo en el que se explicaba cómo el científico, con fines médicos, utilizaba la "psico-corrección". Se envían a los oídos del paciente "ruidos" que contienen preguntas, que no son audibles pero que el cerebro percibe. El cerebro responde a estas preguntas, y estas respuestas se registran en el electroencefalograma y se analizan por ordenador, lo que permite a Smirnov realizar un psicoanálisis muy rápido. Después, se envían "ruidos" con mensajes terapéuticos al cerebro del paciente, que los integra a nivel subconsciente.

---

[7] *La mente no tiene software de intrusión*, Timothy L. Thomas, en Parameters, pp. 84-92, 1998.

[8] *Mind Control Music detiene a los ladrones* - McGill, Peter, The Sydney Morning Herald, 04/02/1995.

[9] Defense Electronics, julio de 1993, "DOD, intel Agencies Look at Russian Mind Control Technology, Claims FBI Concidered testing on Koresh"; Newsweek, 7 de febrero de 1994, "Soon Phasers on Stun"; Village Voice, 8 de marzo de 1994, "Mind Control in Waco".

[10] El arte de controlar a la multitud, Pravda, 6 de marzo de 1994.

Smirnov niega haber utilizado esta tecnología con fines que no sean médicos o poco éticos.[11]

c/ *"Presión de grupo"* o presión social

"El hábito, pues, es un enorme motor de la sociedad, su más preciado factor conservador. Es lo único que nos mantiene a todos dentro de los límites decretados, y lo que salva a los hijos de los ricos de los levantamientos envidiosos de los pobres." - William James - *Los Principios de la Psicología*

La televisión es sin duda una herramienta de control mental de primer orden. *Por* la conformidad y uniformidad de las masas que provoca, es un importante vector de lo que se llama "*presión de grupo*" o presión social de grupo, otra herramienta de control, o se podría decir de autocontrol o autorregulación de la gente.

Todo el mundo ha tenido la experiencia de llegar al trabajo la mañana después de que se haya televisado un partido de fútbol "importante". Si no ha visto el partido, se sentirá un poco marginado, porque no podrá participar en los animados intercambios entre colegas sobre el tema... Y si ni siquiera tiene un televisor, se le tachará rápidamente de "forastero", de marginal o incluso de "sectario". No seguir el campeonato de fútbol puede seguir siendo socialmente aceptable, pero en cuanto se exprese una opinión contraria a la corriente principal en materia de salud, por ejemplo, como las vacunas o la dieta, se chocará muy rápidamente con el "pensamiento único" que da forma y dirige a las masas. En 2015, un ejemplo flagrante fue el movimiento masivo *"Je Suis Charlie"*, que estigmatizaba a las personas que se negaban a adoptar este lema. Este pensamiento único lleva al individuo a conformarse con el grupo por miedo al rechazo. En efecto, las reacciones pueden ser muy violentas cuando una persona se siente desestabilizada por los logros que han conformado su *realidad*. Puede entonces desempeñar el papel de guardián del pensamiento único atacando a la oveja negra... La *presión de los pares*, que varía en intensidad según el país, la cultura, la religión y el régimen político, es ejercida sobre cada uno de nosotros por la familia, los vecinos, los colegas y los amigos... Es una función natural del ser humano que hace que *"la oveja guarde a la oveja"*, el individuo se autodisciplina inconscientemente para seguir el modelo social impuesto, así la gente se limita y se autocensura por la presión social. Esta presión permite establecer normas que sustentan a toda la comunidad y, por tanto, compartimentar el pensamiento dentro de un marco bien definido. Este es otro factor importante en el control mental de las masas.

"Yo diría que dentro de 50 años, si mucha gente no se resiste conscientemente al control mental que se está ejerciendo en la sociedad, vamos

---

[11] Extracto del dossier Tecnologías ofensivas para el control político.

a ver cada vez más personas que parecen androides. La gente se induce a sí misma mirando al mundo y diciendo: Es demasiado peligroso para mí decir la verdad, decir lo que creo o expresar lo que siento. Es mucho más fácil si me invento una falsa personalidad que me mantenga pasivo. Así es como funciona..." John Rappoport - State of Mind (*Infowar*)

Es el miedo lo que está en la raíz de este autocontrol de la gente, el miedo al rechazo, a la exclusión, al fracaso y a veces incluso el miedo a la violencia física y al encarcelamiento. La presión social funciona muy bien para que la gente no hable de ciertas cosas en su entorno... sobre todo cuando se trata de temas delicados como la pederastia en la red, que es un tema insólito para la mayoría de la gente porque está totalmente ausente de la esfera mediática oficial. Su defensa será, a menudo, cerrarse al tema porque les arañará rápidamente su paradigma. Algunos utilizarán la ironía y la burla como distracción y como una especie de autoprotección contra lo inimaginable, para cambiar rápidamente el tema de conversación... la negación es masiva. Las personas que se interesan por ella están en cierto modo marginadas, la presión social exacerbada por la propaganda (o el silencio) de los medios de comunicación ha pasado...

Te darás cuenta de que estamos hablando de *programas de televisión* y de *programas escolares*... Es todo una programación mental a gran escala, pero a ese nivel todavía no te quita el libre albedrío.

Esta presión del grupo social también desempeña un papel importante en el sistema escolar y educativo. Durante una media de 17 años,[12] el individuo funcionará durante la mayor parte de su tiempo en una clase, un grupo, en el que recibirá programas que deberá integrar perfectamente si quiere alcanzar los niveles superiores. Si el individuo no se ajusta al grupo o es incapaz de integrarse y adaptarse a los contenidos de los programas o a los métodos de aprendizaje, quedará excluido de esta máquina que construye y forma a los futuros trabajadores. El formateo y el adoctrinamiento de la juventud es, obviamente, la base del control de una sociedad, y el sistema escolar y universitario desempeña su papel de la misma manera que la televisión, el cine y la música. La línea que separa la educación de la propaganda es muy fina o inexistente, la propaganda no puede funcionar eficazmente sin programas de educación y control de la información. El formato de las mentes de los niños, adolescentes y jóvenes adultos que construirán la sociedad del mañana es el terreno en el que el pensamiento único echa raíces y conduce a esta presión social permanente. Es un cemento difícil de romper en un adulto que se niega a cuestionar su conocimiento y su paradigma.

d/ Alimentos, agua y vacunas

El General de Gaulle dijo que los *franceses son terneros, toda Francia es un país de terneros.* ¿Tiene algo que ver el consumo diario de leche de vaca con

---

[12] OCDE, Education at a Glance 2011.

nuestra condición de seres humanos reducidos al estado de "vacas lecheras"? Una simple reflexión que puede llevarnos a sonreír, pero cuando observamos los efectos de lo que ingerimos en nuestro cerebro, sugiere que el estado psicológico y emocional de una sociedad depende en gran medida de lo que consume mañana, tarde y noche...

La alimentación tiene una gran influencia en los seres humanos. Su sistema nervioso, su mente y sus emociones están en parte influenciados por el tipo de alimentos que ingiere. El control de las masas se consigue a través de toda una serie de sustancias químicas introducidas en nuestros cuerpos a través de los alimentos, el agua, las vacunas y la atmósfera. Estas sustancias químicas debilitan el sistema nervioso y las capacidades mentales, por no hablar de las alteraciones endocrinas y los daños al patrimonio genético. No entraremos aquí en la cuestión (controvertida) de las dietas alternativas cuyos seguidores ensalzan los beneficios de sus distintas escuelas. En su lugar, examinaremos las sustancias químicas que interactúan con nuestro cerebro a través de lo que ingerimos, pero también de lo que nos inyectan desde el nacimiento o nos rocían sobre la cabeza...

En el documental *"Sweet Remedy"* (2006), el neurólogo Russell Blaylock afirmó que, efectivamente, existe un "atontamiento químico de la sociedad": *"Debido a estas diversas toxinas que afectan a la función cerebral de forma notoria, vemos una sociedad que está produciendo no sólo un aumento de la población con un coeficiente intelectual cada vez más bajo, sino también una disminución de la población con un coeficiente intelectual elevado". En otras palabras: un embrutecimiento químico de la sociedad. Así que todos se vuelven mediocres, lo que reduce a la población a depender del gobierno porque ya no pueden rendir intelectualmente. Hay personas con los coeficientes intelectuales más bajos que son completamente dependientes, tenemos esta población masiva que creerá cualquier cosa que se le diga porque realmente no puede pensar con claridad. Luego hay una minoría de personas con alto coeficiente intelectual, con buena función cerebral, que pueden entender todo esto, ¡y eso es lo que quieren! Así se entiende que insistan en gastar cientos de miles de millones de dólares en publicidad: el objetivo es atontar a la población."*

Empecemos por el flúor, recomendado por *los expertos* tres veces al día en los cepillos de dientes, en pastillas para los niños y en dilución masiva en el agua potable para todos. La fluoración de los suministros de agua potable es algo habitual, pero lo que es mucho menos conocido es que el flúor tiene un cierto impacto en el cerebro de las poblaciones. El flúor es un importante represor de las funciones intelectuales. Estudios independientes demuestran que el flúor provoca diversos trastornos mentales, vuelve a las personas estúpidas, dóciles y serviles, además de disminuir la longevidad y dañar la estructura ósea. El primer uso del flúor en el agua potable se remonta a los campos de concentración nazis. La empresa farmacéutica I.G. Farben suministró el fluoruro. Evidentemente, los nazis no utilizaban este producto para mejorar la salud dental de sus prisioneros, por supuesto que no, esta medicación masiva del suministro de agua con flúor se utilizaba para esterilizar a los prisioneros y atontarlos para asegurar su docilidad. El químico Charles Perkins fue uno de los primeros en denunciar los efectos nocivos de la fluoración del agua potable en un ensayo que publicó en 1952. Afirma que las dosis repetidas de flúor, incluso en cantidades infinitesimales, reducen la capacidad de un individuo para resistirse a la dominación al envenenar lentamente una parte específica de su cerebro mediante el narcotismo. Lo somete así a la voluntad de quienes quieren gobernarlo... ¡Nada menos! Incluso declara que el flúor es una *"lobotomía ligera y conveniente"* y que la verdadera razón de la fluoración del agua no tiene nada que ver con la salud dental de los niños.[13] La cuestión del flúor parece ser importante, pero no es la única.

El agua potable destinada a la población recibe varios aditivos durante su proceso de tratamiento, además del flúor, podemos mencionar el aluminio, implicado en graves trastornos neurológicos, como el Alzheimer. Sobre este tema, véase la excelente investigación de Sophie Le Gall titulada *"Du poison dans l'eau du robinet"* (France 3, 2013), que muestra explícitamente el inmovilismo de los cargos electos y de organizaciones como la AFSSA (Agencia Francesa de Seguridad Sanitaria y Alimentaria) ante un agua supuestamente "potable" que, en realidad, está totalmente envenenada en algunas regiones de Francia. También encontramos este aluminio en las vacunas, así como el mercurio, que también es un veneno para el sistema nervioso. El mercurio provoca el autismo en los niños pequeños, aunque la industria farmacéutica se esfuerza por demostrar que no hay ninguna relación debido a los colosales intereses financieros. Algunas vacunas también contienen un adyuvante llamado polisorbato 80, que se utiliza en farmacología para permitir que ciertos medicamentos atraviesen la barrera hematoencefálica. ¿Cuál es exactamente el papel de esta sustancia química en el proceso de vacunación? ¿Los metales pesados neurotóxicos como el aluminio y el mercurio contenidos en las vacunas atraviesan la barrera hematoencefálica?

Toda esta acumulación de metales pesados en el organismo (introducidos por el agua, las vacunas, las amalgamas dentales, los alimentos...) provocará el bloqueo de las enzimas destinadas a degradar las proteínas alimentarias como el gluten o la caseína, lo que provocará una intoxicación crónica del organismo. En efecto, cuando las proteínas de los cereales y de la leche no se degradan completamente, atraviesan la pared intestinal y entran en el torrente sanguíneo. Estos "péptidos opiáceos" se comportan en el cuerpo como ciertas drogas de morfina y se unen a los receptores bioquímicos específicos para estas sustancias. En su libro titulado *"Gluten and dairy free diet"*, Marion Kaplan explica que, al ocupar y saturar los receptores opiáceos, los péptidos del gluten (contenidos en cereales como el trigo, la avena, el centeno y la cebada) y la caseína (contenida en la leche de vaca) provocan alteraciones del comportamiento y favorecen el desarrollo de ciertas "enfermedades". Estos trastornos del comportamiento causados por la descomposición parcial del gluten y la caseína han sido destacados en varias publicaciones médicas, entre ellas las del profesor Reichelt y el Instituto de Investigación Pediátrica de la Universidad de Oslo. Reichelt es pionero en la búsqueda de péptidos opioides, que descubrió en 1981 en la orina

---

[13] *Operación Flúor* - vivresansogm.org.

de niños hiperactivos, autistas y esquizofrénicos. Entre 1986 y 1991, observó notables mejoras e incluso curaciones tras la eliminación del gluten y la caseína de la dieta de sus pacientes. La intoxicación por gluten y caseína es la causa de una amplia gama de trastornos del comportamiento, desde la hiperactividad hasta el autismo, pasando por los trastornos de la personalidad y la epilepsia. Las sustancias opiáceas que saturan el cerebro tienen el efecto de inhibir los vínculos sociales. La indiferencia, el retraimiento y la falta de lenguaje son las principales consecuencias. Al mismo tiempo, estos péptidos nocivos que desordenan el cuerpo interrumpen la gestión de la serotonina. A veces hay demasiada serotonina, y a veces muy poca. Esto provoca un exceso de información transmitida a través de los sentidos, insomnio, reacciones impulsivas, etc.[14]

Hoy en día, basta con leer las etiquetas de los envases de los alimentos industriales para ver que el gluten y la caseína se añaden sistemáticamente a los platos preparados, los postres, las salsas, las sopas, etc. A esto se añade el aumento constante de la presencia de aditivos químicos de todo tipo en los alimentos industriales, ya desnaturalizados, contaminados e incluso modificados genéticamente. Esto se suma a la presencia cada vez mayor de aditivos químicos de todo tipo en alimentos industriales ya desnaturalizados, contaminados e incluso modificados genéticamente. Por lo tanto, no debería sorprendernos que cada vez más niños desarrollen trastornos de conducta, conocidos como hiperactividad, función cerebral mínima o síndrome psico-orgánico. Estos trastornos repercuten en el rendimiento escolar y crean un cierto malestar que conduce a diversas adicciones. Otros aditivos, como el ácido cítrico, ciertos conservantes y colorantes sintéticos, pueden desencadenar intolerancias en personas susceptibles, con un impacto significativo en los sistemas neurológicos que regulan los gestos, los movimientos y la concentración.[15]

En Australia, J. Breakey llevó a cabo un estudio titulado "*The role of diet and children's behaviour*" (*El papel de la dieta y el comportamiento de los niños)*, publicado en 1997 en el *Journal of Pediatrics & Child Health*. La investigación demostró que las dietas pueden afectar al comportamiento de algunos niños. Se ha informado de que síntomas como el trastorno por déficit de atención, el síndrome de hiperactividad, los problemas de sueño y, sobre todo, los cambios de humor pueden corregirse con la dieta. Otro estudio australiano, realizado por el *Instituto de Investigación de la Salud Infantil*, observó la actividad eléctrica del cerebro de quince niños que padecían el síndrome hipercinético con déficit de atención inducido por ciertos alimentos. Durante la ingesta de los alimentos ofensivos, se observó un aumento significativo de la actividad cerebral beta en la región frontotemporal del cerebro. Esta investigación de 1997, que fue la primera de este tipo, demostró claramente una asociación entre la actividad eléctrica del cerebro y la ingestión de ciertos alimentos en niños con TDAH (Trastorno por Déficit de Atención e Hiperactividad). Estos datos científicos validan la hipótesis de que, en algunos

---

[14] *Dieta sin gluten y sin lácteos* - Marion Kaplan, 2010.

[15] "Nutrición y comportamiento de los niños – fosfatos", Aldo Massarotti, químico bromatólogo.

niños, los alimentos no sólo pueden influir en los síntomas clínicos, sino también alterar la actividad eléctrica del cerebro.[16]

En un artículo titulado *"Fosfatos en la alimentación: niños al borde de la locura"*, el pediatra Frédérique Caudal informa de lo que ha observado. Tras dos años de experimentos en su consulta, ha descubierto que una dieta sin aditivos de fosfato compensa la condición de los niños hiperactivos en cuatro días y evita así el infame "medicamento" *Ritalin*. Los fosfatos están presentes en prácticamente todos los alimentos que contienen aditivos. Su uso es tal que, en los últimos 10 años, su presencia ha aumentado un 300%. Nuestros industriales no se andan con chiquitas cuando se trata de aditivos neurotóxicos.

La cuestión de los fosfatos fue planteada en Alemania ya en 1976 por la señora Hafer, farmacéutica especializada en el equilibrio ácido-base del cuerpo humano. Esta mujer había observado y estudiado las anomalías de comportamiento de su hijo adoptivo y había llegado a la conclusión de que el desencadenante eran los alimentos ricos en fosfatos naturales (leche, huevos, etc.) o los fosfatos añadidos (ácido fosfórico en los refrescos de cola, difosfatos en los quesos procesados, jamones cocidos y polvos de hornear en los pasteles de lecitina). El trabajo de Hafer ha tenido una gran repercusión en los países de habla alemana.[17]

Pasemos al glutamato sódico o E621. Se trata de un potenciador del sabor especialmente vicioso y muy extendido en la alimentación industrial. Está presente en todo tipo de aditivos como el caseinato de sodio, el extracto de levadura o el famoso *"aroma natural"*... El glutamato es una excitotoxina, es decir, un producto tóxico para el sistema nervioso del consumidor. Este aditivo alimentario provoca trastornos del estado de ánimo, confusión mental, ataques de ansiedad y problemas de comportamiento, especialmente en los niños.

En 1991, el programa de televisión estadounidense *60 Minutes* emitió un reportaje sobre los peligros del GMS. En este documental, el Dr. John Olney, profesor de neuropatología y psiquiatría, afirma estar convencido de que las personas corren el riesgo de sufrir este aditivo que daña los nervios, especialmente los bebés y los niños. Fueron las investigaciones del Dr. Olney las que señalaron el posible peligro para los bebés y las que llevaron a la eliminación del glutamato de los alimentos infantiles en la década de 1970. Pero hoy Olney sigue preocupado por los millones de niños que están expuestos a ella en sus alimentos favoritos -la comida rápida y los aperitivos-, que no están en absoluto controlados. El informe nos muestra el caso de un niño de diez años, Jeremy Larrows, que fue diagnosticado como hiperactivo, lo que le llevó al fracaso escolar. Se intentó todo para ayudarle, desde tratamientos químicos hasta programas educativos especiales, pero nada ayudó al niño. Todo el mundo pensaba que tenía déficit de atención. Durante cinco años, Jeremy se mostró enfadado y agresivo con sus compañeros y su familia, hasta el punto de ser infeliz. Ya no podía controlar su propio comportamiento. Su familia lo llevó a

---

[16] Uhlig T., Merken schlager A, Brandmaier R, Egger J. - Eur. J. Pediatr. Julio de 1997.

[17] "Alimentation et comportement des enfants – Phosphates", Aldo Massarotti, químico bromatólogo.

ver al Dr. Schwartz, quien inmediatamente ordenó la eliminación total del glutamato de su dieta. Rápidamente se produjeron cambios drásticos, su hiperactividad desapareció, sus notas mejoraron notablemente, al igual que sus relaciones con los amigos y la familia. Su madre dijo a los periodistas: *"Lo perdimos durante cinco años, ahora lo tenemos de vuelta, y es un niño hermoso y brillante. Ha sido una larga y dura búsqueda...*

En la misma familia de las excitotoxinas, tan viciosa y extendida como el glutamato sódico, está el aspartamo (E951), un edulcorante neurotóxico que se encuentra en más de 6.000 alimentos. Este neurotóxico tiene la desafortunada capacidad de destruir neuronas. En 1971, el Dr. John Olney, que ya había demostrado el peligro del glutamato sódico, consiguió demostrar que el ácido aspártico (40% del que se compone el aspartamo) provoca literalmente agujeros en el cerebro de los ratones jóvenes. A pesar de ello, el aspartamo sigue estando permitido como aditivo alimentario e incluso se utiliza en algunos productos farmacéuticos. El ácido aspártico se acumula en nuestro cuerpo, afecta a nuestro cerebro y también atraviesa la placenta para llegar al cerebro del feto.[18]

A pesar de la evidencia de su toxicidad, sigue presente en sus supermercados... especialmente en la caja, en bonitas cajitas de todos los colores que atraen a sus hijos. Periódicamente, los *"dictámenes de expertos"* (como *la Autoridad Europea de Seguridad Alimentaria*) confirman en los titulares de nuestros medios de comunicación que el aspartamo es seguro para nosotros, ¡e incluso destacan su utilidad! ¿Por qué una guerra de información con grandes golpes de "experiencia" intenta confirmar sistemáticamente la inocuidad de estos aditivos neurotóxicos? Depende de ti responder...

e/ Ingeniería social: *"Estrategia de choque"*, Instituto Tavistock

Si se puede inducir el terror de forma generalizada en una sociedad, ésta vuelve a ser una "tabula rasa", una pizarra en blanco, una situación en la que se puede establecer fácilmente el control. Kurt Lewin, psiquiatra alemán, director del Instituto Tavistock en los años 30.

Lewin sostenía que, mediante la creación de un caos controlado, se podía llevar a la población a un punto en el que se sometería voluntariamente a un mayor control.

La *"estrategia del shock"*, término popularizado por Naomi Klein en su libro *"La estrategia del shock: el auge del capitalismo del desastre"* (2007), se basa en técnicas de lavado de cerebro que pretenden destruir la memoria del sujeto, romper su capacidad de resistencia, para obtener una página en blanco en la que imprimir una nueva personalidad. Estas técnicas pueden aplicarse a toda una población creando una *"tabula rasa"* (borrón y cuenta nueva), es decir, borrando el patrimonio de un país así como sus estructuras sociales y económicas

---

[18] *El peligro de los aditivos alimentarios* - Corinne Gouget, 2006.

para construir una nueva sociedad, un nuevo orden tras el caos planificado y controlado. Una vez que se priva a la gente de sus puntos de referencia, se la pone en estado de shock y se la infantiliza, está indefensa y es fácil de manipular y despojar. Este proceso puede aplicarse tras una grave crisis económica o política, una catástrofe medioambiental o incluso un atentado o una guerra. Pero también puede aplicarse de forma progresiva, a largo plazo.

El Instituto Tavistock es un punto clave en los proyectos fundacionales del control mental global, la ingeniería social o, más exactamente, aquí el "caos social organizado". Esta compleja organización ha conseguido cambiar por completo el paradigma de nuestra sociedad moderna... Según su página web oficial, el *Instituto Tavistock* es una organización sin ánimo de lucro creada en Inglaterra en 1947. El Instituto se describe a sí mismo como centrado en la aplicación de las ciencias sociales en una variedad de campos profesionales, incluyendo el gobierno, la industria, los negocios, la salud y la educación. La organización escribe y publica la revista mensual *"Human Relations"*. Sus clientes van desde grandes empresas multinacionales hasta pequeños grupos comunitarios, tanto a nivel nacional como internacional. El Instituto Tavistock es uno de los grupos más misteriosos e influyentes de los últimos cincuenta años, pero es poco conocido. Hay varios elementos que lo hacen inusual y único: es independiente, ya que se autofinancia por completo y no recibe financiación gubernamental; su campo de actividad está a caballo entre el mundo académico y el de la consultoría; y sus áreas de investigación incluyen la antropología, la economía, el conductismo, la ciencia política, el psicoanálisis, la psicología y la sociología.

Este instituto inició sus actividades con la creación de la *"Clínica Tavistock"*, fundada en Londres en 1920. En aquella época era un instituto psiquiátrico. Fue Herbrand Arthur Russell, duque de Bedford y marqués de Tavistock, quien decidió asignar un edificio en el centro de Londres a un grupo de médicos, en su mayoría psicólogos, para que pudieran desarrollar sus investigaciones. El instituto comenzó con el estudio de la psicosis traumática y el *"punto de ruptura"* en los supervivientes de la Primera Guerra Mundial. El *"punto de ruptura"* es el momento en el que la psique del soldado se rompe bajo el efecto del trauma, una especie de punto de inflexión psicológica ante un estrés intolerable. El objetivo de esta investigación era aplicar los resultados de estos estudios sobre los supervivientes de la guerra directamente a la población civil. El proyecto fue supervisado por la *Oficina de Guerra Psicológica del* Ejército Británico bajo la dirección del psiquiatra John Rawling Rees, que más tarde se convertiría en cofundador de la *Federación Mundial de Salud Mental*. En 1940, Rees definió los objetivos de esta guerra psicológica de la siguiente manera: *"Desde la última guerra mundial hemos realizado un gran trabajo de infiltración en las distintas organizaciones sociales de todo el país (...) Hemos lanzado una ofensiva especialmente eficaz en muchas profesiones. Los dos más fáciles eran la enseñanza y la iglesia, mientras que los dos más difíciles eran el derecho y la medicina. Cualquiera cuya memoria se remonte a una docena de años se dará cuenta de la importancia del cambio en la mente de los profesionales (...) Si queremos infiltrarnos en otras actividades sociales y profesionales, creo que debemos imitar a los regímenes totalitarios y establecer una actividad de tipo quinta columna (...) El Parlamento, la prensa y otras publicaciones son los medios más seguros para difundir nuestra propaganda (...) Debemos aspirar a infiltrarnos en todas las actividades educativas de la vida nacional.*"[19]

En 1932, la dirección del Instituto pasó a manos del psiquiatra alemán Kurt Lewin, fundador de los *National Training Laboratories* (NTL, centro de investigación de psicología clínica de Harvard, creado en 1947), especializado en el estudio del comportamiento humano y la psicología conductual. Lewin es conocido por su trabajo sobre la manipulación del comportamiento de las masas, es decir, el lavado de cerebro a gran escala... Gran parte de su investigación para el Tavistock implicó el desarrollo del lavado de cerebro en masa aplicando los procesos traumáticos de la tortura repetida para el control mental individual sobre la sociedad en su conjunto. Fue Lewin quien originó la teoría de la "*tabula rasa*", según la cual el terror inducido a gran escala en una sociedad conducirá a una especie de aturdimiento en esa misma sociedad, una situación en la que "*el control puede obtenerse fácilmente desde un punto externo*".[20]

Para Lewin, hay que "infantilizar" a la sociedad, según él hay que desarrollar un estado mental inmaduro en la población para poder controlarla lo mejor posible. A este caos social controlado lo llamó "fluidez". En 1963, el jefe de los fideicomisarios del Instituto Tavistock, Eric Trist, dijo exactamente lo mismo sobre el control de la sociedad: "La administración de una serie de sucesivos choques traumáticos a una sociedad tiene el efecto de desestabilizarla y crear condiciones permanentes de turbulencia social..." [21] que servirán para generar una nueva sociedad, un nuevo paradigma de sociedad, una oportunidad para dar forma a una nueva cara de este planeta. Para ello, la "psiquiatría social" tuvo que desarrollarse y aplicarse a gran escala.[22]

El Dr. William Sargant, otro investigador de Tavistock, escribió en 1957 en su libro Battle for the Mind: A Physiology of Conversion and Brain-Washing (Batalla por la mente: una fisiología de la conversión y el lavado de cerebro): "Se pueden implantar varios tipos de creencias después de que el funcionamiento del cerebro haya sido suficientemente perturbado por la inducción deliberada de miedo, ira o excitación."

Traumatizar para reprogramar es el *modus operandi* estándar de Tavistock. Aquí encontramos el protocolo de programación mental individual basado en el trauma. Se trata de borrar la personalidad original del sujeto mediante una sucesión de traumas, para instalar una nueva personalidad

---

[19] *Strategic Planning for Mental Health*, Coronel John Rawlings Rees, Mental Health Vol.1, No.4, octubre de 1940, pp. 103-104.

[20] *Fifty Years of the Tavistock Clinic'* - Henri Victor Dicks, Londres, Routledge and Paul, 1970.

[21] *Control de la mente Control del mundo* - Jim Keith 1997, capítulo 5.

[22] "La psiquiatrización de la sociedad, ¿la conspiración y la psiquiatría van juntas?" - Alain Gossens, Karmapolis.com.

programada, un nuevo Orden... *Ordo Ab Chao*, el orden nace del caos, lema de la masonería. O *"Disolver"* los elementos y luego *"Coagularlos"*, el gran misterio de los alquimistas... fórmulas que parecen aplicarse bien en el campo del control mental, tanto individual como colectivo.

El Instituto *Tavistock* se convirtió en el centro de investigación psiquiátrica por excelencia y cambió su nombre en 1947 por el de *Instituto Tavistock para las Relaciones Humanas*. A continuación, continuó su trabajo sobre estrategia y guerra psicológica para la OSS y su sucesora, la CIA. Esta organización cuenta con una poderosa red de influencia que le permite infiltrarse y calar en los distintos sectores de la sociedad materialista en la que vivimos. Esta red incluye a generosos mecenas que permiten que el Instituto perdure y funcione eficazmente. Patrocinadores como el Ministerio del Interior británico, la Fundación Rockefeller, la Fundación Ford, el Instituto Carnegie, etc. Tavistock también está estrechamente vinculado a muchos *grupos de reflexión* y otras organizaciones globalistas como la OMS (Organización Mundial de la Salud), la Federación Mundial de Salud Mental, la UNESCO y la Rand Corporation.[23]

La familia Rockefeller siempre ha tenido un papel importante en el avance de Tavistock. En su libro *Mind Control, World Control*, Jim Keith informa de la siguiente declaración de un columnista oficial de Tavistock: "*La Fundación Rockefeller, antes de financiarnos, necesitaba asegurarse, no sólo de nuestras políticas... sino también de la gente que trabaja allí.*"

En un documento de financiación del grupo, se indican algunos de los objetivos del Tavistock:[24]

a/ La invención del "orden psiquiátrico" como función médico-social que conduce a la observación y el reconocimiento de los problemas en el ámbito de las relaciones humanas y su gestión.

b/ La invención de la "psiquiatría social" como ciencia política para intervenir en la prevención de problemas a gran escala.

c/ La creación de toda una serie de instituciones militares que apliquen concretamente las políticas recomendadas.

d/ La invención de nuevos tipos de comunidades terapéuticas.

e/ La invención de la "psiquiatría cultural.

El Instituto Tavistock fue el primero de su clase y ha visto cómo se han creado cientos de otros centros similares, como el *ISR*, el *Cornell ILR*, el *Instituto Hudson*, los *National Training Laboratories*, el *Walden Research*, el *Stanford Research Institute* y muchos otros en todo el mundo siguiendo el modelo Tavistock. Diez grandes instituciones están directamente bajo su control, con cuatrocientas filiales y no menos de tres mil grupos diversos y *think tanks* especializados en organización del comportamiento, ciencia política, psicoanálisis, psicología y sociología. Según John Coleman, autor de *"Conspirator's Hierarchy: the Story of The Committee of 300"*, Tavistock cuenta

---

[23] *La jerarquía de los conspiradores* - Dr. John Coleman.

[24] Mind Control World Control - Jim Keith 1997, p.45.

con un verdadero *"ejército invisible"* de actores en los tribunales, la policía, las universidades, los medios de comunicación, etc. Tavistock elige a los artistas con los que quiere trabajar. Tavistock elige a los artistas que vemos, forma e introduce en la sociedad a los expertos que escuchamos y a los políticos que elegimos...

Se dice que Tavistock ha formado a líderes mundiales para utilizarlos desde posiciones estratégicas en todo el mundo. Este fue el caso de Henry Kissinger, un refugiado alemán y antiguo alumno de John R. Reese, que es uno de los líderes más importantes que han pasado por el Tavistock. Como resultado de su formación, Kissinger ascendió rápidamente a altos cargos de poder político y estratégico y sigue siendo un hombre de gran influencia en la actualidad. Otro ejemplo es Jimmy Carter. En los años 70, se sospechaba que el futuro presidente de los Estados Unidos era un *"zombi con el cerebro lavado de la naranja mecánica"*. En julio de 1976, el periódico de Lyndon Larouche *New Solidarity International Press Service* (n° 27) publicó un artículo titulado *"¿Le han lavado el cerebro a Jimmy Carter?* Hay *muchas pruebas que sugieren que la sonrisa "tavistockiana" de Carter y su pseudo-religión son el resultado directo de un programa de modificación del comportamiento llevado a cabo por su "amigo íntimo", el psiquiatra Peter Bourne, y su hermana Ruth Carter Stapleton... Carter tiene un historial de inestabilidad psicológica que lo hace muy susceptible de ser programado para una sumisión completa en una elección presidencial En 1966, poco después de perder unas elecciones en Georgia, Carter cayó en una depresión y dijo: "La vida no tiene sentido... el menor fracaso es un desastre insuperable para mí".* Esto no es una prueba de programación mental, pero Carter estaba bajo el control del Dr. Peter Bourne, un psiquiatra de Tavistock. Bourne le acompañó durante todo su ascenso político hasta el punto de convertirse en su director de campaña durante las elecciones presidenciales. Bourne vio en Carter la oportunidad de crear un *Candidato de Manchuria* (el término utilizado en MK-Ultra para un asesino que no es consciente de su programación). Según el propio padre de Bourne, un comandante de las fuerzas especiales del ejército británico que realizaba regularmente estudios sobre gorilas y babuinos en el Centro de Investigación Yerkes, su hijo *"siempre se interesó por cómo conseguir que se eligiera a un presidente desde un punto de vista sociológico y de comportamiento". En el equipo de Carter, él es quien dirige una verdadera campaña presidencial científica."*

Tavistock también está detrás de algunos movimientos sociales a gran escala. Tomemos el ejemplo de la "contracultura" de los años sesenta, donde la red Tavistock dirigió claramente la difusión y el uso de las drogas, especialmente del LSD. El descontento y las protestas de los jóvenes fueron una puerta abierta para infundir ciertas ideologías con las drogas. Esta desestabilización social iba a ser un resquicio para probar nuevos métodos de control, como las fiestas gigantescas en las que se suministraría LSD a gran escala. Así, los jóvenes conejillos de indias acabarían convirtiéndose en agentes de la nueva cultura también conocida como la *Nueva Era* (el proyecto espiritual de ocultistas luciferinos como Alice Bailey y Helena Blavatsky). Uno de estos primeros festivales gigantescos se celebró en 1967, el *Monterey Pop International* de California, con más de 100.000 participantes. Un concierto de tres días que se convertiría en el modelo de festivales masivos como Woodstock, organizado dos años después con la total complicidad del FBI. El festival de Woodstock fue una gigantesca operación de control mental al aire libre basada en el LSD. La revista *Time* llamó a la reunión de Woodstock el *"Festival de Acuario"* en referencia al fin de la Era de Piscis y el comienzo de la Era de Acuario: la *Nueva Era,* o Nuevo Orden (más adelante se hablará de ello), que se establecería tras la desestabilización social de los años sesenta.

La enorme promoción mediática de los Beatles en Estados Unidos (grupo al que volveremos en el capítulo 9) también se organizó como parte de este experimento social a gran escala. No fue una revuelta espontánea de la juventud contra el sistema social, sino que los grandes grupos de "música rock" de la época sirvieron, entre otras cosas, para introducir un nuevo vocabulario y expresiones para formar una nueva cultura. Drogas, sexo, rock'n'roll, protestas a nivel nacional... el nuevo y el viejo mundo chocaron frontalmente y todos estos hippies no tenían ni idea de que esto formaba parte de un plan social decidido y organizado detrás de prestigiosas fundaciones filantrópicas, corporaciones y centros de investigación dependientes de la Fundación Rockefeller entre otros. Estos maestros titiriteros de las finanzas y la política utilizaron la cultura pop para manipular el desarrollo social.

Del mismo modo, también podemos mencionar la música rap, que se utilizó para establecer una ideología liberal en Estados Unidos y posteriormente en Europa. La técnica "tavistockiana" era la misma que la de los movimientos hippies, es decir, operaciones de *Cointelpro* (*Programa de Contrainteligencia*) que consistían en una infiltración directa en el movimiento original para desestabilizarlo, distorsionarlo para desacreditarlo o desviarlo hacia fines específicos, como fue el caso, por ejemplo, de las *"Panteras Negras"* (movimiento político revolucionario estadounidense) Los raperos y los hippies son dos movimientos que parecen totalmente opuestos... sin embargo, es interesante observar que la *Nación Zulú* (la organización insignia del rap) adoptó como lema en 1974 *"Paz, Unidad, Amor y Diversión"*. Es la misma fórmula que el movimiento hippie había utilizado diez años antes: *"¡Paz y amor!* Esta es una filosofía libertaria que dice *"haz el amor y no la guerra"*. Una doctrina que consiste en hacer la revolución a través de la sublimación de los placeres, a través de la apología de la droga y del sexo, nada más y nada menos. Hoy en día, podemos ver que el rap industrial, que recauda millones de dólares, sigue propagando un materialismo exacerbado y decadente de forma cada vez más virulenta, con producciones que se propagan todo el tiempo en las principales redes de comunicación. De hecho, este proceso de ingeniería social, que comenzó en la década de 1950, no se ha detenido y ahora estamos viendo las consecuencias. John Coleman (autor y ex espía del MI6) escribió: *"La bancarrota moral, espiritual, racial, económica, cultural e intelectual en la que nos encontramos hoy no es un fenómeno social que haya ocurrido por casualidad. Más bien, es el resultado de un programa de Tavistock cuidadosamente organizado.*"[25]

Estos programas de ingeniería social dirigidos especialmente a los jóvenes tienen su continuidad en la actualidad con la propulsión a la primera línea del escenario de "starlets" hipersexualizadas y mundialmente idolatradas como Lady Gaga, Beyoncé, Miley Cirus, etc., la lista es larga. Estrellas cuyas letras de canciones y comportamiento sobre el escenario son cada vez más desviados, por no decir completamente desquiciados. Volveremos a hablar de ello en el capítulo 9 sobre la industria del entretenimiento.

En términos de ingeniería social, el cine es también una herramienta esencial, del mismo modo que la televisión y la música emitida en bucle por las ondas de radio y los canales de televisión especializados. El cine, la televisión y la música tienen un efecto "alienante" al despersonalizarnos. Nuestra imagen externa e interna tiende a ser un reflejo o una copia de los modelos realizados por las estrellas, los actores, los ídolos y otros *símbolos sexuales...* Estos escenarios "vitales" a los que estamos expuestos todo el tiempo, desde las películas de Hollywood hasta los "realities" diarios, las series de televisión adictivas y los vídeos musicales, influyen considerablemente en nuestro aspecto, nuestro estilo, nuestros pensamientos, nuestras actitudes, nuestro comportamiento, incluso nuestras emociones y sentimientos. La omnipotencia de la imagen pretende mantenernos en un estado de infantilización y, por tanto, más dóciles y manipulables.

También hay mucho que decir sobre ciertos videojuegos ultraviolentos o impregnados de ocultismo. Algunas producciones son verdaderos mundos alternativos que, a diferencia de una película que dura una o dos horas, aquí los escenarios pueden durar decenas y decenas de horas durante las cuales el jugador es actor de su propia programación, por lo que el efecto sobre el subconsciente se multiplica por diez.

Es mucho más fácil dirigir una sociedad mediante el control mental que mediante la coacción física, y no faltan métodos para programar a las masas. La base para controlar a la población es mantenerla ignorante de los fundamentos del sistema en el que vive y mantenerla confundida, desorganizada y permanentemente distraída.

El profesor Noam Chomsky, lingüista y filósofo estadounidense, ha descrito algunas estrategias para manipular a las masas:

- La estrategia de desviación

Consiste en desviar la atención del público de los asuntos importantes mediante un continuo bombardeo de distracciones e información trivial. Esta estrategia impide que la masa se interese por los conocimientos en los campos de la ciencia, la economía, la psicología, la neurobiología, etc., información

---

[25] *The Tavistock Institute Of Human Relations: Shaping the Moral, Spiritual, Cultural, Political and Economic Decline of the United States of America* - John Coleman, 2006, p.14.

esencial. El secuestro de las actividades mentales también se consigue mediante planes de estudio de baja calidad y métodos de aprendizaje que sabotean el pensamiento crítico y la creatividad. Las escuelas mantienen así a los jóvenes ignorantes sobre las verdaderas matemáticas, las verdaderas leyes, la verdadera historia, etc. Los medios de comunicación, por otra parte, mantienen cuidadosamente al público alejado de los verdaderos problemas sociales.

- La estrategia del pirómano o "problema-reacción-solución".

Se trata de crear problemas para ofrecer soluciones. En primer lugar, se crea una situación que pretende provocar una determinada reacción del público, para que éste exija las medidas que se quiere que acepte. Por ejemplo, permitiendo que se desarrolle la violencia, organizando atentados sangrientos, asaltos, para conseguir que el público exija leyes liberticidas y de seguridad. En la misma línea, organizar una crisis económica para que la gente acepte como un mal necesario el retroceso de los derechos sociales y el desmantelamiento de los servicios públicos.

- La estrategia de gradación y aplazamiento

Consiste en hacer que la gente acepte una medida, una ley o unas condiciones socioeconómicas inaceptables. Para ello, basta con aplicarlo progresivamente, de forma "degradada", durante un periodo de unos diez años. La estrategia de aplazamiento consiste en conseguir que el público acepte una decisión impopular *"dolorosa pero necesaria"* obteniendo su acuerdo para aplicarla en el futuro. Las masas siempre tienden a esperar ingenuamente que *"todo irá mejor mañana"* y que se puede evitar el sacrificio necesario. Esto da tiempo al público a acostumbrarse a la idea del cambio y a aceptarlo con resignación cuando llegue el momento.

- La estrategia de la infantilización

Consiste en dirigirse al público como si fueran niños pequeños. La mayoría de los anuncios dirigidos al público en general, sobre todo los de radio, utilizan un discurso, unos argumentos, unos personajes y un tono especialmente infantilizantes, incluso debilitantes, como si el espectador fuera un niño pequeño o un discapacitado mental. Cuanto más se intente engañar al público, más se utilizará un tono infantilizador. La propaganda de la "subcultura" o de la "crasa ignorancia" que incita al público a regodearse en la mediocridad, a encontrar "guay" ser vulgar, estúpido e inculto, está especialmente presente en los programas de telerrealidad, dirigidos a una juventud muy impresionable. Estas producciones televisivas actúan como una programación sobre individuos ya desarraigados y sin verdaderos puntos de referencia espirituales que les permitan cuestionar lo que ven e integran cada día.

Obviamente, para que esto funcione es necesario el control de la mayoría de los medios de comunicación. La programación mental de los individuos en posiciones clave/estratégicas es necesaria para el buen funcionamiento y la seguridad del sistema, los millones bajos no son una opción. La guerra invisible, con sus armas silenciosas, no dispara misiles, no hace ruido, pero sin duda causa daños físicos y mentales. Al público en general le costará creer que pueda ser sometido a un arma de este tipo, sentirá instintivamente que algo va mal, pero no será capaz de expresar este sentimiento de forma coherente y racional. Por lo tanto, la petición de ayuda y la organización colectiva de una defensa contra un arma tan invisible se hace muy difícil.

- Ondas electromagnéticas / psicotrónica

Todas nuestras acciones, pensamientos y sensaciones físicas se alimentan de la bioelectricidad producida por nuestras neuronas y transmitida a través de complejos circuitos neuronales dentro de nuestro cráneo. Por lo tanto, una onda electromagnética externa puede interferir con esta bioelectricidad cerebral.

El control mental psicotrónico puede aplicarse tanto a grandes poblaciones como a un solo individuo. El desarrollo de las armas electromagnéticas antipersona comenzó a mediados de los años 40, quizás incluso antes. La primera referencia conocida se encuentra en el American Strategic Bombing Survey (Pacific Survey, Military Analysis Division, Volume 63) que menciona la investigación japonesa para desarrollar un *"rayo de la muerte"*. El desarrollo de estas tecnologías está vinculado a las investigaciones sobre el control mental y la modificación del comportamiento llevadas a cabo por los servicios militares y de inteligencia estadounidenses y soviéticos al principio de la Guerra Fría. El objetivo era desarrollar medios técnicos capaces de manipular, modificar o controlar la conciencia y el comportamiento de individuos o grupos de individuos. Como estos programas experimentales tenían un interés militar, fueron cubiertos muy rápidamente por el secreto de defensa, tanto en Estados Unidos como en la URSS.

La *"investigación del comportamiento"* estudia los campos de la bioelectricidad, la estimulación eléctrica o radioeléctrica del cerebro, la destrucción electrónica de la memoria, pero también la psicocirugía, la hipnosis, la parapsicología, la telepatía, la telequinesis, lo subliminal, la *visión a distancia*, la irradiación, las microondas, los ultrasonidos, etc.

En 1940, el científico Walter Hess recibió el Premio Nobel por haber conseguido influir en el comportamiento de los gatos (haciéndolos repentinamente feroces) mediante electrodos implantados en su hipotálamo. Ya a principios de la década de 1950, el Dr. Lilly había trazado un mapa de las funciones corporales relacionadas con diversas áreas del cerebro. Mediante el uso de electrodos, fue capaz de activar centros nerviosos relacionados con el miedo, la ansiedad, la ira o las funciones sexuales. Su investigación se realizó en monos. En los años 50 y 60, el Dr. José Delgado demostró que el comportamiento humano y el sistema nervioso podían controlarse completamente mediante señales eléctricas transmitidas al cerebro por diminutos electrodos.[26]

Influir en el cerebro humano a distancia con energía electromagnética era obviamente el siguiente paso en este campo de investigación. En ese momento, un documento de la CIA afirmaba: *"Se ha demostrado la viabilidad de controlar a distancia las actividades de varias especies de animales (...) Se llevarán a cabo investigaciones y evaluaciones específicas para la aplicación de algunas de estas técnicas en los seres humanos".*[27]

Ya en 1959, un documento de la CIA (obtenido por Harlan Girard, Presidente de la *Comisión Internacional de Armas Electromagnéticas Ofensivas,* a través de una solicitud de la Ley de Libertad de Información), subproyecto 119 del programa MK-Ultra, proponía "establecer una revisión crítica de la literatura y los desarrollos científicos relacionados con el registro, análisis e interpretación de bioseñales".), subproyecto MK-Ultra 119, ya se propuso *"establecer una revisión crítica de la literatura y los desarrollos científicos relacionados con el registro, el análisis y la interpretación de las señales bioeléctricas del cuerpo humano y la activación del comportamiento humano a distancia (...) Técnicas de activación del cuerpo humano por medios electrónicos remotos. Se ha avanzado y se está preparando la lista de laboratorios, investigadores y recursos del estudio de Bioelectrónica."*

En 1985, la periodista Kathleen McAuliffe conoció a José Delgado en su laboratorio de España, donde experimentaba con la estimulación electromagnética del cerebro. En un artículo para la revista *OMNI,* escribió que José Delgado le había mostrado cómo podía dormir a un mono o volverlo hiperactivo, o cómo podía calmar a los peces nerviosos utilizando una radiación de microondas debidamente modulada.[28]

El trabajo de Delgado fue fundamental en el campo de la psicotrónica, sus experimentos en humanos y animales demostraron que la estimulación electrónica de ciertas áreas del cerebro podía desencadenar emociones intensas, como la rabia, el deseo o la fatiga. En su trabajo titulado *"Estimulación intracerebral y observación de trazados en pacientes",* Delgado observó que *"la radioestimulación de distintos puntos de la amígdala y el hipocampo en sus cuatro pacientes provocaba diversos efectos, entre ellos sensaciones agradables, euforia, concentración profunda, relajación intensa (precursora esencial de la hipnosis profunda), visiones coloreadas (alucinaciones), etc."*[29]

Ya en 1966, Delgado declaró: "Mis investigaciones confirman la desagradable conclusión de que el movimiento, la emoción y el comportamiento

[26] *Control físico de la mente, hacia una sociedad psicocivilizada* - José M.R. Delgado, 1969.

[27] *The Search for The Manchurian Candidate* - John Marks, 1979.

[28] *The Mind Fields* - Kathleen McAuliffe, revista OMNI, febrero de 1985.

[29] *Thought Control and the US Government* - Martin Cannon, LOBSTER 23 - De un análisis del periodista G. Guyatt presentado en el Simposio del Comité Internacional de la Cruz Roja sobre *La profesión médica y los efectos de las armas.*

pueden ser dirigidos por fuerzas eléctricas y que los seres humanos pueden ser controlados como robots pulsando botones. En 1974, Delgado intervino en el Congreso de Estados Unidos y declaró que "necesitamos un programa de psicocirugía para el control de nuestra sociedad". El objetivo es el control físico de la mente. [30] La mayor parte de los trabajos de Delgado sobre la influencia de las percepciones y el comportamiento a distancia mediante ondas electromagnéticas han permanecido clasificados e inaccesibles para el público.

Offensive Behaviour Control - USSR es un informe del ejército estadounidense (1972) que presenta 500 estudios sobre la experimentación soviética con el control mental electrónico, más concretamente sobre el uso de las *Oscilaciones Electromagnéticas de Súper Alta Frecuencia.* El programa ruso de armas de energía dirigida se centró en individuos, no en grupos. Algunos disidentes soviéticos fueron atacados con armas de microondas antipersonales, pero también con técnicas de alteración mental que pretendían *la sumisión total de la voluntad individual a una fuerza externa.*

En marzo de 1967 se creó en Praga *un grupo de coordinación de la investigación psicotrónica bajo la* presidencia del profesor Jaroslav Stuchlik. En 1970, este grupo se convirtió en la Sección de Investigación Psicotrónica de la Sociedad Científica y Técnica Checoslovaca, bajo la dirección del Dr. Zdenek Rejdak. Fue el Dr. Rejdak quien organizó el primer simposio ruso sobre investigación psicotrónica en Praga en junio de 1973, tras lo cual se formó una *Asociación Internacional de Investigación Psicotrónica,* cuyo segundo congreso se celebró en Montecarlo en julio de 1975.

El programa del simposio de Praga incluía los cinco temas siguientes
- Borrar el subconsciente
- Desarrollo de la PES (percepción extrasensorial)
- Inducción de efectos paranormales en los sueños
- El equivalente mecánico de la energía neuropsíquica
- Higiene psíquica''.

En 2001, el congresista estadounidense Dennis J. Kucinich propuso un proyecto de ley de preservación del espacio en la Cámara de Representantes (*Space Preservation Act - 107th Congress 1st Session H.R. 2977 - A Bill*). En la sección 7 del proyecto de ley, las tecnologías que acceden al cerebro humano, alteran la salud o matan se definieron como "*sistemas terrestres, marítimos o espaciales que utilizan radiaciones, electromagnéticos, psicotrónicos, sónicos, láser u otras energías dirigidas contra individuos o poblaciones seleccionadas con el fin de llevar a cabo una guerra de información, un control del estado de ánimo o un control mental de dichos individuos o poblaciones*".

La *psicotrónica* mencionada en la lista del proyecto de ley de Kucinich se describe en un libro de los científicos rusos Vladimir Tsygankov y Vladimir Lopatin ("*Las armas psicotrónicas y la seguridad de Rusia*"), como un arma que utiliza la radiación del "campo de torsión" (ondas escalares).

---

[30] José Delgado, 24 de febrero de 1974, transcripción en la edición de las "*Actas de las Sesiones del Congreso Americano*", número 26, vol. 118.

Existen acuerdos internacionales sobre derechos humanos que prohíben la manipulación no consentida de seres humanos. A iniciativa del senador estadounidense John Glenn, en enero de 1997 se abrió un debate en el Congreso (*Human Reasearch Protection Act*) sobre los riesgos de irradiar a la población civil. Hoy en día, las microondas pulsadas están presentes en nuestro entorno de forma masiva. Pocos se cuestionan el funcionamiento de esta tecnología y no necesariamente se dan cuenta del impacto y, sobre todo, del potencial de control y manipulación que genera la creación sistemática de una red de "comunicación" global.

Los impulsos nerviosos en el cerebro se llevan a cabo mediante señales eléctricas que desencadenan cambios químicos cerebrales. El cerebro humano funciona dentro de una banda relativamente estrecha de frecuencias dominantes, estas frecuencias indican el tipo de actividad que tiene lugar en el cerebro. Hay cuatro grupos principales de frecuencias de ondas cerebrales, que se asocian a la mayoría de las actividades mentales. El primer grupo incluye las ondas Beta (13-35 Hertz), que corresponden a un estado de vigilia normal, todo lo que esté por encima de esta frecuencia se asociará con el estrés, estados de agitación que pueden perjudicar nuestro pensamiento y debilitar nuestra capacidad de razonamiento. El segundo grupo de frecuencias incluye las ondas Alfa (de 7 a 13 Hertz), corresponden a un estado de relajación que nos permite concentrarnos mentalmente, estas ondas facilitan el aprendizaje. El tercer grupo, las ondas Theta (de 4 a 7 hertzios) corresponden a la imaginería mental (imaginación y ensoñación), al acceso a la memoria y a la concentración mental interna. El último grupo incluye las ondas Delta (de 0,5 a 3 hercios), que son ondas ultralentas que corresponden al sueño profundo. En general, la frecuencia de las ondas cerebrales será la más baja cuando el individuo se encuentre en un estado de relajación profunda y la más alta cuando la persona esté muy activa o agitada.[31]

Por lo tanto, cualquier señal externa al cerebro, con señales electromagnéticas idénticas, puede interferir con las ondas cerebrales al influir en su banda de frecuencia. En otras palabras, una señal externa puede imponer su propio ritmo al cerebro de una persona: las frecuencias normales se alteran entonces artificialmente y las ondas cerebrales se adaptan a la nueva banda de frecuencias, provocando un cambio en la química cerebral y modificando así los pensamientos, las emociones y el estado físico. Sabiendo que la mayor parte de la actividad cerebral humana tiene lugar en frecuencias de entre 1 y 100 hercios y que las ondas electromagnéticas de este tipo de frecuencia tienen longitudes de onda de cientos o incluso miles de kilómetros que impiden que se dirijan al cerebro humano, los científicos comenzaron a experimentar con microondas pulsadas. Es el tipo de microondas que se utiliza en los teléfonos móviles. Hay frecuencias de microondas pulsadas que penetran lo suficientemente profundo en el tejido cerebral para desencadenar la actividad neuronal.

---

[31] *Mega Brain, New Tools and Techniques for Brain Growth and Mind Expansion* - Michael Hutchinson, 1986.

El Dr. Ross Adey, uno de los pioneros en el estudio del control mental mediante ondas electromagnéticas, ha demostrado que se puede influir en el comportamiento y los estados emocionales a distancia colocando al sujeto en un campo electromagnético. Adey y sus colegas han demostrado que las microondas moduladas de diferentes maneras pueden imponer un tipo de actividad cerebral en diferentes áreas del cerebro. Trabajando con gatos, descubrieron que la frecuencia de ciertas ondas cerebrales que aparecían durante un comportamiento condicionado podía aumentarse selectivamente. Esto se consigue modificando la forma de las microondas con variaciones rítmicas de amplitud, equivalentes a las frecuencias del EEG (electroencefalograma). Por ejemplo, una modulación de 3 Hertz disminuyó el número de ondas Alfa en 10 Hertz en una zona del cerebro del animal y aumentó las ondas Beta en 14 Hertz en otra.[32] Dirigiendo una frecuencia para estimular el cerebro y utilizando la modulación de la amplitud para hacer que la forma de la onda imite una frecuencia EEG deseada, Adey pudo imponer a sus sujetos una tasa de onda Theta de 4,5 cps (ciclos por segundo).[33]

Entre 1965 y 1970, la *Agencia de Investigación de Proyectos Avanzados de Defensa (DARPA)*, con más del 70-80% de financiación militar, puso en marcha la Operación *Pandora* para estudiar los efectos sanitarios y psicológicos de las microondas de baja intensidad. Este proyecto ha llevado a cabo estudios que han demostrado cómo provocar infartos, fugas en la barrera hematoencefálica y alucinaciones auditivas. A pesar de los intentos de ocultar el Proyecto *Pandora*, los registros de la FOIA revelaron un memorando de Richard Cesaro, entonces director de *DARPA*, en el que se confirmaba que el objetivo inicial del programa era "*descubrir si una señal de microondas controlada con precisión podía controlar la mente*". Cesaro alentó este tipo de estudios "*para desarrollar posibles aplicaciones armamentísticas*". Aunque muchos de los proyectos giraban en torno al uso de estupefacientes y alucinógenos, los proyectos *Artichoke*, *Pandora* y *Chatter* demostraron claramente que los dispositivos "psicoelectrónicos" tenían la máxima prioridad. A partir de 1963, la investigación sobre el control del comportamiento se centró en la electrónica.

En septiembre de 1977, el director del proyecto *MK-Ultra*, el Dr. Sydney Gottlieb, testificó ante el Senado estadounidense. Cuando el senador Richard Schweicker le preguntó sobre los subproyectos del MK-Ultra que podrían estar relacionados con la hipnosis, o más precisamente con el control intracerebral radio-hipnótico (una combinación de transmisión de ondas e hipnosis), Gottlieb respondió al senador: "*Hubo un gran interés por los efectos observados en los sujetos que se encuentran en un campo de ondas y es probable que entre los*

---

[32] "Efectos de los campos modulados de muy alta frecuencia sobre ritmos cerebrales específicos en gatos", Brain Research, Vol 58, 1973.

[33] Extracto de un análisis del periodista David G. Guyatt presentado en el Simposio del Comité Internacional de la Cruz Roja sobre *"La profesión médica y los efectos de las armas"*.

innumerables subproyectos, alguien tratara de comprobar que era posible hipnotizar a una persona mientras estaba en un haz de ondas."[34]

En 1974, J. F. Schapitz llevó a cabo un estudio para demostrar que "las palabras pronunciadas por un hipnotizador pueden transmitirse mediante energía electromagnética modulada directamente a las partes subconscientes del cerebro humano, es decir, sin utilizar ningún dispositivo técnico para recibirlas, sin tener que transcodificar los mensajes y sin que la persona expuesta a tal influencia pueda controlar conscientemente la entrada de la información". Este estudio se divulgó en virtud de la Ley de Libertad de Información,[35] pero los resultados de Schapitz, financiados por el Pentágono, nunca se hicieron públicos.

En 1986, las Fuerzas Aéreas estadounidenses publicaron *"Low Intensity Conflict and Modern Technology"*. El documento tiene un capítulo titulado *"El espectro electromagnético en los conflictos de baja intensidad"* que fue escrito por el capitán Paul Tyler. Tyler fue director *del Proyecto de Radiación Electromagnética* de la Armada estadounidense de 1970 a 1977. Al principio de este capítulo, Tyler cita un informe de las Fuerzas Aéreas de 1982 titulado: *"Informe final sobre los requisitos de investigación biotecnológica para las estructuras aeronáuticas en el año 2000"* que dice *100 miliamperios a través del miocardio pueden causar un paro cardíaco y la muerte... Un sistema de radiación podría causar mareos o la muerte en una zona amplia. La eficacia de este dispositivo dependerá de la forma de la onda, la intensidad del campo, la amplitud del impulso, la repetición de la radiofrecuencia y la frecuencia del dispositivo portador."*

De forma menos intensiva, el uso de microondas podría adaptarse para influir simplemente en las emociones y el comportamiento humanos. Tyler también escribe: "Debido a *los numerosos parámetros que intervienen y a la especificidad de cada uno de ellos, cada uno puede adaptarse para obtener un efecto específico. Este tipo de flexibilidad ofrece un amplio abanico de opciones al usuario. Esto abre la puerta a respuestas adecuadas para la guerra, ya sea convencional o no convencional."*

A la objeción de que el rango de frecuencias en el que opera el sistema nervioso humano es demasiado estrecho para ofrecer una respuesta tan amplia, Tyler escribe: *"Hay informes no confirmados de que un cambio de 0,01 hertzios puede marcar la diferencia."*[36] Sin embargo, las frecuencias utilizadas en los experimentos científicos públicos no tienen este grado de precisión. Tyler menciona aquí la investigación militar que, si no está sin confirmar, está cubierta por el secreto de defensa.

---

[34] *Mind Control, World Control* - Jim Keith, 1997.

[35] *"Body Electric: Electromagnetism and the Foundation of Life"* - Robert Becker, William Morrow y comp. Nueva York, 1985.

[36] Low Intensity Conflict and Modern Technology, ed. Lt.Col. J. Dean, USAF, Air University Press, Center for Aerospace Doctrine, Research and Education, Maxwell Air Force Base, Alabama, June 1986 - Chapt: The Electromagnetic Spectrum in Low-Intensity Conflict, Capt Paul E. Tyler.

En 1960, los doctores Joseph Sharp y Allen Frey trataron de transmitir palabras habladas directamente al córtex auditivo mediante microondas pulsadas, similares a las vibraciones sonoras que puede emitir un altavoz. Esta investigación dio lugar al *"efecto Frey"*, más conocido como *"sistema auditivo de microondas"*. Ya en 1962, el dispositivo de Frey permitía, con la modulación adecuada, inducir sonidos tanto en personas sordas como en personas sin problemas de audición, tanto si estaban a unos centímetros como a varios miles de kilómetros del transmisor. A principios de los años 70, Sharp, que trabajaba en el proyecto militar *Pandora*, amplió los estudios de su colega Frey sobre la transmisión del sonido directamente al cerebro. En sus experimentos en el Instituto Militar Walter Reed, encontró una forma de reproducir y transmitir no sólo sonidos en el cerebro, sino también palabras totalmente comprensibles. Esta experimentación, cubierta por el secreto de defensa, se hizo finalmente pública en 1975 en un artículo de Don R. Justesen titulado *"Microondas y comportamiento"*.[37]

En julio de 1968, la Oficina de Patentes de los Estados Unidos registró la patente n° 3.393.279 para un invento de Patrick Flanagan descrito como *"dispositivo de estimulación del sistema nervioso"*, que era nada menos que el *"Neurófono"*: un dispositivo para transmitir sonidos directamente al cerebro a distancia, con una calidad de sonido natural y sin necesidad de ningún implante cerebral. El invento parecía tan increíble que la Oficina de Patentes no lo patentó hasta seis años después, pensando que no era serio. Nada más presentar la patente, la *Agencia de Inteligencia de Defensa* clasificó el invento como de "Seguridad Nacional". A Flanagan se le prohibió seguir investigando.

Según el Departamento de Corrección Psíquica de la Academia de Medicina de Moscú, la psico-corrección acústica consiste en la transmisión de órdenes específicas a través de bandas de ruido blanco en el subconsciente humano sin perturbar otras funciones intelectuales. Este departamento de la Academia de Medicina de Moscú ha reconocido claramente el peligro potencial de esta tecnología. Los expertos rusos, entre los que se encontraba George Kotov, un antiguo general del KGB que ocupó un alto cargo ministerial, presentaron un informe que contenía una lista de software y hardware relacionados con el programa de corrección psíquica, que podría suministrarse por la módica suma de 80.000 dólares. Según el general Kotov: *"Una vez que se ha hecho posible sondear y corregir el contenido psicológico de los seres humanos, en contra de su voluntad y por medios materiales, los resultados pueden escapar a nuestro control y ser utilizados de forma maliciosa e inhumana para manipular la psique colectiva."*

Algunos autores rusos señalan que la opinión mundial no está preparada para abordar adecuadamente los problemas que plantea la posibilidad de acceder directamente a la psique humana. Por ello, estos autores rusos han propuesto un centro bilateral para estas tecnologías psicoelectrónicas a través del cual Estados

---

[37] *"Microondas y comportamiento"* - Don R. Justesen, American Psychologist, marzo de 1975, p. 391.

Unidos y Rusia podrían vigilar y restringir estas tecnologías emergentes. El Dr. Igor Smirnov, experto ruso en armas no letales, fue invitado a Estados Unidos en 1993 para una serie de reuniones dedicadas al tema de la psicoelectrónica. En las reuniones participaron representantes de la CIA, la DIA, el FBI y DARPA, así como civiles, entre ellos representantes del Instituto Nacional de Salud Mental y de la investigación biomédica. Como ya se ha mencionado, Igor Smirnov es el creador de una tecnología capaz de insertar subliminalmente pensamientos en la mente de las personas. Una empresa llamada *Psychotechnologies Incorporated (Psi-Tech)*, con sede en Richmond, Virginia, ha conseguido un acuerdo con los rusos para compartir y desarrollar esta tecnología para su uso en América. El Dr. Smirnov murió de un ataque al corazón en 2005 y su patente es ahora propiedad exclusiva de *Psi-Tech*. Obsérvese que *Psi-Tech* está controlada por el coronel John B. Alexander, el general de la NASA Michael Aquino (miembro de la Iglesia de Satán y fundador del Templo de Set) y el teniente coronel Albert Stubblebine, entre otros...

Tal vez el documento desclasificado que mejor describe las capacidades del armamento psicoelectrónico sea el artículo del coronel estadounidense Timothy L. Thomas titulado *"La mente no tiene software antiintrusión"* (1998), del que se extraen los siguientes fragmentos:

Un arsenal de armas totalmente nuevo, basado en dispositivos diseñados para proyectar mensajes subliminales o para modificar las capacidades psicológicas y de procesamiento de datos, podría utilizarse para incapacitar a los individuos. Estas armas pretenden controlar o alterar la psique, o atacar los diversos sistemas sensoriales y de análisis de datos del cuerpo humano. En ambos casos, el objetivo es distorsionar o destruir las señales que normalmente mantienen el equilibrio del cuerpo (...) El cuerpo no sólo puede ser engañado, manipulado o mal informado, sino que también puede ser paralizado o incluso destruido, como cualquier otro sistema de procesamiento de datos. Los "datos" que el cuerpo recibe de fuentes externas -como las ondas de energía electromagnética, vortex o acústica- o que crea a través de sus propios estímulos químicos o eléctricos pueden ser manipulados o cambiados exactamente de la misma manera que los datos (información) de cualquier sistema electrónico (...) De hecho, las reglas del juego (de la guerra de la información) incluyen la protección y el acceso a las señales, ondas e impulsos que son capaces de influir en los elementos de procesamiento de datos de los sistemas, los ordenadores y las personas (...). La Dra. Janet Morris, coautora de *The Warrior's Edge*, realizó varias visitas al Instituto de Corrección Psicológica de Moscú en 1991. Se le presentó una tecnología que permite a los investigadores analizar electrónicamente la mente humana para poder influir en ella. Introducen órdenes subliminales mediante palabras clave transmitidas a través de "ruido blanco" o música. Mediante el uso de infrasonidos, una transmisión de muy baja frecuencia, el mensaje acústico psicorrectivo se transmite por conducción ósea."[38]

En 1996, el Consejo Asesor Científico de las Fuerzas Aéreas de Estados Unidos anunció en un documento público: "En la primera mitad del siglo XXI se producirá una explosión de conocimientos en el campo de la neurociencia. Llegaremos a comprender claramente cómo funciona el cerebro humano, cómo controla realmente las distintas funciones del cuerpo y cómo se puede manipular (tanto positiva como negativamente). Se puede imaginar el desarrollo de una fuente de energía electromagnética que pueda ser pulsada y concentrada para actuar sobre el cuerpo humano de manera que inhiba los movimientos musculares voluntarios, controle las emociones (y por tanto las acciones), induzca el sueño, transmita sugestiones, interfiera con la memoria a corto y largo plazo, etc. Esto abrirá la puerta al desarrollo de nuevas capacidades que pueden utilizarse en conflictos armados, en situaciones de terrorismo o toma de rehenes, y en situaciones de entrenamiento."[39]

Luc Maempey, del Grupo de Investigación e Información sobre la Paz y la Seguridad (*GRIP*), *dijo sobre* la psicoelectrónica: *"La abundancia de publicaciones disponibles, artículos en la prensa especializada, sitios web mantenidos por las diversas instituciones del Departamento de Defensa, podría hacernos la ilusión de que la transparencia es perfecta, que la información es completa y objetiva. Sin embargo, este no es el caso. La información no clasificada sigue siendo muy superficial y sólo se refiere a ciertos aspectos políticos, doctrinas o información técnica básica, mientras que el grueso de los programas relativos a las armas no letales sigue estando cubierto por el secreto de los "programas negros" que se benefician de grandes dotaciones presupuestarias que escapan a todo control (…) Los engaños y encubrimientos utilizados por el Departamento de Defensa y sus contratistas para ocultar la verdadera naturaleza de ciertos programas han adquirido tal magnitud que a veces escapan al control de las propias autoridades militares."*[40]

Lo que se presenta en este subcapítulo son archivos disponibles en Internet, especialmente en un dossier francófono titulado *"Les Technologies Offensives de Contrôle Politique"*. Dada la evolución exponencial de la tecnología, no hace falta decir que las investigaciones en el campo de la psicoelectrónica que se remontan a los años 70, 80 o incluso 90 están muy desfasadas en la actualidad... Además, cualquier tecnología o información desclasificada que sale de los militares tiene al menos cincuenta años de antigüedad, y la investigación académica, especialmente en Europa, va al menos una o dos generaciones por detrás de los avances militares. Ya en 1952, el

---

[38] *La mente no tiene un software anti-intrusión* - Teniente Coronel Timothy L. Thomas, analista de la Oficina de Asuntos Militares Extranjeros, Fort Leavenworth, Kansas, 1998.

[39] "USAF Scientific Advisory Board, New World Vistas Air and Space Power for the 21st Century", volumen auxiliar, 1996, p.89.

[40] Armas no letales, la nueva carrera armamentística. Grupo de Investigación e Información sobre la Paz y la Seguridad - Luc Maempey, 1999.

proyecto *Moonstruck* de la CIA tenía como objetivo implantar dispositivos electrónicos en las personas para poder rastrearlas a distancia... Un programa que ahora está desclasificado. ¿Cuáles son las tecnologías y los objetivos de los programas en curso en 2016? La falta de información y la ausencia de debate público sobre este grave tema es, por un lado, muy peligrosa, porque varios Estados han desarrollado y siguen desarrollando armas de este tipo. Por otro lado, deja un margen de maniobra impresionante para el uso de esta tecnología, que puede ser utilizada por particulares, y una de sus bazas es precisamente su discreción...

En diciembre de 2012, Jesse Ventura realizó un documental sobre el tema de las armas electromagnéticas y las *"voces en la cabeza"* inducidas artificialmente. El documental, titulado *"Brain Invaders"*, da voz a muchas víctimas, pero también a personas estrechamente relacionadas con la investigación del control mental. Al final de su investigación, Jesse Ventura conoce al Dr. Robert Duncan, un científico que trabajó para la CIA. Duncan admite que ayudó a desarrollar sistemas que permitían al gobierno *"meterse en la cabeza de la gente"*. Se trata de una combinación de varias tecnologías para crear una herramienta capaz de introducir ideas y voces en la cabeza de los estadounidenses, a la que llama *"Voz de Dios"*. A continuación, una transcripción de su conversación:

- **Jesse Ventura**: ¿Cuál es el lado negativo de lo que hizo?
- **Robert Duncan**: He potenciado el lado oscuro con algunos de mis trabajos.
- **JV**: ¿Qué quiere decir con eso?
- **RD**: La tecnología es neutra, puede utilizarse tanto para el bien como para el mal. He trabajado en proyectos para la CIA, el Departamento de Defensa y el Departamento de Justicia.
- **JV**: Cuando trabajó en estos programas para la CIA y el gobierno, ¿qué hizo exactamente? ¿Y dónde trabajaste?
- **RD**: Esto es información confidencial, no puedo contarlo.
- **JV**: ¿Se trataba de "voces en la cabeza", ese tipo de cosas?
- **RD**: Sí
- **JV**: Hemos conocido a personas que dicen que oyen voces en su cabeza y que tienen que dormir en jaulas de Faraday. Hacen locuras, pero cuando hablan con nosotros parecen perfectamente normales, parecen tan cuerdos como tú y yo. ¿Están realmente locos? ¿O es el gobierno el que les hace las cosas?
- **RD**: El gobierno les hace esto. Se llama "Voz de Dios".
- **JV**: ¿Así que sabe que las armas en las que trabajó se utilizan ahora contra civiles?
- **RD**: Por supuesto. Hay que recordar que la CIA tiene un largo historial de experimentos con nuestros civiles, LSD, etc.
- **JV**: Por supuesto. Oímos hablar del programa MK-Ultra en los años 60 y 70 y se nos dice que ha cesado, ¿es eso cierto?
- **RD**: ¡Eso no es cierto! El programa continuó con un nuevo nombre y un nuevo presupuesto. Esta es el arma definitiva.
- **JV**: ¿Reconoce hoy que hay personas, ciudadanos de este país, que están siendo acosados por esta tecnología?

- **RD**: Es peor que ser acosado, esa es una palabra suave... Son verdaderamente torturados.
- **JV**: ¿Cómo se meten en tu cabeza? He oído hablar de estas torres GWEN, habrían estado activas en el pasado y afirman que ahora son inútiles.
- **RD**: Con esta herramienta, tienen la capacidad de transmitir fácilmente mensajes a través del país en la cabeza de las personas o causarles un intenso dolor. Esto forma parte de la estrategia de dominación mundial, controlando a la población desde el consciente hasta el subconsciente.
- **JV**: ¿Quiénes son los controladores? ¿Es el Presidente? ¿La Reserva Federal?
- **RD**: No.
- **JV**: Así que estas personas están efectivamente en algún nivel de nuestro gobierno, toman decisiones sin ser elegidas oficialmente.
- **RD**: Eso es exactamente.
- **JV**: Lo hace más difícil porque no pueden ser destituidos de su cargo.
- **RD**: No se pueden eliminar y además son difíciles de encontrar. Se esconden en los oscuros recovecos del gobierno.
- **JV**: Has trabajado para esta gente, les has ayudado a desarrollar esta tecnología.
- **RD**: Yo era ingenuo, no sabía cómo se iban a ensamblar estas tecnologías para crear el arma definitiva.
- **JV**: ¿Ya no trabajas para ellos?
- **RD**: No...
- **JV**: Me mira directamente a los ojos y me dice que no tiene más relación con esta investigación, y que está aquí para denunciarla...
- **RD**: Exactamente...
- **JV**: ¿Temes por tu vida?
- **RD**: No.
- **JV**: ¿Por qué?
- **RD**: No tengo miedo a morir (...)

En su libro *Project: Soul Catcher - Secrets of Cyber and Cybernetic Warfare Revealed*, el Dr. Robert Duncan deja claro que hay una brecha de 60 años entre la tecnología militar y el hardware civil en este ámbito. Escribe: *"La mente no tiene cortafuegos ni software antivirus, lo que hace que el público sea muy vulnerable a este tipo de ataques psicotrónicos. En una intrusión directa en la mente, la manipulación se realiza con telepatía sintética, que es una tecnología de biocomunicación. Los sonidos y las voces pueden ser impulsados hacia un objetivo. Debido a las creencias religiosas, "la voz de Dios" (que es el nombre que se le da a esta tecnología) se convierte en una realidad para aquellos que nunca han oído hablar de esta tecnología. Otros creerán que son extraterrestres porque, de nuevo, es una tecnología que parece demasiado avanzada para venir de esta tierra..."*

En 1994, comenzaron las primeras pruebas del equipo de radar más potente del mundo, el sistema HAARP, en Alaska. Este equipo tiene la característica de poder calentar la ionosfera y así hacerla cambiar de altitud. Al manipular esta capa de nuestra atmósfera, es posible utilizarla para enviar ondas electromagnéticas a una zona determinada del planeta. Las aplicaciones de esta tecnología van desde el cambio climático hasta los terremotos, pasando por la influencia en las comunicaciones inalámbricas. Oficialmente, el sistema HAARP está diseñado para la investigación científica, pero es muy probable que haya sido desarrollado con fines militares. ¿Qué tiene que ver la manipulación ionosférica con la manipulación mental y de comportamiento de los seres humanos? Nick Begich y Jeane Manning, autores del libro *"Angels Don't Play This HAARP"*, que llevan más de siete años investigando este dispositivo, informan de que John Heckscher, director del programa HAARP, dijo en una entrevista que las frecuencias y energías utilizadas en este sistema son ajustables y que en algunas aplicaciones se pulsarían en la banda de 1 a 20 hercios. Las bandas de frecuencia son estrechas y los niveles de energía son bajos, pero se distinguen de los pulsos de la Tierra.[41] Heckscher entra en más detalles cuando dice: *"Las ondas ELF y ULF que se producirán con HAARP interactuando con el electroproyecto polar tendrán niveles de potencia tan bajos comparados con el ruido circundante, que se necesitarán receptores integradores muy sensibles para registrarlas"*[42] El punto más importante es el de las señales coherentes controladas que, como ya se ha dicho, tienen un nivel de energía 1/50 de los campos naturales de la Tierra pero que, sin embargo, pueden tener efectos profundos en la actividad cerebral. El sistema HAARP crea un campo electromagnético enorme, coherente y ajustable, que podría compararse con el CEM (campo electromagnético) de José Delgado, salvo que el de HAARP no se extiende a una sola habitación. Tiene el potencial de cubrir un área del tamaño de un gran estado occidental, o incluso un hemisferio. Patrick Flanagan, el inventor del neurófono, dijo sobre la tecnología: *"El proyecto HAARP podría ser no sólo el mayor "radiador ionosférico" del mundo, sino también el instrumento de control cerebral más colosal jamás concebido."*[43]

Por último, echemos un vistazo a la telefonía móvil y a su oleada social, similar a la de la televisión... En Francia, el número de mensajes de texto enviados ha pasado de 1.500 millones en 2000 a más de 100.000 millones en 2010 (cifras de la Federación Francesa de Telecomunicaciones). Nunca antes una tecnología se había impuesto con tanta rapidez; los satélites de telecomunicaciones y las antenas repetidoras han cubierto los territorios de forma invasiva y sistemática. Las zonas urbanas están sobrecargadas de antenas de retransmisión, que a veces se multiplican de forma anárquica sin que los residentes locales tengan nada que decir al respecto. Este medio de telecomunicación combina las tecnologías del radar, la radio y el teléfono, y funciona mediante microondas pulsadas de baja frecuencia. Con la compra de teléfonos y abonos, estamos financiando la instalación de una gigantesca red de transmisores y receptores de microondas pulsados que cubren cada centímetro cuadrado del país. Debido a la naturaleza de las ondas que utiliza, esta red de

---

[41] John Heckscher, director del programa HAARP, entrevistado por Jeane Manning el 21/02/1995.

[42] Carta de John Heckscher al Sr. Arthur Grey, Secretario del Gabinete del Departamento de Comercio de los Estados Unidos, Administración de Telecomunicaciones Nacionales e Información y responsable de la asignación de radiofrecuencias - 08/11/1994.

[43] *Los ángeles no juegan a este HAARP* - Jeane Manning y el Dr. Nick Begich.

telecomunicaciones tiene un enorme potencial para influir en las ondas cerebrales de las personas.

Un teléfono móvil emite microondas todo el tiempo, incluso cuando está apagado (para localizar la estación base más cercana). La mayoría de la gente nunca se separa de su teléfono e incluso duerme a pocos centímetros de él (problema de adicción). El Dr. Richard Gautier, autor de *Votre GSM, votre santé: On vous ment - 100 pages pour rétablir la vérité*, ha enumerado no menos de treinta y dos experimentos publicados entre 1995 y 2003 que muestran un cambio notable en el EEG (electroencefalograma) de sujetos humanos expuestos durante un corto periodo de tiempo (desde unos minutos hasta una noche) a microondas pulsadas de baja frecuencia. Esto confirma una vez más toda la investigación que se ha realizado en este campo durante más de cincuenta años. Según el Dr. Richard Gautier: *"Actualmente se está llevando a cabo un experimento a largo plazo a escala planetaria, del que todos somos cobayas."*[44]

¿Telefonía móvil o el arte de introducir un arma silenciosa en el bolsillo de cada ciudadano? Una cosa es cierta: tenemos muy poca experiencia con esta tecnología y, sin embargo, requiere una atención muy especial, tanto por su impacto en nuestras células como en nuestras ondas cerebrales. Sin embargo, observamos un silencio ensordecedor por parte de las autoridades sanitarias francesas sobre el tema. La situación es diferente en Rusia, donde la *Comisión Nacional de Protección contra las Radiaciones No Ionizantes* ha elaborado una lista de recomendaciones sobre la telefonía móvil:

- Los menores de 16 años no deben utilizar teléfonos móviles.

- Las mujeres embarazadas no deben utilizar teléfonos móviles.

- Trastornos neurológicos como la neurastenia, la psicopatía, la psicastenia, así como todas las neurosis con trastornos asténicos, obsesivos o histéricos que reduzcan la actividad mental y física, pérdidas de memoria, trastornos del sueño, epilepsia y síndrome epiléptico, predisposición a la epilepsia

- Las llamadas deben limitarse a un máximo de tres minutos, y después de cada llamada el usuario debe esperar quince minutos antes de realizar otra. Se recomienda encarecidamente el uso de auriculares y kits de manos libres.

- Los fabricantes y vendedores de teléfonos móviles deben incluir en las especificaciones técnicas la siguiente información: todas las recomendaciones de uso antes mencionadas, todos los datos sanitarios y epidemiológicos pertinentes sobre los teléfonos móviles, así como los niveles de radiación asociados al teléfono y el nombre del laboratorio de medición.[45]

2 - CONTROL MENTAL INDIVIDUAL

---

[44] Annie Lobé - NEXUS n°30 de enero-febrero de 2005.

[45] *Teléfonos móviles: cómo protegerse* - Annie Lobé, 2006.

El lavado de cerebro es un "adoctrinamiento tan intenso y completo que crea una transformación radical de los caracteres psicológicos y las creencias". - Diccionario Webster del Nuevo Mundo

El control mental individual es una práctica común en los círculos políticos, militares, criminales, mafiosos y de culto. Pero el control mental también puede estar presente en las empresas o en la estructura familiar cuando un pervertido narcisista acosa y manipula a un empleado, a un cónyuge o a un hijo.

Algunos grupos siempre han recurrido a técnicas de interrogatorio coercitivas, denominadas de "mano dura", así como a diversos métodos de lavado de cerebro para obligar a la víctima a someterse, extraer información o adoctrinarla. Estas técnicas intrusivas y violentas son utilizadas hoy en día por algunas organizaciones políticas y militares, por los servicios de inteligencia y por el mundo criminal (pornografía, redes de prostitución, tráfico de personas, armas y drogas). El lavado de cerebro es un proceso de adoctrinamiento que se utilizó con algunos prisioneros estadounidenses durante la Guerra de Corea (1950-1953). En 1951, el periodista Edward Hunter informó sobre estos métodos bajo el término *"reforma del pensamiento"*. Una técnica desarrollada y aplicada por los comunistas tras su toma de posesión de China en 1949. Los comunistas chinos también intentaron manipular a algunos de sus propios ciudadanos, del mismo modo que a los prisioneros de guerra, para que cambiaran sus creencias y convicciones. El objetivo era hacer que aceptaran e integraran una "verdad" que antes se rechazaba y se consideraba falsa. Estos métodos utilizan la privación de alimentos, la privación del sueño, el aislamiento y el confinamiento de las víctimas en un espacio reducido durante un largo periodo de tiempo. La víctima, totalmente debilitada física y psicológicamente, llega a creer que realmente va a morir o a volverse loca. El resultado final es que sus creencias políticas, religiosas y sociales se ajustan a las de los torturadores que tienen su vida en sus manos. Cualquier grupo que necesite someter y dominar a los individuos utiliza estos métodos de *"reforma del pensamiento"*. La intimidación, las amenazas, el aislamiento social, el adoctrinamiento espiritual, la tortura, la privación de necesidades básicas como el sueño o la comida, etc., son las técnicas utilizadas para someter a las personas. La intimidación, las amenazas, el aislamiento social, el adoctrinamiento espiritual, la tortura, la privación de necesidades básicas como el sueño o la comida, etc., son las técnicas utilizadas para la sumisión y el adoctrinamiento de un humano.

El condicionamiento del sujeto es un paso importante en el control mental individual. Ivan Pavlov y Frederic Skinner (padre del conductismo radical) son los precursores en este campo. Pavlov es conocido por su trabajo con perros; sus experimentos consistían en dar primero una señal con una campana para despertar la atención del perro (el estímulo condicionado), y cinco segundos después le daba comida (el estímulo incondicionado). Al cabo de un tiempo, el mero sonido de la campana producía un reflejo condicionado en el perro, que empezaba a salivar sin necesidad de tener comida delante. Este tipo de reacción condicionada se llama *reflejo de Pavlov*. Pavlov describe dos tipos de reflejos:

los innatos, que están presentes desde el nacimiento, y los condicionados, que se adquieren mediante el aprendizaje.

Algo que es menos conocido es que Ivan Pavlov estudió el efecto del estrés extremo en el condicionamiento de los perros. Para ello utilizó descargas eléctricas.[46] Esta forma de condicionamiento extremo es la base del control mental, que utiliza el miedo y el dolor de la víctima para programar códigos y señales que desencadenan reacciones automáticas.

Durante la inundación de 1924 en Leningrado, el agua inundó el laboratorio de Pavlov y los perros quedaron casi sumergidos, nadando con sólo sus cabezas sobresaliendo del agua en la parte superior de las jaulas, estaban totalmente aterrorizados. Muchos de ellos perdieron entonces su condicionamiento anterior. Pavlov informó de que los perros habían sufrido una especie de disociación cerebral y se encontraban en un estado hipnótico similar a algunos "trastornos mentales" humanos. Pavlov dedujo entonces que, en caso de traumatismo grave, *"el cerebro puede sufrir un borrado, al menos temporal, de todo el comportamiento condicionado previamente implantado en él".*[47]

Después de varios meses, Pavlov, que había reacondicionado a la mayoría de los perros, hizo correr agua a propósito en el laboratorio para ver cómo reaccionaban. Entonces, todos los perros entraron en pánico y se volvieron a traumatizar, perdiendo de nuevo todo el condicionamiento que acababan de "reprogramar". El trabajo y las observaciones de Pavlov sobre los perros pueden ser paralelos a los testimonios de los supervivientes de los métodos de control mental *de tabula-rasa*, en los que todo el aprendizaje anterior se pierde, como un borrón y cuenta nueva, y en los que un desencadenante/estímulo condicionante puede reactivar el estado traumatizado.[48]

Un método para someter y manipular eficazmente a un individuo es aplicar *las tres D o DDD*, que significan *"Debilidad, Dependencia, Terror"*. Los psiquiatras Farber, Harlow y Jolyon West describieron este protocolo en su libro *"Brainwashing, conditioning and DDD"*. Según estos psiquiatras, hay que debilitar a la víctima, hacerla dependiente y atemorizarla para doblegarla y poder dominarla...

Observará que este protocolo de control mental individual *"DDD"* se aplica hoy a gran escala en los programas de ingeniería social que pretenden condicionar a la sociedad. ¿Quién podría negar hoy que nuestro mundo moderno no nos infantiliza, nos debilita todo el tiempo, nos hace dependientes de todo y de nada quitándonos un máximo de autonomía, y nos induce un miedo constante?

---

[46] *Reflejos condicionados y psiquiatría, Vol.2 de Lectures on Conditioned Reflexes* - Ivan Pavlov, 1941.

[47] *Batalla por la mente: una fisiología de la conversión y el lavado de cerebro* - William Sargant, 1957.

[48] ''Abuso ritual y control mental: la manipulación de las necesidades de apego'' - Ellen P. Lacter, 2011.

También existe el método *"PDH"*, *que* significa *Dolor, Droga e Hipnosis*, es decir, el uso de dolor, drogas e hipnosis para someter y programar a un individuo. Una combinación de *PDH* que encontramos en el tipo de control mental Monarch (desarrollado en el capítulo 7).

En el libro (informe) para la CIA titulado "Communist Control Technics" (1956), los psiquiatras Laurence Hinkle y Harold Wolff escribieron: "El hombre con el que trata el interrogador puede ser considerado como un paciente creado intencionadamente. El interrogador tiene a su disposición todas las ventajas y oportunidades de las que podría disfrutar un terapeuta al tratar con un paciente que necesita ayuda desesperadamente."

Se trata de crear el caos para poner orden. Crear intencionadamente un *"paciente"* es, pues, tomar un sujeto sano y debilitarlo y aterrorizarlo, para *"ayudarlo"* como *"terapeuta"*. Esta inquietante correspondencia entre los interrogatorios coercitivos y la psicoterapia muestra el papel intercambiable que pueden tener los psiquiatras con los torturadores y viceversa. La ciencia psiquiátrica es el nervio del control mental.

La siguiente lista contiene diferentes formas de control mental que pueden aplicarse a un individuo. Combina los métodos de lavado de cerebro de los que hablan los prisioneros de guerra con los métodos utilizados en cultos destructivos y programas gubernamentales como MK-Ultra. Va desde la "simple" manipulación mental de la víctima, que es plenamente consciente de ello y lo recuerda, hasta las formas más complejas en las que la víctima no recuerda el trauma ni es consciente de su programación mental. La "fórmula" del lavado de cerebro es siempre la misma: desestructurar y borrar la identidad y sustituirla por un nuevo "programa". Cada una de estas técnicas puede utilizarse de forma aislada, pero normalmente se combinan en una especie de proceso de "muerte" y "renacimiento". Al analizar estas técnicas específicas de control mental individual, es posible detectar estrategias de poder aplicadas de forma más global y difusa, a mayor escala.

- El individuo se encuentra solo entre un grupo o comunidad que seguirá profesando creencias y doctrinas particulares, mientras que al mismo tiempo el individuo se va aislando de su familia y de sus actividades externas.

- *El encogimiento del mundo*. La víctima es despojada de todos sus objetos personales, ya que simbolizan su vida pasada y pueden ser una fuente de fuerza moral. El objetivo es cortar a la víctima de lo que la conecta con el mundo y con los demás para sabotear su capacidad de resistencia y perseverancia. La sensación de esta separación debe intensificarse por todos los medios, para que la víctima se convenza de que está aislada de cualquier relación que pueda ayudarla. También se crea un mundo falso, en miniatura, alrededor de la víctima, como un encofrado para trabajar en su psique. Se trata de sustituir el mundo exterior por el del interrogatorio, el mundo exterior se borra y se ajusta a las normas de un micromundo, una reunión a puerta cerrada entre cuatro paredes. En este mundo a pequeña escala construido por los torturadores, la víctima se convence rápidamente de su omnipotencia.

- *Desestructuración de la identidad*. A la víctima se le dice que es lo que no es y que no es lo que realmente es. Esto se hace para que pierdan el norte y empiecen a cuestionar su propia identidad. La víctima se ve obligada a cuestionar creencias que nunca antes se había cuestionado. Sus certezas se tambalean.

- *Desorientación y confusión.* El objetivo es perturbar las expectativas naturales y las reacciones condicionadas de la persona. El individuo está acostumbrado a un mundo lógico, un mundo que tiene sentido y es naturalmente predecible, y se aferrará a él para preservar su identidad y su capacidad de resistencia. La desestabilización comienza con la perturbación sistemática de los puntos de referencia temporales: relojes que se adelantan y se atrasan, horarios irregulares y noches de geometría variable. Los torturadores se convierten en dueños del espacio y del tiempo, alteran los ritmos naturales para sumir al sujeto en un estado de desorientación total. Además de la estrategia de desorientación temporal, la víctima será atacada en sus puntos de referencia lógicos y semánticos por una avalancha de preguntas absurdas e incoherentes, afirmaciones contradictorias y rebuscadas, tonos de voz totalmente inadecuados con lo que se está diciendo, etc. Esta desorientación también se consigue mediante el uso de los signos "yo" y "yo". Esta desorientación implica también la saturación de su capacidad interpretativa. Ante la avalancha de sinsentidos con la que se ve inundado, el individuo se perderá en una especie de espiral de hipótesis interpretativas tan vanas como infinitas... hasta llegar a la locura. Dejar que la víctima intente entender algo donde no hay nada que entender forma parte de estos métodos sádicos.

- *El sentimiento de culpa.* Acusar repetidamente a la víctima para que se sienta culpable. El individuo llegará a sentir que ha hecho algo malo y estará convencido de que es culpable y que, por tanto, el castigo es merecido. Los perpetradores también pueden obligar a la víctima a cometer un delito para que ellos mismos se encuentren en una posición de culpabilidad y, por tanto, de culpabilidad. El comportamiento de la víctima se moldea mediante el uso de recompensas y castigos, junto con otros procesos de condicionamiento.

- *Autodepredación.* Volviendo al individuo contra sí mismo hasta que finalmente se convierte en el agente de su propia derrota. Se trata de replegar al sujeto sobre sí mismo privándolo del mundo exterior y de los demás, radicalizando su subjetividad para hacerlo responsable de sus propios tormentos. Entonces se puede preguntar: "¿Pero por qué te haces esto?". La culpa y la autopredicción van de la mano.

- *Traición y auto-traición.* Obligar a la víctima a denunciar a sus amigos, colegas, entorno y familia. Esto refuerza el sentimiento de culpa y vergüenza, pero también el sentimiento de traición a la propia vida. Se hace creer a la víctima que nadie en su familia o comunidad se preocupa por lo que ha llegado a ser.

- *Presentación voluntaria.* La víctima se somete voluntariamente al torturador a cambio de una compensación, que puede ser bienes materiales, drogas, sexo, pero también "afecto" y "libertad". La víctima puede elegir a su amo.

- *La sumisión a través del terror.* El torturador se gana una forma de respeto aterrorizando a la víctima, lo cual puede hacerse incluso si la víctima sigue conservando sus propias creencias y su personalidad.

- *El punto de ruptura*. Los efectos combinados de la fuerte culpa y la vergüenza llevan a la víctima a sentirse alejada de sí misma. Comienza a temer la locura y la aniquilación total. La víctima también es objeto de violencia, degradación y humillación pública con el fin de destruir su autoestima. Además, la imprevisibilidad deliberada del comportamiento de los agresores hace imposible detectar sus expectativas y pensamientos, lo que refuerza la sensación de la víctima de que realmente no tiene ningún control.

- *Lavado de cerebro* mediante la privación de necesidades básicas como el sueño, la comida, el agua, etc., combinado con el aislamiento social. combinado con el aislamiento social.

- *Asociar las órdenes con el dolor*. Las directivas y órdenes se dan al mismo tiempo que la tortura. Se trata de convencer al individuo de que la violencia volverá a producirse si no se siguen las órdenes y directivas. Los mandatos: *"Lo olvidarás", "No hables de ello"*, etc., se verbalizan y se imprimen en la mente del individuo. Los mandatos: "Lo olvidarás", "No hables de ello", etc., se verbalizan y se imprimen en la psique al mismo tiempo que se inyecta el dolor en el sistema nervioso. Se trata de mantener una tortura física y psicológica repetitiva para instalar estas órdenes profundamente en la víctima a través de la creencia (generalmente subconsciente) de que habrá consecuencias extremadamente dolorosas si alguna vez viola las directivas. La reexperimentación de estas torturas iniciales suele conllevar manifestaciones somáticas, como ligeros hematomas o hinchazón de las lesiones iniciales.

- *Clemencia*. La inevitable aniquilación se invierte repentinamente por la inesperada clemencia de los verdugos. Una breve pausa en los interrogatorios, un breve momento de apaciguamiento en el que la víctima es tratada como un ser humano respetable. De repente, la aniquilación ya no es el único resultado posible. Para un individuo en tal situación, esta repentina descompresión psicológica servirá para ablandarlo y llevarlo al campo de los perpetradores. El individuo se vuelve entonces casi agradecido por el proceso de "reforma" en curso, y tendrá que participar en su propio adoctrinamiento, por ejemplo escribiendo instrucciones u organizando actividades.

- *Síndrome de Estocolmo*. Las situaciones de estrés intenso conducen gradualmente a la dependencia y a una cierta lealtad de la víctima hacia el agresor. El término *"síndrome de Estocolmo"* se remonta a agosto de 1973, cuando se tomó un rehén en un banco de Estocolmo (Suecia). Un preso de 32 años llamado Jan-Erik Olsson tomó como rehenes a cuatro empleados de un banco durante cinco días y medio. Pocos días después de su liberación, aunque los cautivos no pudieron explicar esta reacción, declararon que habían mostrado una extraña cercanía a su captor, buscaban identificarse con él e incluso llegaron a temer a la policía. En algunos casos, las víctimas han llegado a testificar a favor del secuestrador o a recaudar fondos para su defensa legal.

- *Confesión*. La víctima acaba accediendo a hacer "confesiones" para liberarse de la aplastante culpa que se le impone. Confesar, "confesar" aunque no haya nada que confesar, se convierte en un acto irresistible para que el individuo acabe con los horrores de la confusión mental, la culpa y la pérdida de identidad.

- *Armonía*. Cuando la reforma de la víctima está bien encaminada, cuando sus necesidades emocionales han sido satisfechas por su buen comportamiento, la víctima puede entonces recuperar una cierta vida relacional en un grupo, se le permite participar en las actividades comunes. Esto supone un alivio, la presión se alivia y la alienación puede desaparecer para dar paso a una mejor relación con el entorno. La necesidad de relaciones humanas lleva a la víctima a acercarse a sus agresores.

- *Renacimiento y reeducación*. En este nuevo estado mental "armonioso", la víctima está dispuesta a condenar y rechazar todo lo que ha sido en el pasado. A través de la confesión, debe condenar todos los aspectos de su vida pasada, viéndolos como una larga serie de actos vergonzosos para reconstruir algo sobre una nueva base. Es una forma de renacimiento.

- *Adoctrinamiento espiritual*. La víctima, psicológicamente débil o adicta, se somete a un líder carismático que dice estar conectado con algún tipo de dios. Afirma haber sido elegido para una misión espiritual y se convierte en una brújula para la víctima desorientada.

- *Contaminación espiritual*. Se trata de rituales de brujería cuyo objetivo es "fijar" entidades malignas a víctimas traumatizadas y disociadas (véase el capítulo 5). Estas entidades acosarán y participarán en el control mental. Los pactos, hechizos, maldiciones, pactos, etc., se utilizan para contaminar y hacer que la mente de la víctima no sea apta para el propósito. Los pactos, hechizos, maldiciones, alianzas, etc., se utilizan para contaminar y convertir a la víctima en malvada y enferma, física o psicológicamente, aislada socialmente, devaluada y esclavizada.

- *Conducción psíquica*. Método que consiste en mensajes grabados que se reproducen en bucle durante horas mientras la víctima se encuentra en un estado alterado de conciencia como resultado de electrochoques, privación sensorial, privación de comida, agua, sueño, oxígeno, confinamiento y otros actos de tortura.[49]

- *Hipnosis y trance*: El estado de trance es un estado disociativo hipnótico en el que se alteran la memoria y las percepciones. La disociación es una separación, una escisión entre elementos psíquicos/mentales, que normalmente están unidos y se comunican entre sí (este tema se desarrollará en el capítulo 5). Los efectos de un estado de trance pueden ser causados por ciertas condiciones como: agotamiento mental o físico, terror, cantos repetitivos, rituales o drogas. La susceptibilidad al trance o a la disociación varía de una persona a otra. La investigación ha demostrado que las personas con alta sugestión hipnótica aparentemente tienen predisposición genética, pero los traumas, especialmente el abuso sexual en la infancia, también predisponen a una alta sugestión hipnótica. Algunos estados de trance parecen ser autoinducidos y funcionan como un mecanismo de defensa contra el dolor masivo y un entorno violento. En algunos casos, el trance autoinducido y la disociación del abuso grave pueden dar lugar a la creación de una personalidad múltiple. El trance también puede ser

---

[49] Report of the Ritual Abuse Task Force Los Angeles County Commission for Women, 1989.

inducido por otra persona, un hipnotizador. El hipnotizador puede hacer sugerencias posthipnóticas a la persona para que realice determinadas acciones o experimente ciertas emociones o sensaciones físicas como resultado del trance hipnótico. Estas acciones o emociones suelen ser desencadenadas por ciertos "códigos" discretos que han sido dictados al sujeto mientras estaba en trance. El control mental que sufren muchas víctimas de abusos rituales se debe, en parte, a que han sido puestas repetidamente en estado de trance y han recibido una compleja serie de sugestiones posthipnóticas. Sin embargo, la hipnosis y el trance también tienen un papel importante en el tratamiento de las víctimas de abusos rituales. El uso del trance en un contexto terapéutico a menudo permite a la víctima recuperar recuerdos disociados de la conciencia. Este proceso es un aspecto muy importante de la recuperación de las víctimas de abusos rituales.[50]

- *Manipulación perversa del mundo psíquico* de la víctima (en este caso suele ser un niño). Esto implica, entre otras cosas, eliminar cualquier noción de deseo del niño y cualquier deseo interior. El niño debe acudir sistemáticamente al adulto para pedirle permiso en todos los ámbitos de su vida, incluido el mundo interior. Esto destruye todos los lugares seguros que el niño ha creado internamente para escapar de los horrores que ha experimentado. Crea la sensación de que no hay ningún lugar real (interno o externo) donde pueda estar a salvo y que sus verdugos son omnipresentes y saben todo lo que piensa. En esta etapa se empieza a establecer un sistema interno con alteración (desdoblamiento de personalidad) mediante el cual la secta lo manipulará y controlará durante toda su vida.[51]

- *Control mental basado en el trauma*. Se trata de un protocolo basado en el fenómeno de la disociación, o "fragmentación" de la personalidad en respuesta a un traumatismo extremo y repetitivo. La personalidad de un individuo puede fragmentarse en varias identidades diferentes que pueden apoderarse a su vez del cuerpo. Un "muro de amnesia" aísla cada personalidad alterada, impidiendo que la víctima sea consciente de las actividades de su alter. Este método de control mental, llamado programación *Monarca, está* simbolizado por la mariposa Monarca, que representa, entre otras cosas, el (triste) renacimiento de la oruga-víctima en una mariposa-esclava, la crisálida representa el proceso de "reforma" o "programación".[52]

En un artículo titulado *"Behind the Democratic* Facades: *Mind-Control and the Satanic Cult of National Security",* el Dr. Hans Ulrish Gresch dividió este proceso de control mental basado en el trauma en tres fases:

Fase 1: Preparar la mente y el sistema nervioso de la víctima para la programación. Se coloca a la víctima en una condición de extrema vulnerabilidad, desorientación y terror, y se la somete a un estrés físico y

---

[50] The Manipulated Mind: Brainwashing, Conditioning, and Indoctrination'', Denise Winn, 2002.

[51] La relación entre la programación de control mental y el abuso ritual'' - Ellen P. Lácter.

[52] Kubark, el manual secreto de control mental y tortura psicológica de la CIA - www.editions-zones.fr.

psicológico extremo. El sentido de autoconservación de la víctima se ve amenazado, su identidad se debilita o destruye y retrocede al estado emocional y cognitivo de un niño, su mente se disocia.

Fase 2: Programar a la víctima como un robot u ordenador, con nuevas actitudes, patrones de comportamiento y marcos de referencia en los que estas actitudes y comportamientos tendrán sentido. Se crean al menos dos personalidades:

- Una personalidad robótica que está en contacto consciente con los controladores y recibe la programación.

- Una nueva personalidad artificial que ignora totalmente que está programada y que también desconoce la existencia de la personalidad del robot.

La personalidad robótica es una especie de autómata, mientras que la personalidad artificial se define como humana. El robot será programado con adoctrinamiento repetitivo y diversos medios de condicionamiento (castigos y recompensas). El robot se llama "esclavo". El esclavo es la interfaz entre el controlador y la(s) personalidad(es) artificial(es).

Fase 3: Borrado selectivo de la memoria de la víctima. No se trata realmente de un borrado de la memoria en el sentido de destrucción, sino de la supresión de la capacidad de la víctima para recordar determinadas experiencias. Esta amnesia afecta a todas las experiencias directa o indirectamente vinculadas al proceso de control mental, así como a todos los elementos biográficos que no encajan en la lógica de la personalidad artificial, que es de hecho la personalidad frontal.

El objetivo general de este proceso es programar a la víctima para que se vuelva totalmente impotente, son los controladores quienes entonces se vuelven todopoderosos, son como "dioses".[53]

Es este tipo de control mental complejo el que se explorará en los próximos capítulos.

---

[53] Behind the Democratic Facades: Mind-Control and the Satanic Cult of National Security - Hans Ulrich Gresch, Phoenix Journal 155, 1995.

CAPITULO 2

LAS RAÍCES DEL ABUSO RITUAL TRAUMÁTICO Y EL CONTROL MENTAL

Los métodos de iniciación religiosa son a menudo tan similares a las técnicas políticas modernas de lavado de cerebro y control del pensamiento, que una arroja luz sobre los mecanismos de la otra. - William Sargant

Cuando miramos la literatura histórica y antropológica, encontramos contenidos relacionados con religiones, cultos, organizaciones fraternales que aparentemente se refieren a rituales traumáticos con el propósito de crear estados alterados de conciencia. Estos estados de conciencia se han visto a veces como algo sagrado, como un catalizador mágico para visiones profundas o posesiones de dioses. En otros casos, estos métodos se han utilizado para establecer una especie de poderoso control psicológico, de forma clandestina y secreta, desconocido para los profesionales de la salud mental. Culto y abuso ritual - James Randall Noblitt & Pamela Perskin Noblitt

Las técnicas de control mental de estos grupos (según funcionarios policiales y supervivientes considerados creíbles) han sido reconocidas como un puente entre la ciencia aplicada y el chamanismo. El ocultismo como expresión de lo religioso existe desde hace miles de años. Sólo en los últimos 150 años la ciencia ha buscado agresivamente verdades sobre las manipulaciones psicológicas implicadas en estos sistemas de creencias ocultas. El diccionario Random House describe el ocultismo como "el uso de la pseudociencia que reclama el conocimiento de intermediarios sobrenaturales más allá del conocimiento ordinario". Esto nos recuerda una vez más que "información secreta" es igual a "poder". "América en plena transformación" - Cathy O'Brien y Mark Phillips

1- INTRODUCCIÓN

En el capítulo 4 nos explayaremos sobre el abuso ritual satánico, pero la siguiente definición permitirá comprender mejor el contenido de este capítulo: *"Abuso severo y sistemático de uno o más niños, adolescentes o adultos, generalmente por parte de múltiples perpetradores de ambos sexos, durante un período de varios años". El abuso ritual se asocia con un sistema de creencias que implica la adoración de Satanás y que implica el abuso sexual, físico, psicológico, emocional y espiritual, generalmente de niños pequeños, a menudo en ceremonias que implican rituales, símbolos y otras prácticas "mágicas". El objetivo principal es el adoctrinamiento y el control mental, que se consigue mediante la disociación, el uso de drogas, la hipnosis, la tortura, la humillación, etc. En el caso del satanismo transgeneracional, la mayoría de estas cosas tienen lugar "en casa", con los miembros de la familia."*[54]

El abuso ritual y las técnicas de control mental basadas en el trauma y el desdoblamiento de la personalidad son utilizados por muchas organizaciones en todo el mundo, que se remontan a Babilonia, el antiguo Egipto y las religiones mistéricas. Los cultos con revelaciones y rituales, cuyo conocimiento y práctica están restringidos a un pequeño número de iniciados, se denominan "religiones de misterio". El *Libro de los Muertos egipcio es* uno de los primeros escritos que hacen referencia al uso de lo oculto para la manipulación mental. Se utilizaba la tortura, las drogas, la magia, la hipnosis y la demonología para poner al individuo en un profundo estado de disociación y control mental. La demonología es una rama de la teología que estudia a los demonios al igual que la angelología estudia a los ángeles. Estos ritos de iniciación son los antiguos Misterios de "muerte" y "renacimiento" o "resurrección", un procedimiento secreto y sagrado que implicaba poderosas alteraciones de la conciencia. Estos cultos estaban especialmente presentes en la cuenca mediterránea, por ejemplo las ceremonias babilónicas de *Inanna* y *Tammuz,* los Misterios egipcios de *Isis* y *Osiris,* el culto *órfico,* el culto a *Baco,* los Misterios de *Eleusis, Mitra,* los rituales *coribánticos* o los Misterios de *Attis* y *Adonis.* Los rituales de los Misterios se desarrollaban sin interrupción durante un periodo muy largo de tiempo, el desvelamiento de los secretos iniciáticos de estos cultos era castigado con la muerte.

Éliphas Lévi (eclesiástico y ocultista francés nacido Alphonse-Louis Constant) describe así ciertos rituales iniciáticos que permiten *el acceso a* los Misterios: "*Las grandes pruebas de Menfis y Eleusis tenían por objeto formar a los reyes y sacerdotes, confiando la ciencia a hombres valientes y fuertes. Para ser admitido en estas pruebas, había que entregarse en cuerpo y alma al sacerdocio y renunciar a la vida. Se descendía entonces a oscuros pasajes subterráneos en los que había que cruzar, por turnos, hogueras encendidas, profundas y rápidas corrientes de agua y puentes móviles lanzados sobre abismos, sin dejar que se apagara la lámpara que se llevaba en la mano y se escapara. El que vacilaba o tenía miedo no volvía a ver la luz; el que superaba intrépidamente todos los obstáculos era recibido entre los místicos, es decir, era iniciado en los misterios menores. Pero su fidelidad y su silencio estaban por probar, y sólo después de varios años se convirtió en epicista, título que corresponde al de adepto (...) No es en los libros de los filósofos, es en el simbolismo religioso de los antiguos donde hay que buscar las huellas de la ciencia y encontrar sus misterios (...) Todos los verdaderos iniciados han reconocido la inmensa utilidad del trabajo y del dolor. El dolor",* dijo un poeta alemán, "*es el perro de ese pastor desconocido que conduce el rebaño de los*

---

[54] "Ritual Abuse: An European Cross-Country Perspective" - Thorsten Becker & Joan Coleman, ISSD Conference "The Spectrum of Dissociation", Manchester, 09/05/1999.

hombres. Aprender a sufrir, aprender a morir, es la gimnasia de la Eternidad, es el noviciado inmortal."[55]

Los rituales iniciáticos de tipo traumático pretenden trascender la conciencia. En su libro *"A Course of Severe and Arduous Trials"* Lynn Brunet explica que *las pruebas de los antiguos Cultos Misteriosos estaban diseñadas para producir estados alterados de conciencia, una experiencia mística con un estado de éxtasis y unión con lo divino. Los métodos implicaban la explotación del dolor, el miedo, la humillación y el agotamiento. Estas técnicas parecen haber surgido en las culturas guerreras, en las que al exponerse a la violencia extrema y al miedo a la muerte inminente, el guerrero podía experimentar este estado de dicha con una sensación de inmortalidad (...) Esta relación entre el sentimiento de terror y la sensación de una experiencia "sublime" se convirtió en uno de los temas clave de la ilustración filosófica (...) Immanuel Kant y Edmund Burke fueron dos masones que estudiaron este tema. Kant afirmaba que la experiencia de lo sublime, inducida a través de la sensación de estar abrumado por el terror, es una situación en la que el individuo ya no puede captar lo que está sucediendo. De manera similar, Burke afirmó que el terror tiene la capacidad de inducir reacciones que ponen al individuo en un estado particular, "ese estado mental en el que todo está suspendido", produciendo así "el efecto de lo sublime en su nivel más alto" (...) "para hacer que las cosas sean aterradoras".En la iniciación druídica, los candidatos son encerrados en cuevas, tienen que arrastrarse por largos túneles o son encerrados en cofres o ataúdes durante varios días, para luego salir "renacidos". Estas prácticas iniciáticas se conocían como el "fuego místico", y el resultado de estas torturas se expresaba a veces como una "llamarada de luz" (...) Como señala Ross Nichols, los magos druidas "sumergían o cocinaban al niño en el fuego místico", un eufemismo que significa que en tiempos precristianos el niño era sometido a veces a estas pruebas iniciáticas.*"[56]

En 1756, Edmund Burke habló de lo "Sublime" de la siguiente manera: "Todo lo que pueda provocar el sentimiento de dolor o peligro en la mente, produce la emoción más fuerte que la mente humana es capaz de sentir. Cuando el peligro y el dolor se vuelven demasiado intensos, se convierten en algo totalmente aterrador y, por lo tanto, a priori, incapaz de producir placer; sin embargo, en retrospectiva, observamos que tales cosas son deliciosas."[57]

Immanuel Kant describió lo *"sublime"* como el encuentro entre el yo y aquello que tiene el potencial de aniquilarlo por completo, es decir, el trauma que puede aniquilar la voluntad y desarticular la personalidad. Por ejemplo, Glenn Gray describe los estados alterados de conciencia de los soldados en el campo de batalla: *"En peligro de muerte, muchos soldados entran en un estado*

---

[55] *La historia de la magia* - Eliphas Levi, 1999, p.122.

[56] "Un curso de pruebas severas y arduas: Bacon, Beckett y Spurious" - Lynn Brunet, 2009, p.6, 7, 11.

[57] *A Philosophical Enquiry into the Origin of Ideas of the Sublime and Beautiful* - Edmund Burke, 1998, p.37-38.

de aturdimiento en el que la claridad mental ha desaparecido por completo. En este estado pueden quedar atrapados en el calor del éxtasis colectivo hasta el punto de olvidar la muerte por su pérdida de individualidad, o pueden funcionar como las células de un organismo militar para hacer lo que se espera de ellos al convertirse en autómatas."[58]

Este estado alterado de conciencia ante el terror y/o el dolor extremos, que algunos llamaban *"Sublime"* en el siglo XVIII, este *"resplandor de luz"* o *"iluminación"*, es lo que hoy se conoce como *disociación*, punto esencial al que volveremos a lo largo del libro. La disociación es la base sobre la que se construye la programación esclava MK-Monarch.

En su libro *"Religion: An Anthropological View"*, Anthony Wallace describe un *"proceso de aprendizaje ritual"* que funciona esencialmente con lo que él llama la *"ley de la disociación"*. Escribe que estas prácticas de inducción de un estado espiritual extático mediante la manipulación directa y cruda del funcionamiento fisiológico humano se encuentran en todos los sistemas religiosos (antiguos y primitivos). Wallace clasifica estas manipulaciones en cuatro grandes categorías:

- 1) Drogas
- 2) Privación sensorial y mortificación de la carne mediante el dolor
- 3) La privación del sueño que conduce a la fatiga
- 4) Privación de alimentos, agua u oxígeno

En su libro de 1966, Wallace describe indirectamente, sobre una base antropológica, los orígenes del abuso ritual satánico y del control mental. Describe cómo el neófito se pone en un estado en el que se disocia radicalmente de todos sus conocimientos anteriores para recibir nueva información. En efecto, la reestructuración cognitiva y emocional (programación) se ve facilitada en estos estados disociativos en los que la sugestionabilidad del sujeto está aumentada. Wallace escribe: *"La eficacia de estos procedimientos para inducir cambios fisiológicos se ha demostrado incluso en entornos no religiosos, incluidos los experimentos clínicos sobre los efectos de la privación sensorial y diversas técnicas de "lavado de cerebro" o "reforma del pensamiento"...* Entre ellas se encuentra el programa MK-Ultra, que se analizará en el próximo capítulo.

Anthony Wallace habla de un *"estado espiritual extático"* provocado por ciertos rituales, un éxtasis causado por un profundo estado disociativo. La palabra "éxtasis", que proviene del griego *"ekstasis"*, que significa "abandonar el cuerpo", esta "iluminación" disociativa durante el trauma es considerada por algunos como extática, es decir, un estado de conciencia en el que el pasado, el presente y el futuro se trascienden y se unifican. Algunos rituales traumáticos extremos llegan a provocar lo que se conoce como NDE (*Near Death Experience*), una experiencia cercana a la muerte en la que se trasciende nuestro espacio-tiempo... Las víctimas de una violación suelen relatar este fenómeno de

---

[58] *Los Guerreros: Reflections on Men in Battle* - Jesse Glenn Gray, 1998, p.102.

disociación extrema, en el que sienten que abandonan su cuerpo físico durante la tragedia.

En el libro "Le monde grec antique", la historiadora y arqueóloga Marie-Claire Amouretti escribe: "Los Misterios de Eleusis aportan al iniciado una comunicación con las grandes diosas de la tierra Deméter y Coré, y con su parèdre Plutón. Lo más probable es que también se reciba un viático para la otra vida. La iniciación se realiza en tres etapas: los pequeños misterios de Agrai, en primavera, los grandes misterios en septiembre-octubre, donde la etapa final se alcanza sólo en el segundo año; del 13 al 20 de Boedromion tienen lugar los preparativos, del 20 al 23, la iniciación. Las ceremonias preliminares nos son algo conocidas: procesión, sacrificios, consumo de productos de la tierra, manipulación de objetos posiblemente sexuales, drama místico que evoca la hierogamia (nota del editor: alianza sexual entre lo divino y lo humano). Pero la obligación de guardar el secreto fue tan respetada que no conocemos la fase final o "epicopia": parece haber provocado una especie de éxtasis contemplativo. El iniciado entraba en una relación personal con la divinidad; recibía la promesa de la dicha. En el Fedro, Platón habla de la "dicha suprema" alcanzada por el myste (el iniciado). Tenemos la impresión de que estas ceremonias han inducido al participante a superar la angustia de la muerte mediante la convicción de estar integrado en una cadena de vida, al igual que el trigo muere y renace a través de la semilla."[59]

En la publicación de la A.M.O.R.C. "Rosicrucian Digest" leemos (Rosicrucian Digest), leemos: "El camino del conocimiento es un camino esotérico, en oposición al exotérico, la religión de la devoción. Este conocimiento, que es el objetivo de la verdadera filosofía, tiene un doble propósito. En primer lugar está la enseñanza de técnicas y prácticas para superar las limitaciones humanas, como el trauma de la muerte. En segundo lugar está el estudio del orden cósmico y el trabajo dentro de él. Cuando estos dos aspectos se encuentran, obtenemos una forma de hermetismo."[60]

Los antiguos griegos conocían bien los efectos del estrés fisiológico profundo en la alteración de las percepciones del mundo del individuo. Los antiguos sacerdotes griegos utilizaban rituales traumáticos para "curar" a ciertos pacientes. La persona se preparaba para este rito mediante el ayuno, la lustración (una ceremonia de purificación del agua) y la privación del sueño. A continuación, la persona era llevada al subsuelo y se la dejaba sola en completa oscuridad. Los gases embriagadores que se exhalaban en esta cueva, o posiblemente la falta de oxígeno, pronto tuvieron efecto en la persona, provocando sueños y visiones terribles. Fue entonces cuando la rescataron justo a tiempo y la sacaron de la cueva y la devolvieron a la luz y al aire. Este tipo de calvario provocaba un verdadero trauma que debía curar al paciente. El psiquiatra William Sargant no duda en utilizar el término *"lavado de cerebro"* para describir los rituales del oráculo *de Trophonios*, durante los cuales el sujeto

---

[59] *Le monde grec antique* - Marie-Claire Amouretti & Françoise Ruzé, 1978, p.108.

[60] *Rosicrucian Digest* - Volumen 89, N°1, 2011, p. 5.

experimentaba técnicas de privación sensorial, confusión visual y auditiva, así como la toma de drogas psicotrópicas. Al igual que hoy acudimos a un psiquiatra cuando necesitamos consejo o tratamiento, los antiguos griegos consultaban los oráculos con el mismo fin. Antes de acudir al oráculo, la persona tenía que experimentar primero la privación del sueño, los cánticos repetitivos, la toma de drogas y, finalmente, aventurarse sola en cuevas profundas y oscuras. Esta larga y agotadora lucha, que podía durar varios días, la ponía en un estado de estrés fisiológico extremo. Entonces, cuando el oráculo revelaba ciertas cosas, la persona era capaz de entender el significado gracias a este estado alterado de conciencia que le daba otra visión del mundo. Encontramos el mismo tipo de iniciación entre los amerindios, con privación de sueño y comida, aislamiento y condiciones extremas destinadas a acceder a un estado alterado de conciencia que provoca visiones y revelaciones vinculadas al mundo espiritual. El culto a los misterios *de Eleusis* utilizaba en sus rituales una poción sagrada llamada *Kykeon*, que contenía cornezuelo de centeno y era muy similar al actual LSD (un potente alucinógeno). En *las Oraciones XII*, Dion Crisóstomo escribe sobre los ritos de iniciación con drogas psicotrópicas: *"Es como si hubiera una mano sobre el hombre, griego o bárbaro, iniciado en un santuario de excepcional belleza y grandeza. Tendrá muchas visiones místicas y escuchará muchas voces místicas. La oscuridad y la luz se le aparecerán alternativamente y le ocurrirán miles de cosas más."*[61]

La hipnosis también interviene en estos procesos iniciáticos. El papiro *de Ebers*, con más de tres mil años de antigüedad, es uno de los tratados médicos más antiguos que describe claramente el uso de procesos hipnóticos por parte de los adivinos egipcios. En el templo de Isis, los egiptólogos han encontrado numerosos grabados que representan figuras con características evidentes de trance hipnótico. Los hierofantes (sacerdotes) de las antiguas Escuelas de Misterios egipcias practicaban una forma muy avanzada de hipnosis en la que el iniciado entraba en un trance profundo que podía desencadenar lo que hoy llamamos una *ECM (Experiencia cercana a la muerte)*. (Como veremos más adelante en este libro, algunos grupos luciferinos modernos practican rituales traumáticos llamados "Resurrección", que sumergen a la víctima en una experiencia cercana a la muerte) Hoy en día, algunos hipnotizadores reconocen que deben mucho a los antiguos sacerdotes griegos *Asklepiades*, que practicaban la hipnosis como una forma de medicina de modificación del comportamiento. Llamaron a estas técnicas de hipnosis "curación de los sueños". Un grabado griego del año 928 a.C. muestra a Quirón sometiendo a su alumno Esculapio a un trance hipnótico. Los oráculos de *Delfos*, entre otros, utilizaban la hipnosis, las drogas y la inhalación de vapores para lograr profundas alteraciones de la conciencia.

La magia, las drogas psicotrópicas y la demonología siempre se han combinado en los ritos religiosos. Las drogas, pero también los traumas profundos pueden eliminar la barrera natural que suele proteger a los humanos

---

[61] *Source for the Study of Greek Religion* - David Rice, John Stambaugh, 1979, p.144.

de los espíritus demoníacos, se consideran herramientas poderosas para interactuar con otras dimensiones.

El proyecto MK-Ultra no inventó nada en el campo del lavado de cerebro, salvo haber creado un marco científico utilizando conejillos de indias humanos con fines políticos y militares. Las ceremonias de iniciación de las religiones mistéricas incluían ritos de paso que podrían describirse como elaborados programas de control mental. Estos protocolos de control mental todavía están con nosotros en los tiempos modernos, un proceso para inducir un profundo estado alterado de conciencia con el fin de implantar un nuevo paradigma. Todas estas cosas se han experimentado y perfeccionado una y otra vez para lograr el control mental de un individuo que luego se convierte en un autómata, un golem. El orden a través del caos... el renacimiento a través de la muerte simbólica. Estos estados de trance y disociación de la mente generados durante los rituales traumáticos se remontan a la humanidad. Se encuentran en todo el mundo, sobre todo en el vudú haitiano, en el juju africano, pero también en el chamanismo de América del Norte y del Sur, en Asia, en la Polinesia y en Europa con la cultura druídica. Cuando un traumatismo extremo altera la química del cerebro, la percepción de la realidad cambia y los antiguos ocultistas creían que la reacción de la víctima era mística o mágica. Hoy llamamos a esto disociación y su mecanismo bioquímico empieza a ser bien comprendido por los especialistas en traumas, pero el mecanismo energético y espiritual es mucho menos comprendido... al menos en los círculos seculares. El paganismo y el satanismo siempre han utilizado este proceso psicoespiritual llamado "disociación de la personalidad" para acceder a otras dimensiones del ser, pero también se utiliza como herramienta de control mental y esclavización. Para el Dr. James Randall Noblitt, la programación mental basada en el trauma comenzó cuando los hombres descubrieron que los traumas accidentales y ciertos rituales traumáticos podían producir estados alterados de conciencia e incluso crear personalidades totalmente disociadas de la personalidad original del individuo. En su libro *"Blood Secret"*, el chamán nigeriano Isaiah Oke llama a estas personalidades alteradas disociadas *Iko-Awo*, personalidades que sirven de esclavos a los brujos.

Estos conocimientos sobre las funciones del cerebro, que consisten en provocar la disociación de la personalidad, la ocultación de los recuerdos y una apertura hacia otros mundos durante las experiencias traumáticas, pueden haber sido codificados en ciertos relatos mitológicos, ciertos rituales o símbolos, totalmente herméticos para el profano. Así es como este conocimiento iniciático pudo atravesar las épocas. Estos Misterios de la mente humana han sido y son todavía hoy muy estudiados por ciertas sociedades secretas. Este conocimiento oculto da acceso a los poderes psíquicos y al mundo de los espíritus. La disociación de la psique puede considerarse, pues, como una especie de *iluminación*, pero sobre todo permite dominar las técnicas de control mental sobre los demás y obtener así un cierto poder. La magia negra combinada con la programación mental basada en el trauma es un conocimiento iniciático que ahora se ha convertido en una poderosa herramienta de control político y social.

2 – LA "RELIGIÓN SIN NOMBRE"

El legado de la antigua religión mistérica babilónica sumeria-acadia, con sus sacrificios de sangre y la esclavización de los seres humanos, se ha transmitido a través de las generaciones. Jay Parker, un superviviente del abuso ritual satánico, reveló que sus abuelos, descendientes de linajes luciferinos, le dijeron una vez sobre la Estatua de la Libertad que en realidad era Semiramis, la reina de Babilonia, la esposa de Nimrod. Nimrod fue el constructor de la Torre de Babel, el primer hombre que estableció un Gobierno Mundial con una Religión Universal en oposición a Dios. Nimrod parece ser un modelo obvio para las élites de la masonería internacional. En *la Historia de la Masonería*, publicada por la *Masonic History Company*, se afirma que Nimrod fue honrado como *"Gran Masón"* y que su intento de construir un *"Nuevo Orden Mundial"* le valió la distinción de *"Primer Gran Maestro"*. El masón Albert Mackey ha escrito que *"la leyenda atribuye a Nimrod la creación de los masones como cuerpo organizado y fue el primero en darles una constitución o leyes para un gobierno. La masonería, según la leyenda, fue fundada en Babilonia, desde donde se transmitió a todo el mundo."*[62]

Se dice que la tradición del abuso ritual para crear esclavos proviene de una antigua doctrina, la antigua tradición babilónica de adoración a los demonios, la devoción a los ángeles caídos, que llamaremos "la religión sin nombre". En estas antiguas religiones, los dioses malignos eran temidos y debían ser aplacados constantemente. El politeísmo de los mesopotámicos, sumerios, asirios, persas y babilonios estaba completamente ligado a entidades demoníacas. El demonismo es la dinámica que está detrás de los poderes mágicos y espirituales de estas religiones primitivas y antiguas. Los numerosos dioses cananeos, egipcios, griegos y romanos son del mismo tipo que los babilónicos. Todas las prácticas de magia, búsqueda de la inmortalidad, sacrificios de animales y humanos, etc., derivan de estos antiguos cultos demoníacos. En *la Enciclopedia Revisada de la Masonería de Mackey*, Albert Mackey nos informa de que: *"Según Warburton, todo dios pagano recibe, aparte de lo que aparece pública y abiertamente, un culto secreto en el que no se admite a nadie, excepto a los que han sido seleccionados mediante las ceremonias preparatorias que constituyen la iniciación. Este culto secreto ha sido llamado los Misterios."*[63]

Hoy en día, estos cultos ya no tienen sus altares en la plaza pública, y para los no iniciados sólo existen en los libros de historia, y aun así... ¿Pero han desaparecido por completo? ¿Son antiguos el culto a los demonios, los rituales de sacrificio de sangre y las prácticas traumáticas de iniciación que crean profundos estados disociativos?

---

[62] *The History of Freemasonry: Its Legendary Origins* - Albert Gallatin Mackey, 2008, cap.19.

[63] *Mackey's Revised Encyclopedia of Freemasonry* - Albert Mackey, The Masonic History Company, 1946, Vol.2, p.689.

Todavía hoy existe un culto que perpetúa esta tradición, como una "religión sin nombre" que transmite los *Misterios* de generación en generación. ¿Por qué una "religión sin nombre"? Porque no existe oficialmente. Este culto, o más bien esta doctrina, no debe existir para el común de los mortales de nuestro tiempo. Podría llamarse la "religión de las mil caras", ya que sus múltiples formas no son más que manifestaciones de una cepa básica que se adapta a los tiempos y las civilizaciones humanas. Es una tensión que se exterioriza de tal o cual manera según las circunstancias que se le ofrecen y que se adapta a los peligros materiales, pero que sigue siendo una en lo que pretende en el plano espiritual. Se trata de una doctrina clandestina, una *gnosis transhistórica* que no tiene un nombre preciso pero que, sin embargo, ha moldeado nuestra sociedad moderna por infiltración durante siglos. Deja su huella por un simbolismo que los iniciados gustan de desplegar en el mundo profano, pero también por una influencia que lleva a una decadencia cada vez más marcada de la moral. Es una subcultura que surge poco a poco e intenta impregnar lo profano para convertirse en una cultura hegemónica mundial. Esta "religión sin nombre" está dividida en una multitud de sectas y grupos que a primera vista no tienen los mismos intereses, pero todos tienen en común que trabajan con más o menos ardor para instaurar un gobierno mundial, un *Nuevo Orden Mundial*, cuna del Anticristo. La "religión sin nombre" es el culto a Lucifer, y se divide en varias ramas, cabalistas, martinistas, rosacruces, teósofos, luciferinos, gnósticos y neognósticos, etc. (todas estas escuelas se superponen entre sí). (Sus verdaderos seguidores (es decir, los que son conscientes de los verdaderos problemas que defienden y de la guerra que se libra aquí en la tierra) descienden de familias luciferinas transgeneracionales o están iniciados y corrompidos en las altas logias de las sociedades secretas de estructura piramidal. Todos trabajan para establecer el reino de su Príncipe, el ángel caído Lucifer, el dios "civilizador", mientras que el Dios de la Biblia es para ellos un Dios "destructor" que debe ser derrocado. Uno de sus métodos es la infiltración y subversión de religiones, gobiernos e importantes organizaciones para infundir paciente y metódicamente su doctrina luciferina. Esto va acompañado de una formidable discreción gracias al principio de la *"Massa Duma"*, la ley del silencio, garantizada por los estados disociativos en los que se ven "envueltos" muchos seguidores. El objetivo es destruir el orden social (nación, familia, religión...) y revertir la moral y los valores tradicionales para imponer un nuevo orden a través de la destrucción: *Ordo ab Chao*, orden a través del caos. En nuestras sociedades modernas, podemos ver los resultados de esta doctrina destructiva de "redención a través del pecado" o "santidad a través del mal". Se trata de una filosofía particularmente malsana que pretende una inversión sistemática de los valores morales, donde el mal se convierte en bien y el bien en mal. En su libro titulado *"El Mesías Militante"*, Arthur Mandel define esta noción de "redención a través del pecado" de la siguiente manera: *"No es otra cosa que la vieja idea paulino-gnóstica de felix culpa, el santo pecado del camino hacia Dios a través del pecado, el perverso deseo de combatir el mal con el mal, de librarse del pecado pecando.*[64]

Esta plaga parece tener sus raíces en las antiguas prácticas babilónicas y en los cultos mistéricos. Doctrina revivida por el frankismo y el sabbataoísmo, una degeneración satánica del judaísmo y la cábala, fundada por los falsos mesías Sabbataï Tsevi (siglo XVII) y Jacob Frank (siglo XVIII). *El Sabbatao-Frankismo* puede considerarse un antepasado cercano de los *Illuminati* bávaros, el sionismo, el comunismo y el fascismo. En sentido estricto, no existe ningún culto frankista o sabbataísta, ya que se trata de una doctrina y una filosofía propagada por la infiltración de las religiones, pero también de la masonería y otras sociedades secretas que trabajan entre las bambalinas de los gobiernos y detrás de las fachadas democráticas.

En su libro Jacob Frank, el falso Mesías, Charles Novak escribe: "Así, mientras que el judaísmo predica la virginidad, la fidelidad y el amor, Sabbatai y sus sucesores, como Jacob Frank, predican el sexo desde una edad temprana para las niñas, las orgías sexuales para los jóvenes y el intercambio de esposas en Shabat. Tanto es así que algunos niños francos no conocen a su verdadero padre biológico. Jacobo y sus seguidores fueron sorprendidos en medio de un shabat orgiástico en enero de 1756 en la ciudad de Landskron y, a petición de los rabinos, fueron expulsados de la ciudad por las orgías. Una mujer se colocó en el centro, desnuda, mientras los seguidores masculinos cantaban la oración judía del Shabat: Lekhu doidi likrass kalo (Oración que se canta cada viernes por la noche para celebrar la llegada del Shabat. Instituido por el rabino Alkabets en el siglo XVI). Entonces se abalanzaban sobre ella, convirtiendo el ritual en una orgía colectiva. Los ritos sexuales francos consistieron más tarde en cantos, danzas extáticas, mezclando hombres y mujeres. Frank se arrodillaba y fijaba dos velas encendidas en un banco de madera, clavaba un clavo entre ellas y agitaba la cruz en todas direcciones, exclamando: Forsa damus para vert, seibuml grandi asserverti (judeoespañol), Danos la fuerza de verte, la gran felicidad de servirte. Entonces se apagaron las luces, los hombres y las mujeres se desnudaron y comenzó la orgía colectiva, cuya desnudez recuerda a la de Adán y Eva antes de la caída. Sin embargo, Frank no participó. Se quedó en el medio, en la contemplación mística (...) Los francos eran conocidos por sus orgías sexuales colectivas, a veces violentas. A través de estos comportamientos nihilistas, en los que el día 9 se convirtió en una fiesta de la alegría, intercambiaron mujeres, en los que quisieron destruir todo el dogma: "Para que aparezca el verdadero Buen Dios", según sus propias palabras.[65]

Aquí encontramos las orgías sagradas practicadas en las antiguas religiones conocidas como "Misterios", como el culto a Dionisio (Baco en los romanos), un culto fálico vinculado a la fertilidad, al igual que el culto shivaico

---

[64] *El Mesías Militante o la Huida del Gueto: Historia de Jacob Frank y el Movimiento Frankista* - Arthur Mandel, 1989, p.57.

[65] *Jacob Franck, el falso mesías: desviación de la Cábala o teoría de la conspiración* - Charles Novak, 2012, p.50-62.

en la India o el culto a Osiris en el antiguo Egipto con sus obeliscos que simbolizan el falo.

Esta "religión sin nombre", luciferina y elitista, tiene sus raíces en las antiguas religiones mistéricas de Babilonia y Egipto, pero también en el druidismo celta. Ha incorporado a su doctrina lo que considera lo "mejor" de cada una de estas tradiciones, sus prácticas fundamentales. Deidades como "El", "Isis", "Osiris" o "Baal" siguen recibiendo culto secreto en la actualidad.

Esta "religión" tiene una herramienta de dominación casi indetectable, el control mental basado en el trauma. La élite gobernante del mundo está aplicando militarmente esta ciencia mental del trauma y la disociación. Este fenómeno del desdoblamiento de la personalidad fue descubierto por las culturas antiguas y preindustriales, pero hoy es un conocimiento oculto que es utilizado por una élite luciferina para controlar no sólo a sus propios miembros, a su propia descendencia, sino sobre todo para dominar a toda la humanidad y establecer un dominio absoluto. En un testimonio publicado en Internet en abril de 1999, Kim Campbell (Philippe-Eugène de Rothschild), uno de los muchos hijos adúlteros de Édouard Philippe de Rothschild, dijo: *"Cuando veo la CNN, no puedo creer la cantidad de rostros conocidos que están en el candelero en la política, las artes, las finanzas, la moda y los negocios. Crecí con esta gente. Los conocí en los rituales y en los pasillos del poder. Financieros, artistas, cabezas coronadas e incluso jefes de Estado, todos ellos son personas con personalidades disociadas, que ahora trabajan para llevar a la humanidad a un Nuevo Orden Mundial, donde el ser humano ocupa el lugar más elevado y Dios es sólo una abstracción secundaria. Todas estas personas, como yo, habían sufrido abusos rituales satánicos que habían disociado sus personalidades."*

¿Qué son estas iniciaciones? ¿Qué son estos antiguos misterios? ¿Su simbolismo contiene claves iniciáticas que atraviesan los siglos? ¿A través de qué organizaciones modernas se siguen transmitiendo estos Misterios de generación en generación?

3 - DE LOS ANTIGUOS CULTOS MISTERIOSOS
A LAS SOCIEDADES SECRETAS MODERNAS

La cuestión de la implicación de las organizaciones fraternales de tipo masónico en los abusos rituales, el control mental y las prácticas ocultas insanas ha sido objeto de debate durante mucho tiempo. Algunos escritores francmasones sugieren que la Orden Masónica se basa en una ascendencia que contiene no sólo los rituales de los constructores de catedrales, sino también ritos de iniciación que provienen de varios cultos antiguos como las religiones de Misterio que implican rituales traumáticos. Otros masones afirman que existe una masonería negra que deshonra la llamada masonería *"pura y auténtica"*. Se acusa regularmente a los masones de estar implicados en el abuso sexual de menores y se utiliza el término *"abuso ritual masónico"*. He aquí algunos libros que recogen testimonios que acusan a miembros de la masonería: *La hermandad: El mundo secreto de los masones* de Stephen Knight - *El nuevo libro de culto de Larson* de Bob Larson - *El engaño mortal* de Shaw & McKenney - *Dentro de la hermandad: Otros secretos de los masones* de Martin Short - *Abuso ritual, qué es, por qué ocurre, cómo ayudar* de Margaret Smith - *Terror, trauma y el ojo en el triángulo* de Lynn Brunet. Lamentablemente, las fuentes en francés son escasas o inexistentes.

En su libro sobre los abusos rituales, la superviviente Margaret Smith formula acusaciones contra la masonería. Fue víctima de un grupo de personas que a veces se burlaban de la estupidez de quienes los calificaban de *"satanistas"*. Según ella, desde su punto de vista son luciferinos y ven a *Satanás* como un mito judeocristiano o una mera metáfora. Algunos supervivientes también informan de que se les animó a asistir a misas cristianas para desarrollar una parte de su personalidad en el "lado luminoso", mientras que otra parte de ellos se somete y participa en prácticas insanas y traumáticas. Se trata de una teología gnóstica en la que este concepto de *"luz"* frente a *"oscuridad"* es algo esencial.[66] ¿Es ésta una de las razones por las que nuestras élites *masónicas* fundaron poderosas fundaciones filantrópicas? Esta noción de *"luz frente a oscuridad"* es utilizada habitualmente por los supervivientes de abusos rituales y control mental para describir su propio mundo interior. La doctrina cristiana distorsionada se utilizará a menudo como telón de fondo para manipular al niño. Margaret Smith y muchos otros supervivientes han hablado de una cierta filosofía gnóstica en los abusos que experimentaron y también han informado de la presencia de masones durante estos abusos, de regalia masónica o de ceremonias de tipo masónico. No se trata de acusar a toda la masonería de perpetrar rituales sádicos y violentos, es probable que algunos masones actúen sin el consentimiento de la mayoría de los miembros de la logia. Sin embargo, hay algunas cosas de la masonería que pueden ser cuestionables: tomemos el ejemplo del símbolo de la *Orden de la Estrella del Este* (una organización masónica femenina) que es un pentagrama invertido, un símbolo generalmente utilizado para representar a Baphomet o al satanismo en general.[67]

En 2011, durante una conferencia en las reuniones anuales del grupo S.M.A.R.T. (*Stop Mind Control and Ritual Abuse Today*), Kristin Constance testificó que fue víctima de abuso ritual y control mental por parte de sus abuelos, fundadores y miembros de una logia de la *Orden de la Estrella del Este* en Australia. Informa que el emblema masónico de la Estrella del Este fue utilizado como medio para su programación mental. (Su testimonio se transcribe íntegramente en el capítulo dedicado a la programación de Monarch)

Neil Brick, superviviente de abusos rituales y fundador del grupo S.M.A.R.T., dijo: "Creo que la masonería es una de las mayores organizaciones responsables de abusos rituales satánicos en el mundo. Su conexión llega hasta

---

[66] *Manicheism an ancient Mesopotamian 'Gnosticism', Journal of Ancient Near Eastern Religions,* Vol. 5 - Mehmet-Ali Atac.

[67] *Culto y abuso ritual* - James Randall Noblitt & Pamela Perskin Noblitt, 2014.

el gobierno (federal y local), así como algunas de las instituciones económicas del país... Yo nací en la masonería."[68]

El sociólogo Stephen Kent, que ha investigado las sectas religiosas desviadas, en particular la Cienciología, ha conocido a muchas personas que han testificado haber sufrido abusos rituales de tipo masónico, incluso hijos de masones: *"Desde el principio de mi investigación, la gente se presentó con testimonios, algunos de los cuales estaban relacionados con abusos masónicos. Algunas personas afirmaron que su padre había sido masón y que los abusos estaban relacionados con una logia y sus miembros. A veces los abusos parecían tener lugar dentro de las propias logias masónicas, pero no puedo asegurarlo. Estas apariciones de la masonería en un gran número de testimonios me dejaron realmente desconcertado."*[69]

La canadiense Lynn Moss-Sharman, superviviente y fundadora del periódico *The Stone Angels* y portavoz de ACHES-MC Canadá (*Advocacy Committee for Human Experimentation Survivors & Mind-Control*), declaró en una entrevista con Wayne Morris en 1998 que la masonería es un denominador común en los relatos de abuso ritual y control mental. ... Hubo *conversaciones sobre esto que tuvieron lugar en las reuniones, el miedo era sobre esta conexión masónica. Puse unos pequeños anuncios en el Globe and Mail sobre esto y sobre las próximas conferencias. Esas pocas palabras sobre la conexión masónica generaron llamadas telefónicas y cartas de víctimas de todo Canadá. Personas que se describen a sí mismas como supervivientes de los abusos rituales masónicos, que aún viven aterrorizadas. Siempre fueron hijas de masones del Rito Escocés o hijas de Shriners (rama masónica). Desde todo Canadá, estas personas comenzaron a testificar sobre los recuerdos de lo que podría describirse como experimentos de control mental. Esto comenzó a manifestarse en noviembre de 1994.*[70]

En un libro publicado en 2007, Terror, trauma y el ojo en el triángulo: la presencia masónica en el arte y la cultura contemporáneos, Lynn Brunet revela que su padre, masón y rosacruz, abusó sexualmente de ella cuando era niña. También confesó la existencia de ciertas facciones masónicas que practican el abuso ritual traumático de niños. He aquí algunos extractos de su testimonio: Con el *paso de los años, recordé los abusos sexuales de mi padre cuando era niño (...) También descubrí que los abusos sexuales y el incesto se entretejían en la historia de la familia durante al menos tres generaciones (...).Desde fuera, mi familia parecía normal, pero el peso acumulado de esta historia familiar, cargada de traumas y tensiones, era una pesada carga que debía soportar cada generación (...)* En los *últimos años, a medida que se resolvían los enigmas de mi propia experiencia, intenté hablar con ellos sobre lo que recordaba.*

---

[68] "Surviving Masonic Ritual Abuse" - Neil Brick, revista Beyond Survival. 07/1996.

[69] *Entrevista con el Dr. Stephen Kent''*, Wayne Morris, CKLN-FM - Serie de Control Mental Parte 13.

[70] *Entrevista con Lynn Moss Sharman*, Wayne Morris, CKLN-FM - Serie de Control Mental Parte 16.

Afortunadamente para mí, mi madre pudo recordar la noche en que mi padre me violó a la edad de cuatro años y validar así las declaraciones de su hija. Sin embargo, el abuso ritual estaba más allá de su comprensión, lo cual es comprensible en muchos sentidos. A mediados de 2004, mi padre empezó a desarrollar la enfermedad de Alzheimer. Durante el período inicial del trastorno, en un estado alterado de conciencia, comenzó a hablarme del lado oscuro de su participación masónica. Me confesó que conocía la existencia de ciertos grupos que utilizaban rituales masónicos en contextos violentos para iniciar a los niños. Me dijo: "Hay muchos de estos grupos, hay mucha gente que los conoce, pero no hablan de ello porque es vergonzoso. Alternaba conmigo conversaciones coherentes en las que me contaba su relación con otros hombres de estos grupos. A veces, por la noche, conseguía salir de la residencia y se ponía a trepar por los árboles como un militar en misión para, según él, observar las actividades de la secta para "sacar a los niños de la secta". Esta "misión estratégica" duró quince días hasta que creyó haber recuperado a cada uno de los niños. Después de eso parecía estar muy satisfecho con lo que había logrado y todos los signos de su agitación interior se calmaron (...) Los recuerdos relativos a las actividades masónicas irregulares debían atribuirse claramente a alguna parte de su psique que normalmente no es accesible a la conciencia y que puede haberse entremezclado con sus experiencias de guerra en ese momento. Es posible que al plantear esta cuestión haya sumido a mi padre en un conflicto interior, ya que su pérdida de memoria comenzó justo después de mi confrontación con él. Sin embargo, su breve período de honestidad conmigo contribuyó sin duda a un proceso de curación mutua. Esta confesión, combinada con el conocimiento de la Orden Masónica que pude adquirir, desvió mi atención de la ira hacia el propio hombre. Ahora me veo llevado a comprender los principios que subyacen a estas prácticas "mágicas" ancestrales, que dividen la psique de estos hombres en dos: por un lado, ciudadanos y hombres dedicados, y por otro, la más infantil, absurda y cruel de las criaturas humanas."[71]

En Francia, Maude Julien dio un testimonio inquietante en su libro titulado *"Derrière la grille"*, publicado en 2014. Su padre, que era un rico empresario iniciado en la masonería, la sometió a un condicionamiento extremo destinado a convertirla en una *"diosa"*, pero sobre todo en un robot que obedeciera todas sus palabras. Maude Julien sufrió un aislamiento social total durante quince años, fue encerrada en una camisa de fuerza mental (al igual que su madre) con un entrenamiento de la mente y el cuerpo para convertirla en un *"ser superior"*, una *"Elegida"*. Los extremos y traumáticos ejercicios físicos y mentales desafiaban la creencia. Maude Julien dijo: *"Este libro es un manual de desobediencia silenciosa. Quería mostrar cómo se coloca la sujeción. Es un crimen perfecto en el que la víctima está tan avergonzada que no habla. Hoy, estoy bien en mi vida personal y profesional, mis hijas son mayores. Quería escribir mi historia. Para él, sólo cuenta su mundo mental. Los demás son*

---

[71] *Terror, trauma y el ojo en el triángulo* - Lynn Brunet, 2007, p.236-240.

instrumentos u obstáculos. Nos ha encerrado a mí y a mi madre en esta camisa de fuerza mental. El Ogro te demuestra que es Amor, con mayúsculas. Todo lo que hace es por tu bien. Establece una vida cronometrada en la que tiene el mando a distancia. Entonces infunde miedo. El mundo exterior es el peligro."[72]

En una entrevista televisiva[73] con Thierry Ardisson, Maude Julien confesó que tenía amnesia traumática sobre las cicatrices de sus muslos y su pecho. No sabe cuál es el origen y los médicos dicen que no son accidentes. En esta entrevista, Maude Julien afirma: *"El objetivo de mi padre era, efectivamente, convertirme en un 'sobre-ser', tenía una misión muy importante para mí. Y para ello tenía que tener un entrenamiento físico y mental para que el espíritu fuera más fuerte que la materia (...)*

- **Thierry Ardisson**: Y luego está el sótano, ahí es bastante violento, es decir que te despierta en medio de la noche y te pone sentado en una silla en un sótano.

- **Maude Julien**: Siempre para quedarse. Pero el propósito de esta misión capital a la que me dedicó era que yo pudiera moverme entre universos, aprender a comunicarme con los muertos (...)

- **T.A**: También está la prueba de electricidad, es increíble. Te pide que sujetes un cable eléctrico y recibas descargas durante diez minutos.

- **M.J**: Cuando hay descargas, no hay que reaccionar (...)

- **T.A**: (...) a las ocho vas a despertar a tu padre, y allí tienes que sujetar su orinal mientras orina (...) lo más inquietante son esas cicatrices en los muslos y en el pecho, cuyo origen desconoces. ¿Crees que son ritos de iniciación?

- **M.J**: Lo que es seguro para los médicos es que no fueron hechos por profesionales de la salud, lo que descarta la teoría del accidente (...) y me temo que nunca lo sabré.

¿Son las enseñanzas ocultistas de las logias masónicas las que inspiran estos proyectos para crear *"seres superiores"*, esclavizados y traumatizados para convertirse en médiums conectados con otras dimensiones? Como veremos más adelante en este libro, los traumas extremos provocan estados disociativos profundos que "desbloquean" espiritualmente al niño, permitiendo la conexión con otras dimensiones. ¿Existen *abusos rituales masónicos* cuya finalidad sería la de iniciar al niño, es decir, crear una *"iluminación"* en el niño durante la disociación?

Pero volvamos ahora a los Cultos Misteriosos vinculados al Gnosticismo, la Gnosis a la que cierta literatura atribuye un papel importante en la historia del satanismo y del abuso ritual. Los gnósticos fueron denominados a veces *borboritos* o *libertinos* por las prácticas desviadas que realizaban en sus "misterios". Según Kurt Rudoph, autor de *Gnosis: The Nature and History of Gnosticism*, el secreto de algunos gnósticos incluye un apretón de manos ritual similar al masónico, un apretón de manos específico al que algunos

---

[72] "Mon père m'a séquestrée pendant 15 ans: le récit terrifiant de Maude", Julien Balboni, www.dhnet.be, 2014.

[73] "Torturada por su padre para convertirla en un ser superior" - *Salut les terriens*, 10/2014.

supervivientes de abusos rituales suelen reaccionar con un cambio de conciencia sin saber por qué les ocurre. Estas reacciones pueden significar que ha habido una programación mental y que el apretón de manos concreto actúa como un desencadenante que cambia el estado de conciencia del individuo. Volveremos a hablar de esto con más detalle en el capítulo 7 sobre el control mental *de tipo monarca*.

En el texto gnóstico titulado *"Evangelio de Felipe"*, se menciona que *"Dios es un devorador de hombres". Por eso los hombres son (sacrificados) a él.* Varias fuentes informan de que algunos grupos gnósticos practicaban ceremonias que incluían el canibalismo y las orgías sexuales. Por su descripción, algunas de estas ceremonias entran claramente en la categoría de misa negra y abuso ritual satánico. La más impactante de las prácticas gnósticas reportadas es ciertamente la de Epifanio. Se dice que un monje fue testigo de los rituales orgiásticos practicados por un grupo gnóstico llamado *fibionitas* (o barbotianos). El obispo Epifanio de Salamina escribió en su *Panarion (Adversus Haereses: Contra las herejías)* que la secta ofita de los fibionitas practicaba el aborto y que el feto desmembrado, recubierto de miel y especias, era devorado por el grupo como una especie de eucaristía. Estas ceremonias orgiásticas están vinculadas a la visión que los fibionitas tienen del cosmos y de cómo liberarse de él. Además de satisfacer las exigencias de los arcontes (demonios), estas "costumbres" responden a la necesidad de recoger la semilla divina implantada en el mundo, que actualmente está dispersa en la semilla masculina y en la menstruación femenina. En su libro *"Los gnósticos"*, Jacques Lacarriere afirma que la violación de la moral sexual y otros horrores blasfemos demuestran la clara convicción "luciferina" de los practicantes. Algunos gnósticos asocian a Lucifer con Prometeo, el Titán de la mitología griega.[74]

El satanista Aleister Crowley practicaba con sus seguidores una versión "telémica" de la misa negra a la que llamaba *"misa gnóstica"*. La masonería muestra una "G" en el centro del compás y la escuadra, letra que hace referencia a su fuente primaria: la gnosis. En su discurso de iniciación al rango de caballero escocés, Adam Weishaupt (fundador de los "Iluminados de Baviera") declaró: *"Sólo los iluminados están en posesión de los secretos del verdadero masón. Incluso a los iluminados les queda por descubrir gran parte de sus secretos. El nuevo caballero debe dedicar su investigación a esto. Se le advierte especialmente que es mediante el estudio de los antiguos gnósticos y maniqueos que podrá hacer grandes descubrimientos sobre esta verdadera masonería."*[75]

En su libro titulado *"El hijo de la viuda"*, el profesor Jean Claude Lozac'hmeur analiza los vínculos entre la tradición masónica gnóstica contemporánea y la mitología. Llega a la conclusión de que el mito del "Hijo de la Viuda", tan apreciado por los masones, contiene una verdadera parábola que transmite, de forma velada, una tradición secreta a la que se asociaba originalmente un culto iniciático. Según él, una vez descifrado, este relato

---

[74] *"Cult and Ritual Abuse"* - James Randall Noblitt & Pamela Perskin Noblitt, 2014. p.132.

[75] *Memorias* - Barruel, vol. 111, p.107.

simbólico revela una religión dualista que opone un "dios malo", autor del Diluvio, a un "dios bueno", de tipo prometeico (luciferino). *En otras palabras, la religión del Hijo de la Viuda se basa en el mismo trasfondo tradicional que la Biblia, con la diferencia fundamental de que los valores están invertidos y que el Dios judeocristiano aparece como un tirano celoso y despiadado.* "[76]

El "dios bueno" de los distintos gnósticos sería, pues, Lucifer escondido en su más bello aspecto, *iluminando a* los iniciados con la luz del conocimiento... Un "dios civilizador" que pone al hombre en el centro de todas las cosas. Su investigación sobre los orígenes ocultos de la masonería también lleva a Jean Claude Lozac'hmeur a concluir: *"En todas las civilizaciones ha existido una religión primitiva diametralmente opuesta a la tradición bíblica, y de la que se pueden encontrar vestigios en las mitologías y el folclore. En este culto mistérico, que corresponde a la "Tradición Primordial" de los gnósticos modernos, Satanás era representado como el "Dios Civilizador de la Luz".*[77]

En el libro "Le monde grec antique", Marie-Claire Amouretti escribe sobre el culto a Baco en los Misterios: "Dionisio aparece como el dios liberador. El mito lo convierte en un exiliado, lo vincula al Cercano Oriente para hacerlo regresar triunfante a suelo griego, acompañado de una procesión de sátiros y ménades, músicos y bailarines. Dionisio, dios del vino y del deseo desenfrenado, se ofrece a sus seguidores en forma de un poderoso animal que desuellan y comen crudo para apropiarse de su fuerza. Las mujeres, en particular, participan en este culto. Todo el entramado cívico y familiar se resquebraja con motivo de estas fiestas, de las que Eurípides hace una extraordinaria evocación en "Las bacantes": la embriaguez física o espiritual, la alegría, la carrera desordenada en los páramos, el canto y la danza, la libertad sexual y la dominación femenina, todo ello expresa una profunda necesidad de liberarse de un sistema cívico, moral y familiar que se organiza con gran rigidez. Una salida necesaria pero peligrosa."[78]

Todo esto está claramente vinculado a lo que vivimos hoy en día en nuestra sociedad de consumo en la que el hombre es puesto en el centro de todo gracias al dios liberador de los *"hermanos de la luz"*. Unos "consumidores" desenfrenados, desprovistos de toda espiritualidad y cuya moralidad no deja de caer año tras año, siendo esto el resultado del plan global luciferino, basado precisamente en esta gnosis transhistórica cuyo objetivo es llevar a cabo el reinado del *"dios civilizador y liberador"*.

Según el historiador romano Tito Livio, autor de *"Roma y el Mediterráneo"*, los romanos que investigaron el culto a Baco descubrieron que sus rituales incluían transgresiones sexuales y sacrificios de sangre. Una de las profetisas de la secta había organizado una gran estafa con sus seguidores que condujo a varios asesinatos, el "escándalo de las bacanales", que está bien

---

[76] *Hijo de la viuda* - Jean-Claude Lozac'hmeur, 2002, p.136.

[77] *Les Origines Occultistes de la Franc-Maçonnerie* - Jean Claude Lozac'hmeur, 2015, p.42.

[78] *Le monde grec antique* - Marie Claire Amouretti & Françoise Ruzé, 1978, p.107.

documentado en la historia. Este culto sólo admitía en sus ceremonias de iniciación a jóvenes menores de veinte años, que eran más dóciles durante las orgías... *Cuando su hijo se estaba recuperando, tuvo que iniciarlo en los ritos báquicos (...) Entonces su ama Hispala le contó que cuando era esclava, entró en este santuario como subordinada a su ama, pero que cuando fue libre nunca se acercó a él. Sabía que era un taller para todo tipo de corrupciones, y era bien sabido que desde hacía dos años nadie mayor de veinte años se había iniciado aquí. Lo llevaron a un lugar en el que resonaban gritos, cánticos, música con címbalos y tambores, de modo que la voz del iniciado no podía oírse mientras se perpetraban sobre él prácticas vergonzosas con violencia... "[79]*

En su libro *"Les Divinités Génatrices"*, Jacques-Antoine Dulaure (a la sazón masón de la Logia *Osiris de Sèvres*) nos dice que el culto mistérico de Baco se originó en Egipto y que estaba vinculado al culto fálico (el culto al pene). Dulaure escribe en su libro: *"Heródoto y Diodoro de Sicilia coinciden en que el culto a Baco fue introducido en Grecia por un hombre llamado Melampo, que fue instruido por los egipcios en un gran número de ceremonias. Melampo, hijo de Amythaon, tenía, dice Herodoto, un gran conocimiento de la ceremonia sagrada del Falo. Fue él, de hecho, quien instruyó a los griegos en el nombre de Baco, en las ceremonias de su culto, y quien introdujo entre ellos la procesión del Falo. Es cierto que no les descubrió las profundidades de estos misterios; pero los sabios que vinieron después de él les dieron una explicación más completa. Fue Melampo, añade, quien instituyó la procesión del Falo que se lleva en honor a Baco, y fue él quien instruyó a los griegos en las ceremonias que aún hoy practican."[80]*

El francmasón Dulaure también escribe sobre este culto al Falo al que dedicó un libro entero: ''Una secta particular y poco conocida, llamada la secta de los bautistas, celebraba en Atenas, Corinto, en la isla de Chio, en Tracia y en otros lugares, los misterios nocturnos de Cotitto, una especie de Venus popular. Los iniciados, que se entregaban a todos los excesos del libertinaje, utilizaban los falos de una manera particular; eran de cristal y servían de recipientes para beber. Los que sólo ven en este símbolo de la reproducción el carácter de libertinaje, deben asombrarse de que formara parte integrante de las ceremonias dedicadas a Ceres, divinidad tan recomendada por su pureza, y apodada la Virgen Santa; que apareciera en los misterios de esta diosa en Eleusis, llamados misterios por excelencia, a los que todos los hombres de la antigüedad, distinguidos por sus talentos y virtudes, se honraban con la iniciación (...) Es Tertuliano quien nos dice que el Falo era, en Eleusis, parte de los objetos misteriosos. Ningún otro escritor de la antigüedad había dado a conocer esta particularidad, ningún iniciado había revelado este secreto antes que él: "Todo lo más sagrado de estos misterios", dice, "lo que se oculta con tanto cuidado, lo

[79] *Livio, Historia de Roma*, "Fuente para el estudio de la religión griega" - David Rice, John Stambaugh, 1979 p.149.

[80] *Les Divinités génératrices ou du culte du phallus chez les anciens et les modernes* - Jacques-Antoine Dulaure, 1805, p.106-107.

que no se permite conocer hasta muy tarde, lo que los ministros del culto, llamados Epoptes, nos hacen desear tan ardientemente, es el simulacro del miembro viril".[81]

He aquí algunos extractos del libro *"Shiva et Dionysos"* (Alain Daniélou - 1979) sobre las similitudes entre las iniciaciones de las religiones antiguas y las de las sociedades secretas modernas que pretenden divinizar al hombre: *Ciertas técnicas rituales nos permitirán actuar sobre las energías latentes presentes en el ser humano y así transformarlo y convertirlo en el vehículo de transmisión de ciertos poderes, para elevarlo a un plano superior en la jerarquía de los seres, para convertirlo en una especie de semidiós o superhombre más cercano al mundo invisible de los espíritus. Este es el papel de la iniciación. Este proceso de transformación del ser humano es largo y difícil, por lo que la iniciación sólo puede hacerse por grados. El pashu (hombre animal) se convertirá primero en un sâdhaka (aprendiz), luego en un vîra (héroe) o adepto, es decir, en un ser que puede dominar e ir más allá de las apariencias del mundo material. El siguiente grado es el de siddaha (realizado), también llamado, entre los tántricos, la etapa de kaula (miembro del grupo), palabra que corresponde al título de "compañero" en la iniciación masónica, donde también se encuentra el rango de aprendiz. El kaula ha alcanzado el "estado de verdad". Sólo entonces desaparecen las barreras entre lo humano y lo divino y el adepto puede considerarse divya (divinizado). En el lenguaje de los misterios grecorromanos, el adepto, el iniciado, era llamado "héroe". Los títulos superiores probablemente se mantuvieron en secreto. Esta transformación afecta a todo el ser humano. (...) Sólo un iniciado puede transmitir poderes a un nuevo iniciado. Esto es esencial para que la transmisión iniciática sea válida. Por eso no se puede restablecer una tradición interrumpida. La iniciación es la transmisión real de una shakti, un poder, que toma la forma de la iluminación. La continuidad de la transmisión de un iniciado a otro se compara con la transmisión de una llama que enciende otra. Los iniciados forman grupos de hombres diferentes a los demás. Estos grupos se denominan kula (familias) en el tantrismo, de ahí el nombre de kaula (miembros de la familia o "compañeros") dado a sus seguidores. La kula corresponde a la thiasis dionisíaca. (...) El baño ritual precedía, para los misterios eleusinos, la fase considerada como la más misteriosa de las iniciaciones. Según Plutarco, fue precedido por una abstinencia de diez días de relaciones sexuales. La misma regla se aplica en la India. (...) "El novicio es entonces conducido a la zona de iniciación, cuidadosamente marcada en el suelo. La entrada occidental es la mejor para los discípulos de todas las castas, pero especialmente para los de la casta real, los Kshatriyas... El novicio debe dar tres vueltas alrededor de la imagen fálica y, según sus medios, ofrecer a Dios un puñado de flores mezcladas con oro, o sólo oro si faltan flores, mientras recita el himno a Rudra (Rudrâdhyaya). Entonces meditará en Shiva repitiendo sólo el pranava, la sílaba AUM. (Linga Purâna, II, cap. 21, 40-42). Del mismo modo, en el rito dionisíaco, "el iniciado*

---

[81] Ibid, p.117-118.

tiene la cabeza cubierta con un velo y es guiado por el oficiante... Se coloca sobre la cabeza del iniciado una cesta llena de frutas y objetos simbólicos, entre los que se encuentra uno con forma de falo". (H. Jeanmaire, Dionysus, p.459) (...) "La venda que cegaba al discípulo se retira entonces y se le muestra el yantra..." (Linga Purana, II, cap.21, 45)."

Encontramos el mismo protocolo en la masonería cuando el aprendiz debe tener los ojos vendados para recibir la iniciación.

Algunos testimonios actuales parecen confirmar que el culto a Dionisio/Baco y en general todos estos cultos luciferinos se siguen practicando hoy en día en Occidente. El libro *"Ritual Abuse and Mind Control: The Manipulation of Attachment Needs"* (Abuso ritual y control mental: la manipulación de las necesidades de apego) contiene el testimonio de una superviviente de abuso ritual satánico y control mental. La mujer nació en una familia que supuestamente practica estos rituales de generación en generación, he aquí un extracto de su testimonio: *"El primer asesinato de un niño que puedo recordar conscientemente fue cuando tenía cuatro o cinco años. Mi madre fue preñada por X (...) Nos llevaron a una gran casa señorial, fue durante el verano con motivo de una fecha importante (...) El viernes por la noche hubo un ritual seguido de una orgía en la que participaron un montón de personas disfrazadas y haciendo "payasadas" en este enorme salón. Baco era uno de los dioses que adoraban. Al día siguiente salimos a un gran prado, había cien personas, era un gran ritual. Mi madre estaba tumbada en el suelo, estaba de parto mientras X cantaba (...) El niño nació, era una niña. Luego me puso un cuchillo en la mano izquierda y me dijo ciertas cosas sobre el niño. Entonces puso su mano sobre la mía y apuntamos el cuchillo al pecho del bebé y lo matamos. Extrajo el corazón, todo el mundo aplaudió y se volvió loco, luego el niño fue desmembrado y consumido."[82]*

En su libro *The Occult Conspiracy: Secret Societies, Their Influence and Power in World History* (La conspiración oculta: las sociedades secretas, su influencia y su poder en la historia del mundo), Michael Howard escribe sobre los cultos misteriosos de la antigüedad: "Los cultos misteriosos llevan a cabo ceremonias de iniciación que contienen un simbolismo y un drama arcano para revelar al iniciado las realidades espirituales ocultas tras la ilusión del mundo material. Durante la iniciación, el neófito entra en trance y experimenta el contacto con los dioses en un viaje al "Otro Mundo". Los iniciados pasan por una muerte simbólica y renacen con un alma perfecta."

Lo que Howard relata aquí es interesante porque muestra las similitudes entre los antiguos Cultos Misteriosos, el chamanismo, los cultos de posesión y la brujería... Pero lo que describe también muestra una similitud con las sociedades secretas contemporáneas de tipo masónico, es decir, la muerte simbólica para renacer a una nueva vida. Un simbolismo que también encontramos entre los cristianos con el renacimiento en Jesucristo a través del

---

[82] *Ritual Abuse and Mind Control: The Manipulation of Attachment Needs* - Orit Badouk Epstein, Joseph Schwartz, Rachel Wingfield Schwartz, 2011, p.149.

sacramento del bautismo: *"Así que el que está unido a Cristo es una nueva criatura: lo viejo ha pasado; he aquí que lo nuevo ya está aquí"* (2 Corintios 5:17). Jesucristo vino a la tierra para reformar todas aquellas religiones paganas que practicaban el sacrificio de sangre en honor a los ángeles caídos. El bautismo de sangre fue reemplazado por el bautismo de agua y el Espíritu Santo, y el sacrificio de sangre fue permanentemente reemplazado por Su propio sacrificio.

Benjamin Walker, el autor de *The Woman's Encyclopedia of Myths and Secrets*, describe una ceremonia de iniciación del culto a Mitra, que era otra de estas religiones de Misterio, de la siguiente manera: *"Primero hay unos días de abstinencia de comida y sexo, luego una ceremonia de ablución tras la cual se atan las manos del candidato a la espalda, y luego se tumba en el suelo como si estuviera muerto. Tras ciertos ritos solemnes, su mano derecha es tomada por el hierofante y resucita. Luego viene el bautismo de sangre. El iniciado se encuentra desnudo en una fosa cubierta con una rejilla, sobre esta rejilla se sacrifica un animal para que la sangre fluya sobre el candidato. Sea cual sea el animal implicado, siempre simboliza el toro de Mitra. El poeta cristiano Prudencio describió este ritual en su memoria personal: "A través de la rejilla fluye hacia la fosa el líquido rojo que el neófito recibe en su cuerpo, en su cabeza, en sus mejillas, en sus labios y en sus fosas nasales. Se echa el líquido sobre los ojos y la boca para empapar la lengua de sangre y tragar toda la que pueda. Simbólicamente, el iniciado ha resucitado de entre los muertos y ha sido limpiado por la sangre revitalizante del toro. Ahora se le considera "nacido de nuevo a la eternidad". Se le dará la bienvenida a la comunidad de iniciados como hermano y se le permitirá participar en la comida sacramental de pan y agua, estableciendo así su estatus de elegido."*

La superviviente "Svali", una ex-iluminada, nacida ella misma en el seno de un culto luciferino, relata en su testimonio que el grupo al que pertenecía tiene prácticas similares a las antiguas religiones mistéricas babilónicas con bautismo de sangre: *"Ellos (los niños) participarán en rituales durante los cuales los adultos llevarán túnicas, y tendrán que, entre otras cosas, postrarse ante la deidad tutelar de su culto. Moloch, Ashtaroth, Baal, Enokkim, son demonios que son comúnmente adorados. El niño puede presenciar un sacrificio real o escenificado que sirva de ofrenda para estas deidades. Los sacrificios de animales son habituales. El niño será obligado a participar en los sacrificios y tendrá que pasar por el bautismo de sangre. Tendrá que tomar el corazón u otros órganos del animal sacrificado y comérselos (...) Hacen rituales de iniciación con niños o con seguidores mayores, se ata al iniciado y se desangra un animal sobre él."*[83]

Un documento[84] que contiene las audiencias y actas del caso Dutroux en Bélgica informa de algunos testimonios sobre sacrificios de sangre durante los rituales, a veces con una especie de bautismo de sangre. Se trata de declaraciones y denuncias, y no se ha llevado a cabo ninguna investigación adecuada para

---

[83] "Cómo el culto programa a la gente" - Svali.

[84] Bélgica: resumen del expediente X de Dutroux, 2005 - Wikileaks.org.

determinar si estos testimonios eran ciertos. Todos estos casos se silencian sistemáticamente... ¿Por qué? He aquí algunos extractos: "X1 mató dos conejos y una cabra enana por orden de B. La orgía tuvo lugar en el garaje. Los participantes con trajes especiales: cuero, capas, máscaras... C. deben comer el corazón del conejo sacrificado. Niños atados a anillos en el garaje. La sangre de la cabra se derrama sobre C." (PV 118.452, 10/12/96, Audiencia del testigo X1 (Regina Louf), página 542)

En el párrafo 29 (diario de W.) se menciona a una familia que realiza sacrificios humanos, incluida su propia hija (...) La llevaron a una casa donde hay una gran piscina en el exterior. Hay muchos hombres y mujeres. Le hacen beber en el coche. Hay un gran fuego en el jardín. Hay otras tres chicas (...) Durante un juego en esta casa, se derramó sangre caliente sobre ella (PV 117.753, 754 y 118.904, Audiencia de W., página 749)

Asistió a una misa negra en el elegante barrio de Gent en abril de 1987. Misa satanista. Los animales eran sacrificados, destripados y luego sacrificados. Los participantes bebieron la sangre de los animales (...) T4 no pudo asistir a toda la ceremonia. Descripción de la villa. Vehículos lujosos (...) J. y E. informaron de que había parlamentarios y otras personalidades. Cantos en una lengua desconocida. Sacerdotes y sacerdotisas desnudos bajo sus mantos. Todos con capa y máscara. El sufrimiento de los animales sacrificados es el medio para obtener poder y fuerza. (PV 118.220, 04/12/96, información T4, página 125)

Conoce iglesias satánicas en Hasselt, Bruselas, Gante, Knokke, Lieja, Charleroi y Mozet (...) Los sacrificios van desde animales hasta humanos. Los sacrificios van seguidos de orgías (...) A veces se sacrifica a la mujer y se utiliza su sangre para los ritos. (PV 100.693, 06/01/97, Audiencia de L. P., página 126)

W. habría participado en "misas negras" con otros menores. Habla de menores marcados y de sacrificios humanos. También habla de la carne humana preparada que las niñas tenían que comer. Durante estas fiestas, las chicas eran violadas por los participantes. (PV 116.780 21/11/96, Audiencia de W., página 746)

En 1985 participó en varias sesiones satánicas cerca de Charleroi. En una ocasión, se ofreció al público la sangre de una niña de 12 años. No asistió al asesinato (...) En el lugar, fue drogado antes de ser llevado a una habitación con personas que llevaban máscaras y túnicas negras. Los participantes bebían sangre. Había una chica desnuda sobre un altar, estaba muerta. (PV 250 y 466, 08/01/97 y 16/01/97, Audiencia de T.J., página 260)

Fue por primera vez al castillo cuando tenía 14 años en el Jaguar beige de V. (...) durante las lunas llenas (...) Escribe: En un círculo alrededor del fuego - hay velas - todos se ponen de pie excepto el bebé y la oveja - el bebé llora (...) Describe el asesinato del bebé y la mezcla de su sangre con la de la oveja. Luego se queman el bebé y la oveja y todos "hacen el amor juntos". El corazón del bebé es arrancado. (PV 150.035, 30/01/97, Audiencia de N. W., página 756)

En 2000, France 3 emitió un reportaje titulado *"Violación de niños, ¿el fin del silencio?"*. El documental contiene el testimonio de una niña que fue víctima de abusos rituales satánicos. Describe una escena de culto en o cerca de París: *"Luego bajamos a un laberinto donde hacía frío, estaba oscuro y parecía un sótano. Aquí había un vestuario al que íbamos para vestirnos con la ropa blanca y roja. Entonces íbamos aquí* (nota de la redacción: mostrando su dibujo), *había una habitación donde violaban a los niños, era una habitación grande, como una gran cueva en forma de catedral o de catre y había mucha, mucha gente aquí. También había una estatua muy, muy grande de un dios africano o negro, y cuando gruñía, la gente ponía dinero en grandes cestas que se pasaban. Alrededor de esta estatua había cenizas, con cabezas de niños clavadas en las cenizas."*

¿No describe el Antiguo Testamento repetidamente los sacrificios de niños? Rituales consistentes en sacrificar niños al fuego en honor al demonio Moloch (véase el final de este capítulo). Estas prácticas de cultos sacrificiales no parecen haber terminado con el mundo moderno... En diferentes formas, los *Misterios* son como funerales oscuros, que celebran una muerte mística y la resurrección en forma de una figura heroica o divina. En su libro *"Antichrist Osiris"*, Chris Relitz explica que esta iniciación ritual de los Misterios podía adoptar diferentes formas que consistían en una repetición de la vida, la muerte y la resurrección de una deidad. El conocimiento secreto estaba codificado en estas ceremonias de iniciación y podía así transmitirse a través de los siglos. En primer lugar, el candidato a la iniciación debe morir simbólicamente representando la historia de un dios. Luego viene la búsqueda y el descubrimiento de su cuerpo, y finalmente la *"resurrección"* donde el iniciado recibe un secreto que debe guardar. Un secreto que en principio parece insignificante, pero el sacerdote es perfectamente consciente de que esta información es de extrema importancia. Lo que se le acaba de confiar al iniciado es, de hecho, *"el secreto de todos los secretos"*, es una información codificada y velada en un simbolismo que, por lo general, el iniciado no podrá comprender directamente. Lo único que pueden hacer es seguir transmitiendo ciega y eternamente esta simbología oculta a otros candidatos a la iniciación.[85]

En 1928, el fundador de la Revue Internationale des Sociétés Secrètes (R.I.S.S.), Monseñor Jouin, declaró en el primer número del "Suplemento Ocultista" de la R.I.S.S.: "Sí, el gran secreto del ocultismo está ahí: es decir, no en el descubrimiento sensacional de una confesión o de una acusación aún inédita, sino en la evidencia de la verdad. Sí, el gran secreto del ocultismo está ahí: es decir, no en el descubrimiento sensacional de una confesión o una acusación aún inédita, sino en la conclusión evidente y serena de una especie de gramática comparativa del simbolismo de todas las sectas. Pues los adeptos, condenados a ocultar su "verdad" bajo velos impenetrables, se han prohibido sin duda en todo momento las fórmulas categóricas, ya que lo que enseñan sería tan repugnante para las mentes y los corazones de los hombres...(...) Pero es fácil ver que una interpretación fija de estos símbolos ha estado siempre en uso entre la humanidad, que una cábala tradicional, largamente oral, luego escrita, se ha desarrollado desde tiempos inmemoriales al lado del canon de las Escrituras y se encuentra finalmente en un cierto número de obras, a primera vista

---

[85] *Anticristo Osiris: La historia de la conspiración luciferina* - Chris Relitz, 2012.

incomprensibles o contradictorias, pero cuyo verdadero significado puede ser reconstruido por la clave del simbolismo."

Christian Lagrave, autor del libro titulado *Les Dangers de la Gnose Contemporaine*, declaró durante una conferencia: "¿Cómo es posible que estos errores gnósticos se hayan transmitido y persistan desde la antigüedad? Son posibles varios modos de transmisión que pueden combinarse entre sí. En primer lugar, está la persistencia clandestina de estas doctrinas en las sectas religiosas o en las sociedades secretas, con una transmisión "esotérica" (reservada a un pequeño número de iniciados) llevada a cabo de forma oculta, es decir, estas doctrinas perversas nunca se revelan de forma completa y explícita, sino que se ocultan bajo símbolos y mitos, llevando gradualmente al iniciado a descubrirlas por sí mismo. Esta táctica de iniciación progresiva ya se utilizaba en las sectas maniqueas antiguas y medievales. Todavía se practica en los cultos ocultistas modernos, especialmente en la masonería. El objetivo de esta táctica es conducir a los nuevos iniciados gradualmente a doctrinas que les asustarían si se les revelaran completamente de una vez."

Todas estas sectas, denominadas escuelas de los Misterios o religiones de los Misterios, tenían por objeto, pues, transmitir un determinado conocimiento esotérico y oculto. Sólo los aristócratas podían unirse a estos grupos para recibir la iniciación en los *"famosos"* Misterios. Estos iniciados fueron entrenados con una combinación metódica de enseñanzas y adoctrinamientos. La privación del sueño, la tortura ritualizada, las drogas y, a veces, la demonología se utilizaban para programar las mentes de los "estudiantes". Estos aristócratas, iniciados en los Misterios y vinculados mediante rituales a ciertas entidades demoníacas (que podían proporcionarles ayuda material), se sentían así superiores al resto de la población. Así, poco a poco, nació una especie de casta aristocrática que desarrolló un sentimiento de superioridad espiritual que se tradujo en *"iluminación"*. Es decir, el acceso a un conocimiento oculto para la mayoría de los humanos profanos. Varios autores han detectado claramente el gran parecido entre estos antiguos cultos mistéricos y las modernas organizaciones fraternales, sociedades secretas que aparecieron más tarde en Europa. Jean-Marie R. Lance, miembro de A.M.O.R.C. (Rosacruz), declaró en un documental de la televisión canadiense: *"La historia de la Orden, en su aspecto tradicional, se remonta al antiguo Egipto y podemos incluso remontarnos a 1500 años antes de Cristo con, por ejemplo, Akenatón, que estaba asociado a estas escuelas de los Misterios, a estas 'Casas de la Vida' que eran lugares que permitían a hombres y mujeres estudiar juntos los misterios de la vida."*[86]

Algunos autores afirman que la masonería se construyó, por un lado, sobre la tradición de los constructores de catedrales y, por otro, sobre el modelo de aquellas antiguas escuelas de Misterios con la práctica de rituales de iniciación malsanos y traumáticos. En estos rituales traumáticos, el terror que sufre el candidato es el punto central del proceso de iniciación, su vulnerabilidad en esta experiencia marca el poder del grupo sobre el individuo: *"Podríamos*

---

[86] "El signo secreto: Orden de la Rosacruz" - *Historia*, 03/2012.

haberte matado, pero no lo hicimos". Después de pasar por este proceso, el iniciado será ayudado y protegido por el grupo/secta a condición de que respete las estrictas exigencias de secreto. Este principio de iniciación a través del trauma es común a todas las estructuras fraternales luciferinas o satanistas, en las que la iniciación en la primera infancia es la mejor manera de obtener un adulto leal y fiel que respete perfectamente la ley del silencio mientras perpetúa la oscura tradición. Los rituales que implican actos perversos e inmorales, incluida la vil pedofilia, también son un medio de chantaje para quienes han participado. Esto permite crear lazos *"fraternales"*, tanto más fuertes cuando se comete un sacrificio humano, un crimen ritual, en grupo y las cámaras filman la escena para inmortalizarla. Los adeptos que se sumergen en esta violencia adictiva se sienten unidos entre sí por un secreto estrictamente imposible de revelar al mundo exterior; es un cemento malsano que une a los miembros y les da un sentimiento de superioridad sobre la masa humana.

Un ejemplo relativamente conocido de una sociedad secreta que practicaba rituales satánicos es el de los *Hermanos de San Francisco de Wycombe*, más conocidos como *"El Club del Fuego del Infierno".* Este grupo fue fundado en mayo de 1746 por Francis Dashwood en la *casa pública George and Vulture* de Londres. Francis Dashwood era un amigo íntimo del rey Jorge III, que más tarde se convertiría en ministro de finanzas de Gran Bretaña. Este *"club"* estaba situado en el subsuelo de un edificio con aspecto de iglesia, con una serie de túneles, salones y cavernas que eran utilizados por los miembros (los "hermanos") para sus actividades ocultas, que consistían en fornicar con prostitutas, adorar a Baco y Venus y ofrecer sacrificios a Satán. Aunque no era miembro directo, Benjamin Franklin asistía ocasionalmente a las reuniones del *Hell Fire Club.* El propio Franklin fue masón, Gran Maestro de la Logia San Juan de Filadelfia y Gran Maestro de la Logia Nueve Hermanas de París. También fue Gran Maestro de la Rosacruz.

En febrero de 1998, un trabajador de una obra descubrió los huesos de seis niños y cuatro adultos. Se trata de la restauración de una casa londinense en el número 36 de Craven Street, que fue el hogar de Benjamin Franklin, el padre de la Constitución estadounidense. Los cadáveres fueron fechados en el periodo en que Franklin ocupó la casa, es decir, de 1757 a 1762 y de 1764 a 1775. El descubrimiento de los huesos se anunció incluso en la prensa británica, en particular en *The Sunday Times.* Evangeline Hunter-Jones, diputada y presidenta de los *Amigos de la Casa de Benjamín Franklin,* informó de que *"los huesos quemados se enterraron a gran profundidad, probablemente para ocultarlos, y hay muchas razones para creer que aún quedan algunos".* Para exonerar a Benjamín Franklin, se planteó rápidamente que durante sus ausencias, su amigo el Dr. Hewson podría haber utilizado la casa para realizar disecciones de cadáveres humanos para sus estudiantes.[87]

Albert Mackey es un famoso masón (el que cooptó a Albert Pike) que estudió las raíces filosóficas de la masonería remontándose a los tiempos

---

[87] "El satanista y masón Benjamin Franklin" - Laurent Glauzy, 2014.

bíblicos. Mackey dedujo que la forma *"pura"* que practicaban los israelitas (noajitas) implicaba la creencia en un solo Dios y la inmortalidad del alma. Sostiene que su forma *"parasitaria"* era el conjunto de ritos iniciáticos practicados por los paganos, y en particular las prácticas dionisíacas de los tirios. Prácticas paganas que, según él, implicaban *"pruebas severas y difíciles... una larga y dolorosa iniciación... con una serie de grados iniciáticos"*. Según Mackey, estas dos formas de masonería se fusionaron durante la construcción del Templo de Salomón para producir un prototipo de la institución (masónica) moderna. Mackey identifica así una forma corrupta de la masonería combinada con una forma pura que se remonta a sus orígenes. Sostiene que esto da a esta institución secreta un lado luminoso y otro oscuro. Define este lado oscuro, esta forma "parasitaria" de la masonería, como una especie de masonería negra con prácticas iniciáticas terroríficas y traumáticas, que utiliza la representación simbólica del descenso mítico al Hades, la tumba o el infierno, para luego volver a la luz del día: el renacimiento iniciático.[88]

Mackey revela que hay dos bandos en la masonería, uno de los cuales desconoce la existencia del otro, lo que puede traducirse como *"los buenos no conocen a los malos, pero los malos conocen a los buenos"*.

El autor masónico Manly P. Hall, honrado por el Journal of the Scottish Rite como *"el más grande filósofo de la masonería"*, describió claramente los dos aspectos distintos de la organización masónica: *"La masonería es una fraternidad oculta dentro de otra fraternidad: una organización visible que oculta una fraternidad invisible de los elegidos... Es necesario establecer la existencia de estas dos órdenes separadas y sin embargo interdependientes, una visible, la otra invisible. La organización visible es una espléndida camaradería compuesta por "hombres libres e iguales", dedicados a proyectos éticos, educativos, fraternales, patrióticos y humanitarios. La organización invisible es una fraternidad secreta y augusta, majestuosa en dignidad y grandeza, cuyos miembros se dedican al servicio de un misterioso 'arcanum arcandrum', es decir, un misterio oculto. "[89]*

Para completar esta descripción de Hall, he aquí lo que dice Albert Pike en *Moral y Dogma*: "Como todas las Religiones, todos los Misterios, el Hermetismo y la Alquimia, la Masonería no revela sus secretos a nadie más que a los Adeptos, los Sabios y los Elegidos. Recurre a falsas explicaciones para interpretar sus símbolos, para engañar a quienes merecen ser engañados, para ocultarles la Verdad, a la que llama la Luz, y así mantenerlos alejados de ella (...) La masonería oculta celosamente sus secretos, y engaña intencionadamente a sus pretenciosos intérpretes."[90]

---

[88] *El Simbolismo de la Masonería: Ilustración y explicación de su ciencia y filosofía, sus leyendas, mitos y símbolos* - Mackey, Albert G, 1955.

[89] *Lectures on Ancient Philosophy*, Manly P. Hall, p.433.

[90] *Moral y Dogmas*, Volumen 1, Albert Pike, p.104.

En su libro *La Exteriorización de la Jerarquía*, la famosa ocultista de *la Nueva Era* Alice Bailey, escribe sobre esta franja totalmente oculta de la Masonería: *"El Movimiento Masónico es el guardián de la ley. Es la Casa de los Misterios y la sede de la iniciación. Contiene en su simbolismo el ritual de la Divinidad, y conserva en su obra pictórica el camino de la salvación. Los métodos de la Divinidad se demuestran en sus Templos. El mundo puede avanzar bajo la mirada de este Ojo del que nada escapa. La masonería es una organización mucho más oculta de lo que uno puede imaginar. Está destinada a ser la escuela de formación de los futuros ocultistas más avanzados (...) Estos Misterios, cuando sean restaurados, unificarán todas las creencias."*[91]

Alice Bailey nos habla de Lucifer (*el Ojo del que nada escapa*) y de la construcción de un nuevo orden mundial (*los Misterios que unificarán todas las creencias*).

Hay una serie de fuentes masónicas sobre la conexión entre las religiones mistéricas y la masonería contemporánea. Algunos hermanos lo han reconocido abiertamente en varias publicaciones. El libro masónico titulado *"El Maestro Masón"* describe claramente el vínculo entre los Cultos Misteriosos de la antigüedad y la masonería moderna: *"La idea detrás de la leyenda de Hiram es tan antigua como el pensamiento religioso entre los hombres. Los mismos elementos existían en la historia de Osiris, celebrada por los egipcios en sus templos, al igual que los antiguos persas se referían a ella con su dios Mitra. En Siria, los Misterios Dionisíacos contienen elementos muy similares con la historia de Dionisio y Baco, un dios que murió y resucitó. También está la historia de Tammuz, tan antigua como todas las demás. Todo esto se refiere a los antiguos Misterios. Son celebrados por sociedades secretas, al igual que las nuestras, con ceremonias alegóricas en las que los iniciados progresan a través de estas antiguas sociedades de un grado a otro. Lee estas historias antiguas y maravíllate de cómo muchos hombres han recibido la misma gran verdad de la misma manera."*[92]

Por lo tanto, el libro del *Maestro Masón* invita a los lectores masones a leer las historias de las antiguas religiones de Misterios para ver cómo enseñan la misma *"gran verdad"* que la Masonería. En el libro *"A Bridge to Light"*, el masón de 32° grado Rex R. Hutchens también habla de las *"grandes verdades"* de los Misterios. Así es como describe el 23° grado en el Rito Escocés: *''Aquí comenzamos la iniciación simbólica en los Misterios practicados por los antiguos y a través de los cuales la Masonería ha recibido las grandes verdades."*[93]

En su libro Symbolism of Freemasonry or Mystic Masonry, el masón de 32° grado J.D. Buck escribe que "la masonería está modelada sobre los antiguos

---

[91] *La Exteriorización de la Jerarquía* - Alice Bailey, 1974, pp.511-573.

[92] *"The Master Mason"*, p. 9-10 - Grand Lodge F. & A. M. de Indiana, Comité de Educación Masónica.

[93] *A Bridge To Light* - Rex R. Hutchens, 1988, p.194.

misterios, con sus símbolos y alegorías, lo que es más que una coincidencia por las fuertes similitudes."[94]

Henry C. Clausen, masón de grado 33, escribió en su libro "Your Amazing Mystic Powers": "La masonería está en el umbral de un nuevo día. Ante la insuficiencia de la teología moderna, la imposibilidad del materialismo y la esterilidad de la filosofía académica, los hombres se vuelven a las verdades eternas perpetuadas en los arcanos de los antiguos Misterios."[95]

El francmasón S.R. Parchment afirmó en su libro Ancient Operative Masonry: "Los hierofantes de la ciencia universal y la filosofía sublime enseñan los Grandes Misterios de Egipto, India, Persia y otras naciones antiguas. Revelan los secretos relativos a las fuerzas sutiles de la naturaleza a candidatos dignos y cualificados. Estos devotos también son instruidos en la doctrina de la Hermandad Universal, y finalmente iniciados en la conciencia de "Yo soy el que soy". Estos ideales son los hitos, los símbolos y las tradiciones de la Antigua Masonería Operativa, nada más."[96]

En 1896, en la Historia de la Masonería, Albert Mackey escribió sobre las religiones de Misterio: "Se sabe que en los Misterios como en la Masonería, hay obligaciones solemnes de secreto con penas por la violación del juramento (...) He trazado las analogías entre los antiguos Misterios y la Masonería moderna: 1/ La Preparación, que en los Misterios se denomina "Lustración", es la primera etapa de los Misterios y es también el trabajo a realizar en el grado de Aprendiz Masón (que deberá "pulir" o desbastar su piedra). 2/ Iniciación (...) 3/ Perfección (...) La Masonería es la continuidad ininterrumpida de los antiguos Misterios, la sucesión de lo que se transmitió a través de las iniciaciones de Mitra."

De hecho, las analogías entre el culto a los Misterios de Mitra y la masonería contemporánea son numerosas e innegables. En su libro *"El hijo de la viuda"*, Jean-Claude Lozac'hmeur cita varias de estas similitudes. En primer lugar, la Sala de Misterios de Mitra era subterránea y tenía una cripta cuyo techo podía ser decorado con estrellas que simbolizaban el universo, al igual que el techo de los templos masónicos. Los dos cultos tienen la misma disposición: a cada lado de la sala, a lo largo, había bancos entre los que se encontraban cuatro pequeños pilares para el templo mitraico y tres pilares en el masónico. Las dos columnas Jakin y Boaz de las logias modernas corresponden a las dos columnas que enmarcan los bajorrelieves de Mitra. Por último, pero no por ello menos importante, ambos cultos implican una iniciación que va precedida de pruebas y también implican varios grados de iniciación. El ritual de iniciación del primer grado masónico es casi idéntico a las representaciones de la iniciación en el mitraísmo. En ambos casos, los ojos del candidato son velados por una venda que una figura sostiene detrás de él y en ambos casos el maestro de la ceremonia

---

[94] *Simbolismo de la masonería o masonería mística* - J.D. Bruck, 1925.

[95] *Your Amazing Mystic Powers* - Henry C. Clausen, 1985, p.xvii.

[96] *Ancient Operative Masonry and The Mysteries of Antiquity* - S.R. Parchment, 1996, p.11.

le entrega una espada. En la iniciación de Mitra el candidato está desnudo y sentado con las manos atadas a la espalda, mientras que en la iniciación masónica el candidato tiene un brazo y una pierna desnudos y está de pie con las manos libres. Es más que probable que se trate del mismo culto que ha sobrevivido a los siglos. Como hemos visto anteriormente, el Culto Misterioso de Mitra practicaba verdaderos sacrificios de sangre para bautizar al iniciado en una forma de resurrección y purificación por la sangre del Toro.

El propio Albert Pike admitió que la masonería era un vestigio de la religión antediluviana, es decir, de la religión de los Misterios, la religión babilónica: *"La leyenda de las columnas de granito, latón o bronce que sobrevivieron al diluvio, se supone que simbolizan los Misterios, de los que la masonería es la legítima sucesión."*[97]

Albert Mackey afirma en *The History of Freemasonry* que "la historia tradicional de la masonería comienza antes del diluvio. Existía un sistema de instrucción religiosa que, por su parecido con la masonería en el plano legendario y simbólico, ha sido llamado por algunos autores "masonería antediluviana".[98]

En su libro *La Symbolique Maçonnique*, Jules Boucher, también mason, afirma que "la masonería actual no es una superviviente de los misterios de la antigüedad, sino una continuación de dichos misterios."[99]

Ante todas estas citas, es legítimo preguntarse: ¿la masonería moderna transmite iniciaciones y conocimientos similares a los que se enseñaban antes del diluvio, entonces en la época de Nimrod y Babilonia? ¿Este conocimiento secreto masónico ha conservado una doctrina puramente luciferina, es decir, basada en el paganismo y el satanismo, incluyendo entre otras cosas prácticas sexuales depravadas y sacrificios de sangre (magia sexual y demonología)? ¿Todavía sacrifican el *Toro* de Mitra? ¿Siguen practicando el bautismo de sangre? ¿Es esta la *"masonería parásita"*, la masonería negra con rituales de iniciación traumáticos de la que habla Albert Mackey? ¿Son los traumas que conducen a estados alterados de conciencia, los sacrificios de sangre y la magia sexual pedocriminal claves iniciáticas que algunas sociedades secretas modernas utilizarían para establecer conexiones con ciertas entidades y así adquirir poder y fuerza?

Esta afirmación de descendencia de los misterios más vergonzosos de la antigüedad por parte de muchos escritores francmasones demuestra que la masonería tiende por sus doctrinas y prácticas a la restauración del antiguo paganismo en su mayor perversión. ¿Son las modernas sociedades secretas de tipo masónico las descendientes directas de las antiguas religiones mistéricas y de los cultos de fertilidad? Cultos que adoraban a dioses como Baal, Moloch o Dionisio (Baco) y cuyos ritos incluían sacrificios. La sexualidad grupal era

---

[97] *Moral y Dogma*, Nivel 8 - Albert Pike.

[98] *The History of Freemasonry: Its Legendary Origins*, Pt.1 Prehistoric Masonry - Albert Gallatin Mackey, 2008, p.61.

[99] *La Symbolique Maçonnique* - Jules Boucher, 1985, p.253.

también un elemento esencial de estos cultos paganos, el culto fálico solar está representado hoy en día por los obeliscos que se levantan en honor al "secreto real masónico" en nuestras grandes plazas públicas...

El autor de *Quién fue Hiram Abiff*, J.S.M. Ward informa que los rituales de sacrificio humano se practicaban en los Cultos Misteriosos de *Astarté*, *Tammuz* y *Adonis*, escribe: *"Tenemos abundantes pruebas de que en una época se sacrificaban regularmente víctimas humanas a Astarté... El método más habitual parecía ser el fuego, la víctima era asesinada antes de ser colocada en una pira funeraria. Era esta forma particular de sacrificio la que se asociaba con Melcarth o Moloch. Melcarth era Baal, el dios de la fertilidad* (ver al final de este capítulo 'Rituales de Sacrificio en el Antiguo Testamento') (...) *Estos inicios arcaicos evolucionaron hacia los grandes Ritos Misteriosos y la propia Masonería, en la que se enseña a los hombres la doctrina de la resurrección del alma y la vida más allá de la tumba. Todos estos rituales primitivos están asociados al culto de la fertilidad."*[100]

En su libro *The Golden Bough*, Sir James Frazer escribe que los cultos de la fertilidad representan una religión primitiva universal en la que se practicaban regularmente sacrificios humanos. En 1921, Margaret Murray popularizó el conocimiento de estas religiones secretas con la publicación de su libro *The Witch Cult in Western Europe*. Murray afirma que los *"cazadores de brujas"* de los siglos XVI y XVII habían descubierto y sacado a la luz un verdadero culto a las diosas vinculado a *la "Vieja Religión"*: es decir, cultos organizados jerárquicamente y reunidos en asambleas según un determinado calendario. Estas ceremonias se conocen como *Sabbaths*. Los rituales orgiásticos del *sábado, que* pueden incluir sacrificios de sangre, son cultos relacionados con la fertilidad.[101]

Para el historiador indio Narendra nath Bhattacharyya, existe una especie de sustrato matriarcal arcaico en el que se asientan todas las religiones de la India y Oriente Medio, la mayoría de las cuales están vinculadas a una forma de magia sexual. Bhattacharyya también sugiere que los antiguos cultos a las diosas-madre de Isis, Astarté, etc., tienen sus raíces en un *"rito sexual primitivo basado en la asociación mágica entre la fertilidad de la naturaleza y la fertilidad humana".*[102]

He aquí algunos extractos del libro *"El Mundo Griego Antiguo"* que ilustran las prácticas rituales de las religiones antiguas, en particular los cultos ligados a la fertilidad: *"Inmediatamente, en orden alrededor del vasto altar, disponen para el dios la espléndida hecatombe (un gran número de animales destinados a ser sacrificados) (...) los brazos levantados, rezan en voz alta: tú cuyo arco es de plata, escucha mis palabras... Así reza, y Febo Apolo escucha su oración. Se interrumpe la oración, se arrojan los granos de cebada, se*

---

[100] *¿Quién era Hiram Abiff?* - J.S.M. Ward, 1925, pp.50-34-195.

[101] *The Oxford Handbook of New Religious Movements* - James R. Lewis, 2008.

[102] *Magia Sexualis: Sexo, Magia y Liberación en el Esoterismo Occidental Moderno* - Hugh B. Urban, 2006, p.22.

levantan las cabezas de las víctimas hacia el cielo, se degüellan, se les quita la piel, se desprenden los muslos, se cubren de grasa en una doble capa; se colocan encima trozos de carne cruda (...) Sacrificio de bienes consumibles, comida colectiva con lo que queda. Todo se desarrolla al aire libre en torno a un sencillo altar (...) El sacrificio del animal sigue siendo el rito más característico. Puede ser de tipo uraniano, como aquí, con la sangre del animal dirigida hacia el cielo, y los despojos comidos con alegría a pesar de la gravedad de las circunstancias (los griegos están amenazados por la peste). El culto ctónico se practica sobre una fosa en la que la sangre fluye directamente a la tierra; la carne se quema íntegramente como holocausto (...) Observamos que ambos rituales pueden utilizarse para el mismo dios, según las circunstancias. Los ritos ctónicos se dirigen a las divinidades infernales, acompañan ciertos sacrificios expiatorios, a menudo juramentos, sacrificios al mar y a los ríos, a los héroes muertos (...) Ofrendas simples de los cultos populares, a menudo de carácter mágico, pequeñas estatuillas de arcilla, las primicias de la cosecha, cabellos (...)) La hija de Deméter, Coré-Perséfone, la doncella del grano, baja en verano, después de la trilla de los cereales, para reunirse con su marido infernal, Plutón -o Ploutos, es decir, el rico, rico de los silos cavados en la tierra o de las tinajas semienterradas llenas de la nueva cosecha. En octubre vuelve con su madre para presenciar la siembra y la reanudación de la vegetación. Este retorno está marcado por la fiesta de la Tesmoforia (...) está reservada a las mujeres casadas, que son las únicas portadoras de la fertilidad. Es entonces cuando se sacan los cerdos putrefactos de las fosas donde habían sido arrojados en sacrificio a Eubouleus, y sus restos, mezclados con semillas de cereales, asegurarán la fertilidad de la tierra (...) Este es sólo un ejemplo de las innumerables ceremonias destinadas a asegurar la fertilidad de la tierra (...) Un cierto número de santuarios extraen también su reputación de su función oracular. Se admite que hay muchos signos por los que los dioses se dirigen a los humanos (...) el vuelo de los pájaros, las vísceras de las víctimas sacrificadas (...) El más famoso es sin duda el oráculo de Delfos, que Apolo heredó de la tierra que le había precedido allí. La consulta de la Pitia es el procedimiento preferido. Tras haber cumplido las formalidades preliminares (purificaciones, consagración del 'pelanos', sacrificio de una víctima a Apolo, otra a Atenea) y haberse asegurado de que el dios consiente en escuchar, el consultante se introduce en la parte trasera del templo, 'el adyton', donde se encuentra la Pitia, instalada en el trípode que cubre la fosa oracular.[103]

En el Dictionnary of Satanism, Wade Baskin escribe sobre los cultos a la fertilidad: "En la mitología clásica, Dionisio es el dios del vino y la fertilidad. Su culto se extendió a Tracia, y las mujeres participaban especialmente en estos ritos orgiásticos. Las ménades, en su frenesí extático, abandonaron sus hogares y recorrieron los campos y las laderas, bailando mientras hacían girar sus antorchas encendidas. En su pasión, atrapaban y despedazaban animales, a veces incluso niños, y devoraban su carne, adquiriendo así la comunión con la

---

[103] *Le monde grec antique* - Marie Claire Amourreti & Françoise Ruzé, 1978, cap.8.

divinidad (...) Algunas religiones paganas daban iniciaciones a través de rituales secretos, no revelados al público. El conocimiento secreto que recibía el iniciado le daba ventajas en su vida presente y en su vida después de la muerte... Los Misterios Dionisíacos estaban presentes en muchos lugares. Las ceremonias orgiásticas exigían beber el vino sagrado, comer la carne cruda del animal sacrificado y beber su sangre. El objetivo final de dicho culto era alcanzar la inmortalidad."

Walter Leslie Wilmshurst afirma en su libro *"The Meaning of Masonry"* que la masonería desciende, en efecto, de los antiguos Misterios en los que alcanzar la inmortalidad, es decir, "convertirse en un dios", es el punto central. Esta búsqueda de la inmortalidad es una constante en todos los cultos luciferinos, en todas las doctrinas paganas: *"Esta noción, que concierne a la evolución del hombre hacia un 'superhombre', ha sido siempre el objetivo de los Antiguos Misterios. El verdadero objetivo de la masonería moderna no son las obras sociales o caritativas que se proponen, sino la aceleración de la evolución espiritual de quienes aspiran a perfeccionar su naturaleza humana para transformarse en una especie de dios. Esto es una ciencia precisa, un arte real, que cada uno de nosotros puede poner en práctica. Unirse a este Arte con cualquier otro propósito que no sea el de estudiar y practicar esta ciencia es malinterpretar su verdadero significado... que es la realización consciente de nuestras potencialidades divinas."*[104]

En su libro "The Lost Keys of Freemasonry", el luciferino Manly Palmer Hall dice: "Cuando un masón aprende que el significado del guerrero en el tablero representa en realidad una dinamo que emite energía viva, descubre entonces el misterio de su noble profesión. Las energías burbujeantes de Lucifer están en sus manos. Antes de que pueda comenzar a avanzar y ascender, debe demostrar que es capaz de utilizar estas energías adecuadamente (...) El hombre es un dios en construcción, y al igual que en los mitos místicos de Egipto con el torno de alfarero, debe ser moldeado."[105]

Wilmshurst escribe en "La iniciación masónica": "Pocos masones saben lo que implica la verdadera iniciación... La verdadera iniciación consiste en una expansión de la conciencia desde el estado humano al divino... El hombre tiene esto dentro de sí mismo, lo que le permite evolucionar desde la etapa de animal mortal a la etapa de ser inmortal, sobrehumano y divino... ¿Puede acelerarse este proceso de evolución humana? ¿Transformar al animal humano en un ser divino iluminado? A estas preguntas, los Antiguos Misterios responden que "Sí, la evolución humana puede acelerarse en los individuos iniciados".[106]

¿Cuáles son esas prácticas ocultas que aceleran la evolución espiritual del ser humano, llevándolo a convertirse en un ser divino e incluso en un dios? Estos Misterios permanecen reservados para los iniciados de las Altas Logias y de las

---

[104] *The Meaning of Masonry"* - Walter Leslie Wilmshurst, 1922, p.47.

[105] *The Lost Keys To Freemasonry* - Manly P. Hall, 1976, p.48.

[106] *Masonic Initiation"* - Walter Leslie Wilmshurst, 1992, p.27.

Logias Traseras, o más bien del *Arcandrum*, la Hermandad Invisible descrita anteriormente por Manly P. Hall. Sin embargo, algunos parecen haber roto el juramento de silencio, como Bill Schnoebelen, que describe este *"Arte Real"* o *"Secreto Real"* masónico como la clave de la inmortalidad. Sería una apertura hacia otros universos alternativos en los que el individuo evoluciona como un dios... Wilmshurst habla de una aceleración real de la evolución, pero sin revelar ningún detalle sobre las prácticas que permiten acceder a ella. Según Schnoebelen, este arte real emplearía la magia sexual operativa, la magia *transyuggothiana*, para permitir el acceso a ciertas dimensiones. Algunos autores afirman que el uso de la magia sexual puede ser un medio para acceder al subconsciente mucho más rápido que cualquier técnica de meditación. Los estados de trance disociativo también permiten alcanzar otras dimensiones del ser, lo que provoca *una* especie de *iluminación*. El abuso ritual satánico, que está vinculado tanto al trauma como a la sexualidad, combina, por tanto, la disociación (estados de conciencia profundamente alterados) y la magia sexual. Dos poderosos catalizadores para acceder a otras dimensiones y obtener "poder". La terapeuta Patricia Baird Clarke habla de "sacrificios vivientes" que sirven literalmente de "pilas": *"Un bebé o un niño indefenso será elegido para ser el sacrificio viviente para Satanás. El niño es entonces sometido a muchos rituales dolorosos y aterradores en los que se llama a los demonios para que posean al niño, convirtiéndolo en un "depósito" o batería para almacenar poderes satánicos que pueden ser utilizados a voluntad por los miembros de la secta (...) La forma más común de acceder a estos poderes es a través de la perversión sexual del niño.*[107] Volveremos a la magia sexual más adelante en este capítulo...

En *"La iniciación masónica"*, Wilmshurst describe bien cómo los estados alterados de conciencia, los estados disociativos profundos, son un punto esencial en la iniciación masónica: *"Ciertos estados disociativos se producen naturalmente incluso en las personas más equilibradas y sanas (...) un "éxtasis" completo, un estado en el que la conciencia se separa entonces del ego y del cuerpo físico. Las apariciones e incluso las acciones a distancia son hechos bien reconocidos. Estos fenómenos son explicables por la existencia de un vehículo más sutil que el cuerpo físico bruto y la conciencia puede transferirse temporalmente de uno a otro. Estos dos cuerpos son capaces de funcionar juntos con total independencia (...) Un Maestro es aquel que ha superado esas incapacidades a las que está sujeto el hombre medio subdesarrollado. Tiene pleno conocimiento y control de todas sus partes, ya sea que su cuerpo físico esté despierto o dormido, mantiene un estado continuo de conciencia. Es capaz de aislarse y desconectarse de los asuntos temporales y sustituirlos por otros de carácter suprafísico. Puede funcionar a distancia de su cuerpo físico, puede ir más allá de lo mundano a planos más elevados de la escala cósmica... La iniciación siempre se produce cuando el cuerpo físico está en estado de trance*

---

[107] "Santificación al revés: la esencia del abuso ritual satánico" - Patricia Baird Clarke, Five Stone Publishing, 2013.

o sueño y cuando la conciencia, liberada temporalmente, se transfiere a un nivel superior."[108]

En este extracto, Wilmshurst describe claramente un estado disociativo con decoro, una "salida astral". También describe en su libro el "cordón de plata" que conecta el cuerpo físico con el cuerpo astral durante estas salidas (más sobre esto en el capítulo 6). Para desencadenar estos profundos estados alterados de conciencia y salidas astrales, el trauma es una de las técnicas más radicales y tristemente eficaces. ¿Hasta dónde puede llegar un iniciado para recibir la *luz...* o para dársela a otro? ¿Para iniciar a un niño, por ejemplo? ¿Aprender a sufrir y aprender a hacer sufrir a los demás es una de las iniciaciones más oscuras? ¿Puede la disociación causada por el sufrimiento ser una herramienta para acceder a *la "iluminación",* tan buscada en ciertos círculos?

Una revista masónica de 1929 titulada *"Freemasonry Universal (Vol.5)"* describe parte del rito de iniciación para el rango de Aprendiz en el que se menciona el electroshock. Esto suena bastante benigno, pero hay que tener en cuenta que el electroshock es uno de los métodos más eficaces para crear disociación mental y un estado de intemporalidad. Los supervivientes de los abusos rituales y del control mental a menudo informan del uso de picanas eléctricas para torturar a los esclavos a estados disociativos. He aquí la descripción del ritual masónico: *"Ciertas fuerzas son enviadas a través del cuerpo del candidato durante la ceremonia, particularmente en el momento en que ha sido nombrado y recibido como aprendiz de masón. Algunas partes de la logia estaban fuertemente cargadas de fuerza magnética para que el candidato pudiera absorber la mayor cantidad posible de esta fuerza. Lo primero en este curioso método de iniciación es exponer a esta influencia las distintas partes del cuerpo que se utilizan durante la ceremonia. En el antiguo Egipto, se enviaba una débil corriente eléctrica a través del candidato mediante una vara o espada con la que se le tocaba en determinados lugares. Es en parte por esta razón que durante esta primera iniciación se priva al candidato de todos los metales, ya que éstos pueden interferir fácilmente con el flujo de la corriente eléctrica."*

El *Most Worshipful Master* (V.W.M.) debe ser un destacado ocultista, ya que es él quien "carga" al candidato en la iniciación. Como está escrito en *la Masonería Universal: "El V.M.T. da la luz, la luz blanca y pura de la verdad y la iluminación.* Iluminación'', aka Kundalini, el Poder de la Serpiente, aka fuerza electromagnética, aka energía sexual, etc.[109]

El libro de Lynn Brunet *"Terror, Trauma y El Ojo en el Triángulo",* mencionado anteriormente, es una investigación sobre la influencia de las prácticas iniciáticas masónicas en la producción artística contemporánea. Brunet sostiene que los ritos y conceptos de la tradición masónica contienen simbólicamente el proceso y el impacto del trauma en el funcionamiento de la psique humana. He aquí un extracto: *''Esta capacidad humana de escapar del terror y del intenso dolor emocional o físico a través de la negación y la*

---

[108] *''Masonic Initiation''* - Walter Leslie Wilmshurst, 1992, p.84-86.

[109] *Teocracia oculta* - Edith Queenborough, 1933.

disociación puede haber sido explotada por la masonería para lograr experiencias místicas. Al interferir en el proceso cerebral a través de un trauma físico o psíquico (shock, terror, hipnosis), la mente puede experimentar una alteración del sentido del tiempo y una sensación de intemporalidad. Como señala William James en Exploring the World of the Celts, estas experiencias pueden producir una sensación de valor absoluto, invencibilidad e inmortalidad. La sensación de invencibilidad que produce se utiliza claramente en las culturas guerreras. Prudence Jones y Nigel Pennick en su libro "A History of Pagan Europe" afirman que la masonería está relacionada con las antiguas prácticas del druidismo, la cultura guerrera, los sacrificios y la magia.[110]

He aquí una ilustración de estas nociones de intemporalidad, invencibilidad e inmortalidad causadas por los estados disociativos. En la tradición escandinava, el *Berserk* es un guerrero que lucha en un estado de trance provocado por su espíritu animal (un oso, un lobo o un jabalí). Este espíritu animal le hace superpoderoso, entra en un estado de invencibilidad y se vuelve capaz de hazañas increíbles. En inglés, el término *"to go berserk"* significa en lenguaje coloquial "volverse loco" o "perder el control de uno mismo". Estos guerreros de Odín se reunían en hermandades en las que cada aspirante debía pasar una iniciación, como matar ritualmente al oso y luego beber su sangre para que el poder de la bestia le fuera infundido. El guerrero se convirtió entonces en un *Berserker* y, además de su furia, obtuvo un don de metamorfosis que le permite modificar la percepción que los demás tienen de él apareciendo en forma de animal. Durante sus ataques de ira, los *Berseker* dejaban que su mente humana se desvaneciera y dejaban que la mente animal tomara el control. Todos los jóvenes guerreros debían pasar por un importante ritual con el hechicero de su hermandad: el Ritual del Despertar. Este ritual era la fuente de su *ira sagrada...* o sobrevivían o morían. La *Saga de Ynglinga* describe a estos guerreros de la siguiente manera: "*Sus hombres (los de Odín) salían sin armadura, enfurecidos como perros o lobos, mordiendo sus escudos, fuertes como osos o toros, y matando a la gente de un solo golpe, pero no les picaba el hierro ni el fuego. Se llamaban berserkers. "* (Wikipedia)

Aquí tenemos un buen ejemplo de lo que es un estado profundo de conciencia alterada, un estado de trance disociativo en el que el guerrero alcanza ese *valor absoluto* que provoca una sensación de invencibilidad física e inmortalidad. Dejar que la mente humana se desvanezca y que la mente animal tome el control puede significar que se trata de un desdoblamiento de la personalidad del guerrero, un profundo trastorno disociativo que lleva a la creación de un alter animal, en este caso un oso o un lobo. Esto es lo que hoy se conoce como Trastorno de Identidad Disociativo, en el que una de las personalidades alteradas cree realmente que es un animal (véase el capítulo 5). El aspecto de la hermandad que implica los rituales de iniciación con un sacerdote brujo refuerza la posibilidad de una programación basada en el trauma,

---

[110] "Terror, trauma y el ojo en el triángulo: la presencia masónica en el arte y la cultura contemporáneos" - Lynn Brunet, 2007, p.75.

si se cree en el *Ritual del Despertar, del* que el candidato podría no salir vivo. ... si salió vivo, fue con una *ira sagrada,* es decir, con una personalidad escindida por los traumas. El guerrero quedó con una personalidad alterada "enfurecida" por los traumas vividos durante el ritual. El proceso disociativo es una clave de iniciación que puede encontrarse en varios tipos de culturas. Es probable que la disociación y el desdoblamiento de la personalidad sigan siendo un punto clave en los protocolos de iniciación de las sociedades secretas modernas.

En su obra titulada *"Metamorfosis"*, el escritor Apuleyo parece describir su propia iniciación en los Misterios de Isis y Osiris, a los que se dice que fue iniciado durante su estancia en Grecia: *"El sumo sacerdote despide entonces a los profanos, me hace vestir con una túnica de lino crudo y, tomándome de la mano, me conduce a lo más profundo del santuario. Sin duda, amigo lector, se despertará su curiosidad por saber qué se dijo y qué se hizo después. Yo lo diría, si se me permitiera decirlo; tú lo aprenderías si se te permitiera aprenderlo. Pero sería un crimen en el mismo grado para los oídos confiados y para la boca reveladora. Sin embargo, si es un sentimiento religioso el que te anima, tendría el escrúpulo de atormentarte. Escucha y cree, porque lo que digo es verdad. He tocado las puertas de la muerte; mi pie se ha posado en el umbral de Proserpina. A mi regreso crucé los elementos. En la profundidad de la noche vi brillar el sol. Dioses del infierno, dioses del Empíreo, todos fueron vistos por mí cara a cara, y adorados de cerca. Esto es lo que tengo que decirte, y no estarás más iluminado."*[111]

Encontramos pues aquí tres componentes esenciales de las sociedades secretas de tipo masónico: la muerte y la resurrección, el juicio por los elementos y finalmente la iluminación. Es posible que se trate de un ritual traumático que implica al candidato a la iniciación en una experiencia en las fronteras de la muerte (*toqué las puertas de la muerte*) con un profundo estado de disociación *que ilumina* su conciencia (*vi brillar el sol*), al igual que los amerindios entran en un trance disociativo durante la "Danza del Sol". Una "danza" que no es ni más ni menos que un ritual traumático destinado a hacer entrar al iniciado en estados alterados de conciencia (volveremos sobre esta "Danza del Sol" amerindia más adelante).

El antiguo Egipto parece ser el punto de encuentro entre el lado oscuro de las sociedades secretas modernas y el satanismo, las raíces del culto fálico. El trabajo de David L. La obra de Carrico titulada *"La conexión egipcio-masónica-satánica"* nos da algunas luces sobre esta cuestión.

El satanista estadounidense Michael Aquino, que ha sido acusado repetidamente de abusos rituales y control mental de niños (sin ninguna condena), fundó en 1975 el *Templo de Set*, una famosa orden satánica ocultista en Estados Unidos. *Set* es el nombre egipcio de Satanás, Albert Churchward escribe: *"Este Sut o Set era originalmente un dios de los egipcios, pero también era el dios del Polo Sur, o del Hemisferio Sur, esto está ampliamente probado y*

---

[111] *"La Symbolique Maçonnique"* - Jules Boucher, 1985, p.253-254.

confirmado por los monumentos así como por el Ritual. Set o Sut, según Plutarco, es el nombre egipcio de Tifón, el Satán del culto cristiano."[112]

En su libro *"Antichrist Osiris"*, Chris Relitz escribe que según Plutarco, el historiador griego de la antigua Roma, fue la viuda de Osiris quien fundó la religión de los Misterios. Mientras que las religiones místicas se extendieron por todo el mundo desde la antigua Babilonia, se manifestaron en varios lugares cambiando sólo los nombres de los dioses y haciendo algunas variaciones en los rituales. Es en Egipto donde los Misterios parecen haberse desarrollado al más alto nivel. El masón de grado 33 Manly Palmer Hall escribió en su libro *"Freemasonry of the Ancient Egyptians": "Ahora se reconoce generalmente que de todos los pueblos antiguos, los egipcios fueron los mejor entrenados en las ciencias ocultas de la Naturaleza. Los filósofos más sabios de otras naciones visitan Egipto para ser iniciados en los Misterios sagrados por los sacerdotes de Tebas, Menfis y Hermópolis."[113]*

Es innegable que el culto de los Misterios egipcios tiene una profunda conexión con la masonería moderna. En su libro *Freemasonry its Hidden Meaning*, George H. Steinmetz escribe: *"Independientemente del origen de la logia moderna, o del nombre 'francmasón', podemos, tras eliminar el simbolismo de las adaptaciones modernas, discernir en la masonería el esquema de las enseñanzas de los antiguos Misterios de Egipto."[114]*

Manly P. Hall escribió en "The Lost Keys of Freemasonry": "Los primeros historiadores masónicos como Albert Mackey, Robert Freke Gould y Albert Pike tenían un objetivo común que era establecer una correspondencia definitiva entre la leyenda de Hiram de la masonería y el mito de Osiris expuesto en los rituales iniciáticos de los egipcios."[115]

En su libro titulado *"Les Origines Égyptiennes des Usages et Symboles Maçonniques"*, el historiador masónico Jean Mallinger afirma sin lugar a dudas que el candidato al rango de Maestro representa simbólicamente a Horus: *"Nuestro hermano Goblet d'Alviella nos ha mostrado en su estudio sobre los Orígenes del Grado de Maestro que el Iniciado estaba en realidad simbolizado por el joven Horus, hijo de la Viuda, su madre divina Isis, cuyo marido Osiris había sido asesinado por Set (o Tifón)."[116]*

Así lo confirma el propio "Catecismo Interpretativo del Grado de Maestro": A la pregunta "¿Quién es la viuda de la que dicen ser hijos los masones?" el postulante al grado debe responder: "Es Isis, personificación de la Naturaleza, la Madre Universal, Viuda de Osiris, el dios invisible que ilumina las inteligencias."

---

[112] *The Arcana of Freemasonry: A History of Masonic Symbolism* - Albert Churchward, 2008, p.55.

[113] Freemasonry of the Ancient Egyptians'' - Manly P. Hall, 1965, p.7.

[114] *"La masonería, su significado oculto"* - Georges H. Steinmetz, 1976, p.46.

[115] *Las llaves perdidas de la masonería* - Manly P. Hall, Macoy Publishing & Masonic Supply Co, p.101.

[116] Les Origines Égyptiennes des Usages et Symboles Maçonniques - Jean Mallinger, 1978, p.47.

Se trata, pues, de un culto a la "Diosa Madre", en oposición a Dios Padre (que, como hemos visto anteriormente, es considerado por esta doctrina luciferina como el "dios malo"). La Diosa Madre está vinculada a la fertilidad, una creencia que se encuentra sistemáticamente en las religiones mistéricas, que practicaban el sexo ritual en grupo acompañado de sacrificios de sangre como parte de un culto a la fertilidad. Según Sir James George Frazer, los ritos egipcios incluían el sacrificio humano. En su libro *"La rama dorada"*, Frazer escribe: *"En cuanto a los antiguos egipcios, podemos decir por Manetón (historiador y sacerdote egipcio) que solían sacrificar y quemar a los hombres de cabeza roja y luego esparcir sus cenizas (...) estos bárbaros sacrificios eran ofrecidos por los reyes en la tumba de Osiris. Podemos suponer que las víctimas representaban al propio Osiris, que era asesinado, desmembrado e incinerado cada año a través de estas víctimas para acelerar el crecimiento de las semillas en la tierra (...) El color rojo de las pobres víctimas es significativo. En Egipto, los bueyes que se sacrificaban también tenían que ser pelirrojos, un solo pelo negro o blanco en la bestia la descalificaba para el sacrificio."*[117]

¿Los antiguos cultos mistéricos egipcios de los que la masonería moderna parece estar tan orgullosa contienen rituales traumáticos con orgías y sacrificios de sangre en honor a la "Diosa"? ¿Siguen siendo pertinentes todas estas doctrinas relacionadas con el culto a la fertilidad en nuestras sociedades "modernas"? ¿Todos estos dioses y diosas siguen recibiendo ofrendas hoy en día por parte de ciertas sectas? ¿No es la época de los faraones historia antigua? Los numerosos obeliscos (el culto fálico) que han surgido en las grandes plazas de nuestras capitales modernas indican quizás que no... Al igual que ciertos revolucionarios y pensadores de la "Ilustración" para quienes Isis era la diosa de París (Parisis). Los faraones y los templarios modernos no parecen haber desaparecido del todo...

Pasemos ahora al *Libro de los Muertos egipcio.* Se trata de una serie de escritos (papiros) descubiertos en tumbas egipcias. Los antiguos egipcios atribuían el *Libro de los Muertos* al dios Thot, que se dice que es el autor mítico de las fórmulas mágicas de este libro sagrado. El *Libro de los Muertos egipcio*, que data del año 1500 a.C., describe claramente la práctica de rituales mágicos y traumáticos. En su libro *"The Soul in Egyptian Metaphysics and The Book of the Dead"*, Manly P. Hall compara este antiguo libro sagrado egipcio con la magia trascendental: *"El Libro de los Muertos ha recibido un título moderno que, por desgracia, no se corresponde realmente con su significado literario egipcio. La razón de este título es obvia, pero la impresión que da es extrañamente inadecuada. En efecto, el texto está dominado por un espíritu de magia trascendental."*[118]

En The Lost Keys of Freemasonry, Manly P. Hall también escribe que "si se acepta la identificación del mito de Osiris con el de Hiram, entonces el 'Libro de los Muertos' es la clave del simbolismo masónico, revelando una belleza

---

[117] *The Golden Bough''* - George Frazer, 1922, p.439.

[118] "El alma en la metafísica egipcia y en el libro de los Muertos" - Manly P. Hall, 1965, p.15.

oculta bajo los rituales, un esplendor insospechado en los símbolos y un propósito divino que activa todo el proceso masónico."[119]

Como se verá, *el Libro de los Muertos egipcio* contiene doctrinas sangrientas y prácticas (¿simbólicas?) que pueden compararse con algunas pruebas del abuso ritual satánico moderno. El libro sagrado describe en algunos pasajes la interacción entre el alma de los muertos y los dioses (demonios). Un simbolismo lleno de *"esplendor"* según el ocultista luciferino Manly P. Hall... Los dioses, que no son otra cosa que ángeles caídos, son descritos como *"devoradores de sangre"*, *"comedores de tripas"* y *"trituradores de huesos"*. El libro se refiere unas cuantas veces a una *"cámara de tortura"*, un término que sin duda dirá mucho a los supervivientes del control mental basado en el trauma. He aquí algunos extractos de una traducción: *"Así que aquí está este gran dios de la matanza, poderoso con el terror, se lava en tu sangre, se baña en tu sangre. "He obtenido poder sobre los animales por el cuchillo en sus cabezas"* / *"Ha tomado los corazones de los dioses, se ha comido el rojo, se ha tragado el verde, sus encantos (magia) están en su vientre, se ha tragado el conocimiento de cada dios".* / *"Unas (el rey) devora a los hombres y vive por encima de los dioses, el que corta las cabelleras"* / *"Unas sopesó sus palabras con el dios oculto que no tiene nombre, el día del desgarro del recién nacido"* / *"que devora los cuerpos de los muertos y se traga sus corazones, pero se mantiene invisible".[120]*

Los sacerdotes de los cultos mistéricos egipcios practicaban la teurgia, una supuesta magia superior destinada a comunicarse directamente con los dioses. Porfirio (filósofo neoplatónico) relata que el filósofo grecorromano Plotino aceptó en una ocasión asistir a una sesión de teurgia: *"Un sacerdote egipcio que llegó a Roma y fue presentado a Plotino por algún amigo, tuvo el deseo de demostrarle sus poderes y se ofreció a evocar una manifestación sensible del espíritu guía de Plotino. Plotino aceptó de inmediato, y la evocación se hizo en el Templo de Isis, el único lugar puro, se dice, que pudo encontrar en Roma. A la llamada, apareció una deidad que no pertenecía a la clase de los daimones, y el egipcio exclamó: "Eres singularmente favorecido, pues el daimón director que hay en ti no es de grado inferior, sino un dios."[121]*

La palabra "daimon" es una palabra griega que significa "demonio" o "ser sobrenatural" y que a veces puede interpretarse como un "genio personal", un "espíritu guardián", un demonio "familiar" o un intermediario entre los dioses y los mortales. En este libro de MK, la palabra "demonio" o "demoníaco" se utilizará regularmente para describir a las entidades luciferinas, es decir, a los ángeles caídos que trabajan para hacer *caer* al hombre por cualquier medio con la intención declarada de *elevarlo* a la categoría de dios. Esta es la inversión que se está produciendo actualmente en nuestro mundo y que constituye la principal

---

[119] *The Lost Keys of Freemasonry* - Manly P. Hall, Macoy Publishing & Masonic Supply Co, p.106.

[120] El Libro Egipcio de los Muertos (El Papiro de Ani) Transliteración y traducción del texto egipcio - E.A. Wallis Budge, 1967.

[121] *Los griegos y lo irracional* - E.R. Dodds, 1977, p.286.

preocupación de nuestras élites: la caída espiritual que provoca la adoración material para desembocar en la adoración del hombre, adorando finalmente al príncipe de este mundo, Lucifer, el dios "civilizador" que trae la luz, el conocimiento y la emancipación de un dios llamado "malvado": esta es la Gnosis Transhistórica descrita por el Prof. Jean Claude Lozac'hmeur.

El uso de la magia y de los rituales traumáticos para contactar con los demonios, es decir, la rebelión luciferina, con el fin de obtener una guía para hacer del hombre un dios, es una de las principales prerrogativas de las sectas luciferinas de tipo masónico. El francmasón Oswald Wirth llama a estas entidades de otra dimensión las *inteligencias constructivas del mundo* o los *Maestros* que transmiten sus directivas a los altos iniciados (los *Superiores Desconocidos*) conectados a las *altas esferas del más allá*...[122] Todo un programa, el capítulo 6 tratará esta cuestión crucial de la conexión con otras dimensiones.

Según Charles Webster Leadbeater, existe una *"Masonería Negra"* que *se* dedica al estudio del mal entre los grados 19 y 30 del Rito Escocés, siendo el grado 30 el conocido como *Caballero Kadosh*. En su libro *The Ancient Mystic Rites*, Leadbeater define esta Masonería Negra de la siguiente manera: *"Pocos de los hermanos egipcios parecen haber ido más allá del grado de la Rosacruz, son los que necesitan saber más que la espléndida revelación del amor de Dios que recibieron en lo que llamamos el 18° grado. Pero para aquellos que sienten que todavía hay mucho que aprender sobre la naturaleza de Dios, y que anhelan comprender el significado del mal y el sufrimiento y su relación con el plan divino, existe el prototipo de una Masonería Negra, cuya enseñanza se encuentra entre los grados 19 y 30. Esta sección de los Misterios estaba particularmente interesada en trabajar el Karma en sus diversos aspectos (...) Así, la primera etapa de la instrucción superior, la de la Rosa Cruz o Masonería Roja, está dedicada al conocimiento del bien, mientras que la segunda etapa, la de la Kadosh o Masonería Negra, está dedicada al conocimiento del mal."*[123]

Es cierto que todo esto sigue siendo hermético para un profano, pero no por ello deja de preguntarse...

En su libro *"La Conjuration Antichrétienne"*, Mons. Henri Delassus afirma que ciertos sectores de los Caballeros Kadosh adoran a Eblis (Iblis), que en Oriente es el nombre del diablo, el Sheitan. En su *Enciclopedia de la Masonería*, Albert Mackey explica que la doctrina Kadosh representa la persecución sufrida por los Caballeros Templarios. Escribe que *"los modernos Caballeros Kadosh son los antiguos Caballeros Templarios y que el Constructor del Templo de Salomón es ahora sustituido por Jacques de Molay, el Gran Maestro Templario mártir."*[124]

---

[122] La masonería hecha inteligible para sus seguidores'' Volumen III - Oswald Wirth, 1986, p.219-130

[123] *"The Ancient Mystic Rites"* - C.L. Leadbeater, The Theosophical Publishing House, Wheaton, III, pp. 41-42.

[124] Mackey's Revised Encyclopedia of Freemasonry - Albert G. Mackey, 1946, p.514.

Hay que tener en cuenta que la Orden de los Templarios, a la que se refiere esta Masonería Negra con la doctrina Kadosh, practicaba rituales satánicos. Eliphas Levi escribió en su libro *"Historia de la Magia"*: *"Los Templarios tenían dos doctrinas, una oculta y reservada a los maestros, era la del juanismo; la otra pública, era la doctrina católica romana. La doctrina juanista de los seguidores era la Cábala de los gnósticos, pronto degeneró en un panteísmo místico llevado hasta la idolatría de la naturaleza y el odio a todo dogma revelado. Para tener éxito y ganar adeptos, acariciaron los lamentos de los cultos caídos y las esperanzas de los nuevos cultos, prometiendo a todos la libertad de conciencia y una nueva ortodoxia, que sería la síntesis de todas las creencias perseguidas. Así llegaron a reconocer el simbolismo panteísta de los grandes maestros de la magia negra y, para desprenderse de la obediencia a la religión que los había condenado de antemano, rindieron homenaje divino al monstruoso ídolo de Baphomet, como las tribus disidentes habían adorado antes los becerros de oro de Dan y Betel. Los monumentos recientemente descubiertos y los valiosos documentos que se remontan al siglo XIII demuestran más que suficientemente todo lo que acabamos de afirmar. Otras pruebas están ocultas en los anales y bajo los símbolos de la masonería oculta."*[125]

En su libro "The Occult Conspiracy", Michael Howard enumeró los cargos presentados contra los Caballeros Templarios cuando fueron arrestados en 1307: Los Caballeros Templarios fueron acusados de negar los principios de la fe cristiana, de escupir y orinar sobre el crucifijo durante los rituales secretos de iniciación, de adorar una calavera o cabeza de Baphomet, de ungir con la sangre o la grasa de bebés no bautizados, de adorar al diablo en forma de gato negro y de cometer actos de sodomía y zoofilia (...). Los candidatos que entraban en la Orden también debían besar a su iniciador en la boca, el ombligo, el pene y en la base de la columna vertebral. Estos besos fueron considerados por los críticos de la Orden como una prueba de sus actividades sexuales perversas, pero en la tradición oculta, el ombligo, los órganos sexuales y el perineo son las localizaciones físicas de los centros psíquicos del cuerpo humano, conocidos en Oriente como los Chakras."[126]

Acusaciones que también recoge Helen Nicholson en su libro "The Knights Templar: A New History". La historiadora británica Nesta H. Webster escribe que "¿Son las confesiones de los Caballeros (Templarios) el resultado de la pura imaginación que los hombres bajo la coacción de la tortura podrían haber inventado? Es difícil creer que los relatos de la ceremonia de iniciación puedan ser pura invención, fue dada en detalle por hombres en diferentes países, todos los relatos eran similares, sólo la fraseología era diferente. Si les hubieran llevado a inventar una historia, los testimonios se habrían contradicho entre sí (...) Pero

---

[125] *Historia de la magia* - Éliphas Lévy, 1930, libro IV, capítulo VI.

[126] *The Occult Conspiracy* - Michael Howard, 1989, p.36-37.

no, cada uno parece haber descrito la misma ceremonia de forma más o menos completa."[127]

El autor Donald Michael Kraig afirma que los Caballeros Templarios desarrollaron sus rituales sexuales a partir de las enseñanzas sufíes del mundo árabe, que a su vez procedían de la tradición tántrica india, enseñanzas que posteriormente se encontraron entre los alquimistas medievales y, finalmente, entre los magos ocultistas modernos. Volveremos a hablar de la magia sexual más adelante.

La masonería negra se ensaña así con los perseguidores de los templarios: la Iglesia católica. En *"The Ancient Mystic Rites"*, Leadbeater escribe que *"La Tradición de la venganza contra el Rey execrable, el Papa y el Traidor se ha transmitido a través de los tiempos, y está íntimamente relacionada con la tradición egipcia correspondiente a nuestra Masonería Negra que culmina en lo que hoy llamamos el 30° grado."*[128]

La Masonería Negra con los Caballeros Kadosh, los modernos Caballeros Templarios, trabajaron así ardientemente por la destrucción del Reino de Francia y su Iglesia. La lucha oculta de la masonería contra el Rey y la Iglesia católica se explica detalladamente en el excelente libro del obispo Henri Delassus titulado *"El conjuro anticristiano"*. El francmasón convertido en Caballero Kadosh es por tanto firmemente anticatólico y la "venganza" es un punto central en este grado de iniciación masónica. *Cuando el caballero Kadosh ha prestado su juramento, se le coloca la daga en la mano y se le pone un crucifijo a sus pies, entonces el "Más Grande" le dice: "Rompe esta imagen de la superstición, rómpela". Si no lo hace, para no hacer adivinar a nadie, aplauden y el "Mayor" se dirige a él por su piedad. Se le recibe sin revelar los grandes secretos. Pero si aplasta el crucifijo, entonces se le hace acercarse al altar, donde hay tres representaciones, tres cadáveres si se pueden conseguir. Las vejigas llenas de sangre están en el lugar donde se le grita que golpee. Cumple la orden y la sangre vuelve a brotar sobre él, y cogiendo las cabezas cortadas por el pelo, grita: "¡Nekam, la venganza está hecha! Entonces el "Grandísimo" le habla así: Por tu constancia y fidelidad te has ganado el derecho a aprender los secretos de los verdaderos masones. Estos tres hombres que acabas de golpear son la superstición, el rey y el papa. Estos tres ídolos del pueblo sólo son tiranos a los ojos de los sabios. Es en nombre de la superstición que el rey y el papa cometen todos los crímenes imaginables."*[129]

Eliphas Levi escribió que la masonería no sólo ha sido profanada, sino que incluso ha servido de velo y pretexto para las conspiraciones de la anarquía, por la influencia oculta de los vengadores de Jacques de Molay, y de los continuadores de la obra cismática del templo (...) Los anarquistas han tomado

---

[127] *"Secret Societies and Subversive Movements"* - Nesta H.Webster, Christian Book Club of America, p.57.

[128] *The Ancient Mystic Rites* - C.W. Leadbeater, The Theosophical Publishing House, Wheaton, III, p.167.

[129] *Conservateur belge, t.* XIX. p. 358, 259 - Eckert, la *Franc-maçonnerie*, 1.1, p. 333.

la regla, la escuadra y el mazo, y han escrito en ellos libertad, igualdad, fraternidad. Es decir, libertad por codicia, igualdad por bajeza y fraternidad por destrucción."[130]

Una cosa importante que hay que dejar clara es que las altas logias masónicas internacionales, ya sean *"negras"* o las llamadas *"puras"* o *"auténticas"*, están todas de acuerdo y hablan el mismo lenguaje cuando se trata de la destrucción de la Iglesia católica. Por lo tanto, es una fuerza oculta anticristiana.

Es interesante señalar que Eliphas Levi, en su libro *"La historia de la magia"*, atribuyó al conde Cagliostro el establecimiento de la masonería egipcia en el Viejo Continente. En efecto, es el fundador del *Misraïm* o Rito *Egipcio*, que se ocupa principalmente de la investigación esotérica. Cagliostro también desempeñó un papel esencial en la propagación de la masonería cabalística. Eliphas Levi acusó a Cagliostro de deshonrar a la Orden y afirma en su libro que Cagliostro utilizaba la magia negra para el culto de Isis hipnotizando a las jóvenes para convertirlas en sacerdotisas: *"Cagliostro era el agente de los Templarios, y así escribió en una circular a todos los masones de Londres que había llegado el momento de ponerse a trabajar para reconstruir el Templo del Señor. Al igual que los templarios, Cagliostro se dedicaba a las prácticas de la magia negra y practicaba la desastrosa ciencia de las evocaciones; adivinaba el pasado y el presente, predecía el futuro, realizaba curas maravillosas y también afirmaba fabricar oro. Había introducido en la masonería un nuevo rito que llamó el rito egipcio, y trató de resucitar el misterioso culto de Isis. Él mismo, con la cabeza envuelta en vendas y peinado como una esfinge tebana, presidía las solemnidades nocturnas en pisos llenos de jeroglíficos y antorchas. Tenía como sacerdotisas a jovencitas a las que llamaba palomas, y a las que exaltaba hasta el éxtasis para hacerles rendir oráculos por medio de la hidromancia (...) Este adepto no carece, sin embargo, de importancia en la historia de la magia; su sello es tan importante como el de Salomón, y atestigua su iniciación en los más altos secretos de la ciencia. Este sello, explicado por las letras cabalísticas de los nombres de Acharat y Althotas, expresa los protagonistas del gran arcano y de la gran obra (...). El nombre de Althotas, el maestro de Cagliostro, se compone del nombre de Thot y de las sílabas al y as, que, leídas cabalísticamente, son Sala, que significa mensajero, enviado; el nombre completo significa, por tanto, Thot, el mesías de los egipcios, y tal era, en efecto, el que Cagliostro reconocía sobre todo como su maestro."[131]*

Según Fritz Springmeier, escritor y conferenciante estadounidense sobre el control mental de los monarcas, uno de los secretos de estas religiones mistéricas, en particular del culto mistérico egipcio de Isis, era la capacidad de utilizar drogas, torturas e hipnosis para crear múltiples personalidades en un ser humano. Según él, las esclavas sexuales controladas mentalmente se utilizan hoy en día en los altos grados masónicos y en otras logias de espalda negra. Una alter

---

[130] *Historia de la magia* - Eliphas Levi, 1913, Libro V, Cap. VII.

[131] Ibid, Libro VI, Capítulo II.

personalidad disociada puede servir de sacerdotisa en ciertos rituales. Estas esclavas MK se someten a trances, posesiones demoníacas y todo tipo de rituales perversos basados en la magia sexual. Este conocimiento iniciático no se disolvió con la caída del antiguo Egipto: el mundo oculto nunca ha dejado de escindir y programar a los esclavos mediante un proceso de disociación psíquica basado en el trauma. Este conocimiento se ha transmitido al mundo moderno a través de las sociedades iniciáticas secretas que guardan preciosamente la caja de Pandora...

En su libro *Terror, Trauma and The Eye In The Triangle,* Lynn Brunet escribe que el mito de Osiris e Isis, que desempeña un papel muy importante en el rito masónico escocés, bien puede ser una ilustración metafórica del proceso de trauma y escisión de la personalidad. Brunet establece un paralelismo entre los mitos, los rituales, la simbología masónica y la psicología del trauma, es decir, las funciones del cerebro que pueden vincularse a las prácticas iniciáticas destinadas a crear una experiencia mística. El cuerpo humano puede tomarse como una representación simbólica externa del cosmos con una realidad mística interna y una fisiología que proporciona una estructura para su comprensión. Lynn Brunet expone algo complejo que puede no ser muy comprensible a estas alturas del libro, por lo que el extracto se ha puesto en el apéndice 1 bajo el título: *Trauma y disociación en la mitología masónica.*

4 - MAGIA SEXUAL Y SOCIEDADES SECRETAS

El ocultista Pierre Manoury, autor de un *tratado práctico de magia sexual,* define esta "disciplina" de la siguiente manera:

Por tanto, la sexualidad mágica puede clasificarse según tres criterios principales.

1) Abstinencia, privación, maceraciones y castidad. Esto se hace en un contexto místico, en un proceso simbólico o en comunión con jerarquías espirituales de carácter elevado.

2) Por una exacerbación de las energías potenciadoras del deseo aplicadas a los ritos y ceremonias de la llamada magia práctica, siendo la erotización en este caso sólo cerebral. Este es el principio más extendido en la mayoría de las magias ceremoniales y los rituales básicos de la alta hechicería.

3) Por último, en las magias y hechicerías agrupadas bajo el término genérico de magias sexuales, en las que la exacerbación y potenciación del deseo y de las energías van seguidas de una liberación en el propio contexto ritual, según modalidades muy especiales... Las aplicaciones en estos casos específicos son de una formidable eficacia en los planos material, físico y psíquico (...)

La magia sexual puede considerarse, por tanto, como una base para prácticas rituales aplicables a muy alto nivel, por personas capacitadas (y responsables), y constituyendo uno de los grandes instrumentos de poder, si no el más poderoso (...) La magia sexual es, por tanto, una práctica basada esencialmente en el uso de la energía vital, que deberá ser domesticada, filtrada, captada, acumulada, desarrollada, potenciada y luego canalizada en el marco del ritual.[132]

La magia roja (magia de la sangre) y la magia sexual son las dos magias más poderosas porque utilizan la fuerza de la vida humana para dar poder al practicante. Por eso suelen combinarse. La magia sexual se inspira en el tantrismo oriental y pretende dominar la *"Kundalini"* y el inmenso potencial de la energía sexual. En el tantrismo, la Kundalini se identifica con *"Shakti"*, la diosa serpiente presente en el cuerpo humano en la base del sacro, que se supone que se eleva a lo largo de la columna vertebral, durante un *ascenso de la Kundalini,* para llegar al cerebro irrigando con su poder todos los centros energéticos *(Chakras).* En *The Voudon Gnostic Workbook,* Michael Bertiaux escribe sobre el tantrismo: *"El secreto de los brahmanes reside en los fundamentos de la magia física tántrica. Este secreto es la esencia raíz del hinduismo orgánico y se encuentra en los niveles más profundos del cerebro hindú, manifestándose en extrañas mutaciones genéticas, debido a la intervención directa de la propia Diosa Madre. Este secreto manifiesta su Poder (Shakti) a través de un estado particular de conciencia, un nivel de ultraconciencia."*[133]

Desde sus primeros encuentros con las religiones indias en los siglos XVIII y XIX, los occidentales se han sentido a la vez fascinados y repelidos por la tradición del Tantra; una forma muy particular de práctica religiosa debido al uso deliberado de sustancias impuras y de rituales transgresores. Los Tantras son obras esotéricas relacionadas con el culto a la diosa, que tratan del yoga, la cosmología, la alquimia, la magia y el sacrificio. El tantrismo condensa todas estas disciplinas milenarias con el fin de la realización erótico-mágica y espiritual. Durante mucho tiempo, ha sido a la vez repulsivo y tentador para los escritores occidentales. Hoy en día, especialmente a través de la creciente influencia de la *"Nueva Era",* el tantrismo se considera un método sencillo de liberación del cuerpo y la mente, una forma de "sexualidad espiritual" en la que el placer sexual se convierte en una experiencia religiosa. Se considera una forma de transgredir la llamada moral occidental "represiva" sobre la sexualidad. El tantrismo se ha convertido en una moda muy lucrativa para algunos gurús, aunque pocos seguidores occidentales de la filosofía de *la Nueva Era* saben lo que implican algunos de los rituales del auténtico tantra.

Krsnananda Aagamavagisa es uno de los más grandes autores del tantrismo, que vivió en el siglo VI en Bengala. En sus obras, describe prácticas rituales esotéricas que implican el uso de sustancias orgánicas como la sangre, el semen y los fluidos menstruales. Krsnananda también describe los rituales tántricos, incluido el sacrificio de animales, que todavía se practica en Bengala. Los sacrificios de sangre están relacionados con los Vedas y las prácticas rituales brahmánicas, sin embargo, en el tantrismo los sacrificios transgreden y violan deliberadamente las directrices dadas en la tradición védica. Por ejemplo, los

---

[132] *Traité pratique de Magie Sexuelle* - Pierre Manoury, 1989, cap.1.

[133] The Voudon Gnostic Workbook: Expanded Edition '' - Michael Bertiaux, 2007, p.308.

Vedas recomiendan sacrificar al animal con la menor violencia y sufrimiento posibles, mientras que en el sacrificio tántrico el animal es decapitado de forma muy sangrienta, centrándose el ritual en la sangre y la cabeza decapitada, que son las ofrendas a la diosa. Parece que los sacrificios tántricos implican una inversión calculada de los antiguos textos védicos: el animal impuro sustituye al animal puro, una decapitación sangrienta sustituye a una estrangulación no violenta, la Diosa ocupa el lugar del Dios masculino (aquí encontramos de nuevo esta noción de Diosa contra Dios).[134]

El texto sagrado del *Kalachakra* Tantra, la "Rueda del Tiempo", contiene un tratado sobre alquimia y demonología. Dice en la estrofa 125: *"El consumo de heces y orina, esperma y sangre menstrual, mezclados con carne humana, prolonga la vida. Estos son los cinco ingredientes en la composición de las píldoras de néctar (...) El consumo de las cinco carnes, con miel y ghee, pone fin a todas las dolencias.* Obsérvese que en el mismo texto se afirma en la estrofa 154 que la veneración de las entidades sutiles "trae la *felicidad suprema"*: *"Las serpientes, los demonios, los planetas que influyen en los hombres, los Nâga malvados que se deleitan en la sangre humana, el duende Kushma, las deidades tutelares de los lugares, los vampiros, los espíritus que causan la epilepsia y Garuda pueden traer la felicidad suprema, si son venerados en un mandala."*

Las antiguas prácticas tántricas fueron retomadas por ocultistas occidentales del siglo XX como Aleister Crowley, una figura destacada en la importación del Tantra a Occidente con toda la transgresión y el "poder a través de la impureza" (o la redención a través del pecado) que implica. Crowley se introdujo en el tantrismo durante su viaje a la India y Sri Lanka en 1902, pero combinó esta práctica tántrica con otras técnicas de magia sexual.

El tantrismo, con su fenomenal energía, puede desviarse y combinarse con la poderosa magia negra, que ya se practicaba en los tiempos védicos a riesgo y peligro de los iniciados. La magia sexual no es algo inocuo que sea simplemente un elaborado *"Kamasutra".* Los arcanos de estas prácticas ocultas pueden llevar a los iniciados más ambiciosos a cometer abominaciones, hasta el punto de que la búsqueda de poder y de facultades psíquicas puede transformarlos en verdaderos monstruos perversos... Lilian Silburn escribió en su libro *"Kundalini: La energía de las* profundidades*"*: *"La misteriosa energía desencadenada por el Kundalini Yoga se manifiesta con violencia y no puede ser manipulada sin correr ciertos riesgos. Algunas desviaciones se llaman "demoníacas" porque conducen a la depresión y a la locura... El despertar de la Kundalini puede tener consecuencias desastrosas."*[135]

En 1922, Krishnamurti tuvo una oleada de Kundalini que denominó "despertar espiritual" y que cambió su vida. He aquí un extracto *del* libro de Darrel Irving *Serpent of Fire, a Modern View of Kundalini*, que nos muestra que esta Kundalini abre puertas a otras dimensiones y permite el contacto con

---

[134] *The Power of the Impure: Transgression, Violence and Secrecy in Bengali Sakta Tantra and Modern Western Magic* - Hugh B. Urban, 2003.

[135] *Kundalini: La energía de las profundidades* - Lilian Silburn, 1988, introducción.

entidades demoníacas: *"Krishnamurti comenzó a tener escalofríos y temblores y se quejó de un intenso dolor de cabeza. Tenía un gran dolor, parecía estar medio inconsciente y experimentando experiencias extracorporales... En ese momento, la entidad que Krishnamurti llamaba "el elemental" se apoderó de él e hizo lo que quiso... "Me tiro al suelo, gimo, me quejo y susurro cosas extrañas, como una persona poseída. Me levanto pensando que alguien me está llamando pero inmediatamente me derrumbo en el suelo. Veo caras y luces extrañas... todo el tiempo. Tengo un dolor violento en la cabeza y en el cuello... Me convertiré en un clarividente cuando esto termine o quizás me estoy volviendo loco!!!"... La personalidad de Krishnamurti pasó a un segundo plano y fue la entidad la que se hizo cargo de las funciones del cuerpo... Hubo la percepción de esta presencia invisible trabajando en su cuerpo, abriéndolo y preparándolo para la gran misión espiritual... El proceso continuó año tras año... ''Krishnamurti llegaba a decir que estaba herido por dentro porque ''ellos'' lo habían quemado por dentro.''*[136]

En su libro *"Teorías de los Chakras, Puente a la Conciencia Superior"*, el japonés Hiroshi Motoyama relata cosas similares durante una subida de Kundalini: *"Oigo como un zumbido de abejas... y veo una especie de bola de fuego a punto de explotar... mi cuerpo levita... todo mi cuerpo está en llamas y tengo un fuerte dolor de cabeza. Permanecí en estado febril durante dos o tres días. Sentí como si mi cabeza fuera a explotar... Durante esta experiencia me encontré con una horrible entidad demoníaca. Fue una experiencia aterradora e indescriptible."*[137]

La Kundalini está representada simbólicamente por una serpiente que sube y rodea la columna vertebral a través de los distintos *chakras*. En su libro *"The Secret Teachings of All Ages"*, el francmasón Manly P. Hall escribe que el árbol del Jardín del Edén representaría este fuego. Hall escribe que se dice que el árbol del Jardín del Edén representa este fuego Kundalini y que el conocimiento de cómo utilizar este fuego sagrado es el regalo de la gran serpiente, la tentación de la fruta prohibida: *"Hay suficiente similitud entre el CHiram masónico y la Kundalini del misticismo hindú para justificar la hipótesis de que el CHiram también puede ser considerado como un símbolo del Fuego del Espíritu que se mueve a través del sexto ventrículo de la columna vertebral. La ciencia exacta de la regeneración humana es la Llave Perdida de la Masonería, pues cuando el Fuego del Espíritu se eleva a través de los treinta y tres grados, o segmentos de la columna vertebral, y entra en la cúpula del cráneo humano, pasa finalmente al cuerpo pituitario (Isis) donde invoca a Ra (la glándula pineal) y exige el Nombre Sagrado. La masonería operativa, en el pleno sentido del término, significa el proceso por el cual se abre el Ojo de Horus (...) En el cerebro humano hay una pequeña glándula llamada cuerpo pineal (...) La glándula pineal es la piña sagrada del hombre. El único ojo que*

---

[136] *Serpent of Fire, a Modern View of Kundalini* - Darrel Irving, 1995, p.27-32.

[137] *Teorías de los chakras, puente hacia la conciencia superior* - Hiroshi Motoyama, 2003, p.240-250.

no puede abrirse sin CHiram (el Fuego del Espíritu) y aumentado por los puntos sagrados que se llaman las Siete Iglesias en Asia (los Chakras). "[138]

En la mitología griega, los adoradores de Dionisio solían ser representados portando un bastón con una piña en la parte superior. Representa la energía de la Kundalini que asciende por la columna vertebral (el pentagrama) hacia la glándula pineal en el sexto *chakra*, simbolizado aquí por la piña. En efecto, encontramos las concepciones y las prácticas del tantrismo en el dionisismo, escribe Marcel Détienne en su libro *"Dionysus put to death"*: *"La superación del sacrificio que los órficos y los pitagóricos operan desde arriba, el dionisismo la realiza desde abajo... Los adeptos de Dionysus... están esclavizados y se comportan como bestias feroces. El dionisismo proporciona una salida de la condición humana al escapar a la bestialidad desde abajo, desde el lado de los animales, mientras que el orfismo ofrece la misma salida desde el lado de los dioses.* En el mundo dionisíaco, las prácticas correspondientes a las del tantrismo se denominan *"orgiasmo"*. El orgiasmo consiste en ceremonias de grupo en las que se realizan sacrificios de sangre, danzas extáticas y ritos eróticos. Dionisio se presenta como un dios de la naturaleza y un dios de las prácticas orgiásticas, al igual que Shiva en la India u Osiris en Egipto. El orgiasmo tiene como objetivo el descondicionamiento del ser, que vuelve por un momento a su naturaleza más profunda y reprimida. Este retorno a los instintos bestiales es un aspecto importante del método tántrico.

La magia sexual y la experiencia de la Kundalini forman parte de las enseñanzas de algunas sociedades secretas occidentales. Es una iniciación reservada a los miembros que ya tienen un buen conocimiento de lo oculto. Al igual que el sacrificio ritual, la magia sexual satánica proporciona poderes, "poder espiritual" y favores materiales. Por otro lado, la abstinencia total y la transmutación de la energía sexual traerán una felicidad intensa mucho más estable que la que trae la práctica sexual tántrica.

Un artículo titulado *"Sex and the Occult"* en la revista de la *Dark Lily Society* se refiere al uso del sexo como *medio de acceso al subconsciente*. El autor de este artículo afirma que *a través de un ritual sexual, los participantes son capaces de acceder a su propio subconsciente mucho más rápido que con otras técnicas como la meditación prolongada.* Con este método *"el trabajo de varias semanas puede hacerse en unos pocos días u horas"*. ¿Podría ser la magia sexual el "Arte Real" (masónico) del que habla el masón Wilmshurst? ¿Una práctica que aceleraría la evolución espiritual para alcanzar el estatus de un Dios?

Las enseñanzas tántricas nos dicen que una relación carnal y sexual es un intercambio de energía y karma. Esto significa que el individuo puede estar contaminado por los trastornos psíquicos o el "mal karma" de la pareja, o por el contrario, estar profundamente inspirado si la pareja es un ser espiritualmente muy puro. En las prácticas tántricas, se venera el órgano sexual de una mujer muy joven. Según el *Mahamudra Tilaka Tantra*: *"Las jóvenes de más de veinte*

---

[138] *The Secret Teachings of All Ages, An Encyclopedic Outline of Masonic, Hermetic, Qabbalistic and Rosicrucian Philosophy* - Manly P. Hall, 1988, p.273.

años no tienen ningún poder oculto. ¿Se busca la pureza y la inocencia de la infancia en las prácticas de magia sexual satánica? Probablemente sí, al igual que en un sacrificio de sangre, se trata de drenar esta reserva de energía y pureza. Más aún cuando el niño se encuentra en un profundo estado de trance disociativo que le conecta con otras dimensiones. Se utiliza como herramienta de poder. El niño es la pureza encarnada, la inocencia de la creación de Dios, su profanación y sacrificio es la última ofrenda a Satanás. Por eso encontramos sistemáticamente perversiones sexuales y sacrificios de sangre en el abuso ritual satánico. La sangre del niño es de gran pureza y es en la pubertad cuando el principio más puro del niño pasa a la semilla. Esta es la base de la magia sexual y sus aberraciones.

En su tratado de magia sexual, Pierre Manoury describe el desarrollo de un ritual durante el cual la mujer tendrá múltiples encuentros sexuales con varios hombres al mismo tiempo, con el objetivo de realizar una "carga energética" en la mujer. Esto es lo que escribió: *"Estas descripciones un tanto escabrosas no son en absoluto una incitación al libertinaje, son prácticas muy discretas, procedentes de tradiciones milenarias. Cabe señalar que son prácticas rituales de manipulación de la energía en varias tradiciones. Desde ciertas sociedades occidentales muy cerradas, hasta los sabbats de alta hechicería, desde las bacanales griegas hasta los priapées, pasando por los rituales orgiásticos de Shiva, etc. (...) ciertas ramas de la magia son bastante elitistas, y la magia sexual es una de ellas."* [139]

En su libro *"Memoria de la sangre: la contrainiciación"*, Alexandre de Dànann nos cuenta que en la tradición asirio-babilónica, las sacerdotisas tenían el deber, durante el *"coitus sacer"* (cópula sagrada) con los iniciados de los Misterios, de imponer, mediante técnicas específicas de magia sexual, las órdenes procedentes del poder de la casta sacerdotal caldea. Esto fue para preparar los eventos deseados por aquel que esta casta llamó *"Justicia o Primera Virtud"*, siendo nada menos que Lucifer.

Uno de los "padres" de la magia sexual occidental es Paschal Beverly Randolph. Según él, *"el verdadero poder sexual es el poder de Dios"*, que puede utilizarse tanto como experiencia mística como para realizar prácticas mágicas con el fin de obtener dinero, el regreso de un ser querido o cualquier otro propósito. Las enseñanzas de Randolph sobre la magia sexual se difundieron ampliamente en muchas sociedades secretas y otras fraternidades esotéricas de Europa, especialmente en la *Ordo Templi Orientis* (O.T.O.). Randolph, además de ser médium, había fundado una orden religiosa dedicada a la *regeneración espiritual de la humanidad*, llamada Hermandad de Eulis, fundada oficialmente en 1874. Randolph afirmaba que su nueva secta tenía sus raíces en los Misterios de Eleusis, una de las muchas religiones griegas antiguas. Randolph también estaba relacionado con la tradición rosacruz, pero afirmaba que la Hermandad de Eulis estaba mucho más conectada con los Misterios que la Orden de los Rosacruces, que, según él, sólo es una puerta de entrada al santuario de Eulis.

---

[139] *Traité pratique de Magie Sexuelle* - Pierre Manoury, 1989, cap.6.

Los secretos más profundos de Eulis se centran en gran medida en los rituales de magia sexual, vinculados al culto a la fertilidad de las antiguas religiones mistéricas.[140]

Estas diversas sectas antiguas parecen haber mezclado la noción de fertilidad de la madre tierra con la de la fertilidad humana, por lo que se bañaban en orgías rituales y sacrificios de sangre vinculados a un determinado calendario para honrar y hacer ofrendas a dioses y diosas. Los abusos rituales, los sacrificios de sangre y la magia sexual que todavía se producen hoy en día, provienen de estas antiguas prácticas babilónicas: es la "religión sin nombre", el culto a los demonios.

Sarane Alexandrian, autora de *"La Magie Sexuelle: Bréviaire des sortilèges amoureux"*, relata en su libro que son las organizaciones iniciáticas, es decir, las sociedades secretas, las que se han encargado de enseñar magia sexual a los iniciados. Karl Kellner y Theodor Reuss, dos masones de alto grado, son los dos fundadores de la *Ordo Templi Orientis*, que según Alejandría, es una verdadera escuela de magia sexual. En 1912, la O.T.O. publicó en el *Oriflamme*: *"Nuestra Orden ha redescubierto el gran secreto de los Caballeros Templarios, que es la llave que abre toda la mística masónica y hermética, a saber, la enseñanza de la magia sexual. Esta enseñanza explica, sin excepción, todos los secretos de la Naturaleza, todo el simbolismo de la masonería y todo el funcionamiento de la religión."*[141]

El francmasón Karl Kellner afirma haber sido iniciado por un faquir árabe y dos yoguis indios a través de los cuales recibió *"los misterios del yoga y la filosofía del camino de la mano izquierda, que él llama "magia sexual""*[142]. Kellner era el jefe de un pequeño grupo llamado *"Triángulo Interior"* que practicaba rituales de tipo tántrico con el objetivo de crear un elixir compuesto por fluidos masculinos y femeninos...

El satanista Aleister Crowley creó una misa gnóstica (un ritual sexual), una ceremonia en la que el semen y la menstruación simbolizan la hostia sagrada. Un ritual que se convirtió en una práctica central para el *Ordo Templi Orientis*. Alexandrian afirma que la O.T.O. comprende 12 grados iniciáticos y que sólo a partir del octavo grado se puede empezar a abordar la magia sexual... empezando por la masturbación iniciática. El séptimo grado se centra en la adoración del falo bajo el símbolo de Baphomet. El noveno grado enseña la magia sexual propiamente dicha, es decir, cómo realizar el acto sexual para obtener poderes. Este grado se considera el Arte Real y Sacerdotal, que hace a los adeptos capaces de la Gran Obra Erótica. Así es como el iniciado se vuelve superior al profano. En su libro *"Stealing from Heaven: the rise of modern western magic"*, Nevill Drury también afirma que la O.T.O. practica rituales sexuales con el uso de

---

[140] *Magia Sexualis: Magia Sexual y Liberación en el Esoterismo Occidental Moderno* - Hugh B. Urban, 2006, p.65.

[141] *Modern Ritual Magic: The Rise Of Western Occultism* - Francis King, 1989.

[142] *The Magic of Aleister Crowley* - John Symonds, 1958.

sangre, excrementos y semen (rojo, negro y blanco, los colores de la Gran Obra alquímica). El libro *"Secrets of the German Sex Magicians"* presenta los tres grados iniciáticos de la magia sexual enseñada por Aleister Crowley y practicada por los miembros de la O.T.O:

VIII°= Enseñanza de las prácticas mágicas autosexuales (masturbación).

IX°= Enseñanza de prácticas mágicas heterosexuales, interacción entre el esperma y la sangre menstrual o las secreciones femeninas.

XI°= Enseñanza de prácticas mágicas homosexuales, aislamiento del ano (*per vas nefandum*), sodomía, interacción con excrementos.

Encontramos que las enseñanzas sobre magia sexual que llegan en último lugar son las relacionadas con el recto. En su libro *"Shiva y Dionisio: la religión de la naturaleza y de Eros"*, Alain Daniélou escribe: *"Existe todo un ritual vinculado a la penetración anal a través de la estrecha puerta que se abre al laberinto (en los humanos, el intestino). En el yoga tántrico, el centro de Ganesha, el guardián de la puerta, está en la región del recto. El órgano masculino, si penetra directamente en la zona de la energía enroscada (Kundalini), puede permitir que se despierte brutalmente y provocar estados de iluminación y percepción repentina de realidades de orden trascendente. Por ello, este acto puede desempeñar un papel importante en la iniciación. Esto explica un rito de iniciación masculina, muy extendido entre los pueblos primitivos, aunque raramente señalado por los observadores occidentales, en el que los iniciados varones adultos mantienen relaciones sexuales por el ano con los novicios (...) Este acto forma parte, además, de las acusaciones formuladas contra las organizaciones dionisíacas por sus detractores, y contra ciertos grupos iniciáticos del mundo cristiano e islámico."*

La psicóloga australiana Reina Michaelson, premiada en 1996 por su trabajo sobre la prevención de los abusos sexuales a menores, afirma que en algunos rituales de la O.T.O. los niños son literalmente masacrados. La O.T.O. demandó a Michaelson por estas acusaciones y ganó el caso. La psicóloga había afirmado, según sus fuentes, que esta sociedad secreta era una *red de pedofilia*, algunos de cuyos miembros practican el control mental basado en el trauma, así como el abuso ritual con magia sexual. También afirmó que *esta secta satánica tiene mucho poder porque está dirigida por familias muy poderosas e influyentes,* dando a entender también que políticos de alto nivel y otras personalidades de la televisión forman parte de una red de pederastia de alto nivel amparada por las autoridades. En 2008, una pareja fue condenada a prisión por negarse a retirar sus acusaciones de que la O.T.O. era una auténtica red de pedofilia. Vivienne Legg y Dyson Devine tuvieron que disculparse públicamente para ser liberados tras siete semanas de prisión.[143] Estos múltiples desmentidos y los sistemáticos ataques legales de la O.T.O. sirven para desestabilizar a los investigadores y crear desorientación sobre la naturaleza y las prácticas de la

---

[143] "Australia: cómo se silencia el caso de una red de pederastia y satanismo" - Donde Vamos, 19/10/2013.

secta. Bajo este oleaje superficial, la jerarquía oculta permanece intacta y en perfecto funcionamiento.

Frater U∴D∴ el autor de *"Secretos de los magos sexuales alemanes"* afirma que los ocultistas buscan estados alterados de conciencia a través de rituales sexuales para obtener lo que llaman *"poderes mágicos"*. Cita, por ejemplo, una experiencia que denomina *"trance gnóstico"*. Este autor anima a sus lectores a practicar rituales que conduzcan a la superación de los tabúes sexuales e insiste en que *"mediante el uso de prácticas extrañas e inusuales, accedemos a estados alterados de conciencia que proporcionan la clave de los poderes mágicos"*. Este es el tipo de afirmaciones que podrían explicar los testimonios de abusos rituales cuya perversidad va más allá de lo comprensible, hasta llegar al sacrificio humano.

Los rituales violentos y a veces asesinos y el libertinaje sexual extremo de estos cultos están vinculados a las nociones de transgresión, exceso de todo tipo y violación de la moral social. Se ven como el último medio de superar la condición humana y el orden social para alcanzar una especie de trascendencia humana, especialmente cuando se acompañan de estados alterados de conciencia debido a las drogas y los estados disociativos: *El éxtasis dionisíaco significa ante todo la superación de la condición humana, el descubrimiento de una liberación total, la consecución de una libertad y una espontaneidad habitualmente inaccesibles para el ser humano... A estas libertades se añade la liberación de la prohibición, de las reglas y convenciones de la ética y del orden social."*[144]

"Haz lo que quieras es toda la Ley", "No hay más Ley que Haz lo que quieras". (Aleister Crowley)

La Sociedad Thule, u Orden Thule, fue una sociedad secreta alemana que inspiró en gran medida el misticismo y la ideología nazi. En su libro *"Spear of Destiny" (Lanza del destino)*, Trevor Ravenscroft (ex militar y periodista británico) explica que los miembros de Thule, que practicaban la magia negra, estuvieron detrás del ascenso de Hitler al poder antes de la Segunda Guerra Mundial. Según Ravenscroft, los miembros de la secta, como satanistas, estaban *"especialmente preocupados por elevar su conciencia mediante la práctica de rituales que pudieran conectarlos con las inteligencias malignas y no humanas del universo, pero que también les permitieran alcanzar un medio de comunicación con esas inteligencias"*. Uno de los principales seguidores de este círculo fue Dietrich Eckart. Los miembros de Thule también practicaban una forma de magia sexual derivada de las enseñanzas del satanista Aleister Crowley, que Dietrich Eckart utilizó para iniciar a Adolf Hitler.

Hitler se unió a la Orden Thule en 1919. Hasta 1923, Dietrich Eckart, que fue su mentor, no escatimó esfuerzos para hacer de Hitler un seguidor especialmente devoto del ocultismo y la magia negra. Eckart había recibido un mensaje de su *"guía espiritual"* de que tendría el privilegio de entrenar al *"Anticristo"*. Desde el principio de su relación, Eckart creía que Hitler era este avatar y, por lo tanto, no dejó ninguna enseñanza, ningún ritual, ninguna

---

[144] *Historia de las ideas religiosas*, vol.1 - Mircea Eliade, 1978, p.365.

perversión sin tocar, todo con el fin de entrenar espiritualmente a Hitler para su futuro papel. Fue a partir de sus estudios sobre los poderes generados por las prácticas ocultas perversas que Eckart ideó un ritual que utilizó cuando abrió los centros de chakra de Adolf Hitler para darle la visión y los medios de comunicación con los "Poderes". Una vez completado su entrenamiento iniciático, Hitler sintió que *"nacía de nuevo"* con una fuerza *"superpersonal"*, una fuerza que necesitaría para llevar a cabo el mandato que se le había encomendado. Hitler utilizó el término cristiano "nacido de nuevo" para describir su iniciación. Es interesante señalar aquí que durante una entrevista televisiva de la campaña presidencial de 1988 con George W. Bush, la periodista Barbara Walters le hizo una pregunta que le sorprendió. El futuro Presidente se detuvo un momento, con cara de desconcierto, y después de unos segundos respondió: *"Si por cristiano quiere decir nacido de nuevo, entonces sí, soy cristiano.* Esta es la respuesta que uno esperaría de un ocultista para quien los rituales iniciáticos en los que ha participado lo convierten en un *"Born Again"*. Este es el proceso simbólico de "muerte y renacimiento" aplicado en el abuso ritual y el control mental. La sociedad secreta *Skull and Bones* por la que pasaron Bush padre y hijo (y muchos otros) practica rituales idénticos a los de la Orden Thule, donde se inició Hitler, es decir, prácticas de magia negra. Ron Rosenbaum escribió sobre los *Skull & Bones* en un artículo para la revista *Esquire*: *"La muerte (ritual) del iniciado tendrá que ser tan aterradora que requiera el uso de esqueletos humanos y rituales psicológicos (...) la perversión sexual forma parte de estos rituales psicológicos (...) desnudo en un ataúd, el iniciado también tendrá que contar sus más oscuros y profundos secretos sexuales en la iniciación.* Volveremos a tratar esta cuestión de la *"resurrección iniciática"*[145] con más detalle en el capítulo 4.

Esta iniciación de magia negra que trascendió a Adolf Hitler combinaba la perversión sexual y la *iluminación provocada* por profundos estados alterados de conciencia, es decir, una mezcla de magia sexual y disociación traumática. Estos rituales implicaban prácticas altamente perversas y sádicas: sodomía, orgías, sacrificios de animales, flagelaciones, etc. Ravenscroft informa que Hitler fue severamente torturado durante estos traumáticos rituales, incluyendo un *"ritual mágico, sádico y monstruoso"* después del cual quedó impotente. Esta impotencia no tenía nada que ver con la castración física, sino que tenía un profundo origen psicológico debido al extremo sadismo y masoquismo de los rituales. La relación de Hitler con Eva Braun fue del mismo orden. Trevor Ravenscroft también escribió sobre Hitler: *"La perversión sexual fue fundamental en su vida. Una monstruosa perversión sexual que era realmente el corazón de su existencia y era la fuente de sus poderes mediúmnicos y clarividentes.* En su libro *"Hitler - A study in Tyranny"*, Alan Bullock escribe: *"Su poder para embrujar a una multitud está relacionado con el arte oculto de los curanderos africanos o los chamanes asiáticos; otros lo han comparado con la sensibilidad mediúmnica o el magnetismo de un hipnotizador."*

---

[145] The Last Secrets of Skull and Bones - Ron Rosenbaum, *Esquire Magazine*, 1977.

Estos rituales de magia negra y magia sexual abren puertas al mundo de los espíritus, que proporcionan a los iniciados poder y habilidades psíquicas. En 1921, a la edad de 33 años, Hitler estaba totalmente poseído por una jerarquía de espíritus demoníacos y estaba finalmente listo para asumir el liderazgo del Partido Nacional Socialista. Nadie puede entender la monstruosidad de los planes de Hitler sin conocer la perversión satánica en la que se había sumido mucho antes de llegar al poder. Hitler recibió la protección real de una orden sobrenatural para llevar a cabo su misión. En su libro *"Hitler, Médium de Satan"*, Jean Prieur relata que en varias ocasiones el futuro Fürher fue salvado por "fuerzas oscuras" durante la Primera Guerra Mundial: *"Sin embargo, una voz le habla con voz apagada y le ordena que se aleje lo más posible de la trinchera; entonces sigue caminando como un sonámbulo. De repente, una ráfaga de hierro y fuego le obligó a caer al suelo. La explosión estaba cerca (...) Cuando se calmó, se apresuró a volver a la trinchera y no reconoció nada más. En lugar del refugio del escuadrón, era un gigantesco embudo sembrado de restos humanos. Todos sus compañeros habían muerto. A partir de ese día se convenció de su misión divina. Por quinta vez, la Providencia intervino en su favor... En el verano de 1915 se salvó de nuevo en circunstancias extraordinarias que relató años después a un periodista inglés, Ward Price: "Estaba cenando en la trinchera con varios compañeros, cuando sentí una voz que me decía: "¡Levántate y vete para allá! La voz era tan aguda, tan insistente, que obedecí mecánicamente como si fuera una orden militar. Me levanté enseguida y me alejé veinte metros, llevando mi cena en la fiambrera. Luego me senté para continuar mi comida; mi mente se había calmado. Apenas lo hice, un destello y un estruendo ensordecedor salieron de la trinchera que acababa de abandonar. Un proyectil perdido había estallado sobre el grupo, matando a todos."*[146]

Durante la Primera Guerra Mundial, Hitler ya parecía tener un serio bagaje de conocimientos ocultos y paganos. Jean Prieur relata en su libro: *"Fue durante el otoño de 1915 cuando compuso este curioso e inquietante poema, en el que hay que ver mucho más que un ejercicio literario:*
En las noches amargas, suelo ir
En el silencioso claro del roble de Wotan
Para unirse a los poderes oscuros...
Con su fórmula mágica
La luna traza las letras rúnicas,
Y todos aquellos que están llenos de impudicia durante el día
Se hacen pequeños por la fórmula mágica[147]

En este poema, Hitler se refiere a *"Wotan"*, también llamado *"Wodan"*, que corresponde a Odín, el dios nórdico de los muertos, el dios de la victoria y del conocimiento. Los escandinavos le llamaban Odín y los germanos Wotan. Adolf Hitler era un seguidor total de este antiguo paganismo nórdico. Por ello,

---

[146] *"Hitler médium de Satanás"* - Jean Prieur, 2002, p.41-38.

[147] Ibid p.38.

los nazis crearon (o tal vez absorbieron) la *Ahnenerbe*, una sociedad de investigación y enseñanza sobre la herencia esotérica ancestral.

Hitler también se libró de varios atentados de forma extraordinaria, como en 1936 en los Juegos Olímpicos de Berlín, pero también en 1937 y 1939. Cuando algunas personas de su entorno se asombraron por la falta de medidas adoptadas para su seguridad, Hitler respondió: *"Hay que tener fe en la providencia, hay que escuchar la voz interior y creer en el destino. Creo profundamente que el destino me ha elegido por el bien de la nación alemana."* Una vez le dijo a Eva Braun: *"La Providencia me protege y ya no tenemos que temer a nuestros enemigos.* Ravenscroft informa de que, en una entrevista de prensa, Hitler dijo: *"Camino como un sonámbulo dictado por la providencia".* ¿De qué providencia habla? Ciertamente, la "providencia luciferina", es decir, la posesión demoníaca para la que había sido preparado durante años de iniciaciones...

Aleister Crowley se autoproclamó "Bestia 666". Su biógrafo, John Symonds, dijo: "El sexo se había convertido para Crowley en el medio para alcanzar a Dios... Realizaba el acto sexual no por gozo emocional o por fines procreativos, sino para renovar su fuerza psíquica. Creía que así adoraba al dios Pan. "En su diario Rex de Arte Regia, Crowley describe sus prácticas del ''Arte Regio" (magia sexual), afirmando que pide un deseo durante los rituales, normalmente para que le llegue dinero, y que siempre acaba consiguiendo sus deseos.

El ex-ocultista William 'Bill' Schnoebelen ha hecho varias revelaciones públicas sobre los rituales de la alta masonería luciferina. Schnoebelen fue miembro de la Iglesia de Satán, masón durante 9 años, iniciado en el grado 32 *del* Rito Escocés, en el grado 90 del Rito Memphis-Misraim y en el grado 9 de la O.T.O. También alcanzó el grado 9 con los rosacruces. En 1984 salió completamente del ocultismo y se hizo cristiano. He aquí un extracto de una conferencia en la que afirma que *el "Arte Real"* masónico está vinculado a la práctica de la magia sexual con niños: *"Estos rituales contienen un aspecto profundamente siniestro, pero que debo abordar. Me disculpo de antemano porque es algo vulgar. Pero debemos hablar del 'Secreto Real' de la Masonería y de cómo opera en esta pirámide jerárquica espiritual (...) En 1904, Crowley tuvo contacto con un ser extraterrestre (demonio) llamado Iwas. Esta entidad le dictó un libro durante los trances mediúmnicos de su esposa: el Libro de la Ley. Este libro afirma que Dios ha caído de su trono y que un nuevo niño-dios conquistador viene a ocupar su lugar. Como resultado, Crowley declaró el fin del cristianismo y el advenimiento del "Crowlianismo". De hecho, era un genio, podía jugar al ajedrez con los ojos cerrados. Fue un consumado poeta, pintor y escritor. Estaba tan cubierto de títulos masónicos que podría haber llenado cinco páginas de un libro. Este hombre fue uno de los masones más honrados del mundo, pero también fue el hombre más peligroso del siglo XX. Siguiendo el Libro de la Ley, comenzó a realizar rituales para traer de vuelta a este niño-dios. Para ello fundó lo que llamó la secta del "Niño Fascinante", y al hacerlo desveló y reveló el Secreto Real de la Masonería. Tras la publicación de su libro, un hombre se acercó a él. Este hombre era Theodore Reuss, un ocultista alemán y líder de la O.T.O. (Orden del Templo de Oriente) que es la orden de los Caballeros Templarios de Oriente... Este hombre le dijo entonces a Crowley que había revelado el mayor misterio de la historia del ocultismo. A lo que Crowley respondió que no entendía de qué estaba hablando. Por ello, Reuss le inició en el 9º grado de la O.T.O. y le reveló el secreto. El secreto es que como masón se te promete la inmortalidad. Si vas a un funeral masónico, escucharás una predicación sobre la inmortalidad. Oirás promesas de que después de morir, irán a las grandes logias celestiales superiores por la eternidad. ¿Cómo consiguen esta inmortalidad? No creen en Jesús. Ni siquiera se permite citar el nombre de Jesús en las logias azules de la masonería (...) Entonces, ¿de dónde sacan esa promesa de inmortalidad? El secreto que Crowley descubrió indirectamente, probablemente por intervención demoníaca, es que esta inmortalidad es accesible a través de la magia sexual operativa. Este tipo de magia sexual del que hablamos aquí es la violación de un niño pequeño, por desgracia. Crowley enseñó que se puede vivir para siempre a través de la vampirización sexual de niños pequeños (...) Me disculpo por eso, es tan horrible... Pero los masones hacen eso. No todos. Por favor, comprenda. Pero es un problema lo suficientemente grande como para sentirme obligado a contarlo. Esta es la razón por la que los masones piensan que pueden alcanzar la inmortalidad. Cada vez que profanan a un niño, le roban un poco de su juventud. (...) Entonces creen que pueden acceder a universos alternativos en los que se convertirán en dioses (...) Crowley revela el secreto del simbolismo del "Ojo que todo lo ve" en uno de sus libros, el Libro de Toth, que es un manual muy avanzado. Este es el ojo de Lucifer, pero aunque no lo creas, este símbolo también corresponde a un órgano que delicadamente llamamos el recto. Lo cual es irónico cuando se sabe que también representa a Lucifer. Esto se refiere a la doctrina ocultista y arqueométrica de la masonería que afirma que a través de la sodomía, especialmente con chicos jóvenes, se puede acceder a dimensiones alternativas de la realidad, a través de lo que llaman "túneles tifón" (vórtices). Tienen esta creencia de que a través de la perversión sexual pueden acceder a estos túneles, y el propósito de este tipo de magia es encontrar el propio universo y convertirse en el dios de ese universo. Satanás traiciona a estas personas incitándolas a practicar el mal. Sin embargo, lo importante no es si funciona o no, sino que estas personas creen realmente en ella (...) Esta forma de magia es la magia "transyuggótica". Esto significa que es una magia que opera más allá del espacio plutoniano, un planeta que creen que está más allá del alcance del Sol, y por lo tanto más allá del alcance de los rayos del Dios judeocristiano. Creen que hay entidades más allá de Plutón que son mucho más poderosas, peligrosas y mortales que Dios o el diablo. Esto es lo que esta gente intenta conseguir. ¡Entérate bien! No me canso de decirlo: uno o dos masones de cada cien practican esas cosas... ¡Pero es más que suficiente! ¡Y eso es un problema grave!"[148]*

---

[148] "Exponer a los illuminati desde dentro" - The Prophecy Club - Bill Schnoebelen.

Según Bill Schnoebelen, la magia sexual practicada con niños es una clave para acceder a otras dimensiones y obtener poder. Un niño que ha sido torturado y violado durante un abuso ritual satánico se encuentra en un estado de disociación, es decir, se convierte en una puerta abierta a otras dimensiones (véase el capítulo 6 sobre la conexión entre el trauma, la disociación y el acceso a otras dimensiones). ¿Podría la práctica de la magia sexual en un niño en estado de trance disociativo ser una *fuente de rejuvenecimiento*? En ese estado de disociación, ¿el niño sería una especie de puente, un médium que actuaría como intermediario para conectar el mundo terrenal y el espiritual? Desgraciadamente, esta pregunta viene a cuento porque todo apunta a que se trata de una caja de Pandora de la que el control mental es un componente esencial.

En su libro *Do What You Will: A History of Anti-Morality*, Geoffrey Ashe escribe que Crowley tenía *"poderes hipnóticos"* que utilizaba frecuentemente para seducir a las mujeres, pero también escribe que era *"como tres o cuatro hombres diferentes"*.[149] El propio Crowley describió sus estados alterados de conciencia en los que se enfrentaba a otras entidades imaginarias, disociativas o espirituales. ¿Tenía el propio Crowley una personalidad múltiple, una personalidad dividida por un trauma infantil? ¿Tenía un trastorno de identidad disociativo? En su libro *Magick in Theory and Practice*, Crowley aboga por el autocastigo mediante la escarificación con una hoja de afeitar. Los terapeutas que trabajan con supervivientes de abusos rituales informan de que la autolesión por escarificación es la característica más común de los pacientes con trastornos disociativos graves. Crowley se unió a la *Orden Hermética de la Aurora Dorada* en 1898 y finalmente fue expulsado en 1900. En 1901, un escándalo envolvió a la Aurora Dorada cuando Theo Horos (Frank Jackson) y su esposa fueron acusados de violar a una joven de dieciséis años. En su momento, el juez concluyó que la pareja había utilizado los rituales de la Aurora Dorada para la explotación sexual de menores. Según Richard Kaczynski, autor de *Of Heresy And Secrecy: Evidence of Golden Dawn Teachings On Mystic Sexuality (De la herejía y el secreto: pruebas de las enseñanzas de la Aurora Dorada sobre la sexualidad mística),* se dice que las prácticas de magia sexual son habituales en esta sociedad secreta. Es probable que la magia sexual sea una enseñanza común en todas estas diferentes logias luciferinas.

Se dice que la Aurora Dorada se creó tras el descubrimiento de misteriosos documentos germánicos. Se trataba de manuscritos codificados que fueron descifrados y transcritos por uno de los miembros fundadores de la Orden, el Dr. William Wyn Westcott, un masón. Posteriormente, se sospechó que los documentos eran falsos y, para aclarar el asunto, el autor de *Los Magos de la Aurora Dorada*, Ellic Howe, pasó las traducciones de Westcott a un experto en grafología. El experto llegó a la conclusión de que Westcott probablemente tenía un trastorno de personalidad múltiple (trastorno de identidad disociativo) debido a sus estilos de escritura diferentes y muy distintivos. En su libro *What You Should Know About The Golden Dawn*, Gerald Suster, un abogado de la Aurora

---

[149] *Do What You Will: A History of Anti-Morality* - Geoffrey Ashe, 1974, p.235.

Dorada, cuestionó el argumento del trastorno de personalidad múltiple al señalar que otro miembro prominente de la Orden, Israel Regardie, también tenía un estilo de escritura que variaba y que nunca se le había diagnosticado personalidad múltiple ni ningún trastorno psiquiátrico... Una interpretación de estas variaciones de escritura sería que estos hombres tienen ambos trastornos disociativos causados por experiencias rituales traumáticas. Pero se trata de un diagnóstico preciso que rara vez se realiza porque pocos profesionales de la salud mental están capacitados para detectar este tipo de trastornos de la personalidad.[150]

Otra sociedad secreta con una doctrina y estructura similar a la masónica es la F.S., *Fraternitas Saturni* o Hermandad de Saturno. En su libro *Fire & Ice: Magical Teaching of Germany's Greatest Secret Occult Order*, Eldred Flowers se refiere a la F.S. como una *"organización luciferina amistosa"*. Al igual que la O.T.O. y muchas obras masónicas, el F.S. da una importancia considerable a los conceptos y términos gnósticos. En este libro, Eldred Flower se refiere con frecuencia a la *"gnosis saturniana"* y a rituales sexuales específicos. Cabe señalar que Linda Blood, en su libro *"The New Satanists"*, informa de que Eldred Flowers, para quien el F.S. es una *"organización luciferina amiga"*, ayudaba a Michael Aquino como jefe del Templo de Set. Linda Blood sabe de lo que habla porque fue la amante de Aquino y miembro de esta secta.[151]

5 - SACRIFICIOS, BRUJERÍA, CHAMANISMO Y PERSONALIDADES MÚLTIPLES

Las pruebas arqueológicas demuestran que los moches, los incas, los mayas y los aztecas practicaban rituales violentos y sangrientos. Si se investiga más a fondo, parece que los sacrificios humanos también se practicaban en Europa. En un artículo titulado *"Vessels of Death: Sacred Cauldrons in Archaeology and Myth"*,[152] Miranda Green se refiere a los sacrificios humanos practicados por los germanos cimbrios y recogidos por el geógrafo griego Estrabón. El artículo describe que la ceremonia era realizada por "mujeres santas", una de las cuales degollaba a un prisionero de guerra y recogía su sangre en un gran caldero de bronce. Luego se abría su cuerpo para inspeccionar sus entrañas y órganos con fines adivinatorios. El sacrificio humano es una herencia común en la historia de la humanidad, una práctica vinculada al culto de los dioses demoníacos y luciferinos. Históricamente, los primeros ritos paganos incluían tanto sacrificios animales como humanos. El sacrificio humano y el canibalismo parecen haber tenido algún lugar en los rituales ancestrales e incluso contemporáneos. En *"Kingship and Sacrifice: Ritual and Society in Ancient*

---

[150] *"Cult & Ritual Abuse"* - James Randal Noblitt & Pamela Perskin Noblitt, 2014, p.141.

[151] Ibid p.142.

[152] The Antiquaries Journal 78, 1998.

Hawaii", Valerio Valeri informa de la existencia de sacrificios humanos rituales practicados por los sacerdotes hasta 1819, antes de que fueran prohibidos. Valeri afirma que los sacrificios humanos también se utilizaban en los ritos de brujería. El antiguo culto vudú haitiano practicaba el sacrificio de la *"cabra sin cuernos"*, un eufemismo para referirse al sacrificio humano.[153] Al igual que el término *"cerdo largo" se* refiere a la carne humana entre los caníbales de la Polinesia. El canibalismo también se ha atribuido a ciertas prácticas chamánicas. Un ritual caníbal es probablemente una experiencia traumática tanto para la víctima antes de morir, como para los que participan y sobreviven al ritual. En el *"Dictionary of Folklore, Mythology and Legend (Funk & Wagnalls)"* R.D. Jamison escribe: *"La Expedición de Cambridge al Estrecho de Torres informó de que los hechiceros comían la carne de los cadáveres o la mezclaban con su comida tras las prácticas rituales. Esto hace que se vuelvan violentos y cometan asesinatos por ira. Sabemos poco sobre los procesos que inducen el trance chamánico, excepto que el canibalismo hace que el consumidor entre en un estado inhumano o sobrehumano."*

En un artículo titulado *"Sacrificios humanos crudos, cocidos y quemados"*,[154] Terje Oestigaard señala que el sacrificio humano es una práctica común que sirve de ofrenda a los dioses. Esta ofrenda puede enterrarse cruda, cocinarse como comida para las deidades o incinerarse para ascender directamente al cielo. La cremación es una transformación y un medio a través del cual se produce una cierta transmutación de la ofrenda. El sacrificio animal o humano puede considerarse una comunión entre el hombre y los dioses a través de una comida, y a menudo era el rito central del paganismo porque permitía *"compartir la mesa de los dioses"*, pero también servía como acto catártico.

El emperador romano Juliano era conocido por su afición a los actos de sacrificio y son universalmente denostados por sus contemporáneos, tanto fieles como detractores. Se le describe como alguien que nunca deja sus "amuletos y talismanes" y que divide su vida entre la preocupación por el Estado y la devoción a los altares. Libanios le otorga el título de gloria de haber realizado más sacrificios de animales en diez años que todos los griegos juntos. El emperador Juliano realizaba sacrificios de sangre tanto en el templo de Zeus como en el de Tyche (fortuna) o Deméter (fertilidad).[155]

En la *"Historia de las Guerras"*, el historiador Procopio se refiere a los sacrificios humanos como los más "nobles", preferentemente los primeros capturados en tiempos de guerra. El dios de la guerra, Marte, debía ser apaciguado con los rituales más salvajes y sangrientos dando muerte a los prisioneros. Para estos pueblos antiguos, el derramamiento de sangre era un medio para apaciguar al príncipe de la guerra.

---

[153] *Voodoo* - Jacques d'Argent, 1970.

[154] Norwegian Archeological Review, Vol 33, No 1, 2000.

[155] "Compartiendo la mesa de los dioses: El emperador Juliano y los sacrificios" - Nicolas Belayche.

En un relato de un viaje entre los búlgaros del Volga (vikingos), Ibn Fadlan cuenta cómo se sacrificaron varios animales mientras los hombres del clan violaban a una esclava antes de que fuera asesinada y colocada en un barco por su amo. A continuación, se prendió fuego al barco para reducir a humo la ofrenda humana.[156]

El asesinato ritual parece ser una práctica común entre los hechiceros de la cultura *cebuana* en Filipinas. En el libro *"Cebuano Sorcery: Malign Magic in the Philippines"*, Richard Lieban escribe: *"Para llegar a ser uno de los que pueden practicar 'Hilo', se dice que un hombre debe matar primero a un miembro de su propia familia, y luego debe cobrarse una o más víctimas cada año. Uno de estos brujos reveló que la obligación de matar crece cada año. Cuanto más tiempo practique el hechicero su magia, más frecuentemente deberá matar. Todos los informantes coinciden en que cuando el brujo asume tales obligaciones, si no comete los asesinatos según el calendario, él mismo se convertirá en una víctima, golpeado por sus propios instrumentos de brujería que se volverán contra él. Como dice un hechicero: "Si no mata, enfermará gravemente, y no mejorará hasta que esté muerto". Si no mata, morirá."*[157]

En una de sus conferencias sobre el tema de la *"Nueva Era"*, el padre Jean Luc Lafitte relata lo que vivió en Gabón: *"Prediqué varios retiros en el monte (...) Todas las noches escuchábamos las melodías de estos brujos que trabajaban sobre los adeptos a su religión. Me dijeron que les hacían bailar, pero que antes de hacerles bailar, el gurú, el hechicero, se preocupaba de hacer beber a todos sus seguidores una bebida llamada iboga. Se trata de un alucinógeno que trituraba en polvo y hacía beber a los seguidores para que bailaran toda la noche al son del tambor. Después de un tiempo, todas estas personas entraban en trance (...) Una vez que estaban en trance, el brujo conseguía vaciar su personalidad por completo, hasta el punto de que para progresar en este sistema de falsa religión, tenías que hacer algo que el gurú te pedía. La primera iniciación consistía en matar un animal, por lo que al principio había que cortar el cuello de un pollo, por ejemplo. El segundo paso era matar a un enemigo y el tercer paso era matar a un miembro de la familia. El cuarto paso era suicidarse..."* Aquí encontramos tres cosas comunes a los relatos del abuso ritual moderno: drogas, estados de trance y sacrificios de sangre. Los supervivientes occidentales informan de que primero se les obligó a matar a un animal y luego, a veces, a un ser humano, normalmente un bebé. La cuarta etapa descrita por el abate Lafitte, que consiste en matarse, puede corresponder a la programación del suicidio de las víctimas del control mental (MK), pero el abate no especifica en qué contexto ni de qué manera puede desencadenarse esta cuarta etapa en la tradición que describe.

Los rituales de iniciación traumáticos son un factor común en muchas tradiciones que practican la brujería y el culto a los espíritus. En su libro *"La Conjuration antichrétienne"*, Mons. Henri Delassus escribe: *"Satanás hizo*

---

[156] "The Risalah of Ibn Fadlan: An Annotated Translation with Introduction" - Mc Keithen, 1979.

[157] "Cebuano Sorcery: Malign Magic in the Philippines" - Richard Lieban, 1967, p.23.

construir templos y erigir altares en todos los lugares de la tierra, y se hizo adorar en ellos de manera impía y supersticiosa. Cuántas veces el propio pueblo elegido se dejó llevar por él, hasta el punto de sacrificar incluso a sus hijos a "Moloch"! (...) Los misioneros del siglo XII se sorprendieron bastante cuando, dejando la Francia un poco escéptica de la época, desembarcaron en las Indias Orientales y se encontraron en medio de las más extrañas manifestaciones diabólicas. Tanto los viajeros como los misioneros son hoy testigos de los mismos prodigios. El Sr. Paul Verdun ha publicado un libro: "El diablo en las misiones" (...) Las apariciones y las posesiones son frecuentes entre ellos, conocidas y aceptadas por todos. En todos estos países hay hechiceros. Para llegar a serlo, hay que pasar por crueles pruebas que van mucho más allá de las más dolorosas prácticas de mortificación cristiana. En la mayoría de estas iniciaciones, una manifestación del diablo muestra que acepta al candidato como suyo, lo convierte en un poseso o se lo lleva." [158]

En Papúa Nueva Guinea, los rituales traumáticos para aterrorizar al iniciado forman parte de los cultos locales. En su libro *"Ritual y conocimiento entre los baktamanes de Nueva Guinea"*, Frederik Barth describe cómo un novicio *baktamán* que estaba tan aterrorizado por el proceso de iniciación defecó literalmente sobre él. En el libro *Rituals of Manhood: Male Initiation in Papua New Guniea*, Gilbert Herdt relata que en la iniciación *Bimin-Kuskusmin*, los novicios están totalmente aterrorizados por la ceremonia de perforación del tabique y la quema del antebrazo. Esto crea un grave trauma y el autor informa de que se han observado signos de profundo choque psicológico en varias personas que han pasado por esta iniciación. En su análisis de la iniciación *orokaiva* de los papúes, en el libro *Exchange in the Social Structure of the Orokaiva*, Erik Schwimmer escribe que una de las funciones de estos ritos es provocar *"un terror absoluto y duradero en el candidato"*. Todos los etnógrafos que han estudiado a los Orokaiva han destacado el carácter especialmente terrorífico de la ceremonia *del embahi*. Varios autores han informado de que se induce deliberadamente un verdadero pánico en los jóvenes candidatos a la iniciación, pero también describen la angustia de los padres que presencian el sufrimiento de los niños. En *"The Concept of the Person and the Ritual Sytem; An Orokaiva View"*, André Iteanu escribe incluso que siempre existe el riesgo de que el niño no sobreviva a las pruebas de iniciación. En su libro *"Prey into Hunter: The Politics of Religious Experience"*, Maurice Bloch analiza la ceremonia *del embahi* con su carácter sagrado y trascendental. Según Bloch, el efecto más importante de esta ceremonia es que el iniciado muere simbólicamente, o más exactamente que su vitalidad se neutraliza, y se convierte en un ser puramente trascendental (¿disociado?). Tras esta iniciación, el niño se convierte en sagrado, por lo que se trata de conquistar su vitalidad y ponerlo bajo un cierto control. Para ello, se mata simbólicamente al niño con el fin de

---

[158] *La Conjuration antichrétienne* - Mons. Henri Delassus, 2008 (Saint-Remi), p.259.

transformarlo, de trascender su persona para que él mismo se convierta en un asesino y deje de ser una víctima.[159]

Aquí tenemos una descripción que puede encajar con el abuso ritual satánico *"moderno"* con su control mental concomitante. Se trata de rituales de iniciación traumáticos cuyo objetivo es sacralizar al niño a través de estados disociativos profundos y su renacimiento como niño "monarca"; convirtiéndolo en un *asesino* en lugar de una *víctima*, un miembro de pleno derecho del culto luciferino/satánico.

Cult and Ritual Abuse: Narratives, Evidence and Healing Approaches, de James Randall Noblitt y Pamela Perskin Noblitt, aborda el aspecto antropológico del abuso ritual y el control mental mediante los trastornos de identidad disociativos (trastorno de personalidad múltiple). El libro informa de numerosas fuentes que se refieren a rituales traumáticos en los que la línea entre la disociación y la posesión demoníaca sigue siendo muy borrosa. Estas son algunas de las fuentes de las que informan en su libro...

El libro de Isaiah Oke, *"Blood Secrets: The True Story of Demon Worship and Ceremonial Murder"* (*Secretos de sangre: la verdadera historia del culto a los demonios y los asesinatos ceremoniales*), aborda claramente la cuestión de los abusos rituales en África Occidental. Isaiah Oke es el nieto y sucesor de un importante *Babalorisha*, un sumo sacerdote juju. En su libro, relata *la educación y la formación* que recibió para suceder a su abuelo. Oke describe las traumáticas ceremonias por las que pasó en su aprendizaje para convertirse en sumo sacerdote. También describe las penurias que tuvo que infligir a otros, ceremonias que implicaban tortura e incluso asesinato, como la ceremonia de los *"200 cortes"* en la que tuvo que dar muerte a un hombre. Informa de lo que parecen ser experiencias clásicas de disociación cuando se refiere a la pérdida de memoria y a la posesión por parte de los espíritus de los antepasados del pueblo. Oke escribe en su libro: *"Nuestros rituales sirven para apaciguar al más horrible de nuestros dioses. Estos dioses son tan temibles que nuestros rituales deben serlo igualmente. Creemos que no hay nada mejor que la sangre para apaciguar a los feroces espíritus del Juju."*[160]

Oke compara el juju africano con el satanismo americano. Explica que este culto se practica abiertamente en África Occidental e incluso se explota comercialmente para los turistas, pero que tiene otra fachada en la que el secretismo es tal que algunos dicen que hay otra religión, desconocida para el mundo exterior, dentro del propio Juju: *"Hay otro lugar de sacrificio que llamamos la 'Tumba', normalmente en el bosque, lejos de ojos y oídos indiscretos. Suele ser una cabaña sencilla y bien camuflada a la que llamamos*

---

[159] *Rites of Terror, Metaphor and Memory in Melanesian Initiation Cults* - Harvey Whitehouse, The Journal of the Royal Anthropological Institute, Vol. 2, No. 4, 1996.

[160] *Secretos de sangre: La verdadera historia del culto a los demonios y el asesinato ceremonial* - Isaiah Oke, 1989, p.19.

el Igbo-Awo (el secreto del bosque). Lo que se practica en la "Tumba" no son ceremonias inofensivas, sino rituales de sangre macabros."[161]

En su libro *Ritual: Power, Healing and Community*, Malidoma Somé confirma las afirmaciones de Isaiah Oke sobre la religión africana del juju. Originario de África Occidental, Somé estudió en la Sorbona y en la Universidad de Brandeis, en Estados Unidos. Describe rituales en los que las personas hablan con diferentes voces y muestran diferentes personalidades. Afirma que el sacerdote que lleva a cabo los rituales es capaz de actuar sobre las mentes de los presentes para que sean incapaces de recordar los acontecimientos que han tenido lugar. Relata el ejemplo de un miembro de la tribu que quería revelar los secretos del culto a los extraños. Antes de poder hacerlo, al parecer tuvo un brote psicótico y se suicidó. Estos testimonios pueden compararse con los de los supervivientes de abusos rituales satánicos en Occidente. Algunos dicen que sienten que su mente se bloquea o se "cierra" cuando intentan recordar los detalles de sus abusos. También dicen que se vuelven especialmente autodestructivos, incluso suicidas, cuando están a punto de hablar o acaban de hablar con alguien sobre cosas que deberían mantenerse en secreto. En Occidente, este establecimiento del secreto interior se realiza mediante lo que se denomina programación MK-Monarch. Se trata de una forma de condicionamiento extremo que crea y manipula reacciones programadas a través de un trauma profundo. (Véase el capítulo 7)

El psiquiatra británico William Sargant (que trabajó para el proyecto MK-Ultra), afirmó en su libro *'The Mind Possessed: A Physiology of Possession, Mysticism and Faith Healing'* que la disociación, la amnesia, la modificación de la personalidad, así como la programación mental, eran parte esencial del culto a *los Orishas*.

Orisha es el término *yoruba* para designar a los dioses o la representación del espíritu de Dios. Es una tradición afroamericana originaria de África. El término se utiliza en *el juju*, pero también en *la santería*, que es un derivado de la cultura *yoruba*. En su libro, William Sargant cita al autor Pierre 'Fatumbi' Verger, quien se dice que fue iniciado en estos rituales de *los orishas: "El propio Pierre Verger se convirtió en sacerdote del culto de los orishas. No pudo contarme mucho sobre las ceremonias secretas que tenían lugar en el convento, pero sí pudo revelar que se trataba de un severo proceso de lavado de cerebro en el que la personalidad ordinaria del adepto es sustituida por una nueva personalidad. Al iniciado no se le permite recordar quién era, cómo era y cómo se comportaba con su antigua personalidad. Cuando el iniciado abandona el convento, se le devuelve su antigua personalidad mediante un proceso especial, pero conserva muy pocos recuerdos de lo ocurrido en el convento. Cuando las adeptas regresan al convento, por el mismo proceso hipnótico inverso,*

---

[161] Ibid, p.19.

recuperan su personalidad devocional, que volverá a desaparecer en su personalidad ordinaria cuando regresen al mundo secular. "[162]

Aquí tenemos un ejemplo de control mental basado en el desdoblamiento de la personalidad con recuerdos divididos por muros amnésicos (véase el capítulo 5). William Sargant también afirmó que *"Algunas personas son capaces de inducir en sí mismas o en otra persona un estado de trance y disociación provocado por tensiones emocionales fuertes y repetitivas, hasta el punto de que puede convertirse en un sistema condicionante de la actividad cerebral (...) Si el trance va acompañado de un estado de disociación mental, la persona puede verse profundamente influenciada en su pensamiento y su comportamiento posterior.* Sargant hace aquí una clara referencia al proceso de control mental mediante estados disociativos.

El autor Fritz Springmeier describió las ceremonias de vudú haitianas que implican fenómenos de trance y disociación. Springmeier establece un paralelismo entre estas prácticas rituales vudú y la programación del MK-Monarch: *"Los primeros informes sobre el vudú haitiano fueron escritos en 1884 por Spencer St John. Sus escritos describen los rituales de sangre y el canibalismo que se practican en esta religión (...) Los sacrificios de sangre suelen estar asociados a los demonios y la persona poseída beberá la sangre del animal sacrificado. Se utilizan gemas, hierbas, trances y estados disociativos para atraer a los espíritus. Mientras que el esclavo MK-Monarch sufre estados disociativos inducidos por el trauma, los estados disociativos de los practicantes de vudú son inducidos ritualmente. Los rituales vudú incluyen cánticos, tambores, a veces palmas y bailes frenéticos para inducir estados disociativos. Se han identificado varios factores que inducen estos estados alterados de conciencia en las religiones afrocaribeñas o sudamericanas. En primer lugar, se baila a un ritmo rápido y brusco. En segundo lugar, los estados disociados suelen seguir a un período de privación de alimentos, la hiperventilación también se utiliza para lograr estos estados particulares de conciencia. El inicio de la posesión demoníaca se caracteriza por un breve período de inhibición muscular con un colapso (...) Durante el trance, los miembros del cuerpo así como la cabeza son sacudidos, la persona se vuelve tan disociada que puede recoger brasas incandescentes con la mano. La persona poseída puede ser consciente, semiconsciente o inconsciente de lo que le ocurre (...) Los rituales vudú que inducen estados disociativos suelen ir acompañados de amnesia. Durante este periodo de amnesia, la persona se ha comportado como si fuera un espíritu (un dios). Lo que se ha descrito aquí es más un estado disociativo inducido por un ritual que un estado disociativo inducido por un trauma. La programación de MK-Monarch tiene como objetivo combinar ambos: el ritual*

---

[162] *The Mind Possessed: A Physiology of Possession, Mysticism and Faith Healing* - William Sargant, 1974, p.149.

y el trauma, para crear y reforzar un estado profundamente disociado. Por eso es difícil separar el factor religioso de la programación del MK-Monarch."[163]

Pasemos ahora a analizar el chamanismo, un tema que no puede ignorarse al estudiar los estados alterados de conciencia y las interacciones con otras dimensiones. Los chamanes son lo que se conoce como *"curanderos"* o *"médicos brujos"*. Se trata de un sistema primitivo de medicina que se remonta a los tiempos más antiguos, una disciplina que combina la comunicación con los espíritus y la práctica de ejercicios para obtener ciertos "poderes espirituales". A veces se le denomina *"guerrero chamán"*, un individuo capaz de alcanzar estados de trance profundos en los rituales, normalmente con la ayuda de un tambor, canciones y danzas ceremoniales. A veces utiliza la privación del sueño y/o las drogas para facilitar estos estados de disociación profunda. Una vez en trance, el chamán entra en el *mundo de los espíritus*, una dimensión paralela a la nuestra pero igual de real para el chamán. Estos viajes le aportan visiones que le permiten, por ejemplo, diagnosticar problemas de salud, pero también puede tener que enfrentarse a otros problemas relacionados con su comunidad. En su trabajo espiritual, el chamán cuenta con la ayuda de entidades a veces llamadas *"espíritu guardián"* o *"espíritu guía"*.

Algunos chamanes no se limitan a las actividades espirituales *"benévolas"* y pueden utilizar la brujería relacionada con las fuerzas oscuras cuando lo necesitan. Francis Huxley, en su libro *"The Way of the Sacred"*, hace una clara distinción entre chamanismo blanco y negro. Harry B. Wright, en su libro *"Witness to Witchcraft" (Testigo de la brujería)*, hace una observación similar entre los hechiceros amerindios del Amazonas, con los benévolos *curanderos* y los malévolos *feiteceros*. También es interesante señalar que en el libro *"The Shaman and the Magician: Journeys Between the Worlds"*, Nevil Drury informa de las similitudes entre las prácticas chamánicas tradicionales y algunos de los rituales modernos de magia practicados en ciertas logias ocultas de tipo masónico. Por ejemplo, cita a la Orden Hermética de la *Aurora* Dorada. Está claro que la función psicoespiritual, llamada disociación psíquica, es un punto esencial en el ocultismo luciferino.

Es necesario aclarar aquí qué se entiende por *"magia blanca"* y *"magia negra"*, o por hechiceros *"benévolos"* y *"malévolos"*. Esto es lo que dice Anton LaVey, el fundador de la Iglesia de Satán, sobre la magia:

LaVey no hace ninguna distinción entre la magia blanca y la negra, diciendo que la brujería blanca Wicca y los new-agers llaman libremente a las fuerzas de la oscuridad para solicitarlas en sus deseos hipócritas. LaVey dijo: "Toda la magia viene del reino del Diablo, no importa cómo la disfraces. La creencia de que la magia "negra" sólo se utiliza para destruir y la "blanca" para curar es errónea. La magia satánica se utiliza para invocar el poder de la justicia, puede ser utilizada para ayudarte a ti o a otra persona, así como puede ser

---

[163] *La fórmula de los Illuminati utilizada para crear un esclavo indetectable con control mental total* - Fritz Springmeier y Cisco Wheeler, 1996.

utilizada para dañar a alguien.[164] No hay ninguna diferencia entre la magia blanca y la magia negra, excepto en la dichosa hipocresía y el autoengaño de los 'magos blancos' (...) Nadie en esta tierra ha estudiado jamás ocultismo, metafísica, yoga o cualquier otra cosa de la llamada 'luz blanca', sin gratificación del ego y con el propósito de obtener poder personal."[165]

Pierre Manoury también escribe que no existe la "magia blanca" ni la "magia negra": "A menudo se puede distinguir a un especialista por la ligera sonrisa que se le dibuja cuando menciona las palabras "magia blanca". La razón es muy sencilla, ¡la magia blanca no existe! (...) Sea como fuere, para esta buena gente y el rebaño descerebrado que les sirve de público, la magia blanca no existe ni ha existido nunca. El término mago blanco se utiliza habitualmente en la literatura para designar a un adepto que sólo realiza operaciones benéficas, en contraposición al mago negro que se alía con las fuerzas de la oscuridad. Pero esto es literatura, no iniciación. De hecho, sólo existe un tipo de magia, que se subdivide en varias especialidades. La noción de magia blanca o negra es puramente maniquea, simplista y primaria."[166]

Una cuestión importante sobre el chamanismo es si estas prácticas implican un abuso ritual traumático. ¿Cómo obtienen los chamanes estas comunicaciones con los "espíritus"? No se puede excluir la hipótesis de que estos "espíritus" sean en algunos casos personalidades disociadas del chamán, y es posible que este desdoblamiento de la personalidad sea creado por los rituales. Algunos rituales no son traumáticos, otros son traumáticos e implican traumas que funcionan para producir alteridades feroces e intrusivas que pueden ser fácilmente confundidas con entidades demoníacas.

En su libro *"The Way of the Shaman"*, Michael Harner describe el viaje iniciático de un chamán, pero no profundiza en el modo en que las entidades espirituales denominadas *"guías"* o *"guardianas" pasan* a formar parte del mundo psíquico interior del iniciado chamánico. Según Harner, *el espíritu guardián* debe acudir al chamán como consecuencia de una enfermedad grave o hay que ir deliberadamente a su encuentro durante una *"búsqueda de visión"*. En su libro, Harner utiliza términos como *"otra identidad"*, *"alter ego"* u *"otro yo"* en referencia al *espíritu guardián del chamán*. En *Primitive Magic: The Psychic Powers of Shamans and Sorcerers*, Ernesto De Martino cita un relato etnográfico de Martin Gusinde que utiliza los términos *"doble personalidad"*, *"segunda personalidad"*, *"personalidad media"* para describir la interacción del chamán con los espíritus. De Martino cita también un texto de otro chamán, Shirokogoroff, para quien el tambor está destinado a *"producir la atenuación de la conciencia despierta"* y a *"favorecer el desdoblamiento (la llegada del 'espíritu')* (...).*Durante el éxtasis, el grado de desdoblamiento de la*

---

[164] "Cena con el Diablo: Una velada con el Sumo Sacerdote de la Iglesia de Satán" - Bob Johnson, *High Times Magazine*, 1994.

[165] *The Re-Enchantment of the West*, Vol 2: Alternative Spiritualities, Sacralization, Popular Culture and Occulture - Christopher Partridge, 2006, p.229.

[166] Cours de haute magie de sorcellerie pratique et de voyance, Vol.2 - Pierre Manoury, 1989, cap.1.

personalidad y la eliminación de los elementos conscientes es variable, pero en cualquier caso hay límites en ambos sentidos, es decir, el estado del chamán no debe convertirse en una crisis de histeria incontrolada y, por otra parte, el éxtasis no debe cesar: En efecto, ni la crisis de histeria incontrolada ni la supresión del éxtasis permiten la actividad regular de la segunda personalidad y la consiguiente autonomía del pensamiento intuitivo". De Martino retoma entonces la historia de *Aua*, que interpretó su enfermedad *"como una invitación a convertirse en chamán, como una vocación* (...) Tras varios trastornos, encuentra finalmente un equilibrio psíquico, y *"en lugar de la amenaza de una disolución de la presencia unitaria, constituye ahora una existencia doble (...) pero una existencia que, aunque doble, está bajo el control de una única presencia unitaria, que sale victoriosa de esta extraordinaria aventura psíquica".*[167]

Todos los términos utilizados aquí pueden corresponder a personalidades alteradas debido a un desdoblamiento de la personalidad del chamán. Puede ser una disociación controlada y dominada de la identidad, en cierto modo una gestión chamánica del trastorno de identidad disociativo (véase el capítulo 5). El chamán transformaría así un estado sufrido en un estado dominado, una disociación pasiva en una disociación activa. El chamán es ante todo un enfermo que ha conseguido curarse, un sanador que se ha curado a sí mismo. En el *transcurso de las dramáticas y dolorosas batallas con los espíritus malignos, los chamanes libran una feroz batalla con las fuerzas físicas y psicológicas que han experimentado durante su enfermedad."*[168]

En su libro "¿Qué hay de los demonios? Posesión y exorcismo en el mundo moderno", Felicitas Goodman escribe: "El chamán yanomamo Hekura entró no es la misma persona que antes. Su expresión facial es radicalmente diferente, se mueve de una manera que no se parece en nada a la habitual... Incluso su voz es irreconocible. Rara vez un practicante de este tipo recordará lo que sucedió después."[169]

¿Estamos ante una posesión real o ante una profunda disociación con desdoblamiento de personalidad y amnesia disociativa? Quizás también sea una mezcla de ambas... Desarrollaremos este tema particularmente interesante en el capítulo 6, relativo al vínculo entre el trauma, la disociación y la conexión con otras dimensiones.

Un elemento que podría relacionar las "posesiones" chamánicas con el trastorno de identidad disociativo (personalidad múltiple) es que a veces esta "posesión" del chamán es sólo parcial. El chamán entra en trance, pero la entidad no toma necesariamente el control del cuerpo. Esta experiencia suele describirse como un "viaje interior" en el que el chamán intenta comunicarse con los

---

[167] Aproximación antropológica a la disociación y sus dispositivos de inducción - Georges Lapassade, 2004.

[168] *Animismo y chamanismo para todos* - Igor Chamanovitch, 2010, p.106.

[169] *¿Y los demonios? Possession and Exorcism in the Modern World* - Felicitas D. Goodman, 1988, p.12.

espíritus. Este tipo de funcionamiento mental puede estar relacionado con la categoría del DSM-5 de trastornos disociativos y trance disociativo.

Michael Harner añade que a veces una persona puede obtener un "espíritu guardián" de *manera "involuntaria"*, pero no dice de qué manera. ¿Es por un traumatismo accidental? Más adelante en el libro, Harner explica que la tribu *jívaro* suele dar a sus recién nacidos una droga alucinógena, cuyo propósito es acompañar al niño en un proceso para obtener un espíritu guardián... Tras mencionar brevemente esta práctica de drogar al recién nacido, indica que hay otras formas involuntarias en las que el niño puede adquirir un "espíritu guardián", pero sin entrar en detalles.

En su libro *The Occult: A History (El ocultismo: una historia)*, Colin Wilson sostiene que el trauma forma parte de la formación chamánica de algunas tribus, y escribe: *"El propio chamán ha completado su sacerdocio a través de los rituales e iniciaciones más terroríficos a través del dolor."*[170]

Dushan Gersi, autor de *"Face in the Smoke: An Eyewitness Experience of Voodoo, Chamanism, Psychic Healing and Other Amazing Human Powers"*, escribió: *"Convertirse en chamán requiere años de dolorosas iniciaciones. He oído que muchos neófitos mueren por la dureza de la iniciación. El neófito soporta los peores tormentos físicos y psicológicos que llevan incluso a la locura."*[171]

En un artículo titulado "El papel del miedo en el chamanismo tradicional y contemporáneo", Michael York escribe: "El uso de las técnicas chamánicas como una herramienta rápidamente accesible para desarrollar el potencial humano está en desacuerdo con el chamanismo tribal tradicional en el que es muy raro que el individuo elija convertirse en chamán por su propia voluntad. En un contexto indígena, el individuo se somete a un largo y arduo entrenamiento para convertirse en chamán, generalmente como resultado de la experiencia de un profundo trauma no deseado."[172]

Mircéa Eliade describe así un ritual de iniciación de un "curandero" australiano: "Finalmente, el tercer método implica un largo ritual en un lugar desierto donde el candidato debe sufrir, en silencio, la operación es realizada por dos viejos curanderos: Estos frotan su cuerpo con cristales de roca para desollar la piel, presionan cristales en su cuero cabelludo, perforan un agujero bajo la uña de su mano derecha y hacen una incisión en su lengua (...) Después de esta iniciación el candidato es sometido a un régimen especial con innumerables tabúes."[173]

---

[170] *The Occult: A History* - Colin Wilson, 1971, p.147.

[171] *Face in the Smoke: An Eyewitness Experience of Voodoo, Chamanism, Psychic Healing and Other Amazing Human Powers* - Dushan Gersi, 1991, p.45.

[172] "El papel del miedo en el chamanismo tradicional y contemporáneo" - Michael York, Bath Spa University College, 2012.

[173] *El chamanismo y las técnicas arcaicas de éxtasis* - Mircéa Eliade, 1951, p.54.

En su libro titulado "L'Héritage Makhuwa au Mozambique", Pierre Macaire escribe sobre las iniciaciones chamánicas: ''Las iniciaciones tienen lugar en lugares aislados, cabañas, donde el neófito es entregado a sufrimientos que se asemejan a los de un monstruo que engulle y digiere (desmiembra, arranca la carne de los huesos y los ojos de sus cuencas) (...) La muerte del neófito significa entonces una regresión al estado embrionario, una regresión que no es de orden puramente psicológico, sino fundamentalmente cosmológico.''[174]

Tal vez este monstruo que engulle y digiere deba compararse con el gran dios de la matanza que aparece en el Libro de los Muertos egipcio, un devorador de carne y triturador de huesos, poderoso con el terror que se baña en sangre. Un simbolismo mórbido posiblemente vinculado a los rituales de iniciación de la muerte y la resurrección.

Mircéa Eliade relata que las iniciaciones chamánicas implican a veces rituales traumáticos tras los cuales el iniciado vuelve a la aldea con tal amnesia que incluso los gestos básicos de la vida cotidiana tienen que ser reaprendidos... y entonces se le da un nuevo nombre... Encontramos aquí el principio de *tabula rasa* tras un traumatismo radical, una pizarra en blanco en la que se puede reescribir una nueva identidad. Esta es la base del tipo de programación mental MK-Monarch. Al igual que el chamán tradicional desarrollará conexiones con el mundo de los espíritus durante su iniciación, los abusos rituales satánicos/traumáticos por los que pasa el niño crearán una grieta espiritual y una escisión en su personalidad que lo convertirá en un *iniciado*. Se convierte entonces en un médium que tiende un puente entre nuestro mundo y el de los espíritus, una pieza indispensable para encarnar y llevar a cabo los proyectos establecidos desde otras esferas...

Jean Eisenhower, superviviente del control mental, describió un método utilizado por una tribu para entrenar a un chamán induciendo intencionadamente un trauma en un niño pequeño. Se separa al niño de la tribu durante unos años encerrándolo en una jaula a poca distancia del pueblo. No se habla con el niño ni se le atiende, salvo para los cuidados básicos. El niño puede escuchar a la tribu, pero no puede interactuar con sus miembros, por lo que se escindirá psicológicamente y dirigirá su conciencia hacia la *grandeza del cosmos*, las otras dimensiones del ser. Estas otras dimensiones están habitadas por entidades que interactuarán con el niño y con las que establecerá fuertes relaciones. Finalmente, la tribu lo reintegra con honor y amabilidad a la aldea, pero el joven chamán nunca volverá a ser como los demás. Durante el resto de su vida, hará un trabajo espiritual para su tribu.[175]

La película *Un hombre llamado caballo* (1970) muestra prácticas chamánicas traumáticas inspiradas en hechos reales. La película cuenta la historia de un hombre blanco cautivo de una tribu sioux. Una vez que el *cara pálida ha conseguido* demostrar su destreza en la caza y ganarse el respeto de la tribu, se le permite participar en un ritual de iniciación de tortura tribal. La

[174] *Animismo y chamanismo para todos* - Igor Chamanovich, 2010, p.104.

[175] *El chamanismo, el control mental, Cristo, los "extraterrestres" y yo* - Jean Eisenhower, 2014.

ceremonia consiste en suspenderlo en el aire mediante ganchos clavados en sus músculos pectorales. Durante la tortura, el hombre entra en un trance que parece ser el resultado del sufrimiento físico. Su estado de conciencia alterado le hace ver visiones espectaculares. Según los expertos indios de Norteamérica, estos rituales se practicaban en el pasado y aún hoy los practican algunas tribus. Los blancos a veces se refieren a este ritual como *la Danza del Sol,* pero el término indio para esta ceremonia se traduce mejor como *la* Danza de *la Mirada al Sol.* El autor de *"Lame Deer Seeker of Visions: The life of a Sioux Medicine Man",* John Lame Deer, describe la ceremonia de la siguiente manera: *"La danza no es tan violenta como antes, pero sigue requiriendo un gran esfuerzo por parte del hombre. Incluso hoy en día, un hombre puede desmayarse por falta de comida o agua. Puede estar tan sediento cuando hace sonar su silbato de hueso de águila que su garganta se agrieta como el lecho de un río seco. Durante un tiempo, perderá la vista al mirar el sol y sus ojos sólo verán espirales brillantes y luces intensas. Cuando las garras del águila* (nota del editor: ganchos en el extremo de una cuerda) *penetran en su pecho, el dolor en su carne puede llegar a ser tan intenso que llegará un momento en que no las sentirá en absoluto* (nota del editor: estado disociado). *Es en este momento, cuando el sol arde en su cabeza, sus fuerzas se han agotado y sus piernas se han doblado, cuando entra en trance y se producen las visiones. Visiones de su transformación en curandero, visiones del futuro (...) Es cuando ayunamos en la colina o nos desgarramos la carne en la Danza del Sol, cuando experimentamos la repentina iluminación del Gran Espíritu. Esta iluminación, este discernimiento, no llega fácilmente, y no queremos que los ángeles o los santos nos lo traigan de segunda mano.* [176]Las autoridades estadounidenses prohibieron la Danza del Sol y otros ritos tribales en 1881. Sin embargo, la práctica continuó en la clandestinidad hasta 1934, cuando *la Ley de Reorganización India* levantó la prohibición.

De nuevo, encontramos que los rituales que implican un sufrimiento físico y psicológico extremo conducen a estados disociativos profundos que abren la puerta a una forma de *iluminación* espiritual... En el libro *"Kahuna Magic",* Brad Steiger indica que la circuncisión se practicaba entre los hawaianos como una especie de ritual de sangre. Sin anestesia, la circuncisión es una experiencia ritual extremadamente dolorosa que, sin duda, provoca una profunda alteración de la conciencia -para escapar del insoportable dolor- el bebé entra entonces en un profundo estado disociativo... ¿Cuáles son las consecuencias futuras?

M.D. Lemonick, autor de un artículo de *Time* titulado *El secreto de los mayas,* informa de que en la cultura maya (de México y Guatemala) los estados alterados de conciencia profundos tenían un significado religioso para la comunidad. Lemonick escribe que *"los macabros rituales de derramamiento de sangre acompañaban cualquier acontecimiento político o religioso importante en la antigua cultura maya... El intenso dolor de tales rituales provocaba*

---

[176] *Lame Deer Seeker of Visions: The life of a Sioux Medicine Man* - John Lame Deer, 1972, p.189-197.

MK ULTRA – ABUSO RITUAL Y CONTROL MENTAL

visiones que permitían a los iniciados comunicarse con los antepasados y las entidades mitológicas."[177]

El Dr. James Randall Noblitt plantea la hipótesis de que las experiencias repetidas de trauma son necesarias para la creación de identidades disociadas. Sin embargo, algunos rituales de sangre que implican el sacrificio y el canibalismo pueden probablemente dar lugar a la integración mental de la imagen de la víctima, o de la entidad (dios o diosa) que la víctima simboliza, facilitando así la creación de identidades disociadas o alter personalidades en los cultistas.

Con el descubrimiento de los profundos estados de disociación provocados por los rituales traumáticos, algunos chamanes dieron origen a una nueva tradición espiritual: la brujería y la magia negra. Una práctica tan traumática y diabólica tiene desventajas evidentes (la violencia, el dolor y el abandono total de toda moral) pero, por otro lado, esta brujería es capaz de producir experiencias poderosas y duraderas de posesión y disociación creando vínculos con entidades demoníacas, proveedoras de diversos poderes.

En muchas culturas preindustriales existía el deseo de contar con la presencia inmediata de los dioses en la comunidad. Tal cosa era posible cuando un dios tomaba posesión de un individuo. De todos los métodos de invocación a los dioses, el uso de técnicas traumáticas era el más eficaz para producir la posesión y obtener así la presencia inmediata de un dios o deidad. En la mayoría de las culturas, los rituales traumáticos debían mantenerse en secreto, por lo que el desdoblamiento de la personalidad y la amnesia traumática funcionaban eficazmente, de modo que la víctima no podía revelar los detalles de la ceremonia. Se ha demostrado con pacientes disociativos que cuando la disociación desaparece gradualmente, facilita el retorno de los recuerdos traumáticos.

A través de la observación repetida, los hechiceros malévolos han llegado a comprender que pueden crear "entidades" particulares que pueden servirles. Isiah Oke llama a esta entidad el *Iko-Awo* o *espíritu del esclavo*. El espíritu esclavo es probablemente una alter personalidad disociada que se crea en la víctima durante un ritual traumático. El *Iko-Awo tiene* instrucciones de hacer todo lo que el hechicero le ordene, incluso suicidarse. La víctima tendrá amnesia sobre el ritual traumático y no será consciente de la programación maligna que tuvo lugar durante el ritual de iniciación. La "mente esclava" es, por tanto, un estado mental disociado, comparable a una identidad alterada en un individuo con personalidad múltiple. El esclavo espiritual es creado por el brujo durante un ritual traumático, generalmente durante la infancia. La víctima permanecerá amnésica del abuso y de la existencia de esta programación. Este proceso puede encontrarse de la misma manera en algunos pacientes con trastorno de identidad disociativo. Suelen tener amnesia sobre el abuso que causó su disociación y sus personalidades alteradas.

---

[177] *Arqueología: secretos de los mayas* - Michael D. Lemonick, 09/08/1993.

La magia negra relacionada con el control mental probablemente funciona así. Cuando se lanza un hechizo, una maldición o se da una señal de activación, se llama a la "mente esclava" para que salga a la superficie y se apodere del cuerpo de la víctima. Esta "mente esclava" es programada por el hechicero para realizar determinadas tareas. Las órdenes pueden ser una simple señal a la que la víctima ha sido precondicionada en un ritual traumático para responder a la petición del brujo. Cuando el brujo ha programado eficazmente a varios individuos de la misma tribu, su comunidad le tendrá un gran temor y respeto, sobre todo después de haber demostrado públicamente esos "poderes mágicos". Los hechiceros que tienen personalidades disociadas (comparadas con dioses o deidades por los no iniciados) pueden ser considerados aún más "poderosos". Estas prácticas se transmiten en secreto de generación en generación en las familias de brujos y ocultistas. Es importante señalar que en muchas culturas la brujería se considera hereditaria. En Estados Unidos, el problema de los abusos rituales suele ser multigeneracional, y otra característica inquietante de la brujería en muchas culturas es el incesto.[178]

Pasemos ahora a los alquimistas y cabalistas. Los alquimistas son conocidos por sus investigaciones sobre la "piedra filosofal", que supuestamente convierte el plomo en oro. Algunos interpretan esto como una metáfora del proceso por el que pasa el individuo para transformarse en un ser espiritualmente superior. Según Robert Ziegler, en la alquimia el sufrimiento se considera un proceso de *"purificación de la naturaleza básica del hombre para transformarla"*. *En efecto*, las pruebas y los sufrimientos de la vida permiten evolucionar, pueden ser peligros más o menos difíciles que se producen a lo largo de la vida de un individuo, experiencias a veces dolorosas que moldean a la persona y, por tanto, le permiten superarlos y evolucionar. Sin embargo, esta noción de trascendencia a través del sufrimiento y el dolor se aplica y encarna de una manera mucho más básica a través de rituales de iniciación traumáticos que causan sufrimiento físico directo. Sufrimiento que desencadena un proceso neurológico de trascendencia: la disociación, función que permite al *iniciado* superar el dolor físico y psicológico provocado intencionadamente durante los rituales. Este proceso disociativo también permite acceder a otra realidad. Todo esto se resume en la fórmula masónica *"Ordo ab Chao"* (orden a través del caos), una fórmula estrechamente relacionada con la alquimia.

La búsqueda de los alquimistas del elixir de la vida y la fuente de la juventud puede representar el deseo de escapar de las limitaciones de la mortalidad mediante la magia. El infame Gilles de Rais fue juzgado y condenado en 1440 por el asesinato de 140 niños. El hombre apodado "Barba Azul" buscaba la piedra filosofal en la sangre de los niños, con los que trabajaba a la manera de un alquimista... ¿Un loco aislado? Por desgracia, el Niño es una fuente de juventud para los peores ocultistas de ayer y de hoy...

Los alquimistas también están interesados en la creación del homúnculo, una réplica de un ser humano creada artificialmente, al igual que el "golem" de

---

[178] *Culto y abuso ritual* - James Randall Noblitt & Pamela Perskin Noblitt, 2014, p.116-117.

los cabalistas. En su libro *The Sorcerer Handbook*, Wade Baskin explica que un golem es una especie de homúnculo. En la tradición cabalística y el misticismo judío, el gólem es un autómata humanoide, un zombi sin alma ni conciencia creado por un mago, un hechicero. Es posible que el homúnculo de los alquimistas y el gólem de los cabalistas sean en realidad referencias a estados de personalidad disociada que pueden crearse mediante rituales traumáticos. En *"The Golem and Ecstatic Mysticism"*, Bettina Knapp escribió que los gólems se crean en el mundo fenoménico o experimental de los ocultistas cuando están en un estado alterado de conciencia. En el misticismo judío, los gólems son cuerpos sin alma y se puede argumentar que, en un momento dado, cuando los rituales traumáticos y el trance disociativo acabaron por crear una identidad alterada, esta fracción de personalidad *mágica* podría considerarse una cáscara vacía sin alma, ya que fue creada únicamente por la magia. Para el hechicero, esta personalidad alterada no existía como una persona real, era simplemente un golem. Por lo tanto, se podría abusar de él y utilizarlo como un robot sin alma para servir de esclavo.

En 1932, Joseph Achron compuso una suite para orquesta titulada *"El Golem"*. La primera parte de la obra presenta al gólem, mientras que la última parte, que es la imagen exacta de la primera, representa la desintegración, la disolución del gólem. Fritz Springmeier afirma que las técnicas de control mental utilizan secuencias musicales para hacer aflorar las personalidades alteradas más profundas de un individuo programado. La inversión de esta secuencia musical *disolverá* el alter, el golem, de nuevo en las profundidades de la psique de la víctima. Encontramos aquí lo que William Sargant describió con el culto de *los orishas*, en el que las diferentes personalidades de los adeptos van y vienen según ciertos procesos ocultos, cuyo funcionamiento sólo conocen los altos iniciados.

En su libro Kabbalah, Gershom Scholem describe la doctrina cabalística con algunas de sus prácticas mágicas. Varias ideas y prácticas relacionadas con el concepto de golem también tienen su lugar en la práctica de la Cábala a través de la combinación de las características del Sefer Yezirah y una serie de tradiciones mágicas. La parte operativa de la Cábala que se refiere a la creación del golem utiliza trances, magia y visualizaciones. Scholem escribe: "En este círculo, el Sefer Yezirah se interpreta casi siempre a la manera de Saadiah y Shabbatai Donnolo, con la tendencia añadida de ver este libro como una guía para místicos y practicantes de la magia. El estudio y la comprensión de este libro se consideran exitosos cuando el místico alcanza la visión del golem, que está vinculada a un ritual específico con un resultado extático notable (nota del editor: estado de conciencia alterado)."

Los brujos judíos utilizaron los nombres cabalísticos secretos de Dios, según instrucciones precisas para crear el golem. Una vez creado, el golem debe recitar a su vez la combinación de letras hebreas pero en orden inverso. Además, el *"Sello del Santo Nombre"* debe inscribirse en la frente del gólem junto con la palabra *"emet(h)"* ("verdad" en hebreo y uno de los nombres de Dios). En un momento determinado, para detener y disolver el gólem, se borra la primera letra (Aleph) de la inscripción que lleva en la frente, lo que da lugar a la palabra *"met(h)"*, que significa "muerte". Fritz Springemeier sostiene que este tipo de programación oculta se utiliza hoy en día para manipular las personalidades alteradas más profundas de los esclavos MK.

Es posible que los propios alquimistas supieran cómo crear personalidades alteradas. A través de la experimentación con personalidades disociadas, podrían alcanzar otra de sus búsquedas, que es el descubrimiento del "oro espiritual": es decir, la juventud eterna, la sensación de juventud incluso en la vejez. Esto puede ocurrir cuando una personalidad infantil alterada toma el control del individuo. Otra cosa que también puede producir la ilusión de inmortalidad es la creación de una personalidad alterada cuya identidad se transmite de generación en generación. Algunos supervivientes de abusos rituales han declarado que sus familias practican una especie de "culto a los antepasados". Creen que pueden alcanzar la inmortalidad insertando su identidad en otro individuo que vivirá después de ellos y esta identidad o personalidad se transmitirá sucesivamente en las generaciones futuras. ¿Las almas condenadas de los antepasados se apoderan entonces de sus descendientes, cuyas personalidades están desdobladas y, por tanto, muy abiertas a actuar como médiums?

Los científicos del siglo XX que trabajaron en proyectos de control mental como el MK-Ultra no inventaron nada, simplemente retomaron procesos psicoespirituales que habían sido descubiertos hace tiempo por brujos, chamanes y ocultistas.

El psiquiatra William Sargant, que trabajó en el programa MK-Ultra, dijo que "los métodos de las iniciaciones religiosas son a menudo tan similares a las técnicas políticas modernas de lavado de cerebro y control del pensamiento que uno arroja luz sobre los mecanismos del otro". También escribió en su libro Batalla por la mente: "Una cosa es romper la mente de una persona infligiéndole un estrés extremo... y otra muy distinta es conseguir que las nuevas ideas arraiguen firmemente en su mente. Eso es lo que hacen los programadores de MK...

Este interés gubernamental y científico por los estados de trance, la disociación y los poderes psíquicos ha sido motivado por el deseo de control absoluto sobre el individuo, y más globalmente sobre toda la sociedad y el mundo entero; en contraste con los chamanes y otros brujos tribales que no tienen planes de conquista global y cuyas prácticas sólo tocan o afectan a su propia comunidad.

Los brujos han comprendido la ventaja de utilizar esta ciencia mental para manipular a individuos programados, amnésicos y leales. La programación mental MK-Ultra es una desviación perversa de la antigua práctica de entrenamiento de un chamán. Mediante el aislamiento sensorial, la tortura, las drogas, la hipnosis, las descargas eléctricas y los traumas sexuales, el sujeto queda amnésico y totalmente esclavizado. Puede estar programado para una u otra función; funciones en las que sus capacidades físicas e intelectuales estarán muy por encima de la media. Durante este proceso traumático, también puede haber desarrollado habilidades psíquicas paranormales, como la mediumnidad y la visión remota (que se analizan en el capítulo 6).

Sólo recientemente el control mental se ha modernizado hasta convertirse en una ciencia por derecho propio. Miles de cobayas humanas no consentidas han sido y siguen siendo sometidas a este tipo de experimentos. Es una verdadera ciencia, una cirugía psíquica y espiritual que hace mucho daño.

4 - RITUALES DE SACRIFICIO EN EL ANTIGUO TESTAMENTO

La Biblia nos dice que los rituales de sacrificio eran una práctica común en las naciones paganas del Antiguo Testamento. La Biblia llama a este tipo de ritual *"pasar por el fuego"* (Jeremías 32:35, Levítico 18:21, 2 Reyes 23:10). Este ritual de sacrificar niños al fuego es citado por Moisés cuando declaró la lista de leyes contra los delitos sexuales: *"No entregarás a nadie de tu descendencia para que sea quemado en el fuego a Moloc"* (Levítico 18:21).

Moloch es una entidad demoníaca representada como una bestia con cuernos, un ídolo en forma de toro o una cabra gigante. La Biblia no incluyó estos rituales de sacrificio de niños en la lista de crímenes sexuales por nada. El abuso ritual satánico moderno del sacrificio de niños también implica la violación y las orgías sexuales. Aquí hay algunos pasajes de la Biblia relacionados con los sacrificios de niños como ofrendas a los demonios:

Quien entre los israelitas o entre los inmigrantes que se quedan en Israel entregue a Moloc a uno de sus descendientes, será castigado con la muerte. (Levítico 20:2).

No lo harás con el SEÑOR tu Dios, porque ellos hicieron toda clase de males a sus dioses, que son odiosos para el SEÑOR, y quemaron a sus hijos e hijas en el fuego para honrar a sus dioses. (Deuteronomio 12:31)

Los de Avva hicieron Nibhaz y Tartak; los de Sefarvaim quemaron a sus hijos con fuego en honor a Adrammelech y Anammelech, dioses de Sefarvaim. (2 Reyes 17:31)

Se mezclaron con las naciones y aprendieron (a imitar sus obras),
Adoraban a sus ídolos,
Que eran una trampa para ellos,
Sacrificaron a sus hijos e hijas a los demonios,
Derramaron sangre inocente,
La sangre de sus hijos e hijas,
Que sacrificaron a los ídolos de Canaán,
Y la tierra fue profanada por el asesinato,
Se prostituyeron con sus acciones.
(Salmo 106:35-39)

¿De quién te ríes?
¿Contra quién abres la boca de par en par y sacas la lengua?

¿No estáis revueltos, niños?
Una chusma llena de falsedades,
Ardiendo cerca de los terebintos,
Bajo cualquier árbol verde,
Degollar a los niños en los barrancos,
¿Bajo las grietas de las rocas?
(Isaías 57:4-5)

Construyeron lugares altos en Topheth,
En el valle de Ben-Hinnom,
Para quemar a sus hijos e hijas en el fuego:
Lo que no había pedido,
Esto no se me había ocurrido.
(Jeremías 7:31)

Porque me han abandonado,
Han hecho que este lugar sea irreconocible,
Allí ofrecían incienso a otros dioses,
Que ni ellos ni sus padres ni los reyes de Judá conocieron,
Y llenaron este lugar con la sangre de los inocentes,
Construyeron lugares altos para Baal,
Para quemar a sus hijos en el fuego a Baal:
Lo que no había pedido,
Lo que no había mencionado,
Esto no se me había ocurrido.
(Jeremías 19:4-5)

Habéis tomado a vuestros hijos e hijas, que me habéis dado a luz, y los habéis sacrificado para que los devoren. ¿No fue suficiente con tus puteadas?
Mataste a mis hijos y los entregaste, haciéndolos pasar por el fuego en su honor.
(Ezequiel 16:20-21)

Los contaminé con sus regalos, cuando hicieron pasar por el fuego a todos sus ancianos; por eso quise hundirlos en la desolación y hacerles reconocer que yo soy el Señor.
(Ezequiel 20:26)

El Señor me dijo:
Hijo de un hombre,
¿Juzgarás a Oholah y Oholiba?
Descríbeles sus horrores,
Porque han cometido adulterio,
Y hay sangre en sus manos:

Han cometido adulterio con sus ídolos;
Además, sus hijos que me habían dado a luz,
Los meten en el fuego por ellos,
Para que sean devorados.
Esto es lo que me hicieron:
Han profanado mi santuario en el mismo día,
Y han profanado mis sábados.
Mientras inmolaban a sus hijos a sus ídolos,
Fueron a mi santuario el mismo día,
Para profanarlo.
Esto es lo que hicieron en medio de mi casa.
(Ezequiel 23:36-39)

Odias lo bueno
Y tú amas el mal,
Le quitas la piel y la carne a los huesos.
Devoran la carne de mi pueblo,
Arrancarle la piel
Y le rompen los huesos.
Y ponen las piezas
Como (lo que se cocina) en una olla,
Como la carne en una olla.
Entonces clamarán al Señor,
Pero no les contestará;
En ese momento les ocultará su rostro,
Porque han cometido actos malvados.
(Miqueas 3:2-4)

Tienes al diablo por padre, y quieres hacer la voluntad de tu padre. Fue un asesino desde el principio, y no se mantuvo en la verdad, porque la verdad no está en él. Cuando dice una mentira, sus palabras provienen de él mismo, porque es un mentiroso y el padre de la mentira.
(Juan 8:44)

CAPÍTULO 3

EL PROGRAMA MK-ULTRA

Mk-Ultra fue diseñado con muchos subproyectos para desarrollar el soldado perfecto, el espía perfecto. Lo que me dijeron fue que era para servir a nuestra Seguridad Nacional más de lo que podría hacerlo cualquier soldado o diplomático... Nadie me dijo que los utilizaban para el tráfico de drogas y la prostitución. Nadie me dijo que estaban siendo utilizados como criadero para suministrar niños a jeques y líderes mundiales. Nadie me dijo que los utilizábamos para operaciones de blanqueo de dinero. Mark Philipps - Conferencia *"Mind-Control Out of Control"*, 31 de octubre de 1996.

1 - BREVE HISTORIA

Durante la "Guerra Fría", la carrera armamentística incluía la investigación sobre material bélico, pero también sobre el control mental y la modificación del comportamiento. El objetivo era manipular, alterar y controlar la conciencia y el comportamiento de individuos o grupos seleccionados. Tras la guerra, tanto Estados Unidos como la URSS consideraron que este ámbito de investigación tenía un interés militar evidente, y el desarrollo de estas "armas no letales" (incluidas las armas psicoelectrónicas) se llevó a cabo discretamente en los programas de experimentación militar y de inteligencia estadounidenses y soviéticos, todo ello bajo un estricto secreto.

Los precursores de los experimentos científicos de control mental fueron los nazis. En el nazismo, existe la noción de "guerra ideológica" para imponer su ideología en los países que ocuparon. Los estadounidenses adoptaron esta doctrina y la llamaron "guerra psicológica". La guerra psicológica es *"el uso de propaganda u otras técnicas de control mental para influir o confundir el pensamiento, o para subvertir la moral"* (*Webster's New World Dictionary*). Esta lucha psicológica de posguerra tenía como objetivo transformar las mentes de las poblaciones, desde el individuo hasta la escala global. Esto es lo que vimos en el capítulo 1 con la ingeniería social/psiquiatría.

Las raíces del programa MK-Ultra se remontan a la Alemania nazi. En efecto, Adolf Hitler había detectado una cierta "cultura" satánica en las familias del norte de Europa impregnadas de incesto transgeneracional. Familias que practican sistemáticamente el abuso ritual de sus hijos, prácticas que implican tortura física y psicológica. Los nazis comprendieron que las víctimas de tales abusos infantiles desarrollaban ciertos rasgos disociativos que los hacían totalmente susceptibles al control mental "robótico". Por ello, durante la Segunda Guerra Mundial, los nazis experimentaron con drogas, hipnosis, traumas y diversas sustancias químicas con los presos de los campos de concentración como parte de sus investigaciones sobre el control mental y del comportamiento. Tras la guerra, en la Operación *Paperclip* (hecha pública en 1973), muchos científicos nazis, entre ellos psiquiatras, fueron traídos en secreto al continente americano y luego infiltrados en los sectores militar, académico y privado para todo tipo de investigaciones científicas, incluyendo la psiquiatría y los proyectos gubernamentales sobre programación mental. Los estadounidenses tenían claro que si no traían a estos científicos a casa, su enemigo, la Unión Soviética, los utilizaría. El General de División Hugh Knerr, Comandante Adjunto de la Fuerza Aérea de los Estados Unidos en Europa, escribió: *"El descubrimiento y la ocupación de los establecimientos científicos e industriales alemanes ha revelado que estamos alarmantemente atrasados en muchas áreas de investigación. Si no aprovechamos la oportunidad de volver a poner en funcionamiento los equipos y los cerebros que los desarrollaron lo antes posible, nos retrasaremos varios años antes de alcanzar un nivel que ya se está explotando."*[179]

En agosto de 1945, el presidente Truman aprobó el Proyecto *Paperclip* para trasladar a los mejores científicos de Hitler a Estados Unidos. En noviembre de 1945, los primeros científicos nazis llegaron a suelo americano. Desde principios de los años 50, la CIA y el ejército estadounidense llevaron a cabo sus propios programas de control mental, con los nombres en clave de *Chatter, Bluebird, Artichoke, MK-Often, MK-Ultra* y luego *MK-Search, MK-Naomi, MK-Delta, Monarch...*

En 1977, el *New York Times* publicó una directriz de la CIA sobre los objetivos del Proyecto Artichoke, lanzado en 1951: "Desarrollar y desarrollar cualquier método por el que podamos obtener información de una persona en contra de su voluntad y sin su conocimiento (...) ¿Podemos obtener el control de un individuo hasta el punto de que cumpla nuestros objetivos en contra de su voluntad e incluso en contra de las leyes básicas de la naturaleza, como la autoconservación?"[180]

Tras la Operación Paperclip, el proyecto MK-Ultra, dirigido por Sydney Gottlieb, fue lanzado el 13 de abril de 1953 por el entonces director de la CIA, Allan Dulles. Con un presupuesto inicial de 300.000 dólares, es decir, el 6% del presupuesto anual de investigación de la CIA, fue un programa de estudio de gran envergadura. Durante la década siguiente, los contribuyentes estadounidenses aportaron más de 25 millones de dólares al programa

---

[179] Proyecto Paperclip: el lado oscuro de la Luna - Andrew Walker, BBC News.

[180] Instituciones privadas utilizadas en los esfuerzos de la CIA para controlar el comportamiento - New York Times, 02/081977.

clasificado MK-Ultra.[181] Durante este periodo se iniciaron muchos subproyectos centrados en el control de la mente humana. Al igual que el Proyecto Bluebird y Artichoke, la existencia del MK-Ultra era conocida por muy poca gente, y el propio Congreso de los Estados Unidos estaba completamente a oscuras sobre este tipo de investigación. El programa MK-Ultra se llevó a cabo en 80 instituciones, entre ellas prestigiosas universidades y hospitales, pero también instituciones penitenciarias. Algunos ejemplos son Princeton, Harvard, Yale, Columbia, Stanford, Baylor, el Hospital Universitario de Georgetown, el Hospital Psiquiátrico de Boston, el Hospital Mt Sinai...

Muchos científicos participaron en esta investigación, entre ellos James Hamilton, Louis Jolyon West, William Sargant, Ewen Cameron, Leonard Rubenstein, John Gittinger, Robert Heath, William Sweat, Harold Wolff, Lawrence Hinkle, Carl Pfeiffer, Harold Abramson, Martin Orme, José Delgado y muchos otros... Los cuatro directores de la CIA que se sucedieron durante el período de actividad del programa MK-Ultra y MK-Search fueron Allen W. Dulles, John A. McCone, William F. Raborn y Richard Helms.

Esta investigación sobre el control mental terminó oficialmente a principios de los años 70. La mayoría de los archivos se destruyeron voluntariamente en 1973 por orden de Richard Helms, que explicó su acción en 1975: *"En este programa había relaciones con científicos extranjeros que eran sensibles a este tipo de cosas, así que cuando el proyecto terminó pensamos que si nos deshacíamos de los archivos salvaríamos a todos los que nos habían ayudado de un acoso embarazoso..."*[182]

Richard Helms no sólo admitió que había destruido los archivos, sino que también admitió que científicos extranjeros habían estado realizando estudios de control mental sin tener ni idea de que estaban involucrados en el programa MK-Ultra por contrato. Helms estaba decidido a protegerlos y a mantener sus identidades en secreto, sin duda por la naturaleza inmoral de estos experimentos psiquiátricos.

A pesar de ello, se han conservado algunos documentos y, posteriormente, un testimonio en el Senado estadounidense ha hecho públicas las técnicas que se utilizaron en cientos, si no miles, de seres humanos no consentidos. El "control mental" se indujo mediante drogas, electroshock, sobreestimulación o privación sensorial, hipnosis, ultrasonidos, radiación, psicocirugía, incluyendo implantes, y diversos traumas extremos diseñados para crear disociación y una verdadera *tabula rasa* en las víctimas. Este tipo de programa de MK tenía tres objetivos:

1/ Inducir la hipnosis muy rápidamente en un sujeto involuntario
2/ Crear una amnesia duradera

---

[181] Una cuestión de tortura: los interrogatorios de la CIA, de la Guerra Fría a la Guerra contra el Terrorismo - Alfred W. McCoy, 2006.

[182] Comité Asesor sobre Experimentos con Radiaciones en Seres Humanos: Informe provisional - Comité de la Iglesia, Libro I.

3/ Aplicación de sugestiones posthipnóticas funcionales de forma sostenible

Uno de los propósitos de esta investigación era crear *Candidatos de Manchuria*. Se trata de un individuo al que se le ha lavado el cerebro y se le ha programado para matar con amnesia una vez finalizada la operación. El Dr. Colin Ross, psiquiatra canadiense y ex presidente de la *Sociedad Internacional para el Estudio de la Disociación*, escribió en su libro *"Bluebird"*[183]:

El principal objetivo de los programas de control mental de la Guerra Fría era crear deliberadamente trastornos disociativos, incluido el trastorno de personalidad múltiple. El Candidato de Manchuria fue creado, no es ficción. Fue creado por la CIA en los años 50 como parte de las operaciones Bluebird y Artichoke (...) Para entender estos experimentos de "superespionaje", hay que situarlos en su contexto social e histórico. Era una época en la que los experimentos de control mental eran omnipresentes y sistemáticos. No se trataba de unos pocos "científicos locos" aislados, sino de los dirigentes de instituciones psiquiátricas y de las principales facultades de medicina (...) Según mi definición, el Candidato de Manchuria es un individuo con un trastorno de identidad disociativo creado experimentalmente que cumple los siguientes cuatro criterios:

1/ Se crea deliberadamente.
2/ Se le implanta una nueva identidad.
3/ Se crean barreras amnésicas.
4/ Se utiliza en operaciones reales o simuladas. "

Un documento desclasificado de la CIA titulado *"Hypnotic Experimentation and Reasearch, 10 February 1954"* describe una simulación relacionada con la investigación sobre los candidatos manchúes. El experimento demuestra que es posible programar a un individuo para que sea un asesino indetectable y totalmente inconsciente de sus actos:

"La señorita X ha recibido instrucciones (ha expresado previamente su miedo a las armas de fuego) de utilizar todos los medios a su alcance para despertar a la señorita Y (mantenida en un profundo sueño hipnótico). Si no lo hace, puede tomar el arma cercana y disparar a la señorita Y. Ha sido programada para estar tan enfadada que no dudaría en matar a Y por no haberla despertado. La Srta. X siguió las instrucciones al pie de la letra, incluso disparando (pistola descargada) a Y, sólo para caer ella misma en un profundo sueño. Tras algunas sugerencias apropiadas, ambos se despertaron. La señorita X expresó una negación total de lo que acababa de suceder (es decir, tenía amnesia). " (CIA Mori ID 190691, 2/10/54)

Este trabajo sobre el control mental y del comportamiento humano también llevó a la redacción de un documento confidencial de control mental y tortura psicológica con el nombre en clave de *"Kubark"*. Escrito en 1963, se hizo público en 1997 cuando los periodistas del *Baltimore Sun* consiguieron su

[183] *Bluebird: La creación deliberada de la personalidad múltiple por los psiquiatras* - Colin A. Ross, 2000, capítulo 4

desclasificación en nombre de la libertad de información. El documento de 128 páginas se presentó como un manual de interrogatorio para la contrainteligencia.

Las personas que padecen enfermedades mentales son buenos sujetos para estos experimentos porque suelen estar desprovistos de derechos y es fácil desacreditarlos después achacando su testimonio a su enfermedad. Karen Wetmore es una de esas víctimas del programa MK-Ultra y autora del libro *"Surviving Evil: CIA Mind-Control Experiments in Vermont"*.

Cuando era adolescente, a principios de los años 70, fue internada por "esquizofrenia" en un hospital psiquiátrico de Vermont. Una larga estancia de la que sólo tiene recuerdos fragmentados. No fue hasta la edad adulta cuando se le diagnosticó un trastorno de identidad disociativo, un trastorno de la personalidad que muy probablemente se vio reforzado por sus experimentos de control mental.

En 1995, un psicólogo le aconsejó que consultara su expediente médico para saber qué había pasado exactamente en el hospital psiquiátrico. Descubrió que había sido sometida a un tratamiento muy extraño, que describió como *"violación psicológica"*. Cuando investigó a los médicos que la trataban, descubrió a un tal Dr. Robert W. Hyde que se mencionaba regularmente en su expediente. Al investigar más a fondo, descubrió que este médico estaba relacionado con Sydney Gottlieb, uno de los líderes del programa MK-Ultra. Según el psiquiatra Colin Ross, que investigó el caso de Karen Wetmore, podría haber sido seleccionada porque ya padecía un trastorno disociativo debido a los repetidos abusos sexuales sufridos de niña. Según Ross, los científicos de MK-Ultra estaban interesados en las reacciones a los estímulos programados con, por ejemplo, palabras clave, códigos para crear un disparador. Una persona con trastorno de identidad disociativo ya tiene múltiples personalidades, por lo que es más fácil convertirlo en un asesino que responde a las órdenes sin discusión que con una persona no fraccionada. Al estudiar el expediente de Karen Wetmore, Ross descubrió que los médicos le habían administrado pentilentetrazol, una droga utilizada por los soviéticos para los interrogatorios y el lavado de cerebro. Además, su historial médico muestra que recibió docenas de tratamientos de electroshock consecutivos en una sola sesión. Varios psiquiatras han demostrado que el electrochoque puede provocar amnesia. El Dr. Ross cree que no había ninguna justificación para ese tratamiento de Karen Wetmore, que los médicos de la CIA le dieron terapia de electroshock para borrar su memoria y que es muy probable que fuera sometida a un programa de control mental. Llegó a esta conclusión observando el tratamiento al que había sido sometida, es decir, el tipo de fármacos que se le habían administrado, las sesiones de electroshock sistemáticas y repetitivas, pero también por los diagnósticos que hacían los médicos que la seguían en ese momento.

Un documento interno de la CIA[184] de 1955 enumera los métodos utilizados en los programas de MK:

---

[184] Audiencia del Senado sobre MK-Ultra: Apéndice C - Documentos relativos a los subproyectos, Comité Selecto del Senado sobre Inteligencia y Comité de Recursos Humanos.

- Sustancias que provocan pensamientos ilógicos e impulsividad hasta el punto de que el sujeto se desacredita públicamente.
- Sustancias que aumentan la capacidad mental y la percepción.
- Materiales que previenen o contrarrestan los efectos tóxicos del alcohol.
- Materiales que aumentan los efectos tóxicos del alcohol.
- Materiales que producen los signos y síntomas de enfermedades conocidas de forma reversible y que, por tanto, pueden utilizarse para simularlas.
- Materiales que aumentan la eficacia de la hipnosis.
- Sustancias que aumentan la capacidad de un individuo para soportar la privación, la tortura y la coerción durante los interrogatorios o el lavado de cerebro.
- Materiales y métodos físicos que producen amnesia de los hechos ocurridos antes y durante su uso.
- Métodos físicos para producir shock y confusión durante largos periodos de tiempo que pueden ser utilizados de forma sigilosa.
- Sustancias que causan discapacidades físicas como parálisis de las piernas, anemia aguda, priapismo.
- Sustancias que provocan una euforia "pura", sin "re-descenso".
- Sustancias que alteran la personalidad de tal manera que el sujeto tenderá a volverse dependiente de otra persona.
- Materiales que provocan una confusión mental tal que el individuo tendrá dificultades para sostener una historia inventada bajo interrogatorio.
- Sustancias que reducen la ambición y la eficacia general del sujeto, incluso cuando se administran en cantidades indetectables.
- Sustancias que provocan debilidad y distorsión visual o auditiva, preferiblemente sin efectos permanentes.
- Una píldora fulminante que puede administrarse subrepticiamente en la comida, la bebida, los cigarrillos o en forma de aerosol, que puede utilizarse de forma segura, provocando la máxima amnesia, y que puede ser adecuada para determinados tipos de agentes de forma *puntual*.
- Materiales que pueden ser administrados subrepticiamente a través del tracto respiratorio superior, y que en cantidades muy pequeñas hacen imposible la actividad física.

Gracias a estos experimentos, los servicios de inteligencia estadounidenses pudieron hacer un estudio general de las diversas técnicas y tecnologías destinadas a modificar la psique y el comportamiento humanos. Posteriormente, la investigación se orientó rápidamente al estudio de la actividad eléctrica y radioeléctrica del cerebro para el diseño de armas electromagnéticas, conocidas como "psicotrónicas". El informe del Grupo de Investigación sobre la Paz y la Seguridad (GRIP) titulado *"Les armes non-létales: une nouvelle course aux armements"* (Luc Mampaey, GRIP 1999), definía los dispositivos de alteración del comportamiento de la siguiente manera: *"el objetivo de estos sistemas de armas es interferir en los procesos biológicos y/o psicológicos del organismo humano, sometiéndolo a estímulos físicos, químicos, electromagnéticos o técnicas de "morphing", sin la intención de causar la muerte, pero con el objetivo de inducir un determinado comportamiento, alterar las facultades mentales o influir en la memoria.* "

El *New York Times* reveló públicamente estos programas de MK en agosto de 1977. El artículo en cuestión contenía, entre otras cosas, el siguiente extracto de un memorando de 1950 sobre la contratación de psiquiatras para realizar los experimentos:*La ética de un candidato podría ser tal que no desearía participar en algunas de las fases más revolucionarias de nuestro proyecto (...) En 1963, un informe del Inspector General aparentemente dio lugar a la terminación de un programa, declaró que los conceptos involucrados en la manipulación del comportamiento humano son considerados por muchos, tanto dentro como fuera de la agencia, como repugnantes y poco éticos.*"[185]

El siguiente es un extracto del informe sobre MK-Ultra del inspector general John S. Earman: "La investigación sobre la manipulación del comportamiento humano es considerada por muchas autoridades médicas y campos relacionados como poco ética profesionalmente, y por esta razón la reputación de los profesionales involucrados en el programa MK-Ultra puede estar en riesgo. Algunas de estas actividades plantean cuestiones de legalidad y ética. El examen de los programas MK-Ultra revela que los derechos e intereses de los ciudadanos estadounidenses se ven afectados. La revelación pública de ciertos aspectos del programa MK-Ultra podría inducir una fuerte reacción negativa en la opinión pública estadounidense."[186]

El senador Ted Kennedy declaró el 3 de agosto de 1977 ante el Comité de Inteligencia, Subcomité de Salud, Rama de Investigación del Comité de Recursos Humanos: "*El Director Adjunto de la CIA reveló que más de treinta universidades e instituciones habían estado involucradas en un proyecto de experimentación a gran escala que incluía pruebas de drogas en sujetos no voluntarios de todos los ámbitos de la vida, altos y bajos, estadounidenses y extranjeros. Muchas de estas pruebas implicaban la administración de LSD a sujetos no consentidos en diversas situaciones sociales. Se registró al menos una muerte, la del Dr. Frank Olson. Una muerte causada por estas actividades. La propia Agencia reconoció que estos experimentos no tenían valor científico. Los agentes que realizaban el seguimiento no eran científicos competentes.*"

El Dr. Frank Olson era un científico que trabajaba para el *ejército estadounidense en* una división de alto secreto en *Fort Detrick*, en Frederick (Maryland). Olson murió en circunstancias sospechosas en Nueva York (véase el documental *Project Artichoke: Secret CIA Experiments*). Sus investigaciones para el ejército no son muy conocidas, pero trabajó en armas biológicas y en el control mental mediante el uso de drogas.

Toda esta investigación de control mental fue mucho más allá de lo que declaró el senador Kennedy, al igual que el entonces director de la CIA, Stanfield

---

[185] "Instituciones privadas utilizadas en los esfuerzos de la CIA para controlar el comportamiento" - *New York Times*, 02/08/1977.

[186] *American Torture: From the Cold War to Abu Ghraib and Beyond* - Michael Otterman, 2007.

Turner, que describió el MK-Ultra como un mero programa de experimentación con drogas. El 21 de septiembre de 1977 dijo al Senado: *"No estamos en condiciones de contarles todos los hechos sobre estas actividades, sólo vamos a decirles lo que sabemos. Los archivos que hemos estudiado sólo cuentan una pequeña parte de toda la historia."*

El programa MK-Ultra y sus subproyectos son, por tanto, un auténtico rompecabezas cuyas piezas se han destruido o dispersado. Además, la CIA había establecido una red de empresas "tapadera" como la *Sociedad para la Investigación de la Ecología Humana*, el *Fondo de Investigación Médica de Washington Geschikter* y la *Fundación Josiah Macy Jr.* Esta división en una multitud de proyectos diferentes permitió financiar discretamente el programa MK-Ultra, compartimentando así los proyectos, pero también los investigadores. De hecho, estos científicos a menudo desconocían la identidad de su verdadero empleador, así como los numerosos proyectos de investigación en curso, que aparentemente no estaban relacionados, pero que formaban un único marco. Todo ello forma las piezas de un gigantesco rompecabezas del que sólo los patrocinadores tienen el plano de montaje. Los métodos de compartimentación de estos *"proyectos negros"* siguen vigentes: cada individuo de la red recibe sólo lo que es *"bueno saber"*, es decir, sólo tendrá acceso a lo que necesita saber para hacer su "trabajo". Permanecen totalmente ajenos a la globalidad del proyecto o proyectos, recibiendo sólo lo estrictamente necesario en términos de información para el trabajo que están realizando a su nivel.

En 1977, el periodista independiente John Marks solicitó el acceso a todos los documentos de la Oficina de Investigación y Desarrollo (ORD) de la Dirección de Ciencia y Tecnología de la CIA (una oficina especializada de la Agencia) relativos a *"cualquier investigación o actividad operativa relacionada con la bioelectricidad, la estimulación eléctrica o radioeléctrica del cerebro, la destrucción electrónica de la memoria, la cirugía estereotáctica, la psicocirugía, la hipnosis, la parapsicología, la radiación, las microondas y los ultrasonidos".* Seis meses después se le informó de que la ODR había identificado 130 cajas, es decir, unos 39 metros cúbicos de material. John Marks había obtenido, en virtud de la Ley de Libertad de Información, la desclasificación de un millar de documentos secretos de la CIA. Fue él quien reveló públicamente la espantosa magnitud de estos programas de MK al publicar su investigación en 1979 en el libro *"The Search of the Manchurian Candidate".* Su acceso a los documentos de la CIA se interrumpió bruscamente tras la publicación de su libro en 1979.

Victor Marchetti, un ex agente de la CIA que trabajó durante 14 años para la agencia, ha declarado en entrevistas que, en contra de sus afirmaciones propagandísticas, la CIA sigue investigando el control mental. Marchetti publicó un libro con John Marks titulado *"The CIA and the Cult of Intelligence"* (1973). Antes de que se publicara el libro, la CIA demandó a Marchetti para que eliminara 340 artículos de su libro, y el autor se opuso, por lo que se censuraron 110 artículos. Este es el primer libro que el gobierno federal de Estados Unidos ha hecho censurar legalmente. Sin embargo, la publicación fue decisiva para la creación de la primera investigación del *Comité Church* sobre el proyecto MK-Ultra en el Congreso de Estados Unidos en 1975.

En 1999, a raíz de una solicitud de *la FOIA*, Carol Rutz recibió tres CD-ROM de la CIA.

Carol Rutz es una sobreviviente de estos programas MK, a la edad de 52 años finalmente obtuvo la evidencia concreta de todos estos experimentos. Para ella, esto fue finalmente la confirmación y validación de sus memorias sobre los experimentos de control mental. Estos archivos habían permanecido durante 48 años en *las bóvedas* del gobierno, 18.000 páginas de documentos desclasificados relativos a los programas Bluebird, Artichoke y MK-Ultra. Uno de estos documentos dice: *"Al trabajar con sujetos individuales, se prestará especial atención a los estados disociativos que suelen acompañar a la ESP (estimulación cerebral electrónica) de forma espontánea. Estos estados pueden inducirse y controlarse hasta cierto punto con hipnosis y drogas... Los datos para este estudio se obtendrán de grupos particulares de individuos, como los psicóticos, los niños y los psíquicos... Los investigadores se interesarán especialmente por los estados disociativos, el "descenso del nivel mental", la "pérdida del alma", la personalidad múltiple de los llamados médiums; y se intentará inducir una serie de estados alterados de conciencia utilizando la hipnosis.* (CIA MORI ID 17396, p.18)* [187]

Los documentos desclasificados de la CIA muestran claramente los objetivos de estos experimentos de control mental: la creación de sujetos MK con personalidades múltiples y con muros de amnesia que les permitieran hacer cualquier cosa y todo... He aquí un extracto de un documento fechado el 7 de enero de 1953 en el que se describe cómo se programa a dos chicas disociadas: *Estos sujetos han demostrado claramente que pueden pasar de un estado totalmente despierto a un estado hipnótico profundo (H) provocado por el teléfono, por una pregunta, por el uso de un código, una señal o palabras. Este control hipnótico puede ser transmitido sin gran dificultad. También se ha demostrado, mediante la experimentación con estas niñas, que pueden actuar como mensajeras involuntarias con fines de inteligencia.* (CIA Mori ID 190684, 1/7/53)

El documento titulado "Experimentación SI y H, 25 de septiembre de 1951" (SI significa Inducción del Sueño y H, Hipnosis) informa: "X ha recibido instrucciones de que cuando se despierte debe ir a tal o cual habitación donde esperará en el despacho una llamada telefónica. Cuando suena el teléfono, una persona llamada "Jim" entabla una conversación básica con ella. Durante la conversación, este individuo mencionará un nombre en clave. Cuando escuche este nombre en clave, entrará en un estado de trance IS, pero no cerrará los ojos y permanecerá perfectamente normal para continuar la conversación telefónica. Se le indica a X que tras esta llamada telefónica debe seguir el siguiente protocolo: X, que en ese momento se encuentra en un estado de SI profundo, es

---

[187] *A Nation Betrayed: The Chilling True Story of Secret Cold War Experiments Performed on Our Children and Other Innocent People* - Carol Rutz, 2001.

llevada a la presencia de un dispositivo con un temporizador. Se le informa de que este artefacto es una bomba incendiaria (...) Tras la conversación telefónica, se le programa para que coja esta bomba, que está en un maletín, y luego para que vaya al baño, donde se encontrará con una mujer que le es desconocida y que se identificará con el nombre en clave "New-York". A continuación, X le muestra a esta persona cómo funciona el dispositivo y le dice que debe llevarlo a tal o cual habitación y colocarlo en el cajón izquierdo del escritorio, todo ello en los 82 segundos que marca el temporizador del dispositivo. Además, X tiene instrucciones de decirle a esta chica que, en cuanto se coloque el dispositivo y se active, debe recoger el maletín, salir de la habitación e ir a tumbarse en el sofá del quirófano y caer en un sueño profundo. X también está programada para volver a la sala de operaciones y también caer en un sueño profundo después de dar instrucciones a la otra chica (...) El experimento se llevó a cabo perfectamente sin ninguna dificultad o vacilación por parte de las chicas. Cada una actuó adecuadamente, el dispositivo se colocó correctamente y ambas chicas volvieron al quirófano para caer en un profundo sueño. Durante todo el experimento, su actitud fue natural, no hubo ninguna dificultad de movimiento. (CIA Mori ID 190527 9/25/51)

Otro documento interno describe los excesos de este tipo de experimentación: "El 2 de julio de 1951, alrededor de la 1 de la tarde, comenzó la instrucción con X en relación con sus estudios sobre la sexualidad. X declaró que había utilizado constantemente la hipnosis como medio para inducir a las jóvenes a mantener relaciones sexuales con él. Y, un artista musical, fue obligado a tener relaciones sexuales con X bajo la influencia de la hipnosis. X declaró que primero la puso en trance hipnótico y luego le sugirió que era su marido y que quería tener relaciones sexuales con él. (CIA Mori ID 140393 7/2/51)

El 3 de octubre de 1995, ante la acumulación de inquietantes revelaciones sobre todos estos experimentos de control mental, Bill Clinton, entonces presidente, tuvo que pedir disculpas públicas a su nación: *Miles de experimentos del gobierno se llevaron a cabo en hospitales y universidades y en bases militares de todo el país... En demasiados casos, no se buscó el consentimiento formal, se ocultó a los estadounidenses a lo que estaban siendo sometidos, y más allá de los propios sujetos de prueba, este engaño engañó a sus familias y a toda la nación. Estos experimentos se mantuvieron en secreto y se ocultaron no por razones de seguridad, sino por miedo al escándalo, y esto es anormal. Así que hoy, en nombre de una nueva generación de líderes y ciudadanos estadounidenses, los Estados Unidos de América piden sinceras disculpas a los ciudadanos que fueron víctimas de estos experimentos, y a sus familias y seres queridos."*[188]

Está claro que Bill Clinton se vio obligado a presentar una disculpa pública porque el dossier MK-Ultra se había revelado públicamente, una disculpa de una hipocresía monstruosa porque estos programas de control mental

---

[188] "¿Un pueblo envenenado por la CIA? Pont Saint-Esprit 1951" - France 3, 08/07/2015.

nunca se han detenido realmente, al contrario, nunca han dejado de progresar como una carrera armamentística.

En Estados Unidos, el tema del control mental es ahora intocable e inexpugnable porque está enterrado bajo *la Ley de Seguridad Nacional* de 1947. Esta Ley de Seguridad *Nacional* permite eliminar del registro público cualquier caso verdaderamente perturbador, de modo que no pueda ser juzgado de manera justa como cualquier otro caso. El caso de Cathy O'Brien (una víctima del programa MK-Monarch) demuestra plenamente cómo la *Ley de Seguridad Nacional* corta sistemáticamente cualquier intento de llevar un caso a los tribunales por daños (la palabra es débil) relacionados con el control mental, a pesar de todas las pruebas. (Más información en el capítulo 10)

2 - NIÑOS VÍCTIMAS DEL MK-ULTRA: TESTIMONIOS

En 1995, Christine DeNicola, Claudia Mullen y la terapeuta Valerie Wolf testificaron ante una Comisión Asesora Presidencial de Estados Unidos. Christine DeNicola fue conejillo de indias en el programa MK-Ultra desde los 4 años, de 1966 a 1976. Claudia Mullen fue sometida a control mental a la edad de 7 años, desde 1957 hasta 1984. Valerie Wolf dijo a esta Comisión que unos 40 terapeutas se pusieron en contacto con ella cuando se enteraron de que iba a testificar públicamente, queriendo hablar con ella sobre algunos de sus pacientes que también habían sido sometidos a radiaciones y técnicas de control mental. Todos estos testimonios apuntan a la estrecha correlación entre la programación mental y todo tipo de técnicas traumáticas, desde el electroshock hasta el abuso sexual, la hipnosis y las drogas alucinógenas. Casi no hay publicaciones sobre la programación mental en niños, pero cuatro subproyectos de MK-Ultra se dirigieron específicamente a ellos. Niños que fueron tratados oficialmente por trastornos disociativos pero que terminaron siendo víctimas de traumas destinados a hacerlos aún más disociados y fragmentados, y por lo tanto más fácilmente programables.

Aquí están las transcripciones de los testimonios ante la Comisión Asesora Presidencial sobre la irradiación deliberada de seres humanos. Testimonio que fue filmado en 1995:

- **Valerie Wolf** (terapeuta):

He escuchado todos los testimonios anteriores y me suenan mucho. Estoy aquí para hablar de la posible relación entre la radiación a la que fueron sometidas estas víctimas y la programación mental (...) Los médicos que les expusieron a la radiación y les administraron productos químicos eran los mismos que estaban realizando la investigación sobre la programación mental (...) Es importante entender que las técnicas de control mental pueden haber sido utilizadas para intimidar a los sujetos, incluso cuando eran adultos, para evitar que hablaran y revelaran que eran víctimas de estos programas de investigación financiados por el gobierno. Soy terapeuta desde hace 22 años. Me he especializado en tratar a las víctimas de estos programas, e incluso a algunos de sus autores, y a sus familias (...) Ahora vemos a antiguas víctimas por todo el país que no tienen contacto entre sí (...) muchos de estos supervivientes tienen miedo de contar sus historias a sus médicos, porque temen que se les considere locos. Muchos de ellos nombraban a las mismas personas, como el Dr. Green, al que muchos acusaron de torturar y violar a niños durante experimentos de programación mental. Uno de mis pacientes llegó a descubrir que se llamaba Dr. L. Wilson Green. Descubrimos que uno de los directores científicos de los Laboratorios Químicos y Radiológicos del Ejército tenía este nombre. También se incluyen los nombres del Dr. Sidney Gottlieb y del Dr. Martin Orne, que también participaron en la investigación radiológica (...) A menudo intentamos obtener información en virtud de la Ley de Libertad de Información, para poder acceder a los datos relativos a la programación mental. En general, nuestras peticiones fueron rechazadas, pero pudimos obtener alguna información que confirmaba lo que nos habían contado nuestros pacientes (...) Necesitamos acceder a estos archivos para poder rehabilitar y tratar a las numerosas víctimas que padecen graves trastornos psicológicos y físicos (...) Es cierto que a finales de los años 70 se nombró una Comisión para investigar la programación mental, pero no se interesó por los experimentos con niños. En ese momento, estos niños eran demasiado jóvenes para hablar de ello, algunos todavía estaban siendo experimentados. La única manera de poner fin al sufrimiento de todas estas víctimas es hacer público todo lo que ocurrió durante la investigación de control mental. Por favor, recomiende que se inicie una investigación y que se hagan públicos todos los registros de los experimentos de control mental con niños. Gracias.

- Christine DeNicola (víctima):

Mis padres se divorciaron en 1966. Mi padre, Donald Richard Ebner, estuvo asociado al trabajo del Dr. Green. Me sometieron a estos experimentos entre 1966 y 1976. En cuanto a la radiación, en 1970 el Dr. Green concentró sus experimentos en mi cuello, garganta y pecho, y luego en mi útero en 1975. Cada vez me sentía mareada, con náuseas y vomitaba. Todas estas experiencias estaban siempre asociadas a la programación mental. Esto fue en Tucson, Arizona. El Dr. Green me utilizó principalmente como conejillo de indias para la programación mental entre 1966 y 1973. Su objetivo era controlarme mentalmente para entrenarme como espía y asesino.

Mis primeros recuerdos significativos son de 1966, cuando me llevaron a la Universidad de Kansas City. Mi padre me llevó allí en un momento en que mi madre estaba fuera. Me llevó a un lugar que parecía un laboratorio. Creo que había otros niños allí. Me desnudaron y me ataron a una mesa, tumbado de espaldas. El Dr. Green me colocó electrodos en el cuerpo y en la cabeza. Estaba usando una especie de proyector. Mientras un destello de luz roja se dirigía a mi frente, me decía que estaba implantando diferentes imágenes en mi cerebro. Entre cada secuencia, me daba descargas eléctricas y me pedía que me adentrara más y más en mi cerebro, en mi mente. Repetía cada frase varias veces, diciéndome que se me metía en el cerebro y que tenía que obedecer todo lo que me pidiera. Recuerdo que me puso una inyección al principio de la sesión y me sentí drogado. Cuando todo terminó, me dio otra inyección. Entonces recuerdo que acabé en casa de mis abuelos en Tucson. Tenía cuatro años. Esta experiencia demuestra que el Dr. Green estaba utilizando drogas, traumas, sugestiones hipnóticas y todo tipo de traumas para intentar controlar mi cerebro y mi inteligencia. Utilizó la radiación para estudiar sus efectos en varias partes de mi cuerpo, y también para aterrorizarme. Era parte de su kit de herramientas de trauma para programarme mentalmente.

Los otros experimentos se hicieron en Tucson, Arizona, en algún lugar del desierto. Me enseñaron a abrir cerraduras, a camuflarme, a usar mi memoria fotográfica y a utilizar ciertas técnicas digitales para desarrollar mi memoria. El Dr. Green me hizo "matar" muñecos que parecían niños de verdad. Una vez, después de estar gravemente traumatizada, apuñalé a una muñeca. Pero la siguiente vez me negué. Conocía muchas técnicas para hacerme sufrir, pero a medida que crecía me volvía más y más rebelde (...) Debido a mi creciente falta de cooperación, finalmente abandonaron su plan de convertirme en espía y asesina. Por lo tanto, durante los años 1974 a 1976, el Dr. Green utilizó varias técnicas para eliminar mi programación asesina e inyectarme programación de autodestrucción, suicidio y muerte. ¿Por qué razón? Simplemente quería que muriera. A lo largo de mi vida adulta, he luchado por mantenerme vivo. Si todavía estoy vivo, creo que se lo debo a la gracia de Dios. Estas terribles experiencias han afectado profundamente a mi vida. Mi personalidad se fragmentó en un trastorno de identidad disociativo. El objetivo del Dr. Green era fragmentar mi personalidad al máximo para poder controlarme por completo. ¡Ha fallado! Pero he tenido un dolor físico, mental y emocional constante durante años. Llevo 12 años de terapia regular. No fue hasta hace dos años y medio, cuando conocí a mi actual terapeuta, que sabía de experimentos de programación mental, que por fin empecé a hacer verdaderos progresos y comencé a sanar. En conclusión, les pido que tengan en cuenta que los recuerdos que he mencionado son sólo una pequeña parte de todo lo que viví entre 1966 y 1976 (...) Sé que otras personas también pueden ser ayudadas, siempre que se les preste la ayuda que necesitan. Por favor, ayúdanos en nuestros esfuerzos para garantizar que estos actos atroces no vuelvan a ocurrir. Gracias.

- Claudia Mullen (víctima):

Entre 1957 y 1984, fui un juguete en manos del gobierno. Su objetivo final era programarme mentalmente para convertirme en un espía perfecto. Esto se logró mediante el uso de productos químicos, radiación, drogas, hipnosis, electroshock, aislamiento sensorial, privación del sueño, lavado de cerebro y abuso verbal, físico, emocional y sexual. Me explotaron contra mi voluntad durante casi 30 años. Las únicas explicaciones que me dieron fueron que "el fin justifica los medios" y que "estaba sirviendo a mi país en su implacable lucha contra el comunismo". Para resumir mi vida, diría que cogieron a una niña de 7 años, ya traumatizada por los abusos sexuales, y siguieron haciéndola sufrir de formas que van más allá de la imaginación. Lo triste es que sabía que no era la única a la que trataban así. Había muchos otros niños en la misma situación. Hasta ahora nadie ha podido ayudarnos.

Ya le he proporcionado un informe escrito en el que he incluido toda la información posible, incluidas las conversaciones que pude escuchar en varios departamentos oficiales responsables de estas atrocidades. Pude describir todo esto con tanto detalle gracias a mi memoria fotográfica, pero también a la arrogancia de las personas implicadas. Estaban seguros de poder controlar siempre mi cerebro. Recordar estas atrocidades no es algo fácil de hacer, y no es seguro para mi familia y para mí. Pero creo que vale la pena el riesgo. El Dr. Green explicó una vez al Dr. Charles Brown que prefería elegir a los niños como sujetos para sus experimentos, porque era más divertido trabajar con ellos, y también más barato. Necesitaba sujetos más fáciles de manejar que los militares o los funcionarios del gobierno. Así que optó por utilizar sólo "chicas dispuestas". Y añadió: "Además, me gusta aterrorizarlos. En la CIA creen que soy como un dios que puede crear sujetos a través de sus experimentos que obedecerán todo lo que Sid (el Dr. Sidney Gottlieb) y James (el Dr. James Hamilton) se les ocurra sin rechistar."

En 1958 me dijeron que tenía que someterme a un "examen" por parte de varios médicos importantes de la Sociedad de Ecología Humana. Me pidieron que cooperara con ellos. No debía intentar mirar sus rostros ni averiguar sus nombres, ya que se trataba de un proyecto muy secreto. Me dijeron esto para ayudarme a olvidar todo. Naturalmente, como hacen todos los niños en estos casos, hice lo contrario y traté de recordarlo todo. Un hombre llamado John Gittinger me hizo la prueba. El Dr. Cameron me dio descargas eléctricas y el Dr. Green me hizo radiografías. Entonces Sidney Gottlieb me dijo que estaba "listo para la gran A". Quería hablar sobre el programa de la Alcachofa. Cuando llegué a casa, sólo pude recordar las razones que me dio el Dr. Robert G. Heath, de la Facultad de Medicina de Tulane, para todas las marcas que tenía en el cuerpo: hematomas, marcas de pinchazos, quemaduras y dolor en los genitales. No tenía ninguna razón para creer que nada de esto había sido causado por otra cosa que no fuera lo que Heath me había explicado. Ya habían empezado a controlar mi cerebro.

Al año siguiente, me enviaron a un campamento en Maryland llamado Deep Creek Cabins. Allí me enseñaron a satisfacer los deseos sexuales de los hombres. También me enseñaron a obligarles a hablar de sí mismos. Estaban Richard Helms, el subdirector de la CIA, el Dr. Gottlieb, el capitán George White y Morris Allan. Planeaban reclutar al mayor número posible de funcionarios de alto rango y presidentes de universidades para que sus proyectos pudieran continuar, incluso en el caso de que los fondos para la programación mental y los experimentos de radiación fueran recortados. Estaba acostumbrado a atrapar a todo tipo de hombres desprevenidos usando una cámara oculta. Sólo tenía nueve años cuando me sometieron a toda esta humillación sexual. Un día escuché una conversación sobre la ORD (Oficina de Investigación y Desarrollo). Esta oficina fue dirigida por el Dr. Green y los doctores Steven Aldrich, Martin Orne y Morris Allan. El Dr. Gottlieb hizo un comentario bastante cínico sobre un informe filtrado de un grupo bastante grande de niños con retraso mental que habían sido sometidos a dosis masivas de radiación. Le había preguntado al Dr. Green por qué se preocupaba tanto por esos niños retrasados: "¡Después de todo, seguro que no son ellos los que van a soltar la sopa! En otra ocasión oí decir al Dr. Martin Orne, que dirigía la Oficina Científica y más tarde el Instituto de Investigación Experimental, que "para seguir recibiendo financiación para sus proyectos, sus experimentos tenían que utilizar medios aún más coercitivos, incluso el chantaje". Y añadió: "Tenemos que ir más rápido, y luego deshacernos de los sujetos, para que no vuelvan después a preguntarnos por lo ocurrido". Podría contar mucho más sobre estos proyectos de investigación financiados por el gobierno: los nombres de los proyectos y subproyectos, los nombres de las personas involucradas en los experimentos, los lugares, la naturaleza de las pruebas y las diferentes formas en que se hizo sufrir a los sujetos (...) Me gustaría tanto que todo lo que pasamos fuera sólo un sueño que se olvidara rápidamente. Pero olvidar sería un trágico error, también sería una mentira.

Fueron verdaderas atrocidades que yo y tantos otros niños sufrimos con el pretexto de defender a nuestro país. Debido a la acumulación de efectos nocivos de las radiaciones, los fármacos, diversas sustancias químicas, el sufrimiento y los traumas mentales y físicos, me vi privada de la capacidad de trabajar normalmente e incluso de tener hijos. Es obvio que estas experiencias no estaban justificadas de ninguna manera. En primer lugar, nunca deberían haberse permitido. Nuestra única manera de revelar y sacar a la luz la horrible verdad es hacer públicos los registros que aún puedan existir sobre estos proyectos, mediante el nombramiento de una nueva Comisión Presidencial para investigar la programación mental. Creo que todos los ciudadanos de nuestra nación tienen derecho a saber cuánto de esto es realidad y cuánto es ficción. Nuestra mayor protección es que esto no vuelva a suceder. En conclusión, sólo puedo ofrecerles lo que les he ofrecido hoy: la verdad. Gracias por tomarse el tiempo de escucharme.

- Dr. Duncan C. Thomas (Profesor de la Universidad del Sur de California, Escuela de Medicina, Departamento de Medicina Preventiva, Los Ángeles):
¿Puedo preguntarle qué hacían sus padres en todo esto? ¿Tiene idea de cómo fue reclutado para estos experimentos? ¿Tenías padres? ¿Sabían tus padres lo que estaba pasando?

- **Christine DeNicola**:
Puedo responderle brevemente. Fue mi padre quien trabajó con el Dr. Green. Mi madre no lo sabía, porque mis padres se divorciaron cuando yo tenía cuatro años (...) Por lo que a mí respecta, fue mi padre quien me "entregó" para los experimentos. Me cuidó cuando era muy joven. Empezó a abusar de mí sexualmente muy pronto. Me puso voluntariamente en manos del Dr. Green, pero mi madre no lo sabía.

- **Claudia Mullen**:
En cuanto a mí, fui adoptada a los dos años y medio por una mujer que abusó sexualmente de mí. En ese momento, era amiga del Presidente de la Universidad de Tulane. A una edad muy temprana, empecé a mostrar los

síntomas de un niño abusado sexualmente, incluyendo la disociación de mi personalidad. Así que pidió al presidente de la Universidad de Tulane que le recomendara un psiquiatra infantil. Recomendó al Dr. Heath, que participó en esta investigación (MK). Recuerdo muy bien todas las pruebas de personalidad que me hizo. Así es como me reclutaron para estos experimentos. Mi padre no tenía ni idea. Murió cuando yo era muy joven. No sé si mi madre lo sabía realmente. A decir verdad, no creo que le importara mucho. Murió cuando yo era un adolescente. Después, como era huérfano, podían utilizarme más fácilmente.[189]

En su libro "A Nation Betrayed: The Chilling True Story of Secret Cold War Experiments Performed On Our Children and other Innocent People" Carol Rutz testifica:

En mi familia, la pedofilia se transmitió de generación en generación. Todavía estaba en pañales cuando mi padre empezó a abusar de mí. Fue a los dos años cuando mi mente se dividió para hacer frente al trauma de los continuos abusos de mi padre y otros miembros de la familia (...) Fui "vendido" por mi abuelo a la CIA en 1952. Durante los doce años siguientes, me sometieron a diversos experimentos y entrenamientos: Electroconvulsiones, drogas, hipnosis, privación sensorial y otros tipos de traumas para condicionar y desdoblar mi personalidad para hacerme realizar tareas específicas. Cada personalidad alterada fue creada para activarse con un desencadenante posthipnótico y realizar algo que luego se olvidaría. Esta programación del "Candidato de Manchuria" fue sólo uno de los posibles usos del vasto programa de control mental de la CIA, financiado con el dinero de sus impuestos...

Me dijeron que estaba trabajando para "La Agencia". En realidad, se trataba de élites de la CIA y de otras ramas del gobierno que trabajaban en connivencia con algunos individuos extremadamente ricos que querían dar forma al mundo permaneciendo en las sombras (...)

Yo también fui sometido a la tortura del Dr. Joseph Mengele en 1956, tenía casi nueve años... Fui conducido por mi padre a lo largo de una carretera sinuosa hasta un hangar de aviones en medio del campo. En el interior, colgando de las vigas por medio de poleas, había jaulas con niños desnudos dentro, la mayoría de los cuales me parecieron más jóvenes que yo. Me colocaron en una de las jaulas y, al igual que los demás, me privaron de comida y agua. Tenía mucho frío y me acurrucaba para ocultar mi desnudez. Cada vez que intentaba dormir, alguien me pinchaba a través de los barrotes con una picana eléctrica. El torturador parecía disfrutar torturando a los niños. Se situó a la altura de las jaulas, encaramado en lo que pudo. Cuando no nos estaba torturando, estaba en el piso con el Dr. Black. Ambos sonreían con maldad, y nuestras lágrimas no les afectaban en absoluto. El objetivo de toda esta tortura era prepararnos para la programación. Hubo un hospital donde cada uno de nosotros fue llevado después de la tortura que nos hizo "cooperar". Recibí una formación que me enseñó sobre

---

[189] Traducción de "Parole de Vie" - Serie "Supervivientes de los Illuminati"

los meridianos del cuerpo y cómo gestionar la energía que fluye por estos meridianos. Esto fue una preparación para experiencias posteriores en las que tendría que usar mi mente para intentar matar psíquicamente a distancia. En otro experimento, se creó una personalidad alterada con el fin de memorizar códigos binarios. Si este "Robert" alterado no repetía perfectamente lo que había aprendido, me volvían a meter en la jaula. La programación basada en el trauma es la forma más cruel de lavado de cerebro. Deja al niño completamente disociado y abierto a la programación mental. Joseph Mengele era un maestro en esto.

3 - DR. EWEN CAMERON EN CANADÁ

Como admitió Richard Helms, varios científicos extranjeros trabajaron para el programa MK-Ultra de la CIA. Entre ellos estaba el psiquiatra canadiense Ewen Cameron, que realizó experimentos de lavado de cerebro durante siete años. Entre 1957 y 1964, Cameron realizó sus experimentos en el Allan Memorial Institute de Montreal (Canadá). También fue director de la Asociación Mundial de *Psiquiatría* (*WPA*). Treinta años después, un programa de radio canadiense describió su trabajo de la siguiente manera: *"Durante el tratamiento, los pacientes son sometidos a choques psiquiátricos extremos. Bajo la influencia de barbitúricos y LSD, los sujetos son aturdidos por mensajes pregrabados que se reproducen en bucle. Se les somete a dosis masivas de electroshock, sueño prolongado durante varios días, duchas de hielo, etc. La terapia de electroshock, un procedimiento de tratamiento que no estaba muy extendido en aquella época, era entre 20 y 40 veces más severa que la que se prescribía normalmente. Las sesiones duraban cinco horas al día, cinco días a la semana, y su objetivo era "desprogramar" el cerebro del paciente y luego "reprogramarlo". En 1960, la CIA dejó de financiar la investigación secreta en el Allan Memorial Institute. El Dr. Cameron recurrió entonces al gobierno canadiense, que le financió hasta 1963. En total, se utilizaron unos cincuenta pacientes como cobayas en estos experimentos."* [190]

Cuando los canadienses se enteraron de que la CIA había estado realizando experimentos de lavado de cerebro en sus ciudadanos, y que su gobierno no sólo lo sabía sino que incluso había ayudado a financiarlo, la conmoción fue enorme. Fue el programa de televisión *"The Fitfh Estate"* (*CBS*) el primero en desvelar el asunto en 1984 al revelar los trabajos que había supervisado el doctor Ewen Cameron en su clínica de Montreal: el escándalo estalló. Las víctimas emprendieron acciones legales contra el Dr. Cameron, pero también contra la CIA. Incluso se hizo una película sobre este asunto: ''*The Sleep Room''*, de Bernard Zuckerman, 1998.

---

[190] *"Lavages de cerveaux financés par la CIA"* - Radio-Canada, archivos, 5 de octubre de 1988, entrevista de la periodista Pauline Valasse al psiquiatra Pierre Lalonde.

Este es el protocolo de electroshock de tres pasos utilizado por el Dr. Cameron:

- Primera etapa: Es la primera etapa de la amnesia post-electroshock, el sujeto pierde gran parte de su memoria a corto plazo. El sujeto sigue conservando la "imagen espacio-temporal": sabe dónde está, por qué está allí y reconoce las caras familiares, pero tiene más dificultades para recordar los nombres.

- Segunda etapa: En la segunda etapa de la *Amnesia Electroconvulsiva*, el sujeto pierde la "imagen espacio-temporal" pero es consciente de esta pérdida. Esta conciencia le provoca una ansiedad y un pánico extremos porque quiere recordar pero no puede. En esta etapa, se preguntará repetidamente: *"¿Dónde estoy?", "¿Cómo he llegado aquí?", "¿Por qué estoy aquí?*

- Tercera y última etapa: En esta etapa, el sujeto se vuelve extremadamente tranquilo, toda la ansiedad anterior ha desaparecido. Le llevan a su habitación, donde una grabadora colocada cerca de su almohada le repite la misma instrucción una y otra vez durante horas. Esta técnica se llama *conducción psíquica*. En este estado, las víctimas tenían incontinencia urinaria y fecal.

Ewen Cameron también trabajaba en el "aislamiento radical". Se trata de cámaras de aislamiento sensorial en las que se encierra al sujeto durante un tiempo determinado. Privado de estímulos sensoriales, *"la propia identidad del sujeto comenzó a desintegrarse.* El propio Cameron se jactó de haber reproducido experimentalmente en sujetos humanos el equivalente a las *"extraordinarias conversiones políticas"* que se producían en Oriente, [191]es decir, el lavado de cerebro con fines políticos. En 1957, su solicitud de una beca para estudiar los *"efectos de la repetición de señales verbales en el comportamiento humano"* que, según él, podía *"doblegar al individuo como si se tratara de un largo interrogatorio"*, fue aceptada por la *Sociedad para la Investigación de la Ecología Humana*.[192] Su programa de investigación se integró entonces en el proyecto MK-Ultra.[193]

En un artículo publicado por la revista *Nexus*, Sid Taylor informa de que, tras un "tratamiento" en una mujer, se cita a Cameron diciendo: *"Aunque la paciente pasó por un aislamiento sensorial prolongado (35 días) y una reestructuración repetida, recibiendo incluso 101 días de "conducción positiva"* (supuestamente "conducción psíquica" con mensajes de contenido positivo), *no obtuvimos resultados favorables."*[194]

Cameron también supervisó experimentos con frecuencias electromagnéticas. Las cobayas humanas fueron tratadas en un laboratorio de radiotelemetría instalado por Leonard Rubenstein en el sótano del Instituto. En

---

[191] Ibid.

[192] *American Torture: From the Cold War to Abu Ghraib and Beyond* - Michael Otterman, 2007.

[193] *"Kubark"*, *el manual secreto de control mental y tortura psicológica de la CIA* - www.editions-zones.fr.

[194] "A History of Secret CIA Mind-Control Research" - Sid Taylor, *Nexus Magazine* 1992.

este laboratorio, los pacientes fueron expuestos a una serie de ondas electromagnéticas diseñadas para controlar y modificar su comportamiento.[195]

Una de las víctimas del Dr. Cameron fue Linda McDonald, una joven madre de cinco hijos. En un momento de debilidad y depresión, su médico le aconsejó que fuera a ver al famoso psiquiatra. Al cabo de tres semanas, Cameron llegó a la conclusión de que Linda padecía esquizofrenia aguda y la envió a *la "Sala del Sueño"*. Allí fue sometida a un sueño artificial durante 86 días, un estado comatoso. El Dr. Peter Roper, que era uno de los colegas del Dr. Cameron en aquella época, dijo: *"El objetivo era realmente borrar los patrones de pensamiento y los comportamientos que faltaban en el paciente porque los sufría y luego sustituirlos por hábitos, pensamientos y comportamientos saludables."*

Según sus registros hospitalarios, Linda McDonald fue sometida a un tratamiento de electroshock más de cien veces. De hecho, fue ingresada en el hospital por lo que ahora llamamos depresión postnatal, pero sus registros muestran un tratamiento farmacológico radical y completamente inapropiado. He aquí un extracto de su informe médico: *"15 de mayo (1963): Sujeta a cierta confusión 3 de junio: Sabe su nombre, pero eso es todo 11 de junio: No sabe su nombre."* Linda testifica que muy pronto se convirtió en un vegetal, no tenía identidad, ni recuerdos, era como si nunca hubiera existido en el mundo (*tabula rasa*). Era como un bebé al que había que alimentar y lavar.

Otra víctima del Dr. Cameron fue Robert Loguey. Cuando tenía 18 años, le dolía una de las piernas y su médico, que no había encontrado la causa del problema, pensaba que era psicosomático. Envió a su paciente al Instituto Memorial Allan. Al igual que con Linda McDonald, esto también fue una pesadilla, una terapia de choque con drogas, incluyendo un potente alucinógeno. Le inyectaban LSD cada dos días, a veces mezclado con otras drogas y psicotrópicos. La mayoría de estas drogas eran experimentales, pero parecían ser adecuadas para el lavado de cerebro. Durante estos profundos estados alterados de conciencia creados por el electroshock y las drogas, se obligaba a los conejillos de indias humanos a escuchar mensajes de audio que supuestamente imprimían nuevos pensamientos en sus mentes, cuyo contenido era a veces muy extraño: Robert cuenta que una grabadora colocada bajo su almohada reproducía una y otra vez las palabras *"Has matado a tu madre"* (que estaba viva y sana en ese momento). Se trata de mensajes muy breves que duran unos segundos y se reproducen en bucle. Para Robert, este proceso duró 23 días.

Estos pacientes nunca supieron que su tratamiento formaba parte de un proyecto dirigido por la CIA. De hecho, el Dr. Cameron estaba lejos de ser un "científico loco" aislado que decidió aplicar estas técnicas por su cuenta. Efectivamente, seguía un programa de experimentos con cobayas humanas. Velma Orlikow, esposa de David Orlikow, diputado canadiense, fue una de las víctimas de Cameron. Había acudido al Allan Memorial Institute a finales de los años 50 para tratar la depresión. Ella tenía un gran aprecio por el famoso

---

[195] *Viaje a la locura: la verdadera historia del control mental secreto de la CIA y los abusos médicos* - Gordon Thomas, 1989.

psiquiatra antes de darse cuenta de que no se preocupaba en absoluto por la salud mental de sus pacientes, sino que simplemente los utilizaba como conejillos de indias, nada más. Sólo hacía lo que sus empleadores, la CIA, le decían que hiciera. Así que decidió, con la ayuda de otras ocho antiguas víctimas, demandar a esta poderosa institución, la CIA. El juicio duró varios años y el caso se convirtió casi en una obsesión para el abogado estadounidense especializado en libertades civiles Joseph Rauh. Rauh y su joven ayudante James Turner sabían que se enfrentaban a un enemigo formidable, pero también tenían un aliado que podía equilibrar el juicio. Contaron con el apoyo del gobierno canadiense, dirigido entonces por Brian Mulroney. Desgraciadamente, en lugar de ayudar a sus propios ciudadanos, el gobierno canadiense, temiendo que se le exigieran responsabilidades, les apuñaló por la espalda durante todo el juicio; llegando incluso a suprimir una prueba clave de que los funcionarios de la CIA de la embajada estadounidense se habían disculpado ante el gobierno canadiense cuando se revelaron públicamente los experimentos del MK-Ultra. Esta disculpa era muy importante, era una admisión legalmente admisible en un tribunal de que una de las dos partes en el caso había hecho algo malo y reprobable. Era una prueba de la negligencia y la mala praxis en su momento y el caso podría haberse cerrado rápidamente en beneficio de las víctimas. En cambio, la batalla legal se prolongó durante diez años.

Gracias a una campaña de apoyo y a la solidez del caso presentado por las víctimas, la CIA cedió en vísperas del juicio. Se llegó a un acuerdo por la suma de 750.000 dólares. En aquel momento, se trataba de la mayor indemnización que la CIA había tenido que pagar. Sin embargo, hasta el día de hoy siguen existiendo interrogantes preocupantes, en particular sobre el gobierno canadiense. ¿Por qué actuó de forma tan ambigua cuando estaba ayudando a muchos ciudadanos canadienses? La respuesta sencilla es que el gobierno canadiense estuvo, de hecho, incluso más involucrado que los estadounidenses en los experimentos del Allan Memorial Institute. Los experimentos del Dr. Cameron fueron financiados con un millón y medio de dólares por el Departamento Federal de Salud y Bienestar durante la década de 1950, pero la financiación no se detuvo ahí... Se inyectaron más de 51.000 dólares en estos experimentos después de que el proyecto de la CIA terminara en 1961.

Cuando Linda McDonald descubrió que su propio gobierno había financiado experimentos de lavado de cerebro con ella, tomó la difícil decisión de demandar. La antigua víctima acosó al gobierno federal canadiense durante cuatro largos años hasta que, finalmente, en 1992, Ottawa aceptó a regañadientes indemnizarla a ella y a varias otras víctimas con 100.000 dólares por persona. A cambio, tuvieron que aceptar detener cualquier acción legal contra el gobierno canadiense o el Allan Memorial Institute. Sin embargo, Ottawa se ha negado rotundamente a reconocer cualquier irregularidad en el instituto psiquiátrico, feudo del Dr. Ewen Cameron. Se redactó un dictamen en el que se afirmaba, en primer lugar, que los pacientes no habían sufrido un daño irreparable y, en segundo lugar, que habían consentido el tratamiento. Según las víctimas, el Dr. Cameron nunca les dijo nada sobre el tratamiento al que iban a someterse. Nunca dio una sola explicación o descripción de lo que les ocurriría. Está claro que no se trata de un tratamiento médico, sino de experimentos de lavado de cerebro con cobayas humanas. A pesar de ello, el Allan Memorial Institute de Montreal ha mantenido su reputación internacional como líder en el tratamiento de enfermedades mentales.[196]

La comunidad indígena de Canadá también fue objeto de todo tipo de experimentos, principalmente durante los años 50 y 60, sobre todo en los hospitales. Un gran número de niños fueron alejados de sus familias en el marco del programa *"scoop de los sesenta"*, que afectó oficialmente a 20.000 niños amerindios. Se les colocó automáticamente en colegios residenciales. Estos internados estaban destinados a *la "escolarización", "evangelización"* y *"asimilación" de* los niños del país, es decir, de los pequeños nativos, los amerindios. Estos miles de niños fueron separados de sus familias sin que nadie pudiera decir nada al respecto en ese momento. Se trata de un asunto muy serio, que implica la esterilización de mujeres jóvenes, experimentos médicos sobre la psique humana y la propagación masiva de enfermedades infecciosas para reducir esta población. La pedocriminalidad y los abusos rituales se han sumado inevitablemente a este conjunto de niños separados de sus familias e internados. Algunos testimonios sugieren que el programa MK-Ultra se llevó a cabo en muchos amerindios, obviamente sin consentimiento y sirviendo literalmente como conejillos de indias.

La hija de un oficial canadiense, Sara Hunter (seudónimo), fue objeto de experimentos junto con otros 25 niños y otros tantos adultos. Según ella, esto tuvo lugar en la fuerza aérea de Lincoln Park en Calgary, Alberta, entre 1956 y 1958. Dice que fue un médico nazi el que llevó a cabo los experimentos y dice que fue la única que sobrevivió a los dos años de tortura, la mayoría de los niños asesinados eran nativos americanos, otros eran fugitivos o huérfanos.[197]

En el documental *"Unrepentant: Kevin Annett and Canada's Genocide"* (2006) sobre el genocidio de los nativos americanos en Canadá, el pastor Kevin Annett dice cuando se le pregunta si cree en todos esos testimonios de los nativos: *"Bueno, cuando gente que no se conoce sigue contando la misma historia una y otra vez, aunque seas escéptico, tienes que admitir esos hechos. Ya sabes, es una historia que se cuenta mucho y cuando la gente empezó a ir más allá y a informar de cosas que luego redescubrí y pude validar con documentos, entonces no pude negar esas cosas. Cuando uno es pastor, aprende a detectar con bastante rapidez si la persona que tiene delante le está diciendo tonterías. Puedes leer el dolor en los ojos de la gente. Es increíblemente doloroso para ellos hablar de sus experiencias, no necesitan añadir nada más (...) Sucedió en el verano de 1998 en Vancouver. He traído a muchos supervivientes para que testifiquen en este tribunal. Todo lo que puedas imaginar sobre lo que ocurrió en los campos de exterminio nazis... Lo contaron. Había un grupo de personas de la isla de Kuper que contaban que habían sido*

---

[196] *The Fifth Estate - MK-Ultra in Canada*, Dr Ewen Cameron - CBC, 1984.

[197] "Canadá: la masacre del pueblo indio implica la destrucción y explotación de sus hijos" - DondeVamos, 27/10/2012.

víctimas de experimentos médicos en los que médicos que hablaban alemán les inyectaban productos químicos que les mataban."

Estos testimonios, que afirman que los "científicos" que llevaron a cabo los experimentos hablaban alemán, pueden sugerir que se trataba de científicos nazis exfiltrados de Alemania a Estados Unidos durante la *"Operación Paperclip"*, descrita al principio del capítulo.

En el mismo documental "Unrepentant", el policía aborigen George Brown de la RCMP (Royal Canadian Mount Police) dice de su infancia: "Estoy 100% seguro de que nos utilizaron como conejillos de indias en los hospitales por alguna razón. Nos llevaron al hospital, recuerdo que no fue para ver a un dentista, y yo no estaba enfermo."

Otro testimonio es el de Nung Klaath Gaa (Douglas Wilson), que dice ser del pueblo Haida Gwaii. Dice: "Leí el documento de Kevin Annett y me ayudó a entender por qué mi memoria es tan débil. En algunas partes del documento se habla de tratamientos de choque (...) En mi último año allí, en la primavera de 1961, me llevaron de la escuela al hospital Charles Camsell, y del hospital Charles Camsell al Instituto Psiquiátrico de Ponoka. No sé si estuve allí una o dos semanas, pero tengo un vago recuerdo, un recuerdo que me vino como un flash. Estaba tumbado en una mesa con algo en la cabeza, con destellos y luces que parpadeaban continuamente."

La superviviente Lynn Moss Sharman, indígena canadiense, también testificó sobre los abusos rituales y el control mental que sufrió de niña. Ha realizado un gran trabajo para reunir a las víctimas nativas americanas de estos horrores y darlo a conocer al público en general. Volveremos a su testimonio en el capítulo 7.

4 - DR. WILLIAM SARGANT EN INGLATERRA

El psiquiatra británico William Walters Sargant escribió: "Aunque los hombres no son perros, deben recordar humildemente cuánto se parecen sus funciones cerebrales a las de los perros". o de nuevo: "Necesitamos excitar la mente antes de poder cambiarla." William Sargant estuvo directamente implicado en los programas de control mental de la CIA. Utilizó los mismos protocolos de lavado de cerebro que Cameron: electroshock, terapia de sueño profundo, conducción psíquica y, por supuesto, el uso de todo tipo de drogas.

La actriz británica Celia Imrie fue una de las víctimas del Dr. Sargant. A los 14 años, Celia sufrió anorexia y tuvo que ser hospitalizada, pero su estado no mejoró a pesar del tratamiento. Desesperados, sus padres la enviaron al Hospital St Thomas de Londres, donde la pusieron a cargo del psiquiatra de renombre internacional William Sargant.

A día de hoy, dice que Sargant sigue apareciendo en sus pesadillas. Más de 20 años después de su muerte, se sabe que este psiquiatra trabajó para el MI5 y la CIA, en particular en el programa MK-Ultra.

En un artículo *del Daily* Mail de 2011 titulado *''Mi* pesadilla de *descargas eléctricas a manos del doctor malvado de la CIA''*, Celia Imrie dice que apenas recuerda sus propias sesiones de descargas eléctricas, pero que recuerda perfectamente las descargas eléctricas que recibía la mujer en la cama de al lado: *"Recuerdo cada pequeño detalle, ya sea por la vista, el sonido o el olor. El enorme tapón de goma clavado entre los dientes; el extraño grito casi silencioso, como un suspiro de dolor; las contorsiones espasmódicas del cuerpo torturado; el olor a pelo y carne quemada. También recuerdo la famosa "Cámara de la Narcosis"* (el equivalente a la "Cámara del Sueño" del Dr. Cameron), *una sala en la que se ponía a los pacientes en un sueño inducido por las drogas durante varios días mientras las máquinas emitían instrucciones bajo las almohadas. Puedo describir perfectamente la "Sala de la Narcosis" de Sargant porque solía salir a hurtadillas de mi habitación para mirar a través de los ojos de buey o de una puerta batiente a esas mujeres tumbadas en el suelo sobre colchones grises, como si estuvieran muertas, en un silencio crepuscular electroinducido. Cuando me preguntan si yo mismo he estado en esta sala, respondo que no, porque no lo recuerdo. Pero recientemente me he dado cuenta de que antes de ser colocado en la Cámara, el sujeto era primero drogado y nunca he visto a nadie volver de allí despierto. Entraste dormido y saliste dormido. Creo que cualquiera que haya sido tratado con la terapia de sueño Sargant ha estado en esa cámara en un momento u otro. Estabas totalmente inconsciente ahí dentro, así que tal vez yo mismo me metí ahí. No podía saber (...) No puedo conocer los métodos de control mental que ejercía sobre mí, no sé lo que había en las grabaciones bajo mi almohada, lo que me decían que hiciera o pensara...*

Hace unos años traté de encontrar mi historial médico en el Hospital de Santo Tomás, quería comprobar cuál era mi tratamiento y si había estado en esa Cámara de Narcosis. Quería saber las instrucciones precisas que estaban grabadas en la cinta grabada bajo mi almohada. Quería saber lo que Sargant había inducido implacablemente en mi joven cerebro inconsciente. Desgraciadamente, mi búsqueda no ha dado lugar a nada. Cuando William Sargant dejó St Thomas, se llevó ilegalmente todos los historiales de sus pacientes. En el momento de su muerte, en 1988, se habían destruido todas las pruebas y documentos relativos a su trabajo inhumano con cobayas humanas. Así que nunca sabré la verdad.

Recuerdo que me dieron dosis masivas del medicamento antipsicótico Largactil. El efecto de esta droga era impresionante, mis manos temblaban incontrolablemente, me despertaba para encontrar mechones de pelo en la almohada. Pero el peor efecto fue que vi todo multiplicado por cuatro. Cuando Sargant entró en mi habitación, vi a cuatro hombres. Fue horrible y aterrador. Incluso las tareas más sencillas, como levantar un vaso de agua, se volvieron imposibles. Al aumentar las dosis, recuerdo que un día escuché a una enfermera decir a su colega que yo estaba mostrando una "peligrosa resistencia" a los medicamentos. ¿Peligroso para quién? Me pregunto... En ese horrible lugar, por lo que pude ver, los verdaderos lunáticos son los que trabajan allí, no los pacientes. Sargant solía decir que "todo perro tiene su punto de ruptura, sólo que a los excéntricos les lleva más tiempo". Supongo que se refería a mi "peligrosa resistencia", a que yo era uno de esos perros excéntricos que no podía doblegar."[198]

5 - PROGRAMACIÓN DE PALLE HARDRUP

El libro de 1958 *"Antisocial or Criminal Acts and Hypnosis: A Case Study" (Actos antisociales o criminales e hipnosis: un estudio de caso)*, de Paul J. Reiter, describe el caso de un hombre danés que fue sometido a técnicas de control mental MK-Ultra. Palle Hardrup (o Hardwick) tenía 31 años cuando fue declarado culpable el 17 de julio de 1954 de robar un banco y matar a dos empleados unos meses antes. Este caso demuestra que un individuo puede ser programado para cometer delitos y luego tener amnesia sobre sus actos delictivos. Según el psiquiatra Colin Ross, el libro de Paul Reiter puede tomarse como un verdadero manual que describe cómo crear un *Candidato de Manchuria*.

Los jueces daneses declararon en su momento que Palle Hardrup tenía una personalidad múltiple (utilizando sus propias palabras) y concluyeron que este trastorno de la personalidad había sido creado deliberadamente por su programador y maestro, un tal Bjorn Nielsen. En un informe del Consejo Forense fechado el 17 de febrero de 1954 se afirmaba que *"aunque los síntomas del trastorno mental parecen haber desaparecido en la actualidad, Hardrup no puede considerarse curado. La profunda división de su personalidad, que ha quedado bien establecida, sólo se curará muy lentamente.* El jurado declaró a Hardrup culpable de todos los cargos, pero no responsable de sus acciones. Bjorn Nielsen, el hombre que convirtió a Palle Hardrup en un atracador de bancos amnésico, fue declarado culpable de robo y homicidio involuntario, a pesar de no haber estado físicamente presente en el lugar de los hechos. El jurado determinó que Nielsen había planeado y organizado los crímenes instruyendo a Hardrup para que los cometiera, manipulándolo de diversas maneras, incluida la hipnosis. Nielsen fue condenado a cadena perpetua, mientras que Hardrup fue internado en una institución mental. En su momento, el caso causó un gran revuelo en Dinamarca. Para Nielsen, el crimen "perfecto" era asegurarse de que nadie pudiera rastrearlo hasta él, un crimen por el que inevitablemente otra persona tendría que cumplir la pena de prisión.

Hardrup y Nielsen fueron miembros de las S.S. nazis, el primero se unió por una ingenua necesidad de hermandad y el segundo, Nielsen, se unió en 1940 para salir de un reformatorio. Tras la debacle alemana de 1945, ambos fueron detenidos y condenados a varios años de prisión. Allí se encontraron por primera vez en 1947. Pronto se hicieron camaradas y Nielsen se convirtió en el líder e incluso en el maestro, haciendo de Hardrup su discípulo y esclavo, igual que un joven estudiante sería reclutado y adoctrinado por una secta. Solo, lejos de casa,

---

[198] "Mi pesadilla de descargas eléctricas a manos del malvado doctor de la CIA" - Celia Imrie, Daily Mail, 04/2011.

idealista, ingenuo, sugestionable e infeliz, una condición que lo hacía muy vulnerable al control mental y la manipulación. Los dos hombres consiguen finalmente el permiso para compartir la misma celda y se aíslan completamente de los demás presos. Poco a poco, se encierran en la práctica de disciplinas esotéricas como el yoga, la meditación, la hipnosis, etc.

Durante 18 meses, Hardrup estuvo continuamente solo en la celda con Nielsen, o trabajando junto a él en el taller. Nielsen comenzó inmediatamente sus experimentos de control mental, trabajando por instinto. Sin embargo, no hay pruebas de que tuviera ninguna formación previa en programación mental. Palle Hardrup era un sujeto excelente para la hipnosis y Nielsen comenzó entonces un programa intensivo de acondicionamiento hipnótico que incluía varias horas de ejercicios de trance al día. Esto solía ocurrir por la noche y Hardrup a menudo se iba a la cama sin salir del trance. Nielsen combinó las sesiones de hipnosis con yoga, el despertar de *la Kundalini* y ejercicios de autohipnosis. Le enseñó a Hardrup técnicas para vaciar la mente, para trascender y experimentar estados alterados de conciencia, que supuestamente traerían la paz interior. Estas prácticas tenían como objetivo establecer un contacto directo con una "deidad". Por ejemplo, Nielsen le dijo que la hipnosis le ayudaría a tomar conciencia de sus vidas pasadas. A través de "expansiones de conciencia", Hardrup debía ser capaz de hacerse uno con el "principio cósmico divino" y así tener comunión directa con Dios. Hardrup también recibió instrucciones de aislarse de los demás prisioneros, su mundo debía centrarse sólo en Nielsen, su maestro, su gurú. El aislamiento social total combinado con estos ejercicios espirituales hizo que Palle Hardrup se encontrara en un estado de trance perpetuo en el que se volvía constantemente hacia lo "divino".

Al cabo de un tiempo, Nielsen presentó a Hardrup al espíritu guardián "X". X era un espíritu guía que se comunicaba a través de Nielsen, que por tanto era psíquico. X le dijo a Hardrup que toda su desafortunada vida anterior era sólo una prueba para prepararle para su futuro papel. Fue X quien también tomó el control del entrenamiento de yoga con Hardrup. Al cabo de un tiempo, el condicionamiento era tal que la hipnosis ya no era necesaria, pues para Palle Hardrup, Nielsen era la encarnación de la entidad X que le hablaba directamente sin necesidad de hipnosis. En cuanto habló Nielsen, fue X quien habló y dio las instrucciones. A Hardrup le enseñaron sobre *el Samadhi*, el estado que alcanzan los yoguis para trascender las necesidades de sus cuerpos. La entidad X estaba allí para guiar a Hardrup hacia *el Samadhi* y la iluminación, e incluso le hizo varias pruebas de iniciación. X también le dijo que tenía la misión política divina de unir a todos los escandinavos bajo una sola bandera. Así, Hardrup estaba totalmente esclavizado a una entidad demoníaca cuyas intenciones eran muy oscuras.

Para romper todos los lazos con el mundo material, Hardrup comenzó una serie de ejercicios hipnóticos relacionados con el dinero. En primer lugar, tenía que visualizar mentalmente el traslado de una suma de dinero en efectivo a su celda para dársela a una "pobre mendiga"; Hardrup veía esto como un ejercicio trascendente de amor y caridad. Pero los ejercicios se multiplicaron y empeoraron. Todavía bajo las órdenes de la Entidad X, Hardrup debía visualizarse robando un banco y cometiendo un asesinato.

Cualquier reparo o rechazo al robo o a los asesinatos era interpretado por X como una reacción del cuerpo físico que Hardrup debía rechazar y trascender... El robo virtual del banco en el que Hardrup se vio inmerso durante las sesiones de trance hipnótico fue ensayado y visualizado con todo lujo de detalles, incluido el asesinato de los empleados...

Al cabo de un tiempo, Hardrup empezó a oír la voz de X que le hablaba incluso cuando el médium Nielsen no estaba presente: el espíritu guardián X estaba ahora conectado con Hardrup. Al salir de la cárcel, Nielsen ordenó y arregló que Palle Hardrup se casara con una mujer llamada Bente. Nielsen le ganaba en las sesiones de magia negra y se aprovechaba de ella mientras Hardrup miraba de reojo como una máquina controlada por la mente. Los dos hombres buscaban dinero para crear un nuevo partido político; Hardrup se convertiría en una máquina de robar y matar... Nielsen lanzó por primera vez su robot programado para robar un banco en agosto de 1950. El botín fue de 25.000 coronas, suma que Hardrup entregó inmediatamente a Nielsen tras el robo. Esa vez no hubo víctimas, pero dos personas murieron en el ataque del 21 de marzo de 1951. Unos días después de su detención, Hardrup dijo a la policía que un "espíritu guardián" (X) le había ordenado cometer el robo con fines políticos. Dijo que esta entidad X había reorientado totalmente su vida e influido en sus acciones desde que la conoció en la cárcel. Pero afirmó que el espíritu guardián X no era Nielsen y que éste no tenía nada que ver con el caso. Incluso dijo que había conocido al espíritu guardián mucho antes de su primer encuentro con Nielsen. Hardrup finalmente confesó en diciembre de 1951 el condicionamiento hipnótico de su gurú Nielsen. En abril de 1952, Hardrup fue sometido a un examen psiquiátrico por el Dr. Reiter, que redactó un informe de 370 páginas sobre su caso. El Dr. Reiter informó de que al principio del examen fue imposible hipnotizar a Hardrup hasta que pudo romper un mecanismo de "bloqueo". Hardrup había sido programado por Nielsen para no ser hipnotizado por nadie más. George Estabrooks en su libro *Hypnotism* (1943) llama a este proceso "bloqueo". Una vez desactivado este sistema de bloqueo, Hardrup se convirtió en un sujeto fácilmente hipnotizable. El Dr. Reiter declaró en su informe que Hardrup había estado bajo una intensa influencia hipnótica por parte de Nielsen y que al cometer los crímenes había actuado involuntariamente. Demostró que Hardrup había sido sometido a una amnesia sonámbula inducida por hipnosis y sugestiones posthipnóticas. Un estado alterado de conciencia en el que el pensamiento crítico y el libre albedrío están completamente abolidos.

En noviembre de 1952, Nielsen mantuvo una conversación con Hardrup en una reunión del tribunal. Durante las dos semanas siguientes, Hardrup comenzó a oír de nuevo la voz de la Entidad X, al tiempo que mostraba una gran ansiedad y agitación. En 1961 Hardrup fue finalmente liberado del manicomio, pero ahora tenía que convencer a la opinión pública de que ya no era un instrumento programado y que si volvía a encontrarse con Nielsen, el drama no se repetiría[199]... Probablemente Nielsen fue introducido en el ocultismo y en las técnicas de control mental, quizás durante su estancia en las S.S. nazis, sabiendo que estaban muy interesados en estas cosas.[200]

6 - OCULTISMO, LO PARANORMAL Y LA C.I.A.

Oficialmente, los programas de la CIA sobre control del comportamiento humano y programación mental cesaron en 1963, con la excepción del proyecto MK-Search, que se detuvo oficialmente en 1972. Sin embargo, programas clandestinos similares continuaron en otras formas, centrándose en el uso de la radiación electromagnética para afectar a la psique y el comportamiento humanos, pero también mediante el uso de técnicas parapsicológicas. En 1976, la investigación parapsicológica recibió el apoyo directo del entonces director de la CIA, George Bush. Para la CIA, la palabra "parapsicología" es clasificada, es decir, cualquier documento que mencione el término *"psi"*, que se refiere a todos los fenómenos paranormales vinculados a la psique humana, es automáticamente clasificado como alto secreto o superior.[201]

Uno de los psiquiatras de la CIA, John Gittinger, declaró en una audiencia en el Senado de los Estados Unidos: "La idea general a la que habíamos llegado era que el lavado de cerebro implicaba esencialmente un proceso de aislamiento de los seres humanos privándoles de todo contacto exterior y sometiéndoles a largos períodos de estrés... sin necesidad de ningún medio esotérico.[202]

Esto significa que el campo de la investigación del esoterismo, el ocultismo, no debe ser excluido si es necesario. En su búsqueda del control absoluto de los seres humanos, la CIA y el ejército se han interesado por el esoterismo y la parapsicología. Esto no es sorprendente, dado que la fuente de sus estudios sobre el control mental proviene de la observación de alteraciones de la conciencia durante rituales traumáticos, trances, posesiones demoníacas y poderes psíquicos desarrollados en cultos religiosos. Por lo tanto, el aspecto esotérico del control mental es tan importante, si no más, que el aspecto puramente científico y psiquiátrico. El ocultismo, las prácticas rituales y la magia negra son puntos esenciales en los protocolos de programación del MK-Monarca porque están vinculados a otras dimensiones del ser.

En la *revista Military Review* de diciembre de 1980, el teniente John B. Alexander, del ejército estadounidense, escribió un artículo titulado *"El nuevo campo de batalla mental: ¡transpórtame, Spock! El* nuevo campo de batalla mental"*. En este artículo, Alexander destaca la creciente importancia de la

---

[199] The CIA Doctors: Human Rights Violations by American Psychiatrists '', Collin Ross, 2011.

[200] Les Dossiers extraordinaires Vol.1, "L'hypnotiseur", Pierre Bellemare.

[201] *Mind Wars: The True Story of Government Research into the Military Potential of Psychic Weapons*, Ronald McRae, 1984.

[202] *Amercian Torture: From the Cold War to Abu Ghraib and Beyond* - Michael Otterman, 1977, p. 52.

investigación soviética y estadounidense sobre armas electromagnéticas, pero también la investigación en el campo de la parapsicología. Cita disciplinas como los viajes extracorporales, la *visión remota*, la precognición, la percepción extrasensorial, la telepatía, la telequinesis, la circulación bioenergética (fluido, aura), etc. En su artículo, John B. Alexander escribe: *"El alcance de la investigación parapsicológica en Estados Unidos no es bien conocido y no está organizado de forma centralizada. Al parecer, el gobierno estadounidense ha financiado algunos proyectos de investigación, pero no se han publicado (...) El uso de la hipnosis telepática también tiene un gran potencial. Esta capacidad podría permitir que la programación se implantara en profundidad en los agentes sin que éstos fueran conscientes de ello. Cinematográficamente hablando, tendríamos entonces un Candidato de Manchuria que ni siquiera necesitaría una llamada telefónica* para activar la programación."

El teniente Alexander concluye su artículo: "El impacto que las armas psicotrónicas y otras técnicas paranormales tendrán en el futuro es difícil de determinar en este momento. Podemos suponer que quien haga el primer gran avance en estos ámbitos tendrá una ventaja considerable sobre su oponente, similar a la posesión de armas nucleares. Obviamente, los avances en cualquiera de los ámbitos mencionados añadirán una nueva dimensión al campo de batalla. Los soviéticos han estado trabajando en estas técnicas durante varios años (...) La información presentada aquí puede ser considerada por algunos como ridícula porque no se ajusta a su paradigma, algunas personas todavía creen que el mundo es plano (...) Esto es para subrayar la necesidad de una investigación más coordinada en el campo de lo paranormal. Este es un artículo publicado en 1980, ¿dónde está la investigación 35 años después? Sabiendo que es exponencial...

El teniente John B. Alexander trabajó con el coronel Michael Aquino (fundador del *Templo de Set*) en los esclavos Monarch. Según Fritz Springemeier, fue uno de los militares más implicados en el entrenamiento de unidades de élite de *"monjes guerreros"* que podían luchar utilizando tanto las artes marciales como los poderes psíquicos paranormales. Los reclutas eran, obviamente, sujetos que habían sido sometidos a un protocolo de programación mental que daba lugar a una personalidad múltiple, un proceso traumático que podía desarrollar habilidades psíquicas especiales en las víctimas (véase el capítulo 6).[203]

En 1987, el *Seattle Times* publicó un artículo sobre el teniente coronel Jim Channon titulado "*El* experimento del *nuevo ejército* con el pensamiento de la 'Nueva *Era*'". He aquí un extracto: *"El Ejército se interesa, pues, por la filosofía de la Nueva Era, la idea de que el mundo puede cambiarse modificando la forma de pensar de las personas, y que la mente tiene poderes invisibles pero tangibles que sólo esperan ser aprovechados. Se crearon centros en Ford Ord, California y Washington DC para explorar esta intrigante idea de que el poder de la mente podría ser más eficaz que el de las armas para ganar una guerra.*

---

[203] *La fórmula de los Illuminati utilizada para crear un esclavo indetectable de control mental total* - Fritz Springmeier y Cisco Wheeler 1996

De 1980 a 1982, estas ideas fueron probadas en Fort Lewis por el teniente coronel Jim Channon. El ejército reclutó a jóvenes oficiales entusiastas de este "nuevo pensamiento" para que unieran sus fuerzas a las de científicos más bien escépticos (...) se creó un grupo de reflexión en el Pentágono para evaluar la cuestión de los fenómenos psíquicos paranormales. En estas reuniones se trataron temas como la percepción extrasensorial, la mediumnidad e incluso un casco diseñado para sincronizar el lado izquierdo (lógica) y el derecho (intuición) del cerebro. "[204]*

Esta unidad militar de élite *de la "nueva era"*, fundada por Jim Channon, recibió el nombre *de Primer Batallón de la Tierra*, con sujetos MK (previamente divididos y programados) que recibían entrenamiento en artes marciales, así como una introducción al esoterismo y al ocultismo. El siguiente es un extracto de una carta de uno de estos soldados del Batallón de la Nueva Era que fue enviada a Texe Marrs, un ex oficial de la Fuerza Aérea de los Estados Unidos convertido en ministro protestante. Esta carta se publicó en su boletín *"Flashpoint"* en septiembre de 1994:

Somos un grupo de soldados altamente seleccionados. Debemos ser "Soldados Psíquicos Purificados". Todos hemos recibido nuestras directivas para "El Plan". Nos estamos preparando para el surgimiento de un "Nuevo Orden". Se nos anima a leer todo tipo de libros que traten sobre la Nueva Era y el ocultismo, a estudiar las distintas artes marciales y a ejercitar los poderes del espíritu. También se fomenta la comunicación con los guías espirituales (nota del editor: entidades demoníacas). Se nos enseña a convertirnos en "sabios". Mi mejor amigo y yo estudiamos y practicamos diariamente nuestras habilidades de meditación y de guerrero psíquico. También estudio Ninjutsu, Tai Kwon Do y Tai Chi. Se supone que no debemos hablar con la gente de esta unidad especial (...) Al final de la Undécima Conferencia de la Fuerza Delta, el instructor dijo: ''He sido testigo de un proceso de valor único y majestuoso, un ejército de Excelencia. (...) A medida que nuestras facultades crecían, nos decían que nos estábamos volviendo "como dioses", que no había límites para un soldado del Primer Batallón de la Tierra. Podríamos viajar a diferentes lugares con nuestra mente, caminar a través del fuego, mover o doblar objetos con el poder de nuestra mente, ver en el futuro, detener nuestro corazón (nota del editor: biorretroalimentación extrema como la que practican los yoguis indios), etc. (...) Al final, todas las artes marciales sirven sólo para un propósito real: Llevar al soldado-guerrero a la verdad (...) Hay seis niveles de soldado psíquico, desde el principiante hasta el más alto, que luego se convierte en un Guerrero-Menor o en un Guerrero-Maestro (...) Las fuerzas militares de la Nueva Era implican rituales, cantos, meditaciones, oraciones a la Tierra y promesas de lealtad al planeta y al pueblo. El primer libro que nos recomiendan leer es La Consipiración de Acuario, el libro estandarte del movimiento New Age..."[205]

---

[204] *Ibid.*

[205] *La amenaza de la Nueva Era: la guerra secreta contra los seguidores de Cristo* - David N. Balmforth, 1997, p.76.

Gordon Thomas informa en su libro *"Secretos y mentiras: A History of CIA Mind-Control''*, que el Dr. Stanley Gottlieb, Director de la *ORD* (Oficina de Investigación y Desarrollo de la CIA), puso en marcha la Operación *Often* a finales de los años 60. Este proyecto pretendía ampliar la investigación de los misterios de la conciencia humana explorando el mundo de la magia negra y, según Thomas, *"aprovechando las fuerzas de la oscuridad para demostrar que los confines de la mente humana son accesibles"*. *En el marco de* esta operación sobre lo paranormal, la magia negra y la demonología, la CIA habría reclutado a clarividentes, astrólogos, médiums, especialistas en demonología, pero también a brujos wicca, satanistas y otros cabalistas y ocultistas experimentados... Según Thomas, la CIA llegó a financiar una cátedra de brujería en la Universidad de Carolina del Sur.

Operación A menudo se interesó por la demonología. En abril de 1972, la CIA intentó un discreto acercamiento al exorcista de la archidiócesis católica de Nueva York. Se negó categóricamente a cooperar. La agencia también se puso en contacto con Sybil Leek, una bruja de Houston que lanzaba hechizos con la ayuda de su cuervo domesticado. Con el pájaro posado en su hombro, Sybil Leek daba lecciones de magia negra a "finos caballeros" en Washington y les ponía al día sobre el estado del ocultismo en Estados Unidos en aquella época: 400 grupos de brujería, dirigidos por 5.000 brujas o magos iniciados... un mercado floreciente con miles de "adivinos" y una creciente gama de productos y artículos anticristianos. Satanás no sólo estaba vivo, sino que florecía en todo el país."[206]

En "América en plena transformación", Mark Phillips escribe: "En 1971, el New York Times publicó un artículo sobre la Agencia Central de Inteligencia (CIA) y la investigación oculta, que se basaba en una colección de documentos obtenidos de la Oficina de Impresión del Gobierno de Estados Unidos en virtud de la Ley de Libertad de Información. Se trataba de un informe para el Congreso, en el que se dejaba claro que la CIA estaba interesada en los hallazgos clínicos sobre las relaciones causales relativas al impacto de las prácticas religiosas en los usuarios de la magia negra y/o en la mente de un observador. Para la CIA resultaba especialmente interesante el aumento de los niveles de sugestión que ciertos rituales ocultistas producían en las mentes de los practicantes. El canibalismo y los rituales de sangre ocuparon un lugar destacado en sus investigaciones."[207]

7 - CONCLUSIÓN

Así que aquí estamos en la década de 1970 y el programa MK-Ultra se cierra oficialmente... para dar paso a nuevos proyectos de control mental que combinan los logros anteriores sobre la programación de la mente con el

---

[206] *Las armas secretas de la CIA: tortura, manipulación y armas químicas* - Gordon Thomas, 2006.

[207] *América en medio del trance-formación* - Cathy O'Brien & Mark Phillips - New Earth Publishing, 2013, p.22.

ocultismo, la magia negra, la demonología, pero también con la tecnología psicotrónica negra.

El proyecto Monarch es la continuación de toda esta investigación que comenzó al final de la Segunda Guerra Mundial. Monarch, que parece ser el programa más importante, sigue estando clasificado como alto secreto y bajo la apariencia de *"Seguridad Nacional"* (véase el capítulo 10). Los programas Bluebird, Artichoke y MK-Ultra acabaron saliendo a la luz pública después de 30, 40 o 50 años... Los proyectos de investigación sobre el control mental siguen funcionando, simplemente se han trasladado a lo más profundo de las instituciones gubernamentales. Los esclavos controlados por la mente son un hecho de la vida, los ves todos los días en tu pantalla de televisión...

Bill Schnoebelen, describe la programación de MK-Monarch de la siguiente manera: "Tenemos buenas razones para creer que MK-Ultra todavía existe hoy en día en una forma aún más atroz como el Proyecto Monarch. La diferencia entre el Proyecto Monarca y el Proyecto MK-Ultra es que fusiona el abuso de niños con el satanismo, de nuevo bajo los auspicios del gobierno... Los niños no sólo son torturados, drogados, electrocutados, etc., sino también hipnotizados. pero también se les hipnotiza y se les somete a la inserción científica de demonios dentro de sus múltiples personalidades, lo que da lugar a un Trastorno de Identidad Disociativo (TID)... Al hacer esto, crean diferentes tipos de "superesclavos"...[208]

Estos "superesclavos" pueden ser utilizados como esclavos sexuales, espías, traficantes de drogas, asesinos... Las personalidades alter satanistas/luciferinas de sacerdote o sumo sacerdote serán parte de la programación más profunda. Los esclavos del MK pueden inyectarse en muchos campos como la política, la judicatura, la ciencia, etc. El objetivo es tener a los mejores sujetos en posiciones clave de dominio donde la opción del "eslabón débil" no es una opción. También se encuentran en la industria del entretenimiento y en el deporte de alto nivel. (Esto se desarrollará en el capítulo 7)

La *"red Monarch"* se formó por el encuentro de dos medios que encajan perfectamente por su carácter oculto y compartimentado, una subcultura oculta común, pero también por sus intereses mutuos: por un lado, los servicios de inteligencia, los militares y el crimen organizado, y por otro, las redes compuestas por familias que practican el incesto sistemático, la prostitución infantil, la pornografía pedófila, el abuso ritual satánico, etc. Familias que se ven envueltas en estas prácticas ocultas de generación en generación. Además de compartir el gusto por la depravación, la violencia, el ocultismo y el poder, los niños disociados por el trauma en algunas familias son candidatos ideales para los programas de control mental de otros... Ya sean grupos mafiosos, religiosos, políticos o militares, en general y a nivel internacional, todos saben que la disociación, la fragmentación de la personalidad, es el eje y la piedra angular del secreto y el poder. La terapeuta canadiense Alison Miller escribe: *"¿Qué mejor*

---

[208] "Exponiendo a los illuminati desde dentro" - El Club de la Profecía, Bill Schnoebelen.

fuente que un niño ya disociado cuyos padres han abusado de él en un grupo de abuso ritual?"

Por lo tanto, para estos programas de control mental MK-Ultra y ahora MK-Monarch, se buscan niños con trastornos de identidad disociativos porque son más fáciles de programar que un niño con una psique no fraccionada. Este fue el caso de Cathy O'Brien, que fue sometida a repetidas violaciones por parte de su padre y sus tíos durante su primera infancia y desarrolló fatalmente graves trastornos disociativos. Su padre, que producía pornografía infantil, fue "atrapado" por los servicios de inteligencia. Se le obligó a poner a sus hijos a disposición del proyecto MK-Monarch del gobierno a cambio de impunidad y protección para su tráfico. Así describe Cathy O'Brien a su familia en su autobiografía *"América en plena transformación":*

Las estancias en casa de mi padre fueron devastadoras, pero instructivas. Mi madre había llegado a sufrir profundas heridas psicológicas por su propia condición de TID y se había convertido en insomne. Para entonces, mi padre viajaba con regularidad a Londres, Alemania y México, además de llevar a su familia a Disney World, en Florida, y a Washington D.C. Mi hermano mayor, Bill, seguía trabajando para mi padre y con él, viajando todos los años al pabellón de caza de Cheney, en Greybull, Wyoming, para "cazar", y siguiendo las instrucciones de mi padre para mantener a su mujer y a sus tres hijos bajo control mental a través del trauma. Mi hermano Mike tenía un negocio de vídeos como fachada de algunos de los jugosos negocios de vídeos porno de mi padre y del tío Bob Tanis. Mi hermana Kelly Jo se convirtió en una bailarina del vientre contorsionista que sobresalía en la "gimnasia" mientras se volvía "tan ágil como Gumby" de acuerdo con su programación de prostitución. Su formación académica le permitió trabajar en guarderías, donde en realidad se dedicó a buscar niños maltratados para mi padre como posibles candidatos a cargos "electivos". En 1990, se graduó para abrir una guardería formal, "Los pequeños aprendices", en Grand Haven, Michigan, para mi padre. Mi hermano Tom ("Beaver") es un Compu-Kid (proyecto de la CIA), un genio de la informática programado. Mi hermano Tim se rompió la pierna (donde mi madre se había roto la suya años antes) por seguir la programación deportiva de mi padre que estaba muy por encima de las capacidades humanas. Mi hermana menor, Kimmy, desarrolló una obsesión histérica con un tal "Sr. Rogers". Rogers''. Expresó un miedo desmesurado a su enorme casa de muñecas "eléctrica", que se iluminaba por la noche para parecerse a la Casa Blanca, y estuvo bajo atención médica por anorexia a los siete años."[209]

Las organizaciones e instituciones de control mental de tipo monárquico se infiltran en cultos satánicos y familias luciferinas e incestuosas para acceder a estos niños que ya están profundamente disociados. A cambio del acceso a estos niños para instalar una programación que sirva a sus intereses, estas organizaciones proporcionan a la red o a los padres una generosa remuneración,

---

[209] *América en medio del trance-formación* - Cathy O'Brien & Mark Phillips - New Earth Publishing, 2013, p.275.

favores que pueden incluir la protección de la ley, el apoyo a sus actividades ocultas o ilegales, e información sobre las técnicas de programación de MK. De hecho, la programación de MK basada en el trauma no está "reservada" a los proyectos gubernamentales, es una práctica sistemática en los niños de los cultos satánicos/luciferinos que se remonta mucho más allá de la experimentación gubernamental. Estas diversas sectas que practican el abuso ritual traumático de sus vástagos aplican protocolos de MK según el nivel de conocimiento que tienen sobre el tema.

CAPÍTULO 4

ABUSO RITUAL

... una sala abovedada en forma de bodega donde se celebraban las fiestas religiosas. El ambiente recuerda a esos ritos de destrucción de la personalidad individual, a ese segundo estado en el que el hombre se convierte en un recipiente vacío en el que se vierten ebriamente los sentimientos edificantes. Descripción de la cripta del castillo de Wewelsburg en Alemania. Extracto del documental *Schwarze Sonne* (El sol negro de los nazis - Las raíces ocultas del nazismo, 1998)

1 - INTRODUCCIÓN

Las investigaciones sobre el control mental llevadas a cabo por los nazis y más tarde por la CIA se desarrollaron para convertir el abuso ritual "religioso" y los trastornos de la personalidad resultantes en una verdadera ciencia psiquiátrica. Los programas secretos de MK del gobierno y el abuso ritual satánico transgeneracional están, pues, íntimamente relacionados. Esta doctrina de cosificar a un ser humano es satánica, tanto si la practica un médico con bata blanca como un sacerdote con túnica negra. Uno de los propósitos del abuso ritual traumático practicado por estas sectas es *iniciar* al niño a través de la disociación. Este proceso disociativo provoca una brecha, una fragmentación del alma que abre la puerta a otras dimensiones, es decir, los traumas profundos crean un *desbloqueo de* los cuerpos energéticos del niño, un verdadero robo espiritual... (Esto se tratará más adelante en el capítulo 6). Durante estos rituales traumáticos, el niño se convierte en "iniciado y sagrado", por lo que se vincula con el mundo de los espíritus a pesar de sí mismo, y esta conexión abre el camino a las posesiones demoníacas y a las facultades psíquicas paranormales. Como resultado de estos protocolos *"iniciáticos", de* esta santificación invertida, el niño se encuentra escindido y parasitado por una o varias entidades, la grieta que deja pasar la *luz...* Un hecho es que la mayoría de los supervivientes de abusos rituales satánicos sufren un trastorno de identidad disociativo (antes llamado trastorno de personalidad múltiple). ¿Es una verdadera posesión demoníaca, una personalidad múltiple o una mezcla de ambas? Volveremos a esto...

Esto es lo que el padre Georges Morand, que fue sacerdote exorcista durante diez años, dijo en *France Culture en* 2011 en el programa *''Sur les docks''* sobre el abuso ritual satánico:

- Periodista: Padre Morand, cuando habla de una joven desnuda en una cruz, rociada con sangre de animal... Cuando habla de fetos arrancados del vientre de su madre y sacrificados... ¿De qué habla?

- George Morand: Hablo de personas que he conocido, ayudado y acompañado durante años, que sólo salieron de sus asuntos gracias a la oración de exorcismo. Personas cuyos nombres podría darles... que han sido presa de grupos satanistas extremadamente temibles que practican lo que se llama misas negras vinculadas a ritos de brujería y magia, con asesinatos rituales... bajo la doble cobertura, y sopeso mis palabras, por un lado de las mafias, de todas las redes mundiales de prostitución de bajo y alto nivel, de tráfico de drogas, y por otro lado de personalidades que se podría decir que están fuera de toda sospecha y que ocupan puestos clave en nuestra civilización, ya sea en el mundo de la política, todas las tendencias políticas combinadas... en el mundo de la judicatura, en el mundo de la ciencia, en el mundo de las finanzas, en el mundo intelectual... y hasta diría ay, tres veces ay, en el mundo eclesiástico."[210]

En 2012, el padre Gary Thomas, exorcista de la diócesis de San José, en Estados Unidos, dijo en una conferencia en la Universidad de Rutgers: *"A veces realizo el rito del exorcismo para los supervivientes de abusos rituales. El abuso ritual satánico es una realidad. También es algo increíblemente criminal, ilegal y altamente secreto. Estos cultos satánicos que se relacionan con los 'illuminati' son reales y están activos, algunos desde hace cientos de años. Matarán a gente, abusarán sexualmente de todos los miembros de la secta para controlarlos. A veces seleccionan a personas de fuera para realizar sacrificios humanos. Todo esto es real. Si acude a la policía local, no podrá contarlo abiertamente, pero las fuerzas del orden se ocupan de este tipo de cosas con regularidad."*

En 1990, el obispo mormón Elder Glenn Pace emitió un memorando en el que denunciaba las prácticas de abuso ritual dentro de su Iglesia, en el que se decía: *"Este abuso ritualizado es el más vil de todos los abusos a los niños". El propósito fundamental y premeditado es torturar y aterrorizar a estos niños hasta obligarlos a desvincularse sistemática y metódicamente. Esta tortura no es consecuencia de la "ira", es la ejecución de rituales bien pensados y planificados, a menudo llevados a cabo por familiares cercanos. La única salida para estos niños es desvincularse."*

En 1989, el programa de televisión *de la ITV "The Cook Report"* dedicó un episodio al tema del abuso ritual satánico. En este documental, el reverendo Kevin Logan dijo: *"En mi capacidad de escucha y asesoramiento, he visto cosas terribles. He oído cosas realmente repugnantes que han sucedido a los jóvenes, niños que han sido violados en el altar, la iniciación en el satanismo. Niños que tenían que comer excrementos y beber sangre, todas estas cosas horribles en las que están involucrados los satanistas, y sobre todo vi el efecto que todo esto tiene en estos jóvenes."*[211]

---

[210] "Espíritus, ¿están ahí? Brujería y exorcismo en Francia" - Sur les docks, France Culture, 12/2011.

[211] "The Cook Report: The Devil's Work" - Roger Cook, ITV, 17/07/1989.

En una encuesta realizada a 125 policías de Chicago en 1992, recogida en el libro *What Cops Know*, la autora Connie Fletcher llegó a la conclusión de que *"los asesinatos rituales satánicos existen"*. *Esto no quiere decir que esté extendido, pero la gente practica este tipo de cosas. En un asesinato satánico, el brazo derecho de la víctima puede estar atado detrás del cuerpo; puede faltar el testículo derecho; el cuerpo puede ser drenado de sangre; el corazón puede ser removido; excrementos humanos o de animales pueden ser encontrados en las cavidades del cuerpo. Faltarán partes del cuerpo: el corazón, los genitales, un dedo índice, la lengua... Hasta aquí las confidencias."*[212]

2 - EL ABUSO RITUAL EN EL MUNDO MODERNO

Es hora de aceptar esta realidad. Hace veinte años, si hablabas de pedofilia, te encerraban. Hace quince años, ocurría lo mismo con el incesto. Hoy en día, es el caso del abuso ritual. Los niños siguen sufriendo. David Poulton, ex sargento de la Policía Federal Australiana - Preston 1990[213]

Acabamos de entender que la pedofilia existe. Todavía no podemos entender que hay cosas aún peores que la pedofilia, y que hay personas que todavía se resisten con todas sus fuerzas y toda su fuerza interior. Martine Bouillon, ex fiscal adjunta de Bobigny.[214]

a/ Definición

Una de las primeras referencias a los abusos rituales satánicos se recogió en un libro de 1930 en *The Human Mind*, de Karl Menniger, un libro de referencia sobre psiquiatría. El libro mencionaba la existencia de las misas negras, el satanismo y el culto a los demonios como hechos reales que tenían lugar en las principales ciudades de Europa y Estados Unidos.[215]

El término *"abuso ritual"* fue utilizado por primera vez en 1980 por un psiquiatra canadiense llamado Lawrence Pazder, quien definió el fenómeno como *"ataques físicos, emocionales, mentales y espirituales repetitivos combinados con el uso sistemático de símbolos, ceremonias y manipulaciones con fines maliciosos"*.

En un número de 1992 del Journal of Child Sexual Abuse, David W. Lloyd definió el abuso ritual como: "Abuso físico, sexual o psicológico

---

[212] *What Cops Know* - Connie Fletcher, 1992, p.90.

[213] Preston Y. - Annie's Agony', *Sydney Morning Herald*, 1990 / "Ritual Abuse & Torture in Australia", ASCA, abril de 2006.

[214] "La violación de niños, ¿el fin del silencio?" - Francia 3, 2000.

[215] *"Culto y abuso ritual"* - James Randall Noblitt & Pamela Perskin Noblitt, 2014.

intencionado de un niño por parte de una persona normalmente responsable del bienestar del niño. Estos abusos se repiten y se practican durante las ceremonias religiosas, y suelen implicar crueldad con los animales y amenazas al niño."[216]

Para David Finkelhor, autor de "Child Sexual Abuse" y "Nursery Crime", es el abuso que se produce en el contexto de ciertos símbolos o actividades de grupo que tienen una connotación religiosa, mágica o sobrenatural. Estas actividades, repetidas a lo largo del tiempo, se utilizan para asustar e intimidar a los niños. El abuso ritual implica sistemáticamente el control mental de las jóvenes víctimas.

En el Reino Unido existe un documento del Ministerio de Sanidad dedicado a la protección de la infancia, titulado *"Working Together under the Children Act"*. El documento no habla de abuso ritual, sino que utiliza el término *abuso organizado*, es decir, las redes de pederastia. Un informe que al menos tiene el mérito de reconocer la existencia de estas redes, generalmente negadas por las instituciones políticas, jurídicas y periodísticas, una omertá que parece ser internacional...

En 1991, este documento gubernamental lo definía así: El abuso organizado es un término general para el abuso que involucra a un número de abusadores, un número de niños, y generalmente abarca diferentes formas de abuso (...) Una amplia gama de actividades están cubiertas por este término, desde pequeñas redes de pedofilia o pornografía, a menudo pero no siempre organizadas con fines de lucro, donde la mayoría de los participantes se conocen entre sí, hasta grandes redes de individuos o familias que pueden estar más ampliamente distribuidas y en las que no todos los miembros se conocen necesariamente. Algunos grupos organizados pueden mostrar un comportamiento extraño y ritualista, a veces asociado a determinadas "creencias". Este puede ser un poderoso mecanismo para aterrorizar a los niños maltratados para que no revelen lo que están viviendo."[217]

En 2004, el documento actualizado ya no se refería al "comportamiento extraño y ritualizado", sino que añadía que "los abusadores actúan de forma concertada para abusar de los niños, a veces de forma aislada o utilizando una red institucional o una posición de autoridad para reclutar niños con el fin de abusar de ellos". Los abusos organizados y múltiples se producen tanto en el marco de una red de abusos en la que participan familias o una comunidad, como en el seno de instituciones como escuelas o residencias. Estos abusos son profundamente traumáticos para los niños implicados. Las investigaciones llevan mucho tiempo y requieren conocimientos especializados tanto de la policía como de los trabajadores sociales. Algunas investigaciones se vuelven

[216] "Ritual Child Abuse: Definition and Assumptions" - David W. Lloyd, The Journal of Child Sexual Abuse, Vol.1(3), 1992.

[217] Working Together under the Children Act 1989 - Department of Health 1991: 38 – "Beyond disbelief: The Politics and Experience of Ritual Abuse" - Sara Scott, 2001, p.2.

extremadamente complejas debido al número de lugares y personas implicadas."[218]

Valerie Sinason, psicoterapeuta infantil y directora de la Clínica *de* Estudios *Disociativos* de Londres, definió el abuso ritual y espiritual en una serie de conferencias titulada *"Salvaguardar a los niños de Londres"* en 2007: *"El abuso espiritual es el establecimiento de una posición de poder y apego que resulta en una total obediencia ciega de pensamiento, palabra y obra, sobre un niño, joven o adulto, a través de amenazas de castigo físico y espiritual por parte de la propia víctima, su familia o quienes quieren ayudarla. En este tipo de abuso no hay lugar para una relación con lo divino, a la víctima no se le permite tener una relación espiritual que no sea la que tiene con sus abusadores. Muchos abusos implican un protocolo ritualizado, con fechas, horas y repetición de los mismos gestos y acciones. El abuso ritual implica que los niños se vean envueltos contra su voluntad en violencia física, psicológica, emocional, sexual y espiritual. Esto se hace bajo la apariencia de creencias religiosas, mágicas o sobrenaturales. La sumisión y la obediencia totales se obtienen mediante amenazas de violencia contra las víctimas, sus familias o quienes les ayuden."[219]*

En 2006, *ASCA (Advocates for Survivors Child Abuse),* una organización australiana de abogados, publicó un informe titulado *"Ritual Abuse & Torture in Australia"* (Abuso ritual y tortura en Australia), del que se extrae lo siguiente: *"El abuso ritual es un crimen de múltiples niveles en el que las familias disfuncionales se unen para organizar estos crímenes, explotando a los niños con fines de lucro. El explotador y principal abusador del niño maltratado ritualmente suele ser uno de los padres. Estos grupos de maltratadores suelen estar formados por dos o tres familias que forman una red que ofrece a sus propios hijos para que sean maltratados por otros miembros de la red. En su libro "Trauma Organised Systems: Physical and Sexual Abuse in Families", Arnon Bentovim describe a estas familias como un "sistema traumático organizado" en el que los traumas graves definen y moldean la estructura familiar y la interacción entre sus miembros. Las víctimas crecen desde la infancia en un entorno donde la violencia, los abusos sexuales y los traumas extremos son la norma. En este contexto de explotación sexual organizada, la violencia y el incesto cometidos por los abusadores contra sus propios hijos pueden considerarse no sólo como un comportamiento sádico, sino también como una especie de entrenamiento para estas prácticas de explotación sexual."[220]*

En 1992, la Oficina del Fiscal General de Utah, en Estados Unidos, creó una *Unidad de Delitos de Abuso Ritualista,* vinculada a la Unidad de *Asistencia a la Persecución del Abuso Infantil.* Esta unidad especializada estaba dirigida

---

[218] Working Together under the Children Act 2004 p.225.

[219] "Abuso ritual y control mental, la manipulación del apego" - capítulo "¿Qué ha cambiado en veinte años?" - Valerie Sinason, 2011, p.11.

[220] "Ritual Abuse & Torture in Australia" - Advocate for Survivors of Child Abuse, 04/2006, p.12-13.

por los policías Matt Jacobson y Michael King. Se encargaba de investigar y prestar asistencia a los agentes de policía de Utah en relación con los delitos rituales u otras actividades ilegales de las sectas locales. Después de un año de investigar este asunto, la fiscal general de Utah, Jan Graham, solicitó reunirse individualmente con cada administrador municipal, sheriff, oficial de policía superior y magistrado para discutir la creación de una jurisdicción sobre este asunto. Durante dos años, esta unidad investigó más de 125 casos relacionados con los abusos rituales, de los cuales 40 fueron homicidios. Al mismo tiempo, los investigadores se reunieron con cientos de ciudadanos que afirmaron haber sido ellos mismos víctimas de estas prácticas satánicas. Esta iniciativa gubernamental dio lugar a un informe de 60 páginas titulado *"Ritual Crime in the State of Utah"*, escrito en 1995 por los investigadores Jacobson y King para la oficina del Fiscal General. El informe define el crimen ritual de la siguiente manera: *"El abuso ritual es una forma brutal de abuso de niños, adolescentes o adultos que implica violencia física, sexual y psicológica con el uso de rituales. Los abusos rituales rara vez se producen de forma aislada, sino que se repiten durante un largo periodo de tiempo. Los abusos físicos son extremos, incluida la tortura, a veces hasta el punto de llegar al asesinato. El abuso sexual es doloroso, sádico y humillante. Por definición, el abuso ritual no es un crimen impulsivo, sino un crimen maliciosamente pensado. "*[221]

Evidentemente, este informe gubernamental no pretendía desacreditar el tema del abuso ritual satánico y su contenido es más bien objetivo. Afirma, por ejemplo: *"Hay pruebas de que hay muchos casos de abusos rituales de niños por parte de individuos o pequeños grupos. A veces estas personas utilizan el satanismo u otra religión, así como prácticas "mágicas" como parte del abuso. Lo que no se ha corroborado es la multitud de testimonios de "supervivientes" que dicen haber sido partícipes de sacrificios humanos, abusos sexuales a niños pequeños, torturas u otras atrocidades cometidas por grupos muy organizados, que afectan a todos los niveles de gobierno, a todos los estratos sociales y a todos los estados del país. La falta de investigación y persecución de estas denuncias no significa que estos relatos sean falsos. Este informe pretende poner de manifiesto de forma detallada los problemas asociados a la investigación y evaluación de los casos de delitos rituales. La ayuda y la asistencia de los altos cargos de la policía, los magistrados, los terapeutas, etc., son muy apreciadas (...) En conclusión, los casos de delitos rituales deben ser tratados como cualquier otro caso. Se anima a los investigadores a mantener una mentalidad abierta cuando traten casos relacionados con el ocultismo, las creencias religiosas o las actividades delictivas rituales (...) La formación y la educación en relación con las numerosas facetas de los delitos/abusos rituales son necesarias y deberían ser de gran valor para todos los niveles de la policía. Los agentes de policía deben ser instruidos sobre los elementos básicos de los delitos rituales. Esta formación debería incluir los tipos de organizaciones implicadas*

---

[221] "Crímenes rituales en el estado de Utah, investigación, análisis y una mirada al futuro" - Oficina del Fiscal General de Utah, Michael R. King, Matt Jacobson, 1995, p.7.

en actividades ocultas, sus objetivos y los símbolos utilizados por sus miembros (...) Esta formación debería incluir información sobre la naturaleza extraña del abuso ritual, así como los problemas asociados al trastorno de personalidad múltiple, la amnesia y los recuerdos reprimidos, la hipnosis, etc.[222]

A pesar de las pruebas detalladas de los abusos rituales por parte de los niños, las familias, los supervivientes adultos, los agentes de policía, los terapeutas y las asociaciones que trabajan con las víctimas; a pesar de la notable coherencia de estos informes tanto a nivel nacional como internacional; a pesar de las similitudes y coincidencias entre los distintos casos y testimonios; la sociedad en su conjunto sigue resistiéndose a creer en la dura realidad de los abusos rituales. Sigue existiendo la creencia errónea de que el satanismo y otras actividades ocultas son aisladas y raras (si no totalmente inexistentes). No se trata de un problema nuevo, pero la sociedad sólo está empezando a reconocer la gravedad y el alcance de este fenómeno. Todos tenemos que aprender sobre ello. Muchos profesionales se encuentran con víctimas de abusos rituales, pero no necesariamente comprenden el alcance del abuso que está detrás de los problemas de salud mental de sus pacientes. El concepto de abuso ritual, por el que grupos de adultos aterrorizan y torturan a los niños para controlarlos y explotarlos, es aterrador y, por tanto, muy controvertido (siempre esta noción de paradigma a preservar).

Una secta destructiva que practica el abuso ritual puede definirse como una red, sistema o grupo cerrado, cuyos seguidores son manipulados y condicionados mediante el uso de técnicas de control mental. Es un sistema que se impone sin el consentimiento de la persona y que pretende cambiar su personalidad y comportamiento. El líder o líderes son todopoderosos, la ideología del grupo es totalitaria y la voluntad del individuo está totalmente subordinada al grupo. El culto destructivo crea sus propios valores con poco o ningún respeto por la ética y la moral. Se dedica a actividades ilegales como la explotación sexual de niños y adultos: prostitución y pornografía infantil, la producción de películas snuff, el tráfico de drogas y de armas, pero también todo tipo de planes que aportan dinero. En este tipo de red, todos los miembros se callan la boca, ya que todos están implicados en actividades altamente delictivas.

La mayoría de las víctimas dicen haber sido abusadas y torturadas sexualmente por varias personas al mismo tiempo y en compañía de otras víctimas infantiles. Los testimonios denuncian que las mujeres son tan activas como los hombres en estos abusos ritualizados. La palabra "ritual" no significa necesariamente "satánico", sino más bien protocolario o metódico, además de repetitivo. Por ejemplo, el culto juju de África Occidental descrito por Isiah Oke practica el abuso ritual con estados alterados de conciencia, pero sin ninguna creencia particular en Satanás. Algunos grupos de ocultistas gnósticos podrían confundirse ciertamente con cultos satánicos, sin embargo en algunos casos sería más apropiado etiquetarlos como luciferinos o neognósticos. Hay muchos cultos que incorporan rituales en los que se invoca a Satanás entre otras entidades, pero

---

[222] Ibid, p.5, 44, 46.

no se le considera sistemáticamente el dios central y único del culto. Sin embargo, la mayoría de los sobrevivientes en nuestras sociedades occidentales informan que han sido abusados ritualmente como parte de un culto satánico, con el objetivo de adoctrinarlos en creencias y prácticas satánicas. Los abusos rituales rara vez son aislados, sino que suelen repetirse durante un largo periodo de tiempo de forma sistemática. La violencia física es extrema, con torturas, violaciones y asesinatos (simulados o reales) utilizados para traumatizar y crear profundos estados disociativos en las víctimas. El abuso sexual sádico tiene como objetivo humillar y causar dolor. Su objetivo es dominar, disociar y someter a la víctima. Según la psicotraumatóloga Muriel Salmona, la violencia sexual es la peor forma de trauma psicológico. La OMS también ha declarado que la mutilación sexual es el abuso más traumático que se puede infligir a un ser humano. Por lo tanto, este tipo de barbarie se utiliza repetidamente en estos cultos hiperviolentos. El acoso y la violencia psicológica, además de la física, son devastadores; el adoctrinamiento implica el uso de drogas, hipnosis y técnicas de control mental. La intimidación y la violencia extrema de los miembros de la secta aterrorizan profundamente a la víctima, que tras los traumas se encuentra en un estado de disociación y control mental (confusión mental e incluso amnesia traumática), por lo que la comunicación con el mundo exterior es extremadamente difícil. Si no se ha roto el contacto con la red y no se ha emprendido una terapia, las víctimas pueden vivir bajo este control durante mucho tiempo. Es importante entender que el abuso ritual y el control mental están inextricablemente unidos; los recuerdos traumáticos son una prisión sin muros.

Esta violencia ritualizada parece tener tres objetivos:

1- Los rituales de algunos grupos forman parte de una creencia religiosa en la que se adoctrina a la víctima.

2- Los rituales se utilizan para intimidar y silenciar a las víctimas.

3- Los elementos del ritual (adoración del diablo, símbolos satánicos, sacrificios de animales o humanos...) parecen tan increíbles que restan credibilidad a los testimonios y dificultan mucho la persecución de estos delitos.[223]

La superviviente belga Regina Louf (testigo *X1* del caso Dutroux) declaró en una entrevista concedida a Annemie Bulté y Douglas De Coninck (autores de *"Les dossiers X: Ce que la Belgique ne devait pas savoir sur l'affaire Dutroux"*, 1999) que *"cuando recibían una nueva víctima en su red, era extremadamente importante que no pudiera hablar con nadie de lo que le había ocurrido. Por eso organizaron "ceremonias"... El único objetivo de estos rituales era desorientar totalmente a las víctimas."*[224]

---

[223] Informe del Grupo de Trabajo sobre Abuso Ritual Comisión del Condado de Los Ángeles para la Mujer - 15/09/1989.

[224] *Entrevista con Regina Louf, Testigo XI en Neufchateau* - Annemie Bulté y Douglas De Coninck, De Morgen, 1998.

En su libro "Trauma y recuperación", Judith Lewis Herman escribe: "El secreto y el silencio son la primera protección de los maltratadores. Si se rompe el secreto, el agresor atacará la credibilidad de la víctima. Si no puede silenciarla por completo, intentará que nadie la escuche. Los rituales contribuyen a este objetivo de descrédito, especialmente en una sociedad moderna cada vez más materialista y totalmente cerrada a la existencia de prácticas religiosas "diabólicas" calificadas de "medievales". La fuerza del diablo es hacer creer que no existe... Sin embargo, no parece haber duda de que estas prácticas "diabólicas" existen y se practican en nuestras sociedades llamadas "civilizadas" y "modernas", quizás más que nunca...

En 2008 se presentó una tesis de 218 páginas titulada "Abuso ritual: el punto de vista de los trabajadores de las agresiones sexuales" en la Universidad de Quebec en Outaouais. Este es el texto de la presentación de esta tesis: "El abuso ritual sigue siendo un tema poco conocido en los distintos ámbitos de intervención. La falta de consenso sobre cómo conceptualizar el abuso ritual y la controversia que lo rodea dificultan su reconocimiento. Esta investigación cualitativa tiene tres objetivos: documentar y analizar la información sobre el abuso ritual, avanzar en el conocimiento y la comprensión de este tipo de abuso desde la perspectiva de los trabajadores de la agresión sexual que han apoyado a las mujeres que lo han experimentado en la primera infancia, y contribuir al avance del conocimiento sobre el tema en la comunidad de intervención francófona. Se realizaron entrevistas semiestructuradas a ocho trabajadores que ejercen en diversos servicios de agresión sexual y que reconocieron haber trabajado con al menos dos supervivientes de abusos rituales. Los resultados obtenidos se presentan en tres partes distintas: las que describen las características generales del concepto de abuso ritual, las que permiten conocer las secuelas de este tipo de abuso y las que resultan de las experiencias de los participantes en sus intervenciones con supervivientes de abuso ritual. Esta investigación reconoce algunos de los problemas de la conceptualización del abuso ritual, incluido el uso de la palabra culto para abordar el tema. Se espera que la definición de abuso ritual elaborada en esta investigación sirva de punto de partida para la consulta entre los profesionales que tienen experiencia en el trabajo con supervivientes de abusos rituales, de modo que puedan ponerse de acuerdo sobre cómo definir este tipo de abuso. También se recomienda que se realicen más investigaciones sobre el abuso ritual, en particular con respecto a la programación, un método de control del pensamiento, y la disociación en los supervivientes de abuso ritual. Sobre todo, es necesario desarrollar más conocimientos prácticos de intervención en este ámbito. También es necesario investigar más sobre los vínculos entre el abuso ritual y el sadismo sexual, y el abuso ritual y las redes de explotación sexual infantil."[225]

---

[225] *Abusos rituales: el punto de vista de los trabajadores de las agresiones sexuales* - Jacques, Christine (2008). Disertación. Gatineau, Universidad de Quebec en Outaouais (UQO), Departamento de Trabajo Social. Fecha de presentación: 11 oct. 2011 - http://dpndev.uqo.ca/id/eprint/339.

En 2011 la revista "Trauma & Dissociation" (Sociedad Internacional para el Estudio del Trauma y la Disociación) publicó un dossier en francés titulado "Lignes directrices pour le traitement du trouble dissociatif de l'identité chez l'adulte". Este expediente contiene un capítulo titulado "Abus organisés" que muestra que este tema del abuso ritual está totalmente ligado al fenómeno de los trastornos disociativos:

Una minoría sustancial de pacientes con Trastorno de Identidad Disociativo (TID) relatan abusos sádicos, explotadores y coercitivos a manos de grupos organizados. Este tipo de maltrato organizado victimiza a las personas a través del control extremo de su entorno en la infancia y con frecuencia implica a múltiples maltratadores. Puede organizarse en torno a las actividades de redes de pedofilia, pornografía infantil o prostitución infantil, diversos grupos "religiosos" o de culto, sistemas familiares multigeneracionales y redes de trata de seres humanos y prostitución. Los abusos organizados incorporan con frecuencia actividades sexualmente perversas, horrorosas y sádicas, y pueden implicar la coacción del niño como testigo o participante en los abusos de otros niños. Los supervivientes de los abusos organizados -sobre todo los continuados- se encuentran entre los pacientes disociativos más traumatizados. Son los más propensos a la autodestrucción y a los intentos graves de suicidio. Muy a menudo parecen estar atrapados en vínculos muy ambivalentes con sus maltratadores y a menudo presentan formas complejas de TID. Algunos de estos pacientes altamente traumatizados muestran una marcada amnesia para gran parte de sus abusos y la historia de los abusos organizados sólo emerge durante el tratamiento."[226]

Los abusos rituales que conducen a un trauma profundo desarrollarán una forma compleja de trastorno de estrés postraumático que puede provocar muchos síntomas en las víctimas: ataques de pánico, llanto incontrolable, ira incontrolable, trastornos alimentarios, tendencias suicidas, automutilación, hipervigilancia, síntomas somáticos, obsesiones, terrores, trastornos del sueño, pesadillas, flashbacks, memoria fotográfica, adicciones: alcohol, drogas, sexo, reacción exagerada ante un estrés menor, reacciones violentas o de huida, cambios de humor extremos, comportamientos de riesgo, vergüenza y culpa, deshumanización, preocupación desmesurada por el maltratador, atribución de un poder total al maltratador, idealización del maltratador, gratitud al maltratador, creencia en algún tipo de relación especial o sobrenatural con el maltratador, aceptación de las creencias y afirmaciones del maltratador, fallos repetidos en la protección de uno mismo, impotencia y desesperanza.

Estos abusos rituales forman parte de la vida de algunas familias en las que uno o ambos progenitores participan o colaboran en una red. Este tipo de prácticas también las llevan a cabo grupos militares o políticos con conocimientos para programar a individuos, normalmente niños. Así, se abusa sexualmente de los niños con rituales e intimidaciones para aterrorizarlos y

---

[226] Directrices para el tratamiento del trastorno de identidad disociativo en adultos - Journal of Trauma & Dissociation - ISSTD: Sociedad Internacional para el Estudio del Trauma y la Disociación

silenciarlos; pero el objetivo es también convertirlos y formatearlos en un sistema de creencias, una secta. En estos grupos satanistas o luciferinos, la programación básica que se inculca al niño es la lealtad y la fidelidad al grupo y a la ley del silencio. El niño será adoctrinado para que crea que el modo de vida del grupo es el único y que sus líderes y entidades (deidad y demonios) deben ser obedecidos y leales. La secta, la red, debe representar su única "familia". Se condiciona al niño a creer que los abusos son por su propio bien, es un condicionamiento de tipo militar en el que no se tolera pensar por uno mismo, los niños deben obedecer sin pensar. En estos protocolos de control mental, los abusadores separan y aíslan a la víctima del resto de la humanidad obligándola a hacer cosas viles e impensables para un humano normal. Muy pronto, los niños tendrán que participar en las violaciones y torturas. Es una forma de hacerles sentir culpables y cómplices para que no revelen las actividades delictivas fuera del grupo. Esto significa que el niño presenciará y participará en violaciones, sacrificios de animales y sacrificios humanos reales o simulados. A estos niños se les manipula para que crean que los abusos que hayan podido cometer contra los animales o contra otros niños fueron por su propia decisión. Esto hace que se sientan culpables y avergonzados, temiendo la venganza o incluso la policía y la cárcel. Esto consolida la ley del silencio, así como la insoportable y abrumadora sensación de ser ellos mismos los perpetradores y los criminales. Todo ello, combinado con los trastornos disociativos, llevará al niño a aislar psicológicamente las experiencias dolorosas y a seguir con su vida "como si nada hubiera pasado" y, por supuesto, sin revelarlas al exterior.

Así pues, estas prácticas implican, por un lado, a los hijos de estas familias luciferinas, destinados a ocupar puestos clave dentro de nuestra sociedad, y por otro, a pequeñas víctimas destinadas a ser torturadas y sacrificadas por los primeros. Son, literalmente, carne fresca utilizada en los rituales para programar a las nuevas generaciones del culto elitista. De la misma manera que hay dos categorías de esclavos MK-Monarca: en primer lugar, los que son de "segunda clase", utilizados para la prostitución, el tráfico de drogas, etc., destinados a ser sacrificados; y en segundo lugar, los que forman parte de las líneas de sangre luciferinas que estarán destinados a servir a la jerarquía durante toda su vida ocupando posiciones estratégicas (volveremos a esto en el capítulo 7 sobre la programación MK-Monarca). Esta participación forzada de los niños en el abuso ritual también sirve para exteriorizar la "rabia interior" que se ha acumulado como resultado de sus propios abusos y torturas. El niño desarrolla una considerable carga emocional negativa (memoria traumática) durante el abuso, que puede volver contra sí mismo o contra otros niños o animales. El adiestramiento de estos "niños de la rabia" también se realiza obligándoles a matar a una mascota con la que previamente se han relacionado estrechamente. Todo se hace para "romper" al niño, para neutralizar toda la empatía natural y la inocencia en los primeros años creando profundos trastornos disociativos en el niño. Los abusos rituales se practican en familias que repiten sistemáticamente la violencia sobre sus descendientes. Familias sumidas en una continuidad patológica transgeneracional y cargadas de lazos demoníacos debido al ocultismo al que se entregan de generación en generación. Los hijos de estas líneas de sangre están programados para perpetuar la desafortunada *tradición*, el niño víctima se convertirá a su vez en un verdugo que reproducirá el abuso que ha sufrido si no es atendido y alejado del culto destructivo. En el documental alemán *"Sexzwang"* (sexo forzado), el Dr. Jim Phillips (ex forense de la policía británica) afirma: *"Todos los satanistas han sufrido abusos, ¡todos! No puedo imaginar que un ser humano normal sea capaz de hacer algo tan horrible, asqueroso y repulsivo..."*

La psicóloga clínica Ellen P. Lacter escribió: "Todas las víctimas fueron obligadas a cometer actos de violencia contra otros, a menudo desde la primera infancia. Todos los maltratadores han sido ellos mismos víctimas de graves abusos. Es esencial tener esto en cuenta cuando se trata de supervivientes. Hay que evitar el esquema "blanco-negro" o "bueno-malo", ya que alimentará el miedo del paciente a ser irremediablemente malo."[227]

Vivir en un entorno tan caótico provocará cambios repentinos en la química corporal del niño. Este tipo de vida traumática conduce a altos niveles de adrenalina que pueden ser muy adictivos para el niño o adolescente. En la edad adulta (e incluso antes) la víctima provocará consciente o inconscientemente situaciones para elevar su nivel de adrenalina. La violencia es una forma muy eficaz de hacerlo. Por lo tanto, es importante tener en cuenta este fenómeno de adicción a la violencia y su repetición sistemática de una generación a otra en las familias violentas vinculadas o no al abuso ritual. Esta violencia contra los demás desencadena una repentina producción de endorfinas en el agresor durante el acto, lo que también le permite disociarse y anestesiar su propia memoria traumática, cada vez más explosiva, todo ello de forma inconsciente. El agresor (él mismo una antigua víctima) alivia así su propio dolor interior con una *"inyección"* de endorfinas. Se trata de un círculo vicioso y de una verdadera adicción a las endorfinas y a la violencia (más sobre esto en el capítulo 5). El libro *"Ritual Abuse and Mind Control: The Manipulation of Attachment Needs"* contiene el testimonio de una superviviente que ilustra este fenómeno de los trastornos disociativos que se repiten de generación en generación: *"Mi primer recuerdo de X fue cuando entró en la habitación y me agarró por el pelo y me hizo girar. Cuando se detuvo, todos se rieron porque yo estaba confundido. Podía pasar de ser increíblemente frío y cruel a ser extremadamente amable. Muchas veces traté de complacerlo para llegar a su lado amable (...) ella* (nota del editor: la madre) *también abusó de mí desde el nacimiento, no sólo en los rituales, sino también en casa. Había una parte de ella que perdía el control, mostraba los dientes, sus ojos se iluminaban de cierta manera y se volvía loca..."*[228]

Este fenómeno disociativo con la alternancia de comportamientos totalmente inmorales y violentos con comportamientos normales y amorosos creará una especie de disonancia cognitiva en la mente del niño. El niño

---

[227] *Defensa de los niños víctimas de abusos rituales* - Dr. Ellen P. Lacter, 2002, Boletín CALAPT.

[228] *"Ritual Abuse and Mind Control: The Manipulation of Attachment Needs"* - Orit Badouk Epstein, Joseph Schwartz, Rachel Wingfield Schwartz, 2011, p.144.

bloqueará inconscientemente los recuerdos contradictorios en los que un padre que se supone que le quiere y cuida se comporta de forma totalmente anormal y peligrosa. Esto refuerza la amnesia y los estados disociativos en los niños. Los traumas repetitivos dividirán al niño en diferentes personalidades y el niño responderá de manera diferente a la madre "buena" y a la madre "mala". Por ejemplo, cuando la madre "mala" inflige torturas, el niño pasa a una personalidad que sabe cómo reaccionar ante la madre "mala". Si es la madre "buena" la que le cuida, el niño está en otro estado de conciencia y no es consciente de la madre "mala" ni de su otro alter ligado al lado oscuro de su madre. Este fenómeno de disociación y amnesia explica los testimonios de algunas víctimas que afirman que existía el "niño de noche" y el "niño de día", dos personalidades que no se conocían y que permitían al niño llevar una vida normal, hasta el día en que los recuerdos traumáticos acababan por volver en la edad adulta (véase el capítulo 5).

En su libro *Unshackled*, Kathleen Sullivan, superviviente de abusos rituales y control mental, también describe los estados disociativos en los que se encontraban sus padres cuando abusaban de su hija: *"Cada vez utilizaban una sábana blanca para colgarme de una viga. Cuando lo hizo, su voz se convirtió en la de una niña. Parecía estar repitiendo lo que alguien le había hecho de niña. Luego, extrañamente, su voz se convertía en la de una persona mayor que decía cosas horribles sobre mí (...) En varias ocasiones también me encerró en una caja de madera en el sótano. A veces me quedaba encerrado en el dolor durante horas dentro de esta caja estrecha. Cuando bajaba a recogerme, me "rescataba" de la caja y me preguntaba cómo había llegado allí. Ella no parecía recordar y yo no podía decirle que ella era la responsable."*[229]

La psicotraumatóloga Muriel Salmona describe este proceso de disociación de la personalidad de la siguiente manera: "Además, las mujeres suelen decir que ya no reconocen a su agresor, a su pareja, cuando éste se vuelve violento. Empieza a tener otra mirada, otra expresión, otra forma de hablar, de gritar, otra voz... Porque muchas veces reproducen idénticamente la voz de su padre, por ejemplo. Es impresionante porque ya no es la misma persona, los agresores son de repente colonizados por otra persona que no pueden controlar."[230]

Muchas víctimas o agresores que han estado bajo la influencia de estas prácticas altamente traumáticas durante la infancia y la adolescencia desarrollan, por tanto, graves trastornos disociativos; incluido un síndrome de personalidad múltiple (Trastorno de Identidad Disociativo, D.I.D.) que es el nivel más extremo de disociación psíquica. Por lo tanto, el agresor puede ser una segunda personalidad (un alter) del individuo que no será consciente de su funcionamiento de *Dr. Jekyll & Mr. Hide debido a* los muros amnésicos que separan las diferentes personalidades. Puede estar perfectamente integrado en la sociedad y su personalidad pública no dará ningún indicio de sus actividades

---

[229] *Unshackled: a Survivor's Story of Mind-Control* - Kathleen Sullivan, 2003, p.34.

[230] Muriel Salmona - Pratis TV, 20/01/2014.

ocultas y violentas. La alter personalidad pública puede ser la de un buen cristiano sincero, mientras que una alter personalidad mucho más profunda será la del peor satanista. El abuso ritual dirigido a la división de la personalidad es la piedra angular del control mental, el elemento clave para someter, explotar y silenciar a las víctimas. Este control se consigue a través de la creación deliberada de un trastorno de identidad disociativo a través de traumas repetitivos, combinados con el adoctrinamiento, el condicionamiento, la hipnosis y diversas drogas psicotrópicas, todo ello acompañado de una programación, cuya eficacia dependerá del nivel de instrucción que tenga la red en este tipo de control mental.

El Dr. Lawrence Pazder describe una cierta ubicuidad de verdugos en nuestra sociedad que tienen "una apariencia normal y llevan una vida igualmente normal a primera vista". Están presentes en todos los estratos de la sociedad, en los que se han infiltrado cuidadosamente. Cualquier posición de poder o influencia sobre la sociedad debe ser considerada por ellos como un objetivo de infiltración. Los verdugos disponen de dinero, muchos tienen posiciones impecables: médicos, ministros, profesiones de todo tipo."[231]

La Dra. Catherine Gould, miembro fundador del Grupo de *Trabajo* sobre Abuso Ritual de Los Ángeles, es reconocida internacionalmente por su trabajo terapéutico con niños víctimas del satanismo. En 1994, en el documental de Antony Thomas *"In Satan's Name"*, describió lo mismo que el Dr. Pazder sobre la infiltración y el control de la sociedad por parte de estas sectas: *"Ciertamente hay banqueros, psicólogos, gente de los medios de comunicación, también hemos oído hablar de los servicios de protección de la infancia, pero también de los agentes de policía, porque tienen un gran interés en estar presentes en todos estos entornos sociales y profesionales. Cuando empecé este trabajo, pensaba que las motivaciones detrás de la pedofilia se limitaban al sexo y al dinero, pero a lo largo de mis diez años de investigación empecé a darme cuenta de que las motivaciones son mucho más siniestras... Se abusa de los niños con fines de adoctrinamiento. El abuso ritual de niños es un protocolo para formatear a los humanos en una secta. Se trata de formatear a los niños que han sido tan abusados, tan controlados mentalmente que se vuelven muy útiles para la secta, a todos los niveles... Creo que el propósito de esto es conseguir el máximo control, ya sea en este país o en otro."*

La psiquiatra británica Vera Diamond, que también trabaja con supervivientes de abusos rituales, afirma en el mismo documental: *"La gente está adoctrinada de una manera muy difícil de entender. Actualmente estoy trabajando con personas que han pasado por este tipo de condicionamiento. Se llama "control mental", formatean completamente a la víctima. Según nuestras fuentes, esto implica a organizaciones de alto nivel como la CIA. Incluso he oído*

---

[231] Dr. Lawrence Pazder: *The Emergence of Ritualistic Crime in Today's Society*, ponencia presentada en la North Colorado-South Wyoming Detectives Association. Fort Collins, CO: 9-12 de septiembre de 1986. *Crimen oculto: un manual de aplicación de la ley.*

hablar de la participación de la familia real, pero también de otras familias igualmente altas."

El pastor estadounidense Bob Larson también habla de una infiltración sistemática en las instituciones para establecer su control: "Es perfectamente posible que estas actividades estén incluso por encima de la Mafia y otras organizaciones criminales. Es posible que se trate de la mayor red y organización criminal del mundo. Se infiltran en el sistema judicial, en los poderes legislativo y ejecutivo, en los puestos y profesiones de poder y autoridad. Para que puedan tener algo de control. Creen, como profetiza la Biblia, que un día el Anticristo gobernará el mundo entero."

El informe gubernamental "Ritual Crime in the State of Utah" (Delitos rituales en el estado de Utah), mencionado anteriormente en este capítulo, describe lo que denomina "Satanismo generacional" de la siguiente manera: "Este tipo de grupo incluye miembros masculinos y femeninos de todas las edades. Suelen nacer en el grupo y parece que no pueden salir de él si no es con la muerte. Son muy organizados, muy disciplinados y extremadamente discretos. Los grupos locales tienen fuertes vínculos con grupos nacionales e internacionales (nota del editor: amplia red). Los rituales que realizan son elaborados y completamente planificados. Son adoradores de Satanás y hacen todo lo posible para promover su causa (...) Sus raíces y prácticas se remontan a cientos de años. Estas personas practican el abuso ritual y el sacrificio de niños (...) Las mujeres de estos grupos son utilizadas como "criadoras" para proporcionar bebés al culto. Estas sectas logran un control perfecto sobre los miembros que no dejan ninguna evidencia de sus actividades (...) Los escépticos no pueden creer en la existencia de tales grupos, argumentando que nadie puede torturar y sacrificar a bebés y niños. Sin embargo, en el pasado se sacrificaban niños a Satanás, pero bajo otros nombres, como Moloch. También hay casos históricos documentados de sacrificios de niños. En nuestra época, muchas personas denuncian la existencia de este tipo de satanismo. Los escépticos los desacreditan, al igual que a las numerosas personas que se someten a terapia por trastornos disociativos causados por graves traumas psicológicos y físicos."[232]

En el libro *Breaking the Circle of Satanic Ritual*, Daniel Ryder escribe que para el sargento Jon Hinchcliff (policía jubilado de Mineápolis), uno de los factores que permite que estas actividades ocultas continúen es el estatus social de los miembros de la red. Hinchcliff informa de que los testimonios de las víctimas muestran que algunos de estos miembros son médicos, abogados, respetados hombres de negocios, clérigos, jueces, etc. El ex policía dijo: *"Parece que todas sus bases están cubiertas y protegidas.* Debido a su fachada de respetabilidad y a su ubicación estratégica, estas personas pueden realizar contraataques muy calculados antes de que se haga pública cualquier revelación de actividades delictivas.

---

[232] "Crímenes rituales en el estado de Utah: investigación, análisis y una mirada al futuro" - Oficina del Fiscal General de Utah, Michael R. King y Matt Jacobson, 1995, p.15.

En su libro *"The New Satanists"*, Linda Blood (ex miembro del *Templo de Set* y ex amante de Michael Aquino) relata el testimonio de un tal *Bill Carmody*, que es el seudónimo de un alto instructor de inteligencia del *FLETC* (*Federal Law Enforcement Training Center*): *"Carmody investigó durante algún tiempo desapariciones de niños que parecían estar relacionadas con actividades de sectas. Como miembro de un equipo especializado, investigó una red que operaba en varios estados del suroeste de Estados Unidos. Carmody logró infiltrarse en un total de tres cultos satanistas criminales. Carmody dijo de estos cultos: "Los más graves son los que están más ocultos y encubiertos, de hecho estos clanes tienen organizaciones muy sofisticadas a la vez que disponen de los mejores medios de comunicación, es una red internacional. Carmody afirma que estos grupos se dedican al tráfico de drogas, de armas y de personas, así como a la pornografía infantil (...) Según él, las sectas criminales mejor organizadas están dirigidas por personas inteligentes y con un alto nivel de formación, personas de las clases altas de la sociedad que ocupan puestos importantes en su comunidad, los llamados puestos "respetables". Estos grupos sectarios constituyen una subcultura muy secreta que forma parte de los bajos fondos en el sentido más amplio. Suelen estar formados por miembros de familias transgeneracionales cuyos lazos de sangre contribuyen a mantener el silencio y el secreto."*[233]

Durante su aparición en la web *Meta-TV* en 2015, el exgendarme y activista francés Christian 'Stan' Maillaud describió en parte esta red elitista que practica el abuso ritual sistemático para formar a la élite del mañana:

En la actualidad, cuando todos los puestos clave aún no están en manos del "MK-Ultra", cuando toda la élite social aún no está en manos de estos enfermos mentales, todavía hay seres humanos en el campo de las fuerzas armadas y debemos poner toda nuestra energía en su dirección (...).Porque debe haber una división de sus fuerzas y deben venir al campo del pueblo soberano que debe liberarse de esta sujeción (...) Estoy hablando de la mordida del vampiro, es decir que para mí el acto de sodomizar a un niño martirizado corresponde al vampiro que muerde a una criatura para convertirla en vampiro. Un niño que es violado, torturado, martirizado durante toda su infancia, que no encuentra ni justicia ni protección y que llega así a la edad adulta, mantenido en las redes que lo martirizan, se convierte él mismo en un depredador. Especialmente cuando se le explica que si a su vez ataca a otros niños que son torturados y violados, esto le aliviará de su propio sufrimiento. Este es el protocolo que aplican (...) Es algo recurrente (...) las personas que se colocan en la élite de la sociedad son las que son seleccionadas por la masonería o los rosacruces (...) Hay que saber que en la masonería, para subir de rango hay que pasar por rituales, así que esta pirámide pequeña se superpone a la pirámide de tu carrera. ¿Quieres subir de categoría? Luego tienes que pasar los rituales en la logia a la que perteneces. Cuanto más codiciosos sean por el poder y el éxito, más pedirán pasar de rango y entonces se verán envueltos en rituales satánicos.

---

[233] *Los nuevos satanistas"* - Linda Blood, 1994, p.29-30.

Las primeras prácticas son las violaciones colectivas de niños, luego las matanzas, etc... Lo que hace que tengas personas completamente degeneradas que llegan a la cabeza de las instituciones y que estas personas después introduzcan a sus propios hijos desde pequeños en rituales de este tipo para convertirlos en la futura élite de la sociedad. Y esto es algo que la gente todavía no entiende en este momento. Cuando investigamos, vimos que existe un protocolo en el que hay dos tipos de víctimas: hay niños desfavorecidos, niños secuestrados, niños nacidos bajo X, de violación, que son utilizados como "materia prima" para la iniciación de otros niños. Es decir, por un lado tienes a los niños que son llevados por un padre masón a estas fiestas, y por otro lado, estos niños que salen de las jaulas y son puestos ahí para que el hijo de la élite acabe abriendo el vientre de este desgraciado que ha sido violado y torturado colectivamente por todos... ¿Por qué? Porque esto creará la fragmentación de la personalidad o la compartimentación de los recuerdos (...) Puedes imaginar los monstruos que se ponen en el mercado... Así que por eso en este momento en toda la pequeña élite social, todos los lugares están siendo tomados por estos monstruos siguiendo estos protocolos formales que realmente se originaron en Auschwitz."

A pesar del silencio total de los medios de comunicación sobre el tema, muchas personas están trabajando para exponer estas prácticas inhumanas. En 1996, tres profesores universitarios de psicología, Bette Bottoms, Phillip Shaver y Gail Goodman, escribieron un artículo titulado *"An Analysis of* Ritualistic *and Religion-Related Child Abuse Allegations"*.[234] El artículo contiene una lista de criterios que pueden utilizarse para definir los casos de abuso ritual, estos criterios fueron recopilados a partir de los testimonios de las víctimas y los terapeutas:

- Abuso por parte de uno o varios individuos de un grupo en el que los miembros parecen seguir las órdenes de uno o varios líderes.
- Abuso relacionado con cualquier práctica o comportamiento que se repite de forma específica (que puede incluir oraciones, cantos, conjuros, uso de ropa particular...)
- Abusos relacionados con los símbolos (por ejemplo, el 666, el pentagrama invertido, las cruces invertidas o rotas), las invocaciones, la ropa con símbolos, las creencias asociadas a Satán.
- Abuso vinculado a la creencia en lo sobrenatural, lo paranormal, lo oculto o los poderes especiales (por ejemplo, la *"cirugía mágica"* - detallada en el capítulo 7-, el espiritismo, etc.)
- Rituales asociados a actividades relacionadas con tumbas, criptas, huesos...
- Rituales con excrementos o sangre de animales o humanos.
- Rituales con dagas específicas, velas, altares...

---

[234] "An Analysis of Ritualistic and Religion-Related Child Abuse Allegations - Law and Human Behaviour" Vol. 20, N°1, 1996.

- Rituales que implican la tortura y el sacrificio real o simulado de animales.
- Rituales que implican sacrificios con matanzas reales o simuladas de seres humanos.
- Rituales que implican actos reales o simulados de canibalismo.
- Rituales que implican la obligación de asistir o participar en prácticas sexuales.
- Rituales con pornografía infantil.
- Rituales con drogas.
- Rituales para atar a un niño a Satanás o a una entidad demoníaca.
- Abuso por parte de un sacerdote, rabino o pastor.
- Abuso cometido en un entorno religioso, escuela religiosa o centro religioso.
- "Cría" de recién nacidos para rituales de sacrificio.
- Abuso que provoca periodos de amnesia o perturbación recurrente en determinadas fechas.
- Abuso revelado por un individuo con un trastorno disociativo o de personalidad múltiple causado por un abuso ritual o religioso.

Esta lista no es exhaustiva. En 1989, la Comisión para la Mujer de Los Ángeles, presidida por Myra B. Riddell, publicó el informe del Grupo de Trabajo sobre Abuso Ritual, con aportaciones de la Dra. Catherine Gould y la Dra. Lynn Laboriel. Riddell, con la participación de la Dra. Catherine Gould y la Dra. Lynn Laboriel. La comisión de estudio estaba compuesta por profesionales de los sectores de la medicina, la salud mental, la educación y la justicia, así como por miembros de organizaciones de apoyo a las víctimas. Este informe menciona los tipos de abusos físicos y psicológicos descritos por los supervivientes y sus terapeutas:

- Encerrar a la víctima en una jaula, un armario, un sótano o cualquier otro lugar cerrado, diciéndole que va a morir allí. Algunas víctimas dicen haber sido encerradas en un ataúd y enterradas vivas para simular la muerte. Uno de los miembros del grupo acude entonces al "rescate" del niño traumatizado, que establecerá un vínculo privilegiado con su salvador, que será percibido como un aliado. El confinamiento puede hacerse con insectos o animales. Este "juego" de aislamiento y liberación hará que el niño sea aún más vulnerable al adoctrinamiento y a las prácticas destructivas del grupo.
- Humillación mediante abuso verbal, desnudez forzada delante del grupo, ingestión forzada de orina, heces, sangre, carne humana o semen. Obligado a cometer actos atroces como la mutilación, el asesinato o la violación de un niño o un bebé.
- Con la culpa y las amenazas de denuncia, se engaña a la víctima haciéndole creer que su participación en las atrocidades fue voluntaria. Este sentimiento de culpa y vergüenza ayuda a mostrar lealtad y fidelidad a la secta y sus doctrinas. Se adoctrina a las víctimas para que crean que el grupo hiperviolento es el único refugio seguro que puede aceptarlas y protegerlas y que no tiene sentido buscar ayuda en el exterior. Se adoctrina al niño para que crea

que Dios le ha rechazado y abandonado, que está atado a Satanás y que no hay forma de salir del grupo.

- Violencia física que incluye la violación y la tortura sexual, generalmente realizadas en grupo, la zoofilia, las descargas eléctricas, el ahorcamiento de manos o pies, la inmersión en el agua hasta casi ahogarse, la privación de comida, agua y sueño. Una víctima en estado de agotamiento está mucho más expuesta al control mental porque la fatiga merma su capacidad de juicio. La tortura dolorosa hace que el niño se disocie y, como un prisionero de guerra bajo tortura, se vuelve dispuesto a hacer lo que sea necesario para que el dolor cese. El dolor físico suele estar asociado a la excitación sexual que el niño no está preparado para afrontar. El dolor y el placer se combinan para ayudar a establecer una relación insana entre los niños y los abusadores. El síndrome de Estocolmo se explota al máximo para crear un vínculo entre víctimas y agresores.

- Hacer que la víctima se sienta constantemente vigilada y controlada por los autores y sus aliados espirituales (espíritus, demonios, deidades). Se manipula al niño para que crea que las "paredes tienen oídos" y que un "ojo que todo lo ve" vigila constantemente sus acciones. El niño es sometido a todo tipo de mentiras cuyo objetivo es reforzar la omnipotencia y omnipresencia de los autores.

- Juramento de secreto bajo pena de muerte si la víctima revela algo. Programación mental para que la víctima se suicide en caso de recuerdo o revelación de actividades sectarias y delictivas. Alta vulnerabilidad al autosabotaje y a los impulsos autodestructivos cuando la víctima comienza la terapia e intenta abandonar el grupo de la secta.

- Uso de drogas psicotrópicas que alteran y confunden la conciencia de la víctima, facilitando así la agresión sexual. Los fármacos psicotrópicos pueden inyectarse, administrarse por vía oral, en forma de supositorios o incorporarse a los alimentos o bebidas. Los efectos hipnóticos y paralizantes provocan en la víctima confusión mental, somnolencia y deterioro de la memoria. Los perpetradores se basan en estos cambios de conciencia inducidos por las drogas para reforzar la ilusión de que tienen un poder absoluto sobre el niño. Las víctimas también pierden la noción de la frontera entre el grupo y el yo, y llegan a identificarse con el grupo y a sentirse como una extensión del mismo. La pérdida de autoestima contribuye al desarrollo de la malicia y la rabia interior.

- Utilización del control mental, la hipnosis, el condicionamiento y la programación con el uso de "disparadores" para manipular las diferentes personalidades de la víctima. Los supervivientes de los abusos rituales informan de intensas proyecciones de luz en los ojos durante las sesiones de programación. Estas luces parecen causar desorientación e inducir un estado de trance, disminuyendo así la resistencia de la víctima y aumentando su capacidad de sugestión para la programación.

- Coaccionar a la víctima para que trabaje para la secta en el exterior, ejerciendo la prostitución, el tráfico de drogas y otras actividades ilegales. Infiltración de las instituciones sociales (escuelas, iglesias, fuerzas del orden, tribunales, psiquiatría, política...) para ampliar la esfera de influencia del grupo.

- Explotación de los embarazos recurrentes tras la violación de algunas jóvenes del grupo utilizadas como "reproductoras". El objetivo es proporcionar regularmente al culto bebés no declarados. Estos bebés se utilizan para alimentar los sacrificios rituales o el mercado negro, mientras que estos embarazos y partos traumáticos sirven para "romper" y controlar aún más a la víctima. Las jóvenes víctimas pueden ser obligadas a someterse a un tratamiento hormonal para acelerar la pubertad.

- Utilización de rituales como la *"cirugía mágica"* (más sobre esto en el capítulo 7), diversos "ritos de paso" como el *"ritual de renacimiento"* y el *"matrimonio ritual", con el* fin de reforzar el sometimiento al culto. El adoctrinamiento espiritual es una cuestión clave en estos grupos. Un matrimonio ritual puede ser entre un niño y su verdugo, entre dos niños o entre el niño y Satanás. Estos rituales de "renacimiento" y "matrimonio" tienen como consecuencia la vinculación de la víctima, tanto psicológica como espiritualmente, al grupo y a los poderes del mal. El hermanamiento no biológico también se utiliza como medio de control mental. Por ejemplo, dos niños pequeños serán iniciados en una ceremonia con una *unión mágica de* sus almas, entonces se convierten en *gemelos inseparables para la eternidad.* Cada uno de ellos compartirá la mitad de la misma programación mental, lo que les hará interdependientes el uno del otro. Estas alianzas rituales encadenan a las personalidades alteradas creadas por los traumas extremos, personalidades alteradas que permanecerán fieles a la secta hasta que sean retiradas de la misma con un trabajo de desprogramación.

b/ Simbolismo de la muerte y el renacimiento

Como vimos en el capítulo 2, los "rituales de renacimiento" con el paso por una muerte y un renacimiento simbólicos eran una característica común de las religiones mistéricas. Esta práctica de "resurrección" simbólica también está presente en las tradiciones chamánicas. Aquí, Lloyd deMause retoma la descripción de un ritual chamánico comparándolo con el parto real: *''Cuando el redoble de tambores se acelera (latidos y contracciones)... toda la estructura cruje como una ola cósmica sobre mi cabeza (ruptura de las aguas amnióticas)... y en un esfuerzo supremo tengo que seguir adelante, mis piernas están bloqueadas (paso por el canal de parto)... mi cráneo es un tambor, mis venas van a reventar y a perforar mi piel (anoxia)... Me absorben y me apartan tanto hacia abajo como hacia arriba (nacimiento)... Finalmente, es como si volviera de muy lejos, de una profundidad infinita en la que he estado anidado. Y de repente la superficie, el aire, de repente este blanco deslumbrante.''*[235]

Este tipo de resurrección iniciática se menciona con frecuencia en los testimonios de los supervivientes de los abusos rituales modernos. Esta muerte y renacimiento puede estar simbolizada por un entierro real en un ataúd o bóveda

---

[235] *La vida emocional de las naciones* - Lloyd deMause, 2002.

en un cementerio. Algunos supervivientes dicen incluso haber sido colocados en el cadáver de un animal muerto y, en algunos casos, en un cadáver humano. La doctora Judianne Densen-Gerber, abogada y psiquiatra estadounidense especializada en abusos a menores, habla de un ritual satánico en el que se coloca a un niño en el vientre abierto de una mujer a la que se le acaba de practicar una cesárea para extraerle el bebé. Este ritual también fue descrito por Kathleen Sorenson y el superviviente Paul Bonacci (más adelante se hablará de sus testimonios). El senador John De Camp recoge las palabras de Densen-Gerber en su libro *"El encubrimiento de Franklin"*: *"Llevo bastante tiempo en este negocio y tuve que darme cuenta de lo que me decían estos tres pacientes. Era algo tan horrible de imaginar para mí. Tomar un niño de dos años y ponerlo en el vientre abierto de una mujer moribunda. Tener a ese niño cubierto de sangre. Yo mismo uso la negación después de todos estos años... Según Sorenson, esto ocurrió en Nebraska, hoy está muerta. Pero lo mismo, la misma ceremonia, fue descrita por Bonacci, también en Nebraska."*[236]

La ex satanista Stella Katz describe así la ceremonia de renacimiento en la que se desdobla la personalidad del niño: *"Puede ser un cadáver de vaca, una cabra grande o una oveja. A los niños se les dice que sólo pueden entrar en el reino de las tinieblas si nacen de la sangre y la bestia. Esto es similar, pero de forma inversa a la creencia cristiana de que sólo los nacidos del agua y del Espíritu Santo podrán entrar en el Reino de Dios. El niño es drogado y colocado desnudo en una carcasa. Se le cose en el cuerpo (...) Se introduce la mano del "repartidor" y se tira del niño a través de la incisión que se ha hecho en el animal. Durante esta experiencia, el niño, acostumbrado a desdoblarse cuando se le aterroriza, creará un nuevo desdoblamiento* (nota del editor: nuevo alter/personalidad). *A continuación, la persona que entrega el niño suele identificarlo con un nombre demoníaco."*[237]

Fritz Springmeier también describe el mismo tipo de rituales que sirven de bautismo satánico: "Esta ceremonia puede variar en algunos detalles, pero aquí está el ritual que se realiza para un niño destinado al control mental de los Monarcas: se desnuda al niño y se le pone una túnica púrpura. Se coloca dentro de un pentagrama con una mujer desnuda como altar ante el que se presenta el niño. A continuación, se sacrifica un caballo o chacal con la inscripción "Nebebka" en el cuello o en la frente en nombre de Satán (el nombre que se le da puede variar según el grupo, puede ser "Set" o "Saman", por ejemplo). Se abre completamente el abdomen de la bestia y se extrae el hígado. A continuación se invoca a los cuatro espíritus guardianes de los cuatro puntos cardinales, las "torres de vigilancia". A continuación, el niño monarca se unta con la grasa del animal muerto. A continuación, se convoca a un espíritu guardián con una campana y se coloca al niño en el vientre del animal. Una parte del hígado crudo

---

[236] *The Franklin Cover-Up: Child Abuse, Satanism, and Murder in Nebraska* - John W. De Camp, 2011, p.212.

[237] *Healing The Unimaginable: Treating Ritual Abuse And Mind-Control* - Alison Miller, 2012, p.110.

se da al niño y el resto se lo come el grupo. El niño es finalmente bautizado con la sangre del animal sacrificado."[238]

La recreación del trauma del nacimiento (o incluso la regresión intrauterina) es una característica común de los abusos rituales satánicos (tal vez inconscientemente vinculada al trauma inicial de los embarazos gemelares en los que el feto experimenta la muerte de su(s) gemelo(s) junto a él en el útero...). Parece que la ansiedad del iniciado por permanecer permanentemente en unión con la madre, y evitar así la repetición del trauma del nacimiento, se ilustra en los antiguos cultos gnósticos. Estas religiones mistéricas expresaban su rechazo a Dios Padre mediante el deseo de volver a la Diosa Madre. Los rituales de nacimiento, o renacimiento, provienen de los antiguos cultos de fertilidad vinculados a la Diosa Madre. La "Madre" y la orgía incestuosa fueron elevadas al estatus de ritual divino en oposición al "Dios Padre". En los antiguos Misterios, el iniciado recibía la promesa de la omnipotencia divina, una unión cósmica con el "todo", a través de la unión simbólica con "La Madre". En los Misterios de Eleusis, había una iniciación llamada el "Descenso Oscuro" a la Madre. El hierofante era acompañado en esta oscura iniciación por una sacerdotisa que representaba a la Diosa Madre, el descenso a su vientre. En el culto al Misterio Frigio, el iniciado desciende a una fosa y se le derrama la sangre de un animal, tras lo cual recibe la *"leche nutritiva"*. Como vimos en el capítulo 2, la secta fibionita pretendía reunir el semen masculino y la menstruación femenina en una especie de *"culto al esperma" en* el que se consumían incluso fetos humanos. Todos estos ritos giran en torno a la fecundidad, mezclando tanto la fecundidad de la *"madre tierra"* como la fecundidad humana, dando lugar a menudo a prácticas totalmente depravadas y criminales.

Para el psicohistoriador Lloyd deMause, la única manera de dar sentido a ciertos elementos presentes en los abusos rituales es considerar que reviven simbólica e incluso físicamente el trauma del nacimiento. Entre ellas, el confinamiento en vientres simbólicos (jaulas, cajas, ataúdes, pero también vientres orgánicos reales), colgando boca abajo, lo que reproduce la sensación del feto en el útero. La inmersión de la cabeza en el agua durante la tortura reproduce la experiencia del líquido amniótico, mientras que la asfixia reproduce la anoxia que todos los bebés experimentan durante el parto. La víctima es obligada a beber sangre y orina, al igual que el feto "bebe" sangre de la placenta y se "baña" en su orina. Los rituales suelen realizarse en túneles o sótanos, lugares subterráneos oscuros y húmedos que simbolizan el confinamiento del canal vaginal o matriz. Los dieciséis elementos característicos del abuso ritual que los investigadores Jean Goodwin y David Finkelhor han identificado están todos relacionados con la recreación del trauma del nacimiento. Sin un "nacimiento" simbólico, todos estos actos no tendrían sentido. Algunos investigadores se han preguntado sobre estos protocolos sistemáticos en el abuso ritual: *"¿Por qué violar de una manera tan complicada?* Porque este proceso

---

[238] *La fórmula de los Illuminati utilizada para crear un esclavo indetectable con control mental total* - Fritz Springmeier y Cisco Wheeler, 1996.

representa el *drama fetal* que debe reproducirse y revivirse, ciertamente de forma inconsciente.

En el libro "*The Witches' Way: Principles, Rituals and Beliefs of Modern Witchcraft*", Janet y Stewart Fenar relatan el testimonio de una víctima que fue atada desnuda y en estado de trance y llevada a una cueva por un grupo de mujeres desnudas. Una vez en la cueva, las mujeres la pasaron por debajo de las piernas, gesticulando y gritando, como si dieran a luz. A continuación, se cortó un cordón umbilical simbólico y se roció a la víctima con agua. En su libro *Symbolic Wounds*, Bruno Bettelheim también describe ritos relacionados con la pubertad en los que los jóvenes tienen que arrastrarse bajo las piernas de los hombres mayores, en un renacimiento simbólico. En el libro "*Michelle Remembers*", la superviviente Michelle Smith recuerda su ritual de "nacimiento". Primero apuñalaron a un bebé, luego lo colocaron entre las piernas de Michelle y le untaron su sangre, como si poseyera "poder". Luego le pintaron símbolos rojos en el cuerpo y tuvo que meter la cabeza entre las piernas de una mujer y arrastrarse como si la mujer la estuviera pariendo. También describe otro ritual en el que la colocaron dentro de una estatua de yeso del diablo y la cubrieron de sangre. Dice que se sintió como en un "tubo de pasta de dientes" cuando fue expulsada: *"Estoy naciendo, tengo algo grueso enrollado alrededor del cuello pero un hombre corta esta cuerda para que no me ahogue."*[239]

La sociedad secreta *Skull and* Bones practica un ritual de muerte simbólico en el que el iniciado es colocado desnudo en un ataúd y tiene que someterse a varios pasos traumáticos para renacer y que su vida se transforme. En este ataúd, también debe confesar sus actividades sexuales más oscuras. Para los *Skull and Bones*, durante la noche del ritual el iniciado *"muere al mundo para renacer en la Orden (...) Mientras está en el ataúd para un viaje simbólico por el inframundo para su renacimiento, que tendrá lugar en la cámara número 322, la Orden viste entonces al caballero "recién nacido" con una ropa especial, indicando que a partir de ahora tendrá que adaptarse a la misión de la Orden.*[240] El juramento prestado por el iniciado durante este ritual de renacimiento jura una lealtad a la Orden secreta que supera todo lo que concierne al mundo profano. Es una lealtad total al grupo...

Este tipo de ritual es común en el satanismo. En su libro *The Satanic Rituals: Companion to the Satanic Bible*, Anton Lavey, el fundador de la Iglesia de Satán, escribió: *"La ceremonia de renacimiento tiene lugar en un gran ataúd, de forma similar este simbolismo del ataúd se encuentra en la mayoría de los rituales de la logia."*[241]

La ex-iluminati 'Svali', una superviviente de los abusos rituales y del control mental que, de alguna manera, ha abandonado la secta para dar su

---

[239] "Por qué las sectas aterrorizan y matan a los niños" - Lloyd de Mause, The journal of Psychohistory 21, 1994.

[240] The Last Secrets of Skull and Bones - Ron Rosenbaum, *Esquire Magazine*, 1977.

[241] "The Satanic Rituals: Companion to the Satanic Bible" - Aton Lavey, 1976, p.57.

testimonio, afirmó que uno de sus rituales más antiguos es la *'ceremonia de resurrección'*. El Fénix es uno de los símbolos que más valoran, y la muerte y el renacimiento a una nueva vida forman parte de los rituales de la élite luciferina. Veremos en el capítulo 6 en qué consiste este ritual de "resurrección" (y programación de MK), que llega a provocar una experiencia cercana a la muerte (ECM) en la pequeña víctima.

c/ Sacrificio de sangre

Los grupos satanistas más duros creen que la mejor manera de elevar la energía es a través del acto sexual o del sacrificio, ya sea de un animal o de un ser humano... Entonces se libera una gran cantidad de energía, más aún con un ser humano. Si quieres aumentar este poder supremo, sacrifica a alguien. La mayor cantidad de energía será con un bebé, luego con una virgen. - Bill Schnoebelen

Un sacrificio puede ser un objeto que sirve de ofrenda a un dios, entidad o deidad para establecer, restaurar o mantener una buena relación del hombre con lo sagrado. También se trata de obtener ayuda, favores materiales o poder espiritual, como los poderes psíquicos y mágicos. La cremación es una forma de poner la ofrenda directamente a disposición de los dioses. Los rituales de sangre (sacrificios o sangrías) se basan en la creencia de que la fuerza vital del ser humano o del animal está en su sangre. Los sacrificios siguen un determinado calendario religioso que varía según el culto, también pueden realizarse de forma puntual para un cumpleaños, por ejemplo. En el pasado, la ofrenda de una vida humana a un dios (demonio) se utilizaba generalmente como ritual para la fertilidad terrestre y las cosechas, hoy en día los sacrificios se utilizan más a menudo para obtener poderes y favores personales. El canibalismo se combina a menudo con el sacrificio humano debido a la creencia de que la ingestión de sangre y carne humana puede absorber la energía vital de la víctima. Los adultos y los niños supervivientes de los abusos rituales afirman que el objetivo de estas prácticas es obtener ciertos poderes mágicos. Los supervivientes explican que el consumo de sangre y el canibalismo son una forma de que el abusador o los abusadores se apoderen del poder espiritual de la víctima. Wallis Budge escribió sobre los actos caníbales registrados en el *Libro de los Muertos egipcio*: "*La noción de que al comer carne, o más particularmente al beber la sangre de otro ser vivo, el hombre absorbe la vida de la víctima en su propia vida, es algo que aparece en las culturas primitivas en diversas formas.*"[242]

Estos relatos de sacrificios humanos siempre plantean una cuestión de credibilidad ante el público. ¿De dónde proceden las víctimas sacrificadas y dónde están los *restos*? Algunos testimonios informan de que las víctimas suelen proceder del interior de la secta, es decir, son bebés nacidos de una violación

---

[242] *El Libro Egipcio de los Muertos* (El Papiro de Ani) Transliteración y traducción del texto egipcio - E. A. Wallis Budge, 1967.

para ser sacrificados. Pero también pueden ser personas sin hogar, adultos o niños desaparecidos. Hay un silencio ensordecedor en los medios de comunicación y una falta de cifras oficiales sobre el número anual de desapariciones... La explicación de la ausencia de restos puede ser también el canibalismo, el acceso de la secta a morgues y crematorios, la congelación de la carne, la conservación de los huesos para prácticas mágicas... etc. En el año 2000, en un plató de televisión de France 3 *(Viols d'Enfants, la Fin du Silence?)*, la ex fiscal adjunta de Bobigny, Martine Bouillon, declaró que se habían descubierto varias fosas comunes de niños en la región de París y que se estaba investigando en ese momento...

La víctima, adulta o infantil, que ha sido torturada y aterrorizada durante el ritual antes de ser asesinada, tendrá su sangre cargada de endorfinas (morfina endógena). Estas endorfinas son segregadas naturalmente por el cuerpo durante el estrés intenso o la actividad física y son un opiáceo natural que actúa como analgésico. En los deportistas, la liberación de endorfinas les permite mantener altos niveles de esfuerzo y a menudo desarrollan una adicción a la sensación que proporcionan las hormonas, el llamado "subidón *del corredor*". Una víctima de violación y tortura, cuyo dolor ha sido llevado al límite, tendrá un nivel extremadamente alto de endorfinas en su sangre. Esta sangre será consumida como una droga por los participantes en el ritual, que ya se encuentran en un estado disociativo. Por lo tanto, puede desarrollarse una forma de adicción mediante el consumo de sangre humana o animal cargada de endorfinas.

El ex luciferino Svali informa de que "la rama celta (de la secta 'illuminati') cree que el poder se transmite en el momento de pasar de la vida a la muerte. Realizan rituales de iniciación con niños o con seguidores mayores. El iniciado es atado y un animal es desangrado sobre él. La creencia es que la persona recibe entonces el poder del espíritu que sale del cuerpo, este poder 'entra' en el iniciado (...) Estas personas creen realmente que existen otras dimensiones espirituales, y que para acceder a ellas hay que hacer un gran sacrificio para 'abrir un portal', normalmente mediante el sacrificio de varios animales. También he visto sacrificios de animales realizados para la protección, la sangre se utiliza para "cerrar el círculo" para que ciertas entidades demoníacas no puedan entrar. Seguimos encontrando esta noción de bautismo por sangre, el animal se desangra sobre el iniciado para cubrirlo de hemoglobina, al igual que en el culto mistérico de Mitra.

Para el satanista Aleister Crowley, la *"mejor sangre"* es la sangre menstrual de una mujer, luego la *"sangre fresca de un niño"* y finalmente la de los *"enemigos"*.[243] En su libro *"Magick in Theory and Practice"*, Crowley escribió: *"La sangre es la vida. Esta simple afirmación es explicada por los hindúes, para quienes la sangre es el principal vehículo del "Prana" vital... Esta es la teoría de los antiguos magos, para quienes todo ser vivo es una reserva de energía que varía en cantidad según el tamaño y la salud del animal, y en*

---

[243] "Painted Black: From Drug Killings to Heavy Metal: The Alarming True Story of How Satanism Is Terrorizing Our Communities" - Carl A. Raschke, 1990.

calidad según su carácter mental y moral. Cuando el animal muere, esta energía se libera repentinamente. (Con fines mágicos) Primero hay que matar al animal en un círculo, o triángulo según el caso, para que la energía no pueda escapar. La naturaleza del animal seleccionado debe estar en consonancia con la naturaleza de la ceremonia. Por lo tanto, para el trabajo espiritual más elevado, debe elegirse la víctima más pura y poderosa. Un niño varón de perfecta inocencia e inteligencia es la víctima más adecuada y deseable. Algunos magos que rechazan el uso de la sangre se han esforzado por sustituirla por el incienso... Pero el sacrificio de sangre, aunque más peligroso, es el más eficaz, y en casi todos los casos el sacrificio humano es el mejor."[244]

Fritz Springmeier explica que los sacrificios de sexo y sangre se utilizan para interactuar con los demonios. Las misas negras con sacrificios de sangre también implican orgías. La depravación y la magia sexual son formas de interactuar con los demonios, también libera la tensión presente durante la ceremonia asesina. Algunas entidades especialmente poderosas sólo pueden ser invocadas si hay sacrificios. Los demonios no salen gratis y el precio a pagar es la sangre. Satanás exige un sacrificio y el niño es la mayor ofrenda porque es el más puro, añade la tortura y el abuso sexual y tienes la ofrenda definitiva. Al igual que en los sacrificios humanos, en los que se sacrifica y vampiriza la pureza del niño, la magia sexual satánica también requiere esta inocencia y pureza para ser más efectiva. La combinación de ambos es la máxima contaminación y, por tanto, la máxima ofrenda. El verdugo aterrorizará al niño para elevar su miedo y su *energía al* máximo... Luego lo viola, y lo mata en el momento del orgasmo para vampirizar la totalidad de la energía vital. En la misa negra, es el sacrificio de sangre (magia roja) y luego el elemento orgiástico (magia sexual) lo que constituirá la *"Vibración"* buscada por los satanistas. Cuando la sangre se derrama, atrae a ciertos poderes demoníacos más o menos elevados jerárquicamente, pero también a las larvas que pueblan el bajo astral.

El asesino en serie Ottis Tool ha afirmado haber participado en ceremonias satánicas extremas. Esto es lo que le dijo a Stéphane Bourgoin, que lo entrevistó en prisión para su documental *"Paroles de Serial-Killers"*:

- El iniciado, que degüella a la persona, primero se la "folla", y los animales también se la "follan". Luego se "follan" a los animales y después los matan. Cocinaron a la persona y a los animales e hicieron un gran festín.

- ¿Fue cuando formabas parte del culto satánico?

- Sí... Lo hacían... Eran muchos. No podías... no podías reconocerlos, normalmente llevaban una máscara o un gorro cubriendo su cara. En algunos casos se sabía quién era miembro, pero... no se pueden entregar las obligaciones principales, porque eso sería un infierno, peor de lo que ya es... No se pueden revelar las contraseñas y esas mierdas...

Tanto en los cultos luciferinos como en los satanistas, el objetivo es demostrar que Satanás o Lucifer es más poderoso que Dios el Creador. Algunos grupos estrictamente satanistas utilizan un sistema basado en la inversión de la

[244] *Magick: in Theory and Practice* - Aleister Crowley, 1973, p.219.

tradición cristiana, tanto en las ceremonias como en los símbolos. La cruz será invertida, el matrimonio con Dios es reemplazado por el matrimonio con Satanás. El bautismo de agua y del Espíritu Santo es sustituido por el bautismo de sangre animal o humana. La misa negra invierte la misa católica en el sentido de que los participantes comen realmente carne sacrificada (humana o animal) y beben la sangre de la víctima, por lo que los satanistas practican una especie de comunión con su Maestro, una santificación invertida. Como veremos ahora, también hay un *"sacrificio vivo"*, que también es una desviación e inversión total de las enseñanzas crísticas.

d/ El sacrificio vivo

La terapeuta Patricia Baird Clarke, en su libro *"Sanctification in* Reverse*: The* Essence *of Satanic Ritual Abuse"*, describe cómo funciona el "sacrificio en vida" de un niño entre los satanistas:

- Las personas que participan en actividades ocultas tienen un cierto grado de separación entre el alma y el espíritu que les permite ver, oír y sentir a las entidades que viven en otro plano. Todas estas personas son, sin excepción, ilusas y están mentalmente confundidas. Muchos creen, entre otras cosas, que pueden comunicarse con los muertos, aunque la Biblia afirma claramente que esto es imposible. Los espíritus demoníacos pueden aparecer o adoptar cualquier forma, incluida la humana, y así engañar a los humanos haciéndoles creer que pueden darles fama, fortuna e incluso la bendición y la vida eterna.

El poder espiritual sólo puede venir de dos fuentes: Jesucristo o Satanás. Dios da el poder de vencer todo pecado y tentación al dar su Espíritu Santo a los que creen en el sacrificio expiatorio de su Hijo Jesucristo. Aquellos involucrados en la oscuridad del ocultismo son alimentados por los demonios. En el mundo del culto satánico, los demonios son poderes. Si alguien dijera que tiene el poder de la percepción extrasensorial, también podría decir que tiene el demonio de la PES. Los seres humanos no tienen poderes sobrenaturales, estos poderes provienen de entidades espirituales. Cuantos más demonios tenga uno, más poderes tendrá a su disposición para satisfacer sus propios intereses egoístas. Los grandes poderes (demonios) deben pasar por la innoble práctica del abuso ritual satánico.

En el abuso ritual satánico, un bebé o niño será "elegido" y seleccionado como un individuo "especial" a través del cual los seguidores pueden recibir energía. Para recibir energía siempre debe haber un sacrificio; este es un principio del Reino. Jesucristo fue el sacrificio perfecto que se entregó a sí mismo una vez por todas, y al creer en Él, los cristianos reciben el poder para vencer el mal y vivir una vida cristiana victoriosa. Sin embargo, este poder sólo está disponible para los cristianos si están dispuestos a vivir de acuerdo con las instrucciones de Dios, incluyendo Romanos 12:1, donde se nos dice: "Ofreced vuestros cuerpos como sacrificio vivo, santo, agradable a Dios, que es el culto razonable de vuestra parte. ''. La mayoría de las personas que saben algo sobre el culto satánico han oído hablar de la matanza de bebés como sacrificio a

Satanás. Sin embargo, pocos han oído hablar de la noción de un sacrificio vivo exigido por Satanás.

Dios ordena a los cristianos que se conviertan en un sacrificio vivo para Él. Un adorador de Satanás no estaría dispuesto a ser un sacrificio vivo para nadie, porque la esencia misma del satanismo se basa en el egoísmo y la codicia, pero para acceder a los poderes y a la fuerza, debe haber un sacrificio vivo. Por lo tanto, un bebé o niño indefenso será elegido para ser el sacrificio vivo a Satanás. A continuación, se somete al niño a muchos rituales dolorosos y aterradores en los que se invoca a los demonios para que posean al niño, convirtiéndolo así en un "depósito" o "batería" para almacenar poderes satánicos que pueden ser utilizados a voluntad por los miembros de la secta. La forma más común de acceder a estos poderes es a través de la perversión sexual en el niño. Por supuesto, el niño crecerá y madurará hasta convertirse en adulto, pero debido a la gravedad del abuso y la programación psicológica, nunca se dará cuenta de que posee estos poderes. Sufrirá durante toda su vida tanto por el acoso de los demonios como por su programación mental y por los propios maltratadores. Esta persona se ha convertido en un sacrificio vivo para Satanás y su vida es un infierno.

Esta es una abominable malversación y perversión de una gloriosa verdad bíblica dada por Dios para llevar a su pueblo a una relación cercana y amorosa con Él y así llenar sus vidas de bendiciones.

Ahora está claro que estas consecuencias del abuso ritual satánico requieren un ministerio espiritual. Las mejores técnicas psicológicas o los mejores conocimientos conocidos por el hombre nunca podrán liberar a una persona atormentada por espíritus demoníacos. Sólo los cristianos facultados por el Espíritu Santo tienen el discernimiento y el poder de liberar a las personas torturadas por los demonios. Nuestro poder sobre estas entidades es directamente proporcional a la medida en que hemos estado dispuestos a morir a nosotros mismos para permitir que Cristo nos llene de sí mismo. Si estamos dispuestos a ser un sacrificio vivo para Dios, tenemos el amor y el poder de liberar a aquellos que, contra su voluntad, han sido sacrificios vivos para Satanás.[245]

Cuando Patricia Baird Clarke escribe "La forma más común de acceder a estos poderes es a través de la perversión sexual del niño", se trata de auténtica magia sexual.

e/ Los niños de la rabia

> *... la aparición repentina en un niño dócil y amable de una personalidad que delira, grita, ríe a carcajadas, profiere blasfemias atroces y parece invadido por un ser extraño.* "La brujería en Inglaterra" - Barbara Rosen

---

[245] "Santificación al revés: la esencia del abuso ritual satánico" - Patricia Baird Clarke, Five Stone Publishing, 2013.

Los terapeutas nos identificamos mucho más con el dolor y el sufrimiento de nuestros pacientes que con el otro lado de la división, es decir, la rabia, la venganza, la perpetración... Estos sentimientos, como todos los demás, son difíciles, pero hay que abordarlos en la terapia. Personalidad múltiple y disociación: entender el incesto, el abuso y el MPD - David Calof

Debido a la extrema violencia que implica, el abuso ritual crea una enorme tensión interna en el niño. Esta rabia interiorizada es aprovechada por el grupo para adoctrinar al niño en un sistema en el que la violencia y la furia se valoran e incluso se fomentan. Al niño que ha sido violado y torturado repetidamente en grupo no se le permite expresar su ira, esta violencia (o carga negativa) que tiene que evacuar sólo puede hacerlo torturando a otros niños y a veces incluso matándolos. Por lo tanto, estos comportamientos hiperviolentos son fomentados y recompensados por los adultos, que se sirven de ello para hacer sentir al niño que ya es tan violento como ellos y que esto es una prueba de que realmente se está convirtiendo en un miembro del grupo, y por lo tanto tan culpable como los demás...

Los comportamientos muy violentos tienen su origen en los dos primeros años de vida; lo mismo ocurre con el sentimiento de culpa, que es precioso porque es la única forma de evitar que se repitan los actos violentos. Cuando este sentimiento no se forma en este periodo temprano, es difícil adquirirlo más adelante; detrás de los actos violentos de apariencia "primitiva" y sumaria, hay procesos complejos cuyas características principales son la no diferenciación entre uno mismo y los demás, los trastornos del esquema corporal y del tono muscular, la incapacidad de fingir y las disfunciones neurológicas debidas a cuidados maternos muy inadecuados Maurice Berger, "Soigner les enfants violents" (2012)

Para los grupos que practican el abuso ritual y el control mental, la mente del niño debe *romperse a* una edad temprana. Para ello, se multiplicarán las experiencias extremadamente traumáticas, con el objetivo de corromper la inocencia y crear estados disociativos. Los niños que normalmente tienen una empatía natural y alegría de vivir, se convierten en "soldados" o "sacerdotes" capaces de herir e incluso matar sin sentir ninguna empatía. La única manera de lograr ese comportamiento es mediante el proceso de disociación. La fractura del niño en varias personalidades disociadas es un fenómeno de protección contra los traumas graves. Son los trastornos disociativos profundos los que permiten torturar y matar de forma robotizada sin tener conciencia real de la gravedad de los actos. Para estos grupos hiperviolentos, la compasión no es aceptable y debe ser neutralizada desde los primeros años de vida del niño, que muy rápidamente, bajo el peso del trauma, desarrollará múltiples personalidades deshumanizadas.

Los niños que son víctimas de abusos físicos, psicológicos y sexuales desarrollan una carga interna negativa en proporción al sufrimiento y la repetición del trauma. Esta carga negativa es un recuerdo traumático latente, pero no obstante está presente en el niño que tendrá que sobrevivir a las consecuencias psicotraumáticas de la violencia. Para hacer frente al despertar de este recuerdo traumático, el niño recurrirá a comportamientos disociativos para crear una disyunción que anestesie esta tensión intolerable, esta carga emocional negativa. Esta disyunción se producirá durante los comportamientos disociativos de dos maneras: o bien por un estrés extremo que provocará una producción repentina de hormonas, o bien por el uso de drogas. En un niño pequeño, estos comportamientos disociativos pueden adoptar la forma de conductas autodestructivas como la automutilación, la escarificación, los golpes, los mordiscos o las quemaduras; o incluso la puesta en peligro mediante juegos de riesgo o comportamientos violentos contra los demás, utilizando al otro como mecha en una lucha de poder para *desconectarse* y *anestesiarse*. Los cultos destructivos fomentan esta cadena de violencia empujando al niño (ya traumatizado) a convertirse en un verdugo y a comprender muy rápidamente que este comportamiento disociador, es decir, la violencia contra los demás, alivia y anestesia la propia memoria traumática del niño: es un círculo vicioso. (Volveremos sobre estas nociones de disociación y memoria traumática con más detalle en el próximo capítulo).

Jean Cartry, autor y educador especializado, escribió sobre el libro de Maurice Berger "¿Queremos niños bárbaros? Durante unos diez años, acogimos a cuatro hermanos, de los cuales los dos mayores vivieron durante un año con su madre, alternando las relaciones eróticas con una gran violencia. Por otro lado, los dos más pequeños se beneficiaron de una protección judicial temprana, especialmente el último, al que acogimos con cinco meses de edad. El juez no dudó y lo sacó de la sala de maternidad. Los dos primeros, de treinta y diecinueve meses, eran los niños más violentos y peligrosos que hemos conocido. En cambio, sus hermanos menores nunca fueron violentos."

En 1990, *la HBO* emitió un documental titulado *"Child of rage"* en su serie *"America Undercover"*. Este inquietante documental revela cómo una niña de seis años, Beth Thomas, torturaba a los animales y abusaba sexualmente de su hermano menor Jonathan. Se trata de una recopilación de grabaciones de vídeo que el Dr. Ken Magid, psicólogo clínico especializado en el tratamiento de niños gravemente maltratados, realizó durante las sesiones de terapia con la pequeña Beth. Estos niños han sido tan traumatizados en sus primeros meses o años que no desarrollan un vínculo con otros niños o adultos. Son niños que no pueden amar ni aceptar recibir amor. Ni siquiera son conscientes de que pueden hacer daño o incluso matar (sin remordimientos).

La madre de Beth murió cuando ella tenía un año y ella y su hermano pequeño Jonathan quedaron a merced de su padre, un sádico pedófilo. Los niños estaban gravemente desatendidos y Beth sufrió abusos sexuales hasta los 19 meses, cuando los servicios sociales se los quitaron al padre y los dieron en adopción. En 1984, los dos niños fueron entregados a una pareja, Tim y Julie, a quienes no se les dio ninguna información sobre el pasado traumático de los niños. En el momento de la adopción, Jonathan tenía siete meses, no podía sostener la cabeza y no podía girar sobre su costado. Tenía una grave falta de estimulación y alimentación. Al cabo de unos meses, Tim y Julie empezaron a observar los extraños comportamientos de los niños y a conocer algunas cosas sobre su pasado. Pensaron que probablemente Beth había sufrido abusos sexuales y no tardó en mostrar signos de ello. Tenía una pesadilla recurrente en la que *"un hombre estaba acostado sobre ella y la lastimaba"*.

Los abusos de su padre biológico llevaron a Beth a tener un comportamiento violento y sexualizado, especialmente con su hermano menor Jonathan. También tenía tendencia a masturbarse repetidamente, hasta el punto de desarrollar una infección y tener que ser hospitalizada. Julie la pilló un día abusando sexualmente de Jonathan, que estaba llorando y con los pantalones bajados. Cuando Julie le preguntó qué había pasado, le dijo que *le había pellizcado el pene y le había metido un dedo en las nalgas*, que él le había rogado que parara pero que ella había continuado. A veces Beth clavaba agujas a su hermano y a sus mascotas. Cuando era un poco más mayor, llegó a golpear la cabeza de Jonathan contra el suelo de cemento del garaje, lo que requirió varios puntos de sutura. Por la noche, los padres adoptivos tenían que encerrarla en su habitación. La intención de Beth no era sólo hacer daño a su hermano, sino que quería matarlo... En las grabaciones de vídeo, expresa de forma muy tranquila y sobre todo muy fría su deseo de matar a su hermano, pero también a sus padres. El aspecto más perturbador del comportamiento de Beth fue su total falta de remordimiento y vergüenza por su comportamiento destructivo. Era muy consciente de que sus acciones eran erróneas y peligrosas, pero eso no le importaba.

A Beth se le ha diagnosticado un *"trastorno del apego"*, caracterizado por trastornos emocionales, conductuales y sociales. Esto puede adoptar la forma de una incapacidad para establecer interacciones sociales adecuadas. El niño puede mostrar un excesivo desapego o una excesiva familiaridad con los extraños. El caso de Beth implicaba una incapacidad total para desarrollar la empatía y una incapacidad para formar vínculos emocionales normales con un humano. El comportamiento de Beth era tan extremo que en abril de 1989 la sacaron del hogar de sus padres adoptivos y la pusieron en terapia intensiva con el terapeuta Connell Watkins. A pesar del comportamiento tan peligroso de Beth, esta terapeuta estaba convencida de que podía ayudarla como lo había hecho con otros niños, a veces asesinos que aún no habían cumplido los diez años... Poco a poco, en el transcurso de la terapia, Beth Thomas empezó a desarrollar la empatía, así como los remordimientos. Aprendió sobre el bien y el mal. A veces lloraba abiertamente cuando recordaba su comportamiento abusivo hacia su hermano pequeño. Se necesitaron varios años para que Beth recuperara el equilibrio, pero como todos los niños que han sufrido abusos graves, las cicatrices permanecerán de por vida. De adulta, Beth se licenció en enfermería. Escribió un libro titulado *"Más que un hilo de esperanza"*.

Otro caso famoso de niña hiperviolenta, incluso asesina, es el de la británica Mary Flora Bell. A los once años, fue declarada culpable del asesinato de dos niños de tres y cuatro años. Durante su primera infancia, Mary sufrió graves abusos sexuales y físicos. Su madre, que era una prostituta sadomasoquista, utilizaba a su hija durante las sesiones con sus clientes, por lo que la niña era sometida a atrocidades. A medida que crecía, Mary desarrolló una grave rabia que se manifestaba en la tortura de animales e intentos de estrangular a otros niños. Para ella, se trataba de simples *"masajes"*, no era consciente del peligro mortal de tales prácticas. Es probable que haya aprendido a estrangular durante las sesiones de sadomasoquismo con su madre. Al igual que Beth Thomas, Mary no desarrolló ningún vínculo emocional con sus padres, no conoció a su padre y su padrastro era un delincuente alcohólico, por lo que el caos en la casa era constante.

En mayo de 1968, Mary estranguló a Martin Brown, de cuatro años. Unos meses después, junto con su amiga Norma, estranguló a otro niño, Brian Howe, de tres años. Mary firmó su inicial *"M"* con una hoja de afeitar en el abdomen de la pequeña víctima, las niñas también habrían mutilado sexualmente el cuerpo con unas tijeras. María fue declarada culpable de homicidio por responsabilidad disminuida, pero fue condenada a cadena perpetua a pesar de que todavía era una niña en el momento del crimen: pasará doce años en prisión. Durante su estancia en la cárcel, Mary recibió terapia conductual gracias a la cual desarrolló el sentido del bien y del mal. Mostró signos de remordimiento por la violencia y los asesinatos que había cometido.

El Dr. Robert Orton, la primera persona que habló con Mary Bell durante su encarcelamiento, dijo de ella que mostraba los síntomas clásicos de una personalidad psicopática en su total falta de sentimientos hacia los demás. *No mostró el más mínimo remordimiento, lágrima o ansiedad. Estaba completamente impasible y sin resentimiento por sus acciones o su detención.* El psiquiatra también dijo que había visto a muchos niños psicópatas, pero que nunca se había encontrado con un caso como el de Mary, tan inteligente, tan manipulador y tan peligroso. Otro psiquiatra, el Dr. Westbury, dijo: *"La manipulación de la gente es su principal objetivo.* Gitta Sereny escribió en 1998 una biografía basada en entrevistas con Mary Bell bajo el título *"Cries Unheard: Why Children Kill, The Story of Mary Bell"* / *"Gritos no escuchados: Por qué matan los niños, La historia de Mary Bell."*

En 1998 se publicó el libro *"El castillo mágico"*, la historia de una madre que adoptó al joven Alex, un niño múltiple e hiperviolento. En 1984, a la edad de 10 años, Alex vino a vivir con Carole y Sam Smith. Tenía un archivo con mucha información sobre su pasado. Alex había vivido con su madre y su padrastro hasta los 5 años, cuando pasó a la custodia de su padre biológico debido al alcoholismo de su madre. Después, debido a los graves abusos y a la negligencia, Alex fue colocado en un hogar hasta la edad de 7 años. Luego pasó 3 años en régimen de acogida antes de llegar a Carole Smith. Cuando Carole fue a recogerlo, vio al joven Alex sentado en el césped con dos grandes bolsas de basura con sus pertenencias a su lado. Después dijo: *"Lo tuve durante quince días y fueron las dos semanas más largas de mi vida".*

Los problemas comenzaron para Carol y Sam en cuanto Alex llegó a su casa. Estaba constantemente enfadado y retraído. Además, tenía las reacciones de un niño de 2 años. Su comportamiento estaba fuera de control y rompió cosas en varias ocasiones. Carole tenía incluso miedo de sacarlo en público, *"Los comestibles se convirtieron en misiles y el carrito del supermercado en un tanque destructor"*, dice. Carol no tardó en darse cuenta del grave impacto psicológico de los abusos que había sufrido y de que iban a necesitar mucha ayuda y apoyo como consecuencia de ello. La trabajadora social encargada de su caso no le proporcionó mucha ayuda, por lo que Carole y Sam acabaron acudiendo a psiquiatras y trabajadores sociales del gobierno en busca de ayuda.

A medida que Alex crecía, sus problemas aumentaban, pero Carole perseveraba en el cuidado del niño, que ahora se había convertido en un miembro de su familia. A medida que los problemas de Alex se intensificaban, Carole intuía que podía haber algo aún más profundo en sus problemas de comportamiento. Un terapeuta pensó que podría tener personalidades múltiples, Alex tenía 14 años en ese momento. En ese momento estaba viendo a un terapeuta que utilizaba la hipnosis como forma de tratamiento. Para sorpresa de Carole, Alex pudo ser hipnotizado, y fue entonces cuando las otras personalidades comenzaron a revelarse. Los tres años siguientes fueron una agitación constante para Carole y Sam. Nunca sabían qué personalidad iba a surgir y cada vez aprendían más sobre los horrores que Alex había sufrido en su primera infancia. A través de la terapia, Alex aprendió a construir un *"Castillo Mágico"* para ayudarle a lidiar con su doble personalidad. En total, se descubrieron ocho personalidades, personalidades que se crearon en la infancia para ayudarla a sobrellevar el inmenso estrés del abuso repetitivo. En la conclusión del libro, Carole cita una declaración de Alex: *"Ser múltiple es un medio de supervivencia, no un signo de locura"*. En el momento de escribir este artículo, en 1998, Alex seguía viviendo con Carole y Sam, trabajando junto a su padre adoptivo.[246]

Tomemos un niño de 7 años criado en el abuso ritual al que se le da la daga del sumo sacerdote en la iniciación para que sacrifique a un bebé... imagina lo que será este niño a los treinta años si no ha abandonado la secta y no se ha hecho cargo de él. Lo más probable es que haya desarrollado un profundo trastorno disociativo con una personalidad múltiple que contiene uno o más alteres hiperviolentos profundamente enterrados en su sistema interno y que emergen durante ciertas ceremonias.

f/ Películas snuff

Georges Glatz es un político suizo y fundador del CIDE: *Comité Internacional para la Dignidad del Niño*. Esta ONG con sede en Lausana elaboró en 2012 un explosivo informe que mostraba la magnitud del fenómeno de la pedocriminalidad en red. Este informe pretende explicar por qué una manta de plomo cubre todos estos casos. En 2000, en el plató de France 3, George Glatz dijo a Élise Lucet que se habían encontrado en Bélgica películas que mostraban la muerte real de niños:

- **Georges Glatz**: Las cintas de películas snuff se venden entre diez y veinte mil francos suizos...
- **Élise Lucet**: ¿Qué quiere decir con "snuff-movies"? ...

---

[246] *The Magic Castle: A Mother's Harrowing True Story Of Her Adoptive Son's Multiple Personalities - And The Triumph Of Healing* - Carole Smith, 1998 / Book Review by Annette Petersmeyer Graduate Student University of Minnesota-Duluth, Duluth, MN.

- **Georges Glatz**: Cintas con muertes reales de niños...
- **Élise Lucet**: ....?!?!...
- **Georges Glatz**: Sí, esas cintas existen, se descubrieron hace unos años en Bélgica, pero no se habla mucho de ellas en los medios de comunicación.

"Violación de niños: El fin del silencio", France 3 - 2000.

Una declaración bastante demoledora que dejó sin palabras a la periodista Élise Lucet...

En 2008, el padre François Brune, en una entrevista de vídeo[247] sobre su libro *"Dieu et Satan, le combat continue"*, dijo:

- Es la historia de un joven que fue arrastrado a círculos satánicos contra su voluntad por un amigo... pero círculos realmente satánicos, es decir, que nadie conoce, ni siquiera periodistas o investigadores especializados (...) pero que pueden llegar a personas con cargos oficiales en la administración de muy alto nivel (...).) Cuando yo mismo hablo de satanismo como sacerdote, no soy muy creíble; pero por otro lado, tienes investigadores especializados, sobre todo en pornografía y pornografía infantil, que te revelarán que efectivamente hay gente que filma a niños siendo torturados... y que eso se vende a precio de oro...

- Se llaman snuff-movies....
- Aquí está...
- Entonces, para ti, ¿detrás de esto está Satanás?
- Por supuesto. Existe... Cuando lo dicen los psicólogos, la policía o la gente de inteligencia, se les toma en serio, pero es lo mismo, es el mismo fenómeno...
- Es la destrucción de la creación de Dios...
- Por supuesto... y en su forma más pura y frágil... en cuanto Satanás pueda ensuciarlo...

Una *snuff-movie* o *snuff-film* (*To Snuff* significa asesinar en la jerga inglesa), es un auténtico vídeo de tortura y asesinato de niños o adultos, no hay falsificación, es la captura directa en película de actos criminales. Estas producciones se venden en el mercado negro por varios miles de euros, por lo que alcanzan un perfil social bastante alto.

Muchos relatos de supervivientes de abusos rituales informan de la presencia de cámaras durante los abusos y los sacrificios, y esta es una característica bastante común. El objetivo es inmortalizar los actos sádicos y criminales, pero también tener pruebas para que todos los participantes (cuando no tienen la cara enmascarada) estén obligados a guardar el secreto. Pero, sobre todo, estas grabaciones se utilizan para obtener la máxima cantidad de dinero, ya sea mediante el chantaje o el comercio en redes especializadas.

Oficialmente, las películas snuff son sólo una "leyenda urbana", una especie de *"vieja fantasía"*. En 1978, Roman Polanski declaró en el documental *Confesiones de una estrella del cine azul:* "Todos los tabúes sexuales se han

---

[247] *"Dieu et Satan, le combat continue"* - Yann-Erick entrevista al padre François Brune, *Élévation*, 2008.

mostrado en la pantalla y podemos preguntarnos ¿cuál será el siguiente paso? Podría ser el asesinato de alguien sin trucos..."

La producción de *tabaco es una* terrible realidad. Un tráfico de este tipo fue desmantelado en Gran Bretaña, donde se instaló Dimitri Vladimirovitch Kouznetsov, un ruso de 30 años. Este monstruo fue detenido por la policía británica en el año 2000, producía vídeos para una lista de clientes italianos, ingleses, estadounidenses y alemanes. En el transcurso de la investigación, se registraron más de 600 domicilios y 1.500 personas quedaron bajo investigación policial, entre ellas empresarios y funcionarios. La policía italiana se incautó de unos 3.000 vídeos producidos por Kuznetsov. Los investigadores dijeron a los periodistas que el material incluía imágenes de niños que morían torturados y violados. La fiscalía de Nápoles estudió entonces la posibilidad de presentar cargos contra los clientes por complicidad en el asesinato, algunos de los cuales reclamaron específicamente grabaciones con el asesinato de niños. Un alto funcionario de aduanas dijo: *"Hemos visto cosas muy, muy violentas, abusos sádicos con niños muy pequeños, pero las muertes reales nos llevan a un nivel completamente nuevo..."*

El periódico de Nápoles *"Il Mattino"* publicó la transcripción de un intercambio entre un cliente italiano y el proveedor ruso, que es una grabación *del MI5*:

- Prométeme que no me vas a estafar, dime la verdad, pide el italiano.
- Tranquilo, te aseguro que éste se muere de verdad", responde el ruso.
- La última vez que pagué, no conseguí lo que quería.
- ¿Qué quieres?
- Verlos morir...
- Por eso estoy aquí...

El precio de un solo vídeo oscilaba entre 340 y 6.000 euros, y se fijaba en función del tipo de contenido. Las películas con niños desnudos se llamaban *"vídeos de francotiradores"*. La categoría más espeluznante en la que se viola y tortura a los niños hasta la muerte se denominó *"necros pedo"*.[248]

En 1997, comenzó el "juicio de Draguignan". Por primera vez en Francia se pudo aplicar la ley contra el turismo sexual y las investigaciones permitieron descubrir una amplia red de pederastas organizada tanto en Francia como en el extranjero. Durante el juicio, se proyectaron las películas snuff incautadas por la policía... La proyección se detuvo al cabo de 20 minutos y el fiscal Etienne Ceccaldi declaró ante las cámaras de Canal +: *"La visión de niños torturados hasta la muerte, y todo ello con fines comerciales, es realmente insoportable."*

También en 1997, la cadena inglesa *ITV* emitió un documental titulado *"The Boy Business"* sobre la producción de pornografía infantil en Amsterdam. Producciones cinematográficas en las que se viola, tortura y asesina a niños. En este documental en inglés, tres británicos que vivieron en Ámsterdam a

---

[248] *"Enlace británico con un vídeo 'snuff'"* - theguardian.com / Jason Burke para *The Observer* 1/10/2000.

principios de la década de los noventa testifican de forma independiente. Describen las películas *snuff* que presenciaron cuando eran niños o adolescentes.

En el documental *"Dutsh Injustice: When Child traffickers rule a nation. En el documental "Dutch Injustice: When Child Traffickers Rule a Nation"* sobre el caso Rolodex, una víctima de la red holandesa declara: *"También conocí a gente que hacía snuff-movies. Las películas snuff son vídeos en los que se abusa sexualmente de varios niños, o de uno solo, y luego se les asesina al final de la película. Me pidieron que participara en una de estas películas a cambio de mucho dinero, pero me negué porque sabía, por lo que me habían contado otros chicos, que era muy peligroso porque no se sobrevive."*

El informe del CIDE de 2012 mencionado anteriormente confirma la existencia de películas snuff a través de Michel Thirion, un investigador privado que se encargó de investigar la desaparición de Julie Lejeune y Melissa Russo en el caso Dutroux. Sus investigaciones le condujeron a una red de *tabaco en* los Países Bajos (la misma red mencionada por los testigos en el documental *"The Boy Business"*). Contó a Jean Nicolas y Frédéric Lavachery su encuentro con un inglés que poseía una barcaza en Ámsterdam: *"El inglés me ofreció lo mejor que tenía: el asesinato de niños. El inglés sugirió entonces lo mejor que tenía: el asesinato de niños. La idea era que varias personas se subieran a su barcaza, zarparan y se satisficieran sexualmente con un niño antes de que éste fuera arrojado al agua, me explicó el inglés."*[249]

También en Bélgica, la producción de *películas snuff* parece haber ido más allá de la mera "fantasía"... En 1997, estalló un caso de pedofilia y pedopornografía en paralelo al caso Dutroux. El 22 de enero de 1997, la Nouvelle Gazette de Charleroi publicó un artículo en el que se mencionaba la existencia de este tipo de películas: *"Fue en el domicilio de Michel (y sólo en su domicilio, se empeñan en señalar los investigadores) donde los gendarmes hicieron el horrible descubrimiento. Se incautaron de una docena de películas snuff, cintas de vídeo que muestran el horror absoluto. Los niños que muestran (niños europeos, los más jóvenes parecen tener entre 7 y 8 años y los mayores entre 16 y 17 años) no sólo son violados por adultos desconocidos. También son torturados por sádicos: los investigadores se refieren discretamente a duras escenas de sado-maso. Y, para colmo, estas escenas infernales terminan con el asesinato (real o simulado) de las pequeñas víctimas. No sabemos si estos niños están realmente muertos, admiten los investigadores. Para estar seguros, habría que encontrar sus cuerpos. Pero si fueron escenificados, son muy realistas. Según los investigadores, sospechábamos que tales horrores circulaban, incluso en nuestro país. Sin embargo, las películas snuff nunca habían sido incautadas en nuestro país. Había visto una cinta de este tipo, incautada en Francia", dice un investigador. Mostraba a un pedófilo estrangulando a un niño. Pero lo que he visto aquí va más allá de lo que puedas imaginar."*[250]

[249] "Dossier pédophilie, le scandale de l'affaire Dutroux" - Jean Nicolas y Frédéric Lavachery, 2001.

[250] "Snuff-movies, una realidad impensable", Donde Vamos, 13/08/2014.

En el documento que contiene las actas y audiencias registradas durante el caso Dutroux, se indica que en 1997 se interceptó en la oficina de correos de Ixelles una carta relacionada con la pedofilia, que hablaba de cintas con asesinatos y/o violaciones. Habla de una "Baronesa y Dutroux". (PV 150.123/97)

En 2004, el diputado belga Albert Mahieu escribió una carta al presidente del tribunal de primera instancia de Arlon, Stéphane Goux, en la que mencionaba la existencia de una cinta de vídeo del asesinato de Julie Lejeune y Mélissa Russo. Estas son las dos pequeñas víctimas encontradas muertas en el sótano de Marc Dutroux. Oficialmente, murieron de hambre en el sótano de Marc Dutroux mientras estaba en prisión. El diputado Mahieu comienza su carta diciendo que no murieron de hambre sino de violaciones, abusos y torturas. Según sus fuentes, *"la grabación, en color y con sonido, atestigua el calvario que soportaron Julie y Melissa antes de ser ejecutadas, en circunstancias atroces, por un verdugo enmascarado en presencia de un grupo de diez a doce personas".* Según el diputado (ya fallecido), existen varias copias de esta grabación de vídeo.

También en el caso Dutroux, la testigo X1 (Regina Louf) describió un mundo de violencia sexual, torturas y asesinatos. Su testimonio demostró que conocía detalles de asesinatos no resueltos, lo que no habría sido posible sin el acceso a los archivos policiales. Régina Louf citó en su testimonio a la empresa belga *ASCO*. La *llamó "fábrica de grabaciones de vídeo"*, y dio los nombres de los implicados en la tortura y el asesinato de niños en la fábrica, todo ello grabado en cintas de vídeo.[251]

En su libro *"L'enfant sacrifié à Satan"*, que relata el calvario de Samir Aouchiche, Bruno Fouchereau señala que INTERPOL ha emitido repetidamente advertencias a nivel europeo en relación con los crímenes satánicos, como escribe en su libro: *"Scotland Yard celebró recientemente una conferencia en Lyon en enero de 1996, destinada a alertar a la policía europea sobre el aumento de los crímenes rituales. El juez Sengelin, juez de instrucción superior de Mulhouse, que investigaba el secuestro de una niña en 1990, fue informado por los mismos policías de Scotland Yard de que habían incautado un lote de películas snuff en las que se asesinaba a niños. Estos niños, de los que al menos 15 son de origen europeo, fueron asesinados ante las cámaras tras ser violados y torturados."*

g/ Algunas cifras

En 1984 se celebró en Chicago la primera reunión de la *Sociedad Internacional para el Estudio del Trauma y la Disociación (ISSTD)*. Tras esta reunión, Naomi Mattis (que más tarde se convirtió en copresidenta del *Comité Legislativo de Abuso Ritual Satánico de Utah*), declaró al *Deseret News*: "De los 420 terapeutas asistentes, cerca del 75% levantó la mano cuando se les preguntó si habían tratado alguna vez a víctimas de abuso ritual."

---

[251] Scientology, the CIA & MIVILUDES: Cults of Abuse (video documental).

El psiquiatra especializado en abuso sexual infantil Roland Summit ha dicho del abuso ritual que es la *amenaza más grave para el niño y para la sociedad a la que nos enfrentamos. El* Dr. Summit señala que ha tratado con *hasta 1.000 niños que han demostrado estar implicados en abusos rituales.*[252]

Aunque obtener cifras reales sobre la prevalencia de los traumas rituales es una tarea difícil dado el secretismo y la criminalidad que rodean al fenómeno, existen, sin embargo, cada vez más pruebas de que el problema de los traumas rituales es considerablemente más frecuente que nunca. La Dra. Kathleen Coulborn Faller, de la Universidad de Michigan, ha realizado análisis e investigaciones empíricas sobre el abuso ritual. Señala que existe un alto grado de similitud en las denuncias de abusos por parte de niños o adultos individuales, y que los estudios muestran de forma independiente la confirmación de dichas denuncias. De los 2.709 miembros de la Asociación Americana de Psicología (*APA)* que respondieron a una encuesta, el 30% contestó que se había enfrentado a abusos rituales o relacionados con la religión. De este grupo, el 93% respondió que creía que se habían producido daños relacionados con los rituales. En un artículo de 1995 titulado *"Cultural and Economic Barriers to Protecting Children from Ritual Abuse and Mind Control"* (*Barreras culturales y económicas para proteger a los niños de los abusos* rituales *y el control mental),* la Dra. Catherine Gould informó de que, sólo en 1992, *Childhelp USA* registró 1.741 llamadas relacionadas con los abusos rituales, *Monarch Resources,* en Los Ángeles, registró aproximadamente 5.000, *Real Active Survivors* registró casi 3.600, *Justus Unlimited,* en Colorado, recibió casi 7.000, y *Looking Up,* en Maine, atendió aproximadamente 6.000. Esto indica un número muy alarmante de solicitudes de líneas directas.

Uno de los primeros estudios sobre la existencia de abusos rituales fue realizado por Deborah Cole en 1992. La encuesta se titulaba *"La incidencia de los abusos* rituales: *una encuesta preliminar".* De 250 terapeutas, el 46% indicó que había tenido pacientes que informaron de abusos rituales o que cumplían al menos uno de los criterios enumerados por Cole.[253]

En 1995, psicólogos británicos realizaron un estudio sobre el abuso ritual (Andrews, Morton, Bekerian, Brewin, Davies, Mollon). Estos investigadores recogieron datos de 810 miembros de la Sociedad *Británica* de Psicología que habían tratado casos de abuso sexual. El 50% de los terapeutas dijo haber trabajado con pacientes que habían denunciado abusos rituales satánicos. El 80% de los terapeutas que tenían uno o más pacientes con antecedentes de abuso ritual creían en sus declaraciones. En un estudio británico más reciente, de 2013, Ost, Wright, Easton, Hope y French recogieron datos de una encuesta online de 183 psicólogos clínicos y 119 hipnoterapeutas. Entre los psicólogos, el 38% había

---

[252] Carta a la Junta Consultiva de Servicios Sociales del Estado de California. Summit, Roland - 26/10/1988, Crimen oculto: un manual de aplicación de la ley.

[253] *Culto y abuso ritual* James & Pamela Noblitt, 2014, p.53.

tratado uno o más casos de abuso ritual. El estudio mostró que el 25% de los hipnoterapeutas habían experimentado uno o más casos de abuso ritual.[254]

En Australia, Schmuttermaier y Veno publicaron un estudio en 1999 en el *Journal of Child Sexual Abuse* titulado *"Counselor's belief about ritual abuse: An Australian study"*. El estudio se dirigió a los trabajadores de 74 centros del *Centro contra la Agresión Sexual (CASA)*, se entrevistó a 48 psicólogos y 27 psiquiatras del estado de Victoria. El 70% de los terapeutas validaron la definición de abuso ritual y 26 de ellos informaron de 153 casos de abuso ritual identificados entre 1985 y 1995. Schmuttermaier y Veno concluyen su estudio diciendo que la identificación y el diagnóstico de los abusos rituales por parte de los profesionales es siempre similar, ya sea en Australia, Estados Unidos o el Reino Unido.[255]

En Sudáfrica, los estudios sobre el abuso infantil, incluido el abuso ritual, se han realizado en adolescentes y adultos jóvenes. El estudio de Madu S.N. y Peltze K. se publicó en 1998 en el *Southern African Journal of Child and Adolescent Mental Health*. Se preguntó a 414 estudiantes de secundaria sobre sus experiencias de abuso antes de los 17 años, de los cuales el 8% informó de experiencias de abuso ritual. En otro estudio sobre 559 estudiantes de tres institutos de la provincia de Mpumalanga, Madu observó que el 10% había denunciado abusos rituales antes de los 17 años. De 722 estudiantes universitarios, el 6% declaró haber sufrido este tipo de abusos antes de los 17 años.[256]

En el artículo *"Ritual Abuse: A review of research"* (1994), Kathleen Faller cita un estudio de Susan Kelley sobre el abuso ritual transgeneracional. Este estudio, titulado *"Ritualistic Abuse: Recognition, Impact, and Current Controversy"*, fue presentado por Kelley en 1992 en una conferencia de San Diego sobre abuso infantil. Kelley investigó el testimonio de 26 niños de 14 familias. Los agresores eran padres, abuelos, bisabuelos, tíos, tías, primos y hermanos. Al igual que en otros informes, un número significativo de maltratadores eran mujeres (45%) y el 61% de los niños fueron maltratados por las dos generaciones anteriores. Entre los abusos denunciados se encuentran las amenazas y los actos de terror (89%), las amenazas de muerte (77%), la producción de pornografía infantil (81%), las amenazas con magia (89%), las referencias satánicas (92%), la matanza de animales (54%), la ingesta de drogas (92%), los cantos y cánticos (69%) y la ingesta o el contacto con heces (85%)[257]

Un estudio internacional sobre el abuso ritual y el control mental fue realizado por investigadores alemanes y estadounidenses: Carol Rutz, Thorsten Becker, Bettina Overcamp y Wanda Karriker. El estudio, iniciado en 2007, está disponible en inglés y alemán y se titula *"Extreme Abuse Survey"* (*EAS*). Todos

---

[254] Ibid p.55.

[255] Ibid p.55.

[256] Ibid p. 68.

[257] Ibid p. 67-68.

los cuestionarios y resultados de la encuesta están disponibles en el sitio web *extreme-abuse-survey.net*. Incluye una sección para profesionales, *la Encuesta de Abuso Extremo Profesional* (P-EAS), que es un cuestionario con 215 preguntas. 451 profesionales de 20 países diferentes respondieron a la encuesta, que muestra que el 86% de los profesionales que han trabajado con al menos un superviviente de un trauma extremo afirman haber tenido al menos un caso de abuso ritual satánico:

- El 61% de ellos tenían pacientes que denunciaban abusos rituales en el clero.
- El 85% informó de que la mayoría de los adultos supervivientes de Abuso Ritual (AR)/Control Mental (MC) tenían un diagnóstico de Trastorno de Identidad Disociativo.
- El 65% informó de que sus pacientes con RA/CM se basaban en recuerdos continuos y no disociados.
- El 89% informó de que los recuerdos de la AR/MC tenían una articulación lógica con otros aspectos de la vida del paciente, formando un conjunto bastante coherente.
- El 86% informó de que las personalidades disociadas observadas informaron de la AR/MC
- El 79% informó de que el contenido de los dibujos, pinturas y poemas de sus pacientes estaba relacionado con la AR/MC.
- El 75% afirma que algunas de las secuelas médicas y físicas de sus pacientes pueden explicarse por las AR/MC.
- El 47% afirma que algunos de los recuerdos de sus pacientes han sido confirmados y validados por otras personas.

El estudio también incluye una sección sobre los supervivientes; aquí se presentan algunos resultados de una muestra de 1000 encuestados:

- El 79% denuncia violaciones en grupo.
- El 53% afirma haber sido encerrado en una jaula.
- El 44% afirma haber practicado el canibalismo.
- El 52% afirma tener zoofilia.
- El 45% afirma haber sido enterrado vivo.
- El 50% afirma haber recibido descargas eléctricas.
- El 52% declara haber participado en pornografía infantil.
- El 46% denuncia la prostitución infantil.
- El 65% afirma haber sido diagnosticado de trastorno de identidad disociativo.
- El 63% afirma que el autor o los autores crearon deliberadamente estados disociativos (alteración de la personalidad) para llevar a cabo la programación en ellos.
- El 41% afirma haber sido programado como esclavo sexual.
- El 18% afirma estar programado para ser un asesino.
- El 21% afirma haber sido programado para desarrollar poderes psíquicos.
- El 57% afirma estar programado para autodestruirse cuando empieza a recordar el abuso y la programación.

- El 34% afirma que una o varias de sus personalidades alternativas tienen un código de acceso.
- El 28% afirma tener una personalidad alterada de robot.
- El 53% afirma que los torturadores les hicieron creer que entidades, espíritus o demonios habían tomado el control de sus cuerpos.
- El 15% informa de experiencias de viajes en el tiempo.
- El 26% afirma haber sido víctima de experimentos de control mental del gobierno.

El abuso ritual traumático se ha practicado o se sigue practicando en muchas culturas, y las víctimas informan de estados alterados de conciencia, como disociación, amnesia y alteración de la personalidad. Se ha comprobado que esta lista de síntomas de trauma psicológico está presente de forma casi constante en las personas que denuncian haber sufrido abusos rituales. En Occidente, estos relatos proceden de personas que afirman ser "supervivientes", muchas de las cuales presentan los síntomas típicos de la disociación severa, y muchos de sus recuerdos han salido a relucir en la terapia. Sin embargo, cabe señalar que estos recuerdos de abuso ritual también vuelven a aparecer como flashbacks fuera de la terapia, un punto importante a destacar ya que a veces se acusa a los terapeutas de inducir "falsos recuerdos" en sus pacientes (véase el capítulo 10). Teniendo en cuenta que existen relatos históricos de abusos rituales que se remontan a siglos atrás, y que niños de tan sólo dos años y adultos de más de noventa años siguen dando cuenta de abusos rituales traumáticos en todo el mundo, ¡es hora de dar la voz de alarma sobre lo poco que se ha hecho para concienciar a los profesionales y a las instituciones sobre este problema! Aunque es totalmente imposible detener o erradicar el problema, debemos ir más allá de la negación y empezar a comprender la dinámica de estos abusos para que nuestros paradigmas de investigación puedan cambiar en consecuencia.

En una sociedad predominantemente cristiana, los símbolos satánicos pueden transmitir un poderoso mensaje arquetípico a las víctimas, especialmente si se utilizan junto con la tortura y los traumas graves. Por lo tanto, no es necesario que los responsables tengan ningún sistema de creencias espirituales detrás de sus prácticas o actividades. Esto significa que, sea cual sea la motivación, la creencia religiosa, el impulso sexual, el poder o el control mental, estos grupos utilizan habitualmente un marco ritualizado para abusar, explotar y manipular a niños o adultos. Sus estructuras funcionan para proporcionar un suministro constante de niños y para proteger a los miembros de la Red de una posible persecución.[258]

3 - ALGUNOS TESTIMONIOS

a/ Introducción

---

[258] Consideración forense en los casos de traumas rituales - Sylvia Gilotte.

Los testimonios de abusos rituales describen todos lo mismo: violaciones en grupo, torturas, rituales ocultos, drogas, hipnosis, estados de trance y disociación, sacrificios (reales o simulados), grabaciones de vídeo, etc., y estos testimonios se encuentran en todos los continentes.

Muchos de los testimonios son de habla inglesa: Cathy O'Brien, Mark Philips, Svali, Jeannie Riseman, Kathleen Sullivan, Kim Campbell, Brice Taylor, Jay Parker, Fritz Springmeier, Cisco Wheeler, Ted Gunderson, Paul Bonacci, John DeCamp, David Shurter, Dejoly Labrier, Anne A. Johnson Davis, Vicki Polin, Linda Wiegand, Jenny Hill, Lynn Moss Sharman, Kristin Constance, Kim Noble, Lynn Schirmer, Bill Schnoebelen, Neil Brick, Carol Rutz, Caryn Stardancer, Kathleen Sorenson, Patricia Baird Clarke, Ruth Zandstra, Glenn Hobbs, etc. La mayoría de estos relatos de abuso ritual también implican un control mental basado en el trauma, estando ambas cosas completamente entrelazadas. Pero veremos el aspecto de la programación MK con más detalle en el capítulo 7.

El contenido de estos testimonios es especialmente atroz y chocante. El resto de este capítulo puede contener algunas repeticiones morbosas, ya que algunos de los testimonios son muy similares. Perdonen estas repeticiones, pero el objetivo es presentar las palabras de los niños víctimas y de los adultos supervivientes. Una palabra que debe ser escuchada y tenida en cuenta a pesar de su aspecto evidentemente muy perturbador. También se trata de mostrar hasta qué punto las prácticas de abuso ritual satánico son similares de un país a otro y de un continente a otro.

b/ Estados Unidos

En 1989, el teniente Larry Jones del Departamento de Policía de Boise y director de la *Red de Impacto de los Crímenes de Culto* (*CCIN*) dijo que quienes desacreditaban las pruebas de los abusos rituales eran "*¡escoria! Hemos encontrado bebés sacrificados ritualmente en Connecticut, Bend, Oregón y Los Ángeles... Cuando se añade a eso el testimonio creíble de los supervivientes que puede ser verificado circunstancialmente, no hay duda.*"[259]

En el documental Devil Worship: The Rise of Satanism, Kurt Jackson, del Departamento de Policía de Beaumont, dice: "¿Se sacrifican seres humanos? ¡Sí! ¡Lo son! Hay muchas cosas que estoy mirando para determinar si esto es un crimen ritual. Podría ser algo como un pentagrama, podría ser una cruz invertida, el número 666, el cuerpo drenado de sangre, ciertas partes del cuerpo removidas de cierta manera, etc."

En el mismo documental, el sargento Randy Emon afirma: "Un problema al que nos enfrentamos es que los altos cargos de los organismos gubernamentales no quieren reconocer que esto es una realidad. Tenemos que

---

[259] *Occult Crime: a Law Enforcement Primer*, Entrevista al Teniente Larry Jones, Departamento de Policía de Boise, Idaho, y Director de la Red de Impacto de los Crímenes de Culto.

levantar este velo de incomprensión y decirles: ¡Eh, estos son delitos que tenemos que afrontar!"

- Ted Gunderson

Ted Gunderson dirigió la oficina del FBI de Memphis (1973), luego la de Dallas (1975) y en 1977 fue nombrado director del FBI de Los Ángeles. Es uno de los pocos (si no el único) altos funcionarios estadounidenses que ha denunciado la red de delincuentes pedófilos que controlan clandestinamente el sistema judicial. Se ha interesado mucho por el caso de la escuela Martin y el caso Franklin.

En 1988, Ted Gunderson apareció en un programa de televisión presentado por Geraldo Rivera titulado "*Devil Worship: Exposing Satan's Underground*". El debate versaba sobre el alcance de los crímenes satánicos en los Estados Unidos, he aquí un extracto:

- Ted Gunderson, agente retirado del FBI, ex jefe de la división de Los Ángeles. ¿Hay realmente una red responsable de todos estos asesinatos satánicos en su opinión?

- Lo que sí puedo decir, basándome en la información que me han proporcionado fuentes confidenciales, informantes, también he entrevistado a decenas de supervivientes de sectas satánicas en los últimos años: afirmo que existe una red de individuos muy activos en el país.

- ¿Crees que estas terribles acusaciones de bebés sacrificados son ciertas?

- Estoy seguro de ello, sin duda alguna. Esto se basa en la información que he recogido de todo el país, de varios supervivientes y de muchos informantes.

En 1987, Ted Gunderson pronunció una conferencia titulada "*El satanismo y el tráfico internacional de niños por parte de la CIA*". Durante esta conferencia, profundizó en el caso de la guardería Mc Martin, situada en Manhattan Beach, en los suburbios de Los Ángeles, un caso que causó un gran revuelo en su momento. Algunos de los niños afirmaron haber sido obligados a participar en sacrificios de animales, pero también en sacrificios de bebés y otros niños. Dijeron que les obligaron a beber sangre y les sometieron a prácticas necrófilas, zoofílicas y escatológicas. He aquí algunos extractos de la conferencia:

Hablemos del caso Martin. En abril de 1985, las autoridades investigaron este caso y buscaron túneles bajo la escuela. Los niños habían dicho que los habían llevado a túneles bajo la escuela, incluyendo una habitación en el sótano. Allí fueron agredidas sexualmente, describieron ceremonias con adultos con túnicas, velas, cantos religiosos (...) Los adultos estaban desnudos bajo sus túnicas. Los llevaron a un túnel, a través de una trampilla en el baño de un tríplex. Se los llevaron en un coche... estamos hablando de niños de 2, 3 y 4 años que fueron prostituidos en esta red (...)

En la primavera de 1993, me enteré de que la propiedad de la Escuela Martin había sido vendida por la familia Martin al abogado defensor, como se había acordado. La vendió a un contratista que iba a construir un edificio de oficinas en lugar de la escuela. Así que me puse en contacto con él inmediatamente y le dije: 'Estimado señor, me gustaría tener acceso a la propiedad. Me dio dos semanas. Firmé un papel para asumir la responsabilidad, y luego yo y algunos padres contratamos a un arqueólogo de la UCLA, el Dr. Gary Stickel, sabiendo muy bien que no estaba cualificado para validar la existencia de estos túneles aunque los hubiera encontrado yo mismo. Así que empezamos la excavación (...) El Dr. Stickel nos dijo: "Puedo decir ahora sin ninguna duda que había túneles bajo la escuela y que han sido rellenados (...) Tengo un informe científico de 186 páginas sobre esto. Encontramos una gran entrada subterránea a 2,70 metros bajo el muro oeste (...) Encontramos estos túneles durante el segundo juicio de Ray Buckey, por lo que podría haber sido utilizado para condenarlo. Informamos al fiscal, que envió a su investigador (...) Este investigador, no cualificado en arqueología, se limitó a decir: "Aquí no hay túneles". Y, por supuesto, el arqueólogo se mantuvo de espaldas a él. En cualquier caso, no utilizaron estas pruebas, pruebas sólidas para este segundo juicio, que ignoraron (...)

En este túnel encontramos una bolsa de plástico de Disney que data de 1982, a unos 1,40 metros por debajo del suelo de hormigón del aula, a 1 ó 2 metros de la entrada a los cimientos (...) El túnel está orientado al sur durante 14 metros por debajo de las aulas 3 y 4 (...).Se encontró una cámara de 2,70 metros de ancho a lo largo del túnel bajo la clase 4, el techo de la cámara y la parte superior de las secciones del túnel tenían capas de madera contrachapada cubiertas con papel de alquitrán y consolidadas con bloques de brisa. Las características de los túneles confirmaron que habían sido excavados a mano (...) Los niños describieron bien la entrada y la salida de los túneles y esto coincide exactamente con los túneles descubiertos con el arqueólogo (...) Otro hecho significativo fue el hallazgo por parte de este arqueólogo de un pequeño plato de plástico con tres pentagramas dibujados a mano (...) Se encontraron más de 2.000 artefactos bajo el suelo de la escuela, entre ellos unos 100 huesos de animales (...)

El equipo del arqueólogo Gary E. Stickel encontró exactamente lo que los niños habían descrito debajo de la escuela. Los túneles se habían rellenado con diferentes tipos de tierra. En el caso Martin, el director *del CII* y miembro del *Grupo Profesional de Niños Molestados en Edad Preescolar*, Kee MacFarlane, fue comisionado en 1983 por la fiscalía. Entrevistó a unos 400 niños que habían pasado por la Escuela Martin, incluidos antiguos alumnos, y calculó que el 80% de ellos habían sufrido efectivamente abusos sexuales. De estos cientos de niños, sólo 11 fueron escuchados en el juicio. El investigador privado Paul Bynum, contratado en su momento por los abogados de los padres de las jóvenes víctimas, también llegó a la conclusión de que los niños habían sufrido abusos en la escuela. Se suicidó justo antes de poder declarar ante el jurado sobre los huesos de animales que había encontrado en los túneles. Los que le rodean niegan rotundamente que sea un suicida.

Encontramos el mismo sistema de túneles en el caso del orfanato Haut de la Garenne, en Jersey, donde los niños también eran torturados y violados durante la noche. Este caso fue silenciado al igual que el caso de la Escuela

Martin. En 2012, la periodista de investigación estadounidense Leah MacGrath Goodman fue expulsada de suelo inglés por intentar investigar este caso en Jersey, que se remonta a 2008. Los niños del orfanato fueron supuestamente torturados, violados e incluso asesinados, y muchas de las pequeñas víctimas testificaron pero fueron totalmente ignoradas. Según el periodista, todos los que intentaron investigar el caso fueron expulsados de la isla o despedidos de sus trabajos. Todo indica que se trata de un gran encubrimiento. Al igual que el descubrimiento de una fosa común de niños a finales de 2011 en los terrenos del Instituto Mohawk en Brantford, Ontario, Canadá. Se trata de niños nativos americanos procedentes de internados.

El caso de la Escuela Infantil Martin no es, pues, un caso aislado. En 1988, un estudio titulado *"Sexual Abuse in Day Care: a National Study" (Abuso sexual en guarderías: un estudio nacional)* analizó 270 casos de abuso sexual en guarderías y jardines de infancia, con 1.639 víctimas. Según los expertos que redactaron el estudio, en el 13% de los casos se denunciaron abusos rituales, que podrían ser verdaderos rituales satánicos o pseudo-rituales diseñados para intimidar a los niños.[260]

Más tarde, Ted Gunderson también trabajó en el caso Franklin, uno de los mayores escándalos de redes sexuales de niños en la historia de Estados Unidos, un caso que fue suprimido por todos los medios posibles, incluido el asesinato. El caso Franklin se refería a una red que prostituía a niños principalmente de *la Ciudad de los Niños* (una especie de pueblo orfanato fundado en 1917, en el que vivían unos 5.000 niños en la década de 1980). Los clientes de esta red, los violadores designados por los niños, se encontraban entre los ciudadanos más ricos e influyentes del estado de Nebraska, incluidos destacados empresarios, políticos, periodistas e incluso policías. En el caso de Franklin, también se denunciaron abusos rituales con sacrificio de niños.

- John de Camp y Paul Bonacci

John de Camp fue senador republicano por Nebraska de 1971 a 1987 y abogado. En el caso de Franklin, se le encargó que demostrara que esas gravísimas acusaciones eran infundadas. Pero, a raíz de sus investigaciones, llegó a sus manos una prueba irrefutable de que ciertos políticos estadounidenses, incluidos los de la Casa Blanca, practicaban la pedofilia. Ya no podía cumplir su misión de encubrir el asunto. Para protegerse a sí mismo y a su familia, John De Camp escribió un libro sobre el caso titulado *"The Franklin Cover-up: Child Abuse, Satanism and Murder in Nebraska" (El encubrimiento de Franklin: abuso infantil, satanismo y asesinato en Nebraska)*, un libro que aporta pruebas de la existencia y el funcionamiento de esta red pedocriminal y satánica. Esta publicación también establece la importante conexión entre la

---

[260] Abuso sexual ritual: el caso de la guardería Martin en Estados Unidos - *Donde Vamos* 20/05/2012.

pedocriminalidad de la red y los experimentos de control mental del gobierno sobre los ciudadanos, especialmente los niños.

También hay un informe periodístico titulado *"Conspiración de silencio"*, que describe todo el asunto en detalle. Un documental que en principio iba a ser emitido por el canal *Discovery*, que se retractó unos días antes por presiones o amenazas. Los derechos se recompraron para guardar el material en cajas. Sin embargo, se envió una copia de forma anónima al senador John de Camp, quien se la entregó a Ted Gunderson. Hoy, este importante archivo de vídeo está en línea en Internet.

En el documental, el senador John de Camp afirma que esta red llegó hasta las más altas autoridades de Estados Unidos: "Obviamente, el FBI estaba protegiendo algo mucho más importante que un grupo de viejos pedófilos manteniendo relaciones dudosas con niños pequeños. Estaban protegiendo algo mucho más importante que un grupo de traficantes de drogas. En mi opinión, velaban por los intereses de algunos políticos muy destacados. Personas muy ricas y poderosas estaban asociadas a estos políticos y al sistema político en general, incluidas las más altas autoridades del país."

También vemos en este documental a uno de los supervivientes de la cadena, Paul Bonacci, que informa al senador John de Camp de la existencia de fiestas organizadas en la casa de Larry King (Lawrence E. King), alquilada por 5.000 dólares al mes, pero también de sus escapadas a la Casa Blanca:

- Tenía unos 14 años en 1981. Al principio había 3 o 4 fiestas en un año, luego era una al mes (...) Algunos de los niños eran retenidos en habitaciones en el piso de abajo, por si se agitaban o entraban en pánico a causa de las drogas, porque estaban drogados. Los encerraban en una habitación para que no se escaparan.

- ¿Qué tipo de drogas?

- Todo lo que puedas imaginar, cocaína, heroína, speed...

- ¿Me estás diciendo que todo esto ocurría en estas fiestas, en el mismo lugar donde veías a Larry King y a otros políticos destacados?

- Sí.

(...)

- ¿También has estado en la Casa Blanca?

- Sí.

- ¿Y cómo ha accedido a ella?

- Fui con Larry King, pero Craig Spencer fue una de las personas que lo organizó para nosotros. Era una especie de regalo por los "servicios" que le hacíamos.

- ¿Cuántas veces has hecho este tipo de fiestas allí?

- He participado dos veces.

- ¿Y se prostituyó en esas ocasiones?

- Sí, después de salir de la Casa Blanca por la noche. Era muy extraño estar en la Casa Blanca a esa hora, de noche, y sobre todo ir a lugares donde el tipo nos decía que nunca iba nadie.

Paul Bonacci también testificó que había presenciado escenas mucho más sangrientas durante rituales satánicos en los que bebés o niños muy pequeños podían ser asesinados tras ser violados. El ritual continuaba con actos de canibalismo. Según Bonacci, Larry King estaba involucrado en un culto satánico desde al menos diciembre de 1980. En su testimonio escrito, informa de que fue llevado por King en diciembre de 1980 a un *"Triángulo"* situado en una zona boscosa cerca *del condado de Sarpy*, Nebraska. Allí fue testigo del sacrificio de un bebé. La sangre del niño fue recogida para ser mezclada con orina y consumida por la congregación. Él mismo se vio obligado a beber del cáliz. Según Bonacci, todos los participantes cantaban y emitían sonidos extraños, y supo no decir una palabra sobre lo que había visto, por temor a ser él mismo la siguiente víctima sacrificada.

A Bonacci se le diagnosticó un trastorno de identidad disociativo causado por los múltiples traumas que experimentó en la primera infancia. El senador John DeCamp informa sobre esto en su libro *"The Franklin Cover-up"*:

La Dra. Judianne Densen-Gerber, psiquiatra y abogada mencionada anteriormente, es también miembro de la *Sociedad Internacional de Personalidad Múltiple y Estados Disociativos*. Ha confirmado que Paul Bonacci padece un Trastorno de Personalidad Múltiple (ahora rebautizado como Trastorno de Identidad Disociativa, D.I.D.). No se trata de una psicosis, dice, sino de una neurosis resultante del mecanismo de defensa de la mente del niño, una función para protegerlo de "la atrocidad inimaginable". Un total de tres psiquiatras examinaron a Paul Bonacci y todos validaron el diagnóstico de trastorno de personalidad múltiple.

El 29 de diciembre de 1990, el Dr. Densen-Gerber testificó ante el Comité Legislativo de Franklin en Omaha. Fue interrogada por Robert Creager sobre Paul Bonacci:

- Doctor, creo que el gran jurado llegó a la conclusión de que el Sr. Bonacci no era capaz de mentir. ¿Tiene algún comentario al respecto?

- Creo que sería muy difícil que el Sr. Bonacci mintiera... Cuando se tiene una personalidad múltiple, no hay que mentir, se cambia... No hay nada que el Sr. Bonacci me haya dicho que no haya escuchado ya de otros pacientes o individuos. No es una tontería y él mismo admite a menudo que no lo sabe. No ha inventado nada y no intenta dar respuestas como hace la mayoría de la gente que quiere agradar. Ni siquiera quiere dar la impresión de querer agradar. [261]

Esto es lo que el Dr. Densen-Gerber escribió después de visitar a Bonacci en prisión (Bonacci fue efectivamente condenado por perjurio):

1) Tiene una extraordinaria memoria para los detalles, lo que le convierte en un valioso testigo.

2) No miente.

3) Describió con precisión los rituales satánicos practicados internacionalmente por las sectas, algo que no podía saber sin haber participado él mismo en ellos.

---

[261] *The Franklin Cover Up: Child Abuse, Satanism, and Murder in Nebraska* - John W. DeCamp, 1992, p.127.

Describe una de sus personalidades como un chip informático en su cabeza que le permite mantener una atención obsesiva por los detalles. Puede darle fechas y horas con extrema precisión. Nunca he visto a un niño que pudiera hacer eso. Así que es un testigo valioso. No se inventa las cosas, dirá "no lo sé" si realmente no lo sabe.[262]

En octubre de 1990, poco antes de la apertura del Comité Franklin, una psiquiatra de la policía, la Dra. Beverly Mead, respondió a las preguntas del senador Schmit sobre el testigo Bonacci:

- **Senador De Camp**: Doctor, ¿crees ahora en estas charlas que hemos escuchado aquí y en las que hemos escuchado juntos antes?

- **Dra. Beverly Mead**: Personalmente, creo que estos detalles que nos dio provienen de experiencias que realmente tuvo...

- **Senador Schmit**: Hemos escuchado el testimonio de varias de sus personalidades (alter) nombrando nombres como Larry King, Robert Wadman, etc. Según su experiencia profesional, ¿cree que estas descripciones son exactas?

- **Mead**: Me gustaría verlos confirmados por otras fuentes, sin duda. Pero por el momento, mi impresión es que Paul o Alexandrew (nota del editor: una de las personalidades alternativas de Bonacci) está informando de las cosas con honestidad, tal y como las recuerda.

- **Schmit**: ¿Podría haber imaginado esto o haberlo soñado y habérnoslo contado hoy aquí? ¿Será posible?

- **Mead**: Sería bastante fenomenal hacer algo así. No creo que sea posible. Creo que está hablando de cosas que realmente recuerda (...) Puede que haya algunos detalles que no sean muy precisos, pero creo que la historia en general ocurrió como él dice.[263]

A pesar de varios informes psiquiátricos que explican el fenómeno de los trastornos disociativos graves, tanto Paul Bonacci como Alisha Owen, otra superviviente de Franklin, fueron condenados a prisión por perjurio. Se consideró que el fracturado estado psicológico de Bonacci, con sus incoherencias y contradicciones, socavaba su testimonio y hacía necesaria su acusación por perjurio. Es típico en estos casos alegar el estado psicológico de la víctima disociada para desacreditar su testimonio. El diagnóstico de trastorno de identidad disociativo debería ser, por el contrario, una prueba más que se incorpore al expediente para apoyar el hecho de que la víctima ha experimentado efectivamente un trauma severo, incluso de control mental, y que la investigación debe proseguir en lugar de descartarse. Hay que escuchar y atender a las víctimas en lugar de condenarlas. Pero en estos casos, la triste lógica es más bien encubrir el caso para proteger una red de *intocables*.

John De Camp dijo que había hablado con varias personalidades de Paul Bonacci. Describió cómo su estilo de escritura varía según el alter ego que tenga el control y cómo los recuerdos también pueden variar de un alter ego a otro. Bonacci tiene incluso una personalidad que habla y escribe en alemán, aunque

---

[262] Ibid, p.212.

[263] Ibid, p.127.

apenas ha estudiado. Los psiquiatras que han trabajado con él han informado de que sus diferentes personalidades son incapaces de mentir y tienen una muy buena memoria fotográfica. Se cree que Bonacci fue sometido a un programa de control mental basado en traumas desde una edad temprana para convertirlo en un esclavo de la Monarquía. Los investigadores informaron de que la red que lo convirtió en un satanista estaba centrada en la Base Aérea de Offutt, cerca de Omaha, una importante base aérea. Allí fue trasladado por abusos sexuales cuando sólo tenía tres años, a principios de la década de 1970. En Offutt, y posteriormente en otras instalaciones militares, la red lo "entrenó" mediante la tortura, las drogas y la violencia sexual con el fin de capacitarlo militarmente, incluso para los asesinatos. La idea era dividir su personalidad a través del trauma y luego programarlo.[264]

Paul Bonacci es una de las muchas víctimas que cayeron presas de la Red y fueron sometidas a programas de MK. El estallido del caso Franklin en los tribunales ha permitido que su testimonio salga a la luz pública, pero ¿cuántas otras víctimas siguen atrapadas, cuya palabra nunca será escuchada?

En 2004, el senador John de Camp concedió una entrevista radiofónica a Alex Jones. He aquí algunos extractos relativos a un testimonio de Paul *Bonacci* que relata un rodaje de una película snuff en la que participó: *"Acabo de tomar el diario de Paul Bonacci y he publicado una buena parte de él en mi libro, un pasaje trata de un viaje que hizo en 1984. Dice que lo llevaron a un lugar cerca de Sacramento "con grandes árboles". Entonces fueron a un lugar donde había un búho, una especie de búho grande tallado o algo así* (...) Yo no *sabía entonces que había un lugar llamado Bohemian Grove que se ajustaba a la descripción, no escribí Bohemian Grove en el libro porque no sabía lo que era en ese momento.* (Nota del editor: El *Bohemian Grove o Club de la Bohemia* es un grupo reservado a la élite mundial (principalmente estadounidense), es uno de los más cerrados del mundo. Los miembros se reúnen una vez al año en una propiedad privada situada en un bosque de Sequoia en Monte Rio, California. Allí se celebran ceremonias de inspiración pagana, druídica y babilónica junto a un lago, a los pies de una estatua de búho gigante que representa a Moloch, una deidad babilónica que es el símbolo de este club elitista). De *todos modos, es seguro que lo llevaron allí para una ceremonia en la que le hicieron cosas horribles a otro chico. Había tres chicos en total, y lo filmaron. Sólo escribí sus palabras con los nombres que escuchó allí* (...) *Recuerda que yo no sabía lo que era el Bohemian Grove en ese momento, el chico que escribió esto tampoco lo sabía. Todo lo que sabía era que lo habían llevado allí. Déjame leerte el pasaje, Paul Bonacci escribió eso. Esto es, palabra por palabra, lo que está escrito en su diario:*

Fui allí en enero de 1984. Los hombres que salían con King me pagaban por las historias de prostitución. En el verano de 1984, fui a Dallas, Texas, varias veces y tuve sexo con diferentes hombres que King conocía, fue en un hotel. Viajé en YNR (chárter privado) y en Cam (otra aerolínea privada), que King

---

[264] Ibid, p.327.

utilizaba habitualmente. Nunca traté con King personalmente, excepto cuando me dijo a dónde debía ir. El 26 de julio, fui a Sacramento, California. King me puso en un avión privado desde un aeródromo de Omaha hasta Denver, donde recogimos a Nicholas. Un chico de unos 12 o 13 años, y luego volamos a Las Vegas, donde nos llevaron a ranchos para conseguir equipo. Luego regresamos a Sacramento. Nos recogió una limusina blanca que nos llevó a un hotel. A continuación, nos llevaron (a Nicolás y a mí) a una zona donde había árboles altos; tardamos una hora en llegar. Había una jaula con un niño desnudo dentro. Nicolas y yo tuvimos que disfrazarnos de Tarzán y cosas así. Me dijeron que *** el niño (no voy a usar la palabra). Al principio me negué y uno de ellos me apuntó con una pistola a los genitales (usaré esa palabra) y me dijo que lo hiciera o los perdería. Empecé a *** al chico. Nicolás fue sometido a sexo anal y otras cosas. Nos dijeron que era virgen y que teníamos que desquitarnos con él. Hice todo lo que pude para no hacerle daño. Nos dijeron que pusiéramos nuestra *** en su boca y otras cosas... lo filmaron todo. Le hicimos estas cosas al chico durante unos 30 minutos o una hora, cuando vino un hombre y empezó a golpearnos en los genitales. Agarró al chico y empezó a ***arlo y a hacerle otras cosas (...) Luego pusieron al chico a mi lado, uno de ellos cogió una pistola y le voló la cabeza. Tenía mucha sangre... Empecé a gritar y a llorar, entonces los hombres nos agarraron a Nicolás y a mí, nos obligaron a tumbarnos. Pusieron al niño muerto encima de Nicolás que lloraba y pusieron sus manos en el sexo del niño. A mí también me pusieron el niño y me obligaron a hacer lo mismo. Entonces me obligaron a *** con el niño muerto. Nos pusieron una pistola en la cabeza para obligarnos, tenía sangre por todas partes. Nos hicieron besar al chico en la boca. Luego me hicieron hacer otra cosa pero no quiero ni escribirla. Después, los hombres agarraron a Nicolás y lo drogaron mientras gritaba. Me pusieron contra un árbol y me apuntaron con una pistola a la cabeza, pero dispararon al aire. Oí otro disparo y luego vi al hombre que había matado al niño arrastrándolo al suelo como si fuera un juguete. Todas estas cosas, incluso cuando los hombres metieron al niño en un baúl, todo fue filmado (...) Más tarde nos llevaron a una casa donde había hombres reunidos, tenían la película y la vieron. Mientras los hombres la observaban, Nicolás y yo pasamos por sus manos como si fuéramos juguetes."[265]

Paul Bonacci describirá esta misma escena de película snuff, llorando, en una entrevista en prisión filmada con Gary Caradori, el investigador privado principal del caso Franklin. En 1990, Caradori murió repentinamente al estrellarse su pequeña avioneta privada cuando estaba a punto de revelar unas pruebas condenatorias.

- Kathleen Sorenson

---

[265] *The Alex Jones Show* - Entrevista con John DeCamp, 21/07/2004.

Kathleen Sorenson era trabajadora social, y ella y su marido Ron eran padres de acogida de niños con graves dificultades. En total, la pareja recogió unos 30 testimonios de niños a los que habían cuidado desde unos meses hasta varios años. Kathleen Sorenson decidió hablar de lo que había aprendido de algunos de los niños a su cargo. Ella y su hija mayor adoptada, superviviente de abusos rituales, testificaron públicamente en foros y conferencias por todo Nebraska. Ha concedido entrevistas en radio y televisión. En 1988, apareció en el programa de Geraldo Rivera sobre el satanismo. Kathleen Sorenson era muy consciente del peligro de hablar públicamente de estas cosas. Murió en un accidente de coche en octubre de 1989, poco después de testificar en un programa de televisión cristiano en Nebraska. El senador John De Camp publicó su testimonio en su libro *"The Franklin Cover-Up"*. A continuación se transcribe parte de lo que dijo en su momento:

Tomamos conciencia de este tema porque fuimos una familia de acogida y trabajamos con varios niños. Hace unos años, varios niños empezaron a hablar después de un periodo de creación de confianza. Informaron de cosas muy extrañas que habían sucedido en sus vidas, lo cual era aterrador y al mismo tiempo muy confuso. Realmente no sabía qué hacer con él. Primero acudimos a la policía y luego a los servicios sociales, pero realmente no podíamos hacer nada más. Estos niños con los que trabajamos han sido adoptados por familias seguras. Probablemente nunca habrían hablado si no hubieran confiado en las personas con las que vivían.

Hay algunas similitudes en las historias de los niños con respecto a los cultos satánicos. Hay cosas idénticas que aparecen en cada testimonio, como las velas, por ejemplo. Todos ellos hablan de violación. El sexo es definitivamente una parte importante, todo tipo de prácticas sexuales pervertidas. Eso es lo primero que se oye, sexo, violación, incesto, por lo que es difícil de creer. Pero una vez aceptado esto, podemos seguir interrogando suavemente para saber más. Luego nos enteramos de que se trata de pornografía infantil, es una práctica sistemática. Lo utilizan para amenazar a los niños: "Tenemos fotos, se las enseñaremos a la policía si habláis". Los niños sienten entonces un gran peligro, un gran miedo a la policía. Hablan del extraño maquillaje que lleva la gente del grupo, hablan de las canciones que no entendieron. Evidentemente, era un canto, es algo que aparece en todos los cuentos, pero ninguno de los niños lo llamó "canto". También hubo bailes. La mayoría de las veces se trata de prácticas sexuales. Siempre hay un jefe de grupo al que los niños tienen mucho miedo.

Estos niños, desde muy pequeños, estoy hablando de niños pequeños, nacen en familias para adorar al diablo. Eso es todo lo que puedo atestiguar y no pretendo ser un experto en el tema. Todo lo que puedo decirte es lo que los niños me han dicho. Mi marido y yo somos ahora conscientes de algunas cosas que no deberíamos saber, es cierto. Por eso me lo pensé mucho antes de ir a este programa, oímos cosas tan feas y aterradoras que nos resistíamos a revelar públicamente. Es algo muy pesado y no quiero asustar a la gente, poner su vida patas arriba o darles ciertas ideas. No quiero que piensen que si un niño empieza a hablar de algo así, probablemente haya visto ese programa de televisión en el que hablo de ello. Pero cada vez oímos más, y está muy, muy claro. Creo que es hora de que la gente sepa que esto no es una broma ni un juego, no es algo que podamos ignorar o de lo que nos podamos reír.

Todos los niños con los que hablé tuvieron que matar a una edad muy temprana. Era algo que escapaba a mi comprensión. De alguna manera, con la ayuda de la mano de un adulto y haciéndolo participar en la ceremonia, hacen que el niño cometa un asesinato. Y lo que es grave es que los niños crean realmente que han querido hacerlo por su propia voluntad. Quieren imitar lo que hacen los adultos y se les anima a hacerlo. Se convierte en su objetivo, llegar a ser como los adultos. Todavía hay una pequeña parte de ellos que conserva ese sentido natural dado por Dios del bien y el mal, pero con la emoción del grupo, quieren hacerlo. También les gusta el sexo, no sabía que a los niños les podía gustar el sexo. ¿Por qué iban a luchar contra ella? Un niño se comerá una bolsa entera de caramelos si se lo permites. Participarán en estas cosas voluntariamente. Cuando salen y empiezan a hablar de ello, es muy difícil que se den cuenta. Al principio, nosotros mismos no nos dimos cuenta de que se "ofrecían" para hacerlo.

Se les dice que no pueden salir, que nadie les creerá, que no hay libertad. No tienen esperanza hasta que encuentran a alguien que esté dispuesto a escucharles. Se les amenaza sistemáticamente con la muerte. Cada vez que un niño es asesinado en el grupo, se les dice: "Si hablas, esto es lo que te pasará. Y tienen todas las razones para creerlo... Así que incluso cuando llegan a un hogar de acogida y empiezan a sentirse un poco seguros, siempre esperan que uno de los miembros de la secta aparezca un día en la puerta y vaya a por ellos. Creen que estas personas saben todo lo que hacen y todo lo que dicen. Una adolescente me contó que le dijeron que si alguna vez se casaba y su marido la engañaba, sería con uno de ellos. Les están preparando para el fracaso en todos los ámbitos. Estas prácticas parecen ser frecuentes en Iowa, Nebraska y Missouri. Algunas personas han sugerido recientemente que estos estados pueden ser una especie de cuarteles generales.

Mientras me escuchas hablar de estas cosas, seguramente habrá una parte de ti que naturalmente rechazará mucho de lo que escuches aquí, y créeme, nosotros también lo rechazamos al principio. Me gustaría compartir con ustedes algo de lo que los niños nos han revelado, cosas que ningún niño puede saber o inventar. Esto es lo que finalmente me convenció con profunda emoción. Hay un dolor y una pena que sale cuando estos desolladores crudos empiezan a hablar.

Los niños de los que hablo son los que he conocido personalmente en casa. Ahora tienen entre 5 y 17 años. Cuando hablaron por primera vez, tenían entre 5 y 15 años y cuando ocurrieron estas cosas todavía eran bebés, estamos hablando de niños muy pequeños... Estamos hablando de niños cuya conciencia y aprendizaje del bien y del mal está entonces en plena formación. Estos niños no saben, no pueden saber lo que es correcto. Están totalmente confundidos. Las monstruosidades que han hecho antes, y por las que han sido recompensados, son de tal horror que serán sistemáticamente rechazadas por los demás cuando hablen de ellas. Normalmente se han colocado varias veces. Cuando llegan a una familia, roban, hacen daño a los animales, etc. El niño puede, por ejemplo, destrozar la casa y luego llevársela. Por ejemplo, el niño podría afilar sus lápices e intentar apuñalar a la gente. Obviamente, las familias no quieren ese tipo de comportamiento en su casa, pero no tienen ni idea de lo que está pasando, simplemente pensarán: 'Tenemos un niño muy raro'. Muchos de estos pequeños son enviados a hospitales psiquiátricos donde serán etiquetados como "psicóticos" o "esquizofrénicos", ¿quién los querría después? Alabo al Señor que ha traído a muchos de ellos a mi vida, a nuestra familia. Hay otras familias como la nuestra, es sólo un camino para el Espíritu Santo... Es la única manera en que puedo explicarlo...

Empezaré con las primeras historias que escuchamos. Esta te sonará horrible, pero a mí me parece bastante suave, porque hemos tratado historias mucho más difíciles. El primero trata de dos niños que tenían 7 y 9 años cuando empezaron a hablar de la violencia sexual, tenían mucha tristeza en ellos. Una tarde, mientras hablábamos de varias cosas personales, tanto negativas como positivas, la pequeña se puso a llorar. Al no conseguir una explicación, su hermano mayor nos confesó: 'Probablemente está llorando porque estaba en la habitación cuando mataron a su amigo'. Ese fue el primer caso que escuchamos. Empezaron a describirnos la escena, hablaron de esta pequeña víctima que tenía las manos atadas y la boca amordazada. Había cruces marcadas en su cuerpo, situadas en los órganos vitales. Era muy insalubre... Unas semanas después nos enteramos de que no habían sido los adultos quienes habían matado a ese niño, sino que fue ese niño mayor, el que nos lo había contado.

El siguiente caso del que vamos a hablar es el de un niño que estaba muy limitado mentalmente. Tenía problemas de lenguaje, le resultaba muy difícil expresarse verbalmente. Cuando empezó a hablar de estas cosas, todo el mundo se sorprendió de su forma de expresarse. Estábamos seguros, sabíamos que no podía haber escuchado eso de otros niños. Pero empezamos a preguntarnos, efectivamente había algo extraño con estos niños que venían y vertían todas estas atrocidades sobre nosotros... Lo que me hizo creer en la verdad de la historia de este niño es que habló de varios bebés que fueron asesinados, pero una vez se acurrucó en posición fetal mientras contaba la historia del bebé apuñalado, tenía entonces 9 años. Estaba en posición fetal mientras sus ojos se volvían vidriosos y decía: "Cocinan al bebé en la parrilla... huele a pollo o a ciervo podrido". Luego nos contó cómo cortaron el corazón y los genitales para guardarlos en la nevera. Una cosa típica que sigue apareciendo en los testimonios es su interés por los genitales. Le pregunté dónde se pusieron los restos de los cuerpos, no obtuve respuesta de este niño. Pero los otros dos chicos que mencioné antes me dijeron después que "los bebés fueron arrojados al fuego". Les pregunté si estaban muertos cuando los pusieron en el fuego, el más pequeño dijo: "No, no, estaban vivos". En ese momento, ¡teníamos mucho pánico a todas estas cosas! ¿Qué íbamos a hacer? ¿Cómo podríamos ayudar a estos niños? ¿Dónde podríamos encontrar un terapeuta que pudiera tratar este problema? ... Pero Dios puso en marcha un sistema de apoyo. Otras familias nos ayudaron y eso nos ayudó mucho.

El siguiente niño es una niña que tenía 9 años cuando habló. Fue muy doloroso cuando empezó a hablar de los abusos sexuales. El abuso sexual es tan perjudicial para los niños... Les da vergüenza hablar de ello, es algo muy íntimo. Empezó dibujando gatos... Todos estos gatos tenían la cola dibujada al otro lado de la página, o sus patas estaban separadas del cuerpo. Cuando empezamos a hablar con ella, nos contó que había tenido que matar a una gata que estaba esperando gatitos. Confesó que tuvo que matar al gato: "Con un cuchillo, se lo puse en el trasero y lo giré. Ahora me dirás, ¿puede un niño inventarse esas cosas? Si le pregunto a un niño cómo podría matar a un gato, ¿crees que respondería así? Este es el tipo de detalles horribles que los niños nos informaron. Entonces la niña nos contó que acabaron abriendo a la gata y que así supo que estaba esperando bebés. Según ella, comieron partes del animal, así como los excrementos. También bebieron la sangre. Eso fue sólo el principio, también tuvo que matar a un bebé, de la misma manera, "poner el cuchillo en el trasero y girar". El bebé estaba vivo y gritaba... Este niño, hasta el día de hoy, sigue teniendo terribles pesadillas y violentos flashbacks. Nos dijo que cortaron al bebé y se lo comieron. Los restos fueron quemados y los huesos triturados. La niña habló de que se vertió gasolina sobre los restos para quemarlos en el patio trasero. Muchas veces he pensado que estaba loco, pero he oído esto tantas veces que ahora sé que debe ser así... Sabemos que hay morgues que participan en la cremación de los cuerpos de las víctimas.

La historia de cremación más horrible que tengo que contar, algo muy perturbador, vino de una víctima que era una adolescente cuando me lo contó. Describió una reunión fuera de un granero donde la gente estaba cantando. Luego, cuando entraron en el granero, se dividieron en dos grupos. Nunca estuvo con toda su familia, siempre se separaban para ir a diferentes lugares. Le pregunté entonces a dónde tenía que ir y me dijo: "Siempre he estado en el crematorio. Mientras describía el horno crematorio, pensé: "¿Cómo ha podido salir con toda su cordura?" No lo sé. Entonces era una niña muy pequeña.

Esta chica nos contó que estos grupos secuestran a niños pequeños y los atan. Puede haber 5 o incluso 10 de ellos atados en una fila. En el ritual que me contó, estaban completamente vestidos, lo que no es habitual, ya que suelen estar desnudos. A continuación, se entregaron velas a otros niños, incluido este adolescente, que era un niño en ese momento. Se encendieron las velas y luego los adultos vertieron un líquido sobre la ropa de los niños atados, que obviamente era gasolina. Entonces daban una señal a los niños para que se acercaran con las velas para prender fuego a las pequeñas víctimas. Una vez hecho esto, algunos de ellos fueron fusilados. El primer niño que esta chica tuvo que matar fue uno de sus primos pequeños. Dice que no podía oponerse, porque los que se oponen también son asesinados (...) Hace dos años, esta chica se derrumbó en Navidad. Todo el mundo piensa que la Navidad es una época maravillosa. Nos dijo que odiaba la Navidad, que no la soportaba porque lo único que oía era el llanto de los bebés. Para ella, la Navidad es la época en la que mueren más bebés. Se tapó los oídos y lloró durante horas, gritando: "¡Basta! ¡Para! Habla con Dios y dile que haga que se detenga. Todo lo que podía oír eran gritos y llantos de bebés... La Navidad para los niños con los que hablé es uno de los peores momentos. Tres niños me contaron una ceremonia muy similar. Los llevaron a una iglesia donde estaban todos los niños juntos, al parecer era muy festivo. Se presenta un niño pequeño, dos de ellos hablaron de bebés en un altar. Los adultos están celebrando, cantando y bailando. Los niños se ven arrastrados por esta euforia y se forma un círculo alrededor del que se ha adelantado, que por supuesto representa al niño Jesús. Entonces, los adultos empiezan a reírse de él, a escupirle, a insultarle y a animar a los demás niños a hacer lo mismo... Ya te puedes imaginar lo rápido que se te va de las manos. En algún momento les dan a todos los niños un cuchillo para que vayan a apuñalar y cortar al niño o al bebé hasta que muera. Luego celebran la muerte del niño Jesús...[266]

- Sandi Gallant

En 1988, Sandi Gallant era policía en San Francisco cuando escribió un informe en el que documentaba numerosos casos de abusos rituales en todo Estados Unidos, pero también en Canadá, donde el fenómeno también está presente. Esto es lo que escribió para los padres de las víctimas:

En los últimos años, los agentes de policía se han enfrentado a investigaciones que implican un cambio de vocabulario. Este vocabulario tiene que adaptarse a los delitos que ahora se identifican como casos de "abuso sexual ritual" o "abuso infantil ritual" (...) Hasta hace poco, las leyes se aplicaban en estos casos de la misma manera que para el abuso infantil habitual. Esto no se hizo para negar la existencia de los abusos rituales, sino porque estos casos nunca se habían clasificado. En otras palabras, estos casos se trataron como se trataron todos los casos porque nadie sabía que encajaban en un escenario delictivo concreto que se desarrollaba entonces en el país. Sin embargo, esto ha causado problemas en cuanto al éxito de las investigaciones (...) Las denuncias implican tipos de abuso insoportables e increíbles. Los investigadores creen a las víctimas, pero no consiguen encontrar pruebas que lleven a la acusación. En el laberinto de problemas que han surgido, los investigadores se han encontrado, en muchos casos, con casos que no pueden probar. Los padres de las víctimas, ahora totalmente frustrados por estos fallos del sistema, necesitan respuestas y, de hecho, tienen derecho a saber por qué sus hijos maltratados no tienen derecho a la justicia. Por eso se escribió este artículo. Ustedes, los padres, son merecedores de que se apliquen las leyes. Al mismo tiempo, necesitamos que comprenda la situación.

¿Por qué las leyes son así? Como investigador de delitos rituales durante los últimos años, puedo decirles sinceramente que estamos avanzando y que este ámbito de la delincuencia está siendo reconocido como específico y real. Digo esto porque no pasa un día sin que esté en contacto con otros organismos policiales de Estados Unidos y Canadá que buscan información sobre el modus operandi y la forma de los abusos rituales. En este sentido, estamos avanzando. Donde antes los agentes no eran conscientes de lo que veían, ahora son capaces de identificar las cosas con más facilidad, mientras que antes los investigadores

---

[266] *The Franklin Cover-Up: Child Abuse, Satanism, and Murder in Nebraska* - John W. DeCamp, 1992, p.204-210.

no tenían formación sobre cómo identificar estos delitos cuando los encuentran. Ahora se están formando. Todo esto está muy bien, pero los padres siguen sin ver los resultados. En muchos casos, los sospechosos ni siquiera van a juicio, y mucho menos son declarados culpables. En el momento de redactar este informe, sólo se han producido unos pocos juicios con éxito en Estados Unidos (...)

En su informe, Sandi Gallant escribirá a sus superiores:

La información contenida en este documento es desagradable y extraña, hasta tal punto que se podría optar por desacreditarla. Sin embargo, mis investigaciones en este ámbito han revelado que están surgiendo muchos casos de este tipo en el país y en Canadá. Las similitudes en los relatos de cada una de las víctimas infantiles utilizadas en estos crímenes tienden a dar credibilidad a la información revelada por otros. Además, los psiquiatras y terapeutas que han seguido a las víctimas dicen que la coherencia de los relatos y los detalles explícitos revelados les llevan a creer que los niños dicen la verdad. Todos los agentes de policía que enviaron información para este informe creen que las víctimas dicen la verdad y que, de hecho, los niños serían incapaces de elaborar esos relatos.

En el transcurso de mi investigación, empezaron a surgir similitudes que indicaban la gran probabilidad de que exista una red de personas en este país involucradas en el abuso sexual y el probable homicidio de niños pequeños. Estos casos parecen diferir de los casos aislados de abuso de menores porque los delitos mencionados aquí se cometen con la intención deliberada de mutilar y matar a los niños con fines rituales o de sacrificio. Muchos de los casos denunciados revelan también pornografía infantil que va más allá del tipo normal de pornografía infantil, ya que los niños son fotografiados durante rituales en los que algunas personas llevan túnicas, disfraces y velas, serpientes, espadas y altares, pero también hay otros tipos de material ritual.

Este informe nunca se remitió al FBI, y el Departamento de Justicia también se negó a revisarlo.[267]

- Elder Glenn Pace

El 19 de julio de 1990, Glenn Pace, entonces obispo mormón, envió un memorando interno a su iglesia denunciando los abusos rituales. En efecto, Glenn Pace había realizado una investigación sobre los abusos rituales satánicos en el seno de *la Iglesia de los Santos de los Últimos Días* (mormones) para denunciar la proliferación sistemática y generalizada del control mental. Había recogido unos 60 testimonios sobre rituales traumáticos y sacrificios humanos. En su momento, este memorando causó tal revuelo que al año siguiente se inició una investigación gubernamental sobre los abusos rituales en Utah (que dio lugar al informe citado anteriormente en este capítulo: *"Ritual Crime in the State of Utah"*). Nótese que en su libro *The Darker Side of Evil, Corruption, Scandal and*

---

[267] "Abuso sexual ritual: el caso de la guardería Martin en Estados Unidos" - *Donde Vamos* 20/05/2012.

the Mormon Empire, Anson Shupe informa en la página 109 de su libro que en el caso Hadfield, los niños contaron *historias de orgías sexuales en las que los participantes llevaban disfraces y los adultos tomaban fotos.*

Aquí está la traducción del memorando de este obispo que tuvo el valor de denunciar estos horrores:

De acuerdo con la petición del Comité, escribo esta nota para transmitirles lo que he aprendido sobre el abuso infantil ritualizado. Espero que esto le sirva para seguir vigilando este problema. Usted ya ha recibido el informe de los Servicios Sociales SUD sobre el satanismo con fecha 24 de mayo de 1989, un informe de Brent Ward y un memorando mío con fecha 20 de octubre de 1989 en respuesta al informe del hermano Ward. Por lo tanto, limitaré esta carta transmitiendo únicamente la información que no se incluyó en estos documentos.

He conocido a sesenta víctimas. Esta cifra podría multiplicarse por dos o tres si no me limitara a una sesión por semana. Al principio no quería involucrarme en este asunto, que podría convertirse en un obstáculo para mi puesto de responsabilidad. Pero más tarde, sentí que tenía que pagar el precio para obtener una convicción intelectual y espiritual sobre la gravedad de este problema dentro de la Iglesia.

De las aproximadamente sesenta víctimas que conocí, cincuenta y tres eran mujeres y siete hombres, ocho de los cuales eran todavía niños. Estos abusos tuvieron lugar en los siguientes lugares: Utah (37), Idaho (3), California (5), México (2) y otros lugares (14). Cincuenta y tres víctimas declararon haber presenciado o participado en sacrificios humanos. La mayoría fueron abusados por familiares, a menudo por sus propios padres. Todos desarrollaron problemas psicológicos y a la mayoría se les diagnosticó un trastorno de personalidad múltiple u otras formas de trastorno disociativo.

Este abuso infantil ritualizado es el más despreciable de todos los abusos infantiles. El objetivo fundamental y premeditado es torturar y aterrorizar a estos niños hasta obligarlos a desvincularse sistemática y metódicamente. Esta tortura no es el resultado de la "ira", es la ejecución de rituales perfectamente pensados y bien planificados, a menudo llevados a cabo por familiares cercanos. La única salida para estos niños es la disociación. Así, desarrollarán una nueva personalidad que les permita hacer frente a las distintas formas de abuso. Cuando el episodio traumático termina, la personalidad central toma el control del individuo que no es consciente de lo que ha sucedido. La disociación también se utiliza para encubrir todas estas cosas, con el paso del tiempo los niños no recuerdan estas atrocidades. Llegan a la adolescencia y a la edad adulta sin memoria activa de lo que ocurre (o de lo que ha ocurrido). Por lo general, siguen participando en los rituales a lo largo de su adolescencia y principios de la edad adulta, sin ser plenamente conscientes de su participación en estas actividades ocultas. Muchas personas con las que he hablado han sido utilizadas en ciertas misiones y no fue hasta mucho después que comenzaron a recordarlas. Un individuo puede tener recuerdos de haber participado en rituales, mientras sigue sirviendo a la secta a tiempo completo.

Las víctimas llevan una vida relativamente normal, los recuerdos están encerrados y compartimentados en sus mentes. No saben cómo manejar algunas de sus emociones porque no pueden encontrar el origen. Cuando se convierten en adultos y se encuentran en un entorno diferente, ciertas cosas pueden desencadenar recuerdos y también pueden aparecer flashbacks o pesadillas. Estas personas llevarán una vida normal, y de la noche a la mañana se encontrarán en un hospital psiquiátrico en posición fetal. Los recuerdos de su infancia vuelven con tal detalle que las víctimas vuelven a sentir el dolor que causó la disociación inicial.

Hay dos razones por las que los adultos pueden recordar tales acontecimientos con gran detalle sobre su pasado: en primer lugar, el terror que experimentaron fue tan intenso que quedó marcado de forma indeleble en sus mentes. En segundo lugar, el recuerdo se ha compartimentado para que una parte de la mente no esté sometida al trauma. Cuando estos recuerdos resurgen, están tan frescos como si hubieran ocurrido ayer.

Los recuerdos parecen surgir en capas. Por ejemplo, el primer recuerdo puede ser de incesto, y luego vienen los recuerdos de vestidos y velas. Entonces las víctimas se dan cuenta de que su padre o su madre (o ambos) estaban presentes durante los abusos. Otra capa contendrá recuerdos de haber visto a otros torturados e incluso asesinados, incluyendo a bebés, y finalmente la comprensión de que la persona estuvo involucrada en sacrificios. Uno de los recuerdos más dolorosos es a veces que ellos mismos tuvieron que sacrificar a su propio bebé. Con cada capa de memoria llegan nuevos problemas a los que las víctimas tienen que enfrentarse.

Hay quienes sostienen que los testigos que informan de ese trato no pueden ser fiables debido al estado inestable de la víctima y a que casi todos ellos sufren trastornos disociativos. De hecho, estas historias son tan extrañas que plantean la cuestión de la credibilidad. La ironía es que uno de los objetivos de estas sectas es crear personalidades múltiples en estos niños para mantener los "secretos". Viven en sociedad sin que la sociedad tenga idea de que algo anda mal, porque estos niños y adolescentes ni siquiera se dan cuenta de que tienen otra vida en las sombras y en secreto. Sin embargo, cuando sesenta víctimas se presentan para dar testimonio del mismo tipo de tortura y sacrificio, me resulta personalmente imposible no creerles (...)

La doctrina espiritual que va unida a este abuso físico es particularmente difícil de superar. Además del dolor y el terror, a los niños también se les enseña la doctrina satánica. Todo está completamente invertido: el blanco es negro, el negro se convierte en blanco, el bien se convierte en mal y el mal en bien, etc.

Se pone a los niños en situaciones en las que realmente creen que van a morir, como ser enterrados vivos o sumergidos en el agua. Antes de hacerlo, el verdugo le dice al niño que rece a Jesucristo para ver si viene a salvarlo. Imagina a una niña de siete años, a la que se le ha dicho que va a morir y que debe rezar a Jesús... y que para ella, nada viene a salvarla hasta el último momento en que finalmente es rescatada por una persona que dice ser un representante de Satanás. Se convierte en hija de Satanás y corre el peligro de serle fiel.

Justo antes o poco después de su bautismo en la Iglesia, los niños son bautizados con sangre en el orden satánico que pretende anular su bautismo cristiano (...) Todo esto se hace con la personalidad que ha nacido para soportar el dolor físico, mental y espiritual. Como resultado, se desarrolla una especie de "guerra civil" dentro de estas personas. Cuando los recuerdos comienzan a resurgir, hay personalidades que se sienten devotas de Satanás, sin esperanza de perdón, mientras que la personalidad central es un miembro activo de La Iglesia. Cuando se produce la integración (fusión del alter), es cuando estalla la "guerra civil". A veces, en una entrevista, emerge la personalidad del lado oscuro, quizá petrificada o llena de odio hacia mí y lo que represento. Estas personalidades deben ser tratadas tanto espiritual como psicológicamente.

La mayoría de las víctimas son suicidas. Han sido adoctrinados con drogas, hipnosis y otras técnicas para que se suiciden en cuanto empiecen a revelar los secretos. La víctima es amenazada de muerte, sus familiares también son amenazados, etc. La víctima tiene todas las razones para creer en estas amenazas porque ya ha visto a personas asesinadas (...)

El objetivo de este memorándum es destacar la complejidad de la terapia psicológica y espiritual para estas personas. Nuestros sacerdotes, cuando se enfrentan a estos casos, se sienten naturalmente impotentes, sin saber cómo responder. En cuanto al poder judicial, es totalmente ineficaz. Por ejemplo, algunas víctimas dicen a veces que todas estas cosas están en el pasado y que deben dejarlas de lado y concentrarse en su vida actual. Esto es simplemente imposible. Parte de la terapia espiritual es convertir las personalidades que han sido adoctrinadas en el satanismo. Las víctimas necesitan integrar todas sus personalidades para que puedan funcionar como un todo coherente, lo que les permitirá hacer frente a los problemas y luego concentrarse plenamente en sus vidas (...)

Los agresores llevan una doble vida, muchos de ellos son miembros reconocidos del templo (mormón), por lo que la Iglesia debe considerar la gravedad de este problema (...) Me negué a que las víctimas me dieran los nombres de los agresores. Les dije que mi responsabilidad era ayudarles en su curación espiritual y que había que dar los nombres de los agresores a los terapeutas y a los policías (...) No pretendo decir que este problema esté extendido, lo único que sé es que he conocido a sesenta víctimas. Cuando sesenta víctimas dan testimonio de los mismos tipos de tortura y asesinatos, personalmente me resulta imposible no creerles (...) Obviamente, sólo conocí a los que buscaban ayuda. La mayoría tenía entre 20 y 30 años. Sólo puedo adivinar, y me horroriza, el número de niños y adolescentes que participan actualmente en estas prácticas ocultas (...)

- Jenny Hill

En octubre de 2012, la cadena de televisión estadounidense *ABC4* emitió un breve reportaje de Kimberley Nelson sobre el testimonio de Jenny Hill, una mujer superviviente de abusos rituales a la que se le diagnosticaron 22 personalidades diferentes. La historia de Jenny Hill se recoge en *"22 Faces"*, un libro escrito por su terapeuta, Judy Byington, que contó a la periodista:

"Fue agredida sexualmente en rituales cuando era muy joven, desarrolló estas personalidades múltiples cada vez que se encontraba en una situación traumática. Su primera personalidad alterada *"nació"* cuando tenía 4 años. Justo cuando su padre, un mormón devoto, comenzó a hacer lo impensable... Me dijo que me quería más que a mi madre y que ese era nuestro secreto."

Fue unos años más tarde, cuando comenzaron los abusos rituales, cuando su personalidad se dividió de nuevo para hacer frente a las violaciones y torturas. Jenny no recordaba el abuso, lo único que sabía era que tenía una grave pérdida de memoria... Hasta que un día se despertó confundida en un hospital psiquiátrico. El Dr. Weston Whatcott la atendió. Le dijo al periodista que conoció a varias alteridades de Jenny Hill:

"Si se tratara de una película, merecería ganar varios Oscars (...) ¡Tenía una voz completamente diferente! Me refiero a un verdadero cambio de voz, un cambio de acento, pero también un cambio de comportamiento, de expresiones faciales, todo eso cambió radicalmente."

El Dr. Whatcott también descubrió que sus diferentes personalidades alteradas salen en los escritos de Jenny. Tanto en el diario que escribió de niña como en el que llevó de adulta. En este diario, las alter personalidades revelan lo que sucedió en su pasado. La propia Jenny no estaba convencida de que pudiera tener todas esas personalidades diferentes, hasta que un día el doctor Whatcott hizo una grabación en vídeo de una de las sesiones de terapia: "*Estaba fascinada por lo que estaba viendo allí, era como una niña pequeña, se puso de rodillas y se acercó a la pantalla... No podía creer que fuera ella la que estaba en ese vídeo. El* Dr. Whatcott dice que el descubrimiento de las grabaciones fue un verdadero punto de inflexión para Jenny. Los recuerdos empezaron a aflorar, incluidos los de sacrificios humanos: *"Me ataron y me amenazaron con hacerme lo mismo que a la víctima. En un momento de la ceremonia, el dolor era tan intenso que la víctima lloraba histéricamente... y yo no lloraba, no emitía ningún sonido... como si hubiera sido programada para ello."*

Jenny dice que el 21 de junio de 1965 vio cómo asesinaban a esta niña. Dice que probablemente habría sido la siguiente víctima pero que se salvó por intervención divina...

Judy Byington: "Jenny dijo que vio los pies de un hombre en una luz blanca, ella estaba acostada en el altar y él estaba justo encima de ella, y rompió la ceremonia."

Jenny pensaba que estaba realmente sola con sus recuerdos, pero su madre, antes de su muerte, admitió en una conversación telefónica que había participado en rituales satánicos. También confirmó y validó el recuerdo de Jenny de la luz blanca salvadora. La conversación telefónica entre Mercy Hill (la madre de Jenny), y Judy Byington, fue grabada y difundida en este reportaje de *ABC4:*

- **Periodista**: Has mencionado esta luz blanca, ¿puedes contarnos más sobre ella?

- **Mercy Hill**: No lo sé, no recuerdo mucho de ello, pero creo que había una luz blanca. Estaba un poco lejos de nosotros y estaba bajando.

- **Periodista**: ¿Viste algo en la luz?

- **Mercy Hill**: No, ella era tan brillante ya sabes... era cegadora...

- Vicki Polin

En 1989, Oprah Winfrey dedicó uno de sus programas, *"The Oprah Winfrey Show"*, al abuso ritual satánico. El programa se titulaba *"Asesinatos del culto satánico mexicano"*. Durante la velada, una mujer dio testimonio de los horrores que había experimentado, afirmando que su familia había participado en los rituales durante generaciones y generaciones. En el momento de su testimonio, estaba sometida a una intensa terapia por su trastorno de personalidad múltiple o trastorno de identidad disociativo. Aquí está la transcripción de su entrevista con Oprah Winfrey:

- **Oprah Winfrey**: ¿Usted también ha sufrido abusos rituales en su familia?

- **Vicki Polin**: Sí, mi familia viene de una larga línea de abusadores, que se remonta al siglo XVI.

- **OW**: ¿Y entonces abusaron de ti?

- **VP**: Vengo de una familia que cree en esto...

- **OW**: ¿Y desde fuera, todo el mundo pensaba que eran una familia judía respetable?

- **VP**: Eso es exactamente.

- **OW**: Aunque había un culto a Satanás dentro de la propia casa...

- **VP**: Sí... Hay muchas familias judías en todo el país, no sólo la mía.

- **OW**: ¿De verdad? ¿Y quién sabe de estas cosas? Mucha gente ahora. (Risas)

- **VP**: He hablado con un investigador de la policía de Chicago al respecto, y varios de mis amigos lo saben. También he hablado de ello públicamente antes...

- **OW**: Así que te criaste en medio de todo este horror. ¿Creías que era normal?

- **VP**: Enterré muchos de mis recuerdos en mí mismo debido a mi trastorno de personalidad múltiple, pero sí... cuando creces con algo, crees que es normal. Siempre pensé que...

- **OW**: ¿Pero qué tipo de cosas? No tienes que darnos detalles escabrosos, pero ¿qué tipo de cosas pasaban en tu familia?

- **VP**: Bueno, había rituales en los que se sacrificaban bebés y había que...

- **OW**: ¿Los bebés de quién?

- **VP**: Había gente que traía bebés a nuestra familia. Nadie se dio cuenta, muchas mujeres eran obesas, no se podía ver si estaban embarazadas o no. Y si había alguna sospecha, se iban un tiempo y luego volvían. Otra cosa que quiero decir es que no todos los judíos sacrifican a los bebés, no es algo tradicional.

- **OW**: ¿Así que fuiste testigo de un sacrificio?

- **VP**: Sí, cuando era muy joven me obligaron a participar en esto y tuve que sacrificar a un niño.

- **OW**: ¿Cuál es el objetivo de estos sacrificios, qué se consigue con ellos?

- **VP**: Se trata de poder, poder...

- **OW**: ¿Te han utilizado a ti también?

- **VP**: Fui agredida sexualmente, violada varias veces...

- **OW**: ¿Qué hizo tu madre? ¿Cuál era su papel?
- **VP**: No estoy seguro del papel que pudo tener, todavía no he recuperado todos mis recuerdos, pero mi familia estaba muy involucrada en ello... Ya sabes, me llevaron a ello, mis dos padres me llevaron a ello.
- **OW**: ¿Y dónde está ahora?
- **VP**: Vive en la metrópoli de Chicago, trabaja en la Comisión de Relaciones Humanas de la ciudad donde reside. Es una ciudadana modelo, nadie sospecharía de ella...
- **OW**: ¿Le educaron con la noción del bien y el mal?
- **VP**: Sí... tenía ambas nociones. Lo que quiero decir es que para el mundo exterior, todo lo que hacíamos era bueno y respetable, y luego había ciertas noches en las que las cosas eran diferentes... cuando lo que era malo se convertía en bueno, y lo que era bueno era algo malo. Todo esto se hizo con el fin de desarrollar los trastornos de personalidad múltiple.
- **OW**: En su familia, ¿se llamaba realmente "adoración del diablo" o eran sólo las cosas que se hacían las que eran malas?
- **VP**: No, no lo sé. Quiero decir, yo dije que era malo, y ellos dijeron que era bueno. Hay un libro que encontré llamado "La Cueva de Lilith", un libro sobre el misticismo judío y lo sobrenatural. Hay muchas cosas ahí que se relacionan con lo que viví de niño. ''

- Linda Weegan

Linda Weegan es madre de dos niños que fueron víctimas de abusos rituales. Dio su testimonio durante una conferencia con Ted Gunderson. Aquí describe el protocolo sistemático de injusticia de atacar y acosar judicialmente al padre protector (normalmente la madre) para proteger a los presuntos maltratadores y a las redes en lugar de realizar una investigación adecuada. Aquí está la transcripción de su testimonio:

Estoy aquí para contarte un ejemplo de lo que ocurre cuando una secta satánica abusa de tus hijos. Voy a la iglesia, soy católico... voy a la iglesia y sin embargo el diablo era algo externo de lo que no se hablaba e incluso se ocultaba. Era algo que entraba de lleno en el ámbito de la ciencia ficción. Mis hijos empezaron a hablar de abusos sexuales en 1993. Se masturbaban, probaban cosas con el perro como meterle un lápiz o un pincel en el recto. Estos comportamientos fueron empeorando (...) Sabía que tenía un problema muy grande, pero no tenía ni idea de cuál era. Así que recorrí el país en busca de ayuda. Le di los dibujos de mis hijos a la policía. Así que tenía todos estos dibujos con círculos, personas, velas negras en medio de las mesas, representaciones de sodomía y demás. Fui a la iglesia y les dije: 'No sé qué es, pero estos dibujos parecen muy significativos'. Hay símbolos que no entiendo, cabezas de diablo, fantasmas...' En ese momento no tenía ni idea de lo que era el abuso ritual satánico. La única respuesta que obtuve de la Iglesia fue que ya me habían hecho un examen psiquiátrico... Hoy puedo decir que sé lo que significan los símbolos de estos dibujos.

Aunque el padre fue acusado de sodomía y sexo oral a sus hijos, nadie quiso ayudarme. Aunque hay juicios en curso, dicen que usted inventó estas historias de abuso ritual satánico. Tu credibilidad es nula, simplemente no existe, "en EEUU no pasa nada de esto"... Céntrate en la "simple" pederastia que sufrieron tus hijos...

Así que llevé a mis hijos a un instituto especializado en abuso sexual infantil. Las madres también podían ser admitidas y yo tenía la custodia legal de mis dos hijos. Mi marido, sus abogados y el juez descubrieron que mis hijos estaban en un instituto especializado... Luego confiscaron mi casa, todo lo que tenía, desde las fotos de mis bebés hasta mi ropa, sólo tenía una maleta conmigo. Me quitaron mi coche, mi correo, mis ingresos, mis bienes... ¡Lo perdí todo por presentar a mis hijos a un especialista en abusos sexuales! Intentaban detenerme por lo que mis hijos podrían revelar. Intentaron quebrarme económicamente para que mis hijos dejaran de tener ayuda terapéutica en este instituto. Se reconoció claramente que mis hijos habían sido abusados sexualmente y puedo demostrarlo con documentos.

Un día, la terapeuta que los atendía me invitó a su despacho, y allí me dijo que era un caso clásico de A.R.S. (Abuso Ritual Satánico). (Satanic Ritual Abuse)... No tenía ni idea de lo que estaba hablando, S.R.A.... Luego me explicó lo que era el Satanic Ritual Abuse. Me enseñó los dibujos que los niños habían hecho en su despacho. Había una imagen de un sacrificio de sangre, donde la gente se cortaba los brazos y recogía la sangre en un cáliz. El cáliz tenía forma de cabeza de diablo... etc... Incluía orgías, sacrificios de niños... Fue un shock enorme, no sabía qué hacer, no sabía dónde ir...

Llamé a todas las asociaciones y organizaciones de protección de la infancia del país para pedir ayuda, pero nadie admitió la existencia del abuso ritual satánico. Además, todas las asociaciones de protección de la infancia sólo afirman que "aman a los niños"... pero en realidad no ayudan a nadie. Así que mi lucha por salvar a mis hijos me ha traído aquí, y ahora puedo decirles que hay otras madres aquí hoy que me han pedido ayuda porque sus hijos también son víctimas de abusos rituales. Esto es muy duro para mí, mi vida ha sido destruida pero debo decir que ha sido reconstruida para mejor. John y Ben, de 11 y 8 años, vivieron durante 15 y 16 meses en casa de un satanista miembro de un grupo de 25 personas situado en Turney, Connecticut. Participan activamente en el abuso sexual ritual. Ni el gobernador ni nadie ha protegido a mis hijos. Así que me pregunto: ¿Hasta dónde llegará esto? (…)

- Glenn Hobbs

En 1988, *Jeremiah Films* produjo un documental titulado *"Halloween, ¿Truco o trato?* (en el que Caryl Matrisciana entrevista a un ex-satanista, Glenn Hobbs, que nació en una secta de abuso ritual. Aquí está la transcripción de la entrevista:

- Caryl Matrisciana: Glenn Hobbs fue iniciado por su abuelo en una secta satanista cuando era niño y siguió participando en estas actividades durante años. Hace poco entrevisté a Glenn sobre su participación y la importancia de Halloween para estos ocultistas.

- **Glenn Hobbs**: Mi implicación en el culto satánico comenzó en la infancia porque era un satanista generacional... Es decir, mi familia y sus generaciones anteriores estaban involucradas en estas prácticas ocultas. Hoy, mis primeros recuerdos de Halloween y todo lo relacionado con él me recuerdan que fue una época muy oscura de mi infancia...

- **CM**: Glenn, ¿puede hablarnos de los rituales de Halloween en los que participaba de niño?

- **GH**: Había otra niña involucrada en esto conmigo. Se llamaba Becky. Becky no era como yo, estaba destinada a ser sacrificada. Estaba destinado a ser un sumo sacerdote. Nació en este culto para ser un sacrificio humano. Ella y yo nos casamos juntos en un ritual. Fue un matrimonio ofrecido a "la Bestia". Cuando yo y esta niña nos casamos, hubo mucho abuso sexual, mucho derramamiento de sangre, todo para unirnos.

- **CM**: ¿Cuándo comienza el ritual de Halloween? ¿Cuál es el verdadero objetivo de Halloween?

- **GH**: Los rituales que recuerdo con más claridad comienzan a finales de septiembre. Yo y la niña que acabo de mencionar, Becky... El abuso fue muy repetitivo durante esta época del año. Nos llevaron a varias habitaciones donde nos desnudaron. Pasamos las dos semanas siguientes en una especie de cabañas donde se celebraban muchos rituales y se sacrificaban muchos animales. Se hicieron encantamientos a Lucifer y sus demonios para que vinieran a tomar posesión de mí. Estaba destinado a ser un sumo sacerdote cuando llegara el momento. La noche de Halloween nos llevaron a mí y a la niña en la parte trasera de una furgoneta. El viaje parecía largo, de nuevo estábamos drogados... Finalmente paramos, sacaron a la niña y me dejaron en la furgoneta. Podía oír mucho alboroto fuera, gente gritando y chillando con esa especie de murmullo de fondo... una especie de canto. Así que era consciente de que se estaba llevando a cabo un ritual porque ya había oído este tipo de cosas muchas veces. Era algo habitual para mí ver a la gente tirada en el suelo y convulsionando durante estos rituales, con siempre esta presencia demoníaca alrededor... Finalmente una mujer vino y me dijo que era hora de que me fuera... Así que me sacó de la furgoneta y allí pude ver que había mucha gente presente. Algunas personas iban vestidas con una especie de túnica oscura con grandes capuchas. Me llevaron a un altar de piedra. Recuerdo que vi a la niña, estaba en el altar... Me pregunté al principio qué iba a pasar, porque nunca se sabe, pueden utilizar el altar para muchas cosas, puede ser un sacrificio de animales, un abuso sexual del sumo sacerdote sobre una víctima, es difícil saberlo de antemano... Finalmente me dirigieron frente a este altar, allí vi que le habían atado los pies y estaba atada al altar. Sus brazos también estaban atados al altar con una especie de ganchos. Era muy blanca... Recuerdo que era increíblemente blanca... Le habían hecho incisiones en los pies y las muñecas. Habían recogido la sangre que manaba de las heridas en un cáliz, y luego pasaron este recipiente a los presentes. Entonces el sumo sacerdote tomó la daga ritual... La apuntó a la pequeña víctima, luego tomó mi mano y la puso sobre la daga y me obligó a apuñalar el pecho...

Así que en lo que respecta a Halloween... Ya sabes, fue un momento culminante del año, la noche de Halloween cuando mataron a esa pequeña e inocente niña. Esto es algo que ocurre cada noche de Halloween, no es un hecho aislado. Hay niños en todo el mundo que son sacrificados en la noche de Halloween, y en nuestras sociedades lo celebramos yendo de puerta en puerta pidiendo caramelos, es una "gran fiesta" para nosotros. Pero creo que es muy irónico, algunos piensan que es algo divertido, mientras que otros están quitando vidas humanas... Y sin embargo nadie quiere enfrentarse a lo que realmente está pasando (...)

- Ana A. Johnson Davis

Ana A. Johnson Davis es autora de *"El infierno menos uno"*, un libro autobiográfico publicado en 2008 en el que relata su infancia traumatizada por los abusos rituales desde los 3 años hasta los 17, cuando finalmente huyó. Anne, cuyo verdadero nombre es Rachel Hopkins, tardó mucho tiempo en hacerse pública y salir del anonimato; escribir su autobiografía le llevó 7 años y medio.

El libro contiene un prólogo del teniente inspector Matt Jacobson, de la oficina del fiscal general de Utah (Jacobson es uno de los autores del informe *"Ritual Crime in the State of Utah"* mencionado anteriormente en este capítulo). En este prólogo, Jacobson valida los testimonios contenidos en el libro, indicando que él mismo conoció e interrogó personalmente a los abusadores que confesaron en su presencia. Más tarde, Ana llegó a recibir confesiones por escrito de sus agresores, que no eran otros que su madre y su padrastro.

A continuación, una entrevista con Anne Johnson Davis realizada y publicada en Internet por el grupo S.M.A.R.T. (*Detenga hoy el control mental y el abuso ritual*)[268]

- ¿De qué trata el libro "El infierno menos uno"?

- Este libro trata de la esperanza y la libertad, es una biografía, un segmento de mi vida. Como dice el subtítulo de mi libro, es "mi historia de liberación del abuso ritual satánico y mi regreso a la libertad".

Este libro revela que realmente hay personas que practican el abuso ritual satánico. No se trata de un mito, como afirman algunos. Desde los 3 años, mis padres me utilizaron como objeto en los rituales hasta que me fui de casa a los 17 años. Este libro trata de los abusos que sufrí y de los pasos que di para recuperar mi libertad, para sanarme y para perdonar finalmente a mis abusadores. El libro habla de las decisiones que tomé, de algunos milagros y de una ayuda crucial que recibí. Ayuda que me permitió superar este trágico pasado. También se trata del compromiso que asumí de vivir una nueva vida con amor, determinación y propósitos positivos.

- ¿Por qué escribió este libro?

---

[268] *Entrevista con la autora de "El infierno menos uno"* - Anne A Johnson Davis, S.M.A.R.T. /ritualabuse.us.

- Cuando me recuperé, empecé a comprender que mi vida y mi salud mental no iban a mejorar sólo por mí. Sentí la vocación de llevar la libertad y la esperanza a los demás. Mi marido, Bruce, también estaba convencido de esta vocación y siempre me animó a escribir este libro. Consideró que mi experiencia podía aportar algo. Al principio me resistí porque no estaba dispuesta a comprometerme con algo que requería un esfuerzo inmenso y doloroso. Pero a medida que me curé, creció en mí el deseo de inspirar valor a los demás. Por mi experiencia, quería que las víctimas de abusos encontraran alguna esperanza de poder salir adelante, de poder superar los obstáculos que parecen totalmente insuperables. Lo que afrontamos, podemos superarlo, e incluso hacerlo mejor. Entonces las puertas se abrirán y la ayuda llegará cuando demos todo por el BIEN.

Tengo pruebas de abuso ritual satánico. También tengo recuerdos que han vuelto a mí y he registrado todo esto claramente en cartas. Estas cartas fueron devueltas con confesiones escritas de mis abusadores, que eran mi propia madre y mi padrastro. Mis hermanastros también enviaron cartas a las autoridades para confirmar mis acusaciones. Posteriormente, dos inspectores vinculados a la Fiscalía General obtuvieron confesiones verbales y escritas de los agresores.

- ¿Quién debería leer su libro?

- La historia de mi libro pretende dar esperanza a las víctimas. Esperanza para los que aún están cautivos. Espero que haya otras opciones y que puedan elegir. También es una llamada a quienes están en condiciones de ayudarles, como los abogados, los profesionales de la salud mental, la iglesia e incluso las personas que se abren a los testimonios que a veces reciben. Este libro es también para aquellos que desean leer una biografía en la que la bondad y la luz han vencido al mal y a la oscuridad.

- ¿Cuáles son los mensajes más importantes de su libro?

- Que nuestra adversidad no es nuestra identidad. Lo que hemos hecho, o lo que nos han hecho, no es lo que somos. No importa lo que nos hayan hecho - o los errores que hayamos cometido-, podemos superarlo y ser fieles a nuestro auténtico y verdadero yo. La bondad y la luz siempre vencen al mal y a las tinieblas. La capacidad que Dios nos ha dado para dirigir nuestra propia vida nunca se pierde, ¡nunca!

Este libro es para aquellos que necesitan ánimo, o que se encuentran en una situación profesional o personal en la que necesitan apoyar y animar a alguien. El subtítulo de mi libro es: "Mi historia de liberación del abuso ritual satánico y mi regreso a la libertad". Digo "liberación" en lugar de "escape" porque no podría haberlo hecho por mi cuenta. Recibí ayuda de un poder superior. No creo que nadie pueda salir de esta esclavitud completamente solo. El mensaje de este libro va más allá de la simple superación del abuso ritual satánico, es igualmente válido para todos, individuos, asociaciones, empresas, ya que trata el tema de la superación de obstáculos aparentemente insuperables. Todos tenemos Goliats a los que enfrentarnos y superar. Este proceso de afrontar y superar el obstáculo nunca es fácil y requiere compromiso y trabajo duro. Pero el resultado de este trabajo cambia su vida para siempre. La única salida es a través de ella.

- ¿Cuánto tiempo le llevó escribir este libro?
- Veamos... ¿Cuántos años tengo? ... ¡Me ha costado una vida! Primero 47 años para vivirlo, luego tuve que "revivirlo" y procesarlo. Luego, fueron necesarios 6 años de escritura y, finalmente, 18 meses para corregir y editar el manuscrito final. El libro se publicó en diciembre de 2008.
- ¿Qué investigaciones ha realizado?
- ¿Investigación? No tuve que hacer ninguna investigación. Lo viví, luego lo recordé. Los recuerdos volvieron con claridad cristalina, uno a uno, día a día, semana a semana, mes a mes. Ha armado un rompecabezas impactante que yo desconocía por completo. Escribí cartas explícitas sobre lo sucedido y finalmente recibí confesiones escritas de mis padres: mi madre y mi padrastro. Estas confesiones escritas se complementaron con confesiones verbales al Fiscal General de Utah.
- ¿Qué fue lo más difícil, o el reto, al escribir su libro "El infierno menos uno"?
- Encontrar la determinación y el coraje para permanecer en este proyecto durante más de siete años, escribiendo y releyendo un manuscrito con detalles horribles y dolorosos. Pero el lado oscuro de mi historia se equilibró con el lado luminoso, que es en definitiva el más importante. Estas fuentes de positividad son mi fe y mis experiencias espirituales, así como grandes circunstancias y personas que han pasado por mi vida.
- En los primeros capítulos del libro, describe muchos recuerdos detallados de cuando tenía tres años. ¿Cómo lo has recordado todo? ¿Siempre ha estado ahí, o ha vuelto a aparecer mientras escribía?
- La mayoría de los recuerdos surgieron en la terapia. A lo largo de los años surgieron detalles adicionales a medida que trabajaba para poner por escrito mi historia. Mi editor y yo trabajamos juntos para finalizar el manuscrito. En un momento dado, me preguntó si sabía más. Para preservar la autenticidad y la exactitud, me tomé mi tiempo, en silencio, para dejar que los detalles surgieran.
- ¿Sus hermanos y hermanas fueron víctimas como usted? ¿O eran satanistas como tus padres?
- Mis hermanastros han escrito cartas a las autoridades eclesiásticas apoyando y confirmando mi testimonio. Respeto su privacidad y no quiero hablar por ellos. No eran víctimas como yo, era un "parche" en la familia, considerado un "bastardo" y utilizado como objeto de sacrificio.
- ¿Cómo te las arreglaste para conseguir estas cartas de confesión de tus padres?
- Al principio de mi terapia, cuando todavía tenía contacto con ellos, les llamé y les pregunté si podían escribir a las autoridades eclesiásticas para confirmar mis acusaciones. Y lo hicieron.
- Las cartas de confesión de sus padres se publican con detalle en su libro. Has utilizado elipsis en varios párrafos. ¿Qué ha omitido y por qué?
- Son párrafos demasiado insensatos y violentos para ser publicados. Este libro transmite, sobre todo, un mensaje de esperanza y ánimo, de liberación y curación. Mi intención al incluir estas cartas confesionales era dar al lector la

información suficiente para saber lo poco saludable que era. Pero no quería que el contenido fuera tan ofensivo y chocante que el lector cerrara el libro.

También había referencias a mis hermanastros, y por respeto a su intimidad, he eliminado esos pasajes.

- ¿Dónde están hoy las cartas de confesión de tus padres?

- Los originales se guardan en una caja fuerte.

- ¿Están disponibles para el público? Si no, ¿por qué no?

- No están disponibles para el público. Se pusieron a disposición del Fiscal General de Utah durante su investigación. También se pusieron a disposición de la editorial cuando se redactó el manuscrito final. Pero debido a la naturaleza del contenido de estas cartas, a menudo con detalles gráficos impactantes, así como a una cuestión difamatoria, ya que se mencionan nombres, no están disponibles para el público.

- Tus padres empezaron a someterte a abusos rituales a los 3 años y esto continuó hasta que te fuiste de casa a los 17 años. Después de eso, empezaste a tener ataques de ira a los 30 años... A finales de los 90 habías terminado la terapia y estabas en el camino de la recuperación. Eso fue hace más de una década y hoy tienes más de 50 años. Dice que tardó siete años en escribir "Hell Minus One". ¿Por qué no escribió su libro antes? ¿Fue una cuestión emocional, tuvo que sentirse preparado antes de revelar estas memorias?

- Antes de 2001, no sentía la necesidad de escribir un libro que pudiera ayudar a otros. Escribir "Hell Minus One" me llevó mucho más tiempo del que había previsto. Pero quería que el manuscrito fuera auténtico en todos sus detalles y también que tuviera una buena calidad de escritura. Se necesitaron 18 meses para reelaborar y editar el manuscrito, después de 7 años de escritura.

- Tus padres te hicieron cosas horribles y sádicas. Después de estos episodios, no recordabas nada, ni siquiera tenías sentimientos hostiles hacia ellos. ¿Cuál es la definición médica o psicológica de este fenómeno? ¿Cómo y por qué funciona el cerebro de esta manera? ¿Pueden borrarse ciertas cosas experimentadas?

- Las definiciones que he escuchado de los profesionales no son convincentes. Suelo basarme en mi propia experiencia en lugar de utilizar etiquetas que pueden ser contradictorias e incomprendidas. En mi caso, mi psique me impidió ser consciente del abuso hasta que fui lo suficientemente maduro para reaccionar. Antes de eso, las amenazas de mis abusadores de que me destruirían si hablaba de algo mantuvieron estos recuerdos de abuso en un silencio psicológico compartimentado.

- ¿Qué es exactamente el abuso ritual satánico?

- Para mí, es una forma criminal, inhumana y perversa de adoración al diablo. Estos crímenes incluyen la tortura física, sexual, mental y espiritual de víctimas inocentes.

- ¿Cuál es su origen? ¿Cuál es su historia?

- En primer lugar, no soy un experto en abuso ritual satánico y no deseo serlo. A veces, durante los abusos, oía a mis padres y a sus cómplices hablar de volver a un tiempo lejano, así que lo que se hacía en esas noches no se refería al tiempo presente. Hay varias fuentes en Internet que describen con detalle el origen del abuso ritual. Por desgracia, también hay muchas fuentes que afirman que todo esto es falso y que se trata de una leyenda urbana nacida en los años 80 y desacreditada a finales de los 90. Principalmente debido a afirmaciones no probadas y sin fundamento.

Lo que me pasó a mí -las cartas de confesión de mis padres- es un argumento más para poner en la balanza. De hecho, las cartas de mis padres, sus confesiones verbales a la policía y su excomunión de la Iglesia, proporcionan nuevas pruebas que los investigadores y los escépticos del abuso ritual satánico no tenían antes. Sin pruebas, puedo entender que este tema no haya recibido más apoyo en el pasado. Una de mis esperanzas es que "El infierno menos uno" reciba buenas críticas, tanto de la judicatura como de los profesionales de la salud mental e incluso de los medios de comunicación. Se trata de reconsiderar la cuestión del abuso ritual.

- ¿Por qué estas personas tienen ese comportamiento? ¿Qué consiguen con ello?

- Desde mi punto de vista, es un medio para satisfacer una adicción a la violencia y la perversión sexual. Los he visto comportarse de forma totalmente demencial, decididos a apelar a los poderes de la oscuridad y del mal, creyendo que eso les daría un poder superior y una fuerza sobre otras personas, así como una forma extraordinaria de conseguir dinero.

- Los abusos rituales que sufrió tuvieron lugar en los años 50 y 60. Si se hace una búsqueda en Internet de "Satanic Ritual Abuse", aparecen cientos de sitios. Algunos ofrecen ayuda, otros describen detalles inquietantes de las prácticas actuales. ¿Qué comparación puede darnos sobre lo que ha vivido y lo que se hace hoy?

- Hace más de un año, tras unas horas de investigación sobre este tema en Internet, decidí que nunca más me sometería a ver o leer sobre esas cosas. Lo que entiendo es que el propósito y la intención del abuso ritual no parecen haber cambiado, aunque las técnicas se hayan desarrollado considerablemente. Cada vez es más extraño, más brutal e inhumano.

- A los lectores que son víctimas de abusos rituales, ¿qué les recomienda?

- Sobre todo, me gustaría que supieran que pueden elegir. Me gustaría instarles a que sean valientes y pidan ayuda de cualquier manera que puedan, para salir y permanecer fuera de este mal, de esta esclavitud. Si tu familia es tóxica y está completamente enferma, si está involucrada en actividades delictivas, no debes recurrir más a ella. No puedes salvarlos, pero puedes salvarte a ti mismo. Me gustaría que se dieran cuenta de que tienen un derecho a su identidad y a su vida otorgado por Dios. Tienen y tendrán señales internas e intuición que les guiarán de la mejor manera posible.

- Para los lectores que adoran a Satanás, o practican el abuso ritual, ¿qué les recomienda?

- Para los que practican el satanismo, tienen derecho a hacer lo que quieran siempre que no se trate de actos delictivos. Habiendo experimentado las prácticas satánicas de estas almas nauseabundas, les aconsejo que salgan, cueste lo que cueste, antes de que sea demasiado tarde.

- ¿Qué espera conseguir con su libro "El infierno menos uno"?

- Mi esperanza y mi oración es que este libro sea un faro, una luz en medio de la oscuridad. Un mensaje de esperanza y ánimo. Todos podemos superar obstáculos aparentemente insuperables. El epígrafe de mi libro nos recuerda que todos hemos sido dotados por el Creador de un derecho inalienable a nuestras vidas, un derecho a la libertad y a la felicidad.

- En su libro, explica por qué usted y su marido decidieron no presentar cargos contra sus padres por sus actos delictivos. Ahora que han pasado varios años desde aquella decisión, ¿se arrepiente? ¿Por qué ha tomado esa decisión?

- No, no me arrepiento. En ese momento, con el "síndrome de la falsa memoria", el juicio no habría salido a mi favor. Dijera o no la verdad, habría sido mi persona la que se hubiera puesto en el punto de mira de los medios de comunicación y no mis padres; aunque ellos hicieran confesiones escritas y verbales y fueran excomulgados de su iglesia. Una fuerza dentro de mí me advirtió en ese momento que esto habría dado lugar a una explosión mediática que habría destrozado a mi pequeña familia y a mí con ella.

v/ Canadá

- Manon y Josée

En 1995, el periódico canadiense *La Presse* publicó un artículo de la periodista Marie-Claude Lortie titulado: "*La SQ ha abierto una investigación sobre una misteriosa secta satánica en los municipios del este*" (SQ son las siglas de Sûreté du Québec, la policía nacional de Quebec). Una publicación que todavía está disponible en los archivos del sitio www.lapresse.ca.

El artículo recoge los testimonios de dos jóvenes, "*Manon*" y "*Josée*", que nacieron en una secta satánica y salieron de ella a pesar de todo. A los 28 años, Manon decide hablar con Luc Grégoire, investigador de la brigada de grandes delitos de la Sûreté du Québec. La mujer describió misas negras, violaciones en grupo, abusos físicos y sacrificios. Marie-Claude Lortie introduce su artículo con estas palabras de Manon:

- Nací en una secta satánica. En una familia donde todos los miembros tenían que adorar a Satanás, amarlo incondicionalmente, hacer todo para obedecerlo. Fui abusada desde los tres años y medio, torturada, martirizada, violada. Vi sacrificios de animales, pero también sacrificios humanos...

- ¿Humanos?

- Sí, los humanos...

Manon cuenta que se sometió a rituales de iniciación y traumáticos, como ser enterrada viva en un ataúd. Habla de violaciones en grupo y de torturas, de sacrificios en los que fue obligada a beber la sangre y a comer la carne de las ofrendas. Como en muchos testimonios, dice que su familia ha estado involucrada en estas actividades satánicas durante generaciones y generaciones: *"Es un culto que se transmite por la sangre. Y es también con su sangre con la que los adeptos deben firmar el pacto obligatorio antes de entrar en cualquier misa negra, un pacto por el que se comprometen a no decir nunca nada de lo que han visto u oído durante las ceremonias. "*

La joven explicó al investigador que cada luna llena, decenas de personas se agolpan en los sótanos para asistir a rituales dirigidos por sacerdotes satánicos. Habla de ceremonias que suelen reunir a unas 100 personas. El grupo al que pertenecía solía recorrer largas distancias para asistir a las misas negras y habla de algunas ceremonias en Quebec con hasta 500 seguidores. Dice que asistió a un ritual en Estados Unidos en el que debía haber 1500 personas, según ella, *"mucha gente debía estar allí simplemente por voyeurismo, por sensacionalismo, y para disfrutar de las orgías sexuales que tenían lugar después de las misas negras".*

Las dos jóvenes afirman que fueron obligadas a prostituirse y que ese es el destino de todas las chicas de la red. Las violaciones se producían durante las ceremonias, pero también se abusaba sexualmente de ellas en sus familias, ''La *mayoría de las atrocidades no se libraban de ninguna de las jóvenes de la secta''*, explica Josée. Fue un sacerdote de los Hermanos del Sagrado Corazón de Bromptonville, Guy Roux, quien ayudó a Manon mediante la oración para "liberarla" de lo que había vivido. El sacerdote dijo que la joven estaba en las garras del diablo. Su psicoterapeuta también la ayudó mucho a superar estas experiencias traumáticas.

- Pierre Antoine Cotnareanu

Otro testimonio es el del psicoanalista Pierre Antoine Cotnareanu. Describió un caso inquietante de uno de sus pacientes canadienses. Su testimonio fue filmado y difundido en Internet, aquí está la transcripción:

- Era una persona que provenía de una secta satanista, lo que nos contó fue bastante atroz, no pensé que eso existiera cerca de mi casa. Dijo que formaba parte de una familia que practicaba un culto satanista de generación en generación. Cuando era pequeña, fue educada, hipnotizada, para ser una especie de sacerdotisa, un altar para las ceremonias de magia negra.

- ¿Quién hizo estas cosas?

- Dijo que eran personas importantes (...)

- Como terapeuta, ¿le desestabilizó este descubrimiento?

- Absolutamente... fue muy desestabilizador.

- ¿Cuáles son los detalles que le despistaron?

- El hecho de que se usara como altar, que hubiera algo de magia sexual alrededor y que hubiera sacrificios de niños... creo que es suficiente para despistar a alguien.

- ¿Sacrificios de niños de qué edad?

- Niños pequeños, muy pequeños...

- ¿Bebés?

- Ella era el altar en el que se hacían los sacrificios (...) Era una persona muy angustiada cuando la conocí y se veía que había sido hipnotizada, así que trabajamos para sacarla de esa especie de "círculo"...

- ¿Dio alguna cifra sobre el número de personas?

- Debía haber 15 o 20 personas en las ceremonias, a veces menos. Eran familias, y alrededor de estas familias gravitaban otras personas más o menos importantes.

- ¿Había algún aspecto genético que fuera importante para ellos?

- Sí, han sido así durante generaciones, por lo que los padres educan a sus hijos de esa manera y así... No hay mucha ternura allí.

- ¿Sacrificaron alguna vez a uno de sus hijos?

- No sé... Pero ya, esta paciente, es como un sacrificio, porque hacerla pasar por esto es bastante demoníaco.

- ¿Con qué frecuencia se realizaban estos rituales?

- Ocurría con bastante regularidad, empezaba con una llamada telefónica y entonces creo que la voz de la persona la ponía en trance y después estaba disponible para hacer lo que tenía que hacer.

- ¿Se puede salir de un trauma así?

- Sí, creo que lo ha superado. Hace falta mucho trabajo, hace falta alguien que conozca la mecánica de la hipnosis para poder descifrar y desactivar el proceso. La vi algunas veces cuando lloraba, lloraba... cuando se daba cuenta... cuando había este choque de diferentes personalidades que se reunían dentro de ella: era bastante intenso. Lo suficientemente intenso como para desestabilizarme y hacerme pensar que hay gente más cualificada que yo para esto. Es realmente una cualificación especial trabajar con estas víctimas de sectas que han sido sometidas a hipnosis (nota del editor: control mental).

d/ Francia

- Véronique Liaigre

El 5 de julio de 2001, el telediario TF1 emitió el testimonio de Véronique Liaigre, que declaró sin tapujos que había sido violada y prostituida por sus padres desde los 5 años. Describe claramente una secta satanista *martinista* de la región de Agen que practica el sacrificio de niños nacidos de violaciones y no de niños declarados o extranjeros. Dijo que la obligaron a participar en rituales de sangre bajo amenaza. Aquí está la transcripción de este reportaje emitido en horario de máxima audiencia:

- **Patrick Poivre d'Arvor**: He aquí un terrible expediente en el que Alain Ammar y su equipo trabajan desde hace varias semanas. Las acusaciones vertidas en su investigación por una joven que era menor de edad en el momento de los hechos son extremadamente graves, algunas de ellas son incluso difíciles de creer, pero es su palabra. Los nombres que menciona han sido tapados con un "pitido" para no afectar a la presunción de inocencia.

- **Voz en off**: Véronique tiene 20 años y ha vivido un infierno desde los 5 años. Violada y prostituida por sus padres, a los que denunció y que están a la espera de comparecer ante el tribunal de apelación, ha conseguido escapar de los que ella llama sus verdugos. Su historia no es corriente y puede parecer incluso inventada. Sin embargo, si es legítimo tener dudas, lo que esta joven nos dijo y repitió espontáneamente es impactante. En particular, cuando afirma, a pesar de las amenazas que dice haber recibido, que frecuentaba una secta satanista, los martinistas, y que ella misma fue torturada y torturadora.

- **Véronique Liaigre**: Nos pegan, nos meten objetos en los orificios, a veces hay sacrificios de niños para dar gracias a Satanás, hay muchas cosas así... Se mata un animal, se vierte la sangre sobre nuestras cabezas y el resto se pone en una cúpula que se coloca en el altar.

- **Periodista**: ¿Así que, de hecho, tus padres, como todos los padres de estos niños de los que hablas, vendían a sus hijos?

- **VL**: Exactamente, porque aporta un determinado porcentaje de dinero. Un niño menor de 8 años vale 22.000 francos.

- **J**: ¿De dónde vienen estos niños?

- **VL**: Los niños sacrificados no son declarados, o son niños extranjeros. En particular, cuando estuve en Agen, eran pequeños africanos, eran negros. En Jallais también vi algunos, en Nanterre también, pero eran niños blancos, franceses, pero eran niños nacidos de una violación.

- **J**: ¿Niños nacidos de una violación?

- **VL**: Sí, que no fueron declarados. Son partos que se realizan en el domicilio de los padres en condiciones pésimas.

- **J**: Entonces, ¿en la medida en que no se declararon, fueron sacrificados?

- **VL**: Aquí está...

- **J**: No sólo eras parte del culto, sino que participabas en estos rituales...

- **VL**: Sí, en 1994 tuve que sacrificar a un niño a punta de pistola con dos de mis amigos en Jallais. Y los tres tuvimos que asesinarlo... A punta de pistola, si no lo hacíamos, habríamos sido... Lo habrían hecho con más violencia y nos habrían hecho más daño. Así que tuvimos que hacerlo...

- **J**: ¿Y quién te apuntaba con un arma?

- **VL**: "bip" el que dirige la gendarmería "bip".

- **J**: Y estos cadáveres, ¿qué hacen después con ellos?

- **VL**: La que más me marcó fue aquella en la que participé. Lo llevaron a un sótano en Cholet, lo llevaron en una bolsa negra con una cruz blanca al revés... Y tenían una lata grande, pusieron algo dentro... No sé si era gasolina o ácido o algo así, pero Cécile, Sophie y yo, nos salvamos.

- **J**: Así que realmente queman los cadáveres.

- **VL**: Tienen que quemarlos, sí.

- **J**: Crees que todo es una especie de red, la gente se agarra un poco para no caer...

- **VL**: Eso es, y también es para protegerse, porque dado que hay abogados en ella, es cierto que se armaría un extraño revuelo si nos enteráramos de que hay jueces y todo eso que forman parte de esa red.

- **J**: ¿Ha visto alguna personalmente?

- **VL**: He visto un correo electrónico de ''bip'', del señor ''bip'' pero no sabía de quién se trataba...

- **J**: ¿Quién ha dicho qué?

- **VL**: Era para una transferencia de fondos...

- **J**: ¿Y crees que estas personas forman parte de los propios cultos? ¿Esa élite de la que hablas?

- **VL**: Los cubren... No diría necesariamente que forman parte de ella, pero las cubren, eso es seguro.

- **Voz en off**: Jean-Claude Disses es el abogado de Véronique en Agen. Fue trasladada de Maine-et-Loire a un hogar frecuentado por pederastas. Inicialmente escéptico sobre las acusaciones de su cliente, ahora está convencido de que ella dice la verdad.

- **Jean-Claude Disses** (abogado de Véronique Liaigre): La creo cuando me dice que fue violada en su familia. La creo cuando dice que fue prostituida por ciertos miembros de su familia. La creo cuando explica que esa prostitución pasaba necesaria y forzosamente por muchos adultos que venían a abusar de ella por dinero. La creo cuando dice al mismo tiempo que fue fotografiada durante estas escenas y la creo aún más porque aparentemente encontramos estas fotos en un CD-Rom en Amsterdan (nota del editor: Affaire Zandvoort).

- **Periodista**: Así que es ella, se reconoció y dijo "soy yo".

- **JCD**: Eso es, eso es exactamente. Dice "soy yo", lo dice delante de un inspector de policía y al mismo tiempo que se identifica, identifica a cinco de sus amigos de la infancia. Esto significa que si esto es cierto, estos niños deben haber sido sometidos a escenas pornográficas, estas escenas deben haber sido filmadas, y estas fotos deben haber sido enviadas a Amsterdam y terminado en un CD-Rom pedófilo que fue incautado por la policía holandesa en el contexto de un procedimiento en Holanda. Así que debe haber una organización que tome fotos, que las distribuya, ¡así que hay una organización y una red!

- **Voz en off**: Véronique nos llevó a uno de los muchos lugares donde, según ella, se celebraban ceremonias satánicas los días 21 de cada mes.

Véronique Liaigre (al pie de un edificio en el centro de la ciudad, frente a una porte cochere): Aquí, he estado varias veces. En particular, recuerdo bien una vez en 1994, cuando me encontré en un ritual satánico con un asesinato de niños. Subimos al segundo piso. Hubo violaciones, debe haber habido 5 o 6 niños, no fue una reunión muy grande. Hubo "pitidos", "pitidos", hubo mucha gente, sobre todo notables cuyos nombres no conozco necesariamente.

- **Periodista**: Y usted mismo ha sufrido...

- **VL**: Sí, estuve allí y sufrí... Mi padre estaba allí, mi madre no estaba aquella vez.

- **Voz en off**: Su increíble memoria también permite a Véronique recordar una llamada telefónica en la que oye hablar de la pequeña Marion Wagon, desaparecida el 14 de noviembre de 1996.

- **Véronique Liaigre**: Estaba en la casa de uno de los pedófilos, ''bip'', y entonces sonó el teléfono. Empezó a gritar, ella estaba arriba, yo estaba en su habitación abajo. Así que cogí el teléfono en su habitación y oí a un hombre que conocía, Walter, exigiendo más dinero o lo denunciaría todo a la policía. Dijo: "De todos modos, no voy a ir a la cárcel, no la he matado, sólo la he alojado bajo sus órdenes, y sólo durante seis días. Y ahora quiero el dinero, no voy a ir a la cárcel. Y entonces oí a Jean-Marc decir: "De todos modos, donde están enterrados los cadáveres, no los encontrarán pronto."

- **Periodista**: ¿Y sabe dónde están enterrados?

- **VL**: Creo que están enterrados en Granges sur Lot en el patio trasero.

- **J**: El cadáver de Marion finalmente estaría allí...
- **VL**: Sí, creo que sí.
- **Voz en off**: Recientemente se han llevado a cabo excavaciones, pero sin éxito... ¿Véronique se está inventando historias? En cualquier caso, su declaración deja incrédulo al padre de la mujer desaparecida.
- **Periodista**: Cuando se habla de una secta, ¿nunca ha pensado en ello?
- **Michel Wagon**: Por supuesto que sí. Recibimos muchas cartas, cientos y cientos de cartas. Pero ese es el lado en el que no queremos pensar, del que nos negamos a hablar. Ahora bien, es cierto que los acontecimientos de la época, con el asunto Dutroux, nos hicieron... Nos dijimos, bueno, esto sólo ocurre en Bélgica, pero al final puede ocurrir en Francia. Ese es el lado en el que no pensamos...
- **Voz en off**: Un antiguo comandante de la gendarmería que estaba a cargo del caso Marion en ese momento recuerda la llamada telefónica que mencionó Véronique:
- **Michel Louvet**: No pudimos averiguar de dónde procedía la llamada, la llamada llegó a un domicilio particular. No pudimos rastrear la llamada, así que no sabemos quién la hizo. Es cierto que escuché que hubo una joven que hizo declaraciones pero no las conozco porque no estoy actualmente en la gendarmería. Lo que quiero decir es que confío en que mis antiguos colegas comprueben todas las pistas.
- **Jean-Claude Disses**: ¿Cómo es posible que estos cinco niños violados en Angers tengan sus fotos encontradas en Ámsterdam diez años después? Y comprendes que esta pregunta es demasiado seria para que no nos la planteemos.
- **Véronique Liaigre**: Es muy duro, vuelve en tus pesadillas cada noche. Cada segundo, cuando un niño grita o llora... En la calle, en cualquier momento cuando ves a un niño, te dices que quizás ahora sería tan grande como ese.
- **Voz en off**: La policía y la justicia se han tomado en serio las declaraciones de Véronique y tratan de verificarlas una a una, por inverosímiles que parezcan. De estas comprobaciones puede depender la erradicación de determinadas redes de pederastia y delincuencia...
- **Patrick Poivre d'Arvor**: Graves acusaciones, por lo tanto, que la gendarmería y la justicia trabajan ahora para verificar...

Se trata de un reportaje de 10 minutos que trata explícitamente de los abusos rituales satánicos y de la red de pederastia que prolifera en Francia. Un reportaje relativamente largo que se emitió en horario de máxima audiencia en el informativo de Patrick Poivre d'Arvor, ¡algo impensable hoy en día! Al igual que la emisión el 27 de marzo de 2000 por France 3 del reportaje *"Viols d'enfants, la fin du silence? a la* que siguió un debate en el que se palpaba un cierto malestar en el plató, y con razón... Dos niños, "Pierre y Marie", denunciaron lo impensable...

- **Pedro y María**

En 2000, el informe *"Violación de niños, ¿el fin del silencio?* mostró el testimonio de dos niños (de 10 y 13 años) que dijeron que su padre les había llevado a ceremonias con hombres y mujeres en togas. Estos niños describieron, boca abajo, ante las cámaras de France 3: sesiones de hipnosis, drogas, torturas, violaciones y asesinatos rituales de niños. La pequeña Marie describe los sótanos de una gran mansión, una especie de catacumba bajo un edificio de lujo en París o en su región, donde tuvieron lugar las abominaciones. Durante el debate que siguió al informe, Martine Bouillon, ex fiscal adjunta de Bobigny, declaró que tenía conocimiento de la existencia de fosas comunes de niños en la región de París y que ¡se estaba investigando! Georges Glatz, también presente en el plató, también confirmó la existencia de fosas comunes, añadiendo una capa a la realidad de las *películas snuff*. Martine Bouillon fue trasladada a las 24 horas de esta impactante declaración. También declaró durante el programa: *"Acabamos de darnos cuenta de que la pedofilia existe... Todavía no podemos entender que hay cosas aún peores que la pedofilia, yo diría que "simples"...".* Extrañamente, este documental no está disponible en los archivos de France 3, pero fue grabado en VHS en su momento, y luego digitalizado. Ahora está ampliamente disponible en Internet. Es un documental de referencia sobre los testimonios de abusos rituales. He aquí algunos extractos:

- **Voz en off**: De los dos niños, es la mayor, Marie (seudónimo), quien cuenta la historia. Aquí habla de su padre y de los lugares a los que les llevó.

- **Marie** (dibujo): Había un lugar en París donde él era el líder. Dijo que era un gran mago y que se llamaba "Bouknoubour". En este lugar, llevaban grandes túnicas blancas con bordes dorados (aquí dibuja una figura que lleva una toga con un triángulo en un círculo en el busto). Entonces hacían oraciones, violaban a los niños, los asustaban... Había varias personas más que nos violaban, nos dormían con una especie de papilla. También nos ataban a las mesas y luego nos golpeaban o nos ponían agujas cerca de los ojos para hacernos creer que querían sacarnos los ojos.

- **Periodista**: ¿Realmente te hicieron daño? ¿Te golpearon?

- **M**: Sí, nos pegaban...

- **J**: ¿Qué nos ha dibujado Pierre (seudónimo)?

- **Peter** (dibujando mientras llora): ...Había monstruos... Fue horrible... Me violaron...

- **J**: ¿Te violaron? ¿Qué está violando a Pierre?

- **P**: Era tocar el pito... jugar con él... hacer... Yo tenía 6 años, no entendía todavía lo que estaban haciendo...

(…)

Marie (también dibujando en lágrimas): *Los estaban matando...*

- **J**: ¿Estaban matando a los niños?

- **M**: ...sí...

- **J**: ¿Cómo lo sabes?

- **M**: Porque lo vi... Eran niños pequeños que eran un poco árabes o algo así.... Solían cortarles la cabeza...

- **J**: Cuando viste que le cortaban la cabeza a un niño, ¿era la verdad, estaba pasando delante de ti o podía ser una película?

- **M**: No, era de verdad, porque los niños gritaban. Y luego nos dijeron que también nos iban a cortar la cabeza, así que nos pusieron esto... Y entonces nos asustamos mucho y pensamos que estábamos muertos...

- **J**: ¿Pero por qué lo hacían?

- **M**: No sé, porque son malos, están locos. No sé por qué han hecho eso, ¡son malos! No hicimos nada, éramos niños (Marie está llorando).

- **Voz en off**: En julio de 1996, en cuanto se produjeron las primeras revelaciones, la madre confió los niños a un psiquiatra infantil que ya había tratado casos similares. Durante tres años, el Dr. Sabourin utilizó dibujos para recoger su testimonio. Decenas de dibujos, decenas de horas de escucha que forjaron su convicción: cree en los niños.

- **Dr. Sabourin**: Por supuesto, creo que han vivido cosas increíbles, muy difíciles de sintetizar para ellos y de poner en escena. Ambos tienen una habilidad personal para dibujarlos, lo que no siempre es el caso...

- **Voz en off**: María dibujó una enorme estatua, que dijo que se colocaría en el centro de la sala de ceremonias. Luego dibujó el péndulo y la rueda que se habrían utilizado para las sesiones de hipnosis en los niños, y siempre los disfraces, las grandes capas rojas o blancas y los crucifijos. Presentamos al Dr. Sabourin el último dibujo que Marie hizo para nosotros.

- **Dr. Sabourin**: En sus dibujos recientes, encuentro varios temas... 4 temas que ya existían, donde tenemos una ceremonia con personas visiblemente disfrazadas, con cruces sobre los hombros, que encontramos aquí (mostrando otros dibujos), tenemos tres de ellos aquí... y el crucifijo aquí, es un crucifijo muy especial... Ella dijo que era un crucifijo rodeado de hierba. ¡¿De dónde sacó eso?! No sé... ¿Es su imaginación, es una niña delirante? No lo creo... Es decir, ante este tipo de cosas extremadamente precisas y sorprendentes, tiendo a decir que es un elemento de la memoria que reaparece. Siempre cuando se trata de un niño y, por supuesto, cuando se trata de un adolescente o un adulto, estos recuerdos de los primeros traumas están en un millón de pedazos. Y es con mucha dificultad, con mucha emoción, con muchas tensiones internas y miedos -son niños que tienen miedo, están bajo el terror- que logran entregar un pequeño pasaje, un pequeño trozo de memoria, que deja a todos boquiabiertos. Nos decimos: "¿Cómo es que no han hablado antes? Cómo es que no pueden describirlo como un adulto describiría un escenario, ese es el gran trabajo de los terapeutas y la policía (...)

- **Voz en off**: Los niños describen una verdadera organización en la que participan muchos adultos, y aunque no pueden indicar el lugar de las ceremonias, Marie nos ha dibujado un mapa muy preciso del edificio y su sótano.

- **Marie** (describiendo su dibujo): Así que conducimos hasta aquí... Estábamos girando en una rotonda. Hubo un botones que vino a abrirnos la puerta. Luego entramos en lo que parecía un hotel bastante elegante. Iba a buscar las llaves y luego íbamos por un pasillo hasta un ascensor. Luego bajamos a un laberinto donde hacía frío, estaba oscuro y parecía un sótano. Aquí había un vestuario donde íbamos a vestirnos con la ropa blanca y roja, luego íbamos aquí: una habitación donde violaban a los niños. Aquí estaba la parte en la que había sobre todo chicas violando a los chicos y a mi hermano pequeño, luego aquí eran los hombres los que violaban a las chicas. Entonces aquí, era una gran sala, como una gran cueva en forma de catedral o cuna y había mucha, mucha gente. También había aquí una estatua muy, muy grande de un dios africano o negro, y cuando gruñía, la gente ponía dinero en grandes cestas que se pasaban. Alrededor de esta estatua, había cenizas, con cabezas de niños en espigas en las cenizas...

- **Voz en off**: Cabezas de niños en la punta de los pinchos... Cabezas de niños que Marie nos cuenta que han sido decapitadas ante sus ojos, y que encontramos en varios de sus dibujos. Para acceder a estos sótanos, Marie describe un edificio en la superficie, una especie de gran hotel con alfombra roja frente a una rotonda de París o de su región. Un edificio elegante con una escalera redondeada (...)

- **Marie** (hablando de su padre): Como también nos violaba en casa, alguien venía a la casa y se desnudaba. Nos metían la polla en la boca y nos grababan, o bien, con mi hermano, nos decían que hiciéramos cosas...

- **Periodista**: ¿Y estaban filmando todo esto?

- **M**: Sí, filmaban... y luego llevaban las cintas a un lugar que creo que estaba en París, donde había muchos libros sobre sexo y demás... y dejaban las cintas allí. (…)

- **Voz en off**: Entonces, ¿el marco sectario y los hechos descritos por los niños son creíbles o inimaginables, como escribió el juez de instrucción? Se lo preguntamos a Paul Ariès, sociólogo especializado en sectas y maltrato infantil, que ha realizado estudios para el Ministerio de Sanidad. Le presentamos todas las declaraciones de Pierre y Marie:

- **Grabación de María**: Hacían oraciones, decían que eran "mujeres puras", decían que un día toda la gente de este planeta se había dispersado por la tierra y que ahora tenían que reunirlos, a la gente... de hecho había una especie de dios, un mensajero de los dioses... que venía a decirles que tenían que irse pronto a su planeta o algo así...

- **Paul Ariès**: Me inclinaría por decir que lo que se nos cuenta aquí es completamente inimaginable, es decir que un niño no puede imaginarlo, un niño no puede inventarlo. El primer elemento son estos elementos de la doctrina. Es decir, formamos parte -si lo miramos desde el punto de vista de los seguidores de este grupo- de una élite que viene de otro planeta y que por el momento está en la tierra y que pronto será llamada a marcharse. Es parte del fondo general de todo tipo de redes hoy en día. La necesidad de matar a alguien para salvarlo o para salvar a la humanidad. También hay todo tipo de ritos en los que se nos dice en algún momento que estos hombres son "mujeres puras". Así que esto es algo que encontramos con relativa frecuencia en la literatura, la mujer es la que impregna, y lo que tenemos que hacer aquí es impregnar efectivamente lo que se llama "Homonculus", es decir, el superhombre. Me parece que finalmente estamos en una encrucijada entre dos tipos de redes: por un lado, las redes salseras -que creen en los extraterrestres- y por otro lado, las redes de magia sexual, y sabemos que estas conexiones se están estableciendo cada vez más.

Esta creencia "saucerista" se encuentra también en el caso de Samir Aouchiche con la secta "Alianza Kripten", como veremos más adelante. En el capítulo 2, vimos que los gnósticos, en este caso la secta de los fibionitas (o barbotianos), practicaban ceremonias orgiásticas relacionadas con la visión de los adeptos sobre el cosmos y la forma de liberarse de él. Además de satisfacer las exigencias de los arcontes (demonios), estas "costumbres" responden a la necesidad de recoger la semilla divina implantada en el mundo, que actualmente está dispersa en la semilla masculina y la sangre femenina.

- **Grabación de Marie**: Había gente con una especie de... no máscaras de buceo, sino una especie de gafas con algo sobre la boca (¿máscaras de gas?)... vestidos con batas. Y había una mesa con manos de niños recortadas en ella, la cabeza de un niño y luego una especie de... no sé si eran tripas... cosas así. Y ponen estas cosas, las manos y todo eso, en frascos.

- **Paul Ariès**: Estas manos cortadas en jarras, es algo que existe... Así que ahí también hay varias interpretaciones posibles. Se pueden tener simplemente prácticas del tipo canibalismo, el objetivo es aumentar el propio poder, también aprender a sufrir, iba a decir aprender a hacer sufrir para ser más poderoso...

Esta investigación de France 3 también hace la conexión entre el caso de Pierre y Marie y otro caso de incesto en el este de Francia con la pequeña Sylvie, que también describe violaciones en grupo por parte de su padre y su abuelo, y también habla de un asesinato de niños. Lo más inquietante es que la pequeña Sylvie reconoció en fotos al padre-traidor de Pierre y Marie, y ellos también reconocieron en fotos al padre-tractor de Sylvie. Al igual que la madre de Pierre y Marie, la madre de Sylvie presentó una denuncia y también entregó a la policía la grabación de un mensaje telefónico dejado en el contestador personal de su ex pareja por uno de los amigos de éste, cuya transcripción se reproduce en el informe:

"Hola, aquí bip, es sábado, 12.40, vuelvo a llamar porque me has llamado varias veces y has dicho que era urgente, no hemos vuelto a hablar. Lo que más me gustaría saber... es que tenemos que preparar los fines de semana diabólicos y los grupos que queremos hacer. Necesito que me digas a cuántos vas a venir. Adiós."

El tribunal desestimó el caso, declarando que no había ningún vínculo entre los dos casos, e incluso decidió retirar la custodia de Sylvie y su hermana a la madre y dársela al padre, un procedimiento clásico de la "justicia" francesa en casos de pederastia. La madre se refugió entonces en el extranjero con sus hijos para evitar que fueran puestos en manos de su verdugo. Esta misma "justicia" no procesó al padre de Pierre y Marie y, por tanto, le permitió conservar la custodia, y no se llevó a cabo ninguna investigación exhaustiva para determinar si los niños decían la verdad, ¡a pesar de la extrema gravedad del testimonio! La madre también fue a buscar refugio en el extranjero con sus dos hijos...

Hay muchos casos similares en Francia en los que la madre tiene que huir literalmente del país para proteger a sus hijos, que en estos casos son sistemáticamente devueltos a la custodia del presunto pederasta por *los tribunales*. El padre protector suele ser acosado, agobiado, incluso encarcelado o internado, mientras que el padre maltratador está totalmente protegido por un sistema institucional bien engrasado...

Es importante señalar aquí que en 2003 se llevó a cabo una investigación en Francia por el relator de la ONU Juan Miguel Petit sobre el tema de la pedocriminalidad. Este informe se presentó en la 59ª sesión de la Comisión de Derechos Humanos de la ONU. Este informe oficial pedía *una investigación urgente por parte de un organismo independiente sobre las deficiencias del sistema de justicia con respecto a los niños víctimas de abusos sexuales y a quienes tratan de protegerlos (...) Dado el número de casos que indican una grave denegación de justicia para los niños víctimas de abusos sexuales y quienes tratan de protegerlos, sería conveniente que un organismo independiente, preferiblemente la Comisión Nacional Consultiva de Derechos Humanos, investigara urgentemente la situación actual.*

Por ejemplo, en la página 14 del informe, se señala que: "El Relator Especial se ha referido a las enormes dificultades a las que se enfrentan las personas, en particular las madres, que presentan denuncias contra quienes sospechan que abusan de sus hijos sabiendo que pueden enfrentarse a acciones por acusaciones falsas, que en algunos casos pueden llevar a la pérdida de la custodia de sus hijos. Algunas de estas madres recurren a los recursos legales hasta que ya no pueden pagar los costes de la asistencia jurídica, momento en el que les queda la opción de seguir entregando al niño a la persona que creen que abusa de él, o buscar refugio con el niño en el extranjero. Incluso parece que algunos jueces y abogados, conscientes de las debilidades del sistema judicial, han aconsejado informalmente a algunos padres que lo hagan. Estos padres se exponen a ser perseguidos penalmente por estas acciones en Francia y, a menudo, en el país al que viajan."

- Deborah, Noémie y Pierre

A principios de la década de 2000, el canal alemán *N24* emitió un documental que muestra los testimonios de varios niños víctimas de una red pedófila-satanista en Francia. El informe con subtítulos en francés se titula *"Snuff-Movies and Black Masses in France"*. Como es habitual, estos niños proceden de familias que practican estas atrocidades de generación en generación. Ante las cámaras, hablan de fiestas satánicas con crímenes rituales, canibalismo y el rodaje de películas snuff. Pierre atestigua que participó en misas negras desde los 5 años y que a los 7 fue iniciado para convertirse en sumo sacerdote, momento en el que tuvo que sacrificar a un bebé durante una ceremonia. Algunos de estos testimonios están relacionados con el caso Dutroux, pero nunca se han tenido en cuenta. A continuación, algunos extractos del documental:

- **Madre de una víctima infantil**: Siempre he ignorado los temas de pederastia, como la mayoría de la gente. Creo que hay que experimentarlo antes de entender lo que es la pedofilia. Lo desconcertante era que Robert me hablaba de fiestas a las que iba con su padre y otros adultos disfrazados con vestidos y máscaras. Lo que más me llamó la atención de su historia fue que dijo: "Papá se disfrazó, pero yo seguí reconociendo su voz. Y también mencionó los sacrificios de animales y de niños. Explicaba muchas cosas imitándolas con gestos. No dijo literalmente "sacrificios de niños", dijo que los hacían sangrar y luego los enterraban.

- **Voz en off**: Como muchos otros niños, Robert menciona que también había cámaras. Encontramos fotos de Robert en los CD-ROM de pornografía infantil de Zandvoort. La madre reconoció claramente a su hijo en las fotos. Pero ni siquiera eso es prueba suficiente para procesar a los violadores. (…)

En la carretera que va de Scientrier al lago de Ginebra, hay una casa que Deborah llama "la casa verde". Según ella, aquí hubo algo más que abuso infantil... Deborah, que ahora tiene 15 años, dice que hubo rituales satánicos.

- **Deborah**: Había una mesa con velas... Había velas en la mesa y alrededor y estaban mis atacantes.

- **Periodista**: ¿Dice que pusieron a dos de los otros niños que estaban allí en la mesa? ¿Qué ha pasado? Sin entrar en detalles.

- **D**:... Estaban cortando al niño... partes del cuerpo.

- **J**: ¿Con qué lo hicieron?

- **D**: Con un cuchillo eléctrico.

- **J**: ¿El niño estaba vivo?

- **D**: ... sí...

- **J**: ¿Entonces lo mataron?

- **D**: No, le dejaron sufrir... Acabó muriendo.

- **J**: ¿Le cortaron un dedo, por ejemplo?

- **D**: Un pie... y lo violaban al mismo tiempo.

- **J**: ¿Lo violaban y los demás tenían que mirar?

- **D**: ... sí...

- **Voz en off**: Noémie es una mujer de 18 años que intenta rehacer su vida. Una vida aparentemente normal, excepto por el hecho de que nunca podrá olvidar los horrores que ha vivido.

- **Noémie**: Si testifico hoy, es obviamente para cooperar con este informe, pero es sobre todo porque la gente necesita oír hablar de estas cosas. Para que la gente sepa que es verdad, que los niños son violados y asesinados cada día. Es una realidad! Lo he vivido, lo he visto con mis propios ojos y por eso quiero transmitir este mensaje. Es necesario asegurarse de que estas cosas no puedan ocurrir a otros niños, para que los niños dejen de ser violados. La gente tiene que despertar y ser consciente de lo que está pasando, y dejar de decir que los niños son mentirosos o inventores. No es cierto, los niños dicen la verdad, pero hay que estar dispuesto a escucharla.

- **Voz en off**: Noémie fue iniciada por su padre y otros delincuentes, hombres de todo tipo, en las prácticas bárbaras que tenían lugar delante de una cámara (...) Noémie tenía 5 años cuando se produjeron los primeros abusos, perdió la virginidad a los 8 años.

- **Noémie**: Sucedió muy rápida y brutalmente. Lo hicieron por mí y por mi prima Camille. Un día mi padre me llevó a casa de mi prima, me gustaba ir allí porque me gustaba mucho. Mi tío André estaba allí, así como los primos Camille y Marie. Y entonces ocurrió (...)

- **Voz en off**: El padre de Noémie la colmó de palabras tiernas, asegurándole que tocarse era perfectamente normal; ella le creyó. Entonces reveló su gran secreto: un recinto, un sótano subterráneo donde mantenía a los niños en jaulas. Noémie se convirtió así en cómplice de su padre.

- **Noémie**: Los niños encerrados en estas jaulas nunca permanecían vivos por mucho tiempo, entre torturas y violaciones, los niños acababan siendo asesinados. Estaban solos allí, no podían escapar, porque estaban demasiado golpeados, demasiado violados o demasiado drogados... o muertos (...)

Mi padre y otros hombres ya habían violado a la niña. Cuando entré, me sentí un poco celoso porque sabía que mi padre también había participado en esto. Pero luego me sentí satisfecho, probablemente porque pude ver la ceremonia y de todos los niños que pertenecían a esta red de pedofilia y que fueron violados por estos hombres, fui el único al que se le permitió ver las violaciones. Así, en lugar de ser simplemente maltratada, podía participar en el maltrato. Me ordenaron que hirviera agua y la vertiera sobre el niño. Mientras tanto, la golpearon, primero con un cinturón y luego con un trozo de madera. Le pusieron cigarrillos en el cuerpo y le cortaron el pelo. Me ordenaron cortar el clítoris de la chica. No sabía lo que era, me lo enseñaron y me dijeron '¡corta aquí!'. Mi padre me dijo que tenía que hacerlo, y me mostró dónde cortar.

- **Voz en off**: Noémie habla de una decena de asesinatos de niños en un año. Muestra las entradas a los pasajes subterráneos en un mapa. La justicia sigue negando la existencia de tales complejos subterráneos, las catacumbas, en Saint-Victor (Ardèche).

- **Jacques Berthelot**: Fui a Saint-Victor, allí hay túneles subterráneos. Tuve la suerte de poder hacerles fotos. Le di estas fotos a la policía en Privas, al Sr. Marron. Prometió que pondría mi testimonio en los informes policiales. La policía me escuchó en abril de 1999. Pero hoy, el archivo parece haberse perdido de repente. Mis fotos y declaraciones a la policía no se encuentran en ninguna parte.

- **Voz en off**: ¿Por qué no se lleva a los presuntos autores ante la justicia? Tras varios años de investigación, he llegado a una conclusión. Muchos de los autores ocupan altos cargos, tienen el poder de cubrirse mutuamente y hay mucho dinero en juego. Noémie dice sobre los niños que son maltratados, torturados, violados y sacrificados en cámara. Se dice que estas películas snuff se venden por hasta 20.000 euros cada una.

- **Noémie**: Cuando entré, las cortinas estaban cerradas, estaba oscuro. Había alfombras en el suelo, me dijeron que me sentara, me senté en una mesa. Los sacerdotes estaban de pie con velas... Llevaban túnicas de color rojo oscuro, casi negro. Estaban cantando alrededor de la mesa. Se prolongó durante mucho tiempo... Había algo que estaba cubierto con una tela del mismo color que sus túnicas. Había un niño, mi abuelo lo cogió en brazos, mi hermano Pierre estaba a mi lado. Mi abuelo le enseñó entonces a mi hermano cómo matar al niño. Y entonces, por supuesto, el niño comenzó a gritar... luego dijeron algunas oraciones, y salimos. Después de 45 minutos o una hora, no recuerdo exactamente, salieron. Las ceremonias siempre terminan de la misma manera. La primera misa negra que vi, era más o menos lo mismo, estaba el sacrificio del niño y al final en la terraza había dos grandes platos... con carne... carne, ahora sé que era carne humana.

- **Periodista**: ¿Está seguro de que era carne humana?

- **N**: Sí, estoy seguro de que era parte del culto. Formas parte de la secta sin darte cuenta, sólo tienes que asistir a una ceremonia y realizar ciertos rituales. Pero no fui consciente de ello cuando ocurrió. Ahora, mirando hacia atrás, pienso en todas las cosas que me hicieron hacer a otros niños durante los rituales, como cortarles partes de los genitales. (…)

- **J**: ¿El resultado de estos rituales, una vez completados, no es más que canibalismo?

- **N**: ... hmm ...

- **J**: ¿Es canibalismo?

- **N**: Sí.

- **Voz en off**: Después de hablar con la psicóloga, me doy cuenta de que el padre de Noémie debió programarla a una edad temprana. Noémie no pudo soportar las atrocidades que soportó y se dividió en diferentes personalidades. Una de estas personalidades es un robot que sigue mecánicamente a su padre y luego está la niña que juega con sus muñecas en casa.

- **La psicóloga**: Hay múltiples factores en su historia que la hacen absolutamente creíble para mí. La primera es el hecho de que hoy, a los 18 años, haya contado la misma historia que cuando tenía 11 años. El segundo punto es que describe todos los detalles y nunca se contradice. Nunca da dos versiones diferentes de todo lo ocurrido. Además, me dio la misma impresión que otras personas traumatizadas que he conocido, es decir, el mismo distanciamiento en la forma de hablar de sus experiencias traumáticas. Parece paradójico, pero eso es precisamente lo que me hace pensar que lo que dice es la verdad... Parece perfectamente normal a pesar de su pasado, necesita mantener esa distancia, si no se desmoronaría. No dudo en absoluto de su historia.

- **Peter** (hermano de Noémie): Las ventanas están cerradas, todo está cerrado, las cortinas echadas y las persianas bajadas. Los niños están atados a sillas con las manos en la espalda. Están amordazados para no hablar ni gritar. En esta sala estaban mi padre, Christian N. el dueño del local, André D. y André L. Todos ellos estuvieron presentes en las dos sesiones a las que me vi obligado a asistir. Lo que pasó: primero violaron a los niños, el niño estaba casi muerto, estaba tirado en el suelo... Mi padre cogió su cinturón y golpeó al niño, por toda la cara y el cuerpo. Todo el mundo está derrotado. Golpean al niño con un palo de escoba y luego me dicen que ahora me toca a mí. No quiero... porque es como si estuviera allí, sin estarlo (nota del editor: disociación). Me cogen y me dicen que lo haga. ¡Hazlo! No podía hacer nada, no había salida. Tenía que hacerlo, me lo ordenaron. Lo golpeé como... 10 segundos y luego me fui.

- **Voz en off**: Pierre no sólo ha sido abusado sexualmente por su padre, sino algo peor. Su abuelo paterno, sumo sacerdote de una secta, también lo viola. Desde los 5 años, Pierre ha sido programado por su abuelo.

- **Pedro**: Me dice que soy el elegido, que un día le sucederé y que entraré en un círculo de personas importantes que serán mi nueva familia. Me dice que un día yo también seré un sumo sacerdote y que esta es una gran oportunidad para mí. Naturalmente, creí en ella como un niño de 5 años. Luego llegaron las ceremonias, que existían realmente y la gente participaba en ellas. Me explicaron los rituales, las misas, las oraciones (...)

- **Pierre** describe la ceremonia de iniciación que vivió a los 7 años: La ceremonia comenzó como siempre con cantos y oraciones. Rezamos sobre alfombras rojas, una alfombra roja para cada participante. Siempre estaba al lado de mi abuelo, los otros sacerdotes juntos. Seguimos una cierta cronología entre las canciones y los bailes. Lo hicimos durante unos 20 minutos. Entonces mi abuela, que en realidad no forma parte de la secta, que nunca participa en las grandes ceremonias, trajo un bebé que llevaba en brazos. Le dio el bebé a mi madrina Collette. Entonces Collette se acercó a nosotros y le dio el bebé a mi abuelo. Hizo unas señas que no entendí, y luego se pasaron el bebé de mano en mano, hasta que volvió a las manos de mi abuelo. Mi abuelo le devolvió el bebé a mi madrina y luego sacó un cuchillo bastante largo, con símbolos y pictogramas grabados en el mango. Mi abuelo me tomó de la mano, nos acercamos al recién nacido y lo degollamos. El bebé no hizo ningún ruido, ni siquiera gritó. Se desangró y la sangre se recogió con una copa, una especie de gran taza.....

- **Voz en off**: La iniciación de un nuevo miembro siempre sigue el mismo ritual. Cada vez que los nuevos miembros reciben la orden de matar. Esto debería hacerles más fuertes y tienen que jurar guardar silencio. Pensamos que habíamos llegado a la abominación... Pero Pierre describió otro ritual practicado por esta secta: el canibalismo.

- **Pedro**: Mi abuela trajo una gran bandeja, estaban los siete sacerdotes, éramos diez alrededor de la mesa. Después nos sirvieron un trozo de carne del bebé. Teníamos que comerlo para celebrar mi llegada como nuevo sacerdote de la secta. También había un vaso con sangre. Tuvimos que comer y beber, bebimos la sangre. Mi abuelo rezó una oración al principio y otra al final. Me felicitó diciendo que había sido muy bueno, me halagó diciendo que era el mejor, etc.

- Los hijos del juez Roche

En el caso Allègre, en la región de Toulouse, ciertas prácticas de abuso ritual que implican un asesinato fueron reveladas en privado por el propio juez Pierre Roche. Poco antes de su muerte, atormentado por la idea de que sabía demasiado (¿y por los remordimientos?), el alto magistrado dio testimonio a sus dos hijos, Diane y Charles-Louis, de lo que presenció durante veladas surrealistas entre *gente de poder* (en palabras del hijo de Roche). Los hijos de Roche declararon ante las cámaras en septiembre de 2005 sobre lo que llaman *"la parte secreta del asunto Allègre"*. En su testimonio se sigue encontrando esa depravación extrema en la que no parece haber límites y en la que la tortura y el asesinato de niños parecen ser algo habitual. Según los niños de Roche, estas veladas de abusos rituales fueron filmadas y estas grabaciones fueron objeto de un tráfico muy lucrativo. He aquí algunos extractos del testimonio de Charles-Louis:

Nuestro padre vino a Toulouse para revelarnos la existencia de un grupo secreto, de gente de poder de todo tipo de medios, políticos, financieros... Nos habló de gente de los círculos médicos, incluso de las universidades. Este grupo secreto reclutó a mucha gente de los círculos judiciales e incluso los oficiales de policía de alto rango eran muy populares allí. Se trataría, pues, de un grupo secreto cuyas actividades consistían en llevar a cabo algún tipo de ceremonia en el mayor de los secretos, combinando prácticas tan extrañas y uniformemente repugnantes como el sexo en grupo, la escarificación... Evocaba ante nosotros imágenes que te ponían los pelos de punta. Nos habló de carne carbonizada, de quemaduras de cigarrillos, de carne perforada. Nos contó que las personas que eran torturadas, a veces asesinadas durante estas sesiones -bueno, las personas asesinadas nunca eran consentidoras- y que entre las personas torturadas, había enfermos que exigían este tipo de trato, y luego había personas no consentidoras, a veces niños, que primero eran torturados, y luego ejecutados, todo ello filmado y objeto de un tráfico ilegal de vídeos que se comercializaría por debajo de la mesa a precios disparatados. Nos dijo que las presas de este grupo de depredadores de clase alta eran reclutadas en los estratos más bajos de la sociedad en las categorías de personas que nunca serían buscadas. Nos habló de prostitutas, nos habló de "vagos", cito el término utilizado por un magistrado, incluso mencionó a veces a extranjeros en situación irregular según lo que tuvieran a mano me imagino. Es decir, personas que o bien han roto los lazos con su entorno o bien no tienen existencia legal, personas a las que nadie irá a buscar o sobre las que cualquier investigación estará más o menos condenada desde el principio. Y luego, claro, los miembros de este grupo, por los cargos influyentes que ocupan, están en condiciones, en caso de que ciertos casos amenacen con salir a la luz, de cortarlo de raíz manipulando los resortes que les corresponden, sobre todo porque todos se agarran por los pelos...

- Samir Aouchiche

En Francia, tenemos también el testimonio de Samir Aouchiche, revelado en el libro de Bruno Fouchereau titulado *"L'Enfant sacrifié à Satan"*, una investigación publicada en 1997. Ese mismo año, el telediario de France 2 dedicó un breve reportaje a este caso de abuso ritual satánico practicado por un grupo sectario llamado *"Alliance Kripten"*. Aquí está la transcripción del informe:

- Daniel Bilalian: Por desgracia, Francia no es inmune a los problemas que plantean las redes de pederastia. Un joven de 26 años, Samir, acaba de contar su terrible historia en un libro que se acaba de publicar. Desde los 12 años, en París, fue víctima de una secta satánica, torturado y abusado durante casi diez años...

- Voz en off: Cuando tuvo que recorrer ese pasillo, Samir supo que el horror estaba cerca. En ese momento sólo tenía 12 años, pero desde hacía un año ya estaba sometido a las fantasías de verdaderos torturadores. Repetidas violaciones, sesiones de tortura, aquí en medio de París, no se le perdonó nada. Y la vida de este niño martirizado se sumerge un poco más en el delirio, a las violaciones se añaden verdaderas sesiones de tortura y barbarie.

- **Samir**: Sí, estaba allí... Me trajeron aquí, me ataron, me pusieron esposas y me pusieron productos...
- **Periodista**: ¿Qué tipo de productos?
- **S**: Según el médico, era ácido.
- **Voz en off**: Quemados con ácido por los líderes de la secta, un pequeño grupo de unas veinte personas llamado "Alianza Kripten". Samir, como otros niños, se ha convertido en su juguete. Un juguete mutilado en 2500 cm cuadrados de piel...
- **S**: No podían vivir sin torturar a los niños. Al principio se hacía a través de rituales, de ceremonias y luego acabó en orgías... Acabó en actos sexuales... Y luego había que tener sexo con adultos...
- **J**: ¿Varios adultos?
- **S**: Sí.
- **J**: ¿Había varios niños?
- **S**: Sí, había varios niños...
- **Voz en off**: Mirándolo fijamente, Samir aún lleva las cicatrices de su sufrimiento físico y moral. El martes pasado, acompañado por su amigo Willy, que lo sacó de su calvario, Samir presentó una denuncia contra dos miembros de la Alianza Kripten. Este calvario podría haberse detenido. Entre 1986 y 1988, es decir, dos años después de las primeras violaciones, la Brigada de Protección de Menores conoció su caso a través de los casos de otros niños. El abogado de Samir, Jean-Paul Baduel, tiene ahora documentos que lo demuestran.
- **Jean Paul Baduel**: Hay elementos que son ineludibles, son las secuelas que mi cliente lleva en su cuerpo. Hay elementos que son objetivos, se trata de fotocopias de documentos que me fueron comunicados por mi cliente y que demuestran que durante los años 1986, 1987, e incluso 1988, las autoridades policiales que se encargaban de la protección de los menores, e incluso los magistrados, estaban plenamente informados de la existencia de un grupo llamado "Kripten" y de la conducta de sus miembros hacia ciertos menores.

El 26 de febrero de 1997, el periódico francófono *"La Nouvelle Gazette"* publicó un artículo sobre este caso de abuso ritual satánico. El artículo se titulaba *"La secte pédophile torturait les enfants"*. En el artículo, el abogado de Samir, Maître Baduel, afirma que Samir se había convertido en *un sujeto pasivo sometido a las perversiones de los dirigentes del Kripten (...) Todos abusaban de él, algunos incluso eran marcados con un hierro al rojo vivo, eran en realidad juegos de rol satánicos con torturas y violaciones (...) Las reuniones a las que iba a asistir no tenían nada que ver con juegos de rol, incluso para adultos, sino que correspondían a un ritual de magia sexual.*

Samir siguió bajo la influencia de Kripten hasta 1994. Una "adicción" que, según él, se mantuvo gracias a los hipnóticos y a otros lavados de cerebro. El artículo también contiene una entrevista con Samir de la que se extraen los siguientes fragmentos: *"Conocí a alguien de Kripten en la Feria del Trono. Éramos unos quince niños, chicos, todos menores de edad (...) Nos obligaban a prostituirnos con adultos, a veces durante las ceremonias. Era como estar en una secta, los adultos tenían túnicas negras con un triángulo morado. Durante años, las ceremonias tuvieron lugar en el sótano de la estación de Saint-Lazare.*

Al principio, empezó con un pequeño discurso sobre los extraterrestres. Normalmente había tantos adultos como niños. Y luego había cosas bastante sórdidas con sangre, y siempre terminaban con orgías sexuales. Decían que era para "purificar el alma". Algunos de los adultos estaban enmascarados. (...) Me llevaron dos veces a Bélgica, a la región de Charleroi y Forchies-la-Marche. Recuerdo una gran casa blanca con un gran jardín. Las paredes interiores estaban revestidas de malva. Hubo varias misas negras que también acabaron en orgías. Había unos veinte adultos y diez niños. Recuerdo la presencia de esvásticas y la violación de una niña. También sé que algunos niños no volvieron... nos dijeron que se habían ido a Urano".

En el libro *"L'Enfant sacrifié à Satan"* se describe una ceremonia de la secta "Alliance Kripten". El autor añade en una nota que se trata de uno de los rituales de la *Aurora Dorada*, una sociedad secreta que ya se ha mencionado en el capítulo 2:

Unos minutos después, los tres bajan al sótano de la estación, a la sala de tai-chi-chuan (...) Aquí también ha cambiado la decoración. Las paredes están ahora cubiertas con telas negras, las luces de neón están apagadas y los halógenos iluminan la sala indirectamente. En el suelo se ha dibujado un enorme triángulo morado, en cuyo centro se ha colocado una especie de damero. A ambos lados del triángulo, dos tipos de columnas de unos dos metros de altura se alzan como obeliscos. Uno es blanco y negro, el otro rojo y verde. Al fondo de la sala, frente a la entrada, en una especie de plataforma enmarcada por cuatro candelabros, dos grandes sillones rojos y dorados parecen esperar a una pareja de opereta real.

Hay cinco o seis niños, algunos visiblemente acompañados por sus padres o personas cercanas. Un niño de unos seis años que se negaba a soltar la mano de su padre recibió una monumental bofetada que le hizo rodar por el suelo ante las risas de los adultos, visiblemente encantados por el espectáculo de este niño medio aturdido (...)

¡Samir no puede creer lo que ven sus ojos! Los adultos van vestidos de forma inusual. La mayoría lleva grandes saris blancos, algunos son verdes y rojos. Otros van vestidos completamente de cuero, como es el caso de Ondathom, al que Samir acaba de ver pasar por delante de él. Otros van con el torso desnudo pero llevan una máscara. Hay una veintena de ellos en total, con trajes muy variados. Todos se agrupan cerca de la pequeña sala contigua al vestíbulo. En este caso, parece servir de guardarropa, porque los hombres y las mujeres salen todos con trajes más o menos extraños, mientras que habían entrado en ropa de calle. Ajouilark también está allí, envuelto en un saie rojo. En su pecho hay un enorme triángulo morado con un borde negro y una cruz blanca en la parte superior. Su rostro está enmascarado, pero Samir conoce demasiado bien sus ojos como para no reconocerlo. Ajouilark agarra a Steelarow y le señala una gran taza de metal. Con este cáliz, el joven recorre a los participantes, para que cada uno ponga un gran fajo de dinero. Samir nunca ha visto tanto dinero (...)

Suena la música de misa y la "Emperadora", seguida del Comandante, se dirige al podio. Mientras tanto, Steerlarow está ocupado preparando en bandejas de plata grandes líneas de lo que Samir sabrá más tarde que es cocaína.

Ondathom agarra el brazo de Samir para guiarlo a él, a las chicas ganadoras y a los otros niños hacia el frente del escenario, donde todos se alinean. Los adultos se distribuyen con una especie de buen humor descarado en los lados del triángulo, frente a las columnas y el escenario. Pröhne, que se ha ausentado un momento, vuelve con su perro y lo ata al pomo de la puerta de salida. Mientras las bandejas pasan entre el público, Ondathom y el chino desnudan sin contemplaciones a los niños. Algunos sollozan, otros se cubren la cara como si esperaran ser golpeados en cualquier momento. Una vez que todo parece estar en orden, el chino se mueve a la derecha de la plataforma y Ondathom a su izquierda. Las conversaciones van bien: un hombre con una máscara roja se declara sensible a las nalgas de Samir, una mujer vestida con una saie blanca sólo tiene asco a los ganadores de Steerlarow (...)

"Saludemos el símbolo triangular de nuestra orden, saludemos la esvástica, el sol eterno que regenera nuestras almas, saludemos las fuerzas secretas que, en la noche, caminan a nuestro lado."

"Todo el mundo gritó '¡Ave! levantando los brazos. Ondathom y el chino hicieron que los niños se arrodillaran (...) Durante el discurso del emperador, Ondathom, con un copón de cobre en la mano, hizo que los niños tomaran un sorbo de un líquido rojo amargo. Todos ellos sintieron rápidamente lo mismo. La cabeza les daba vueltas. No caen en la inconsciencia, sino que quedan atrapados de repente en una especie de niebla. Los adultos notan los efectos de la droga mientras los niños se desploman unos encima de otros (...) Samir apenas puede oír las palabras del Emperador, se siente como si estuviera cayendo, atrapado en un remolino. Todo da vueltas, los rostros se confunden y apenas puede oír la declamación del comandante: Los cuerpos de estos niños son el pan que compartimos. Ocultan nuestros vínculos y, a través de nuestra sexualidad finalmente liberada del yugo de los opresores judeocristianos, nos purificamos, reintegramos el plano sagrado de los caballeros celestiales de la orden de la Alianza Kripten. El sexo y todos los placeres de nuestros sentidos son la única ley a satisfacer. Sírvanse mis hermanos, en nombre del príncipe nuestro señor, y honren a Thule..."

El comandante puso su dinero donde está su boca y se levantó la camisa, revelando una polla erecta. Se acerca a una niña de unos doce años que lleva sollozando desde el comienzo de la ceremonia. La niña apenas se resiste a Ajouilark cuando la obliga a llevárselo a la boca. Ya se han apartado hombres y mujeres para entregarse a su placer, otros agarran a los niños... Samir se siente palpado, vuelto del revés... luego se hunde en una especie de coma de vigilia, una insensibilidad total como si todo esto no fuera cierto, como si su cuerpo no fuera su cuerpo, como si sólo fuera un observador de este odioso encuentro... (nota del editor: un estado disociativo)

Cuando Samir vuelve a abrir los ojos, no reconoce nada. Ni la cama, ni la habitación, ni los extraños cuadros de las paredes. Se levanta para mirar por la ventana, pero ni el jardín ni las casas vecinas que puede ver le resultan más familiares. El sonido del lavado viene de la habitación de al lado, y el olor del café pronto le hace cosquillas en las fosas nasales. Samir tiene hambre y de repente es consciente de que está desnudo. Busca su ropa. Están tirados en un

montón sobre una silla. Mientras se pone la ropa, Samir siente cómo se despierta el dolor en su cuerpo. Le duele el estómago, le duele el sexo, le da vueltas la cabeza... Con los pantalones en las rodillas, se le obliga a sentarse de nuevo. La puerta se abre a un hombre regordete de unos cincuenta años que le sonríe:
- ¿Qué pasa, chico?
Samir no responde.
- Anoche, la ceremonia te dejó inconsciente y el Emperador pensó que estarías mejor en mi casa para pasar la noche... Confieso que me dejé llevar."
Una sonrisa pasa por los labios del hombre, que sigue vistiendo un albornoz rojo, y que permanece un momento en silencio ante el niño acurrucado frente a él...[269]

e/ Alemania

En octubre de 1998, el gobierno australiano concedió el estatuto de refugiado con visado de protección a un ciudadano alemán, superviviente de abusos rituales, que había pasado 15 años en una secta que practicaba la pornografía infantil y la trata de personas. El *Tribunal de Revisión de los Refugiados* de Australia dijo en la audiencia final: *"Se acepta que ... en tercer lugar, tales grupos existen en Alemania, y las autoridades han sido en gran medida ineficaces para detener sus actividades ilegales.* La decisión, tomada por el gobierno australiano, fue conceder a esta víctima el estatuto de refugiado necesitado de protección, pero no existe ninguna ley para tratar estos casos. Este tribunal australiano llegó a afirmar que *"el gobierno alemán no quiere o no puede proteger a las víctimas de abusos rituales".*[270]

- Antje, Nicki y Lucie

En 2003, el canal alemán NDR Fernsehen emitió un reportaje de Liz Wieskerstrauch titulado "Infierno vivo - La lucha de las víctimas: los abusos rituales en Alemania" (Höllenleben - Der Kampf der Opfer: Ritueller Missbrauch in Deutschland). El documental da voz a varios supervivientes de abusos rituales. Una vez más, los testimonios se superponen y describen los horrores que también son sistemáticamente filmados por las cámaras. La mayoría de las mujeres que testifican en este documental sufren un trastorno de identidad disociativo. He aquí algunos extractos de la transcripción:
- **Voz en off**: Misas negras en las iglesias, rituales en los cementerios. Torturas y asesinatos de recién nacidos... Estos son los recuerdos de Antje, que pasó su infancia en un entorno satanista. Ha guardado silencio hasta ahora por las atrocidades... Ahora quiere hablar y presentar una denuncia contra los

---

[269] *L'Enfant sacrifié à Satan* - Samir Aouchiche & Bruno Fouchereau, 1997, p. 66-71.

[270] "Ritual Abuse: An European Cross-Country Perspective" - Thorsten Becker & Joan Coleman, ISSD Conference "The Spectrum of Dissociation", Manchester, 09/05/1999.

culpables. En su caso y en muchos otros, los desconocidos se escondían tras las máscaras, pero sus propios padres también participaban en los rituales.

- **Antje**: Mi madre sigue viva, era la "poderosa", la satanista (nota del editor: ¿sacerdotisa?). Mi padre era el "mensajero", el conductor, el repartidor, el transportista... Mi padre murió en 1979 y la policía no supo si fue un asesinato o un suicidio. No se realizó ninguna autopsia y sospecho que fue asesinado por mi madre...

- **Periodista**: ¿Le confió a alguien?

- **R**: No.

- **J**: ¿Por qué?

- **R**: Tenía miedo de morir... Bajo tortura, me "programaron" varias veces que si hablaba de lo que estaba pasando... moriría.

- **Nicki**: Me hacían tumbarse en una mesa y luego me pinchaban con agujas, a veces muy profundas bajo las uñas. Sentí este intenso dolor hasta el punto de pensar que iba a morir... En ese momento, se crea una nueva personalidad para hacerse cargo de este dolor y terror insuperables...

- **Periodista**: ¿Cuándo empezaron los abusos?

- **N**: No recordamos exactamente cuándo comenzó, pero sí que lo hizo muy pronto.

- **Voz en off**: Nicki utiliza el término "nosotros" porque tiene personalidades múltiples, un diagnóstico que sigue siendo controvertido. Como explica, para hacer frente al insoportable dolor, se ha dividido en diferentes personalidades. Sus recuerdos están tan fragmentados que es muy difícil relacionar las atrocidades con el lugar donde ocurrieron. Esto plantea un problema a la hora de aportar pruebas (...) Más tarde, Nicki tuvo el valor de presentar una denuncia. Desde entonces, otras víctimas también se han presentado, algunas abiertamente, otras de forma anónima por miedo a los delincuentes (...) Antje también presentó una denuncia. Al igual que Nicki, tiene una personalidad múltiple, lo que complica los detalles de los lugares, las fechas y la identidad de los autores... Sin embargo, el fiscal se toma en serio estos testimonios. Para que la investigación no se vea comprometida por las autoridades, su abogado declarará de forma anónima en nuestro documental.

- **Abogado de Antje**: Cuando se trata de una persona con un problema psicológico como el trastorno de personalidad múltiple, surgen preguntas: ¿qué es la fantasía, qué pertenece a esta "identidad" o a esa personalidad? ¿Encaja todo, es coherente? El problema es que, jurídicamente, estas personas son menos creíbles que una persona que no tiene ningún trastorno de la personalidad.

- **Voz en off**: En este informe, también hay mujeres que testifican sobre rituales satánicos pero que no tienen personalidades múltiples. También ellos son presionados por Nicki para que presenten una denuncia, pero muchos no se atreven a romper la ley del silencio, o bien permanecen en el anonimato. También dicen que han sido adoctrinados por sus familias para perpetuar los rituales de generación en generación. De este modo, cada víctima se convierte también en cómplice... Para Annegret, ésta es una razón más para no acudir a la policía.

- Annegret: El problema... no es tan sencillo... En primer lugar, sabemos lo difícil que es encontrar cifras, datos o pruebas. En segundo lugar, tenemos un hijo, y si empezamos a hablar de estas cosas, tenemos miedo de que nos lo quiten...

- Voz en off: El significado de los símbolos ocultos y la práctica del satanismo es un territorio inexplorado para la policía y los fiscales.

- Ingolf Christiansen (especialista alemán en el tema del ocultismo y el satanismo, dando una conferencia): Al principio, en los primeros grados, me someto a la disciplina "Arcanum", "Arcanum" es un nombre latino que significa "el secreto". Esta disciplina del Arcano no tolera que la organización del grupo sea revelada a una persona externa que no haya sido iniciada. La consecuencia de no respetar esta disciplina es el castigo marcial (nota del editor: la muerte). Lo más habitual es que digan: si hablas con alguien de cualquier manera, te harán pagar... y la gente se lo cree.

- Voz en off: Las fiestas satánicas, las enseñanzas, los símbolos... Las víctimas nunca los olvidarán, a menudo sin entenderlos realmente. Para ellos, son signos de un dolor atroz, como para Lucie, que se expresa aquí con la personalidad alterada de un niño pequeño.

- Lucie (sentada con las piernas cruzadas en el suelo): Siempre tenían signos raros, a veces dibujados en nuestros cuerpos... Estaba dibujado así, creo... (gesticulando en el suelo con el dedo)...

- Periodista: ¿Tres veces el número seis?

- L: No lo sé, pero estaba dibujado en un círculo...

- J: Tres veces el número seis entrelazado. ¿Había otras señales?

- L: Sí, las estrellas... No me gustan las estrellas (dibujando un pentagrama con el dedo).

(…)

- J: ¿Qué significa el ritual de iniciación?

- L: Dejadles... dejadles... dejadles que nos enseñen, que nos enseñen... lo que es importante para vivir... Por ejemplo alegrarse cuando haces daño a alguien... porque es mejor así, para todos... Por ejemplo, nos conectaban a la corriente eléctrica... Nos encerraban en una jaula... Luego soltaban a los perros en la jaula... Se hace para hacernos obedientes...

- Ingolf Christiansen: En primer lugar, no se trata de adorar a Satán, al diablo o a Lucifer, sino que es una forma de sentirse poderoso. El hombre quiere convertirse en Dios, y a partir de ahí, según la visión de los satanistas o de la ideología ocultista, se trata de conseguir energía y poder, y esto se consigue en grandes cantidades mediante el consumo de sangre. Porque la sangre es la vida y si esta sangre se consume, suministra esta energía, este poder. (…)

- Voz en off: Annette presentó una denuncia en Hamburgo contra sus padres, pero también contra ella misma... porque la obligaron a matar. No se le ha diagnosticado un trastorno de personalidad múltiple, pero explica que llevaba una doble vida. Una vida tranquila en la casa de un pastor en Bielefeld y una vida violenta y destructiva en una secta.

- Annette: Mis padres me llevaron allí cuando tenía 4 años. Mis primeros recuerdos se remontan a cuando me llevaron a matar un gato a la misma edad...

Poco a poco me fui haciendo más activo en este grupo, tuve que ver cómo otras personas violaban a los niños. Una vez vi a mis padres y a mi hermano... Él tenía 11 o 12 años, yo era 2 años menor que él... Lo vi mientras lo violaban, y justo después... era como un cuerpo sin vida, gimiendo en el suelo sin apenas moverse... Era sólo un cuerpo tendido a mi lado... Me juré a mí mismo en ese momento que no serían capaces de hacerme algo así.

- **Periodista**: ¿Qué le pasó a tu hermano?

- **R**: Mi hermano se suicidó hace tres años. Se disparó a sí mismo...

- **Voz en off**: Antje también busca pistas, testigos, pruebas... Está segura de que sus padres estaban detrás de los criminales enmascarados. Tiene una testigo, Sandra, su hermana que es cuatro años menor que ella. No se han visto desde hace más de 10 años. Han roto el contacto como lo hicieron con su madre... el pasado es demasiado doloroso. Las dos hermanas fueron vendidas a pederastas.

- **Antje** (mostrando una foto de sí misma cuando era niña): Esta foto es la típica que circula en las redes de pedofilia. Aquí estamos a cuatro patas, en mi mano derecha puedes ver claramente un anillo de oro, que significa que estoy disponible para todo, servicial y obediente. Que haré todo lo que se me pida.

- **Voz en off**: Hemos buscado a la hermana de Antje y la hemos encontrado, pero permanecerá en el anonimato. Sandra no tiene una personalidad múltiple como su hermana mayor. Se ofreció a ayudar en la búsqueda de pistas y pruebas, pero también a prestar declaración a la policía. Las dos mujeres declararon por separado y, sin haberse hablado antes, describieron con detalle los mismos rituales... Pero siguen sin querer volver a encontrarse.

- **Periodista**: ¿Creían en Satanás?

- **Sandra**: Para la madre sí... Ella cree en este poder de la oscuridad, piensa que le da el poder de ser alguien que no es... de no ser más una víctima... De sentirse poderosa, sí, ella... ¡sí!

- **Abogado de Antje**: Los hechos concretos son similares y en parte complementarios.

- **Periodista**: ¿Esto autentifica el caso?

- **Abogado**: ¡Sí, absolutamente! Es sabido que una historia de este tipo contada por una persona parece inverosímil. Cuando son contadas por una sola persona, estas historias se consideran más bien fantasiosas, mientras que si otra persona confirma y valida el testimonio, a ser posible de forma independiente, entonces es diferente.

- **Voz en off**: Antje recuerda una noche en particular cuando tenía nueve años. Debe haber sido una noche con un ritual muy especial...

- **Antje**: Esa noche ocurrió en una iglesia, estoy segura. Volví a ver mi iniciación, si se puede llamar así... Tuve que recibir y canalizar algunos poderes satánicos. Fuimos al cementerio, la iglesia estaba cerca... una tumba estaba abierta... el ataúd también... Dentro había un hombre que había muerto recientemente. El sumo sacerdote tomó esta copa, y los demás miembros de la logia le siguieron hasta la iglesia. Al pie de los escalones estaba el símbolo de la logia, no sé si lo dibujaron o lo pusieron ahí... Tuve que acostarme en el altar...

Me dibujaron cosas en el cuerpo... Hubo abuso sexual. Al final de la noche... tenía un nuevo estatus en la logia y de repente era una persona importante.

- **Sandra**: La prepararon y condicionaron para convertirse en una persona malvada. Realmente habían conseguido inculcarle una sensación de poder y, sobre todo, hacer que le gustara ese poder...

- **Antje**: Me enseñaron el uso de prácticas rituales... Por ejemplo, el sacrificio de un niño, o el privilegio de estar al lado del sumo sacerdote cuando una persona yacía en el altar.

- **Sandra**: Antje había desarrollado realmente esta sensación de poder, por lo que se acercaba cada vez más a la secta donde subía de rango... Era un reconocimiento para ella, porque de otra manera no era nada... Así es como hacen las iniciaciones, sistemáticamente...

- **Voz en off**: Casi todas las víctimas declaran que durante estos rituales, las películas y las fotos "inmortalizan" las escenas: la pornografía infantil... Así que también se trata de dinero y de redes criminales bien organizadas. Sin pruebas, Lucie no puede presentar una denuncia. Tiene una personalidad múltiple... ¿quién la creería? Hoy busca pruebas pictóricas en Internet (...) Las mujeres de la época de la RDA también han denunciado este tipo de abusos rituales, Lucie es una de ellas. Está buscando los lugares de su infancia, está buscando sus recuerdos, está encontrando pruebas.

- **Lucie**: En aquel momento no me di cuenta porque no sabía nada más. Ahora me doy cuenta de que mi familia tenía un nivel de vida muy alto. Teníamos grabadoras de vídeo, varios coches (...)

Hay 3 habitaciones, estas habitaciones no tienen ventanas, eran frías, creemos que eran sótanos. El suelo era irregular, polvoriento y sucio. Las paredes también estaban en mal estado, había lámparas en las paredes. Había una sala donde esperábamos y otra sala donde ocurrió... También recordamos otra sala, más bien un gran vestíbulo con una especie de vigas de acero... No lo sé exactamente, sólo sabemos que son vigas de acero... y que esta sala no estaba muy limpia...

- **Periodista**: ¿Qué pasó en esta sala?

- **L**: Forma parte de nuestros recuerdos, había un fuego en el centro, había hombres, hombres negros, por así decirlo... Y entonces vimos que alguien era conducido hacia el fuego, había miedo...

- **J**: ¿Sabes cómo has llegado hasta allí?

- **L**: Llegamos allí en un transportador... Tampoco había ventanas. Sí, llegamos allí en un transportador. A veces había otros niños, pero nunca nos hablábamos... En estas situaciones, no se hace...

- **Voz en off**: Habitaciones subterráneas con un gran vestíbulo... Buscarlas es como buscar una aguja en un pajar. No se puede interrogar a los vecinos, a los profesores y a los habitantes del pueblo, los padres de Lucie sospecharían algo y el riesgo para ella y sus hermanas es demasiado grande (...) Otro posible lugar de asesinatos de niños es el castillo de Wewelsburg: Castillo de Wewelsburg. Pero para la policía y el fiscal de Paderborn, los hechos se remontan demasiado lejos (...) Karine, que también tiene una personalidad múltiple, testificó sobre los abusos rituales en el propio castillo de Wewelsburg...

- **Karine**: No sabía que hubiera un castillo con ese nombre, pero reconocí los adornos de esta sala... con las columnas... Es el castillo que a menudo aparecía en mis pesadillas de la infancia. A menudo reproducía estos adornos en dibujos cuando era pequeño. En la cripta, en primer lugar está esta esvástica en el techo... Recuerdo que en esta cripta hay una chimenea en el centro para hacer fuego. Hay una especie de piedra o altar, y fue en este altar donde se sacrificó un niño. Este niño era mío, fue sacrificado a la edad de 6 meses.

(...)

El documental *Schwarze Sonne* (El sol negro de los nazis), estrenado en 1998, cuenta la historia de este castillo de Wewelsburg. El castillo fue completamente restaurado por los nazis y utilizado como lugar de culto y entrenamiento para las SS durante el Tercer Reich. Esta es la descripción de la cripta citada en el testimonio de Karin: "Justo debajo de la sala del Obergruppenführer está lo que se llamaba la cripta. Una sala abovedada en forma de sótano donde se planificaban las celebraciones religiosas. El ambiente recuerda a esos ritos de destrucción de la personalidad individual, a ese segundo estado en el que el hombre se convierte en un recipiente vacío en el que los sentimientos edificantes se derraman en la embriaguez... Los grupos clandestinos de la extrema derecha actual también se sienten atraídos por esta sala. Por la noche, a veces incluso irrumpen en ella para celebrar rituales místicos..."

El director del Museo de Wewelsburg, Wulff E. Brebeck, afirma en este documental: "En la Nochebuena de 1992, encontramos la puerta rota. En los 12 podios había sábanas blancas decoradas con runas. Por supuesto, nunca averiguamos quién lo había hecho, pero sabemos por nuestros contactos con algunos visitantes o grupos de visitantes que la torre se hace pasar fácilmente por un lugar donde se celebran misas negras o ceremonias similares... Y hay constantes intentos de sobornar a nuestros porteros, de conseguir la llave o de entrar en esta sala a horas inusuales con todo tipo de pretextos. Tenemos que tomar medidas de protección muy estrictas para evitar este tipo de cosas. Una vez tuvimos una confesión escrita de un grupo que pudo tener un bautismo allí, un bautismo negro, una admisión en su orden... y nos lo agradecían."

- Claudia Fliss

La psicoterapeuta alemana Claudia Fliss está especializada en los traumas causados por los abusos rituales. Ha ayudado a muchas víctimas en los últimos veinte años y ha examinado muchos casos. En el documental *"Sexzwang"* (sexo forzado), del controvertido Ivo Sasek, afirma:

- Las formas de violencia son: la violencia física, la violencia sexual, la violencia psicológica, las amenazas, la extorsión, la ley del silencio, los sacrificios de animales y humanos como parte de los rituales, el asesinato de bebés, niños y mujeres. A veces es una persona la que es asesinada, a veces son varias personas (...) Los asesinatos siempre se describen de forma similar, hay diferentes formas, pero los testimonios siempre coinciden. Siempre tiene algo que ver con la sangre, tiene que ver con un frenesí asesino, un ansia de poder, tiene que ver con el canibalismo: beber sangre y comer carne humana (...) Son cultos que existen desde hace generaciones, reclutan a sus miembros entre sus propias filas, los niños nacen en ellos. Desde su más tierna infancia están acostumbrados a estos rituales, se les entrena diariamente para que sean aptos para estas cosas... Es brutal, pero así es exactamente como sucede.

- ¿Has oído hablar de casos similares en Alemania donde la gente es asesinada por un culto satánico?

- Sí, esto es lo que la gente informa casi siempre. He vivido y trabajado en diferentes partes de Alemania y he tenido personas en terapia que no se conocían entre sí pero que informaban exactamente de lo mismo. Sé, por colegas que trabajan en todo el país, que hay víctimas que no se conocen entre sí pero que denuncian cosas similares. Entonces te das cuenta de que es algo estructurado.

- Gaby Breitenbach

También en Alemania, la psicoterapeuta Gaby Breitenbach creó a principios de 2014 un lugar seguro para recibir y ayudar a las víctimas de abusos rituales y control mental. El centro se llama *"Vielseits"* y es el primero de su clase en Europa. Todas las mujeres que acuden al centro han sido sometidas a control mental. Estas mujeres sufren graves trastornos disociativos y amnesia traumática. Gaby Breitenbach fue entrevistada por la periodista Antonia Oettingen:

Desde fuera, son mujeres que parecen tener un comportamiento y una vida normales. Su personalidad cotidiana no es consciente de los abusos a los que son sometidos por la noche, los fines de semana o durante los periodos de vacaciones. Estas experiencias traumáticas se compartimentan en las diferentes partes de la personalidad, de modo que estos recuerdos se mantienen fuera de la conciencia. Por lo tanto, la persona no es consciente del abuso y el trauma (...) Las víctimas son sometidas a una edad temprana a situaciones cercanas a la muerte, descargas eléctricas, ahogamiento simulado, todo tipo de torturas en las que sus torturadores se hacen pasar por "salvadores". En un momento dado, la psique de la víctima actuará de forma automática: se dividirá para sobrevivir. Como resultado de esta tortura sistemática, las víctimas pueden desarrollar diferentes identidades. Los delincuentes que llevan a cabo estos abusos tienen la clave de este sistema interno compuesto por una personalidad fragmentada. Por lo tanto, tienen la capacidad de inducir determinados comportamientos mediante el uso de desencadenantes. Pueden ser señales con las manos, olores o sonidos como un tono de llamada particular (...) Las jóvenes víctimas de abusos rituales suelen ser utilizadas para la prostitución pedófila y entrenadas para participar en abusos sádicos a niños, que son filmados y fotografiados. Estas mujeres serán prostitutas durante gran parte de su vida, también pueden ser utilizadas para la violencia sádica y a veces para el espionaje. Muchas de las personalidades alteradas creadas por los traumas no sienten el dolor."[271]

f/ Inglaterra

En el documental de 1989 Devil *Worship: The Rise of Satanism,* el político y diputado David Wilshire afirma:

El satanismo está presente en este país al igual que en otros. Es algo terriblemente violento, es abuso infantil, es abuso sexual. Esto no es un asunto de risa, hay que tomarlo muy en serio, es un problema que hay que tratar. Lo más trágico de esta historia son los niños que hablan de ella y a los que se les dice: "No seas tonto, esto no ocurre en nuestro país", o: "Te estás inventando historias, estás mintiendo".

En 1989, la psiquiatra Joan Coleman, con la ayuda de otros médicos, fundó RAINS (*Ritual Abuse Information Network & Support*). También dirigió la *Clínica de Estudios Disociativos* de Londres. RAINS apoya a las víctimas de abusos rituales y publica estudios sobre el trauma y sus consecuencias. En el libro *"Forensic Aspects of Dissociative Identity Disorder" (Aspectos forenses del trastorno de identidad disociativo),* Joan Coleman relata los casos de varias víctimas de abusos rituales que ha conocido, incluidos los testimonios de 'Margaret', 'Theresa' y 'Monica' (seudónimos).

- Margarita

En 1986, Joan Coleman llevaba 17 años trabajando en un hospital psiquiátrico. Trabajó con personas que tenían problemas de salud mental con repercusiones físicas. Margaret era una de sus pacientes, una mujer de unos cuarenta años que llevaba cuatro años visitando con frecuencia el hospital. Coleman estaba preocupado por sus problemas de salud, ya que sufría de asma, así como de una úlcera y migrañas severas. Esto estaba obviamente relacionado con sus problemas psicológicos, pero Coleman no pudo identificar la causa del problema. Margaret recibía muchas visitas y, según ella, no había problemas familiares. Le recetaron medicamentos, sobre todo cuando salía los fines de semana. Un día se produjo un accidente de sobredosis y fue trasladada al hospital. Poco después de este incidente comenzó a confiar en una enfermera, Eileen, sobre un amigo de la familia que aparentemente no le gustaba nada. Fue a partir de este momento cuando se abrieron las compuertas para la divulgación...

Al principio, habló de lo que parecía ser una gran red de pedofilia: describió los sádicos abusos sexuales de los niños por parte de los hombres. Dijo que algunas de estas personas eran familiares o conocidos, pero también políticos y figuras conocidas de los medios de comunicación. Durante este

---

[271] *"El refugio para mujeres que tienen su mente controlada por bandas criminales"* - Entrevista a Gaby Breitenbach por Antonia Oettingen - Vice.com, 12/02/2014.

primer periodo de divulgación, sus síntomas físicos mejoraron notablemente. Dejó de vomitar y casi no tuvo asma ni migrañas. Entonces dejó el tratamiento y parecía dispuesta a seguir hablando... Coleman y la enfermera decidieron entonces ponerse en contacto con la policía, fueran o no ciertas las declaraciones. Sin embargo, como los nombres de los presuntos agresores no figuraban en los archivos policiales, no se llevó a cabo ninguna investigación.

En el verano de 1987, a Margaret le dijeron que tenía una enfermedad terminal. Quería volver a casa, pero se retractó de las revelaciones que había hecho sobre los abusos rituales. Al cabo de unas pocas semanas, volvió al hospital tras ser encontrada vagando por la carretera, totalmente drogada. Fue entonces cuando la trasladaron a otra parte del hospital, donde debió sentirse más segura, ya que empezó a hablar de nuevo y a detallar sus declaraciones anteriores. Dio detalles de niños fugados que había conocido en la estación central de Londres y que eran llevados a un hotel. Allí las drogaban a la fuerza para que pronto se volvieran adictas, con el objetivo de abusar de ellas sexualmente. Margaret describió entonces una casa a la que llevaron a algunos de estos niños para drogarlos y violarlos también. Explicó que, aunque se negó, la obligaron a ver los abusos y la fotografiaron al mismo tiempo para que guardara silencio. Tras ser violados o golpeados por varios hombres, algunos de estos niños fueron llevados de vuelta al "hotel", otros fueron asesinados... Dice que los asesinatos siempre se hacían con un cuchillo. Los cuerpos fueron desmembrados y metidos en bolsas de plástico para ser llevados a lo que ella describe como una fábrica, un lugar donde son incinerados. Los asesinatos se filman y las grabaciones se venden a un alto precio.

Margaret describió el mismo patrón cada vez, diciendo que *"parecía ser una especie de ritual"*. Informó de que los verdugos llevaban túnicas y máscaras. Habló de una niña vietnamita que estaba atada a un altar y a una cruz invertida. A raíz de estas revelaciones, Joan Coleman comenzó a investigar sobre el satanismo y los abusos rituales. Margaret confesaría más tarde que su familia había sido satanista durante generaciones, y nunca se retractó de su testimonio. Su estado mental mejoró mucho después de que se confiara.

Joan Coleman y sus colegas volvieron a ponerse en contacto con la policía tras presenciar los asesinatos de niños, y esta vez les facilitaron los nombres, direcciones y datos de los presuntos autores y de los niños, así como la dirección de la "fábrica". Pero todo esto quedó en nada... La policía designó entonces a un psiquiatra para que entrevistara a Margaret: la conclusión de este "experto" fue que era la psiquiatra, Joan Coleman, quien había inventado toda la historia. Margaret reveló mucho sobre las actividades rituales, con descripciones de las ceremonias, los lugares, pero también sobre la jerarquía del culto. Hizo una distinción muy clara entre los asesinatos puramente sádicos de niños en Londres y los sacrificios rituales, es decir, las ceremonias religiosas en las que participaban tanto hombres como mujeres. Los sacrificios los realizaba siempre el sumo sacerdote en determinadas fechas del calendario. Margaret describió los métodos de control mental utilizados por la secta, describió cómo los niños son drogados e hipnotizados para que crean en *la magia de Satanás*. En ciertas fechas ceremoniales, Maragret seguía atrincherada en su habitación...

Joan Coleman y la enfermera Eileen vieron a Margaret justo antes de morir y ella les aseguró que todo lo que había dicho sobre el abuso ritual era cierto y que quería que todo el mundo lo supiera.

- Teresa

En 1989, en el transcurso de su trabajo, Joan Coleman conoció a una niña de 15 años que afirmaba haber sufrido abusos por parte de los miembros de su familia, de la que acababa de escapar durante un año. Theresa describió la actividad de la secta con protocolos casi idénticos a los que había descrito Margaret. Dio muchos detalles de una especie de castillo al que ella y otros niños eran llevados regularmente. Les drogaron antes de ir allí, así que no tenía ni idea de dónde estaba exactamente ese lugar. Según ella, este lugar estaba dirigido por un médico, ya que una parte de la casa se utilizaba para operaciones experimentales. En otra parte había niños pequeños encarcelados en jaulas, los sacaban sólo para abusar sexualmente de ellos y torturarlos, para experimentos y finalmente para sacrificarlos.

En este caso, la policía se movilizó y detuvo a cinco hombres por violación de menores y a una mujer por complicidad y aborto ilegal. Aunque Theresa declaró ante la policía, no había pruebas válidas para demostrar la actividad ritual, por lo que no se incluyó en los cargos. Poco antes del juicio, la policía acudió al colegio de Teresa para obtener los registros de su asistencia, tras lo cual el director les entregó notas y dibujos realizados por Teresa unos meses antes: uno de los dibujos representaba el sacrificio ritual de un vagabundo. Theresa había elaborado un expediente completo de sus experiencias, pero a pesar de ello, el abuso ritual satánico no fue perseguido por falta de pruebas.

- Mónica

A finales de los años 90, Joan Coleman recibió una llamada telefónica de una enfermera que le pedía consejo sobre uno de sus pacientes. La paciente era una mujer de 37 años llamada Mónica, que inicialmente estaba siendo tratada por bulimia, pero que había empezado a hablar de los abusos rituales de su primera infancia. Joan Coleman comenzó a reunirse regularmente con este paciente. Al principio a Mónica le aterrorizaba hablar de la secta, pero al cabo de unas semanas empezó a dar detalles sobre sus recuerdos, lo que le devolvió el trauma cuando salieron a la luz. Describió sus recuerdos traumáticos con voz, comportamiento y expresiones faciales infantiles. Esta "niña" decía que tenían diferentes nombres y diferentes edades, a veces escribía con la letra de un niño de 5 años. Otras veces parecía totalmente diferente e incluso se volvía hostil hacia Joan Coleman y la enfermera. Poco a poco se descubrió que algunas de sus personalidades habían permanecido fieles a la secta. Aunque Mónica pensaba que había dejado de participar en los rituales a los 15 años, algunas de sus alter personalidades nunca habían dejado estas actividades y no tenían intención de dejarlas... Estas personalidades alteradas acudían regularmente a las ceremonias, sin que Mónica se diera cuenta.

Joan Coleman se enfrentó por primera vez al trastorno de identidad disociativo (TID) con el caso de Mónica. Aprendió mucho de esta paciente, tanto sobre el abuso ritual satánico como sobre el funcionamiento de un sistema de personalidad múltiple, especialmente sobre cómo trabajar con personalidades alteradas que siguen siendo fieles a la secta. A medida que las barreras de la amnesia se desvanecen, Mónica se hace cada vez más consciente de su participación en actividades ocultas y de culto, así como de la conciencia de sus otras personalidades. Dio nombres y lugares de las ceremonias. Aunque Joan Coleman nunca había hablado con ella sobre otros supervivientes de abusos rituales, parte de la información que dio se correspondía no sólo con la que había dado Margaret, sino también con detalles de otros casos. Habló de un "sumo sacerdote", dando su nombre de culto pero también su nombre real. Coleman ya había oído hablar de él, era un hombre importante a nivel nacional.

Una de sus alter personalidades era una niña de 10 años llamada *"Scumbag"*. El alter ego se creó cuando su madre la prostituyó en la trastienda de un pub. El dinero recaudado se destinaba al culto satánico. *Scumbag* era un gran bebedor de cerveza, mientras que Mónica no bebía alcohol. Mónica fue una mujer valiente, testificó en un programa de radio en 1996, y por ello fue castigada... eso es seguramente lo que llevó a su muerte poco después.[272]

La asociación de Joan Coleman, RAINS, había creado una línea telefónica que recibía muchas llamadas de terapeutas en busca de ayuda y asesoramiento. Sus pacientes hablaban exactamente de las mismas actividades rituales de tipo satánico. En 2014, RAINS elaboró una lista de personas implicadas en abusos rituales en Inglaterra. La lista, en la que figuran tanto los nombres como los lugares de culto, se elaboró a partir del testimonio de una víctima, pero también gracias a un miembro de la red que decidió hablar. La lista incluye a políticos, actores, periodistas, policías, médicos, empresarios, eclesiásticos... Volveremos al caso de *la "estrella"* Jimmy Savile en el capítulo dedicado a la industria del entretenimiento.

g/ Bélgica

- Expediente X (caso Dutroux)

En Bélgica, durante el caso Dutroux, el expediente X estaba lleno de testimonios relacionados con abusos rituales. También fue el expediente X el que llevó a la red elitista belga... Por eso se cerró rápidamente, Marc Dutroux siguió siendo el *"depredador aislado"* y todos los medios de comunicación gritaron que las redes de pedofilia: *"¡No existen!"*

Sin embargo, el juez Jean-Marc Connerotte había llevado bien la investigación, tan bien que el caso le fue arrebatado cuando finalmente condujo

---

[272] "Forensic Aspects of Dissociative Identity Disorder" - Adah Sachs y Graeme Galton, 2008, p.11-20.

al rastro de una red muy embarazosa con testimonios de abusos rituales satánicos vinculados a la cúpula belga... Fue entonces el juez Jacques Langlois quien fue designado para hacerse cargo del caso, no pareciendo interesarse en absoluto por estos testigos X que hablan de abusos rituales ni por la treintena de testigos muertos en este caso... También fue él quien no consideró necesario hacer analizar los 6.000 cabellos encontrados en el sótano de Marc Dutroux. Además, hay que señalar que las autoridades belgas consideraron que el análisis de todas estas huellas de ADN sería demasiado caro... Así es como el segundo expediente del caso Dutroux pudo cerrarse tan fácilmente. El ex diputado belga Laurent Louis declaró en su blog: *"¿Cómo podemos aceptar que el expediente Dutroux BIS se cerrara sin más cuando había miles de rastros de ADN encontrados en el alijo Marcinelle que debían ser analizados? ¿Podemos aceptar que el argumento utilizado sea el coste de estos análisis cuando cada año gastamos cantidades disparatadas de dinero para asegurar el estilo de vida de nuestros ministros y de la familia real? ¿No vale todo el dinero del mundo la búsqueda de la verdad y la incriminación de los pederastas y asesinos de niños?"*

Sin embargo, en su momento, los testigos X describieron claramente el abuso ritual satánico con el asesinato de niños. En abril de 2009, el sitio web *Wikileaks* puso en línea un documento PDF de 1.235 páginas que contiene las audiencias y las actas del caso Dutroux,[273] el documento contiene testimonios que describen prácticas extremas como la caza con niños ¡como caza! Se trata de presuntos hechos porque, obviamente, nunca se realizó una investigación digna de ese nombre para verificar las declaraciones. A continuación, algunos extractos del documento:

PV 151.044 - Audiencia del testigo X2 - 27/03/97 (página 1065)

Hechos cometidos en Chimay: Fue 5 o 6 veces a un enorme bosque para cazar. Se vio obligada a ir allí (...) Participaron los miembros más violentos de la banda de Knokke, entre ellos los hermanos L. En Chimay oyó gritos y disparos, pero no sabe a qué se disparaba, nunca vio ninguna partida (...) Fue en torno al castillo de Chimay -descripción del castillo que ya conocía-. El bosque está amurallado. Eran gritos de niños, tal vez de 10 años. Cree que había 4 o 5 niños. Los gritos cesaron. Se quedó con L. y en ese momento los hermanos L. se fueron con 1 o 2 personas más, incluido el guardabosques. Los participantes eran todos de Knokke y Eindhoven (...) Los gritos eran horribles e indescriptibles (...) Al principio los gritos no eran fuertes, más bien gritos de dolor, luego gritos mucho más fuertes durante unos segundos y luego dejaron de serlo. En Faulx también se escucharon gritos, pero no se detuvieron. Nunca vio a una chica volver de la casa de L.L. de una pieza. Cuando los gritos cesaron L. dejó de "hacer el amor" con ella y volvió al coche con ella muy rápidamente.

PV 151.150 - Audiencia del testigo X2 - 03/04/97 (página 1066):

Una partida de caza en el sur del país con gente a caballo - muchos estaban armados - Durante la caza hay una violación en X2 - Ella va con C. en un Rancho o Land Rover o Cherokkee (...) Los jinetes llegaron a caballo,

---

[273] *Bélgica: resumen del Expediente X de Dutroux*, 1235 páginas, Wikileaks.org, 2005.

disparan pero ella no sabe qué, no vio ninguna caza o perro. Uno de los jinetes se acercó a ella, se bajó del caballo y la violó. El mismo jinete también violó a Eva. La caza tiene lugar alrededor de las 17:00 horas. También fue violada por uno más pequeño. Violencia pero menos que en Eindhoven (golpes en la cara y estrangulamiento). X2 fue estrangulada porque estaba gritando. Eva sólo fue golpeada en la cara y el estómago. Había otra menor de 15 años (rubia) pero no sabe si fue violada, estaba con una mujer.

PV 116. 022 - Audiencia del testigo X1 - 31/10/96 (página 411):

Asesinato de niños en las Ardenas y en Luxenburgo durante las partidas de caza. Chalet con techo de paja. (…)

Dice que una vez se la llevó alguien que vino a recogerla: hombre al que no conocía bien -lo asocia con cosas serias: ritual. (30 años, gafas, pelo corto y rizado, bigote). Conducía un BMW negro (...) El X1 describe el interior del edificio (foto aérea, azulejos, moqueta marrón oscura en el despacho...). Presente, la persona que la trajo, Tony, el viejo del 'decascoop', y otros 2 hombres. X1 tiene que desnudarse y es llevado a una habitación. El hombre que la trajo entra con una niña de 2 o 3 años (rubia con pelo liso). Delante de X1 el hombre del BMW juega con el niño y luego saca un cuchillo y lo mete entre las piernas del niño que grita. El hombre del BMW acaba con el niño. X1 es entonces violado por él, Tony y los demás.

X1 tenía 12 años y era la primera vez que presenciaba un acontecimiento así. Nunca había visto a la niña.

PV 100.403 - Información (14/01/97) (página 435)

Château d'Ameroix. Carta de un Gd (M.) jubilado A principios de abril de 1996, recibía a un sacerdote mexicano. Un amigo holandés del cura vino a recogerlo. El holandés mencionó el castillo de Ameroix como un lugar donde se celebran fiestas satánicas y pedófilas con sacrificio de niños. La información se la dio un estadounidense de la OTAN que había regresado a Estados Unidos. Este norteamericano participó en una fiesta y se disgustó (...) Tal vez esté relacionado con las fiestas de caza descritas por el testigo X1.

PV 150.364 - Audiencia del testigo X1 - 01/03/97 (página 478)

X1 dice que fue al castillo de Amberes 15 o 20 veces entre 1990 y 1995. Fue testigo de 6 o 7 asesinatos de niños, entre ellos el de Katrien De Cuyper. Descripción de las personas que trajeron a los niños en una furgoneta (blanca - oxidada - diesel). Puede hacer bocetos. Los hombres dejan a los niños y se van (...) X1 confirma que se trata del castillo visto en Gravenwezel. X1 no sabe qué se hizo con los cadáveres, quizá Tony se encargó de ellos. Siempre lo llevaba al lugar y sólo lo traía de vuelta cuando no había muerte (...)

PV 118.452 - Audiencia del testigo X1 - 10/12/96 (página 542)

M. fue asesinado en noviembre de 1984 en Knokke, en el chalet de la abuela de X1. Primera fiesta: B. trajo a un niño de 8 años. Propietario de la villa = hombre de más o menos 40 años y su mujer de unos 20 años. Descripción de la villa. X1 mató dos conejos y una cabra enana por orden de B. La orgía tuvo lugar en el garaje. Dos dobermans y un pastor alemán participaron en la orgía. Descripción del garaje: anillos sellados en la pared, armario tapiado con material sado-maso y cintas pedófilas. Participantes con trajes especiales: cuero, capas, máscaras. C. fue violada por T., N., B. y el propietario. C. Tiene que comer el corazón del conejo sacrificado. Niños atados a anillos en el garaje. La sangre del macho cabrío se derrama sobre C.

PV 151.829 - Audiencia del testigo X3 - 02/06/97 (página 1072)
(Sección de la familia real)

Recogida en un coche americano rosa con techo blanco conducido por Charly. Siempre casas lujosas (...) En el lugar el coche se detuvo en un césped frente a la casa rodeada de un parque. Había dos supervisores: Ralf y Walter. Los niños fueron llevados a una torreta de piedra natural con una puerta de madera. Probablemente había un piso en la torreta. Un pasaje subterráneo conducía desde la torreta a un sótano. Un subsuelo sin luz, de tierra y en pendiente. En los sótanos había celdas donde se encerraban los niños esperando su turno. También había celdas para perros (dobermans). El pasillo conducía a un auditorio. En la torreta: cadáveres de niños muertos en diversos estados de descomposición (a veces desmembrados y/o sin piezas) y cadáveres de perros. Espectadores: siempre los mismos pero difíciles de identificar, unos 50. Reconoció a C., B. y A. y a otros dos a los que llama Charly y Polo. Creyó reconocer a W.C. y al Dr. V.E. Los Perros fueron drogados para ser excitados. Espectáculos = orgías, matanza de niños y perros. Sala de exposiciones con fuerte olor a excremento de perro. Perros sueltos en el jardín. Gilles (12 años) fue castrado por POLO. Los otros niños tuvieron que beber su sangre. Cree que lo vio cortado de nuevo en la habitación de los muertos. Chicas acuchilladas con cuchillas de afeitar (...) Caza preparada por Charly y Polo.

En otro lugar:

Gran casa blanca con planta superior y establos. Parque con piscina redonda y fuente que sale de una estatua. Los niños se soltaban desnudos y cuando los pillaban los violaban. La cacería terminó con la tortura en el teatro (...) (detalles insoportables)

PV 466 - Audiencia de **** - 16/01/97 (página 260)

Está muy asustado. Fue tesorero de las Juventudes del PSC. Frecuentó mucho M.D., P.S. y J.P.D. Intentaron orientarle hacia el OPUS DEI que era el "nec plus ultra" según ellos. Con el pretexto de las pruebas de iniciación al OPUS DEI, fue llevado a misas negras con actos sexuales. Menciona la presencia de chicas jóvenes de países del Este (13-14 años). En 1986, después de una reunión política de borrachos, fue con S. y D. a una reunión que anunciaron como picante. En la reunión le drogaron y luego le llevaron a una sala con personas enmascaradas y vestidas con "djellabas" negras. Los participantes bebieron sangre. Se encontró con una niña desnuda que yacía en un altar - estaba muerta (12 años). Se despertó al día siguiente en su coche. Abandonó el partido e hizo una declaración a la BSR en Charleroi (...)

PV 114.039 - Audiencia del testigo X1 - 13/01/96 (página 407)

En la casa se hablaba francés, inglés, alemán y holandés (...) Una velada con un ambiente comparable al de la fiesta de Nochevieja. Al cabo de una o dos horas, cuando todo el mundo estaba presente, bajamos al sótano, donde nos esperaban los niños. Descripción de la habitación: (...) Un armario con objetos sado-maso (...) Generalmente de 2 a 5 niños para unas 10 personas, incluyendo parejas (...) Violencia hacia los niños: atados al cuello, cortados con cuchillos (...) Varios niños violados por V.. Fotos tomadas (¿películas?). Una chica sufrió un corte en la vagina, un médico que participaba en la orgía la cosió. Más violencia durante las vacaciones escolares. Consumo de drogas y medicamentos durante las orgías. Matar animales (conejo, gato, pollo...) para hacer sufrir a los niños.

Carta de **** - 13/12/96 (página 261)

Secta - Orgías - Ballets rosas en Holanda.

Carta a la Justicia holandesa sobre las sectas en ese país.

Hay un grupo de 300 personas en HOLANDA que forman una secta. Organizan orgías con menores (a partir de 3 años). Miembros = abogados - juristas - jueces - policías...

Reuniones en fincas, hoteles o en casa de un miembro (...) Asamblea el primer sábado después de la luna llena y en las fiestas cristianas y los cumpleaños. Grupos de 12 personas con niños. Violación y tortura de niños. Grandes asambleas = 50 adultos y 50 niños - drogas, bebidas, orgías, violaciones, grabación de abusos a menores. Los hijos de los miembros del grupo asisten a las fiestas. Esto lleva a la creación de personalidades múltiples en los niños. En Navidad, un niño de un año es simulado y maltratado, pero es sustituido por un muñeco cuando se produce la verdadera tortura. Simulación de entierro de un niño de 15 años como castigo. Las personalidades múltiples se inducen, por ejemplo, haciendo creer a los niños pequeños que se les introduce un gato que se convierte en una pantera que les vigilará si quieren hablar o salir del clan. Estas personalidades múltiples son mantenidas por los psicoterapeutas. Las múltiples personalidades inducidas permiten un control continuo incluso de los adultos creando un cierto equilibrio. Esto hace que todos los autores sean víctimas (...)

- La personalidad múltiple de Regina Louf

En el documento del caso Dutroux citado anteriormente, el PV N°116.231 de noviembre de 1996 informa de que X1 (Regina Louf) habla de sus diferentes personalidades y la policía observa diferencias significativas en su escritura. El PV N° 116.232 informa que Régina Louf habla de otra personalidad llamada *"Hoop"* ('esperanza' en flamenco) que puede *"desaparecer muy profundamente y reaparecer de inmediato"*. En el PV N°116.234, se señala sobre Regina Louf: *"Se encuentra entera y comprende la razón de sus múltiples personalidades. Comprende que una sola persona no podría haber aguantado."*

En el expediente X del caso Dutroux, es el testimonio de Régina Louf (testigo X1) el más completo y conocido. Desde su nacimiento, su familia la condicionó a servir como esclava sexual. Ella misma afirma que era una práctica que se transmitía de generación en generación, que su abuela abusaba de su madre y así sucesivamente... El abuso y la violencia extremos que sufrió desde la primera infancia en esta red acabaron por crear en ella una personalidad múltiple, un trastorno de identidad disociativo. Este trastorno fue diagnosticado por cinco terapeutas designados por la justicia belga durante el estudio del expediente Dutroux X.

He aquí un extracto del libro *"Les dossiers X: Ce que la Belgique ne devait pas savoir sur l'affaire Dutroux"* que aborda claramente la cuestión de la personalidad múltiple de la testigo X1, Régina Louf:

Una de las pocas decisiones tomadas durante una reunión de Obelix el 25 de abril fue la de contratar a un grupo de cinco expertos en psiquiatría para que examinaran el X1. La solicitud fue hecha hace unos meses por el suboficial De Baets, pero como los magistrados de todo el país se han involucrado en el caso, las cosas han avanzado un poco más lentamente. Cada uno de los cinco expertos tiene su propia especialización. Y cada uno tiene que valorar a X1 y su testimonio desde su propio ángulo profesional. El panel está encabezado por el profesor Paul Igodt, neuropsiquiatra de Lovaina, y el resto está formado por sus colegas Peter Adriaenssens y Herman Vertommen, Johan Vanderlinden, médico del hospital psiquiátrico de Kortenberg, y el psiquiatra Rudy Verelst. Debido a su especialización, al psiquiatra infantil Peter Adriaenssens se le encomendó la tarea especial de examinar a los niños de X1, pero esto nunca ocurrió.

El grupo de expertos debe comprobar la capacidad de memoria de X1 y examinar si hubo alguna cuestión de sugestión por parte de los investigadores durante las audiencias. Lo que está literalmente escrito en la apostilla del juez Van Espen demuestra que ya fue informado a finales de abril sobre la repetición que se inició en secreto bajo la dirección del comandante Duterme. Hasta ahora, nadie ha comentado el desarrollo de las audiencias, que se califican de ejemplares''. Sólo Duterme y algunos de sus seguidores no están de acuerdo. Lo noté claramente", dice Regina Louf, "los psiquiatras supieron rápidamente que su trabajo no cambiaría nada. Empezaron más o menos al mismo tiempo que De Baets se puso al margen. En total pasé más de treinta horas hablando y sometiéndome a pruebas psicológicas. A veces eran pruebas realmente ridículas, pero estas personas intentaban hacer su trabajo con honestidad. Creo que quedaron atrapados en el fuego cruzado. Estaban en contacto con los investigadores, que ciertamente les dijeron que estaba muy enfadado. Cuando hablaban conmigo, siempre había un ambiente de: creemos que estás bien, pero nos dicen que... En la última entrevista, Vertommen me aconsejó no aceptar una audición bajo hipnosis. Me dijo que pensara en mi familia y que me resignara a que no se podía hacer mucho con mi testimonio."

Cuando se pide a los científicos su opinión, la respuesta rara vez es blanca o negra, y la mayoría de las veces es gris con muchos matices cambiantes. Este es también el caso del informe de ocho páginas que el profesor Igodt envió a Van Espen el 8 de octubre de 1997. Este informe indica -al igual que X1 desde el primer día- que estamos ante una persona con trastorno de identidad disociativo. Igodt habla incluso en su informe de un "trastorno límite de la personalidad". Sin embargo, añade: "A lo largo de muchos años de terapia, sin embargo, ha logrado (...) alcanzar un modo de funcionamiento integrado; sus diferentes (alter) personalidades, algunas de las cuales puede nombrar, trabajan juntas bastante bien y consigue controlar cada una de estas personalidades parciales de tal manera que las pérdidas de control sólo se producen en raras ocasiones y de forma limitada. Esto también se observó durante el examen clínico psiquiátrico anamnésico: aparte de algunas risas incontroladas, especialmente cuando se trata del abuso sexual más horrible, la paciente se controla bastante bien y no se pudieron encontrar cambios disociativos. Como ya se ha mencionado, esto se debe en gran medida al período bastante largo de psicoterapia que ya ha completado."

En cuanto a las causas de estos trastornos, Igodt se pronuncia formalmente a favor de X1: "El examen clínico psiquiátrico anamnésico, sin embargo, confirma la sospecha de abusos sexuales masivos en el pasado de la persona en cuestión. A la pregunta de si estos abusos se produjeron y fueron realmente importantes en intensidad, parece que la respuesta es sí. Este abuso masivo parece ser el principal factor etiológico de los síndromes psiquiátricos observados, lo que concuerda con los abundantes resultados de los exámenes realizados en este ámbito."

El informe Igodt puede considerarse probablemente como una de las pocas pruebas objetivas que siguen archivadas después del verano de 1997. Igodt llama la atención sobre los peligros de "contaminación" con respecto a la memoria de X1 – "sin que se trate de una mentira intencionada" - debido a su terapia, su atención a su propia situación, así como su evidente motivación para luchar contra los abusos sexuales a menores. Igodt explica que la credibilidad de los recuerdos de juventud de una persona puede medirse por la forma en que se cuentan. Si el relato adopta la forma de una "historia fluida" en la que no hay dudas, es muy probable que la historia sea inventada o "reconstruida". Cuanto más confuso parezca el testimonio, más auténtico será, cree. Porque un testimonio sobre las cosas que uno vivió de niño debe sonar casi como si lo contara un niño."[274]

En un documental de France 3 titulado *"Passé sous silence: Témoin X1 - Régina Louf"* emitido en 2002, el psiquiatra Paul Igodt, hablando de los trastornos disociativos de Régina Louf, dijo: *"Cuando se examinó a Régina Louf, quedó claro, por muchos indicios, que se trataba de una persona gravemente perturbada por los prolongados abusos sexuales sufridos en la primera infancia. Pero al mismo tiempo, y lo vemos muy a menudo, es una persona fuerte e inteligente que ha mantenido intactos formidables mecanismos de defensa y supervivencia. Creo que es justo decir que los prolongados y gravísimos abusos sexuales que sufrió dieron lugar al desarrollo de una personalidad múltiple con alter-egos. Las víctimas de violaciones o abusos sexuales te dirán: "No estaba allí en ese cuerpo, estaba en otro lugar... Estaba disociando. Pero esto no es locura, no es esquizofrenia, ni es mitomanía. Evidentemente, es una búsqueda de la propia historia, de la propia verdad, y es un proceso doloroso y a tientas."*

A los 11 años, la madre de Régina Louf le presentó a un tal Tony V., diciéndole: *"A partir de ahora le perteneces, es tu dueño.* Este individuo se

---

[274] "Les dossiers X: Ce que la Belgique ne devait pas savoir sur l'affaire Dutroux" - Annemie Bulte y Douglas de Coninck, 1999, p.249-250.

convirtió entonces en su *"maestro"*. Tenía una relación ambigua con ella, mezclando el proxenetismo con un apego malsano que pasaba por amor entre la niña y su amo. Esto no es ni más ni menos que un control mental basado en el trauma. Era este Tony quien estaba a cargo de Regina, y fue él quien la "guió" hacia la red de pedofilia. Incluso después de cumplir los 18 años, Tony siguió persiguiéndola y, aunque se había casado, consiguió manipularla para que volviera a los abusos rituales en algunos momentos: ella no había sido capaz de romper del todo. La abogada de Regina Louf, Patricia van der Smissen, dice en el documental *"The X-Files"* que pensaba que *Tony la había "protegido" de alguna manera y que eso explicaba el hecho de que siguiera viva.*[275] Los esclavos controlados mentalmente suelen estar bajo la dirección de una o varias personas que tienen los códigos, los activadores, para controlar y manipular a la víctima. Lo mismo encontramos en el testimonio de Cathy O'Brien que "pertenecía" a un tal Alex Houston, que no era ni su marido, ni su amigo, ni su tutor... era su *"manejador"*, su "dueño", su "explotador", su "amo", su "entrenador" que tenía las llaves de su mente y dirigía su vida de la A a la Z.

En su autobiografía *"Zwijgen is voor daders - De getuigenis van X1"* (El silencio es para los culpables, el testimonio de X1), publicada en 1998, Regina Louf describe cómo sus alter personalidades tienen siempre la misma edad que cuando fueron creadas durante las experiencias traumáticas. También explica cómo su escritura difiere según la alteración que esté activa. En este libro, describe claramente el fenómeno de la disociación que se produce durante los traumas, los trastornos disociativos que pueden llegar hasta la doble personalidad.

Este libro empezó a tomar forma en julio de 1988, cuando por primera vez escribí mis recuerdos y pesadillas en un cuaderno. Descubrí que tenía diferentes estilos de escritura, y que cada tipo de escritura era una parte muy distinta de "mí". Esto me daba mucho miedo, sobre todo porque a menudo no podía recordar lo que había escrito. Cuando releía las páginas, me tropezaba con recuerdos que llevaban mucho tiempo enterrados en mí. En realidad nunca había olvidado los hechos, simplemente se habían dispersado en diferentes personalidades, cada una con sus propios traumas... En seis semanas ya había escrito gran parte del contenido del libro, un libro que acabó con los investigadores de BOB (...)

Más que nunca, descubrí que tenía agujeros negros. Fui a la escuela, saqué buenas notas, incluso tuve varios compañeros, pero de alguna manera todo pasó sin mí. Fue como si otra persona se hiciera cargo en cuanto las puertas de la escuela se cerraron detrás de mí. Como si la maltratada 'Ginie' se dejara de lado hasta que Tony volviera a estar en mi cama o en la puerta del colegio. La "Ginie" maltratada apenas tenía conciencia de la vida escolar y familiar, la otra "Ginie" no parecía estar presente durante el maltrato, por lo que podía vivir "normalmente" (...)

---

[275] Zembla TV NED3 - 2004.

En Knokke, en casa de mi abuela, los adultos se dieron cuenta de que hablaba con las voces de mi cabeza, que cambiaba rápidamente de humor o incluso que a veces hablaba con otra voz o acento. Aunque solo tenía 5 o 6 años, entendí que esas cosas eran raras y no estaban permitidas. Así que aprendí a ocultar mis voces interiores, mis otros yoes. Después de lo que le ocurrió a Clo, esta extraña sensación de que a veces me dirigían esas voces interiores se hizo más fuerte. Después de la iniciación, ya no pude resistir las voces en mi cabeza. Me alegré de desaparecer en la nada, sólo para recuperar la conciencia cuando Tony estaba allí. El dolor parecía más soportable (...)

Tony era el único adulto que entendía que algo andaba mal en mi cabeza. Esto no le molestó en absoluto, al contrario, lo cultivó... Me dio diferentes nombres: Pietemuis, Meisje, Hoer, Bo. Los nombres se convirtieron poco a poco en parte de mí. Lo extraño era que si mencionaba un nombre, inmediatamente se llamaba a la personalidad que correspondía al nombre "Pietemuis" (ratoncito) se convirtió en el nombre de la niña que trajo a casa después de los malos tratos, una niña asustada y nerviosa a la que podía consolar hablándole de forma cariñosa y paternal.

Meisje' (niña) era el nombre de la parte de mí que le pertenecía exclusivamente a él. Si abusaba de mí en mi cama a primera hora de la mañana, por ejemplo, o si no había nadie cerca.

Hoer' (puta) era el nombre de la parte de mí que trabajaba para él.

Bo' era la joven que lo cuidaba si estaba borracho y necesitaba atención.

"Ahora me lo dejas a mí", decía cuando le preguntaba con curiosidad por qué me ponía tantos nombres, y añadía: "Papá Tony te conoce mejor que tú mismo''... Y eso era tristemente cierto".[276]

La pregunta es quién inició este Tony sobre cómo cultivar y explotar el trastorno de identidad disociativo de Regina Louf. ¿Dónde recibió instrucción en estas técnicas de control mental? ¿Es él mismo un miembro de una red oculta, una sociedad secreta? ¿Fue víctima de abusos rituales cuando era niño y tiene él mismo una personalidad múltiple y dividida? ¿Es sistemático el desdoblamiento de la personalidad en las víctimas y, en consecuencia, en los agresores que, por lo general, han sido ellos mismos víctimas en estas redes infernales?

Una de las actas del caso Dutroux contiene un informe especialmente interesante sobre una sesión de hipnosis realizada por el doctor Mairlot a la testigo Nathalie W., que fue oída en la investigación de los expedientes X: *"El 12 de diciembre, mientras Nathalie está declarando, se necesitan tres gendarmes y un psicólogo para contenerla y calmarla. Acababa de iniciar una serie de audiencias en las que hablaba de sadismo sexual extremo, asesinatos rituales de bebés y ceremonias que se parecían mucho a las misas negras. Era la época en la que algunos investigadores estaban investigando seriamente los grupos satánicos secretos con los que supuestamente habían tenido contacto Dutroux y Weinstein. Los días 16, 23 y 30 de enero de 1997, Nathalie fue hipnotizada en la sala de entrevistas por el Dr. Mairlot, especialista en la*

---

[276] Zwijgen is voor daders - De getuigenis van X1 - Regina Louf, Houtekiet, 1998.

materia. Esto no aclaró la investigación. Mezclan la sangre del bebé con la de la oveja sacrificada (...). Queman al bebé y a la oveja, y todos duermen con todos (...) El monstruo se ha ido. Le arrancan el corazón al bebé. Después de esta sesión, Nathalie dice que se siente como si hubiera presenciado el espectáculo desde varios ángulos a la vez, como si ella misma estuviera presente a través de varias personalidades. "Si sólo una parte de lo que nos cuenta es cierto, es perfectamente normal que esto ocurra'', dice Théo Vandyck a sus colegas.''[277]

Durante el trance hipnótico, Nathalie W. informó por escrito sobre un abuso ritual satánico que tuvo lugar en un castillo durante una luna llena. Describe el sacrificio de una oveja y un bebé alrededor de una hoguera, una ceremonia seguida de una orgía. El final del informe dice crípticamente: "Cuando se despertó, tuvo la impresión de que había varias personas observando lo que describía y que esas personas (esas Nathalie) se desvanecían unas frente a otras. Cree que ha desaparecido unas diez veces."[278]

Si uno no está familiarizado con el fenómeno de la doble personalidad, el trastorno de identidad disociativo (TID), es difícil captar el significado de este pasaje de las actas. De hecho, aquí se informa de que, al despertar del trance hipnótico, Nathalie describió que varias de sus personalidades alternativas surgieron sucesivamente durante esta sesión de hipnosis. Cada uno de ellos (*estos Nathalie*) trajo trozos de memoria sobre este evento en particular. Se observa que *"estas personas se desvanecieron frente a las demás, ella cree que desapareció unas diez veces"*. Esto significa que una decena de personalidades alteradas (o personalidades alternas) se sucedieron durante la sesión de hipnosis, cada una de las cuales experimentó una parte de la ceremonia en un momento u otro. Así, el recuerdo del suceso se rompe en varias piezas, como si fueran piezas de un puzle que se mantienen unidas por los diferentes fragmentos de la personalidad de Nathalie. Por lo tanto, es difícil que una víctima recuerde todo el evento de manera detallada, coherente y cronológica, a menos que acceda a los recuerdos de cada personalidad alterada que estuvo involucrada en él y pueda armar el rompecabezas. La superviviente Carole Rutz describe muy bien este fenómeno de desdoblamiento de la memoria de un momento vital traumático en un niño ya desdoblado: la pequeña víctima pasa de una personalidad alterada a otra a lo largo del suceso, una personalidad vivirá el transporte, la otra el abuso, otra asistirá o participará en los sacrificios, etc.

En el reportaje de France 3 *"Passé sous silence: Témoin X1 - Régina Louf"*, el suboficial Patrick de Baets, que en aquel momento estaba a cargo del expediente X del caso Dutroux, dijo de Régina Louf: *"Tuvo problemas para situar todo en una línea de tiempo, pero dio suficientes elementos para hacer una buena investigación. De hecho, era un rompecabezas arrojado sobre una mesa, pero que se mantenía unido y era coherente."*

---

[277] "Los expedientes X: lo que Bélgica no debía saber sobre el caso Dutroux"- Annemie Bulte y Douglas de Coninck, 1999, p.218.

[278] *Bélgica: resumen del Expediente X Dutroux*, Wikileaks.org, 2005 - PV 150.035, 30/01/97, p.756.

Por lo tanto, un gran porcentaje de las víctimas de abusos rituales y de control mental padecen Trastorno de Identidad Disociativo, antes conocido como Trastorno de Personalidad Múltiple, siendo el Trastorno de Identidad Disociativo el último estadio en la escala de estados disociativos. Pero es importante recordar que no todas las personas que han desarrollado trastornos disociativos han experimentado un trauma relacionado con el abuso ritual como el descrito en este capítulo.

CAPÍTULO 5

LA PERSONALIDAD DIVIDIDA
Y AMNESIA

Un trauma de esta naturaleza, la agresión sexual, desencadena efectos psicológicos muy específicos que producen una especie de disociación psicológica en la víctima. Esto significa, en pocas palabras, que su cuerpo está allí pero su cabeza está en otro lugar para sobrevivir al evento.[279] Martine Nisse, cofundadora del centro Buttes-Chaumont

Las personas tienen una serie de capacidades para hacer frente a las experiencias perturbadoras. Algunas personas, especialmente los niños, son capaces de desaparecer en un mundo de fantasía, de disociar, de fingir que nunca sucedió. Son capaces de seguir con su vida como si nada hubiera pasado. Pero a veces se vuelve contra ellos. Bessel van der Kolk - Trauma y memoria, 1993

A medida que aprendemos más y más sobre la disociación, llegamos a la conclusión de que en individuos muy traumatizados, es un proceso de defensa bastante común para mantenerse a salvo y compartimentar estas cosas por separado porque son demasiado difíciles de integrar. Christine Courtois, autora de Healing the Incest Wound: Adult Survivors in Therapy

1 - INTRODUCCIÓN

E l conocimiento y la comprensión de los trastornos disociativos y, más concretamente, del trastorno de identidad disociativo (personalidad múltiple) y de la amnesia traumática es un punto esencial cuando se trata de entender el proceso de control mental basado en el trauma. El conocimiento de estos trastornos psicotraumáticos nos permite comprender que la mente humana puede dividirse en varias identidades independientes, separadas y divididas por muros amnésicos. Así, podemos entender que la mente de un individuo es potencialmente programable como un ordenador con archivos y códigos de acceso. Este fenómeno de fractura de la

---

[279] "La violación de niños, ¿el fin del silencio?" - Francia 3, 2000.

personalidad es la piedra angular del abuso ritual porque "desbloquea" la psique, que entonces se vuelve accesible para integrar la programación.

El horror y el miedo que experimenta un niño maltratado ritualmente hace que el cerebro reaccione con distintos grados de disociación en proporción a la gravedad y la repetición de las experiencias traumáticas. Se trata de un mecanismo de defensa natural contra el terror psíquico intenso y el dolor físico extremo. La mayoría de los niños que han sufrido este tipo de abusos en la primera infancia se disocian completamente de los hechos y a menudo son incapaces de recordar conscientemente lo sucedido. La disociación puede llegar hasta el desdoblamiento de la personalidad en múltiples alteraciones, que es el estadio más extremo, el que buscan los maltratadores que pretenden establecer un control mental sobre la víctima.

2 - DISOCIACIÓN

En los seres humanos, el fenómeno de la disociación se manifiesta en diversos grados. Puede ser un ligero trance, una pequeña disociación de la vida cotidiana, como cuando uno lee una página de un libro y se da cuenta al final de que no ha retenido absolutamente nada de lo que acaba de leer. Pero esta función natural puede llegar hasta una psicopatología grave llamada Trastorno de Identidad Disociativo (TID): el grado más extremo de disociación resultante de un trauma grave. El término *"disociación"* se utilizó por primera vez en 1812 en un texto médico de Benjamin Rush, uno de los padres de la psiquiatría estadounidense.

En 1889, el Dr. Pierre Janet (uno de los padres franceses del concepto de disociación) escribió una tesis titulada *"L'automatisme mental"*, en la que presentaba 21 casos de histeria y neurastenia, más de la mitad de los cuales eran traumáticos. Janet demuestra que estas condiciones pueden ser tratadas y reducidas a través de la hipnosis. Para él, se trata de una *"disociación de la conciencia"*, la histeria es causada por el recuerdo crudo de la experiencia traumática que yace aparte en un rincón de la conciencia. Como un cuerpo extraño, esta memoria inconsciente da lugar a actos y ensueños arcaicos, inadaptados y automáticos, sin ninguna conexión con el resto de la conciencia, que sigue inspirando pensamientos y actos detallados y adaptados.[280]

Desde principios del siglo XX, Pierre Janet y Charles Myers describieron este proceso de disociación como un *"desdoblamiento de la personalidad"*. Janet, mucho antes de que se establecieran las causas neuroquímicas de este fenómeno, explicó que se trataba, de forma primaria, de una disociación entre el sistema de defensa del individuo y los sistemas que implican la gestión de la vida cotidiana y la supervivencia de la especie. Myers describe esta disociación estructural primaria en términos de una división entre *la "personalidad*

---

[280] "Psicotrauma: enfoques teóricos". Tempête Xynthia, étude sur les sinistrés de La Faute-sur-Mer deux ans après" - Tesis de Anne-Sophie Baron, 2012.

aparentemente normal" (PAN) y la *"personalidad emocional"* (EP). El PE se queda atascado en la experiencia traumática y no consigue convertirse en una memoria narrativa del trauma. Mientras que la PAN se asocia con la evitación de los recuerdos traumáticos, el distanciamiento, la anestesia y la amnesia parcial o total. En efecto, se trata de dos entidades muy diferentes. Hay algunas pruebas clínicas, por ejemplo, de que se asocian con un sentido diferente del yo, y los resultados preliminares de la investigación experimental sobre el trastorno de identidad disociativo (TID) sugieren que responden de forma diferente a los recuerdos del trauma y a los estímulos amenazantes que se procesan de forma preconsciente.[281]

Los trastornos psicotraumáticos se definieron en los años 80, empezando por el Trastorno de Estrés Postraumático (TEPT), que se manifiesta tras una experiencia traumática y que persiste en el tiempo con flashbacks, insomnio, pesadillas, hipervigilancia, etc. La definición de los trastornos disociativos llegó más tarde en el DSM-IV (Manual diagnóstico y estadístico de los trastornos mentales - EE.UU.), que los caracteriza como *"una perturbación súbita o progresiva, transitoria o crónica, de las funciones normalmente integradas (conciencia, memoria, identidad o percepción del entorno)"*. Incluyen los siguientes cinco trastornos:

- Amnesia disociativa: se caracteriza por la incapacidad de recordar recuerdos personales importantes, generalmente traumáticos o estresantes.

- Fuga disociativa: se caracteriza por una salida repentina e inesperada del hogar o del trabajo, con una incapacidad para recordar el pasado, la adopción de una nueva identidad o la confusión sobre la identidad personal.

- Trastorno de identidad disociativo (personalidad múltiple): se caracteriza por la presencia de al menos dos identidades distintas que toman alternativamente el control del individuo; el individuo es incapaz de recordar cosas personales.

- Trastorno de despersonalización: se caracteriza por un sentimiento prolongado o recurrente de distanciamiento del propio funcionamiento mental o del propio cuerpo, con una apreciación de la realidad no afectada.

- Trastorno disociativo no especificado, cuya característica principal es un síntoma disociativo que no cumple los criterios anteriores para los trastornos disociativos específicos.

El psicólogo clínico estadounidense James Randall Noblitt ha clasificado los tipos de disociación en cinco categorías:

- Disociación de la conciencia: Se produce durante los estados de trance. Dichos estados varían en intensidad, desde un estado de ligera niebla hasta un profundo estado de estupefacción y entumecimiento físico.

- Memoria disociativa: Cuando la persona tiene grandes porciones de su memoria que desaparecen sin explicación. La amnesia disociativa no puede

---

[281] *"Dissociation structurelle de la personnalité et trauma"* - Nijenhuis, van der Hart, Steele, de Soir, Matthess, Revue francophone du stress et du trauma, 2006.

explicarse por un golpe en la cabeza o por efectos neuroquímicos (drogas, alcohol).

- Trastorno de identidad disociativo: Cuando el individuo experimenta repentinamente (consciente o inconscientemente) que es otra persona o una entidad externa. Este fenómeno es el principal punto en común entre el trastorno de identidad disociativo y la posesión demoníaca.

- Disociación de la percepción: Se manifiesta por cambios en las percepciones auditivas, visuales y táctiles que pueden considerarse alucinaciones. La disociación perceptiva también puede incluir una distorsión del sentido de la realidad del individuo.

- Disociación de la voluntad: La disociación de la voluntad implica automatismos, comportamientos automáticos y cataplexia o trastorno de conversión disociativo (una incapacidad para moverse y ejercer el tono muscular).

El libro "Thanks for the Memories" del superviviente Brice Taylor contiene una interesante descripción del fenómeno de la disociación física y psicológica. Es el testimonio de una mujer (Penny) que sufrió repetidos abusos sexuales cuando era niña: *"La disociación es una forma de escapar de lo intolerable. Sucedió desde el primer trauma, fue una forma de sobrellevar el insoportable dolor físico pero también el psicológico. En mi caso, tomó la forma de un entumecimiento y un enfriamiento del cuerpo, y desde ese día, cuando me disocio me vuelvo todo entumecido. Primero son las manos, luego los pies, no los siento y si tengo los ojos cerrados no tengo forma de ubicar mis extremidades en el espacio. Entonces comienza el adormecimiento de mi cara, no puedo sentir mis labios ni mis mejillas. Cuando me disocio profundamente, se apodera de todo el cuerpo y me siento como un trozo de madera... Aún peor que la disociación física es lo que ocurre a nivel mental cuando todo el cuerpo está entumecido. Lo único con lo que puedo compararlo es con el ruido blanco de la radio estática, me deja mareado con la mirada perdida en el espacio. Los pensamientos que llegan pasan a la velocidad de la luz sin ninguna coherencia, organización o forma. Estoy totalmente confundido. Puede oscilar entre un estado ligeramente nebuloso y un poco de aire, hasta una verdadera página en blanco en la que no puedo ver ni oír nada (...) Cuando vuelvo en mí, no me doy cuenta inmediatamente y de forma consciente de que he perdido horas."*[282]

La disociación es un mecanismo de defensa psicológico y neurológico que se produce en el momento del trauma. Durante el estrés severo, la amígdala del cerebro se activará para producir hormonas del estrés con el fin de proporcionar al cuerpo los medios para hacer frente al peligro. Estas hormonas se producen inmediatamente, como una alarma, y son la adrenalina y el cortisol. En una segunda fase, el córtex frontal gestionará y modulará esta producción hormonal, o incluso la desconectará, dependiendo del grado de estrés. En el caso de una situación extrema en la que uno está bloqueado y secuestrado, como una violación o una tortura, se produce una sideración psicológica, es decir, el córtex

---

[282] *Thanks For The Memories: The Truth Has Set Me Free* - Brice Taylor, 1999, p.27.

se paraliza, ya no responde. La consecuencia es que no será capaz de regular la respuesta emocional controlando el flujo de hormonas del estrés procedentes de la amígdala alerta. La amígdala producirá, por tanto, adrenalina y cortisol en grandes cantidades, demasiado grandes... Estas dos hormonas son útiles para preparar el cuerpo para esfuerzos inusuales, pero en cantidades demasiado grandes pueden representar un riesgo vital a nivel cardiovascular y neurológico (paro cardíaco y epilepsia). Ante esta saturación de hormonas del estrés, el cuerpo tiene una función de protección final, se descompone como un circuito eléctrico que se sobrecarga. Para ello, aislará la amígdala cerebral, que ya no podrá segregar adrenalina ni cortisol.

Cuando se produce este proceso de disyunción, la víctima se encuentra en un estado "segundo", en una especie de irrealidad... es lo que se llama disociación. Como la adrenalina y el cortisol ya no son inyectados en el cuerpo por la amígdala, la víctima deja de sentir repentinamente esta fuerte emoción y es como si se convirtiera en un extraño para la situación que está viviendo. El individuo se convierte en un espectador de la escena traumática en la que se ve envuelto, se desconecta y puede haber una especie de descorporización. Algunas víctimas informan de que ya no estaban en su cuerpo físico en el momento de la disociación, podían ver claramente la escena desde el exterior (hablaremos de esto con más detalle en el próximo capítulo).

Según la psicotraumatóloga Muriel Salmona,[283] este último proceso de disyunción cerebral se produce cuando el cerebro segrega morfina y sustancias similares a la ketamina. Es este cóctel químico el que parece estar en el origen del fenómeno natural de la disociación durante un traumatismo extremo. Este cóctel crea una anestesia emocional pero también una fuerte anestesia física. La víctima ya no siente nada y entra en una especie de mundo paralelo, abandonando a veces el cuerpo físico. Se dice que la víctima ha atravesado el *espejo de Alicia en el País de las Maravillas* y ha ido *más allá del arco iris* (en referencia al Mago de Oz). Estas son las imágenes metafóricas que utilizan los ejecutores del programa MK para representar el proceso de disociación. Así, los programadores empujan a las pequeñas víctimas a disociarse durante los traumas guiándolas a una realidad alternativa para escapar del terror y el dolor físico que les infligen. Una vez que el niño se encuentra en este estado de disociación total, el trabajo de programación profunda puede comenzar, ya que es en este estado que las *puertas* subconscientes y *espirituales del niño están* abiertas de par en par. Una vez que el niño está completamente disociado y desconectado del cuerpo, se produce un desdoblamiento, se crea otra personalidad alterada que "toma" el cuerpo de la pequeña víctima. Es este alter, este desdoblamiento de personalidad, el que registra el desarrollo de la memoria traumática, mientras que la víctima (la personalidad que se deslizó durante la experiencia traumática) estará totalmente amnésica de este recuerdo. Durante esta disyunción, todo el trabajo de memorización habitual del hipocampo se interrumpirá y el recuerdo del suceso permanecerá almacenado en standby, como en una "caja negra" que

---

[283] Muriel Salmona - Pratis TV, 16/01/2012.

ha grabado todos los datos. Esto se llama memoria traumática, o amnesia traumática. En un trastorno de identidad disociativo, estas "cajas negras" de recuerdos están en manos de las diferentes personalidades alteradas.

Después de estas experiencias dolorosas, las víctimas suelen seguir autotratándose, autodisociándose para poder seguir viviendo con relativa normalidad. Esto significa que adoptarán estrategias para anestesiar este recuerdo traumático. El organismo que ya ha experimentado la anestesia durante la agresión intentará reproducir este proceso. Esto puede hacerse mediante la ingesta de alcohol o drogas que tienen efectos disociativos, por lo que puede haber fuertes adicciones que se instalan en la víctima. Pero algo importante a añadir es que el estrés también puede crear estos estados disociativos, por lo que también puede crear una fuerte adicción. Cuando se despierta un recuerdo traumático, la víctima revive el suceso y su cuerpo reproduce la disyunción con el cóctel de morfina/ketamina, que son drogas duras. Por lo tanto, se establece rápidamente un fenómeno de tolerancia y adicción, de ahí el comportamiento extremo de las víctimas que se escarifican, se queman, etc., para calmarse y salir de la situación. Por eso las víctimas se comportan de forma tan extrema, escarificándose, quemándose, etc., para calmarse y anestesiarse aumentando el nivel de estrés para provocar la disyunción y la disociación. No son conscientes del proceso que se está llevando a cabo, pero sienten el efecto "calmante" de estos actos de autolesión. No es ni más ni menos que una cuestión de sustancias químicas en el cerebro, una especie de *"disparo disociativo"*. La violencia contra los demás también genera este estrés, que inyecta ciertas sustancias en el torrente sanguíneo.

Jay Parker, superviviente de abusos rituales y control mental, describió cómo el sistema de control mental Monarch es adictivo para la química cerebral endógena que hace que las víctimas perpetúen sus estados disociativos. En la red mundial de abusos rituales y control mental, los perpetradores no hacen más que repetir en otros lo que normalmente han experimentado ellos mismos. Es un círculo vicioso, un proceso vicioso. Los niños víctimas desarrollarán una fuerte adicción a la violencia contra otros para crear estos estados anestésicos y disociativos, se convertirán a su vez en maltratadores. Al igual que un drogadicto y el fenómeno de la adicción que le hace aumentar constantemente las dosis, los toxicómanos tendrán que ir constantemente más allá en el horror para seguir anestesiándose.

Cuanto más temprano haya comenzado el individuo a practicar el abuso ritual, más prácticas extremas necesitará para disociarse... Esta es quizás una de las razones por las que a veces se consume la sangre de las víctimas que han sido aterrorizadas y luego sacrificadas: contiene un cóctel de hormonas que actúan como drogas que ayudarán al abusador a alcanzar este estado de disyunción, posado en una anestesia disociativa extrema. Los practicantes del abuso ritual satánico buscan desligarse, conscientemente o no, para auto-tratar sus propios recuerdos traumáticos. Cuanto más inhumanos sean los actos de barbarie, más tristemente efectivos serán. En las familias satanistas transgeneracionales, se trata de un verdadero círculo vicioso en el que la disociación se convierte en una forma de vida. Es un proceso que es el escape automático, natural y vital para estos niños durante el abuso ritual y el control mental. Pero estos trastornos disociativos seguirán interfiriendo durante toda la vida del individuo. El niño se disocia con facilidad, ante situaciones traumáticas divide su propia conciencia en varias partes, a menudo durante largos períodos. El *"yo"* se aparta, se entierra para ser protegido. Se trata de salvaguardar lo más precioso del mundo, su esencia divina, su verdadera identidad, la perla que Satanás no puede tocar. La víctima siempre conservará esta raíz divina, su verdadero "yo", en algún lugar de su interior. Esta preciosa semilla está protegida por las alter personalidades que sirven de coraza contra la violencia porque *encapsulan* los recuerdos traumáticos.

3 - AMNESIA TRAUMÁTICA (O DISOCIATIVA)

La amnesia traumática está estrechamente relacionada con la disociación y el trastorno de identidad disociativo. Se caracteriza por la incapacidad de recordar recuerdos personales importantes, generalmente traumáticos o estresantes, que no se explican por una *mala memoria*. El trastorno consiste en una alteración reversible de la memoria, durante la cual los recuerdos de las experiencias personales no pueden expresarse verbalmente. Tampoco puede explicarse por el efecto fisiológico directo de una sustancia o un factor neurológico o de otra enfermedad médica. La amnesia traumática se manifiesta con mayor frecuencia como un lapsus de memoria o una serie de olvidos de aspectos de la historia personal del individuo. Estos lapsos de memoria suelen estar asociados a acontecimientos traumáticos o extremadamente pesados. En la amnesia localizada, la persona no recuerda los acontecimientos de un periodo de tiempo específico, normalmente las primeras horas después de un acontecimiento extremadamente intenso.

La amnesia traumática, que puede ser completa o fragmentaria, es un fenómeno frecuente entre las víctimas de violencia sexual en la infancia. Esta consecuencia psicotraumática no se tiene en cuenta, desgraciadamente, en la legislación, lo que significa que una víctima que haya tenido un largo periodo de amnesia con la imposibilidad de denunciar a tiempo los delitos sexuales no podrá presentar una denuncia porque habrá prescrito. Numerosos estudios clínicos han descrito este fenómeno, que se conoce desde principios del siglo XX y que se describió en soldados traumatizados que sufrían amnesia tras el combate. Pero es entre las víctimas de la violencia sexual donde encontramos la amnesia más traumática. Los estudios también han demostrado que los recuerdos recuperados son fiables y comparables en todos los sentidos con los recuerdos traumáticos que siempre han estado presentes en la conciencia del individuo. Estos recuerdos suelen reaparecer de forma repentina e incontrolada, con detalles muy precisos y, obviamente, con una gran emoción, angustia y confusión, ya que la víctima revive el recuerdo como si estuviera ocurriendo en el momento presente.

En 1996, en un congreso de psiquiatría y neurología celebrado en Toulon, Jean-Michel Darves-Bornoz explicó que los recuerdos traumáticos no son como los demás recuerdos. En efecto, el trauma modificará los mecanismos normales de codificación y recuperación de los recuerdos de la experiencia traumática. Por un lado, el traumatismo puede provocar hipermnesia (es decir, una exaltación de la memoria que permite acceder a recuerdos autobiográficos extremadamente detallados y conectados a todo el sistema sensorial), así como amnesia. En psicotraumatología, la hipermnesia y la amnesia están, pues, paradójicamente unidas (este es un punto clave, al que volveremos en el capítulo 8). En efecto, cuando los recuerdos traumáticos amnésicos resurgen en la conciencia, es con tal fuerza que se convierte en hipermnesia, es decir, los recuerdos que emergen se vuelven extremadamente claros, mucho más claros que un recuerdo banal, asimilado por la memoria explícita (narrativa) y consciente. La experiencia traumática *se graba* mucho más profundamente en la víctima que cualquier otra experiencia vivida, por lo que cuando estos recuerdos disociativos resurgen, son particularmente invasivos y muy detallados, ya que todos los sentidos reviven la escena. Esta cuestión de la codificación y recuperación de los recuerdos traumáticos es importante porque existe una controversia sobre los recuerdos verdaderos y falsos de la violencia sexual y el abuso ritual. Es importante saber que sólo los recuerdos que han sido codificados en forma de lenguaje (memoria explícita) son probablemente accesibles, mientras que la memoria no lingüística (memoria implícita) no es probable que sea accesible a la conciencia. Esta codificación no verbal de la memoria, que por lo tanto es difícil de poner en un contexto narrativo, cronológico y autobiográfico, no será plenamente consciente por la víctima.[284]

Estas amnesias traumáticas son el resultado de un mecanismo disociativo desencadenado por el cerebro para protegerse del terror y el estrés extremo que genera la violencia. Hay una disyunción del circuito emocional pero también del circuito de la memoria en relación con el hipocampo: la zona del cerebro que gestiona la memoria y la localización espacio-temporal, sin la cual no se puede memorizar, recordar o temporalizar. Mientras exista esta disyunción en el circuito de la memoria, el hipocampo no puede hacer su trabajo y esta memoria emocional, como la *"caja negra de la violencia"*, queda atrapada fuera del tiempo y de la conciencia... es la memoria traumática. Hoy en día, es posible detectar signos de deterioro de la memoria mediante escáneres cerebrales, ya que el complejo de la amígdala y el hipocampo muestran un volumen significativamente menor en las personas que han sufrido un traumatismo grave.

Cuando la disociación cesa, el recuerdo traumático puede finalmente reconectarse a la conciencia y resurgir, por ejemplo, durante un evento que recuerde la violencia. Entonces invade el espacio psíquico de la víctima, haciéndole revivir la violencia como una máquina del tiempo. Estos recuerdos que vuelven a la conciencia son insoportables para la víctima, por lo que establecerá conductas de evitación para protegerse de cualquier cosa que pueda desencadenar estos recuerdos de nuevo. Como hemos visto anteriormente, también pondrá en marcha conductas disociativas para anestesiarse y hacer que el circuito emocional y de memoria se desconecte de nuevo. El alcohol, las

---

[284] *Síndromes traumáticos de violación e incesto* - Jean Michel Darves-Bornoz. Congreso de psiquiatría y neurología, Toulon, 1996.

drogas, los comportamientos de riesgo, la puesta en peligro, pero también la violencia contra los demás, permiten esta disociación y disyunción produciendo de nuevo un estrés extremo. Por lo tanto, la víctima puede oscilar entre períodos de disociación con importantes problemas de memoria y períodos de activación de la memoria traumática en los que revivirá la violencia.

La memoria traumática puede ser tratada, pero desgraciadamente los profesionales no parecen estar formados en psicotraumatología y la gran mayoría de las víctimas de abusos sexuales en la infancia son abandonadas y no son identificadas, protegidas y mucho menos tratadas. A menudo no se cree a las víctimas cuyos recuerdos traumáticos resurgen. Se les dice que los recuerdos son fantasías, alucinaciones psicóticas o *"falsos recuerdos"* inducidos.[285]

Para complicar aún más las cosas, el trauma puede provocar un cierre del área de Broca, la zona del hemisferio izquierdo del cerebro que nos permite transmitir verbalmente una experiencia, poner palabras al trauma que hemos vivido. Dado que la comunicación verbal es la forma en que solemos contar nuestras experiencias a los demás, la interrupción de esta función dificultará aún más el reconocimiento de la víctima.[286]

En 1993, se publicó un estudio sobre la amnesia traumática en el *Journal of Traumatic Stress*. Este estudio, titulado *"Sef-reported* amnesia *for abuse in adults molested as children", fue* realizado por el Dr. John Briere. En este estudio, se realizó un cuestionario a una muestra de 450 pacientes adultos (420 mujeres y 30 hombres) que habían denunciado abusos sexuales. La pregunta relacionada con la amnesia traumática era: *"Entre el momento del abuso sexual y su 18° cumpleaños, ¿hubo algún momento en el que no recordara la experiencia de abuso sexual?* Los resultados mostraron que, de un total de 450 sujetos, 267, es decir, el 59,3%, respondieron que no recordaban sus abusos antes de los 18 años.[287]

El fenómeno de la amnesia (recuerdos traumáticos) causado por la disociación durante un trauma sigue siendo muy controvertido en las instituciones psiquiátricas y judiciales. ¿Por qué este gravísimo campo de la psicotraumatología está tan descuidado e incluso desprestigiado en las instituciones responsables de la justicia, la seguridad y la atención a las víctimas? Sin embargo, no faltan ejemplos concretos de amnesia disociativa, como tampoco faltan investigaciones sobre esta función concreta del cerebro humano. Los siguientes testimonios nos muestran que se trata de un problema recurrente, pero que está cubierto por un manto institucional y mediático que impide poner en primer plano la cuestión de la amnesia traumática, tan crucial para entender el sistema pedocriminal... En efecto, sigue siendo una cuestión de control de la

---

[285] "Violada a los 5 años, lo recuerda a los 37: con el terror, el cerebro puede romperse" - Muriel Salmona, nouvelobs.com 2013.

[286] El mito de la cordura: la conciencia dividida y la promesa de la conciencia - Martha Stout, 2002.

[287] *Amnesia de abuso en adultos que han sido molestados en la infancia* - John Briere, Jon Conte, Journal of Traumatic Stress, Vol.6, N°1, 1993.

información, muy querida por nuestros "magos-controladores" y por la ingeniería social imperante...

Durante la campaña francesa *"Stop au Déni"* (2015) en apoyo a los jóvenes víctimas de la violencia sexual, un colaborador dio testimonio de los abusos sexuales en las escuelas. Esto es lo que dijo sobre su amnesia traumática: *"Me costó más de 35 años levantar la niebla que cayó sobre mis ojos aquel día, para saber, para integrar en mi memoria, en qué año y en qué región estuve en el primer grado. y dos años más para salir de esta amnesia traumática, para ordenar, desmontar y comprender la estrategia de castigo-violación utilizada. Hoy, todavía me pierdo en los pasillos cuando entro en una escuela, todavía puedo sentir la cabeza de ese hombre, cerca, todavía puedo oír y sentir su aliento en mi cara, todavía puedo sentirme atravesado, arañado por dentro, me duele. Me gustaría poder dejar salir por fin las lágrimas que me tragué en la garganta aquel día, y no puedo. Todavía no."*[288]

He aquí también un testimonio de amnesia traumática relatado por Isabelle Aubry, fundadora de la Asociación Internacional de Víctimas del Incesto (*AIVI*): *"Hace ya seis meses que recuerdo las cosas que me hizo la persona que destruyó mi vida. Durante siete, ocho, nueve años... no sé... lo había olvidado todo, o al menos lo había enterrado en lo más profundo de mi memoria... Ahora los flashes han vuelto a mí y no puedo dejar de pensar en ellos. Recuerdo una frase que hoy no puedo escuchar sin pensar en ella. Cuando mis padres no estaban y no estaban mucho, no sé cómo empezó, no sé cuánto duró, no sé hasta dónde llegó, no sé cuándo pasó, sólo sé que fue cuando estaba en la escuela primaria... quería que le diera un masaje... no sé, sé que no era sólo un masaje en la espalda... creo que estaba desnudo, pero no lo sé. Echo de menos muchas cosas de esos momentos y me resulta muy difícil no saber hasta dónde llegó. Creo que me gustaría saber qué pasó realmente. En ese momento pensé que era normal lo que estaba haciendo, que estaba consintiendo. Pero ahora sufro mucho. Me mutilo, me hago vomitar, a veces como mucho y a veces nada. En los momentos de desesperación empiezo a beber, a tomar medicamentos a montones. Este pasado me carcome y no puedo deshacerme de él. Creo que lo que he llegado a ser hace daño a mis amigos y tienen que ser muy comprensivos para poder aguantarme. Me gustaría ver a alguien, un psiquiatra, tengo los números pero no puedo coger el teléfono. Cada vez tengo más pesadillas de violaciones, incesto, suicidio. Mis amigos no saben qué hacer. No se lo he dicho a nadie de mi familia y me parece imposible."*[289]

En 2013, en un artículo para el Nouvel Obs titulado "Violada a los 5 años, lo recuerda a los 37: con el terror, el cerebro puede romperse", la psiquiatra Muriel Salmona escribió: "Cuando en 2009, durante una primera sesión de hipnoterapia, tras haber revivido de forma muy brutal y precisa -como una película- una escena de violencia sexual cometida por un miembro cercano de su familia cuando tenía 5 años, Cécile B. quiso presentar una denuncia, se enteró

---

[288] *"Violación en la escuela..."* - stopaudeni.com, 2015.

[289] Cómo superé el incesto: de las consecuencias a los cuidados" - Isabelle Aubry, 2010.

de que los hechos habían prescrito (...) Tenía 37 años en ese momento. Cécile B. había presentado este recurso para impugnar la validez de la prescripción en lo que a ella se refiere, ya que 32 años de amnesia traumática le habían impedido ser consciente de los actos de violación que había sufrido a los 5 años y que se prolongaron durante 10 años, y que, en consecuencia, nunca estuvo en condiciones de denunciar antes de que se recordaran (...) Como especialista en psicotraumatología que atiende a víctimas de violencia sexual, no puedo sino comprenderla y apoyarla perfectamente. Muchos de mis pacientes se encuentran en la misma situación que ella, han tenido largos periodos de amnesia traumática y no han podido denunciar a tiempo los delitos sexuales que sufrieron en su infancia porque han prescrito (a veces sólo por unos días), a otros se les ha impedido denunciar durante muchos años por conductas de evasión, o por la influencia y amenazas de su entorno, y cuando por fin están preparados, ya no pueden denunciar."

En 2015, la periodista francesa Mathilde Brasilier publicó un libro autobiográfico titulado *"Il y avait le jour, il y avait la nuit, il y avait l'inceste"* en el que relata su amnesia traumática. Durante 30 años, esta mujer tuvo una amnesia que oscureció totalmente los recuerdos de la violación de su padre que había sufrido de niña. Su hermano también fue víctima de los malos tratos del padre y, desgraciadamente, se suicidó en 1985 unos días después de decirle a su padre*: "Después de lo que me has hecho, no tengo nada más que decirte"*. Fue después de esta tragedia cuando Mathilde Brasilier empezó a cuestionarse y a consultar a un terapeuta... Durante mucho tiempo pensó que *había vivido una infancia perfectamente feliz en un entorno privilegiado*, sin tener ningún recuerdo de abusos sexuales. En una entrevista radiofónica dijo sobre su padre: *"La relación era difícil porque no soportaba mirarle a los ojos (...) Este era uno de los temas que discutía con mi madre: 'Es extraño, me gusta papá, pero mirarle a los ojos me resulta insoportable'. Pero no sabía por qué (...)* Mathilde Brasilier dijo que sus recuerdos traumáticos *volvían de golpe (...) uno tras otro (...) Es como una película que se desarrolla de repente.*[290]

El 16 de enero de 1998, la actriz y cantante francesa Marie Laforêt declaró en el telediario de las 8 de la tarde de France 2 una amnesia traumática. A los tres años fue violada varias veces por *un "vecino"*, y este recuerdo fue reprimido durante años antes de reaparecer a los cuarenta años. Aquí está la transcripción de su testimonio:

- **Marie Laforêt**: Reviví exactamente lo que había sucedido, el nombre del hombre, su traje, su forma de hacer las cosas, todo... Todo volvió de inmediato. Me ha sido imposible hablar de ello durante tres días y tres noches de llantos... Recibí esto en mi cara, no puedes confundirlo de ninguna manera con otra cosa, ni con una premonición, ni con una historia de confusión mental... No es una cuestión de confusión mental, al contrario, eres excesivamente preciso.

---

[290] "Incesto: tras la amnesia, una dolorosa reconstrucción" - Mathilde Brasilier, VivreFm.com, 20/05/2015.

- **Periodista**: ¿Cómo se explica que su memoria haya enterrado este suceso durante tantos años?

- **ML**: Creo que está en el mismo ámbito que el autismo, el desmayo o el coma. Hay un episodio doloroso, y uno decidirá ponerle fin.

- **Carole Damiani** (Psicóloga): El recuerdo que permanece en el inconsciente no ha sido destruido y a veces se debe a los vínculos asociativos, es decir, de recuerdo en recuerdo acabamos acercándonos al suceso traumático. Esto también puede significar que la persona estaba preparada para afrontar el evento en ese momento, cuando antes no lo estaba.

Marilyn Van Derbur, *Miss América* 1958 e hija del millonario Francis Van Derbur, ha revelado en su autobiografía las consecuencias del incesto paterno que sufrió de niña. Dice que hasta los 24 años había reprimido completamente el recuerdo de las violaciones de su padre. En su autobiografía *Miss America By* Day, revela públicamente: Para *sobrevivir, me dividí en un feliz y sonriente "niño del día" y un acobardado "niño de la noche" a merced de mi padre... Hasta los 24 años, el niño diurno no tenía conciencia de la existencia del niño nocturno (...) Durante el día, no había enfados ni miradas incómodas entre mi padre y yo, porque no era consciente de los traumas y terrores del niño nocturno. Pero cuanto peor se ponía el niño de la noche, más necesario era que el niño del día sobresaliera; desde el equipo de esquí de la Universidad de Colorado, pasando por Phi Beta Kappa, hasta ser nombrada Miss América, creía que era la persona más feliz que había existido."*

Fue un joven pastor de su iglesia quien intuyó este oscuro secreto. A los 24 años, logró derribar las barricadas que ella había construido en su mente y los recuerdos emergieron. Después, invirtió mucho tiempo en su carrera pública para reprimir por segunda vez todos estos pesados recuerdos traumáticos. A los 45 años, su vida dio un vuelco... De los 45 a los 51 años, entró en barrena, los recuerdos violentos volvieron a surgir, esta vez con dolor físico y parálisis. Su cuerpo se descarriló por completo, ya no podía mover los brazos ni las piernas y fue hospitalizada en una institución psiquiátrica. Escribió que nunca *hubiera imaginado que el incesto pudiera tener tales repercusiones. ¿Quién podría creer que el incesto puede tener tales efectos en el cuerpo 30 años después?*

Marilyn Van Derbur tuvo amnesia traumática y disociativa durante varios años tras las repetidas violaciones de su padre. Lo que describió posteriormente, a partir de los 45 años, fue un trastorno de conversión (o trastorno de conversión disociativo), es decir, una pérdida repentina de las funciones motoras y de la sensibilidad, sin ninguna explicación médica. Para Marilyn Van Derbur, se trataba de una parálisis probablemente relacionada con los abusos sexuales que sufrió de niña. También escribe en su libro sobre su padre: *"Él 'trabajó' en mí noche tras noche. Como una delicada pieza de cristal destrozada en el hormigón, mi padre me despojó de mi propio sistema de creencias y de mi "yo", pero también de mi alma, que rompió en pedazos."*

La autobiografía de esta Miss América contiene tanto la gloriosa historia del meteórico ascenso a la fama de Marilyn Van Derbur, como una fuente esencial de información sobre el abuso sexual infantil con su mecanismo de disociación y compartimentación de los recuerdos traumáticos.[291]

La actriz y cantante estadounidense Laura Mackenzie también cuenta que durante su infancia fue violada regularmente por su padre, la leyenda del rock John Phillips... En 2009, leyó un pasaje de sus memorias *"High on Arrival"* en el programa de televisión *"The Oprah Winfrey Show"*: *"Me desperté esa noche de un desmayo, dándome cuenta de que había sido violada por mi padre... No recuerdo cuándo empezaron los abusos, ni cómo terminaron, ¿fue la primera vez? ¿Había ocurrido antes? No lo sé y sigo teniendo dudas. Todo lo que puedo decir es que fue la primera vez que fui consciente de ello. Durante un tiempo estuve en mi cuerpo, en esta horrible realidad, y luego volví a caer en un desmayo. Se supone que tu padre debe protegerte, se supone que debe protegerte, no "joderte"."*[292]

Mackenzie dice que tenía 17 o 18 años cuando empezó a recordar las violaciones de su padre. Por aquel entonces, era conocida por millones de personas como la estrella infantil de la comedia *One Day at a Time*. Nadie se dio cuenta de lo que estaba pasando en privado...

Muy pronto empecé a compartimentar y reprimir los recuerdos difíciles. Y esa es la raíz de todas las experiencias difíciles que vinieron después."

También dijo de su padre: "No le tengo ningún odio. Entiendo que es un hombre realmente torturado, de alguna manera consigue esa infelicidad a través de mí (...) Es una especie de síndrome de Estocolmo en el que empiezas a querer a tu maltratador. Sentí un gran amor por mi padre."

Cathy O'Brien, víctima de MK-Monarch, también describe cómo actúan los recuerdos traumáticos y disociativos en una niña pequeña que experimenta el incesto día tras día: *"Aunque no podía entender que lo que mi padre me hacía estaba mal, el dolor y la asfixia de sus abusos eran tan insoportables que desarrollé un trastorno de identidad disociativo. Era imposible de entender, no había lugar en mi mente para lidiar con tal horror. Así que compartimenté mi cerebro, pequeñas áreas separadas por barreras amnésicas para bloquear los recuerdos del abuso y que el resto de mi mente pudiera seguir funcionando normalmente, como si no hubiera pasado nada... Cuando veía a mi padre en la mesa, no recordaba el abuso sexual. Pero en cuanto se desabrochaba los pantalones, una parte de mí, la parte de mi cerebro que sabía cómo afrontar este horrible abuso se despertaba, era como si se abriera una unión neuronal para que esta parte de mi mente pudiera sufrir a mi padre una y otra vez, según fuera necesario... Ciertamente tenía mucha experiencia en este "compartimento cerebral" que se ocupaba del abuso de mi padre, pero no tenía toda la gama de percepciones, tenía una percepción muy limitada, una visión muy limitada."*[293]

---

[291] Miss América de día: Lecciones aprendidas de las últimas traiciones y del amor incondicional - Marilyn Van Derbur, 2003.

[292] "High on Arrivals: A Memoir" - Laura Mackenzie, 2011.

[293] "Control mental fuera de control - conferencia de Cathy O'Brien y Mark Phillips, Foro de Granada, 31/10/1996.

Régina Louf, testigo X1 en el caso Dutroux, declaró que una parte disociada de sí misma nunca estuvo "presente" durante los abusos sexuales. Así, esta parte de sí misma podía seguir viviendo "normalmente" sin tener que lidiar con el pesado recuerdo del abuso en su conciencia. Por el contrario, la parte de ella que estaba presente y, por tanto, violada durante el abuso, *Ginie*, apenas era consciente de la vida que llevaba en la escuela o en la familia. Era como si *Ginie fuera dejada* de lado hasta que resurgiera y tomara el control cuando el maltratador volviera a Regina.[294]

En un artículo titulado *"Trastorno de* personalidad *múltiple en la infancia"*, M.Vincent y M.R. Pickering dan el ejemplo de una mujer que les describió su experiencia a la edad de 3 y 4 años cuando fue violada repetidamente por su padre adoptivo. Se trata de una descripción del estado disociativo con el paso a una realidad alternativa, donde encontramos el desdoblamiento en dos yos diferentes: *"Se convirtió en costumbre para ella permanecer pasiva y esperar el cambio de estado de conciencia que la transportaría de una pesada agonía a un estado de calma e incluso de alegría. Lo hizo sin saber siquiera que estaba salvando su propio pellejo a cada paso, alimentando dos "yos" dentro de ella, cada uno sin saber de la existencia del otro... Amar lo que te está matando es imposible. No pudo hacerlo. Es un dilema infernal en la mente del niño. Así que se dejó libre para amar, y dejó al otro libre para odiar..."[295]*

Para diagnosticar correctamente un trastorno de identidad disociativo, lo primero que se busca son las personalidades alteradas, no la amnesia traumática en sí. Las personas con trastorno de estrés postraumático, trastorno *límite de* la personalidad u otros trastornos disociativos específicos también pueden experimentar amnesia ocasional. La amnesia disociativa está causada por sucesos traumáticos que pueden ser rastreados a través de flashbacks, mientras que la verdadera amnesia en el trastorno de identidad disociativo está causada por la alternancia de personalidades que son muy distintas entre sí.

4 - Trastorno de identidad disociativo TRASTORNO DE IDENTIDAD (TID)

a/ Algunos casos históricos

En 1793, el Dr. Eberhardt Gmelin escribió el primer informe detallado de 87 páginas sobre un caso de "doble personalidad", que describió como *"umgetaushte Persönlichkeit"* (intercambio de personalidad) en su publicación *"Materialien für die Anthropologie". El* caso fue retomado y descrito en detalle en 1970 por Henri Hellenberger en *"El descubrimiento del inconsciente"*. Se trataba de una mujer de 21 años de Stuttgart que, de repente, mostraba una nueva

---

[294] Zwijgen is voor daders - De getuigenis van X1 - Regina Louf, Houtekiet Publishing, 1998.

[295] *The Canadian Journal of Psychiatry* / La Revue canadienne de psychiatrie, Vol 33(6), 08/1988.

personalidad hablando mucho mejor el francés que el alemán y adoptando un cambio total de comportamiento. Las dos personalidades, cada una de las cuales hablaba un idioma diferente, no se conocían en absoluto. La "mujer francesa" recordaba sistemáticamente todo lo que había dicho o hecho, mientras que la "mujer alemana" olvidaba sus acciones. Gmelin había descubierto que podía desencadenar fácilmente el cambio de personalidad simplemente con un movimiento de las manos... Esto recuerda al sistema de códigos de activación programados en los esclavos MK, como veremos en el capítulo 7.

En 1840, el psicoterapeuta Antoine Despine describió el caso de Estelle, una niña suiza de 11 años que padecía una parálisis con extrema sensibilidad al tacto. Tenía una segunda personalidad que podía caminar y jugar, pero no toleraba la presencia de su madre, una reacción debida quizás a un recuerdo traumático relacionado con su madre. Estelle mostró una clara diferencia de comportamiento entre una y otra personalidad. A finales del siglo XIX y principios del XX, el Dr. Pierre Janet informó de varios casos de personalidades múltiples en sus pacientes: Léonie, Lucie, Rose, Marie y Marceline. Léonie tenía tres, si no más, personalidades, incluyendo una alteración infantil llamada "Nichette". En el caso de Lucie, a la que también se le describía como poseedora de tres personalidades, había un alter llamado "Adrienne" que tenía regularmente flashbacks de un trauma de su primera infancia. Rose tenía estados sonámbulos y alternaba entre la parálisis y la capacidad de caminar.[296]

La primera observación de un desdoblamiento de personalidad que se popularizó entre el público en general se conoce como la *"Dama de MacNish"*. Este famoso caso se publicó varias veces entre 1816 y 1889. Esta joven, cuyo nombre real era Mary Reynolds, alternaba dos personalidades entre los 19 y los 35 años. Finalmente, una de las dos personalidades se impuso sobre la otra. Su caso se menciona en el libro *"De l'intelligence"* del filósofo e historiador francés Hippolyte Taine, y fue él quien rebautizó a Mary Reynolds como la *"Dama de MacNish"*. La chica, que vivía en Estados Unidos, era tranquila, más bien reservada y melancólica por naturaleza y gozaba de buena salud. Sus problemas comenzaron a los 18 años con síncopes prolongados y empezó a alternar entre dos personalidades muy diferentes. Uno de ellos era muy alegre y sociable, una personalidad con un carácter vivo y alegre que no tenía miedo de nada y no obedecía a nadie. Al cabo de unas diez semanas volvió a tener una especie de síncope extraño y se despertó con su personalidad original. No recordaba el período que acababa de pasar, pero había recuperado el mismo carácter reservado y melancólico. La alternancia entre estas dos personalidades continuó durante años, a menudo por la noche, mientras ella dormía. Cuando una de las personalidades desapareció, Mary Reynolds se encontró exactamente en el mismo estado en que se encontraba la vez anterior, pero sin ningún recuerdo de lo que había sucedido mientras tanto. Es decir, con una u otra personalidad, no tenía ni idea de cuál era su segundo personaje. Si, por ejemplo, se le presentaba alguien en uno de estos estados, ya no lo reconocía en el otro. Fue alrededor de

---

[296] Diagnóstico y tratamiento del trastorno de personalidad múltiple - Frank W. Putnam, 1989.

los 35 años cuando la personalidad sociable empezó a afirmarse con más frecuencia y durante más tiempo. Esta personalidad se impuso hasta 1853, cuando *Lady McNish* murió a los 61 años.

Otro caso conocido del siglo XIX es el de Felida, descrito por el Dr. Azam, que la siguió desde 1860 hasta 1890. Azam es el autor del libro *"Hipnotismo y doble conciencia"* (1893) en el que describe el caso de esta joven. En 1860, dio a conocer a su paciente a la Sociedad de Cirugía y a la Academia de Medicina, y este caso tuvo una influencia considerable en la cuestión del fenómeno de la doble personalidad. Ahora hay toda una biblioteca sobre este caso. El Dr. Azam conoció a Félida en 1856 y la siguió durante 32 años. Así es como describe los cambios de personalidad: *"Casi todos los días, sin causa conocida o bajo la influencia de una emoción, se ve embargada por lo que ella llama su crisis, de hecho, entra en su segundo estado. Habiendo sido testigo de este fenómeno cientos de veces, puedo describirlo con precisión... Lo describo ahora por lo que he visto.* Félida está sentada con una labor de costura en el regazo; de repente, sin que nada lo prediga, y tras un dolor en las sienes más violento de lo habitual, su cabeza cae sobre el pecho, sus manos permanecen inactivas y descienden inertes a lo largo de su cuerpo, duerme o parece que duerme, pero un sueño especial (...) Pasado este tiempo, Félida se despierta, pero ya no está en el mismo estado intelectual que cuando se durmió. Todo parece diferente. Levanta la cabeza y, abriendo los ojos, saluda a los recién llegados con una sonrisa, su rostro se ilumina y respira alegría, su discurso es breve, y continúa, tarareando, la labor de aguja que en el estado anterior había comenzado. Se levanta, su marcha es ágil y apenas se queja de los mil dolores que, unos minutos antes, la hacían sufrir (...) Su carácter ha cambiado por completo: de la tristeza ha pasado a la alegría, por el más mínimo motivo, se conmueve de tristeza o de alegría. Tanto en esta vida como en la otra, sus facultades intelectuales y morales, aunque diferentes, están incuestionablemente intactas: no hay delirios, ni falsas apreciaciones, ni alucinaciones. Incluso diría que en este segundo estado, en esta segunda condición, todas sus facultades parecen más desarrolladas y más completas. Esta segunda vida, en la que no se siente el dolor físico, es muy superior a la otra; lo es sobre todo por el hecho considerable de que Felida recuerda no sólo lo ocurrido durante los ataques anteriores, sino también toda su vida normal, mientras que durante su vida normal no tiene ningún recuerdo de lo ocurrido durante su ataque."*[297]

Felida tiene la particularidad de ser amnésica en una sola dirección, su personalidad original no tiene ningún recuerdo de su segunda personalidad, mientras que esta última tiene acceso a todos los recuerdos (volveremos sobre esto en relación con la programación de MK-Monarch). El Dr. Azam llama a este fenómeno "amnesia periódica".

Poco a poco, la segunda personalidad, más alegre, empezó a invadir a la primera y acabó por ocupar la mayor parte del tiempo. Cuando su antigua

---

[297] "Hipnotismo y doble conciencia" - Dr. Azam, 1893, p.43-44.

personalidad reaparecía a veces, se encontraba con grandes agujeros negros en los que había olvidado tres cuartas partes de su existencia...

Félida mostraba episódicamente una tercera personalidad que Azam sólo veía emerger dos o tres veces, el marido de Félida sólo la había observado unas treinta veces en dieciséis años. Esta tercera personalidad alterada apareció en un estado de terror indescriptible, sus primeras palabras fueron: *"Tengo miedo... tengo miedo..."*, no reconoció a nadie excepto a su marido. ¿Era un alter ego traumatizado por sus recuerdos? Cabe señalar que en aquella época, los médicos que trataban a estos pacientes aún no habían establecido el vínculo entre la disociación de la identidad y el trauma.

Uno de los casos franceses más notables es el de Louis Vivet. Entre 1882 y 1889, fue estudiado por muchos autores científicos, en particular Bourru y Burot, quienes escribieron en 1895: *"Estos hechos de variación de la personalidad son menos raros de lo que suponemos"*. En 1882, Camuset señalaba en su informe sobre Louis Vivet: *"Estamos tentados de creer que estos casos son más numerosos de lo que se supone, a pesar de las observaciones más bien raras que tenemos"*. Fue con Louis Vivet con quien se utilizó por primera vez el término *"personalidad múltiple"* en sustitución de *"doble personalidad"*. Louis Vivet tenía seis personalidades diferentes caracterizadas por cambios de memoria, cambios de carácter y cambios de sensibilidad y comportamiento. Con cada cambio de personalidad, se observó que sus recuerdos cambiaban en consecuencia y que las personalidades se ignoraban mutuamente. Así describen Bourru y Burot su cambio de personalidad: *"De repente, los gustos del sujeto han cambiado por completo: el carácter, el lenguaje, la fisonomía, todo es nuevo. El sujeto es reservado en su vestimenta. Ya no le gusta la leche; sin embargo, es el único alimento que suele tomar. La expresión de su fisonomía se ha vuelto más suave, casi tímida: el lenguaje es correcto y educado. El paciente que antes era tan arrogante es ahora notablemente educado, ya no se tutea y llama a todo el mundo "señor". Fuma, pero sin pasión. No tiene opinión, ni en política ni en religión, y estas cuestiones, parece decir, no son asunto de un ignorante como él. Es respetuoso y disciplinado. Su discurso es mucho más claro que antes de la transferencia, su lectura en voz alta es notablemente clara, su pronunciación es bastante clara, lee perfectamente y escribe bastante bien. Ya no es el mismo personaje (...) En pocos minutos la transformación es completa. Ya no es el mismo personaje: la constitución del cuerpo ha variado con las tendencias, y los sentimientos que lo traducen. Es una transferencia total. La memoria se ha modificado, el sujeto ya no reconoce ni los lugares en los que se encuentra, ni las personas que le rodean con las que, hace unos momentos, intercambiaba ideas. Un cambio tan inesperado y radical fue de naturaleza que nos asombró y nos hizo reflexionar (...) Repetimos esta aplicación varias veces en las más diversas condiciones y el resultado fue constante. El mismo personaje reaparecía, siempre idéntico a sí mismo. Era una transformación, por así decirlo, matemática, siempre igual para el mismo agente físico y el mismo punto de aplicación.*"[298]

También está el caso de Clara Norton Fowler (bajo el seudónimo de *Miss Christine Beauchamp*), a quien el Dr. Morton Prince, neurólogo de Boston, conoció en 1898 cuando ella tenía 23 años. El uso de la hipnosis reveló la existencia de cuatro personalidades diferentes en ella. En este caso concreto, se informó de que la niña había sufrido muchos traumas durante su infancia. *La señorita Beauchamp* era una joven reservada y tímida, mientras que sus otras personalidades eran extrovertidas, temperamentales y coléricas. Pero las polaridades amnésicas entre cada personalidad eran bastante complicadas: una desconocía la existencia de todas las demás, otra era consciente de la existencia de una sola personalidad, y así sucesivamente. Una de sus personalidades mostró una amnesia total durante los últimos seis años antes de su aparición. Una peculiaridad en el caso de *la señorita Beauchamp* fue el uso de nombres de pila para las diferentes alteraciones, una de las personalidades eligió llamarse "Sally". El Dr. Morton Prince consideraba que Sally era la personalidad más interesante y fue con ella con quien colaboró más fácilmente. Prince buscó a la única personalidad que era la auténtica *señorita Beauchamp*, la verdadera personalidad original. Llegó a la conclusión de que esta personalidad original se había desintegrado en varias identidades específicas. Utilizando la hipnosis, disolvió gradualmente las barreras amnésicas que separaban a los alters y los fusionó.[299]

El Dr. James Hyslop y el Dr. Walter Prince publicaron otro caso en 1916 *en el Journal of the American Society for the Psychological Research*. Se trata de Doris Fischer, nacida en Alemania en 1889. Esta mujer desarrolló cinco personalidades distintas, cada una con un nombre particular. Las cinco personalidades alteradas mostraban características variadas y muy diferentes desde el punto de vista psicológico. Como suele ocurrir, se desarrollaron como resultado de profundos choques emocionales. Detrás de la personalidad de Doris, *"la verdadera Doris"*, estaban:

- ***Margaret:*** La alter personalidad que fue creada por el primer shock disociativo. Una alteración con el estado emocional y mental de un niño de cinco o seis años.

- ***Doris enferma***: Es la alteridad que surgió tras el segundo choque traumático. La *enferma Doris* no recordaba los acontecimientos ni tenía noción del lenguaje verbal, no reconocía a nadie y ya no podía utilizar objetos cotidianos. No mostró ningún afecto.

- **Margaret *la durmiente***: esta alter personalidad parecía dormir todo el tiempo, apenas hablaba, salvo en una especie de discurso nebuloso difícil de entender.

---

[298] *Variations de la personnalité* - H. Bourru y P. Burot, 1888, p.39-16.

[299] *La Femme Possédée, brujas, histerias y personalidades múltiples* - Jacques Antoine Malarewicz, 2005.

- Doris *real durmiente*: Este fue el nombre dado por *Margaret a* la personalidad sonámbula que se creó a la edad de ocho años. Tenía recuerdos que la "*verdadera Doris"* no tenía.

La Doris real no tenía conocimiento de los pensamientos o acciones de sus personalidades secundarias. No recordaba nada de lo ocurrido durante los periodos en los que había surgido otra alteración. Las personalidades alteradas se fusionaron una a una durante las sesiones de terapia, dejando al final sólo a la "verdadera Doris".

En 1928, se informó de otro caso de personalidad múltiple en el libro *Multiple Personality* (W. Taylor y M. Martin, 1944). El paciente era un hombre llamado Sorgel que vivía en Baviera y era epiléptico. Mostró dos organizaciones de conciencia distintas: una personalidad criminal y una personalidad honesta. La personalidad honesta casi no recordaba su otra vida, mientras que la personalidad criminal recordaba muy bien ambas vidas.[300]

Aquí también encontramos la noción de amnesia "unidireccional", es decir, una personalidad alterada más profunda accede a todos los recuerdos, mientras que una personalidad superficial permanece totalmente inconsciente de su "otra vida"... Un punto clave al que volveremos en el capítulo 7 sobre la programación MK-Monarch.

Los casos más publicitados y, por tanto, más conocidos *del* siglo XX son los de Christine Costner Sizemore (*Las 3 caras de Eva*), Shirley Ardell Mason (*Sybil*), Truddi Chase (*Cuando el conejo aúlla*) y Billy Milligan (*El hombre de las 24 personalidades*).

La historia de Christine Costner Sizemore fue contada en un libro escrito por sus psiquiatras, Corbett Thipgen y Hervey M. Cleckly. La dulce y tímida joven había acudido a ellos porque sufría unas terribles migrañas que parecían incurables. Durante su terapia, surgió una nueva personalidad rebelde y turbulenta. La primera personalidad no tenía conciencia de la existencia de esta otra alteración, la turbulenta, que era perfectamente consciente de la existencia de la primera. Este caso de personalidad múltiple fue llevado a la pantalla por Nunaly Johnson en 1957, en una película titulada *"Las tres caras de Eva"*. La actriz Joanne Woodward interpretó las tres personalidades, *Eve White,* una joven dócil y tímida, *Eve Black*, la turbulenta seductora y finalmente *Jane*, una personalidad mucho más equilibrada, una especie de fusión de las dos *Eves*. Esta película es una de las pocas que no cae en el retrato estereotipado de un T.D.I. con una personalidad criminal alterada. La versión cinematográfica de 1957 es presentada por el periodista Alistair Cooke, quien afirma: *"Esta es una historia real. A menudo se han visto películas que dicen tal cosa. A veces esto significa que un determinado Napoleón sí existió, pero que cualquier parecido entre su vida real y la película en cuestión sería un milagro. Nuestra historia es cierta. Es la historia de una ama de casa bondadosa y autocomplaciente que, en 1951, mientras vivía en su Georgia natal, asustó a su marido para que se comportara*

---

[300] Personalidad múltiple y canalización - Rayna L. Rogers, Jefferson Journal of Psychiatry: Vol. 9: Iss. 1, artículo 3, 1991.

de una manera muy inusual. Esto no es raro: todos tenemos nuestros caprichos, todos reprimimos un impulso de imitar a alguien que admiramos. Un escritor ha dicho que en cada hombre gordo duerme un hombre delgado. En esta joven ama de casa, espantosamente, dos fuertes personalidades luchaban literalmente por imponer su voluntad sobre ella. Fue un caso de "personalidad múltiple". Se lee sobre ello en los libros, pero pocos psiquiatras lo han visto por sí mismos. Hasta que el Dr. Thigpen y el Dr. Cleckley del Colegio Médico de Georgia dieron con una mujer con más personalidad que el Dr. Jekyll. En 1953 presentaron este caso a la Asociación Americana de Psiquiatría, un caso que se ha convertido en un clásico de la literatura psiquiátrica. Así que esta película no era la imaginación de un guionista. La verdad en sí misma superaba a la ficción. Todo lo que verán le ocurrió realmente a la mujer conocida como "Eve White". Gran parte del diálogo proviene de las notas clínicas del Dr. Luther."

Sin embargo, la película, que sólo muestra dos personalidades (que acaban fusionándose), no refleja la verdadera realidad, ya que Christine Costner desarrolló de hecho más de veinte personalidades diferentes, como revelaría más tarde en sus memorias, publicadas sólo un año después bajo un seudónimo.

Durante la década de los 70, el caso de *Sybil* es sin duda el que más dio a conocer el trastorno de identidad disociativo. Shirley Ardell Mason era una mujer de 25 años que, a causa de visiones, pesadillas y terribles recuerdos, acudió a la doctora Cornelia Wilbur. Fue entonces cuando surgieron seis personalidades diferentes durante la terapia. Shirley descubrió que su madre la había humillado y abusado sexualmente de ella cuando era niña. Este caso podría haber permanecido en la sombra como muchos otros, pero Flora Rheta Schreiber publicó una novela basada en la historia real de Shirley en 1973, una novela llamada *"Syblil"* que se convirtió en un éxito de ventas. Tras este gran éxito, unos años más tarde, en 1976, Daniel Petries produjo una película basada en la novela. Una película con el mismo nombre, *Sybil*, que también fue un gran éxito. Para muchos terapeutas, este caso marcó la historia de la I.D.T. Hubo un antes y un después de Sybil, lo que dio lugar a toda una polémica que aún hoy rodea a este misterioso trastorno de personalidad múltiple...

Truddi Chase, nacida en 1935, es autora de una autobiografía titulada *"When Rabbit Howls"* (1987), y su caso fue también objeto de una película para televisión: *"Voices Whithin The Lives of Truddi Chase"*, emitida en 1990 por *la ABC (American Broadcasting Company)*. Fue durante la terapia cuando se descubrió que Truddi tenía una personalidad múltiple. Fue abusada desde los dos años hasta la adolescencia. Su padrastro abusaba física y sexualmente de ella mientras su madre la descuidaba. Siempre recordaba los abusos sexuales y los malos tratos, pero nunca pudo recordarlos con detalle hasta que comenzó la terapia con el Dr. Robert Phillips. Truddi Chase siempre se negó a fusionar sus múltiples personalidades, creyendo que eran un equipo que cooperaba. Murió en marzo de 2010 a la edad de 75 años.

Otro caso histórico de personalidad múltiple es el de Billy Milligan, nacido en 1955 en Estados Unidos. En 1975, Milligan fue detenido por varios delitos, incluida la violación. Este caso tuvo demasiada publicidad en el momento del juicio debido al particular perfil psicológico del acusado... Su juicio por violación causó indignación cuando la defensa se declaró inocente alegando *personalidad múltiple*. Milligan afirmó que no era él quien estaba presente durante las agresiones sexuales a las estudiantes, sino una personalidad lesbiana alterada. Evidentemente, al público le resultaba muy difícil creer la versión de los hechos del violador. El caso Milligan fue estudiado durante muchos años y relatado en detalle por Daniel Keyes, biógrafo de Milligan. Keyes pasó dieciséis años de su vida recopilando información, investigando y entrevistando al *"Profesor"* (las múltiples alteridades de Miligan fusionadas en una sola personalidad), así como a las personas que estaban cerca de él. El resultado fueron dos libros: *"The Minds of Billy Milligan"* y *"The Milligan Wars"*, disponibles en francés bajo los títulos: *"Billy Milligan, l'homme aux 24 personalités"* y *"Les mille et une vies de Billy Milligan"*.

En la biografía de Keyes sobre Milligan, se afirma que su desdoblamiento de personalidad se produjo al ser constantemente humillado y golpeado por su padrastro, que también abusaba sexualmente de él. A Milligan le diagnosticaron un total de 24 personalidades. Algunas de estas personalidades alteradas tenían tendencias criminales y destructivas, lo que lo metió en graves problemas. Por otro lado, sus otras personalidades mostraron habilidades y destrezas extraordinarias. *Arthur'* era una de sus alter personalidades que se enseñó a sí mismo medicina y hablaba varios idiomas, y fue él quien consiguió conectar todas las alter personalidades: *Arthur actuó como* mediador en el sistema interno. Otras personalidades alteradas tenían un verdadero talento artístico para la pintura, cada una con un estilo diferente. También había personalidades alteradas que tenían la edad de un niño, algo común en la I.D.T. En su biografía, Milligan explica las ventajas de tener múltiples personalidades, incluida la de niño: *"Te da una nueva perspectiva del mundo. Te da una perspectiva totalmente nueva del mundo. Una perspectiva totalmente nueva que te permite ver cosas que otra persona no vería."*

En 1979, Billy Milligan fue internado en el Hospital Estatal para Criminales Insanos de Lima, Ohio. Allí sufrió un verdadero infierno: chantaje, palizas, electroshock, camisa de fuerza química... Permaneció en Lima hasta 1983, cuando regresó al hospital psiquiátrico de Atenas, donde progresó en su terapia y finalmente logró fusionar todas sus alteridades. Esto es lo que dice sobre la fusión (integración, conceptos que se desarrollarán más adelante) de sus alter personalidades: *"Me dijeron que la unión de todas mis partes sería aún más fuerte que la suma de mis personalidades individuales. Pero en mi caso no es así, la unión de mis personalidades es menos fuerte."*

A pesar de la fusión de su alter, su estado mental siguió siendo muy precario e inestable debido a los numerosos años durante los cuales sufrió la prisión, el internamiento psiquiátrico, las agresiones psicológicas y físicas, las amenazas de muerte, pero también la instrumentalización política por parte de senadores, magistrados, directores de hospitales o de prisiones... su recuperación estuvo, pues, lejos de verse favorecida por un clima de seguridad y estabilidad. Hubo informes sobre el comportamiento sádico del "personal de enfermería" y en todas partes parecía haber brutalidad e instrumentalización a su alrededor. Daniel Keyes denuncia el sistema penitenciario estadounidense por su oportunismo, la corrupción de sus dirigentes y su incapacidad para tratar eficazmente casos delicados como el de Billy Milligan.

Un caso menos conocido porque no es penal y es mucho menos publicitado es el de Robert Oxnam. Este hombre fue presidente durante más de diez años de la *Asia Society*, una prestigiosa institución cultural estadounidense. Robert Oxnam es especialista en la cultura y la lengua chinas y ha acompañado a personajes como Bill Gates, Warren Buffet y George Bush en sus viajes a Asia. Es autor de una autobiografía titulada *"Una mente fracturada"* en la que revela que sufre un trastorno de identidad disociativo.[301] En 2005, apareció en el programa *60 Minutes* de *CBS News* para exponer este particular trastorno mental.

Robert Oxnam tuvo una educación muy rígida y se le presionó mucho para que tuviera éxito social y profesionalmente. Su padre fue rector de una universidad y su abuelo fue obispo y presidente del Consejo Mundial de Iglesias (CMI). Tras una brillante formación, Oxnam no tardó en estar en el candelero de los medios de comunicación y no tardó en adquirir una posición prestigiosa y elitista. A los treinta años, fue nombrado presidente de la *Asia Society*. Robert Oxnam estaba en *la cima del mundo*, pero en su interior había una mezcla de depresión, ira y rabia. Por un lado, estaba ese éxito social y profesional fulgurante y, por otro, un malestar y una depresión permanentes que se agravaban. En la década de 1980, Oxnam recibió tratamiento para el alcoholismo y la bulimia, y fue durante este período que su primer matrimonio se derrumbó. Las visitas a un psiquiatra por sus problemas de adicción y sus recurrentes desmayos no mejoraron nada. A veces se despertaba con moratones y heridas en el cuerpo sin tener ni idea de lo que podía haberlos causado o incluso en qué contexto podían haberse producido. Un día se perdió entre la multitud en la Estación Central de Nueva York, estaba en un estado de trance y oía voces que le regañaban, diciéndole que era malo, que era la peor persona que había existido. En 1990, durante una sesión de terapia con el Dr. Jeffrey Smith, Robert Oxnam se convirtió repentinamente en otra persona... Su psiquiatra informa que hubo un cambio completo en su voz, en su actitud y en sus movimientos. Durante una de las sesiones, el Dr. Smith informó de que las manos de Oxnam *eran como garras*, y que tenía una rabia terrible. Este enfado vino de un niño llamado *"Tommy"*. Cuando Smith le contó a Oxnam lo que había sucedido durante la sesión, éste le dijo que no conocía al tal *Tommy* y que no recordaba lo que había sucedido en el despacho del terapeuta. Fue entonces cuando el Dr. Smith se dio cuenta de que podía estar ante un caso de personalidad múltiple. Al enterarse de este posible diagnóstico, Robert Oxnam reaccionó con fuerza, diciendo: *"Eso es una tontería, he visto a Sybil, ¡no soy como Sybil!"*

En el transcurso de la terapia, surgieron once personalidades distintas e independientes entre sí. Entre ellos estaban *"Tommy"*, un joven enfadado, la *"Bruja"*, un alter ego terrorífico o *"Bobby" y "Robby"*. *Bob* era la personalidad dominante, es decir, la personalidad "anfitriona": la cara pública, en este caso un intelectual que trabaja en la *Asia Society*. En su vida pública, Robert Oxnam se

---

[301] *Inside A Fractured Mind* - Morley Safer, CBS News, 09/2005.

dedicó a sus negocios, reuniéndose con altos dignatarios como el Dalai Lama. Pero esta vida pública no dejó entrever su profundo trastorno de la personalidad... Los traumas infantiles suelen ser la causa del D.I., y Oxnam no parece ser una excepción. Durante su terapia, un alter ego llamado *"Bebé"* le contó recuerdos de abusos en su infancia. Se trataba de graves abusos sexuales y físicos, siempre acompañados de las palabras: *"Eres malo, esto es un castigo".*[302]

¿Robert Oxnam sufrió abusos rituales? ¿Fue sometido a un desdoblamiento de personalidad intencionado cuando era niño? ¿Era miembro de una de esas familias elitistas que practican el control mental sistemático de sus descendientes? ¿De dónde viene el terrorífico alter ego *"Bruja"*? ¿Se sometió a una programación mental como preparación para la futura carrera elitista a la que fue rápidamente impulsado? Aun así, su caso demuestra cómo un individuo puede tener un trastorno de identidad disociativo mientras lleva a cabo negocios en un alto cargo y mantiene una fachada pública completamente normal. ¿Es a esto a lo que se refiere Fritz Springmeier cuando habla de *esclavos totalmente indetectables controlados mentalmente*, para describir a estos individuos voluntariamente escindidos y programados?

b/ Definición de la I.D.T.

En los últimos treinta años, la evaluación y el tratamiento de los trastornos disociativos han mejorado gracias a una mejor identificación clínica, numerosas investigaciones y publicaciones académicas e instrumentos especializados. Han aparecido publicaciones internacionales de clínicos e investigadores en muchos países, incluyendo estudios de casos clínicos, psicofisiología, neurobiología, neuroimagen, etc. Todas estas publicaciones confirman la existencia de los trastornos disociativos. Todas estas publicaciones confirman la existencia de la T.I. y le confieren, por tanto, una validez comparable a la de otros diagnósticos psiquiátricos bien establecidos. Un estudio de 2001 titulado "*Un examen de la validez diagnóstica del trastorno de identidad* disociativo", realizado por David H. Gleaves, Mary C. May y Etzel Cardena demuestran que este trastorno psiquiátrico debe ser tomado muy en serio.[303]

El trastorno de identidad disociativo ha tenido muchos nombres a lo largo de la historia: "existencia dual", "personalidad dual", "conciencia dual", "estado de la personalidad", "transferencia de la personalidad", "personalidad dual", "personalidad plural", "personalidad disociada" (DSM-I, 1952), "personalidad múltiple", "doble personalidad", "identidad alternante" y "trastorno de personalidad múltiple" (DSM-IV, 1980).

---

[302] Una mente fracturada: mi vida con el trastorno de personalidad múltiple - Robert B. Oxnam, 2006.

[303] Directrices para el tratamiento del trastorno de identidad disociativo en adultos (2011), Sociedad Internacional para el Estudio del Trauma y la Disociación (ISSTD).

Se trata de un trastorno disociativo postraumático complejo y crónico que se desarrolla, en la mayoría de los casos, como consecuencia de graves abusos sexuales y/o físicos repetidos en la primera infancia. Es una alteración de las funciones de identidad, memoria o conciencia. El deterioro puede ser repentino o progresivo, transitorio o crónico. La identidad o personalidad habitual de la persona se olvida entonces y se impone una nueva personalidad (un alter). Esto suele ir acompañado de una alteración de la memoria que impide recordar acontecimientos importantes (DSM III, 1987). El Dr. Richard Kluft define un alter como sigue: *"Funciona al mismo tiempo como receptor, procesador y centro de almacenamiento de percepciones, experiencias y su elaboración en relación con los acontecimientos y pensamientos del pasado y/o del presente e incluso del futuro. Tiene sentido de su propia identidad e ideación, así como capacidad para iniciar procesos de pensamiento y acción."*

La mayoría de los pacientes con IDD también padecen diversos trastornos mentales, como depresión crónica, estrés postraumático, ansiedad, adicciones graves, trastornos alimentarios, trastornos narcisistas y somatización. Pueden ser diagnosticados de trastorno *límite de* la personalidad, esquizofrenia, trastorno bipolar o psicótico si la disociación y la presencia de las personalidades alteradas no ha sido detectada o incluso investigada. Estos diagnósticos erróneos se producen especialmente si la entrevista de evaluación no contiene preguntas sobre la disociación y el trauma o se centra sólo en los problemas comórbidos más aparentes (es decir, los trastornos asociados enumerados anteriormente).

El Manual diagnóstico y estadístico de los trastornos mentales, DSM-IV (2000), define los siguientes criterios para el trastorno de identidad disociativo:

A. Presencia de dos (o más) identidades o estados de personalidad, cada uno con su propia forma relativamente permanente de percibir, relacionarse y pensar en el entorno y en uno mismo.

B. Al menos dos de estas identidades o estados de personalidad toman el control -de forma repetida- del comportamiento de la persona.

C. Incapacidad de recordar información muy personal: olvido significativo que debe distinguirse de lo que comúnmente se olvida.

D. La alteración no se debe a los efectos fisiológicos directos de una sustancia (por ejemplo, intoxicación por drogas o alcohol) ni a un problema médico general (por ejemplo, epilepsias parciales complejas). Nota: en los niños, los síntomas no se deben a compañeros imaginarios u otros juegos de fantasía.

El individuo es incapaz de recordar información personal importante y tiene lagunas de memoria demasiado grandes y profundas para un simple olvido. Muchos pacientes también se quejan de fuertes migrañas. Este trastorno puede provocar una *fuga disociativa*, que consiste en una salida repentina e inesperada del hogar o del trabajo, acompañada de una incapacidad para recordar el pasado. Hay confusión sobre la identidad personal o la adopción de una nueva identidad (parcial o completa).

En su libro *"Discovery of the Unconscious"*, Henri F. Ellenberger ha establecido, a partir de varios casos históricos, una clasificación de los diferentes aspectos que pueden presentar estas personalidades escindidas:

1: Personalidades múltiples simultáneas.

2: Personalidades múltiples sucesivas:

a/ se conocen mutuamente.

b/ mutuamente amnésico.

c/ amnesia unidireccional.

Cada personalidad vive con su propia historia personal e individual, sus propios recuerdos, su propio carácter e incluso pueden tener un nombre diferente. Estas personalidades también pueden conocerse e interactuar entre sí dentro de un complejo mundo interior. Se trata de un sistema interno en el que los alters pueden coexistir pacíficamente, pero los conflictos de diversa gravedad también pueden dividirlos. En la mayoría de los casos, hay una personalidad dominante, llamada "personalidad primaria" o "personalidad anfitriona", que está rodeada por una serie de personalidades secundarias, normalmente organizadas jerárquicamente.

Los dos mayores estudios de casos sobre este tema son el del Dr. Frank Putnam *"The clinical phenomenology of multiple personality disorder: Review of 100 recent cases"* (*Journal of clinical Psychiatry* 47 - 1986) y el estudio del Dr. Colin Ross sobre 236 casos.

Cuando se les pregunta qué creen que son, las personalidades alteradas dicen: un niño (86%), un ayudante o asistente (84%), un demonio (29%), una persona del sexo opuesto (63%) o nombran a otra persona (viva) (28%) o a un familiar muerto (21%).[304]

Las terapeutas alemanas Angelika Vogler e Imke Deister han enumerado los tipos de personalidades alteradas que se encuentran con frecuencia en los pacientes con IDD.:[305]

- Anfitrión/anfitriona: La función principal del anfitrión o la anfitriona es garantizar el buen funcionamiento del sistema múltiple en la vida diaria. Su edad suele corresponder a la edad física del cuerpo y su identidad sexual corresponde al sexo del cuerpo. El anfitrión/anfitrión suele saber poco o nada de la existencia de las otras personalidades del sistema y tiene grandes lagunas de memoria. El anfitrión o la anfitriona suele dar la impresión de ser una persona muy fiable, pero su temperamento básico suele ser depresivo. Como veremos en el capítulo 7 sobre la programación de los monarcas, son estas personalidades "anfitrionas" las que sirven de fachada, el personaje público, en los esclavos MK.

- *El observador*: En casi todos los sistemas hay al menos un observador que vigila todo lo que ocurre y, por tanto, no tiene lagunas de memoria. Esta personalidad reacciona de forma bastante racional y no muestra sentimientos, ya que necesita mantener una gran distancia con el mundo interior y exterior para cumplir su función. Por ello, el observador no emerge en primer plano (no toma el control del cuerpo) pero puede tomar contacto con diferentes alteraciones del sistema.

---

[304] Trastorno de personalidad múltiple - Demonios y ángeles o aspectos arquetípicos del yo interior - Dr. Haraldur Erlendsson, 2003.

[305] Imke Deistler y Angelika Vogler: Einführung in die Dissoziative Identitätsstörung - Multiple Persönlichkeit, Junfermann Verlag Paderborn, 2005 - Traducción: www.multiples-pages.net.

- *El Protector*: Las personalidades protectoras de un sistema surgen y toman el control del cuerpo cuando un alterado o el sistema se siente amenazado por una determinada situación. Estas personalidades protectoras pueden ser muy agresivas y es importante comprender y valorar su función protectora.

- *Personalidades que se identifican con los torturadores*: Son las personalidades que permanecen fieles a la secta. Estas personalidades se identifican con sus verdugos y sus valores. Su función suele ser castigar a otras personalidades alteradas (por ejemplo, mediante la automutilación) que deseen romper el contacto con la secta o que, por ejemplo, quieran revelar información sobre la misma en una sesión de terapia. Si la persona múltiple sigue en contacto con la secta, estas personalidades alteradas pueden transmitirles el contenido de la sesión de terapia sin que las otras personalidades del sistema se den cuenta.

- *Niños y adolescentes "cautivos"*: En casi todos los sistemas múltiples hay niños. Han permanecido cautivos durante cierto tiempo. Hay niños que conservan una determinada edad durante un largo periodo de tiempo mientras otros maduran. También es posible que un alter-niño que ha mantenido la misma edad durante mucho tiempo empiece a envejecer más tarde.

Una característica asombrosa de la T.I.D. es que, dentro de un mismo individuo, las personalidades alteradas pueden mostrar notables diferencias fisiológicas en la agudeza visual, en la reacción a la medicación y a las drogas psicotrópicas, en las alergias, en el ritmo cardíaco, en la presión sanguínea, en la tensión muscular, en la función inmunológica, pero también en el trazado electroencefalográfico. Diferencias fisiológicas irracionales ya que estas personalidades alteradas comparten el mismo cuerpo físico.

Ya en 1887, Pierre Janet había demostrado que algunos individuos podían desarrollar varios centros psíquicos, cada uno con sus propias particularidades y actividades. Ya había denominado a estos centros disociados como "personalidades". Janet trabajaba con las entonces llamadas "histéricas", mujeres cuyas diferentes personalidades coexistían y operaban a nivel subconsciente, tomando sólo ocasionalmente el control de la conciencia normal durante las sesiones de hipnosis o de escritura automática. Janet había descubierto que las personalidades subconscientes de estos "histéricos" se creaban en respuesta a un acontecimiento traumático que se había instalado en el subconsciente para convertirse en la semilla de nuevas personalidades. Con esta comprensión, el sistema terapéutico de Janet finalmente se hizo efectivo para entender y tratar este trastorno en el que una variedad de personalidades emergía espontáneamente para interactuar con el mundo exterior. A partir de este momento, el modelo de *disociación/trauma* se estableció en la psicoterapia y comenzó a aparecer en las descripciones de casos de personalidades múltiples.[306]

En 1993, mientras investigaba el trastorno de personalidad múltiple, el Dr. Adam Crabtree escribió: "El reconocimiento del fenómeno de la disociación como medio para tratar un episodio traumático mediante la creación de múltiples centros psíquicos, conduce a una psicoterapia eficaz del trastorno de

---

[306] Multiple Personality Before "Eve" - Adam Crabtree, Journal *Dissociation*, Vol.1 N°1, 03/1993.

personalidad múltiple". El papel etiológico del maltrato infantil no se ha reconocido en absoluto hasta los tiempos modernos. Pero los datos estadísticos de los delitos contra los niños de finales del siglo XIX pueden ofrecer una vía de investigación fructífera. El examen de los casos históricos plantea cuestiones sobre la equivocidad del fenómeno de la personalidad múltiple; también revela datos que aún no han sido plenamente reconocidos por los clínicos modernos."[307]

El D.I. se desarrolla durante la infancia. Como hemos visto, el proceso de disociación es un mecanismo natural de protección ante una situación psicológicamente insuperable. Al igual que un disyuntor evita un cortocircuito, esta función humana nos permite sobrevivir a traumas graves y repetitivos para poder seguir viviendo de forma relativamente normal. Este proceso tiene el efecto de encapsular los recuerdos, los afectos, las sensaciones o incluso las creencias para mitigar sus efectos en el desarrollo general del niño. Dependiendo de la gravedad del trauma, el impacto de la disociación puede llegar hasta el desdoblamiento de la personalidad. La T.I. parece ser el nivel más extremo de disociación. El propio Pierre Janet reconoció que la "disociación extrema" conducía a la creación de una personalidad múltiple. El origen de este trastorno, en al menos el 80% de los casos tratados por la psiquiatría, está en un traumatismo infantil, sobre todo antes de los 5 años. El Dr. Philip M. Coons comparó veinte pacientes con D.I. con un grupo de control de veinte personas del mismo sexo y edad, no disociadas, no esquizofrénicas, no psicóticas. Mientras que dos personas del grupo de control habían sufrido negligencia o abuso sexual en la infancia, el 85% de los pacientes con IDD habían sufrido abuso físico y/o sexual.[308]

El Dr. Richard Kluft encuentra datos similares que relacionan el T.I.D. con los traumas de la primera infancia: "En dos grandes grupos, el 97% y el 98% habían sufrido abusos físicos y sexuales en la infancia, o abusos psicológicos y negligencia."[309]

El Dr. James P. Bloch ha escrito que el trauma infantil se considera ahora un factor etiológico primario en la formación de los trastornos disociativos.[310]

Según el Dr. Colin Ross, *"el grado de disociación está claramente relacionado con la gravedad y la cronicidad del abuso"*. Ross considera que, en promedio estadístico, los pacientes que han desarrollado IDD habrían sufrido abuso físico durante quince años y abuso sexual durante casi trece años.[311]

---

[307] Ibid.

[308] "Aspectos psicofisiológicos del trastorno de personalidad múltiple: A Review" - Philip M. Coons, Journal *Dissociation*, 03/1988.

[309] Kluft, R.P. (1988). Los trastornos disociativos. En: J.A. Talbott, R.E. Hales y S.C. Yudofsky (Eds.). Textbook of Psychiatry, 557-585. Washington, DC: American Psychiatric Press.

[310] Assessment and Treatment of Multiple Personality and Dissociative Disorders - James P. Bloch, 1991, p.3.

[311] Trastorno de personalidad múltiple, diagnóstico, características clínicas y tratamiento - Colin Ross, 1989.

Por lo tanto, podemos entender por qué muchas víctimas de abusos rituales satánicos han desarrollado un trastorno de identidad disociativo. De hecho, el TID es ciertamente un fuerte indicador de una historia de abuso ritual. El Dr. Frank Putnam declaró en 1989: *"Me llama la atención el nivel de sadismo extremo del que hablan la mayoría de las víctimas con D.I. Muchas de ellas me han dicho que tienen una historia de abuso ritual. Muchas de ellas me contaron que habían sido objeto de abusos sexuales por parte de grupos de personas, obligadas a prostituirse por sus familias u ofrecidas como cebo sexual para los amantes de sus madres. Después de trabajar con varios pacientes con TID, quedó claro que los abusos graves y repetidos en la infancia son una de las principales causas del trastorno de personalidad múltiple."*

Por lo tanto, los recuerdos traumáticos pueden ser "almacenados", o "encapsulados", en una personalidad alterada y la personalidad anfitriona no tendrá conciencia de esta realidad. Es cuando esta personalidad alterada emerge que será capaz de expresar y transmitir este recuerdo (generalmente reviviendo física y emocionalmente el trauma, un fenómeno conocido como abreacción). Describirá con gran detalle cómo ocurrió el abuso, ya que fue él (o ella) quien lo experimentó directamente, mientras que la personalidad anfitriona fue "desactivada"/disociada para dar cabida al alter ego. El Dr. Adam Crabtree informa que en 1926, el psicólogo estadounidense Henry Herbert Goddard publicó un informe en el que describía el tratamiento de una joven, Bernice R., diagnosticada de personalidad múltiple. Goddard utilizó la hipnosis para intentar fusionar dos personalidades. Lo hizo poniendo a una de las personalidades alteradas en estado de trance en un intento de hacerla consciente de la existencia de la otra para que se fusionaran. A través de este proceso, Goddard hizo un muy buen trabajo para liberar emocionalmente los recuerdos traumáticos del paciente. Entre estos recuerdos, la joven tenía recuerdos claros y persistentes de las violaciones de su padre. Desgraciadamente, Goddard clasificó estos recuerdos de abuso sexual como alucinaciones, explicando que los actos incestuosos que supuestamente ocurrieron a la edad de 14 años no fueron mencionados por Berenice hasta los 19 años. Esto nos dice que Henry Goddard no tenía un conocimiento real del funcionamiento de la disociación y la amnesia traumática. De este modo, validaba la frívola teoría *de la "alucinación sexual histérica"*... *Una* teoría que aún hoy se utiliza para desacreditar a las víctimas, ya que la *"histeria"* ha dado paso al *"síndrome de la falsa memoria"* (que desarrollaremos en el capítulo 10).[312]

Tendrá que pasar algún tiempo antes de que la cuestión de los traumas infantiles se tenga realmente en cuenta y se reconozca como una de las principales causas del desdoblamiento de la personalidad. Hoy en día muchos clínicos tienen la idea de que la T.I. es un trastorno muy raro o simplemente no reconocen su existencia. Esto se debe principalmente a la falta de información y formación de los clínicos sobre la disociación, los trastornos disociativos y los efectos de los traumas psicológicos; por lo tanto, este diagnóstico rara vez se

---

[312] Multiple Personality Before "Eve" - Adam Crabtree, Journal *Dissociation*, Vol.1 N°1, 03/1993.

considera, y mucho menos se acepta. Sin embargo, el D.I. y los trastornos disociativos no son infrecuentes. Estudios realizados en América del Norte, Europa y Turquía han demostrado que entre el 1 y el 5% de los pacientes de los pabellones psiquiátricos de adultos y adolescentes, así como de los pabellones de drogodependencia, trastornos alimentarios y trastornos obsesivo-compulsivos (TOC), pueden cumplir los criterios de diagnóstico del TDC. Pero muchos de estos pacientes nunca serán diagnosticados clínicamente con un trastorno disociativo.[313]

En su libro *Cult and Ritual Abuse*, el Dr. James Randall Noblitt ofrece algunas estadísticas sobre el reconocimiento del T.I. en la comunidad psiquiátrica profesional:

Un estudio de 1994 encuestó a 1.120 psicólogos y psiquiatras empleados por la Administración de *Veteranos*, el 80% de los cuales estuvo de acuerdo con el diagnóstico de D.I.[314]

Otro estudio realizado en 1995 sobre 180 psiquiatras canadienses informó de que el 66,1% de ellos creía en la validez del diagnóstico de D.I. frente al 27,8% que no validaba este diagnóstico, el 3,3% estaba indeciso.[315]

En 1999, una encuesta realizada a 301 psiquiatras mostró que el 15% pensaba que el D.I. no debía incluirse en el DSM, el 43% pensaba que debía incluirse con reservas y el 35% pensaba que debía incluirse sin reservas. A la pregunta sobre las pruebas de la validez científica del diagnóstico del D.I., el 20% respondió que había pocas o ninguna prueba de validez, el 51% respondió que había pruebas parciales de validez y el 21% consideró que había pruebas claras que validaban el D.I.[316]

En 1999, el Tribunal Supremo del Estado de Washington dictaminó que el diagnóstico de D.I. cumplía los criterios de la norma *Frye* (la *prueba Frye* se utiliza para determinar la admisibilidad de las pruebas científicas en un entorno jurídico). Esto significa que el testimonio de un experto en D.I. es admisible en un tribunal federal porque se ha determinado que este diagnóstico es generalmente reconocido en la comunidad de la salud mental.[317]

Actualmente existen algunas pruebas que permiten detectar la presencia de trastornos disociativos en un paciente. La Escala de *Experiencias Disociativas* (DES*) fue* desarrollada por los psiquiatras Eve Bernstein Carlson y Frank W.

---

[313] Directrices para el tratamiento del trastorno de identidad disociativo en adultos (2011), Sociedad Internacional para el Estudio del Trauma y la Disociación (ISSTD).

[314] Creencia en la existencia del trastorno de personalidad múltiple entre psicólogos y psiquiatras - Dunn, Paolo, Ryan, Van Fleet, Journal of clinical psychology, 1994.

[315] Actitudes de los psiquiatras ante el trastorno de personalidad múltiple: A questionnaire study - F.M. Mai, The Canadian Journal of Psychiatry, 1995.

[316] Actitudes hacia los diagnósticos de trastornos disociativos del DSM-IV entre los psiquiatras estadounidenses certificados - Pope, Oliva, Hudson, Bodkin, Gruber, American Journal of Psychiatry, 1999.

[317] U.S. v. Greene, 1999 / Dissociative identity disorder and criminal responsibility Farmer, Middleton, Devereux, en Forensic aspects of dissociative identity disorder, Sachs & Galton, 2008.

Putnam en 1986 (Anexo 3). Putnam en 1986 (Apéndice 3). Otra prueba es *el Inventario Multidimensional de Disociación* (MID) desarrollado por Paul Dell. Esta prueba es del mismo tipo que la anterior pero con muchos más elementos. Sin embargo, estas pruebas no permiten establecer un diagnóstico; sólo a través de entrevistas profesionales más estructuradas se puede establecer o excluir un D.I.

c/ I.D.T. y neurología

En las últimas décadas, las herramientas de imagen médica para estudiar la función cerebral han mejorado considerablemente. Técnicas como la resonancia magnética (MRI) y la tomografía por emisión de positrones (PET) permiten, entre otras cosas, visualizar la activación de diferentes áreas cerebrales durante determinadas tareas o comportamientos.

En noviembre de 2001, investigadores de Melbourne (Australia) se reunieron en lo que el *Herald Sun* describió entonces como "el primer estudio del mundo" sobre el trastorno de personalidad múltiple. El objetivo de la reunión era intentar resolver la controversia dentro de la comunidad científica psiquiátrica. El estudio concluyó que *"los individuos con trastorno de personalidad múltiple (TPM) no fingen sus cambios de identidad"*. Se compararon las ondas cerebrales de individuos diagnosticados con MPD con las de actores que simulaban cambios de personalidad. Aunque los actores reprodujeron de forma convincente los cambios de identidad, los investigadores comprobaron que se producían cambios claros en las ondas cerebrales de los que realmente cambiaban de personalidad, mientras que estos cambios no aparecían en los cerebros de los que simulaban una personalidad diferente.[318]

Este mismo tipo de estudio comparativo fue realizado por Annedore Hopper y el Dr. Joseph Ciorciari en la Universidad de Swiburne, en Victoria (Australia). En el experimento participaron cinco pacientes con IDD y cinco actores profesionales. El estudio mostró claramente una diferencia electroencefalográfica (EEG) entre las personalidades huésped y alterada en los pacientes con D.I., mientras que este cambio EEG no se observó en los actores que simulaban, por ejemplo, la personalidad de un niño. Para el Dr. Joseph Ciorciari, este estudio demuestra que los pacientes con D.I. no simulan sus diferentes personalidades, dijo: *"Los pacientes con D.I. fueron comparados con actores profesionales que reprodujeron la edad y la personalidad correspondiente a cada una de las personalidades alteradas de los pacientes y sus personalidades anfitrionas. No se encontraron diferencias significativas en el EEG entre las personalidades alteradas y las anfitrionas cuando los actores*

---

[318] *Programmed to Kill: The Politics of Serial Murder* - David McGowan, 2004, p.xiv.

interpretaban las personalidades, lo cual es una clara evidencia fisiológica de la autenticidad de la D.I. "[319]

En diciembre de 1999, el programa *Tomorrow's World de* la BBC emitió un reportaje en el que se mostraba un estudio neurológico sobre el TID realizado por el Dr. Guochuan Tsai (*Escuela de Medicina de Harvard*). Por primera vez, un paciente con trastorno de identidad disociativo fue sometido a una resonancia magnética durante la transición de una personalidad a otra. Louise, la paciente que se ofreció como voluntaria para este estudio, había desarrollado, con la ayuda de la Dra. Condie (su terapeuta), una capacidad para provocar voluntariamente cambios de personalidad. Esta capacidad de cambiar de personalidad a demanda permitió observar de primera mano cómo funciona su cerebro en el escáner de resonancia magnética al pasar de una personalidad alterada a otra. El Dr. Tsai dice: *"Antes no teníamos un escáner de resonancia magnética, por lo que no podíamos hacer este tipo de estudio de forma rápida y correcta. Además, no teníamos el sujeto adecuado que pudiera controlar los cambios de personalidad. Porque necesitamos tener ese cambio durante la resonancia."*

El escáner mostró cambios significativos en el cerebro justo cuando Louise cambiaba de personalidad. Curiosamente, el hipocampo, un área asociada a la memoria a largo plazo, se apagó durante el cambio y se reactivó una vez completada la transición. También se realizó una prueba de control: se le pidió a Louise que simplemente se imaginara como una niña de ocho años, sin cambiar a otro alter. La prueba no mostró ninguno de los cambios observados anteriormente. Para el Dr. Tsai, esta es una base científica suficiente para seguir investigando. Para Louise, es una prueba que hay que dar a todas aquellas personas que niegan la existencia de la T.I. Tras el documental, el Dr. Raj Persaud declaró a la BBC: *"Como la mayoría de los psiquiatras, antes de que saliera este estudio, yo era muy escéptico sobre el trastorno de personalidad múltiple. Esto se debe a que en Inglaterra realizamos este diagnóstico con menos frecuencia que en Estados Unidos. En Inglaterra, generalmente pensamos que estas personas pueden fingir que tienen este trastorno para conseguir algo de atención para ellos. Pero lo importante y muy persuasivo de este nuevo estudio es que cuando esta mujer estaba en el escáner y cambiaba a otra personalidad, se producía un cambio significativo en su actividad cerebral, a diferencia de cuando simplemente se imaginaba que tenía otra personalidad. Esto es una prueba de que el trastorno de personalidad múltiple no es sólo una farsa, sino que existe realmente."*

Las investigaciones neurológicas han demostrado que los abusos repetidos en la infancia tienen un efecto significativo y medible en el volumen de ciertas áreas cerebrales, como el hipocampo y el complejo de la amígdala. Un estudio de 2006 descubrió que el volumen del hipocampo y de la amígdala es

---

[319] EEG Coherence and Dissociative Identity Disorder, Journal "Trauma & Dissociation", Vol.3, 2002.

significativamente menor en las personas diagnosticadas con D.I. en comparación con un grupo de sujetos sin D.I.[320]

Un estudio publicado en 2003, titulado *"One brain, two* selves" *(Un cerebro, dos* yoes), comparó las áreas activadas del cerebro de dos personalidades diferentes de un sujeto con IDD. Se exploraron las áreas cerebrales de 11 mujeres con D.I. mediante una técnica de neuroimagen, la PET (tomografía por emisión de positrones). Tras un trabajo terapéutico, las mujeres fueron capaces, como Louise, de controlar los cambios de personalidad requeridos para el estudio. Durante la exploración PET, los sujetos escucharon grabaciones con contenido autobiográfico y traumático en dos estados de personalidad diferentes. Sólo una de las dos personalidades estudiadas confirmó que el contenido era autobiográfico, ya que era la personalidad que había experimentado el trauma, la otra personalidad no recordaba haber experimentado el trauma. Los resultados del estudio mostraron que esta diferente percepción del mismo contenido se encuentra en las diferentes áreas activadas del cerebro: la personalidad alterada que reconoce el contenido porque está grabado en su memoria, muestra un perfil de activación cerebral diferente al de la personalidad alterada que no reconoce el contenido. Para los investigadores, esa diferencia en el nivel de actividad de ciertas áreas cerebrales no puede explicarse simplemente por la imaginación o por un cambio en el estado de ánimo del sujeto.[321]

Cuando se nos inunda de estímulos de peligro en una situación traumática, la colaboración del complejo de la amígdala con el hipocampo se ve fuertemente perturbada. El procesamiento incompleto de la información hace que ésta no se integre en un orden espacio-temporal y, por lo tanto, permanezca como recuerdos aislados.

La investigación de los procesos fisiológicos cerebrales en personas traumatizadas mediante tomografía computarizada permite localizar las zonas del cerebro donde se producen cambios en el metabolismo, en este caso de la glucosa. Con esta técnica de imagen, es posible visualizar el aumento del consumo de glucosa en determinadas zonas del cerebro y deducir qué zonas están más o menos activadas. En un estudio realizado por Bessel Van der Kolk, se pidió a personas traumatizadas que recordaran un trauma personal. En comparación con las personas no traumatizadas (grupo de control) a las que se les pidió que recordaran un acontecimiento grave de su vida, las personas traumatizadas mostraron una activación significativamente mayor del complejo de la amígdala, la ínsula, la cara medial del lóbulo temporal y el córtex visual derecho. Durante la evocación de los recuerdos traumáticos, el hemisferio derecho del cerebro estaba especialmente activo, mientras que se observaba una disminución de la activación del hemisferio izquierdo. La disminución fue especialmente pronunciada en el lóbulo frontal inferior y en el área de Broca,

---

[320] "Volúmenes del hipocampo y la amígdala en el trastorno de identidad disociativo, American Journal of Psychiatry" - Vermetten, Schmahl, Lindner, Loewenstein, Bremner, 2006.

[321] *"One Brain, Two Selves" NeuroImage 20* - Reinders, Nijenhuis, Paans, Korf, Willemsen, J.den Boer, 2003.

que desempeña un papel importante en el lenguaje. El profesor Van der Kolk dedujo de estos resultados que el cerebro no puede procesar y comprender plenamente un estímulo traumático porque el área de Broca, responsable de la verbalización, está inhibida. Estos estudios neurológicos nos muestran lo fisiológicamente difícil, si no imposible, que es para las víctimas de traumas profundos verbalizar y explicar claramente lo que han vivido o están viviendo cuando resurge un recuerdo traumático. Van der Kolk explica que *"cuando estas personas reviven sus experiencias traumáticas, sus lóbulos frontales sufren un impacto, con el resultado de que el pensamiento y el habla están dañados". Ya no son capaces de comunicar a los demás lo que sucede (...) La huella del trauma no se encuentra en el nivel verbal, en el nivel de la parte del cerebro relacionada con la comprensión. Está mucho más profundo en la amígdala, el hipocampo, el hipotálamo y el tronco cerebral, áreas que sólo están conectadas marginalmente con el pensamiento y la cognición."* [322]

Por lo tanto, las experiencias traumáticas no se registran a través del lenguaje, sino principalmente a través del recuerdo de las sensaciones corporales, a través de los olores y los sonidos. Cuando un estímulo (como el contacto físico, ciertos olores, ruidos motrices, gritos) activa el recuerdo de un acontecimiento traumático, no se produce necesariamente una recuperación de la memoria con contenido narrativo. Mientras que la memoria narrativa es capaz de integrarse y adaptarse, los recuerdos traumáticos no narrativos parecen ser inflexibles, se activan automáticamente y están totalmente disociados del acontecimiento. Esta disociación de los recuerdos traumáticos explica que no se desvanezcan con el paso del tiempo, sino que conserven su fuerza inicial y se conviertan en lo que Van der Kolk denomina *"parásitos del alma"* (en el próximo capítulo veremos que estos recuerdos traumáticos aislados se relacionan más bien con *"fragmentos del alma"*). La información sobre las experiencias traumáticas está presente en la memoria en algún nivel, pero por lo tanto está completamente disociada de la memoria narrativa. Sin un procesamiento posterior para integrarlos en la memoria narrativa y analítica, es decir, en la memoria autobiográfica, estos recuerdos traumáticos pueden reactivarse potencialmente de forma negativa a lo largo de la vida. Se manifestarán, por ejemplo, en hipermnesia, flashbacks, hiperactividad, amnesia, alteraciones emocionales y conductas de evitación. En la programación de MK informada por el trauma, son estos recuerdos traumáticos inconscientes los que permiten acceder a la alteración de las personalidades a través de códigos de estímulo y desencadenar ciertos comandos implantados durante el trauma de la misma manera.

Los estudios fisiológicos del cerebro permiten ahora explicar por qué las personas traumatizadas a menudo no pueden situar sus recuerdos traumáticos en el tiempo. Cuando lo hacen, experimentan el recuerdo traumático como si estuviera ocurriendo en el presente. Algunas investigaciones también explican

---

[322] "Bessel van der Kolk quiere transformar el tratamiento del trauma" - Mary Sykes Wylie, Psychotherapy *Networker Magazine*, 2004.

por qué los métodos terapéuticos que se basan únicamente en el lenguaje verbal no suelen ser eficaces para tratar el trauma. Una psicoterapia eficaz debe tener en cuenta la memoria narrativa y explícita (situada en el hemisferio izquierdo del cerebro), pero también la memoria implícita relacionada con los sentimientos y las emociones (situada en el hemisferio derecho del cerebro). Los acontecimientos que sólo se registran como memoria implícita deben integrarse para convertirse en memoria explícita y autobiográfica. En otras palabras, las intrusiones negativas de estos recuerdos deben ser sustituidas por una memoria integrada, coherente y cronológica para que ya no perjudique a la persona.[323]

d/ I.D.T. y esquizofrenia

A nivel fenomenológico, existe un importante solapamiento entre los síntomas de los trastornos disociativos (en particular el D.I.) y la esquizofrenia. Estas similitudes crean confusión en los entornos hospitalarios y, por tanto, conducen a un diagnóstico erróneo con importantes repercusiones para los pacientes.

La disociación causada por una escisión en varias personalidades implica la separación de estructuras normalmente bien integradas como la percepción sensorial, la memoria, la atención, el pensamiento; mientras que en la esquizofrenia estos procesos permanecen integrados, simplemente están deteriorados. En el D.I., el vínculo con la realidad permanece intacto, mientras que en la esquizofrenia hay una ruptura casi total con la realidad. En el D.I. el desdoblamiento de la personalidad se realiza mediante una división dentro de la persona, al igual que una división celular, como si cada célula fuera una personalidad nueva y diferente. En la esquizofrenia se produce esta división entre el "yo interior" y el mundo exterior, se pierde la conexión con la realidad y la persona vive en su propio mundo.[324]

Un estudio demostró que un grupo de pacientes diagnosticados de esquizofrenia por un psiquiatra o un psicólogo, a los que se les hace una entrevista estandarizada relacionada con los síntomas disociativos, demostró que el 35-40% de estos pacientes, supuestamente esquizofrénicos, saldrán con un diagnóstico de trastorno de identidad disociativo. A la inversa, en un grupo de pacientes diagnosticados de TID que son entrevistados por síntomas esquizofrénicos, dos tercios saldrán con un diagnóstico de esquizofrenia. Un grupo de 236 pacientes con IDD mostró que el 40,8% de ellos había sido diagnosticado previamente de esquizofrenia.[325]

---

[323] *Imke Deistler y Angelika Vogler: Einführung in die Dissoziative Identitätsstörung* - Multiple Persönlichkeit, Junfermann Verlag Paderborn 2005-www.multiples-pages.net.

[324] *¡Yo fui el asesino! O el trastorno de identidad disociativo en el cine* - Beatriz Vera Posek, 2006.

[325] Pacientes con trastorno de personalidad múltiple con diagnóstico previo de esquizofrenia - Colin Ross, G. Ron Norton, *Journal Dissociation*, Vol.1 N°2, 06/1988.

Uno de los puntos en común entre la esquizofrenia y el D.I. pueden ser las alucinaciones auditivas, que a menudo implican "voces en la cabeza". Estas voces pueden venir de dentro o de fuera, pueden ser amistosas u hostiles. No existe ninguna característica fiable que permita determinar automáticamente y con certeza si se trata de una "voz esquizofrénica" o de una "voz disociativa". Algunos terapeutas utilizan el criterio de la voz externa o interna para discernir si se trata de esquizofrenia o D.I.D. Las alucinaciones auditivas que parecen venir del exterior mostrarán más bien una tendencia esquizofrénica, mientras que las voces que vienen del interior pueden ser las de personalidades alteradas, en cuyo caso probablemente haya una doble personalidad. Según el Dr. Colin Ross, otra pista es que las personalidades escindidas suelen escuchar más voces de niños que los esquizofrénicos. En la edición de 1994 del DSM, los síntomas de voces que hablan entre sí o que comentan sistemáticamente el comportamiento de la persona se consideraban esquizofrénicos. Por lo tanto, el médico podría hacer un diagnóstico de esquizofrenia sólo con este síntoma, sin embargo, muchos profesionales han descubierto que estas voces son más comunes en las personalidades múltiples que en los esquizofrénicos.[326]

Muchos psicoterapeutas que trabajan con pacientes con IDD han comprobado que el fenómeno de las voces en la cabeza es algo habitual en estas personas. Cada vez más estudios parecen relacionar la disociación con estas "alucinaciones auditivas". Algunos estudios se han centrado exclusivamente en esta cuestión, como el de Charlotte Connor y Max Birchwood *"Abuse and dysfunctional affiliations in childhood: An exploration of their impact on voice-hearer's appraisals of power and expressed emotion"*, o el de Vasiliki Fenekou y Eugenie Georgaca *"Exploring the experience of hearing voices: A qualitative study"*.

La cuestión de las *"voces en la cabeza"* es delicada, sabiendo que tecnologías psicotrónicas como *"La voz de Dios"* o *"La voz a la calavera"* también pueden producir este tipo de fenómenos. (Véase el capítulo 1: Psicotrónica)

Un estudio[327] realizado con la *Escala de Experiencia Disociativa* (apéndice 3) mostró que el 21% de los pacientes psiquiátricos internos y el 13% de los pacientes psiquiátricos externos tienen una puntuación disociativa por encima del umbral patológico. Concluyen que los trastornos disociativos siguen estando significativamente infradiagnosticados.[328] En un estudio titulado *"Disociación y esquizofrenia"*, publicado en 2004 en la revista *"Trauma and Dissociation"*, el Dr. Colin Ross y el Dr. Benjamin Keyes evaluaron los síntomas disociativos en un grupo de 60 individuos tratados por esquizofrenia.

---

[326] "Los médicos de la C.I.A. y la estafa de la psiquiatría" - Entrevista con el Dr. Colin Ross, sott.net, 2013.

[327] *Trastorno disociativo entre pacientes psiquiátricos* - T.Lipsanen, J.Korkeila, P.Pelolta, J.Järvinen, K.Langen, H.Lauerma, Eur Psychiatry 2004.

[328] "Disociación y acting out violento: una revisión de la literatura" - Jérémie Vandevoorde, Peggy Le Borgne, 2014.

Encontraron que 36 sujetos tenían rasgos disociativos significativos, lo que representa el 60% de su muestra. Estos síntomas disociativos iban acompañados de un alto índice de traumas infantiles, así como de trastornos importantes como la depresión, el trastorno *límite de* la personalidad o el D.I. Tanto en el TDC como en la esquizofrenia, la disociación es una característica subyacente, al igual que el origen traumático de estos trastornos de la personalidad.

A pesar de los estudios que han demostrado claramente la relación entre los trastornos psicóticos y los trastornos disociativos, se ha producido un fuerte descenso en el uso del diagnóstico de trastornos disociativos. Una de las razones de este descenso es la introducción del término "esquizofrenia" para describir a los pacientes con estos síntomas. Entre 1911 y 1927, el número de casos notificados de trastorno de personalidad múltiple, ahora llamado D.I., disminuyó casi a la mitad después de que el psiquiatra suizo Eugen Bleuler sustituyera el término *"demencia preactiva"* por el de "esquizofrenia". El Dr. Rosenbaum lo explica con detalle en su artículo *"El papel del término esquizofrenia en el declive de los diagnósticos de personalidad múltiple"*. [329]En el *Oxford Textbook of Psychopathology*, Paul H. Blaney nos dice que una búsqueda en PubMed (el principal motor de búsqueda de datos bibliográficos en todos los campos de la biología y la medicina) para la esquizofrenia genera un resultado de 25.421 artículos, mientras que una búsqueda para el D.I. sólo arroja 73 publicaciones.

Una de las consecuencias negativas de estos diagnósticos erróneos es que el tratamiento administrado para la "esquizofrenia" se basará principalmente en una medicación pesada, adictiva e incluso peligrosa. Mientras que, como veremos, en la terapia de D.I., el tratamiento con medicamentos es algo secundario. Pueden utilizarse para tratar la comorbilidad, pero no son terapéuticos como tales. Hemos visto que, en primer lugar, el D.I. ha sido sustituido por un diagnóstico comodín llamado "esquizofrenia" y, en segundo lugar, que el protocolo de tratamiento para el "esquizofrénico" será una fuerte medicación química, generalmente inadecuada, que nunca ayudará al paciente a comprender y liberarse de sus trastornos. Trastornos que en su mayoría están relacionados con traumas infantiles. En efecto, la institución psiquiátrica parece tener poca voluntad de ayudar realmente a las víctimas y a los supervivientes de los traumatismos, descuidando o ignorando totalmente el tema de la psicotraumatología. La psicotraumatóloga Muriel Salmona dice: *"Estamos muy poco informados sobre la psicotraumatología, no hay formación en los estudios de medicina, no hay formación durante la especialización en psiquiatría. También hay muchos expertos que no están formados en psicotraumatología, por lo que no tienen conocimientos sobre la memoria y los procesos traumáticos (...) A menudo los psiquiatras que atienden a los agresores no tienen ninguna formación en psicotraumatología. Los tratarán sin tener en cuenta el recuerdo traumático, y como resultado, no tratarán lo que hace que las personas sean muy peligrosas."*[330]

---

[329] *¿Existe la esquizofrenia disociativa?* Marie-Christine Laferrière-Simard y Tania Lecomte, 2010.

[330] "Les conséquences psychotraumatiques" - Muriel Salmona, Pratis TV, 2011.

La superviviente de abusos rituales y control mental Lynn Moss Sharman dijo en una entrevista radiofónica con Wayne Morris (testimonio en el capítulo 7): *"Me había encontrado con información -en una biblioteca- de que el Rito Escocés (la masonería) en Estados Unidos había estado financiando la investigación de la esquizofrenia a través de sus donaciones "benéficas". Recuerdo haber leído esto y pensar que era bastante curioso, incluso escalofriante, que los altos rangos de esta sociedad secreta eligieran utilizar sus fondos "benéficos" para financiar la investigación de la esquizofrenia* (nota del editor: *Scottish Rite Schizophrenia Research Program, SRSRP*). *Un trastorno que es muy similar en algunos aspectos al diagnóstico de trastorno de personalidad múltiple o trastorno de identidad disociativo que se diagnostica en el 99% de los supervivientes de abusos rituales, y ciertamente también en los supervivientes de control mental. Muy ingenuamente le pregunté al Sr. Tooey (Peter Tooey, masón, ex policía) si era consciente de que los fondos se utilizaban para estos fines, y me contestó muy orgulloso: "Pues sí, aquí en Thunder Bay, todo el dinero que aportó el Rito Escocés se destinó a financiar un proyecto de investigación sobre el estudio de la esquizofrenia en la UBC. Me pareció muy inquietante, y de nuevo, muy aterrador que el dinero de esta comunidad del noroeste de Ontario, recibido por esta sociedad secreta, fuera directamente a una universidad de la costa oeste de Canadá. Y poco después me encontré con otra información: Existen becas de investigación en la Universidad de York, algo llamado Instituto Rohr, financiado por la Fundación Masónica de Canadá y con sede en Hamilton, Ontario. Este instituto ofrece subvenciones para la investigación y la subvención de 35.000 dólares procede directamente de la Fundación Benéfica del Rito Escocés de Canadá, a través del Instituto Rohr. El objetivo es conceder becas para estudios/investigaciones en el ámbito de la "discapacidad intelectual". No creo que sea algo muy conocido y me pregunto qué tipo de estudios se están realizando realmente en la Universidad de York con estos fondos."*[331]

Hemos visto que la IDD y la esquizofrenia son dos trastornos psiquiátricos interrelacionados, pero la esquizofrenia parece ser una especie de *"cajón de sastre"* que sirve más bien para desplazar diagnósticos que podrían ser más precisos, más detallados y, por tanto, más adecuados para tratar a los pacientes.

e/ I.D.T. y variaciones psicofisiológicas

Varios estudios e informes indican que existen variaciones psicofisiológicas significativas entre las personalidades alteradas de un paciente con IDD. La calidad de la visión también puede variar entre los alteradores: hay pruebas de que la ceguera puede variar según la personalidad del alterador. Los

---

[331] "Wayne Morris, entrevista con Lynne Moss-Sharman" - CKLN-FM Mind-Control Series, Parte 16.

cambios en la voz y la escritura son recurrentes. También hay diferencias en la sensibilidad al dolor, el ritmo cardíaco, la presión arterial, la circulación sanguínea y la función inmunitaria. Se han observado otras diferencias en los niveles de glucosa en las alteraciones de los pacientes diabéticos.[332] Se ha demostrado que las personas que simulan personalidades alteradas no pueden provocar esas diferencias fisiológicas. Estas variaciones, a veces extremas, validan por tanto el hecho de que los pacientes con T.I. no están representando un papel, sino que están sufriendo un verdadero cambio de personalidad que actúa sobre funciones biológicas que normalmente no son controlables.[333]

En una conferencia pronunciada en 2009 sobre el fenómeno de las personalidades múltiples, el padre François Brune menciona varios ejemplos de estos notables cambios fisiológicos: *"De hecho, ya han hecho algunos descubrimientos absolutamente extraordinarios, en particular que podemos tratar con diferencias muy fuertes según las personalidades que invaden la personalidad principal. Por lo tanto, finalmente nos vemos obligados a hablar de "personas primarias" y "personas secundarias". ¿Cómo podemos distinguirlos? La persona principal es la que controla el cuerpo la mayor parte del tiempo, a diferencia de los demás (...) Por ejemplo, veremos que no necesitan las mismas gafas (...) También veremos que para ciertos medicamentos tendremos que cambiar las dosis, especialmente para los diabéticos. Nos encontraremos con que algunas personas son zurdas en un momento y diestras en otro cuando su personalidad cambia. También encontraremos que no todas son sensibles a los mismos anestésicos (...) Un enfermo mental (considerado oficialmente como tal) que sufría de personalidades desdobladas e incluso triples y cuádruples, que tuvo que ser operado, mostró que su anestesia evitaba el sufrimiento de algunas de las personalidades que lo habitaban, mientras que las otras se quejaban de haber sufrido. Podían describir toda la operación, así que no estaban dormidos en absoluto. Cuando, unos años más tarde, esta misma persona tuvo que ser operada de nuevo, tuvimos que esperar pacientemente a que salieran todas las personalidades una por una para saber qué anestesia le convenía a cada una (...) estamos aquí en California con médicos competentes... pero en Francia, evidentemente, es difícil de imaginar... ¿Imagina que un hospital francés acepte entrar en esto? Entonces, su carrera se acabaría rápidamente. También hay alergias que no son iguales. Hay casos de personas que normalmente no ven los colores, que cuando son habitados por otros, informan que pueden distinguirlos de nuevo. Otro caso estudiado de forma muy científica fue el de una persona a la que se le pidió que observara una lámpara de flash para estudiar con un electroencefalograma las reacciones de su*

---

[332] "Guidelines for Treating Dissociaitve Identity Disorder in Adults, Third Revision", Journal of Trauma & Dissociation, vol.12, 2011 - International Society for the Study of Trauma and Dissociation - ISSTD.

[333] *Características psicobiológicas del trastorno de identidad disociativo: un estudio de provocación de síntomas.* - Reinders, Nijenhuis, Quak, Korf, Haaksma, Paans, Willemsen, den Boer, Biol Psychiatry, volumen 60, 2006.

cerebro. Cuando la misma personalidad no tenía el control, las reacciones cerebrales no eran en absoluto las mismas. Esto se ha establecido científicamente en investigaciones muy serias y rigurosas. (Para el padre François Brune, este fenómeno de las personalidades múltiples es el resultado de la posesión por parte de almas humanas desencarnadas. Trataremos esta cuestión de las posesiones en el próximo capítulo)

Un aspecto especialmente extraño de estos cambios fisiológicos se refiere a los efectos de los medicamentos en la alteración de la personalidad. Según algunos informes, parece que sus efectos pueden ser totalmente compartidos e incluso anulados. La australiana Kristin Constance, superviviente de abusos rituales y control mental, fue hospitalizada tres veces antes de que se le diagnosticara finalmente T.I. En 2011, en una conferencia, describió cómo intentó suicidarse ingiriendo un cóctel de ansiolíticos, antidepresivos y antipsicóticos... Ni siquiera se durmió... El cóctel químico se habría encerrado en una determinada personalidad alternativa y no habría tenido ningún impacto en la personalidad que controlaba el cuerpo (su testimonio se transcribe íntegramente en el capítulo 7).

Un fenómeno totalmente irracional, pero como veremos en el próximo capítulo, la T.I. también puede ser paranormal.

Otro superviviente de abusos rituales con T.I. también testificó en 1997 en el programa de *noticias de FOX13 "Your Turn"*. Dejoly Labrier describió cómo una de sus alter personalidades, llamada *"Ginger"*, necesitaba *Prozac* porque estaba deprimida. *Ellos* (el sistema alter) tomaron esta droga para este alter *Ginger* durante dos años... pero según Labrier, sólo *Ginger* sintió los efectos... (su testimonio también se transcribe íntegramente en el capítulo 7).

Las personalidades de los alters parecen ser capaces de bloquear o potenciar los efectos de la medicación, así como de "engañar" a otros alters no tomando la medicación o tomando dosis más altas mientras que los otros alters querrían seguir el tratamiento correctamente, pero no son conscientes de estos comportamientos saboteadores de otros alters debido a las paredes amnésicas.

Un artículo de la revista *"Dissociation"*, publicado en septiembre de 1994, relata el caso de una serie de operaciones quirúrgicas con anestesia general realizadas a un paciente con IDD. Se comprobó que sus requerimientos anestésicos eran bastante atípicos: recibió una dosis normal de relajante muscular, sin embargo la dosis de analgésicos fue totalmente diferente a la norma, sólo requirió el 16-33% de la dosis que se suele utilizar para un paciente adulto sin DIC. La dosis de anestésicos también fue inferior a la norma, entre el 50% y el 80% de la dosis normal utilizada en la cirugía de rutina. El paciente explicó que una personalidad alterada infantil estaba en control del cuerpo antes de cada operación, el cambio alterado parecería haber sido inducido por la ansiedad. Esto podría explicar por qué las dosis de analgésicos y anestésicos requeridas fueron mucho menores que las de un adulto. Este fenómeno ha sido comúnmente observado por los clínicos en varios países, quienes informan que los pacientes con IDD requieren menores dosis de sedantes cuando un niño alterado tiene el control del cuerpo.[334]

Las variaciones psicofisiológicas también están relacionadas con la ceguera. En noviembre de 2015, el Dailymail publicó un artículo titulado "Mujer ciega, de 37 años, con personalidades múltiples perdió la vista tras un accidente, pero puede seguir viendo cuando está en su personaje de chico adolescente". Este artículo describe el caso de una mujer alemana a la que se le diagnosticó ceguera cortical a los 20 años tras un accidente. Desde entonces, camina con la ayuda de un perro guía. Su historial médico muestra que le hicieron una serie de pruebas que confirmaron su ceguera. Como no había daños físicos en sus ojos, se asumió que el problema era probablemente un daño cerebral causado por el accidente. 13 años más tarde, en psicoterapia, se le diagnosticó que sufría de D.I. con unas diez personalidades alteradas... Fue durante el tratamiento de su trastorno disociativo cuando ocurrió algo notable: mientras su alter ego adolescente estaba "al mando", su visión se recuperó. Sus terapeutas informaron de que la visión de la mujer pasaba de la oscuridad a la luz en segundos, dependiendo de las personalidades alteradas que surgían. Los psicólogos alemanes Hans Strasburger y Bruno Waldvogel, que llevaron a cabo el estudio, utilizaron un EEG (electroencefalograma) para medir cómo respondía a los estímulos visuales el área de su córtex relacionada con la visión. Se descubrió que cuando la paciente estaba en un alter ego "ciego", su cerebro no respondía a las imágenes, mientras que con una personalidad alterada "vidente", las mediciones eran normales. Su ceguera iba y venía según las personalidades alteradas que controlaban el cuerpo. Los médicos creen que su ceguera fue causada por una fuerte reacción emocional al accidente. El Dr. Strasburger dijo: "Probablemente sirve como función de reserva (...) En una situación emocionalmente intensa, el paciente puede reaccionar a veces quedándose ciego, y así no necesitar ver. Hay otros casos en los que la ceguera varía según la alteración que surja, como el testimonio de Diana en un documental sobre la T.I. en la serie "The Extraordinary", emitida en la cadena australiana Seven Network en los años 90.

Cabe señalar aquí que, al igual que la psicofisiología puede variar de un alterado a otro, el estilo de escritura también puede cambiar completamente de una personalidad a otra. La escritura de un individuo es una marca por la que se le puede identificar y analizar su perfil psicológico, es única y definitiva, por lo que la policía utiliza a veces técnicas de grafología en sus investigaciones. Los psicoterapeutas que trabajan con pacientes con IDD han observado marcadas diferencias en el estilo de escritura entre las personalidades alteradas de una misma persona, y el análisis grafológico de esta escritura puede revelar

---

[334] *El efecto del trastorno de personalidad múltiple en la anestesia: informe de un caso* - Moleman, Hulscher, van der Hart, Scheepstra, *Journal Dissociation* Vol.7 N°3, 09/1994.

información sobre un alter ego concreto. Por lo tanto, es posible identificar las personalidades alteradas por su estilo de escritura.[335]

f/ Transgenerational T.D.I.

Es frecuente que las mujeres adultas en tratamiento por D.I. describan claramente síntomas de D.I. en uno o ambos progenitores. Los testimonios pueden incluir descripciones claras de las personalidades alternas, así como los nombres de las personalidades alternas de los padres. *El complejo de Osiris* - Dr. Colin Ross

En su libro *"Childhood Antecedents of Multiple Personality"* *(Antecedentes infantiles de la personalidad múltiple)*, el Dr. Richard Kluft relata casos de pacientes que tenían varios miembros de la familia que sufrían estados disociativos, de generación en generación. En concreto, describe el caso de un joven de 22 años que fue sometido a un examen psiquiátrico por parte de un juez, momento en el que se consideró la posibilidad de que sufriera D.I. El hombre estaba siendo juzgado por el asesinato de su padre. Dijo a la policía que su padre era un conocido farmacéutico, uno de los "pilares" de la comunidad local. Pero también denunció que su padre estaba implicado en el tráfico de drogas y tenía conexiones con el crimen organizado. El acusado confesó que él mismo era cómplice del tráfico de drogas de su padre, ya que a veces hacía entregas de mercancía. También confesó que su padre tenía grandes deudas y que le había pedido a su padre que lo matara para poder utilizar el dinero del seguro de vida para pagar esas deudas. El padre también pensó que un "suicidio" podría cancelar la deuda. Toda esta información fue validada por otras personas durante la investigación. El joven no podía matar a su padre por sí mismo, así que reclutó a otra persona para que cometiera el asesinato. Tanto el hijo como el asesino fueron finalmente detenidos por la policía.

El Dr. Kluft habló con este joven a diario durante algún tiempo y confirmó el diagnóstico de personalidad múltiple. El propio Kluft observó cambios en las actitudes, la voz, la expresión facial y el lenguaje corporal del individuo. Además, las entrevistas con sus dos hermanos, su hermana, su mujer, sus primos y sus vecinos confirmaron que el joven presentaba cambios de comportamiento característicos de la IDD. Basándose en las declaraciones del acusado, de su familia y de su esposa, también se determinó que el padre tenía muchas probabilidades de padecer IDD. Se le describió como un hombre imprevisible que entraba en cólera de forma inapropiada, con cambios de voz y un comportamiento inusual. Tanto el acusado como algunos de sus familiares informaron de que el padre actuaba como si *"fuera dos personas diferentes"*, afirmando que era a la vez un *"traficante de drogas"* y un *"pilar de la comunidad"* (es decir, que tenía una actividad delictiva oculta por un lado y una

---

[335] *Variaciones de la escritura en individuos con MPDS* - Jane Redfield Yank, *Journal Dissociation*, Vol.4 N°1, 03/1991.

fachada pública muy respetable por otro). Estas declaraciones pueden ser coherentes con un IDT.

La información obtenida del joven acusado, su esposa, sus hermanos y su hermana, también sugirió que la madre también experimentaba episodios disociativos. Todas las fuentes testificaron que era inestable y tenía un estado de ánimo muy variable, y fue descrita como *histérica*. Esta mujer, que habitualmente iba en silla de ruedas, tenía periodos de asombrosa mejoría física en los que caminaba sin problemas, algo inexplicable desde el punto de vista médico (es posible que se trate de un trastorno de conversión disociativo, que puede manifestarse como una parálisis puntual). La información proporcionada por el hijo y su familia también sugiere que la abuela paterna sufría de D.I.: se la describía constantemente como *"imprevisible"*, *"cambiante"* y plagada de *"problemas de memoria"*. Todos los miembros de la familia la describen como un *"terror"* por sus gritos inapropiados y su comportamiento incontrolable. Además, su actitud con sus hijos era totalmente aleatoria. Hubo informes sobre el abuso físico de sus hijos, pero paradójicamente a veces mostraba un gran afecto. Esto ilustra el patrón incompatible de amor y abuso que se reporta frecuentemente en las familias de pacientes con IDD. En este caso, el jurado ignoró el informe psiquiátrico aportado por la defensa y el paciente fue condenado a 25 años de prisión.

Los datos recogidos por el Dr. Richard Kluft de varios pacientes apoyan la hipótesis de que la disociación y el D.I. son probablemente transgeneracionales. Se han observado y notificado evidencias de trastornos disociativos en dieciocho familias de pacientes diagnosticados con D.I. y seguidos por el Dr. Kluft. Esto demuestra una cierta conexión transgeneracional, sin embargo, hay varios factores que aún deben aclararse sobre los mecanismos de esta conexión. El Dr. Kluft afirma legítimamente que este tipo de información se recoge de forma puntual, pero debe estudiarse de forma sistemática y metódica para sacar estadísticas y conclusiones. Estudios más detallados permitirían identificar los mecanismos que subyacen a la transmisión de la T.I. de generación en generación.[336]

¿Cómo se transmiten estos trastornos disociativos de una generación a otra? ¿Quizás podamos responder a esta pregunta en parte a través de la práctica del abuso ritual transgeneracional dentro de las redes ocultistas? El caso relatado anteriormente por Richard Kluft nos muestra a un joven que padece un D.I., por tanto, profundamente traumatizado desde su primera infancia. Su padre era un destacado farmacéutico de sólida reputación que, obviamente, llevaba una doble vida al traficar con drogas en paralelo a su actividad profesional. Según Kluft, hay muchas razones para creer que el propio padre sufría de D.I., al igual que su esposa y su madre... Así que tenemos el clásico contexto de una familia que practica el abuso ritual de generación en generación, en la que todos los miembros están sumidos en estados disociativos. Las D.I. son causadas por un

---

[336] *Childhood Antecedents of Multiple Personality*, Cap: The transgenerational incidence of dissociation and multiple personality - Richard P. Kluft, 1985, p.127-150.

traumatismo extremo y repetitivo, no aparecen de la noche a la mañana después de una *mala gripe*. Además, las actividades ilegales del padre, que lleva una doble vida, refuerzan la idea de que se trata de una familia que forma parte de una red oculta, siendo el tráfico de drogas algo habitual en estos círculos.

El proceso de repetición sistemática de los traumas en la descendencia es un círculo vicioso alimentado por los recuerdos traumáticos que requieren anestesia disociativa. Este proceso tiene ciertamente mucho que ver con la transmisión generacional de los estados disociativos y en particular de la T.I.D. La víctima se autotratará con violencia física y psicológica contra otros, normalmente sus hijos, que a su vez disociarán y repetirán la violencia, y así sucesivamente de generación en generación. Este fenómeno puede ocurrir sin ningún ritual de tipo satánico, la "simple" violencia familiar recurrente y el incesto pueden crear este círculo vicioso si los trastornos no son tratados y curados. El abuso sexual también marca el ADN de la víctima, por lo que la predisposición a la disociación y otras consecuencias negativas (depresión, bipolaridad...) también se transmiten genéticamente. Este factor genético ligado a la disociación es una marca buscada y cultivada por ciertas familias luciferinas (volveremos a la cuestión de los traumas que marcan el ADN en el capítulo 7).

Recordemos aquí un caso que tuvo lugar en París en 2012. El caso denunciado por *BFMTV* se refería a los hijos de una pareja parisina cuyo hombre era (justamente) farmacéutico. *"Fueron los médicos del Hospital Necker los que alertaron a la policía. La niña de dos años y medio fue llevada a urgencias por convulsiones hace un mes. Los resultados de su sangre y orina mostraron que había estado consumiendo regularmente cocaína durante casi un año. Su hermano de cuatro años se sometió a las mismas pruebas. La misma conclusión. Excepto que el niño también consume crack y en grandes cantidades (!!)"* ¿Cómo pueden los niños pequeños consumir cocaína y crack? No hay duda de que estos niños fueron drogados voluntariamente por adultos... ¿en qué circunstancias y con qué fines? La fiscalía de París abrió una investigación judicial, ¿en qué punto se encuentra hoy este grave caso? ¿Dónde están hoy esos niños?[337]

g/ T.D.I. y alteración de los animales

En una I.D.T., la presencia de alteridades infantiles o del sexo opuesto es muy común. Lo que es menos común es la presencia de un alter ego no humano. En algunos casos, la personalidad alterada puede estar totalmente deshumanizada hasta el punto de creer que es realmente un animal. La presencia de estos "alteradores de animales" suele indicar que la persona ha sufrido abusos rituales. El desarrollo de un animal alterado se produce durante un traumatismo extremo en la primera infancia. El niño puede haber sido obligado a comportarse

---

[337] "París: dos niños de 2 y 4 años drogados con cocaína y crack" - Sarah-Lou Cohen y Cathelinne Bonnin, BFMTV, 02/03/2012.

y vivir como un animal. Por ejemplo, el niño puede haber presenciado la mutilación de un animal, haber sido forzado a participar o presenciar actos de zoofilia o haber sido obligado a matar un animal. En el control mental de Monarch, la deshumanización y la alteración animal son creadas deliberadamente por el programador de forma extremadamente sádica. Sin embargo, estas alteraciones deshumanizadas pueden estar presentes sin ninguna programación mental voluntaria, pero en cualquier caso es el resultado de un tratamiento traumático inhumano, deshumanizando voluntariamente a la pequeña víctima.

Estos son algunos de los casos que la revista *Dissociation* reportó en 1990 en un artículo titulado: *"Animal alters: case reports"*. Fue escrito por la psiquiatra Kate M. Hendrickson, la profesora Jean M. Goodwin y Teresita McCarty. El contenido de esta ponencia fue presentado en la Sexta Conferencia Anual sobre Disociación y Personalidades Múltiples, celebrada en Chicago en octubre de 1989.

El primer informe de un caso fue el de una mujer de 38 años que hacía frecuentes referencias a los animales durante su terapia. La paciente describió cómo su padre a veces atrapaba pájaros y los encerraba en el baño con ella cuando la castigaban, y venían a morderle la cabeza con sus picos. Esto la aterrorizaba y explicaba: *"Cuando estoy demasiado aterrorizada, me convierto en un pájaro y vuelo hacia el baño."* A veces su padre colgaba conejos o pájaros muertos sobre su cama. Luego le decía a su hija que podía ser estrangulada al igual que estos animales si no hacía lo que le decían o si hablaba de los abusos. También la obligaban a comer las sobras de un cuenco para perros, etc. Cuando la gata de la familia dio a luz, el padre mostró a su hija lo que le haría si se quedaba embarazada. Para ello, abría el abdomen de los gatitos después de estrangularlos y desmembrarlos. Estos horrores hechos a los animales eran una forma de aterrorizar y traumatizar a la niña.

Cuando su padre la violó a los ocho años, le aterrorizó la idea de quedarse embarazada y sufrir el destino de los gatitos. Cuando estos horrores comenzaron a aparecer en la terapia, dijo que oía *"extraños llantos de bebé en su interior"*. Esos gritos que escuchaba eran inconsolables y le aterraba salir de la consulta del terapeuta porque decía que *"todo el mundo lo sabría"*. Le aterraba que otras personas oyeran los gritos y supieran que ella misma había participado en la mutilación de los gatitos. Dijo que había intentado ayudar a la gata madre llevándola a ella y a sus gatitos dentro de ella para que su padre no pudiera hacerles más daño. La aterrorizaba un alter ego en el que se interiorizaba el sufrimiento de la gata madre. Esta alteración del gato fue a su vez aterrorizada por el padre de la paciente. Después de describir y comprender cómo se habían interiorizado los gatitos, le fue posible hablar de sus embarazos incestuosos a los catorce y dieciséis años. El padre había matado a los bebés nada más nacer, de ahí los *extraños llantos* de *los bebés inconsolables* en su interior. Dice que uno de sus bebés fue desmembrado como los gatitos.

Después de que la paciente hablara de los gatitos que llevaba dentro, pudo recordar los recuerdos disociados y reprimidos del incesto, el embarazo y el infanticidio. Al principio sólo podía hablar de estos pesados recuerdos traumáticos a través de su gato alter. Esta alteración del gato podía *"hablar" de* estas horribles historias mientras que la personalidad principal del paciente no podía. Se descubrió que cuando la paciente se "desencadenaba" por el recuerdo de no haber podido salvar a sus hijos o a los gatitos, se autolesionaba con una cuchilla de afeitar en las yemas de los dedos, dedos que llegaron a parecerse a garras. También describía un comportamiento similar cuando estaba ambivalente en la cama con los hombres: el gato alterno les hacía numerosos arañazos en la cara o en el pecho.

Otro caso reportado es el de una mujer de 35 años que, aterrorizada, se convirtió en un perro. Esto puede parecer gracioso, pero no tiene nada de cómico. Sus padres alemanes la castigaron haciéndole comer de un cuenco para perros a cuatro patas, obligándola a comportarse como un perro. En terapia individual, se le diagnosticó D.I. y reveló que había sido violada por su padre, que también involucraba al perro de la familia en actos zoofílicos. Cualquier referencia al sexo, a ser malo o a la maldad la hacía "convertirse" en un perro. Cuando esto ocurrió en la terapia, la paciente comenzó a comportarse como un perro y a hablar en alemán (su idioma habitual era el inglés, es posible que los padres hablaran en alemán durante los actos traumáticos). Las declaraciones sobre el trato deshumanizado al obligarla a comportarse como un animal precedieron a las declaraciones sobre el abuso sexual.

El artículo sobre *disociación* también informa sobre un caso penal de una mujer con trastorno disociativo que fue condenada por asesinato por destripamiento. Había pruebas de que podría haber utilizado sus dientes y uñas en algún momento del crimen. También lo pensó por el sabor de la sangre en su boca, ya que tenía amnesia total sobre el crimen. Durante la investigación fue interrogada bajo hipnosis. Cuando estaba en trance hipnótico, se le sugirió que se imaginara en un lugar tranquilo, entonces describió que estaba en una selva y que ella misma era una pantera en las ramas de un árbol. Tras varias sesiones de hipnosis para intentar reconstruir y comprender el crimen, declaró en trance que un jabalí había atacado a la pantera y que ésta había sido destripada. Las pruebas mostraron que sus uñas habían sido utilizadas en el crimen, pero extrañamente no se encontró sangre bajo sus uñas. Una de las explicaciones es que se las lamió como un felino se lava las patas. La amnesia de la mujer también abarcaba gran parte de su primera infancia, pero no se encontraron antecedentes de violencia.

Cuando un paciente se comporta como un animal, puede parecer un comportamiento psicótico especialmente grave. Pero estos extraños síntomas deben ser observados y examinados cuidadosamente, al igual que los sueños y los fragmentos de memoria deben ser explorados y diseccionados sistemáticamente. Las alteraciones de los animales pueden estar relacionadas en parte con los recuerdos disociados y pueden servir para bloquear el acceso a una zona específica de la memoria. Una vez descubiertas y comprendidas las razones de su desarrollo y las funciones del animal alterado, éste puede conectarse con los recuerdos de la primera infancia y el trauma que los causó. El contacto con estos alters animales es una puerta de entrada a los alters más violentos de la víctima (que pueden ser animales o humanos). Estas alteraciones representan la identificación de la víctima con los actos más violentos de los agresores.[338]

En el abuso ritual satánico, la tortura y la matanza de animales se utilizan habitualmente para intimidar y silenciar a las víctimas. Se le dice al niño que correrá la misma suerte si habla de algo. Además, se obliga al niño a participar en los actos de barbarie para que se sienta culpable, con el fin de hacerlo "culpable" a su vez, como vimos en el capítulo 4. El animal puede así interiorizarse para convertirse en una fracción de la personalidad disociada por los traumas, un alter que puede mostrar una rabia extrema. Pero a través del contacto y la reconciliación, se puede crear una alianza con el animal alterado para convertirlo en una herramienta valiosa que pueda ayudar a la víctima en su curación.

h/ I.D.T. y terapias

Este subcapítulo sobre la terapia no pretende ser una guía médica o terapéutica. Su objetivo es dar alguna información adicional para ayudar a comprender un poco más cómo funciona la doble personalidad y cómo abordar el problema para obtener apoyo y ayuda.

La estrategia terapéutica para el D.I. consiste en "reunir", o "fusionar", las alteridades entre sí. Se trata de reducir su número hasta que sólo quede uno, generalmente el que estaba presente originalmente, la llamada personalidad "anfitriona". Este mecanismo se llama *"integración"* y se basa en los siguientes principios enumerados por el Dr. Colin Ross:
- Contactar con todas las personalidades utilizando la hipnosis.
- Reuniendo todos los elementos de la historia de todas las personalidades alteradas.
- Considere cada personalidad como parte del todo.
- Desarrollar el entendimiento mutuo y la cooperación entre las diferentes personalidades de la alteración.
- Controlar los cambios de personalidad alteran. (*interruptor*)
- Acuerda con cada personalidad la supervisión de todo el sistema.
- En primer lugar, establecer fusiones entre personalidades según sus afinidades.
- Avanzar hacia la integración definitiva y consolidarla apoyando las relaciones sociales del paciente.

A continuación se presentan los tipos de preguntas que se pueden hacer al entrar en contacto con una personalidad alterada, teniendo cuidado de respetar el libre albedrío y de pedir permiso para hacer ciertas preguntas:
- ¿Cómo te llamas?
- ¿Qué edad tienes?

---

[338] *Alteraciones animales: informes de casos* - Kate M. Hendrickson, Jean M. Goodwin, Teresita McCarty, *Journal Dissociation,* Vol.3 N°4, 12/1990.

- ¿Cuál es su función?
- ¿Por qué estás aquí?
- ¿Cuánto tiempo llevas aquí?
- ¿Después de qué acontecimiento?
- ¿Qué recuerdas?
- ¿Hay alguien más?
- ¿Cuántos sois?
- ¿Hay niños?
- ¿Quién está en apuros?
etc...

En un artículo titulado *"Los fenómenos disociativos en la vida cotidiana de los supervivientes de traumas"*, la psicoterapeuta Janina Fisher da cuatro sencillas "leyes" para entender el sistema interno de una personalidad disociada y para trabajar con ella/ellos:

- Un alter es sólo una fracción de un todo: no importa en qué estado se encuentre el paciente en un momento dado, no importa lo regresivo, impotente y confundido que esté, siempre habrá otros alter adultos que tengan confianza y sean competentes para avanzar positivamente en la terapia. Por muy autodestructivo que sea el paciente en un momento dado, hay otros alters que quieren vivir y luchan por sobrevivir. Siempre hay alters que luchan por vivir y luchan por mantener el control sobre esos sentimientos abrumadores de impotencia y desmoralización. El paciente debe tener en cuenta que no importa qué alter o alteres sean dominantes en un momento dado, son sólo una fracción de un sistema diseñado para estar en equilibrio.

- El sistema está diseñado para sobrevivir, no para destruir: esta "ley" ahorrará al terapeuta un agotamiento innecesario durante las crisis recurrentes y evitará hospitalizaciones innecesarias. El trabajo terapéutico consiste en ayudar al paciente a adaptarse a este sistema para que pueda enfrentarse a su complejidad y a los retos que plantea en su vida adulta actual. Estas funciones disociativas, estos cambios de personalidad, pueden utilizarse de forma constructiva para poder mantener el rumbo y poder vivir una vida con sentido, para poder encontrar el placer de vivirla y crearla. El hecho de que este sistema se haya diseñado para ser adaptativo también significa que cada crisis, cada nuevo "fallo" que se produzca, ofrece en realidad la oportunidad de reajustar el sistema de otra manera para hacerlo aún más relevante para la vida del paciente. Por tanto, estas crisis nos permiten comprender un poco mejor el funcionamiento del sistema interno.

- Para cada acción, habrá una reacción igual y opuesta: Esto significa que cada fracción, cada parte del "yo", tendrá su polaridad opuesta o su contrario. Por ejemplo, los alters suicidas y autodestructivos tendrán alters opuestos decididos a vivir y luchar y alters aterrorizados de morir o de tener que sentir dolor. Los alters que viven en la vergüenza y quieren esconderse y ser invisibles serán equilibrados por alters narcisistas e incluso exhibicionistas. En cualquier momento, un sentimiento, una decisión o un punto de vista expresado hacia el exterior será equilibrado internamente por una reacción opuesta igual. Este equilibrio sistemático de los opuestos puede tener consecuencias tanto positivas como negativas, ya que también hay una respuesta opuesta a los cambios o acontecimientos positivos. Por ejemplo, si algunos alters desarrollan una mayor confianza y cercanía con el terapeuta, otros alters se sentirán amenazados e intentarán sabotear la terapia para distanciarse del terapeuta. Si algunos alters ponen a prueba sin descanso la competencia, la coherencia y la fiabilidad del terapeuta, otros alters sentirán tristeza y desolación y entonces querrán redoblar sus esfuerzos para complacer al terapeuta.

    - El terapeuta es el terapeuta de todos los alter: El terapeuta es el terapeuta de todo el sistema y, por tanto, de todas sus partes. Trabajar sólo con algunas de las alteraciones y descuidar otras partes sería decir que se está trabajando sólo con una mitad del paciente. Ya sea la "mitad buena", la "mitad joven", la "mitad autodestructiva" o la "mitad buena" del paciente, el trabajo terapéutico no puede ser eficaz teniendo en cuenta sólo una parte de un todo. Si el terapeuta es el terapeuta de todas las partes, será neutral, no tomará partido y no guardará secretos. Descubrirá el potencial y la utilidad que aporta cada alter a la terapia y al sistema en su conjunto, incluidos los alter violentos, suicidas o autodestructivos. Verá las interacciones entre los diferentes alters, lo que hará aflorar los conflictos internos, tal y como haría un terapeuta familiar. De la misma manera que funciona el sistema familiar, el paciente no se identificará con ninguno de sus alteres, sino con el sistema general de alteres. Dado que en los pacientes disociativos el sistema y el paciente son una misma persona, el terapeuta debe evitar una trampa habitual en el tratamiento de la disociación: hablar con el sistema como si fuera una sola persona que actúa como una "puerta giratoria" para que los diferentes "miembros de la familia" vengan a contar sus historias sucesivamente. Suele ser más útil trabajar principalmente con el/los "padres", es decir, el alter ego adulto o la personalidad anfitriona, para enseñarles las habilidades necesarias para fomentar la comunicación y la cooperación interna entre todos los alter ego.

    Al principio de la terapia, debido a la amnesia traumática disociativa, el paciente con D.I. informará al principio de una experiencia fragmentada e incoherente. Su historia personal completa y cronológica llegará con el tiempo, a través de la integración progresiva de recuerdos y personalidades disociadas. El proceso de integración puede compararse con la construcción de un rompecabezas que no podría tomar forma sin las diferentes piezas que componen las experiencias vitales que se han roto por la disociación. La integración, por tanto, consiste en unir estas piezas del puzzle para recrear un conjunto coherente que incluya todos los recuerdos, sean válidos o no. Los trozos de memoria pertenecientes a los distintos sentidos (oído, olfato, tacto, vista, gusto: memoria no semántica) son gestionados por el hipocampo, cuya función es transferirlos a la corteza cerebral para que puedan ser procesados e integrados conscientemente. De este modo, pasan de un modo inconsciente a un modo consciente, de un modo disociado a un modo asociado o *resolidificado*. Se convierten en una memoria integrada que ahora se puede verbalizar de forma coherente.[339]

---

[339] *Sanando lo inimaginable: tratando el abuso ritual y el control mental* - Alison Miller, 2012.

El término fusión también se utiliza para describir el proceso de integración. Una mente libre de traumas y disociada trabaja de forma unificada. Para una mente disociada y escindida, la fusión es el momento en que dos (o más) personalidades alteradas toman conciencia mutua de sus respectivas existencias. Entonces experimentan una especie de fusión, una disolución de los muros amnésicos que significa que ya no tendrán ninguna separación y, por tanto, compartirán los mismos recuerdos. La "fusión final" es el objetivo de la terapia. El paciente pasa de un estado de identidades múltiples a un yo subjetivo unificado, *la unificación*.

Los terapeutas reconocen que hay tres etapas principales en el proceso de integración. Sin embargo, en primer lugar es esencial establecer una sensación de seguridad física y psicológica en el paciente, así como una estabilización y reducción de los síntomas (comorbilidad). Esta estabilización permitirá trabajar los recuerdos traumáticos, que deben ser integrados conscientemente. La integración, o fusión de las personalidades alteradas, y la rehabilitación son la fase final. Estas tres etapas pueden superponerse porque una alteración puede arrastrarse más que otras, pero normalmente el terapeuta trata una etapa a la vez.

- **Fase 1**: Seguridad, estabilización y reducción de los síntomas:

El primer paso es crear una especie de alianza entre el paciente y el terapeuta para establecer confianza y estabilidad. En esta etapa, se trata de minimizar los comportamientos que pueden ser peligrosos tanto para el paciente como para los que le rodean. También es necesario reducir los pensamientos negativos que pueden hacer al paciente vulnerable a nuevos ataques externos. La gestión y el control del estrés postraumático es también una prioridad en la fase 1. Otros comportamientos que habrá que regular son los trastornos alimentarios, la asunción de riesgos, la violencia, la agresividad, etc. Las personalidades alteradas implicadas en comportamientos violentos y que se identifican con el agresor o agresores pueden ser especialmente difíciles de manejar. Por lo tanto, es importante identificarlos rápidamente para intentar llegar a un acuerdo, una especie de contrato con ellos que ayude al paciente a sentirse seguro. Estos alteradores temerosos, furiosos y violentos suelen tener una función protectora, a pesar de las apariencias, están ahí para proteger al paciente.

Los "observadores" alterados pueden ser muy útiles para reconstruir cronológicamente los recuerdos destrozados para saber lo que pasó, el curso de los acontecimientos (o la ilusión y la manipulación que quisieron crear los torturadores).

Por lo general, las personalidades alteradas se ven a sí mismas como una persona verdaderamente separada, fuera del grupo alterado y autónoma. Es cuando toman conciencia de la existencia de otros alters cuando se dan cuenta de que son múltiples y que pertenecen al mismo cuerpo físico. Esta toma de conciencia permitirá, por ejemplo, prevenir las autolesiones y se puede establecer un compromiso con cada uno de ellos para evitar comportamientos autodestructivos. Muchos alters se sienten vacíos, despersonalizados o inseguros de su identidad precisamente porque sólo son una parte de un todo. Juntos forman una persona completa. Se trata, pues, de crear una forma de cohesión en la que cada alter ego conozca a los demás y encuentre su lugar en el grupo, o sistema interno.

Hacer que los alters sean ayudantes en la terapia es una gran ventaja, pero también es necesario desarrollar estrategias para mejorar su entendimiento y comunicación entre ellos, ya que el paciente pierde mucha energía en lidiar con los conflictos internos entre ellos. El desarrollo de una relación de confianza y el diálogo con las personalidades alteradas serán la clave para descubrir el trauma (fase 2) y lograr la estabilidad y la integración (fase 3).

La comunicación no verbal y emocional también es importante. Algunos alters necesitarán ser abrazados, mientras que otros tomarán este gesto como un intento de acercamiento sexual. Algunos alters son incapaces de mirar a la persona que tienen delante a los ojos. Algunos se expresarán de forma extrovertida mientras que otros estarán totalmente aterrorizados y sólo necesitarán escuchar palabras tranquilizadoras. Algunos no pueden hablar, necesitarán comunicarse a través de la escritura, el dibujo o a través de otro alterno que medie. El terapeuta no debe mostrar favoritismo y debe tratar a cada alterado por igual. El terapeuta tampoco debe asustarse por los que parecen hostiles, ya que utilizan la ira para proteger a los alterados más vulnerables, que suelen ser niños pequeños. Durante esta fase también se pueden utilizar técnicas de anclaje en el momento presente y métodos de autohipnosis. A veces será necesario utilizar la medicación para hacer frente a las conductas de riesgo, pero esto no debe ser el centro del tratamiento. También se trata en esta primera fase de desarrollar la aceptación y la empatía por cada parte de la personalidad escindida, cada alteración debe ser considerada como lo que es y como que tiene su papel que desempeñar en la terapia y en la vida del paciente.

- **Fase 2**: Confrontación e integración de los recuerdos traumáticos:

La segunda fase se centra en los recuerdos traumáticos del paciente. Aquí todavía hay que trabajar mucho para ayudar al paciente a aceptar las diferentes partes de su personalidad y los alters deben seguir conociéndose y conviviendo. En esta etapa, el trabajo también consiste en superar los problemas de bloqueo del paciente en su pasado. Una de las tareas más difíciles en esta fase será superar el miedo a los recuerdos traumáticos para poder integrarlos de forma efectiva. El paciente y el terapeuta tendrán que discutir juntos para llegar a un acuerdo sobre qué recuerdos deben ser prioritarios para su procesamiento. Una vez procesados e integrados estos recuerdos traumáticos, es necesario compartirlos con cada personalidad alterada que no era consciente de ellos. Este intercambio de experiencias traumáticas con todos los alters del sistema se llama *"Síntesis"*. Una vez lograda esta Síntesis, debe seguir conduciendo a la plena conciencia de que los traumas han sido vividos y tratados, y que ahora forman parte del pasado: esto se llama *"Realización"*. El paciente podrá entonces dar un lugar preciso al trauma en la cronología de su vida. Así, las piezas del rompecabezas de la memoria se irán reconstituyendo poco a poco para formar un verdadero friso cronológico. A la síntesis también le sigue la *"personificación"*, es decir, la conciencia de que esos recuerdos traumáticos pertenecen al paciente y a nadie más. Finalmente, gracias a este trabajo sobre los recuerdos traumáticos, el paciente puede transformar sus recuerdos, antes disociados y dispersos, en una narración coherente y comprensible, esto es la *"Narración"*. Es el paso de una memoria no verbal a una memoria narrativa y analítica.

Durante esta etapa, surgirán fuertes emociones a medida que el contenido traumático de los recuerdos emerja a la conciencia. El paciente puede sentir vergüenza, horror, asco, terror, ira, impotencia, confusión o dolor. Es importante dar un tiempo adecuado de recuperación entre cada sesión para no desestabilizar o volver a traumatizar al paciente. Pero incluso con una planificación terapéutica cuidadosa, puede ser necesario volver a la fase 1 para una mayor estabilización cuando el resurgimiento de un recuerdo resulte especialmente violento. A medida que las experiencias traumáticas se integran, las personalidades alteradas se vuelven cada vez menos separadas y distintas. También puede producirse una fusión espontánea, pero un intento prematuro de unificación global puede causar un estrés que sería negativo para el paciente. A medida que la fragmentación del paciente disminuye, éste adquiere una cierta calma interior con una sensación de paz, especialmente cuando la terapia va acompañada de una renovación espiritual. Con este nuevo estado interior, el paciente podrá afrontar mejor su propia historia traumática y los problemas de la vida cotidiana. El paciente empezará a centrarse menos en los traumas del pasado y a canalizar su energía hacia el momento presente, lo que le ayudará enormemente a desarrollar nuevas perspectivas para el futuro.

- **Fase 3**: Integración y rehabilitación:

La tercera fase tiene como objetivo la integración (unificación final) de la personalidad. En las dos primeras etapas, el paciente ha aprendido a superar el miedo a otras partes de su personalidad y el miedo a sus recuerdos traumáticos. También ha aceptado e integrado la idea de haber sido abusado de niño. Al igual que en un duelo doloroso, el paciente tendrá que desprenderse de viejas creencias para ver nuevas perspectivas. Ahora tendrá que aprender a lidiar con las emociones que puedan surgir, como la vergüenza, el miedo, el terror, la ira y el dolor. La manifestación emocional del trauma puede producirse durante más de dos años, tras los cuales la unificación se considera segura. Durante este período, el paciente puede volver espontáneamente a la fase 2, ya que todavía pueden surgir nuevos recuerdos traumáticos. Tras la integración final, la unificación de todas las personalidades alteradas, el paciente suele conservar las habilidades y atributos de los diferentes alteres que estaban disociados de su personalidad.

Estas tres fases del tratamiento del TEPT se inspiran probablemente en los trabajos de Pierre Janet en el siglo XIX. Su método psicoterapéutico para el tratamiento del estrés postraumático incluía las tres etapas siguientes:

1: La estabilización de los síntomas como preparación para la liquidación de los recuerdos traumáticos.

2: La identificación, exploración y modificación de los recuerdos traumáticos.

3: Alivio de los residuos sintomáticos. Reintegración y rehabilitación de la personalidad. Prevención de recaídas.

En cuanto al uso de la medicación, no es un tratamiento primario para los trastornos disociativos, pero puede ser útil. De hecho, algunos pacientes requieren un tratamiento especializado por abuso de sustancias o por trastornos alimentarios. Muchos terapeutas utilizan la hipnosis para calmar, tranquilizar, contener o fortalecer el "yo". La hipnosis también permite acceder a personalidades alteradas que no son directamente accesibles sin un estado de conciencia modificado. Desde principios del siglo XIX, la hipnosis se ha utilizado para el tratamiento del D.I., dando lugar a numerosos estudios que demuestran que estos pacientes son altamente hipnotizables en comparación con otros grupos clínicos. Cuanto mayor sea la hipnotizabilidad del individuo, más eficaz será la terapia. La hipnosis y la autohipnosis también pueden ser muy eficaces para tratar el trastorno de estrés postraumático (TEPT), que suele estar presente en los pacientes con TID.

Otros métodos terapéuticos especializados pueden ser útiles para estos pacientes, como la terapia familiar o expresiva, la remodelación y la terapia dialéctica conductual (DBT), la psicoterapia sensoriomotriz, la terapia "primal", la integración neuroemocional por movimientos oculares (EMDR), etc.

La EMDR (*Desensibilización y Reprocesamiento por Movimientos Oculares*) es una terapia de desensibilización y reprocesamiento por movimientos oculares rápidos, que se utilizó por primera vez para eliminar el shock postraumático y puede utilizarse para tratar una amplia gama de traumas psicológicos. Los dispositivos de *biorretroalimentación* o *neuro-retroalimentación* también pueden ser una ayuda adicional para el paciente, al igual que la acupuntura e incluso los cambios dietéticos.

La terapia de grupo no se recomienda para el T.I.D., ya que muchos de estos pacientes tienen dificultades para tolerar un proceso que fomente la discusión en grupo de las experiencias traumáticas de los participantes. Sin embargo, tras una determinada fase de integración, la energía de grupo puede ser un apoyo eficaz para el paciente. El tratamiento de la T.I. suele realizarse de forma ambulatoria (no requiere hospitalización), sin embargo, será necesario el tratamiento hospitalario si el paciente muestra riesgos para sí mismo (autolesiones, intentos de suicidio) o para los demás durante las fases disociativas.

Las terapias expresivas también desempeñarán un papel positivo en la recuperación del paciente. El diario, la terapia artística, la musicoterapia, la horticultura y la terapia con animales (especialmente con caballos), la terapia del movimiento, el psicodrama, la terapia ocupacional y la terapia recreativa ofrecen al paciente la oportunidad de utilizar una amplia gama de técnicas que pueden proporcionar un medio de expresión y estabilización. Esto facilitará la concentración, el pensamiento pragmático, la organización y la cooperación del mundo interno (el alter). Prácticas artísticas como la pintura, la escritura, el collage, la escultura, etc., pueden servir como registro visual y palpable de la experiencia de las personalidades alteradas, producciones que pueden así ser examinadas en cualquier momento del tratamiento.

Para concluir este subcapítulo sobre las terapias, he aquí algunos consejos prácticos y ejercicios[340]dirigidos directamente a los pacientes con trastornos disociativos:

Se trata de tomar conciencia *del "aquí y ahora"*. Para ello, es útil observarse y percibirse conscientemente, sin juzgar. Cuando notes que entras en un estado disociativo, es decir, que empiezas a salir, que ya no estás del todo, que te percibes peor, intenta parar un rato. Practicando, y quizás incluso con apoyo terapéutico, puedes aprender a responder a las siguientes preguntas:

- ¿Cuál era mi situación cuando empecé a disociar?

- ¿Qué sentí a nivel físico y a nivel psicológico?

- ¿Qué es lo último que recuerdo?

- Sabía que estaba entrando en un estado disociativo porque:

1/ Empecé, por ejemplo, a balancearme, a sentirme como en la niebla, a tener dolores de cabeza....

2/ Dejé, por ejemplo, de hablar, de pensar con claridad, de establecer contacto visual...

3/ Empecé a decirme que podía morir, que no se puede confiar en nadie, que nunca hago nada bien...

- ¿Qué he intentado evitar?

- ¿Qué podría haber hecho en su lugar?

Si, con el tiempo, el paciente es capaz de responder cada vez mejor a estas preguntas, podrá controlar mejor sus comportamientos disociativos y tendrá más control.

¿Qué se puede hacer cuando se entra en un estado disociativo?

- Sé consciente de que estás en un estado disociativo, un estado que pasará cuando todo pase.

- También hay que tener en cuenta que este comportamiento se produce porque antes te protegía. Ahora no lo necesitas, tienes otras formas.

- Encuentra una frase como: *"Ahora soy mayor y estoy seguro"*. Diga esta frase en voz alta para sí mismo.

- Mantén los ojos abiertos y siente el suelo bajo tus pies.

- ¿Tienes algún objeto que te haya gustado (por ejemplo, un peluche u otro compañero cariñoso)? Perfora en ella conscientemente.

- Activa tus sentidos con algo frío (por ejemplo, cubitos de hielo o agua fría en las manos, los brazos o la cara).

- Sé consciente de la diferencia entre antes y ahora. Dígase en voz alta la fecha de hoy, dónde está y qué edad tiene.

- Respira conscientemente. Siente el aire que entra y sale de tus pulmones. Respira con los ojos abiertos, concentrándote un poco más en la exhalación.

- Haz algo que exija tu atención y active tus sentidos: lee o mira un cuadro, escucha música, toca una piedra, huele una flor o un aceite esencial,

---

[340] *EMDR Europe HAP Suisse romande* por Eva Zimmermann y Thomas Renz, basado en el Dr. Reddemann y la Dra. Cornelia Dehner-Rau.

saborea conscientemente el aroma de una sultana, semillas de girasol o algo picante.

- **Muévete:** camina, agita tus extremidades, pisa fuerte, baila...

- **Haz algo con las manos:** escribir, pintar, cultivar el jardín, un rompecabezas, manualidades, etc.

- Dúchate y concéntrate en la sensación del agua.

- Sé comprensivo contigo mismo. Te mereces ser amable contigo mismo.

- Asegúrate de rodearte de personas que te traten bien y con las que no te sientas amenazado.

- Cuando estés seguro de ello, podrás decirte a ti mismo: ahora estoy con fulano, sé que me quiere bien. Si ahora entro en un estado disociativo, tiene que ver con viejos recuerdos. En el momento presente estoy a salvo.

- Imagina que pones todas las cosas del pasado que te pesan en una caja fuerte. Una vez encerrados, ya no te molestarán.

5 - DESARROLLO DE LA T.I. EN LOS NIÑOS

a/ Introducción

El D.I. se origina en la primera infancia, su desarrollo será a largo plazo y normalmente será más evidente y reconocible en la edad adulta. El Dr. Greaves escribe que*"las fracciones de la personalidad suelen manifestarse en la primera infancia, a partir de los dos años y medio, y normalmente a los seis u ocho años."*[341]

En un artículo titulado "Incipiente personalidad *múltiple en* niños: *cuatro casos*", los doctores Fagan y Mc Mahon informaron sobre cuatro niños que desarrollaron una incipiente doble personalidad. El menor tenía 4 años y el mayor 6. Fagan y Mc Mahon afirman en este artículo que *"la multiplicidad se establece entre los 5 y los 8 años de edad como máximo, pero no suele diagnosticarse hasta la edad adulta".*[342]

En un artículo titulado "Psicoterapia con un niño de 3 años víctima de abusos rituales: inocencia engañosa", la psicoterapeuta Leslie Ironside informa de que "se diagnosticaron identidades disociadas en un niño de tan sólo tres años, que había sufrido abusos rituales y había soportado niveles extremos de trauma."[343]

La existencia de la T.I.D. en los niños fue establecida por el Dr. Antoine Despine en 1840. Informó del caso de una niña suiza de 11 años, Estelle, que se

---

[341] "Personalidad múltiple: 165 años después de Mary Reynolds" - G.B. Greaves, *Journal of Nervous Mental Disease*, 1980.

[342] "Personalidad múltiple incipiente en niños: cuatro casos" - J. Flagan & P. Mc Mahon, *Journal of Nervous Mental Disease*, 1984.

[343] "Psicoterapia con un niño de 3 años abusado ritualmente: inocencia engañosa" L. Ironside, 1994, en *Treating Survivors of Satanist Abuse*, V. Sinason.

ha descrito anteriormente en este capítulo. El Dr. Richard Kluft también ha publicado varios artículos sobre los niños y la T.I., incluido el caso de un niño de 8 años, Tom, que se describirá más adelante. Morris Weiss, Patricia Sutton y A.J. Utecht informaron en 1985 en el *Journal of the American Academy of Child Psychiatry sobre* el caso de una niña de 10 años en un artículo titulado *"Multiple Personality in a 10-Year-Old Girl"*.

En su libro Healing The Unimaginable, la terapeuta canadiense Alison Miller escribe: "Traté a una niña de 10 años que, además de su personalidad anfitriona, tenía una alteridad de 3 años (...).Cuando se aburría en la escuela, el niño de 10 años "entraba en su cabeza", el alter ego de 3 años emergía y se apoderaba del cuerpo y se comportaba como un niño de 3 años, lo que por supuesto era inapropiado en un aula. La niña de 10 años se encontraba entonces en el despacho del director sin saber qué había pasado."[344]

Por supuesto, la respuesta sistemática a tal comportamiento en un niño será decir que es un capricho, una regresión voluntaria del niño *"siendo un bebé"*. Pero el trastorno disociativo y la amnesia disociativa arrojan luz sobre este tipo de comportamiento *"caprichoso" desde* una perspectiva completamente diferente. Por supuesto, los niños tienen rabietas y a veces actúan de forma no apropiada para su edad, pero hay criterios para determinar si se trata de un trastorno disociativo, como en este caso en el que la niña parece no recordar su comportamiento de bebé.

Muchos pacientes han informado de que sus personalidades alteradas se originaron en la infancia. Desgraciadamente, en los niños, los trastornos disociativos no suelen diagnosticarse por varias razones:

- Los niños con IDD suelen mostrar signos y síntomas secundarios del trastorno. Es frecuente que presenten déficit de atención, hiperactividad, problemas de comportamiento, ansiedad elevada, depresión, somatización, estrés postraumático, disociación y síntomas que pueden parecer de naturaleza psicótica. Los vómitos y las náuseas, los dolores de cabeza y los desmayos son las somatizaciones más frecuentes en un niño. Los estados de trance o los síntomas de conversión (parálisis disociativa), que son comunes en los pacientes adultos, son más raros en los niños. Las voces internas que el niño puede escuchar pueden ser diagnosticadas erróneamente como "esquizofrenia".

- Dado que la disociación y otras condiciones similares son más comunes en niños sanos que en adultos sanos, estos síntomas disociativos pueden ser ignorados y malinterpretados como un comportamiento infantil normal.

- El maltrato intrafamiliar, un entorno familiar caótico y los trastornos psiquiátricos de los miembros de la familia no sólo complicarán el diagnóstico, sino que también impedirán un seguimiento adecuado del niño.

- Pero, sobre todo, la causa más importante de los errores de diagnóstico es la formación inadecuada de los clínicos y su falta de experiencia con el D.I.

---

[344] "Healing The Unimaginable: Treating Ritual Abuse and Mind Control" - Alison Miller, 2012, p.28.

Su incredulidad en la legitimidad del diagnóstico del Trastorno de Personalidad Múltiple hará que no busquen su presencia en absoluto.[345]

En los niños, la amnesia, la alternancia de comportamientos totalmente diferentes y las alucinaciones (generalmente auditivas) son síntomas de un trastorno disociativo. La amnesia puede manifestarse como "lagunas" en el día, lo que significa que se ha producido una disociación en algún momento. En la adolescencia, los síntomas comenzarán a ser más pronunciados que en los niños menores de 11 años, por lo que los adolescentes tendrán más probabilidades de ser diagnosticados de TID. Todo niño con antecedentes de abuso físico o sexual debe ser evaluado para detectar un trastorno disociativo. Cuando el abuso comenzó en la primera infancia, fue recurrente y sádico, involucró prácticas rituales y los propios padres tienen trastornos psíquicos graves, entonces se debe hacer una observación prolongada del niño, así como una historia de cualquier encuentro que el niño pueda haber tenido con los adultos. Este trabajo debe ir acompañado de cuidadosas sesiones de entrevistas para establecer un diagnóstico preciso. Los niños cuyos padres sufren a su vez un trastorno disociativo deben ser especialmente vigilados de forma regular. Varios autores han informado del vínculo entre los pacientes disociados y su familia disociada. La mayoría de estos padres disociados tienen una historia de abuso físico o sexual desde su primera infancia.[346] Este es un círculo vicioso que hay que entender, especialmente en el caso de las familias satánicas transgeneracionales...

A continuación se presenta una lista de problemas de comportamiento en los niños que pueden estar relacionados con la IDD:

Depresión intermitente - Trance o estado autohipnótico - Fluctuación de las capacidades intelectuales y del estado de ánimo, regresiones rápidas - Amnesias - Alucinaciones auditivas (especialmente con voces interiores) - Compañeros imaginarios recurrentes - Habla consigo mismo - Sonambulismo - Terrores nocturnos - Parálisis repentina - Síntomas histéricos - Se refiere a sí mismo en tercera persona - Responde a otro nombre, o utiliza otro nombre - Cambios significativos en la personalidad y el comportamiento - Olvido o confusión sobre cosas elementales y básicas - Fluctuación de las tareas escolares de un contrario a otro - Comportamiento hiperdestructivo - Autolesiones - Violencia contra otros - Palabras o comportamiento suicida - Comportamiento sexual inapropiado - Aislamiento social, comportamiento antisocial.

b/ El caso de un niño de tres años

---

[345] Trastorno de identidad disociativo en la infancia: cinco casos turcos - *Revista Disociación*, Vol.9 N°4, 12/1996.

[346] Recognition and differential diagnosis of dissociative disorders in children and adolescents - Nancy L. Hornstein, *Journal Dissociation*, Vol.6 N°2/3, June/September 1993.

En septiembre de 1988, la revista *"Disociación" de la Sociedad Internacional del Trauma y la Disociación (*ISSTD) publicó un artículo en el que se describía el caso de una niña que mostraba una disociación de la personalidad causada por traumas repetitivos. Los autores del artículo, titulado *"El desarrollo de los síntomas del trastorno de personalidad múltiple en un niño de tres años"*, son el Dr. Richard Riley, que trabajó para el Ejército de EE.UU. en el Programa de *Miembros Familiares Excepcionales* (EFMP) en Bélgica, y el Dr. John Mead, médico privado de Pasadena, California.

La niña fue seguida desde los 14 meses de edad, sufrió múltiples traumas repetitivos que desarrollaron en ella un estado disociativo. La progresión de su trastorno disociativo fue grabada en vídeo durante un seguimiento ordenado por la ley.

Cindy (seudónimo) fue vista por primera vez por el Dr. Riley a la edad de 14 meses. Se decidió que debía ser vista para una evaluación tras una disputa entre la familia de acogida, Joan y David (seudónimos) y la madre biológica Diane (seudónimo). Cindy había sido entregada a la familia de acogida al segundo día de su nacimiento. Había tenido un contacto muy limitado con su madre biológica entre los 3 y los 4,5 meses de edad, pero no había tenido ningún contacto desde entonces.

En la primera sesión de evaluación, Cindy mostró una actitud muy positiva. Se mostraba curiosa y exploraba la oficina, visiblemente feliz y confiada. Se le veía como una niña que recibía mucho amor y afecto, era evidente que había un fuerte apego entre ella y su familia de acogida. También fue capaz de dejar que la pareja saliera de la habitación sin mostrar ninguna ansiedad.

Cuando Cindy fue atendida en la clínica a la edad de 16 meses, su madre biológica venía a visitarla durante unas horas dos veces por semana en la casa de acogida. Se informó de que Cindy dormía mal, que su apetito se había deteriorado y que tenía rabietas. A diferencia del encuentro anterior, estaba agitada, se aferraba a su madre de acogida y se ponía muy nerviosa cuando salía de la habitación para estar a solas con el médico. Todos estos hallazgos fueron comunicados al juez, sin embargo, la custodia de la niña fue otorgada a la madre biológica con un acceso gradual por parte de los padres de acogida para permitir que Cindy se adapte al cambio. Sin embargo, la madre biológica cumplía este horario de visitas de forma muy esporádica y se supo demasiado tarde que durante este tiempo había dado a luz a otra niña que murió de SMSL a los 3 meses.

A los 20 meses, Cindy volvió a una visita a la clínica, acompañada por Diane, la madre biológica, y Joan, la madre de acogida. Cindy había aceptado la compañía de todos y parecía estar cómoda en esta situación. A los 23 meses, durante otra visita con su madre de acogida, Cindy estaba muy asustada y se aferraba a su madre de acogida. Durante los meses siguientes su estado emocional se deterioró por completo, insistía en que la abrazaran y lloraba si no estaba en contacto físico con su madre de acogida. Tenía problemas de salud recurrentes y una vez llegó a una visita con un moratón en el lóbulo de la oreja. Entonces confesó que su madre biológica la había golpeado. También declaró que los miembros de su familia biológica la llamaban *"Lila"*. *En* repetidas ocasiones dejó claro que su hermanastro le tocó los genitales y le introdujo objetos en la vagina. Denunció regularmente abusos físicos y sexuales.

A raíz de estas declaraciones, se tomó la decisión de limitar la custodia con la familia biológica sólo a las horas del día, cuando Cindy tenía 2,5 años. Su estado mejoró y su ansiedad disminuyó, pero seguía estando muy enfadada y continuaba aferrándose a su madre de acogida. Incluso quería dormir con ella y se despertaba varias veces por la noche para comprobar que estaba allí. Joan informó de que la pequeña hablaba en sueños, repitiendo *"me llamo Cindy R."* *(el nombre de la familia de acogida).* (nombre de la familia de acogida). Cindy continuó hablando sobre el abuso físico y sexual durante las visitas diurnas con su familia biológica y comenzó a replicar este abuso sobre su hermana adoptiva, la hija biológica de David y Joan...

A continuación, se designó a otro *perito médico* para que examinara a la niña en el entorno de su familia biológica. Informó que Cindy era *"alegre y extrovertida y no mostraba ningún comportamiento anormal o inusual".* Durante este periodo, la madre de acogida hizo una visita inesperada a la familia biológica de Cindy y la niña no pareció reconocerla o actuó como si no la conociera...

La primera sesión filmada tuvo lugar cuando Cindy tenía 3 años. Se programaron tres sesiones para determinar el estado de la relación entre Cindy, su madre biológica y su familia de acogida, y para grabar en vídeo todas las declaraciones de abuso. Reiteró espontáneamente su testimonio sobre los abusos sexuales por parte de sus hermanos y el hecho de que su familia biológica la llamara constantemente *"Lila"* en lugar de utilizar su verdadero nombre. En un momento de una sesión, reaccionó cuando se mencionó la palabra Lila diciendo *"¿Qué?* Niega las visitas a su familia biológica, pero habla de ella de forma directa. También denunció que su madre biológica la llamaba *"zorrita".* Cuando hablaba de los miembros de esta familia biológica, su forma de hablar de ellos y su comportamiento se volvían totalmente diferentes. Su lenguaje se volvió inmaduro, sus posturas corporales y sus gestos eran como los de una muñeca. Esta serie de grabaciones de vídeo se presentó como prueba de abuso ante el jurado. Como resultado, la duración de la custodia con la familia biológica se redujo aún más.

Tres meses más tarde, la madre biológica solicitó, a través de su abogado, que se filmara una sesión con su hija: la personalidad alter *Lila* se presentó directamente en esta sesión con la madre biológica. A continuación se celebraron cinco sesiones, cuatro de las cuales fueron grabadas. Durante la primera sesión, Cindy estuvo dispuesta a responder a todas las preguntas sobre la familia de acogida sin dudarlo. Dio respuestas emotivas sobre la muerte del abuelo paterno de la familia de acogida, mientras que las preguntas sobre la familia biológica fueron generalmente ignoradas o respondidas sólo con un *"no sé".* Cuando se le dijo que volvería al día siguiente para otra sesión, aceptó; pero cuando se añadió que vendría con su madre biológica, primero guardó silencio, luego respondió negativamente y, finalmente, negó que le acabaran de decir que iba a hacer una sesión al día siguiente con su madre biológica.

A continuación, la niña se presentaba alternativamente con una de las dos personalidades distintas, en función de las preguntas que se le hacían. Estas personalidades eran Cindy o Lila. Lila decía que quería que la llamaran así, y no respondía a las preguntas sobre la familia de acogida o decía que no lo sabía. A veces se escondía detrás de la casa de muñecas o de una silla, fuera de la vista de su madre biológica, y Cindy salía. Al final de una de las sesiones, la niña quiso quedarse a limpiar el desorden que había hecho en la habitación, lo que estaba totalmente fuera de lugar para Cindy. Durante las tres sesiones siguientes, Cindy y Lila alternaron su aparición: con la madre biológica presente, Lila era la personalidad activa, pero Cindy podía emerger a veces para jugar agresivamente mientras criticaba a Lila por su comportamiento. Lila podía responder a algunas preguntas sobre la familia de acogida, pero tenía un conocimiento muy limitado de la misma. Identificó a Joan R., la madre de acogida, como la "niñera". Además de este vacío de memoria en su historia personal, Lila parecía psicológicamente más joven y sus conocimientos generales eran más limitados que los de Cindy. Cuando Lila cometía un error, Cindy podía surgir para corregirlo. Lila también mostró un comportamiento sexual inapropiado en algunos juegos. Su lenguaje estaba menos desarrollado que el de Cindy y era fonéticamente más inmaduro. Un punto importante a tener en cuenta es que Lila no parecía conocer a Cindy, mientras que Cindy era consciente de Lila, recordando cada pequeña cosa que hacía. No le gustaba y no le gustaba nadie de su familia biológica. Cindy era confiada y dominante cuando no se sentía amenazada. También mostró culpa y remordimiento cuando su comportamiento ofendió a alguien.

Las grabaciones de vídeo de las sesiones se presentaron como prueba, pero nunca se utilizaron. El tribunal explicó que como todos los *peritos* no coincidían en sus conclusiones y recomendaciones, el tribunal no necesitaba las grabaciones. En cambio, se suspendió toda la custodia y las visitas con la madre biológica, y se estableció una psicoterapia para la niña. Se programaron doce sesiones en un periodo de cuatro meses. Su madre adoptiva estuvo siempre presente y su hermana adoptiva, Cheri, estuvo presente en tres sesiones. En la primera sesión, Cindy mostró su enfado con los agresores y se le animó a expresarlo en su juego. Fue entonces cuando dejó salir el miedo de su madre biológica. La alteración de Lila surgió de forma intermitente durante esta sesión y algunas otras posteriores. A medida que avanzaban las sesiones, Cindy empezó a llamar a su hermana adoptiva por el nombre de Lila. Hacía peticiones o daba órdenes en el mismo tono severo que su madre biológica. Poco a poco a Cindy le empezó a gustar el alter ego y quiso que Lila viviera con ella en la casa de acogida. A continuación, permitió que el alter ego participara más libremente en los juegos. Ambas personalidades también comenzaron a dar información sobre la familia biológica sin mostrar ansiedad. En un momento dado, Cindy declaró que era mayor que Lila, también identificó extrañamente a su madre adoptiva como *"la mamá de Lila"*. Durante otra sesión, Cindy respondió positivamente a la idea de que ella y Lila pudieran reunirse. Como resultado, parecía estar mucho mejor y empezó a ir a la escuela. En una de las últimas sesiones, explicó que tanto ella como su hermana eran Lila, pero que una había crecido más rápido.

El caso de la pequeña Cindy mostraba, pues, dos criterios relacionados con la T.I:

- La presencia de dos identidades o estados de personalidad, cada uno con su propia forma de percibir, relacionarse con los demás y pensar en el entorno, así como en uno mismo.

- Al menos dos de estas identidades o estados de personalidad toman el control del comportamiento de la persona de forma recurrente.

Tanto Cindy como Lila son personalidades complejas, cada una con sus propios recuerdos, su propio comportamiento y diferentes relaciones sociales. Cindy declaró que era mayor pero también más gorda que Lila. Se refería a Lila como alguien que estaba separado de ella y que vivía en otro lugar. Lila era más inmadura que Cindy, tanto en su lenguaje como en sus gestos. Su nivel de conocimientos generales era inferior al de Cindy. El alter ego de Lila también parecía más dependiente y sumiso, mientras que la personalidad de Cindy era agresiva, asertiva y emprendedora: culpaba a Lila de las cosas que había dicho o hecho. Para Cindy, Joan era su madre, mientras que para Lila era simplemente su niñera. Cindy conocía a Lila mientras que Lila no parecía conocer a Cindy. Ambas personalidades mostraron amnesia. La niña podía cambiar de personalidad simplemente moviéndose o cambiando la posición de su cuerpo: las transiciones (*cambios)* eran muy rápidas.

El caso de la pequeña Cindy se ajusta a cinco síntomas de D.I. enumerados por el Dr. Fagan y el Dr. McMahon en su artículo citado anteriormente:

1- A veces mostraba un comportamiento aturdido o en trance.

2- Respondía a más de un nombre.

3- Mostró cambios muy marcados en su comportamiento.

4- Tuvo pérdidas de memoria sobre eventos recientes.

5- Mostró variación en sus conocimientos y habilidades.

Los autores del artículo concluyen: "¿Qué habría pasado con esta niña si no hubiera sido apartada de su familia biológica? Probablemente habría seguido desarrollando y reforzando su trastorno de la personalidad con esta Lila alterada que le permite hacer frente a las circunstancias traumáticas de la vida. " [347]

c/ El caso de un niño de siete años

La psicóloga Wanda Karriker informó del caso de una niña de 7 años, a la que llama Katie (seudónimo). Sus padres la habían llevado a una evaluación psicológica por consejo de su profesor porque se comportaba de forma extraña en la escuela. Los resultados eran muy variables y a veces se chupaba el dedo mientras actuaba como un bebé. A veces parecía estar encerrada en su propio mundo. En la entrevista con los padres, la madre dijo: *"Es como si tuviera dos extremos, a veces es totalmente pasiva y a veces se pone violenta, está de mal humor."*

---

[347] "El desarrollo de los síntomas del trastorno de personalidad múltiple en un niño de tres años" - Richard Riley, John Mead, *Journal Dissociation*, Vol.3 N°1, 09/1988.

Tras una sesión de evaluación del coeficiente intelectual, la pequeña Katie miró la pizarra borrable y preguntó si podía dibujar algo en ella, a lo que el psicólogo, obviamente, respondió afirmativamente. La niña preguntó entonces: *"¿Dime qué tengo que dibujar? ¿Por qué no una foto de tu familia?* Karriker respondió. Katie comenzó entonces a dibujar tres figuras fantasmales en la pizarra, titulándolas "Papá", "Mamá" y "Lucy". Representó a una niña de su familia llamada Lucy, pero sin representarse a sí misma como Katie... *"¿Sabes qué?"*, dijo, mirando por debajo de su camisa, *"puedo presionar mi ombligo para sacar a Lucy"*. La psicóloga le preguntó entonces si esta Lucy se parecía a ella y la niña respondió*: "Es bonita, tiene el pelo corto y rubio y los ojos azules"*. (Katie tenía el pelo largo y castaño y los ojos oscuros). La chica continuó: *"¿Sabes qué? Siempre me da las respuestas en matemáticas.* La psicóloga le preguntó entonces si podía hablar directamente con Lucy y, de nuevo, Katie miró por debajo de su camisa, se presionó el ombligo y dijo: *"¡Lucy, ven aquí! ''*. Fue entonces cuando su expresión facial cambió a la de una niña mucho más madura, con un evidente cambio en el lenguaje corporal. Se presentó diciendo: *"Hola, soy Lucy"*. La psicóloga le preguntó entonces dónde estaba Katie ahora, a lo que la niña contestó *"Ahí arriba"*, mientras señalaba una esquina del techo... *"¿No la ves ahí arriba? ''*, dijo. El niño parecía estar experimentando despersonalización, un fenómeno en el que una persona se siente desvinculada de su cuerpo (más información sobre esto en el próximo capítulo).

Cuando la chica vio la cámara en el despacho del terapeuta, se puso inmediatamente a bailar y cantar, y de repente se tiró al suelo, dando patadas en el aire y gimiendo: *"¡No, no! No me hagas esto"*, mientras se tapaba la boca con las manos y se revolvía en posición fetal. Fue después de esto que Wanda Karriker comenzó a cuestionar seriamente si la pequeña Katie había sido abusada hasta el punto de desarrollar estos profundos trastornos disociativos. Un trastorno que su profesora describió como un repliegue en su *propio mundo*.

Cuando Karriker expuso sus conclusiones a los padres, señaló el cambio de comportamiento entre Katie y Lucy, un cambio drástico que había sido grabado. El psicólogo dijo a los padres: *"No tengo que hacer un diagnóstico formal, pero creo que su hija ha creado al menos un amigo imaginario, si no tal vez una personalidad alterada, para ayudarla a enfrentar algo que no podía manejar"*. La psicóloga explicó a los padres dudosos que ella misma nunca había observado un trastorno de personalidad múltiple en un niño. Explicó que cuando un niño se enfrenta a un trauma insoportable, puede crear inconscientemente diferentes *"estados mentales"* que le ayuden a afrontar mental y emocionalmente el dolor. Tras esta entrevista con los padres y la explicación del tema del trauma, la psicóloga no volvió a ver a la pequeña Katie para que se despidiera...

Unas semanas después, la madre de Katie volvió a llamar a Karriker para decirle que le habían diagnosticado una ETS (enfermedad de transmisión sexual) y que el pediatra le había recomendado un psiquiatra para la niña. Poco después, el abogado del padre de Katie se puso en contacto con Wanda Karriker para informarle de que pronto recibiría una citación... De hecho, la niña acababa de confiar al psiquiatra que su padre le había hecho hacer *cosas malas*... un abuso sexual que, por tanto, fue denunciado a los servicios sociales.

Durante su declaración en presencia de los abogados de la defensa, la psicóloga Wanda Karriker declaró que la niña nunca le había verbalizado los abusos, pero que había sido apartada de la terapia cuando sugirió la posibilidad de que el trauma pudiera haber inducido los comportamientos disociativos de la pequeña... Wanda Karriker sólo pudo conocer el resultado del caso a través de los abogados, pero parece que las acusaciones de abusos sexuales se han confirmado. La pequeña Katie ha sido retirada del cuidado de sus padres y ha quedado bajo la custodia de los servicios sociales.

Posteriormente, un terapeuta se puso en contacto con Karriker para pedirle copias de las distintas pruebas psicológicas que había realizado a la pequeña Katie en aquella época, y le escribió: *"Katie es un enigma. No estamos avanzando mucho con ella. Siempre se mete en conflictos, pero luego niega haber hecho nada malo. A veces se comporta como un bebé, tiene muchos arrebatos de ira, mientras que otras veces puede ser totalmente pasiva, sin responder a nada. Por ejemplo, la forma en que se niega a ver a su madre o a su padre cuando vienen a las visitas supervisadas."*

Wanda Karriker no pudo evitar entonces preguntar a este terapeuta si la niña había sido tratada por sus profundos trastornos disociativos... A lo que el terapeuta respondió: *"Pero Dra. Karriker, esta niña no muestra síntomas de personalidad múltiple"*...

Más tarde, al recordar lo disociada que estaba la pequeña Katie y cómo se comportaba cuando una cámara rodaba en la oficina, Karriker se dio cuenta de que si hubiera podido trabajar con ella durante más tiempo, la niña seguramente habría revelado más sobre los abusos. Su comportamiento ante una cámara hizo pensar al psicólogo que sus padres la utilizaban para producir pornografía infantil y Dios sabe qué otros horrores...[348]

El caso de esta niña ilustra algunas de las prácticas denunciadas en el capítulo 3, es decir, todos aquellos niños disociados y fraccionados por el maltrato intrafamiliar, niños apartados de sus familias para ser acogidos y que potencialmente se convierten en objetivo y presa de las redes pedocriminales y los programas de control mental. En el caso relatado aquí por la Dra. Wanda Karriker, tenemos a una niña visiblemente fracturada por el trauma que es separada de sus padres y es interesante observar que el psiquiatra a cargo del cuidado de Katie una vez que fue internada, afirma que no muestra absolutamente ningún síntoma de personalidad múltiple... En otras palabras, está manteniendo la caja de Pandora cerrada al ignorar totalmente los trastornos disociativos de la niña, o bien no está capacitado para ello....

d/ el caso de un niño de ocho años

---

[348] *Incesto - La última traición: resultados de una serie de encuestas internacionales sobre abusos extremos* - Wanda Karriker, 2008.

El libro *"Childhood Antecedents of Multiple Personality" (Antecedentes infantiles de la personalidad múltiple)*, del Dr. Richard Kluft, informa sobre algunos casos de niños con doble personalidad. En particular, describe con detalle el caso de un niño de ocho años.

Tom era un chico que sufría un trastorno de personalidad múltiple. Más tarde se descubrió que su abuela también tenía un D.I.D. .... Uno de los alternos de la abuela admitió haber abusado de la madre, que probablemente también sufría un trastorno disociativo grave. Así que aquí estamos de nuevo en un contexto de D.I. transgeneracional.

Tom solía ser un niño bueno y ejemplar, pero de repente podía volverse extremadamente difícil, al tiempo que negaba cualquier mal comportamiento que hubiera tenido, incluso si sólo había ocurrido unos momentos antes. Mentía descaradamente mientras negaba totalmente su participación en actos de los que toda su familia había sido testigo. Su voz, su lenguaje verbal y corporal, y sus amistades variaban con lo que parecían ser sus "estados de ánimo"... A veces incluso decía que era una chica y luego se comportaba de forma afeminada. Tras estos episodios, reconocía de forma muy avergonzada que creía que era una chica, pero que no recordaba haberse comportado así... Era propenso a los accidentes, pero no parecía aprender nada de ellos. Sus resultados escolares eran extremadamente erráticos. A menudo, sus profesores comprobaban que no entendía ciertas materias y, cuando le preguntaban, afirmaba que nunca le habían enseñado esas cosas... Por lo tanto, sus profesores concluyeron que era *lento* y que simplemente tenía dificultades de aprendizaje.

Tom también decía con frecuencia que algunas de las prendas de su armario no eran suyas y se confundía cuando su madre intentaba recordarle cuándo las habían comprado juntos. El niño se deprimía a menudo, sobre todo cuando se le llamaba mentiroso, especialmente cuando se le confrontaba con actos en los que acababa de negar su participación. El niño era muy consciente de sus esfuerzos por encubrir sus recurrentes lapsos de memoria, ya que sabía que a menudo estaba *"a oscuras"*.

Tom confesó que oía voces en su cabeza, tanto de chicos como de chicas.

Durante la entrevista con el terapeuta, se observaron varios tipos de comportamiento, así como cambios en su voz. Además, hubo una flagrante amnesia sobre el contenido de la entrevista. Su terapeuta utilizó la hipnosis para explorar la personalidad de Tom. El terapeuta informó de que, en cuanto Tom entró en trance hipnótico, surgió espontáneamente una personalidad con voz grave. Este alter dijo que se llamaba *"Marvin"* y que era un astronauta. Marvin le dijo al terapeuta que Tom necesitaba ayuda porque *"quería ser una chica"*, este alter también le dio al terapeuta algunos consejos por escrito. Después de esta sesión de hipnosis, Tom tenía amnesia total sobre la conversación entre Marvin y el terapeuta. También se descubrió que la letra de Tom y de Marvin era totalmente diferente. En total, se descubrieron cinco alteridades en este niño. Tom estaba deprimido y bastante débil, lo que es clásico en la personalidad del "anfitrión". El papel del alter Marvin era ayudarle con su inconcebible ira y miedo. Tom tenía otro alter llamado Teddy, así como dos personalidades femeninas llamadas Wilma y Betty. Sus características eran las de una madre, mientras que Marvin y Teddy eran más una representación del padre con un carácter racional y brutal.

Durante la terapia se puso de manifiesto que el joven paciente se había disociado durante una *ECM* (experiencia cercana a la muerte) a la edad de dos años y medio. Se había caído a un estanque y casi se ahoga. Había sido sacado del agua sin vida y finalmente "resucitó".[349]

e/ Informe sobre cinco casos

He aquí cinco casos que se han descrito en un programa sobre trastornos disociativos del Departamento de Psiquiatría de la Universidad de Estambul (Turquía). El estudio fue dirigido por el Dr. Salih Zoroglu. Los casos fueron comunicados en 1996 por la revista *"Dissociation"* en un artículo titulado *"Dissociative disorder in childhood: five Turkish cases"*.

Hale:

Hale era una niña de diez años que tenía migrañas y náuseas recurrentes. Estaba irritable y lloraba sin motivo aparente, hablaba sola, se reía de forma inapropiada, tenía estados de trance y se autolesionaba. Incluso se comportaba como una delincuente y se maquillaba y vestía de forma inapropiada. Además, tenía terrores nocturnos y alucinaciones visuales.

Su madre la llevó primero a una *"hoca"* (curandera tradicional) que le dijo que estaba poseída por *jinn* (demonios en la tradición musulmana), pero esta consulta no mejoró su estado mental.

Durante la primera sesión clínica, le dijo al terapeuta que llevaba mucho tiempo escuchando voces en su cabeza. Una de estas voces era la de *"Cisem"*, una chica muy simpática. Las otras voces eran malas, pertenecían a "personas" de diferentes edades y sexos. Eran las voces que la obligaban a hacer cosas malas y que comentaban sistemáticamente su comportamiento. A medida que avanzaba la terapia, aparecieron once personalidades distintas. Entre ellos estaba Cisem, una chica mayor que quería que Hale fuera feliz y se comportara bien. Cisem tenía miedo de los otros alters que podrían castigarla cuando quisiera ayudar a Hale. El *"Gran Jefe"* era un hombre mayor que era el líder del grupo de alters malos. Hale confió que este alter ego *"Gran Jefe"* y sus compinches podían conectarse directamente a lo que ella decía y hacía a través de un ordenador (interno). También podían utilizar este ordenador en modo de *observación* y saber todo lo que hacía con gran detalle. Así que Hale a veces se sentía como un robot cuando estaba bajo el control de este ordenador. Había un total de seis personalidades alternativas que estaban bajo el control *del Gran Jefe*. Además, había otros dos alters suicidas completamente separados de los otros.

---

[349] *Childhood Antecedents of Multiple Personality* - Richard P. Kluft, 1985, p.179-180.

Hale fue severamente golpeado de niño. Durante la terapia, reveló que Cisem había sido violada por un hombre llamado Erhan. Más tarde se convirtió en uno de los perseguidores de los altercados, uno de los ayudantes del *"Gran Jefe"*. Los recuerdos de la violación volvieron a aparecer en forma de flashes, pero Hale no aceptaba el hecho de que ella era la que había sido violada e insistía en que estaba totalmente separada de Cisem. Finalmente, tras mucho trabajo terapéutico, todas las personalidades alteradas se integraron y todos los síntomas desaparecieron.

Mío:

La niña de nueve años fue trasladada a la sala de psiquiatría infantil de la clínica, donde ya se encontraba su madre. Su padre y su hermano habían notado que su comportamiento cambiaba bruscamente cuando el padre llegaba a casa. Estaba muy malhumorada y agresiva. A menudo lloraba y actuaba como si viera caras a las que parecía tener miedo y hablaba continuamente.

Un día fue a la policía y dijo que dos hombres la seguían. Estos dos hombres eran en realidad su padre y su hermano, a quienes ya no reconocía... Luego pasó la noche en la comisaría (por su seguridad), y a la mañana siguiente, tras volver a su estado normal, no recordaba nada de lo que había sucedido el día anterior.

La niña le dijo a su madre que tenía un amigo dentro de ella. Una amiga a la que podía ver y con la que podía jugar, y que además le ayudaba a mantener a raya a su padre y a los chicos del colegio. La mía oía voces en su cabeza, una de las cuales era la de una chica un año menor que ella. Esta alteración surgió en una sesión de terapia llamándose a sí misma *"Ayse"*. Esta personalidad alterada declaró que había estado con Mine durante tres años y que tenía buenas relaciones con ella. Cuando se le preguntó dónde estaba Mine en ese momento, respondió que no lo sabía mientras seguía jugando con un puzzle. Más tarde, cuando Mine "regresó", miró el puzzle medio reconstruido por Ayse, pero no tenía ni idea del tiempo que había pasado ni de lo que Ayse había estado haciendo durante ese tiempo. Más tarde, se identificó otra personalidad alterada del sexo opuesto. Se informó de que su padre era un alcohólico crónico que golpeaba a su esposa e hijos. En el caso de Mine, la terapia fue desgraciadamente muy aleatoria, ya que dependía de las hospitalizaciones de su madre.

Mehmet:

La familia de Mehmet se había dado cuenta regularmente de que su comportamiento estaba cambiando drásticamente. A veces, el niño de 11 años empezaba a leer y escribir de forma totalmente inmadura para su edad. Ya no podía pronunciar la letra "R", ni siquiera sabía su nombre ni su edad. Lo único que recordaba era a sus padres. En esos momentos se convertía en un niño pequeño e introvertido y jugaba con juguetes inapropiados para su edad. Además, no tenía sentido del tiempo durante sus "ataques".

Mehmet recibió terapia una vez a la semana durante dos meses. A la cuarta sesión llegó con su personalidad premórbida, no reconoció a su terapeuta y no parecía recordar las sesiones anteriores. Esta personalidad era la de un chico simpático con un comportamiento y un discurso muy maduro para su edad. Le interesaba especialmente la ciencia. Tenía una amnesia total de los tiempos en que actuaba como un niño muy pequeño.

Sus padres informaron de que los cambios de personalidad habían comenzado tres meses antes. Cada personalidad surgía durante tres o cuatro días, y luego no recordaba nada en absoluto cuando otro alter ego tomaba el control. Mehmet sufría a veces parálisis en un brazo que duraba entre diez y treinta minutos, tras lo cual fue hospitalizado cuatro veces en distintos hospitales, incluidas dos clínicas universitarias. Los exámenes exhaustivos (neurológico, craneal, electroencefalograma) no mostraron nada anormal, la parálisis del brazo fue diagnosticada como trastorno de conversión disociativo. La prescripción de antipsicóticos, antidepresivos, tranquilizantes y antiepilépticos no le ayudó en absoluto, al contrario, estos fármacos le provocaron un comportamiento violento.

En el curso de su terapia, se observaron otras dos personalidades alteradas. Una en la que perdió su capacidad de caminar y hablar: esto fue claramente un altercado en la etapa de bebé, como lo atestiguan su voz y sus expresiones. En la otra personalidad alterada gritaba *"¡Estoy loco, estoy loco!* y no reconoció a nadie en absoluto.

En su caso, no se reveló ningún trauma psicológico o físico. Su hermana mayor también declaró que no hubo abusos ni negligencia en la familia. Ninguna de las personalidades alteradas de Mehmet tenía alucinaciones visuales o auditivas, ni ninguna manifestación de este tipo a través de la cual un alter pudiera comunicarse. El niño podía ser hipnotizado fácilmente, pero las personalidades alteradas no surgían por este método. En cambio, los cambios se produjeron de forma espontánea y Mehmet tuvo una amnesia completa de estos "ataques". La familia acabó dejando la terapia e informó un año después de que los trastornos disociativos habían cesado y que Mehmet había recuperado un buen nivel de madurez.

Emre:

Emre era un niño de cinco años cuando ingresó en una clínica a petición de su madre. El niño tenía comportamientos agresivos repentinos durante los cuales rompía objetos, atacaba a amigos, extraños e incluso a su madre. También tuvo breves periodos en los que se encontraba en un estado de trance, escuchando voces, teniendo visiones horribles y muchos síntomas somáticos como migrañas y náuseas. A veces parecía estar hablando solo, riendo y charlando durante horas con quién sabe quién... Su comportamiento era totalmente polarizado y tenía actitudes sexualizadas impropias de su edad.

Me confió que podía oír las voces de cuatro niñas y seis niños en su cabeza, todos de entre cuatro y doce años. Podía verlos, jugar con ellos y hablar con ellos cuando estaba solo. Una de las niñas, *"Gamze la bruja"*, tenía una pistola con la que asustaba a Emre y a los demás niños. A veces golpeaba a Emre y rompía sus juguetes, o se divertía asustándolo por la noche. En la tercera sesión de terapia, Emre dijo que una niña de doce años llamada *"Cunyet"* quería hablar con los presentes. Así se presentó la alter Cunyet: era la mayor y fue ella quien protegió a Emre y a los demás niños de la bruja Gamze, la alter perseguidora. Cuando el terapeuta preguntó dónde estaba Emre, Cunyet señaló una silla vacía y dijo que estaba sentado allí escuchando. Aunque sus padres informaron de que el niño tenía amnesia con frecuencia, no hubo evidencia de amnesia entre estas dos personalidades alteradas durante la terapia. En el caso de este niño no se informó de ningún pasado traumático.

Nilgun:

Esta niña de 10 años fue llevada a terapia por su padre. Sus síntomas eran aburrimiento recurrente, tristeza, llanto sin motivo aparente, pérdida de apetito, estados de trance, migrañas severas, desmayos, náuseas, dolores de estómago y rabietas extremas.

Dos psiquiatras diagnosticaron a Nilgun con depresión. Durante la primera entrevista, la niña dijo que había una niña mayor dentro de ella llamada *"Fatma"*. Me confesó que llevaba más de dos meses escuchando su voz casi a diario. Esta voz la consolaba y animaba, y comentaba su comportamiento, sus sentimientos y sus pensamientos. También le advirtió a Nilgun que nunca hablara de esto con nadie, ni siquiera con el terapeuta. Al principio, la alterada Fatma se negó a hablar con el terapeuta, luego empezó a comunicarse a través de Nilgun, y finalmente emergió por completo: Fatma le dijo al terapeuta que tuvo que "entrar" en Nilgun tras un suceso desastroso que sólo ella conoce, para ayudar a la niña. Dijo que no tenía los mismos padres que Nilgun y que había tomado el control varias veces para ayudarla pero que Nilgun no sabía lo que estaba haciendo porque no podía verla. También dijo que no sabía todo lo que hacía Nilgun...

Cuando surgió la alter Fatma, las expresiones faciales de Nilgun, su forma de hablar y su manera de relacionarse con la gente cambiaron por completo. Parecía muy seria y daba respuestas concisas y precisas. Durante las sesiones, a Nilgun le gustaba jugar con juguetes o rompecabezas, pero a Fatma no le interesaba en absoluto. Dijo que era demasiado mayor para jugar de esta manera. También dijo que Nilgun estaba dentro de ella. Mientras que Nilgun era una niña rubia de ojos azules, Fatma se describía a sí misma como de ojos y pelo castaños. Nilgun tenía amnesia sobre los periodos de tiempo en los que Fatma tenía el control. No se encontraron experiencias traumáticas pasadas en el caso de esta niña.[350]

---

[350] *Trastorno de identidad disociativo en la infancia: cinco casos turcos* - S. Zoroglu, L. Yargic, M. Ozturk, *Journal Dissociation*, Vol.9 N°4, 12/1996.

6 - I.D.T. EN LOS MEDIOS DE COMUNICACIÓN

a/ Documentales

En los años 90, la cadena de televisión australiana *Seven Network* dedicó un documental al fenómeno de las personalidades múltiples en su serie *"The Extraordinary"*.

En 1993, la cadena estadounidense *HBO* emitió *"Multiple* Personalities: *The Search for Deadly Memories"*, un documental íntegramente dedicado a la I.D.T.

En 1999 se estrenó un documental en francés en la serie *"Phénomènes inexpliqués"* titulado *"Dédoublement de la personnalité"* (dirigido originalmente por *Gloria Sykes* y producido por *A&E Television Network*). Este parece ser el único documental en francés sobre el tema.

En 1999 se emitió en *la BBC2* (dentro de la serie *"Horizon"*) un documental titulado *"*Mistaken *Identity" (Identidad* equivocada*)*, en el que hablaban varios pacientes y terapeutas de IDD.

En 2004, un reportaje titulado *"La mujer con siete* personalidades*"* muestra a la doctora Ruth Selwyn acompañando a Helen, una mujer que desarrolló múltiples personalidades como resultado de un abuso ritual que incluía violencia sexual.

El documental más reciente parece ser de 2010, titulado *"When The Devil Knocks"* y producido por *Bountiful Films* (Canadá). Cuenta la historia de Hilary Stanton, una mujer a la que se le ha diagnosticado un trastorno por déficit intelectual y que es tratada por la terapeuta Cheryl Malmo.

b/ Cine y series de televisión

Es interesante observar que, a pesar de que este trastorno psiquiátrico está más o menos oculto para el público en general, muchas producciones cinematográficas lo han utilizado como base para sus guiones:
- El caso de Becky (1921)
- Dr Jekyll & Mr Hyde (1941)
- *El espejo oscuro* (El doble enigma, 1946)
- *Las tres caras de* Eva (1957)
- *El candidato de Manchuria* (Un crimen en la cabeza, 1962)
- El profesor chiflado (1963)
- *La naranja mecánica* (1971)
- *Sybil* (1976)
- *Vestida para matar* (Pulsions, 1980)
- *Zelig* (1983)
- Voices Within: The Lives Of Truddi Chase (Demons Within, 1990)
- *Raising Cain* (El espíritu de Caín, 1992)
- Parcelas (1997)
- Fight-Club (1999)

- Sesión 9 (2001)
- *The Bourne Identity* (La memoria en la piel, 2002)
- *Dédalo* (2002)
- Identidad (2003)
- *Ventana secreta* (2004)
- *Hide & Seek* (Trouble jeu, 2005)
- Sr. Brooks (2007)
- Shutter Island (2010)
- Frankie y Alice (2010)
- La habitación abarrotada (2015)

También podemos mencionar la serie de televisión *Dollhouse,* que presenta la explotación de *"muñecos"* humanos programados y amnésicos, o *United State of Tara*, que cuenta la historia de una madre que sufre IDD, pero también la serie canadiense *Shattered*, cuyo protagonista es un policía con personalidades múltiples... El cortometraje *"Inside"*, de Trevor Sands, presenta a un paciente con una personalidad múltiple bastante abigarrada. La serie web *Neuroblaste*, producida en 2011 por *Radio-Canadá* en formato *motion comic*, se inspira en los trabajos sobre el lavado de cerebro MK-Ultra realizados en Montreal en los años 60 por el psiquiatra Ewen Cameron.

Por lo general, en las producciones cinematográficas, la IDD se retrata de forma estereotipada y sesgada, mostrando sólo el lado atractivo y sensacionalista de la personalidad múltiple y eclipsando las demás características de la enfermedad. Además, la mayoría de las películas que tratan este tema presentan personajes extremadamente conflictivos, violentos e incluso asesinos. Esta visión de la T.I. es limitante. Además, las películas tienden a mezclar y confundir la esquizofrenia y el D.I., lo que agrava aún más la confusión general entre estos dos diagnósticos. Como el cine es un arte visual, la representación cinematográfica habitual del D.I. no permite distinguir entre la verdadera doble personalidad y la alucinación, lo que refuerza la confusión entre esquizofrenia y D.I.[351]

En cuanto a la imagen de los medios de comunicación sobre el control mental basado en las T.I.D., esto es lo que escribe la terapeuta Alison Miller: "La representación popular de los medios de comunicación sobre el control mental suele implicar a espías o asesinos que trabajan para la CIA u otros grupos militares, políticos o incluso empresariales privados, sin que ellos sean conscientes de ello. Esto se debe a que tienen otras "personalidades" involucradas en estas actividades. Por ejemplo, Jason Bourne, el héroe de la película "Complots", o Echo en la serie "Dollhouse", entre otras producciones estadounidenses. Estos dramas protagonizados por agentes especiales sugieren a la audiencia que fueron reclutados como adultos, incluso haciendo una elección deliberada para participar en estas cosas. Una vez reclutados, comienza la historia, se borran sus antiguos recuerdos y se crea una nueva personalidad con habilidades específicas. Sin embargo, sólo hay una etapa de la vida en la que los

[351] *¡Yo fui el asesino! O el trastorno de identidad disociativo en el cine* - Beatriz Vera Posek, 2006.

programadores pueden crear un individuo que pueda realizar tales actividades sin ninguna conciencia, sin ninguna resistencia... Sólo hay una manera de hacerlo y es mediante el abuso y la tortura de un niño pequeño. La fea realidad es que no hay adultos que se dediquen voluntariamente a esas cosas, sólo hay pequeñas víctimas."[352]

c/ El Increíble Hulk...

Todo el mundo conoce al personaje "Hulk", el hombre que se transforma en una especie de gigante verde con una fuerza diez veces mayor cuando algo desencadena en él una rabia extrema. El Increíble Hulk fue creado por el escritor Stan Lee y el dibujante Jack Kirby. El personaje de ficción fue popularizado por *Marvel Comics*, donde apareció por primera vez en Estados Unidos en 1962. Lo que la gente no sabe es que la historia del Increíble Hulk está basada en un trastorno psiquiátrico que no es otra cosa que la T.I. con su amnesia disociativa. Sin una doble personalidad, el héroe Bruce Banner no se convertiría en el Increíble Hulk...

En la página web de la editorial[353] podemos leer una descripción muy detallada del mundo de Hulk y especialmente de su doble personalidad. El editor describe perfectamente el contexto traumático y disociador que hay detrás de la historia del "gigante verde". Nos enteramos de que Bruce Banner es hijo de un alcohólico que lo odiaba profundamente. Su padre lo maltrataba y aterrorizaba, llegando a matar a su madre antes de ser internado en un hospital psiquiátrico. Desde el principio, Bruce mostró signos de gran inteligencia, pero también de retraimiento. Podemos leer en *Marvel.com* que habría *"desarrollado una doble personalidad para ayudarle a lidiar con su dolor y su rabia"*, el famoso e increíble Hulk sufre por tanto un trastorno de identidad disociativo...

En el colegio, Bruce Banner era tan huraño y violento que acabó colocando una bomba en el sótano de su escuela... lo que llamó la atención del ejército sobre este pequeño genio que luego se convertiría en un físico que trabajaba para ellos. Fue una irradiación accidental de rayos gamma la que provocó esta radical transformación física. Al principio de la saga, Bruce se transformaba en un Hulk gris al atardecer y volvía a su forma humana al amanecer. Más tarde, su cambio en un "gigante verde" se desencadenará por una fuerte liberación de adrenalina cuando Bruce entre en una rabia extrema en cualquier momento del día. El Hulk verde no tiene la misma inteligencia que Bruce, ni tiene la misma memoria, es un alter ego delirante que puede ser una verdadera amenaza para la sociedad. Es importante destacar que Bruce Banner sufre de amnesia, nunca recuerda lo que ha hecho Hulk y tiene que reconstruir los acontecimientos a partir del daño que su alter ego verde ha causado a su

---

[352] "Convertirse en uno mismo: superar el control mental y el abuso ritual" - Alison Miller, 2014, p.15.

[353] Universo Marvel Wiki: Hulk (Bruce Banner), www.marvel.com.

paso... Se trata claramente de una rabia incontrolable en la que Bruce Banner entra en un estado disociativo. Se nos dice que está luchando constantemente para controlar estos *"interruptores"* y mantener una estabilidad de su propia personalidad...

La historia continúa... Un día, el psiquiatra Leonard *"Doc"* Samson captura a Hulk y consigue separar la personalidad de Bruce Banner de la de Hulk. Sin la personalidad de Bruce para canalizarlo y mantenerlo, Hulk se vuelve aún más peligroso. Bruce decide que la única forma de controlar al "gigante verde" es fusionarse con el monstruo. Pero el estrés de la reinserción crea otro alter: *"Joe Fixit"*. Este alter es un matón de mal genio cuya personalidad se asemeja a la del padre de Bruce. A partir de este momento, se produce una verdadera batalla en el subconsciente de Bruce sobre qué personalidad alterada tomará el control y tendrá la supremacía. Sin embargo, a través de sesiones de hipnosis, Banner, Hulk y Joe Fixit son llevados al mismo nivel de conciencia para que juntos puedan enfrentar asuntos no resueltos, enfrentándose finalmente a sus demonios internos... Bruce Banner debe entonces enfrentar los recuerdos de su padre abusando de él y asesinando a su madre. Al integrar esto, Bruce es capaz de fusionar las alter personalidades para finalmente encontrar la paz interior: entonces surgirá otra personalidad, un nuevo Hulk que tendrá las habilidades mentales y la inteligencia de Bruce Banner, manteniendo la fuerza del Increíble Hulk. Esta nueva personalidad se llamará *"El Profesor"*...

Como puedes ver, estamos en pleno tema del funcionamiento de las personalidades múltiples, o incluso del proceso de control mental.

Hulk es uno de esos superhéroes estadounidenses (del universo Marvel de los *cómics*) que suelen estar implícitamente relacionados con el trastorno de identidad disociativo. Superhéroes con una identidad civil clásica por un lado y una identidad secreta con superpoderes por otro, como *Batman*, *Superman* y *Spiderman* (los tres conservan el recuerdo de su transformación). Podemos mencionar personajes como *Doble* Cara (uno de los *supervillanos* del universo de Batman) con una personalidad benévola y otra malévola, o el personaje *Legión*, habitado por múltiples personalidades cada una con poderes psíquicos. También está el superhéroe *Moon Knight*, que también tiene un I.D.T. con tres alter personalidades. Además, tiene una relación con un dios egipcio que le permite hacerse aún más fuerte, especialmente en las noches de luna llena... Todos estos personajes ilustran la fuerte presencia del I.D.T. en la cultura del *cómic* y de los superhéroes. La amnesia disociativa también está presente: El personaje de *X-Men*, James Howlett, tiene un alter llamado *Lobezno* que es propenso a la amnesia, nunca recuerda las masacres en las que se involucra regularmente, al igual que Hulk no recuerda sus furias destructivas. Esta es una ilustración perfecta del fenómeno de las paredes de amnesia traumática en estados disociados.

Hay que tener en cuenta que en 1992, la serie *X-Men* hizo una clara referencia al programa MK-Ultra en uno de los episodios de la cuarta temporada titulado *"Arma X, mentiras y cintas de vídeo"*. En este episodio los *X-Men* descubren un laboratorio donde fueron controlados mentalmente años atrás. Encuentran una cinta de vídeo que contiene una descripción de los experimentos que se hicieron con ellos, y el dibujo animado dice: *"Los sujetos anónimos han sido probados y condicionados con traumas. Somos capaces de reintegrar a estos hombres en la sociedad cuando el servicio secreto los necesita, sin que tengan ningún recuerdo de haber sido programados. Están condicionados y no recuerdan nada... La clave es llegar a su subconsciente. La clave es llegar a su subconsciente. Para ello, el sujeto debe ser expuesto repetidamente a simulaciones de traumas emocionales extremos. Mediante el uso de drogas, imprimimos falsos recuerdos en la mente del sujeto para saturarlo emocionalmente y dividirlo para hacerlo controlable... Este proceso parece funcionar mejor cuando los traumas son reales..."* El programa MK-Ultra resumido en unas pocas líneas, pero por supuesto todo esto es ciencia ficción para adolescentes retrasados...

7 - CONCLUSIÓN

Para el Dr. Colin Ross, el estudio serio del T.I.D. debería haber provocado un verdadero cambio de paradigma en la psiquiatría moderna, escribe: *"El T.I.D. es el trastorno más importante e interesante de la psiquiatría, y por eso lo estudio. Creo que es un diagnóstico clave en este inminente cambio de paradigma en la psiquiatría, porque el T.I.D. es el que mejor ilustra la respuesta característica del organismo humano al trauma psíquico severo; pero también porque el trauma es una de las principales causas de enfermedad mental desde la perspectiva de la salud pública. Creo que el trauma es una de las principales causas subyacentes de muchas enfermedades mentales, como la depresión, los trastornos alimentarios, los trastornos de la personalidad, el abuso de sustancias, los trastornos psicosomáticos y todas las formas de autolesión y violencia. La psiquiatría biológica debería conseguir resultados mucho mejores si se centra en la psicobiología del trauma."*[354]

Parece que la psiquiatría francófona está poco formada, si es que lo está, en psicotraumatología y menos aún en trastornos disociativos.... Los recursos francófonos (publicaciones de estudios científicos, publicaciones de testimonios, libros especializados, investigaciones y reportajes periodísticos) relativos al D.I.D., y más globalmente a la psicotraumatología, parecen muy limitados, si no inexistentes. Esto es bastante extraño cuando este trastorno está reconocido oficialmente en el DSM y cuando existe un gran número de obras en inglés sobre el tema. ¿Por qué hay tanto vacío en el mundo francófono? ¿Por qué no está más desarrollada la psicotraumatología? Esto nos permitiría ayudar mejor a las víctimas. ¿Por qué la existencia de la T.I.D. es vigorosamente atacada y desacreditada por cierta élite médica o por pseudo expertos? No sólo no reconocen el fenómeno del desdoblamiento de la personalidad, sino que relativizan las consecuencias que el trauma infantil puede tener en la vida futura del niño.

---

[354] *The Osiris Complex: Case Studies in Multiple Personality Disorder* - Colin Ross, 1994, p.xii.

Es una verdadera tapadera de plomo para la caja de Pandora del abuso ritual y el control mental basado en el trauma: el proceso neurológico de disociación y amnesia traumática. Enseñar en las facultades de medicina el funcionamiento científico de la disociación, los muros amnésicos y el desdoblamiento de la personalidad sería revelar pública y académicamente un cierto conocimiento oculto. Este conocimiento es tan antiguo como las colinas y es utilizado sistemática y maliciosamente por ciertos grupos de poder en la actualidad. El proceso de funcionamiento de los esclavos bajo programación mental no debe llegar a la esfera pública y laica. La mayoría de los estudiantes de psicología y psiquiatría no creen que ese control mental sea posible. Esto se debe a que no conocen el concepto básico que hay detrás del MK, es decir, el D.I., un trastorno de la personalidad que es necesario para que un humano trabaje como un robot en operaciones clandestinas... o no.

En un artículo titulado *"Los trastornos disociativos, raramente considerados e infradiagnosticados"*, el Dr. Philip M. Coons confirma que los trastornos disociativos suelen estar infradiagnosticados por falta de formación. El Dr. Coons señala que los profesionales de la psiquiatría no están familiarizados con este diagnóstico o incluso con la sintomatología disociativa porque, según él, *los profesionales carecen seriamente de datos epidemiológicos sobre los trastornos disociativos*. ¿Por qué esta omisión en la comunidad psiquiátrica?

Tenemos el comienzo de una respuesta en la autobiografía de Cathy O'Brien, *"América en plena transformación"*. Esto es lo que escribe Mark Phillips sobre las instituciones psiquiátricas: *"Hasta la fecha, ni la Asociación Americana de Psiquiatría ni la Asociación Americana de Psicología han publicado un modelo para el desarrollo de un protocolo terapéutico eficaz para los trastornos disociativos (considerados como el resultado de un trauma repetido). Hay una serie de factores que dificultan el desarrollo de este modelo. El primero de ellos es el secreto que la Seguridad Nacional aplica a las investigaciones clasificadas de control mental. En el clima actual, remitir a las víctimas del control mental a los profesionales de la psiquiatría para que reciban tratamiento sería como remitir a un paciente que necesita una cirugía de urgencia a un cirujano al que se le han vendado los ojos y esposado (...) Lo que podría permitirnos sentar las bases para una explicación sería identificar "quién" en nuestro gobierno tiene interés en bloquear los hallazgos cruciales de la investigación médica y otra información tecnológica de las profesiones psiquiátricas (...).) Si se da el siguiente paso y se consigue un ejemplar del libro Oxford's Companion To The Mind (Oxford Press, 1987) del profesor de la facultad, se puede encontrar casi todo sobre la investigación de la mente sin ninguna referencia al control mental. Quizás ahora tenga la oportunidad de darse cuenta, a través de las omisiones de Random House, Webster y otros Oxford Press, de que es víctima del control de la información."* [355]

---

[355] *América en medio de la Trans-formación* - Cathy O'Brien & Mark Phillips, 2013, pp.62-19.

Cathy O'Brien, superviviente del MK-Monarch, escribe en este libro: "Hay muchas instalaciones de este tipo en nuestro país, dentro de varios complejos de la CIA, el ejército y la NASA, donde se desarrollan, prueban y modifican conocimientos gubernamentales hiperavanzados. Las personas que conocí, que habían estudiado a fondo los mecanismos científicos del cerebro y los entresijos de la mente, utilizaban este cúmulo de conocimientos secretos para manipular y/o controlar a los demás (...) (ed: Senador) Byrd me explicó que el "Nuevo Orden Mundial" estaba "facultado" para permitir a su grupo de presión, la Asociación Americana de Psiquiatría (APA), ¡sólo información parcial y/o desinformación deliberada de la comunidad psiquiátrica con respecto a las modalidades de tratamiento de los trastornos disociativos graves resultantes del control mental! Sus autores creían que la ocultación de conocimientos y la proliferación de desinformación deliberada les permitía controlar sus secretos y, posteriormente, a la humanidad. Esto podría ser así si nadie pudiera o quisiera responder a la información presentada en este libro."[356]

He aquí un diálogo del libro *"Por la seguridad nacional"* que ilustra el desconocimiento del mundo psiquiátrico sobre este tema:

- He hecho muchas llamadas telefónicas", comienza Marsha, "es realmente difícil abordar a los profesionales de la psiquiatría sobre un tema "clasificado" como el control mental. Les gusta pensar que ya lo saben todo. Mark y yo asentimos con la cabeza.

- ¿Has probado a utilizar el término "lavado de cerebro"?

- Sí", dice Marsha, "incluso me he decantado por el término 'modificación de la conducta', y todavía tengo problemas para describir el trastorno, y mucho menos para encontrar un centro que lo trate". Si estás de acuerdo, iniciaré una búsqueda de nuevo, pero esta vez para encontrar a alguien que pueda diagnosticarla con TDC.

- ¿Hay alguien en este estado que sepa cómo tratar este trastorno? Según los estándares psiquiátricos actuales, se tarda una media de ocho años y medio en diagnosticar este síndrome, y durante ese tiempo debe haber un tratamiento. Hasta que los "chicos de la inteligencia" saquen los datos a la comunidad psiquiátrica para un diagnóstico y tratamiento precisos, nuestra única solución son las viejas y obsoletas terapias de larga duración. ¿Cómo piensa encontrar a alguien en este estado para diagnosticar las consecuencias del abuso de la CIA sobre Cathy?[357]

Está claro que los profesionales de la salud mental no están formados para poder diagnosticar correctamente a una persona que sufre un Trastorno de Identidad Disociativo... Este trastorno psiquiátrico no se enseña en las facultades, por lo que no se busca y si no se busca algo, no se encuentra... por lo que no existe, el círculo se cierra. La falta de un diagnóstico correcto, que priva al paciente de un tratamiento adecuado, es el problema más importante y común de los pacientes con D.I. Estos últimos serán generalmente diagnosticados como

---

[356] Ibid, pp.327-328.

[357] *Por el bien de la Seguridad Nacional* - Cathy O'Brien & Mark Phillips, 2015, p.101-102.

esquizofrénicos, bipolares o *limítrofes*... sin olvidar por supuesto la fuerte prescripción de psicofármacos que forman parte del protocolo *terapéutico*, engordando copiosamente los laboratorios farmacéuticos, por cierto...

En el libro de la terapeuta canadiense Alison Miller, Healing the Unimaginable, una paciente (LisaBri) declara: "A principios de los 90 me diagnosticaron de todo, desde esquizofrenia hasta síndrome premenstrual. Me dijeron que buscara un pasatiempo y que no bebiera por la noche. El psiquiatra sacaba de su despacho una caja de pastillas blancas cada vez que yo mostraba un signo emocional. Todos los terapeutas, médicos y psiquiatras que conocí querían que apagara mis emociones o que las mantuviera alejadas de mí. Pero, ¿a dónde podrían ir estas emociones? Cuanto más los reprimía, peor me ponía, hasta que un día me encontré deambulando por la sala de seguridad de un hospital psiquiátrico... Conseguí dejar las drogas y el alcohol y finalmente encontré un terapeuta competente con el que trabajar. Estaba decidida a hacer todo lo posible para frenar los intensos estados emocionales que estaba experimentando. Pronto me diagnosticaron D.I.[358]

Un examen más detallado de la T.I. muestra que las funciones disociativas y amnésicas de la mente humana pueden ser explotadas con el fin de manipular y explotar al individuo. Se trata de una verdadera ciencia psiquiátrica paralela, que en manos equivocadas se convierte en una ciencia traumática y en un arma de control mental indetectable. Si este trastorno de desdoblamiento de personalidad con sus muros amnésicos no se enseña en las facultades de medicina y es sistemáticamente controvertido y desacreditado por una élite de *expertos*, es por la sencilla razón de que es el eje principal del control mental practicado por ciertas organizaciones ocultistas dominantes. Esta es la piedra angular de la "religión sin nombre": los abusos rituales que permiten la programación del MK, que a su vez se basa en la estructuración y organización de un sistema interno resultante de una T.I.

Además, la I.D.T. abre el camino a la cuestión de la posesión demoníaca y a la posible existencia de una ciencia oculta que domina los parámetros de esta posesión por parte de ciertas entidades. Porque como veremos en el próximo capítulo, la T.I. y la posesión demoníaca están íntimamente relacionadas. Hoy en día se carece de la capacidad de estudiar tanto los aspectos espirituales como los psicológicos de los fenómenos de control mental, pero hay excepciones, como el libro de la Dra. Loreda Fox *"The Spiritual Dimensions of MPD"*. Es inevitable que el tema de la posesión demoníaca en el proceso de control mental basado en el trauma sea abordado en algún momento. Traugott Konstantin Oesterreich, que fue profesor de filosofía en la Universidad de Tubinga (Alemania), estudió de cerca las personalidades múltiples y la posesión demoníaca. Escribió un libro fundamental al respecto, que fue traducido al inglés en 1930 con el título *"Possession: Demoniacal and Other"*. Su antología sobre el tema ofrece casos documentados que revelan indirectamente que el control mental inducido por traumas se practicaba en Alemania, Francia y Bélgica

---

[358] *Healing the Unimaginable: Treating Ritual Abuse and Mind Control* - Alison Miller, 2012, p.136.

mucho antes del siglo XX. La investigación de Oesterreich a principios de la década de 1900 era el tipo de investigación que los programadores nazis del MK tenían muy en cuenta. En 1921, alemanes como Oesterreich describieron los cambios bruscos de personalidad con el término "*posesión sonambuliforme*" (estados hipnóticos) o "*sonambulismo demoníaco*" o lo que puede llamarse "*Besessenheit von Hypnotismus und bösen Geistern*" (posesión por hipnosis y espíritus malignos).[359]

---

[359] *La fórmula de los Illuminati utilizada para crear un esclavo indetectable con control mental total* - Fritz Springmeier y Cisco Wheeler, 1996.

CAPÍTULO 6

TRAUMA, DISOCIACIÓN Y CONEXIÓN CON OTRAS DIMENSIONES

Si caminamos en la carne, no luchamos según la carne. Porque las armas con las que luchamos no son carnales, sino poderosas a los ojos de Dios, para derribar fortalezas. 2 Corintios 10:3-4

El padre Hilarion Tissot cree que todas las enfermedades nerviosas acompañadas de alucinaciones y delirios son posesiones demoníacas, y entendiendo las cosas en el sentido cabalista, estaría totalmente en lo cierto. La historia de la magia - Eliphas Levi, 1913

En 1 Cor 15,44 leemos: "Se siembra en cuerpo animal, resucita en cuerpo espiritual, hay un cuerpo animal y hay un cuerpo espiritual". Así que sabemos que tenemos un cuerpo físico y un cuerpo espiritual. Es a través de este cuerpo biológico que tenemos contacto físico con el mundo material que nos rodea. No somos conscientes de que tenemos un cuerpo espiritual hasta que nuestro cuerpo físico muere. Esto es lo que Dios quería para nosotros. A través de los rituales, los satanistas utilizan a los demonios para separar el cuerpo espiritual del físico. Cuando el alma y el espíritu se han separado y el cuerpo espiritual se ha separado del cuerpo físico, entonces la persona entra de forma plenamente consciente en una dimensión totalmente distinta. Esta es la dimensión que yo llamo el mundo interior. Este mundo es tan vasto y tan real para el individuo como lo es el mundo físico para nosotros. Pensamos que los espíritus tienen un estado "vaporoso", pero las personas que han estado en esta dimensión me han informado de que los demonios tienen peso y sustancia." Restaurar a los supervivientes de abusos rituales satánicos - Patricia Baird Clark, 2000

1 - INTRODUCCIÓN

En este momento vamos a adentrarnos en otra dimensión, en lo paranormal... Vamos a establecer si existe un vínculo entre el trastorno de identidad disociativo y las posesiones demoníacas; la disociación y los poderes psíquicos; con lo que parece ser un factor común: los traumas infantiles. Veremos que los traumas graves provocan una especie de "desbloqueo" espiritual que crea una apertura a lo que podríamos llamar el *mundo espiritual*, es decir, las dimensiones más allá de nuestra realidad física y material. La disociación que provoca el trauma severo abre ciertas puertas espirituales, pero también moldea la construcción neurológica en el niño. Como veremos, estas dos cosas combinadas pueden dar lugar a facultades psíquicas paranormales como la mediumnidad, la clarividencia, la visión remota, etc. Pero este proceso traumático es también la puerta abierta a ciertas entidades que aprovecharán estas brechas, o fracturas, para introducirse en el mundo espiritual de la víctima.

Los rituales *iniciáticos que* provocan deliberadamente un trauma se practican para abrir las puertas a otras dimensiones y vincular espiritualmente al *iniciado* (el niño víctima) con el mundo espiritual. El fenómeno de la disociación psíquica vinculada al trauma sería, pues, una especie de puente que conecta las funciones cognitivas *normales* con las *paranormales*, vinculando el mundo físico con el mundo metafísico. La metáfora correspondiente es la de Alicia *atravesando el espejo* para acceder a otro mundo. Es el acceso a este *"mundo interior" del que* hablan muchos supervivientes de abusos rituales y control mental, una fractura psíquica y espiritual que crea una apertura a otra dimensión del ser humano... El proceso de disociación es la base de todas las prácticas espirituales que pretenden acceder a otras dimensiones (desde la mediumnidad al *"Viaje Astral"*), y las sociedades secretas de tipo masónico estudian y enseñan estas cosas

La exploración del vínculo entre el fenómeno de la disociación y el de la posesión demoníaca puede plantear un cierto problema que hay que superar. De hecho, a los clínicos y otros terapeutas que trabajan en psicotraumatología y disociación ya les resulta muy difícil que se reconozca de forma creíble la realidad de los trastornos disociativos, sin tener que relacionarlos con el mundo *"arcaico, salvaje y primitivo"* de los curanderos indígenas tradicionales y otros exorcistas *cazadores de demonios*. Sin embargo, estos dos mundos son inseparables si queremos entender bien el tema: la disociación y la posesión son parte integrante de las tradiciones religiosas preindustriales e incluso antiguas. El mundo de la medicina moderna podría aprender mucho del mundo de los curanderos tradicionales, especialmente en el ámbito psiquiátrico. El lado espiritual de los trastornos de la personalidad suele ser descuidado por los terapeutas y burlado por las mentes cartesianas que rápidamente criticarán el tema de la demonología, relegándolo a una *diablura supersticiosa*, reliquia de un *oscuro pasado medieval*... ¿Por qué no? Pero sabiendo que hay verdaderos adeptos al ocultismo, a los rituales de todo tipo y a la magia negra, personas que creen firmemente que trabajan de la mano de Lucifer, el príncipe de este mundo, y de su ejército de demonios: rechazar el problema del "diablo" no es una opción porque equivaldría a caer en su trampa, es decir, a negar su existencia... Nos encontraríamos entonces totalmente sometidos a sus artimañas y a merced de sus ataques espirituales. Aunque no creas en ella, debes saber que algunos creen en ella como en el infierno y aplican ciertos rituales al pie de la letra...

El autor Fritz Springmeier hace una interesante analogía entre la demonología y la microbiología. La mayoría de la gente nunca ha visto un demonio, al igual que nunca ha visto un virus. Sin embargo, niegan la existencia de una y toman antivirales para protegerse de la otra. Siempre habrá diferencias de opinión sobre la demonología, pero al igual que ha sido útil para la salud de muchos pacientes tratar los virus, las víctimas de abusos rituales y control mental han encontrado útil tratar los demonios, es decir, el lado espiritual de sus trastornos psíquicos. ¿No fue el padre Georges Morand quien declaró en France Culture en 2011 que las víctimas de sectas satánicas que había conocido sólo habían escapado rezando un exorcismo? ¿Las entidades que los chamanes siberianos encuentran o combaten en sus viajes astrales no son más que viento helado? ¿No era una de las principales actividades de Jesucristo cuando caminaba por la tierra echar a los demonios, liberar a los enfermos mediante la oración? ¿Algunos de los sanados por Cristo tenían una personalidad dividida e incluso un alma dividida? En su libro *Jesus: The Evidence*, Ian Wilson sugiere que los muchos poseídos curados por Jesucristo pueden haber sufrido de D.I.

- En cuanto Jesús desembarcó, le salió al encuentro un hombre de los sepulcros, poseído por un espíritu impuro. Tenía su hogar en las tumbas, y ya nadie podía atarlo, ni siquiera con una cadena. Muchas veces lo habían encadenado y atado con cadenas, pero él había roto las cadenas y los grilletes, y nadie tenía la fuerza para domarlo. Estaba constantemente día y noche en las tumbas y en los montes, gritando e hiriéndose con piedras. Vio a Jesús de lejos, corrió hacia él, se inclinó ante él y gritó con fuerza:
- ¿Qué quieres de mí, Jesús, Hijo del Altísimo? Te ruego, en nombre de Dios, que no me atormentes. Porque Jesús le dijo:
- Sal del hombre, espíritu inmundo. Y Jesús le preguntó:
- ¿Cuál es tu nombre?
- Legión es mi nombre", respondió, "porque somos muchos.
Marcos 5:2-9

El poseído responde a Jesucristo que es *legión*, y que son *muchos*. ¿Es un ejército de demonios? ¿Una personalidad dividida en mil pedazos? ¿O una mezcla de ambos? Sea cual sea la respuesta, el Señor ha liberado y puesto en libertad a este hombre.

El Espíritu del Señor, el SEÑOR, está sobre mí,
Porque el Señor me ha ungido.
Me ha enviado a llevar buenas noticias a los oprimidos;
Para curar a los corazones rotos,
Para proclamar a los cautivos su liberación
Y a los prisioneros la liberación.
(Isaías 61:1)

Cuando la Biblia habla de *"corazón roto"*, es natural pensar en un primer momento que se trata de un significado figurado, una metáfora que a veces se utiliza para describir una relación romántica: *"le rompió el corazón"*. Pero al igual que Jesucristo dijo *"comed, esto es mi Cuerpo, bebed, esto es mi Sangre"*, no hay nada figurado o simbólico en la expresión *"corazón roto"*.

John Eldredge, el autor de *Wild at Heart: Discovering the Secret's of a Man's Soul*, dice lo siguiente al respecto:

Cuando Isaías habla del "corazón roto", Dios no está utilizando una metáfora. En hebreo se llama leb shabar ("leb" por "corazón" y "shabar" por "roto"). Isaías utiliza la palabra "shabar" para describir un arbusto cuyas ramas secas están rotas (27:11), para describir los ídolos de Babilonia que yacen rotos en el suelo (21:9), al igual que una estatua se rompe en mil pedazos cuando la arrojas al suelo; o para describir un hueso roto (38:13). Aquí Dios está hablando literalmente, dice: "Tu corazón está destrozado, quiero sanarlo".

La palabra hebrea *"leb"*, además de significar *"corazón"*, también puede traducirse como *"espíritu"*, *"alma"* o *"conciencia"*. Los teólogos nos dicen que en el Nuevo y el Antiguo Testamento, las referencias al espíritu, el alma y el corazón se refieren a una misma cosa. Esto significa que en Isaías el *"corazón roto"* equivale a la conciencia rota o al espíritu roto, literalmente roto en mil pedazos. ¿Es una referencia a la disociación? ¿A un desdoblamiento de la personalidad? Obsérvese que en el Antiguo Testamento, la palabra hebrea para maldad es *"ra"*, de la raíz *"Ra'a"*, una palabra que también significa romper, destrozar, desgarrar.

Los rituales traumáticos que conducen a estados de trance y posesión, con el proceso psicoespiritual de disociación de la personalidad, estaban necesariamente presentes en los tiempos bíblicos, pero también en los antediluvianos y babilónicos. La *Epopeya de Gilgamesh*, escrita en el tercer milenio a.C. en Mesopotamia, o la *Ilíada de Omer en torno al año 800* a.C., recogen testimonios que corresponden a lo que hoy llamaríamos una disociación durante un trauma. Hoy en día, la imagen de la grieta y la ruptura es un tema recurrente en el simbolismo del control mental de los monarcas que se muestra en la industria del entretenimiento. Una muñeca o maniquí con la cara rota o agrietada, que simboliza un alter ego, es una representación clásica de un esclavo MK con doble personalidad (más información en el capítulo 9)

2 - PERSONALIDAD MÚLTIPLE
Y LA POSESIÓN DEMONÍACA

Un fenómeno curioso que se ha observado durante siglos pero que aún no ha recibido su explicación completa es aquel en el que el individuo parece ser el vehículo de una personalidad que no es la suya. La personalidad de otra persona parece "poseerlo" y expresarse a través de sus palabras y acciones, mientras que la verdadera personalidad del individuo está temporalmente ausente. Dr. D. Laing - El yo dividido

El Dr. James Randall Noblitt, refiriéndose a los recientes descubrimientos sobre los trastornos disociativos, dijo: "Quizá nos estemos acercando a una nueva teoría naturalista de la posesión de espíritus. Una teoría no sólo aplicable a la salud mental, sino también a la antropología y a las interpretaciones históricas de la brujería europea."

En el trastorno de identidad disociativo, el *"yo"* está fragmentado, mientras que en la posesión, el cuerpo está dividido. En la D.I.D., es la entidad *"yo"* (la personalidad principal) la que se divide en varios trozos, mientras que en la posesión hay una invasión de una entidad externa. En otras palabras, en la

I.D.T., los alters, aunque separados, se consideran varios aspectos de un único individuo. Mientras que en la posesión, se supone que hay varias entidades externas independientes y distintas del individuo. En la T.I.D., los alteres tendrán que ser integrados y fusionados para reconstruir la personalidad en la psicoterapia, mientras que en la posesión, las entidades externas son exorcizadas y expulsadas de la persona en un exorcismo. Pero, como veremos, estos dos fenómenos, muy cercanos entre sí, a veces se superponen e incluso parecen fusionarse. Por lo tanto, es difícil afirmar que todos los casos de posesión demoníaca están sistemáticamente relacionados con un trastorno psiquiátrico, al igual que es difícil afirmar que la intervención de una entidad externa es sólo una superstición.

En su libro "Occult Bondage and Deliverance", el Dr. Kurt E. Koch escribe Koch escribe: El médico y famoso predicador, Dr. Martyn Lloyd-Jones, me invitó a hablar a un grupo de psiquiatras sobre el tema del esoterismo y el ocultismo (...) Como resultado, fui atacado por dos psiquiatras que afirmaron que los relatos bíblicos de posesiones demoníacas a los que me refería eran en realidad casos de enfermedades mentales, como la epilepsia o la histeria (...).Un hombre se levantó en mi defensa, afirmando que por su propia experiencia como practicante, él solo podía nombrar once casos diferentes de posesión demoníaca. Otro psiquiatra coincidió entonces con lo que acababa de decir su colega, añadiendo que él mismo se había encontrado con tres o cuatro casos. Como vimos[360] en el capítulo anterior con los trabajos del Dr. Janet, lo que se llamaba "histeria" en una época se refería generalmente a los casos de personalidad múltiple.

En *The Discovery of the Unconscious*, Henri Ellenberger rastreó los orígenes de la psiquiatría dinámica hasta los mundos mágicos de los chamanes y los curanderos, incluidos los informes históricos de posesión demoníaca en Europa. Escribe en su libro que *"la posesión puede haber desaparecido, pero ha sido sustituida por la personalidad múltiple"*. Con la era moderna del cientificismo, el fenómeno de la posesión demoníaca ha dado paso a un síntoma psiquiátrico poco racional, cuyos entresijos la medicina académica aún desconoce en gran medida...

¿Se trata de barrer un fenómeno "diabólico" y "supersticioso" y sustituirlo por un fenómeno puramente "neurológico"? ¿No están ambas cosas relacionadas? ¿No podrían ciertos trastornos psíquicos causados por fracturas traumáticas provocar una "apertura" para entidades externas? Pero, ¿realmente estamos tratando de averiguar la raíz de estos trastornos de la personalidad? Es cierto que hoy en día empezamos a señalar seriamente el trauma y a comprender su impacto a nivel neurológico. Pero este fenómeno de la personalidad múltiple todavía esconde muchos secretos, y observamos que son muy pocos los medios que se ponen en marcha para estudiar seriamente la cuestión... que como hemos visto, permanece enterrada bajo un espeso manto de plomo.

---

[360] *Occult Bondage and Deliverance: Counseling the Occultly Oppressed* - Kurt E. Kock, 1972, p.11.

Los primeros casos reportados de *personalidades múltiples* mencionan a individuos poseídos por el diablo o los demonios. Es el caso de Jeanne Fery, una monja dominica francesa de 25 años que vivió en la zona de Mons en el siglo XVI. Su caso fue descrito por el Dr. Désiré Bourneville en 1886 en el libro *"La Possession de Jeanne Fery"*. El propio Bourneville dijo que Jeanne Fery representa *"el caso más perfecto de doble personalidad"*.

Bourneville habla de un caso de "doble personalidad" y su descripción contiene todos los criterios a los que ahora se refiere el manual de psiquiatría DSM para describir la IDD. El sacerdote exorcista de Jeanne Fery describió una *"fragmentación de su identidad"* y también menciona una historia de trauma en su primera infancia. Jeanne Fery fue poseída por varios "demonios" que tenían diferentes funciones. Había un demonio que controlaba sus desórdenes alimenticios y otro llamado *"Sanguinario"* que la hacía escarificar porque *quería trozos de carne*. Un tercer "demonio" se llamaba *"Garga"*, cuya función era protegerla para que no sintiera el dolor de las palizas que recibía de niña. Sin embargo, le hizo revivir los traumas haciendo que se golpeara la cabeza y el cuerpo. Garga también la hizo intentar suicidarse varias veces mediante escarificación o estrangulamiento.

Jeanne Fery también mostró síntomas disociativos como amnesia durante estos cambios de *personalidad*, estados de trance, voces interiores y segundos estados en los que mostraba una rabia extrema o una tristeza extrema. A veces se la describía como una *"loca furiosa"*, incapaz de sentarse, y mucho menos de acostarse, hasta siete días y siete noches. Fery declaró que tenía visiones de Santa María Magdalena que a veces se interponía entre ella y los demonios. Algunos autores afirman que se trataba de otra de sus personalidades, la alter *María Magdalena*, la más racional y útil, que solía aparecer en los momentos más críticos para calmar la situación.

Cornau' fue el primer 'diablo' que la poseyó, y le reveló a la monja que había sido su padre desde que tenía cuatro años. Entonces se supo que la niña había sido maldecida por su padre biológico cuando tenía 2 años, lo que había abierto el camino a este *Cornau* que le provocaba unos trastornos alimenticios muy extraños. Jeanne podía ver a estos "demonios", los oía en su interior y a veces tomaban violentamente el control de su cuerpo con rabietas durante las cuales había que sujetarla y encerrarla. También se manifestaban en un comportamiento infantil, o en sollozos y dolores físicos intensos. El cuadro clínico era muy similar al de los pacientes actuales con trastornos disociativos graves.

Durante el periodo en el que se realizaron los rituales de exorcismo, hubo mejoras y recaídas en las que los síntomas se exacerbaron, pero en general el estado de Jeanne mejoró. Su tratamiento, que duró 21 meses, incluyó el cuidado continuo de las hermanas y el consentimiento de Jeanne para que le exorcizaran los "demonios" que hacían de *padre* y *abuelo*. Jeanne Fery escribió un diario de su propio exorcismo en 1584, que también fue descrito con detalle por el sacerdote que realizó el ritual:

- 12 de abril de 1584: El demonio "Namon" revela su nombre. Jeanne ha perdido todo su conocimiento religioso.

- 28 de junio de 1584: María Magdalena se aparece de nuevo y Juana le habla de los contratos escritos dentro de su cuerpo, los escritos con sangre la vinculan con los demonios.

- 25 de agosto de 1584: María Magdalena aparece y habla por primera vez. Joan firma un contrato escrito para romper el vínculo con sus demonios. Otro episodio de escarificación, pero se decide continuar con el exorcismo. Los demonios le devuelven un trozo de su carne que Jeanne les había dado. El exorcismo se considera un éxito porque los demonios rompieron una baldosa al marcharse, una señal que se había concluido antes.

- Septiembre de 1584: Juana está muy enferma y sufre sus propias heridas. Ahora se siente libre de sus demonios, excepto de Garga y Cornau.

- 9 de noviembre de 1584: A los 4 años, Cornau se convierte en su padre. La sedujo con dulces y caramelos. Sin él, sería tonta e ignorante. El canónigo Jean Mainsent habla con Cornau y le promete ser el padre de Jeanne en su lugar. María Magdalena aparece de nuevo y ofrece protección. Juana se convierte en una niña. Le pide al arzobispo que se convierta en su abuelo, lo que él acepta.

- 12 de noviembre de 1584: durante la misa, juega con la santa imagen de María Magdalena como un niño con una muñeca. También muestra su corazón, indicando que allí hay dolor. Jeanne retrocede a la etapa pre-verbal. El arzobispo comienza entonces a enseñarle como si tuviera realmente 4 años. Bendice cada parte de su cuerpo y lee su confesión escrita anterior. Después de escuchar su confesión, Jeanne sigue comportándose como una niña, pero puede volver a caminar y a hablar de forma más asertiva. Durante nueve días, el arzobispo la interroga sobre su primera infancia. Recibe la absolución y se va a vivir un año a la archidiócesis con su enfermera, Sor Barbe, para completar su liberación de los demonios y para su rehabilitación. María Magdalena desaparece. También desapareció la alteración de la vista en su ojo derecho, que había estado presente durante 10 años.

- 6 de enero de 1586: Juana cae en éxtasis durante la misa y ve a María Magdalena. Jeanne le dice al arzobispo que María Magdalena ha cumplido la promesa que hizo un año antes y que ahora está libre de demonios. Ha recuperado su fuerza espiritual y vuelve al convento para retomar su lugar en la vida comunitaria.

He aquí algunas notas basadas en lo que la propia Juana relató en su diario sobre la evolución de sus problemas: ''A los 2 años, es entregada al diablo por su padre, que la maldice. A los 4 años, fue seducida por el diablo Cornau, que se presentó como un apuesto joven que le ofrecía manzanas y pan blanco. Entonces lo acepta como su padre. De los 4 a los 12 años, aparece otro diablo (tal vez Garga). El diablo Garga le promete que no volverá a sentir los golpes que recibe. De adolescente, para tener más libertad, vive con su madre. Es aprendiz de una costurera en la ciudad de Mons. Tiene que hacer todo lo que sus demonios le pidan o será torturada. Una multitud de nuevos demonios entran en ella. Antes sólo tenía dos o tres (probablemente Namon, Cornau y Garga). Promete a los demonios mantener su presencia en secreto. En su primera comunión, tiene que luchar contra ellos. Minan sus propósitos en todos los sentidos, se apoderan de su lengua durante la confesión, uno le da dulces durante el ayuno eucarístico, otro le hiere la garganta para hacerle escupir la hostia, etc. A pesar de estos obstáculos, Juana entró en el convento de las dominicas, pero el conflicto interior continuó. Aparecen nuevos demonios: "Traidor", "Arte mágico", "Herejía", y muchos otros. Exigen el control de su memoria, inteligencia y voluntad. Comienza a involucrarse en falsas ceremonias, firma pactos escritos en alfabetos extranjeros con su sangre. Los demonios le exigen que renuncie a todos los lazos excepto a los que la unen a ellos. Le dan banquetes, le dan placer, también le causan dolor cuando intenta comer en los días de fiesta cristiana, hacen que su cuerpo rechace la comida. Los demonios Verdadera Libertad, Herejía y Namon la involucrarán incluso en el sacrilegio. Los demonios 'Bloody', 'Bow' y otros la hacen cortar trozos de carne, incluso acepta ser colgada por los demonios y casi muere. Siente que sólo ama a los demonios y tiene miedo de la gente. ''

Jeanne Fery declaró que ya no era capaz de controlar su cuerpo y que siempre decía lo contrario de lo que quería decir, un síntoma que ahora se considera un signo clínico de D.I. Otro signo clínico es la amnesia que tenía cuando tenía una identidad infantil o los objetos perdidos "escondidos" por los demonios. La alternancia entre el buen funcionamiento y la disfunción extrema, la visión de los "demonios" que escucha y que conversan entre sí, también sugieren que se trata de un desdoblamiento de personalidad. Además de la amnesia y de las manifestaciones de personalidades diferentes, Jeanne Fery padecía graves trastornos somáticos: sufría regularmente pérdidas de sangre, vómitos, asfixia, movimientos espasmódicos de los miembros, dolores físicos (cabeza, corazón y abdomen), insomnio, pérdida de apetito, pérdida del habla, ceguera... pero también, a veces, una fuerza muscular extrema... que es un criterio de posesión demoníaca según los sacerdotes exorcistas. Decía que ciertos "demonios" habitaban y perturbaban zonas concretas de su cuerpo, como su lengua blasfema, su ojo ciego o su garganta dolorida.

El caso de Jeanne Fery da indicios de abusos físicos en la primera infancia, quizá incluso de abusos sexuales. Una de sus primeras disociaciones apareció como un "demonio" cuando fue golpeada de niña. Más tarde, el diablo *Garga* la ayudó a dejar de sentir los golpes. Jeanne también menciona que su padre la maldijo y *"la ofreció al poder del diablo"* cuando tenía dos años. Entonces fue seducida por el diablo *Cornau* a la edad de cuatro años y lo tomó como su padre. Esto podría sugerir un abuso sexual por parte de su padre cuando tenía 4 años, ya que Jeanne parece haber creado un alter ego para sustituirlo. De hecho, un niño de 4 años es incapaz de fusionar la imagen del buen padre con la del maltratador. Hoy en día, los niños muy pequeños atribuyen sus abusos a monstruos o vampiros. El contexto cultural en el que vivió Juana pudo haberle dado esta imagen del diablo.[361]

Otro caso, que data de 1623, es el de Sor Benedetta Carlini en Italia. Esta mujer fue descrita como poseída por tres *"chicos angelicales"* que a veces tomaban el control de su cuerpo. Cada uno de estos "chicos" hablaba a través de

---

[361] Jeanne Fery: A Sixteen Century Case of Dissociative Identity Disorder - Onno van der Hart, Ruth Lierens y Jean Goodwin, *The Journal of Psychotherapy* 24, 1996.

ella con un dialecto diferente, una voz distinta y tenía expresiones faciales diferentes. Benedetta tenía una amnesia total sobre lo que ocurría cuando salían los diferentes "chicos".

También sufría trastornos alimentarios y automutilación. En su caso, también había referencias a traumas infantiles, se decía que sus padres estaban poseídos... La niña había sido ingresada en un convento a los 9 años, edad en la que se había quedado fijada su alter ego de abuso sexual *"Splenditello"*. Sus síntomas se volvieron incontrolables tras la muerte de su padre....

¿Jeanne Fery y Benedetta Carlini tuvieron "simplemente" un desdoblamiento de personalidad sin intervención de entidades externas malévolas? Es difícil de decir... Un psiquiatra normal diría que sólo se trata de un trastorno disociativo grave, mientras que un sacerdote normal diría que se trata de espíritus malignos fuera de la persona. Pero algunos investigadores creen que estos dos fenómenos están estrechamente relacionados...

En una conferencia pronunciada en 2008, el padre François Brune cita un caso de posesión que tuvo lugar en Italia. Un caso reportado por el demonólogo Mons. Corrado Balducci. Este caso duró siete años, desde 1913, cuando comenzó la infestación, hasta 1920, cuando dio a luz: *"Después de la bendición, se confió al sacerdote. Le contó que a ciertas horas del día, una fuerza misteriosa, superior a la suya, se apoderaba de su cuerpo y de su alma, y que entonces, a pesar de su resistencia, bailaba al ritmo de un tango durante horas y horas hasta caer de agotamiento. Decía que con una voz magnífica cantaba versos, romances, piezas de ópera que nunca había escuchado. Dio interminables conferencias en lenguas extranjeras que no conocía, ante una multitud imaginaria. Cantó poemas que predecían su propia muerte y la de todas sus hermanas. A menudo rompía todo lo que podía con sus dientes. Aterrorizaba a todos los habitantes de la casa, rugiendo, maullando y gritando cada vez más fuerte, hasta el punto de que en ciertos momentos toda la casa se convertía en una colección de fieras."*

El padre Brune nos dice que la mujer habría mostrado incluso un fenómeno de levitación a 50 centímetros del suelo... Algo que un psicótico solo no puede hacer, nadie suele hacer tal cosa. Esta mujer era perfectamente consciente de sus extrañas acciones dirigidas por una fuerza maligna ajena a ella. Fue una situación que la hizo desesperar e incluso considerar el suicidio. En este caso, no había un muro amnésico entre sus estados de posesión y su estado normal, y había una "fuerza exterior" que influía en la persona. Las personas poseídas por demonios han mostrado a menudo comportamientos sobrenaturales e incluso más allá de lo inimaginable. Las posesiones demoníacas más *"espectaculares" no pueden ser* explicadas ni siquiera por el trastorno mental psicótico más extremo. Hay necesariamente una intervención de fuerzas externas que trascienden las leyes de la física. En una conferencia de 2008 titulada *"Posesiones demoníacas"*, el padre François Brune describió algunos casos bastante impresionantes. En particular, relata un exorcismo realizado en Alemania en 1842 por un pastor protestante para liberar a una joven llamada Gottliebin. Las únicas armas del pastor eran la oración, la fe y el ayuno... Los médicos de la época que presenciaban estos fenómenos no entendían nada. Las entidades que poseían a la joven resultaron ser una verdadera legión. Los demonios primero declararon ser 3, luego 7, luego 14, luego 175, luego 425... Es posible que los números dados por estas entidades sean obviamente fantasiosos, pero una cosa es cierta, es que una hueste de demonios *habitaba en* esta mujer. En este caso, aparentemente no se menciona ningún cambio de personalidad, amnesia o pasado traumático de la mujer, el pastor sólo habla de actos de brujería. En su conferencia, el padre Brune citó algunos pasajes del informe de este pastor alemán, Johan Christoph Blumhardt, traducido al francés por él:

Fue aterrador para mí darme cuenta de que lo que antes se consideraba la más ridícula superstición popular estaba saliendo del mundo de los cuentos de hadas al mundo real. Comenzó con vómitos de arena y vidrio. Poco a poco llegó a trozos de acero de todo tipo, viejos clavos de madera todos doblados. Un día vi cómo, tras un largo atragantamiento, caían doce seguidas en la palangana que teníamos delante de su boca. Luego había cordones de zapatos de diferentes formas y tamaños, a menudo tan largos que era difícil entender cómo podían salir del gaznate. Una vez un trozo de metal tan grande y ancho que perdió la respiración y permaneció como muerta durante varios minutos. También había cantidades increíbles de alfileres, agujas y trozos de agujas de tejer, a veces solos y a veces mezclados con papel y plumas (...) De la nariz también saqué muchos alfileres (...) De las agujas saqué cantidades de la mandíbula inferior y superior. Al principio tenía un terrible dolor de muelas, aunque no se veía nada, y finalmente se empezaron a sentir los picos. Cada vez salían más y más y llegó un momento en el que pude agarrarlos pero aún me costó mucho esfuerzo sacarlos. Una vez aparecieron en su lengua dos viejos trozos de alambre, doblados a la longitud de un dedo. En otra ocasión, tenía dos largos cables retorcidos y enredados en varios lugares bajo la piel. Mi mujer y yo tardamos una hora en quitárselos por completo y Gottliebin perdió el conocimiento más de una vez, como suele ocurrir. Además, de la parte superior de su cuerpo salían trozos de agujas de tejer o agujas enteras con tanta frecuencia en varios momentos que puedo calcular que el número es de al menos treinta. Estaban tumbados o clavados en vertical, en este último caso a menudo justo en la zona del corazón. Si las agujas ya estaban a medio camino, me costó media hora tirar con todas mis fuerzas. No puedo culpar a nadie por ser escéptico ante tales historias, porque es demasiado para creer o imaginar. Pero pude hacer todas estas observaciones y experimentos durante casi un año entero y siempre en presencia de muchos testigos. Tenía mucho interés en evitar los malos rumores, y por eso puedo contar estos hechos con toda serenidad, porque estoy absolutamente seguro, aunque sólo sea por el carácter de Gottliebin, de que nunca hubo el más mínimo engaño. Cada vez que iba a verla en esa época, me llamaran o no, algo volvía a suceder y al cabo de un tiempo se producía un nuevo truco de brujería en alguna parte de su cuerpo. El dolor era siempre terrible y casi siempre perdía el conocimiento. Suele gritar: "¡Voy a morir! pero la oración por sí sola se encargaría de todo. Si empezaba a quejarse de dolor en alguna parte, todo lo que tenía que hacer era poner mi mano, normalmente en su cabeza. Instruido por una larga experiencia en la Fe, estaba seguro de ver enseguida la eficacia de la breve oración que pronuncié. Inmediatamente sintió que la cosa se movía dentro de ella o que se giraba para buscar una salida. La parte más difícil era el cruce de la piel, y a menudo se sentía durante mucho tiempo que algo empujaba desde dentro hacia fuera. No sangraba, no era como una herida. A lo sumo podíamos reconocer por un momento de dónde había salido algo, al menos mientras se hubiera hecho por el solo poder de la oración."

En un programa de *Planet* Channel sobre exorcistas emitido en abril de 2004, Msg Laroche, un obispo ortodoxo, afirmó haber visto personalmente a una mujer poseída escupir pequeños sapos y gusanos...

A la inversa, ciertos fenómenos sobrenaturales, esta vez de orden divino, se manifestaban regularmente en la vida de los santos, como el brote de pétalos de rosas frescas por la boca. El padre Brune señala que existe un paralelismo entre los fenómenos de las posesiones y los místicos. Son el mismo tipo de manifestaciones pero en positivo, en algo bello. Es el caso de la madre Yvonne-Aimée de Jésus del monasterio de Malestroit que, en su cama, sintiéndose oprimida, vio salir de su cuerpo un clavel rojo a la altura del corazón. Me *parece que puedo oír el crujido de la carne, que se desgarra, y luego, cuando salió el clavel, la herida de su corazón se cerró sin cicatriz. (...) "Las rosas seguían saliendo del corazón de Aimée. Ahora tenemos cinco. La última llegó mientras estaba al pie del altar. (...) La rosa trepaba hacia su cuello, tiraba de ella con fuerza, su largo tallo espinoso pugnaba por salir. Fue esta última rosa la que hizo sufrir más a Aimée, las otras no tenían espinas.*"

En su libro titulado "¿Qué hacer con todos estos demonios? El exorcista italiano Raúl Salvucci escribe: "En el caso de la posesión u obsesión diabólica, la personalidad del ser humano desaparece; en su lugar, otra entidad se apodera del cuerpo, de los sentidos, de las facultades, y habla, actúa, se mueve y se expresa a través de este cuerpo humano. Cuando se produce la liberación, la persona tiene dos sensaciones:

- La primera es que no recuerda nada de lo que dijo ni de lo que pasó, como si la hubieran anestesiado para una operación quirúrgica. A veces también pregunta: ¿Qué hora es, dónde estoy? Tras ser liberada, mirando los moratones de sus muñecas, causados por quienes habían intentado sujetarla durante varias horas, una poseída dice: "¿Quién me ha hecho esto?"

- La segunda es que se siente completamente agotada por la violencia ejercida sobre ella para desactivar su personalidad "malvada".

Es difícil saber por qué algunas personas pueden ser golpeadas tan cruelmente y cómo se logra esta espantosa forma de posesión diabólica."[362]

En 2010, se realizó un estudio en Uganda. Su objetivo era explorar las relaciones entre las posesiones demoníacas, los síntomas disociativos y el trauma. El estudio consistió en un grupo de 119 individuos diagnosticados por curanderos tradicionales como poseídos, en comparación con un grupo de control de 71 individuos no poseídos. Las evaluaciones incluían elementos demográficos, criterios de disociación y elementos potencialmente traumáticos

---

[362] *¿Qué hacer con todos estos demonios? El testimonio de un exorcista* - Raul Salvucci, 2001, p.41-42.

de la vida de los individuos. En comparación con el grupo de control, el grupo de los poseídos mostraba trastornos disociativos más graves, pero también más elementos traumáticos en sus vidas. Los vínculos entre estos eventos traumáticos y los trastornos disociativos fueron significativos. El estudio concluyó que la posesión por entidades era un trastorno disociativo, o más exactamente un *"estado de trance disociativo"* vinculado a acontecimientos traumáticos. He aquí un breve extracto del estudio que muestra la gran similitud entre la posesión demoníaca y los trastornos disociativos: *"Entrar en otro estado de conciencia y hablar en un idioma que la gente nunca ha aprendido antes. Más tarde, no recuerdan haber hablado en esas lenguas."*[363]

El DSM-IV define el trance disociativo de la siguiente manera:

Trastornos de la conciencia, la identidad o la memoria que se producen una vez o de forma episódica, específicos de determinados lugares y culturas. El trance disociativo implica un estrechamiento del campo de percepción del entorno inmediato, así como comportamientos o movimientos estereotipados que los sujetos sienten que están fuera de su control. En el estado de posesión, en lugar de un sentido de la propia identidad, hay una nueva identidad, atribuida a la influencia de un espíritu, poder, deidad u otra persona. Esto puede ir acompañado de amnesia. Es quizás el trastorno disociativo más común en Asia. Amok (Indonesia), Behainan (Indonesia), Latab, (Malasia), Pibloktoq (Ártico), Ataque de Nervios (América Latina) son ejemplos conocidos.

Otro estudio sobre la relación entre la posesión, los estados de trance disociativo y la T.I.D. fue realizado en Italia por Stefano Ferracuti en 1995. Los sujetos fueron reclutados a través del exorcista de la diócesis de Roma, Don Gabriele Amorth. En este estudio, diez personas que se sometieron a sesiones de exorcismo contra posesiones demoníacas fueron estudiadas con los criterios de diagnóstico de los trastornos disociativos, así como con el test de Rorschach. Estas personas se vieron abrumadas por manifestaciones paranormales, afirmando estar poseídas por un demonio. Evidentemente, tenían grandes dificultades para mantener una vida social normal. Estas personas tenían mucho en común con los pacientes que sufrían D.I. y las pruebas de Rorschach demostraron que también tenían una organización compleja de la personalidad. Los trances disociativos de estos "poseídos" mostraban grandes similitudes con el D.I. El informe del estudio afirma que los estados de trance disociativos, especialmente el trastorno de posesión, son probablemente más comunes de lo que creemos, pero que los datos clínicos precisos sobre este tema son demasiado escasos. En este estudio, los sujetos informaron de que el tratamiento psiquiátrico no mejoró sus síntomas, mientras que los rituales de exorcismo

---

[363] *Síntomas disociativos y traumas declarados entre pacientes con posesión de espíritus y controles sanos emparejados en Uganda* - van Duijl, Nijenhuis, Komproe, Gernaat, de Jong, 2010

aportaron cierta mejora. Casi todos dijeron que el exorcismo ayudó a mantener al demonio bajo control, que los acosaba menos después de las oraciones.[364]

Para el padre Angelo, exorcista de una diócesis italiana, la posesión no tiene nada que ver con la T.I. En el libro *Confidences d'un Exorciste*, esto es lo que confió a las dos periodistas francesas Nathalie Duplan y Valérie Raulin:

El demonio, en el caso de la posesión, invade el cuerpo del hombre y se apodera de él, como si fuera suyo. Las criaturas espirituales que carecen de esto, utilizan los órganos y miembros de la persona poseída para moverse y hablar, sin que la persona desafortunada pueda impedirlo. A pesar de los tormentos infligidos por el diablo, el alma permanece libre. Esto demuestra que el diablo no tiene un poder ilimitado sobre el hombre, ya que Dios no le permite poseer el alma. También he insistido en que la posesión no es un "trastorno de personalidad múltiple" o un "trastorno disociativo de la personalidad", como sostienen los psiquiatras, sino una realidad espiritual que está más allá de nuestra comprensión y que, de forma misteriosa, forma parte del plan de Dios. El demonio no puede emprender lo que Dios prohíbe y su poder de dañar no es ilimitado (...) Es muy impresionante ver a Satanás, o a algún otro demonio, habitar un cuerpo, moverlo a voluntad, manipularlo de forma inverosímil, y luego ser sumiso, incapaz de resistirse cuando el sacerdote le impone las manos. De nuevo, la sumisión no es inmediata, especialmente cuando se trata de demonios muy poderosos. Recuerdo que, al igual que los ángeles, los demonios son espíritus dentro de los cuales hay una jerarquía. Los arcángeles son más poderosos que los ángeles. Entre los demonios ocurre lo mismo, algunos son superiores a otros. Los demonios poderosos se reconocen rápidamente porque, al principio, no reaccionan, se resisten, mientras que los demonios de rango inferior se ven obligados a salir primero."[365]

En su libro "Exorcismos y poderes de los laicos: influencias diabólicas", el padre Ovila Melançon escribe: "No se sabe que hay neurosis-enfermedades y neurosis-demoniacas. A veces se atribuirá a un desdoblamiento de la personalidad lo que será, en realidad, sólo la intervención de un espíritu caído. También es necesario saber que una verdadera posesión diabólica va casi siempre acompañada de trastornos mentales y nerviosos, que son producidos y amplificados por el demonio y cuyas manifestaciones y síntomas son médicamente idénticos a los producidos por las neurosis (...)El padre Francesco Palau, beatificado por el Papa Juan Pablo II el 25 de abril de 1988, tuvo el acierto de acoger a los enfermos mentales y de exorcizarlos a todos, de modo que "los que estaban poseídos se curaban; los que estaban enfermos permanecían enfermos", como señala el padre Gabriele Amorth en su libro titulado "Un exorcista cuenta". El mismo autor tenía mucha razón al escribir: "He coincidido con todos los demás exorcistas que he consultado en que el recurso a un

---

[364] Trastorno de trance disociativo: hallazgos clínicos y de rorschach en diez personas que informaron de una posesión demoníaca y fueron tratadas mediante exorcismo - Stefano Ferracuti, Roberto Sacco y Renato Lazzari, Departamento de Psiquiatría y Psicología, Universidad de Roma. 1995.

[365] *Confidencias de un exorcista* - Nathalie Duplan y Valérie Raulin, 2012.

exorcismo, en los casos en que no era necesario, nunca ha sido perjudicial". Esta es la verdadera pastoral que debe haber en la Iglesia, una pastoral que corresponde a la auténtica doctrina de la Iglesia sobre los exorcismos."[366]

En una entrevista de 2011, el exorcista de la diócesis de San José, en Estados Unidos, el padre Gary Thomas, dijo: "Generalmente, las personas pueden ser tocadas (por el demonio) cuando han experimentado cosas difíciles en sus vidas. Es mi opinión basada en mi experiencia. En el caso de las personas que tienen un historial de abusos sexuales, es aún más revelador. Son heridas profundas del alma y afecta a la vida de la persona en todos los niveles (...) Los demonios quieren adherirse a personas con un historial de abusos sexuales. Diría que ocho de cada diez personas que acuden a mí con problemas de posesión demoníaca han sufrido abusos sexuales, normalmente por parte de un padre, hermano u otro miembro de la familia. Eso no significa que todos los que han sido abusados sexualmente tendrán problemas de posesión demoníaca, pero el riesgo es mayor."[367]

En el DSM-IV, tanto la posesión como el TID se clasificaron como "trastornos disociativos". En su nueva definición de trastorno de identidad disociativo, el DSM-V de 2013 afirma: *"Interrupción de la identidad por al menos dos personalidades distintas, que puede describirse en algunas culturas como una experiencia de posesión."*

Vemos, pues, que la ambigüedad es real y que no se está realizando ningún estudio serio, al menos públicamente, para comprender este fenómeno. Los síntomas de la posesión demoníaca y la personalidad múltiple son, en efecto, notablemente similares, el profesor y psicólogo clínico James Randall Noblitt ha enumerado estos puntos en común:[368]

- Tanto la posesión como la T.I. son más comunes en las mujeres que en los hombres. Un fenómeno siete veces más común en las mujeres que en los hombres, y las mujeres parecen disociarse más fácilmente que los hombres.
- Ambas se reportan como resultado de experiencias traumáticas, rituales o pruebas de iniciación.
- Ambos se asocian a cultos primitivos o preindustriales, pero también a los modernos.
- El secreto es a menudo un factor común en la posesión y el I.D.T.
- Los individuos informan de amnesia tanto en la posesión como en el I.D.T.
- Las experiencias de trance son comunes.
- Los individuos experimentan en algún momento una conciencia común compartida con la personalidad o entidad alterada.

[366] "Exorcismos y poderes de los laicos - influencias diabólicas" - Padre Ovila Melançon, 1996, p.62.

[367] Entrevista: El padre Gary Thomas, inspiración para "El Rito" - Peg Aloi, 2011.

[368] *"Cult & Ritual Abuse"* - James Randall Noblitt & Pamela Perskin Noblitt, 2014, p.45.

- Los individuos actúan con un comportamiento que no está en sus características habituales.
- La identidad que suele estar presente se suele denominar *"huésped"*.
- Las entidades o alteraciones que toman el control del cuerpo pueden presentarse como un animal, un espíritu, un demonio o una deidad.
- Los individuos pueden comportarse más allá de los límites físicos del cuerpo humano, especialmente en lo que respecta al dolor.
- Un número importante de individuos afectados por la posesión o el D.I. creen que tienen poderes psíquicos especiales.

En los trastornos psíquicos o "enfermedades mentales", el lado espiritual, que afecta a las otras dimensiones del ser, es hoy totalmente ignorado por la medicina moderna. Mientras que en las culturas tradicionales preindustriales, esta vertiente espiritual era, por el contrario, lo primero que se trataba en los trastornos físicos o mentales, sobre todo mediante el chamanismo y el exorcismo. Por ejemplo, en la India, se informó de que el 75% de los pacientes psiquiátricos también consultaron a un curandero religioso. Asimismo, en una comunidad rural de Corea del Sur, entre el 15 y el 25% de los pacientes psicóticos fueron tratados con terapias chamánicas.[369]

Es importante tener en cuenta todas las dimensiones del ser humano cuando se aborda la cuestión del D.I., que parece ir mucho más allá del simple funcionamiento físico/neurológico.

El profesor Emilio Servadio, experto en psicoanálisis y presidente de honor de la Sociedad Italiana de Psicoanálisis, también especialista en manifestaciones paranormales, declaró al periodista Renzo Allegri sobre los exorcismos: *"En todas partes hay individuos con problemas mucho más complicados y manifestaciones patológicas inexplicables y a veces espantosas, que no somos capaces de clasificar y menos aún de curar. Ante estos casos, la ciencia laica se detiene, deja de investigar, porque ya no sabe en qué dirección investigar y se niega a formular hipótesis. Pero los psiquiatras y psicoanalistas más abiertos sienten que se enfrentan a fenómenos que sobrepasan los límites de la ciencia médica y se adentran en áreas inexploradas por la razón humana. Son conscientes de que no pueden hacer nada y entienden que su deber es dejar el campo abierto a los teólogos y, eventualmente, a los propios exorcistas. Considero que la ciencia debe reconocer sus propias limitaciones."*[370]

El profesor Chris Cook, del Departamento de Teología y Religión de la Universidad de Durham, ha escrito un artículo titulado *"Posesión demoníaca y enfermedad mental: ¿deberíamos hacer un diagnóstico diferencial? del que se extraen los siguientes extractos: "Posesión demoníaca y enfermedad mental: ¿debemos hacer un diagnóstico diferencial? de la cual los siguientes son extractos: La posesión demoníaca y la enfermedad mental no son simplemente dos diagnósticos diferentes (...) Sin embargo, si estas dos cosas están*

---

[369] Perspectivas históricas, religiosas y médicas de los fenómenos de posesión - SN Chiu, Hong-Kong Journal of Psychiatry, 2000.

[370] *Gente* - Renzo Allegri, 30/12/1984, p.113.

relacionadas, necesitamos conocer la naturaleza de la conexión entre ambas (...) Necesitamos distinguir de cuál de estas dos cosas estamos tratando, pero también necesitamos identificar cuál de los dos problemas causa el otro como una "complicación" secundaria (...).) La *posesión demoníaca es esencialmente un problema espiritual, pero la enfermedad mental es un asunto multifactorial, en el que los factores espirituales, sociales, psicológicos y físicos deben desempeñar un papel etiológico. La relación entre estos dos conceptos es, por tanto, compleja. Los diferentes diagnósticos pueden tener un papel en la ayuda a aquellos cuyo problema puede ser demoníaco o de origen médico/psiquiátrico. Sin embargo, el discernimiento espiritual es de igual o mayor importancia que el discernimiento científico. "*[371]

El pastor James Friesen es autor de los libros *"Uncovering the Mystery of M.P.D." y "More Than Survivors.* (y *"Más que supervivientes".* Ha trabajado con muchos pacientes y ha descrito con detalle cómo el trastorno de personalidad múltiple está relacionado con el abuso ritual satánico. Según él, la posesión demoníaca está directamente relacionada con el D.I. Afirma que los individuos con trastorno de identidad disociativo experimentan tanto la doble personalidad como la posesión por parte de entidades externas, pero que estos dos tipos de *"tomas de posesión"* son muy distintos entre sí.

El Dr. Haraldur Erlendsson también llega a la misma conclusión respecto a la simultaneidad de la posesión y el D.I. En un artículo de 2003 titulado *"Trastorno de personalidad múltiple - Demonios y ángeles o aspectos arquetípicos del yo interior"*, escribe: *"Si las diferentes personalidades afirman tener una historia diferente a la de la personalidad principal, ¿debemos tenerlo en cuenta después de hacer una serie de preguntas como: "Hay alguien? ¿Quién es usted? ¿Cuánto tiempo llevas aquí? ¿Dónde estabas antes? ¿Qué efecto tiene en la persona? ¿Por qué no has seguido adelante?" Cuando las respuestas dan claramente la convicción de que la entidad viene de fuera de la persona, ¿debemos tomar estas respuestas al pie de la letra? ¿Debemos utilizar las respuestas dadas para diferenciar entre posesión y personalidad múltiple? Tal vez el diagnóstico de D.I. debería incluir el trance de posesión. El problema aquí es que muchos clínicos no se sienten cómodos con la noción de una vida después de la muerte o de entidades que pueden vivir en mundos diferentes. El Dr. Colin Ross, que escribió el libro más completo sobre el D.I. (Dissociative Identity Disorder, Diagnosis, Clinical Features, and Treatment of Multiple Personality Disorder, 1997), ha utilizado él mismo en ocasiones técnicas relacionadas con el mundo espiritual, al igual que muchos otros en este campo. Sin embargo, prefiere tratar a la alteración que dice venir del exterior de la misma manera que a las demás partes de la doble personalidad. Les ayuda a afrontar el contenido traumático de los recuerdos y busca la plena integración con el resto de la persona. Mi opinión es que la posesión y la personalidad múltiple no se dan por separado, sino que ocurren juntas. "*

---

[371] Posesión demoníaca y enfermedad mental: ¿debemos hacer un diagnóstico diferencial? - Chris Cook, Christian Medical Fellowship - revista Nucleus, 09/1997.

Hemos visto que se ha establecido la relación causal entre los traumas graves y los trastornos disociativos que conducen a la personalidad múltiple. ¿Las posesiones demoníacas también tienen su origen en un trauma? Parece que éste es uno de los muchos puntos en común entre I.D.D. y Possession. El padre Jeffrey Steffon en su libro *"Satanismo: ¿es real?* (describe una serie de causas que pueden conducir a la posesión por una o más entidades: *"En primer lugar, un espíritu demoníaco puede adherirse a alguien a través de una lesión o trauma (...) Un espíritu demoníaco también puede adherirse a una persona a través de la participación en el ocultismo."*

El abuso ritual satánico es particularmente atractivo para las entidades demoníacas debido a las prácticas de magia negra, pero también por el trauma extremo que se produce durante las ceremonias. Los demonios se sienten atraídos por el sufrimiento, el dolor y el terror que provocan en la víctima la indefensión y la sumisión total a los agresores... pero también a los espíritus. Este tipo de emoción extrema es una fuerza de atracción y alimento para los espíritus caídos, más aún si se derrama sangre. Las víctimas profundamente disociadas se convierten entonces en verdaderos receptáculos para estas entidades atraídas por los protocolos mágicos y los conjuros que acompañan al ritual. Además, estas ceremonias suelen realizarse en lugares con energías telúricas particulares que facilitan las interacciones entre las diferentes dimensiones. Al igual que un jarrón agrietado permite el paso de *la luz*, la división permitirá que ciertas entidades pasen y se mezclen con las fracturas de la personalidad que son los *fragmentos del alma*, una noción que se desarrollará más adelante...

En 2010, el reverendo Thomas J. Euteneuer identificó "siete niveles de persecución demoníaca". Según él, el abuso ritual satánico es el nivel más crítico: *"Los niños nacidos en una línea familiar de brujas o cultos satánicos son iniciados en ellos a través de rituales y consagraciones. Son los más difíciles de curar. El trauma emocional y físico de los rituales, infligido desde la primera infancia, incluso en el vientre materno, es tan extremo que fractura la personalidad del niño y lo hace totalmente sujeto a la posesión, entregado deliberadamente a los demonios de la secta. Estas personas heridas y magulladas necesitan la ayuda compasiva de la Iglesia, pero no pueden curarse sólo con el exorcismo. De hecho, necesitan varios elementos combinados para que se produzca una verdadera curación. En primer lugar, tienen que romper por completo con todas las actividades ocultas y con todas las personas implicadas en sus abusos. En segundo lugar, necesitan un terapeuta cualificado con buenos conocimientos para tratar su trastorno de identidad disociativo. En tercer lugar, necesitan un exorcista cualificado y un buen equipo de apoyo que ofrezca oraciones regulares y movilice todos los recursos espirituales de la parroquia para este caso concreto. Por último, necesitan un grupo de apoyo para rehabilitarlos en una verdadera comunión cristiana basada en fuertes relaciones de amor y verdad. Tienen un largo camino de curación por delante y, por tanto, necesitan el máximo apoyo y ayuda. Como con todas las aflicciones demoníacas, la curación sólo es posible con la gracia de Dios y la cooperación activa del individuo. La curación completa puede llevar años de duro trabajo por parte de todos los implicados, pero es realmente posible."[372]*

En el libro *"Healing the Unimaginable"*, la superviviente de abusos rituales Stella Katz, que practicó ella misma el control mental de niños pequeños en una secta satanista, atestigua: *"Según algunos escritos antiguos, está claro que el desdoblamiento de los niños es algo que se ha practicado durante muchas generaciones en algunas de estas religiones, con el objetivo de atar los demonios a los niños. Cuando surge un alter, es su comportamiento el que determinará qué tipo de demonio es, por lo que el grupo llamará a este alter por un nombre de demonio concreto. Después, el grupo puede utilizar el nombre del demonio para llamarlo y hacer que emerja para tomar posesión del cuerpo. Sin embargo, cuando un demonio emerge sin permiso, lo que suele ocurrir, el niño deberá ser exorcizado. Los niños que no pueden ser exorcizados pueden acabar en un hospital psiquiátrico. A medida que estos grupos ocultistas han ido comprendiendo el proceso y las consecuencias de escindir a un niño, sus actividades y los protocolos que han creado se han vuelto cada vez más sofisticados.[373]* Una vez más, existe esta ambigüedad entre la alter personalidad interna y la entidad demoníaca externa, pero la noción de desdoblamiento (*desbloqueo espiritual*) del niño está siempre presente.

El autor Fritz Springmeier hace una distinción entre la posesión demoníaca y la T.I.D., pero reconoce que hay muchas características comunes y que ambas están intrínsecamente ligadas en los protocolos de control mental basados en el trauma: *"Si tomamos la programación MK desde el punto de vista del programador, éste cree tanto en la división de la personalidad como en la posesión demoníaca. Para un programador de MK, hay que crear alter personalidades y al mismo tiempo "demonizarlas", es decir, vincularlas a los demonios. Varios antiguos programadores dijeron a Springmeier que si alguien quiere entender realmente el control mental de Monarch, tiene que darse cuenta de que es algo fundamentalmente demoníaco (...) La programación y el control mental no pueden separarse de la demonología y los rituales ocultos."[374]*

Por lo tanto, las entidades demoníacas podrían unirse a los alters disociados. Así lo afirma también el reverendo Tom Ball, para quien los demonios son entidades reales que se han *"unido"* a personalidades alteradas mediante *"maldiciones"*, es decir, protocolos de magia negra.[375]

Como ha escrito el Dr. Haraldur Erlendsson: "Mi opinión es que la posesión y la personalidad múltiple no se dan por separado, sino que ocurren juntas."

---

[372] "Seven Degrees of Demonic Persecution" - Thomas J. Euteneuer, "Libera nos a malo", *New Oxford Review*, p.39, 05/2010.

[373] *Sanando lo inimaginable: Tratando el abuso ritual y el control mental* - Alison Miller, 2012, p.94.

[374] *La fórmula de los Illuminati utilizada para crear un esclavo indetectable con control mental total* - Fritz Springmeier y Cisco Wheeler, 1996.

[375] *Ritual Abuse in the 21st Century*, Chap: 'The use of prayer for inner healing of memories and delivrance with ritual abuse survivors' - Tom Ball, 2008.

Según los diversos datos de que disponemos, es más que probable que estos dos fenómenos estén, en efecto, íntimamente relacionados. A diferencia de las alter personalidades, que tienen una función básica de protección (aunque algunas sean muy hostiles e incluso violentas), las entidades demoníacas que vienen del exterior no están ahí para ayudar a la persona escindida, su propósito es robar, destruir, engañar y matar: llevan a la locura y a la autodestrucción. En un marco de programación Monarch MK, el papel de estas entidades demoníacas es cooperar con el programador para mantener el control del esclavo (que se discutirá en el próximo capítulo). El papel de las personalidades alternativas es apoyar y ayudar a la persona a sobrevivir al trauma lo mejor posible. Su función no es destructiva, sino protectora. Las personalidades alteradas suelen cuidar mucho de la personalidad original. Los pesados recuerdos traumáticos y el dolor que contienen se "encapsulan" en los distintos alteradores, que tienen la función de preservar a la víctima para que pueda seguir viviendo. Es por esta razón que las personalidades alteradas deben ser comprendidas, aceptadas y amadas; en contraposición a las entidades externas destructivas que también pueden atormentar a estos alterados como atormentan a la personalidad anfitriona. En el libro seminal sobre el fenómeno de las posesiones, *Posesión demoníaca y otras*, Oesterreich habla de espíritus malignos, pero también de posesiones "buenas". Cita un caso relatado por un tal van Müller en *el* libro *Gründliche Nachncht*, en el que la posesión alternaba entre un espíritu maligno malsano y un espíritu bueno. Puede ser que el "espíritu bueno"[376] no viniera de fuera, sino que fuera en realidad una fracción de la personalidad de la persona, un alter ego cuya función era ayudarla y protegerla. Si se considera que la otra "conciencia" forma parte de la personalidad escindida, el tratamiento consistirá en integrarla (fusión o integración) con la personalidad principal, pero si se considera que la otra "conciencia" es un espíritu externo o demonio, el tratamiento consistirá en expulsarla (expulsión mediante oración de exorcismo).

El psiquiatra Ralph B. Allison se enfrentó ocasionalmente en su trabajo con pacientes que padecían D.I. a entidades que se comportaban de forma inusual. Su "nacimiento" no podía ser localizado en el tiempo, eran visiblemente inútiles y solían presentarse como "espíritus".[377] En el caso de una personalidad alterada, suele ser posible saber cuándo se produjo la escisión (disociación), es decir, cuándo "nació". Además, cada alter ego tiene normalmente una función bien definida dentro del sistema interno: observador, protector, niño, etc.

En su libro *Uncovering the mystery of MPD*, el Dr. James G. Friesen hizo una distinción para determinar qué es una personalidad alterada y qué es una entidad externa (demonio). Friesen hizo una distinción para determinar qué es una personalidad alterada y qué es una entidad externa (demonio):

---

[376] Posesión demoníaca y otras entre las razas primitivas, en la antigüedad, la edad media y la época moderna - Traugott Konstantin Oesterreich, 1930, p.27.

[377] ¿Y los demonios? Posesión y exorcismo en el mundo moderno - Felicitas D. Goodman, 1984.

Alterar las personalidades	Demonios
La mayoría de los alters, e incluso los "alter atormentadores", pueden convertirse en poderosos aliados en la terapia. Es posible establecer una relación positiva con ellos (aunque pueda ser negativa al principio)	Los demonios son arrogantes y no hay manera de establecer una relación con ellos
Con el tiempo, el alter se convierte en ego-sinónimo, es decir, puede fusionarse y armonizarse con la personalidad original	Los demonios permanecen como "ego-alien", entidades externas imposibles de fusionar e "integrar
La confusión y el miedo se resuelven cuando sólo se trata de modificar la situación.	La confusión, el miedo y la lujuria persisten a pesar de la terapia cuando los demonios están presentes
Los alters tienden a ajustarse a su entorno	Los demonios fuerzan un comportamiento indeseable y luego culpan a una personalidad
Los Alters tienen sus propias personalidades con voces específicas	Los demonios tienen una voz negativa sin su correspondiente personalidad
La irritación, el descontento y la rivalidad entre alternos son muy comunes	El odio y la amargura son los sentimientos más comunes entre los demonios
Las imágenes del altar representan una forma humana y son coherentes	Las imágenes de los demonios varían entre las formas humanas y no humanas, con muchas variaciones

El Dr. James Friesen advierte bien sobre la práctica del exorcismo: la lucha contra los demonios. Es necesario tener una sólida base espiritual y nunca dedicarse a este tipo de cosas por mera curiosidad o interés económico. El riesgo es "luchar contra demonios" que no lo son, o peor aún, luchar contra demonios sin tener la capacidad real.

Según el padre Gabriele Amorth, exorcista jefe del Vaticano, en una posesión puede haber presencia de demonios, pero también de *almas condenadas*, es decir, un alma de un difunto que está servilmente unida a Satanás. En su libro *"Confesiones"*, el padre Amorth relata el caso de una mujer poseída. Durante las primeras oraciones del exorcismo, entró en trance y se puso muy violenta, hablando en varios idiomas con diferentes voces. Después de cada sesión, la mujer salía de su estado de trance y preguntaba qué había hecho y qué había dicho. Al estar totalmente amnésica, no recordaba nada de lo que había pasado, sólo estaba cansada y dolorida. Tras varios exorcismos, obedeciendo las órdenes del sacerdote, un primer demonio reveló su nombre: *"Zago"*. Dijo que era el líder de un culto en un pueblo cercano, cerca de una iglesia en ruinas, y que había una legión de demonios menores en esta posesión. El otro demonio se presentó como *"Astarot"*, éste se ocupaba de destruir el amor de la pareja y el afecto entre padres e hijos. Un tercer demonio llamado *"Serpiente"* tenía la misión de llevar a la mujer al suicidio. Para gran sorpresa del sacerdote exorcista Gabriele Amorth, entre estas entidades demoníacas había tres almas condenadas: *"Michelle"*, una mujer que había trabajado en el Moulin Rouge y que había muerto por culpa de las drogas a los 39 años. Era Michelle quien a menudo hacía decir a la italiana poseída las frases en francés que repetía para solicitar clientes. Durante estos momentos, el rostro de la mujer se volvió suave y persuasivo. También estaba *"Belcebú"*, un marroquí que había decapitado a tres misioneros en 1872 y luego se suicidó, abrumado por los remordimientos. La tercera alma condenada era *"Jordan"*, un escocés que había asesinado a su madre. A menudo intervenía hablando en inglés durante los trances de posesión. Más tarde, durante un exorcismo, Amorth escuchó una nueva voz femenina, por lo que le preguntó con fuerza: *"¿Quién eres? A lo que* la voz respondió: *"Soy Vanessa, tengo veintitrés años. Yo era estudiante en la universidad. Conocí a un joven que me llevó a las misas negras cerca de la iglesia en ruinas. Ese fue el día en que empecé a servir al diablo. Una noche en la que había bebido sangre y estaba borracho por la ceremonia, crucé la calle y morí atropellado por un coche.* Así que había la presencia de una cuarta alma condenada. Durante las últimas oraciones del exorcismo, apareció una cruz roja descolorida en la frente de la mujer. Cuando el marido tocó la cruz, descubrió que era sangre. El exorcista interrogó entonces a la entidad para averiguar la causa, y la respuesta del demonio fue: *"Es la sangre de un niño de cuatro días que me ofreció su madre, una de mis antiguas seguidoras."*[378]

Otro caso de lo que parece ser una posesión del alma humana se describió en el estudio de Uganda mencionado anteriormente en este capítulo.[379] Se trata de una mujer de 33 años que llevaba años sufriendo ataques espirituales, según su hermana tenía comportamientos extraños y agresivos en los que hablaba con diferentes voces. Estos ataques se producían cuando la familia se disponía a ir a la iglesia o a rezar determinadas oraciones. En la clínica, la paciente entraba en trance, agitando las manos como si tuviera garras mientras gruñía como un animal salvaje. Entonces empezaba a hablar en un idioma extraño con una voz igualmente extraña. Su hermana le explicó que era la voz de un tío que llevaba muchos años muerto. Este tío había conservado los valores y creencias de la cultura pagana tradicional, mientras que su padre se había convertido al

---

[378] *Confesiones: Memorias del exorcista oficial del Vaticano* - Padre Gabriele Amorth, 2010, p.145.

[379] *Síntomas disociativos y traumas declarados entre pacientes con posesión de espíritus y controles sanos emparejados en Uganda* - van Duijl, Nijenhuis, Komproe, Gernaat, de Jong, 2010

cristianismo. Había un conflicto no resuelto entre su padre y este tío porque el padre se negaba a realizar los rituales para los antepasados. ¿Estaba esta mujer poseída por el alma de su tío?

Un estudio realizado en el año 2000 en un hospital psiquiátrico de Singapur informó del caso de un hombre malayo que, al ser poseído por los espíritus de los antepasados, empezó a hablar *"Sundak"*, un dialecto javanés que ya no utiliza su pueblo y que él mismo nunca había aprendido.[380]

Para el padre François Brune, existe una distinción entre la posesión demoníaca y la personalidad múltiple, para él el fenómeno de la personalidad múltiple sólo puede explicarse por la incorporación de un alma humana incorpórea y errante. Un alma que se apodera del cuerpo del individuo para expresarse a través de él.

Esta cuestión de la posesión por parte de las almas de los difuntos está quizá relacionada con una forma de "culto a los antepasados" practicada por satanistas y luciferinos. Ciertas familias que practican el abuso ritual y el desdoblamiento sistemático de la personalidad de sus descendientes ofrecerían así una puerta abierta a sus ancestros para que pudieran "revivir" en la carne a través de la posesión puntual o permanente de sus descendientes (desdoblados y, por tanto, abiertos a la mediumnidad). Si el antepasado ya se dividió durante su encarnación, también pueden quedar fragmentos de su espíritu vinculados a sus descendientes encarnados. Así obtendrían una especie de "inmortalidad", tan buscada por ciertos ocultistas.

El libro *"Posesión demoníaca y de otro tipo"* es un estudio sobre el fenómeno de la posesión que ha sido reconocido en todo el mundo y sigue siendo una referencia en la materia. En él, Oesterreich hace una clara diferenciación entre posesión *voluntaria* e *involuntaria* y también una distinción entre posesión *lúcida* y *sonámbula*. En la posesión lúcida, el individuo está consciente y lo recuerda después. Un ejemplo contemporáneo de posesión voluntaria es el de los *"canales"*, los médiums de *la Nueva Era* que se dejan poseer voluntariamente por una entidad. Algunos de estos médiums son lúcidos, otros no. La posesión sonámbula se produce cuando el individuo es incapaz de recordar su comportamiento y lo que ocurría a su alrededor durante el estado de trance; mientras que en la posesión lúcida es un espectador pasivo de lo que ocurre en su interior y de sus acciones dirigidas por otra fuerza. Las personas con D.I. describen los episodios disociativos de la misma manera que Oesterrich describió los estados de posesión, pueden ser lúcidos, donde la personalidad principal y el alter están en la conciencia común, o pueden estar separados por un muro amnésico.

Parece, por tanto, que un traumatismo severo que lleve a una disociación profunda puede provocar tanto una fragmentación del *"yo"* en diferentes alter personalidades, o *fragmentos de alma* como veremos; y paralelamente un fenómeno de posesión por entidades externas que pueden ser de naturaleza

---

[380] *Fenomenología de los estados de trance observados en un hospital psiquiátrico de Singapur: una perspectiva transcultural* - Psiquiatría transcultural, 12/2000.

demoníaca o humana, o incluso fragmentos de almas humanas desencarnadas. Por lo tanto, la T.I.D. está íntimamente ligada al fenómeno de la mediumnidad y de la posesión debido a la "brecha espiritual" que han provocado los traumas. Así pues, los casos que podrían confundirse con una posesión demoníaca pueden resultar ser T.I.D. con personalidades alternas que pueden hacer creer que se trata de entidades externas, al igual que las entidades externas pueden efectivamente parasitar e infestar a una persona "fracturada", con una personalidad escindida y múltiple.

En su autobiografía *Thanks For The Memories*, Brice Taylor (superviviente del MK Monarch) escribe: "He conocido a personas con trastorno de personalidad múltiple que pensaban que eran psíquicos y canalizaban entidades, cuando en realidad estaban contactando con parte de su propia estructura de personalidad. Un día, una "canalizadora" llamada Shirley me ofreció amablemente una sesión privada de "canalización" (...) Le dije que estaría encantado de hacerle cualquier pregunta sobre ella misma cuando estuviera en estado de trance, lo que aceptó. Cuando se le preguntó si Shirley había participado en alguna actividad de tipo ritual de abuso, la respuesta fue que "Shirley aún no estaba preparada para afrontar esa realidad". La canalización puede ser una forma inteligente de encubrir la realidad del trastorno de personalidad múltiple cuando los fragmentos de personalidad llegan a la conciencia, explicando que se trata de una "entidad" exterior."[381]

En un artículo titulado *"Multiple Personality and Channeling"* (*Jefferson Journal of Psychiatry*), la Dra. Rayna L. Rogers establece un paralelismo entre los canales de *la nueva era* y las personas con D.I. Llega a la conclusión de que los trances de estos médiums (cuando son auténticos y no un fraude) son muy similares en muchos aspectos a los de las personas que sufren desdoblamiento de personalidad. Como veremos más adelante, las personas escindidas también están más abiertas al "mundo de los espíritus", a otras dimensiones, y por lo tanto es más probable que tengan acceso a las facultades mediúmnicas (una sesión de *"canalización"* no es más que una posesión puntual, puede ser inconsciente o consciente, y luego se evapora como el recuerdo de un sueño). Desde un punto de vista externo, por ejemplo para un público que asiste a una sesión de espiritismo, es difícil determinar si el *canalizador está* canalizando una entidad externa, o si se trata de un alter ego interior que se está comunicando con el mundo exterior (volveremos a la canalización de espíritus en el capítulo 9).

3 - DISOCIACIÓN Y FUERA DEL CUERPO: ¿LA PUERTA A LA POSESIÓN?

En el libro *"Diagnosis and Treatment of Multiple Personality Disorder"*, el Dr. Frank Putnam dice que hay dos campos en la cuestión de la experiencia extracorporal. Frank Putnam dice que hay dos bandos en la cuestión de las

---

[381] *Thanks For The Memories: The Truth Has Set Me Free* - Brice Taylor, 1999, p.114.

experiencias extracorporales, un grupo que él llama "separacionistas", los que creen que hay un "alma", un "cuerpo astral", que puede realmente dejar el cuerpo físico y trasladarse a otros lugares, y luego están los psicólogos para los que estas experiencias extracorporales son simplemente un estado alterado de conciencia y que es una mera alucinación. Los numerosos testimonios tienden a demostrar que existe efectivamente un cuerpo astral que puede moverse fuera del cuerpo físico.

La gente describe una sensación de ingravidez flotante fuera de su cuerpo. Algunas personas que han tenido una *ECM (Experiencia Cercana a la Muerte) han sido capaces de* describir con detalle la cirugía que se les estaba practicando después de un accidente, mientras estaban en coma... También fueron capaces de informar del número de personas que había en el quirófano y de lo que se decían entre sí. Su cuerpo energético estaba por encima de la escena y podía observar todo con gran detalle mientras su cuerpo físico estaba inconsciente en la mesa de operaciones. Estas experiencias cercanas a la muerte estudiadas por el Dr. Raymond Moody, pero también los trabajos de Robert Monroe o del Dr. Jean Jacques Charbonier, demuestran que un cuerpo energético, conocido como cuerpo etérico o astral, con una conciencia, puede salir del cuerpo físico y luego reintegrarlo. Algunas personas dominan este fenómeno y pueden provocarlo a voluntad, lo que obviamente no es recomendable. Según una encuesta de Gallup de 1982, entre el 25 y el 30% de las personas han tenido este tipo de experiencia tras ser hospitalizadas o después de un traumatismo grave.

Los ocultistas están familiarizados con la técnica del *"Viaje Astral"*, o la proyección astral del *"cuerpo de luz"* fuera del cuerpo físico. Es una disciplina estudiada por sociedades secretas como la Aurora Dorada o la Masonería, pero es una práctica dominada principalmente por los chamanes de las culturas preindustriales, que viajan a través de las diferentes dimensiones utilizando esta técnica.

El fenómeno de la disociación descrito en el capítulo anterior se acompaña a veces de una sensación de separación de la mente y el cuerpo. Algunas víctimas de abusos sexuales describen claramente una salida concreta del cuerpo físico durante su disociación desencadenada por la violencia extrema, el dolor y el terror. La psicotraumatóloga Muriel Salmona, especialista en disociación, se refiere a estos casos como "decorporación". Marie-Ange Le Boulaire, autora del libro *"Le viol"*, describe bien cómo se encontró fuera de su cuerpo, observando su violación y analizando la situación en la que se encontraba de forma muy lúcida. Describió este fenómeno durante su aparición en el programa de televisión ''*Allô Docteur*'' de France 5 en enero de 2014: *"Me sentí a un metro de distancia, como en una película. Estaba a un metro de distancia y miraba la escena, que analizaba muy claramente, preguntándome qué podía hacer para salir de ella... Eso estaba muy claro."*

En el documental *"Una vida después de la secta"* (*Planète +*, 2014), Flora Jessop, nacida en una familia de fundamentalistas mormones, da testimonio de su martirizada infancia: *"Empezó con caricias, me dijo que no debía hablar de ello, que era nuestro secreto. Al principio estaba orgulloso, pero al mismo tiempo me sentía sucio y no entendía por qué. Fue muy extraño, estaba compartiendo un secreto con mi padre y me dieron ganas de vomitar. Me aterrorizaba cada vez que quería hablar conmigo. Me volví muy bueno en separarme de mí mismo. Flotaba por encima de mí misma y veía cómo me tocaba y sentía que le ocurría a otra persona. Así podría seguir queriendo a mi padre. Todo niño ve a su padre como su héroe, es el primer héroe de un niño. Lo que aprendí muy pronto fue que los monstruos no se esconden debajo de la cama, los monstruos atraviesan las puertas y tienen caras conocidas. Mi héroe era un monstruo..."*

El libro *Wife Rape (Violación de Esposas)* informa de una serie de relatos de disociación con una salida fuera del cuerpo durante la violación: *"Una de las estrategias de supervivencia más comunes es descrita por Debbie como una 'salida orbital', recuerda: 'Él estaba tumbado encima de mí completamente, y entonces simplemente salí con mi mente, ya no estaba allí. Me había transportado a otro lugar y me di cuenta más tarde de que lo había hecho a menudo, incluso cuando crecía, cuando algo me dolía, salía... me quedaba totalmente insensible. (...) Karen también describe haber tenido una experiencia extracorporal: "Es como si estuviera viendo la escena desde la esquina de la habitación y no pudiera sentir nada. Esto sólo ocurrió durante el abuso sexual, pero no durante el abuso físico. Annabel también describió haber tenido una experiencia extracorporal durante su violación, dijo: ''Estaba concentrada en mi brazo mientras estaba en algún lugar por encima de él, mi brazo estaba retorcido bajo mi cuerpo, como una muñeca de trapo. No veía la violación como si me ocurriera a mí, sino como si le ocurriera a otra persona con el brazo torcido."*[382]

En el libro *Reach for the Rainbow,* Lynn Finney relata el relato de una superviviente de su disociación psíquica y posterior experiencia extracorporal: "No puedo soportar esto ni un minuto más. Siento que voy a morir. Quiero morir. Oh, por favor, déjame morir. ¿Qué pasa? Ya no siento dolor. ¿Por qué no siento ningún dolor? No siento nada... Me siento tan tranquilo. Estoy flotando, flotando hacia el techo. ¿Qué está pasando? Puedo ver el cuerpo desnudo de mi padre en la cama debajo de mí. Puedo ver su espalda y la parte posterior de sus piernas. Está encima de una niña, una niña de pelo largo y negro como yo. ¡Pero así soy yo! Estoy tan confundido... no entiendo. ¿Cómo puedo estar allí y aquí en el techo al mismo tiempo? Puedo ver a mi padre y a la niña (yo) moviéndose en la cama, pero mis emociones y el dolor han desaparecido totalmente. Ya no siento nada pero puedo escuchar su llanto. Me alegro de no estar más allí, no quiero volver."[383]

El Dr. David Gersten ha informado de un testimonio sobre este proceso de disociación extrema. En su libro *¿Te estás iluminando o estás perdiendo la cabeza?* escribe: *"Amanda fue maltratada física y psicológicamente y también*

---

[382] *Wife Rape: Understanding the Response of Survivors and Service Providers* - Raquel Kennedy Bergen, 1996, p.30-31.

[383] *Alcanza el arco iris: curación avanzada para los supervivientes de abusos sexuales* - Lynne D. Finney, 1992.

abusada sexualmente. Su padre, alcohólico, empezó a violarla cuando tenía ocho años, y esto continuó durante seis años. Un hermano mayor también abusó de ella (...) Amanda aprendió a sobrellevar la agonía "abandonando su cuerpo". En la psiquiatría tradicional, podríamos decir que estaba "disociando". La pregunta que la psiquiatría no responde es "¿a dónde va la conciencia cuando se disocia?". Creo que lo que llamamos disociación debe ser a menudo una experiencia extracorporal. La conciencia de Amanda se estaba disociando, o separando de su cuerpo físico. Su mente y su conciencia abandonaban temporalmente los confines de su cuerpo físico. Así, Amanda ya no experimentó personalmente la devastación emocional y física. De hecho, aprendió a "abandonar su cuerpo" a voluntad y a menudo se encontraba en estados de éxtasis mientras estaba fuera de su cuerpo. Desde entonces, he entrevistado a docenas de personas que han sufrido abusos extremos, y más de la mitad de ellas han declarado que abandonaron su cuerpo durante los abusos."[384]

Los rituales traumáticos extremos se utilizan para lograr esta *"iluminación"*: la trascendencia del cuerpo físico a través del fenómeno disociativo. El núcleo de la perversión satánica es *"arrancar el alma"* de la víctima para vampirizar su energía y controlar su mente. No son los rituales en sí mismos los que realmente importan, sino sus efectos a niveles más allá del mundo material...

Algunos energetistas explican que un choque o un trauma, especialmente en los primeros años de vida, desbloquea el cuerpo astral para que pueda desprenderse del cuerpo físico. Eileen Nauman describe este fenómeno de la siguiente manera: *"A las personas que han sufrido un shock y un trauma, especialmente en la primera infancia, les sale el cuerpo astral por encima de la cabeza. El cuerpo astral desbloqueado se parece a un globo de colores que flota alrededor de la cabeza. Un clarividente puede ver esto y saber que estás "desarraigado" (desconectado) a causa de este evento. La razón por la que el cuerpo astral quiere "escapar" es porque es nuestra "placa madre" para todas nuestras emociones y sentimientos. Durante el ataque, cuando una persona está profundamente herida y traumatizada, el cuerpo astral saldrá por la parte superior de nuestra cabeza (Chakra Coronario), simplemente no quiere experimentar ese dolor y sufrimiento, huye de la angustia, pena o agonía. Si se desbloquea y se suelta, entonces sentirás menos esas emociones traumáticas. Las personas que experimentan esto también informan de una sensación de entumecimiento y parálisis. Esta es otra señal de que el cuerpo astral está desbloqueado y fuera. Bajo una violencia extrema, el cuerpo astral se desbloquea y escapa. ¿Es tan sencillo como eso? ¿Qué ocurre cuando esto sucede? Nos sentimos desconectados de la violencia y el trauma, no hay o hay mucho menos emoción. Muchas personas dicen que "flotaron" por encima de la escena de violencia, con total desapego y sin ninguna emoción. Lo describen como si estuvieran viendo una película en color, pero sin ninguna conexión emocional con la escena. Con el tiempo, el cuerpo astral aprende a escapar en*

---

[384] "¿Te estás iluminando o estás perdiendo la cabeza?" - David Gersten, 1997, p.147.

lugar de permanecer en el cuerpo físico y experimentar las poderosas emociones de la violencia, el trauma y el estrés postraumático. Esto permite que permanezca desbloqueado después de un evento o una serie de eventos. Cualquier persona que haya tenido una infancia traumática o muy perturbada puede haber desbloqueado su cuerpo astral para escapar del dolor emocional continuo. "[385]

Por lo tanto, parece que el fenómeno neuroquímico que provoca la disociación con anestesia tanto física como emocional está relacionado con este desprendimiento del cuerpo astral en el que la víctima ve la escena desde el exterior y ya no siente ninguna emoción. Así, las partes "energéticas" de nuestro cuerpo pueden desprenderse de él para evolucionar en otros planos. Como veremos más adelante, pueden ser simples fragmentos del alma que se "desgarran" durante el trauma. En los casos de D.I. se habla de desdoblamiento de la personalidad, pero en realidad se trata del desdoblamiento "energético" de un todo unificado que el ser humano forma al nacer.

Es interesante observar que los indios quechuas de Perú utilizan la palabra *"Susto"*, que significa *"miedo"*, para hablar de este fenómeno de abandono del cuerpo, que ellos llaman "pérdida del alma" (o fragmentos del alma). Para ellos, esta "pérdida del alma" se llama la enfermedad del *Susto*: la enfermedad del miedo... En su libro *"El mito del Jani o Susto de la medecina indígena del Perú"*, el Dr. Frederico Sal y Rosas relata que *los indios quechuas creen que el alma (o tal vez una parte de ella) puede abandonar el cuerpo, de forma espontánea o al ser forzada. La enfermedad del ''Susto'' puede producirse de dos maneras: o bien por un gran susto, como un trueno, la visión de un toro de carga o una serpiente, etc., o bien de forma maliciosa que no requiera susto.* "[386]

¿Qué pasa con los ejemplos citados anteriormente, como el miedo al trueno, a un toro o a una serpiente, que pueden desencadenar la división del alma, en comparación con el abuso ritual satánico? Rituales que incluyen escenas que no pueden ser más terroríficas y dolorosas, violaciones, torturas y sacrificios (reales o incluso simulados). En el abuso ritual, el terror del niño es llevado deliberadamente al extremo, lo que conduce a una disociación extrema. En este estado de profunda disociación, la mente se separa del cuerpo. Las puertas energéticas y espirituales del niño quedan entonces abiertas de par en par, permitiendo la intrusión de entidades demoníacas atraídas por el ritual, el terror, la sangre, la magia negra y los conjuros. Como la naturaleza aborrece el vacío, cuando una parte del alma se divide y "escapa", crea un "espacio" que puede ser invadido por una entidad exterior. Este fenómeno de posesión por un espíritu cuando el alma se divide es algo que encontramos en las tradiciones chamánicas. Como resultado del trauma, el niño se desconecta de su "yo", deja de *estar anclado*. Al igual que su personalidad está fragmentada, su alma (su cuerpo espiritual) también está dividida. Además, el niño puede encontrarse parasitado

---

[385] El cuerpo astral y cómo conectarlo con el cuerpo físico - Eileen Nauman, allthingshealing.com

[386] El descubrimiento del inconsciente: The History and Evolution of Dynamic Psychiatry - Henri F. Ellenberger, 1981, p.8.

por una o varias entidades demoníacas que se unirán a él e interactuarán con su mundo interior, esa dimensión particular a la que estuvo conectado durante los rituales traumáticos.

Ahora llega el inquietante testimonio de un antiguo miembro de la orden luciferina *"illuminati"*. La mujer que ha luchado por salir de esta secta se ha convertido a Jesucristo y ha decidido revelar lo que ha vivido desde su primera infancia, al haber nacido en una familia que practicaba estos horrores. Svali' (su seudónimo) fue víctima de abusos rituales y de programación mental, pero ella misma practicó el control mental de niños en el grupo de San Diego, en Estados Unidos, al que pertenecía. El siguiente testimonio fue publicado en Internet en 2001, y se refiere a un ritual que llegó a causar la muerte inminente de la víctima. Esto significa que la víctima va a decorporarse a causa de los traumas extremos que empujan voluntariamente su cuerpo físico a las fronteras de la muerte. Este tipo de práctica es una de las más extremas y complejas de la programación de MK. Por lo tanto, nos anticiparemos un poco en el siguiente capítulo dedicado al control mental de tipo monárquico.

El trauma es la base del control mental luciferino y el método más extremo es, sin duda, lo que Svali llama la *"ceremonia de resurrección"*. Según ella, es uno de los métodos más antiguos de la Orden *Illuminati*. La ceremonia, o ritual, suele realizarse para un niño de 2 o 3 años. El niño será fuertemente traumatizado por diversos medios: violencia física y sexual, descargas eléctricas, asfixia, drogas, con el objetivo de que se disocie lo más posible y entre en un estado cercano a la muerte. Es un método de programación mental que empuja voluntariamente al niño al borde de la muerte. La pequeña víctima siente entonces presencias a su alrededor, son entidades que observan este pequeño cuerpo inconsciente entre la vida y la muerte... En estos rituales de *"resurrección"*, siempre habrá presencia de personal médico competente con el equipo adecuado para controlar el estado del niño y poder *"resucitarlo"* cuando llegue el momento... Cuando recupere la conciencia con un dolor extremo, se enfrentará a una elección: enfrentarse a una muerte segura o elegir vivir integrando un poder demoníaco en él. Obviamente, el niño elige vivir y una entidad parasitaria se aferra a él. Más tarde, el niño se despertará con la ropa limpia, en una cama blanda, cubierto de ungüentos curativos, pero en un estado de shock y debilidad extrema. Es entonces cuando vendrá una persona y le dirá con voz suave y tranquilizadora que estaba muerto pero que el demonio *"le devolvió la vida"*, y que por tanto debe estar en deuda con él así como con las personas que le salvaron reiniciando sus latidos. También se le dice al niño que si pide a la entidad demoníaca que se vaya, será devuelto al estado de casi muerte en el que se encontraba cuando entró.

Este tipo de programación cercana a la muerte se utiliza para aterrorizar, dividir, demonizar y, en última instancia, controlar totalmente a un niño muy pequeño física, psíquica y espiritualmente. Obliga al niño a aceptar una espiritualidad totalmente satánica/luciferina en las peores circunstancias traumáticas y coercitivas posibles. El ritual afectará profundamente a las creencias del niño y esta experiencia traumática alterará sobre todo la realidad más fundamental del niño. El propósito de esta programación es eliminar el libre albedrío y la fuerza de voluntad de los jóvenes sujetos y hacerlos esclavos de fuerzas superiores no encarnadas.

Otra técnica de control mental basada en *las ECM, o cerca de la muerte, fue descrita por Svali como practicada en un entorno gubernamental, como el MK-Ultra.* Svali describió otra técnica de control mental basada en las ECM, o cerca de la muerte, que se practicaba en un entorno gubernamental, tipo MK-Ultra. El sujeto es atado por la cintura y el cuello y es envuelto en una cámara de aislamiento sensorial (suprimiendo todas las sensaciones en las extremidades). En este estado de privación sensorial, se le alimenta por vía intravenosa y se bombardea su cerebro con ruidos sonoros extremadamente violentos. La oscuridad total de la sala se intercalará con luces blancas deslumbrantes y el sujeto pronto perderá la noción del día y la noche. Cuando la víctima se acerca al *punto de ruptura* y está a punto de *quebrarse*, se le administran descargas eléctricas y drogas. El nivel de dolor y terror es máximo y se les dice repetidamente que se están muriendo, lo cual es cierto... si es necesario, se les puede poner un soporte vital. Es entonces cuando el sujeto experimenta este estado cercano a la muerte y se encuentra flotando fuera de su cuerpo, finalmente libre de la tortura física y psicológica. Es entonces cuando entra un programador como ''salvador'' diciéndole que merece vivir y que no le dejará morir... Al final, la víctima le deberá la vida... También se reproducen mensajes pregrabados en bucle (el método de *conducción psíquica* del programa MK-Ultra). Mensajes que contienen la programación y el destino futuro del sujeto en la *"Familia"*. Hipertraumatizada, la víctima es entonces muy receptiva a estos mensajes que se integrarán profundamente en su subconsciente. Finalmente, la víctima es devuelta lentamente a un estado *correcto* de conciencia, siempre acompañada por el mensaje constante de que ha *"nacido de nuevo"* para la *"Familia"*.

De nuevo, una o varias personas acudirán a consolar a la víctima de forma amable y ésta se sentirá extremadamente agradecida por estar viva, por haberse librado de todos estos horrores. Incluso será como un niño pequeño que se aferra a las personas que la rodean...

Este tipo de programación MK basada en la muerte inminente y la salida fuera del cuerpo se implantará en la víctima en el nivel más profundo, ya que toca el núcleo mismo del ser: su vida. Posteriormente, la persona que se ha sometido a este tipo de protocolo tendrá la certeza (programación) de que morirá si intenta romper el control mental, y que se encontrará de nuevo en un estado cercano a la muerte con el riesgo de que su corazón se detenga definitivamente. Las mentiras y los horrores que se cuenten y se implanten en estos estados de casi inconsciencia quedarán profundamente arraigados en el nivel subconsciente. El niño en esa situación tiene una necesidad desesperada de creer a los adultos que tienen su vida en sus manos. El niño, totalmente roto y programado, integrará todos los datos recibidos como una verdad profunda.[387]

En su autobiografía, Cathy O'Brien escribe: "Quiera o no, escuché una conversación entre Aquino y un asistente de laboratorio sobre la muerte y el

---

[387] *Experiencias cercanas a la muerte / Programación cercana a la muerte* - Svali, 2001.

cerebro mientras yo estaba profundamente hipnotizada en una mesa de metal helado. Aquino dijo que a menudo había estado cerca de la muerte, lo que "potenciaba mi capacidad, estando muerto, de entrar en otras dimensiones (de la mente)". Había escuchado a Aquino hablar sin cesar de este tipo de conceptos, como si tratara de convencerse de la existencia de una teoría de viajes interdimensionales en el tiempo. El hecho de que sea un principio o una teoría no cambia los resultados", afirmó, ya que el propio concepto de tiempo es abstracto. Hipnotizarme con la verborrea pasado-presente-futuro me dio un impulso que, combinado con los conceptos de Alicia en el País de las Maravillas/Mundo Espejo de la NASA, me dio la ilusión de dimensiones intemporales (...) Después de trasladarme de la mesa a un contenedor de aspecto complejo (ed: Tras trasladarme de la mesa a un contenedor de aspecto complejo, Aquino cambió mi mente a otra zona de mi cerebro, afirmando que me había llevado a otra dimensión por medio de la "puerta de la muerte". Lo hizo mientras me privaban de todos mis sentidos, combinado con la reprogramación mediante hipnosis y armónicos. La estructura en forma de ataúd en cuestión se transformó en mi mente en un crematorio, donde fui sometido a una creciente sensación de calor mientras me "quemaba lentamente", como se sugería hipnóticamente. Aquino, entonces, "me llevó a través del umbral de la muerte" a otra dimensión "vacía de tiempo".”[388]

4 - EN BUSCA DE FRAGMENTOS DE ALMA PERDIDOS

Como acabamos de ver, el alma humana puede desprenderse del cuerpo físico durante un traumatismo extremo. La víctima sigue viva, lo que indica que el alma no se ha desprendido completamente del cuerpo, sino que se ha fragmentado. Aunque la vida puede volver a la normalidad después de esta experiencia extrema, pueden quedar "fragmentos de alma" separados del "yo", fragmentos perdidos, cargados de memoria traumática y navegando en otras dimensiones... En su libro *Wife Rape*, Raquel K. Bergen recoge las palabras de Sonya: *"Perdí una parte de mí. Creo que una parte profunda de mí ha muerto.”*[389]

En el libro *El descubrimiento del inconsciente*, Henri F. Ellenberger explica que, en las tradiciones antiguas, las enfermedades y los trastornos mentales pueden producirse cuando el alma abandona el cuerpo (de forma espontánea o por accidente) o si es robada por un espíritu o un brujo. El curandero, o chamán, irá entonces en busca de esta alma perdida para traerla de vuelta y así restaurar el cuerpo y la psique del enfermo. Esto se llama "recuperación del alma". Esta práctica está muy extendida, pero no es universal, y se da entre los negritos de la península malaya, los indígenas de Filipinas y

---

[388] *América en medio de la Trans-formación* - Cathy O'Brien & Mark Phillips, 2013, p.328.

[389] *Wife Rape: Understanding the Response of Survivors and Service Providers* - Raquel Kennedy Bergen, 1996, p.60.

Australia, entre otros. Esta creencia también está presente en otras culturas como Siberia, el noroeste de África, Indonesia y Nueva Guinea. La naturaleza del alma, las causas de la pérdida del alma, el destino del alma perdida y la forma de curar al enfermo pueden variar según cada cultura local.

Estas culturas tradicionales nos enseñan que durante el sueño o el desmayo, el alma puede separarse del cuerpo físico. Esta es la teoría de que un "espíritu fantasma" está presente en el cuerpo durante la vida normal, pero es capaz de abandonar el cuerpo físico temporalmente, especialmente durante el sueño. El *espíritu viajero* puede entonces perderse, ser atacado, capturado y mantenido prisionero por un espíritu maligno o una bruja. El espíritu también puede abandonar el cuerpo bruscamente durante un estado de vigilia, en particular durante una conmoción que cause gran temor. También puede ser forzado a salir del cuerpo por fantasmas, demonios o incluso brujas. El tratamiento del curandero tradicional consiste, por tanto, en ir a la *caza astral* para encontrar el fragmento de alma, traerlo de vuelta y restaurar así al paciente. En Siberia, esta curación sólo puede realizarla un chamán que se haya puesto en contacto con el mundo espiritual durante su iniciación. Tiene la capacidad de mediar entre esta otra dimensión y la de los vivos. El etnólogo ruso Ksenofontov informa: *"Cuando un ser humano "pierde su alma", el chamán se pone en estado de trance mediante una técnica especial durante la cual su alma realiza un viaje al mundo de los espíritus. Los chamanes son capaces de rastrear el alma perdida en el otro mundo de la misma manera que un cazador rastrea un animal en el mundo físico. A menudo tienen que hacer un trato con los espíritus que han capturado el alma, conciliar con ellos y darles regalos. A veces también tienen que luchar contra los espíritus, preferiblemente con la ayuda de otros espíritus que son sus aliados. Aunque salgan victoriosos en su búsqueda, tienen que anticiparse a la venganza de los espíritus malignos. Una vez que han recuperado el alma perdida, la traen de vuelta para reintegrarla en el cuerpo, lo que resulta en la curación de la persona enferma."*[390]

El etnólogo Guy Moréchand describe así el papel del chamán: "El ejercicio del chamanismo se traduce materialmente por el trance. Cuando entra en trance, se supone que el chamán emprende un viaje. Deja su cuerpo, que, en el acto, a medida que avanza la sesión, se mimetiza y cuenta los esfuerzos y episodios de aventuras que tienen lugar en mundos diferentes al terrenal. Las representaciones de estos viajes chamánicos culminan en una cosmogonía de tres mundos, con un cielo y un infierno, simétricos a la tierra, situados por encima y por debajo de ella, siendo el infierno a veces subterráneo, a veces submarino. Los tres mundos (o series de mundos) están atravesados por un eje vertical que es su vía de acceso. El cielo se alcanza ascendiendo con la ayuda de un genio animal alado. El caballo es, para muchas poblaciones, la montura que conduce al inframundo. En estos mundos, prácticamente desconocidos para los humanos comunes e inaccesibles para ellos, el chamán va en busca de un alma fugitiva

---

[390] *Schamanen-Geschichten aus Sibirien* - J.G. Ksenofontov, Adolf Fiedrich y Georges Buddrus, 1955.

cuya ausencia ha provocado la enfermedad. El final de las andanzas o el secuestro de esta alma por un espíritu maligno es a veces el reino de una deidad, celestial o infernal, a la que el chamán se ve obligado a ir a reclamar y comprar."[391]

En su libro titulado "Animismo y chamanismo para todos, Igor Chamanovich describe así los trances de los "curanderos": "El "curandero" es un extático por excelencia. Ahora bien, en las religiones primitivas, el éxtasis significa el vuelo del alma al cielo, o su vagabundeo por la tierra, o finalmente su descenso a las regiones subterráneas entre los muertos. El curandero emprende estos viajes extáticos para encontrarse cara a cara con el dios del cielo y presentarle una ofrenda en nombre de la comunidad, para buscar el alma de un enfermo que se supone que se ha alejado de su cuerpo o ha sido asolado por los demonios (...) El abandono del cuerpo por el alma durante el éxtasis equivale a una muerte temporal. El "curandero" es, por tanto, el hombre que es capaz de "morir" y "resucitar" un número considerable de veces."[392]

El éxtasis (*ekstasis* = abandono del cuerpo) corresponde aquí a un estado disociativo profundo y controlado en el que el chamán viaja a otras dimensiones. Como vimos en el capítulo 2, el propio chamán probablemente pasó por rituales traumáticos durante su iniciación, lo que creó una escisión en él y condujo a la apertura de una brecha hacia el mundo espiritual. Es un sanador autocurativo que controla sus estados disociativos.

En otras tradiciones, el chamán no trabaja en estado de trance y no se adentra tanto en el mundo espiritual. Su técnica consiste simplemente en realizar conjuros, una especie de exorcismo, como entre los indios quechuas que, como hemos visto, llaman a esta fractura del alma *la enfermedad del miedo* (*Susto*).

En la tradición Kahuna también encontramos esta noción de desdoblamiento del alma. Para este pueblo hawaiano, el espíritu de un hombre puede dividirse en diferentes partes durante un accidente o una enfermedad. En su libro *"The Secret Science Behind Miracles"*, Max Freedom Long informa sobre los cuatro tipos de *"fantasmas"* o *"espíritus"* humanos que la tradición Kahuna ha enumerado. Estas descripciones pueden compararse con las diferentes alteridades y amnesias traumáticas que caracterizan a un T.I.:

- 1/ El espíritu en estado normal de un difunto: Esta entidad está compuesta por una mente subconsciente y una mente consciente, al igual que en la vida física. Piensa y recuerda como cualquier hombre ordinario encarnado (...)
- 2/ La mente subconsciente del hombre separada de su conciencia por accidente o enfermedad, antes o después de la muerte. Esta mente recuerda muy bien, pero es ilógica, tiene la capacidad de razonamiento de un animal. Responde a las sugestiones hipnóticas. Es como un niño y suele provocar "poltergeists" por diversión.

---

[391] *"Principaux traits du chamanisme mèo blanc en Indochine"* - Guy Moréchand, Bulletin de l'Ecole française d'Extrême- Orient. Tomo 47 N°2, 1955. p. 511.

[392] "Animismo y chamanismo para todos" - Igor Chamanovich, 2010, p.108.

- 3/ La mente consciente del hombre separada de su subconsciente antes o después de la muerte. Esta mente no recuerda nada, es un espectro casi totalmente indefenso, que vaga sin rumbo (...) se comportará como una verdadera "alma perdida" hasta que sea rescatada y reconectada a su subconsciente, que le proporcionará entonces los recuerdos para restaurar su poder (...)

- 4/ El espíritu de la superconciencia, incluyendo lo que se llama "espíritus de la naturaleza" o "almas de grupo" en la terminología teosófica. La información sobre esta categoría de espíritus es vaga, aunque podemos concluir que a menudo se apoderan de las dos categorías inferiores de espíritus mencionadas anteriormente, unihipili (subconsciente) y uhane (conciencia), ayudándoles a veces a hacer cosas de naturaleza espectacular.[393]

La *"pérdida del alma", o* más bien la pérdida de *"fragmentos de alma"*, es por tanto una creencia muy extendida en las culturas chamánicas tradicionales. Se caracteriza por una pérdida de energía vital, de poder personal y de parte de la identidad. Estos fragmentos del alma pueden perderse en otro mundo, en otra dimensión, especialmente cuando ha habido abusos, sufrimiento y traumas en la infancia. Al igual que algunos chamanes sudamericanos asocian la pérdida del alma con el miedo, para algunos chamanes del sudeste asiático la "caída del *redil"* suele ser el resultado de un accidente material, por ejemplo un golpe, una caída, o el miedo, la ansiedad o el exceso de trabajo.

Un cuerpo con un alma fragmentada es como un árbol sin raíces, se debilita. Esto es similar a lo que informan algunos clarividentes sobre el "desbloqueo" del cuerpo astral que se separa del cuerpo físico en traumas extremos, dejando a la víctima en una especie de estado "desconectado". Ya no están anclados físicamente en la materia y esto los debilita considerablemente.

Los chamanes realizan sistemáticamente un trabajo de enraizamiento antes de emprender un viaje a otra dimensión, es importante e incluso necesario para ellos mantener los *"pies en la tierra"* durante una salida astral. En su libro *The Way of the Shaman*, Michael Harner señala que en todas las tradiciones preindustriales, cuando una persona estaba físicamente enferma o se comportaba de forma anormal, normalmente era porque había perdido una parte de sí misma que había sido desarraigada. Este problema podría agravarse a veces por entidades externas, ya que el trauma, desencadenante de la pérdida de una parte del alma, podría permitir la intrusión de espíritus demoníacos en el espacio psíquico de la persona y causar daños importantes.

En todas estas tradiciones se reconoce claramente que la pérdida del alma se produce como consecuencia de un traumatismo psíquico, físico o espiritual. Como ya hemos visto, la tarea del chamán es encontrar los trozos perdidos del alma y devolvérselos a la persona rota, pero a veces realizará un exorcismo para expulsar a las entidades que puedan estar parasitando al paciente. Algunos antropólogos que han estudiado las técnicas de curación de los chamanes

---

[393] *The Secret Science Behind Miracles* - Max Freedom Long, 1948, Cap.5.

tradicionales han descrito ceremonias destinadas a restablecer primero el alma escindida y luego a exorcizarla de entidades parasitarias.

Así que aquí tenemos el patrón: Trauma - Escisión del alma/personalidad - Posesión.

Un patrón que parece ser común a los sobrevivientes de abuso ritual satánico que han desarrollado D.I. Al igual que el grado de gravedad del trauma influirá en el nivel de disociación, también el grado de gravedad del trauma influirá en la posibilidad de posesión por entidades. El desdoblamiento de la personalidad está ligado a esta *"pérdida del alma"*.

El fenómeno que la psicología denomina disociación tiene, pues, un aspecto neuroquímico y otro metafísico, y sin embargo la psiquiatría es incapaz de explicarnos a *dónde van* los distintos trozos de la personalidad con su amnesia disociativa... y menos aún de explicarnos a dónde van los *fragmentos de almas* que los chamanes buscan en sus viajes astrales para curar a los enfermos...

Algunos psicotraumatólogos explican esquemáticamente que un recuerdo traumático olvidado se *pierde y se almacena en una "caja negra" en el hipocampo, en la parte posterior del cerebro...* Pero, ¿sabemos qué es exactamente un recuerdo? La memoria no es una cosa, sino un proceso. No es sólida ni estática, ni está literalmente "almacenada" en una forma tangible. No se encuentra en algún lugar en un armario y no tiene forma física manifiesta en el sentido de que no se puede tocar, ver u oír.[394]

Nuestros recuerdos no están formados por neuronas, sino por una energía "subatómica" que va más allá de nuestra dimensión física, siendo las neuronas sólo una interfaz biológica para la expresión de la información. A partir de ahí, se pueden plantear varias preguntas:

- ¿Una alter personalidad infantil en un adulto disociado es un fragmento del alma (más que "personalidad") que se ha quedado atascado en el pasado, en una dimensión alternativa, conservando la edad y la memoria que tenía cuando se separó del cuerpo físico en el trauma? ¿Pueden estos niños alterados ser explicados por esta teoría de fragmentos de alma perdidos en otra dimensión fuera de nuestro espacio-tiempo?

- ¿Está el I.D.T. vinculado a otro espacio-tiempo en el que las "personalidades alteradas" pueden ser contactadas, procesadas, entregadas y reintegradas al momento presente con todos los recuerdos que las acompañan?

En su libro El secreto perdido de la muerte, Peter Novak nos da el principio de una respuesta: "Cuando los chamanes viajan a estas otras realidades para encontrar los fragmentos de alma perdidos de otros, informan de que estos fragmentos no están inactivos en absoluto. Por el contrario, parecen ser entidades autónomas y autoconscientes, comprometidas con su realidad paralela. Sin embargo, mientras estén separados de la conciencia de la persona, estos fragmentos no parecen progresar en absoluto. Permanecen congelados en el mismo estado de desarrollo emocional e intelectual que tenían cuando se

---

[394] *La insoportable verdad sobre el agua* - Jacques Collin, 1997.

separaron de la mente de la persona. El fragmento de alma que se separó cuando el niño tenía 4 años seguirá comportándose y pensando como si tuviera 4 años. Se creerá que tiene 4 años, aunque el resto de la persona haya crecido hasta ser un anciano. Estos fragmentos alienados no parecen crecer y madurar hasta que se produce la curación y se restablece la pieza que falta. Estos fragmentos suelen tener sus propias cualidades personales, habilidades, sentimientos y una conciencia de sí mismos que lleva su propia vida en este mundo de fantasía. La parte del alma que se perdió en la infancia se quedará jugando en el patio del colegio, o quizás temblando bajo la escalera, escondiéndose de un castigo que ya tuvo lugar 40 años antes.

El trabajo del chamán es intentar que este fragmento de alma comprenda la realidad de su situación para convencerlo de que regrese y se una al resto del espíritu de la persona que vive en el "momento presente". "A menudo, el fragmento de alma no tendrá ni idea de lo que el chamán está hablando, pensando que es una persona verdaderamente autónoma (...) unos días o semanas después de la reintegración del fragmento de alma perdido, los recuerdos asociados a ese fragmento comenzarán a emerger en la conciencia de la persona. Cuando el fragmento de alma regresa, los recuerdos asociados a él vuelven con él. Estos recuerdos se pierden y se olvidan cuando el alma se divide, por lo que la persona ya no tiene acceso a ese fragmento de memoria. Una vez recuperados, estos recuerdos suelen requerir mucha atención, ya que contienen emociones y sensaciones traumáticas que hay que integrar. Esto suele ser lo que ha provocado la división en la mente."[395]

Aquí encontramos exactamente los mismos síntomas y características del funcionamiento de la T.I.D., con muros amnésicos traumáticos que desaparecen a medida que las personalidades alteradas emergen y se fusionan, mientras que los recuerdos disociados relacionados se hacen gradualmente conscientes e integrados. Las alter personalidades de un I.D.T. parecerían ser fragmentos de almas perdidas con su contenido de memoria. La terapeuta Alison Miller ha escrito: *"Los pacientes de T.I.D. me han dicho que es imposible mantener los alters separados unos de otros una vez que los recuerdos traumáticos que los dividieron han sido completamente procesados."* Esto significa que la integración y fusión de las personalidades alteradas se produce automáticamente cuando la amnesia disociativa desaparece y los recuerdos se hacen conscientes.

En 2006, Lynn Schirmer, superviviente de abusos rituales y control mental, describió en una conferencia el proceso de fusión con sus alter personalidades *"congeladas"* en otro espacio de tiempo: *"Se integran en el presente, de hecho... no sé cómo explicarlo: Pasan por algún tipo de proceso... Hay cierta integración, pero cuando recupero un recuerdo, normalmente el proceso consiste en sacar a ese alter de su estado "congelado", disociado... Tengo que traer al alter que guarda ese recuerdo al presente, lo familiarizo con el momento presente y transfiero ese recuerdo aislado a una línea temporal*

---

[395] *El secreto perdido de la muerte: nuestras almas divididas y el más allá* - Peter Novak, 2003, Cap.6.

coherente. Entonces mis alters sólo tienen que adaptarse a este nuevo mundo, es decir, al presente. Así que tienen que evolucionar y acostumbrarse."[396]

Cuando Lynn Schirmer recupera un recuerdo, debe por tanto conducir el alter asociado al momento presente donde debe evolucionar para adaptarse... habla aquí muy claramente de fragmentos de alma bloqueados, "congelados" como ella dice, en lo que parece ser otro espacio-tiempo. Un pasado oscuro en el que los alters siguen viviendo "en bucle" con ese recuerdo traumático...

La superviviente Jen Callow describe la reticencia de los fragmentos de alma a fusionarse con su personalidad principal: *"Tengo partes* (alter) *infantiles que están deseando 'crecer' fusionándose con otra parte. Sin embargo, hay muchas partes que siguen teniendo miedo a la integración. Algunos ven que el mundo interior se reduce, con la pérdida de compañeros de juego, amigos... cuando estas diferentes partes se fusionan, puede llevar a una gran sensación de pérdida para otros. Esta reducción del número de alters también puede interpretarse como la "desaparición" de personas reales y algunas partes pueden tener miedo de desaparecer también (...) Para muchos de mis alters, la integración es algo aterrador, porque significa renunciar a su propia identidad y convertirse en alguien nuevo y desconocido."*[397]

La existencia de estos fragmentos de alma perdidos en otro espacio-tiempo fue validada por las experiencias de viaje astral de Robert Monroe, el fundador del Instituto Monroe establecido en 1974 en Virginia, Estados Unidos. Era un rico hombre de negocios que poseía numerosos medios de comunicación y que había tenido muchas experiencias extracorporales. Monroe se convirtió en uno de los principales especialistas del mundo en viajes astrales. El objetivo inicial del instituto era investigar *la visión remota,* y hoy es uno de los mayores centros de investigación sobre experiencias extracorporales, relajación, meditación y técnicas de *hemisincronización* (sincronización de los hemisferios cerebrales mediante frecuencias sonoras). Según algunos autores, el Instituto Monroe también está involucrado (probablemente a través de la toma de posesión del instituto por parte de la CIA) en el control mental basado en el trauma, ya que las técnicas de *hemisincronización* pueden utilizarse para trabajar en los hemisferios cerebrales en programas MK *Delta* y *Theta* (más sobre esto en el próximo capítulo).

Según el investigador Tom Porter, Robert Monroe es hijo de James Monroe, que trabajó durante años para la CIA, pero también fue director de una empresa de fachada *llamada Human Ecology Society.* Como se mencionó en el capítulo 3, esta empresa tapadera fue utilizada por la CIA para financiar el programa MK-Ultra. James Monroe habría supervisado personalmente a gente como el Dr. Ewen Cameron. Por lo tanto, es posible que Robert Monroe, el principal exponente mundial de los viajes astrales, fuera él mismo objeto de los

---

[396] Lynn Schirmer - La Novena Conferencia Anual sobre Abuso Ritual, Organizaciones Secretas y Control Mental, S.M.A.R.T., 08/2006.

[397] "Sanando lo inimaginable: Tratando el abuso ritual y el control mental" - Alison Miller, 2012, pp.269-270.

programas de control mental MK-Ultra. Según Andrijah Puharich, el propio Robert Monroe estimuló sus habilidades para el viaje astral, para el que parecía tener cierta predisposición, ¿quizás por traumas infantiles? Una característica común de las personas que experimentan salidas astrales espontáneas es el trauma.

Monroe ha escrito mucho sobre sus experiencias extracorporales, que comenzaron en 1958. En 1994 publicó el libro *"Ultimate Journey"*, en el que describe profundos viajes extracorporales durante los cuales a veces se encontraba con almas de personas fallecidas. Monroe describe estas entidades como confusas, desorientadas y aparentemente atrapadas en un espacio concreto de tiempo, emoción y memoria. Los describe como entidades semiconscientes incapaces de darse cuenta de que están muertos. Como se ha señalado anteriormente, la tradición Kahuna describe este tipo de entidades como la mente consciente separada de su subconsciente, que entonces se convierte en un alma errante amnésica que necesita volver a conectarse con su parte perdida para acceder a los recuerdos restauradores. Monroe también cuenta que estas entidades, estas almas perdidas, a veces podrían ser incluso las suyas propias. Así que no eran sólo almas de personas muertas, sino también fragmentos de almas de personas vivas, incluida la suya propia... En su libro cuenta que a veces se encontraba con lo que parecía ser otra parte de su propia mente, fragmentos perdidos que parecían estar atrapados en el pasado y ser incapaces de evolucionar. Cuando encontró y entregó sus fragmentos de alma perdidos, se reincorporaron a su mente en un nivel particular, que él llama el *"yo-ahí"*.[398]

Tal y como describe Lynn Schirmer con su alter ego, trajo sus fragmentos de alma perdidos de vuelta al momento presente, a nuestro espacio-tiempo. Las experiencias de Monroe en otras dimensiones podrían validar la tradición chamánica de *"cazar almas perdidas"* durante los viajes astrales para recuperar los fragmentos del alma rota de una persona que debe ser curada. Sin embargo, sería más bien la tradición chamánica ancestral la que debería validar el testimonio de Monroe porque lo que acababa de descubrir era precisamente lo que los chamanes habían practicado durante siglos...

En su libro *"El viaje definitivo"*, Monroe nos habla de sus alumnos que van a la caza de fragmentos de alma perdidos para traerlos de vuelta al momento presente: "*Lo que sorprende a muchos candidatos es que cuando se embarcan en esta misión, descubren que al mismo tiempo están recuperando partes perdidas de sí mismos... Otras pueden aparecer como fragmentos de personalidad de la vida cotidiana, que se habían escapado o habían sido arrancados de la personalidad básica. Por ejemplo, niños que habían huido del trauma y el dolor de los abusos físicos y psicológicos en sus familias y que ahora buscaban reunirse con los otros fragmentos (...) Racimos de luz, fuegos de energía humana que formaban una alfombra multidimensional interminable... ¿cómo no los había visto antes? Ahora comprendo el flujo de entrada y salida... mi flujo está ahí y tengo que mantenerme en el camino... el flujo de salida de*

---

[398] El secreto perdido de la muerte: nuestras almas divididas y el más allá - Peter Novak, 2003, Cap.6.

aquellos que vienen a ayudar y encontrar las partes perdidas de su racimo... el flujo de entrada que los trae de vuelta... miles y miles... inserciones de racimos de unidades de personalidad en individuos humanos del sistema de vida terrestre. "[399]

Si Robert Monroe pasó por un programa del tipo MK-Ultra cuando era niño, ¿tenía él mismo un T.I. y facultades psíquicas especiales causadas por un violento "desbloqueo" espiritual temprano? El libro de Ron Russell *"Journey of Robert Monroe"* recoge una cita de Lesley Frans que demuestra que obviamente tenía una personalidad compleja y múltiple: *"Entre las cosas de las que hablábamos a menudo con Bob (Robert) estaban los diferentes aspectos de su personalidad que salían a veces. Tío Bob o Papá, Empresario Bob, Gerente Bob, Viejo Bob, Cósmico Bob, Paranoico Bob, etc. Estos eran los principales Bobs que conocía, pero no eran ni mucho menos los únicos. Una vez que por fin pudiste averiguar qué Bob tenías delante e intentar comunicarte con él, ¡zas! Cambiaría en poco tiempo. Había un Bob el Malabarista que causaba mucha frustración. Bob Business-man había dejado atrás su ética, era duro y sin emociones (...) Algunos de los otros Bobs estaban refutando el mal que había hecho, y Bob Parano estaba tratando de recuperar y seguir alguna ética. "[400]*

En el caso del abuso ritual satánico y el control mental, ¿los brujos capturan los fragmentos de alma de las víctimas? ¿Pueden los fragmentos de alma ser cautivos de entidades externas, que podrían influir y manipular los pensamientos, el comportamiento y crear problemas emocionales y físicos a la víctima? Parece que algunas tradiciones chamánicas consideran que *el alma perdida* puede estar cautiva de espíritus malignos o hechiceros. Esto también lo afirman algunos supervivientes de abusos rituales. ¿Es sólo una creencia supersticiosa o se trata realmente de técnicas operativas de ocultismo?

En el satanismo, el abuso sexual se utiliza para acceder a la mente de la víctima, la prostitución infantil y la producción de pornografía infantil se utilizan únicamente para obtener beneficios económicos. El abuso sexual se utiliza para herir y dominar la mente de la víctima, para *"quitarle el alma"*. Las víctimas describen cómo los satanistas pueden capturar una parte de su espíritu para mantenerla con ellos permanentemente. A la inversa, los torturadores también pueden introducir una parte de su alma, un fragmento de su espíritu, en la víctima cuando ésta se encuentra en estados alterados de conciencia (apertura espiritual). Para ello utilizan sus fluidos corporales (sangre menstrual, semen, etc.) u otras sustancias para *implantarse* en el interior de la víctima durante una violación, por ejemplo. Los fragmentos de alma del niño brujo permanecerán entonces unidos a la víctima para reforzar continuamente las órdenes de control y obediencia. Todo esto es pura brujería, que además combina el orgasmo y el dolor para *aplacar a las deidades de la fertilidad.*

---

[399] *The Ultimate Journey* - Robert Monroe, 1996, Cap.15.

[400] *El viaje de Robert Monroe: de explorador extracorporal a pionero de la conciencia* - Ronald Russell, 2007.

La teoría de que los fragmentos de espíritus creados por el trauma pueden adherirse a una persona es muy conocida en el campo de lo paranormal y la posesión. Como hemos visto, los satanistas que practican el abuso ritual suelen estar disociados y escindidos, por lo que es concebible que puedan ligar deliberadamente algunos de sus fragmentos a las víctimas. Este tipo de manipulación combinada con la T.I. crea una esclavitud espiritual, psicológica y física. El pastor estadounidense Tom Hawkins escribió: *"La mayoría de los supervivientes de abusos rituales han sido obligados a participar en rituales que implican votos, juramentos, sacrificios o pactos realizados con el reino espiritual del mal. Estas "transacciones legales" otorgan a los espíritus malignos, o demonios, el derecho de atar a los alters específicos que han estado involucrados en estas prácticas y de ejercer influencia y control sobre ellos en diversos grados. Pueden desempeñar un papel, por ejemplo, en el refuerzo de la programación, el bloqueo de los recuerdos o la retraumatización de los alters que han fallado en sus deberes, divulgado secretos o buscado ayuda externa. Estos alters endemoniados normalmente han sido esclavizados a Satanás y su plan (...) Estas conexiones también pueden hacerse con entidades de orden superior a los demonios (...) Las personalidades disociadas pueden ser torturadas en estados de trance profundo que las conectarán con lo que llamamos el "segundo cielo", refiriéndose al "reino del aire" del que Satanás es el príncipe gobernante (Ef. 2:2). Allí, los altares pueden ser mantenidos "cautivos" por entidades malignas y utilizados para el plan mundial de Satanás, transmitido directamente desde el reino espiritual. En el sistema interno de estas personas, estos alters suelen aparecer fuera del cuerpo físico y son considerados ausentes o incluso muertos por los otros alters."*[401]

Esta otra dimensión en la que evolucionan los fragmentos del alma se puede ver en las distorsiones del tiempo y de la realidad que son muy frecuentes y a veces intensas en los pacientes que sufren de IDD. ¿No son los recuerdos traumáticos, en los que la persona revive realmente la escena con las imágenes, los sonidos, los olores, el dolor físico y el terror psicológico, un viaje en el tiempo? Es un acceso a otro espacio-tiempo en el que una escena precisa está bien grabada *"en algún lugar"* en los más mínimos detalles, con todo el sistema sensorial y emocional vinculado a esta cápsula de memoria. Los psicotraumatólogos explicarán este fenómeno por el proceso neurológico y químico de los recuerdos disociados no procesados por el hipocampo, pero no tienen en cuenta esta noción de *"fragmentos de alma perdidos"*... ¿Cómo explican los viajes chamánicos a otra dimensión para buscar y traer de vuelta estos fragmentos de alma... con sus trozos de recuerdos disociados?

En su libro *"El ser y el tiempo"*, Martin Heidegger se refiere al pasado, el presente y el futuro como los *éxtasis* de la temporalidad, y la palabra éxtasis significa "estar fuera". En su análisis de la temporalidad, Heidegger escribe que el pasado, el presente y el futuro pueden encontrarse trascendidos e indisolublemente unificados. Lo llama la *unidad extática de la temporalidad*. La

---

[401] *Trastorno de identidad disociativo*, Vol.1 Dinámica psicológica - Tom R. Hawkins, 2010, p.62.

"iluminación disociativa" se describe a veces como una salida de nuestro espacio-tiempo en el que el presente, el pasado y el futuro se encuentran en la misma línea temporal. La experiencia del trauma queda de alguna manera congelada y atrapada en un presente eterno.

Pierre Janet observó que cuando se reactivaba un recuerdo traumático, la persona solía perder la noción del tiempo y del momento presente, siendo su "presente" la experiencia traumática que estaba ocurriendo de nuevo. En un artículo titulado *"Trastornos funcionales de la memoria"*, se señala que *la inmersión en la memoria automática es a veces tan intensa que se pierde la orientación temporal y el trauma se revive como si estuviera ocurriendo en el momento presente, en lugar de como un mero recuerdo."*[402]

En el artículo *"Time Distortions in Dissociative Identity* Disorder*" (Distorsiones temporales en el* trastorno de *identidad disociativo),* el Dr. Onno van der Hart y la psicoterapeuta Kathy Steele relatan el testimonio de una personalidad alterada que experimenta distorsiones temporales durante los flashbacks de recuerdos traumáticos: *"Sigue habiendo una tormenta en mi cabeza. Hay mucho ruido con todo tipo de flashes todo el tiempo, a veces películas. Tengo miedo, no puedo mirarlos y me cuesta pararlos (...) Da miedo porque ocurre tan de repente, pero también porque me confunde totalmente. Confusión sobre el tiempo principalmente, es difícil saber si estas cosas forman parte del momento presente o del pasado. También es cada vez más difícil mantener el control del tiempo presente. Parece que ya no puedo confiar en el reloj. De repente, una hora más tarde, y luego cinco minutos parecen haber durado más de tres días."*[403]

Este testimonio nos muestra que este trastorno es un fenómeno que va más allá de nuestra "matriz" y que, por lo tanto, debemos tener en cuenta su aspecto multidimensional si queremos empezar a estudiarlo seriamente... Los clínicos, con su formación científica "clásica", no suelen estar intelectualmente preparados para abordar esta vertiente del problema.

Las personalidades alteradas de los niños suelen ser incapaces de darse cuenta del tiempo, de marcar las horas o los días. Se encuentran en un espacio infinito e ilimitado, encerrados en una atemporalidad o "congelados en el eterno presente" de su experiencia traumática. La noción de tiempo parece ser algo específico de nuestra existencia en este mundo físico tridimensional, pero esta noción de tiempo parece desaparecer para estos alteradores, lo que demostraría que están evolucionando (o estancados, deberíamos decir) en otra dimensión. En cierto modo, podemos decir que los traumas pueden crear "agujeros" o "huecos" en nuestro espacio-tiempo. De ahí las conexiones con ciertas entidades y los poderes psíquicos paranormales que pueden desarrollarse en algunas víctimas como veremos más adelante.

---

[402] *Trastornos funcionales de la memoria* - Spiegel, D., Frischholz, EJ., & Spira, J., American Psychiatric Press Review of Psychiatry, 1993.

[403] *Distorsiones temporales en el trastorno de identidad disociativo: Conceptos y tratamiento janeanos* - Onno van der Hart y Kathy Steele, Journal Dissociation, 1997.

Esta noción de fragmentos de alma atrapados o incluso cautivos en otra dimensión es un punto clave para entender la naturaleza del T.I.D. y cómo funciona la programación del MK-Monarca. El control mental de los monarcas crea deliberadamente estos fragmentos de alma para controlarlos y explotarlos. El "mundo interior" del esclavo monarca no sería más que la dimensión en la que viven estos fragmentos de alma, atrapados en estructuras establecidas por el programador y vinculados a entidades demoníacas que actúan como guardianes. Los programadores interactúan así con este espacio-tiempo para aprisionar y dominar estos fragmentos disociados. La terapeuta Patricia Baird Clarke describe esta dimensión de la siguiente manera: *"A través de los rituales, los satanistas utilizan a los demonios para separar el cuerpo espiritual del cuerpo físico. Cuando el alma y el espíritu se han separado y el cuerpo espiritual se separa del cuerpo físico, entonces la persona entra de forma plenamente consciente en una dimensión totalmente distinta. Esta es la dimensión que yo llamo "mundo interior". Este mundo es tan vasto y tan real para el individuo como lo es el mundo físico para nosotros. Pensamos que los espíritus tienen un estado "vaporoso", pero las personas que han estado en esta dimensión me han informado de que los demonios tienen peso y sustancia."[404]*

Así es como la terapeuta Alison Miller describe este mundo interior, este espacio-tiempo en el que viven los alters: "No todos los mundos interiores de los pacientes son iguales. Algunos, como el descrito por Trish Fotheringham, tienen castillos y bosques mágicos; otros tienen prisiones, fortalezas, cámaras de tortura y diversas instalaciones militares (es decir, estructuras introducidas deliberadamente en el mundo interior por los programadores). Algunos describen lugares que parecen representar otro mundo u otros planetas. Las personas cuya T.I.D. se creó de forma espontánea (es decir, sin un intento deliberado por parte de otros de dividirlas para programarlas), suelen tener casas interiores en las que vive el alter. Suelen ser representaciones internas de la casa donde vivían en el momento del abuso."[405]

Jen Callow se ha sometido a protocolos de abuso ritual y programación mental, así es como describe este mundo interior donde están sus fragmentos de alma: *"Cuando nosotros (los alters) por fin empezamos la terapia con alguien que entiende lo que es la disociación, muchos de nosotros estamos aislados y vivimos aterrorizados. Estamos encerrados en nuestro mundo interior: en cajas, en sótanos fríos o en otros lugares relacionados con nuestros recuerdos. Estamos encerrados en nuestros programas, a menudo hambrientos o con dolor. Nuestro sistema interno puede infligir torturas y abusos similares a los que nos hicieron nuestros agresores."[406]*

Esta noción de un mundo interior donde la alteración se estanca, un mundo sin límites y totalmente abstracto, dotado de todo tipo de cosas, podría

---

[404] *Restoring Survivors of Satanic Ritual Abuse* - Patricia Baird Clark, 2000.

[405] *Sanando lo inimaginable: Tratando el abuso ritual y el control mental* - Alison Miller, 2012, p.69.

[406] Ibid, p.272.

parecer inverosímil, absurda y psicótica si no tuviéramos en cuenta este fenómeno de una dimensión alternativa a la nuestra. Detallaremos las técnicas para estructurar este mundo interior en el próximo capítulo sobre la programación Monarch.

Las creencias chamánicas tradicionales sobre el desdoblamiento del alma probablemente no estén tan alejadas de nuestro propio concepto psiquiátrico de un *alma perdida*. Incluso si ignoramos los elementos culturales y las raíces ancestrales de estas cosas, tenemos algunos puntos en común con estos conceptos ancestrales: ¿no decimos que un paciente está "alienado", "ajeno" a sí mismo, que su personalidad se ha deteriorado o incluso se ha destruido? ¿Acaso el terapeuta que trabaja con un paciente supuestamente *"esquizofrénico" no* trata de establecer contacto con la parte restante de la personalidad que aún tiene *"los pies en la tierra"*? ¿No trata de reconstruir la personalidad escindida del mismo modo que el sucesor moderno de aquellos chamanes que rastrean las almas perdidas en el mundo de los espíritus y luchan contra los demonios que las mantienen prisioneras, para devolverlas al mundo de los vivos?[407]

5 - TRAUMA Y HABILIDADES PSÍQUICAS PARANORMALES

Estos son algunos de los factores que he identificado en relación con las "personas embrujadas". Suelen ser bipolares, suelen haber sufrido abusos sexuales o traumas en su pasado (a menudo en la infancia). La mayoría de los casos implican una disfunción extrema en la familia. Son personas que han experimentado lo paranormal desde la primera infancia. Gente embrujada, mentes embrujadas - Bobbie Atristain, 2006

En 1784, el marqués de Puységur (Armand Marie Jacques de Chastenet), que trabajaba sobre el magnetismo animal y la imposición de manos, informó de un caso particular con uno de sus empleados, un campesino de nombre Victor Race, que mostró un evidente cambio de personalidad con una separación de la conciencia acompañada de amnesia. Durante una sesión de imposición de manos para aliviar a Víctor de una congestión pulmonar, el marqués se sorprendió al ver que el joven se había dormido tranquilamente... Descubrió que no se trataba de un sueño normal, sino de un estado especial de conciencia en el que estaba en trance. Una vez en este estado, Victor Race mostró habilidades especiales: se volvió extremadamente sensible a la sugestión y su personalidad cambió por completo. Aunque normalmente era bastante lento, esta otra personalidad mostraba una inteligencia notable con una agilidad mental fenomenal. Además, en estos estados alterados de conciencia, era capaz de leer la mente del marqués y hacer diagnósticos médicos precisos para él y para los demás. También podía predecir la evolución de una enfermedad y prescribir un tratamiento, a menudo con gran éxito. Víctor también mostró extraños problemas de memoria. De

---

[407] *El descubrimiento del inconsciente*, Henri F. Ellenberger, 1970.

hecho, cuando salió de este estado inusual de conciencia, no recordaba en absoluto lo que había sucedido, mientras que en el estado de trance era plenamente consciente de sus dos personalidades. El marqués de Puységur decidió llamar a este descubrimiento el estado de *"sueño magnético"*, que relacionó con los estados de sonambulismo artificial que también llamó *"sonambulismo magnético"*.[408]

34 años más tarde, el marqués volvió a encontrarse con Victor Race y lo puso en estado de trance. Se sorprendió al comprobar que su antiguo empleado recordaba con gran detalle todos sus estados de *sueño magnético* anteriores. En su libro *"El descubrimiento del inconsciente"*, Ellenberger cuenta que en agosto de 1785, el marqués de Puységur recibió la orden de comandar el regimiento de artillería de Estrasburgo. Fue entonces cuando la logia masónica local le pidió que enseñara los principios del magnetismo animal a sus miembros, siempre muy interesados en adquirir poderes paranormales que pudieran llevarles a la *"luz"* y elevarlos por encima de lo profano. La historia no nos dice si Victor Race había sufrido un trauma en su primera infancia, pero sí nos muestra que una personalidad múltiple puede desarrollar poderes psíquicos paranormales.

¿Pueden los traumas ser la causa de ciertos fenómenos paranormales? ¿Pueden abrir el camino a ciertas facultades psíquicas? ¿Crean una brecha, la apertura de una puerta a otras dimensiones? Como hemos visto anteriormente, parece que sí. Las emociones abren puertas a otros mundos y las que emanan de un trauma son especialmente poderosas. Sin embargo, los poderes psíquicos no provienen necesariamente de un trauma infantil. Pueden provenir de ciertos "dones" transgeneracionales más o menos afilados. Se pueden desarrollar a través de ciertas prácticas y ejercicios energéticos. Pero también pueden ser el resultado de pactos realizados con entidades. Los satanistas y luciferinos buscan estos poderes paranormales para aumentar su poder, pero sólo obtienen el sometimiento a los demonios a cambio de estos "poderes"... El Espíritu Santo también puede transmitir gracias de este tipo, como la clarividencia por ejemplo.

Joseph Mahoney, un sacerdote católico de Detroit (EE.UU.) que trabaja con pacientes con D.I., ha enumerado una serie de fenómenos extraños que se observan en estas personas escindidas.[409] Por lo general, una facultad paranormal será específica de una personalidad alterada y estará ausente en otras. Esto es lo que el sacerdote escribe sobre estos fenómenos paranormales relacionados con el D.I.D. (nótese que algunos de los fenómenos reportados en esta lista son a menudo reportados también en casos de posesión demoníaca):

- Una gran sensibilidad a la hipnosis y una rara habilidad para inducir estados hipnóticos y de trance en otros.
- Recuerdos del cuerpo que se manifiestan físicamente. Se trata de traumas del pasado que surgen en el cuerpo del mismo modo que el fenómeno clásico de los estigmas. Pueden aparecer y desaparecer sin

---

[408] Multiple Personality Before "Eve" - Adam Crabtree, *Journal Dissociation*, Vol.6 N°1, 03/1993.

[409] *El exorcismo y el trastorno de personalidad múltiple desde una perspectiva católica* - P. Joseph Mahoney.

ninguna intervención externa. Pueden ser erupciones cutáneas, marcas, cortes, quemaduras, pérdida de sangre, hematomas, hinchazón u otros cambios fisiológicos importantes.

- Telepatía, clarividencia y conocimientos inexplicables, memoria fotográfica, hipersensibilidad que lleva a una lectura muy desarrollada del lenguaje corporal de los demás, destreza mental inusual.

- Una fuerza física más allá de lo humanamente posible.

- Curaciones aceleradas, control de las hemorragias y capacidad de autorregulación de los estados fisiológicos de una forma que normalmente es imposible.

- La capacidad de hacer que el observador se sienta frío, incómodo o amenazado.

- Autolesiones extremas, odio a Dios y a los objetos religiosos.

- La capacidad de pasar largos periodos sin comer ni dormir.

- La capacidad de anestesiar una determinada personalidad alterada o de bloquear la transmisión nerviosa del dolor.

En su libro *Los secretos del éxito psíquico*, la psíquica Angela Donovan escribe que, según su propia experiencia, hay tres formas en las que se pueden desarrollar las habilidades psíquicas, una de las cuales está directamente relacionada con las experiencias traumáticas: *"Hay quienes han experimentado un trauma emocional grave. He conocido a muchos psíquicos que han llegado a este campo por la muerte de un ser querido, o que han sufrido un shock físico, como un golpe en la cabeza. Esto puede abrir literalmente las "puertas" y crear un estado receptivo. Esto es algo que puede ser positivo si la persona intenta comprender lo que le ocurre, pero si no, puede ser muy desconcertante."*[410]

A veces se ha informado del desarrollo de poderes psíquicos paranormales tras accidentes que causan traumas físicos o experiencias cercanas a la muerte. Es el caso de la famosa médium italiana Eusapia Paladino, que sufrió un traumatismo craneal (hueso parietal) en un accidente durante su primera infancia. Este es también el caso del famoso médium holandés Peter Hurkos, que adquirió poderes extrasensoriales tras un traumatismo craneal y un coma de tres días después de caer de una escalera... Hurkos estaba considerado como uno de los clarividentes más importantes del mundo y trabajó para resolver muchos casos de desapariciones y asesinatos sin resolver. Hurkos dijo: *"Veo imágenes en mi mente como en una pantalla de televisión. Cuando toco algo, puedo decir lo que veo en relación con esa cosa."*

En el libro *"The Psychic World of Peter Hurkos"*, Norma Lee Browning relata lo que Hurkos le contó sobre su trauma:

Recuerdo cuando me caí y no quería morir, entonces estaba muy oscuro. Cuando me desperté no tenía mi propia mente. Fue entonces cuando recibí mi regalo. Estaba en la mente de otra persona y tenía miedo porque no sabía lo que estaba pasando. Mi padre y mi madre decían que yo no era el mismo Pedro de

---

[410] *Los Secretos del Éxito Psíquico: La Guía Completa para Desbloquear tus Dones Psíquicos* - Angela Donovan, 2007, Cap.1.

antes. Dijeron que había muerto y que había vuelto con dos espíritus. Puedes preguntarle a mi padre, lo juro. Te dirá que su verdadero hijo Pedro murió y que yo volví con dos espíritus diferentes. Hay dos espíritus aquí, querida, dos espíritus, ¿entiendes? (...) ¿Sabes que hay personas con dos personalidades? Bueno, tengo dos mentes. Mi padre tenía razón cuando decía que yo no era el mismo Pedro. Éste murió y volvió oyendo voces y viendo imágenes (...) ¿Era realmente un vidente o un psicótico? ¿Era posible que fuera esquizofrénico o una verdadera personalidad múltiple? ¿Nació de nuevo como clarividente debido a la lesión en la cabeza, al igual que Bridey Murphy nació de nuevo bajo hipnosis? ¿Tenía realmente un sexto sentido, o era un enfermo mental? Estas preguntas me intrigaron. Si se pudiera verificar la historia del accidente de Peter, se arrojaría algo de luz sobre los llamados "poderes psíquicos". Siempre tuve la idea de que estos fenómenos psíquicos paranormales eran algo natural, más que sobrenatural. Un fenómeno físico más que metafísico, fisiológico más que psicológico. Estoy convencido de que algún día se demostrará que todo lo que se llama ''experiencias psíquicas'' tiene una explicación física con los diversos componentes electroquímicos de la máquina de computación más maravillosa que existe: el cerebro humano."[411]

Los estados alterados de conciencia, o estados disociativos, son la clave de las habilidades psíquicas paranormales. Como hemos visto, los traumas extremos provocan disociación, que es un profundo estado alterado de conciencia. La disociación crea una cierta apertura hacia un mundo alternativo, hacia otras dimensiones, hacia lo inmaterial y lo invisible... Esta es seguramente la razón por la que pueden producirse fenómenos más o menos extraordinarios con ciertos individuos. Las personas que han desarrollado una T.I. (habiendo sufrido un trauma y una fuerte disociación) han mostrado habilidades físicas extraordinarias, superando el potencial humano habitual, pero también pueden mostrar ciertos poderes psíquicos paranormales. Los traumas extremos y repetitivos parecen cambiar o crear sinapsis particulares (conexiones neuronales, más sobre esto en el próximo capítulo) pero también activar partes del cerebro que normalmente están dormidas. Esto provoca una especie de *"error en la matriz", al* saber que toda nuestra "realidad" se basa en nuestras percepciones, y que estas percepciones (nuestros cinco sentidos) dependen únicamente de estas conexiones neuronales y de los flujos eléctricos que circulan por ellas. Si a esto añadimos que sólo utilizamos una media del 10% de nuestro cerebro, podemos decir que nuestra percepción de la "realidad" es, de hecho, muy limitada y que, por lo tanto, es posible que se vea muy modificada por unas pocas conexiones neuronales que se crean o modifican durante el trauma. Como veremos en el próximo capítulo, es la experiencia del niño la que da forma a las sinapsis y al funcionamiento del cerebro. Los traumas extremos moldean el cerebro a la vez que dividen los cuerpos energéticos, creando una apertura a otras dimensiones y el desarrollo de ciertas facultades psíquicas.

---

[411] *El mundo psíquico de Peter Hurkos* - Norma Lee Browning, 2000, Cap.1.

El Dr. John Smythies explica este fenómeno de la "Matriz" a la que están conectados nuestros cerebros: "Hay amplias pruebas neurológicas que demuestran que nuestros datos sensoriales, incluidos los somáticos, no pueden ser idénticos a objetos externos, sino sólo a estados cerebrales específicos. Si quitáramos el cerebro a un niño y lo conectáramos a un ordenador gigante que enviara los estímulos adecuados a los nervios sensoriales, el individuo en cuestión llevaría una especie de vida media perfecta; de hecho, viviría cualquier vida que programáramos. Los campos sensoriales de la conciencia son construcciones del sistema nervioso, no la aprehensión directa de objetos materiales externos. En otras palabras, los mecanismos fisiológicos de la percepción funcionan como la televisión, no como un telescopio."[412]

Las facultades psíquicas y extrasensoriales que puede aportar la disociación y la conexión con otras dimensiones es una realidad plenamente integrada y utilizada en la mayoría de las tradiciones preindustriales, pero también por la "religión sin nombre" dominante, para la que la capacidad de disociación es un criterio genético muy importante. La antropóloga Ruth Inge-Heinz, que ha estudiado las posesiones en muchas culturas, escribe: *"El concepto que define una 'mente sana' difiere considerablemente de una cultura a otra (...) Puede ser muy destructivo poner la etiqueta de 'enfermedad mental' a un estado de conciencia extraordinario. Un estado de disociación mental no significa necesariamente que un individuo esté en una camisa de fuerza. Muchos estados disociativos que se dan en el sudeste asiático, por ejemplo, están bastante controlados e integrados en la cultura tradicional."*[413]

Como vimos en el capítulo 2, el chamán transforma un estado sometido en uno dominado, una disociación pasiva en una activa: es un sanador autocurable. En algunas culturas, las personas que se comportan con características de enfermedad mental se asocian tradicionalmente con lo divino, especialmente si reciben visiones o mensajes específicos. La posesión por parte de una entidad externa se considera a menudo como una ayuda para convertirse en sanador o adivino. El *DSM-IV Casebook* (un suplemento del *DSM* con historias de casos y testimonios) recoge el caso de una mujer a la que su comunidad reconoce la capacidad de comunicarse con los antepasados y predecir el futuro: *"A veces Dios entra en mí, es muy caliente cuando me da visiones. (...) "Esta mujer tiene síntomas que se considerarían psicóticos si los viera alguien de una sociedad que no comparte su cultura y sus creencias (Guinea). Ella cree que tiene poderes especiales, mientras que para algunos sólo es una alucinación. En su cultura local, estos fenómenos son muy comunes. Su comunidad le atribuye el papel de curandera y acepta sus experiencias y su comportamiento anormal como algo bastante normal para alguien que desempeña este papel. De hecho, es una curandera muy exitosa. Por lo tanto, su*

---

[412] *Los poderes desconocidos del hombre: Conocimiento previo* - Cap: "Conclusión sobre la mente y el cerebro" - Dr. John R. Smythies, 1977, p.284.

[413] "Chamanes o médiums: hacia una definición de los diferentes estados de conciencia". Ruth Inge-Heinz, *Journal of Transpersonal Anthropology*, 1982.

comunidad le atribuye el papel de curandera y su comportamiento no es visto como algo que deba ser tratado y curado."

En el libro *Le Défi Magique: Satanisme et Sorcellerie*, Jean Baptiste Martin escribe: "Ernesto De Martino comienza señalando que en las culturas que suelen ser objeto de estudios etnológicos, se ha observado muy a menudo que ciertos estados psíquicos particulares son muy comunes, como si los nativos parecieran estar naturalmente predispuestos a ellos. Estos estados surgen como resultado de traumas o emociones que precipitan al sujeto en una condición particular, caracterizada por la pérdida de la unidad del yo..."[414]

En otras palabras, el etnólogo De Martino describe aquí una disociación que puede provocar un desdoblamiento (*pérdida de la unidad del yo*) y una separación del cuerpo físico del cuerpo espiritual que crea una apertura a otra dimensión y un acceso a la posesión y a los poderes paranormales. Este es un proceso común en las culturas preindustriales, pero también lo practican los cultos satánicos/luciferinos.

En octubre de 2014, el programa *Sept à huit*, de TF1, emitió un reportaje sobre los *"Mah Song"* de Tailandia, también conocidos como los *"caballos poseídos"*. Estos hombres, venerados como dioses, entran en profundos estados de trance disociativo afirmando estar poseídos por dioses. En estos estados alterados de conciencia, los Mah Songs logran cosas bastante extraordinarias. En concreto, el reportaje seguía *a Ae*, un hombre de 36 años que, cuando está en trance, habla con la voz de un niño pequeño en un dialecto chino que nunca ha aprendido. De nuevo, es posible que se trate de un T.I.D., pero el informe no menciona traumas previos o amnesia como resultado de los estados de trance de *Ae*.

Según *Ae*, la deidad que se apodera de él es un "dios-niño", y por eso tiene esa voz tan particular cuando está poseído. El periodista nos cuenta que incluso hay "bebés-dioses" que se adueñan del Mah Song...

Una vez en trance, estos hombres se perforan las mejillas, las orejas y la piel del cuerpo con largas varillas de metal. No muestran signos de dolor y no hay flujos de sangre. Los principales cirujanos franceses que han observado el fenómeno no se lo explican porque las mejillas son normalmente una zona muy vascularizada y cortarlas puede incluso provocar una parálisis facial. Durante las ceremonias, los Mah Song, en trance, también prueban sus poderes mediante retos insensatos, como subir una escalera de 18 metros cuyos peldaños son cuchillas finamente afiladas, sin abrir las plantas de los pies, o caminar sobre brasas ardientes sin quemarse. Actuaciones que son imposibles de realizar sin graves consecuencias físicas, por lo que el estado de trance disociativo (y la ayuda de los demonios) es muy recomendable en este tipo de prácticas...

Mircéa Eliade escribe que "entre los manchúes, la ceremonia pública de iniciación implicaba en su día que el candidato (chamán) pasara por encima de

---

[414] *Le Défi Magique: Satanisme et Sorcellerie*, Vol.2 - Jean Baptiste Martin, François Laplantine, Massimo Introvigne, 1994, p.154.

brasas ardientes: si el aprendiz tenía realmente los "espíritus" que decía tener, podía pasar impunemente por encima del fuego".[415]

En 1992, en un artículo titulado *"Experiencias paranormales en la población general"* (*Journal of Nervous and Mental Disease*), el Dr. Colin Ross y el Dr. Joshi afirman que existe una relación entre las experiencias paranormales y las disociativas. Según ellos, las experiencias paranormales son un aspecto natural de la disociación. Al igual que la disociación, estas capacidades psíquicas pueden ser desencadenadas por un trauma físico o psicológico, generalmente en la infancia. Varios estudios demuestran que estas experiencias paranormales son más comunes en individuos con un pasado traumático.

En su libro *"El complejo de Osiris"*, el Dr. Collin Ross es muy claro sobre el vínculo entre el trauma, la disociación y las habilidades psíquicas: *"Según mis datos, analógicamente hablando, los genes de la disociación y de lo paranormal están estrechamente relacionados entre sí en el mismo cromosoma (...) Cualquier factor extragenético que active uno tenderá a activar el otro porque están relacionados. Los traumas graves y repetitivos en la primera infancia son uno de esos factores (...) Las personas altamente psíquicas tienden a ser disociativas (...) Otra forma de ver esto es decir que el trauma abre una puerta a lo paranormal. Esta puerta suele estar cerrada en nuestras culturas occidentales, más bien hostiles. La fragmentación disociativa del psiquismo como consecuencia de un traumatismo infantil actuará sobre esta puerta que normalmente permanece cerrada (...) Estas facetas del psiquismo humano (el trauma, la disociación y lo paranormal) fueron desterradas repentinamente a finales del siglo XIX junto con la renuncia de Freud a su teoría de la seducción. Freud había decidido que el incesto que le revelaba su paciente con un trastorno disociativo debían ser fantasías, lo que le llevó a un problema: si el trauma nunca había existido, ¿por qué su paciente tenía estos síntomas y pseudo recuerdos? Para resolver este problema, abandonó la hipnosis como tratamiento sustantivo, descartó la disociación en favor de la represión, siguió ignorando lo paranormal, rompió con Jung y se alejó por completo de las teorías que situaban el trauma grave y sus consecuencias psicológicas en el centro de la psicopatología. Para eliminar un elemento que no entendía, tuvo que eliminar cuatro componentes esenciales, que es lo que le hizo distanciarse de Jung, que siguió muy interesado en la disociación y lo paranormal."*[416]

En un estudio sobre el vínculo entre la disociación y los fenómenos paranormales, Douglas G. Richards señala que: "Las experiencias psíquicas estrechamente relacionadas con la disociación revelan clarividencia, precogniciones, apariciones, psicoquinesis y telepatía (...) Las experiencias psíquicas son un componente obvio de la disociación. Richards aclara que estas

---

[415] *Shamanism and the Archaic Techniques of Ecstasy* - Mircéa Eliade, 1951, p.104.

[416] "El complejo de Osiris: estudios de caso en el trastorno de personalidad múltiple" - Colin A. Ross, 1994, p.69-70.

experiencias psíquicas también pueden ser una función natural en un proceso de desarrollo saludable sin un pasado traumático."[417]

En un artículo de 2003 titulado *"Trastorno de Personalidad Múltiple: demonios y ángeles o aspectos arquetípicos del ser interior"*, el Dr. Haraldur Erlendsson escribe: *"Un aspecto particular del TPM es la frecuencia de los dolores de cabeza (79%) y las percepciones extrasensoriales, como la telepatía, la telequinesis, la clarividencia y la visión de "fantasmas".Un aspecto particular del D.I. es la frecuencia de las cefaleas (79%) y las percepciones extrasensoriales; como la telepatía, la telequinesis, la clarividencia, la visión de "fantasmas", la experiencia extracorpórea... Estas son las principales características no clínicas del D.I."*

En el libro ''Les pouvoirs inconnus de l'homme: les extra-sensoriels'', el Dr. Gustave Geley escribe que los principales problemas para descubrir segundas personalidades son dos igualmente difíciles:

1° El problema de la diferencia psicológica con la personalidad normal: diferencia no sólo de dirección, de voluntad; sino de carácter general, de tendencias, de facultades, de conocimientos; diferencias tan radicales a veces, que implican, entre el yo normal y la segunda personalidad, oposición y hostilidad completas.

2° El problema de las capacidades supranormales, que a menudo están vinculadas a las manifestaciones de la segunda personalidad.

Ahora bien, si los trabajos sobre las personalidades múltiples son hoy innumerables y han sacado a la luz la frecuencia, la importancia y el carácter polimórfico de estas manifestaciones, no han hecho nada por la solución del segundo problema, que sigue sin resolverse (...) Han mostrado sobre todo la total impotencia de las explicaciones de la psicofisiología clásica con respecto a las facultades supranormales.[418]

El Dr. James Randall Noblitt relata en su libro *Cult and Ritual Abuse* el caso de uno de sus pacientes que sufrió abusos rituales. Había desarrollado un T.I. con una personalidad alterada que veía auras (el halo energético que rodea a una persona). *Por alguna razón, estos pacientes a veces dicen tener habilidades psíquicas, como la creencia de que tienen la capacidad de ver auras. Estas personas a veces creen que se les ha concedido un don que les permite ver la luz alrededor de los cuerpos de otras personas; y que a partir del color y otros aspectos de esa luz, pueden interpretarla y hacer algún tipo de diagnóstico sobre la persona (...) Mientras averiguaba más sobre esta personalidad alterada, me explicó que tenía la capacidad de ver auras debido a los rituales en los que se veía obligada a participar. Su padre le advirtió que estos experimentos debían mantenerse en estricto secreto."*[419]

---

[417] *Hauntings and Poltergeists: Multidisciplinary Perspectives* - James Houran, Rense Lange, 2008.

[418] *Los poderes desconocidos del hombre: Les Extra-sensoriels* - Cap: Rôle du subconscient - Dr. Gustave Geley, 1976, p.221.

[419] *Culto y abuso ritual* - James Randall Noblitt & Pamela Perskin Noblitt, 2014, p.33.

El psiquiatra Milton H. Erickson veía el trastorno de personalidad múltiple como algo no necesariamente patológico, sino más bien como un recurso fenomenal de potencial que hay que aprovechar. Utilizaba la hipnosis para acceder a la alteración de la personalidad y transformar el comportamiento involuntario en acciones voluntarias. Se trata de invertir una fuerza a priori negativa, incontrolable y a veces destructiva en una fuerza controlable para obtener un beneficio positivo y constructivo. El control mental MK-Monarch busca desarrollar y explotar todo el potencial de un individuo con D.I. ....

En 2014, se realizó un estudio en Turquía para determinar la posible relación entre las experiencias de posesión, los fenómenos paranormales, el estrés traumático y la disociación. El estudio se llevó a cabo en una muestra representativa de 628 mujeres que fueron sometidas a entrevistas clínicas estructuradas en torno a los trastornos disociativos, el trastorno de estrés postraumático, el trastorno *límite de* la personalidad y el abuso y la negligencia en la infancia.

En las mujeres con un trastorno disociativo, los fenómenos paranormales y las posesiones eran más frecuentes que en las que no tenían un trastorno disociativo. Las mujeres con antecedentes de traumas en la infancia, o de traumas en la edad adulta con trastorno de estrés postraumático, declararon la posesión con más frecuencia que las que no tenían traumas. Los fenómenos paranormales también se asocian a los traumas infantiles. El grupo de mujeres con trastornos disociativos relacionados con el trauma tenía las puntuaciones más altas en posesión o contacto con entidades demoníacas, comunicación extrasensorial, posesión por una entidad humana y precogniciones. Este estudio demuestra que los fenómenos paranormales y la posesión están relacionados con el tema del trauma y la disociación. Sin embargo, los médicos que realizaron este estudio lo consideran todavía preliminar debido al pequeño tamaño de la muestra.[420]

En su tesis doctoral, la psicóloga Margo Chandley descubrió que "*muchos 'canales' parecen haber sufrido negligencia o abuso.*"[421]

En un estudio titulado *"A Study of the correlations between subjective psychic experience and dissociative experiences" (Dissociation* Journal, 1991) Douglas Richards concluye que la disociación está muy a menudo vinculada a la clarividencia, las premoniciones, la psicoquinesis y la telepatía. Informa de que las experiencias extracorporales, la *canalización* y el contacto con "*guías espirituales"* implican necesariamente un proceso disociativo...

En su autobiografía, *Adventures in the Supernormal*, la renombrada psíquica Eileen Garrett describe la conexión entre los traumas de la primera infancia, los fenómenos paranormales y el desarrollo de habilidades psíquicas especiales. Garrett perdió a sus padres por suicidio unos días después de su

---

[420] "Experiencias de posesión y fenómenos paranormales entre mujeres de la población general: ¿están relacionadas con el estrés traumático y la disociación?" - Sar, Alioğlu, Akyüz, Revista Trauma & Disociación, 2014.

[421] "Personalidad múltiple y canalización" - Rayna L. Rogers, Jefferson *Journal of Psychiatry*: Vol. 9: Iss. 1, artículo 3.

nacimiento. En su primera infancia, fue maltratada casi a diario por una tía que la crió...

A los cuatro años sintió la presencia de lo que se suele llamar un "amigo imaginario", empezó a ver auras y a tener visiones y premoniciones. De adulta, Garrett trató de entender cómo adquirió sus habilidades psíquicas, escribiendo: *"Creo que el estado de trance es parte de la explicación de cómo desarrollé mis habilidades psíquicas. Empecé a comprender cómo el dolor y el sufrimiento de mis primeros días me hicieron alejarme del mundo material. Me retiré de ese mundo hasta tal punto que, aunque podía ver cómo se movían los labios de mi tía cuando me maltrataba, no entraba en mis oídos ni una palabra de lo que pudiera decir. Recuerdo que cuando el dolor y el miedo se hacían insoportables, podía entrar en mi interior y me adormecía y no sentía el dolor. Había desarrollado inconscientemente una técnica de escape para evitar el dolor. Ahora puedo entender cómo este proceso preparó el camino para el desarrollo de mis estados de trance mediúmnico."*[422]

Kenneth Ring, autor de *The Omega Project*, observó que los adultos que declaraban haber tenido experiencias cercanas a la muerte y contacto con fenómenos OVNI también informaban con frecuencia de abusos y traumas en la primera infancia. Para Ring, estas pruebas de la infancia pueden haber desarrollado una sensibilidad particular a otras dimensiones del ser y a mundos paralelos: *"Después de todo, un niño expuesto a abusos físicos, sexuales o a otros traumas graves se verá fuertemente impulsado a desconectarse de su mundo físico y social mediante la disociación. Pero al hacerlo, es más probable que conecte con otras realidades."*[423]

En el libro Reframing Consciousness, la artista Kristine Stiles habla de la relación entre la disociación, la hipervigilancia y los mundos paralelos: "Creo que la capacidad de disociación puede estar vinculada a las facultades psíquicas a través de la hipervigilancia, que es un síntoma común en respuesta al trauma. La hipervigilancia es la atención excesiva a un estímulo externo más allá de lo que requiere el nivel de amenaza. La hipervigilancia desempeña un papel fundamental en la protección de la víctima de un entorno de riesgo (...) La hipervigilancia también permite desarrollar un poder de concentración muy elevado. Los estados hipnóticos y disociativos se asocian desde hace tiempo a efectos inusuales en el organismo. Se trata de funciones mentales en las que los recursos cognitivos se centran por completo en un punto concreto, con pocas o ninguna distracción y con un mayor control sobre las funciones somáticas y neurofisiológicas. En el caso de Joseph McMoneagle, que se enfrenta a sus recién adquiridas facultades psíquicas tras su experiencia cercana a la muerte, recuerda que un psicólogo le sugirió que esta experiencia cercana a la muerte le había hecho más sensible a otras formas de detalle. Describe esta nueva capacidad como un "conocimiento espontáneo", un "nuevo funcionamiento psíquico". La hipervigilancia disociativa bloquea literalmente el ruido, o la

---

[422] *Aventuras en lo supernormal* - Eilen Garrett, 2002, p.90-91.

[423] *The Omega Project: Near-Death Experiences* - Kenneth Ring, 1992, p.142-144.

contaminación externa, que suele interferir con el punto de enfoque, permitiendo a la conciencia acceder a la visión remota o a otros fenómenos psíquicos (...) Mi hipótesis es que la hipervigilancia bien puede ser una característica primaria en la conexión entre el trauma y las habilidades multidimensionales. Esto también puede explicar por qué tanto las formas orientales de meditación como las técnicas occidentales de concentración son cada vez más importantes en procesos como la visión remota (...) En mi opinión, la disociación traumática y la hipervigilancia pueden dar lugar a un proceso que filtra el "ruido mental" y, por tanto, permite que la conciencia funcione de un modo multidimensional."[424]

En el libro *The* Shattered *Self: A Psychoanalytic Study of* Trauma, los psicoanalistas Richard Ulman y Doris Brothers relatan el testimonio de una mujer de 36 años, Jean, que fue víctima de un incesto que comenzó a los 10 años con su tío y continuó con su padrastro y su cuñado. Los traumas parecen haber desarrollado algunas facultades psíquicas particulares en esta mujer: *"La reacción habitual de Jean ante las violaciones era "desconectarse completamente de su cuerpo", repitiéndose a sí misma que "esto no es realmente real". Jean estaba orgullosa de su capacidad para mantener el control durante las violaciones, sin mostrar signos visibles de ansiedad. También recordaba un ritual antes de irse a la cama en el que ralentizaba su respiración hasta el punto de quedarse tan quieta como una muerta para asegurarse de que tenía "control total" de su cuerpo. Jean dijo que a menudo durante el día "escuchaba el silencio", convencida de que tenía poderes extrasensoriales para detectar el peligro. Caminaba entre los bungalows con los ojos cerrados para poner a prueba su capacidad paranormal de percibir cualquier cosa que pudiera amenazar su seguridad (...)*

Jean también dijo haber tenido premoniciones sobre el intento de suicidio de su madre. Describió "visiones" recurrentes de su madre cortándole el cuello unos meses antes de que ocurriera. Describió una premonición similar a los 17 años, antes de que su padre biológico apareciera de repente en su puerta (...)

Jean también describió su relación con un hombre "psíquico" y carismático que producía y vendía películas pornográficas sadomasoquistas (...) Jean dijo que a menudo participaba en escenas sadomasoquistas, que a veces duraban varios días, y que luego se encontraba en un estado de desapego: "En cierto modo dejaba mi cuerpo y me concentraba en no ser herida. Después de estas sesiones, Jean dice que sus recuerdos de lo que había sucedido eran extremadamente vagos y que sólo el dolor y las marcas en su cuerpo podían recordarle su experiencia. A Jean le resultaba muy satisfactorio poder separar sus emociones del dolor físico de su cuerpo. Los dolores me hacen sentir especial. Las marcas y los moratones son la forma de medir mi autoestima. dice ella.

Varios años más tarde, Jean volvió a estudiar para licenciarse en criminología y poder hacer carrera en la policía. Sin embargo, tras aprobar el

---

[424] *Reframing Consciousness: Art, Mind and Technology* - Cap: Transcendence - Kristine Stiles, 1999, p.53-54.

examen de acceso, decidió no ingresar en la administración pública. Ella misma había abierto una oficina de investigación privada en relación con la policía (...) Ayudaba a resolver casos criminales con sus "poderes psíquicos", dice. Entraba en un estado de trance en el que proporcionaba a los investigadores información como las matrículas o los escondites de los delincuentes (...)

Una mañana, Jean se despertó con fiebre alta, fuertes dolores e hinchazón en las articulaciones. Los síntomas fueron tan graves que tuvo que caminar con muletas y luego en silla de ruedas. El médico al que consultó no pudo encontrar la causa de los síntomas. Probó varios tratamientos médicos, pero sin éxito. Desesperada, Jean entraba en un estado de trance en el que revivía los abusos sexuales de su suegro y su cuñado (...) Según ella, después de cada episodio de trance, los síntomas inexplicables desaparecían, sólo para reaparecer más tarde, lo que obligaba a repetir el proceso (...)

Durante unos años, Jean trabajó en una tienda de salud alternativa. Descubrió que tenía un éxito notable en la curación de diversas dolencias físicas mediante el uso de hierbas y gemas (piedras finas, semipreciosas y preciosas). Señaló que, sin ninguna formación, "sabía" instintivamente cómo curar a las personas que acudían a ella (...) También informó de que tenía muchos síntomas de trastorno de estrés postraumático, como hipervigilancia, mayor reactividad y trastornos del sueño."[425]

Según Gardner Murphy, antiguo presidente de la *Asociación Americana de Psicología*, las enfermedades graves o, en general, los elementos perturbadores o las situaciones alarmantes, pueden conducir al desarrollo de una sensibilidad psíquica elevada. Podemos tomar como ejemplo el caso de personas con D.I. cuyo sentido de la vista ha sido modificado, lo que ha dado lugar a la creación de una memoria fotográfica excepcional. Esta memoria fotográfica también está relacionada con la hipervigilancia y la hipersensibilidad desarrolladas en respuesta al trauma. Los cerebros de los supervivientes de abusos desarrollan una hipervigilancia constante y una capacidad para *leer a* otras personas con mucha precisión. Serán capaces de descifrar y analizar de forma automática e inconsciente el comportamiento, el lenguaje corporal, las expresiones faciales, el tono de voz y otras señales de los maltratadores, en un intento de obtener una ventaja para evitar la violencia o incluso la muerte. Esta hipervigilancia sistemática se mantendrá durante mucho tiempo y en todo tipo de situaciones. Con el estrés postraumático, el cerebro también desarrolla facultades sensoriales muy fuertes, aumentando el oído, el olfato, el gusto, la vista y el tacto. En un desdoblamiento de personalidad, uno de los cinco sentidos puede estar hiperdesarrollado en un alter, mientras que otro alter tiene otras particularidades.

La terapeuta y trabajadora social Susan Pease Banitt, autora de *The Trauma Tool Kit*, también explica cómo pueden desarrollarse ciertas habilidades paranormales en un individuo que ha experimentado un trauma grave. Crecer en

[425] *The Shattered Self: A Psychoanalytic Study of Trauma* - Richard Ulman y Doris Brothers, 1993, pp.92-96.

un entorno violento obliga al niño a anticiparse a los estados de ánimo de los agresores y a volverse hiperintuitivo como consecuencia de su hipervigilancia. Así, el niño puede desarrollar capacidades telepáticas, así como una mayor sensibilidad de sus neuronas espejo y sensibilidad a las energías electromagnéticas que emanan de las personas. La violencia física o los abusos sexuales también perturban el funcionamiento de los *chakras* (centros energéticos) de la víctima. La terapeuta energética Barbara Brennan, que ha trabajado sobre el flujo de energía en el cuerpo humano, ha observado que ciertos tipos de violencia, como los abusos sexuales, pueden *"desgarrar"* los *chakras*, desbloqueándolos de forma brutal e inapropiada, provocando una apertura energética desequilibrada. Esta brecha anormal hará que el cuerpo energético de la persona sea más permeable y, por tanto, más vulnerable. Como hemos visto, esto puede llevar a una conexión particular con otras dimensiones con fenómenos paranormales incontrolables. La disociación es un estado alterado de conciencia, y todos los chamanes que se disocian, que entran en trance, necesitan aprender a anclarse, a "conectarse a la tierra" cuando acceden a otras dimensiones. Un niño que sufre una disociación profunda durante un trauma no tiene este conocimiento y capacidad de anclaje, de "mantener los pies en el suelo" para preservar su equilibrio. Ya no tiene los pies en la tierra, ya no está centrado, y por lo tanto puede ser objeto de ataques de entidades demoníacas y experiencias paranormales incontrolables.

En un artículo publicado en el *Journal of Spirituality and Paranormal Studies* titulado *"Childhood* Influences *That Heighten Psychic Powers"*, Sylvia Hart Wright cita varios estudios y testimonios sobre la relación entre los traumas y los poderes paranormales. A lo largo de los años, Wright ha entrevistado a cientos de personas con experiencias cercanas a la muerte, médiums y otras habilidades extrasensoriales. De estas entrevistas se desprende que el estrés de la primera infancia es un factor importante en el desarrollo de los poderes psíquicos en los adultos. Entrevistó a un *telespectador* internacionalmente conocido que tuvo una infancia muy difícil, y le dijo: *"Todas estas cosas con las que los niños no deberían tener que lidiar, las tratamos muy a menudo. Es una especie de Jekyll y Hyde. Te vuelves ultrasensible para poder calibrar el estado de la situación con cualquiera de los padres. Cuanto más bebían, más se convertían en Mr. Hyde."*

Varias otras personas con habilidades psíquicas especiales han informado de que sus padres alcohólicos tenían también algunas habilidades extrasensoriales. Esto refuerza el hecho de que los poderes psíquicos pueden transmitirse genéticamente, al igual que las capacidades disociativas. Además, un padre que ha sido él mismo una víctima, y que reproduce la violencia o el abuso en sus hijos, desencadenará y reforzará esta predisposición a la disociación y a las facultades extrasensoriales en estos últimos: siempre este círculo vicioso transgeneracional...

Un estudio de 1.400 estadounidenses (*NORC-Luce Foundation Basic Belief Study, National Opinion Center,* University of Chicago) descubrió que las personas con capacidades psíquicas habían experimentado más conflictos familiares en la primera infancia que las que no las tenían. El sociólogo estadounidense Andrew Greeley concluye, entre otras cosas, que las experiencias psíquicas paranormales parecen deberse en parte a una infancia con graves tensiones familiares.[426]

Un estudio canadiense también mostró una relación entre la creatividad adulta y la calidad de las relaciones familiares en la primera infancia. Se informó de que los adultos creativos solían proceder de familias muy conflictivas y que estos traumas tenían un impacto significativo en el nivel de creatividad del futuro adulto.[427]

Otro estudio de 2011 muestra que, efectivamente, puede haber una conexión entre la creatividad y el trauma, especialmente con el estrés postraumático. Al principio de su investigación, Robert Miller y David Johnson pensaron que el estrés postraumático habría disminuido las facultades creativas de la persona. Pero el estudio reveló que el grupo de individuos que había sufrido un trauma, en comparación con un grupo sin trauma, tenía una capacidad mucho mayor para hacer representaciones simbólicas.[428]

Los trastornos psicológicos, en particular los de personalidad, también parecen estar relacionados con lo que comúnmente se denomina "genio". El trastorno bipolar ha sido descrito por algunos como una *"locura brillante"* por la expansión psíquica que a veces puede provocar, tanto hacia la creatividad constructiva como hacia la psicosis destructiva. Daniel Smith, profesor de la Universidad de Glasgow, realizó un estudio en el que demostró que los trastornos mentales, incluida la bipolaridad, son efectivamente más frecuentes en personas con un coeficiente intelectual y una creatividad superiores a la media. Según declaró al periódico británico *The Guardian*: *"Es posible que los trastornos graves del comportamiento, como la bipolaridad, sean el precio que pagamos por tener habilidades de afrontamiento como la inteligencia, la creatividad y el control verbal.* Sin embargo, como explica Daniel Smith, si existe una correlación, no hay nada automático en el mecanismo, y el trastorno bipolar no produce genios de forma regular...

En el pasado, *las enfermedades* mentales se consideraban incluso un regalo y todavía se consideran un regalo en algunas culturas. Aristóteles dijo: *"Ningún gran genio ha existido sin un toque de locura".* Uno de los científicos más representativos es sin duda Nikola Tesla, el genio serbio-estadounidense que inventó innumerables patentes como el motor eléctrico, la corriente eléctrica alterna, la radio, el control remoto, la robótica, el láser, las bombillas fluorescentes, la energía libre, etc. Tesla dominó nada menos que doce tecnologías diferentes. Tesla hablaba con fluidez nada menos que doce idiomas y su memoria fotográfica, combinada con su capacidad para animar la mente, era una baza excepcional para su trabajo como ingeniero. Este hombre

---

[426] *The Sociology of the Paranormal: A Reconnaissance* - Andrew Greeley, 1975.

[427] *Childhood parenting experiences and adult creativity* - R. Koestner, M. Walker, Journal of Research in Personality, 1999.

[428] *La capacidad de simbolización en el trastorno de estrés postraumático* - R. Miller y D. Johnson; Psychological Trauma: Theory, Research, Practice, and Policy, 2011.

extremadamente ingenioso e hiperproductivo padecía varias enfermedades mentales: Trastorno por Déficit de Atención (a menudo relacionado con la hiperactividad), Trastorno Obsesivo Compulsivo (TOC) y trastorno bipolar. Nikola Tesla también sufría numerosas fobias o, por el contrario, pasiones excesivas. Una de las explicaciones de sus trastornos psíquicos y su genialidad es que tuvo experiencias cercanas a la muerte en su juventud. De niño casi se ahoga y se dice que tuvo una experiencia extracorporal. Más adelante en su carrera, Tesla tuvo un accidente mientras trabajaba en una bobina eléctrica, entró en contacto con una carga electromagnética de varios millones de voltios. Informó de que durante esta experiencia cercana a la muerte, entró en un estado en el que podía ver el pasado, el futuro y el presente en el mismo plano, en lo que denominó *"visión mística"*. Afirmó que había viajado a través del espacio y el tiempo, lo que es habitual en los relatos de experiencias extracorporales en las experiencias cercanas a la muerte. Esta noción de espacio-tiempo alternativo también se encuentra con los fragmentos de alma perdidos.

Algunos científicos, como el Dr. Yehuda Elkana y el Dr. Gerald Holton, han argumentado que los descubrimientos y las grandes innovaciones científicas están asociados a la intuición creativa. La intuición" se define como *"la capacidad de sentir o conocer las cosas de forma inmediata sin ningún tipo de razonamiento"*. Carl Jung define la intuición como *"la percepción por el inconsciente"*. Por tanto, los traumas que provocan hipervigilancia e hiperintuitividad pueden desarrollar indirectamente cierta creatividad en la víctima. Según un estudio científico sueco: *''Las personas creativas (en las artes y las ciencias) tienen un mayor riesgo de padecer trastorno bipolar y esquizofrenia...* Es importante señalar que son la configuración cerebral y el estado psíquico los que conducen a una capacidad creativa superior a la normal, no la creatividad la que conduce al riesgo de trastornos mentales...

El equipo científico del *Instituto Karolinska* ha demostrado que los artistas y científicos son más numerosos en las familias afectadas por el trastorno bipolar y la esquizofrenia, en comparación con la población general.[429]

Si nos remitimos a ciertos estudios que demuestran que los trastornos de la personalidad, como el trastorno bipolar, el trastorno *límite* o la esquizofrenia, tienen en la mayoría de los casos un origen traumático en la infancia, se puede establecer el vínculo entre el trauma y la creatividad. El genio artístico o científico podría tener su origen en un *defecto* en la organización de las conexiones cerebrales, o deberíamos decir un *cableado* particular del cerebro. Este cableado se desarrolla durante las experiencias vitales del niño pequeño, porque son las experiencias del niño las que conforman la organización neuronal del cerebro. He aquí lo que la pintora Lynn Schirmer, superviviente de abusos rituales y control mental, dijo sobre este tema en una conferencia *del S.M.A.R.T.* en 2006:

- ¿Crees que el abuso te ha hecho más creativo?

---

[429] "Enfermedad mental, suicidio y creatividad: 40 años de prospectiva a un estudio de población" - Dr. Simon Kyaga, Journal of Psychiatric Research, 2012.

- Sí, lo sé. Antes pensaba que los artistas nacían con su talento, pero ya no lo creo en absoluto. Creo que se debe a los efectos de los traumas de la primera infancia en diferentes partes del cerebro.

La actriz Meg Ryan dijo en 2003 en Los Angeles Times: "No creo que uno quiera cultivar experiencias traumáticas o dramáticas en su vida para convertirse en artista. Entonces creo que se equivocaría. Pero puedes usarlo... Hay un poder redentor en tu vida cuando pasas por dificultades."

El proceso creativo en el arte y la ciencia se ha descrito a veces en términos muy cercanos a la disociación, el trance o incluso la posesión. De hecho, el segundo estado que acompaña a la actividad de ciertos creadores da lugar a veces a fenómenos tan desconcertantes que a veces se han clasificado como ocultos y paranormales. La persona se desvanece y da paso al genio artístico o científico, y se convierte en el medio de algo que a menudo le supera, algo que se expresa a través de él. Este es un rasgo común a muchos de los grandes artistas de nuestro mundo, como veremos en el capítulo 9 sobre la industria del entretenimiento. Existe una estrecha relación entre la hipnosis, la disociación, la imaginación y las experiencias paranormales como la mediumnidad, tanto en artistas como en personas con un pasado traumático, que suelen...

En la década de 1980, algunos psicólogos descubrieron que las personas que habían sufrido traumas graves en la primera infancia informaban con mucha frecuencia de experiencias psíquicas paranormales. Llegaron a la conclusión de que los traumas de la infancia les habían llevado a disociarse y que, en lugar de estar en el momento presente, habían dirigido su atención a su mundo imaginario... lo que explicaba sus "delirios" paranormales. Pero más tarde, el psicólogo británico Tony Lawrence trabajó en una serie de estudios estadísticos que demostraban que el vínculo entre el trauma y las experiencias psíquicas paranormales era más fuerte que el vínculo entre el trauma y el mundo imaginario. *"Hay una relación directa entre el trauma de la primera infancia y las experiencias paranormales. No es necesario tener una buena imaginación para tener una experiencia paranormal. Incluso las personas que tienen una imaginación débil pueden experimentar lo paranormal, por el hecho de haber tenido un trauma en la infancia."*[430]

El Dr. Richard Boylan, que ha escrito mucho sobre el tema de los extraterrestres y los ovnis, ha conocido y entrevistado a muchos testigos. Ha encontrado cinco puntos en común entre los abducidos y los avistamientos de alienígenas y ovnis:

- Estos individuos tienen un alto nivel de capacidad psíquica.
- Se observan fenómenos similares con otros miembros de la familia (multi o transgeneracional)
- Niños que han sufrido abusos o traumas graves.
- Personas o familias enteras vinculadas a organismos o ministerios gubernamentales y/o de inteligencia.

---

[430] *La experiencia paranormal y la mente traumatizada* - Tony Lawrence, 1999.

- Muy a menudo eran amerindios, indígenas.

También existe una fuerte correlación entre los lugares de actividad oculta, como los abusos rituales, las instalaciones militares secretas y las manifestaciones de OVNIS y abducciones ET. No nos detendremos aquí en la cuestión de los extraterrestres, que está vinculada a la existencia de los ángeles caídos, los "demonios", el ejército luciferino. He aquí un extracto *del* libro *Satanic Ritual Abuse, Principle of Treatment (Abuso ritual satánico, principio de tratamiento)* en el que el Dr. Colin Ross explica las fuertes similitudes entre ambos. *"Hoy en día hay miles de personas en Norteamérica que tienen recuerdos de abducciones alienígenas desde naves espaciales, con experimentos realizados en ellos (...) Estos "abducidos" acuden a terapia con periodos de tiempo perdidos y síntomas postraumáticos inexplicables, al igual que los supervivientes de abusos rituales satánicos. Los abducidos dicen haber tenido barreras de amnesia hipnótica implantadas deliberadamente por los ETs, los supervivientes de sectas satánicas describen exactamente la misma programación por parte de sus atormentadores. Los supervivientes de los abusos rituales satánicos también describen embarazos forzados, experimentos médicos de laboratorio y abortos prematuros. La diferencia es que los satanistas usarían los fetos para ceremonias mientras que los ET los criarían."*[431]

En su libro *Mind-Control, World Control*, Jim Keith escribe que el negocio de las abducciones alienígenas está siendo utilizado para encubrir experimentos de control mental por parte de humanos reales.

Brad Steiger, autor de libros sobre lo paranormal y la ufología, ha entrevistado a muchos psíquicos y otras personas con capacidades extrasensoriales. Informa de que la mayoría de ellos han pasado por una serie de traumas durante su primera infancia o juventud.[432] Según él, estos individuos con pasados traumáticos parecen ser los principales candidatos para ciertos programas militares, especialmente para experimentos psíquicos paranormales *como la* visión *remota*. Lyn Buchanan, antigua *vidente a distancia*, define estas técnicas psíquicas de la siguiente manera: *"Es la explotación estructurada y científica del potencial humano natural con fines de inteligencia. Es la explotación estructurada y científica del potencial natural del ser humano con fines de inteligencia, sin necesidad de los cinco sentidos habituales ni de equipos como la fotografía, la electrónica u otros dispositivos."*[433]

Joseph McMoneagle, otro veterano de los programas de visión *remota del* gobierno estadounidense, ha reconocido que estas técnicas se utilizan para la identificación, es decir, para conocer detalles concretos de algo a lo que sólo se puede acceder mediante la percepción extrasensorial. Personas como McMoneagle y David Morehouse han sido reclutadas en estos programas tras

---

[431] "Abuso ritual satánico, principio de tratamiento" - Colin A. Ross, 1995, p.26.

[432] *El mundo más allá de la muerte* - Brad Steiger, 1982.

[433] La aparición del Proyecto SCANATE El primer experimento de visión remota con fines de espionaje solicitado por la CIA, 1973 - Ingo Swann, 1995.

acontecimientos paranormales en sus vidas: una experiencia cercana a la muerte, el contacto con un OVNI y experiencias extracorporales espontáneas. Explica que para los programas de *visión remota*, el gobierno estadounidense reclutó a veteranos de Vietnam que habían vivido situaciones extremadamente traumáticas durante la guerra. En su libro *Mind Trek*, McMoneagle afirma que el trauma es una parte necesaria para desarrollar las habilidades de visión remota. Afirma que la primera consecuencia de su experiencia cercana a la muerte fue un estado de depresión. La segunda consecuencia fue lo que él llama *"conocimiento espontáneo"*, es decir, que sabía lo que la gente pensaba cuando le hablaba. Sabía ciertas cosas privadas de la gente, cosas que nunca habían revelado abiertamente y de las que se suponía que él no estaba al tanto. El tercer efecto de esta ECM fueron las salidas espontáneas de su cuerpo físico, a veces se encontraba revoloteando sobre costas oceánicas desconocidas.[434] Uno de los estudiantes de *visión remota* de Lyn Buchanan describe una de sus experiencias como muy similar a la disociación de la personalidad: *"Estaba flotando con una base de personalidad diferente, sentí que se producía un ligero pero notable cambio de personalidad."*[435]

Como hemos visto en el capítulo sobre MK-Ultra, la CIA se ha interesado mucho por los fenómenos psíquicos paranormales. Cuando funcionó en la disociación y el desdoblamiento de la personalidad, abrió una puerta a otras dimensiones (que los chamanes conocen desde hace miles de años). La NASA también ha realizado investigaciones sobre lo paranormal. En el programa de radio *Coast to Coast* de Mike Siegel, el astronauta Gordon Cooper confirmó la existencia de un programa de control mental en el que participan niños pequeños. Un proyecto realizado por la NASA en los años 50 y 60. Durante el programa, Mike Siegel preguntó al astronauta sobre estos *"niños estrella"*. Cooper dijo que se trataba de niños con capacidades mentales excepcionales, que eran explotados en una especie de programa MK. Describió cómo este programa de la NASA cultivaba y explotaba los poderes psíquicos de ciertos niños. Habilidades como la telepatía, la *visión remota* y las experiencias extracorporales. Los "grupos de estudio" también incluían protocolos de aprendizaje que permitían a los sujetos asimilar grandes cantidades de conocimientos de forma muy rápida, así como desarrollar una memoria de alto rendimiento. El programa también consistía en desarrollar en estos niños la clarividencia y la imaginación guiada, que son la base de una *visión remota* eficaz.[436]

Esto es lo que informa Cathy O'Brien, superviviente del *MK-Monarch*, sobre el vínculo entre los programas de control mental de la NASA y del gobierno: *Tanto si estaba en edificios militares, de la NASA o del gobierno, el procedimiento de mantener mi mente bajo control absoluto seguía siendo*

---

[434] *Mind Trek: Exploring Consciousness, Time, and Space Through Remote Viewing* - Joseph McMoneagle, 1993.

[435] *Reframing Consciousness: Art, Mind and Technology* - Roy Ascott, 1999.

[436] *Astronauta revela el programa de control mental de la NASA con niños* - Andrew D. Basiago, 2000.

coherente con los requisitos del proyecto Monarch. Esto incluía, antes de cualquier trauma físico y/o psicológico, privación de sueño, comida y agua, electroshock de alto voltaje y programación hipnótica y/o armónica de compartimentos de memoria/personalidades específicas. Lo que soporté a partir de ese momento a través de varios equipos de alta tecnología y otros métodos, dio al gobierno de los EE.UU. un control absoluto sobre mi mente y mi existencia (...) Wayne Cox y yo visitamos Florida en varias ocasiones, los padres de su madre viven en Mims, que estaba a sólo unos minutos del Centro Espacial Kennedy de la NASA en Titusville. Al igual que mi padre, se encargó de que yo fuera allí por orden para realizar pruebas y otras sesiones de programación relacionadas con el control mental. Cox me consideraba un "Elegido", y a menudo utilizaba el término del proyecto "Monarca" de la CIA para "justificar" con orgullo el hecho de dejarme en las instalaciones de la NASA (...) El control mental militar era rápido, eficaz y de alta tecnología, pero fue mi programación por parte de la NASA la que me lanzó como "maniquí presidencial". Aunque Aquino realizó mi programación tanto en instalaciones militares como de la NASA, fue a través de ésta que tuvo acceso a los últimos avances en tecnología y técnicas. Entre ellos se incluyen "trucos mentales" como contenedores de privación sensorial, realidades virtuales, simuladores de vuelo y otros armónicos. A la edad de dos años, Kelly (la hija de Cathy) ya había sido sometida a Aquino y su programación a través de estos últimos avances tecnológicos, que destrozaron su frágil mente infantil antes de que su personalidad básica tuviera la oportunidad de formarse (...) en el profundo sótano del laboratorio de control mental de la NASA en el Centro de Vuelo Espacial Godard, cerca de D.C., Bill Bennett comenzó a prepararme para el programa. La NASA utiliza varias "drogas de diseño de la CIA" para generar químicamente transformaciones neuronales e inducir el estado mental requerido en un momento determinado. "Train'-quility", la droga elegida por la NASA en Huntsville (Alabama), creaba una sensación de tranquila sumisión y daba la impresión de caminar sobre una nube."[437]

Kathleen Sullivan es también una superviviente de abusos rituales y de programación de MK en entornos gubernamentales y militares. En su libro *"Unshackled"* describe cómo su trastorno de personalidad múltiple fue explotado para desarrollar habilidades psíquicas especiales: *"Mis personalidades alteras 'Theta' recibieron un entrenamiento psíquico especial. Los niños como yo fuimos elegidos para este tipo de programación porque, como todas las víctimas de abusos traumáticos, éramos muy sensibles a los estados de ánimo y los pensamientos de los demás, especialmente los de nuestros agresores. Estoy convencido de que algunas personas que trabajan o están relacionadas con la CIA eran conscientes de este vínculo entre el trauma y lo paranormal mucho antes de que los profesionales de la salud mental lo descubrieran. Creo que la continua ocultación de información sobre estas facultades humanas, así como la desdibujación y la desinformación sistemática, se produjeron porque la CIA*

---

[437] *América en medio de la Trans-formación* - Cathy O'Brien & Mark Phillips, 2012, p.164.

y otras agencias de inteligencia que financiaron la investigación paranormal tenían un gran interés en mantener este conocimiento fuera del dominio público.

Tengo recuerdos recurrentes de mi infancia de algunos de mis programas Theta por James Jesus Angleton, jefe de contrainteligencia de la CIA. Como quizá sabía que yo asistía a una iglesia cristiana cada semana, utilizó el contenido del Nuevo Testamento para enseñarme a expandir mi conciencia. Comenzó mi programación mental citándome las palabras de Jesucristo: "Haréis obras mayores que las que yo he hecho"... con nuestras mentes, añadió. Angleton me enseñó entonces que el mayor muro que impedía a las personas acceder y utilizar sus facultades psíquicas naturales era su creencia de que no podían o debían hacerlo. Me enseñó que si superaba este bloqueo mental, podría hacer lo que quisiera con mi energía psíquica. Me dijo que podía incluso mover una montaña telepáticamente siempre que creyera que podía hacerlo (...) Dijo que el cerebro humano tiene un potencial que ni siquiera hemos empezado a aprovechar y me animó a utilizarlo todo lo posible. Otros programadores de MK también condicionaron a mi alter Theta para que creyera que podía leer la mente de los demás, comunicarse telepáticamente y realizar una visión remota. Parte de esta programación ha tenido éxito (...) Si estas capacidades son legítimas, no creo que sean otra cosa que una facultad humana natural. Sin embargo, creo que se pueden considerar como parte del fruto prohibido mencionado en el libro del Génesis, ya que una persona que los use podría fácilmente pensar que es un Dios. He elegido dejar de usar mi programación Theta, no porque tema a los demonios, sino porque simplemente quiero respetar la integridad mental, emocional y física de los demás."[438]

Volvamos ahora al tema de las experiencias cercanas a la muerte. El trauma evidente de una salida del cuerpo físico parece desencadenar experiencias psicológicas y fisiológicas particulares. Es como si algo se desbloqueara en los cuerpos energéticos/electromagnéticos de la persona. Phyllis Marie Atwater, autora de *"Dying to Know You: Proof of God in the Near-Death Experience"*, que ha experimentado ella misma tres ECM, escribió: *"Alrededor del ochenta por ciento de las personas que han experimentado un estado cercano a la muerte han informado de que sus vidas cambiaron para siempre. Sin embargo, un examen más detallado muestra que surgen dimensiones sorprendentes. Las personas que lo han experimentado no sólo han vuelto con un mayor entusiasmo por la vida y una perspectiva más espiritual. Manifestaron diferencias psicológicas y fisiológicas específicas de una magnitud nunca antes experimentada. ''*

Atwater entrevistó a más de 4.000 personas que habían experimentado una ECM para averiguar el impacto que había tenido en sus vidas. Comprobó que, en general, se producía un notable aumento de las capacidades intuitivas y mediúmnicas, de la comunicación con los espíritus, las plantas y los animales, por ejemplo. Pero su investigación también reveló que muchas personas habían experimentado un cambio en el campo electromagnético de sus cuerpos: *"Desde*

---

[438] *Unshackled: A Survivor Story of Mind Control* - Kathleen Sullivan, 2003, p.66-67.

el comienzo de mi investigación sobre los estados cercanos a la muerte en 1978, noté sistemáticamente que una gran mayoría de los experimentadores (tanto los que participaron en mi estudio como los que conversaron con ellos) informaron de que se volvieron más sensibles a los campos eléctricos y magnéticos - perturbaciones de equipos, aparatos, relojes de pulsera- después de su episodio de ECM."

Estos cambios fisiológicos duraderos, que crean una especie de electrosensibilidad, provocan interferencias entre la persona y los equipos electrónicos que la rodean: problemas de averías y mal funcionamiento de los aparatos, baterías que se descargan más rápidamente, bombillas que se funden sistemáticamente, etc., pero también una sensibilidad extrema a los acontecimientos terrestres como las tormentas eléctricas, los terremotos o los tornados.[439]

6 - EL CURANDERO Y SUS ANIMALES TÓTEM...

He aquí un caso interesante de un "curandero" (sanador) nativo americano. En 1989, la revista *Dissociation* publicó un artículo titulado *"Trastorno de personalidad múltiple con componentes de subpersonalidad humana y no humana"*. Este artículo describe el caso de un paciente nativo americano de 70 años al que se le diagnosticó D.I. Este hombre tenía poderes curativos y era *un curandero* muy conocido y respetado en su comunidad, una tribu de nativos americanos que había conservado sus tradiciones ancestrales. Su personalidad estaba dividida en once alters, cuatro humanos y siete no humanos. Se descubrió que los abusos en la primera infancia eran la causa de su IDD. Además, el desarrollo y la manifestación de estas personalidades alteradas habían sido reforzados y mantenidos por el contexto cultural en el que este nativo americano había crecido. La fuerte conexión con los espíritus de la naturaleza y los animales tótem de la cultura tradicional de los nativos americanos reforzó su sistema de personalidad alterada. El hombre se había presentado para recibir ayuda terapéutica. La batalla interna entre los alters humano y animal se estaba volviendo demasiado violenta e interfería con su capacidad para realizar rituales de curación.

El primer alter que se formó fue el de un niño de once años, llamado *"El Pequeño"*. Se descubrió que todas las demás personalidades se habían disociado de ésta. A los tres años, la paciente había sido violada por un tío. En la terapia, el alterado describió que estaba jugando con una tortuga cuando ocurrió la violación. Cuenta que entonces se centró en la tortuga como si se arrastrara, igual que ella, disociándose de la realidad traumática. El tío violaba al niño cada vez con más frecuencia y era el alter *Le Petit* quien soportaba sistemáticamente los abusos gracias a esta disociación ligada a la tortuga. Un día, a los cinco años, *Le*

---

[439] *"Las extrañas secuelas electromagnéticas de las experiencias cercanas a la muerte"* - Buck Rogers, *Waking Times*, 2014 / Traducción de BistroBarBlog.

Petit observó a un curandero que utilizaba un caparazón de tortuga en sus rituales terapéuticos. Poco después, un pariente suyo enfermó de cáncer y quedó confinado en la cama. La personalidad alterada *Le Petit* dijo que cuando se disociaba en el alter de la tortuga, a menudo alcanzaba a tocar al hombre enfermo y después de un tiempo el hombre se recuperaba, su cáncer estaba en remisión. Fue entonces cuando *Le Petit* pasó a ocupar un lugar de honor en su familia. Su madre decía que el día de su cumpleaños tenía un arco iris sobre su cabeza, lo que era una señal de que tenía el poder de convertirse en un gran curandero. A partir de entonces, sus familiares y vecinos comenzaron a acudir a sus consultas.

Su alter ego (llamado *Poder*) poseía facultades relacionadas con el mundo de los espíritus, que podían utilizarse para controlar el dolor y tratar enfermedades graves. Esta alteración comenzó a desarrollarse cuando la paciente tenía tres años. Las características físicas de esta personalidad alterada eran una postura encorvada, movimientos muy lentos, su cabeza oscilaba de derecha a izquierda y un discurso muy lento y limitado.

Otro alter ego era *"El Viejo"*, una personalidad de 70 años. Esta ruptura se produjo cuando el paciente estaba en formación con un viejo curandero. Se sometió a una iniciación durante la cual tuvo que permanecer en el bosque durante varios días sometiéndose a ritos de purificación con la prohibición de comer y beber. Además, tenía que consumir hierbas alucinógenas y correr largas distancias. Durante este período de intensa iniciación, se le dijo repetidamente que, para llegar a ser un buen curandero, tenía que parecerse a su maestro. Bajo el efecto traumático del ayuno, el ejercicio físico intenso, las hierbas alucinógenas y las constantes exigencias del alter *El Pequeño* para asemejarse al maestro, el viejo curandero que lo maltrató durante la iniciación, se disoció en este alter *El Viejo*, que representa a su maestro. Fue este alterador *El Viejo* quien permitió así al paciente convertirse en un verdadero curandero. Cabe señalar que la violencia y las palizas no suelen formar parte de los rituales de iniciación al aprendizaje entre los amerindios; se trata de una grave desviación. El comportamiento de este alter ego era el de un anciano, tanto en su postura como en sus modales y voz.

El hombre también tenía un alter ego masculino llamado *Espíritu del Viento*, que también apareció durante su iniciación con el viejo curandero. Según él, la pluma de águila es una gran fuente de poder para la *"medicina disociativa"* de los curanderos nativos americanos. Durante la iniciación, a *Le Petit* se le enseñó que el águila es un médium entre la tierra y los *"pájaros del trueno"*, poderosos espíritus en la tradición nativa americana. Todavía bajo la influencia del ayuno, el agotamiento físico, los golpes y las hierbas alucinógenas, *Le Petit* también se disoció en este alter ego: el *Espíritu del Viento*. En el sistema I.D.T. de este curandero, este alter permite la comunicación con los pájaros del trueno para obtener información para diagnosticar a un enfermo y obtener poder para su curación. Uno de estos poderes es la capacidad de inducir en el enfermo una sensación de ligereza, similar a la de un pájaro, que tendría un efecto analgésico.

Este paciente nativo americano también tenía un altar de lobo, un altar de pantera, un altar de oso, un altar de búho y un altar de serpiente. Sus otras personalidades humanas eran las de una mujer de 28 años (*Moon Walker*), creadas cuando el tío empezó a compartir sexualmente *a Le Petit* con sus amigos alcohólicos. También había un guerrero alterno llamado *"Killer Man"*.

Durante la terapia, la fusión/integración de las alter personalidades fue complicada por varias razones. En primer lugar, la esposa del paciente y las personas a las que trataba pensaron que con esta fusión, el curandero perdería sus poderes y su capacidad de contacto con el mundo de los espíritus. Además, el grupo de alteración animal y el grupo de alteración humana estaban en conflicto y su fusión era muy complicada. Era necesario fusionar a los animales entre sí y a los humanos entre sí, preservando al mismo tiempo las necesidades espirituales del paciente y sus habilidades como curandero para que pudiera seguir ayudando a su comunidad. Durante esta terapia, cada personalidad alterada demostró ser altamente hipnotizable. Las pruebas de agudeza visual y las evaluaciones neurosensoriales mostraron diferencias considerables entre cada personalidad alterada.[440]

Este caso indica que la T.I.D., este mecanismo disociativo de defensa ante el trauma, puede encontrarse en una gran variedad de culturas y puede explicar a veces por qué algunos chamanes poseen alteridades animales. Alteraciones que se revelan durante los estados de trance, como vimos en el capítulo 2 con los guerreros *Berserk* convertidos en *lobos, osos* o *jabalíes* superpoderosos, capaces de realizar hazañas increíbles.

7 - CONCLUSIÓN

Así pues, vemos que los traumas, la disociación, las salidas astrales, las experiencias paranormales y los poderes psíquicos van de la mano, y uno desencadena los otros, aunque no de forma sistemática. Este vínculo entre el trauma/disociación y la conexión con otras dimensiones es un punto clave en la programación mental de MK-Monarch. En el abuso ritual, el objetivo es "desbloquear" al niño para iniciarlo y así hacerlo sagrado para el culto luciferino. El aspecto espiritual y metafísico de la programación es tan importante, y sin duda más, que el aspecto puramente científico (neurológico y psiquiátrico). De hecho, la conexión entre los miembros de esta red de culto/mundo y el mundo espiritual es indispensable para el éxito del proyecto de dominación aquí en la tierra. De forma sistemática, los vástagos encargados de llevar a buen puerto el Orden Mundial deben, por tanto, estar vinculados espiritualmente a las milicias luciferinas, por un lado, y psicológicamente y físicamente a la red terrestre (familias y redes de poder, sociedades secretas), por otro. Una red terrestre bien encarnada en el mundo material y cumpliendo así un plan establecido desde otras esferas: la rebelión luciferina continuando su realización en la tierra... Sin este protocolo de división sistemática de los niños en estas líneas de sangre y más globalmente en todos estos cultos luciferinos, la conexión con las otras

---

[440] "Trastorno de personalidad múltiple con componentes de subpersonalidad humana y no humana" - Stanley G. Smith, *Journal Dissociation*, Vol.2 N°1, 03/1989.

dimensiones y la "raíz de la violencia" no podría ser transmitida de una generación a otra y el *culto del horror* no podría ciertamente subsistir durante siglos. La profunda disociación causada por los traumas, que puede describirse como un violento "desbloqueo espiritual" (una verdadera violación espiritual), practicada sistemáticamente sobre *el personal de tierra*, produce así médiums que reciben *la iluminación* y la conexión con el *portador de la luz:* Lucifer. Estos individuos totalmente desdoblados y múltiples poseen, por tanto, ciertas personalidades alteradas conectadas con el reino espiritual de Satanás. Esto es lo que describe el pastor Tom Hawkins cuando escribe que *las personalidades disociadas pueden ser entrenadas durante el trauma para entrar en estados de trance que los conectarán con el "segundo cielo", el "reino del aire" del que Satanás es el príncipe. Estos fragmentos de personalidad están atados y cautivos en este reino y son utilizados para implementar el plan mundial de Satanás aquí en la tierra.*

Es interesante notar aquí que la masonería también se refiere a entidades misteriosas de otra dimensión que inspiran (por no decir que dictan) sus propias acciones para establecer el Orden Mundial. El masón Charles Webster Leadbeater (sacerdote anglicano y teósofo, acusado él mismo de pedomanía) escribió claramente que la masonería establecía ciertas conexiones con *"seres luminosos"* del más allá: *"Cuando uno de estos espíritus luminosos se une a nosotros mediante una ceremonia masónica, no debemos pensar en él en términos de gobernante o asistente, sino simplemente como un hermano. Nuestro egocentrismo está tan arraigado que cuando oímos hablar de una asociación tan maravillosa, lo primero que pensamos, incluso inconscientemente, es preguntarnos qué podríamos ganar con esta relación. ¿Qué podríamos aprender de este brillante ser? ¿Nos guiará, nos aconsejará, nos protegerá? ¿O es un siervo al que podemos utilizar para nuestros propios fines?"*[441]

El francmasón Oswald Wirth también se refiere explícitamente a esto cuando escribe que los Maestros -pues así los llaman los Iniciados- se envuelven en un misterio impenetrable; permanecen invisibles tras la espesa cortina que nos separa del más allá... Sólo trabajan en el tablero de dibujo, es decir, intelectualmente, concibiendo lo que se va a construir. Son las inteligencias constructivas del Mundo, poderes efectivos para los Iniciados que se relacionan con los Superiores Desconocidos de la tradición.[442]

He aquí un masón que declara claramente que los *Maestros del más allá* dictan a los *Superiores Desconocidos* de las logias posteriores masónicas cómo construir el mundo, porque son, según sus palabras, las *inteligencias constructivas del Mundo...*

La creencia de que los seres humanos pueden entrar en contacto con las llamadas entidades "superiores" y ser utilizados y manipulados por ellas con un

---

[441] *The Hidden Life in Freemasonry* - Charles Webster Leadbeater, p.334.

[442] *La masonería hecha inteligible para sus seguidores* Volumen III - Oswald Wirth, 1986, p.219-130.

propósito específico no es algo nuevo. De hecho, los seres humanos pueden servir como herramientas para las fuerzas de otra dimensión. El autor Malidoma Somé escribe en su libro *The Healing Wisdom of Africa (La sabiduría curativa de África)*: *"Los ancestros están en desventaja porque saben cómo mejorar las cosas pero no tienen el cuerpo físico para actuar con lo que saben. Nosotros mismos estamos en desventaja porque, aunque tengamos cuerpo físico, a menudo nos falta el conocimiento para hacer las cosas bien. Por eso al Espíritu le gusta trabajar a través de nosotros. Una persona con cuerpo físico es un vehículo ideal para que el Espíritu manifieste cosas en este mundo."*

El cuerpo físico humano es, pues, potencialmente una herramienta de expresión para entidades más allá de nuestra dimensión terrenal. Lo humano puede ser la herramienta de las entidades luciferinas como también puede ser la herramienta del Espíritu Santo. En este mundo de la dualidad se enfrentan dos fuerzas, pero también se podría decir que se complementan para organizar este gran teatro, esta gran escuela en la que evolucionamos. Estas dos fuerzas, comúnmente llamadas "Bien" y "Mal", tienen muchas similitudes, siendo una obviamente la copia negativa de la otra, una imitando a la otra a su manera porque es incapaz de crear nada realmente. Encontramos esta dualidad en todos los niveles, incluido el vínculo que los humanos pueden establecer con otras dimensiones. El abuso ritual ultraviolento forzará la apertura brusca de las puertas espirituales del niño a través de la tortura, la violación, el bautismo de sangre y los traumas de todo tipo; mientras que en la tradición divina, las puertas espirituales se abren gradualmente a través del cuidado amoroso de los padres hacia el niño, a través del bautismo de agua y del Espíritu Santo, a través de la bondad y la ayuda de ángeles y arcángeles fieles a Dios. Por un lado, los poderes espirituales se adquieren a través de la conexión con las entidades luciferinas rebeldes, los ángeles caídos, y por otro lado, estos poderes son dados por el Espíritu Santo directamente de Dios. Por un lado las misas negras con el sacrificio y consumo de sangre y carne humana, por otro lado la Santa Misa con el sacrificio de Jesucristo que da su cuerpo y sangre en la Eucaristía: la reforma de aquellos antiguos cultos babilónicos vinculados a los demonios y basados en sacrificios de sangre, prácticas que la "religión sin nombre" sigue perpetuando. El proceso de abuso ritual traumático para "iniciar", "sacralizar" y "bautizar" a los niños es nada menos que una inversión de la santificación, una contra-iniciación o contra-revelación, destinada a establecer un reino luciferino de orden sobrenatural. Lucifer es considerado por estos grupos como el dios civilizador, que trae el conocimiento y la luz a los humanos...

Dios lo perdona", dijo (el senador) Leahy, refiriéndose tanto a mi papel en el TLC como a sus prácticas pedófilas con mi hija. ''No es ese Dios del que tienes que preocuparte, por supuesto. Es un Dios pasivo, un Dios que se ha extinguido y que sólo vive en una Biblia. El Dios del que tienes que preocuparte es el Dios que todo lo ve y todo lo sabe. Ese gran, gran Ojo en el Cielo. Lo ve todo, lo registra todo y transmite la información precisamente donde se necesita. Déjame darte un buen consejo: no lo abras, porque no hay necesidad de saber nada de esto. Probablemente sólo lo sabrá su vicepresidente (Bush), que lleva toda la vida guardando secretos. No quiero decir que George Bush sea Dios. Oh no, es mucho más que eso. Es un semidiós, lo que significa que está a caballo entre los planos terrenal y celestial, de modo que actúa según lo que ve con su ojo eternamente vigilante en el cielo. - *América en plena transformación* - Cathy O'Brien

Algunas de las cosas que se relatan en este capítulo van más allá de las leyes de la física comúnmente aceptadas, pero los hechos están ahí. Pero como se dice en la introducción del capítulo, no se ve el germen, pero se previene con antibióticos, porque la ciencia lo ha enseñado. La capacidad humana de interactuar con otras dimensiones y con determinadas entidades es un vasto campo que la ciencia racionalista moderna ha descuidado durante mucho tiempo. No parece haber explorado aún estas áreas, por lo que no puede entenderlas, y mucho menos enseñárselas. Sin embargo, poco a poco, al profundizar cada vez más en la materia, esta ciencia acaba llegando paradójicamente al ámbito inmaterial y espiritual. El estudio estrictamente materialista que llevó a escarbar en el corazón de la materia con la física cuántica es ahora capaz de trascender esta materia para entrar en el mundo espiritual... que no es otro que el corazón del mundo material, una especie de fractal infinito. Un día se cerrará el círculo, las ciencias físicas y biológicas encontrarán el eslabón "invisible" que les falta para comprender plenamente el mundo en que vivimos, una especie de campo unificado. Por el momento, al igual que con la T.I., la física cuántica se discute poco en las universidades... la filtración de la información y la enseñanza es obviamente una clave para el control de masas. Es probable que hoy en día, en algunos laboratorios, los físicos más avanzados, sobre todo en física cuántica, empiecen a darse cuenta de que sí existe un Creador con su Creación. A no ser que estos señores se tomen por dioses creadores de su propia realidad y se olviden del Creador principal... y de su condición de simple criatura...

CAPÍTULO 7

PROGRAMACIÓN MONARCA

Tal vez haya una razón por la que los medios de comunicación no están abriendo públicamente la caja de Pandora de la leyenda. ¿Sería plausible entonces considerar que un escrutinio más cercano -por parte de los medios de comunicación y el público- de los líderes de estos cultos destructivos, podría revelar vínculos muy reales con la investigación de control mental financiada por el gobierno? Son preguntas que, si se abordan realmente como lo que son, darían importantes respuestas a esta epidemia social que incluye el maltrato físico y psicológico. Las respuestas proporcionadas por una investigación seria y exhaustiva podrían ser el comienzo de una solución a la miríada de problemas que estos cultos destructivos, asesinos en serie y violadores de niños están causando a la sociedad - Mark Phillips

Para un programador de MK, hay que crear personalidades alteradas y al mismo tiempo demonizarlas, es decir, vincularlas a los demonios (...) si se quiere entender realmente el control mental de los monarcas, hay que darse cuenta de que es algo fundamentalmente demoníaco (...) La programación y el control mental no pueden separarse de la demonología y los rituales ocultos - Fritz Springmeier.

1 - INTRODUCCIÓN

Para comenzar este capítulo sobre la programación Monarch, aquí hay tres ejemplos reportados por el Dr. James Randall Noblitt en su libro *Cult and Ritual Abuse* que muestran casos de abuso sexual con un control mental bastante misterioso. El primer caso procede *del* libro *Criminal History of* Mindkind, en el que Colin Wilson cuenta la historia de una mujer que viaja en tren a Heidelberg, en Alemania. Quiere ver a un médico allí por dolores de estómago persistentes. Según Wilson, durante el viaje conoció a un tal Franz Walter que se presentó como "curandero" afirmando poder curarla... Consiguió convencerla de que dejara el tren en una estación para ir a tomar un café...

Era reacia, pero se dejó convencer. Mientras ambos caminaban por el muelle, él la agarró del brazo y "parecía que no me quedaba voluntad", dijo ella. La llevó a una habitación de hotel en Heidelberg, la puso en trance tocándole la frente y luego la violó. Intentó apartarlo, pero era totalmente incapaz de moverse

(...) Me acarició y me dijo: 'Estás profundamente dormida, no puedes pedir ayuda y no puedes hacer nada más'. Entonces me encerró los brazos y las manos en la espalda y me dijo: "No puedes moverte en absoluto. Cuando te despiertes, no recordarás nada de lo que acaba de pasar. Más tarde, Walter prostituyó a la mujer con varios hombres, dando a sus clientes la palabra clave para inmovilizarla (...) La policía empezó a sospechar que había sido hipnotizada, y un psiquiatra, el doctor Ludwig Mayer, pudo recuperar los recuerdos enterrados de las sesiones de hipnosis. Walter fue condenado a diez años de prisión... ¿Cómo pudo Franz Walter someterla a control mental tan rápida y fácilmente?"[443]

Por lo tanto, Colin Wilson cuestiona tal poder de control, pero no aporta más respuestas que las posibles facultades paranormales que Walter podría haber desarrollado para inducir un trance profundo en esta mujer. El caso de Wilson es similar a muchos relatos de supervivientes de abusos rituales. El Dr. James Randall Noblitt señala que tuvo varios pacientes que describieron un escenario idéntico. Recordaban haber sido violadas o abusadas sexualmente por alguien que las hacía completamente incapaces de reaccionar después de que él dijera una palabra, una frase, o hiciera algún tipo de signo con la mano o les tocara la cara de una manera determinada. En la terapia, estos pacientes fueron inicialmente incapaces de explicar este fenómeno con estas señales o códigos de activación. Tras unas cuantas sesiones de terapia, a menudo surgía una personalidad alterada con capacidad para explicar el proceso e incluso dar una explicación de cómo se había establecido la programación. Son las personalidades alteradas que sirven como objetos sexuales y a las que se accede mediante determinados *desencadenantes*. Esta programación suele instalarse en la primera infancia y puede permanecer durante mucho tiempo. Cualquiera que tenga los códigos de activación para inducir el estado de trance o hacer surgir la personalidad alterada puede entonces abusar sexualmente de la víctima.

En el caso denunciado por Wilson, no hay indicios de que el violador Walter ya conociera a la mujer que conoció en el tren. Por ello, ¿cómo podemos saber que se trata de un caso de preprogramación? Según el Dr. Noblitt, sería posible que una persona identificara y comprendiera las palancas subyacentes de la programación para identificar los códigos de activación. Esto puede hacerse simplemente hablando con la persona y observando sus párpados y otras respuestas corporales como reacción a los posibles desencadenantes que se han introducido discretamente durante la conversación. En efecto, hay algunas palabras clave básicas, o gestos, que se utilizan sistemáticamente en la programación de MK. Podríamos llamarlos activadores "estándar".

Otro caso relatado por Colin Wilson, esta vez en el libro Beyond the Occult, describe una historia de 1865: "Después del almuerzo, Castellan hizo una señal con los dedos, como si dejara caer algo en el plato de la chica, y ella sintió que todos sus sentidos la abandonaban. Luego la llevó a la habitación

---

[443] *Una historia criminal de la humanidad* - Colin Wilson, 1984.

contigua y la violó. Más tarde declararía que estaba consciente pero que era totalmente incapaz de moverse."[444]

Estos dos casos relatados por Colin Wilson describen a una víctima totalmente paralizada y a merced del agresor. Puede tratarse de un trastorno de conversión disociativo (que puede manifestarse como una parálisis puntual).

En su libro *Transe: A Natural History of Altered States of Mind*, Brian Inglis describe un caso que fue a juicio en Gales en 1988, el del hipnotizador Michael Gill. Utilizó un dispositivo de luz intermitente para hipnotizar a una mujer y violarla mientras estaba en un estado alterado de conciencia. Las técnicas de control mental que implican destellos de luz han sido reportadas por los sobrevivientes del control mental, incluso en el programa MK-Ultra. Estos tres casos criminales ilustran cómo se puede abusar sexualmente de las mujeres mientras están en estados de trance inducidos de forma rápida y poderosa por un estímulo desencadenante. La hipnosis por sí sola no es capaz de permitir tal abuso de una persona.[445]

En una conferencia de *S.M.A.R.T.* en 2003, la superviviente Carole Rutz explicó que se podía acceder a su programación basada en el trauma y activarla con hipnosis: *"Toda la programación que me hicieron la CIA y los 'illuminati' estaba basada en el trauma, como el electroshock, la privación sensorial y las drogas. Más tarde, los traumas ya no eran necesarios, la hipnosis sola, combinada con los desencadenantes implantados y, a veces, las actualizaciones podían ser suficientes."*[446]

En el control mental Monarch, la programación para esclavizar sexualmente a una persona es la más común. Estos tipos de programación *"Beta"* se utilizan para crear esclavas sexuales, a veces denominadas *"modelos presidenciales" en el caso de las* esclavas MK para la élite. Pero cualquier sujeto Monarca puede tener una o más personalidades alter programadas para esta función, este tipo de alter se llama también *"Gatito"* o *"Gatito Sexual"*.

En octubre de 2001, una famosa modelo francesa hizo escandalosas revelaciones durante la grabación de un programa de televisión. Denunció su supuesta explotación sexual por parte de su familia, su entorno y ciertas figuras de alto nivel. Dijo que fue violada por su padre cuando tenía dos años, y que se dio cuenta de ello unos meses antes, al aflorar sus recuerdos en flashbacks. También reveló que era violada regularmente por sus empleadores (una famosa agencia de modelos), por personas cercanas a ella y por miembros de los gotha (familias reales). Ella dirá que el olvido de sus abusos se debió a la hipnosis o a lo que ella creía que era hipnosis...

Poco después de estas revelaciones, durante la grabación de un programa de televisión con Thierry Ardisson, concedió una entrevista a la revista *VSD*, un

---

[444] *Más allá del ocultismo* - Colin Wilson, 1988.

[445] *Culto y abuso ritual* - James Randall Noblitt & Pamela Perskin Noblitt, 2014, p.86-87.

[446] *Healing From Ritual Abuse and Mind Control, a Presentation to the Sixth Annual Ritual Abuse*, Secretive Organizations and Mind Control Conference, Rutz, C., 2003, S.M.A.R.T. Conferencias.

dossier titulado *"Le cri de détresse d'un grand super model"* publicado en enero de 2002 en *VSD* N°1271. La revista revela que esta mujer fue recibida por el jefe de la brigada de represión del proxenetismo y que le habló de las cenas organizadas entre jóvenes modelos y *viejos ricos*. La entrevista da varias pistas de que ha sido sometida a un control mental tipo Monarch. A continuación, algunos extractos de la entrevista:

"Una persona de mi entorno familiar (dice un nombre) abusó de mí cuando tenía dos años. Es un psicópata. Me puso bajo hipnosis. Desde entonces, cualquier persona con autoridad que conozca mi secreto puede manipularme. Mientras no hubiera evacuado el terror de mi infancia, cualquiera que me asustara podría tener un control sobre mí (...) Intentaron convertirme en una prostituta: era tan fácil, no recordaba nada, lo olvidaba todo (...) Era un juguete que todos querían tener. Todos se aprovecharon de mí (...) No tenía voluntad propia, así que me organizaron la vida: todo, todo, todo (...) Me hicieron cosas hipnóticas (...) Sí, es enorme. Hay toda una trama a mi alrededor, desde hace mucho tiempo, que concierne a gente del gobierno, de la policía. Todo en mi vida se ha organizado! ¡Todo, todo, todo! No tenía voluntad propia (...) Durante los "Restos du Cœur", un artista me dijo: "Alguien cercano a ti ha abusado de ti, se está organizando para que te vuelvan a violar y para que no sepas nada. Una famosa cantante me dijo: "Uno de tus parientes (menciona un nombre) me dijo que te violaron, ¿puedes olvidarlo? ¡Mírame, lo olvidarás! Y se rió. Y funcionó: me olvidé (...) Empecé a sufrir de verdad, fue cuando tuve los primeros flashes. En primer lugar de alguien cercano a mí que me estaba violando. Me dije: he descubierto por qué era tan malo (...) De hecho, toda la gente que conoció mi familia era pedófila. Es un círculo vicioso, ¡y hoy lo he roto! (...) Yo era un activo. Mi imagen, mi amabilidad, mi bondad, sirvieron a los que querían ocultar cosas. Y aquí se trata de gente muy, muy, muy mala... Los que querían hablar están muertos hoy (...) Es uno de mis parientes en Nueva York que me hizo violar el presidente de una gran empresa. Un día me llama y me dice: "¿Te acuerdas de lo que te hicieron cuando eras una niña? Dije: "¡Oh, sí, oh, sí!" "Bueno, X va a venir a ti, va a tener sexo contigo y vas a conseguir el mayor contrato que existe. No quería, pero era como una muñeca sin voluntad (...) ¡Quiero justicia, eso es todo! La pedofilia sigue siendo un tabú. Son las chicas así las que quieren ser modelos. Así es fácil que los matones tengan entonces poder sobre ellos."

¿Esta mujer está bajo el control mental de un monarca? ¿Es un *"maniquí presidencial"*? Lo que describe como lapsos de memoria tras las violaciones, *"no recordaba nada"*, podría ser un trastorno disociativo grave con paredes amnésicas. El hecho de que haya declarado a la revista *VSD* que fue violada bajo hipnosis *desde los dos años*, que su familia *sólo salía con pedófilos*, que es un *círculo vicioso que quiere romper*, y que su explotación sexual parece haber continuado durante toda su vida, sugiere fuertemente que puede haber sido sometida al triste viaje de una esclava del MK-Monarca, prisionera de una red que explota su trastorno disociativo. Durante la grabación del programa de televisión en noviembre de 2001, también mencionó varios nombres relacionados con la industria del entretenimiento, diciendo que estas personas estaban al tanto o eran ellos mismos violadores o víctimas. Nombró a otra conocida estrella francesa, diciendo que ella también fue objeto de ese trato.

A pesar de una denuncia y la apertura de una investigación judicial, su familia la internó rápidamente en un hospital psiquiátrico poco después de sus revelaciones... Sólo fue liberada tres meses después. ¿Era necesaria una actualización de la programación de MK? En efecto, a partir de cierta edad, los muros amnésicos tienden a disolverse, de ahí la reaparición de ciertos recuerdos en forma de flashbacks. Su familia trató de hacer pasar el *incidente* por un ataque de delirio paranoico, pero nadie pudo demostrar que se trataba realmente de un caso de locura y que lo que había dicho era falso. La denuncia que presentó la mujer fue desestimada muy rápidamente, por lo que no se llevó a cabo ninguna investigación para confirmar o desmentir estas gravísimas acusaciones... Algún tiempo después de su hospitalización forzosa, la supermodelo concedió una entrevista a Benjamain Castaldi en el programa de la M6 *"C'est leur destin"* en septiembre de 2002. Una entrevista en la que todavía se duda de que realmente tratara de revelar su condición de esclava del MK, sin ni siquiera saber ella misma en qué estaba metida. He aquí algunos extractos:

- **Benjamin Castaldi**: Si tuviera que resumir su destino en pocas palabras, ¿qué diría?

- **Top-model**: Por un lado es un cuento de hadas, y por otro es una película de terror, una auténtica pesadilla. Y cuando todo salió a la luz, hubo gente que trató de impedir que hablara. Me metieron en una clínica para que no hablara. Salí con la ayuda de un abogado, fue todo un asunto... ¡Oh, querido, fue bastante complicado! (...) El abogado me llamó directamente a mi habitación. Ella dijo: "¡Escucha, no pareces un loco en absoluto! Vendré a buscarte en las próximas dos horas''. Hice las maletas y salí así. (...) Una vez alcanzada mi meta en el modelismo, todo iba bien en la superficie, pero en el fondo sentía que algo iba mal. Así que me sometí a un psicoanálisis durante cinco años, y me vinieron cosas tan graves que me volví una especie de paranoico (...) Intenté hablar, pero no me creyeron. Hubo una parte de paranoia, porque es cierto que cuando las cosas son tan enormes, después degenera un poco. Hay un poco de delirio. Pero cuanto más tiempo pasa, más me doy cuenta de que, en realidad, no (...) ¿Ha visto la película True Romance? Así es mi vida. Todo estaba preparado. Todo fue manipulado. Yo era alguien que no veía nada. De hecho, creo que estaba muy loco, pero ahora no lo estoy.

La actriz Marie Laforêt dijo sobre el asunto: "No sé qué pasó con X, es la misma historia, hablaba de las mismas personas, sólo que se cortó... Así que se hizo un pequeño disco para estamparlo desde entonces. Así que sabe que si alguna vez dice algo de lo que quería decir en ese momento, tendrá un destino aún más miserable que el que tiene en este momento. Así que le conviene estrellarse... Eso es todo... ¡Pero hizo un intento! Hizo un intento y lo pagó. La divertimos haciéndole grabar un disco, una promoción... ¿Pero entonces todos están en ello? Responderás por ti mismo... ¡Obviamente!"

2 - DEFINICIÓN

El término Monarca proviene de la mariposa Monarca, un insecto que comienza su vida como una oruga (el potencial no desarrollado), que luego evoluciona hacia un capullo (el proceso de división y programación) para convertirse en una mariposa (la esclava Monarca). ¿Es una oruga consciente de que se convertirá en mariposa? ¿Es la mariposa consciente de que era una oruga? No, y esta imagen encaja perfectamente con la imagen de la programación basada en la disociación y la amnesia traumática. Las mariposas que revolotean representan los fragmentos de alma dispersos. El término Monarca también se refiere a la sensación de disociación, que puede ser una sensación de flotación, como la de una mariposa, tras una descarga eléctrica, por ejemplo. Los programadores suelen utilizar las descargas eléctricas, ya que es un método de tortura muy eficaz que apenas deja rastro.

En la autobiografía de Brice Taylor (ex modelo presidencial), Thanks For The Memories, la programación de Monarch se define así: "Una marioneta es un muñeco atado a unos hilos y controlado por un amo. La programación de los monarcas también se llama "síndrome de la marioneta", "condicionamiento imperial" es otro término utilizado. Algunos terapeutas de salud mental reconocen este tipo de control mental como "condicionamiento estímulo-respuesta". El Proyecto Monarca puede describirse como una combinación de trauma estructurado, disociación y ocultismo para compartimentar la mente en múltiples personalidades de forma sistemática. En el proceso, se realiza un ritual satánico, que suele implicar misticismo cabalístico, con el objetivo de atar a un demonio o grupo de demonios al altar correspondiente. Por supuesto, la mayoría de la gente verá esto como un simple refuerzo del trauma dentro de la persona, negando la creencia irracional de que la posesión demoníaca puede realmente ocurrir..."[447]

La mariposa Monarca parece ser el símbolo fuerte que surge regularmente en la industria del entretenimiento para representar este proceso de desdoblamiento de la personalidad. Esta conocida mariposa se distingue por migrar del sur al norte a lo largo de varias generaciones, mientras que el viaje del norte al sur se realiza en una sola generación. Estas criaturas únicas y fascinantes siempre vuelven a los mismos árboles que las generaciones anteriores, aunque nunca hayan estado allí. ¿Cómo es posible? Significa que la mariposa Monarca transmite genéticamente a su descendencia la información sobre su lugar de nacimiento. Este insecto ha sido estudiado científicamente por esta sorprendente característica genética.

Esta sería una de las principales razones del nombre del proyecto Monarch, ya que la genética es un punto importante en la selección de los sujetos. Cierta información relacionada con los antepasados atraviesa el tiempo y los siglos y, por tanto, se transmite de generación en generación. Es una especie de influencia trascendente, en línea con los estudios sobre psicogenealogía, una *carga*, tanto positiva como negativa, que se transmite a los descendientes. En el libro *"Satanismo: ¿es real?"*, el padre Jeffrey Steffon explica: *"Una tercera vía*

---

[447] *Gracias por los recuerdos: la verdad me ha liberado* - Brice Taylor, 1999, p.16.

(de vínculos demoníacos) es la herencia generacional. Si los padres han estado involucrados en el ocultismo, este vínculo generacional se transmitirá a sus hijos. En las culturas chamánicas, el papel de chamán suele ser hereditario y se suele transmitir de padre a hijo. Al igual que los linajes chamánicos asiáticos transmiten ciertas habilidades paranormales o poderes psíquicos, los linajes luciferinos que practican el ocultismo y el abuso de rituales transmiten una herencia intangible con un pesado bagaje de vínculos demoníacos. La disociación, la hipersensibilidad, la mediumnidad y otros poderes psíquicos también forman parte de la composición genética y se activarán y reforzarán mediante rituales y traumas de la primera infancia.

Es interesante señalar aquí que un estudio científico suizo de 2012 demostró que los traumas (especialmente los abusos sexuales) en la infancia dejan huellas en el ADN hasta la tercera generación. ¿Es a esto a lo que se refiere la Biblia cuando afirma que *"la iniquidad del padre"* se transmite a sus descendientes hasta la tercera y cuarta generación? (Éxodo 20:5-6)

El equipo descubrió que el ADN de una niña cuya abuela había sido violada por su padre presentaba los mismos cambios epigenéticos que su abuela, y que estos cambios eran mucho mayores que en la madre y la abuela. La niña producto del incesto y que nunca ha sido violada lleva la mayor cicatriz en el genoma de todas sus células. (Investigación de la UNIGE 2012)

Se descubrió que estas marcas genéticas no mutan el ADN, pero influyen en el desarrollo del cerebro y se transmiten a las generaciones siguientes. El grupo de investigación del profesor Alain Malafosse, del Departamento de Psiquiatría de la Facultad de Medicina de Ginebra, llevó a cabo una investigación con sujetos adultos que habían sufrido abusos en su infancia (abusos físicos, sexuales y emocionales, privación emocional, negligencia) y que padecían un trastorno *límite de* la personalidad. Al examinar su ADN, obtenido a partir de un simple análisis de sangre, los investigadores observaron modificaciones *epigenéticas,* es decir, en los mecanismos de regulación de los genes: *"Es la primera vez que vemos un vínculo tan claro entre un factor ambiental y una modificación epi-genética. El vínculo es tanto más fuerte cuanto más grave fue el abuso durante la infancia, mayor es la modificación genética",* subraya Ariane Giacobino, del Departamento de Genética y Desarrollo.[448] Además, se ha comprobado que los traumas sufridos en la edad adulta no marcan los genes de forma tan profunda y permanente como los sufridos en la infancia.[449]

Al parecer, la codificación genética que conduce a comportamientos autogenerados totalmente desviados se produce después de tres generaciones de abuso infantil, lo que explicaría por qué algunas familias están totalmente sumidas en estas cosas. Por lo tanto, las familias luciferinas que practican sistemáticamente el abuso ritual y el control mental sobre su descendencia están

---

[448] "Los abusos en la infancia dejan huellas genéticas" - 24 Heures, 2012.

[449] "El maltrato infantil se asocia con perfiles genómicos y epigenéticos distintos en el trastorno de estrés postraumático" - Divya Metha, PNAS, 2012.

profundamente marcadas en su genética. Estas líneas de sangre se conservan gracias a la organización casi sistemática de uniones y matrimonios.

En un pasado lejano, los humanos (especialmente los niños) tenían buenas capacidades disociativas. Cuando se exponían a un trauma, tenían una ventaja de supervivencia mucho mayor que los que no lo hacían. Como hemos visto, la disociación tiene una finalidad inicial de supervivencia ante un trauma profundo, es decir, preservar al individuo para que pueda seguir funcionando adecuadamente. Como la vida tribal nómada ha sido sustituida gradualmente por la vida sedentaria en las aldeas, reduciendo así los factores traumáticos naturales, esta genética humana asociada a la disociación también ha retrocedido. Algunos linajes todavía perpetúan y mantienen esta transmisión genética de la *"preciosa"* disociación, la puerta de entrada al mundo espiritual. El bagaje genético juega un papel importante en las jerarquías luciferinas y las capacidades disociativas son una de esas marcas genéticas buscadas.

¿Por qué la disociación es tan importante para estos cultos? En un cerebro joven y en desarrollo, el trauma y la disociación que provoca moldearán las vías neuronales de una manera particular y crearán así ciertas facultades intelectuales, físicas y psíquicas. Como vimos en el capítulo anterior, el trauma extremo y la disociación profunda también abrirán brechas hacia otras dimensiones. Son estos puentes hacia el mundo espiritual los que permitirán establecer ciertas comunicaciones y recibir "poder". Además, el desdoblamiento de la personalidad del individuo con muros amnésicos permite el control y la programación de la descendencia para llevar a cabo los objetivos de estas líneas de sangre luciferinas, que abarcan siglos. Todos los niños de la "religión sin nombre" son sistemáticamente *"sometidos al molino"*: el proceso de dividirlos y "velar" sus sinapsis con técnicas extremadamente traumáticas y disociadoras.

El condicionamiento y la programación del MK serán sistemáticos y las capacidades disociativas del niño se pondrán a prueba y se reforzarán en una fase temprana. Cuanto más fácilmente se disocie el niño, más rápido se realizará el trabajo de programación. En su libro *"Ascent From Evil"*, la psicoterapeuta y superviviente Wendy Hoffman explica: *"La secta enseña el arte de la disociación. La vida de las víctimas dependerá de su capacidad para aprender esto rápidamente y desde una edad temprana. La disociación es una asignatura que se enseña, al igual que las matemáticas (...) Para los miembros de la secta es fácil saber, con sólo mirar a alguien, si está disociando. Pueden comprobar la capacidad de disociación de un miembro con la misma facilidad con la que pueden comprobar si su suma es correcta. "*[450]

Como vimos en el capítulo 2, los antiguos rituales de iniciación de las religiones místéricas incorporaban elementos que simbolizaban la muerte y la resurrección. La iniciación a veces también incluía la amnesia (debido a las drogas, la privación y el trauma), el borrado de la memoria para la formación de una nueva identidad: es cuando el iniciado recibía un nuevo nombre. Los sobrevivientes del abuso ritual y del control mental informan exactamente lo

---

[450] *Ascent From Evil: The Healing Journey Out Of Satanic Cult Abuse* - Wendy Hoffman, 1995.

mismo. La programación de los monarcas es una especie de iniciación al trauma, que crea en el *iniciado* (los niños víctimas) una conexión con el mundo de los espíritus y da a luz a una o más personalidades alternativas. Alters que reciben diferentes nombres y están programados para diferentes funciones. El niño *"Monarca"* de la Orden Jerárquica Luciferina es un elegido y se considera sagrado. Se trata de rituales de iniciación cuyo objetivo es sacralizar al niño a través de profundos estados disociativos y el renacimiento como niño monarca; un *asesino* en lugar de una *víctima*, un miembro de pleno derecho del culto luciferino conectado a entidades superiores.

En 2009, el Dr. Lowell Routley escribió un artículo en el que describía la programación Monarch, aunque no utilizaba el término. La ponencia, titulada *"Restoring The Lost* Self: *Finding* Answers *to Healing from* Traumatic *Socialization and Mind Control in Twenty-first Century Neurocognitive Research"*, *fue* presentada por Routley en una conferencia celebrada en Ginebra en el marco de la conferencia internacional anual de la International *Cultic Studies Association (ICSA)* el 4 de julio de 2009. He aquí un extracto de la introducción: *"Estos supervivientes aprendieron a disociar a una edad muy temprana a través de ciertas prácticas transgeneracionales transmitidas por la familia. El uso de la socialización traumática está diseñado para compartimentar la mente del niño, para mantener el secreto y para mantener el statu quo. Se sabe que la asfixia, la privación, el aislamiento y el dolor disocian al niño, garantizan la conformidad del comportamiento, suprimen la autonomía y la identidad, crean amnesia sobre las actividades anormales y crean una lealtad incuestionable (...) el terror mantiene y refuerza la compartimentación disociativa. El grado de disociación que se produce en la mente de la víctima viene determinado por la edad a la que se produjo esta socialización traumática, su frecuencia y su intensidad. El trabajo clínico con los supervivientes ha llevado a un nuevo descubrimiento sobre los cambios programados en la estructura de la "mente", el "yo" y la conciencia que se dice que se han realizado por medios tecnológicos o científicos. Cuando se exploró clínicamente la fenomenología de la programación, los patrones de compartimentación de la mente que surgieron indicaron una sofisticada manipulación de la mente del niño (...) Las observaciones clínicas indicaron además que la sofisticación de la "programación" evolucionó en paralelo con los descubrimientos científicos. La intervención terapéutica requiere, en primer lugar, un diagnóstico adecuado de la sintomatología traumática y, en segundo lugar, un medio para resolver las creencias que sostienen las barreras disociativas y amnésicas. Estos factores han impulsado la investigación para determinar las herramientas eficaces para la curación. Las observaciones clínicas de los supervivientes criados en estas familias transgeneracionales, así como los resultados de la investigación neurocognitiva del siglo XXI, se han convertido en la base sobre la que ha surgido un modelo de intervención."*[451]

---

[451] "Restoring the Lost Self: Finding Answers to Healing from Traumatic Socialization and Mind Control in Twenty-first Century Neurocognitive Research" - Lowell Routley, 2009.

El término "programación" se utiliza de dos maneras para los métodos de control mental. Lo más habitual es que se refiera a la persuasión coercitiva que se practica en cultos o grupos militares destructivos, grupos mafiosos, etc. El segundo uso del término "programación" es mucho más específico, y se refiere a *la manipulación o traumatización de personalidades alteradas, fragmentos, estados mentales disociados o entidades con fines de control mental.*[452]

Este último tipo de programación es el que se aplica en el protocolo MK-Monarch. En el libro *"Healing From The Unimaginable"*, la terapeuta Alison Miller da esta definición de la programación: *"La programación es el acto de establecer internamente reacciones predefinidas en respuesta a estímulos externos, de modo que la persona reacciona automáticamente de una manera predeterminada a cosas como señales auditivas, visuales, táctiles, o será capaz de realizar una serie de acciones relacionadas con una fecha u hora específica."*

En uno de sus libros, la psicotraumatóloga alemana Michaela Huber da su definición de este tipo de programación mental: *"La programación en el contexto del trauma es un proceso que puede describirse como un aprendizaje bajo tortura. La metáfora "programación" es ciertamente de origen informático y representa en este contexto lo que los psicólogos llaman condicionamiento. Esto significa que la persona que ha sido "programada" debe reaccionar de forma estereotipada ante determinados estímulos. La reacción de la persona ante un estímulo es en este caso automática, por lo que no es ni un reflejo natural ni una reacción consciente y voluntaria. Para ello, "el programador", al que llamaré el torturador, se ha servido del hecho de que su víctima es un niño pequeño, preferiblemente ya disociado (con doble personalidad) para llevar a cabo el proceso de aprendizaje torturándolo. La tortura puede incluir abusos físicos, sexuales y emocionales, y a menudo se amenaza a la víctima con que morirá si no obedece. Una vez que se ha programado a la víctima, es posible controlarla con los estímulos que se le han "implantado" (se denominan desencadenantes). Una personalidad alterada que ha sido programada no suele ser una identidad compleja, por lo que también se denomina "programa". Por lo general, esta persona ha sido programada para servir a determinados fines: prostituirse para enriquecer al amo, robar, traficar con drogas, etc. Con la ayuda de la programación el maestro también puede asegurarse de que la víctima tenga amnesia sobre el abuso y la programación, también puede hacer que la víctima se suicide cuando esté a punto de denunciar a sus torturadores."*[453]

Jeannie Riseman, miembro del grupo activista estadounidense *Survivorship*, describe la programación MK de alto nivel, es decir, con tecnología sofisticada, de la siguiente manera: *"A lo que nos referimos cuando hablamos de experimentos de control mental es a la manipulación deliberada y hábil de diferentes partes de la mente de una persona, para que ésta pase a ser controlada por otros. Los experimentadores, programadores y controladores*

---

[452] *Culto y abuso ritual* - James Randall Noblitt & Pamela Perskin Noblitt, 2014, p.85.

[453] *Multiple Persönlichkeit, Überlebende extremer Gewalt, Ein Handbuch* - Michaela Huber, 1995.

tienen un objetivo específico en mente y seleccionarán las técnicas que mejor cumplan ese objetivo. Conocen varias técnicas y cuando no están satisfechos con los resultados de una de ellas, modifican y adaptan sus métodos. Saben exactamente lo que están haciendo. La tecnología que tienen a su disposición es mucho más compleja y sofisticada que la que suelen tener los grupos que practican el abuso ritual. Utilizan equipos de última generación, equipos que pueden ser muy caros. Esta tecnología incluye electroshock, implantes, equipos para inyectar información en determinadas partes del cerebro, tecnología para dividir los hemisferios cerebrales, etc. "[454]

A esto se refiere el Dr. Lowell Routley cuando escribe que las observaciones clínicas han indicado además que la sofisticación de la "programación" ha evolucionado en paralelo a los descubrimientos científicos.

Como vimos en el capítulo 2, la programación de los monarcas es un legado lejano de los antiguos cultos mistéricos y de los rituales traumáticos que conducen a estados disociativos profundos. MK-Monarch es la culminación de siglos de esfuerzo por parte de varios cultos luciferinos para conseguir el control total del ser humano. Hoy en día, estas técnicas de programación mental son muy sofisticadas y generalmente utilizan equipos electrónicos, especialmente relacionados con el uso de armónicos (frecuencias vibratorias). En efecto, todo en este planeta vibra a una determinada frecuencia y esta multitud de frecuencias puede utilizarse para influir en el cerebro humano a través de las vías neuronales (véase el tema de la psicotrónica desarrollado en el capítulo 1). En la investigación sobre MK, los armónicos se utilizan para activar una determinada red neuronal con el fin de compartimentar un determinado recuerdo. En los laboratorios que ya desarrollaban estas técnicas electrónicas de control mental en los años 70 y 80, la aplicación de armónicos se denominaba *"entrenamiento cerebral"*.[455] Estos armónicos pretenden penetrar profundamente en el subconsciente del esclavo MK para controlar, por ejemplo, su respiración, su ritmo cardíaco, etc. Esta tecnología podría sustituir fácilmente a la píldora de cianuro para garantizar que los espías y otros agentes mueran con sus secretos...

Lo que se presenta en este capítulo se basa en testimonios de supervivientes y terapeutas de hace muchos años. La evolución de cualquier tecnología es exponencial y también lo son las prácticas del MK, por lo que es posible que sepamos más cuando se desclasifiquen documentos, al igual que se han desclasificado algunos relativos al MK-Ultra de los años 50 y 60.

El MK-Monarch abarca varias disciplinas, siendo las principales (las tres primeras están estrechamente relacionadas)
- La ciencia de la tortura y el trauma.
- La ciencia de las drogas.
- La ciencia de los estados alterados de conciencia (hipnosis, disociación, trance)
- La ciencia del desarrollo psicológico y conductual del niño.

[454] *Healing The Unimaginable: Treating Ritual Abuse and Mind Control* - Alison Miller, 2012, p.15.

[455] *Por el bien de la seguridad nacional* - Cathy O'Brien & Mark Phillips, 2015, p.404.

- Ciencia neurológica y psicotraumatológica.
- Ciencia psicoelectrónica o psicotrónica.
- La ciencia de la mentira y la manipulación del lenguaje (psicología inversa).

Y probablemente la más importante:
- La ciencia paranormal, o la forma de utilizar medios espirituales y ocultos para controlar a alguien. También en esta categoría está la demonología.

En los niveles superiores de la jerarquía luciferina, el resultado son sujetos capaces de trabajar para la "Red" al estar perfectamente integrados en puestos clave de la sociedad. La "Red" son todas las organizaciones que aplican una doctrina luciferina y que trabajan con mayor o menor ahínco en la instauración de un *Nuevo Orden Mundial* (la "religión sin nombre"). Por lo tanto, estos métodos de MK están reservados a una determinada "élite", a los iniciados. El nivel de programación de los niños en estas familias transgeneracionales o grupos militares y políticos variará según varios criterios:
- El conocimiento y la comprensión que el grupo (o la familia) tiene sobre este tipo de control mental.
- La capacidad de disociación del niño, su coeficiente intelectual y su nivel de creatividad.
- La región o el país en el que crece.
- Los recursos financieros y los equipos disponibles para los programadores.

El componente esencial del control mental de Monarch es la creación deliberada de un I.D.T. con varias identidades, fragmentos de personalidad/alma, separados por muros amnésicos. Cada personalidad alterada se crea para recibir un entrenamiento particular que le asigna un papel específico dentro del culto o fuera en la sociedad. Cuanto más complejo sea el abuso ritual y el control mental al que ha sido sometido el niño, más complejo será su T.I. y su mundo interior. En general, se trata de establecer un sistema compuesto por las llamadas personalidades alteras de *superficie* o de *fachada* que podrán interactuar con el mundo profano, es decir, en la sociedad civil, mientras que otras personalidades alteras mucho más profundas tendrán funciones y actividades ocultas vinculadas únicamente con la secta y su red.

El 25 de junio de 1992 se celebró la cuarta conferencia anual de la región oriental sobre abuso ritual y personalidad múltiple en el hotel Radisson Plaza de Alexandria, Virginia. El Dr. Corydon Hammond impartió una charla titulada inicialmente *"Hipnosis en el trastorno de personalidad múltiple"*, que *posteriormente fue* rebautizada como *"La conferencia de Greenbaum"*, ya que el contenido de la misma era totalmente diferente al anunciado inicialmente en el programa.[456]

---

[456] The Greenbaum Speach - Una conferencia patrocinada por el Center for Abuse Recovery and Empowerment y el Psychiatric Institute en Washington, D.C.

Ante el asombro del público, Corydon Hammond describió entonces lo que había descubierto en algunos de sus pacientes. Reveló públicamente la existencia de personas que fueron víctimas del control mental y la programación. Personas que han padecido un trastorno de identidad disociativo. Entre otras cosas, reveló los diferentes niveles de programación: *Alfa*, *Beta*, *Theta*, *Delta*, *Omega* y *Gamma* que habían surgido en algunos de sus pacientes. Describió las características de estos diferentes tipos de programación:

- *Alfa* es la programación básica, los primeros desdoblamientos de personalidad que sentarán las bases del control mental sobre el esclavo, con una disociación de los dos hemisferios cerebrales.
- *Beta* es una programación sexual destinada a eliminar toda moral y estimular los instintos sexuales primitivos.
- *Delta* y *Theta* son asesinos programados, agentes especiales, soldados de élite que pueden tener ciertas habilidades psíquicas.
- *Omega* es la programación autodestructiva, incluyendo las tendencias suicidas y/o autolesivas que se activan cuando la recuperación de los recuerdos empieza a ser demasiado grande.
- *Gamma* sería la programación protectora del sistema interno, es decir, una función diseñada para engañar y desinformar.

Fritz Springemeier también cita los programas *Epsilon* (alter animal) y *Zeta* (alter relacionado con el tabaco).

En una entrevista de 1997 con Wayne Morris en la radio de la Universidad Politécnica de Ryerson en Toronto, Ontario (CKLN FM 88.1), la superviviente Kathleen Sullivan describió los diferentes niveles de programación a los que ella misma se sometió: *"El programa Alfa era el programa básico. Eso es lo que dijo mi padre. Era el programa que activaba las ondas alfa en el cerebro. Había que empezar por ese y luego pasar a los demás. El programa Beta, para mí, se llamaba "Barbie". Un político muy relacionado con estos programas de MK me dijo una vez que era Klaus Barbie quien estaba detrás de esta programación, que luego se llamó "Beta". Fue una programación que me convirtió en un verdadero robot, especialmente en el área sexual. Fui esclavo sexual de varias personalidades desde la primera infancia hasta la edad adulta. En este estado "Beta", ya no podía resistir, ni siquiera tenía una reacción de enfado. Era una esclava sexual absolutamente dócil y hacía todo lo que estos hombres me pedían. Nunca habría hecho estas cosas si hubiera estado en mi estado de conciencia normal. El programa Delta se refería principalmente a los militares. Me pusieron en estado "Delta" cuando estaba bajo las órdenes de los militares. A través de esta programación fui absolutamente leal a mis superiores. Había varios subcódigos para activar diferentes partes del programa Delta, había tres: Delta 1, Delta 2 y Delta 3. Se activaban mediante números codificados. Cuando estaba en el estado mental Delta, si decían estos códigos podía matar a una persona en la habitación. Lo hacía sin rechistar porque obedecía a la persona que me controlaba de forma absoluta. En este estado, ya no pensaba, ya no reflexionaba. Este programa hace mucho uso de la amnesia, en aras de mi supervivencia. Lo sabía y estaba acostumbrado a ello. El programa Theta era principalmente sobre habilidades paranormales. No me gusta mucho esa palabra porque tiene muchas connotaciones negativas. Pero estaban utilizando mi energía mental para hacer una serie de cosas que se consideran paranormales... Algunas películas o novelas tienen estos escenarios... Nos enseñaron que se podían utilizar estas técnicas para hacer daño a la gente. Nos llenamos de una rabia extrema y utilizamos esta energía tan violenta para atacar a la gente con nuestros pensamientos.* "[457]

El sistema interno de las personas que han sufrido abuso ritual y control mental es diferente al de las personas con D.I. resultante de un abuso menos severo y menos sistemático, que no tiene un propósito directo de programación de MK. Las víctimas de estas organizaciones criminales que crean deliberadamente un D.I. para llevar a cabo una programación compleja mostrarán, por tanto, ciertos rasgos identificables en sus trastornos disociativos. La terapeuta canadiense Alison Miller ha señalado[458] varias de estas características comunes a los supervivientes del control mental:

- Presencia de un mundo interior complejo y de estructuras internas entrelazadas en las que están apresadas las personalidades disociadas (fragmentos del alma).
- Utilización de juegos y actividades adecuados a la edad para facilitar la programación.
- Las personalidades alteradas están programadas para tener una función específica.
- Presencia de un "volcado" para las alteraciones que no han sido explotadas, por lo que no son utilizadas por los programadores pero permanecen en el sistema.
- Presencia de una jerarquía en el altar.
- Asignación de alteraciones a determinados colores.
- Presencia de observadores alternos y reporteros que saben todo lo que le ha pasado a la persona, todo lo que hace, y que pueden informar a los profesores o programadores.
- Presencia de un sistema de seguridad que incluya castigos por desobediencia.
- Presencia de alter con función de cuidador.
- Presencia de un sistema de archivo de escritos, especialmente para las sesiones de programación.
- Presencia de altercados que creen que son animales, demonios o extraterrestres.
- El bloqueo se altera a cierta edad para que no puedan discernir la realidad de la fantasía.
- Creación de copias internas de los agresores (ejecutores alternos, idénticos a los agresores)

---

[457] *Supervivientes de los Illuminati* (3) - A.204: Entrevista con Kathleen Sullivan, traducción de Word of Life.

[458] *Sanando lo inimaginable: Tratando el abuso ritual y el control mental* - Alison Miller, 2012, p.46.

- Presencia de un calendario interno con los roles a realizar en determinadas fechas.
- Presencia de alteraciones cuya función es enviar determinados sentimientos o impulsos.
- Presencia de "desencadenantes" colocados deliberadamente para provocar determinados comportamientos o síntomas.
- Presencia de "trampas" que provocan desesperación o desencadenan comportamientos suicidas cuando se recuperan los recuerdos y se exponen los abusos.
- Utilización de equipos tecnológicos para la programación.

Las técnicas de MK tienen como objetivo quebrar a la víctima, alcanzar el *punto de ruptura a* partir del cual surgen los estados disociativos profundos. El objetivo es entonces manipular estos estados disociativos de conciencia para programar los fragmentos. A continuación, una lista de técnicas bárbaras para crear los estados disociativos necesarios para la programación. Son métodos que se encuentran sistemáticamente en los testimonios de los supervivientes y en los informes de los terapeutas. Estas son las prácticas más violentas y traumáticas porque los peores traumas serán los más efectivos para la disociación y el "desbloqueo" espiritual:

- Privación sensorial, privación de comida y sueño, pero también saturación sensorial (olores, sonidos, destellos de luz).
- Confinamiento y encarcelamiento en cajas, jaulas, ataúdes, etc.
- Modificación sistemática del comportamiento y uso de la hipnosis.
- Sujeción con cuerdas, cadenas, esposas.
- Colgado en posiciones dolorosas o boca abajo.
- Asfixia, casi ahogamiento.
- Experiencias al borde de la muerte.
- Rotación extrema sobre un pivote, "como una peonza".
- Luz cegadora o destellos de luz.
- Descarga eléctrica.
- Violación y tortura sexual.
- Drogas (ingesta o intravenosa).
- Culpa, vergüenza, humillación y menosprecio.
- Amenazas con armas de fuego.
- Contención con insectos, arañas, ratas, serpientes, etc.
- Ingestión forzada de sangre, heces, orina o carne.
- Tortura y/o violación forzada de animales o humanos (niños, bebés).
- Doble restricción que hace que una situación sea a priori irresoluble.
- Profanación de las creencias cristianas y compromiso con Satanás.
- Utilización de canciones de cuna, cuentos de hadas, libros, películas y música para la programación.
- Teatralidad, engaño, manipulación verbal, inversiones, ilusiones y mentiras.
- Actores, atrezzo, vestuario y maquillaje para los rituales.

Fritz Springmeier explica que los sujetos de MK-Monarch se crean con diferentes fines, tanto jerárquicos como no jerárquicos. Algunos sujetos estarán destinados a trabajar dentro de poderosos círculos de poder, bajo una excelente cobertura. Estos son los que forman parte de la jerarquía, las líneas de sangre. Por lo general, recibirán una programación compleja y multifuncional y se utilizarán para ayudar en la programación de otros esclavos. En ellos, el abuso no será físicamente visible, a diferencia de los que no están destinados a formar parte de la élite, como los sujetos prescindibles como los esclavos sexuales, los correos de la droga, los criadores, etc. Los niños sacrificados del MK-Monarca son aquellos que no descienden de las líneas de sangre de la élite, serán programados para ciertas funciones y luego generalmente *"arrojados del tren de la libertad"* (sacrificados, asesinados, "muertos") cuando lleguen a los 30 años. Por eso, un *maniquí presidencial* suele acabar siendo sacrificado. Por lo tanto, hay que hacer una gran distinción entre los monarcas esclavos de la alta jerarquía, la Orden Luciferina, y los que no lo son. Como hemos visto, las líneas de sangre son extremadamente importantes en estos grupos, para los que la sangre es un medio de adquirir poder (a través de los rituales). Para estos cultos, el poder se almacena en la sangre, por lo que la forma más eficaz de transmitirlo es a través del linaje transgeneracional.

El hijo de un linaje luciferino es concebido según ciertos rituales. Todos los pasos por los que pasará este niño para su programación están bien pensados y siguen un protocolo detallado, a diferencia de los niños disociados de hogares o familias incestuosas ordinarias, que no se someterán al mismo régimen. Los sujetos MK de la jerarquía serán a su vez utilizados para programar y entrenar a otros niños de la élite, mientras que los esclavos de segunda clase serán abandonados a partir de cierta edad. Las mujeres y los hombres de la jerarquía luciferina seguirán trabajando para el grupo durante toda su vida con actualizaciones regulares de la programación.

La preparación de una persona para la programación también tiene que ver con su potencial de posesión demoníaca, un punto que está estrechamente relacionado con su potencial de disociación. Las familias luciferinas transgeneracionales están todas vendidas y vinculadas a Satanás, y sus hijos le pertenecen. Debido a los vínculos transgeneracionales ocultos grabados genéticamente y a la conexión con estas fuerzas demoníacas, estos niños son los principales candidatos para la programación Monarca. Mientras que un niño no monarca puede ser programado para convertirse, por ejemplo, en un jugador de béisbol o en un mensajero de la droga, la programación más compleja que lleva al niño a las posiciones más altas será asignada a sujetos que ya tienen un poder demoníaco generacional excepcional. De hecho, las entidades demoníacas vinculadas a estas familias luciferinas son un criterio importante que certificará el éxito de una programación.

Parte del proceso de MK-Monarca implica la participación en rituales de sangre para convocar a los demonios más poderosos. Los rituales *del Niño de la Luna* están diseñados para atar al feto a entidades demoníacas. La creación de estos *Niños de la Luna* dentro del Proyecto Monarca implica, por tanto, alta magia negra y poderosos demonios.[459]

Aleister Crowley es el autor del libro *"Moonchild"* que se publicó por primera vez en 1917. Los rituales que hay que realizar para capturar un alma y crear un *Hijo de la Luna* están más o menos descritos en tres de sus libros. El protocolo mágico comienza mucho antes del nacimiento del niño elegido, que obviamente tendrá padres biológicos de un determinado linaje. Su concepción será ritualizada de forma bien definida, nada menos que consagrando un niño a los demonios mediante magia sexual en el momento de su concepción. Los traumas para dividir al niño comenzarán en el útero, un feto puede ser violado de diferentes maneras: descargas eléctricas, golpes de aguja, diversos traumas de la madre que repercutirán en el niño. El objetivo es convertirlo en un *niño mágico* que sirva de anfitrión a una entidad superior. El *Niño de la Luna* sería así una especie de avatar criado según la programación del Monarca para llevar a cabo su encarnación aquí en la tierra sirviendo a un plan de orden superior. En su libro *"Blood on the Altar"*, Craig Heimbichner afirma que en una instrucción secreta del noveno grado de la O.T.O. (Ordo Templi Orientis), se menciona la creación de un *"Niño de la Luna"* a través de la posesión demoníaca de un feto durante una cópula ritualizada... Esta es la herencia de la tradición asirio-babilónica, mantenida por satanistas como Aleister Crowley.

La película *El bebé de Rosemary*, dirigida por Roman Polanski en 1968, muestra el nacimiento de este demoníaco *Niño de la Luna*, cuya concepción tuvo lugar durante un ritual específico. La película presenta una oscura red satanista cuyos miembros son socialmente desprevenidos. Cabe señalar aquí que la joven cantante *Kerli*, cuyo popularísimo vídeo *"Walking On Air"* (que representa explícitamente el proceso de programación de Monarch en su simbolismo, ha bautizado a sus fans como los *"Moonchilds"* (más sobre esta joven artista en el capítulo 9 sobre la industria del entretenimiento).

La infancia es el centro de todas estas prácticas. En el libro de Alison Miller, *Healing the Unimaginable*, la ex satanista Stella Katz describe un tipo de organización jerárquica compuesta por tres *Círculos* que ilustran el funcionamiento de las redes satanistas/luciferinas:

- El "Primer Círculo" del grupo en el que me he criado incluye a los miembros del grupo que han nacido en este Primer Círculo o en el escalón más alto del Segundo Círculo. Los niños nacidos en este Círculo son formados desde su nacimiento hasta su programación.

- El "Segundo Círculo" incluye a personas que no han nacido en el grupo, pero que han sido introducidas en él a una edad muy temprana, normalmente antes de cumplir un año. Por ejemplo, el hijo de un miembro del Tercer Círculo o un niño reclutado por una niñera o un vecino. También reciben programación, pero no comenzará tan pronto como en el Primer Círculo.

---

[459] *La fórmula de los Illuminati utilizada para crear un esclavo indetectable con control mental total* - Fritz Springmeier & Cisco Wheeler, 1996, cap.1.

- El "Tercer Círculo" incluye a las personas que se unieron al grupo en la adolescencia o en la edad adulta. Si estas personas tienen hijos menores de dos años, o hijos de inteligencia brillante menores de cuatro años, entonces estos se unirán al Segundo Círculo. Los niños mayores permanecerán en el Tercer Círculo. Serán utilizadas para "producir" bebés, para la prostitución o para ser "topos" (infiltración, espionaje). Nunca se les permite asistir a un ritual de cerca, están enclaustrados en las últimas filas, sus cuerpos formarán el círculo exterior mientras están de espaldas a la ceremonia, o se colocarán más atrás para su vigilancia. Las personas que se incorporan a un grupo cuando son adolescentes o adultos no suelen tener un trastorno de identidad disociativo porque después de los nueve años no se puede escindir a un individuo.[460]

Encontramos aquí la noción de jerarquía elitista descrita anteriormente, que preserva las líneas de sangre en el *Primer Círculo*, mientras que los hijos de los niveles inferiores de la red serán los esclavos MK de segunda categoría (*Tercer Círculo*). Este ejemplo de organización jerárquica nos muestra la importancia de los niños para estas sectas, que sólo pueden perpetuar sus prácticas hiperviolentas y asesinas de una generación a otra mediante la corrupción y la programación de la descendencia. El control mental basado en la disociación es, pues, el fundamento de esta "religión sin nombre", una programación sistemática sin la cual probablemente se derrumbaría. Además, si el *"desbloqueo espiritual" de* los niños se detuviera, el contacto -el poder y la "guía"- con los demonios disminuiría enormemente.

Los sujetos que pasan por estos protocolos sistemáticos de MK también están sujetos a normas estrictas que forman el pegamento protector de la red:
- La ley del silencio: no divulgar las actividades de la secta fuera de la red.
- Ser leal a los abusadores pasados y presentes.
- Obedece a todos los agresores pasados y presentes y al alterador a cargo del sistema I.D.T.
- No establezca relaciones estrechas con personas ajenas a la red.
- Mantener una fachada pública de normalidad, o de locura si ha habido destierro del grupo.

La lealtad y la fidelidad al grupo y la ley del silencio son, por tanto, las primeras cosas que se graban profundamente en el niño. Pero toda su programación se basará en tres principios fundamentales sin los cuales no podría mantenerse en el tiempo:
- El terror.
- El rechazo de Dios.
- El vínculo (encadenamiento) con entidades demoníacas.

Si la víctima está paralizada psicológica y físicamente por el terror, será incapaz de acudir a Dios en busca de ayuda. Además, si están ligados/encadenados a los demonios, la programación se mantendrá

---

[460] *Sanando lo inimaginable: Tratando el abuso ritual y el control mental* - Alison Miller, 2012, p.94.

efectivamente en el tiempo. La secta quiere asegurarse de que todo el potencial de empoderamiento y empatía con el que el niño nace naturalmente sea totalmente neutralizado, el objetivo es incluso destruir estos potenciales positivos. La víctima también tendrá que sentirse totalmente rechazada e ignorada por Dios, por lo que el trabajo de sabotaje espiritual comienza a una edad muy temprana. La programación espiritual es una parte muy importante del control mental. Un individuo traumatizado y escindido, necesariamente muy inestable y a merced de las doctrinas luciferinas/satánicas del programador, se someterá a lo que puede compararse con la obra alquímica: *"Disolver - Coagular"*: disolver para recomponer. En el caso del MK-Ultra o del MK-Monarca, esto corresponde al trauma que lleva a una disociación, a un desdoblamiento (la disolución, la *tabula rasa*), luego viene la recomposición (programación con una nueva identidad y nuevas funciones). La fórmula masónica *"ordo ab chao"* (orden a través del caos) también se aplica al control mental basado en el trauma. En efecto, el programador es el único que podrá poner *orden* (organización y programación del sistema interno) en el *caos* psíquico que ha creado voluntariamente en la víctima (traumas sucesivos que llevan a la ruptura de la personalidad y de los recuerdos). Por lo tanto, el esclavo MK necesitará que el programador o su maestro puedan volver a funcionar, para que el orden pueda volver tras el caos... Estas fórmulas alquímicas son básicamente neutras, pero pueden ser utilizadas para esclavizar y controlar a los humanos, y lo son. Estas técnicas son más eficaces con un niño muy pequeño cuyo subconsciente es todavía una página en blanco *en modo de grabación*.

En los elaborados protocolos de MK para crear una futura élite, los niños son perfilados desde los 18 meses de edad. Es decir, los programadores hacen una evaluación del carácter y la personalidad del niño para determinar su potencial. John Gittinger (que se incorporó al proyecto MK-Ultra en 1950) es el diseñador del P.A.S. (*Personality Assessment System*), un sistema de evaluación de la personalidad para valorar el comportamiento futuro de un individuo. Este sistema permite distinguir entre diferentes tipos de personas y, por tanto, identificar el potencial del niño para adaptar su programación a su futuro papel en la sociedad. El P.A.S. ha permanecido clasificado, aunque algunos de los trabajos de Gittinger han escapado del secreto de las agencias de inteligencia y han entrado en el dominio público.[461] Los EEG (electroencefalogramas) también se utilizan en paralelo con la P.A.S. Por tanto, estas técnicas de evaluación neurológica y psicológica proporcionan a los programadores de MK la herramienta perfecta para evaluar al niño pequeño incluso antes de que adquiera las habilidades lingüísticas. Esto les permite ajustar la programación a cada niño. El niño seguirá entonces el guión que se le ha marcado desde sus primeros años... Más adelante, en la adolescencia y la edad adulta, recibirá todo el apoyo necesario y el dinero de la Red para ser inyectado estratégicamente en la empresa

---

[461] An Introduction to the Personality Assessment System - John Winne y John Gittinger, Suplemento Monográfico n° 38 de la Revista de Psicología Comunitaria. Rutland, Vermont: Clinical Psychology Publishing Co, Inc. 1973. The CIA Won't Go Public - *Revista Rolling Stone*, 18/07/74.

donde aparecerá con una personalidad de fachada.[462] El objetivo es colocar a personas "seguras" en puestos clave, ya que los "eslabones débiles" no son una opción en un sistema de este tipo. La programación MK optimiza el potencial inicial de los individuos y los convierte en los mejores en diversos campos de actividad, desde la política hasta el deporte de alto nivel, la ciencia y el arte.

El niño suele tener el mismo programador durante varios años. El niño alternará la convivencia con la familia y el programador, y los padres recibirán instrucciones específicas para mantener y reforzar el trabajo en curso. El testimonio de Cathy O'Brien muestra cómo su padre recibió información sobre las técnicas de control mental para aplicarlas a sus hijos: *"Poco después, mi padre voló a Boston para asistir a un curso de dos semanas en Harvard sobre cómo educarme en relación con esta rama del Proyecto Monarch relacionada con MK-Ultra. Cuando volvió de Boston, mi padre estaba sonriendo y encantado con sus nuevos conocimientos de lo que él llamaba "psicología inversa". Esto es algo parecido a las "inversiones satánicas", e implica juegos de palabras y otras frases que se grabaron a fuego en mi mente, como: "Tú ganas lo suficiente para estar alojado, y yo albergaré lo que ganes". A mí me dio una baratija, una pulsera conmemorativa hecha con perritos, y a mi madre la noticia de que "tendrían más hijos" para criar como parte del proyecto (ahora tengo dos hermanas y cuatro hermanos, con edades que van de los 16 a los 37 años, que siguen bajo control mental). Mi madre siguió las sugerencias de mi padre, dominando poco a poco el arte de manipular el lenguaje. Por ejemplo, cuando no podía cerrar los broches de mi propio pijama de arriba a abajo, en un intento infantil de negar el acceso a mi padre, le pedía a mi madre: "Por favor, ciérralos". Ella cumplía presionando sus dedos índices contra mi piel como si fueran aguijones. El dolor que sentí fue psicológico, ya que me demostró una vez más que no tenía intención de protegerme de los abusos sexuales de mi padre. Mientras cumplía las instrucciones que le daba el gobierno, mi padre también empezó a trabajar conmigo como la Cenicienta del cuento. Limpiaba la chimenea de cenizas, traía troncos para el fuego y los apilaba, rastrillaba las hojas muertas, trituraba el hielo y barría - "porque", decía mi padre, "tus manitas están hechas para el mango del rastrillo, la escoba, la pala de ceniza y la escoba". En esa época, su explotación sexual de mí incluía prostituirme con sus amigos, mafiosos y masones locales, familiares, satanistas, desconocidos y policías. Cuando no estaba siendo trabajada hasta la extenuación, filmada de forma pornográfica, prostituida o involucrada en relaciones incestuosas, me disociaba de mí misma en los libros. Había aprendido a leer a la temprana edad de cuatro años debido a mi memoria fotográfica, una consecuencia natural de mi T.I."[463]*

El estado de fuerte disociación del niño era la puerta de entrada para iniciar un proceso de programación Monarca. Earl O'Brien vendió a su hija a

---

[462] *La fórmula de los Illuminati utilizada para crear un esclavo indetectable con control mental total* - Fritz Springmeier & Cisco Wheeler, 1996.

[463] *America in the midst of Trans-formation* - Cathy O'Brien & Mark Phillips, 2013, p.129.

una élite sin ley que encubrió a cambio sus actividades ilegales de pornografía infantil.

Muchos de los doctores que practican la programación MK también son activos en cultos, si no participan en rituales al menos son conscientes de estas actividades ocultas y utilizan el alter creado por el trauma en varias programaciones. Esta es una de las razones por las que los niños nacidos en ambientes incestuosos, luciferinos/satánicos son presas ideales para los proyectos de MK del gobierno. También es importante entender que un programador se encuentra en un estado disociado cuando viola y escinde al niño para programar. Suele ser una de sus personalidades alternativas, totalmente desprovista de empatía, la que tiene el control durante estas sesiones. Por ello, la mayoría de los programadores actuales sufren de doble personalidad. Según Fritz Springmeier, actualmente estamos en la segunda o tercera generación de esclavos de MK-Monarch, que a veces se han convertido en programadores. Según él, los humanos programados son los que más trabajan actualmente en el control mental basado en el trauma.

3 - ROMPER EL CORAZÓN Y RECABLEAR EL CEREBRO

a/ el corazón

Preferiblemente el niño nacerá prematuro. Según Fritz Springmeier, un parto prematuro es importante porque los cuidados de un bebé así son "naturalmente" traumáticos: sonda en la vejiga, suero, máscara de oxígeno, etc.

La Red se encargará de que lo primero que vea el niño cuando nazca sea una de las personas que lo programará. Durante los siguientes meses, el programador le hablará regularmente al bebé de forma muy suave, cariñosa e hipnótica para que el bebé establezca un vínculo natural con su futuro *entrenador*. Un bebé se encuentra en un estado de total dependencia de sus padres o tutores y a medida que crece debe ir adquiriendo autonomía e independencia. Sin embargo, en términos de relaciones, seguirán siendo muy dependientes de la protección y la benevolencia de sus padres o tutores durante mucho tiempo. Obviamente, esto requiere que los padres o tutores estén disponibles para ofrecer al niño una presencia alentadora, cariñosa y tranquilizadora.

Cuando los padres o tutores son hostiles o incluso sádicos y violentos, el niño se enfrenta entonces a un dilema para el que no tiene solución; porque pase lo que pase está obligado a confiar y depender totalmente de sus padres, aunque sienta una fuerte negatividad que emana de ellos. No tiene elección y ante esta misión imposible, el joven niño perderá mucha energía psíquica, se desdoblará en un *"doble pensamiento"*, una premisa de disociación. El niño no puede huir externamente, así que huirá internamente a través del desapego, la pasividad, la "ausencia".[464]

En el protocolo de programación Monarch descrito por Fritz Springmeier, el niño será inundado de amor (*bombardeo de amor*, una técnica clásica de la secta) durante los primeros meses de vida, como preparación para la retirada brusca de los cuidados y la ternura a partir del año y medio. Según Stella Katz, otros protocolos de MK no esperan a que el niño tenga 18 meses para desdoblar la personalidad y la programación Alfa (los primeros desdoblamientos básicos) se realiza entre los 6 y los 10 meses de edad, pudiendo incluso iniciarse el proceso disociativo en un feto.

Esta primera etapa, descrita por Springmeier, consiste en privar brutalmente al niño de todo lo que es tierno y agradable en este mundo. A través del trauma y la saturación sensorial, se disociará profundamente de la dura realidad: enjaulamiento, descargas eléctricas, desnudez, privación de alimentos, contacto y consumo forzado de excrementos... Es entonces cuando llega *la ayuda*: el programador que había estado haciendo el papel de *"papá gallina"* entra en escena para hacer sufrir al niño su lado más sádico y violento... El individuo que le ha querido y criado durante 18 meses no sólo le rechaza sino que incluso le hace sufrir voluntariamente. Esta situación extrema e inextricable crea una división en el niño que se suma al trauma del nacimiento prematuro.

Durante los primeros meses, debe establecerse necesariamente una fusión *amorosa* entre el niño y el programador para crear una ruptura limpia cuando se le imponga el primer traumatismo importante. Una fractura *"limpia"* del niño se produce cuando éste se enfrenta a la dualidad extrema de una persona que significa mucho para él. El niño no puede conciliar los dos aspectos totalmente opuestos del mismo individuo, siendo uno de ellos un ser cariñoso y protector, y el otro el peor de los delincuentes. La persona en la que más confiaba el niño se convierte en la persona a la que más teme. Springmeier llama a esta violencia inicial, que es la primera gran escisión en la vida de un niño pequeño, *"Romper el corazón"*.

Paradójicamente, tras esta ruptura violenta, se desarrollará un apego malsano entre la víctima y el agresor. La ambigüedad entre el amor y el odio, así como la mezcla entre el placer y el sufrimiento, se cultivarán y mantendrán permanentemente en el niño disociado. El síndrome de Estocolmo es una realidad y estas redes que practican el abuso ritual y el control mental lo explotan deliberadamente: las víctimas se encariñan con sus torturadores.

En su libro "Dialogues with Forgotten Voices: Relational Perspectives on Child Abuse Trauma and the Treatment of Severe Dissociative Disorders" (Diálogos con voces olvidadas: perspectivas relacionales sobre el trauma del abuso infantil y el tratamiento de los trastornos disociativos graves), Harvey Schwartz explica que la impactante ausencia de ira contra los abusadores está arraigada y permanecerá intacta. Es como si esta inmersión prolongada en el

---

[464] *Trauma y memoria: cuando el dolor se infiltra en el cuerpo y el alma* - Dr. Ansgar Rougemont-Bücking.

abuso sádico y el trauma extremo hubiera invertido casi por completo el sistema de autoprotección de la víctima.

Judith Herman describe un proceso que denomina *"vínculo traumático"* entre la víctima y el agresor. En su libro *"Trauma and Recovery"* describe este proceso de la siguiente manera: *"Se trata del vínculo traumático que se produce con los rehenes o las víctimas de abusos, que ven a sus captores como salvadores... La repetición del terror y las amenazas, especialmente en un contexto de aislamiento, puede conducir a un intenso sentimiento de dependencia, casi de adoración a alguna autoridad todopoderosa, casi divina. Algunas víctimas han informado de que han entrado en una especie de mundo exclusivo, casi delirante, abrazando totalmente el grandilocuente sistema de creencias del torturador y suprimiendo voluntariamente sus propias facultades críticas en señal de lealtad y sumisión. Este tipo de comportamientos son denunciados regularmente por personas que han sido sometidas a cultos religiosos totalitarios. "*[465]

Este fenómeno del síndrome de Estocolmo es común entre los rehenes. Brian Keenan estuvo preso durante un año en Beirut, Líbano. En su autobiografía *"Una cuna maligna"* describe cómo se encariñó con su encarcelamiento: *"Mis días transcurrían en un lento y dulce delirio, como ese consuelo y seguridad que debe sentir un niño cuando su madre le canta una nana. En mi celda, miré salvajemente a un insecto muerto que colgaba en su capullo y sentí una extraña satisfacción. No sentí ningún deseo de abandonar este lugar. Incluso me sorprendí a mí mismo con el comienzo de un pánico que surgía en mí ante la idea de irme de aquí, no quería irme. Entonces empecé a temer mi libertad si llegaba. "*[466]

El proceso de apego a una situación de encierro o de sometimiento se encuentra también en los cultos satánicos/luciferinos que practican el MK. La víctima crece en un entorno en el que parece imposible escapar, en el que parece imposible romper el ambiguo apego psicológico a los perpetradores, que refuerzan deliberadamente este síndrome de Estocolmo. Las cadenas de programación tejerán meticulosamente una especie de capullo... la cuna de la mariposa esclava Monarca.

Este proceso de apego se refuerza cuando el individuo se siente en peligro y en extrema necesidad de ayuda. Por ello, el abuso ritual implica a veces una situación en la que la víctima (generalmente un niño) cree realmente que va a morir, o como hemos visto, llega incluso a inducir un *DND*. Estas técnicas crearán un fuerte vínculo psicológico entre el *"salvador"* y la víctima totalmente aterrorizada y disociada. Es la aplicación del método *"bombero-pirómano"*, que consiste en crear voluntariamente un desorden para poner "orden"... Siempre las mismas manipulaciones satánicas, ya sea a escala individual o global.

---

[465] *Trauma y recuperación: las secuelas de la violencia, desde el maltrato doméstico hasta el terror político* - Judith Lewis Herman, 1997, p.92.

[466] *Una cuna del mal* - Brian Keenan, 1993, p.73.

El programador trabaja, pues, sobre el apego entre la víctima y el agresor, sobre la adicción al trauma, lo que el psicoanalista alemán Karl Abraham llamó *"traumatofilia"* (probablemente vinculada a la neuroquímica), pero también sobre la mezcla de las nociones de placer y dolor, para manipular a las víctimas y sus alteridades. Este fenómeno de "apego traumático" o síndrome de Estocolmo es un punto importante en la programación de MK porque el programador se convierte en el único que puede poner orden en el caos interior que ha provocado en el esclavo que fatalmente se desentiende de él.

Este es el testimonio de una víctima de control mental que fue programada por el Dr. Joseph Mengele en Kansas City a principios de la década de 1960. Este testimonio lo recoge Carol Rutz en su libro *"Una nación traicionada"*: *"En la programación básica (Alfa), es decir, en los traumas destinados a multiplicar el número de alters que luego serán programados y utilizados para funciones específicas en la estructura interna, tengo el recuerdo de Mengele creando un vínculo traumático específico. Rompió el altar con una fracción que lo recordaba con mucho cariño (pero incluyendo mucho abuso sexual), mientras que la otra fracción estaba totalmente aterrorizada por su crueldad. Con el primer desdoblamiento de alteridad, programó la creencia de que estaba dentro de ella y que la estaba nutriendo y enseñando tan bien que esta fracción de personalidad se apegó a ella y no quiso abandonarla. Luego, más tarde, lo rechazó abruptamente, haciéndolo sentir sin valor y lo abandonó."*[467]

Rutz también informa del testimonio de una superviviente que fue programada repetidamente por el Dr. Joseph Mengele en Florida en 1954 y en Tennessee en 1955 y 1956:

Como había envejecido y encanecido, él (Mengele) se llamaba a sí mismo "abuelo". Utilizó la película "Heidi" conmigo y tomó el papel del abuelo de Heidi. Creo que la parte insidiosa de su trabajo en mí fue el "amor". Me amaba y me torturaba. Debe haber entrenado a mi padre también porque mi padre hizo exactamente lo mismo. Una de las frases favoritas de Mengele era "El dolor es el placer y el placer es el dolor, querida". Estoy aquí para hacerte muy feliz. ¡Me amarás para siempre!"[468]

La mayoría de los supervivientes de control mental informan de que los programadores inducen este apego malsano con sus pequeñas víctimas desde los primeros años de su vida. Carol Rutz recuerda a su programador, Sydney Gottlieb, diciéndole a uno de sus nuevos alternos: *"Yo soy tu papá y tu mamá, tú sólo me quieres a mí y yo soy la única que te quiere. Te doy de comer y te llevo, sólo me perteneces a mí. Nuestra "parte de bebé" (alter) creció hasta depender y amar a "Papá Sid" como su única fuente de amor y alimento. Desde entonces, se había establecido un profundo vínculo... No importaban los experimentos que hiciera conmigo, yo lo amaba y seguía siendo leal al hombre*

---

[467] *A Nation Betrayed: The Chilling True Story of Secret Cold War Experiments Performed on Our Children and Other Innocent People* - Carol Rutz, 2001.

[468] Ibid.

que mi bebé alter consideraba su único proveedor de las cosas más básicas de la vida: el amor y la comida. "[469]

b/ El cerebro

El biólogo estadounidense Bruce Harold Lipton ha descubierto que los niños construyen las bases de su subconsciente entre el nacimiento y los 6 años. Durante este periodo, podemos decir que el cerebro del niño está en *modo de grabación*. La mente subconsciente formada durante estos primeros años será la base de la psicología del futuro adulto. Bruce Lipton afirma que todos los niños hasta los 2 años tienen ondas cerebrales en frecuencia *delta*, una frecuencia de onda ultralenta. Luego, de los 2 a los 6 años, los niños se encuentran principalmente en un estado de ondas *theta*. Estas bajas frecuencias cerebrales *delta* y *theta* harán que el niño se encuentre en un estado particularmente programable, un estado llamado "trance hipnagógico". Este es el mismo estado cerebral que los hipnoterapeutas utilizan para inducir nuevos comportamientos en el subconsciente de sus pacientes. En otras palabras, durante los primeros seis años de vida, los niños pasan su vida en una especie de estado de *trance hipnótico* permanente. Por eso a esta edad son capaces de almacenar grandes cantidades de información... y por eso no dejan de hacer preguntas. Por otro lado, el niño es incapaz de diferenciar críticamente la multitud de información que recibe a través de sus cinco sentidos, lo grabará todo como un disco duro en blanco, integrando todo como una verdad. Es esta construcción de la mente subconsciente, una especie de programación informática, la que conducirá la vida futura del niño. Por lo tanto, cada niño está *programado* por la forma en que ha sido educado y por sus experiencias vitales. Es una pizarra en blanco, un disco duro en blanco, un trozo de arcilla en un torno de alfarero, la cuestión es cuál será la naturaleza del "escultor"...

Incluso sin estados disociativos, es muy fácil programar y adoctrinar a un niño antes de los 6 años. Como hemos visto, los niños de las sectas luciferinas son sistemáticamente programados en primer lugar para permanecer fieles al grupo. Esto es lo primero que se les inculca profundamente, una base para poder llevar a cabo proyectos a largo plazo con personas seguras y leales.

En la década de los 90, los neurobiólogos empezaron a comprender que el cerebro del niño contiene un enorme número de conexiones indefinidas entre neuronas, a la espera de ser configuradas en función de las experiencias vitales. Estas neuronas enlazan entre sí a través de sinapsis (o conexiones neuronales) que, por tanto, se desarrollarán en respuesta a las experiencias y necesidades del niño. A medida que el niño se desarrolla y aprende, estas conexiones se refinan y perfeccionan gracias a los datos que recibe. Por lo tanto, las experiencias de la primera infancia tienen un impacto crucial en la forma en que el cerebro organizará sus bases. Las experiencias traumáticas durante los primeros años de

---

[469] Ibid.

vida tendrán obviamente un gran impacto en las estructuras básicas más profundas del cerebro.

Ante un traumatismo, el cerebro debe responder a este estrés de una manera determinada, en primer lugar mediante una modificación química con la liberación de determinadas hormonas, pero también mediante la modificación o creación de conexiones neuronales. Los estímulos ordinarios de la vida enriquecerán en cierto modo las redes neuronales, pero la fuerte sobrecarga que representan los traumas tempranos también tendrá un gran impacto en las sinapsis. Los genes contienen la información para la organización general de la estructura cerebral, pero son las experiencias vitales las que determinan qué genes se activarán, cómo y cuándo. La expresión de estos genes está vinculada a la producción de proteínas que permiten el crecimiento neuronal y la formación de nuevas sinapsis. Por lo tanto, son las experiencias del niño, tanto positivas como negativas, las que influyen directamente en la activación de vías sinápticas específicas y dan forma al sustrato neural general del cerebro. El Dr. Daniel Siegel llama a esto "neurobiología comunicativa", que es la forma en que el cerebro humano se desarrolla según las experiencias vitales del niño. Estudios recientes en neurociencia han demostrado que el cerebro cambia y adapta constantemente las sinapsis a lo largo de la vida, en función del entorno y las experiencias del adulto, pero está claro que este proceso de adaptación neuronal es especialmente activo durante la fase de crecimiento del cerebro.[470]

En un artículo titulado "Reentrenar el cerebro: aprovechar nuestra plasticidad neuronal", la psicoterapeuta Janina Fisher escribe: "Desde la revolución de la neurociencia a principios de los años setenta (con los avances radicales en la tecnología de los escáneres que nos permitieron estudiar la función cerebral en tiempo real) sabemos que todas las áreas del cerebro son "plásticas". Son capaces de reorganizarse, de hacer crecer nuevas células y redes neuronales mientras dejan obsoletas otras zonas, en respuesta a las experiencias vitales. El psiquiatra e investigador Norman Doidge, autor de "El cerebro que se cambia a sí mismo", llama a esta neuroplasticidad la "paradoja plástica".

Por lo tanto, un niño sometido a un traumatismo repetitivo y extremo en la primera infancia (que provoca la disociación y la modificación química del cerebro) desarrollará una red neuronal con conexiones particulares que no desarrollaría normalmente. Por lo tanto, utilizará partes de su cerebro que no se utilizan normalmente para hacer frente a experiencias vitales extremas. La alteración química del cerebro traumatizado también conducirá a una adicción disociativa que contribuirá a la esclavización del esclavo Monarca. Como todo este trabajo de construcción neuronal tiene lugar principalmente durante la primera infancia, los traumas tempranos influirán tanto en el coeficiente de inteligencia como en la creatividad del niño: hiperactividad, hipersensibilidad, hipervigilancia, hipermnesia, todo lo cual puede conducir a percepciones extrasensoriales y facultades paranormales. En un proceso de MK, un programa

---

[470] *La mente en desarrollo: hacia una neurobiología de la experiencia interpersonal* - Daniel Siegel, Facultad de Medicina de la UCLA, 1999.

de entrenamiento y estimulación trabajará para fortalecer ciertas áreas del cerebro que no suelen estar activas. El niño traumatizado se desdoblará en varias personalidades alteradas cuyas facultades físicas, intelectuales y psíquicas pueden ser así cultivadas y explotadas en su programación. La disociación severa resultante de un traumatismo extremo en un cerebro joven en construcción conduce así a una profunda modificación de las sinapsis y desarrollará los tres criterios principales del control mental de tipo Monarca:
- Una personalidad múltiple con paredes amnésicas.
- Capacidades físicas, intelectuales y psicológicas excepcionales.
- Un "desbloqueo espiritual" que abre una grieta a otras dimensiones y una conexión con ciertas entidades. Este *desgarro del alma* da acceso al vasto mundo interior de la víctima, del que hablamos en el capítulo anterior, una dimensión en la que se encuentran los fragmentos de alma disociados, una dimensión que será ordenada y estructurada por el programador como veremos más adelante.

La genética del niño es de gran importancia, ya que contiene el potencial de inteligencia y creatividad, pero también el potencial de disociación y las facultades extrasensoriales. La programación trabajará para potenciar una u otra capacidad en función del futuro papel que se determine y asigne al niño. Una mente débil difícilmente puede ser programada con estos métodos extremos basados en el trauma. Los individuos que pasan por este tipo de programación de T.I. están formados para superar el 10% habitual de nuestra capacidad cerebral.

Una buena inteligencia y creatividad del sujeto es extremadamente importante para un programador. En la programación MK, se utiliza la estimulación del hemisferio derecho (analógico e intuitivo) o del izquierdo (lógico y analítico) del cerebro para hacer que los dos lados del cerebro trabajen de forma independiente. Estas técnicas pretenden desarrollar y potenciar una determinada capacidad, pero también bloquear ciertas funciones para favorecer otras. El neurocientífico Roger Wolcott Sperry demostró que los hemisferios cerebrales separados (por callosotomía, *"split-brain"*) podían funcionar de forma independiente y dar lugar a razonamientos distintos basados en la información a la que cada hemisferio tenía acceso. Sperry ha llegado a plantear la muy debatida hipótesis de que existen personalidades o formas de conciencia separadas dentro de cada hemisferio. Al igual que se produce un desdoblamiento de la personalidad en el proceso Monarch, también se está trabajando en el desdoblamiento del cerebro en los dos hemisferios para que puedan funcionar de forma independiente.

Una personalidad alterada puede, por ejemplo, estar programada para funcionar con el hemisferio izquierdo mientras que otra funcionará con el hemisferio derecho. Los lados izquierdo y derecho del cuerpo, vinculados a los hemisferios cerebrales opuestos -fenómeno de la controlateralidad-, pueden contener en un lado (izquierdo) el alter ligado a las actividades ocultas y en el otro (derecho) el alter de la vida cotidiana y pública. Este trabajo de separación de los hemisferios cerebrales también permitirá integrar programas o recuerdos que sólo afectarán a una mitad del cuerpo de la víctima (véase el testimonio de la australiana Kristin Constance en la segunda parte de este capítulo, ella describe claramente las técnicas de programación destinadas a desacoplar las partes izquierda y derecha del cuerpo y, por tanto, del cerebro). El proceso consiste en desconectar, o desenchufar, uno de los hemisferios para poder trabajar plenamente con el otro y así poder alimentarlos con información diferente. Las técnicas para estimular un hemisferio pueden incluir el envío de mensajes claros y audibles al oído derecho mientras el izquierdo está saturado de ruidos confusos. O mostrar ciertas imágenes o películas a un ojo mientras el otro recibe visiones completamente diferentes. Una parte del cerebro puede estar viendo una película de terror sangrienta mientras que la otra estará viendo escenas familiares felices. Obviamente, esto crea una división en el cerebro y los dos hemisferios funcionarán entonces de forma diferente, uno de ellos tratando de disociarse de la escena de terror, mientras que el otro experimentará algo totalmente diferente. Una personalidad alterada de fachada de la vida cotidiana verá las escenas felices a través del hemisferio izquierdo, a través del ojo derecho, pensando que viven en un mundo perfecto, mientras que el alter satánico vinculado al hemisferio derecho verá las escenas de horror a través del ojo izquierdo. Estos métodos de programación pueden parecer absurdos y como algo sacado de una mala película de ciencia ficción, pero la realidad supera la ficción... Más aún con la tecnología actual.

Para crear alters hiperintuitivos capaces de acceder a otras dimensiones del ser, es necesario bloquear el hemisferio lógico, es decir, el lado izquierdo del cerebro. Cuando este hemisferio se "desconecta", o se pone en espera, el hemisferio derecho (que controla el lado izquierdo del cuerpo) puede funcionar plenamente sin "competir" con el otro hemisferio. Cuando este hemisferio derecho está en pleno funcionamiento, el lado intuitivo, subjetivo y espontáneo también lo está... El sujeto Monarca debe, por tanto, ser capaz de desarrollar sus facultades intuitivas al 100% para acceder a ciertas dimensiones. Las personalidades alteradas más profundas (vinculadas al ocultismo más oscuro) tendrán esta programación particular del cerebro derecho para reforzar al máximo esta hiperintuitividad creando facultades extrasensoriales. Este dominio de los dos hemisferios cerebrales así como el pleno acceso a las funciones del cerebro derecho forman parte de los objetivos a alcanzar en el ocultismo, el cerebro derecho permite el acceso a la intemporalidad, a otro espacio-tiempo. El periodista Pierre Manoury escribe sobre el cerebro derecho: *"Este hemisferio derecho es demasiado "mágico", sus verdades, incluso cuando son evidentes, se rechazan por pertenecer al dominio de lo irracional. El cerebro derecho es capaz de tender "puentes", de prever soluciones totalmente nuevas, de recibir e integrar sentimientos e impresiones del inconsciente colectivo y de percibir influencias que normalmente no reciben los cinco sentidos. Es una fuente de inspiración. Es el que debe ser despertado para aprender sobre él con el fin de adquirir la conciencia mágica. "*[471]

---

[471] *Cours de haute magie de sorcellerie pratique et de voyance*, Vol.2 - Pierre Manoury, 1989, cap.1.

Por el contrario, un cerebro izquierdo alterado tendrá grandes facultades para los idiomas, el cálculo, las matemáticas y el pensamiento racional y analítico. Se trata de competencias esenciales para formar a científicos o genios de la informática que trabajen para la Red. Cathy O'Brien, cuyo grupo de hermanos fue sometido al programa de control mental Monarch, informa que su hermano Tom O'Brien fue formateado para ser un *"Compu-Kid"* (literalmente un *Ordi-Kid*). Es decir, un genio de la informática con programación MK. En los protocolos de creación de superesclavos se utiliza la manipulación del tronco cerebral para crear niños prodigio que puedan trabajar, entre otras cosas, en programas informáticos superpotentes. Según Fritz Sprinmeier, consiste en una intervención quirúrgica en el tronco cerebral para que el cerebro se enfrente a una sobrecompensación a nivel de la cicatriz, lo que da lugar a ciertas facultades como una memoria fotográfica excepcional. El trabajo de programación mental con tortura, drogas, hipnosis y T.I. mejora la capacidad de almacenamiento de la memoria de las víctimas (recuerdos conscientes o inconscientes).

Los investigadores federales implicados en el Proyecto Monarca relacionado con el MK-Ultra eran, por supuesto, conscientes de este aspecto de la memoria fotográfica del I.D.T., así como de las otras características "sobrehumanas" que se derivaban de él. La agudeza visual del I.D.T. es 44 veces mayor que la de una persona media. La adquisición de un umbral de dolor anormalmente alto, junto con la compartimentación de mi memoria, eran "necesarias" para aplicaciones militares y otras operaciones encubiertas. Mi sexualidad también había sido distorsionada desde la infancia. El atractivo y la utilidad de dicha programación (es decir, el maniquí presidencial) era para los políticos pervertidos que pensaban que podían ocultar sus acciones en las profundidades de mi memoria compartimentada, lo que los clínicos denominan personalidades. - Cathy O'Brien, *America in the midst of Transe-formation*, p.130

Al igual que la disociación, la creatividad del niño es un factor importante para el éxito de la programación MK-Monarch. Por ello, el programador lo estimulará al máximo. El niño es creativo por naturaleza y construye un mundo imaginario con mucha facilidad. El programador podrá contar al niño historias, guiones o escenarios de programación de forma muy vívida, de modo que queden profundamente grabados en la mente del niño: el objetivo es que el niño pueda realmente "tocar", "saborear" y "sentir" el escenario que se está representando en su mente. El terror y las drogas aumentan la concentración de la pequeña víctima para que pueda integrar mejor un mundo de fantasía en su interior. Como vimos en el capítulo anterior, la creatividad se ve potenciada a nivel neurológico por los traumas de la primera infancia; si todo ha estado en orden y armonía en la vida de una persona, su energía verdaderamente creativa no funcionará o lo hará mínimamente.

Para optimizar la creatividad, hay que canalizarla. Según Fritz Springmeier, el programador guiará cuidadosamente la creatividad del niño y definirá sus límites; la chispa de la creatividad se produce cuando hay una alternancia entre la concentración intensa (enfoque) y la relajación (liberación). Por lo tanto, el programador trabajará tanto en el lado del sufrimiento con la tortura (enfoque) como en el lado de la bondad con una atención segura y cuidadosa (liberación). Un trance ligero permitirá que afloren las ideas creativas, un proceso que los artistas conocen bien. En la programación de Monarch, tanto la creatividad como la disociación deben ser enseñadas y fomentadas porque si el niño no desarrolla estas habilidades, puede acabar perdiendo la cabeza y, en última instancia, su vida. La riqueza de su creatividad alimentará su mundo imaginario, que actúa como salvavidas, al igual que la disociación es un disyuntor de reserva. La disociación y la creatividad trabajan juntas para preservar de algún modo la vida del niño frente a los horrores traumáticos.[472]

La programación Monarch también trabaja con lo que se llama *Biofeedback*. La presión arterial, el pulso, la frecuencia cardíaca, la temperatura del cuerpo o de alguna parte del mismo, etc., pueden ser controlados consciente y voluntariamente por el cerebro. Se trata de habilidades psicofisiológicas que los yoguis indios dominan desde hace siglos. El control de la presión arterial, entre otras cosas, así como la capacidad de alcanzar estados de trance profundo de forma controlada, son facultades que se programan en un sujeto MK. Según Fritz Springmeier, la programación Monarch consiste en controlar el cuerpo físico de la víctima para reforzar el fenómeno de ser una "muñeca" totalmente sumisa y controlada por un amo externo. Si un programador tiene el poder, a través de un disparador hipnótico, de alterar, por ejemplo, los latidos del corazón, la presión arterial o la temperatura corporal del sujeto, éste se sentirá ni más ni menos que un muñeco o un juguete cuyas funciones biológicas se activan a voluntad. El cuerpo, al igual que la mente del esclavo, es propiedad del amo y al esclavo no se le permite controlar su propio cuerpo; son las personalidades alteradas las que están sujetas a estas retroalimentaciones biológicas causadas por desencadenantes externos.[473]

4 - LA MULTIPLICACIÓN DE LAS PERSONALIDADES ALTERNATIVAS

Los métodos y protocolos para crear deliberadamente una T.I. en una víctima con el fin de programarla varían ciertamente de un grupo a otro, pero los fundamentos siguen siendo los mismos.

La programación alfa consiste en establecer los primeros fragmentos de personalidad que servirán de base/raíz para crear todos los demás alter que se dividirán en diferentes grupos y diferentes niveles del sistema interno.

La superviviente Stella Katz describió el protocolo de la secta satánica, a la que ella pertenecía, para el desdoblamiento de la personalidad de los niños: el primer desdoblamiento del niño, el alter ego primitivo, se llama "primogénito" y tendrá un papel de guardián del niño. (Es interesante señalar aquí que en

---

[472] *La fórmula de los Illuminati utilizada para crear un esclavo indetectable con control mental total* - Fritz Springmeier y Cisco Wheeler, 1996.

[473] Ibid.

algunas culturas chamánicas existen diversas técnicas para que el niño muy pequeño obtenga un "espíritu guardián", incluyendo el uso de drogas alucinógenas. ¿Los "espíritus guardianes" de los chamanes son personalidades disociadas? Algunos autores piensan que sí, pero una cosa es cierta: el ocultismo que hay detrás del control mental satánico/luciferino está directamente relacionado con un conocimiento ancestral presente en los cuatro rincones del planeta. Un conocimiento cuyo punto central es la disociación de la psique humana). A continuación, Stella Katz describe el segundo desdoblamiento de la personalidad, que denomina "*Gatekeeper*". Un alter que siempre estará presente cuando se cree una nueva personalidad alter. El guardián de la puerta ya no experimentará ningún trauma (desdoblamiento) como resultado de su nacimiento, su papel es observar todo lo que sucede y registrar todos los nuevos alters creados. Según Stella Katz, estas dos primeras alteraciones en el papel de "guardianes" tendrán la misma edad que el cuerpo físico, crecerán al mismo tiempo porque no reciben más traumas después de su nacimiento. Katz afirma que el alter ego que estará a cargo del sistema, aquel al que todos los demás deben someterse, es designado durante una traumática ceremonia de renacimiento en el cadáver de un animal. A continuación, controlará a todos los demás alters relacionados con las prácticas ocultas: "*Si durante el renacimiento surge un alter ya existente, se convertirá en el nuevo líder, porque si este alter es lo suficientemente fuerte como para hacerse cargo de la ceremonia de renacimiento sin abandonar el cuerpo, será lo suficientemente fuerte como para liderar todo el sistema, por lo que se merece esta posición.*"[474]

También explica que el proceso de desdoblamiento de la personalidad debe hacerse meticulosamente para obtener alteraciones controlables y explotables: "*Nosotros (me refiero al grupo con el que trabajaba) desdoblábamos voluntariamente al niño porque cuando se desdoblan, sin guía, los alteres que se crean son incapaces de convertirse en miembros productivos del grupo, no pueden ser controlados. Somos conscientes de que un niño que tiene que soportar todo el dolor y la tortura que le infligimos moriría si no tuviera partes dentro de él para absorber el trauma. También es importante que el niño que entrenamos tenga una personalidad "normal" que sea aceptable para el mundo exterior. Una personalidad que puede ir a la escuela y jugar con niños de fuera sin mostrar ni revelar nada.*"[475]

Los años que siguen a las primeras grandes escisiones que forman el alter ego básico serán testigos de sucesivas sesiones de traumas inimaginables para crear una multitud de fragmentos separados entre sí por muros amnésicos. El proceso disociativo es la piedra angular de la programación y se hará todo lo posible para provocar estos estados modificados de conciencia: una violenta apertura psíquica y espiritual. Durante las sesiones, se ejerce una fuerte presión sobre el niño para que se evada del dolor disociando, *atravesando el espejo*, así

---

[474] *Sanando lo inimaginable: Tratando el abuso ritual y el control mental* - Alison Miller, 2012, p.110.

[475] Ibid, p.94.

escapa de una situación insoportable accediendo a otras dimensiones del ser. La disociación ante un traumatismo extremo y la amenaza evidente de muerte se manifiesta paradójicamente por una calma repentina y sorprendente con ausencia de miedo y dolor, independientemente de la gravedad de la violencia. Este es el resultado neuroquímico del proceso disociativo descrito en el capítulo 5. En este estado, la víctima se concentra intensamente, desarrolla hiperactividad sensorial, rapidez mental y una especie de expansión de la noción del tiempo.[476]

En ese estado disociado e hipnótico, el niño se vuelve hiperreceptivo al aprendizaje y a la programación. Por esta razón, en las sesiones de programación del trauma, se anima verbalmente al niño a disociarse, a *atravesar el espejo* o a *ir más allá del arco iris* para escapar del dolor = *el punto de ruptura*.

Muchos supervivientes describen este estado de disociación profunda como un estado básico, neutral y sin identidad. Ellen P. Lacter informa de un superviviente que lo compara con una *especie de memoria USB para un ordenador: un simple objeto en el que escribir algo*. Esta comparación recuerda al principio de *"tabula rasa"*, la pizarra en blanco descrita por los padres de la ingeniería social del Instituto Tavistock.

Según algunos supervivientes de MK, un programador experimentado puede reconocer fácilmente el *"punto de ruptura"*, es decir, el momento en que se crea una nueva alteración. Es el momento en el que el niño deja de reaccionar ante el terror y el dolor. Cada nuevo fragmento, o alteración, será inmediatamente nombrado con un código, un nombre, etc.

La disociación extrema desbloquea el subconsciente, expone la mente y permite que se registre la información sin que la mente pueda cuestionar o criticar nada porque ya no hay ninguna barrera emocional o de autoconciencia. Esta puerta al subconsciente sería accesible antes de que la víctima cree un nuevo alter (que, recordemos, tiene una función protectora), es una ventana psíquica profundamente disociada en la que ningún alter está todavía en control del cuerpo físico. Es en estos estados de disociación profunda, donde la mente subconsciente está totalmente desbloqueada, donde se instalan las estructuras del mundo interior, los estados disociativos profundos también dejan la puerta abierta a las entidades que jugarán un papel en el mantenimiento de la programación. Entidades que no son percibidas por las víctimas como parte de su desdoblamiento de personalidad, son "cuerpos extraños" en el sistema interno de la T.I. Son "instalados" (demonizados) por el programador cuando el niño está totalmente disociado y desbloqueado. La información, estructuras y programación almacenada en el subconsciente cuando se abre esta ventana nunca será integrada conscientemente por los diferentes alters, son datos mucho más profundos pero que influirán y controlarán en gran medida al esclavo MK-Monarca.

Durante las *sesiones de MK*, se puede monitorizar el cerebro de la víctima para detectar cuándo las ondas cerebrales integrarán mejor la programación.

---

[476] *La disociación y los trastornos disociativos: el DSM-V y más allá* - P. Dell y J. O'Neil, 2009.

El psicólogo alemán Hans Ulrich Gresch, él mismo superviviente del MK, describe este proceso de programación cuando se alcanza el "punto de ruptura": *"Para obtener esta 'pizarra en blanco', la tortura debe continuar hasta que la víctima deja de resistirse, hasta que se alcanza el punto de sumisión total, cuando abandona toda voluntad personal. Entonces los programadores empujan el proceso aún más, hasta que se alcanza este estado de "pizarra en blanco"... Es entonces cuando la víctima se vuelve tranquila y receptiva. Este proceso es una reacción fisiológica a la tortura cuando se aplica "correctamente" (...) La víctima alcanza un estado en el que se vuelve extremadamente sugestionable, un estado profundamente hipnótico en el que está dispuesta a aceptar cualquier cosa. Gracias a este estado de hiperreceptividad, los programadores pueden entonces implantar una "personalidad", un guión de personalidad (...) Este nuevo estado* (alter) *no registrará conscientemente la tortura que se utilizó para crearlo. Pero este terror y dolor inconscientes alimentarán continuamente su receptividad e hipervigilancia. Aunque el estado disociativo aísla la forma (el recuerdo) en que se produjo esta experiencia, ésta permanece inscrita en cierta medida en su mente. La información programada se conservará intacta, con muy poco deterioro a lo largo del tiempo, en gran parte debido a una red de neuronas que conectará esta información con el dolor y el terror que precedieron a su implantación."*[477]

Por lo tanto, los programadores se centran principalmente en crear una disociación en la víctima. Mediante el uso de la tortura y las drogas, consiguen desconectar las experiencias de la conciencia que permanecerán encerradas en las identidades disociadas que han creado. Se trata nada más y nada menos que de aprovechar las funciones naturales de defensa neurológica que describimos en el capítulo 5. El libro *"Ritual Abuse and Mind Control: The Manipulation of Attachment Needs"* contiene el testimonio de un superviviente de MK que describe este proceso de creación de alteraciones: *"Lo que el programador haría, por ejemplo, es matarte de hambre, hacerte girar (silla giratoria) durante horas, someterte a ciertas frecuencias de sonido, atarte para infligirte descargas eléctricas hasta que perciba el momento en que tu mente se ha ''roto'' (el punto de ruptura) y vea que has abandonado tu cuerpo (disociación). Es entonces cuando te dará otro nombre, nombrará a este nuevo alter ego y dirá por ejemplo: "Eres una diosa egipcia y tu vida está dedicada a la muerte y a la destrucción". Habrá un ritual en el que la gente se viste con túnicas, canta y quema cosas. Al principio, por mi condicionamiento y programación, me enseñaron a matar animales y a torturar a otros niños, y luego un montón de cosas más..."*[478]

---

[477] *Abuso ritual y control mental* - Cap: Control mental basado en la tortura: mecanismos psicológicos y enfoques psicoterapéuticos para superar el control mental - Ellen P. Lacter, 2011, p.78.

[478] *Abuso ritual y control mental: la manipulación de las necesidades de apego* - Orit Badouk Epstein, Joseph Schwartz, Rachel Wingfield Schwartz, 2011, p.146-147.

Stella Katz describe el proceso según las prácticas del grupo al que pertenecía: "El programador observa atentamente al niño. Se cree que la escisión se produce cuando el llanto del niño se vuelve peculiar (...) cuando sus ojos se ponen en blanco, se relaja de repente y se calla. En este punto, el programador dispone de una ventana de entre quince segundos y un minuto en la que nombrará al nuevo alter ego del niño y le asignará un color y un símbolo mágico. El programador lleva este color con un símbolo negro en el hombro o en el pecho. Luego toma al niño y lo envuelve en una manta del mismo color. A continuación, el niño recibe mucha atención y afecto durante aproximadamente una hora. El niño es alimentado, lavado, cambiado y mimado. Se le habla continuamente en su propia lengua, que puede ser o no la de su madre, utilizando su nuevo nombre que le acaban de dar. Luego, finalmente, se le mece para que se duerma (...) Este proceso puede durar unas horas o unos días, dependiendo del niño."[479]

La superviviente Trish Fotheringham describe la disociación y la programación de la siguiente manera: "Su abuso fue cuidadosamente planificado. Mis entrenadores (programadores) utilizaron suficientes traumas para lograr sus objetivos. El "humo y los espejos" (engaños e ilusiones, acompañados de drogas) significaba que cada aspecto específico del entrenamiento (programación) estaba vinculado a una personalidad alterada particular de una manera muy cuidadosamente planificada. Para lograr la máxima eficacia y potencial, se ha tenido en cuenta la ciencia del desarrollo mental del niño para adaptar los niveles de programación. Estos entrenamientos, que mi alter ego entendía como "lecciones de vida", se hicieron progresivamente más frecuentes y traumáticos a medida que crecía (...) "Yo", la persona que gestionaba la vida diaria en casa y fuera de ella, no era consciente de que las personalidades alternativas guardaban otras piezas de mi vida. Me parecía natural que mi vida se rompiera en pedazos, por lo que los "huecos" en mi agenda pasaban desapercibidos. La continuidad cronológica era desconocida para mí, por lo que no era consciente de que había una discontinuidad. No era consciente de que se había establecido un estilo de vida disociado y de que, para hacer frente a las dificultades, mi cerebro se desconectaba para crear simplemente otro alter ego."[480]

La programación alfa formará la base del sistema creando un cierto número de alteraciones primarias que forman una especie de cimientos. Estas alteraciones se descompondrán entonces en una multitud de fragmentos potencialmente programables. Estos fragmentos de alma, o personalidad, son una especie de archivo neutro y vacío a la espera de ser programado. Un alter básico, o primario, puede así dividirse en una multitud de otros "subalternos" por traumas repetitivos, y así sucesivamente... como las muñecas rusas unidas a la misma muñeca grande. Se trata de una verdadera cadena de programación que se pone en marcha. La superviviente Kathleen Sullivan describe cómo su padre

---

[479] *Sanando lo inimaginable: Tratando el abuso ritual y el control mental* - Alison Miller, 2012, p.101.

[480] Ibid, p.74.

encadenó sus *alteres* primarios: *"Aunque la hipnosis no traumática podría haber sido eficaz para controlar mi mente, papá claramente prefirió la programación basada en el trauma para crear un nuevo sistema de alteres (grupo). Primero desencadenaba (llamaba) a un alter ego primario que había creado previamente, y cuando ese alter ego emergía lo torturaba (con electricidad, por ejemplo) hasta que ese fragmento no podía soportar más el dolor. Al disociar, este alterador dejaría espacio para que otra parte de mi mente (un nuevo fragmento) asumiera el siguiente trauma. Papá lo llamaba la técnica de programación en cadena. Traumatizaba una alteración tras otra, dando verbalmente a cada una un nombre en clave, hasta que no pude soportarlo más y el proceso se detuvo por sí solo. En ese momento supo que había llegado hasta donde podía. Luego lo volvía a hacer otro día en otra sesión, sacando a relucir otro alter primario para traumatizarlo y crear una nueva serie de personalidades vinculadas a ese alter primario (...) A menudo repetía que yo era su prototipo y explicaba que si una técnica funcionaba bien conmigo, luego la utilizaría con otros niños."*[481]

El sistema interno, que no es más que la creación y el funcionamiento deliberado de una T.I., puede convertirse así en *una* especie de complejo *árbol genealógico compuesto por* una multitud de alteraciones disociadas y amnésicas. Es entonces esencial para los programadores y los maestros tener una especie de *mapa mental* o diagrama estructural con códigos de acceso para poder gestionar el múltiple esclavo Monarch. Los "maestros" son las personas que estarán a cargo del esclavo MK (segunda zona) una vez que la programación esté completa. En los estados alterados de conciencia y en la disociación profunda, el programador podrá integrar el "software", o los programas, en los diferentes fragmentos de la personalidad para darles diversas funciones. Así que hay varias etapas de desarrollo de alteraciones. Algunos pueden ser "daños colaterales", es decir, fragmentos creados involuntariamente durante los traumas y no explotados, otros pueden haber sido dejados de lado voluntariamente porque no pueden ser explotados (por eso a veces encontramos un "vertedero" en el mundo interior, que contiene los alters no explotados), otros pueden ser fragmentos entrenados para obedecer órdenes simples y básicas, de manera robótica. Pero los alters también pueden ser entrenados y refinados a través de un proceso de condicionamiento más largo y complejo para programar funciones mucho más elaboradas y específicas. La mayoría de los alteradores de un sujeto Monarch sólo tomarán el control del cuerpo cuando sean llamados (con códigos de activación) por los programadores o maestros.

La alteración se organizará, o se "alojará", en diferentes niveles, o capas, del sistema interno del sujeto. Al igual que los archivos de un ordenador, los datos deben ser fácilmente accesibles y, sobre todo, no deben mezclarse, de ahí la importancia de los "muros amnésicos" para dividir los fragmentos de personalidad y todos los recuerdos que contienen. Las numerosas alteraciones se agruparán en "bloques" o grupos que las aglutinan según las diferentes categorías

---

[481] *Unshackled: A Survivor Story of Mind Control* - Kathleen Sullivan, 2003, p.59.

de actividades que se les asignarán y programarán. El programador organiza y ensambla estos múltiples fragmentos y grupos a su antojo con diagramas estructurales, símbolos, subsistemas, códigos de acceso, scripts, etc. En realidad, se trata de crear un mundo interno hiperestructurado para albergar todas las diferentes personalidades alteradas y, por supuesto, para poder orientarse fácilmente. Todos los datos de la programación del niño se registran en un cuaderno o en un ordenador portátil que el programador mantiene actualizado regularmente. Estos datos incluyen lo que se hizo en el niño, el tiempo que se tardó en crear una división y lo que funcionó mejor para lograr esa división. Los nombres de las personalidades alteradas se archivan junto con su orden de nacimiento, el género del alter, el idioma que hablan, así como los colores, símbolos y palabras o frases asociadas a ellos (los activadores). También se especifica la función de cada alter y el tipo de "cuerpo físico" con el que ha sido programado: humano, animal, robot, etc. Toda esta información se transmitirá a los distintos maestros sucesivos que se encargarán de hacer funcionar el esclavo Monarch.

Esta multitud de alteraciones se organizará en una jerarquía muy estricta en la que cada fragmento tendrá una función muy precisa. Las sectas satánicas/luciferinas están organizadas de manera muy jerárquica, por lo que reproducen este esquema piramidal dentro de la víctima para reforzar la lealtad a la organización de la secta. Los más altos de esta jerarquía interna serán los que hayan recibido los peores abusos y se hayan visto obligados a practicar ellos mismos las peores atrocidades. Estos son los más oscuros y profundos alterados del sistema, los que están vinculados al ocultismo más oscuro. Los torturadores se complacen en hacer creer al niño que es tan malo que nadie lo querría, excepto el grupo en el que vive. El niño está programado para creer que es un verdugo, un maltratador y un delincuente en lugar de una víctima, y si alguna vez empieza a recordar ciertos recuerdos, esta programación lo abrumará. Como vimos en el capítulo sobre el abuso ritual, se trata de crear *hijos de la rabia*. Estas personalidades alteradas tendrán la función de hacer que la víctima recuerde que sólo es un asesino o un violador que irá al infierno cuando muera. La función humana natural de elegir el bien sobre el mal y empatizar con los demás es un objetivo de destrucción en el niño sometido a la programación MK. La programación de Monarch le quita a la víctima el libre albedrío, el abuso forzado de animales y otros niños le quita la capacidad de tomar buenas decisiones. El gusto por la disociación, la adrenalina y las endorfinas que alivian los propios recuerdos traumáticos, acaba anulando la empatía natural. Esta programación sistemática de la violencia permite a estos grupos continuar su existencia a través de las generaciones. Es necesario recordar una vez más que una cultura tan hiperviolenta no puede perdurar sin la aplicación sistemática de la "violencia inicial" que corrompe la inocencia infantil desde los primeros años de vida. Por lo general, uno de los alters del sistema se identificará con el abusador. La mayoría de los pacientes con IDD tienen una fracción de su personalidad que representa al agresor, con el mismo tipo de comportamiento sádico y violento. En un estudio publicado en 1997, el Dr. Colin Ross descubrió que, de 236 pacientes con IDD, el 84% dijo haber tenido un alter perseguidor/ejecutor: "*En el primer encuentro, eran figuras espantosas, odiosas y demoníacas totalmente centradas en abusar y acosar maliciosamente al paciente."*

En el caso de la programación Monarch, el ejecutor alterado es creado y programado deliberadamente con las características del programador, a menudo incluso con el nombre o seudónimo de éste. La víctima tendrá entonces que cumplir sus órdenes incluso cuando él no esté presente, e incluso se implantará en la mente de la víctima. El papel de este alter "ejecutor" será mantener la presencia del programador en la víctima en todo momento para controlar a la víctima supervisando a todos los alter. Esto va mucho más allá de la simple obediencia, es la inyección interna del depredador. El culto cultiva así el lado depredador de sus vástagos creando voluntariamente atormentadores alimentados por una rabia interior. Son estos alters ultraviolentos los que a su vez se convertirán en agresores y a veces en programadores de otras pequeñas víctimas. Survivor Svali explica que *muchos entrenadores* (programadores) *se pondrán dentro de la víctima, con el fin de supervisar los programas internos... El superviviente puede horrorizarse al descubrir una representación de su propio* atormentador *en sí mismo, pero esto es un mecanismo de supervivencia... El superviviente* (el alterador del tormento) *será capaz de reproducir las expresiones faciales del programador, el acento, los manierismos, e incluso relacionar la vida del programador como su propia vida".*

Kathleen Sullivan también escribe: "Debido a que yo misma he tenido muchos conflictos y luchas para aceptar el lado 'malvado' o 'demoníaco' de mi personalidad, entiendo por qué algunos supervivientes altamente disociados no quieren creer que sus alter personalidades 'malvadas' u 'oscuras' son piezas de su propia personalidad original. Mi personalidad se ha polarizado con el "demasiado bueno" en un lado y el "demasiado malo" en el otro. Esto me ha impedido fusionar las dos y ser capaz de integrarlas en una personalidad equilibrada. Aceptar nuestro "lado oscuro" plenamente humano requiere un gran valor, pero también una fuerte voluntad de perdonarnos a nosotros mismos."[482]

En general, cuando un programador implementa algo en la víctima, ésta será en cierto nivel un reflejo de sí mismo, al igual que la escritura y el arte reflejan a la persona que los produjo. Aunque la comparación entre la creación artística y la programación mental pueda parecer fuera de lugar, no lo es para los programadores.

Los grupos militares o políticos programan a sus asesinos utilizando el adoctrinamiento y el entrenamiento para convertir al niño escindido en un soldado de élite. Estos niños suelen ser torturados para producir personalidades alteradas que puedan cometer actos de extrema crueldad sin tener que afrontar las consecuencias psicológicas. En Uganda, *el Ejército de Resistencia del Señor (LRA)* practica este tipo de entrenamiento de trauma y control mental, cuyas víctimas son los "niños soldados". Un documental canadiense titulado *"Uganda Rising"* (2006) se centró en estos niños que fueron obligados a engrosar las filas del *LRA*. Estos niños que fueron apartados por la fuerza de sus familias (a

---

[482] Ibid, p.289.

menudo diezmadas) cuentan que fueron torturados, mutilados, violados, a veces obligados a cometer asesinatos, y que luego se les hacinó en campos y se les utilizó como soldados. El documental no menciona el *abuso ritual* ni el *control mental*, pero la estrategia parece ser la misma.

En la programación de Monarch, muchas de las personalidades alteradas serán deshumanizadas y condicionadas a creer que son algo distinto a lo humano. La deshumanización de un alter ego se hará haciéndole experimentar, por ejemplo, las condiciones extremas de un animal enjaulado. Al igual que con la cirugía mágica que describiremos más adelante, se pueden realizar todo tipo de manipulaciones mentales para implantar en el alterado la creencia de que es un gato, una diosa, un robot, una marioneta, etc.

Se programará uno o varios alternos para que actúen como reporteros. Es decir, estarán condicionados a registrar todo y a informar a los verdugos de cualquier desobediencia o revelación de secretos por parte del esclavo. Estos "reporteros" alterados también están programados para informar al culto de todos los movimientos de la víctima. Lo paradójico es que este tipo de alterado está condicionado por el dolor y el terror a creer que los torturadores "ya lo saben todo" y que él mismo será castigado si no denuncia lo que hace la víctima.

Para que el esclavo monarca pueda funcionar correctamente en la sociedad sin ser detectado, necesita una alter personalidad, una especie de caparazón que enmascare los múltiples estados del individuo. Esta es la personalidad "anfitriona" o "pública", la personalidad principal que se comporta "normalmente" y es totalmente amnésica del abuso y de la existencia del sistema interno con los múltiples alteres. La terapeuta Alison Miller llama a este tipo de alteración la *"personalidad aparentemente normal"*. La mayoría de las personalidades alteradas serán deshumanizadas, mientras que a ésta se le permitirá ser humana, tener un sentido de familia, una vida social y emocional, etc. La personalidad anfitriona suele estar bien orientada en el espacio y en el tiempo, es decir, evoluciona según nuestro calendario, mientras que muchos otros alters se quedarán atascados en el espacio-tiempo donde ocurrió el trauma. Para entender cómo funciona la interfaz entre esta personalidad anfitriona y los otros alteradores, tomemos el ejemplo de un caso conocido de un experimento hipnótico de Pierre Janet: Janet hipnotiza a Lucía para que realice sugestiones posthipnóticas. Lucía cumple las órdenes, pero se olvida de todo inmediatamente después. Por el contrario, otra de las alters de Lucie, llamada Adrienne, recuerda todo lo que ocurrió cuando Lucie fue hipnotizada, y afirma que fue ella quien realizó las sugestiones posthipnóticas sin que Lucie lo supiera. Esta es una amnesia de un solo sentido. El muro amnésico aísla a la personalidad anfitriona, pero algunos alterados que no experimentan este muro son plenamente conscientes de la existencia de la personalidad anfitriona y conservan el recuerdo de todas sus acciones. En la programación Monarch, la personalidad anfitriona es totalmente inconsciente de la programación, pero los alteradores más profundos e importantes del sistema I.D.T. son plenamente conscientes de su existencia y, por tanto, pueden controlarla. Según la terapeuta Elle P. Lacter, suele haber una estructura básica que separa el sistema de personalidad alterada en dos partes. El lado "anfitrión", que no será consciente de la existencia del sistema I.D.T., y por otro lado el grupo alterno más profundo, relacionado con lo oculto, que será consciente de la existencia de estas personalidades de superficie y podrá incluso controlarlas.

El sistema interno de un esclavo MK incluye, pues, una o varias personalidades anfitrionas compartimentadas y totalmente amnésicas, varias alter personalidades con funciones diferentes instaladas más o menos profundamente en el sistema, y finalmente siempre queda el núcleo, la esencia del *"yo"*, la personalidad original que Satán (o el programador) no puede tocar ni destruir. Sólo puede aislarla lo mejor que pueda, pero esta semilla divina siempre estará presente en la víctima para su eventual reestructuración y curación. La personalidad alterada detectada como la más joven es probablemente la personalidad original de la que se separaron las otras.

Algunas alteraciones también tendrán una programación de negación. Su objetivo es negar el abuso ritual y todas las actividades ocultas de la red. Si se producen fugas, su objetivo es dar explicaciones como "falsos recuerdos", pesadillas que no son reales en absoluto, un libro o película que puede haber influido en la persona, etc. Estas personalidades alteradas creen que están preservando a la víctima e incluso salvándola. Estas personalidades alteradas creen que están preservando a la víctima e incluso salvando su vida. Estas personalidades alteradas tienen un gran interés en hacerlo: creen que su propia existencia y supervivencia depende de ello y que si se produjera una conciencia real de los acontecimientos traumáticos, entonces se produciría la violencia e incluso la muerte como castigo por no hacer su trabajo. Esta programación de la negación comienza en los primeros años de la vida del niño. Por ejemplo, será terriblemente maltratado y traumatizado, y a la mañana siguiente los adultos que le rodean actúan con normalidad, como si no hubiera pasado nada. Así modelan un estilo de vida de negación en el niño. Esto se refuerza con frases como: *"Sólo fue un mal sueño", "¿Cómo puedes creer algo así? Es sólo tu imaginación, no sucedió realmente''.* Los miembros de la familia que padecen estados disociativos también negarán en cierta medida las actividades nocturnas ocultas. También se refuerza la negación diciéndole al niño que, de todas formas, nadie le creerá si habla de ello. El objetivo final es formatear al niño para que ya no confíe en su propia realidad, sino que busque la *realidad* en los adultos. Por ejemplo, el adulto le mostrará al niño una naranja y le preguntará qué es, y el niño será sistemáticamente maltratado cuando responda que es una naranja y se le martilleará que es una manzana... El proceso se repetirá hasta que el niño, aterrorizado y con miedo al dolor, responda que es una manzana e incluso acabe creyéndolo...[483]

Otro método para demostrar al niño que sus recuerdos no son fiables es escenificar un asesinato simulado de una persona en el que se le obliga a participar. Al día siguiente, el niño verá a esta persona viva y sana delante de él, aunque se supone que ha sido asesinada delante de sus ojos el día anterior, lo que provoca una forma de disonancia cognitiva. Si el niño hace preguntas, se le dirá

---

[483] *Breaking The Chains: Breaking free of cult programming* - Svali, 2000.

que ese suceso atroz fue seguramente un mal sueño y producto de su imaginación. Dado que las víctimas suelen sufrir amnesia traumática con una ruptura cronológica de los recuerdos, es muy fácil que las personas que tienen poder sobre sus vidas les convenzan de que no les ha pasado nada. Cuando los padres le dicen a la pequeña víctima que sus pesadillas o flashbacks son pura imaginación y que este tipo de cosas nunca ocurren, esto obviamente tranquiliza al niño que permanecerá en estos estados disociados entre dos mundos, dos realidades opuestas...

El control mental de Monarch, basado en el trauma, se practica en niños antes de los 6 años. A partir de esa edad, se hace más complicado practicar este tipo de programación I.D.T., pero eso no significa que las personas no estén programadas después de los 6 años. Los fragmentos de personalidad inducidos por el trauma y la disociación permanecen mejor aislados en la mente que los fragmentos de personalidad inducidos por la simple hipnosis, pero la mayoría de las personas pueden ser hipnotizadas en personalidades alteradas. Algunos sobrevivientes de abuso ritual satánico han sido programados pero no tienen un sistema interno con personalidades alteradas, sólo tienen algunos estados disociativos, como un *yo nocturno*, y *un yo diurno*.[484]

5 - LA "CIRUGÍA MÁGICA" Y LA ESTRUCTURACIÓN DEL "MUNDO INTERIOR"

Para entender de qué estamos hablando aquí, es importante comprender que el esclavo monarca ha pasado por un proceso traumático de desdoblamiento psíquico y espiritual que le abre las puertas a otras dimensiones del ser. Esto le da acceso a un mundo *interior* (más allá de su *cabeza*) que es tan vasto y tan real como el mundo físico para nosotros, un mundo compuesto por sus diversos fragmentos de alma (alters), entidades demoníacas y el hardware establecido como parte de la programación. Este mundo interior, o "sistema interno", será organizado por el programador con diferentes estructuras, arquitecturas, objetos, paisajes, etc., representaciones materiales o simbólicas que sirven de soporte para trabajar en esta dimensión particular. A veces es posible identificar el tipo de secta que ha perpetuado la programación por el tipo de estructuras y símbolos que forman el mundo interior. La organización jerárquica de las personalidades alteradas también suele reflejar el tipo de grupo que programó la víctima, puede ser un grupo militar, satánico, druídico, cabalista, neonazi, etc.

La "cirugía mágica" es una herramienta para alimentar y organizar este sistema interno. Consiste en hipnotizar y/o drogar al niño diciéndole que va a ser operado para introducirle un objeto o un animal. La operación quirúrgica será sólo una puesta en escena tras la cual el niño creerá que realmente tiene este objeto dentro de él (se supone que esta programación permanecerá implantada

---

[484] *La fórmula de los Illuminati utilizada para crear un esclavo indetectable con control mental total* - Fritz Springmeier y Cisco Wheeler, 1996.

durante toda su vida). Se puede causar un dolor extremo en el lugar de la operación y se puede manchar de sangre al niño para reforzar la creencia de que realmente ha sido operado. El niño sabe qué es el objeto o el animal y cuál es su función. Está programado para creer que esa "cosa" que lleva dentro le atacará, explotará o denunciará si habla, que ahora está escaneando sus pensamientos y que le influirá para que se vuelva malo y se comporte mal. El niño está programado para creer que estos cuerpos extraños le atormentarán y acosarán si no se ajusta a las doctrinas de la secta. Los niños víctimas de abusos rituales a menudo informan de somatizaciones como el dolor abdominal en relación con este fenómeno de "cirugía mágica".

En el expediente de actas y declaraciones del caso Dutroux, la página 261 contiene una carta de un tal *Van Aller*, fechada el 13 de diciembre de 1996, que se refiere a lo que parece ser una operación de magia. Este es un testimonio relativo a los abusos rituales supuestamente practicados en villas por notables holandeses: *"Por ejemplo, estos trastornos* (IDD) *se provocan haciendo creer a los niños pequeños que se les introduce un gato, que crecerá hasta convertirse en una pantera que les vigilará si quieren hablar o salir del clan, esto permite un control continuo, incluso en los adultos, y convierte en víctimas a todos los perpetradores. La IDD la mantienen los psicoterapeutas."*[485]

Un psiquiatra británico relató un ejemplo de control mental basado en el mismo principio: se obliga al niño a comerse una araña y se le dice que se multiplicará y que todas esas arañas le vigilarán después desde dentro. Al ser obligado a comer gusanos, el niño creerá que pueden convertirse en moscas que lo denunciarán a sus abusadores si habla. Fritz Springemier dice que el *"Pene de Oro de Osiris"* está colocado dentro de los esclavos monarcas. También puede ser el *"Ojo de Lucifer"* o el *"Ojo de Horus"* que se *coloca* en el vientre del niño para su constante observación y vigilancia. Este proceso de vigilancia abstracta del mundo interior parece ser algo esencial y sistemático en la programación del MK. También se le puede decir al niño que su corazón carnoso ha sido sustituido por una fría piedra negra, reforzando así su deshumanización ante el horror. Esta "cirugía mágica" sólo está limitada por la imaginación de los programadores. Las posibilidades son infinitas, porque todo lo que hay en este mundo físico puede trasladarse al mundo interior. Pero como veremos más adelante, este mundo interior tan maleable también puede utilizarse para ayudar al superviviente en la terapia.

En el cerebro humano, los hemisferios derecho e izquierdo están conectados por el cuerpo calloso, que media y hace posible el análisis racional. Sin embargo, esta estructura sólo alcanza la madurez alrededor de los 10 años. Por lo tanto, las experiencias del cerebro derecho del niño (que percibe el mundo en bruto) no se transmiten al cerebro izquierdo para su análisis racional. El hemisferio izquierdo traduce las percepciones en datos semánticos y fonéticos, es decir, en palabras, conceptos y lenguaje. Antes del décimo año, muchas cosas

---

[485] Carta de Van Aller del 13/12/1996 (Z200) - *Bélgica: Resumen del Expediente X de Dutroux*, 1235 páginas, 2005 - Wikileaks.org.

seguirán siendo inconscientes para el niño porque la red de información del cerebro aún no está completamente construida. Mientras el cuerpo calloso no esté completamente desarrollado, el niño puede, por ejemplo, creer perfectamente que Papá Noel le traerá sus regalos el 25 de diciembre en el salón de su casa, aunque sepa que está demasiado gordo para bajar por la chimenea. [486]Por tanto, el proceso de "cirugía mágica" se aprovecha de esta falta de madurez cerebral. El niño menor de 10 años puede creer que se le ha introducido una casa de muñecas, un castillo, un tiovivo o un animal porque aún no tiene la capacidad de racionalizar algo tan fantasioso. No se trata de ingenuidad o "ensoñación" por su parte, sino de una limitación cerebral que, en el contexto de la programación del MK, permite la manipulación para un formidable control mental. Estas "cirugías" se implantarán con mayor profundidad si el niño las recibe en estados de trance, disociación extrema y bajo el efecto de drogas.

Antes de los 5 ó 6 años, el niño pequeño no tiene absolutamente ninguna capacidad cerebral para defenderse del control mental "invasivo". El córtex cerebral, que permite el razonamiento, la deducción, la reflexión, el análisis lógico de las situaciones, la toma de decisiones, la gestión de las emociones, la moralidad y la organización, no está maduro hasta los 6 años, cuando empieza a madurar de forma muy gradual. Por eso podemos entender que algunas fuentes digan que la programación de MK debe aplicarse antes de los 6 años.

Los soportes, o estructuras, que se utilizan para organizar el mundo interior pueden introducirse o "programarse" de formas distintas a la "cirugía mágica". Estos son algunos ejemplos de apoyos que se pueden utilizar para estructurar y organizar el sistema interno de un T.I.D. Estas cosas han sido reportadas por sobrevivientes y terapeutas:

La doble hélice (símbolo del infinito), letras o símbolos, geometrías 2D como el pentagrama, el triángulo o el círculo, volúmenes geométricos 3D elaborados, muñecos, telas de araña, espejos o fragmentos de vidrio, tableros de ajedrez (dualidad del tablero de damas blancas y negras con disposición de las piezas según la programación), máscaras, castillos, laberintos, templos, pirámides, muros para reforzar la amnesia, demonios / monstruos / alienígenas, robots, conchas, relojes de arena, relojes, mariposas, serpientes, soles que representan al dios Ra, cintas, flores, diagramas de comandos, circuitos informáticos que pueden utilizarse como diagramas de flujo para la programación compleja Una rejilla bidimensional puede contener una categoría de altera alojada y operando en el mismo nivel. Se puede crear una tercera dimensión para formar un cubo en el que cada lado corresponda a un nivel concreto del sistema interno con una categoría concreta de alteración. Un cubo que puede girar en función del grupo de alteraciones al que hay que acceder. Esta estructura cúbica se coloca en un hueco de ascensor en espiral como el ADN: a través de este sistema, los alteradores pueden "subir" (emerger) o "bajar" (hundirse) según sea necesario.

---

[486] *Neuropsicología del sufrimiento, causa de la represión* - Jean-Luc Lasserre.

La complejidad de las estructuras variará en función de la capacidad del niño para memorizarlas y representarlas en su mundo interior. El *Árbol de la Vida* cabalístico (Árbol de los *Sephiroth*) es una estructura que también ha sido reportada por los sobrevivientes del MK y parece ser un elemento esencial para la organización interna del esclavo. La pintora Kim Noble, alter *"Key"* del split, ha representado el árbol cabalístico en varias de sus obras, especialmente en su cuadro titulado *"Seven Level"*, que parece describir el proceso de programación paso a paso (un cuadro que se analiza más adelante en este capítulo y que puede verse en el apéndice 4). El árbol Sephiroth representa la estructura del hombre y del universo. Contiene y proporciona un "sistema" de correspondencias coherente y listo para ser utilizado: cada *Sephiroth* (mundo, dimensión, campo de conciencia) está asociado a un número, un planeta, una nota, una cualidad, un defecto, un día de la semana, etc. Es una estructura perfecta para organizar el mundo y el universo. Es una estructura perfecta para organizar y clasificar las múltiples alteridades, los fragmentos de almas. Este árbol cabalístico representa básicamente la estructura del hombre y los diferentes mundos, las dimensiones paralelas de las que hablamos en el capítulo anterior.

Según Fritz Springmeier, ciertas formas geométricas incorporadas al mundo interior del esclavo sirven como puntos focales para las entidades demoníacas, puertas a través de las cuales los demonios pueden entrar en el cuerpo humano. De hecho, las geometrías que emiten una determinada onda de forma se utilizan en los rituales mágicos para interactuar con otras dimensiones.

Otra estructura es el tiovivo, un carrusel clásico con caballos de madera que suben y bajan mientras giran en círculos. El carrusel también forma parte de los sistemas de estructuración del mundo interior y de acceso a sus diferentes niveles. Se utilizará para hacer que las personalidades alteradas "suban" o "bajen" durante los estados de trance y disociación. En su autobiografía *Thanks For The Memories (Gracias por los recuerdos)*, el ex modelo presidencial Brice Taylor describe este carrusel interior de la siguiente manera: *"Aquel día en que el carrusel se creó en mi mente, yo estaba de pie en medio del carrusel mientras la programación se hacía lentamente mientras giraba. Luego se detuvo a petición de Henry en un lugar de mi mente, al igual que la Rueda de la Fortuna. Entonces me dijo: "Hay todo un mundo en los archivos de tu mente. El carrusel permite que los archivos de tu mente giren con facilidad y sin esfuerzo''* (...) *No era capaz de recuperar toda esta memoria, porque giraba como un carrusel, girando y dando vueltas como una peonza, así que no podía agarrarla para recordarla. Esta programación se denomina "programación de giro", está destinada a desorientar e inducir a la confusión."*[487]

Cuando la víctima se somete a una rotación extrema en una silla giratoria, se siente enferma y aterrorizada, pasa por todo tipo de sensaciones físicas y emocionales. Estas sensaciones se trasladarán a las personalidades alteradas que controlan el cuerpo en ese momento y que, por tanto, están sometidas a este tratamiento. Más tarde, estas sensaciones de giro programadas serán

---

[487] *Thanks For The Memories: The Truth Has Set Me Free* - Brice Taylor, 1999, p.68.

desencadenadas por estos alteradores cada vez que el individuo recuerde algo sobre el abuso, este recuerdo aparecerá con la sensación de giro que causará confusión mental y malestar físico.

Así es como la superviviente Svali describe el protocolo que su grupo utilizaba para insertar una estructura en el mundo interior del niño para albergar uno o más alteres: *"Las estructuras se integrarán en el mundo interior de la víctima mientras está drogada, hipnotizada y sometida a electroshock. La persona está totalmente traumatizada y en un profundo estado de trance. Es en este estado alterado de conciencia cuando se les obliga a abrir los ojos y mirar una imagen proyectada de la estructura. Puede ser un modelo en 3D de la estructura, una imagen holográfica o incluso unos auriculares de realidad virtual. La imagen se "inyecta e imprime" mediante descargas sucesivas y acercándola cada vez más al campo de visión del sujeto. Se puede ordenar al sujeto que entre en la estructura si se trata de un templo o una pirámide. Bajo el efecto de una hipnosis profunda, ellos (las personalidades alteradas en cuestión) vivirán ahora "dentro" de esta estructura. Esta estructura reforzará los muros de compartimentación entre el fragmento de personalidad encerrado en ella y los demás alteradores del sistema."*

Las personalidades alteradas pueden estar atrapadas dentro de estas estructuras, o pueden estar vinculadas o conectadas a ellas de diversas maneras. Los alters se definen por la realidad que el programador ha implantado en ellos. Así, los objetos, estructuras y símbolos sirven para organizar y controlar el sistema interno, pero también se estructura con escenarios o guiones que sirven de soporte pictórico y simbólico sobre el que los programadores construirán el alter. En general, todo lo que suele hacer soñar a un niño servirá para programarlo. Un libro, una película o un videojuego pueden, en teoría, servir de apoyo a la programación de MK, con mayor eficacia en el caso de los niños pequeños. Se trata de encriptar sus mentes con temas de cuentos de hadas u otros escenarios fantásticos con el fin de confundir la fantasía y la realidad, es decir, hacer que se encuentren a caballo entre dos mundos. *Alicia en el País de las Maravillas"* es un clásico de la programación, al igual que *"El Mago de Oz"* o algunas producciones de Disney como *"Pinocho",* la marioneta de madera tallada, y *"Cenicienta",* la sucia esclava que se convierte en una bella princesa. Los esclavos monarcas, o más bien sus alter personalidades, están condicionados a ser colocados en tales escenarios para reforzar el efecto de la programación. Por lo tanto, viven en un mundo completamente imaginario. Ciertas frases del guión servirán como lenguaje críptico implantado para controlar a los esclavos. En *Alicia en el País de las Maravillas,* la niña tiene que seguir al conejo blanco que le permite acceder a lugares misteriosos y normalmente inaccesibles. En la programación MK, el conejo blanco es una figura importante, que representa al maestro o programador que hipnotiza a la víctima o la induce a disociarse de la realidad para acceder a un mundo alternativo durante la tortura. El famoso paso por el espejo representa el acceso a un estado disociativo, un cambio de realidad. El programador anima al niño a *atravesar el espejo* como Alicia, le anima a atravesar la puerta a otra dimensión de su ser, siendo el espejo la puerta que facilitará la programación... En la película *"Matrix",* cuando Neo sale de la matriz por primera vez, toca un espejo que se convierte en líquido y que acaba cubriéndole por completo, tragándoselo y llevándolo a otro mundo... donde será desprogramado. Para llegar allí, Neo había *seguido al conejo blanco* tatuado en el hombro de una mujer... Son símbolos muy fuertes, arraigados en esta cultura oculta. En El *Mago de Oz*, el sujeto se disocia de la realidad yendo *más allá del arco iris* ("Somewhere *over the* Rainbow", que es el tema de la película), es decir, yendo más allá del terror y del dolor gracias a la disociación. El horror se convierte entonces en un sueño, la realidad se convierte en ficción y el mundo imaginario en realidad. La víctima disociada registrará el trauma como una ilusión, una realidad que, sin embargo, ha experimentado durante un tiempo, pero que la mente registra como una especie de sueño. Se trata de una criptoamnesia que sabotea el proceso habitual de recuerdo a través del trauma y la hipnosis. El mundo interior del esclavo se convierte en su "realidad" y el mundo exterior se convierte, por ejemplo, en la tierra de Oz. Cabe señalar que en algunas culturas chamánicas, la ascensión celestial se logra mediante la superposición del arco iris. Un número considerable de culturas ven el arco iris como un puente entre la tierra y el cielo, un puente entre los dioses y los hombres. A menudo es a través del arco iris como los héroes míticos alcanzan el cielo, su escalada sirve para llegar al mundo de los espíritus. Los "curanderos" ascienden a las esferas celestiales utilizando, entre otros muchos medios, el arco iris. Parece que las técnicas de programación MK-Monarch retoman esta simbología del arco iris, que representa nada menos que un proceso disociativo que abre la puerta a otras dimensiones. Como ya hemos visto, las técnicas de control mental basadas en el trauma están íntimamente ligadas a ciertas culturas ancestrales y prácticas psicoespirituales, en particular la explotación de los estados disociativos.

Otro simbolismo importante en El Mago de Oz es *el camino de baldosas amarillas*. El esclavo debe seguir *el camino de baldosas amarillas* por el que el alter ego emerge del mundo interior para tomar el control del cuerpo. *Seguir el camino de baldosas amarillas"* son palabras clave que se utilizan para activar una programación determinada en un esclavo. Otro ejemplo relacionado con el Mago de Oz es el personaje *del Hombre de Hojalata*, que es una especie de carcasa metálica vacía. Este personaje se utilizará para crear *una máquina bien engrasada* que ejecute los comandos a la perfección, esta es la programación del Hombre de Hojalata que recibirá algún alter.

Se dice que el autor de El mago de Oz, L. Frank Baum, ocultista y miembro de la Sociedad Teosófica, se inspiró en un espíritu que le dio la *"llave mágica"* para escribir este cuento infantil. En otras palabras, Baum era un médium y escribió esta historia canalizando una entidad. En el libro *The Annotated Wizard of Oz*, Baum escribió: *"Fue pura inspiración... Me vino de alguna manera inexplicable. Creo que a veces el "Gran Autor" tiene un mensaje que transmitir y tiene que utilizar el instrumento que tiene a mano. Resulta que yo he sido ese médium, y creo que se me dio una llave mágica para abrir las puertas de la simpatía, la comprensión, la alegría y la paz.* "[488] El Mago de Oz en 14 volúmenes fue publicado en 1900, este cuento que puede ser descrito como "teosófico" incorpora la "antigua sabiduría" de las religiones de Misterio, que otros llamarían satánica o luciferina... su contenido iniciático ha sido retomado y utilizado como medio para el control mental basado en el trauma. Las entidades que inspiraron esta historia probablemente sabían el potencial que contenía y el uso oculto que se haría de ella.

La película "*Frankie y Alicia*", basada en la historia real de una mujer que desarrolló D.I., contiene una escena en la que se muestra una sesión de hipnosis en la que surge una alter personalidad infantil que habla del Mago de Oz... sólo un guiño. En un vídeo del *New York Times* de 2009 *(Screen Test)*, la actriz y modelo Megan Fox contó a Lynn Hirschberg su obsesión por el Mago de Oz cuando era niña: "*Recuerdo muy bien el Mago de Oz porque fue mi película favorita durante mucho tiempo. Estaba obsesionado con ella y la veía una y otra vez. Durante años quise ser Dorothy. Hasta los seis años llevaba coletas y creo que mi abuela me hizo el disfraz de Dorothy, también tenía las zapatitos de rubí. Mi madre me llamaba Dorothy, no le respondía ni le hacía caso si me llamaba Megan, porque ese no era mi nombre.*"

El superviviente Svali describió los métodos utilizados para implantar el guión de una película en un niño pequeño fraccionado: "*El programador muestra al niño la película y le dice que se le preguntará sobre lo que ha visto, lo que provoca automáticamente que el niño utilice su memoria fotográfica. El programador puede mostrar al niño toda la película o sólo algunas escenas, o incluso una sola. Después de ver toda la película o sólo algunos pasajes, se droga al niño para que se relaje y luego se le pregunta qué recuerda. El niño será maltratado si no recuerda lo que el programador considera importante y será obligado a ver estas escenas una y otra vez. Cuando el niño haya memorizado finalmente todo lo que se considera importante, el programador le dirá que es uno de los personajes de la película. El niño será fuertemente traumatizado para crear una alter personalidad en blanco que se convertirá en el personaje en cuestión. Lo primero que verá esta nueva pizarra en blanco (el nuevo alter) es la película completa o una escena de la misma, por lo que será su primer recuerdo. A continuación, el programador relacionará la escena de la película con la ideología "illuminati" (luciferina), enseñará al niño el "significado oculto" de la película y le felicitará por ser uno de los pocos "illuminati" que pueden comprender su verdadero significado. La programación de los scripts suele estar vinculada a otra programación ya presente en el niño. Por ejemplo, la programación de tipo militar puede estar relacionada con la película La Guerra de las Galaxias, la programación de laberintos internos puede estar relacionada con la película Laberinto, etc. Las posibilidades son muy variadas. La música de la película, o de una escena concreta, puede servir*

---

[488] *The Annotated Wizard of Oz* - edición de Michael Patrick Hearn, Nueva York: Clarkson N. Potter, 1973.

de desencadenante para acceder a la programación o para hacer aflorar la correspondiente personalidad alterada. "

Según Fritz Springmeier, la cultura popular estadounidense de la segunda mitad del siglo XX se transformó en un gran catálogo de programación de MK. Series como *Star Trek* o *Star Wars fueron* explotadas por los programadores, al igual que las producciones de *Walt Disney, Alicia en el País de las Maravillas* o *El Mago de Oz.* Hoy en día, es probable que los programadores utilicen producciones recientes, aunque los *clásicos* seguirán siendo sin duda medios eficaces e importantes. Por ejemplo, en la cultura de *Star Trek, ha* habido toda una serie de manuales muy técnicos que describen con detalle todo el universo de la serie, es decir, el equipo, las naves, los planetas, etc. Según Springmeier, cuando se observan estos manuales ultradetallados, la mejor manera de explicar el tiempo y el dinero invertidos en desarrollar descripciones tan complejas para una simple ficción es que sirven para programar el MK. Por ejemplo, estos manuales contienen mapas del universo de *Star Trek* y dicho mapa puede utilizarse como soporte para organizar un sistema de T.D.I. Cuando se divide la personalidad de una víctima, se necesita este tipo de esquema / soporte para reestructurarla, como si se tratara de recrear o reorganizar su alma destrozada en mil pedazos. Un cúmulo de estrellas o un planeta pueden ser utilizados para aislar o agrupar a un alterado, pudiendo sólo salir de ese lugar entrando en una disociación y viajando a través del espacio-tiempo cuando se induce una descarga eléctrica, un destello de luz u otro desencadenante. Al igual que con la cirugía mágica, el número de guiones dependerá de la imaginación de los programadores, que tienen a su disposición todo un catálogo de estructuras explotables para organizar el mundo interior del sujeto escindido.

Brice Taylor relata cómo su mundo interior podría ser un auténtico cosmos: "Henry trabajó conmigo bastante pronto, para configurar todos mis sistemas. Incluso me marcó una cruz en la frente para delinear lo que él llamaba el "mapa estelar" de mi sistema. Luego me puso frente al espejo para que pudiera ver esta carita, de 5 o 6 años, con el pelo corto, con esta cruz negra sobre mí. Dijo que había planetas dentro de mi universo interior y que estaban dormidos esperando el día en que fueran ocupados. Más tarde añadió otras zonas y dijo que eran pequeños mundos para los diferentes planetas. Este sistema mantenía la información totalmente separada y aislada porque los planetas no tenían forma de comunicarse entre sí. Todos los datos y la información se mantuvieron separados, autónomos y en órbita en la gran inmensidad azul de las estrellas. Todas estas estrellas se utilizaron como archivos para estrellas de cine o políticos que solían utilizarme. Las estrellas más grandes contenían archivos más grandes de personalidades alteradas y estaban vinculadas a personas que solía ver regularmente, mientras que las estrellas más pequeñas estaban reservadas para personas que sólo veía ocasionalmente. Las estrellas más grandes estaban reservadas para la élite. El todopoderoso grupo de hombres que orquestó en secreto este horror había creado un sofisticado sistema de satélites que podía viajar a cualquier lugar dentro de mi mente, vigilando constantemente mis "mundos interiores". Henry me dijo que los archivos de mi mente son ilimitados porque el universo es ilimitado y absolutamente vasto, y también me dijo que siempre habrá nuevas áreas que mapear."[489]

Los objetos pueden ser transferidos al mundo interior con cirugía mágica, pero también pueden ser utilizados como medio externo para la programación. Algunos objetos pueden utilizarse como herramientas para manipular al niño disociado. En su autobiografía, Brice Taylor explica que su padre había creado un vestuario especial de muñecas para ella. Este armario estaba lleno de una colección de varias muñecas. Eran muñecas de todo el mundo, juguetes que siempre le regalaban con "cariño". Su padre los utilizaba como medio para manipular y programar las alteridades de su hija, que estaba fracturada por el abuso repetitivo, noche tras noche: *A menudo, cuando mi padre me torturaba, me daba un nuevo muñeco para crear otra parte de mí con una nueva identidad, yo me ocupaba de él y mi mente joven (disociada) se identificaba entonces con este muñeco que sostenía. Me decía que ese muñeco que tenía en la mano era una parte de mí mientras ambos estaban separados, y luego le daba un nombre. Estaba la muñequita pelirroja y con pecas, la muñeca Bebé, Cindy la Novia, Rebecca, Sally, Barbie, la señora Alexander... por nombrar algunas. Estaba literalmente rodeada de muñecas (...) mi padre decía que no podía jugar con ellas hasta que me diera permiso, hasta que me dijera que era el momento de que salieran del armario. Por la noche, cuando me despertaba para abusar de mí, sacaba el muñeco relacionado con la alter personalidad que iba a surgir de mi sistema interno. Cuando sacaba un muñeco, decía: "Ya no está en el armario, ahora puede salir a jugar", y a esa tierna edad, yo caía inmediatamente en la personalidad que mi padre llamaba. Entonces decía: "Tú, Susie, te vas a retirar cuando Doll esté completamente dentro de tu cuerpo. Cada vez que chasquee los dedos tres veces, Doll entrará en el cuerpo y Susie se retirará a un lado. Y chasqueó los dedos tres veces y seguí perfectamente la orden de mi padre."[490]

La programación de MK también utiliza los colores para organizar los sistemas internos y manipular fácilmente las alteraciones. Con una personalidad dividida en multitud de alters, los colores serán una forma de organizar un grupo y acceder a él fácilmente. Además, los niños pequeños reconocen los colores antes de saber leer, son muy sensibles a ellos. Por lo tanto, esta programación puede realizarse muy pronto, a partir de los dos años. El niño será programado en una habitación pintada o iluminada de un determinado color. Si se trata del color azul, el programador sacará a relucir una alteración del niño para decirle que va a aprender a *ser azul* y a aprender lo que significa ese color. La sala estará bañada en azul, el programador irá vestido de azul, posiblemente con una máscara azul. Todos los objetos serán también azules. Se llamará a una personalidad alterada para que emerja y luego se la drogará, hipnotizará y traumatizará en una mesa o camilla. Cuando estén en estado de trance, se les dirá que el azul es algo bueno y que ellos mismos son azules. Se le dirá que el azul le protegerá del peligro, que las personas azules no se hacen daño, que llevará una

---

[489] *Thanks For The Memories: the truth has set me free* - Brice Taylor, 1999, p.66.

[490] Ibid, p.48.

bonita ropa azul, etc. Si la niña se resiste y no quiere *convertirse en azul*, se la torturará hasta que se someta. Tras estas sesiones de programación, se bañará al niño en azul durante un tiempo, se le darán gafas o lentes de contacto de color azul y se le pondrá ropa del mismo color. Luego, en pasos graduales, se le enseña al niño el significado de este color y la función relacionada con él, que debe integrar. Las sesiones de trauma se multiplicarán mientras este color se imprime cada vez más profundamente en su subconsciente. El color se convierte así en un desencadenante a través del cual el programador o maestro puede acceder a un determinado grupo de alteración o alter de la víctima. La codificación por colores es un método básico de organización de los sistemas internos.[491]

He aquí un extracto de una conferencia de la superviviente australiana Kristin Constance, que describe un proceso de programación del color del MK (la transcripción completa de su testimonio se encuentra más adelante en este capítulo): *"La programación del color a la que me sometí tuvo lugar en salas subterráneas. Cada sala tenía un color diferente, correspondiente a una programación distinta. Los colores parecían corresponder a los de la Estrella de Oriente: azul, amarillo, blanco, verde, rojo y negro para el centro. La sala roja tenía una luz roja, una camilla, una mesa llena de instrumentos de tortura y equipos de electrochoque. El lado derecho de mi cuerpo estaba cubierto mientras que el lado izquierdo era sometido a tortura eléctrica. Me colocaron electrodos en las articulaciones izquierdas, provocando un dolor paralizante... que todavía siento. Me susurraron la oreja izquierda y me aplicaron descargas eléctricas en las sienes. Así es como se creó 'Red', y se reforzó... Una mujer me hacía preguntas sobre programación, y no importaba lo que respondiera, siempre me equivocaba. Me disocié muchas veces... "Red" y su alter ego parecen estar programados para no tener reacción al dolor en ninguna circunstancia durante el abuso sexual. Red ha pasado por un montón de rituales de sangre y violaciones, y ella* (nota del editor: un grupo de alters) *se ha llevado la mayor parte de mi dolor."*

En el libro *Healing the Unimaginable,* de la terapeuta Alison Miller, la superviviente Trish Fotheringham también describe cómo se utilizaban los colores para organizar y estructurar sus alteridades: *"Mis alteridades creadas deliberadamente estaban asociadas a colores concretos, cada uno de los cuales representaba un "camino" o tipo de programación. Un alterado que ha sido entrenado para seguir un camino rojo sólo llevará ropa de ese color, se le hablará de una manera determinada y vivirá situaciones específicas con un tipo de persona concreto. Las posibilidades son escasas de que incluso los juguetes con los que se permite jugar al niño no formen parte de su programación (...) La programación consistirá entonces en incluir más y más conexiones con los colores, vinculando gradualmente cada color a sonidos, palabras, formas, símbolos, etc. (...) de niño, cuando me colocaban en el regazo de un hombre, mi primer alterador de la vía roja (sexual) tenía que comportarse de forma sistemáticamente sexualizada, por ejemplo, tenía que retorcerse y reírse*

---

[491] *Romper la cadena: liberarse de la programación de la secta* - Svali, 2000.

explícitamente. Desde los 6 meses hasta los 2 años, mi programación se centró en la instalación de comandos y activadores básicos en la alteración primaria. Ciertos programas como "Obedece", "No hables", "Sé leal", así como las salvaguardias y alarmas internas, se establecieron desde el principio y se reforzaron a medida que crecía. Más tarde, mis maestros llamaban a estos alters utilizando frases que contenían códigos de activación o induciendo el estado emocional en el que me encontraba en el momento de la escisión inicial (...) Se utilizaron metódicamente luces, ropa y accesorios, palabras, frases, contactos físicos específicos, olores, drogas, así como varios códigos de colores específicos. Esto permitió que mis maestros y programadores crearan y desarrollaran en cada alter un sistema de creencias individual y autónomo formado con valores que sistemáticamente moldean su concepción y comprensión de cómo funciona el mundo, de las "reglas de la vida", y de casi todo lo que piensa, siente, dice o hace."[492]

Fortheringham también describió los métodos utilizados para organizar su mundo interior durante sus estados disociados: "Debía de tener dos años cuando mis programadores utilizaron por primera vez una silla especial con correas y un casco. Podía girar, rotar, inclinar y enviar descargas eléctricas. Mis programadores siempre me decían que esta silla era una "puerta mágica" que me permitía "atravesar el arco iris" hacia reinos extraños y lejanos. Al principio, la vibración y la estimulación eléctrica de la silla, combinadas con la droga y el viento de un ventilador apuntando hacia mí, me hicieron sentir como si estuviera flotando y moviéndome realmente por el espacio. Dieron a la silla diferentes propósitos y diferentes "destinos" en función del alter que surgiera. Utilizando una iluminación, unos sonidos o una música específicos, creaban atmósferas particulares, realidades alternativas. La silla que se inclinaba y giraba sobre sí misma, combinada con impulsos eléctricos, podía crear un verdadero tornado con rayos en el mundo interior (...) Cuando "montaba el arco iris" en esta silla, las luces y los efectos especiales me hacían viajar. Después me "repararon" violentamente y me castigaron en esa silla (...) El mundo interior se arreglaba fácilmente, a veces se hacía en el exterior, a veces con una escenografía. Los "fenómenos meteorológicos" se inyectaron en el mundo interior de la misma manera que todo lo demás, simplemente por sugerencia, diciendo que estaban allí, con algunos efectos especiales. Como todos los niños de esa edad, naturalmente creía todo lo que me decían. Se produjeron tornados de polvo y torbellinos con ventiladores apuntando hacia mí cuando estaba en la "silla mágica". Al principio me dijeron que "controlara" estos fenómenos y luego que me convirtiera en ellos. En esta silla se crearon arcos iris a mi alrededor, aparentemente por medio de proyectores y rociadores de agua. Me dijeron que estos arco iris eran caminos mágicos multicolores hacia otros mundos y que era la silla la que marcaba el destino final. Estos otros mundos se escenificaron primero externamente, para luego integrarse y formar parte de mi mundo

---

[492] *Sanando lo inimaginable: Tratando el abuso ritual y el control mental* - Alison Miller, 2012, p.75-76.

interior. Los arcos iris contienen todos los colores, por lo que pueden utilizarse para convocar simultáneamente a todos los alters relacionados con el color (...) Después de que las pruebas hayan confirmado que la programación se ha integrado satisfactoriamente, el mundo interior se sella, atrapando a las personalidades alteradas en su interior con su propia realidad preprogramada. Estas personalidades alteradas atrapadas en estructuras internas están atascadas en una determinada edad y nivel de desarrollo en el que todavía creen en los cuentos de hadas y en la magia. Son incapaces de discernir la realidad de la ficción. También son totalmente incapaces de distinguir entre el mundo interior y el exterior (...) Están aislados sólo con su sistema de creencias personales, sus rasgos de personalidad y sus habilidades, todo lo que ha sido programado para ellos."[493]

En su libro *"Restoring Survivors of Satanic Ritual Abuse: Equipping and Releasing God's People for Spirit-Empowered Ministry"*, la terapeuta Patricia Baird Clarke ha escrito un capítulo sobre las estructuras del mundo interior y la cirugía mágica. Basándose en las Escrituras, también explica que el abuso ritual satánico (a través del trauma y la disociación extrema) dividirá los cuerpos físico y espiritual, abriendo una brecha hacia otras dimensiones, como vimos en el capítulo anterior. Aquí está el capítulo completo que explica qué es este "mundo interior" desde el punto de vista de un terapeuta:

Vamos a ver lo que podemos encontrar en una persona que ha sufrido abuso ritual satánico, provocando un estado psíquico muy complejo. Estas personas suelen nacer en familias que practican el satanismo y el abuso ritual de generación en generación. No todas las personas que han sufrido este tipo de abuso tendrán las complejas estructuras internas que ahora discutiremos y detallaremos; sin embargo, es de esperar que se encuentren tales estructuras y fragmentaciones de la personalidad, ya que estas personas no son en absoluto raras. Los llamados a trabajar espiritualmente en el tema del abuso ritual necesitarán los conocimientos prácticos que se dan en este capítulo.

El abuso ritual satánico y la T.I. que provoca crean un estado interior increíblemente complejo. Los siguientes conceptos pueden parecer extraños o surrealistas para los que no conocen el tema. Sin embargo, debemos tener en cuenta que las cosas que vamos a describir, que parecen extraordinarias, representan la percepción de la vida y la realidad de las víctimas. Todo lo que digan debe ser tratado con respeto y mucho cuidado, por muy fantástico que le parezca. Los demonios son invocados y "colocados" en la persona para mantener el alter ego separado, inaccesible para la víctima. Se asignan emociones negativas y actividades de culto específicas a cada alter. Estos alteradores trabajan para que la víctima esté completamente bajo el control de la secta. La víctima se convierte entonces en una especie de "zombi", un auténtico infierno. El individuo escindido se ve obligado a formar un mundo interior oscuro a través de la violencia constante y la programación demoníaca. La palabra hebrea para oscuridad es 'cho-shek', que significa miseria, destrucción, muerte, ignorancia,

---

[493] Ibid, pp.77-78.

tristeza y maldad. El objetivo de los torturadores ocultistas es apresar a su víctima en una red de miseria, destrucción y zombificación de la que no se puede escapar. El alma de la persona está destrozada y cada pieza (fracción, alteración) está enredada en un laberinto de mazmorras, prisiones, trampas, etc... Este es su mundo interior.

Las víctimas quedan extremadamente traumatizadas y rotas, se encuentran en un estado de gran confusión. La mayoría de ellos no entienden lo que les ha pasado. Todo lo que saben es que están sufriendo y que necesitan ayuda. El único conocimiento que tenemos sobre estas prácticas ocultas, lo que hacen y por qué lo hacen, lo aprendemos de estas preciosas personas, víctimas con gran dolor y totalmente perdidas. Es difícil reconstruir una imagen precisa de su mundo interior, cómo funciona y por qué fue creado. Combinando mi experiencia con víctimas de abusos rituales con mi conocimiento de las Sagradas Escrituras, he desarrollado mi propia teoría para explicar de qué se trata. Sabemos por las escrituras que tenemos un espíritu, un alma y un cuerpo.

1 Tesalonicenses 5.23: "Que el mismo Dios de la paz os santifique por completo, y que todo vuestro ser, espíritu, alma y cuerpo, se conserve irreprochable en la venida de nuestro Señor Jesucristo". El que te llama es fiel, y lo hará."

En Génesis 2:7 se nos muestra cómo fuimos creados en tres partes. "El Señor Dios formó al hombre del polvo de la tierra y sopló en su nariz aliento de vida, y el hombre se convirtió en un ser vivo."

El aliento de Dios se convirtió en el espíritu del hombre. Cuando el aliento de Dios entró en contacto con el cuerpo del hombre, se formó el alma y estos tres elementos se unen en nosotros. En Hebreos 4:12 leemos que Jesús (Él mismo la Palabra de Dios) en un momento dado separó el alma del espíritu. Porque la Palabra de Dios es viva y eficaz, más cortante que cualquier espada de dos filos, y penetra hasta la división del alma y del espíritu, de las articulaciones y de los tuétanos, y es juez de los pensamientos y sentimientos del corazón.

Creo que mientras nuestra mente esté conectada a nuestra alma y cuerpo, no somos capaces de "ver" en el reino espiritual. Esto es lo que Dios ha querido para nosotros, ya que Satanás y los demonios pueden aparecer como "ángeles de luz" y engañarnos. Dios quiere que seamos inocentes del mal.

Romanos 16:19b: "Quiero que seáis sabios en lo bueno y sencillos en lo malo". Este concepto de la separación del espíritu y el alma es difícil de explicar porque hay una separación del alma y el espíritu por Jesús, que es bueno. Cuando hemos madurado nuestra fe cristiana y hemos hecho morir nuestros motivos egoístas, nos damos cuenta de la separación del alma y el espíritu. Esto significa que nuestras buenas obras que provienen de nuestra alma no están ligadas a los motivos carnales de nuestro espíritu. Esta separación no es total, ya que todavía hay un vínculo que mantiene nuestra alma en nuestro cuerpo. Nos volvemos más conscientes del Espíritu Santo y entonces tenemos más discernimiento espiritual, pero aún seguimos "enchufados" al cuerpo físico. Sin embargo, mediante el abuso ritual satánico, se produce una separación aparentemente repentina y total del alma y el espíritu, lo que permite a la persona ver y oír a los demonios.

En Cor 15:44 leemos: 'Se siembra en cuerpo animal, resucita en cuerpo espiritual, hay un cuerpo animal y hay un cuerpo espiritual'. Así que sabemos que tenemos un cuerpo físico y un cuerpo espiritual. Es a través de este cuerpo biológico que tenemos contacto físico con el mundo material que nos rodea. No somos conscientes de que tenemos un cuerpo espiritual hasta que nuestro cuerpo físico muere. Esto es lo que Dios quería para nosotros. A través de los rituales, los satanistas utilizan a los demonios para separar el cuerpo espiritual del físico. Cuando el alma y el espíritu se han separado y el cuerpo espiritual se ha separado del cuerpo físico, entonces la persona entra de forma plenamente consciente en una dimensión totalmente distinta. Esta es la dimensión que yo llamo el mundo interior. Este mundo es tan vasto y tan real para el individuo como lo es el mundo físico para nosotros. Pensamos que los espíritus tienen un estado "vaporoso", pero las personas que han estado en esta dimensión me han informado de que los demonios tienen peso y sustancia.

Este mundo interior es un mundo de espíritus demoníacos y personalidades alteradas y es accesible a través de la mente, a través del pensamiento, específicamente a través de la imaginación. Las personas que practican la meditación trascendental o que buscan guías espirituales (no encarnados), por ejemplo, utilizan su imaginación para comunicarse con el reino de los espíritus malignos. Dios nos ha dado una imaginación, lo que no es malo en sí mismo, porque podemos utilizarla para inventos fabulosos de gran utilidad para la humanidad. Podemos usar nuestra imaginación como hizo Jesús cuando enseñó a sus discípulos y les dijo que echaran las redes a la derecha de la barca. La imaginación puede utilizarse tanto para el bien como para el mal.

Cuando se realiza un trabajo espiritual sobre personalidades alteradas, cuando surgen los recuerdos, llega un momento en que la persona está muy angustiada afirmando que su "lado derecho parece estar separado de su lado izquierdo". En este punto, un demonio debe ser expulsado de la persona. Esto será útil para la persona, pero no la liberará de la conexión con esa dimensión espiritual particular que está experimentando. Esta sensación de división puede producirse a través del recuerdo del ritual que provocó la escisión. Una mujer describió una ceremonia en la que los satanistas utilizan las escrituras de 'Hebreos 4:12', pero de una manera completamente retorcida. En este ritual, se sostiene una espada real sobre la víctima y se invoca a los demonios para que la partan y la dividan.

Debido a la dimensión espiritual en la que se encuentra esa persona, es capaz de ver y experimentar esos objetos como si fueran algo real e idéntico a nuestro mundo tridimensional. Los satanistas utilizan esto con fines de control. Por ejemplo, se puede llevar al niño de viaje a Alemania y mostrarle allí un castillo con todo lujo de detalles, tanto por dentro como por fuera. El niño vivirá unos días muy estresantes en este castillo, pasando por diferentes rituales en las distintas salas. El niño se ve obligado a memorizar el trazado del castillo. Se construirá una réplica en miniatura de este castillo al estilo de una casa de muñecas, un modelo tridimensional con el que el niño podrá integrar profundamente su estructura. Una vez memorizado el castillo, se somete al niño a una "cirugía mágica", es decir, se le dice que el modelo en miniatura del castillo se colocará dentro de él al igual que él mismo se coloca dentro del castillo (nota del editor: aquí encontramos un esquema de mise en abyme, al igual que las representaciones gráficas del pintor Escher basadas en la dualidad y los efectos de espejo. Según Fritz Springmeier, las inversiones, las imágenes de espejo, las ilusiones y otros trampantojos que contienen los cuadros de Escher son excelentes soportes para la programación mental de los sujetos escindidos). El castillo está ahora "dentro" del niño y se convierte en una estructura viable para el mundo interior. En este mundo interior, ahora es posible recorrer las distintas estancias del castillo de forma tan real como en el mundo físico. En los rituales que siguen a esta "cirugía", el niño se disociará muchas veces y las personalidades alteradas que nazcan serán entonces programadas para residir en diferentes habitaciones del castillo. Estas salas estarán custodiadas por entidades externas, demonios, y se colocarán trampas estratégicamente para que no haya escapatoria para el alter ego. Estos castillos son fríos y oscuros, llenos de ratas y serpientes y cámaras de tortura, es una poderosa estructura de control. Si un alterno no se somete, no hace exactamente lo que se le ordena, será entregado a los demonios en una cámara de tortura del castillo. Esto es extremadamente doloroso para la víctima, ya que los sentidos espirituales se agudizan. Según algunos relatos, los sentidos espirituales son más fuertes que los físicos. El dolor experimentado en este mundo interior se transmite incluso al cuerpo físico. Cuando un cristiano está dispuesto a dedicar su vida a Cristo, el Señor le da una autoridad excepcional en esta materia. Jesucristo sabe cómo proteger el altar cuando empieza a hablar. ÉL nos da el poder de encerrar a todos los demonios y ÉL pone a los alteradores en un lugar donde no pueden ser encontrados y vengados.

Con esta cirugía mágica, los ocultistas colocan trampas en todo el mundo interior de la persona. Por supuesto, estas cosas no están realmente dentro, pero como el niño cree que están ahí, los demonios pueden usarlas para controlarlo. Los satanistas son muy conscientes de que un alter ego acabará teniendo la oportunidad de empezar a hablar y testificar fuera de la secta. Para mantenerlos en silencio, o para castigarlos por hablar, se colocan estratégicamente trampas que se activarán con ciertos disparos cada vez que el sistema se vea amenazado. Estas trampas pueden ser tan perversas como un demonio pueda imaginar. Una trampa muy común es la bomba. Una tarde me di cuenta de que una mujer que acababa de acceder a algunos recuerdos de abusos no había bebido en todo el día. Después de consultar al Señor, me reveló que había una bomba en su interior lista para explotar si bebía algo. Estaba absolutamente aterrorizada. Le pedí al Señor que se lo quitara, y lo hizo. Entonces pudo beber dos grandes vasos de agua. En este mundo interior, son sus creencias las que atan y retienen a la víctima. Un demonio puede simular la explosión interna de una bomba y la persona tendrá el sonido y el dolor de esa "explosión". Muchas de estas herramientas están diseñadas para destruir la vida o la cordura de la persona que comienza a hablar. Este es sólo un ejemplo de por qué este tipo de tratamiento sólo puede ser realizado con éxito por un cristiano que confía en Jesucristo para hacer el trabajo. Si un ateo hubiera intentado retirar esta bomba, habría explotado y la mujer habría necesitado medicación y posiblemente incluso hospitalización.

Una señora me describió una vez lo que le había sucedido cuando creyentes bien intencionados habían tratado de expulsar a los demonios de ella. Una bomba explotó y ella sintió literalmente que la metralla atravesaba cada parte de su cuerpo. Los fragmentos eran en realidad entidades demoníacas que se propulsaban hacia sus brazos, piernas, cabeza... cada parte de su cuerpo... el estallido de la bomba iba acompañado de una orden implantada que le decía que matara a los que trataran de ayudarla, y que luego saliera corriendo y se arrojara bajo un coche. Ella sabía lo que estaba pasando, pero estaba totalmente fuera de control. Dos hombres estaban presentes para controlarla, pero otras dos personas tuvieron que intervenir para ayudar a sujetarla.

A través de la cirugía mágica, cualquier cosa del mundo físico puede colocarse en el mundo interior de una persona. Estas son algunas de las cosas que se encuentran comúnmente en esta otra dimensión del ser. Estos objetos, destinados a controlar a la víctima, sólo pueden ser eliminados por la Gracia del Señor. La mayoría de ellos están relacionados con recuerdos dolorosos de abusos y se eliminarán a medida que la memoria se procese e integre, pero no siempre es así. Por eso es importante dejar las riendas al Señor.

- Ordenadores: El ordenador puede ser utilizado por los demonios y/o un alter para controlar un objeto o alterar la personalidad en el sistema.

- Teléfonos: La persona puede realmente escuchar la voz del abusador dando instrucciones, la voz es obviamente la de un demonio. Si el agresor quiere que la persona vaya a un lugar determinado a una hora determinada, llama a un demonio que activará el teléfono para transmitir las instrucciones a la víctima. Un demonio tiene la capacidad de reproducir perfectamente la voz de un humano, pero también su aspecto físico.

- Grabadoras: Pueden reproducir cosas humillantes, comentarios desagradables e hirientes. Pueden reproducir las instrucciones una y otra vez para conseguir determinados comportamientos. Por ejemplo, si la persona recibe un cumplido externo, una voz "grabada" contraatacará diciendo cosas humillantes. De nuevo, esto es un engaño demoníaco.

- Cintas de vídeo/DVD: Con estas herramientas, se pueden proyectar en la mente de la persona escenas horribles de tortura humana o de otro tipo.

- Relojes despertadores: Se pueden programar para que suenen a diferentes horas de la noche o del día, de modo que la persona nunca pueda dormir bien. (Nota del editor: Cathy O'Brien cuenta en su autobiografía cómo les implantaron a ella y a su hija "despertadores mentales" automáticos para que nunca durmieran más de dos horas seguidas).

- Horno: Se puede utilizar un horno para succionar toda la energía de la persona o drenar energéticamente un alter para su destrucción. El horno puede mantener a la persona sobrecalentada para perpetuar el trauma.

- Laberintos: Los Alters suelen quedar atrapados en los laberintos. Jesús podrá sacarlos y destruir el laberinto.

Estos son sólo algunos ejemplos de cosas que se encuentran comúnmente en el mundo interior de las víctimas de abuso ritual satánico. Las posibilidades son infinitas, porque con esta cirugía mágica, todo lo que hay en este mundo físico puede trasladarse al mundo interior.

Para las personas nacidas en familias satánicas transgeneracionales, el abuso puede comenzar en la gestación, en el vientre materno. Un feto puede ser traumatizado de varias maneras, por descargas eléctricas, agujas, golpes en el vientre de la madre, violación de la madre, etc.

Es probable que utilicen un dispositivo para medir la frecuencia cardíaca del bebé. Cuando la frecuencia cardíaca aumenta y luego desciende repentinamente de forma significativa, es una señal de que el bebé está entrando en un estado de disociación en el útero. Los ocultistas intentan obtener 6, 13 o incluso 18 fragmentaciones de la gestación, estos son números satánicos de poder. Sin embargo, no siempre logran obtener estas cifras deseadas. Cada fragmentación del feto en el vientre materno se convierte en una "semilla" que luego se dividirá de nuevo para alimentar los diferentes niveles de la estructura interna de la persona con personalidades alteradas.

La organización del mundo interno no es aleatoria. Es una estructura en la que cada personalidad altera y cada objeto está meticulosa y estratégicamente colocado.

Esta estructura tendrá tantos niveles, como fragmentaciones había en el vientre. Si la víctima ha sido fragmentada 13 veces en el útero, la estructura interna tendrá 13 niveles. En algunos casos, el número de divisiones en el vientre no será el deseado, por lo que el recién nacido se dividirá inmediatamente para completar el número de niveles. Estos diferentes niveles, que también pueden llamarse estratos o capas, deben tener una forma geométrica que suele ser la misma para cada nivel. Por ejemplo, si se ha utilizado un cuadrado, cada nivel será cuadrado. También pueden estar formados por combinaciones de formas geométricas, por ejemplo, cuadrados combinados con triángulos o círculos.

Cada nivel está dividido en secciones, o habitaciones, en las que los alters están "bajo arresto domiciliario". Los guardianes (demonios) están situados en puntos estratégicos de cada nivel. Debajo de todas estas capas, suele haber algún tipo de fosa, que a veces tendrá tantos niveles como la propia estructura base. Los diferentes niveles están conectados por escaleras (a menudo circulares, en espiral) con una puerta que divide cada nivel. Este sistema es similar al de un edificio de apartamentos, pero el diseño puede ser más sofisticado. Los niveles no son necesariamente del mismo tamaño y pueden estar en diferentes ángulos entre sí. A menudo, los niveles están diseñados para girar o formar una espiral (ed.: sistema de carrusel). Por lo tanto, toda la estructura compleja se "inyecta" en el mundo interior del niño a una edad muy temprana. Se puede construir una maqueta de la estructura para que el niño pueda visualizarla y memorizarla. El niño acabará por memorizarlo perfectamente, incluyendo la ubicación de las entidades guardianas en cada nivel y la ubicación de los semilleros en cada nivel. Entonces, mediante una cirugía mágica, se le coloca la estructura en su interior y se le dice que debe crecer con ella. Durante la "cirugía", el niño cree que se le ha abierto desde la garganta hasta el bajo vientre y que esta estructura llena ahora todo el tronco de su cuerpo.

Cada alteración creada en el útero por una escisión disociativa será asignada a un nivel particular de la estructura. Este alter se convierte en la "semilla fundadora" que llenará ese nivel de la estructura con otros múltiples alter, todos ellos escisiones de este alter-núcleo. Esto significa que este núcleo alterno sufrirá toda una serie de desdoblamientos durante los sucesivos traumas.

El nivel superior de la estructura se denomina "nivel público". Aquí es donde se alojan las alteraciones que realizan las tareas de la vida diaria (personalidades anfitrionas). Estos son los que van a gestionar la vida familiar, etc., estos son los que se comunican con el mundo exterior... Estos alters generalmente no son conscientes de la existencia de otros alters más profundos hasta que se revelan un día a través de la ayuda externa. Estos alters "públicos" no saben nada de los alters de nivel inferior, ni siquiera que puede existir una estructura compleja de varios niveles. Los alters del nivel superior han sido programados en la víctima para hacer frente a la vida diaria, estos grupos de alters son a veces llamados el "sistema del hogar" o el "nivel público". Este nivel suele tener un número reducido de personalidades: 7 u 8. El área de este nivel superior será la más pequeña de todos los niveles (la punta del iceberg). A medida que avancemos por la estructura hacia sus profundidades, encontraremos niveles más grandes y más densamente poblados. Es habitual encontrar cientos de alteraciones en los niveles inferiores. Cuanto más profundo sea el nivel, más oscuros serán los alteradores, ya que se dedican al "lado oscuro", es decir, a las actividades ocultas del grupo. Los Alters que residen en los niveles inferiores más profundos saben absolutamente todo sobre los niveles superiores y son capaces de tomar el control de todo el sistema superior. Las alteraciones más poderosas y oscuras están en el nivel más bajo, en la capa de programación más profunda. Cuando estos alterados de las capas más profundas quieren tomar el control del cuerpo, suben por las puertas, dan una contraseña a los demonios guardianes y así acceden a los niveles superiores, los niveles públicos. Las personalidades anfitrionas de este nivel público no están capacitadas para resistir el alter ego ocultista de las profundidades. Un alter ego de las profundidades puede castigar y torturar a un alter ego del "nivel público" si éste ha hablado o cometido cualquier otra infracción de las normas. Después de algún tiempo en el ministerio, puede ser útil orar y pedir al Señor que selle las puertas para que los altares del nivel inferior y los demonios ya no puedan ascender al "nivel público" para causar desorden. Sin embargo, esto no es algo que se haga sistemáticamente... Dios me ha llevado a hacer esto con algunas personas, pero con otras, me ha instruido de manera diferente. Debemos estar abiertos a la guía del Señor.

Un alter puede ser programado para ser cualquier persona o cualquier cosa, dependiendo de la voluntad del programador o de las necesidades de la víctima. Alguien que ha sido torturado de forma tan compleja sólo conoce un mecanismo de afrontamiento: la disociación. De este modo, la secta crea deliberadamente personalidades alteradas para servir a su propósito malsano, y la víctima crea personalidades alteradas para hacer frente a la vida que debe seguir llevando. Por lo tanto, algunas alter personalidades serán designadas para trabajar para la secta, mientras que otras tendrán un papel de ayuda y apoyo a la persona abusada. También hay alters neutrales, que no encajan en ninguna de las dos categorías. Los alteradores de culto son creados por rituales particulares, tienen varias funciones como enseñar, almacenar información, realizar rituales específicos, hacer que la víctima siga un determinado horario al ir a las ceremonias, atraer a los demonios hacia ellos, almacenar energía satánica, bloquear cualquier consejo de los cristianos, gestionar la programación, etc. Este complejo sistema garantizará que haya muchos alteradores encargados de matar a la víctima si entra en contacto con consejeros cristianos que puedan empezar a liberarla. Los programadores dan una identidad completa al alter ego de la secta, a veces incluso con sus propias características físicas. Por ejemplo, la víctima puede tener sobrepeso y ser mayor, pero para el alterador que la controla, su cuerpo es el de una joven y delgada adolescente. Estos alteradores de la secta pueden ir en contra del bienestar del individuo hasta el punto de intentar matarlo, cuando es necesario recordar que habitan el mismo cuerpo... sin embargo, a menudo niegan vehementemente esta realidad diciendo cosas degradantes sobre el aspecto físico o la personalidad de la persona. En este punto es útil hacer que se miren en un espejo para mostrar cómo la secta les ha engañado. Tampoco es raro que digan que los espejos son cosas que la secta les ha advertido. Entonces les digo que se queden callados mientras se miran en el espejo, esto suele convencerles de que han sido totalmente engañados. Muchos de ellos renunciarán con gusto a su programación de asesinos autodestructivos cuando se den cuenta de que en realidad se habrían suicidado. Los satanistas acceden a la alteración mediante el uso de disparadores, como nombres, luces intermitentes, tonos, números, etc. Mediante el abuso y la programación, la víctima se convierte efectivamente en un ordenador humano al que puede acceder cualquiera que tenga el programa y los códigos de acceso. Estas alteraciones también pueden activarse por otros medios. Algunos son activados por demonios que el culto convoca durante los rituales. Otros alters han sido creados y programados para emerger y activarse en un momento determinado. Por ejemplo, si la secta ha decidido que una persona debe morir a los 50 años, un alter ego con programación de autodestrucción se activará a los 50 años. Los astrólogos del culto saben desde hace siglos cuándo se producirán determinados fenómenos celestes. Por ejemplo, una luna llena que caiga el mismo día que un eclipse en un viernes 13 (lo que ocurrió en marzo de 1998). Estas cosas son anticipadas con años de antelación por los satanistas. Por lo tanto, es posible que algún alter ego haya sido programado para surgir ese día y llevar a la persona a un ritual en el que tendrá una función determinada. Cada altercado de la secta debe ser liberado de los demonios y convertido a Jesucristo. Esto suele hacerse en 15 o 30 minutos. Jesús les da una nueva función para que puedan trabajar de forma constructiva y contribuir al bienestar de la persona. Estos altares de adoración tienen mucha información que será muy útil para llegar a otros altares. Por ejemplo, me encontré con un caso en el que un alter llamado Bobby había intentado matar a la personalidad anfitriona en mi presencia. Jesús le encomendó la tarea de revelar dónde estaban todas las trampas del sistema. Bobby había sido programado para memorizar las trampas de los 7 primeros niveles de un total de 13 que componen la estructura interna. Una vez que estuvo "de nuestro lado", este alterador se convirtió en un valioso activo para la recuperación de la víctima. Otros alters de la secta son plenamente conscientes de que viven en el cuerpo de la personalidad anfitriona, pero siguen trabajando contra ella. Algunos de estos alters, a los que yo llamo "alters kamikazes", están tan apegados al lado oscuro que sacrificarán gustosamente su propia vida para matar a la víctima. Algunos serán ganados por Jesucristo, otros no, aunque puedan verlo y oírlo. En este caso, Jesús simplemente los elimina. Una mujer con una T.I. muy compleja tendrá muchas alteraciones masculinas. Puede que aparezcan al principio del ministerio de sanación, o puede que no aparezcan durante varios meses, pero están ahí. También es frecuente encontrarse con un alter ego que se cree un perro. No podrá hablar sino sólo ladrar. Entonces es necesario pedir a otro observador alterno que hable por él, será una ayuda preciosa. Una pregunta que puede hacerse es ¿cómo puede alguien llegar a creer que es un perro? A los satanistas les gusta deshumanizar a sus víctimas. Cuanto menos humanos se sientan, mejor entrarán en contacto con los demonios adoptando su comportamiento (los demonios son bestiales). Este tipo de programación es realmente brutal. Por ejemplo, colocarán al niño desnudo en un corral con perros hasta una semana. El niño no puede comportarse como un humano. No se le permite estar de pie, hablar, comer y beber con las manos y dormirá en el suelo. Tiene que desplazarse a cuatro patas para comer y beber de un cuenco como un perro. Será violado varias veces por perros machos. Algún alter puede ser un gatito. Conocí a uno de estos alteradores mientras escuchaba a la víctima hablar de sus técnicas/intentos de sobrellevar la violencia. Entonces, el alter ego de una niña me dijo que se había dado cuenta de que los gatitos de la granja de su familia estaban abandonados. Pensó que tal vez si ella misma se convertía en un gatito, sus abusadores la dejarían en paz. Algunos de estos animales alterados no podrán hablar más que un simple "miau", pero otros necesitarán un mediador alterado que hable en su nombre. Otros, debido a diversas programaciones, pueden creer que son extraterrestres o robots. Una mujer recordó que fue sometida a una semana de programación de perros, seguida de una semana de programación de ET y una tercera de programación de robots. Al final de las tres semanas no tenía ni idea de quién era, sólo sabía que no era humana. Uno de los alters más memorables que conocí fue "Rubber Man". Era parte del "nivel público", había sido creado por la víctima para hacer cosas increíbles que su horrible madrastra le obligaba a hacer. Al ser de goma, podía estirar los brazos y las piernas para llegar a lugares inaccesibles y realizar tareas aparentemente imposibles. Era especialmente bueno lavando ventanas o limpiando canalones. Pero el "hombre de goma" nunca hablaba... cantaba con una fuerte voz rimada y le gustaba animar a la personalidad anfitriona cuando se sentía triste (nota del editor: Cathy O'Brien informa que una de sus hermanas, Kelly Jo, tiene un alter con programación para la prostitución con el que se vuelve tan flexible como "Gumby").Muchos alters, especialmente los de bebés o niños, no tendrán ninguna función particular. Pueden estar encerrados en mazmorras oscuras, fosas, cárceles, etc., están aterrorizados y son miserables. Estas alteraciones suelen ser "residuos", o "daños colaterales", creados cuando la persona es sometida a grados crecientes de dolor y terror durante los rituales y la programación. Para producir el altercado de culto deseado, los satanistas someten a la persona a un dolor insoportable que dará lugar a varias disociaciones, siendo cada altercado sucesivo creado más fuerte y más conectado a la oscuridad que el anterior. Por ejemplo, si la persona se disocia cinco veces antes de que se cree el alter deseado, los cuatro primeros no son tenidos en cuenta por la secta, que no se interesará por ellos. Por ello, se les considera inútiles y se les encierra en una especie de prisión o calabozo, se les "mete en el armario". A veces, un alter ego con muy poca visión puede aparecer pero no responder a las preguntas. Lo más probable es que se trate de una alteración preverbal (bebé o niño). Es necesario preguntar si otro alter ego puede venir a hablar en su nombre. Hace poco me encontré con el caso de una mujer de 53 años. Con el pelo cubriéndole la cara, me miraba fijamente mientras se chupaba el dedo y se frotaba la parte superior de la nariz con el dedo índice. Evidentemente, estaba muy asustada, pero también curiosa. Como no respondió a ninguna de las preguntas que le hice, le pregunté si alguien podía hablar por ella. Fue entonces cuando conocí a Lisa, de 11 años, que me contó los abusos que había sufrido Rini. Rini volvió entonces y le pedí a Jesús que la entregara, y como suele hacer, le envió un corderito. Vi cómo acariciaba al cordero, cómo se reía cuando se acurrucaba en su cuello. Después de un corto tiempo con el cordero, ella miró a Jesús con total asombro y luego levantó los brazos para que Él viniera a buscarla. Entonces pareció relajarse y apoyó la cabeza en su hombro mientras Él la llevaba a un lugar seguro.[494]

6 - EL ESTADO DE TRANCE Y LOS "DISPARADORES"

El estado de trance puede definirse según tres criterios:
- Conciencia alterada.
- Amnesia parcial o total como resultado del trance.
- Presencia de al menos una personalidad alternativa durante el trance.

Las condiciones físicas y emocionales extremas del abuso ritual tienen un fuerte impacto en el niño, especialmente con la combinación de estos estados de trance. Es importante observar el papel de estos estados alterados de conciencia en el proceso de control mental de los niños. Cuando están en estado de trance están más abiertos al adoctrinamiento y a las técnicas para controlar sus mentes y su comportamiento. Por ejemplo, un niño en trance que escucha a un adulto decirle que Satanás está al mando, integrará profundamente esta creencia, mucho más que si estuviera en un estado de vigilia normal. Hay muchas maneras de poner al niño en estos estados alterados de conciencia durante el abuso ritual. El ritual en sí contiene varios elementos que inducen al trance: cánticos, aislamiento, privación sensorial y dolor mediante todas las formas de tortura extrema. Los estados de trance también son inducidos por la hipnosis y las drogas. Estas experiencias tienen un impacto profundo y duradero en las creencias, sentimientos y comportamientos de las víctimas, a pesar de que no siempre pueden recordarlas conscientemente. Sólo más tarde en la vida, generalmente con la ayuda de un terapeuta capacitado, algunas víctimas de

---

[494] *Restoring Survivors of Satanic Ritual Abuse: Equipping and Releasing God's People for Spirit-Empowered Ministry* - Patricia Baird Clark, 2000.

abusos rituales podrán reconstruir laboriosamente lo que sucedió cuando estaban en trance o en estado disociativo.[495]

La programación funciona con *disparadores*, que son códigos de acceso como nombres, frases, destellos de luz, un tono, una voz con un tono determinado, que permiten a los programadores, maestros o superiores de la secta tener acceso a las personalidades alteradas de las víctimas. Esto también permite al programador tener acceso a las estructuras internas para modificarlas o recuperar información si es necesario. En efecto, el sistema interno puede ser utilizado para almacenar información que será mantenida por una alteración hipermésica, datos a los que sólo se puede acceder con determinados códigos de acceso. La información también puede almacenarse en el subconsciente, que se utiliza como un verdadero disco duro seguro. Todas estas manipulaciones se realizan sin que la víctima sea consciente de ellas.

Las funciones previamente programadas se realizan de forma inconsciente, o con cierta conciencia de la obligación de hacer o no hacer algo. Los alters atrapados en estructuras internas obedecerán las órdenes implantadas hasta que sean liberados. Este tipo de programación puede controlar los pensamientos y las acciones de una persona durante décadas, normalmente sin que sea consciente de ello. Los supervivientes de abusos rituales y MKs comienzan a recuperar recuerdos entre los 30 y los 50 años. Pasan muchos más años antes de que la víctima sea consciente de la programación y de sus efectos continuos en ella. Descubrir estas estructuras internas suele requerir ayuda externa para que el superviviente pueda acceder a esta información de forma segura debido a la programación autodestructiva.[496]

El nombramiento de personalidades alternativas es un punto central en el control mental. El programador nombrará sistemáticamente a la alteración creada porque ésta se percibirá automáticamente como perteneciente a la persona que la identificó dándole un nombre. Los nombres del alter, los códigos de acceso, los distintos estímulos desencadenantes, permitirán activar los mecanismos de control mental y acceder a la programación.

El control mental basado en el trauma se basa en la capacidad de inducir inconscientemente en la víctima el miedo a revivir el abuso y la tortura, para que cumpla con las directivas y órdenes implantadas durante la programación. El psicólogo estadounidense Joseph LeDoux, que ha estudiado la memoria emocional, ha centrado sus investigaciones en el vínculo entre la memoria y la emoción, especialmente en los mecanismos del miedo. Su trabajo nos da una idea de cómo funciona la programación de MK. En su libro *"The Emotional Brain: The Mysterious Underpinnings of Emotional Life"* (*El cerebro emocional: los misteriosos fundamentos de la vida emocional*), demuestra que existen dos sistemas de memoria a largo plazo en los seres humanos: un sistema de memoria explícita, consciente, cognitiva y verbal y un sistema de memoria implícita, inconsciente, emocional y no verbal (como ya hemos visto en el

---

[495] *Report of the Ritual Abuse Task Force Los Angeles County Commission for Women*, 1989.

[496] *La relación entre la programación de control mental y el abuso ritual*, Ellen P. Lácter.

capítulo 5). Su investigación revela que el sistema de memoria inconsciente del miedo y el dolor puede *"representar una forma indeleble de aprendizaje"*. En las respuestas postraumáticas, escribe que *"un estímulo asociado al peligro del trauma puede convertirse en un desencadenante incorporado que puede provocar respuestas emocionales en nosotros.* LeDoux llama a esta forma de condicionamiento *"condicionamiento por miedo"*. Es este condicionamiento del miedo el que parece ser un elemento fundamental en el funcionamiento de la programación del MK. Las investigaciones de LeDoux demuestran que la información emocional se transmite a través de la amígdala durante los mecanismos automáticos e inconscientes de afrontamiento del trauma, y que este *condicionamiento del miedo* opera independientemente de la conciencia, lo que él llama *el inconsciente emocional*. Este sistema emocional, en gran medida inconsciente, afecta al sistema cognitivo consciente con más fuerza que a la inversa. Así, dice, *"la gente suele hacer todo tipo de cosas por razones de las que no es consciente, porque estos comportamientos se producen por mecanismos del cerebro que operan de forma inconsciente"*. Los supervivientes informan de que los programadores utilizan intencionadamente la tortura y las drogas para intentar bloquear la capacidad de procesamiento cognitivo consciente de las víctimas. Por lo tanto, este condicionamiento del miedo al trauma controlará las personalidades alteradas. Las respuestas condicionadas por el miedo se llevarán a cabo automáticamente sin conciencia, sin conciencia cognitiva. Los desencadenantes condicionados y programados, como la voz del agresor, una señal con la mano, una palabra o una serie de palabras, etc., pueden entonces inducir miedo y dolor incontrolados en la memoria emocional inconsciente. Esto hará que la persona se comporte de forma condicionada y programada para evitar sentir realmente el dolor y el terror que ya percibe inconscientemente en este recuerdo emocional traumático.[497]

El hecho de que algunos acontecimientos no se recuerden conscientemente no significa que no tengan un impacto significativo en la vida del individuo. Hasta que los recuerdos vuelvan y puedan ser trabajados e integrados en un entorno seguro, la víctima de estos abusos siempre estará controlada en cierta medida por sus experiencias pasadas. Por lo tanto, el superviviente puede reaccionar fuertemente cuando algo o algún acontecimiento le recuerda este pasado tan pesado (consciente o inconscientemente). Por ejemplo, si el superviviente sufrió abusos rituales de niño durante cada luna llena, como adulto puede sentirse obligado a unirse a la secta para participar en las ceremonias de luna llena. O puede ser "impulsado" a realizar un acto de violencia física o sexual en una fecha determinada o en respuesta a un desencadenante en el entorno. Esto también puede manifestarse como compulsiones autodestructivas para hacer frente a la ansiedad asociada a este recuerdo disociativo del evento traumático.

---

[497] *Ritual Abuse and Mind-Control*, Chap: "The manipulation of attachment" - Torture-based mind control: psychological mechanisms and psychotherapeutic approaches to overcoming mind control, Ellen P. Lácter.

Terapeuta Ellen P. Lacter ha observado varios indicadores de programación en sus pacientes. Por ejemplo, cambiará repentinamente su estado en respuesta a un detalle que desencadena una especie de estado robótico con una postura rígida, los ojos en blanco y la incapacidad de oír o responder a nada. Cuatro de sus pacientes informaron de un código de activación idéntico relacionado con el mismo tipo de programación. El código tenía unos diez caracteres con los mismos prefijos o sufijos y con pocas variaciones ortográficas. Sin embargo, este código no aparece en ningún libro ni en Internet y estas personas vivían en zonas remotas.[498]

El Dr. James Randall Noblitt informa de que algunos de sus pacientes han informado de que las llamadas telefónicas o los golpes en su puerta de una manera particular hacen aparecer una personalidad alterada programada para someterse a cualquiera que utilice esa señal de activación. Muchos terapeutas han informado de informaciones similares que se solapan de un paciente a otro. El Dr. Cory Hammond, en su conferencia titulada *"The Greenbaum Lecture"*, dijo: *"Cuando empiezas a recoger la misma información, de naturaleza altamente esotérica, en diferentes estados desde Florida a California, y en diferentes países, empiezas a pensar que algo está pasando... Que esto es un fenómeno a gran escala, muy bien coordinado, sistemático y altamente organizado.... Así que encontramos el mismo fenómeno en muchos lugares diferentes (...) Es hora de compartir más información entre los terapeutas."*

En su libro *Cult and Ritual Abuse*, el Dr. James Randall Noblitt informa de que algunos de sus pacientes describen los mismos tipos de abuso infantil que implican rituales y actos sádicos. Estos pacientes no se relacionaban entre sí y procedían de lugares geográficos, religiones y entornos socioeconómicos diferentes. A pesar de estas notables diferencias, estos individuos no sólo compartían recuerdos similares de rituales traumáticos, sino que también mostraban sistemas internos de D.I. de estructura similar. Algunas personalidades de pacientes alterados incluso parecían reconocer a otros pacientes, escribe el Dr. Noblitt: *"Me estaba despidiendo de un paciente masculino diagnosticado con D.I. e invité a otra paciente, 'Alice', a mi consulta. Una vez en la habitación, Alice se transformó en otra alteración, ahora se comportaba como una niña asustada, "¿Por qué viene Robert James a verte? ¿No sabes que es muy peligroso? Debido a la confidencialidad médica, no podía decir nada sobre este paciente que acababa de salir de mi consulta. Ni siquiera podría decir que era un paciente mío. Su verdadero nombre era Robert Dale. Robert James era uno de sus nombres secretos de culto. ¿Cómo es que Alice lo reconoció y lo identificó con su nombre de culto? Que yo sepa no le había hablado a nadie de este nombre, al menos fuera de la secta, al igual que, que yo sepa, nunca había conocido a Alice. Ni siquiera pareció reconocerla cuando se encontraron en la sala de espera. Alice también había identificado a otros tres pacientes míos, dos de ellos por sus nombres de culto, que según ella estaban relacionados con los rituales a los que se sometió en la primera infancia (...)*

---

[498] Ibid.

Alice también fue reconocida por las personalidades alteradas de otros dos pacientes que, en consulta, revelaron que se conocían de actividades de culto pasadas."[499]

Noblitt también escribe que el poder que existe dentro de los cultos satánicos/luciferinos se refleja en una organización jerárquica piramidal muy estricta. Algunos de los cargos superiores son ocupados permanentemente por los mismos individuos, sin embargo en algunas tradiciones gnósticas, los cargos relativamente importantes (sacerdotisa, sacerdote) pueden ser rotativos. Estos niveles jerárquicos varían en número de una organización a otra y también tendrán diferentes nombres como Caballero, Príncipe, Sacerdote, Sumo Sacerdote, Rey, etc.

A medida que un miembro asciende en la jerarquía, se le revela más información sobre la programación y los códigos de activación utilizados en las ceremonias de los demás miembros de la secta. Algunos de estos activadores son códigos de acceso genéricos y básicos que pueden utilizarse para controlar un número relativamente grande de personas. Por ello, la terapeuta Ellen Lacter informó de que cuatro de sus pacientes tenían desencadenantes idénticos relacionados con la misma programación. Según el Dr. Noblitt, el disparador *"Deep"* o *"Deeper"* parece ser una palabra clave común. Cuando se utiliza repetidamente o se coloca discretamente en una conversación, muchos supervivientes de estos cultos suelen entrar en un estado de trance en el que mostrarán signos notables de un cambio de conciencia, como un cambio de mirada y de postura.

Noblitt explica que los miembros de la secta que ascienden en la jerarquía no sólo tendrán acceso a una variedad de códigos de activación que pueden utilizar para controlar a las personas de niveles inferiores, sino que también sufrirán una "actualización" para que estos activadores genéricos ya no tengan tanto dominio y control sobre ellos. Así, los supervivientes que han llegado a los rangos más altos de estos grupos de culto han sido condicionados y programados con desencadenantes mucho más específicos y complejos para que la mayoría de los otros miembros no puedan controlarlos teniendo acceso a su programación. Ese control está reservado a la élite de los niveles superiores de la jerarquía, que tiene un conocimiento más avanzado de los activadores y códigos de acceso más sofisticados a su propia programación. Mientras que los miembros de bajo nivel de la secta son utilizados por los líderes para todo tipo de cosas, en algunos casos pueden ascender en la jerarquía y se les enseñan los protocolos para acceder a la programación de otros miembros, por lo que a su vez tienen un increíble poder de control.[500]

El control mental con sus códigos de acceso a la programación es por tanto un punto esencial en el ocultismo luciferino, en la "religión sin nombre". Es la principal herramienta de dominación porque es indetectable. En la conferencia de Greenbaum, el Dr. Cory Hammond informa de que algunos

---

[499] *"Culto y abuso ritual"* - James Randall Noblitt y Pamela Perskin Noblitt, 2014, p.90.

[500] Ibid p.158.

supervivientes también pueden tener códigos de identificación. Este código incluye su fecha de nacimiento, también puede incluir el lugar donde fue programado, así como otra información sobre su familia o el culto. Como se ha señalado anteriormente, la mente subconsciente y los alteradores pueden servir de disco duro para almacenar todo tipo de información. Cuando Mark Phillips comenzó a desprogramar a Cathy O'Brien, descubrió números de cuentas bancarias, por ejemplo. Según él, la desprogramación es igual que la piratería. Al igual que se puede hackear un ordenador, se puede hackear el "disco duro" de un esclavo MK...

Muy pronto, una vez creadas las personalidades alternativas, los niños de estos grupos serán programados con disparos sencillos y básicos utilizando los sentidos táctiles y visuales. Estos desencadenantes del tacto son muy importantes para controlar al niño. Para el mundo exterior, la mayoría de estos gestos inocuos sólo parecen toques de cariño. Estos desencadenantes suelen aprenderse mediante una combinación de juego y dolor, castigo y recompensa. Estas programaciones se realizan mediante la repetición cuando el niño se encuentra en estados alterados de conciencia.

Las personalidades de *Gran Maestro*, *Sumo Sacerdote* o *Suma Sacerdotisa*, son consideradas las más importantes y jerárquicamente más altas. Los niños destinados a estos puestos poseerán personalidades alteradas que recibirán diversos entrenamientos en lenguajes esotéricos secretos, altas formas de magia negra y demonología. Según Fritz Springmeier, en las jerarquías luciferinas, estas personalidades más profundas, es decir, las vinculadas al mundo del ocultismo, tendrán nombres de diosa o de dios, de rey o de reina. Estos son los nombres que el programador o el culto utilizarán para identificarlos, pero no son códigos de activación propiamente dichos. Los códigos de acceso siguen patrones, puede ser un código estándar y único. Los pasajes de la Biblia se utilizan muy a menudo para codificar los desencadenantes, pero también extractos de libros de ficción populares. Los códigos de acceso a las capas más profundas de la programación tendrán un contenido esotérico, por ejemplo en lenguas enochianas, a menudo se utilizarán lenguas ajenas al país de origen. La naturaleza de los códigos también estará relacionada con la rama del culto, por ejemplo, un grupo druídico utilizará símbolos druídicos, un grupo cabalista utilizará códigos cabalísticos. Un sistema interno puede tener fácilmente seis idiomas diferentes utilizados como códigos de programación, pero también se pueden implementar palabras imaginarias, así como códigos de lenguaje de signos. La gematria (enseñanzas cabalísticas sobre los números) también desempeña un papel importante en la creación de códigos de acceso a las personalidades alteradas más profundas y oscuras, relacionadas con el ocultismo y la brujería. Dicho esto, la mayoría de las personalidades alteradas han sido más o menos adoctrinadas en el ocultismo. Hay varias razones por las que los esclavos de la Monarquía tienen muchos códigos y estructuras internas relacionadas con el esoterismo y la brujería. En primer lugar, es porque los programadores suelen practicar ellos mismos el alto ocultismo y su visión del mundo se basa en estas cosas, por lo que transcriben esto en la programación de MK. En segundo lugar, los esclavos son arrastrados de nuevo a su conexión con

Satanás y su culto tan pronto como son activados por estos códigos de naturaleza oculta. En tercer lugar, el uso de palabras "mágicas" como desencadenantes también reforzará la creencia de que la programación es magia real.[501] En general, cualquier cosa relacionada con el abuso ritual que ha sufrido la víctima puede ser potencialmente un desencadenante del recuerdo traumático: colores, joyas, ropa, libros, películas, comida, bebida, un nacimiento o un cumpleaños...

El superviviente Jay Parker afirma que el sistema MK-Monarch también utiliza la naturaleza y su simbología para reforzar y perpetuar la programación. La repetición de los abusos rituales según un determinado calendario oculto basado en los ciclos lunares y planetarios impregnará cada célula de las pequeñas víctimas, más aún cuando son "desbloqueadas" espiritualmente durante los rituales, como vimos en el capítulo anterior. A partir de ahí, son los campos gravitatorios específicos de la fecha los que actúan como desencadenantes. Por ejemplo, durante las lunas llenas, cuando la memoria traumática está especialmente cargada debido a los importantes rituales que se celebran sistemáticamente en ellas, así como en los solsticios de verano (20-21 de junio) o de invierno (21-22 de diciembre). Cuando los planetas están en determinadas posiciones, tanto si la víctima tiene 15 como 50 años, el campo gravitatorio percibido inconscientemente a nivel celular ayudará a desencadenar de nuevo el recuerdo traumático en la víctima, para ponerla en "fase" con las ceremonias que van a tener lugar. Para que la programación sea eficaz, debe activarse, reforzarse y actualizarse regularmente mediante estímulos visuales o auditivos. Estos "recordatorios" o "desencadenantes" deben ser omnipresentes en la vida cotidiana para llegar a los sujetos de la MK. La superviviente Trish Fotheringham escribió: *"Canciones de cuna, canciones, cuentos, producciones televisivas y películas conocidas; cada vez que escucho estas cosas en mi vida diaria, fuera de la programación formal, las creencias de mis alter personalidades se solidifican subconscientemente."*[502]

Según algunos autores, ésta es una de las razones por las que vemos florecer cada vez más la simbología ocultista en los medios de comunicación de masas, especialmente en la industria del entretenimiento (música y moda); el signo "desencadenante" más recurrente es *el ojo único*, generalmente representado por un individuo que de alguna manera tiene un ojo enmascarado (desencadenante genérico). Estos diferentes signos sirven, por un lado, para estimular los comandos implantados en los sujetos MK, por otro lado se implantan en la cultura popular laica, en el inconsciente colectivo. La programación de tipo MK también se coordina con la propaganda general de los medios de comunicación a la que se somete al público en general. Esto crea una especie de continuo de programación mental que consiste en controlar a la masa pero también a los líderes de la sociedad. Muchos políticos en puestos clave son individuos controlados mentalmente que han sido programados con órdenes

---

[501] *La fórmula de los Illuminati utilizada para crear un esclavo indetectable de control mental total* - Fritz Springmeier & Cisco Wheeler 1996.

[502] *Sanando lo inimaginable: Tratando el abuso ritual y el control mental* - Alison Miller, 2012, p.77.

implantadas. La coordinación (coincidencia) de una frase implantada en una víctima con una frase propagandística repetida una y otra vez en los medios de comunicación de masas impide que la mente de la víctima programada se vuelva discordante. El político con el cerebro lavado creerá que está perfectamente alineado con la sociedad porque su programación se refleja constantemente en ella a través de los medios de comunicación: la matriz. La sociedad moderna se basa en el control mental individual y global y en la propaganda masiva que sostiene toda esta programación. Como veremos en el capítulo 9 sobre la industria del entretenimiento, el ocultismo luciferino se está vulgarizando para crear una especie de cultura MK hegemónica que se va imprimiendo en el inconsciente colectivo. Esto significa que estas prácticas ocultas se aplican a gran escala, con medios muy amplios, y que afectan directamente a las clases dirigentes.

7 - ALGUNOS TESTIMONIOS

a/ Jay Parker

Jay Parker nació en una familia que practicaba el abuso ritual satánico y la programación MK-Monarch de generación en generación. En abril de 2011, Parker dio una charla en Filadelfia (*Free Your Mind: A Conference On Consciousness, Mind-Control & The Occult*), de la que se incluyen extractos:

El abuso ritual satánico es un sistema oculto de control mental. Este sistema oculto es lo contrario de la Verdad, de la vida, está en total oposición a las leyes naturales. Es esencialmente la antítesis de la naturaleza... una gran mentira. Es un sistema compartimentado y controlado por una minoría, mientras que la naturaleza y nuestra realidad es en realidad un sistema basado en la apertura donde debemos compartir todo por igual. El sistema religioso del abuso ritual satánico y el ocultismo se encuentra en un cierto misticismo. Su misticismo es una práctica religiosa en la que un poder exterior controlará su vida y su destino. Entonces eres un mero engranaje de una máquina. Este misticismo es una completa mentira porque nacemos con facultades espirituales, mentales y emocionales que nos dan la oportunidad de vivir una vida creativa y plenamente positiva. Los Illuminati tienen un sistema de castas y este sistema se basa en las líneas de sangre. Es una jerarquía muy estricta, así que si naces en la familia Rockefeller, por ejemplo, ya estás "en el ajo", serás uno de los grandes controladores. En este sistema, si la secta detecta que tienes determinadas facultades mentales o mediúmnicas, podrás acceder a posiciones específicas. Hoy en día, son estos linajes Illuminati de la antigua Babilonia los que tienen el control total del sistema. En este grupo no hay estrictamente ningún reparto, todo es entre ellos, trabajan entre sí... con esta vieja vibración tan particular...

El abuso ritual es un sistema de trauma físico y emocional, cuyo propósito es crear un esclavo controlado mentalmente que obedezca y sirva a los peores ocultistas durante toda su vida. Al nacer estás en alineación y armonía con las energías naturales de este planeta. Tus conexiones sinápticas, en los primeros seis años, están en pleno desarrollo, estás en modo "grabación", no puedes diferenciar críticamente la información que te llega. La almacenas y construyes con ella tu subconsciente, que luego dirigirá el 99% de tu vida adulta. Así que imagina el resultado si durante tus primeros seis años de vida fuiste programado con negatividad, mentiras y misticismo, en lugar de con la Verdad... Cuando las vías sinápticas, o neuronales, son interrumpidas por, por ejemplo, descargas eléctricas, tu cuerpo mental y tu cuerpo emocional estarán en tal estado de terror que tu cuerpo físico producirá y liberará ciertas hormonas. Estas hormonas se convertirán en una química de la que su cuerpo se alimentará diariamente. Al igual que los perros de Pavlov, que salivaban al oír la campana, pensando que se morían de hambre... El sistema de control mental de Monarch tiene el mismo efecto que los perros condicionados de Pavlov.

Se necesitan años para programar a un individuo. Es algo que es sistemático y que ha estado ocurriendo durante cientos de años. El 10% de la población mundial practica esta antigua religión que se remonta a los antiguos linajes satanistas. Cualquiera que pase por este sistema, tanto si es un simple mecánico nacido en una familia satanista, como si es un banquero llamado Rockefeller: ¡todos pasan por este sistema para "velar" las conexiones neuronales! La energía que emiten y la que reciben es la antítesis misma de la naturaleza, es totalmente negativa. Por eso nos encontramos en una situación así en esta tierra. Cuando las vías neuronales se nublan, se acaba provocando una química particular en el cuerpo, por lo que poco a poco se va programando como un esclavo de la Monarquía. Por ejemplo, sufrirá depresiones en ciertos momentos del ciclo lunar cuando se realicen determinados rituales, y esto ocurre continuamente durante sus primeros seis años de vida. Así que cuando la Luna está en ciertos puntos, ya sea que tengas 15, 20 o 40 años, el campo gravitacional desencadenará la experiencia del trauma de nuevo, a un nivel subconsciente. Es un sistema muy sofisticado que utiliza todo lo que hay en la naturaleza, ya sean campos gravitacionales o simbología, para activar y perpetuar continuamente la programación. Así es como te mantienes en un estado de obediencia permanente (...) Políticamente, son tanto los republicanos como los demócratas los que están involucrados en este negocio de control mental. No se trata de unas pocas personas, es un sistema global de control (...)

Déjenme contarles un poco sobre mi familia... Mi padre provenía de un linaje Illuminati. Su familia procedía de Irlanda del Norte y se unió a la Orden en torno a 1720. Cuando se dice que la Orden de los Illuminati se fundó en Baviera en 1776, en realidad sólo fue una reorganización de la secta para anunciar sus planes de una revolución global para establecer un Nuevo Orden Mundial. Como hemos visto con la Revolución Francesa y la Revolución Americana, actúan a nivel internacional, de forma globalizada y coordinada. Así que esta fecha de 1776 en Baviera, no es la fecha de fundación de la Orden de los Illuminati, fue sólo un punto de partida para comenzar activamente la toma de posesión de las naciones del mundo.

En la vida pública, mi padre no era una persona importante, era un profesor. Pero en el mundo del ocultismo, debido a su linaje familiar, sus conocimientos y su poder oculto, obviamente tenía cierto carisma. Mi madre

MK ULTRA – ABUSO RITUAL Y CONTROL MENTAL

afirmaba que descendía de un linaje de 5.000 años de antigüedad, un legado de brujería transmitido de madre a hija y procedente directamente de una antigua civilización. Mi abuelo paterno era un modesto empresario de un pequeño pueblo de Nueva Jersey. Pero una cosa interesante es que cuando murió, acudieron a su funeral 300 personas de cinco estados vecinos, que mi familia y la gente de la zona no habían visto nunca... Ahora tengo 54 años, así que he estado en unos cuantos funerales, normalmente es la gente de la ciudad en la que vives la que está allí... y mi abuelo era un modesto empresario de esa ciudad... Y había 300 personas para asistir a su funeral, ¡algunas de las cuales venían de Ohio! ¿Qué ha provocado esta reunión? La respuesta es que se trataba de un auténtico líder Illuminati. No era muy importante detrás de su escritorio... Pero en el campo de la manipulación oculta de la sociedad, era alguien importante...

Cuando tenía cinco años, mientras visitaba a mis abuelos maternos en Pensilvania, me regalaron una pequeña estatua de la libertad. Dije: "¡Genial! Me dijeron que no era lo que yo creía, sino que era Semiramis, la Reina de Babilonia... Recuerdo claramente haber insistido durante al menos diez minutos en que era la Estatua de la Libertad y no una estúpida Reina de Babilonia. Una cosa que me gustaría decir sobre mi familia es que aunque todos son satanistas, practican el control mental y trabajan para los poderes fácticos; habrá un momento en que la verdadera conciencia emergerá su verdadera humanidad... Puedes programar a una persona para que sea un verdadero psicópata, pero no puedes destruir su conciencia. He visto a mis padres desviarse completamente de su programación. Mataban con regocijo porque estaban bajo control, influenciados por algún "poder". Debería llegar un día en el que quisieran saber quiénes eran, por qué nacieron, para que se dieran cuenta de que esto ha ido demasiado lejos, para que finalmente pudieran decir "No" a esta secta... Pero no lo hacen.

b/ Svali

El autor anónimo conocido por el seudónimo 'Svali' es un antiguo ocultista, nacido en una familia de linaje luciferino, que fue entrenador (programador) en el grupo *Illuminati* de San Diego. Tras luchar por salir de la secta y de la programación, se convirtió a Jesucristo. Sin dejar de ser anónima, decidió revelar todo lo que sabía sobre esta red y los peligros de este culto luciferino mundial.

Ha escrito dos libros, "*Rompiendo la cadena*" y "*Svali habla*", que no han sido publicados, pero están disponibles gratuitamente en formato PDF en Internet. En 2006, también concedió una entrevista radiofónica exclusiva al periodista Greg Szymanski (*The Investigative Journal*). Svali desapareció misteriosamente de la circulación poco después de esta entrevista, su sitio web fue cerrado y su línea telefónica cortada.

En esta entrevista revela lo que sabe a su nivel sobre la estructura y la organización jerárquica de la Orden *Illuminati*. Describe cómo programan sistemáticamente a sus hijos, siendo la programación de la obediencia, la lealtad y la fidelidad al grupo la primera y más importante que se instala. Explica que, por un lado, se puede tener un niño entrenado para la prostitución y, en el otro extremo del espectro, un niño entrenado para ser una figura importante del gobierno, lo que requiere una programación mucho más compleja. Los adultos reciben actualizaciones de su programación a lo largo de su vida, es un proceso continuo.

Svali explica que este culto trabaja en seis ramas principales de aprendizaje: ciencia, militar, política, liderazgo (líderes de alto nivel), educación y espiritualidad. Los niños deben ser formados en cada rama. Se les someterá a pruebas y perfiles desde una edad temprana para conocer sus habilidades, y luego se les orientará para que se especialicen en una o dos ramas concretas en función de su potencial y de las actividades futuras previstas por la secta. La formación de los niños también incluye doce disciplinas de vida que son:

1/ No es necesario.

2/ No hay deseo.

3/ No hay deseos.

4/ Sin escrúpulos.

5/ Estar lo más en forma posible para sobrevivir.

6/ Ley del silencio.

7/ Valores de la traición.

8/ Viajes en el espacio-tiempo (el niño aprenderá los principios del "viaje", tanto interno en la conciencia como externo en el espíritu. El objetivo es también alcanzar la "iluminación", un estado extático de disociación.

9,10,11/ Traumatismo sexual, aprendizaje de la disociación, borrado de los sentimientos, estas tres etapas varían según el futuro papel del niño en la red.

12/ Ser fiel a las ceremonias/rituales. Uno de los objetivos es también crear una separación completa entre las actividades diurnas y nocturnas del niño.

Svali declara que fue programada y al mismo tiempo entrenada a la edad de cinco años por un médico de la Universidad de Washington para convertirse ella misma en programadora. Dice que estas personas creen que sus métodos son beneficiosos y útiles para los niños y su culto, y ella misma creía sinceramente que estaba ayudando a otros a desarrollar su potencial. Svali divide la programación en cinco grandes "especialidades":

1/ formación en silencio:

Esta formación inicial comienza a una edad temprana, incluso antes de que el niño pueda hablar. Esta programación se hará de diferentes maneras: el niño es interrogado después de una ceremonia sobre lo que ha visto y oído, y si habla de "cosas malas", será castigado, es decir, maltratado severamente. Esto se repetirá hasta que el niño haya aprendido que debe ocultar los rituales. Por lo general, estos castigos extremos crearán un alter ego que será un "guardián" cuya función será asegurarse de que el niño no recuerde lo que vio durante el abuso ritual. Esta alteración está condicionada a temer la violencia si el niño se acuerda. El niño también puede someterse a trances hipnóticos para que las peores atrocidades parezcan un "mal sueño".

2/ entrenamiento de fuerza:
Este tipo de adiestramiento también comienza a una edad muy temprana, a menudo incluso desde que es un bebé. El niño es sometido a una serie de ejercicios de acondicionamiento destinados a:
- Aumentar la resistencia al dolor.
- Aumentar la condición física.
- Aumentar la capacidad de disociación.
- Crear una memoria fotográfica.
- Crear miedo y sumisión a través del deseo de complacer.

3/ Formación en fidelidad:
La programación para la fidelización del culto es lo más importante. La lealtad es un compromiso total con las creencias y doctrinas del grupo. La deserción o el cuestionamiento de estas doctrinas son raros y las represalias son obviamente muy severas. Una persona que cuestiona la doctrina o se niega a hacer su trabajo volverá a "reentrenarse", es decir, su programación será actualizada y reforzada. Para ello, se les aplicará una descarga eléctrica y se les torturará hasta que se sometan. Por lo general, los adultos están suficientemente condicionados para creer que las prácticas y los objetivos del grupo son cosas realmente positivas y constructivas. Están convencidos de que realmente están ayudando a los niños. Los niños oyen hablar del desarrollo jerárquico dentro de la red y se les mete en la cabeza que pueden convertirse en líderes a su vez. Las posiciones de poder en la jerarquía son zanahorias en el extremo de un palo para hacer que los miembros se esfuercen por su éxito. Porque una posición más alta en la jerarquía significa menos abusos y más control sobre los demás, lo cual es importante en una vida que tiene tan poco control sobre sí misma.

4/ formación para una o varias funciones dentro del grupo:
Esta formación está orientada al trabajo realizado dentro del culto. Cada miembro tiene un papel específico que se le asigna desde la primera infancia. Esta es una lista no exhaustiva de funciones:
- Sacerdotes y sacerdotisas.
- Limpiadores (después de los rituales).
- Mensajeros/transportistas.
- Verdugos encargados de castigar a los miembros recalcitrantes o descarriados.
- Profesores (historia del culto, lenguas muertas, etc).
- Prostitutas (Beta Kitten).
- Asesinos (Theta, Delta).
- Formadores (programadores de MK).
- Científicos (ciencias del comportamiento).
- Médicos, enfermeras, personal médico, psicólogos, psiquiatras.
- Líderes militares (para ejercicios de tipo militar).
etc...

Estas funciones son intercambiables y un miembro puede tener varias funciones al mismo tiempo. La duración de la formación que necesita un niño dependerá de la complejidad de la futura función que se le haya asignado. Estos entrenamientos se basan en la reproducción de un "modelo" de comportamiento, llamado programación neurolingüística (PNL). Se muestra al niño cómo el adulto o el adolescente realiza su función y, una vez visualizado e integrado el modelo de comportamiento, se le dice que se lo enseñe dándole pautas claras sobre lo que se espera de él. La obra se divide en varias etapas cronológicas. Se puede abusar del niño para inducir una "tabula rasa", una personalidad "en blanco" que hará todo lo que se le pida. La programación utiliza ampliamente el esquema de gratificación versus castigo. Si el niño realiza las órdenes correctamente, se le elogia e incluso se le engatusa, de lo contrario se le maltrata severamente. Una vez que el condicionamiento está en su lugar, el programador elogia al niño diciéndole que es bueno y que ambos están haciendo un trabajo maravilloso para la "Familia" (la secta mundial *Illuminati*). Las alter personalidades del niño están desesperadas por cumplir las órdenes de la manera más perfecta posible porque buscan constantemente la aprobación del o los atormentadores: el programador y los padres. Este vínculo malsano basado en el trauma y el apego emocional durará toda su vida adulta, ya que las personalidades alteradas suelen buscar la aprobación y permanecen en la etapa de madurez en la que fueron formadas pero en un cuerpo adulto.

5/ formación espiritual:

El ocultismo y la demonología juegan un papel importante en el grupo, por lo que los niños son sometidos a una intensa programación espiritual. El niño es dedicado a una "madre celestial" o a una deidad, incluso antes de nacer. Muy rápidamente, se verá inmerso en un marco religioso en el que la participación en las ceremonias le obligará a repetir estas actividades ocultas. El niño será sometido a un bautismo de sangre, a numerosas consagraciones y a otros rituales que crean un vínculo con los espíritus de los miembros de la familia, como la madre o el abuelo. Cualquier sesión de programación de MK requiere la invocación de demonios para guiar al programador o para infundir energía a la programación en curso. El espiritismo, la mediumnidad/canalización de espíritus, las predicciones, las guerras psíquicas por el poder, la magia de todo tipo, son comunes y necesarias en estos grupos luciferinos.

c/ Kristin Constance

Kristin Constance nació en Australia en el seno de una familia que practicaba el abuso ritual de generación en generación, por lo que ella misma sufrió los horrores y se sometió a terapia durante unos 20 años. Ahora es trabajadora social y consejera. Trabaja con personas con discapacidad, algunas de las cuales han sufrido graves abusos.

En agosto de 2011, Kristin Constance dio una conferencia en las reuniones anuales *del S.M.A.R.T.* sobre el abuso ritual, las sociedades secretas y el control mental (Connecticut, Estados Unidos). La conferencia se titulaba *"Presuntos abusos rituales por parte de los masones de la Orden de la Estrella del Este en Australia".* Aquí está la transcripción completa de su testimonio:

Me llamo Kristin Constance, tengo 43 años. Nací en Australia. Fui abusada ritualmente y programada mentalmente entre los 3 y los 9 años en el este de Australia. El abuso ritual es algo que existe en Australia y está en el centro de una red criminal que produce pornografía infantil. Algunas de las personas de estos grupos criminales han sido detenidas, pero los propios grupos y las redes nunca son molestados. Los supervivientes de abusos rituales en Australia se enfrentan a una serie de obstáculos para su seguridad. Un antiguo agente de policía de Nueva Gales del Sur, que investigó casos de abusos rituales, dijo: "En cuanto conoces a alguien que está decidido a declarar, puede encontrarse rápidamente en el fondo del puerto. En Australia, hay pocas organizaciones de apoyo a las víctimas y es un tema que no está bien reconocido por la ley y el gobierno. Aunque Australia ha reconocido los abusos rituales como una razón legítima para obtener el estatus de refugiado, sólo cuenta con un puñado de procesos que prueban la relación entre la violación de niños y el culto a Satán. El abuso ritual incluye actos sádicos, pero no se limita a eso."

En 1998, el Tribunal Australiano para los Refugiados aceptó a una víctima alemana de abusos rituales. El tribunal declaró, y cito: "El gobierno alemán ha sido ineficaz para detener estas actividades ilegales. En Melbourne, Australia, una encuesta identificó 153 casos de abusos rituales entre 1985 y 1995. 98 trabajadores sociales, psicólogos y consejeros contribuyeron a la encuesta (ASCA - Advocates for Survivors of Child Abuse - 2006). 38 ciudadanos australianos respondieron a la Encuesta sobre Abusos Extremos (EAS - 2007), más de la mitad de ellos (55%) denunciaron abusos rituales y control mental. Michael Salter, que escribió un capítulo sobre el abuso ritual en el libro Ritual Abuse in the Twenty-First Century, acaba de terminar un doctorado titulado Adult Evidence of Organised Child Sexual Abuse in Australia. En su estudio entrevistó a 15 supervivientes de abusos rituales y yo fui una de ellas. En mi entrevista con él, bajo un seudónimo, describí los detalles de la programación mental por colores. También entrevisté a un conocido psicólogo australiano que ha trabajado con supervivientes de abusos rituales durante más de 20 años. Tenía unos 20 pacientes que habían sido víctimas de abusos rituales y de control mental y de esos 20 pacientes, dos habían sido abusados por masones. Mi abuelo era masón de 33 grados, estaba adscrito a varias logias. Él y mi abuela habían fundado una logia de la Orden de la Estrella Oriental en los suburbios de Sydney.

Llevo 20 años de terapia... 16 años con mi actual terapeuta. La parte más difícil de mi recuperación fue curarme de una programación mental basada en los colores y en la explotación del lado izquierdo o derecho de mi cuerpo. Esta programación me hacía disociar regularmente. A los 18 años, en mi segundo año de la escuela de enfermería, empecé a tener problemas de memoria y eso fue lo que me impidió aprobar los exámenes. Empecé a recordar el incesto a los 24 años, y el abuso ritual y el control mental poco después. Me hospitalizaron tres veces. Durante mi primera estancia en un gran hospital psiquiátrico de la costa oeste de Australia, me diagnosticaron una "psicosis reactiva breve", tiroiditis de Hashimoto y un electroencefalograma anormal que indicaba epilepsia del lóbulo temporal. Ese día me olvidé de comer y beber y no podía dejar de llorar... Así que fui yo misma al hospital. Mi primer psiquiatra me diagnosticó un trastorno límite de la personalidad. Pero rápidamente corrigió el diagnóstico a Trastorno de Identidad Disociativo (D.I.D.) cuando empezaron a surgir personalidades alteradas. Poco después, intenté suicidarme en un parque frente a un edificio masónico. Sobreviví a un cóctel de drogas bastante fuerte, me había tragado un frasco de ansiolíticos, una caja de antidepresivos más antipsicóticos... Ni siquiera me dormí...

Me considero afortunado porque mi familia se trasladó de la costa este a la costa oeste cuando yo tenía 9 años. A partir de ese momento, los abusos rituales de los miembros de la secta cesaron. Otros tipos de abuso continuaron, pero el hecho de que se los llevaran en medio de la noche para los rituales se acabó. Mi hermana, que es 7 años mayor que yo, también recuerda haber sido objeto de abusos rituales. Un día, cuando tenía 26 años, me preguntó si me acordaba de las habitaciones subterráneas, le dije que sí... Luego me preguntó si me acordaba de los niños que gritaban, le dije que no pero que sabía que estaban allí en otras habitaciones. Mi hermana no se acuerda tanto, pero estoy segura de que tiene muchas más secuelas que yo porque no salió de la Costa Este hasta los 16 años. Cree que pasó por un proceso que los cienciólogos llaman P.D.H. (Dolor, Droga, Hipnosis). Algunas organizaciones emplean esta técnica utilizando el dolor combinado con fármacos y sugestiones hipnóticas. Estas sugerencias u "órdenes" también se conocen como "implantes". Los cienciólogos describieron este protocolo ya en los años 50 (Science of Survival, 1951). Cuando mi hermana se sometió a una sesión con un Monitor de Respuesta Galvánica de la Piel o E-metro, que utilizan los cienciólogos, el aparato indicó que efectivamente se había sometido a hipnosis en el pasado. El E-metro es un dispositivo de biorretroalimentación que proporciona instantáneamente el estado nervioso y las reacciones emocionales del paciente. Justo antes de venir a este fin de semana de conferencias, mi hermana me dijo que el E-metro había dado una respuesta positiva a algunos recuerdos sobre ser violado en un altar, recibir descargas eléctricas, ser obligado a beber sangre y comer excrementos humanos.

También me considero afortunado porque hace 17 años, cuando me enfrenté a mi madre y a mi padre por el tema de los abusos rituales, mi madre me dijo que no estaba involucrada en ello pero me dio la maleta con toda la parafernalia masónica de mi abuelo. Se disculpó por no haber sido una buena madre para mí. Creo que esa será la única respuesta que obtenga de ella sobre el abuso ritual. Esa maleta me confirmó muchas cosas. Había papeles con contraseñas, signos de la mano e información para los rituales masónicos. También estaban los delantales, las joyas y las medallas que mi abuelo y mi abuela solían llevar en las reuniones. Entonces recordé los colores de la Estrella y mis alter personalidades atrapadas en los puntos de la Estrella. Sentí que por fin había encontrado la clave... En el emblema de la Orden de la Estrella de Oriente (nota del editor: un pentagrama invertido con las ramas de diferentes colores), el color rojo está en la rama superior izquierda y el color azul en la rama superior derecha. En mi mente, el rojo controla el lado izquierdo de mi cuerpo, y el azul, el derecho. Este emblema masónico estaba en la parafernalia encontrada por toda la casa de mi abuelo.

He integrado un total de 26 personalidades durante mis años de terapia. Hoy en día sólo tengo 2 que siguen siendo obstinados y necesitan más sondeos y cuestionamientos antes de poder integrarlos definitivamente. He tenido alteridades animales, la mayoría de las cuales eran gatos y tigres. Mis alters animales me han ayudado a sobrevivir a situaciones que amenazan la vida, mis tigres me han apoyado en las dificultades y el confinamiento. Mi división Rojo/Izquierda (nota del editor: grupo alterno relacionado con el color rojo y el lado izquierdo del cuerpo) ha tomado todo el dolor, mientras que mi división Azul/Derecha (nota del editor: grupo alterno relacionado con el color azul y el lado derecho del cuerpo) ha sido fuerte y continúa fortaleciéndose. Todavía tengo muchas preguntas sin respuesta sobre mis abusos, así que tengo que viajar para encontrar más información. Nunca he podido trabajar de forma estable, pero ahora trabajo a tiempo completo con pacientes.

Recuerdo que me metieron en jaulas, recuerdo el electrochoque, la escarificación, la violación, la fotografía, las drogas, la hipnosis, la privación de comida/luz/oxígeno/sueño. También estuve encerrado en un ataúd con arañas. He participado en rituales interiores y exteriores. He estado atado a los altares. Participé en simulacros de muerte y nacimiento. Recuerdo trampillas subterráneas en los pasillos, pero también que me despertaron innumerables veces en mitad de la noche para llevarme a los rituales. Me acuchillaron, perforaron y pincharon para que mi sangre se utilizara en los rituales. He sido sometida a la mutilación genital, que es el abuso más traumático que se puede infligir a un ser humano, según la Organización Mundial de la Salud.

La programación en color a la que me sometí tuvo lugar en salas subterráneas. Cada sala tenía un color diferente, que correspondía a una programación distinta. Los colores parecían corresponder a los de la Estrella de Oriente: azul, amarillo, blanco, verde, rojo y negro para el centro. La sala roja tenía una luz roja, una camilla, una mesa llena de instrumentos de tortura y equipos de electrochoque. En esta sala, el lado derecho de mi cuerpo estaba cubierto mientras el lado izquierdo sufría la tortura eléctrica. Me colocaron electrodos en las articulaciones, lo que me provocó un dolor paralizante que todavía siento. Me susurraron la oreja izquierda y me aplicaron descargas eléctricas en las sienes. Así es como se creó y fortaleció "Red"... Una mujer me hacía preguntas sobre programación, y no importaba lo que le dijera, siempre me equivocaba. Me desvinculé muchas veces... El "rojo" y sus diversas alteraciones parecen estar diseñados para que durante el abuso sexual, haya una reacción pasiva al dolor, bajo cualquier circunstancia. Red' ha pasado por muchos rituales de sangre y violaciones, y ha soportado la mayor parte de mi dolor.

En la sala azul había una luz azul, una camilla, equipos de electrochoque, cubos y un lavabo. El lado izquierdo de mi cuerpo estaba cubierto, y era el lado derecho el que recibía las descargas eléctricas. Aquí se aplicaban las descargas a mis músculos, y a menudo me sentía más fuerte después de estas sesiones. Azul" parece ser una personalidad creada para obedecer órdenes y no sentir dolor. Puede ser muy enojado y agresivo y hará cualquier cosa para sobrevivir. Siento que estoy programado principalmente con estos dos colores. Mi hermana estaría más programada con White. Sigo sin entender el propósito de esta división izquierda/rojo y derecha/azul. Pero espero encontrar más respuestas algún día... Me di cuenta de esta división Rojo/Azul al principio de mi terapia, hace 20 años. A medida que me hacía más y más consciente de ello, llegué a comprender cómo podían controlar cada lado de mi cuerpo independientemente del otro. He encontrado cinco fuentes de pruebas sobre la programación del color y hay grandes similitudes. El azul se describe como protector, indoloro, no lesivo, fuerte, a veces de tipo militar. El rojo trata sobre la esclavitud sexual y los rituales de sangre. No sé si todas las personas programadas por los masones reciben este tipo de protocolo basado en los colores. Sospecho que, dependiendo del tipo de personalidad, ciertos colores se enfatizarán y trabajarán más que otros. Quizá las fechas de nacimiento influyan en los colores elegidos. No entiendo lo que están tratando de hacer o crear... Realmente me pregunto cuál es la directriz detrás de esto.

El 'rojo' experimentó dolor en el tobillo izquierdo, la rodilla izquierda, la cadera izquierda, el codo izquierdo, la oreja izquierda y la sien izquierda... Cuando se me 'disparó', me encontré acurrucado sobre mi lado izquierdo frente a un radiador con dolor... Siento que mi lado derecho/azul no se vio afectado por el abuso. Ya no tengo tantas pesadillas como antes, pero sigo teniendo problemas para dormir. Nunca he sido capaz de mantener relaciones, pero estoy orgulloso de tener ahora un círculo de amigos cada vez mayor. Nunca quise tener hijos. Siempre me he preguntado por qué la gente quiere traer niños al mundo... probablemente porque debo pensar inconscientemente que todos los niños pasarían automáticamente por lo que yo pasé, así que elegí no tener ninguno...

Los métodos que más me han ayudado en mi recuperación son la terapia Gestalt, el masaje y el ejercicio. En estos momentos, estoy haciendo muchas caminatas y entrenamiento cruzado, lo que me ayuda a sincronizar mis dos hemisferios cerebrales. Es un largo proceso para que los lados izquierdo y derecho de mi cerebro aprendan a comunicarse y sincronizarse de nuevo. El lado izquierdo de mi cuerpo ha sufrido muchas lesiones y es como si mi cerebro casi sacrificara toda esa parte por mi supervivencia.

Así que el abuso ritual cesó cuando mi familia se mudó al otro lado de Australia. Pero el incesto y la violación continuaron hasta los 18 años, cuando me fui definitivamente. Mi padre era alcohólico y mi madre sigue viviendo en la negación, aunque responde a mis preguntas cuando puede... Mi hermana sigue luchando con su enfermedad mental... Ahora estoy trabajando con pacientes y mi terapia está llegando a su fin. Me di cuenta de que nunca podría estar totalmente integrado/fusionado, pero el trabajo de concienciación me ha ayudado a conseguir muchos objetivos que nunca creí posibles... Como dar esta charla... Pero mi mayor logro es seguir vivo... y cualquier cosa que ocurra ahora es un plus.

d/ Lynn Moss Sharman

Lynn Moss-Sharman es fundadora del periódico *The Stone Angels* y portavoz de *ACHES-MC* Canadá (*Advocacy Committee for Human Experimentation Survivors & Mind-Control*). Fue víctima de abusos rituales y de control mental cuando era niña. Cuando fundó el periódico *The Stone Angels* en 1993, empezó a conectar con otros supervivientes. Esto la llevó a reunirse con unos 60 adultos de la zona de Thunder Bay y del noroeste de Ontario, en Canadá. Juntos decidieron publicar en esta revista escritos y dibujos de supervivientes y terapeutas, así como información sobre el control mental moderno. El comité de *ACHES-MC* Canadá se formó en 1996, cuando Sharman asistió a una conferencia de Claudia Mullen y Chris Denicola en Texas (cuyos testimonios se transcriben en el capítulo 3). En este acto también conoció a otros supervivientes, como Blanche Chavoustie. Fue entonces cuando decidió hacer lo necesario para formar un comité que defendiera los derechos de las víctimas del control mental en Canadá. Poco a poco se fue creando una base de datos y el comité se constituyó oficialmente en octubre de 1996, con el objetivo de reunir suficiente información para elaborar un informe fiable. Los datos recogidos incluían las zonas geográficas donde se llevaron a cabo los experimentos en EE.UU. y Canadá, así como una lista de presuntos autores.

Al ponerse en contacto con otras víctimas, Sharman se dio cuenta de que muchas de ellas habían estado implicadas en abusos rituales relacionados con la masonería. Sus padres o abuelos eran masones, incluidos los Shriners (*AAONMS: Ancient Arabic Order of the Nobles of the Mystic Shrine*), algo que parecía ser un denominador común en todos estos relatos. También encontró fuertes similitudes entre los testimonios de los ciudadanos estadounidenses que fueron víctimas del control mental MK-Ultra y los de las víctimas canadienses que informaron del mismo tipo de experiencias. Además, las víctimas a menudo habían crecido cerca de una base militar. Otro denominador común entre las víctimas es que el padre solía estar en las fuerzas armadas (canadienses o estadounidenses). Según Sharman, el 90% de las víctimas con las que se reunió dijeron que se les había "ofrecido" el abuso ritual con la consiguiente división de la personalidad y el control mental. En estos casos no se trata de secuestros de niños, sino que uno o ambos progenitores siempre consienten e incluso participan activamente en el proceso de programación del MK sobre el niño.

En 1994, Lynn Moss Sharman organizó una serie de conferencias y reuniones en Thunder Bay. El evento se denominó *"Recuperar el tiempo perdido"*, una serie de tres conferencias que tuvieron lugar entre noviembre de 1994 y junio de 1995. El objetivo era hacer llegar al público la mayor cantidad posible de información y testimonios de víctimas y terapeutas. El objetivo era poner la información a disposición del público y, de este modo, hacer que la gente empezara a hablar abiertamente de ello, al tiempo que se permitía a las víctimas ponerse en contacto entre sí. Este tipo de reunión es importante porque da a las víctimas confianza y seguridad sobre sus experiencias. Ya no están solos y esto les tranquiliza porque no están locos. La oradora principal de la primera reunión, celebrada en noviembre de 1994, fue Shirley Turcotte, consultora y terapeuta clínica licenciada con sede en Vancouver (Columbia Británica). Se dio a conocer por el documental *"To a Safer Place"*, que muestra su trayectoria como víctima, ella misma superviviente de una red de pornografía infantil. Entre los muchos otros oradores se encontraba la Dra. Louise Million, psicóloga y autora de *"Breaking The Silence"*, un estudio sobre el abuso y la tortura de las personas de *las Primeras Naciones* en los hogares y las escuelas. Los niños nativos americanos de Canadá han sido especialmente objeto de experimentos de control mental por parte de la Red Pedocriminal.

Sharman informa de que estas reuniones en Thunder Bay recibieron una amplia cobertura de los medios de comunicación. Cuenta que el entonces primer ministro canadiense, Robert Keith Rae, recibió quejas de los masones de toda la provincia sobre los *Ángeles de Piedra*... ¡una organización que ponía el dedo en la llaga, señalando la pedofilia y el control mental de la red! De hecho, la masonería fue citada regularmente en conferencias y testimonios como vinculada al abuso ritual y al MK. La propia Sharman recibía mensajes de masones en su contestador automático. Incluso afirma que la esposa de un masón de alto rango de la *Fábrica de Alces* que era editor de un periódico en Dryden se negó a imprimir el anuncio de las conferencias porque su marido era masón. Como editora de un periódico regional, optó deliberadamente por no informar a la gente sobre dicha reunión. Estas reuniones públicas destinadas a denunciar los abusos rituales y el control mental provocaron una protesta generalizada entre los masones, ya que se anunció que no se les permitía asistir a las conferencias (aunque evidentemente era imposible hacer tal filtro a la entrada, el efecto del anuncio tuvo cierta repercusión...). Además, las grabaciones de las conferencias estaban estrictamente reservadas a las víctimas, a los terapeutas y a determinadas asociaciones.

La mayoría de los supervivientes que conoció Sharman eran nativos americanos, *ojibway* de Thunder Bay o de las reservas del noroeste de Ontario. Pronto se encontraron similitudes en los testimonios de los antiguos residentes de los centros de acogida. Por ejemplo, se informó de la existencia de una silla eléctrica en el internado de Fort Albany, cerca de *Moose Factory*, donde también se encontraron esqueletos de niños. Los antiguos residentes han contado que fueron violados en mitad de la noche por hombres con túnicas blancas, algunos también han hablado de abortos forzados, etc. Son las mismas prácticas de culto descritas por los supervivientes de abusos rituales estadounidenses. También se ha informado de que este tipo de actividades de culto tienen lugar en la isla de Manitoulin, y algunas víctimas han denunciado incluso que personas blancas adineradas vuelan desde Nueva York o California para participar en los abusos rituales en esa isla. Todo esto es bien conocido por la comunidad aborigen de Canadá porque están haciendo sus propias investigaciones sobre este tema. Son muy conscientes de la existencia de estas prácticas y conocen los lugares donde se realizan estas actividades. Según ellos, en esta red de culto participan, entre otros, trabajadores sociales de la infancia y la familia, y muchos niños amerindios han sido víctimas de estas personas (esta conexión de la Red con los servicios sociales de la infancia es recurrente, tanto en América como en Europa). Los ancianos ven lo que les ocurrió a muchos de sus hermanos y hermanas en las escuelas y hogares residenciales, pero también en el sistema penitenciario, muchos de los cuales estaban cerca de bases militares estadounidenses o canadienses (*NORAD* y *DEW* Line). El propio padre de Lynn Moss-Sharman trabajó en el ejército canadiense.

Los recuerdos de Sharman comenzaron a aflorar con los abusos sexuales de su padre, su tío y un grupo de hombres del ejército que también se dedicaban a la explotación sexual de niños. Sus recuerdos se referían a este grupo de hombres, pero le resultaba difícil determinar qué conexión podían tener con su padre, o el papel exacto que desempeñaba en este grupo. Sharman tiene recuerdos de abusos rituales a una edad muy temprana (tan solo tres años) cuando vivía con sus padres en la calle Maria de Toronto. Recuerda un ritual que denomina *"perdonar con sangre"*, que tenía lugar cerca del matadero o en las iglesias cercanas a Hamilton y Toronto. También recuerda haber sido transportada a varios lugares, incluidos los sitios afiliados al ejército, como el subterráneo de *Stone Mountain* o la base aérea de Uplands en Ottawa. Sharman fue sometida a privación sensorial y terapia de electroshock, y recuerda que le dijeron: *"Primero te rompemos, luego te reconstruimos..."* (*Ordo Ab Chao*). Fue objeto de proyectos de MK financiados por la Universidad de Rochester a finales de los años 40 y principios de los 50. Cita al Dr. George Estabrooks, del Departamento de Psicología de la Universidad Colgate de Hamilton (EE.UU.) y afiliado al *Oswego State Teatcher's College*. El Dr. Estabrooks estuvo directamente implicado en la creación de los Candidatos de Manchuria, estuvo en contacto con J. Edgar Hoover (FBI) ya en 1937, así como con José Delgado, Martin Orme, Ewen Cameron y muchos otros... Encontramos aquí a toda la camarilla de científicos que estaban trabajando en la época en el lavado de cerebro y el control mental basado en el trauma.

Sharman insiste en que es esencial que la gente se dé cuenta de que estos experimentos de control mental se llevan a cabo principalmente en niños y que la investigación es amplia y ha llevado al desarrollo de técnicas cada vez más sofisticadas. Incluso nacen niños en estos laboratorios para ser sometidos a experimentos sin ver nunca la luz del día. Estas pequeñas víctimas son encerradas en jaulas, sometidas a electroshock, drogas, privación sensorial, etc., todas ellas técnicas que servirán para disociarlas profundamente y dividir su personalidad. Sharman también informa de experimentos genéticos y de irradiación, o de tratamientos químicos para acelerar la pubertad, con el fin de obtener rápidamente sujetos reproductivos. Las víctimas son utilizadas literalmente como conejillos de indias para probar las drogas y determinar cuál será la más efectiva y rápida en el proceso de lavado de cerebro que precede a la programación MK. Sharman se pregunta hasta qué punto estos experimentos de control mental se llevaron a cabo en la comunidad nativa americana de Canadá. Recuerda que la llevaron a un lugar donde había una mujer inuit con la cabeza rapada y un bebé en brazos. También se pregunta por el destino de varios aborígenes que fueron enviados al sur de Ontario o a las fronteras estatales para el llamado tratamiento de la tuberculosis en los años 50 y 60.

El proceso de recuperación de Sharman fue muy largo y todavía tiene una condición de discapacitada. De hecho, esta fragmentación es devastadora y, en su opinión, irreversible. Describe cómo su cuerpo ha conservado el recuerdo de cada nivel de programación debido a que la memoria celular registra todo lo que la víctima ha experimentado. Estos recuerdos traumáticos suelen surgir con una potente abreacción (descarga emocional, la persona revive el recuerdo traumático en directo). Para Sharman, sus recuerdos empezaron a aflorar cuando atravesó una crisis personal, otra relación abusiva y poco saludable que finalmente la llevó al colapso total. Los primeros recuerdos que surgieron fueron los de las violaciones, y luego, con el tiempo, también volvieron violentamente fragmentos de recuerdos más enigmáticos, como el de haber sido encerrada en una jaula o haber recibido descargas eléctricas. Cuando estos flashbacks surgían, podía ver la cara de alguien, por ejemplo, pero un intenso dolor físico se apoderaba de todo su cuerpo y se volvía totalmente incapaz de hablar. No podía explicar a su terapeuta lo que estaba recordando o lo que pasaba por su cabeza. Pasó por un largo periodo en el que fue incapaz de hablar de sus recuerdos traumáticos. A veces tenía que escribirlas o dibujarlas. Durante estos recuerdos violentos, se encontró en situaciones en las que se escondía bajo la mesa de café, por ejemplo, envolviéndose en la alfombra del terapeuta. Su cuerpo y su mente estaban literalmente reviviendo la experiencia traumática que había sufrido años antes, con un dolor igualmente intenso. Dice que se encontró en posturas físicas que era completamente incapaz de asumir en un estado normal. Su cuerpo se contorsionaba de formas increíbles y sufría espasmos cuando volvía la memoria celular de las descargas eléctricas.

Su terapeuta le dijo que la hipnosis no sería buena para ella debido a la intensidad de sus reacciones físicas cuando los recuerdos volvían. De hecho, la hipnosis podría inundarla con demasiados recuerdos que tendrían tal efecto en su cuerpo que no podría soportarlo. El terapeuta prefirió tomar las cosas con suavidad, paso a paso, para que Sharman fuera capaz de manejarlo, tanto emocional como físicamente. Su cuerpo, su mente, su espíritu y su "yo" debían ser capaces de procesar la información traumática y comprender cómo podían relacionarse estos diferentes recuerdos. Otro rompecabezas que había que armar...

Un punto importante a tener en cuenta es que Lynn Moss Sharman nunca tuvo que tomar medicamentos durante su terapia y evitó cuidadosamente cualquier intervención psiquiátrica. Sin embargo, en muchas ocasiones quiso poner fin a su vida e ingresar en el hospital para recibir un tratamiento que podría haberla ayudado. También consiguió evitar las adicciones sistemáticas y la autodestrucción.

e/ Dejoly Labrier

Dejoly Labrier creció en un ambiente militar, sus dos padres eran militares y practicaban el abuso ritual. Dejoly desarrolló una personalidad múltiple como resultado del grave trauma que experimentó en estos grupos militares. Es autora de "All Together Now: A Multiple Story of Hope & Healing". En 1997, fue invitada al programa de Kathy Fountain "Your Turn" en FOX 13 News. Aquí está la transcripción del programa en el que dio su testimonio:

- **Kathy Foutain**: Los dibujos que van a ver ahora fueron dibujados por diferentes personalidades con diferentes nombres, pero todos provienen de una persona... Una mujer con trastorno de identidad disociativo. Un trastorno que se cree que está causado por un traumatismo repetitivo infligido en la primera infancia. Esta mujer dice que fue abusada por su madre y su padre en una extraña y ultraviolenta secta que opera en un entorno militar (...) Así que damos la bienvenida a Dejoly Labrier. Hace falta mucho valor para hablar de estas cosas y estoy encantada de poder hablar de ellas con ustedes. Me gustaría ayudar a la gente a entender por lo que has pasado... Tus padres eran militares, "marines".

- **Dejoly Labrier**: Ambos eran "marines".

- **KF**: ¿Una disciplina de hierro?

- **DL**: Sí, muy rígido. Desde la infancia, mi madre solía presumir de que sus hijos de tres años eran tan disciplinados como un "marine" a la hora de hacer la cama o de responder a la atención gritando: "¡Sí, señor! o "¡No señor! Estábamos continuamente limitados a hacer nuestras tareas diarias. Todos los sábados también teníamos que limpiar la casa de arriba a abajo.

- **KF**: ¿Y el culto, la secta? ¿Fueron ambos parte de ella? ¿Era un culto satánico o algo más? ¿Qué estaban haciendo?

- **DL**: Se practicaban rituales satánicos... Lo que entendí de los recuerdos de mis alter personalidades fue que ambos estaban involucrados. Mi padre era el líder y mi madre era su cómplice, la llamo su 'cómplice' porque nunca nos protegió de toda esta violencia (...) Hay niños que son violados, pero que también son descuartizados... Esto 'alimenta la fiesta' para que los miembros de la secta reciban poder y fuerza. Existe el consumo de sangre, pero también hay canibalismo con bebés sacrificados.

- **KF**: ¿Dónde llevan a los bebés?

- **DL**: Dentro del propio grupo, algunas mujeres están teniendo bebés. También hay chicas jóvenes en edad fértil. En cuanto llegan a la pubertad, quedan embarazadas por las violaciones que se producen durante los rituales. También encuentran bebés donde nadie se preocupa realmente.

- **KF**: Usted dice en su libro de forma detallada que fue utilizada sexualmente por esta secta, por lo que fue violada por su padre y por otros hombres.

- **DL**: Fui violado por mucha gente, incluso por mujeres, por muchos "marines"... Nos movíamos por todo el país regularmente. En el ejército, mi padre era reclutador y también estaba en la reserva en diferentes bases de todo el país reclutando y entrenando, especialmente el entrenamiento anfibio.

- **KF**: ¿Y en cada lugar al que fue destinado encontró un nuevo grupo de personas para hacer este tipo de cosas?

- **DL**: Sí, eso es...

- **KF**: ¿El ejército sabe de estas cosas? Nunca se les escucha en este...

- **DL**: Hay mucha rabia por parte de algunos de mis alternos hacia los militares. Pero lo que sí puedo decir es que la alta jerarquía militar estaba al tanto de lo que ocurría. Hay muchas cosas que saben, pero no hacen nada para detenerlas. Nunca detienen a los responsables.

- **KF**: Cuando tu padre llegó a un nuevo sitio, por lo que nos cuentas sólo tuvo que poner un anuncio en el periódico militar local para encontrar gente interesada...

- **DL**: Existe una red de explotación sexual militar a nivel nacional. Te metes en ella dependiendo de quién seas y de cuáles sean tus conexiones. Una cosa lleva a la otra, a través de reuniones y discusiones, acabas conociendo a gente relacionada con este tipo de cosas. Así que pueden crear una red muy rápidamente, a veces son sólo tres personas, pero a veces son muchas más: 20 o 30 personas.

- **KF**: ¿Cuáles son los objetivos de estos rituales? ¿Cuáles son sus objetivos? Dijiste que era satánico... ¿Es un sacrificio? ¿Por qué lo hacen?

- **DL**: Existe la creencia de que comer sangre y carne humana en los rituales te dará poder. Creen que esto les hará muy poderosos. Por otro lado, hay un tipo de satanismo en el que toman las creencias cristianas y las invierten, lo cual es algo esencial para ellos. Les da una sensación de superioridad sobre los demás: "Somos poderosos, podemos matar sin que nadie lo sepa, ¿quién será el siguiente? Por eso se sienten muy poderosos y superiores a los demás.

- **KF**: Tuve la oportunidad de hablar con su terapeuta por teléfono hace poco y me confirmó que efectivamente se trataba de un trastorno de identidad disociativo. También me dijo que había visto surgir sus diferentes personalidades en su consulta. Es parte de la terapia llevar a estos alters a un lugar donde estén seguros para contar sus historias. A veces pueden comportarse de forma violenta con usted o con otras personas. Se trata de saber por qué estas personalidades alteradas actúan como lo hacen para poder ayudarte, los alterados necesitan poder expresarse. Has dibujado un mapa, una especie de diagrama que representa unas cincuenta personalidades diferentes. Fue dibujado hace varios años, estos son los alter que sucesivamente surgieron y dieron sus nombres. ¿Quién es el grande del medio, "el competente"... eres tú o alguien más?

- **DL**: Es un alter ego, no soy yo. Soy todo esto... combinado en una sola persona.

- **KF**: Tienen personalidades muy destructivas...

- **DL**: Sí... contra mí, internamente, pero no hacen nada a los demás. Lo que quiero señalar es que cada uno de ellos tiene su propio comportamiento, porque fueron creados para proteger a otro alter o a mí mismo. Así que puede parecer que se comportan mal, pero en el fondo no son malos, lo hacen para protegernos.

- **KF**: En el dibujo, esta mujer negra es una de tus alter...

- **DL**: Sí.

- **KF**: ¿Qué papel desempeña?

- **DL**: Es la guardiana de nuestro sistema. Protege y ama incondicionalmente a cada una de las personalidades alteradas. Cuando hay conflictos entre algunos de ellos, es ella quien los lleva aparte para hablar con ellos individualmente.

- **KF**: ¿Y quién es "El silencioso"? ''

- **DL**: ''El silencioso'' es uno de los alters que ha sido abusado militar y satánicamente. No habla, es muda...

- **KF**: Usted dice que hoy ha establecido un consenso con todas las personalidades alteradas. Eso significa que todos están de acuerdo en llevarse bien y en cooperar. ¿Están aquí, escuchando nuestra conversación?

- **DL**: Sí... Muchos alter hacen lo que llaman "reuniones de junta", reuniones entre ellos, ese tipo de cosas...

- **KF**: ¿Así que tuvieron algún tipo de reunión antes de venir a hablar en televisión?

- **DL**: (Risas) Absolutamente.

- **KF**: Todos dijeron que era una buena idea porque ....

- **DJ**: ... Porque hay que decirlo, la gente tiene que saber que este tipo de abuso existe, y que este tipo de trastorno psíquico (D.I.) también se da. Muchas víctimas con doble personalidad son mal diagnosticadas en psiquiatría. A veces se les trata con una medicación inadecuada que no aborda el problema de las personalidades múltiples.

- **KF**: Sí, su terapeuta mencionó que a menudo las víctimas son mal diagnosticadas y reciben un fuerte tratamiento químico que no les ayuda en absoluto. Es mejor dejar que surja, dejar que las alter personalidades surjan en la terapia y reconocer sus diferentes funciones para tratar de tener una buena cooperación...

- **DL**: Sí, ayudarles a tener diferentes funciones. Tengo una alteración llamada "Druggie", su función es poner el sistema a dormir, como medida de protección. Si se produce un desencadenante que pueda ser un problema para uno de los alters, entonces surge Druggie y nos pone a todos a dormir. Nos pone literalmente a dormir...

- **KF**: Ahora una pregunta de Lydia que nos llama desde Ruskin.

- **Lydia**: ¿Intentó hablar con alguien sobre lo que estaba pasando en ese momento? ¿Había alguien con quien hablar?

- **DL**: Por desgracia, no había nadie con quien hablar... Toda mi familia estaba involucrada. Cuando se abusa de forma tan violenta de niño, se aprende rápidamente a callar y a no hablar con nadie porque podrías ser la próxima víctima sacrificada... Así que el miedo está ahí...

- **KF**: ¿Tenías miedo de que te mataran?

- **DL**: Estaba completamente aterrorizado de que me mataran.

- **KF**: Los escépticos de su testimonio dirán: "¿Cómo sé que esta secta es real? ¿Es todo esto real? ¿Realmente se mata y mutila a los bebés? También hay quien dice que puede haber sufrido abusos sexuales por parte de su familia, pero que su mente creó el resto de la historia.

- **DL**: Puedo entender esta reacción, porque todo esto puede parecer realmente muy extraño. Sin embargo, hoy en día hay cada vez más personas que revelan la verdad sobre lo que han vivido. Esta es mi vida. No estoy diciendo que todas las personas que son agredidas sexualmente vayan a desarrollar una personalidad múltiple, o que vengan de una secta satánica, o que los militares sean todos violadores... Lo que tengo que decir es que esta es mi verdad pero no tienes que creerme. Hay mucha gente que sabe que esto es real y está dando la cara. Al principio de mi proceso de curación conocí a personas de todo el mundo que dibujaban el mismo tipo de cosas, contaban las mismas historias, tenían personalidades alteradas con los mismos nombres, y todos tenían este mismo trastorno psiquiátrico debido a su infancia traumática...

- **KF**: Tiene dos hermanas y un hermano, ¿están a salvo hoy en día?

- **DL**: No, porque hace falta mucho valor y trabajo para superarlo y poder recuperarse. Es como una cebolla que se va pelando capa a capa para descubrir otro nivel de dolor y tomar conciencia de él. Mi hermano sufrió graves abusos de niño (...) Mi padre me escribió una carta en la que admitía haberme violado a mí y a otros niños... incluido mi hermano. Mi madre lo niega totalmente y acusa a mi padre de ser quien nos ha traicionado...

- **KF**: ¿Su padre no quiere dejar la secta?

- **DL**: Hoy no tengo ni idea...

- **KF**: Algunas personas han llamado y preguntado lo siguiente: ¿Es posible que el terapeuta pueda implantar estos recuerdos en su mente?

- **DL**: Ellos (nota del editor: la Red) tienen mucho poder, y en todo el mundo intentan meter en la cabeza de la gente que este tipo de cosas son imaginarias, que todos estos horrores no pueden existir realmente... Todo esto surgió a través de mi propio trabajo, si iba a ver a un terapeuta, era para que me guiara, no para que hiciera el trabajo por mí, o para que me dijera qué pensar...

- **KF**: Tenemos a Tammi en línea, haz tu pregunta.

- **Tammi**: Hola Dejoly, me gustaría saber qué edad tenías cuando finalmente saliste de todo esto. ¿Y cómo saliste de ella? Dijiste que el abuso sexual se detuvo al final de tu adolescencia...

- **DL**: Sí, en realidad el abuso sexual cesó cuando cumplí veinte años. Llegué a casa para la fiesta y mi padre estaba allí, solo... Ese día me violó. Ese día me violó. Después no volví a verlo, porque me escapé. Me escapé cuando me di cuenta de que habría ayuda fuera, gente que podría ayudarme de verdad (...) Cuando estás disociado, con una personalidad múltiple, también estás desconectado de las relaciones humanas. Me he casado cuatro veces... y ahora, en mi cuarto matrimonio, por fin puedo decir que quiero a mi marido y que he podido conectar con él. Antes de esto no era capaz de establecer una relación real, ahora puedo...

- **KF**: La terapia le ha ayudado mucho...

- **DL**: Sí.

- **KF**: Ahora una pregunta de Barbara...

- **Bárbara**: Hola, ¿qué tipo de terapia has recibido? En particular, con respecto a la hipnosis y el tipo de medicación.

- **DL**: Tuve una terapeuta durante 5 años, pero murió repentinamente... Durante 5 años trabajamos sin medicación, porque realmente no funciona... Pero tengo una alter, "Ginger", que necesitaba Prozac cuando estaba deprimida. Así que tomamos Prozac durante dos años y medio.

- **KF**: ¿Fue el alter ego o todos los que lo tomaron?

- **DL**: Es muy difícil de explicar... Yo lo tomaba por ella, pero tenía los efectos... Mi terapeuta de entonces también utilizaba la hipnosis. Mi terapeuta de entonces también utilizaba la hipnosis. También dibujábamos, yo llevaba un diario en el que escribía preguntas con sus respuestas, y luego volvíamos a él con el terapeuta. También hicimos terapia experimental con movimiento, música, etc.

- **KF**: ¿Pero nunca te "integraste" y te fusionaste para convertirte en uno con todo el alter ego?

- **DL**: No. Personalmente creo que a veces el plan o el método del terapeuta no es necesariamente en el interés de todos los alters.

- **KF**: Hay una especie de cooperación y consenso entre los alter...

- **DL**: *Sí.* (...)

Parece que también en Europa existen estas prácticas en el ejército. En julio de 2011, el magistrado italiano Paolo Ferraro denunció públicamente la existencia de una *"secta satánico-militar"* durante una rueda de prensa en su país. Un canal de televisión italiano emitió las declaraciones del magistrado. Aquí está la transcripción del breve informe italiano sobre el tema:

Una secta satánica basada en el sexo y la droga, que forma una red de alto nivel, estaría practicando oscuras maniobras para que las investigaciones no lleguen a concluirse. Después de que el Consejo Superior de la Magistratura decidiera suspender a un magistrado durante cuatro meses por un supuesto problema de salud, decidió hacer público este caso que se inició en 2008.

Paolo Ferraro: Me limité a una simple observación: en una casa vivían varias personas, algunas de ellas "oficiales", con mujeres y niños, y participaban en actividades que no eran en absoluto normales... Descubrí un mundo subterráneo, desconocido, oscuro y ambiguo... También se practicaban actividades sexuales en un contexto que hasta entonces me era completamente desconocido.

Los defensores del Ministerio Público denuncian anomalías en la actuación del Consejo Superior de la Magistratura y ya tienen previsto un recurso para invalidar esta suspensión, mientras que el magistrado Ferraro recurrirá.

Paolo Ferraro: La elección que han hecho es quizás porque no han leído correctamente todo lo que denuncié en mi informe. Pero también porque no entendían realmente la esencia del problema. ''

f/ Cisco Wheeler

Cisco Wheeler es un superviviente de la red luciferina de *los Illuminati*. Es coautora con Fritz Springmeier de los libros: *The Illuminati* Formula *to Create an Undetectable Total Mind Control Slave* y *Deeper Insights Into The Illuminati Formula*.

Wheeler fue programada desde la primera infancia por su padre, que procedía de una familia luciferina transgeneracional. Según ella, su padre era un programador de la Orden de *los Illuminati* y del gobierno estadounidense. Su familia estaba muy conectada políticamente. Su tío abuelo (descendiente directo del general Ulysses Grant) era el general Earl Grant Wheeler, jefe del Estado Mayor que comandó las fuerzas estadounidenses en Vietnam. Su padre era masón de grado 33 y Gran Maestro en los *Illuminati*, y era miembro del *Gran Consejo de Druidas*. Debido a este estatus, tenía fuertes vínculos con la clase política estadounidense. Según ella, su padre también era un "programador múltiple", es decir, él mismo había sufrido traumas en la infancia que habían dividido su personalidad. Así que es un problema generacional y él mismo fue prisionero de estados disociativos, al igual que su hija Cisco. Era un genio en todos los sentidos, un músico excepcional. Exteriormente este satanista daba una imagen muy brillante de sí mismo, amando a su familia y haciendo un buen trabajo en el ejército. A primera vista era sociable, le gustaba la gente y la gente le gustaba a él. Wheeler cree que en algún momento de su vida fue consciente de quién era y de lo que realmente hacía en privado y en secreto, algunas de las barreras amnésicas se rompieron, pero debió de estar completamente superado... cambiar de dirección le habría costado la vida porque había ido demasiado lejos.

Desde su nacimiento, Wheeler entró en un mundo muy estructurado con protocolos sistemáticos. De niña, fue entrenada para servir de esclava sexual a la llamada "élite" de la escena política estadounidense. Cisco Wheeler comenzó a tener recuerdos tras la muerte de su padre. Durante mucho tiempo, su personalidad anfitriona, o frontal, no tuvo acceso a los recuerdos de las personalidades alteradas más profundas asociadas con el ocultismo, hasta que los muros amnésicos traumáticos finalmente se rompieron a la edad de cuarenta años. Al no entender estos destellos de memoria y sus tendencias suicidas, buscó ayuda y fue hospitalizada durante nueve semanas. Este fue el comienzo de su terapia y de la exploración de su trastorno de identidad disociativo.

Su familia había programado su vida desde cero. La habían estructurado y condicionado para que se convirtiera en lo que ellos decidieron para ella. Esta programación estaba diseñada para deshumanizarla y degradarla hasta el punto de que a veces se creía de verdad una nenaza. Cuando se miró en el espejo, vio una muñeca de porcelana con cabeza de gatito. Uno de sus alters había sido programado para ser un esclavo sexual, un gatito dócil, la programación *"Gatito Beta"* que mencionamos al principio de este capítulo. Para deshumanizarla y crear estos alteradores de animales, describe cómo habían montado dos jaulas, una llena de gatitos bonitos y sanos y la otra para ella... Encerrada en la jaula, tenía un cuenco al lado conectado a un cable eléctrico que le daba descargas cada vez que quería comer o beber. En esta jaula, la humillaban y escupían cada vez que se comportaba como una niña. En la jaula de al lado, los gatitos estaban siempre bien alimentados, no les faltaba de nada, recibían mucho cariño, eran acariciados, etc. Este calvario y esta tortura no sólo era una vergüenza, sino que era una verdadera pena. Este calvario y tortura, que no era más que una programación de MK, duró días y Wheeler cuenta que su pequeño cerebro decidió en un momento dado que ya no debía ser una niña, sino que también era un pequeño gato. Los gatos fueron alimentados y no tuvieron que tirarse en sus propias heces como la niña, no fueron golpeados como ella. Su personalidad estaba disociada por esta situación profundamente traumática y por eso se identificó con los gatitos. Cuando sus recuerdos volvieron, su cuerpo había conservado la memoria de todos los golpes que había recibido durante esta programación. El dolor salía a la luz a medida que surgían los recuerdos. También habla de estar encerrada en una jaula con monos. Cuando recuperó sus recuerdos para reconstruir su verdadera identidad, le resultó extremadamente difícil y doloroso aceptar que había sido una niña de verdad. Cada vez que expresaba algo humano, la torturaban severamente hasta que finalmente se quitaba de la cabeza la realidad de que era una niña humana, ¡porque *era demasiado doloroso ser una niña!*

También dice que se sometió a una "cirugía mágica" en la que le "extirparon el corazón" en una operación simulada acompañada de hipnosis y drogas. Pronto siguió los pasos de su padre y se formó como programadora. Cita algunos de los lugares donde tuvieron lugar las sesiones de programación de MK: la base naval de China Lake en California, la base Presidio al norte de San

Francisco, el hospital Letterman cerca de la base Presidio, la prisión de Alcatraz, el castillo Scotty en el parque nacional *de Death Valley*, el hospital psiquiátrico de Salem en Oregón y el gran hospital masónico Dorenbecker de Portland. Todo esto tuvo lugar desde mediados de los años 40 hasta mediados de los 60.

Wheeler cuenta cómo, con un grupo de cuatro o cinco supervivientes de MK del mismo entorno social, se animaron mutuamente y encontraron la fuerza, gracias a Dios, para luchar contra la programación, el acoso y la intimidación constante de la red. Juntos lucharon por recuperar su libertad y su salud. Durante sus primeros cinco años de terapia, Wheeler dice que la red seguía en contacto con ella y que la traían regularmente para torturarla de nuevo: descargas eléctricas, drogas, violaciones repetidas, etc. A pesar de los repetidos abusos a lo largo de cinco años, dice que la fuerza que la mantuvo en terapia fue que por primera vez fue consciente de ser un verdadero ser humano: *"¡No soy un gatito! ¡Soy una mujer! ¡Era una niña pequeña! ¡Esos programas eran todos mentira!"* Estaba dispuesta a morir para que la verdad saliera a la luz.

Wheeler describe bien el fenómeno de la ambigüedad que se crea en la relación entre la víctima y el agresor. Cuando era niña, cuenta cómo un niño que no pertenecía a la jerarquía luciferina fue asesinado fríamente delante de ella. Así es como los verdugos despliegan su poder y se crea un mórbido vínculo emocional para que la niña se encariñe incondicionalmente con el asesino... porque el asesino la perdonó, para matar a la otra niña... Traten de entender lo que puede suceder en ese momento en el cerebro de un niño que sólo tiene cuatro o cinco años. Como ya se ha señalado anteriormente en este capítulo, el trauma es un factor importante en el vínculo emocional entre el niño y el agresor. La víctima nunca sabe cuándo será "amada" o cuándo será "odiada". De hecho, los autores cambian de actitud *"como una camisa"* y pueden pasar en cualquier momento al horror debido a sus propios estados disociativos. El padre de Wheeler podía ser extremadamente amable durante una sesión de programación, así como abominable y carente de cualquier sentimiento humano. Se volvería más malo que un animal salvaje y no se detendría ante nada para hacer entender algo a su víctima. Dice que algunas de sus alter personalidades siguen queriendo mucho a su padre y que probablemente lo querrán siempre. Para ella, el incesto era una prueba de amor, consideraba que el amor de un padre o una madre consistía en violar a sus hijos... Esta es una creencia que mantuvo mientras estuvo en este sistema luciferino donde el incesto es una práctica "cultural".

Wheeler tenía tres *"madres"* que formaban la base de su sistema interno. Estas *"madres"* eran sus tres grandes altares básicos que estaban colocados en un pedestal en su mundo interior. Se trata de alteridades profundamente conectadas con el ocultismo cuyo único propósito es reinar con el Anticristo como reinas cuando ascienda a su trono. Lucifer tiene una novia que está compuesta por todas las *"Madres de las Tinieblas"*, es decir, todas las Altas Sacerdotisas.

Según Wheeler, este es el aspecto esencial de su sistema, la programación mental y las acciones de esta red salen realmente del propio corazón de Lucifer. Quiere aplastar al pueblo de Dios, y al mundo en general. Los *Illuminati* se consideran dioses y su único amo es Lucifer. Han hecho un juramento a su príncipe, su *"padre de la luz"*. Se han apuntado a poner en práctica sus planes por todos los medios necesarios, para llevar a cabo lo que está previsto para el final de los tiempos y finalmente instalar al Anticristo en su trono. Han estado trabajando para ello durante siglos y la programación MK de los niños de la Orden Luciferina es una parte clave de ello.

Esta gente no tiene miedo al infierno. Si gobiernan como dioses, si obedecen la llamada de Lucifer y se mantienen fieles a sus juramentos de sangre, gobernarán con él en el infierno, esa es su creencia... Están convencidos de que si cumplen con esto, serán dioses en el infierno, con Satanás. Es una gran mentira pero se la creen... Todos quieren ser dioses, esa es realmente la base de su doctrina y el único amo al que obedecen es Lucifer. Cisco Wheeler dice: *"Están motivados por el poder, el dinero y la fama, pero en realidad son los demonios los que los han motivado durante generaciones... Lucifer y sus demonios. Están completamente poseídos."*

g/ Brice Taylor

El testimonio de Susan Ford apareció por primera vez en 1978 bajo el seudónimo de *"Lois"* en el libro de Walter Bowart *"Operation Mind Control"*, *una* obra fundamental sobre el tema del control mental. En 1999 publicó su testimonio bajo el seudónimo de Brice Taylor en un libro titulado *"Thanks for the Memories"* (Gracias por los recuerdos) en el que describe su trayectoria como esclava de Monarch desde la primera infancia. Brice Taylor fue uno de esos "modelos presidenciales" completamente desvinculados y explotados por cierta élite estadounidense. Fue utilizada como esclava MK en el más alto nivel de la sociedad y es una de las pocas que han testificado públicamente sobre estas prácticas ocultas.

Susan Ford comenzó a trabajar con sus recuerdos divididos en 1985 para encontrar su camino hacia la curación. De niña, los abusos y la programación comenzaron con su padre. Su madre también sufría trastornos disociativos y algún tipo de programación, y también estaba involucrada en el abuso de su hija. Toda su familia estaba involucrada, tanto sus abuelos paternos como maternos, sus tíos e incluso sus hermanos. Así que aquí también estamos tratando con el satanismo transgeneracional. Su padre lo arrastró a las ceremonias satánicas, en particular con su abuelo, que era un político adinerado, perteneciente él mismo a una familia que había practicado el abuso ritual durante generaciones. Brice Taylor cree que su padre fue un "programador múltiple" que sufrió horrores de niño, y dice que a menudo le vio cambiar de personalidad. Este es el clásico patrón familiar de un círculo vicioso de traumas que se transmiten como una mordedura de vampiro de una generación a otra...

Desde los 5 años, fue llevada regularmente a bases militares en California para someterse a protocolos de programación MK. También cita el Instituto Neuropsiquiátrico *de la UCLA y los* centros de *la NASA donde se* dice que se hacen estas cosas. La conexión de su familia con el ejército fue a través de su abuelo político. Cuando tenía 10 años, le presentó una red de pedofilia formada por políticos y otras personas de alto nivel de todos los ámbitos.

Taylor testifica que los abusos rituales que sufrió incluían ser pinchada con alfileres y agujas, quemada, colgada por los pies y a veces atada en una cruz. Los torturadores también la hicieron girar como una peonza, la violaron y la privaron de comida y sueño. También fue obligada a participar en orgías durante los rituales. En los emplazamientos militares, fue sometida a descargas eléctricas, destellos de luz y sonido, y torturas con todo tipo de instrumentos sofisticados, combinados con el efecto de las drogas que se le administraron. Todas estas prácticas bárbaras tenían el único propósito de dividir su personalidad en una multitud de alters, creados para ser programados. Describe que durante estas sesiones de programación de MK estaba atada a una silla especial, como las que se utilizan para entrenar a los astronautas. Según ella, utilizaban los mismos equipos que los astronautas: centrifugadoras, simuladores de ingravidez, cámaras de aislamiento sensorial, etc. Algunos de los equipos utilizaban señales luminosas u otras señales para que los astronautas se sintieran cómodos. Algunos de los equipos utilizaban señales luminosas o sonoras combinadas con descargas eléctricas. Taylor explica, por ejemplo, que recibió un sonido en su oído derecho y otro completamente diferente en el izquierdo. Estaba programada para asociar un sonido con una orden específica, normalmente en un estado hipnótico.

Además de estas sesiones de programación en instituciones militares, su padre se dedicaba diariamente a reforzar su control mental. Dice que tenía una personalidad frontal completamente desprevenida. Por fuera, se comportaba como un hombre encantador, nadie hubiera sospechado lo que podía hacer en privado, las torturas que infligía a sus hijos, para dividirlos y programarlos. Según Taylor, su madre también participó en las torturas, y cuando su hija recuperó sus recuerdos y la confrontó con esta dura realidad, la negó totalmente, no recordaba haberla tratado así. La madre no discutió ni negó lo que su hija le contaba, pero parecía evidentemente muy preocupada por sus problemas de memoria. Más tarde incluso ayudó a su hija a publicar su libro autobiográfico.

Hagamos un pequeño paréntesis aquí con Svali que relata exactamente lo mismo con su madre que también tenía trastornos disociativos profundos. La disociación tiene el efecto de una especie de "pegamento" que mantiene la negación en su lugar y ayuda a perpetuar la oscuridad de todas estas prácticas. En un artículo publicado en 2001, Svali escribió sobre su madre: *"¡Te lo estás inventando, sabes muy bien que no es verdad! No recuerdo ninguna de las cosas de las que hablas. La persona que me lo dijo fue mi madre hace dos años. Me dijo claramente que no me creía. Su amnesia está intacta y la protege. Quería explicarle que ella y yo habíamos pasado parte de nuestras vidas en una secta, que la amaba y que quería que ella también saliera de ella. En esa llamada, la primera en un año, le di los nombres exactos de las personas implicadas que ambos conocíamos. Mamá, estás en un estado de disociación, por eso no te acuerdas -dije-. No, eso no es cierto, no pasó nada de eso", sostuvo. Ella sabía muy bien que yo nunca había aprendido conscientemente el alemán durante el día, y sin embargo era en esta lengua en la que me hablaba por la noche desde que era muy joven. Ella misma no entendía el idioma conscientemente en absoluto... ¿Por qué hablo alemán con fluidez hoy? Le pregunté en alemán y continué: Nunca aprendí este idioma, ya lo sabes. Aprendí español y latín en la escuela'... Entonces se quedó en blanco y contestó: 'Tal vez eres médium y lo aprendiste por telepatía'... Mi madre tuvo que mantener su negación a toda costa explicando hasta lo inexplicable... Pero ¿cómo había entendido mi pregunta, que le había hecho en alemán? (...) Creo que la negación es un serio obstáculo para la curación. Cuando un superviviente empieza a recuperar la memoria, suele confrontar a los miembros de su familia con sus recuerdos en un intento de validarlos. El superviviente también se enfrenta con frecuencia a la falta de reconocimiento, a la negación cruda e incluso al abuso verbal de los miembros de la familia. Personas que necesitan permanecer en la negación para protegerse de las verdades dolorosas. Estás loco", "Estás enfermo", "Tienes una imaginación enfermiza", "¿Cómo puedes inventarte esas cosas? Necesitas ayuda", "Necesitas ayuda", incluso se pueden lanzar frases más crueles a la cara de los que quieren mantener su amnesia. "[503]*

En 1985 y 1987 Brice Taylor tuvo dos accidentes graves. Fue la conmoción de estos accidentes la que empezó a traer recuerdos de su pasado... muchos recuerdos. Esto desencadenó primero una programación que le hizo pensar que se estaba volviendo completamente loca. Tuvo flashbacks con visiones cada vez más vívidas, acompañadas de dolor físico en ciertas partes de su cuerpo. En ese momento, estaba preparando un máster en psicología clínica y tuvo que interrumpir sus estudios, ya que sus recuerdos traumáticos surgían de forma muy violenta. Entró en contacto con la terapeuta Catherine Gould, que la ayudó mucho. Primero surgieron los abusos sexuales en la infancia, luego los recuerdos de abusos rituales satánicos y finalmente los recuerdos relativos a la programación de MK. Encontramos aquí el mismo proceso de recuperación de recuerdos traumáticos que en el caso de Lynn Moss Sharman o Kristin Constance: primero el incesto, luego el abuso ritual y finalmente la programación MK, volviendo los recuerdos más violentos en último lugar, aunque es difícil establecer una escala traumática en este tipo de cosas.

Taylor afirma que durante su terapia trabajó con una persona del Servicio Secreto que le reveló lo que sabía sobre la programación del MK, incluidas las claves, o códigos, para activar y manipular las personalidades alteradas. Describe cómo la cambiaba de una personalidad a otra para hacer aflorar todos los recuerdos escindidos que guardaban los numerosos alters. A medida que los alters surgían sucesivamente, ella tomaba un lápiz y escribía páginas y páginas sobre lo que había sucedido cuando esta o aquella personalidad alterada estaba activa. Como ocurre con la mayoría de las personas escindidas que han desarrollado D.I., algunas de las personalidades alteradas tienen memoria fotográfica o hipermnesia que revela recuerdos con gran detalle. Además, los fragmentos de alma que permanecen "congelados" en un espacio-tiempo donde la experiencia del trauma está constantemente presente pueden revivir una escena como si la persona la estuviera viviendo en tiempo real, en el momento presente, lo que permite una descripción muy detallada. Este fenómeno explica

---

[503] *Svali Speaks - Superar la negación* - Svali, 05/2001.

cómo algunos supervivientes son capaces de dar información muy precisa sobre acontecimientos que pueden tener veinte años de antigüedad, ya sean diálogos o descripciones de lugares.

Taylor se sometió a una hipnosis combinada con drogas, que fue utilizada constantemente por su padre para incrustar las órdenes en lo más profundo de su subconsciente y así programarla poco a poco. También describe cómo se utilizó la electricidad como herramienta para fragmentar su personalidad. Según ella, el electroshock no sólo crea un profundo estado disociativo, sino que también afecta a todo el campo energético del cuerpo humano y, por tanto, permite que el individuo se vea afectado a un nivel muy profundo. Cuando era muy joven, recibió descargas con simples cables eléctricos, más tarde los torturadores utilizaron picanas eléctricas diseñadas originalmente para el ganado. El equipo electrónico de las bases militares era aún más sofisticado. Según Brice Taylor y Fritz Springmeier, las picanas eléctricas se utilizan para borrar la memoria a corto plazo, pero la memoria no parece quedar totalmente destruida, como atestiguan los numerosos testimonios de los supervivientes.

Taylor describe muy bien cómo un solo elemento de su entorno puede traer recuerdos de golpe. En cuanto se le presentaba uno de estos recuerdos, se concentraba en él al máximo para que quedara lo más claro posible en su conciencia. El siguiente paso fue escribirlo y validarlo al máximo. Describe muy bien cómo sus recuerdos regresan en flashes extremadamente precisos, como si el evento acabara de ocurrir, aunque haya sido hace 10 o 20 años. Eran trozos de información que, con el tiempo, fueron armando un rompecabezas completo, el rompecabezas de su vida como esclava de la MK.

Se diseñó una programación para interrumpir su funcionamiento físico y mental cuando empezara a acceder a los recuerdos traumáticos. Tuvo que luchar durante muchos años para seguir viva, luchando contra esas "bombas de relojería" que le habían colocado dentro para volverla loca o matarla.

Su programación de MK sirvió a los intereses gubernamentales, su memoria fotográfica fue explotada como herramienta de comunicación en la Red. También fue utilizada como esclava sexual para la élite de la Red, utilizada para el blanqueo de dinero, la pornografía y la prostitución, al igual que la superviviente Cathy O'Brien, que también fue explotada como "modelo presidencial".

Brice Taylor reveló que un oficial de inteligencia le había hablado del caso de las esclavas sexuales de élite, las llamadas "modelos presidenciales". Este agente dio la cifra de 3.000 mujeres programadas de este modo en Estados Unidos. Pero este tipo de programación MK no sólo se trata de la esclavitud sexual, según ella, algunos actores de Hollywood pero también jefes de estado tienen una personalidad totalmente escindida y programada, personas que también estarían muy necesitadas de sanar sus profundos traumas...

h/ Kathleen Sullivan

Kathleen Sullivan es autora del libro Unshackled: *A Survivor's Story of Mind Control*.

Cuando sus recuerdos emergieron tras el suicidio de su padre en 1990, se volvió totalmente retraída y desconectada de sus emociones, actuando como un robot. Los recuerdos traumáticos resurgieron, primero el abuso sexual y luego los rituales cada vez más traumáticos...

En 1991, fue hospitalizada en Dallas y fue allí donde empezó a enfrentarse a sus dolorosos recuerdos y a comprender gradualmente que había sido sometida a una programación MK. Fue durante esta hospitalización cuando se dio cuenta de que tenía múltiples personalidades y que cada una de ellas tenía un nombre de pila, un número y un nombre en clave.

Sullivan dice que sus recuerdos traumáticos volvieron a través de sonidos, a través de la voz de su padre o de otras personas, voces que escuchaba muy claramente. Sabía en su corazón que eran voces que había escuchado de niña. Un recuerdo también podía volver a través de un olor o a través de una comida que de repente le parecía asquerosa... cuando el recuerdo traumático (y celular) volvía, sentía físicamente las violaciones que había sufrido. Muchos de los recuerdos visuales volvieron a través de flashbacks o sueños recurrentes. Fue entonces cuando decidió escribirlo todo. Pasó horas y horas escribiendo un diario mientras revivía física y emocionalmente los traumas encapsulados en sus recuerdos. En particular, los recuerdos que se referían a su programación como asesina, algo que la volvía loca, sin saber si era su imaginación o la realidad. De hecho, se negó obstinadamente a aceptar estas cosas que volvían a ella, pero cuando sus otras personalidades alteradas comenzaron a manifestarse, no pudo seguir negándolo.

Cuando fue hospitalizado en 1991, un psiquiatra de la Universidad de Dallas le pidió que escribiera su "mapa de personalidad". Le llegaron cinco niveles de programación: Alfa, Beta, Delta, Theta y Omicron. Por supuesto, nadie se molestó en tranquilizarla y explicarle lo que significaba porque ningún otro paciente describió términos similares. Más tarde se dio cuenta de que se trataba de programas implantados en su mente mediante hipnosis y otras técnicas. Se trata de una programación de MK a nivel gubernamental.

El padre de Sullivan había sido su principal programador desde la primera infancia. Más tarde se enteró de que él mismo había sufrido un trauma extremo de niño y que, por tanto, estaba totalmente desquiciado. Sin embargo, era un ingeniero competente en *AT&T* (antes *Western Electric*), con una mente muy científica. Regularmente le decía a su hija que era un "dios" para ella, y por supuesto la pequeña Kathleen le creía... Pero ella era simplemente un conejillo de indias y un prototipo; cuanto mejor pudiera el padre desdoblar la personalidad de su hija, mejor sería visto por la CIA, para la que trabajaba. Como todos los demás torturadores, el padre utilizó la electricidad y la privación de sueño y comida para programarla. Era un ocultista que estaba totalmente inmerso en el abuso ritual satánico y dirigía un pequeño grupo en Reading, Pennsylvania, en el que participaban muchos niños. De niña, desde los cuatro años, Kathleen Sullivan tuvo que participar en sacrificios, rituales para insensibilizarla y condicionarla para su programación como asesina.

Su abuelo paterno era galés y estaba adscrito a una tradición druídica. Las personas involucradas en estas prácticas ocultas de naturaleza luciferina no quieren renunciar a su antigua religión, por lo que estas tradiciones continúan hoy en día de forma "clandestina" ("la religión sin nombre"). El padre Sullivan practicaba el desdoblamiento de personalidad *en cadena* con su hija, dando sistemáticamente un nuevo nombre a cada alter ego que nacía. Luego implantó en estos fragmentos lo que quería: creencias, sentimientos y pensamientos. Según Sullivan, su padre había sido programado de niño. Era de origen alemán y había sido reclutado como intérprete por la fuerza aérea durante la guerra. Más tarde pasó mucho tiempo con grupos neonazis, y fue entonces cuando se interesó por las doctrinas satánicas. Era muy cercano a algunos grupos templarios, según su hija nunca fue masón él mismo pero trabajaba regularmente con iniciados de alto grado.

Kathleen Sullivan calcula que fue explotada como esclava MK durante unos 20 años. Tenía una programación versátil y fue utilizada para diversas funciones: robo, tráfico de niños (suministro de pequeñas víctimas a las redes de pedofilia), seguridad (guardaespaldas de personajes políticos u otros), ajustes de cuentas (asesinatos), interrogatorios, transmisión de información, pero también programación sobre niños y participación en sacrificios rituales... Fue utilizada por *mucha gente*, dice, principalmente por la CIA, luego por el Pentágono, los Rangers, las Fuerzas Delta, las fuerzas militares especiales, pero también la mafia, que según ella, está totalmente conectada con la CIA.

Cuando no estaba en *misiones especiales*, era utilizada como guardaespaldas de políticos. Dice que les gusta tener una esclava MK a mano para hacer el trabajo sucio, como suministrarles drogas o niños. Un guardaespaldas suele adentrarse en la intimidad de las personalidades a las que protege, por lo que es preferible un sujeto MK que no hable de lo que ve y oye que un individuo no programado que sería un eslabón débil en la vasta red que dirige actualmente este planeta.

A todas estas personas que se dedican a cometer actos inmorales e ilegales les gustaría, obviamente, poder actuar públicamente con impunidad e invertir por completo los valores morales de la sociedad. Para Sullivan, a estas personas les mueve una poderosa motivación para establecer y dirigir un gobierno mundial que les permita cometer en paz todo lo que actualmente se considera inmoral e ilegal, como la pedofilia. De hecho, el incesto es una práctica *cultural* exclusiva de este medio luciferino, algo que les gustaría inyectar en la sociedad legalizando la pedomanía. Sólo quieren una cosa: deshacerse del código moral cristiano, y para ello hacen avanzar a sus peones paso a paso para establecer el reinado de su doctrina: el del *Nuevo Orden Mundial luciferino*.

i/ Cathy O'Brien

Cathy O'Brien es una víctima más del proceso MK-Monarch para reducirla a esclava sexual, servir de correo diplomático o de mula para transportar cocaína (el combustible de nuestras élites)... Su doble personalidad con muros de amnesia fue utilizada por las más altas esferas del gobierno estadounidense. Ella y su hija Kelly (que también fue sometida a la programación MK) fueron rescatadas en 1988 por Mark Phillips, que las llevó a

Alaska para alejarlas de la Red a la que estaban atadas. Allí, los recuerdos de Cathy empezaron a recuperarse, liberándola poco a poco de las cadenas de los muros de la amnesia traumática, y finalmente obtuvo su libre albedrío. El resultado fue un libro autobiográfico titulado *América en plena transformación*.

En 1996, los denunciantes Cathy O'Brien y Mark Phillips dieron una conferencia titulada '*Control mental fuera de control*' en la que describen tanto sus antecedentes como nuestra situación con respecto a este *Nuevo Orden Mundial*. La transcripción completa se encuentra en el Apéndice 2 de este libro.

j/ El artista con múltiples personalidades: Kim Noble

Kim Noble es una pintora inglesa. A partir de los 14 años, estuvo entrando y saliendo de hospitales psiquiátricos durante unos 20 años, hasta que conoció a la Dra. Valerie Sinason y al Dr. Rob Hale. En 1995 se le diagnosticó finalmente D.I., diagnóstico que fue validado por el profesor John Morton del UCL (*University College London*). En 2004, durante las sesiones de terapia artística, Kim Noble y sus trece personalidades descubrieron un gran interés por el dibujo... Una docena de alters comenzaron a expresarse con pinceles y pintura, cada uno con un nombre y un estilo completamente diferentes. Los temas también son completamente diferentes, algunos pintan paisajes o personajes aparentemente inocentes, mientras que otras obras son mucho más oscuras y explícitas sobre el abuso ritual que Noble pudo haber sufrido de niño. El alter llamado "*Ria Pratt*" representa claramente escenas de violación y tortura de niños, escenas que Noble sin duda experimentó y cuyos recuerdos traumáticos han sido conservados por ciertos alteradores. En estas pinturas que representan el abuso ritual, encontramos una gran similitud con los diversos testimonios de otros supervivientes del MK.

Kim Noble ha realizado numerosas exposiciones de pintura y periódicos como *The Telegraph*, *The Guardian* y *The Independent* han presentado su obra y la han entrevistado. También ha aparecido en *The Oprah Winfrey* Show. Estos medios la describen como una "original", una artista con múltiples personalidades, pero rara vez profundizan en explicar las causas de tal estado psicológico. Menos aún tratan el tema del abuso ritual y el control mental, que está presente de forma simbólica en algunos de sus cuadros. La mayoría de los artículos sobre ella mencionan su gran valor y talento, pero ninguno se atreve a tocar el contenido esencial de su obra artística y lo que describe: rituales traumáticos que provocan estados disociativos. La gente está fascinada por los variadísimos estilos de pintura, pero está claro que sus obras también describen su pasado como víctima del MK-Monarch.

Los siguientes son extractos de un artículo titulado *"Kim Noble: una mujer dividida"*, publicado en 2006 por *The Independent*:

Cada una de las personalidades alternativas de Kim es una artista por derecho propio: Patricia pinta paisajes desérticos solitarios, Bonny suele dibujar figuras robóticas bailando, Suzy ha pintado repetidamente a una madre arrodillada, los lienzos de Judy son muy grandes, mientras que la obra de Ria revela acontecimientos profundamente traumáticos relacionados con niños.

Estas perturbadoras representaciones son la raíz del estado psicológico de Kim, que padece un Trastorno de Identidad Disociativo, un trastorno que es una estrategia mental de supervivencia en la que la personalidad se escinde a una edad temprana debido a traumas graves y repetidos. El número de personalidades suele depender de la repetición del trauma. La propia Kim no recuerda haber sufrido abusos de niña. A lo largo de los años ha sido protegida por su alter ego: "Me han dicho que he sufrido abusos, pero para mí todavía es demasiado pronto, me entra por un oído y me sale por el otro. No es bueno recordar cosas que no quiero saber."

Kim tiene buenas razones para temer el regreso de los recuerdos de su pasado, ya que es posible que si recibe demasiada información, no sea capaz de afrontarla y "desaparezca". Ya ha sucedido dos veces (...) Aquí es donde se pone realmente raro - para Kim que no es del todo Kim...

La alter personalidad que entrevisto es Patricia, ella dirige su vida y la de Aimée (su hija), pero Patricia no siempre fue la personalidad dominante. Antes de que Patricia reapareciera, Bonny era el alter ego dominante y dos años antes lo era Hayley.

Kim me mira con atención mientras me explica: "Verás, Kim es sólo la 'casa', el cuerpo. No hay realmente una "Kim", está completamente dividida. Respondemos al nombre de Kim pero yo soy Patricia. Cuando la gente nos llama "Kim" lo tomamos como un apodo. Pero una vez que la gente te conoce bien, no suele usar más ese nombre. (...) De las veinte (o más) personalidades que comparten "Kim", algunas fueron identificadas hace 15 años: Judy, que es anoréxica o bulímica; la madre, Bonny; la monja, Salomé; el deprimido, Ken; las sensibles, Hayley, Dawn y Patricia; la muda, MJ.

También hay un puñado de niños "congelados" en el tiempo (atascados en una edad y un lugar determinados). Algunos de los alters saben que forman parte de un sistema de T.I., pero muchos lo desconocen o se niegan a aceptarlo. "Judy no cree en esta realidad", explica Kim: "Es una adolescente que insulta al terapeuta cuando intenta explicarle la situación. Es tan joven que ni siquiera piensa en Aimee, que es su hija. Me conoce y cree que soy una mala madre porque siempre estoy descuidando a Aimee. Para ella, es perfectamente normal ir y venir todo el tiempo (disociación). Probablemente piense que todo el mundo trabaja así. Hay ciertos desencadenantes que provocan disociación, cambios de personalidad, pero poco a poco Kim ha aprendido a evitarlos. Sin embargo, puede haber hasta tres o cuatro cambios de alteración al día."[504]

Las pinturas de la alter *Ria Pratt* son sin duda las más impactantes de toda su obra. Descubrimos niños metidos en jaulas, violaciones en grupo, una escena de aborto... Los verdugos se representan aquí a menudo sosteniendo lo que puede interpretarse como picanas eléctricas. Lo que es común a todos los cuadros de *Ria Pratt* es que, ya sean los niños o los autores, cada personaje está pintado con su "doble" flotando encima o a su lado. Los dobles representan la misma figura que el personaje, pero de forma transparente y fantasmal. Esto simboliza

---

[504] *Kim Noble: una mujer dividida* - independent.co.uk, 08/2006.

probablemente la disociación del cuerpo y la mente durante el abuso ritual. *Ria Pratt* representa sistemáticamente a los niños con su doble, pero los perpetradores también son representados con este doble, lo que confirma que ellos mismos estarían en un estado de disociación o posesión cuando desatan su violencia durante el abuso ritual. Un detalle morboso es que los verdugos son representados sistemáticamente en estos cuadros con una sonrisa en los labios...

La alteración de *la Aurora Dorada* produce cuadros que representan sobre todo maniquíes desarticulados y amputados. La alter *Judy da* un lugar importante a la dualidad en su obra, sobre todo pintando dameros blancos y negros. Las pinturas de la *llave* del altar merecen una atención especial. Como su nombre indica, los cuadros de este alter ego exponen los elementos clave de la encriptación, es decir, los protocolos y la metodología para la programación del MK. Su tabla de "*Siete niveles*" describe detalladamente siete pasos para diseñar un esclavo Monarca (ver tabla en el Apéndice 4). El número siete es un número mágico que se asocia con las notas musicales, los colores del arco iris, los días de la semana, las maravillas del mundo, los siete niveles de conciencia, etc. Esta producción está construida en capas horizontales que representan diferentes escenas. El proceso descrito se lee cronológicamente de abajo a arriba:

- Fase 1: Nacimiento en el infierno

Esta escena representa claramente el infierno, el escenario donde nacerá el niño: una familia consagrada a Satán/Lucifer. Este es el comienzo del proceso de programación de MK. Podemos leer varias palabras escritas: *"Profundo"*, *"Satán"*, "Oscuridad", *"Sin ayuda"*, *"Sangre"*, *"Muerte"*, *"Todo alrededor"* y *"Sin vida"*.

En esta primera escena, hay dos representaciones del diablo personificado, con cuernos y una horquilla, así como cruces cristianas invertidas que confirman el carácter satánico del lugar. Se representan cuerpos que se arrastran, así como una mujer que parece estar de parto o abortar. En esta escena también aparecen una serpiente y un dragón.

- Fase 2: Choque traumático

Esta escena representa las múltiples torturas sufridas por las pequeñas víctimas de MK-Monarch. Esta etapa consiste en infligir un abuso extremo al sujeto para crear los estados disociativos necesarios para la programación. En esta parte del cuadro aparecen al menos 28 niños. En el suelo, 13 niños son reducidos a esclavos y caminan a cuatro patas en fila india. En el centro de la escena hay una mesa o cama en la que está tumbado un sujeto con cables conectados a la cabeza y a las manos, un diseño que sin duda representa la tortura por electricidad. Dos figuras empujan lo que parecen ser camillas en las que hay niños tumbados. También podemos ver en esta escena muchas jaulas en las que se encierra a los niños, y a otros se les cuelga de los pies. La violencia sexual no está representada en esta escena, pero sí lo está explícitamente en las pinturas de la alter *Ria Pratt*.

- Fase 3: Disociación y desdoblamiento

Esta escena nos muestra las diferentes personalidades alteradas creadas por los choques traumáticos de la fase anterior. Los alters se representan como personitas que flotan y se pierden en meandros dibujados por sinuosidades totalmente desprovistas de toda organización. Sin embargo, las sinuosidades en las que evolucionan los Alters acaban fusionándose para unirse a la siguiente fase, cuyo punto central es el árbol cabalístico de la vida. Estas sinuosidades que contienen a las personalidades alteradas forman, por así decirlo, las raíces del árbol de la vida, que servirán de base, de fundamento, a la fase n°4. En esta escena, las alter personalidades están aisladas unas de otras por estas raíces sinuosas que dividen los recuerdos de cada una de ellas. Esto simboliza los traumáticos muros amnésicos creados en la fase anterior.

- Fase 4: Acondicionamiento y estructuración del sistema interno
Una vez creados los alteradores, hay que organizar una estructura para compartimentarlos y hacerlos fácilmente explotables. Esto es lo que representa la escena 4: la estructuración del mundo interior del esclavo MK. El dibujo parece representar una especie de laberinto o plano técnico cuyas diferentes zonas corresponden a símbolos. Vemos los signos del zodiaco, así como los ojos que están ahí para vigilar los fragmentos disociados en el mundo interior. El punto central de esta fase es el árbol de la vida de la Cábala, también llamado el árbol de los Sephiroth. Varios supervivientes han informado de que se les ha programado una estructura de este tipo como marco para organizar y acceder a los distintos grupos de alteración. Es probable que la personalidad alterada de *Key* que pintó este cuadro representara aquí el patrón real de ensamblaje y estructuración de la doble personalidad de Kim Noble.

- Fase 5: Integración de los códigos de acceso
Esta escena muestra una pila de números y letras con un libro en el centro. En el lado izquierdo están los números y en el derecho las letras. El número 666 está escrito bajo la página izquierda del libro. Se trata de la fase de codificación de la serie de palabras y números que se utilizarán para sacar tal o cual alteración. También se programan códigos para acceder al mundo interior del esclavo. El libro que aparece en el centro de la escena representa probablemente el material de archivo que contendrá todos los datos relativos a la programación del esclavo MK.

- Fase 6: La transición
La fase 6 representa una especie de autopista, un puente sobre un mar o un río. El ritual de iniciación se ha completado, la mariposa Monarca puede salir de la crisálida... Esta carretera, cuya perspectiva da la apariencia de un triángulo o una pirámide, simboliza también el camino de la disociación, el *"camino de baldosas amarillas"* del Mago de Oz en el que se anima a la víctima a disociarse y a través del cual pueden surgir los diferentes alters según las necesidades de los controladores. Un camino que conduce aquí a la siguiente escena que representa el estado disociativo como tal, donde la víctima flota *a través del arco iris*.

- Fase 7: Liberación

Esta escena representa el cielo de la escena anterior, la dimensión donde evoluciona el espíritu disociado de la víctima. Este cielo tiene dos soles, un arco iris y una figura con alas y halo, ¿es un ángel, una mariposa o una paloma? Esta escena simboliza a la vez el estado final del esclavo, que ha sido disuelto y recompuesto por el proceso del Monarca, y que ahora puede ser "liberado" en el mundo secular para cumplir su función de esclavo. Pero esta escena final también representa el estado disociativo e intemporal que ahora será la piedra angular de la vida del esclavo. También vemos en esta escena un ojo... el ojo de Lucifer (*que lo ve todo*) que vigilará permanentemente al nuevo esclavo MK-Monarca.

Esta pintura del alter *Key* representa la evolución del esclavo desde el infierno del trauma en los sótanos de los primeros niveles hasta el "paraíso" celestial (*iluminación*) representado por los estados profundos de disociación causados por el dolor y el terror. La fase final nos muestra que el esclavo ha accedido finalmente al arco iris para trascender su realidad... a otras dimensiones. Sin embargo, esta huida psíquica no es la verdadera libertad, pues el Ojo vigila...

Es importante destacar la presencia del árbol de las sefirot en la posición central del cuadro, ya que es un elemento simbólico primordial de la Cábala, que a su vez está en el origen de muchas prácticas mágicas. El Dr. Cory Hammond describe en la conferencia de Greenbaum la presencia del árbol cabalístico como elemento estructural del sistema interno de algunos de sus pacientes.

La brujería y el ocultismo parecen estar en el corazón del proceso de control mental de Monarch. Aunque Kim Noble se niega a admitir el abuso ritual, sus alter personalidades *Ria Pratt* y *Key* tienen recuerdos que están claramente relacionados con el abuso ritual y el control mental basado en el trauma. Un terapeuta probablemente aprendería mucho hablando con la alter personalidad de *Key*... La verdadera inspiración interior de Kim Noble es la programación de MK-Monarch enterrada en sus recuerdos traumáticos, pero por supuesto esto nunca se mencionará en los medios de comunicación que se interesan por su trabajo...

También podemos mencionar a Lynn Schirmer, que es otra pintora que sufre de T.I. como resultado del abuso ritual y el control mental. Una mujer que testificó públicamente y realizó una exposición llamada *"DIDiva & The Mad Machines"*, en referencia a las bárbaras herramientas utilizadas por los programadores.

8 - RESUMEN

En 1997, Wayne Morris llevó a cabo una investigación en profundidad sobre el problema del control mental basado en el trauma. Durante ocho meses entrevistó a 24 personas (supervivientes y terapeutas) en *CKLN FM 88.1*, la emisora de radio de la Universidad Politécnica de Ryerson en Toronto, Ontario, Canadá. Esta serie de entrevistas titulada *"Mind-Control Series"* ha sido transcrita en su totalidad. Una parte fue traducida al francés por el grupo cristiano

"Parole de Vie" y puesta en Internet bajo el título *"Survivors of the illuminati"*. Tras examinar todos estos documentos y testimonios, *"Parole de Vie"* elaboró una interesante síntesis, que se presenta a continuación:

- **1** / La programación mental del ser humano existe. Esto es un hecho innegable. Se trata de un fenómeno del que la comunidad científica ha tomado conciencia recientemente, a escala histórica. Hace unas décadas, casi nadie hablaba de ello y casi no había documentos serios publicados sobre el tema.

- **2** / Por otra parte, la técnica de la programación mental es extremadamente antigua, y parece remontarse a la época de Babilonia y del antiguo Egipto. Parece que los hombres comprendieron muy pronto que era posible transformar a otros seres humanos en esclavos mentales, mediante un condicionamiento adecuado, basado en traumas repetidos.

- **3** / Los Illuminati, o los que conforman la "élite gobernante" del planeta, también parecen haberse dado cuenta rápidamente de la ventaja que podrían obtener de estas técnicas para la dominación del mundo. De hecho, los cristianos habrán reconocido que detrás de estas técnicas y torturas abominables está la mano de Satanás, que quiere esclavizar a la humanidad, y hacerse adorar como Dios, en la forma del Anticristo anunciado por la Biblia.

- **4** / La programación mental se basa en el fenómeno llamado "disociación", o "fragmentación" de la personalidad en múltiples personalidades. Es como si la personalidad de un individuo pudiera fragmentarse en varias personalidades diferentes, que pueden apoderarse a su vez del cuerpo. Además, hay como "muros de amnesia" entre estos diferentes fragmentos de la personalidad, de modo que cada fragmento no recuerda lo que le ocurrió a los demás. De hecho, no se trata de personalidades múltiples en sentido absoluto. El individuo conserva una única personalidad, pero está fragmentada en diferentes componentes aparentemente independientes entre sí.

- **5** / Este desdoblamiento de la personalidad está generalmente provocado por un traumatismo violento y doloroso. Este traumatismo provoca reacciones físico-químicas en el cerebro. El desdoblamiento de la personalidad sería una reacción de defensa de nuestro organismo ante un traumatismo demasiado violento. El cerebro crea una "zona de memoria especial", que registra el trauma a nivel subconsciente o inconsciente, para evitar que la memoria consciente sufra demasiado. Se crea así una fragmentación de la personalidad que permitirá conservar el recuerdo del trauma, pero a un nivel que ya no es consciente. Esta memoria oculta estará rodeada por un "muro amnésico", de modo que la personalidad despierta no es consciente de ella. Por lo tanto, son las víctimas de estos traumas las que crean "naturalmente" este desdoblamiento de la personalidad, para poder gestionar y asimilar los traumas sufridos. Por lo tanto, este desdoblamiento de la personalidad puede producirse de forma natural en todas las personas que experimentan un traumatismo violento. Pero también puede inducirse artificialmente, infligiendo traumas controlados a las víctimas, combinados con hipnosis o diversas drogas. Entonces es posible no sólo fragmentar la personalidad, sino también condicionar, o programar, cada fragmento de la personalidad. Todos estos fragmentos programados permanecen latentes en el nivel subconsciente. Pero pueden activarse, es decir, pueden subir al nivel consciente y tomar el control del cuerpo. Se activan mediante códigos secretos definidos de antemano. La recepción de este código por parte de la víctima la sumerge en un estado hipnótico o segundo, y el fragmento de su personalidad que ha sido activado toma entonces el control de su cuerpo, para llevar a cabo el programa codificado de antemano: espiar, asesinar, seducir, etc. Se comprende la ventaja de esta técnica abominable para todos los servicios secretos. La CIA o el KGB han realizado o patrocinado las investigaciones más importantes en este campo, investigaciones financiadas por los gobiernos estadounidense y ruso. También se "beneficiaron" de las investigaciones realizadas por los médicos nazis en los campos de exterminio, bajo la dirección del tristemente célebre doctor Josef Mengele, que posteriormente se refugió en Estados Unidos.

- **6** / En las últimas décadas, muchos médicos, psiquiatras, psicólogos y otros terapeutas han visto llegar a sus consultas un número creciente de pacientes con síntomas similares. Todos ellos habían sufrido traumas sexuales en la infancia, tenían graves trastornos de personalidad y diversos síntomas característicos: depresión, alcoholismo, drogadicción, trastornos alimentarios, trastornos del sueño, ansiedad... Todos estos pacientes relataron también todo tipo de recuerdos personales muy inquietantes, que hablaban de ceremonias satánicas, asesinatos planificados, blanqueo de dinero, contactos con círculos políticos, religiosos y económicos, conspiración mundial, Nuevo Orden Mundial... Muchos terapeutas se contentaron con considerar a estos pacientes como graves trastornados mentales. Pero otros se asombraron por la similitud de sus testimonios y síntomas, y decidieron investigar seriamente este fenómeno, de forma científica y sistemática. Comenzaron a verificar los recuerdos de las víctimas, a conocer los cultos satánicos y sus prácticas, y a tener acceso a información o documentos altamente confidenciales que demostraban que el gobierno había financiado extensas investigaciones sobre programación mental, y había realizado todo tipo de experimentos en bases militares, hospitales y centros de investigación, centros de la NASA, etc. Calcularon que cientos de miles de ciudadanos inocentes habían sido utilizados como conejillos de indias involuntarios en estos experimentos tan traumáticos. Las poblaciones favoritas eran los enfermos mentales, los presos, el personal militar, las prostitutas, los huérfanos y los niños en general. A medida que aumentaba el número de supervivientes, se organizaron y, con la ayuda de un gran número de terapeutas, exigieron investigaciones oficiales. Se nombraron comisiones presidenciales de investigación, que recomendaron que se hicieran públicos los archivos secretos, incluidos los de la CIA. El presidente Clinton ha reconocido los hechos y ciertas prácticas, incluidos los experimentos que implican el uso de radiación. Ha pedido disculpas públicamente a las víctimas y ha puesto a su disposición fondos para compensarlas. Pero sólo se ha encontrado la punta del iceberg. La mayoría de los especialistas y supervivientes están convencidos de que estos experimentos siguen en marcha y que se hace todo lo posible para silenciar el asunto y desacreditar a las víctimas o a los investigadores más activos. El gobierno se escuda a menudo en el "secreto de defensa" o en las exigencias de la seguridad nacional. Dado que ninguno de los torturadores implicados en la programación mental ha sido nunca procesado por actividades ilegales o inmorales, esto ha fomentado, por supuesto, la continuación de estas prácticas.

- **7** / El estudio de los testimonios de supervivientes y terapeutas que hemos publicado nos lleva a hacer las siguientes observaciones:

Aunque los testimonios de los supervivientes han sido llevados a terapeutas competentes que los han analizado y verificado, siguen siendo testimonios personales. Dada la complejidad de la psique humana y de las técnicas de programación mental, siempre hay que ser prudente cuando se trata de un testimonio personal. Si los supervivientes son cristianos renacidos, como es el caso de algunos, su testimonio como supervivientes debe analizarse a la luz de su testimonio cristiano y de los frutos de su vida.

Lo que puede llevarnos a creer que estos testimonios son ciertos en su conjunto es su gran número, así como la variedad de orígenes geográficos y sociales de los supervivientes, que en su mayoría no se conocen entre sí. La probabilidad matemática de que se trate de una invención o manipulación es prácticamente nula. Pero esto no significa que debamos aceptar automáticamente todos los detalles de estos testimonios. Es bien sabido que la memoria humana puede ser muy poco fiable. A esto se suma el problema de ciertos recuerdos falsos, programados deliberadamente por los torturadores en su afán de cubrir sus huellas.

Dado que los Illuminati no dejarán de desacreditar, a menudo sin razón, el testimonio de los supervivientes e incluso de los terapeutas o de quienes asisten a los supervivientes, estos últimos deben asegurarse siempre de que su conducta y su metodología de investigación sean lo más absolutas posible, para no estar expuestos a las críticas, aunque nunca se pueda evitar la calumnia.

Recientemente hemos sabido, por ejemplo, que la casa de Fritz Springmeier en Oregón fue allanada por el FBI y la policía, que supuestamente descubrieron "equipos de producción de marihuana" y armas. Es perfectamente posible que estas cosas hayan sido colocadas intencionalmente en su casa por los investigadores, cuando uno sabe lo poco escrupulosa que es la CIA. En cualquier caso, el juez puso a Fritz Springmeier en libertad condicional electrónica (con un brazalete electrónico), a la espera del juicio. El propio Springmeier afirma ser completamente inocente en este caso, y asegura ser víctima de un montaje, lo cual es muy probable. (Nota del editor: Fritz Springmeier fue finalmente condenado a 8 años de prisión, fue liberado en 2011 y puesto en libertad condicional durante 5 años).

Asimismo, es seguro que la mayoría de los supervivientes fueron drogados e hipnotizados. Esto no facilita su credibilidad, y es relativamente fácil desestimar su testimonio al completo por estos motivos. Un investigador serio será consciente de estos peligros, y se cuidará de que su juicio no se distorsione, para ceñirse a los hechos.

Por lo tanto, es importante que quienes ayudan a los supervivientes conozcan bien todos estos peligros y tomen todas las precauciones necesarias para no ser sorprendidos. En este sentido, podríamos criticar a Fritz Springmeier por ser, como mínimo, muy imprudente al ocuparse personalmente de Cisco Wheeler, como ella misma dice, "24 horas al día, 365 días al año". Creemos que un cristiano comprometido nunca debe involucrarse con una persona del sexo opuesto de esta manera a largo plazo (a menos que forme parte de un equipo grande, y nunca esté a solas con la víctima), para que no se exponga a la tentación o a la crítica. Podría ser fácilmente acusado de adulterio o fornicación por un calumniador externo que juzgara en base a la apariencia, incluso si no se hubiera hecho nada malo.

Los cristianos (como Fritz Springmeier y Cisco Wheeler) ponen demasiado énfasis en los aspectos psíquicos o psicológicos de la programación mental, y no lo suficiente en los aspectos demoníacos. Es cierto que fueron entrevistados en programas de radio dirigidos al público en general, mayoritariamente no cristiano. Pero podrían haber hablado más de la intervención de los demonios en estos trastornos de la personalidad. Ciertas "fracciones" de la personalidad bien pueden ser demonios que toman el control de los cuerpos de las víctimas, que deberían haber sido expulsados en el nombre de Jesucristo, en lugar de dedicarse a una psicoterapia ineficaz en este ámbito. Sin embargo, Cisco Wheeler admite en su entrevista que todos los Illuminati están completamente poseídos. Es muy probable que sus víctimas también lo sean, y sólo su conversión a Jesucristo puede permitirles afrontar este problema espiritual de una vez por todas.

Esto nos permite hablar de la terapia y la atención a las víctimas. Este es probablemente el punto más débil de estos testimonios. Está claro que estas terapias, que utilizan los conocimientos de la psiquiatría, la psicología y las ciencias humanas, son totalmente insuficientes para curar completamente a las víctimas de la programación mental. En efecto, estas terapias se limitan a actuar a nivel de la psique, es decir, del alma (pensamientos, sentimientos y voluntad), o del cuerpo (acción sobre las ondas cerebrales para controlar los distintos estados de conciencia). La mente de las víctimas no se ve afectada por estas terapias. Así, aunque estas terapias puedan producir efectos beneficiosos a nivel de la psique y de la reestructuración de la personalidad de las víctimas, son impotentes para resolver sus profundos problemas espirituales. La verdadera terapia sería llevarlos a Jesucristo, para que pasen por un renacimiento espiritual, mientras se les enseña todos los aspectos de la cruz, para que aprendan a caminar por el espíritu. Sólo el poder de la predicación de la cruz puede permitir a los supervivientes romper definitivamente con una herencia y un pasado tan cargados, y hacerles comprender que en Cristo todas las cosas viejas han pasado y todas son nuevas.[505]

Podemos añadir a esta síntesis la importancia de la noción de fragmentos de alma durante el proceso traumático de la programación de Monarch. Como vimos en el capítulo anterior, el desdoblamiento de la personalidad corresponde a una fragmentación del alma cuyas diferentes partes permanecen bloqueadas, como si estuvieran "congeladas" en otro espacio-tiempo. Se trata de una dimensión diferente a la nuestra, utilizada por los programadores para gestionar y controlar la alteración. Es en esta dimensión donde establecen las estructuras de partición para encerrar, dominar y condicionar los fragmentos de alma.

En este proceso de disociación de la personalidad durante los traumas se dan, por tanto, por un lado, las consecuencias puramente biológicas y físicas de los cambios neurológicos y químicos, hoy bien comprendidos por los psicotraumatólogos; y por otro lado, las consecuencias metafísicas de la separación de los cuerpos físico y energético, el "desgarro del alma", creando una brecha hacia otras dimensiones del ser. La programación de la monarquía es, por tanto, tanto un proceso científico como, sobre todo, un proceso espiritual y oculto en el que pueden interactuar entidades externas.

Todo tiene un lado material y un lado espiritual... El aspecto espiritual afecta al aspecto material y viceversa, son dos mundos que interactúan continuamente. La metáfora del espejo de Alicia en el País de las Maravillas explica muy bien esta noción del mundo espiritual frente al mundo material. ¿Qué hacen los ocultistas para ver el futuro o el pasado, o para comunicarse con los demonios? Utilizan (entre otras cosas) un espejo para trascender nuestro espacio-tiempo (catoptromancia)...

La demonología es una clave de la programación de Monarch, donde las entidades demoníacas cooperan y tienen un papel de guardián de cada programación y memoria. Por lo tanto, es imperativo tener en cuenta este ámbito espiritual y energético para comprender el tema en su totalidad.

---

[505] *Supervivientes de los Illuminati* (8), A209 - Palabra de Vida.

CAPÍTULO 8

PROTOCOLOS DE DESPROGRAMACIÓN

"Sólo hay una manera de matar a los monstruos: aceptarlos" Julio Cortázar

1 - INTRODUCCIÓN

E ste capítulo no pretende ser una guía médica o terapéutica. Su objetivo es proporcionar información adicional para ayudar a comprender lo mejor posible el funcionamiento de la memoria, la programación mental y el sistema interno de un T.I. Este capítulo es una ampliación de la sección titulada *"T.I. y terapia"* del capítulo 5.

El término "desprogramación" puede parecer exagerado o inapropiado en el sentido de que una mente humana no es un hardware informático y nunca será programable o desprogramable a voluntad del mismo modo que lo puede ser un ordenador; aunque el transhumanismo, que aboga por el uso de la ciencia y la tecnología para mejorar las características físicas y mentales de los seres humanos, suscita temores al respecto. De hecho, es la víctima la que se "desprograma", el terapeuta se limita a guiarla en el proceso de toma de conciencia del condicionamiento basado en los recuerdos traumáticos. La desprogramación consiste en descubrir el tipo de estructura presente en el mundo interior, determinar los códigos desencadenantes y liberar el alter (fragmentos del alma) atrapados en el espacio-tiempo donde experimentaron el abuso y la programación. La desprogramación también se hará reconstruyendo el puzzle de la memoria para que se pueda hacer una comprensión racional y cronológica. Las víctimas suelen tener una programación para combatir una posible terapia, ya sea mediante la autodestrucción o el sabotaje del trabajo terapéutico, cuyo objetivo es silenciar a la víctima si empieza a recordar cosas y a hablar de ellas fuera de la secta.

El tema de la desprogramación es obviamente muy delicado en el sentido de que no existe un protocolo establecido o una terapia oficial para desactivar y cancelar la programación MK. Como hemos visto en el capítulo 5, la psiquiatría moderna ha abandonado totalmente el estudio y tratamiento de los trastornos disociativos y del D.I., y más globalmente de la psicotraumatología. Por lo tanto, hoy en día no aporta ninguna respuesta para establecer diagnósticos y protocolos terapéuticos eficaces. Los pocos terapeutas que trabajan con supervivientes buscan los mejores métodos para estabilizar al paciente, desactivar la programación, descargar los recuerdos traumáticos y, finalmente, fusionar las personalidades alteradas. A veces las oraciones de liberación e incluso el exorcismo pueden ser de gran ayuda para "limpiar" las entidades parasitarias. La intervención de un chamán competente para la recuperación de fragmentos de alma también puede ayudar al superviviente. La superviviente Lynn Moss-Sharman informó de cómo los nativos americanos de Canadá realizaban sesiones intensivas de curación para ayudar a las víctimas de abusos rituales y control mental en su comunidad. Ella misma ha asistido a ceremonias de curación en *cabañas de sudación* donde los ancianos trabajan con las víctimas. Dice que son los que más influyen en la curación y afirma que, sin duda, no estaría viva si no fuera por su intervención. Por lo tanto, el aspecto espiritual es tan importante, si no más, que el aspecto puramente psiquiátrico, y la oración por la ayuda de estas víctimas es esencial. Muchos testimonios dan cuenta de una recuperación producida por la gracia de Dios y por la conversión a Jesucristo. Sin duda, Cristo es el más indicado para restablecer el orden en un alma que ha sido fracturada por un traumatismo extremo, programada y atada a entidades demoníacas.

2 - RESTABLECER UNA ESPIRITUALIDAD SANA

Los programadores son muy conscientes del poder de la oración para la curación tanto física como psíquica, por lo que instalarán un condicionamiento muy temprano para que la víctima sea resistente e incluso totalmente alérgica a la idea de un Dios amoroso y salvador. Condicionados desde la infancia, no pueden recurrir a algo en lo que no creen, o incluso lo rechazan violentamente. Aislar a la víctima de Dios es un punto esencial para mantenerla bajo control espiritual, por lo que darle la espalda al buen Dios también puede ser un punto crucial para su curación. Especialmente porque normalmente hay alguna forma de espiritualidad ya presente en estas víctimas debido a la omnipresencia del ocultismo en el entorno del que proceden, es necesario orientarlas en la dirección correcta. Los supervivientes que salen de una red satánica/luciferina tendrán creencias fuertemente arraigadas desde la primera infancia, algunas de las cuales necesitan ser desactivadas y rotas:
- Satanás es más fuerte que Dios, él tiene el poder, Dios no es capaz de hacer nada para protegerme.
- Dios no me ama, me desprecia y me rechaza. Soy culpable de crímenes que Dios nunca podrá perdonarme, no tengo esperanza de redención.
- Dios quiere castigarme, tengo mucho miedo.
- Mi vida está controlada por Satanás, pertenezco irremediablemente a Satanás, él ha tomado mi vida y estoy poseído por un espíritu o demonio que controla mi vida. A muchos supervivientes les resultará difícil aceptar que tienen un T.I.D. porque pueden creer que sus alteridades son demonios que les controlan. Esto mantiene a la víctima aislada y separada de su personalidad original. Por lo tanto, es esencial ayudar a la persona a comprender que ha sido utilizada y mantenida en estos estados de conciencia con el propósito de controlarla y que no es responsable de nada.

- *Estoy consagrado a Satanás, he jurado servirle durante toda mi vida a cambio de su protección y sus regalos.* Estos lazos o pactos requieren un poderoso trabajo espiritual, la liberación debe venir a través de la renuncia a Satanás, la oración de exorcismo y si es posible la conversión a Jesucristo, el único y verdadero Salvador y Sanador. También hay que darse cuenta y tener en cuenta que las creencias religiosas en las que participaban las personalidades alteradas se basan en algo real. Intentar cambiarlos de la noche a la mañana sería como decirle a un cristiano o a un musulmán que los fundamentos de su religión no tienen sentido. Todo el aspecto "mágico" también juega un papel importante en las creencias de un superviviente de una secta satanista. El aspecto religioso y espiritual es una parte importante del condicionamiento del niño, pero es el trauma físico y psicológico (la escisión) el que sigue siendo el centro de atención de la programación de MK.

La superviviente Svali informa de que en algunos grupos, un programa específico orienta al niño contra el cristianismo. El cristianismo es la antítesis de las prácticas ocultistas luciferinas, por lo que quieren que sus miembros no puedan entrar en contacto con la esperanza que podría aportar Jesucristo. Durante la tortura, el niño suele gritar pidiendo ayuda o apelando a Dios. En este punto, el programador le dirá al niño: "Dios te ha abandonado, no ha podido quererte, por eso te duele tanto. Si Él fuera tan poderoso, podría detener esto. Incluso pedirán al niño que rece y pida a Dios que intervenga. El niño entonces rezará a Dios y luego el abusador seguirá abusando del niño. Esta situación creará un profundo sentimiento de desesperación en la pequeña víctima, el niño creerá realmente que ha sido abandonado por Dios, que ha permanecido sordo a su llamada. El niño también será sistemáticamente maltratado y torturado cuando se mencione el nombre de Jesucristo, con el fin de crear una barrera psicológica a la mera mención de Su nombre.[506]

Muchos lectores pueden plantear aquí una pregunta legítima: *"¿Pero por qué no interviene Dios?"*. ¿Por qué tampoco interviene en las guerras? ¿Por qué hay tanta miseria en este planeta, incluido todo el sufrimiento de los niños, si Dios existiera? Son preguntas que surgen muy a menudo. Vivimos en un mundo caído bajo el yugo de Lucifer. ¿Acaso el ángel caído no es llamado *el príncipe de este mundo* en la Biblia: *Ahora es el juicio de este mundo; ahora el príncipe de este mundo será expulsado* (Juan 12:31), *Mi Reino no es de este mundo* (Juan 18:36). Esta es la razón por la que estas sectas satánicas/luciferinas, todas ellas conectadas con los ángeles/demonios caídos, gobiernan actualmente este planeta sin que se les moleste en absoluto. El tema del sufrimiento de estos niños en las redes es obviamente inaceptable e incluso inconcebible para muchos de nosotros. Pero depende de nosotros, criaturas humanas, tomar conciencia de la situación, reaccionar y trabajar para detener estas cosas a nuestro nivel.

Este condicionamiento extremo, combinado con el ocultismo y la demonología, crea una poderosa programación espiritual (una santificación inversa) que, por lo tanto, es esencial romper para establecer nuevas nociones

---

[506] "Cómo el culto programa a las personas" - Svali, 2000.

espirituales sanas y constructivas. Esta programación espiritual puede ser la parte más dañina del sistema de un esclavo MK-Monarca, ya que está diseñada para aislarlo de la verdadera Fuente de curación. Es una distorsión intencionada de la Verdad que enseña y refuerza conceptos falsos e invertidos de Dios. Algunas personalidades alteradas pueden ser muy violentas hacia todo lo que se refiere al mundo cristiano, por lo que se necesita mucha paciencia y comprensión para reconciliar al superviviente con una espiritualidad positiva basada en el amor, la dulzura, la esperanza, la gracia y la misericordia. Una nueva fuente de espiritualidad ayudará en gran medida al paciente a disolver los poderosos apegos ocultos a la secta, a dejar de identificarse con los abusadores y a reclamar las partes de sí mismo que han sido "capturadas". Cualquier acto intencional para controlar y esclavizar espiritualmente a un niño a través del terror, que por lo tanto no es capaz de hacer una elección contraria, puede ser revertido durante la terapia por una simple aplicación del libre albedrío, ya que todos tenemos control sobre nuestra espiritualidad. La toma de conciencia del trauma y de la programación del MK, y la aplicación del libre albedrío, permitirán lograr este desapego y autonomía. Se trata de establecer una separación física, psicológica y espiritual con el grupo de torturadores. Esta separación se producirá progresivamente a medida que:

- La figura o figuras de autoridad del grupo serán desacreditadas
- Se pondrán de manifiesto las contradicciones (ideología frente a realidad), por ejemplo, "cómo pueden predicar el amor cuando violan y explotan a las víctimas".
- El paciente empieza a escuchar al terapeuta, es decir, cuando la realidad empieza a imponerse a la ideología sectaria.
- El paciente empieza a darse cuenta y a expresar algunos reproches hacia el grupo sectario.
- El paciente comienza a verse a sí mismo como un oponente de la secta en lugar de un miembro de la misma.[507]

3 - SEGURIDAD Y ESTABILIDAD

Un punto clave es que el superviviente debe estar a salvo antes de que pueda comenzar la desprogramación. Esto es para asegurar que el superviviente está física y psicológicamente seguro para que el trabajo terapéutico sea efectivo, ya que no tendría sentido comenzar nada si existiera el riesgo de que el superviviente fuera severamente maltratado por hablar. Si el abuso continúa, la función protectora disociativa seguirá operando y desestabilizando a la persona. Intentar desmantelar y detener este proceso disociativo sería entonces como intentar detener el único medio de supervivencia y protección de la víctima. Por ello, el primer paso es cortar todo contacto con los perpetradores para iniciar una

---

[507] Todos los hijos de Dios: la experiencia del culto - ¿Salvación o esclavitud? - Carroll Stoner, Jo Anne Parke, 1977, p.231.

terapia segura que permita la desprogramación. Si surge la cuestión de la seguridad, se ralentizará la terapia porque la energía se desviará hacia este miedo en lugar de hacia el trabajo de descarga de los recuerdos traumáticos. Muchos supervivientes siguen en contacto con la secta cuando comienzan la terapia, pero ésta progresará mucho más rápidamente una vez que este contacto se haya roto definitivamente.[508]

La estabilización consiste en reducir los comportamientos de riesgo y los cambios de personalidad. En la autobiografía de Cathy O'Brien, Mark Phillips relata paso a paso las pautas que puso en marcha para estabilizar a O'Brien cuando huyeron a Alaska para mantenerla a salvo de la Red[509]:

1. Mantenía una vigilancia constante para asegurar que Cathy estuviera protegida física y psicológicamente de cualquier influencia externa.

2. Ningún recuerdo podía ser verbalizado por Cathy hasta que no lo hubiera escrito. Las únicas preguntas que podía hacer tenían que estar relacionadas con su historia y dirigidas a la personalidad consultada que revivía sus recuerdos. Estas preguntas sólo debían versar sobre el quién, el qué, el cuándo, el cómo y el dónde de la memoria. Aunque me hubieran dado las respuestas de antemano, no debía intervenir. Nuestras percepciones podrían haber sido radicalmente diferentes, lo que podría crear barreras de memoria adicionales entre sus fragmentos de personalidad.

3. Básicamente le expliqué a Cathy lo que era el control mental y comprendió que lo que le había ocurrido no era culpa suya. Sin embargo, también comprendió que se estaba haciendo responsable de sus actos aquí y ahora. Fue a través de la terapia que afirmó el control sobre su propia mente.

4. Pasamos muchas horas en "discusiones intelectuales" sobre las creencias religiosas que Cathy había aprendido, en las que se desmontaban "lógicamente", como si yo explicara cómo la ilusión inducida por los trucos de un mago ayudaba a difuminar la realidad.

5. A Cathy no se le permitía expresar ninguna emoción cuando los recuerdos salían a relucir y se anotaban en su diario. Nunca le pregunté: '¿Cómo se siente? ''. Esto es tan importante como la cuestión de la seguridad para una rápida recuperación de la memoria.

6. Proporcioné a Cathy la comida, las vitaminas, el agua y el sueño necesarios para mejorar su maltrecha salud física.

7. Enseñé a Cathy a visualizar sus recuerdos en una "pantalla de cine mental" en lugar de revivirlos a través del mecanismo de "realidad virtual" de la mente.

8. Enseñé a Cathy a entrar en trance y a controlar la profundidad del mismo mediante una determinada técnica de autohipnosis (algunos la consideran meditación). Esto se hizo para evitar cualquier posibilidad de

[508] Romper la cadena: liberarse de la programación de la secta - Svali, 2000.

[509] *América en medio de la Trans-formación* - Cathy O'Brien & Mark Phillips, 2013, p.47-48.

contaminación de sus recuerdos o confusión entre ellos que podría haber ocurrido si yo hubiera utilizado esta técnica de sugestión hipnótica conocida como "imágenes inducidas".

9. A Cathy no se le permitía leer libros, periódicos o revistas, ni podía hablar de los recuerdos recuperados con Kelly (su hija). Cathy había vivido con el control de la información toda su vida y, por tanto, había tenido pocas oportunidades de enfrentarse a la contaminación de los recuerdos. Esta regla también fue comprendida y respetada por Kelly, cuyos recuerdos empezaban a aflorar.

10. Todas las formas de comportamiento y otras convenciones sociales adoptadas por Cathy fueron reexaminadas en discusiones lógicas entre nosotros. Todas las formas de comportamiento preestablecidas, incluidas las rutinas diarias, fueron reelaboradas o eliminadas por completo.

11. Le exigí que llevara un reloj en la muñeca día y noche para que me avisara cada vez que sintiera el más mínimo "agujero negro". En ausencia de traumas, la falta de tiempo es un signo importante de la transición de una personalidad a otra. Por otro lado, recuperar el sentido del tiempo indica que uno se está recuperando.

"Escríbelo", me ordena Mark. No quiero oírlo, quiero poder leerlo, para poder entenderlo bien (...) Escribirlo reavivará la parte lógica de tu cerebro. Cuando escribes tus recuerdos, transformas una emoción incomprensible en algo lógico y la haces así comprensible. Una vez que es comprensible, puedes enfrentarte a la realidad de tu pasado de forma lógica (...) Sólo tienes que transferir esa visión a una pantalla en tu mente, como una pantalla de cine. Esto le permitirá acceder a sus recuerdos sin abreacción (...) Es decir, explica, sin revivirlo. Como he dicho, ya has sobrevivido una vez. No tiene sentido revivirlo. Ahora son sólo recuerdos, y tú ya lo sabes. Mira la pantalla de tu mente a través de los ojos de quien soportó esos acontecimientos. Huela los olores. Y luego escríbalo todo. Por eso dije que la pluma es más poderosa que la espada. Esta técnica le devolverá el control de su memoria y, en última instancia, de su mente."[510]

Antes de iniciar el trabajo de toma de conciencia y superación de la programación, la terapeuta Ellen P. Lacter ha elaborado una lista de herramientas que pueden estabilizar y asegurar al paciente. Lacter ha desarrollado una lista de herramientas que pueden estabilizar y asegurar al paciente[511]:

1 - Obtención de un árbol genealógico, historial educativo, profesional y residencial para futuras referencias.

2 - Crear una fórmula u oración especial para "proteger el espacio" al comienzo de cada sesión.

3 - Mantener un profundo respeto por el libre albedrío del paciente.

---

[510] *Por el bien de la Seguridad Nacional* - Cathy O'Brien & Mark Phillips, 2015, p.21.

[511] *Ritual Abuse and Mind-Control: The manipulation of attachment*, cap: Torture-based mind control: psychological mechanisms and psychotherapeutic approaches to overcoming mind control, Ellen P. Lacter, 2011, p.116.

4 - Explorar los valores y creencias espirituales más profundos del paciente, para determinar el papel que esta "fuente espiritual" puede desempeñar en el trabajo terapéutico.

5 - Crear una "caja" interna (o contenedor) para almacenar el dolor, el miedo, los estados tóxicos (drogas, alcohol...), todo aquello que pueda ser indeseable y perjudicial para el progreso de la terapia. Puede haber varias "cajas de almacenamiento" en el mundo interior.

6 - Crear un lugar interior de curación y recuperación. Un "lugar de descanso" pacífico y sereno en el que las personalidades alteradas pueden ser "liberadas" de los lugares en los que se produjeron los abusos y recibir ayuda de otros alterados para sanar emocional y físicamente.

7 - Crear un espacio interior para trabajar la conciencia de la programación y la resolución. Esta "sala de trabajo" o "sala de reuniones" tendrá la función de trabajar con una visión de conjunto del sistema, pero también sobre los traumas y la recuperación de información. El paciente decidirá qué alteración va a realizar en esta zona y diseñará la habitación a su manera.

8 - Establecer un procedimiento para la obtención de información en esta "sala de trabajo".

4 - RECUPERAR EL "MUNDO INTERIOR"

La creación virtual de una "caja de almacenamiento" o de diferentes "habitaciones" puede parecer algo extraño o fantasioso en la terapia. Pero como se mencionó en el capítulo anterior, el mundo interior de una personalidad desdoblada es muy grande, es una dimensión que forma un verdadero universo que se puede ordenar. Al igual que el programador organiza y estructura el mundo interior para la esclavitud, tanto el terapeuta como el paciente pueden utilizar su creatividad para introducir elementos en esta dimensión. Elementos que ayudarán a afianzar el sistema interno con la alteración, así como a estructurar la terapia. La doctora Ellen Lacter relató, por ejemplo, el caso de un paciente que puso sus preguntas en un cubo que luego sumergió en el fondo de un pozo (que simbolizaba su subconsciente) para sacarlo a flote con el fin de obtener información o imágenes.

En una conferencia de *S.M.A.R.T.* de 2003, Carol Rutz, superviviente de abusos rituales y control mental, explica la utilidad de estos elementos terapéuticos inyectados en este mundo interior. Puede ser un almacén de recuerdos o un lugar tranquilizador y seguro para alterar: *"Cuando salía de la consulta del terapeuta, tenía que guardar las cosas que acababa de trabajar para poder vivir bien durante la semana sin ser bombardeada por la nueva información que había surgido. Así que creé un lugar interior seguro para poner los recuerdos que estábamos trabajando en cada sesión, con el objetivo de que no me ahogaran todas las cosas entre sesiones. Era una caja de juguetes y ponía un oso de peluche en ella al final de cada sesión antes de salir de la oficina. Durante la semana, también podríamos llevar un diario y luego dejar que los recuerdos salgan de la caja durante la terapia de la semana siguiente. Esta caja era diferente del lugar seguro que mis alters habían podido construir para refugiarse y curarse (...) La misma visualización que habían utilizado los verdugos para la programación nos permitía deshacer esa misma programación. Creamos un lugar de curación interior en el que cualquier alter ego que lo deseara podía entrar y quedarse para recibir ayuda de otros alter ego. He comprobado que hay alteres que no pueden hablar debido a la programación o porque son alteres pre-verbales, y otra personalidad alterada se ha ofrecido para trabajar en la recuperación de la memoria."*[512]

Para Svali, la buena noticia es que este "paisaje interior" es muy maleable. Una vez que se han "encontrado" las diferentes partes, se descubren las estructuras que las mantienen cautivas y se liberan finalmente, se les puede animar y ayudar a instalarse permanentemente en los lugares seguros del mundo interior. Las estructuras instaladas en la mente para dañar y controlar a la víctima pueden entonces ser eliminadas. El trabajo de curación y desprogramación del superviviente utiliza así en su beneficio lo que los programadores utilizan para esclavizar: es decir, la maleabilidad ilimitada del "paisaje interior".

Los pacientes pueden crear muchos otros lugares nuevos y relajantes en sus mundos interiores porque no hay límites en esta dimensión del ser. La superviviente Jen Callow escribe: *"El entorno de nuestro mundo interior también ha evolucionado. Al final de cada sesión, nuestro terapeuta se asegura de que cualquier nueva personalidad alterada que se haya descubierto encuentre un lugar cómodo que le proporcione sus necesidades básicas. Construimos una mansión llena de habitaciones con una gran zona común, cuartos de baño con grandes bañeras para baños de burbujas, una gran cocina con grandes bañeras y una gran mesa, zonas de juego, etc. Cada habitación se puede amueblar y decorar a gusto del individuo. Cada habitación puede estar amueblada y decorada según los deseos de su residente, puede tener una puerta con cerradura y una ventana (...) También podemos crear muchos más edificios si lo deseamos. Ahora tenemos una zona de curación llena de plantas medicinales, remedios varios, con una vista muy bonita: jardines y prados, un océano con playas, bosques (...) Estamos creando espacios para el deporte, la danza, las artes... Cada cosa creada nos anima a trabajar juntos, a cooperar, a interactuar y a tener más momentos de relajación y diversión."*[513]

Este mundo interior ha sido configurado por los programadores con diferentes estructuras internas; conocer su naturaleza ayudará al terapeuta a descubrir cuántas alter personalidades están presentes en el sistema y con cuáles es más importante trabajar. El enfoque consiste en explorar cada parte de la estructura para averiguar cuáles son sus funciones y cuántas alteraciones "viven" en ella o están indirectamente conectadas a ella. Cuando el paciente se da cuenta de la programación y las personalidades alteradas atrapadas en las estructuras

[512] "Healing from ritual abuse and mind control" - Ritual Abuse Secretive Organizations and Mind Control Conference, SMART 2003, www.ritualabuse.us.

[513] "Sanando lo inimaginable: Tratando el abuso ritual y el control mental" - Alison Miller, 2012, p.273.

comprenden que se trata de una ilusión, la estructura suele disolverse. Cuando grandes estructuras desaparecen de esta manera, algunos pacientes pueden sentir un "vacío" y pueden ser reemplazadas por otra cosa. Los programadores suelen asegurar estas estructuras con trampas y guardianes (demonios), o incluso con un alter programado para ser un *buen y leal soldado.*

5 - LA ALIANZA CON LAS PERSONALIDADES ALTERADAS

Como la programación MK se basa en la T.*D.I.*, los protocolos de estabilización y la fusión del alter se aplican, por tanto, en la desprogramación (véase *"T.D.I. y terapia"* en el capítulo 5). *La alianza* con los alters consistirá en asociarse y cooperar con ellos para hacerlos participar en el trabajo terapéutico. Cada personalidad alterada en un sistema que ha sido programado tiene mucho cuidado para realizar su función asignada y suelen estar aterrorizados de fallar en su misión. Es importante trazar un mapa de este sistema de personalidades alteradas tanto en sentido horizontal (su número y funciones) como vertical (su organización jerárquica). Como ya hemos señalado, las personalidades alteradas están organizadas jerárquicamente, y los que están en los niveles más bajos de la jerarquía serán castigados por los que están en los niveles más altos. Los Alters de los niveles superiores de la jerarquía temen ser castigados o asesinados por los autores externos. No hay que descuidar ninguna alteración, todas tienen un papel que desempeñar en la terapia. Según la terapeuta Alison Miller, es importante trabajar con los Alters más "carismáticos" del sistema, los que están en la cima de la jerarquía, especialmente los que han creído las mentiras, las falsas promesas y las amenazas de sus atormentadores y finalmente se han dado cuenta del engaño. Estos son los alter "atormentadores", los perseguidores que ya hemos mencionado. Es muy importante reconocer que estos alteradores no se diferencian de los demás en que su trabajo también es mantener la supervivencia de la víctima. Es importante no desterrar o intentar enmascarar o descartar ciertos alteradores etiquetando a unos como "buenos" y a otros como "malos". Al trabajar con estos "líderes", el terapeuta podrá obtener la cooperación de otros alters más bajos en la jerarquía interna. En el documental *"When the Devil Knocks"*, la terapeuta Cheryl Malmo dice de estos alters: *"Supe inmediatamente que tenía que hacerme amiga de 'Tim' porque quieres tener a estos alters enojados y hostiles como ayudantes. Cuando el diablo llame a la puerta, invítalo a tomar el té."*

El terapeuta establecerá así gradualmente la confianza con esta jerarquía de alteración. El objetivo es mostrarles poco a poco y de forma calmada lo que realmente les ha ocurrido, pero también sus falsas creencias. Los observadores y relatores alternos también pueden ayudar mucho al terapeuta participando en la reconstitución del rompecabezas, ya que ayudarán a determinar qué recuerdos hay que trabajar más. Los recuerdos se dividen en mil piezas como un puzzle y cada alteración contiene ciertas piezas. Así que los alters tienen que trabajar juntos para armar el rompecabezas de la memoria. Por ello, algunos terapeutas invitan a todas las personalidades alteradas afectadas por una experiencia concreta a reunirse en una sala de reuniones interna, para trabajar en la reconstrucción de este recuerdo de forma cronológica. Como hemos visto, muchos supervivientes han testificado que partes de sí mismos han salido de su cuerpo físico durante los abusos. Por lo tanto, veían la escena con la aguda mirada de un pájaro, de forma distante y objetiva, mientras que otros alteradores parecían esconderse en lo más profundo del cuerpo cuando se producía el abuso. Estos diferentes puntos de vista externos e internos harán que estas escenas se registren con mucho más detalle que la alteración que fue directamente violada y torturada. La superviviente Trish Fotheringham explica que *"las experiencias suelen estar fragmentadas en el momento en que se producen. Esto significa que un alter podría estar "fuera" durante un evento, mientras que otro u otros alter se apartarían de los sentimientos, el estado emocional y el dolor asociado a lo que se estaba experimentando, sin estar realmente fuera del cuerpo. Es por ello que hay que acceder a cada trozo de memoria de cada alterado y consultarlo para que las experiencias puedan considerarse recuperadas y sanadas.* "[514]

En el libro Ritual Abuse and Mind Control, la terapeuta Ellen P. Lecter cita una conversación que mantuvo con la superviviente Carol Rutz: "Si se trataba de un abuso ritual, podía haber cuatro o cinco alters implicados: uno podía ser un niño, el otro un adulto. Lecter cita una conversación que mantuvo con la superviviente Carol Rutz: "Si se trata de un abuso ritual, puede haber cuatro o cinco altares implicados: uno para el dolor, otro para el ritual, otro para el transporte, etc. Creo que por eso las personas con D.I.D. tienen problemas para recordar lo que ocurrió. Es porque suele tener diferentes alter personalidades que surgen sucesivamente durante el mismo evento. Así que no es posible recordar toda la experiencia a menos que se acceda a los recuerdos de cada uno de los alternos que participaron. Si consigues que el alter ego que se presenta vaya más allá de su miedo y su dolor, entonces podrás llegar al resto. Muchas veces recordé acontecimientos de mucho tiempo atrás, lo que me ayudó a ponerlo todo en orden y comprender las ramificaciones de todo ello."[515]

Lo que Carol Rutz describe aquí puede ilustrarse en una de las actas del caso Dutroux que ya hemos descrito en el capítulo 4 sobre los abusos rituales en relación con un testigo X: *"Cuando se despertó* (del trance hipnótico), *tuvo la impresión de que había varias personas que estaban presentes en lo que ella describía* (ritual de sacrificio y orgía) *y que estas personas (estas Nathalie) se desvanecían unas frente a otras. Cree que ha desaparecido unas diez veces."*

En *"Romper la cadena"*, Svali escribe que la primera programación en el niño, de "romper el corazón", es difícil de deshacer porque toca el tema del abandono y el rechazo de la personalidad original, infantil. Se trata de las primeras experiencias vitales del niño y de su relación con sus padres y familiares cercanos. Trabajar estos recuerdos requiere un esfuerzo de todo el

---

[514] *Ritual Abuse in the Twenty-first Century: Psychological, Forensic, Social and Political Considerations* - James Randall Noblitt & Pamela Perskin Noblitt, 2008, p.497.

[515] *Ritual Abuse and Mind-Control: The manipulation of attachment*, cap: Torture-based mind control: psychological mechanisms and psychotherapeutic approaches to overcoming mind control, Ellen P. Lacter, p.113.

sistema alterno interno para ayudar a los fragmentos de la personalidad que sufrieron este extremo rechazo parental inicial a reconocer la importancia del momento presente y el hecho de que estos adultos eran realmente insanos. Hacerles tomar conciencia del momento presente es esencial porque suelen vivir atrapados en el tiempo-espacio en el que se produjeron esos traumas. Estas personalidades alteradas del niño e incluso del bebé se sentirán a menudo deprimidas y enfadadas. Algunos alters pueden entonces asumir el papel de "criadores" para consolarlos y hacerles entender que son niños adorables, sin importar lo que estos adultos les hayan hecho. La ayuda terapéutica externa y un buen sistema interno de "cuidadores" de alteres pueden ayudar mucho en el proceso de curación al proporcionar una nueva perspectiva y alivio a estos alteres jóvenes, heridos y abandonados.

Los primeros abusos destinados a escindir la personalidad se producen muy pronto en la vida del niño (de 0 a 24 meses). Algunos alter que nunca los han olvidado podrán compartir los recuerdos con otros alter que son totalmente amnésicos. Esto debe hacerse muy gradualmente porque estos abusos se produjeron muy temprano en la vida. Para ello, la creación de un "vivero" interno (establecido según las necesidades) puede ayudar al proceso. La "niñera" mayor y compasiva podrá ayudar y cuidar a los niños de esta guardería. Es importante confiar y validar lo que estos niños alterados dirán cuando empiecen a avanzar en la terapia y a compartir sus experiencias. A menudo se trata de niños con alteraciones preverbales, ya que todavía son muy pequeños, por lo que necesitan una forma de expresarse. La presencia de niños alternos mayores, cercanos a los bebés alternos, puede ayudarles a verbalizar sus necesidades y temores. Por lo general, los niños alterados no confían en los adultos, ni siquiera en las personalidades adultas alteradas del sistema al que pertenecen. La ayuda terapéutica externa también es importante para la curación, con el fin de entrenar y estructurar el sistema interno para que pueda proporcionar ayuda y buenos cuidados a los niños heridos. Se trata de equilibrar las necesidades del niño alterado entre los cuidados externos y la necesidad de cuidados internos del sistema alterado. Se puede ayudar al niño alterado con sesiones de anclaje, centrándose en el momento presente y dándose cuenta de que el cuerpo físico es ahora mayor y vive una vida segura.[516]

Hay que tener en cuenta que muchas de las alteraciones que sufrieron estos horrores fueron mantenidas deliberadamente en la edad en que se produjeron los abusos. Como hemos visto, son fragmentos de alma atrapados en un espacio-tiempo determinado. Están atrapados en una época en la que siguen creyendo todo lo que les dijeron sus agresores, por muy fantasioso e irreal que sea. Cuando el paciente intente recordar lo que le ocurrió, el terror que aún está presente en su joven alteración le inundará, independientemente de su edad. Por lo tanto, muchos alters están atrapados en el pasado, en un *eterno presente* en el que siguen siendo físicamente ese niño en contacto con el agresor o agresores. Hay que informarles lo más posible de su situación actual para que se den cuenta

---

[516] Romper la cadena: liberarse de la programación de la secta - Svali, 2000.

de que ya no están en peligro. Esto les permitirá dejar de castigar al otro alter y aprender a trabajar en grupo para recuperar la calma. Es necesario explicar a estos fragmentos que tuvieron que tratar con personas insanas y violentas pero que hoy todo eso se ha acabado, que ya no están en contacto con ellos y que ya no tienen que seguir las directrices y las normas de estos torturadores. Ahora pueden volver al momento presente para crear sus propias reglas. También es posible cambiar la función programada de un alterado a un nuevo papel en el que utilizará sus habilidades y cualidades al servicio de la terapia. Puede ser útil explicar a los alters, en palabras sencillas para los más jóvenes, lo que es el estrés postraumático, la disociación, la amnesia, el alter y los flashbacks.

Algunos alters también pueden haber sido programados para no comunicarse directamente con el mundo exterior (nunca emergen para hablar "en voz alta"), por lo que puede pasar un tiempo considerable antes de que estos alters sean detectados y comiencen a establecer contacto con el terapeuta. Muchos de ellos no habrán salido de la infancia, por lo que no saben nada del mundo actual. Son alteradores que no deben comunicarse con el mundo exterior hasta que sean activados por un controlador o programador. Son fragmentos que, por lo tanto, estarán muy asustados y hostiles cuando "salgan". También es posible utilizar un intermediario, un mediador, para dialogar con estos fragmentos reticentes. Aunque ya hayan observado el mundo exterior, el mundo *real* (nuestra dimensión) desde dentro, rara vez han "salido" para interactuar con él directamente, es decir, tomando el control del cuerpo físico. Por lo tanto, tenían una experiencia de vida muy limitada, circunscrita a las actividades de la secta y al "entrenamiento" (programación); sus recompensas eran el sexo, las drogas y el poder. El paciente puede tener mucho miedo de revelar cierta información, en relación con sus abusadores, pero también porque algunos alter se sentirán aterrorizados y humillados por sus propios recuerdos. Por lo tanto, tendrán miedo del rechazo del otro si hablan de lo que han hecho. El terapeuta debe aceptarlos, independientemente de lo que se haya visto obligado a hacer.

En la terapia, también es aconsejable desarrollar una visión holística de la historia traumática de la víctima y de su sistema de alteración. Una forma de acceder a esta visión global es entrar en contacto con el *verdadero yo del paciente* (la personalidad original) o el *"guía interior"*, que a veces se consideran la misma cosa, pero no sistemáticamente. Según algunos terapeutas, en cada sistema interno hay una parte que tiene la función de ayudar al paciente a un nivel superior, una parte llamada *ISH: Internal Self Helper*. Este alter (si es que lo es) puede considerarse superior a los demás, conectado a Dios. Es una fuente de sabiduría y una guía interior que conoce todas las demás personalidades alteradas, accede a todos los recuerdos y experiencias vitales de la persona. *"El ayudante interno (ISH) debe ser identificado lo antes posible. El terapeuta no debe tener miedo de trabajar estrechamente con el ISH, que siempre será un protector de las alteridades y hará que se respete el tratamiento. Conseguirá los mejores acuerdos posibles con el alter ego.* "[517]

En su libro Reaching for the Light (Alcanzando la luz), la superviviente Emilie Rose escribe sobre este Ayudante Interno, esta fuente especial de sabiduría: "Cada superviviente de abuso ritual tiene una parte interna que de alguna manera ha permanecido conectada a la vida, incluso en medio de la tortura y la muerte... Puede tener muchos nombres: el fuerte, el guardián del espíritu, el sanador, el místico, el abuelo, el sabio. Lo llamemos como lo llamemos, podemos influir en nuestra curación buscando esta parte de nosotros mismos, invitándola a emerger, haciéndose amiga de ella, nutriéndola y ayudándola a involucrarse más en nuestras vidas... Esta fuerte parte de nosotros tiene un deseo natural e innato de vida y curación. Tiene conocimiento del dolor, la curación y el espíritu. Puede ser el lugar donde reside nuestra conexión con un poder superior y nos guía en un verdadero viaje de curación si le damos la oportunidad."[518]

La Dra. Sarah Krakauer llama a esta parte la *sabiduría interior.* En su libro *Treating* Dissociative Identity *Disorder: The* Power *of the Collective Heart (Tratamiento del trastorno de* identidad disociativo: *el* poder *del* corazón *colectivo),* relata el caso de una paciente que conectó con esta guía interior: *"Siete meses después de que Lynn comenzara la terapia conmigo, mostró curiosidad por el funcionamiento de la sabiduría interior. Mientras estaba en estado de meditación, preguntó espontáneamente a su sabiduría interior: "¿Por qué tú sabes todo esto y yo no? La sabiduría interior respondió entonces: Puedes pensar en mí como el padre que nunca tuviste, alguien con quien puedes contar y que siempre estará ahí, pase lo que pase... Conozco todas las partes y cómo encajan, porque puedo ver la totalidad...' Lynn informó que vio una hermosa luz interior amarilla después de escuchar esta sabiduría. Ella describió: "Es la primera vez que veo un color amarillo como este. Es muy bonito. Es una experiencia realmente tranquilizadora, que ya no estoy sola. Se supone que un padre es el que te cuida... Siento una verdadera calma, una sensación de paz. Antes de descubrir esta luz amarilla, Lynn ya había comprobado que, tras buscar orientación en el teatro, era capaz de ir a un lugar donde veía una luz violeta que era a la vez calmante y energizante. Era algo que había descubierto por sí misma y a lo que acudía con frecuencia durante sus meditaciones.* "[519]

Tal vez el *ISH,* al parecer una parte superior del ser, corresponda *al "espíritu de la superconciencia"* descrito en la tradición Kahuna (en el capítulo 6), que puede anular todas las demás categorías de fragmentos del alma. En su artículo titulado *"The inner self helper concepts of inner guidance",* la terapeuta Christine Comstock concluye escribiendo: *"Como ocurre con todas las hipótesis*

[517] "Treatment philosophies in the management of multiple personality" - D. Caul, American Psychiatric Association, Atlanta, Georgia, 1978.

[518] *Healing the Unimaginable: Treating Ritual Abuse and Mind Control* - Alison Miller , 2012, p.246.

[519] *Tratamiento del trastorno de identidad disociativo: el poder del corazón colectivo* - Sarah Y. Krakauer, 2001, p.130-131.

psicológicas, la existencia del ISH no puede probarse ni refutarse. Sin embargo, hay suficientes pruebas históricas y clínicas para que sea razonable creer que esa estructura podría existir y ser beneficiosa. En el pasado, el concepto de disociación del "yo" en un alter que observa y experimenta ha resultado beneficioso para el paciente. La extensión de la noción de "guía interior" en forma de ISH a los pacientes con IDD parece ser algo lógico y coherente con la experiencia descrita por estos pacientes. Según muchos clínicos experimentados, este fenómeno de guía interior en forma de estructura psíquica separada puede ser una conceptualización clínica útil en el tratamiento del D.I."[520]

Es obvio que el fenómeno de la T.I. merece una investigación científica muy profunda, porque conduce a otras dimensiones del ser... pero recordemos una vez más que ésta es la caja de Pandora de la "religión sin nombre": todos los descubrimientos relativos a los arcanos de la psique humana (y mucho más allá) que permiten el control individual y global no deben ser divulgados en el mundo profano, regla esencial que permite mantener el poder.

Las palabras utilizadas por los autores y programadores durante las sesiones de abuso, tortura y programación tienen un efecto profundamente devastador en las víctimas. El trabajo de memoria pretende que el superviviente pueda recordar exactamente lo que el programador le decía junto con las imágenes mentales que acompañaban a estas frases durante las sesiones. Este es un punto esencial que ayudará mucho a desactivar la programación MK. Por lo tanto, es importante enumerar y trabajar estas palabras para que pierdan su poder de influencia sobre la víctima. Estas palabras o frases perderán aún más su poder cuando los recuerdos traumáticos se vacíen gradualmente de su carga negativa. La carga negativa es ese dolor interior subconsciente que, cuando se desencadena por los estímulos, activará la programación. Estas palabras o frases pueden haber sido utilizadas para definir el papel o la naturaleza de un alter y para nombrar al alter, también pueden ser amenazas, insultos, acuerdos (obtenidos bajo coacción), órdenes y directivas, palabras desencadenantes específicas destinadas a sacar a un alter, códigos de acceso que también pueden incluir números, etc. Algunas de estas órdenes pueden ser reemplazadas, por ejemplo, renombrando a las personalidades alter con nuevos nombres y asignándoles nuevos roles. Las oraciones y las bendiciones también pueden utilizarse para contrarrestar los ataques verbales (órdenes de programación) que permanecen en el subconsciente.

Durante el proceso terapéutico, uno de los mayores peligros es la programación de la autodestrucción y el suicidio. Según Svali, entre las élites luciferinas, esta programación es sistemática. Desde la primera infancia, la víctima está condicionada a creer que morirá si abandona "la Familia", la Red. Esta es la base de la programación del suicidio, que está estrechamente

---

[520] "Los conceptos de autoayuda interna de la orientación interna: antecedentes históricos, su papel dentro de la disociación y su utilización clínica" - Christine M. Comstock, *Journal Dissociation*, Vol.4, N°3, 09/1991.

relacionada con la programación de la lealtad y la fidelidad a la familia biológica y al Orden Jerárquico. Si la víctima comienza a acceder a ciertos recuerdos y decide abandonar la red, o comienza la terapia, este sabotaje o programación autodestructiva debería activarse. Esto se manifestará entonces como una sensación de estar repentinamente abrumado por la culpa y un estado de profunda depresión. Sólo el programador y unas pocas personas tienen el código para desactivar esta programación, lo que garantiza que la víctima vuelva a contactar con el grupo. Si la víctima rompe esta programación, necesitará asistencia y ayuda, tal vez hospitalización, ya que la respiración o el ritmo cardíaco pueden verse gravemente afectados. Las personalidades alteradas pueden estar programadas para autolesionarse o incluso suicidarse si hay un intento de revelación externa o desprogramación. Estos alters están programados para creer que la única forma de escapar del suicidio y la autodestrucción es contactar con el programador que conoce los códigos para detener el proceso.

Un alter puede castigar a otro alter escarificándolo, por ejemplo, por lo que es importante que todo el sistema de alter sea consciente de que comparten el mismo cuerpo físico y que son un solo individuo.

La programación de una personalidad alterada que puede llevar a la víctima al suicidio se realiza imprimiendo la creencia de que es honorable morir por la causa de la "Familia"; que los traidores deben suicidarse rápidamente antes de que el grupo los encuentre para matarlos de forma lenta y dolorosa; que su vida será tan insoportable que es mejor suicidarse, etc.

Según Ellen Lacter, cuando los comandos implantados *"no recuerdes"* y *"no hables"* empiezan a romperse, el resto de la programación se vuelve más fácil de reconocer y superar. El acceso a los diferentes recuerdos traumáticos, que conduce a la reconstrucción del puzzle cronológico, liberará progresivamente toda la carga emocional inconsciente que cimenta y permite el desencadenamiento de la programación. Cuanto más se hagan conscientes los recuerdos traumáticos dispersos y reprimidos y se vuelvan a montar, más disminuirá la carga emocional que contienen y más perderá su eficacia la programación. Así es como se desactiva gradualmente la programación del MK.

6 - PROCESAMIENTO DE LOS RECUERDOS TRAUMÁTICOS

a/ Generalidades

El trabajo con los recuerdos traumáticos (disociativos) es un proceso terapéutico en el que se reasocian fragmentos de recuerdos tanto psicológicos como físicos (memoria celular). El tratamiento de un recuerdo disociativo consiste, por tanto, en reensamblar y hacer conscientes todas las partes que lo componen para poder integrarlo definitivamente, ya que, como hemos visto, el recuerdo de una experiencia puede descomponerse en varias piezas. Tras esta integración, las emociones y las sensaciones físicas asociadas a este recuerdo desaparecerán y serán sustituidas por un recuerdo de lo sucedido similar a cualquier otro recuerdo consciente. Esto significa que el recuerdo traumático reprimido se convierte en un recuerdo cronológico y autobiográfico sin carga negativa. Una vez completado este proceso, se pueden fusionar las diferentes personalidades asociadas a estos recuerdos. En algunos casos, esto parece ocurrir automáticamente en cuanto los recuerdos se procesan y se hacen conscientes.

A nivel biológico, los recuerdos están vinculados a los diferentes sentidos (vista, oído, olfato, tacto, gusto, pero también dolor físico o placer sexual), también están vinculados a los diferentes tipos de emociones. Estos recuerdos son gestionados por el hipocampo, que los transmite a la corteza cerebral para que estén bien integrados en la conciencia. Así es como pasan del nivel inconsciente al consciente. Los recuerdos disociativos permanecen desconectados de la conciencia, lo que se denomina amnesia traumática, un recuerdo "olvidado" que no se ha hecho consciente. Estos recuerdos pueden surgir de forma repentina e inesperada, normalmente en forma de flashbacks, que son erupciones de recuerdos que vuelven repentinamente a la conciencia, pueden ser visuales, auditivos, emocionales e incluso físicos. De hecho, estos flashbacks pueden desencadenar recuerdos celulares vinculados a determinadas zonas del cuerpo, que pueden manifestarse como dolor, parálisis e incluso marcas físicas. Cuando estos recuerdos subconscientes surgen, se reviven como si estuvieran ocurriendo en el momento presente. Cuando una persona experimenta un afloramiento de recuerdos traumáticos que le provocan un estado emocional pesado, necesitará absolutamente anclarse en el momento presente. Tienen que abrir los ojos (normalmente cerrados durante un flashback) y centrarse en su entorno directo: sonidos (la voz del terapeuta, por ejemplo), nombrar y tocar los objetos que les rodean en la habitación, también pueden tocar su ropa, nombrándola una a una, etc. Las técnicas de anclaje son importantes para trabajar con los recuerdos traumáticos, ya que evitan que el paciente se vea desbordado por la emoción y el dolor.

Por lo general, un paciente no estará preparado para realizar este trabajo sobre los recuerdos traumáticos hasta que el sistema de alteración de la personalidad sea cooperativo. Como hemos visto antes, hay que establecer una relación con los alteradores para que todos los que han participado en la misma experiencia, en el mismo recuerdo, puedan participar en el proceso. Según la terapeuta Alison Miller, un recuerdo no puede integrarse por completo (y disolverse la programación) hasta que todos los fragmentos de la persona implicada en el recuerdo traumático se hayan alineado para juntar su propia pieza del recuerdo, su pedazo del rompecabezas, con el fin de establecer la imagen completa y cronológica de la experiencia. Además, si todos los fragmentos del paciente no son cooperativos, algún alter ego puede castigar a los que revelen las cosas antes de tiempo.

Los grupos de control mental crean deliberadamente personalidades alteradas que registran todo y conocen todo el sistema y su historia. Stella Katz llama a esta alteración el *"guardián de la puerta"*, cuya función es observar desde dentro y registrar todo sin intervenir nunca. Una vez que se accede a estas personalidades alteradas, pueden ser de gran ayuda para determinar tanto el contenido de un recuerdo como la lista cronológica de los alteres del paciente que han experimentado sucesivamente la experiencia traumática.

También está la cuestión de los recuerdos traumáticos de la edad preverbal, cuando la víctima era todavía un bebé. Este tipo de memoria no puede ser verbalizada para expresar la experiencia y los sentimientos. Entre los 0 y los 3 años, el sistema de memoria declarativa o explícita que requiere la maduración del hipocampo aún no está operativo. Serán recuerdos implícitos (emocionales, conductuales, somato-sensoriales, perceptivos, no verbales). Estos recuerdos implícitos están vinculados a la amígdala del hemisferio derecho, que madura antes que el hipocampo

b/ El proceso de renacimiento

El término "revivificación" y su proceso de restauración fueron descritos por el superviviente Brice Taylor. A diferencia de la terapia fabiana, de la que también hablaremos, que sólo se ocupa de los recuerdos conscientes no traumáticos, ésta es el tratamiento de los recuerdos traumáticos inconscientes con el objetivo de integrarlos plenamente en la conciencia. La parte más difícil de este trabajo es, sin duda, el dolor emocional y a veces físico que se asocia a estos recuerdos disociados. La revivificación es una herramienta que puede ser útil cuando no es posible hacer una sesión de terapia cada vez que un recuerdo traumático sale a la superficie de la conciencia.

Brice Taylor presenta esta técnica: "Como superviviente de un trauma de nacimiento extremo, pasé años en terapia. Tuve abreacciones y flashbacks sobre mi pasado incestuoso, el abuso ritual y el control mental del gobierno, hasta que pude practicar este proceso de reanimación. Para aprender a utilizar esta herramienta, me ayudó un miembro de la comunidad de inteligencia que tenía algunos conocimientos de programación y desprogramación de MK. La revivificación es una herramienta muy valiosa que me ayudó a tratar y archivar la enorme cantidad de recuerdos dolorosos. De este modo, pude recuperar la memoria de mi pasado y, por fin, utilizar mi mente de forma sana y constructiva en el momento presente. Creo que es importante compartir esta técnica para que los supervivientes puedan ser ayudados de forma sencilla en su proceso de recuperación de la memoria."

El revivir puede comenzar cuando el paciente ya no niega el trauma pasado y después de haber aprendido a sentir y expresar sus emociones. Según Brice Taylor, no es necesario reexperimentar continuamente las abreacciones o flashbacks física y emocionalmente para desentrañar los recuerdos. Según ella, los supervivientes necesitan reexperimentar los recuerdos celulares sólo cuando todavía están negando la realidad de su pasado. La reexperimentación también permitirá al paciente, abrumado por los recuerdos intrusivos, que suelen impedirle funcionar en la vida cotidiana, aprender a contener, canalizar y gestionar estos "flashes" de recuerdos hasta que finalmente pueda procesarlos adecuadamente.

Cuando un paciente tiene flashbacks en casa, o cuando un recuerdo se "dispara" por algo de su entorno, en público o en privado, puede coger un bloc de notas y anotar una o dos palabras que luego le servirán para refrescar la memoria sobre lo que desencadenó el recuerdo disociado y su contenido. Tras estos apuntes, puede retomar sus actividades sin tener que ser constantemente "acosado" por este recuerdo. En las 48 horas siguientes al flashback o a los flashbacks, se aconseja al paciente que tome notas sobre el o los desencadenantes y que examine el contenido de este recuerdo. El examen del recuerdo se realiza en un entorno tranquilo, con una profunda introspección, para anotar con detalle el contenido visual y auditivo, pero también los aspectos olfativos y gustativos que están vinculados a este recuerdo traumático. Un criterio para determinar si se trata de auténticos recuerdos disociados es que sean visualmente tridimensionales y contengan fuertes elementos sensoriales, como sonidos y olores.

Para practicar este tipo de ejercicio de memoria amnésica, el paciente puede practicar primero la proyección de recuerdos conscientes y no traumáticos en una "pantalla mental". Consiste en centrarse en los detalles de este recuerdo con el "ojo de la mente", es decir, cerrar los ojos para imaginar la escena lo más real posible. En esta escena, la persona puede mirar, tocar, oler y saborear lo que estaba presente, pero también escuchar sonidos, palabras, frases, etc. Por lo tanto, el trabajo puede comenzar con los recuerdos no disociados que no han causado choques emocionales o dolor físico. Una vez que el paciente se siente cómodo con esta "pantalla mental", puede abordar los recuerdos que antes eran amnésicos y que empiezan a aflorar.

Así es como Brice Taylor describe las diferentes fases del proceso:
- 1/ Coge un cuaderno.
- 2/ El paciente debe haber enumerado previamente elementos que puedan desencadenar recuerdos traumáticos.
- 3/ El paciente debe estar en un lugar tranquilo y seguro para procesar estos recuerdos (preferiblemente en las 48 horas siguientes a su aparición). Comenzará refiriéndose a su lista de desencadenantes.
- 4/ Es útil que el paciente disponga de un diario o de un ordenador en el que almacenar los recuerdos disociados que se le presentan.
- 5/ A continuación, el paciente visualiza este recuerdo en una pantalla imaginaria en su mente. Debe concentrarse en este recuerdo con su ojo mental, centrándose en el sistema sensorial, es decir, el gusto, el olfato, el oído, el tacto y la vista. Debe interesarse por todo lo que estaba presente en el momento de la experiencia traumática. También deben centrarse en las palabras y frases que se dijeron en ese momento. En las personas que han sufrido abusos rituales y control mental, las palabras pronunciadas durante los estados disociativos son muy importantes porque contienen el condicionamiento y la programación. Los alters que han escuchado lo que se ha dicho pueden no repetirlo en una sesión de terapia de este tipo, pueden, por ejemplo, volver a contar la escena sin la "banda sonora". Se les debe pedir que den el contenido completo del recuerdo, incluido el contenido auditivo. El paciente debe tratar de ver la escena a través de los ojos de la(s) personalidad(es) alterada(s) que experimentó(n) el evento. No necesita revivir la escena ni volver a experimentar las emociones o sensaciones dolorosas en el cuerpo. Sólo tienen que mirar la memoria de la misma manera que mirarían una película en una pantalla, pero

cuidando de recuperar la mayor cantidad de información posible. Si el paciente ha sobrevivido una vez al acontecimiento traumático, ahora es capaz de observarlo con cierta distancia para recuperar lo esencial: es decir, todos los detalles que le ayudarán a tomar conciencia de lo sucedido y de qué personalidad(es) alterada(s) estuvo(n) implicada(s) en él. Durante este ejercicio, el paciente no debe juzgar lo que ve en la pantalla mental, ni intentar cambiar el contenido. Cuando el paciente ha disociado el contenido emocional del recuerdo, entonces puede describir con precisión lo que ve mientras el terapeuta toma nota de la información. Por lo tanto, el terapeuta puede pedir al paciente que vaya más despacio o que repita algo sin temor a volver a traumatizarlo. Es como si el paciente tuviera un mando a distancia con el que puede acercarse, ralentizar o acelerar la escena, pausar, rebobinar o detener la historia.

Para este trabajo de proyección mental de un recuerdo traumático, la terapeuta Alison Miller aconseja empezar la historia en la "vida normal", es decir, en la situación que precedió al suceso traumático (por ejemplo, el viaje en coche), y terminarla en la situación que siguió al trauma. Se trata de ampliar la cronología de la memoria, ya que las personalidades alteradas al principio y al final de una experiencia traumática no suelen ser las mismas que las que sufrieron los traumas en el centro de la historia. Así, ayudará al paciente a comprender mejor cómo se relacionan sus experiencias traumáticas con su vida cotidiana, con su memoria autobiográfica consciente y en qué contexto ocurrieron.

- 6/ Si el paciente comienza a experimentar una abreacción con sensaciones corporales durante la visualización, puede escribir rápidamente en un papel: *"Mi cuerpo está tratando de reaccionar a este recuerdo"*, y entonces gracias al proceso disociativo ya muy desarrollado en él, se alejará de este recuerdo que provoca una reacción física. Al disociar el dolor físico o emocional, puede, por ejemplo, ponerlo en una caja en su mundo interior. También puede sustituir las imágenes que provocan la abreacción por un problema de matemáticas. Esto le permitirá desprenderse de las sensaciones dolorosas, ya que entonces activará otra zona de su cerebro. Si el cuerpo sigue reaccionando a pesar de estas medidas, el paciente debe detener la sesión de proyección mental y anclarse en el momento presente con los métodos mencionados anteriormente. El paciente puede entonces reanudar la sesión de proyección mental si es capaz de mantener la barrera disociativa entre los cuerpos físico y emocional y el recuerdo traumático. Las mismas técnicas pueden aplicarse cuando el dolor emocional es demasiado grande. Durante este proceso, el paciente también puede optar por adentrarse voluntaria y plenamente en el sentimiento emocional del recuerdo para expresarlo y hacerlo estallar en la medida de lo posible.

- 7/ Si el paciente se siente triste, llora o se enfada como consecuencia de los recuerdos traumáticos, puede realizar otra actividad. Un niño pequeño y sano que se cae y se hace daño llorará durante un rato, pero muy pronto centrará su atención en algo que le saque de su estado negativo. Así, los niños son capaces de cambiar sus estados emocionales rápidamente. El paciente puede hacer lo mismo eligiendo rápidamente hacer una actividad que le ponga en un estado mental y emocional positivo. Puede hacer deporte, trabajar en el jardín, llamar a un amigo, pasear al perro, pintar, cantar, bañarse, ver una comedia, todas las cosas que le pueden aportar relajación y alegría. Sin embargo, no se trata de reprimir emociones negativas como la tristeza o la ira. El paciente debe poder sentirlos y expresarlos durante todo el tiempo que necesite y quiera. El proceso de curación del paciente se basa en gran medida en tener control sobre sí mismo y sus propias experiencias. Esta parte del proceso de reanimación puede ser apropiada para los pacientes que están constantemente atascados en viejas emociones dolorosas.

Cuando los supervivientes son capaces de hacerse cargo y amarse a sí mismos en lugar de destruirse, sus abusadores (o controladores) han perdido. Los supervivientes tienen que darse cuenta de que sólo ellos pueden elegir el amor propio en lugar de la escarificación, por ejemplo. Cuando dejan de comportarse como la programación les ha condicionado, se vuelven autónomos y libres, con sólo su propia mente como límite: recuperan su propia identidad.

Brice Taylor señala que en este proceso es más fácil escribir primero los recuerdos traumáticos que verbalizarlos directamente. Esto es también lo que defiende Mark Phillips, y es una de las reglas que estableció en el protocolo de recuperación y desprogramación de Cathy O'Brien. El acto de anotar los recuerdos provoca, gracias a la coordinación de los ojos y la mano, ciertas conexiones neuronales en el cerebro que darán al paciente un mejor acceso a sus propias capacidades cerebrales. Además, escribir los recuerdos significa que serán mucho más ricos en detalles. Con el tiempo, las diferentes "cápsulas" de recuerdos traumáticos comenzarán a unirse para formar una imagen de lo que realmente sucedió en la vida del paciente. Este rompecabezas más o menos bien montado explicará muchas cosas que antes no se entendían, como los comportamientos indeseables o las fobias inexplicables. Brice Taylor explica que no es necesario detenerse en cada detalle de la memoria para saber si es válida o no, porque con el tiempo y con la suficiente recuperación de los recuerdos traumáticos, las piezas de los recuerdos comenzarán a validarse entre sí encajando para formar el puzzle de la vida. Es esta visión general de la propia vida, hasta ahora rota en pedazos, la que ayudará a proporcionar al paciente la autocompasión, el amor propio y la autoestima que son tan valiosos para su curación y su nueva vida.

He aquí un extracto del libro de Cathy O'Brien *"For National Security Purposes"* que ilustra el proceso de recuperación de los recuerdos traumáticos:

Las respuestas salen a la superficie lentamente, pero hacen aflorar años de recuerdos, todos ellos unidos. Todo esto me parece una pesadilla interminable. Cuando Mark llega a casa esa noche, hay hojas de papel esparcidas por todas partes, cubiertas de fragmentos de recuerdos escritos en tantos guiones diferentes.

- Recordé muchas cosas, pero no tiene sentido. No puedo poner los eventos en orden.

Le enseño los trozos de papel y me pongo a llorar:

- ¿Cómo puedo recordar cuándo sucedieron estas cosas cuando no tenía sentido del tiempo?

- Es sencillo", dice Mark, "hay que hacerse las preguntas adecuadas. Mira más allá del momento. ¿Qué temporada es? ¿Hay nieve? ¿Sientes el calor del sol de verano? ¿Puedes oler las flores de primavera? ¿Estás en la escuela? ¿Quién es tu profesor? ¿Qué llevas puesto? ¿Cuándo te has puesto esta ropa? ¿Han nacido ya tus hermanos o hermanas? ¿Qué edad tiene Kelly? Mira a tu alrededor a través de los ojos de la persona que solías ser y a la que le ocurrió todo esto. ¿Te parece que la gente es muy alta, como cuando eras una niña? ¿Qué ves a la altura de los ojos? ¿Sus rodillas? ¿Sus ojos? Sólo tienes que cronometrarlo con la mayor precisión posible y dejar el resto a los investigadores (...)

Puedes buscar en revistas y periódicos antiguos (...) Deberías empezar a recortar imágenes, frases, titulares, cualquier cosa que te llame la atención. Cuando tengas una caja llena de estos recortes, puedes hacer un collage. Será como volver a juntar las piezas de tu mente (...)

- El Dr. Patrick utilizó el término "polifragmentado" para describir esas pequeñas piezas que se pegan. También cree que mi idea de pegar podría ser beneficiosa para ti.

De repente, mis garabatos de recuerdos parecen tener un propósito después de todo. A partir de ese momento, apunto todos los flashes que surgen, me parezcan significativos o no. Llevo siempre conmigo un bolígrafo y un papel. Los recuerdos pasan a menudo por la pantalla de mi mente, a veces hasta el punto de romper mi concentración en los momentos menos oportunos. Una nota rápida de una palabra o frase es suficiente para detener estas intrusiones, y me permite volver a lo que estaba haciendo antes. Es como si mi cerebro supiera que voy a escribir todo más tarde, y los destellos se detienen momentáneamente. Luego, cuando me encuentro en condiciones de concentrarme adecuadamente, me permito entrar en un estado más profundo, me hago las preguntas que me enseñó Mark, vuelvo a encontrar los olores y empiezo a escribir lo que espera ser recuperado fotográficamente.

- Ten en cuenta, me aconsejó Mark, que si un recuerdo te parece que no puede haber ocurrido, entonces tienes que examinarlo de cerca para ver si es algo que te han contado o que has vislumbrado en una película. Empiece por desprogramar el programa. Encuentra el principio y el final, lo que pasó antes y lo que pasó después. Deja constancia escrita de ese recuerdo durante tres semanas. La verdad no desaparece. Sin embargo, rellenar las lagunas con lo que podría haber sucedido, desaparecerá (...)

Escribir mis recuerdos como me enseñó Mark me permite reconstruirlos tal y como sucedieron, pero sin el dramatismo. Puedo profundizar mi trance con la relajación, ver cómo se desarrollan los acontecimientos fotográficamente en la pantalla de mi mente, oler los olores y reconocer las sensaciones físicas sin tener que volver a experimentarlas. Las emociones no tenían existencia propia en el estado disociativo en el que me encontraba, y siguen sin tenerla en este proceso de recuperación de mi memoria. Mark me enseñó a evitar la pregunta que suelen hacer los terapeutas: "¿Qué se siente?"[521]

c/ El teatro interior

En una conferencia del *S.M.A.R.T.* de 2006, la superviviente Lynn Schirmer describió una herramienta que ayuda a centrarse en determinados recuerdos y que puede combinarse con la pantalla mental descrita anteriormente. Es una herramienta de psicología desarrollada por el Dr. Lowell Routley y sus colegas, un modelo de teatro, una metáfora de la conciencia y la mente ideada por el neurobiólogo Bernard J. Baars.

En *"In the Theater of Consciousness The Workspace of the Mind"*, Bernard J. Baars describe el funcionamiento de este "teatro", que puede utilizarse para trabajar los recuerdos. En un teatro están el escenario, los actores, las luces, el decorado, el director y el público. Cuando se entra en un teatro antes de la función, se ve el escenario, el público y unas puertas laterales que llevan a los camerinos. Cuando las luces empiezan a apagarse y el público se queda en silencio, un único foco atraviesa la oscuridad para iluminar el escenario. Entonces sabes que los guionistas, los actores, los ingenieros de sonido y de iluminación están todos allí, sin ser vistos, pero trabajando juntos en la misma dirección y guiados por un guión que está a punto de ser revelado al público. Cuando el auditorio se desvanece, sólo queda el foco de la conciencia, es decir, el foco que ilumina el escenario, quedando todo lo demás en la oscuridad. Esta metáfora teatral nos permite trabajar sobre los recuerdos: los actores y los decorados representan el contenido del recuerdo, traumático o no, los focos representan el foco de atención sobre este recuerdo, el contenido consciente emerge cuando los focos se dirigen hacia los actores en el escenario del recuerdo. Estos focos tienen un papel esencial porque en cuanto dirigen la luz hacia un personaje concreto, éste emerge a la conciencia. Sólo los personajes iluminados por los focos pueden transmitir información al público. A cambio, la audiencia, el público, puede aplaudir o silbar, pedir que se escuche más o, por el contrario, hacer que se retire a un actor del escenario lanzándole tomates. El público de este teatro también puede interactuar con los actores intercambiando información con ellos. Pero sólo hay una forma de llegar al conjunto del público, y es a través de un personaje iluminado por los focos del escenario. El público es la razón de ser de todo este teatro experimental.

El escenario del teatro representa el interior del paciente, donde experimenta las diferentes percepciones, este lugar se llama espacio de fusión. Para acceder a este lugar se utiliza un sencillo ejercicio: la persona tiene que visualizar un objeto de su elección e intentar determinar el lugar en el que siente que ocurre algo en su interior. Este ejercicio puede parecer muy sencillo, pero para los supervivientes de MK, condicionados a evitar cualquier tipo de

[521] *Por el bien de la Seguridad Nacional* - Cathy O'Brien & Mark Phillips, 2015, p.29-30.

introspección, puede ser algo bastante nuevo y un descubrimiento importante. La capacidad de ver en el espacio de fusión puede ser una herramienta poderosa. Con la práctica, es aquí donde la persona podrá observar los elementos de programación, en esta "obra de teatro", e incluso intervenir directamente por sí misma.

El actor principal del escenario suele ser el núcleo, el verdadero "yo", la personalidad original, que a veces puede controlar el cuerpo. Los diversos actores (alteres) que no están en el centro de atención, que están fuera del escenario, representan subconjuntos, rutinas, habilidades, recuerdos, sentimientos destinados a representar comportamientos o experiencias particulares. Estos diferentes actores pueden entrar en escena en cualquier momento para compartir el protagonismo con el actor principal provocando un proceso de fusión en este espacio de fusión. Un superviviente de un trauma puede experimentar repentinamente un intenso dolor físico que es, en realidad, otra parte de sí mismo atrapada en un recuerdo traumático, pudiendo los alteradores mezclarse entre sí. Según Lynn Schirmer, esta técnica de introspección en el teatro interior permite examinar este espacio de fusión. El paciente puede ver los objetos y las configuraciones que han sido configuradas y utilizadas por los programadores. Es una herramienta para entrar en contacto con el mundo interior e interactuar con él.

7 - TERAPIA FABIANA

Mientras que las terapias destinadas a hacer aflorar los recuerdos disociativos mediante la hipnosis u otras técnicas como la EMDR (desensibilización y reprogramación por movimientos oculares) pondrán al superviviente frente a su pasado traumático, existe un método terapéutico no frontal que evita el "contacto" directo con los recuerdos dolorosos. Recuerdos que pueden desencadenar ciertos comandos implantados como la autodestrucción y la programación del suicidio.

Esta técnica de procesamiento de la memoria fue revelada por Kerth Barker, un *informante que fue* él mismo un sobreviviente de abuso ritual satánico y que había estado conectado a la Red en algún nivel. Este proceso terapéutico le fue transmitido por iniciados que utilizaron su conocimiento de la programación MK para desarrollar y establecer un protocolo seguro y eficaz para descargar los recuerdos traumáticos de forma gradual, sin tener que revivirlos directamente (parece que dentro de la "Familia" hay opiniones diferentes sobre el tema MK).

Barker llamó a esta técnica la terapia *"fabiana"*, en referencia a la estrategia militar fabiana de evitar un ataque frontal y directo estableciendo una lucha indirecta y progresiva. El objetivo de este protocolo terapéutico es descargar y anular progresivamente el impacto de los recuerdos traumáticos, lo que tiene como consecuencia la desactivación de la programación que se apoya en estos recuerdos dolorosos reprimidos a nivel subconsciente. Estos recuerdos disociativos son "cápsulas" tóxicas que permanecen bloqueadas en el subconsciente, su presencia saboteará la capacidad del individuo para pensar racionalmente y actuar según su propia voluntad. Por lo tanto, el trabajo terapéutico que tiene como objetivo descargar estas memorias tóxicas inconscientes es esencial para desprogramar el condicionamiento MK. Este método actuará sobre los recuerdos traumáticos reprimidos de forma indirecta a través del trabajo sobre los recuerdos conscientes: es decir, la estimulación sostenida de los recuerdos semánticos y episódicos, dos formas distintas de memoria explícita.

La memoria semántica es la que contiene toda la información que se ha memorizado conscientemente: números de teléfono, lecciones de historia, etc. Esta memoria semántica está formada por palabras o símbolos. La memoria episódica se compone de las experiencias vividas. Se trata de acontecimientos reales que has vivido conscientemente, como un paseo por el bosque o un partido de fútbol. Esta memoria episódica está compuesta por imágenes, sonidos, olores, sabores y emociones. Los recuerdos episódicos son, por tanto, como películas que contienen percepciones sensoriales y emociones. También existe la memoria de acontecimientos subjetivos, como los sueños (según la capacidad de recordarlos) y la imaginación, es decir, la capacidad de imaginar un acontecimiento ficticio con la posibilidad de recordarlo más tarde.

La terapia Fabian está diseñada para evitar la activación inadecuada de la programación implantada. Este tipo de terapia sólo se ocupa de los recuerdos conscientes, es decir, de los recuerdos episódicos, semánticos y subjetivos (sueños e imaginación). Nunca habrá una confrontación directa con los recuerdos traumáticos disociados y reprimidos. El trabajo sostenido sobre los recuerdos conscientes podrá actuar indirectamente sobre los recuerdos reprimidos. De hecho, todas las capas de la memoria, hasta la más profunda, están interconectadas en lo que puede llamarse un "campo mental energético" que interactúa con el cerebro y el sistema nervioso. Según la terapia fabiana, los recuerdos no están formados por neuronas sino por energía subatómica estable, siendo las neuronas sólo una interfaz física para estas energías mnémicas (todos los procesos que facilitan las operaciones de la memoria). En este "campo energético", cada recuerdo, ya sea consciente o inconsciente, está conectado a todos los demás por una especie de red. Esto significa que si se trabaja intensamente en una determinada zona de la memoria, ésta influirá automáticamente en todas las demás zonas de la web: es lo que se llama el *"campo de la memoria"*. Al trabajar intensamente la memoria episódica, trabajarás sutil e indirectamente el dolor, el trauma y la amnesia de otros recuerdos reprimidos. Estos recuerdos traumáticos disociados contienen fuertes emociones que representan una poderosa carga emocional negativa. Trabajar en los recuerdos conscientes de forma estructurada e intensa liberará lentamente la carga negativa de estos recuerdos reprimidos. Cuando se libere una cantidad suficiente de carga negativa, la programación implantada asociada a estos recuerdos dejará de tener poder, liberando así gradualmente al esclavo MK.

Los comandos implantados durante la programación se componen de palabras e imágenes, principalmente palabras, y las palabras son semánticas. Por lo tanto, será necesario trabajar en la memoria semántica consciente para liberar gradualmente la carga negativa de los comandos implantados en la memoria reprimida e inconsciente. Los científicos que desarrollaron esta terapia realizaron experimentos con personas que habían sido sometidas a control mental. Se les conectó a un dispositivo *de biorretroalimentación que* medía su ritmo cardíaco y su respiración. A continuación, los investigadores leyeron lentamente en voz alta una lista de vocabulario en la que se mezclaban palabras neutras y palabras de mando utilizadas habitualmente en la programación de MK. Mientras leía, el sujeto no prestaba atención a las palabras de orden, pero cada vez que se pronunciaba una de ellas, el dispositivo *de biorretroalimentación* mostraba una reacción. Las víctimas de MK conectadas a este dispositivo no eran conscientes de que estas palabras eran desencadenantes, pero estimulan al esclavo inconscientemente debido al dolor contenido en la memoria traumática reprimida. El poder de estas palabras puede desactivarse trabajando el vocabulario de forma estructurada.

La Terapia Fabiana se divide en cuatro áreas:
- Llevar un diario.
- E.M.A. (Análisis de la memoria episódica) es el análisis sistemático de ciertos recuerdos conscientes no traumáticos.
- La técnica de la extraversión.
- Ejercicios de vocabulario para influir en la memoria semántica, destinados a liberar la carga negativa contenida en las palabras relacionadas con los comandos implantados.

a/ El periódico

En la terapia fabiana, el paciente llevará tres diarios:
- El diario de la memoria episódica.
- El diario de la memoria de los sueños.
- El diario catártico y de la memoria de la imaginación.

El diario episódico: Cada noche, el paciente escribirá en este diario su nombre completo (la personalidad anfitriona), la fecha y un recuerdo episódico del día (encuentro con un viejo amigo, una excursión al parque...). El recuerdo debe ser preferentemente un episodio significativo y positivo, sin ninguna emoción negativa. Este recuerdo episódico debe ser algo que se haya vivido en el mundo real y no algo que se haya visto en la televisión o en Internet. En el diario, el paciente se limitará a describir este recuerdo para poder recordarlo fácilmente después. Al final de cada semana, el paciente debe revisar todos los recuerdos episódicos de la semana. Del mismo modo, a final de mes, revisará todo lo que haya escrito en su agenda durante esas semanas. Estas revisiones de los recuerdos episódicos deben hacerse imaginando la escena con la mayor precisión posible en la mente, para registrarla lo mejor posible. Este ejercicio también puede realizarse a final de año.

De manera sutil, este trabajo sobre la memoria episódica ayuda a descargar los recuerdos negativos que pesan en el subconsciente. Este trabajo requiere un compromiso a medio plazo (unos meses) o incluso a largo plazo (varios años) para esperar resultados tangibles. Al detectar lagunas en la memoria en determinados días, el paciente sabrá que ese día se ha producido un cambio de alteración.

El diario de los sueños: Este diario también debe rellenarse diariamente si el recuerdo de los sueños está presente. Varias personas han descubierto que una vez que empiezan a escribir su diario episódico diariamente, también empiezan a tener pesadillas vívidas. Además, una vez que el paciente ha realizado un E.M.A. (Análisis de la memoria episódica) de forma regular, esto también estimulará indirectamente las pesadillas durante el sueño. Las pesadillas son desagradables, pero esto es en realidad una buena señal, porque es a través de ellas que la mente subconsciente descarga la carga negativa contenida en los recuerdos traumáticos.

El paciente no tiene que analizar sus sueños en su diario, simplemente debe anotar el contenido de la forma más objetiva posible, independientemente de si el sueño fue alegre o terrorífico. Centrarse en los sueños recordándolos y escribiéndolos también liberará la carga negativa contenida en el campo de la memoria. Este es un proceso natural de curación de la mente.

Diario imaginativo y catártico: Este diario no tiene que llevarse a diario, sino sólo cuando el paciente sienta la necesidad de hacerlo. Su objetivo es utilizar la imaginación para liberar las emociones negativas. Con este diario, el paciente intentará purgar la negatividad, no se trata de intelectualizar lo que se escribe en él ya que es un proceso puramente catártico. El contenido del diario puede ser palabras, dibujos, fotos, etc. Es un diario muy personal. La idea es expresar los malos sentimientos que a veces surgen sin motivo aparente, poniéndolos en imágenes y palabras. Es un proceso puramente emocional y no intelectual, una forma adicional de liberar la carga emocional negativa del campo de la memoria.

b/ E.M.A. - Análisis de la memoria episódica

El M.E.A. es el análisis sistemático de los recuerdos episódicos no reprimidos. Este análisis requiere un terapeuta. Estos recuerdos episódicos no reprimidos son recuerdos conscientes que deberían estar libres de dolor y emociones negativas. Son recuerdos de experiencias ordinarias y felices de la vida cotidiana. El terapeuta actúa como guía, haciendo una serie de preguntas para ayudar al paciente a profundizar en sus recuerdos. En este proceso terapéutico, los recuerdos inconscientes negativos son influenciados indirectamente por este intenso enfoque en los recuerdos conscientes positivos.

El campo de la memoria es como una tela de araña en la que todos los recuerdos están unidos por hilos. Si se estimula un área de la red, se agitará todo lo demás. Así, si se estimula intensamente una zona de la memoria consciente del paciente, influirá más o menos en todas las demás zonas de la memoria, también en los recuerdos disociados. El objetivo de este tipo de análisis es hacer que el paciente se sumerja conscientemente en un recuerdo para recordarlo lo más profundamente posible en su "pantalla mental". El papel del terapeuta es utilizar su intuición para guiar el proceso interrogando al paciente sobre el recuerdo para animarle a profundizar cada vez más en él, sin intelectualizar nada. Este protocolo no requiere un estado hipnótico ni ningún tipo de estado alterado de conciencia, el paciente sólo tiene que cerrar los ojos cuando rememora los recuerdos. Todos los recuerdos trabajados en M.A.E. deben ser de naturaleza feliz, no deben contener ninguna emoción negativa. Además, deben ser recuerdos recientes que aún no han sido procesados, es decir, recuerdos en bruto de los que el paciente aún no ha hablado. Para ayudarte a entender este proceso, aquí tienes un ejemplo:

- **Terapeuta**: ¿Puedes pensar en un recuerdo apropiado que podamos trabajar hoy?

- **Paciente**: El otro día fui a un partido de fútbol.

- **T**: Muy bien. Para recordar mejor este recuerdo, ¿cuál fue la fecha y la hora en que comenzó este episodio?

- **P**: Sucedió hace dos días. Creo que fue a las 4 de la tarde.

- **T**: Bien, empecemos con tu memoria olfativa, ¿recuerdas los olores?

- **P** (ojos cerrados): Recuerdo el olor a palomitas en la cola donde esperaba para comprar un perrito caliente. Había olores de cocina, de perros calientes.... Veamos... También había ese olor a cerveza rancia en el suelo cerca del puesto de refrescos. Cuando fui a los baños, recuerdo que olía mucho a orina. En las gradas estaba sentado junto a un hombre que llevaba un asqueroso aftershave. También recuerdo a alguien fumando un puro. Era un día caluroso, recuerdo el olor corporal.

- **T**: ¿Era tu propio olor corporal o el de otra persona?

- **P**: Había olores de varias personas. Había algo más, no estoy seguro de lo que era .... Oh sí, mi amigo se había puesto crema solar en los brazos, me dio un poco...

- **T**: ¿Qué era ese olor?

- **P**: Había un ligero olor a coco, pero sobre todo un olor a productos químicos.

- **T**: Bueno... ¿Hay otro recuerdo de un olor?

- **P**: *No.*

- **T**: Bien, ahora vamos a repasar tus recuerdos de los gustos de este episodio.

etc...

De forma metódica y sistemática, se revisará cada una de las percepciones sensoriales contenidas en esta memoria episódica, esta escena vital. Las preguntas del terapeuta están diseñadas para mantener la atención del paciente y centrarse en la experiencia y su recuerdo. Una sesión de este tipo debe durar entre media hora y cuarenta y cinco minutos. La mente de una víctima de MK ha sido alterada, por lo que incluso el recuerdo episódico ordinario puede contener distorsiones. Si el terapeuta escucha algo que parece totalmente irracional, no tiene que cuestionarlo ni analizarlo, sino simplemente continuar el proceso sin detenerse en ello. El terapeuta no debe hacer juicios ni evaluaciones, sino simplemente ayudar al paciente a mantener la atención en la experiencia y su recuerdo.

Hay una serie de percepciones contenidas en una memoria episódica, la terapia fabiana trabaja con una lista de ocho percepciones como la siguiente:

N°1: Olfativo (olor)

N° 2: Gustativo (sabor)

N° 3: Auditivo (sonido)

N° 4: táctil (tacto)

N°5: Visión (vista)

N° 6: Cinética (movimientos)

N° 7: Emocional

N° 8: Lingüística (lengua)

El terapeuta trabajará con cada una de estas percepciones en el orden exacto indicado. Estas ocho categorías se utilizan de forma secuencial, por lo que el terapeuta debe dirigir al paciente para que siga esta secuencia en el orden correcto. La sesión termina cuando se ha revisado la última categoría. La revisión del olor, el sabor y el sonido al principio de la sesión permitirá al paciente reexperimentar el recuerdo directamente sin alteración personal, no lo evaluará sino que lo reexperimentará. La revisión de las emociones y el lenguaje tendrá lugar al final de la sesión, ya que es probable que estas percepciones sean evaluadas y modificadas por el ego. En la medida de lo posible, el terapeuta debe evitar mezclar las diferentes categorías de percepciones de la memoria. Por ejemplo, al analizar la categoría 3, que es la memoria de los sonidos, no sería bueno animar al paciente a que se centre en el contenido de una conversación que ha escuchado, porque esto es lo que se analiza después en la categoría 8 (lenguaje). En la categoría 3, el terapeuta lleva al paciente a la percepción pura de la memoria auditiva. Por ejemplo, el terapeuta preguntará si la conversación fue fuerte, suave y la comparará con otras percepciones auditivas. Centrándose en las percepciones táctiles (categoría 4) de un recuerdo episódico, el terapeuta puede hacer preguntas como: *"¿Está caliente o frío?* Estas percepciones incluyen: temperatura, presión/peso, incomodidad/confort, humedad y sequedad en la piel, saciedad/hambre...

La categoría 5 revisa la memoria visual, con colores, formas, patrones, brillo y oscuridad. También se refiere a la percepción visual de los movimientos, como una pelota que vuela por el aire o los movimientos de una multitud. Pero este tipo de percepción visual del movimiento debe distinguirse de los movimientos experimentados por el propio cuerpo, que son los que conciernen a la categoría 6, que implica la percepción del movimiento físico (cinético) retenido en la memoria, tanto de los propios movimientos del individuo como de los movimientos de los objetos que le afectan directamente. Por ejemplo, en un coche, habrá la sensación de que el cuerpo sigue los movimientos del coche en las curvas, así como la aceleración y el frenado. Si se trata de un recuerdo de caminar por la calle, es sólo el movimiento del cuerpo, a menos que entre en contacto con algo. En un partido de fútbol, donde hay mucho contacto físico, hay movimientos propios del individuo y de los demás que interferirán e influirán en él. Por tanto, puede haber cierta confusión de percepciones entre las categorías 5 y 6. Los movimientos personales entran en la categoría 6, pero un movimiento como el vuelo de un pájaro entrará en la categoría 5. Una forma de abordar esta confusión es tratar las percepciones del movimiento en la categoría 5 (visual) en último lugar, y luego seguir esta lógica con la categoría 6. La categoría 7, emociones, es tanto la percepción de las emociones de los demás como la percepción subjetiva de las propias emociones. El paciente puede conocer sus propias reacciones emocionales subjetivas, pero no puede conocer realmente las experiencias subjetivas de los demás. Para evitar que el paciente especule sobre lo que realmente sienten las personas, el recuerdo y la percepción de las emociones de otras personas debe limitarse a describir sus expresiones externas, como la expresión facial, el tono de voz y el lenguaje corporal. Con estos indicadores físicos, el paciente puede detectar respuestas emocionales básicas como la ira, el asco, el miedo, la alegría, la tristeza, el aburrimiento, la indiferencia y la sorpresa. El paciente no debe centrarse en lo que ocurre en el interior de los otros, sino sólo en sus emociones mostradas por la cara, el cuerpo y el tono de voz. Por lo tanto, en esta categoría 7, la percepción del paciente de las emociones de los demás debe ser objetiva, mientras que la percepción de sus propias emociones es subjetiva. Las reacciones emocionales subjetivas del propio paciente pueden ser más complejas. Hay que dejar que el paciente describa sus propias reacciones emocionales ante el recuerdo que ha elegido. Las emociones subjetivas del paciente pueden describirse, por ejemplo, con melancolía, optimismo, desconcierto, conflicto, euforia, ira, etc., mientras que la descripción de las emociones de otras personas es mucho más sencilla y objetiva: por ejemplo, *"Parecía enfadado porque tenía la cara roja"*, o *"Su cara expresaba una sensación de asco"*. La categoría 8, la última, tratará de las percepciones relacionadas con el lenguaje y el significado que adquiere. Esta fase es por lo tanto más intelectual, aquí se guía al paciente para que se centre en todas las conversaciones que tuvieron lugar en esta memoria episódica. El paciente también se centrará en todo lo escrito que ha leído en este episodio, así como en el significado de los símbolos visuales, como una señal de tráfico o una cruz en el campanario de una iglesia.

En general, un recuerdo episódico elegido para este tipo de trabajo debe ser un recuerdo positivo. Por lo tanto, el paciente puede optar por programar voluntariamente una experiencia "feliz" en su agenda para poder utilizarla posteriormente en una sesión de M.E.A. Por ejemplo, pueden planear ir a un partido de fútbol para poder repasar este recuerdo episódico unos días después en la terapia. Los recuerdos recientes, que son fáciles de recordar, son una buena opción, pero los recuerdos antiguos que también son fáciles de recordar funcionarán de la misma manera. Es mejor empezar con sesiones que traten sobre recuerdos recientes, una vez que el paciente se sienta cómodo con el proceso, se pueden explotar los recuerdos más antiguos.

En una sesión se puede repasar un recuerdo de la semana anterior y en la siguiente una memoria episódica de hace dos años. El proceso M.E.A. puede aplicarse a cualquier recuerdo que el paciente pueda recordar razonablemente. Cuanto más se aplique este proceso, más aumentará la capacidad del paciente para evocar recuerdos episódicos. Con la práctica, el paciente puede incluso acabar accediendo a recuerdos de la primera infancia.

Algunas reglas imperativas a seguir: es esencial que el paciente no haya consumido drogas o alcohol en las semanas o meses anteriores a las sesiones de M.E.A. También es importante que evite consumir bebidas que contengan cafeína antes de una sesión. Debe haber dormido bien para estar a pleno rendimiento. Todos los recuerdos procesados deben ser positivos, sin pérdida de conciencia, sin dolor y sin emociones negativas.

Así, el proceso fabiano permitirá evacuar indirectamente la carga negativa de los recuerdos reprimidos u ocultos. El M.E.A. actúa como catalizador, los sentimientos contenidos en los recuerdos traumáticos reprimidos saldrán a la superficie de diferentes maneras, a través de sueños, dibujos, flashbacks de recuerdos traumáticos, etc. Este tipo de terapia no se detiene en los recuerdos negativos que surgen, simplemente permite que afloren. Es la concentración en la vida presente lo que permite evitar que uno se detenga en ellos.

c/ Ejercicios de extraversión

Los ejercicios de extroversión ayudarán al paciente a salir de los recuerdos dolorosos del pasado que puedan surgir. Como los recuerdos traumáticos pueden hacer que el paciente se derrumbe totalmente, estos ejercicios consisten en devolver al paciente al momento presente para estabilizarlo. Al practicar la M.E.A., el terapeuta debe llevar siempre al paciente a centrarse en los recuerdos positivos, pero si surge un recuerdo negativo o el paciente se enfada sin motivo aparente, el terapeuta debe utilizar técnicas de extroversión para devolver al paciente al momento presente. El principio básico es que cualquier emoción negativa inapropiada proviene de una dislocación del tiempo, es decir, un acontecimiento del pasado del paciente le ha hecho enfadar, y ahora esta ira puede surgir de forma inapropiada delante del terapeuta. En este caso, tanto el paciente como el terapeuta deben centrarse en el momento presente y en el entorno actual. El terapeuta puede pedir al paciente que le diga la fecha actual, que escriba en un papel dónde se encuentra en ese momento y que describa la habitación recorriéndola completamente. Entonces el paciente puede moverse por la habitación tocando cosas, nombrándolas, sintiendo las texturas, etc. Esto también puede hacerse en el exterior durante un paseo. Como ya se ha descrito, estas técnicas de anclaje en el momento presente utilizan las diferentes percepciones como la vista, el oído, el tacto, etc. Caminar, hacer deporte, trabajar en el jardín, etc., son actividades que ayudan al paciente a centrar su atención "aquí y ahora". Es una actitud y un estilo de vida que hay que adoptar, lo que significa que el paciente debe aspirar a ser socialmente extrovertido: debe desarrollar una sensación de seguridad en sus relaciones sociales, lo que le ayudará a no quedarse centrado "solo en su rincón" en su pasado de forma negativa. La extroversión es más que una técnica terapéutica, es una actitud global que facilitará el acceso a una vida equilibrada.

Durante las sesiones de M.E.A., a través de la revisión de los recuerdos episódicos, el terapeuta lleva al paciente a un estado profundo de introversión (sumergiéndose en el pasado), pero cuando este proceso se completa, es importante que el terapeuta lleve al paciente de nuevo a un estado de extraversión: de vuelta al momento presente.

El paciente en la terapia fabiana no debe atascarse en los recuerdos traumáticos que puedan surgir en el proceso. Aunque esto es una señal de que están surgiendo recuerdos disociados, cuando esto sucede, el paciente debe entender que a lo largo de la terapia es mejor mantenerse alejado de estos recuerdos. Si hay una necesidad de liberación emocional, pueden utilizar su diario catártico para liberar estas emociones negativas. Tras esta liberación catártica, el paciente debe volver al momento presente.

Según Kerth Barker, la Terapia Fabiana sanará todo el campo de la memoria a través de todos esos ejercicios terapéuticos destinados a trabajar intensamente y estimular los recuerdos conscientes. Este "campo de la memoria" tiene dos aspectos: los recuerdos conscientes o inconscientes y los mecanismos mentales que acceden a ellos. La terapia Fabian restablece, a través de un proceso indirecto, la capacidad de la mente para acceder a estos recuerdos traumáticos, al tiempo que descarga las "cápsulas" negativas.

d/ Técnica de desestimulación semántica

Aquí el término "semántica" se refiere al significado de las palabras y los símbolos utilizados en la programación de MK. Palabras y símbolos (gráficos o gestuales) que empujan inconscientemente a la víctima hacia una acción o la represión de una acción. Por lo tanto, la víctima está esclavizada por la estimulación de las palabras o símbolos de mando. Para desprogramar semánticamente a la víctima, hay que reducir el poder de estos desencadenantes. Todas estas órdenes implantadas contienen sistemáticamente una carga emocional negativa.

Por ejemplo, una mujer con programación MK-Monarch que ha recibido una orden implantada que dice, por ejemplo, *"te sirve sexualmente cualquiera cuando tu dueño te lo dice"*. Las palabras de esta orden contienen una carga emocional negativa que fue inducida durante el trauma y es la incapacidad de hacer frente a esta carga negativa lo que obliga a la víctima a obedecer inconscientemente esta programación. Las palabras clave de esta frase de mando son *"sexualmente"*, *"propietario"* y *"mando"*. La técnica de desestimulación semántica tiene como objetivo descargar gradualmente este implante negativo.

El terapeuta creará tres listas de palabras, cada una de las cuales contendrá una de las palabras clave del comando, como por ejemplo: *ángel, barco, abrigo, casero, porche, árbol, cascada*. A continuación, el terapeuta pedirá al paciente que repase la lista y defina cada palabra con la ayuda de un diccionario. A continuación, se pide al paciente que invente frases con cada una de las palabras de la lista. El terapeuta no prestará ninguna atención especial a las palabras clave de comando, serán tratadas de la misma manera que las palabras neutras que no estimulan ninguna reacción. Al hacer esto, el proceso podrá influir en la memoria y descargar sutilmente las emociones negativas del recuerdo traumático que contenga una de estas palabras de control. La memoria semántica es la capacidad de entender y utilizar las palabras para comunicarse. En cierto sentido, el proceso de programación del MK secuestra la función de recuerdo de la memoria semántica para poder utilizarla para controlar a la víctima. Sin embargo, al pedirle al paciente que trabaje en el vocabulario, el paciente recuperará gradualmente el control total de su capacidad de recordar la memoria semántica. La idea es reforzar esta función en el paciente. Esto cambiará su forma de tratar el lenguaje contenido en el campo de la memoria. Un principio de la terapia fabiana es que al aumentar la capacidad mnemotécnica de la mente, se disminuye el poder de los recuerdos disociados. Trabajando simplemente con el vocabulario y pidiendo al paciente que haga frases con palabras definidas con un diccionario, se disminuye el poder de los comandos implantados.

e/ Sesión típica de terapia

En una típica sesión de terapia fabiana, el paciente se sienta frente al terapeuta, cada uno con un lápiz y un cuaderno delante para tomar notas. No se requiere hipnosis ni estados alterados de conciencia. El terapeuta comienza preguntando al paciente si hay algo que le moleste y que pueda interferir con la concentración durante la sesión. El paciente puede, si lo desea, traer su diario para compartir el contenido con el terapeuta. El primer ejercicio será el de desestimulación semántica descrito anteriormente. Cuando el paciente crea frases con las listas de palabras, el terapeuta no interviene, sino que escucha. Una vez completado este protocolo, se puede hacer una pausa de diez minutos antes de empezar el análisis de la memoria episódica, el E.M.A., que es el núcleo de la sesión y que durará de treinta a cuarenta y cinco minutos. Al final de la sesión, el terapeuta debe devolver al paciente a la tierra en el momento presente, su atención debe centrarse en *el aquí y ahora*. La sesión puede ir seguida de un paseo al aire libre para planificar la siguiente sesión. La frecuencia de las sesiones dependerá del estado emocional del paciente. Por lo general, las sesiones pueden ser una vez a la semana. Pueden espaciarse a una vez al mes, pero también pueden ser diarias si el paciente lo considera necesario. Estas sesiones, al tiempo que descargan los recuerdos traumáticos, ayudarán a estabilizar al paciente emocionalmente y a anclarlo en el momento presente.

f/ Técnica avanzada de E.M.A.

La técnica M.E.A. descrita anteriormente es el protocolo clásico, relativamente fácil de entender y practicar. Pero hay técnicas más avanzadas, incluyendo un esquema para hacer un trabajo mucho más profundo de M.E.

Este método utiliza un círculo dividido en ocho secciones iguales que forman un gráfico circular, con rayos intersecados por ocho círculos concéntricos que dividen este gráfico circular en secciones iguales. Los ocho radios representan las ocho categorías mencionadas anteriormente: olfativa, gustativa, auditiva, táctil, visual, cinética, emocional y lingüística. Cada círculo concéntrico representa un periodo de la vida del paciente: el círculo central representa los recuerdos inconscientes del periodo prenatal y del nacimiento, los demás círculos concéntricos simbolizan la evolución desde la primera infancia, la adolescencia, la juventud, etc., hasta el último círculo exterior que representa las experiencias vitales más recientes.

Este patrón se utilizará para ayudar al terapeuta a desplazar la atención del paciente hacia diferentes áreas de su vasto campo de memoria. El paciente debe estar tranquilo, profundamente relajado y libre de conflictos internos durante dicha sesión. El objetivo es guiar al paciente a diferentes zonas del patrón circular de forma aleatoria. Por ejemplo, el terapeuta puede pedir al paciente que recuerde un recuerdo feliz reciente pidiéndole que se sumerja en una sola percepción del recuerdo en una de las ocho categorías, como el recuerdo de un olor, por ejemplo. A continuación, el terapeuta guiará al paciente hacia un recuerdo en una zona temporal diferente, eligiendo una categoría de percepción distinta, como la vista o el lenguaje.

Una sesión clásica de M.E.A. estudia intensamente el recuerdo de un solo recuerdo episódico con las ocho percepciones asociadas a él. Mientras que esta técnica avanzada de M.E.A., en lugar de analizar intensamente todas las percepciones de un episodio, hará malabares de episodio en episodio, eligiendo cada vez una sola categoría de percepción del recuerdo. Por ejemplo, el paciente puede recordar el olor de una flor cuando estaba haciendo jardinería hace una semana, luego el sabor de una mazorca de maíz de un picnic hace 10 años, la sensación de lluvia fría tras un día caluroso de senderismo hace seis meses, etc. Este protocolo debería durar unos 20 minutos. Es necesario haber practicado ya mucho la E.M.A. clásica para poder realizar este ejercicio que a veces puede permitir el acceso a recuerdos completamente olvidados de la primera infancia (no traumáticos), o incluso a recuerdos prenatales.

8 - EL CASTILLO INTERIOR (TERESA DE ÁVILA)

Para concluir este capítulo, he aquí algunos extractos de la obra maestra de Teresa de Ávila, *"El castillo interior"* o *"El libro de las moradas"*. Es un castillo que representa metafóricamente el alma humana, que debe pasar por diferentes niveles para alcanzar la perfección. Al igual que el verdugo programador incorpora castillos oscuros y mazmorras en el mundo interior de los esclavos MK para mantener a los alters encarcelados, aquí hay un castillo interior que conduce gradualmente al humano a la unión divina con su Creador. ¿Quizás los supervivientes puedan incorporar este castillo a su mundo interior?

Hoy me han ofrecido lo que será la base de este escrito: considerar nuestra alma como un castillo hecho enteramente de un solo diamante o cristal muy claro. Consideremos que el castillo tiene muchas moradas, unas en la parte superior, otras en la inferior, otras en los laterales; y en el centro, en medio de todas ellas, está la principal, donde se producen las cosas más secretas entre Dios y el alma. Creo que encontrarán consuelo en disfrutar de este castillo interior. Puedes entrar en él y recorrerlo a cualquier hora. La puerta de entrada a este castillo es la oración. No debes imaginar estas viviendas una tras otra, como una cadena de ellas, sino fijar tu mirada en el centro. Que el alma, por tanto, se abandone en las manos de Dios, con la menor preocupación posible por su progreso.

Antes de continuar, me gustaría pedirle que considere lo que es ver este brillante y hermoso castillo. Esta perla oriental, este árbol de la vida plantado en las aguas vivas de la vida. Esta agua fluye en todos los hogares y en todos los poderes. Es cierto que no puedes entrar en todas las mansiones por tu propia fuerza, por muy grande que te parezca, a no ser que el propio Señor del castillo te instale en ellas. Le gusta mucho la humildad. Y la humildad es caminar en la verdad. Porque el autoconocimiento es tan necesario, que nunca podrás hacerlo mejor (que conocerte a ti mismo).

Aunque sólo hablo de siete mansiones, hay muchas en cada una de ellas, abajo, arriba, a los lados, con hermosos jardines, fuentes, laberintos... Querrás dejarte arrastrar por la alabanza al gran Dios que creó este castillo a su imagen y semejanza. No veo nada que pueda compararse con la gran belleza de un alma y su vasta capacidad. Y Él mismo dice que nos creó a su imagen y semejanza (Gn 1:26). Ahora bien, si esto es así, y es un hecho, no tenemos por qué cansarnos de intentar comprender la belleza de este castillo. Fija tus ojos en el Crucificado y todo te parecerá fácil. No dejará de llamarnos, un día u otro, a acercarnos a Él. (Extractos) "El castillo interior" - Santa Teresa de Ávila

- Hay muchas mansiones en la casa de mi Padre - Juan 14:2

CAPÍTULO 9

EL CONTROL MENTAL EN LA INDUSTRIA DEL ENTRETENIMIENTO

Aprendí que, justo debajo de la superficie, hay otro mundo, y luego otros mundos diferentes cuando se profundiza. Lo sabía de pequeño, pero no encontraba la prueba. Fue como una sensación. Hay bondad en el cielo azul y en las flores, pero hay otra fuerza, un dolor salvaje y decadente, que también lo acompaña. - David Lynch

1 - INTRODUCCIÓN

Los antiguos druidas utilizaban las ramas sagradas del *acebo* para fabricar sus varitas mágicas, con las que canalizaban y amplificaban los poderes... El acebo era un símbolo de muerte y resurrección, de vida eterna y de fertilidad, desde los tiempos de Nimrod y la Gran Babilonia. La Babilonia de Nimrod está asociada con la esclavitud y el culto al Gobierno Mundial (Nimrod es reconocido por los masones como el primer *"Gran Maestro"*).

Todos los años, los premios de la Academia (el símbolo máximo de la cultura de Hollywood) se celebran en el Dolby Theatre (antiguo Kodak Theatre antes de que el grupo quebrara en 2012), situado en el Hollywood Boulevard de Los Ángeles. Junto al teatro se encuentra *el Hollywood & Highland Center*, también llamado *Babylon Courtyard*. Se trata de un enorme centro comercial con un escenario que es una réplica exacta de la antigua Babilonia de la película *"Intolerancia"* de 1916. Al visitar el lugar, descubrimos cuatro columnas monumentales coronadas por elefantes en pie sobre sus patas traseras, que rodean un gigantesco arco con las representaciones de dos curiosos personajes míticos: Enki, un dios sumerio, y el dios asirio Nisroch... El decorado está pensado para un templo de consumo dedicado a Hollywood...

Si quieres ver el sistema de la antigua Babilonia en funcionamiento hoy en día, no busques más allá de Hollywood: *la madera sagrada*; una referencia a la madera de acebo utilizada por los druidas para fabricar sus herramientas de magia. Hoy en día, Hollywood es el centro neurálgico de la propaganda cinematográfica y televisiva mundial, la varita mágica que sumerge a la gente en la ilusión, incluso la embruja con sus encantos...

El espectador que ve una película codificará inconscientemente comportamientos que reproducirá o, al menos, integrará como posibilidad de comportamiento a adoptar. Los guiones de Hollywood inyectan en la mente del espectador pensamientos, comportamientos y actitudes que se convierten así en cosas potencialmente reproducibles en tal o cual situación, tal y como hizo el actor... pero resulta que a un actor se le paga para que reproduzca emociones y comportamientos que se convierten así en humanos... aunque sean totalmente desviados e inhumanos... Los guiones (desde Hollywood a la telerrealidad) codifican así potenciales en la matriz, es una forma de programación global.

Este análisis puede parecer una aberración, ya que la gente piensa que su espíritu crítico está sistemáticamente en guardia y que todas estas producciones no le influyen en absoluto, como se dice: *"Sólo es cine"*. Pero, como vimos en el primer capítulo, la ingeniería social es una clave para el control mental de las masas, y el cine desempeña un papel importante en el condicionamiento de las mismas a través de la "psiquiatría cultural": el arte de la propaganda destinado a atacar sistemáticamente el subconsciente de las masas. Las series de televisión y los realities, al igual que el cine, imprimen literalmente en la mente de los jóvenes comportamientos que deben integrarse y reproducirse. Se trata de doctrinas reales que se imponen indirectamente a través de escenarios en forma de "simple entretenimiento", ya sea humorístico o totalmente horroroso, y estas dos cosas se mezclan hoy en día de una manera muy poco saludable (producciones cada vez más atractivas y adictivas). De este modo, los estilos de vida se programan en los guiones de la industria del entretenimiento antes de que se plasmen en la vida cotidiana, y la gente lamentablemente imita lo que consume todo el tiempo en sus pantallas, grandes o pequeñas. Los brujos-controladores lo dominan, programan a los jóvenes y codifican sus doctrinas en cerebros previamente *cocinados* para preparar el mundo del mañana...

La industria del entretenimiento parece estar especialmente afectada por el ocultismo y el control mental, probablemente por el hecho de que, de todas las industrias, es la que más se expone públicamente, por lo que inevitablemente aparecen grietas en el punto de mira y a veces revelan síntomas de trauma y programación. Además, como veremos, la industria musical y de la moda se complace en exponer al público una simbología MK cada vez más explícita. Esta industria del entretenimiento juega un papel esencial en el control mental de las masas, por lo que ella misma debe estar perfectamente controlada y conectada con el mundo espiritual para canalizar y difundir la "luz luciferina" aquí en la tierra. Los artistas destinados a la fama mundial deben ser, por tanto, perfectos médiums y marionetas para infundir esta "luz" a las masas. La programación mental basada en el trauma es la herramienta perfecta para ello. Todos somos víctimas del control mental en diversos grados, pero las celebridades del mundo del espectáculo son probablemente las más. Su opulencia y su comportamiento degenerado se promueven en los medios de comunicación para que envidiemos su estilo de vida y consumamos sus producciones, sin saber que para llegar a esa situación están sometidos a una absoluta esclavitud física, psíquica y espiritual. Los traumas que padecen suelen expresarse a través de su arte, distribuido por todo el mundo, para que todo el mundo pueda traumatizarse indirectamente... y lo llaman *entretenimiento*...

2 - LA DELINCUENCIA DEL ESPECTÁCULO

Las pequeñas estrellas que se introducen en el "sistema de Hollywood" suelen pasar por todo tipo de traumas y abusos. Hoy en día está muy claro que los abusos sexuales a menores no son algo anecdótico en Hollywood y que todo el mundo del espectáculo está gravemente afectado. Es un fenómeno muy extendido, una especie de "epidemia" que se transmite como la mordedura de un vampiro.

En agosto de 2011, en una entrevista en el programa *Nightline de ABCNews*, el ex actor infantil Corey Feldman, el héroe de *Los Goonies*, denunció: "*Puedo decir que el problema número uno de Hollywood ha sido, es y será siempre la pedofilia. Es el mayor problema de los niños en esta industria... Todo se hace en silencio, es el gran secreto (...) Hay tanta gente que ha crecido en esta industria y lleva tanto tiempo en ella que se siente por encima de la ley. Esto tiene que cambiar, tiene que parar.*"

Feldman también lo revela en su autobiografía titulada *"Coreyography"* publicada en 2014. Dijo que cuando tenía 14 años estaba literalmente rodeado de pedófilos. No se dio cuenta de lo que eran realmente esos *"buitres"* y de lo que querían hasta que fue mayor... pero el daño estaba hecho...

En 2008, él y su amigo Corey Haim revelaron en el reality *Two Corey* que habían sido violados en grupo. En 2011, Alison Arngrim, la actriz que interpretó a la "pesada rubia" Nellie Oleson en la serie "La casa de la pradera", también confirmó que los dos Corey sufrieron abusos en los años 80. Dijo a *FoxNews*: "*Lo que se dijo en su momento fue que las drogaron para abusar sexualmente de ellas. Es horrible, eran niños menores de edad. Hay todo tipo de historias sobre ellos, por ejemplo que fueron abusados sexualmente y totalmente corrompidos por todos los medios imaginables, por personas que normalmente se suponía que debían cuidarlos (...) No hay una sola persona a la que culpar, estoy seguro de que no hubo una sola persona que violara a Corey Haim, y ciertamente no fueron los únicos que pasaron por esto. Estoy seguro de que había docenas de personas que conocían la situación y que prefirieron callarse.*"[522]

Alison Arngrim, miembro y portavoz de *protect.org*, una organización que protege a los niños de los abusos físicos y sexuales, también confiesa que toda esta lujuria de Hollywood permite que florezcan los depredadores sexuales: "*Nadie quiere detener este horror", explica, "es casi un sacrificio voluntario de sus hijos que muchos padres están haciendo sin saberlo (...) He escuchado a víctimas de todo el país. Todos cuentan el mismo tipo de historias y todos están amenazados... Puede que Corey Feldman haya abierto una lata de gusanos al hablar finalmente, pero no tiene por qué acabar ahí.*"[523]

---

[522] "Las recientes acusaciones de abusos sexuales a menores en Hollywood son sólo la punta del iceberg, según los expertos" - Meagan Murphy, FoxNews.com, 05/12/2011.

[523] Ibid.

En 2010, la propia Allison Arngrim reveló en su autobiografía *'Confesiones de una perra de la pradera'* los abusos sexuales que ella misma sufrió de niña.

Otra estrella infantil de otra época confirma que Hollywood tiene un problema de larga data con el abuso y el acoso de menores. Paul Peterson, protagonista de la serie Donna Reed, una popular comedia de los años 50 y 60, declaró *a FoxNews*: *"Cuando vi esta entrevista, me vinieron a la mente toda una serie de nombres y rostros de mi propia historia (...) Algunas de estas personas, a las que conozco muy bien, todavía están por aquí (...) Desde mi punto de vista, Corey ha sido muy valiente. Sería realmente maravilloso que estas acusaciones pudieran atravesar las distintas capas de protección para identificar realmente a estas personas. Los que forman parte de la red de pornografía infantil de este mundo, es enorme y no tiene límites, al igual que no tiene límites de edad para los niños. "*[524]

Martin Weiss, agente de casting de Hollywood, fue acusado en 2011 de abusar sexualmente de un menor de 12 años. Al parecer, la víctima dijo a las autoridades que Weiss le confió que lo que estaba haciendo *"era una práctica común en la industria del entretenimiento"*.[525]

Otro depredador de Hollywood es Jason James Murphy, también agente de casting, detenido por el secuestro y la violación de un niño. Entre otras cosas, Murphy había reclutado a jóvenes actores para las producciones de *"Bad News Bears"*, *"The School of Rock"*, *"Cheaper by the Dozen II"* y *"Three Stooges"*.

Fernando Rivas, el galardonado director de la popular serie Barrio *Sésamo*, ha sido acusado de posesión y distribución de pornografía infantil y de *coacción sexual a un niño...*

En 2004, el actor Brian Peck, que protagonizó las películas de *X-Men* y *Los Muertos Vivientes*, fue condenado a 16 meses de prisión por abuso sexual de un niño actor. Fue entrenador del canal infantil *Nickelodeon*. El documental *"Un secreto a voces"* (Amy Berg, 2015) cuenta la historia de cinco víctimas que afirman haber sido violadas mientras asistían a los principales estudios cinematográficos de Hollywood cuando eran niños. En el documental, nos enteramos de que Brian Peck fue acusado inicialmente de lo siguiente: *acto lascivo sobre un niño, sodomía de una persona menor de 16 años, intento de sodomía de una persona menor de 16 años, penetración sexual con un objeto, copulación oral sobre una persona menor de 16 años, copulación oral con anestesia o control por sustancia.*

El impactante documental *"Un secreto a voces"* contiene también el testimonio de Todd Bridges, el Willy de la famosa serie *"Arnold y Willy"*, *que* sufrió abusos sexuales desde los 11 años. También incluye entrevistas con Michael Egan, que acusa al director de las películas *de X-Men*, Bryan Singer, de haberle violado.

---

[524] Ibid.

[525] Ibid.

Bill Cosby, del famoso *'The Cosby Show'*, también ha sido acusado de abusos sexuales a menores por decenas de mujeres. El escándalo estalló en 2014 cuando la ex supermodelo Janice Dickinson reveló públicamente que Bill Cosby la había drogado y violado en 1982. La actriz Barbara Bowman también le acusó de agresión sexual cuando era adolescente, al igual que la actriz Andrea Constand. Incluso se retiró un busto del actor de *los Estudios Hollywood de Disney en Florida* tras todas estas inquietantes acusaciones...

La actriz Mia Farrow y su hija adoptiva Dylan han declarado públicamente que Woody Allen violó a Dylan cuando ésta tenía 7 años. Woody Allen, que se casó con su hija adoptiva Soon-Yi en 1997, ha sido acusado de violar a Dylan... La actriz Susan Sarandon dijo en el programa *The Daily Best*: *"Creo que destruyó completamente a su familia de una manera terrible, y luego se lavó las manos. Siempre ha tenido fama de que le gustan las chicas jóvenes, quiero decir, muy jóvenes. Y esta mujer, Soon-Yi, era muy vulnerable. Creo que fue duro para los niños, especialmente para Mia. No puedes hacer ese tipo de cosas. Simplemente no puedes."*

También podemos citar el caso del director Roman Polanski acusado (pero nunca condenado) de violar a una niña de 13 años, Samantha Geimer. Un día de marzo de 1977, estaba en casa de Jack Nicholson en Los Ángeles para una sesión de fotos con Polanski. Le hizo beber champán, le dio un sedante y luego abusó de ella. Esa noche, de camino a casa, Samatha escribió en su diario: *"Roman Polanski me ha fotografiado hoy. ¡Me violó, maldita sea!"*[526]

En 2003, en el programa de Thierry Ardisson "*Tout le monde en parle*", el oscuro cantante Marilyn Manson cuenta cómo de niño descubrió la sexualidad en el sótano de su abuelo... Describe que en este sótano había lencería femenina, consoladores *"recubiertos de vaselina"* según sus propias palabras, y fotos zoofílicas... Marilyn Manson concluye sobre su abuelo declarando: *Verás, cuando era niño, mi abuelo me parecía monstruoso... pero cuando crecí, me di cuenta de que mi abuelo era... bueno, yo soy como él, así que no es tan malo.* ¿Por qué su abuelo le parecía tan *monstruoso*? ¿Por qué se volvió *como él después*? Lo más probable es que Marilyn Manson haya sufrido abusos rituales en su infancia. En su canción "*Disassociative*", describe sus estados de disociación: "*Nunca podré salir de esto, no quiero flotar en el miedo como un astronauta muerto en el espacio...*" La triste realidad de los esclavos de la Monarquía.

La situación de la industria del entretenimiento en Inglaterra es también muy preocupante. De hecho, el testimonio de la antigua estrella infantil Ben Fellows es condenatorio. Participó en muchos programas y series de televisión cuando era niño, y ahora, como adulto, denuncia cómo las drogas y el sexo, incluso con menores, son la norma en el mundo del espectáculo: "De *hecho, en todas las producciones en las que participé, ya fuera en la BBC o en otros canales de televisión, e incluso en el teatro, era un objetivo de una u otra manera. Mirando hacia atrás, no sería exagerado decir que el problema es tanto*

---

[526] *"Asunto Polanski: ¡Me violó, maldita sea!"* - Doan Bui, *Le Nouvel Observateur*, 10/2013.

institucional como sistémico en la industria del entretenimiento (...) Después de una audición para un anuncio de Coca Cola, la policía vino a casa de mis padres. Advirtieron a mi madre de que, sin saberlo, me había convertido en un objetivo potencial de una conocida red de pedofilia (nunca desmantelada). De hecho, resultó que este conocido director de casting me había hecho fotos sin camiseta, y que estas fotos habían llegado a lo que se describió como un catálogo que se pasaba a otros pedófilos de la empresa, pero también a pedófilos de fuera. "[527]

Ben Fellows ha trabajado mucho para la *BBC*, la cadena de televisión británica que se encontró en el centro de un enorme escándalo de pederastia de famosos tras el caso de Jimmy Savile. En 2013, durante una protesta contra el Grupo *Bilderberg*, Ben Fellows declaró públicamente en una rueda de prensa: *"Cuando dijeron que Jimmy Savile era el único pedófilo de la BBC... yo mismo fui un niño de la BBC... ¡y puedo decir que hay muchos pedófilos en la BBC! ¡Los niños de la BBC están dirigidos por pedófilos! Cuando iba a las audiciones me pedían que me quitara el top y fingiera que lamía un helado (...) Me drogaban, estaba borracho, y no creas que era una línea de coca en el baño... Era en batido... Te ponían esta droga para darte un subidón en los programas... ¡Me llevaban a casa de Esther Rantzen y nos daban alcohol y drogas de niños!! Y además tiene hijos! ¿Fue entrevistada por la policía? ¡¿Ha sido interrogada?! No... Jimmy Savile debe haber muerto antes de que abriéramos el archivo..."*

Jimmy Savile, la popular estrella de la televisión británica, nombrado caballero por la *Reina Madre*, amigo íntimo de Margaret Thatcher y amigo del Príncipe Carlos, se reveló como un "diablo con patas" tras la avalancha de revelaciones que siguieron a su muerte en 2011. Savile violó a cientos de niños y adolescentes, tanto en su camerino como en las oficinas de *la BBC* (hay más de 340 cargos contra él). La *BBC* ha sido acusada de hacer claramente la vista gorda ante los crímenes de su presentador estrella. La actriz Julie Fernández, por ejemplo, dice que fue violada a los 14 años por Savile en *"una habitación llena de gente"*, dice...[528]

En 2007, ya se presentó una denuncia contra Savile. Un investigador privado, Mark Williams-Thomas, realizó una investigación de 12 años y habló con varias de las víctimas de la estrella de 42 años de *Top of the Pops*. Su investigación sirvió de base para un breve documental en el que se exponen las acciones perversas y criminales de Savile (*"The Other Side of Jimmy Savile"*, 2012). El documental fue comprado por *la BBC*, que obviamente decidió no emitirlo porque implicaba a ejecutivos de la BBC, y también porque la *BBC* estaba preparando un programa de Navidad para celebrar a su presentador favorito: Jimmy Savile.

---

[527] "Jimmy Savile no era el único en la BBC", dice el periodista de investigación y ex actor infantil Ben Fellows - 21stcenturywire.com, 10/2011.

[528] "Fui agredida sexualmente por Savile en Jim'll Fix It cuando sólo tenía 14 años", dice una actriz de televisión'' - *Daily Mail*, octubre de 2012.

Savile incluso tenía acceso gratuito a escuelas, orfanatos y hospitales como parte de su "obra de caridad". El *internado de Duncroft*, el hospital de Leeds y el hospital de *Stoke Mandeville*, entre otros, fueron algunos de sus *cotos de caza*. En 1988, incluso obtuvo un puesto de jefe de equipo en el hospital psiquiátrico *Broadmoor*, ¡del que tenía las llaves! También hizo que su amigo Alan Franey fuera nombrado director.

El sobrino de Savile, Guy Marsden, también declaró. Explicó que tenía 13 años en 1967 cuando Savile lo llevó a la villa londinense de una celebridad de la época *"para la primera de una serie de sórdidas reuniones sociales"*. A lo largo de 18 meses, Marsden y otros niños fueron llevados a numerosas fiestas en las que los chicos, los más jóvenes, eran violados por hombres.[529]

El caso Savile también contiene pruebas de abusos rituales que implican tortura y asesinato. La doctora Valerie Sinason, presidenta del Instituto de *Psicoterapia y Discapacidad* de Londres, declaró al *Sunday* Express que tuvo una paciente que fue objeto de abusos rituales por parte de Savile y otras personas en el Hospital *Stoke Mandeville* en 1975, mientras ella era paciente allí. Dice que la llevaron a una zona muy aislada del hospital y que acabó en el sótano, en una habitación llena de velas. Varios adultos estaban presentes, entre ellos Jimmy Savile que, como los demás, llevaba una bata y una máscara. Lo reconoció por su inconfundible voz y por el hecho de que su pelo rubio sobresalía de la máscara. Según ella, no era el líder del grupo. Fue asaltada, violada y golpeada. El terapeuta Sinason tuvo un primer contacto con esta víctima en 1992. En 1993, una segunda víctima se puso en contacto con ella diciendo que le habían "prestado" favores sexuales en una fiesta en una villa de Londres en 1980. Dijo que la primera parte de la noche comenzó con una orgía, pero que luego fue conducida a otra habitación para encontrar a Savile actuando como una especie de maestro de ceremonias en medio de un grupo de personas que llevaban túnicas y máscaras y que cantaban, según ella, en latín. La joven víctima ya era adulta para entonces, pero obviamente sufrió mucho por los abusos sexuales.[530]

Tras las revelaciones iniciales de los abusos rituales satánicos en el hospital *Stoke Mandeville*, otra víctima de 50 años, que entonces sólo tenía 13, se puso en contacto con el *Sunday* Express para testificar: *"Me llevaron a un sótano oscuro y me pusieron delante de tres hombres en círculo, con un hombre sentado en el centro en un trono con una túnica brillante y un puro en la boca. Otros dos hombres se situaron a ambos lados de él, con túnicas azules y máscaras (...) Me obligaron a estar de pie, con una túnica blanca sin nada debajo, frente a este trono mientras este hombre me observaba, soplando el humo de su cigarro en mi cara para hacerme sentir mal, estaba aterrorizado (...). Entonces fui llevada por el hombre del puro, al que reconocí como Jimmy Savile, a un altar donde me quitaron el vestido blanco y me ataron a él... Savile*

---

[529] "Inglaterra: la estrella pedófila de la BBC Jimmy Savile plagó hasta los orfanatos" - *DondeVamos* 10/2012.

[530] "Jimmy Savile formaba parte de una red satánica" - express.co.uk, 01/2013.

se subió entonces al altar para violarme. Los demás participantes gritaron el nombre de Satanás y se rieron histéricamente, frenéticamente. "[531]

Otra joven testificó sobre los actos criminales de Jimmy Savile y su camarilla: "No tengo que demostrar nada a nadie, pero me gustaría participar en la exposición de la violencia y la corrupción que pueden florecer al más alto nivel en las democracias occidentales. (...) He hecho una declaración oficial que ha sido corroborada por otros dos testigos, diciendo que Savile estuvo involucrado en violaciones y asesinatos rituales en los años 80 y 90. Lo sé porque yo era un "favorito". Pasé por muchas de las violaciones, filmadas o no. Tenía estados disociados, personalidades y talentos que atraían a todo el mundo. Este testigo habla de ceremonias que tuvieron lugar en toda Inglaterra, con violaciones de niños, orgías, torturas y asesinatos rituales de niños. A la edad de 4 años, se habría encontrado con Savile, que ya había experimentado los mismos rituales muchas veces. Luego lo vio muchas, muchas veces... [532]

3 - ALGUNAS CITAS...

a/ Trastornos de la personalidad

Cuando era niño, no tenía mi propio "yo". Al crecer, viví a través de los personajes que interpreté mientras me perdía en diferentes partes de mi personalidad. - Angelina Jolie - *La historia de la estrella más seductora del mundo*, Rhona Mercer, 2009, cap.1

Nunca se puede gastar suficiente dinero para curar esa sensación de estar roto, de estar confundido. Winona Ryder

- Roseanne Barr:

En 2013, en el programa de Abby Martin en el canal *Russia Today*, la actriz Roseanne Barr (de la famosa serie estadounidense *"Roseanne"*) no se anduvo por las ramas para exponer la situación del sistema de Hollywood...

Creo que el miedo se cultiva, no hay gente más temerosa que esta gente de Hollywood. Temen por sus carreras, temen no estar más en la cima de la pirámide, aunque estén en el medio... Sabes que Hollywood es un sistema que conserva sus estructuras de poder con toda su cultura de racismo y sexismo... Alimentan eso continuamente y ganan mucho dinero con ello. Están a las órdenes de sus amos que lo dirigen todo. Tengo la suerte de poder hablar de ello, pero siento que lo hago en nombre de todos... A veces voy a fiestas en Hollywood, y me encuentro con gente allí, y algunos de ellos, grandes celebridades, me cogen del brazo y me llevan a un rincón y me dicen: "Sólo quiero agradecerte todo lo que estás diciendo..." Significa mucho para mí, pero está claro que nos enfrentamos a una cultura del miedo. Sabes, también hay una

---

[531] "Fui violada a los 13 años por Jimmy Savile en un ritual satanista" - express.co.uk, 01/2013.

[532] "Inglaterra: sobre los rituales satánicos de Jimmy Savile" - *Donde Vamos*, 06/2013.

gran cultura de control mental, las reglas de control mental MK-Ultra en Hollywood. La programación mental es la norma en Hollywood."

No puede ser más claro. En el mismo programa *Russia Today* dijo poco después: "Hace algún tiempo hablamos aquí sobre el control mental, MK-Ultra. Ya hablé de ello aquí, pero lo que no dije es que este tipo de control mental funciona para que la gente nunca denuncie a los verdaderos culpables. En lugar de señalar lo que podría ayudarnos... Nunca denunciarán a los culpables..."

Roseanne Barr es una de las pocas personas de Hollywood lo suficientemente valientes como para hablar sobre el tema más delicado de todos, el de la programación mental tipo Monarch. En esta entrevista televisiva con Abby Martin, deja claro que muchas estrellas no hablan porque sencillamente no pueden, ya que sus personalidades están divididas y bajo el control de personas que dirigen sus vidas de arriba a abajo.

Roseanne afirma haber sido ella misma una víctima y declaró públicamente en 1994 que padecía un trastorno de identidad disociativo. Reveló las dificultades que tenía para hacer las transiciones entre *"alguien"* y *"nadie"*, que son los nombres de dos de sus alter personalidades. Sus otros nombres son *Baby, Cindy, Susan, Joey y Heather*. A la ex reina de *las comedias le* resulta difícil guardarse lo que le han infligido desde la infancia. En una entrevista con la revista *Esquire*, dijo que le costó diez años de duro trabajo terapéutico fusionar sus diferentes personalidades. *"No tuve desmayos durante mucho tiempo porque solía tenerlos todo el tiempo* (una conexión -co-conciencia- entre todos los alters) (...) *Siempre hubo un conflicto con las partes conflictivas en mí, pero aprendí a hacer que se escucharan mutuamente. Aprendí a hacerles saber que están en el mismo equipo y que habitamos el mismo cuerpo, algo que antes no sabíamos (...) Es como vivir en un laberinto... pero los alters no se llevan bien y algunos tienen formas muy extrañas de defenderse..."*[533]

No es la primera vez que Roseanne Barr denuncia públicamente la programación de MK en una aparición en los medios de comunicación. El 16 de agosto de 2001, en una entrevista en *la CNN*[534] con el periodista Larry King, dijo:

- **Larry King**: Bueno, algunas personas creen que lo que usted tenía, o todavía tiene, es un trastorno psicológico grave.

- **Roseanne Barr**: Me encanta cómo lo hacéis...

- **LK**: Otros creen que es sólo una tendencia psicológica...

- **RB**: ¿Una tendencia?

- **LK**: Se preguntan si este trastorno fue inducido intencionadamente o si se produjo de forma natural.

- **RB**: Bueno, tengo un psicólogo que dice que fue inducido intencionalmente. La CIA empezó a trabajar en esto después de traer a algunos nazis a los Estados Unidos para que se hicieran cargo de la Asociación Americana de Psiquiatría.

[533] Roseanne dice que tener 7 personalidades es duro - *ABC News*, 16/07/2001.

[534] Larry King Live - Roseanne cuenta su historia, CNN, 08/2001.

- LK: ¿Qué quieres decir?

- RB: Te estoy diciendo la verdad. Es una manipulación por su parte, es una investigación para crear personas con múltiples personalidades.

- LK: ¿Así que fue capturado por los nazis?

- RB: Por el gobierno, en cierto modo. Creo que el gobierno ha implantado algún tipo de chip electrónico en mi cabeza...

(…)

- LK: Permítame leerle un pasaje de la revista Esquire que cita una página de su diario. ¿Escribes notas sobre ti mismo?

- RB: Por supuesto, tengo miles y miles.

- LK: ¿Miles de cuadernos?

- RB: Sí.

- LK: Bueno, aquí está este extracto: "Esta es mi vida, mi verdadera historia en Hollywood. Es la historia de una mujer con muchas, muchas facetas: una mujer, una joven poeta, una bailarina, una actriz, una cantante, una luchadora por la libertad, una guerrera, una mensajera, una intérprete, una madre, una amante, una esposa, una actriz, una productora, una directora pionera, una niña autista, una superviviente de un shock postraumático, una bipolar limítrofe, una mujer con sobrepeso, una mujer con síndrome de Tourette y trastorno de personalidad múltiple, una víctima de la psiquiatría, una obsesiva compulsiva, una implantadora de falsos recuerdos, una bruja hereje, una vieja arpía... elija su opción. Hay 300 diagnósticos que demuestran que los médicos son mis únicos amigos."

- RB: Es cierto que los médicos son mis amigos más queridos.

(…)

- LK: ¿Alguna vez te enfadas con Dios por hacerte esto, cuando tus múltiples personalidades toman el control?

- RB: No porque creo que Dios... Honestamente creo que Dios te da una personalidad múltiple cuando hay demasiado estrés en tu vida que no puedes manejar. Es un regalo para un niño.

- LK: ¿Así que algo más puede tomar el control durante el estrés extremo?

- RB: Efectivamente.

- LK: ¿Hay otras personas que experimentan esto?

- RB: Sí.... pero quiero decir que no somos nosotros los que estamos jodidos. Es el lugar en el que estamos lo que está fuera de lugar, así que tenemos que adaptarnos a él...

- Joan Baez:

En 1992, la famosa cantante Joan Baez escribió una canción, *"Play Me Backwards"*, en referencia a los mensajes satánicos supuestamente codificados en algunos discos. Ella misma afirma que el tema de la canción es el abuso ritual satánico. ¿Es una canción autobiográfica? Aquí hay algunos versos explícitos:

No hace falta ir al infierno para sentir la maldición del diablo...

Los vi encender las velas, los oí tocar el tambor...

Un hombre con una máscara me quita la ropa...

Mamá, me estoy congelando y no tengo a dónde ir...
Pago por la protección, filtro la verdad de las mentiras...
Persiguiendo recuerdos, recuperando pruebas...
Me pararía en tu altar y contaría todo lo que sé...
Vine a reclamar mi infancia en la capilla de la (sacrificada) niña Rosa...

En 2004, en un concierto en Charlottesville, Joan Baez dijo a su público que tenía múltiples personalidades y que uno de sus alter ego era una adolescente negra de 15 años llamada *Alice*. El periodista Ronald Bailey relata cómo se quedó atónito al ver a la rica y famosa cantante folclórica blanca transformarse en una pobre adolescente negra de Arkansas dando su opinión sobre las actuales elecciones presidenciales. La periodista señala que su acento, su patois y su actitud eran los adecuados, lo único que faltaba era el color de la piel de la cara de *Alice*.[535]

- Britney Spears:

En enero de 2008, TMZ.com informó sobre Britney Spears: "Algunas fuentes pintan una imagen muy inquietante de Britney Spears... Nos dicen que a veces tiene acento británico... pero es algo más que un acento británico, se dice que Britney tiene múltiples personalidades, y algunas personas de su entorno la llaman "la chica inglesa". Se ha informado de que cuando Britney Spears pierde su personalidad británica, no tiene ni idea de lo que hizo durante el tiempo que tuvo esa personalidad. Otra fuente nos dice que Brit' tiene otras identidades como "la chica que llora", "la diva", "la inconsistente", etc..."

Britney Spears explica: "Esta alter se apodera de mí cuando estoy en el escenario, es realmente salvaje y atrevida. Es mucho más impulsiva que yo. Su nombre es "Britannia". Cuando está cerca, me siento dueña del mundo, mientras que normalmente soy bastante tímida."

En 2008, Britney Spears estalló de repente. Se afeitó la cabeza con unas tijeras y cuando le preguntaron por qué lo había hecho, dijo *que estaba cansada de que la gente la tocara y que no quería que le metieran más cosas...*

¿Fue un deterioro de la programación? En efecto, a cierta edad, las paredes amnésicas tienden a disolverse, lo que puede desequilibrar totalmente a la persona.

Tras este episodio, fue internada en la Clínica *Promesas* de Malibú, donde se inscribió un 666 en su cabeza calva y gritó que era el Anticristo, antes de intentar ahorcarse con una sábana...

A continuación, fue puesta bajo tutela, lo que significa que su padre (y su *"prometido"*) tienen ahora pleno control sobre su vida, su dieta, su ropa, su cuenta bancaria y su *atención* médica. Desde su internamiento psiquiátrico, Britney y todas sus posesiones están bajo el control absoluto de sus amos. Ahora es descrita por su entorno como *"una muñeca a la que se le dice todo lo que tiene que hacer"*. Un artículo *del Sun* de 2011 describe a Britney como una zombi con un comportamiento robótico que ha perdido totalmente el control de su carrera

---

[535] *Joan Baez y yo* - Ronald Bailey, reason.com, 04/11/2004.

(probablemente nunca lo tuvo). Para ser más claros, Britney es una persona controlada mentalmente y completamente manipulada por sus amos/managers. No es la única, pero se hizo más evidente y transparente cuando llegó a la treintena, la edad en la que los esclavos de la Monarquía suelen experimentar *arrebatos* violentos. En el mismo año, 2011, las estrellas Nickeloedon y Amanda Bynes experimentaron el mismo tipo de comportamiento, que las llevó a los hospitales psiquiátricos.

- Amanda Bynes:

La actriz Amanda Bynes, al igual que Britney Spears, ha sido diagnosticada de trastorno bipolar. Los diagnósticos oficiales de Trastorno de Identidad Disociativo son raros, especialmente entre los V.I.P. Esto se debe a que el D.I.D. en el que se basa la programación del MK no se detecta o ni siquiera se supone que existe. Si un trastorno de la personalidad comienza a surgir y a causar daños, se diagnosticará como trastorno *límite de* la personalidad, trastorno narcisista, siendo el trastorno bipolar el diagnóstico más común entre los famosos: Catherine Zeta-Jones, Jim Carrey, Tim Burton, Chris Brown, Axl Rose, DMX, Francis Ford Coppola, Linda Hamilton, Mel Gibson, Sinead O'Connor, George Michael, Brooke Shields, Carrie Fisher, Hugh Laurie, Maurice Benard, Jean Claude Van Damme, Ben Stiller, Owen Wilson, Winona Ryder, Rosie O'Donnell, Patty Duke... y muchos más...

Amanda Bynes fue hospitalizada en 2013 (no es la primera vez) por graves problemas de salud mental y, según los médicos, *"tendencias esquizofrénicas"*, es decir, un grave trastorno de la personalidad. El hospital psiquiátrico declaró que era consciente de que había una *"Amanda buena y una Amanda mala"*. Cuando hablaba de la mala Amanda, al mismo tiempo hacía gestos de exorcismo, tirando de su cuerpo y golpeándose como si quisiera sacar el demonio que llevaba dentro. El personal intentó tranquilizarla diciéndole que estaba a salvo con sus padres, pero Amanda se puso histérica, gritando durante más de una hora: *"¡Lo van a matar! ¡Igual que intentaron matarme a mí!* Estaba tan enfadada que tuvo que ser retenida físicamente.[536]

Foxnews informó durante la hospitalización que "las drogas no tuvieron nada que ver (nota del editor: las pruebas fueron negativas) y que sólo se trataba de un trastorno mental (...) Fue una profunda ira y un severo estrés postraumático lo que desencadenó este episodio psicótico".[537]

La estresante vida de Hollywood será la explicación oficial de su estrés postraumático... y su *profunda ira...*

En octubre de 2014, Amanda Bynes volvió a ser hospitalizada en un pabellón psiquiátrico a raíz de una serie de *tuits que* había publicado. Sus impactantes declaraciones en la red social *Tweeter* describen claramente los síntomas de una esclava del MK: abusos sexuales desde muy joven por parte de

---

[536] Ammanda Bynes: 10 horas de cordura, 1 hora de locura - TMZ.com, 2013.

[537] Amanda Bynes sufre problemas de TEPT, quiere mejorar - Fox411, 2013.

su padre y *"lavado de cerebro"*. Sus *tweets* fueron rápidamente eliminados,[538] pero las capturas de pantalla de Internet revelaron:

- Necesito decir la verdad sobre mi padre
- Mi padre abusó física y verbalmente de mí cuando era niño.
- Así que déjame vivir mi propia vida libre de tristeza y miseria.
- No voy a ser manipulado, no voy a ser lavado de cerebro por nadie, nunca más.
- No puedo escuchar el sonido de su voz incestuosa nunca más y sólo quiero ser honesto.
- Así que hoy voy a ver a un abogado para presentar una denuncia contra mi padre.
- Mi madre sabe que mi padre violó a su propia hija y nunca llamó a la policía, mientras que yo podría haber hecho que lo detuvieran y lo metieran en la cárcel para el resto de su perversa vida.

A las pocas horas, los *tuits fueron* eliminados y Bynes volvió a ser hospitalizada en un pabellón psiquiátrico... Este caso nos recuerda al intento de denuncia de una modelo francesa que vimos en la introducción del capítulo 7, una mujer que también acabó en un hospital psiquiátrico... Al igual que Britney Spears, Amanda Bynes fue internada en virtud de la ley californiana *5150-ed*, que significa que una persona puede ser hospitalizada a la fuerza, normalmente con una fuerte medicación antipsicótica. ¿Sigue Bynes el mismo camino que Britney Spears? Una cosa es segura, esta tendencia de *"episodios psicóticos"* y confinamientos psiquiátricos está viva y se repite una y otra vez en la industria del entretenimiento.

- Nicki Minaj:

En 2011, Nicki Minaj declaró a la revista V: "Sólo quiero actuar siempre como 'Yo', pero 'Yo' cambia cada día. Me marchitaría y moriría si tuviera que despertarme y ser la misma persona todos los días. Ya no dejaría que esas voces se callaran, sino que las dejaría hablar."

Nicki Minaj tuvo una infancia muy problemática, con constantes conflictos entre su madre y su padre. Dijo a la revista *New York*: *"Para salir de esa violencia, imaginé ser una persona diferente. Cookie"* fue mi primera identidad que se quedó conmigo durante un tiempo. Luego fue *"Harajuku Barbie"*, y después *"Nicki Minaj"."*

También cita los alter-egos: "Roman Zolanski", "Martha" y "Nicki Teresa".

En 2010, en un documental de la MTV titulado "*My Time Now*", la cantante habla del nacimiento de su alter *Roman*:

- **Nicki Minaj**: Roman es un chico loco que vive dentro de mí, dice algunas cosas que yo nunca querría decir. Nació hace apenas unos meses. Creo

---

[538] ''Amanda Bynes tuitea sobre el maltrato de su padre y el microchip en su cerebro; ahora está bajo retención psiquiátrica involuntaria'' - TheVigilantCitizen.com, 10/2014.

que fue la rabia lo que le hizo... Fue concebido con rabia, por lo que habla mal de todo el mundo e incluso amenaza con golpear a la gente. Es violento.

- **Periodista**: ¡Debe ser bonito tener un bocazas inconsciente al que culpar de todo!

- **Nicki Minaj**: Él quiere ser culpado pero yo no quiero culparle. Le pido que se vaya, pero no puede, está aquí por una razón. La gente lo ha sacado, la gente le ha hecho un conjuro y así no se va.

En *los premios Grammy* 2012, la actuación de clausura fue un *espectáculo de* Nicki Minaj con el exorcismo de su alter *Roman*. Al principio del programa, Nicki está en un confesionario donde parece estar poseída. Toda su actuación es una representación de un exorcismo católico destinado a librarla de su demonio interior: *Romano...* Un *arte escénico que* se convierte en una especie de misa negra para el público en general, glorificando la entidad demoníaca que lleva dentro. Más tarde diría en el programa de radio de Ryan Seacrest: *"La gente que rodea a Roman dice que no es lo suficientemente bueno, porque no puede mezclarse. Su madre y la gente de su entorno le temen porque nunca han visto nada parecido. Quiere demostrar que es una persona increíble, pero también que tiene confianza, que está seguro de sí mismo. Pero nunca va a cambiar, nunca va a ser exorcizado, incluso cuando es rociado con agua bendita, siempre se levanta de nuevo."*

Es posible que Nicki Minaj haya inventado sus diferentes personalidades y su demonio interior *Roman* sólo con fines artísticos, pero es interesante observar cómo esta cultura de "*personalidades múltiples*" se transmite al público, al mundo secular, durante una actuación escénica que llega a millones de personas... Su alter *Roman*, ya sea ficticio, un verdadero fragmento de personalidad disociada o una entidad demoníaca, se representa así al público como una identidad independiente y autónoma que toma posesión del cuerpo de la cantante y que puede ser expulsada mediante un exorcismo... Es una forma de glamourizar y modelar la posesión demoníaca y las personalidades escindidas por el trauma, es decir, de infundir una cultura de la muerte en la cultura popular en forma de espectáculo.

- Eminem:

El rapero Eminem también dice que tiene otra personalidad viviendo dentro de él, la llama *Slim Shaddy*, en su página web dice: *"Slim Shaddy es sólo el demonio en mi cabeza, creo que no debería pensar en ello..."*

En su canción 'Low Down Dirty' escribe: "Porque mi doble personalidad tiene una crisis de identidad. Soy el Dr. Hyde y el Sr. Jekyll, irrespetuoso. Oír voces en mi cabeza con esos susurros de eco. O "Todas estas malditas voces en mi cabeza, no puedo soportarlo más" en su canción "Elevator".

No cabe duda de que cierto sector de la industria musical está promoviendo las "*personalidades múltiples*" como una *tendencia...* ¿Tener un montón de alter-egos, cada uno más loco que el anterior, se está convirtiendo en una moda? ... Así es como los brujos infunden su cultura de MK y ocultismo en el mundo secular: mediante su vulgarización y trivialización. La masa que aplaude y pide más se corrompe así con algo altamente oculto que sirve más allá del espectáculo y el brillo para una verdadera esclavización de lo humano. Volveremos a esto más tarde...

También es posible que un alterador de un sujeto realmente escindido y programado pueda divertirse presentando varias *personalidades* a su público, jugando con diferentes nombres y personajes, mientras que su verdadera alternancia de personalidades no depende de él, sino de la buena voluntad de su programador o de sus amos.

- Christina Aguilera:

En 2002, Christina Aguilera lanzó su álbum *"Stripped"* bajo el nombre de su alter personalidad hipersexualizada: *Xtina*. Al igual que Janet Jackson, que reveló su sensual alter ego *Damita Jo* en 2004. En 2006, mtv.com publicó un artículo titulado: *"El nuevo álbum de Christina* con personalidad dividida *es maduro y* "sucio"". En el caso de Christina Aguilera, también se habla de trastorno de estrés postraumático y de trastorno *límite de* la personalidad.

- Rihanna:

Cuanto más desnuda estoy, más segura de mí misma, dijo la famosa estrella en un plató de televisión estadounidense. La psicóloga Jo Hemmings dijo: *"El comportamiento imprevisible de Rihanna podría indicar que sufre un trastorno narcisista de la personalidad. Los síntomas son un sentido exagerado de la autoimportancia y una necesidad constante de admiración, que Rihanna demuestra publicando fotos suyas semidesnudas en Twitter. Si efectivamente padece esta enfermedad, con ayuda psicológica podría identificar el trastorno que la está destruyendo y mejorar."*[539]

- Miley Cyrus:

Quizá la estrella más hipersexualizada y golfa del momento sea Miley Cyrus, que comenzó su carrera de niña en la serie de *Disney Channel Hannah Montana*. Cyrus explica en la revista *Marie Claire*: *"¡Eres una estrella del pop! Eso significa que tienes que ser rubia, tener el pelo largo y llevar cosas ajustadas y brillantes. Durante ese tiempo, era una niña frágil que interpretaba a una joven de 16 años con peluca y toneladas de maquillaje (...) Durante mucho tiempo, todos los días me hacían estar guapa, y cuando no estaba en el plató pensaba: '¿Quién coño soy? "Me formatearon para que pareciera alguien que no soy."*[540]

Según Nicole Knepper, psicóloga especializada en el comportamiento de los adolescentes y bloguera influyente en Estados Unidos, Miley Cyrus podría tener un trastorno de la personalidad, lo que explicaría su comportamiento tan cuestionable (hipersexualidad, falta de control de los impulsos, cambios de humor repentinos y consumo de drogas). Nicole Knepper dijo *a RadarOnline*:

---

[539] "Rihanna: elle souffrait de troubles psychologiques" - aufeminin.com, 2012.

[540] "Miley Cyrus: cómo Disney la destruyó" - gala.co.uk, 2015.

"Este no es un comportamiento normal. Incluso para los ricos y famosos. (...)
No estoy diciendo que Miley Cyrus tenga necesariamente un trastorno del estado
de ánimo, sólo digo que alguien que tiene estos comportamientos y estos
síntomas es motivo de preocupación y hace que te preguntes por las causas
(...).Alguien que cambia rápidamente de humor, tiene insomnio, bebe alcohol
con regularidad, habla sin reparos de sexo, drogas y alcohol, eso es alarmante
y son señales de advertencia de algo mucho más grave."[541]

En 2014, Miley Cyrus fue ingresada en un hospital psiquiátrico. Los
medios de comunicación explicaron que fue la muerte de su perro tiempo atrás
lo que la desestabilizó profundamente... Paralelamente a su hospitalización, se
difundió un videoclip especialmente loco y psicodélico en el que aparecía como
una drogadicta con el cerebro lavado: *"Blonde SuperFreak Steals the Magic*
Brain" (una producción oficial), en el que grita desde el primer minuto:
"¡¡¡Dónde coño está mi cerebro!!!"

- Mary J. Blige:

La cantante Mary J. Blige dirá de su alter ego 'Brook': "Tuve que separar
a las dos porque Mary es amable e inteligente, mientras que Brook está loca, es
ignorante, no le importa nada... Mary es tranquila, la salvaje es Brook."[542]

Mary J. Blige ha declarado públicamente en *The Oprah Winfrey* Show
que sufrió abusos sexuales cuando era niña y que padece una grave enfermedad
mental: *"Fui maltratada y me maltraté a mí misma... Estaba cansada de la vida...*
Tenía tendencias suicidas, estaba dispuesta a suicidarme. Odiaba mi imagen,
odiaba el sonido de mi voz, me odiaba por completo."

- Beyoncé:

Beyonce ha mostrado públicamente otra personalidad a la que llama
"*Sacha Fierce*". Esto es lo que ha dicho al respecto en varios medios de
comunicación:

Cuando veo un vídeo mío en el escenario o en la televisión, pienso:
"¿Quién es esa chica? Ese no soy yo, nunca haría eso." - Beyonce, 2003.

"No querría a Sacha si me la encontrara entre bastidores" - Beyonce,
Parade Magazine 2006.

Tengo otra persona que se hace cargo cuando me toca trabajar y cuando
estoy en el escenario. Este alter ego me protege a mí y a quien realmente soy.[543]

"La cuenta de Sasha Fierce está saldada, yo la maté." Beyonce, *Revista*
Allure 2010

- Laurieann Gibson:

---

[541] "Miley Cyrus: ¿se debe su cuestionable comportamiento a una enfermedad mental?" -
closermag.co.uk, 2013.

[542] "Mary J. Blige desvela el Alter Ego 'Brook' en el vídeo de Busta" - MTV News, 2006.

[543] "Beyonce adopta su alter-ego 'Fierce" - news.bbc.co.uk, 2008.

La coreógrafa Laurieann Gibson, conocida por su trabajo con Lady Gaga, comenzó una carrera como cantante en 2014. La presentación al público de su alter llamado *"Harlee"* se hizo de una manera muy peculiar... Presentó esta personalidad alter a la escena mediática con un mini videoclip de un minuto que muestra a *Harlee* herida y secuestrada en sótanos espeluznantes y morbosos, siendo sus atormentadores dos hombres que la violan y la rocían con un chorro de agua a alta presión... Este vídeo en el que no canta (extraño para una promoción de la carrera de cantante) se titula *"¡Harlee próximamente!* Quizás así es como nació el alter *Harlee...* en sótanos y traumas...

- Lady Gaga:

Stefani Joanne Angelina Germanotta, más conocida como Lady Gaga, nombra a sus alteridades: *"Jo Calderone"*, *"Mother Monster"* y *"Gypsy Queen"*. Cuando aparece Jo Calderone, Gaga va vestida de hombre y se comporta exactamente como un macho. En 2011, en los *MTV Video Music Awards*, Jo Calderone apareció públicamente en el escenario declarando:

Soy Jo, Joe Calderone, y me han dicho que soy un cabrón... ¿Gaga? Esa... ¡Se atrevió a dejarme! Dice que siempre pasa lo mismo con los chicos, incluido yo. Por supuesto, soy un tipo, un verdadero tipo. Dicen que estamos todos locos. Reconozco que me he vuelto loco, pero en el apartado de la locura, es bastante la Gaga, ¿no? ¡Es una maldita reina de la locura! Por ejemplo, por la mañana... Se levanta, se pone los tacones, va al baño, oigo correr el agua, y cuando sale del baño mojada, sigue con los tacones puestos... ¿Y qué pasa con esos tacones? Al principio pensé que era sexy, pero ahora estoy confundido... Me dijo que no era mejor que la anterior. ¡Eso no es cierto! ... Sinceramente me parece genial, me parece genial que sea una puta superestrella... Una estrella de la canción como se dice... ¡¿Pero cómo brillo?! No me importaría estar en la sombra si tuviera la impresión de que es sincera conmigo... Quizá lo sea, fíjate... A veces creo que es así, que es su verdadera naturaleza. Al fin y al cabo, cuando se sube al escenario, no se pone límites... ¿Y los focos? Todas esas grandes luces la siguen a todas partes, incluso la siguen a casa, te lo aseguro... Yo también quiero mi parte... Cuando follamos, se tapa la cara porque no quiere que la vea. La chica es simplemente incapaz de ser sincera incluso cuando nadie la mira. Me gustaría ver a la verdadera Gaga... Pero Jo, me dice... No soy real, estoy interpretando un personaje. Pero tú y yo somos reales...

Obviamente hay un serio conflicto interno entre la alter *Gaga* y la alter *Calderone...* En caso de que todo sea un juego de actuación, de nuevo sólo se está propagando una cierta moda de la doble personalidad. Se trata de promover la doble personalidad en el mundo secular, haciéndola *genial* y divertida. La transmisión de la cultura luciferina al público en general se hace a través de toda una simbología ocultista pero también a través de la banalización de la doble personalidad múltiple. El objetivo es contaminar la cultura popular con la subcultura luciferina para que el pueblo acabe aclamando y exigiendo producciones anticristianas y esclavizantes... Volveremos a hablar de Lady Gaga más adelante...

- Tila Tequila:

Tila Tequila es una cantante, modelo y estrella de telerrealidad estadounidense. Esta personalidad inestable no sólo tiene un carácter de *múltiples capas, sino que* también parece no estar sola en su cuerpo... En 2010, declaró públicamente que tenía un trastorno de identidad disociativo. Una de sus personalidades se llama "*Jane*" y supuestamente intentó matarla. Dijo en la red social *Twitter*: "*¡Jane estuvo allí! ¡Intentó matarme! ¡Me cortó el cuerpo con un cuchillo! Estoy aterrorizado, ¡hay sangre por todas partes! ¡Todo en mi habitación está roto! ¡Me desperté con sangre por todas partes! ¡Jane intentó matarme! Tomé algunas fotos, es realmente asqueroso... Les dije que tengo una personalidad múltiple... ¡Me quedé dormido y me desperté con cuchillos por todas partes, y todo está roto a mi alrededor! Para la gente que tiene personalidad múltiple o trastorno bipolar, ¡son cosas jodidas las que pasan! Jane se fue y yo cerré las puertas. Más tarde,* Tila Tequila descartó las especulaciones de algunos fans de que se había hecho daño o había intentado suicidarse: "*¡Nunca me he hecho daño! Nunca lo hice. Te lo digo, ¡fue Jane!*"...[544]

- Mel Gibson:

Mucho más discreto que una Tila Tequila, una Beyonce o una Lady Gaga, Mel Gibson ha confesado tener otra personalidad llamada "*Bjorn*"... El famoso actor habló de ello en 2007 ante el periodista Michael Parkinson en el programa *"Parkinson" de la BBC*:

"Tengo un alter-ego llamado Bjorn (...) Bjorn es un tipo vikingo (...) Se remonta a una época oscura, en algún lugar donde el padre venía a visitarme, sé que es algo malo (...) Bjorn es un antiguo asesino (...) es un tipo salvaje. Tiene tanta energía (...) que no quiero ser Bjorn nunca más".

Mel Gibson, a quien también se le ha diagnosticado un trastorno bipolar, dice que tiene que empujar este alter *en la arena* dentro de su mente, pero que a veces una mano sigue resurgiendo y tiene que volver a empujarla hacia fuera... También dice que a veces deja que *Bjorn* participe y haga papeles, lo que tiene sentido con la película vikinga *Braveheart*. Según el psiquiatra Colin Ross, Mel Gibson también reveló su alter *Bjorn* al periódico de investigación alemán *Der Spiegel*.

Cabe señalar aquí que Mel Gibson fue el actor principal de la película *"Conspiración"*, de temática MK-Ultra.

- Joaquin Phoenix:

Joaquin Phoenix creció en una familia de actores y sus padres eran miembros de la secta *Hijos de Dios*. Debutó en la televisión y consiguió su primer papel en el cine a los 10 años... Continuó su carrera a través de numerosas

---

[544] Tila Tequila sorprende a sus fans con su "personalidad múltiple" - starpulse.com, 2010.

películas como *8 milímetros, Bomba de fuego, Hotel Ruanda, Dos amantes, Gladiator...*

En 2000, dijo en una entrevista con la revista australiana *Juice:*

- **Periodista**: ¿A quién llevará al estreno de "Gladiator"?

- **Joaquin Phoenix**: Voy a ser honesto y sé que esto va a sonar extraño, pero mi compañero ahora mismo soy yo mismo. Eso es lo que pasa cuando tienes un trastorno de personalidad múltiple y eres demasiado egocéntrico.

- Lindsay Lohan:

Lindsay Lohan, famosa actriz y cantante estadounidense que ha entrado y salido de rehabilitación, dijo en un documental de telerrealidad sobre ella: *"Todo va de maravilla y entonces oigo una voz en mi cabeza que dice, ¡oh oh, es hora de sabotearlo todo!"* (*'Lindsay'* PROPIA). La actriz tiene serias tendencias autodestructivas, ya sea a través de la escarificación, las drogas y el alcohol. Su vida es bastante caótica, como la de muchos famosos... Los médicos le han diagnosticado un *Trastorno Narcisista de la Personalidad* caracterizado por un egocentrismo desproporcionado, falta de empatía y un sentido exagerado de la propia importancia. En un artículo de 2010 de Bill Zwecker para el *Chicago Sun-Times*, se señalaba sobre Lindsay Lohan que *"las múltiples personalidades plagan a la actriz, que a veces se transforma en 'Diane' o 'Margot'".*

Una antigua colaboradora de Lindsay Lohan ha declarado a la prensa que cree que la actriz padece un trastorno de personalidad múltiple y que ésta puede ser una de las razones por las que sufre estas adicciones recurrentes: *"Algunos nos hemos preguntado si Lindsay es bipolar por sus recurrentes cambios de humor. Pero creo que es mucho más profundo que eso porque Lindsay a veces se llamaba a sí misma Diane o Margot."*

- Iggy Pop:

En el libro *Iggy Pop: Open Up and Bleed: The Biography,* Paul Trynka cuenta que en 1975, el cantante James Newell Osterberg ("Iggy Pop" era un alter-ego) fue hospitalizado debido a su adicción a las drogas. Se sometió a psicoterapia con el Dr. Murray Zucker, quien dijo: *"Siempre tengo la sensación de que Iggy disfruta tanto jugando con su cerebro que él mismo no sabe lo que sale o lo que entra. A veces parece tener un control total sobre él, jugando con diferentes personajes (...) Pero en otras ocasiones tienes la sensación de que no tiene el control, simplemente está pasando por ello. No es sólo falta de disciplina, no es necesariamente bipolar, ¡es Dios sabe qué!"*

- Anne Heche:

La actriz Anne Heche, protagonista de la serie estadounidense *Ally Mac Beal,* ha escrito una autobiografía titulada *"Call Me Crazy"* en la que relata el incesto de su padre y las desafortunadas consecuencias psicológicas que sufrió como consecuencia de este trauma.

En septiembre de 2001, concedió una entrevista a Barbara Walters en *ABC News*[545]:

No estoy loco... pero tengo una vida loca, me he criado en una familia loca y he tardado 31 años en sacar esa locura de mí (...) Tenía otra personalidad, tenía un mundo de fantasía. Llamé a esta otra personalidad "Celestia". Mi otro mundo se llamaba "Cuarta Dimensión" y pensaba que era de otro planeta. ''

Anne Heche interpretó el papel de dos gemelas en la serie *Another World* de 1988 a 1992, y fue entonces, a los 25 años, cuando dice que sus trastornos de personalidad empezaron a manifestarse y le llevaron a momentos de locura. Celestia, su otra personalidad, creía que era la reencarnación de Dios, hablaba un idioma diferente y tenía poderes especiales...

- **Anne Heche**: Le dije a mi madre, después de siete años de terapia, que había sufrido abusos sexuales por parte de mi padre... y me colgó el teléfono (...) En Nueva York, oí la voz de Dios y pensé que estaba totalmente loca. No tenía ni idea de qué hacer. Existía en dos personas diferentes.

- **Barbara Walters**: ¿Así que, aunque pensabas que eras Jesús o Celestia, también eras consciente de que era una aberración?

- **AH**: Absolutamente, eso es lo que te vuelve loco, eres absolutamente consciente de ello. Por un lado era Anne Heche, una actriz con muchos amigos y pensaba que la gente pensaría que estaba totalmente loca si se lo contaba... Y al mismo tiempo oía a Dios diciéndome "eres del cielo".

- **BW**: ¿Cómo se manifestó eso? ¿Cuánto control tenías sobre la situación?

- **AH**: ¡Oh, de tantas maneras diferentes! ¿Qué podía hacer? Cuando era Celestia, hablaba un idioma diferente. Hablé un idioma que Dios y yo teníamos. También podía ver el futuro, podía curar a la gente...

- **BW**: ¿Recuerda qué idioma era?

- **AH**: ¡Por supuesto!

- **BW**: ¿Puede decir algo en ese idioma ahora mismo?

- **AH**: Bueno, la palabra Dios, por ejemplo. Hay muchas oraciones. La palabra para dios en mi idioma es ''kiness''. A'kiness, a'ta fortatuna donna...

- **BW**: Y es un idioma que nunca tuvo...

- **AH**: ... No sé de dónde salió, pero sabía lo que significaba. Estaba en mi mente, y Dios me estaba enseñando.

- **BW**: Dice que estuvo bajo la influencia de voces y visiones casi constantemente durante casi siete años. Luchaste con los demonios y lograste, inimaginablemente, compaginar esto con tu actividad profesional.

- **AH**: Sí, es increíble combinar esas dos cosas. Iba a trabajar y luego volvía a mi camerino porque tenía que escribir los mensajes que escuchaba de Dios sobre el amor.

- **BW**: Entrabas en tu logia y eras otra persona. ¿Cerrarías la puerta y entonces serías otra persona, serías Jesús?

- **AH**: Yo era Celestia.

---

[545] Exclusiva: Entrevista a Anne Heche - 20/20 *ABC News* - 09/2001.

- **BW**: ¿Celestia también es Jesús?
- **AH**: No, Celestia, como dije antes, es la reencarnación de Dios, aquí en la tierra.
- **BW**: Sabes Anne, hay médicos y terapeutas que podrían diagnosticar esto como una forma de enfermedad mental, como la doble personalidad, la esquizofrenia o el trastorno bipolar. ¿Se aplica a usted?
- **AH**: No lo creo. Lo más interesante es que fui a un terapeuta durante años... Es increíble lo que se puede ocultar.

- Megan Fox:

Megan Fox, que, como vimos en el capítulo 7, tenía una auténtica obsesión por el Mago de Oz cuando era niña, declaró a la revista *Wonderland* en 2009: *"Podría acabar así* (refiriéndose a Marilyn Monroe) *porque estoy luchando constantemente con la idea de que tengo una personalidad límite, que tengo síntomas de esquizofrenia leve. Realmente creo que tengo problemas mentales pero no he podido averiguar exactamente cuáles son."*

También declaró a la revista Rolling Stone en 2009: "Tengo muchas cosas por las que ser feliz, pero eso no significa que no luche, soy muy vulnerable. Puedo ser agresivo, hiriente, mandón y egoísta, demasiado. Soy emocionalmente impredecible, en cualquier lugar. Soy un fanático del control. Mi temperamento es ridículamente malo. He destruido la casa. De niña tenía "ataques de pánico que se manifestaban con violencia, rabietas. Como si no supiera cómo controlarme o qué hacer. La entrevista también nos cuenta que no puede dormirse con alguien que esté en contacto con ella (hipersensibilidad); que necesita "capullos" y almohadas para sentirse segura; que no puede dormir en la oscuridad; que no le gusta mirarse en el espejo; que admite (como Angelina Jolie) que se saca sangre durante el sexo, sin entrar en detalles... Admite haberse automutilado y también alude a un trastorno alimentario, así como a su bisexualidad.

- Sia Furler:

La estrella internacional de origen australiano (cuyos vídeos *"Chandelier"* y *"Elastic Heart"* han causado polémica por su contenido pedófilo) ha declarado que sufre un trastorno bipolar como consecuencia de haber fumado demasiado cannabis en su adolescencia... En 2014, en un famoso programa de radio estadounidense, *The Howard Stern Show*, declaró: *"Lo que creo es que fumé demasiados porros de pequeño, mi cerebro aún no estaba formado, me jodí el cerebro"*... Pero en el mismo programa, también confió que su padre, Phil B. Colson (también músico profesional), tenía una doble personalidad: *Phil* y *Stan*...

- **Sia Furler**: Tenía dos personalidades muy diferentes, una se llamaba Phil y la otra Stan...
- **Periodista**: ¿Él mismo nombró a sus personalidades Phil y Stan?
- **SF**: Sí... Phil era el mejor padre, era divertido pero también era elocuente, presente y muy cariñoso. Cuando Stan entraba, ocurrían cosas

aterradoras (...) Daba miedo, como una cierta energía que entraba en la habitación. Una energía intimidante... que intimidaba a todos.

- **J**: ¿Con qué frecuencia ha experimentado esto?

- **SF**: No lo sé, no lo recuerdo.

Sia siempre asumió que su padre sufría un trastorno de identidad disociativo, pero que nunca fue diagnosticado ni tratado. Afirmó que nunca abusó físicamente de ella. Sin embargo, cuando se crece con un padre escindido (no describe qué *"cosas terroríficas"* hizo el alter Stan), por desgracia el riesgo de sufrir un trauma grave es alto... Es posible que su trastorno bipolar no esté causado por el THC (el ingrediente activo del cannabis). Es posible que su familia esté sumida en esta *"disociación transgeneracional"* que pasa de una generación a otra a través de experiencias traumáticas, posiblemente con programación en los individuos escindidos. Sia no llegó a la cima de la industria musical por casualidad...

- Tyler Perry:

El famoso productor de Hollywood Tyler Perry tuvo una infancia especialmente difícil. En 2010, en *el programa de Oprah Winfrey*, describió con lágrimas en los ojos el proceso disociativo que le permitía escapar del dolor y el terror del trauma: *"Podía ir a ese parque (en mi mente) al que me llevaban mi madre y mi tía. Así que estoy allí en ese parque corriendo y jugando, eran unos días tan bonitos. Así que cada vez que alguien me hacía algo horrible e insoportable, podía ir a ese parque, dentro de mi mente, hasta que se acababa (...) Todo lo que recuerdo es que él* (nota del editor: su padre) *me agarró con fuerza, me golpeó contra una valla con tanta fuerza que me sangraban las manos, y me pegaba... Y sentí que intentaba llegar a ese lugar, a ese parque, en mi mente, donde pudiera soportarlo... Intentaba llegar a ese parque y no podía... Me hizo enfadar tanto... Seguí tratando y tratando... Cuando finalmente llegué y vi la hierba en mi mente... Me vi corriendo fuera de mí... Y no pude atrapar a ese niño... No pude atrapar a ese niño para traerlo de vuelta a mí... No pude volver a mi persona... Pensé que me estaba muriendo y no entendía... Me llevó mucho tiempo entender lo que había pasado."*

- Barbara Streisand:

La famosa cantante y actriz declaró a *Ladies Home Journal* en 1994: "Vivo con mucha ansiedad (...) Siempre estoy cambiando. Así que le digo al hombre que me interesa que si le gusta tener aventuras con muchas mujeres, ¡entonces soy perfecta para él!"[546]

- Anna Nicole Smith:

Anna Nicole Smith, fallecida en 2007 a los 39 años, fue una ex *playmate*, actriz y cantante estadounidense. En agosto de 2006 Nicole Smith fue filmada

---

[546] *Gracias por los recuerdos: la verdad me ha hecho libre* - Brice Taylor, 1999, p.200.

en su casa, una grabación privada que más tarde se reveló públicamente como el "*vídeo del payaso*". La grabación mostraba a Anna Nicole Smith en un patético estado de abandono y maquillaje de payaso.

Este vídeo fue grabado en su propiedad de forma sádica por su socio o supuesto "amo" Howard K. Stern. El vídeo se hizo público poco después de la muerte de Anna. En el vídeo, podemos ver a la estrella completamente disociada, comportándose y sonando como un niño de 4 o 5 años. Los medios de comunicación afirmaron que estaba bajo los efectos de las drogas durante esta grabación de vídeo, lo que probablemente sea así, pero las drogas por sí solas no pueden explicar tal estado. Había claros síntomas de un profundo trauma psicológico.

Cuando Howard K. Stern le pregunta, cámara en mano, si ha comido setas alucinógenas, se ve que no tiene ni idea de lo que es un "*viaje de setas*"... porque en ese momento es una niña de 4 años, totalmente ignorante de esas cosas. Cuando Stern le dice que esta grabación va a valer mucho dinero, ella responde: *¿Por qué? ¿Qué grabación?* Esta mujer ha estado toda su vida delante de cámaras y objetivos, sabe lo que es una cinta de vídeo... pero no a los 4 años... Vemos en este vídeo que está completamente disociada. Un trastorno de la personalidad que Howard K. Stern se complació en exponer en una grabación de vídeo destinada a ridiculizar a la pobre mujer...

Anna Nicole Smith estaba embarazada de una hija en la época de este "*vídeo de payasos*", la pequeña Dannielynn Birkhead, que seis años después encarnaría la colección Primavera-Verano 2013 de la prestigiosa marca *Guess Kids*... Una niña nacida en la Red e inyectada en el mundo de la moda a los 6 años, siguiendo los pasos de su madre...

Es obvio que los famosos juegan con la personalidad que exponen públicamente, suelen hacer una distinción entre la persona *privada* y la *pública*, es una forma de preservarse pero también de jugar con su imagen. A veces también crean una nueva identidad cuando trabajan en un proyecto inusual, como en el caso del músico Garth Brooks, que creó un alter-ego llamado Chris Gaines para lanzar un álbum con un estilo totalmente diferente. Otro ejemplo es el de Ashlee Simpson, que se convirtió en Vicky Valentine para pasar de la guitarra a la música electrónica. También podríamos mencionar a David Bowie y sus alter-egos *Ziggy Stardust* y *Thin White Duke*, pero también a Prince y su alter-ego *Camille*, Laurie Anderson y su alter-ego *Fenway Bergamot*...

Está claro que los intérpretes del mundo tienen personalidades muy complejas... y nos encontramos con que en algunos casos esto parece ir mucho más allá de la simple interpretación de un papel o un personaje, y se cruza una línea hacia lo que parece ser un trastorno de identidad disociativo resultante de un trauma grave.

A veces los famosos incluso parecen estar poseídos y actúan como médiums...

b/ Los demonios del cine y la música

- Sé que tengo demonios, no sé si quiero deshacerme de ellos, pero me gustaría vivirlos de otra manera. Tal vez se encuentre cara a cara con ellos. Nunca he tenido tiempo de ir a terapia, sólo un poco aquí y allá... pero no lo suficiente como para ayudarme.

- Por supuesto que tengo demonios... A veces soy treinta personas diferentes... Johnny Depp - *Vanity Fair*, 1997 y *US Magazine*, 1999

- Keanu es un tipo muy complejo con muchos demonios dentro, y voy a intentar utilizar y explotar eso. Taylor Hackford sobre el actor Keanu Reeves - *Movieline*, 2000

- Soy una persona atormentada, tengo muchos demonios dentro de mí. Mi dolor es tan grande como mi alegría. Madonna - Los Angeles Times, 1991

El entrenador vocal de Whitney Houston, Gary Catona, dijo al *Daily Mail* que ella tenía demonios en su interior... "que era muchas personas en una, y la cuestión era cuál de ellas aparecería... y cuándo." [547]

En 2002, cuando la periodista estadounidense Diane Sawyer le preguntó a Whitney Houston cuál era el "peor demonio" de su vida, no respondió "cocaína", "drogas" o "alcohol"... no, la respuesta de Witney fue: *"El peor demonio soy yo. Soy mi mejor amigo o mi peor enemigo."* Una declaración nada sorprendente para alguien con un profundo trastorno de la personalidad. Whitney Houston ha revelado algunas cosas particularmente inquietantes sobre su relación con Bobby Brown, otra celebridad... Aquí hay un clip de una entrevista que Houston hizo en 2009 con Oprah Winfrey:

- **Whitney Houston**: Había momentos en los que ponía todo patas arriba, rompía cosas de cristal en la casa. Teníamos una foto gigante de nosotros con mi hijo y él cortó mi cabeza de la foto... Hizo cosas así. Entonces pensé que era muy extraño... Cortar la cabeza de un cuadro era demasiado para mí, era una señal. Y luego hubo otras cosas... como cuando empezó a pintar ojos por todo el dormitorio. Sólo ojos... ojos malignos mirando por toda la habitación.

- **Oprah Winfrey**: ¿Pintó en las paredes?

- **WH**: Sí, en las paredes, en las alfombras, en las puertas de los armarios. Cuando abría una puerta, había un dibujo, y cuando la cerraba, había otro dibujo. Ojos y caras... Era realmente extraño...

- **OW**: ¿Qué hizo entonces?

- **WH**: Yo miraba las cosas y pensaba: "Señor, ¿qué está pasando realmente aquí? Me estaba asustando porque sentía que algo iba a explotar, que algo iba a pasar..."

En 2004, su pareja Bobby Brown, también cantante y actor y visiblemente perturbado, dijo en una entrevista con Jamie Foster para la revista *Sister 2 Sister*: "Cuando era más joven me diagnosticaron un trastorno por déficit de atención,

---

[547] "Cómo Whitney perdió su deslumbrante voz por sus "actividades extracurriculares"" - dailymail.co.uk, febrero de 2012.

sé que es lo mismo que el trastorno bipolar (...) Cuando llegué a Betty Ford me preguntaba qué me pasaba. Intentaba en vano entender por qué tenía estos cambios de humor extremos. Es decir, un minuto podía estar feliz y al siguiente estaba furioso, lleno de fuego y rabia, pero no sabía por qué. Fui a ver a los médicos, hablaron conmigo, me hicieron pruebas cerebrales y me diagnosticaron que era bipolar."

La actriz Angelina Jolie dijo que fue "muy sexualizada desde los cuatro años en la guardería (...) Me inventé un juego en el que besaba a los niños... Luego íbamos más allá y nos quitábamos la ropa. En ese momento tuve muchos problemas."

Para muchos profesionales de la primera infancia, una actitud hipersexualizada en un niño pequeño se considera un signo de sospecha de abuso sexual. Angelina Jolie, que también parece estar muy perturbada psicológicamente, ha admitido haber probado todo tipo de drogas, pero parece tener un gusto especial por... la sangre. Cuando se casó por primera vez con Johnny Lee Miller, escribió el nombre de su marido en una camiseta blanca con su sangre. Cuando estaba casada con Billy Bob Thornton, ambos llevaban un frasco de la sangre del otro alrededor del cuello. Su biografía también revela que de niña tenía una fascinación por los cuchillos, que los coleccionaba, y que de adolescente su infelicidad se manifestaba en la escarificación, entre otras cosas. Una biografía revela: *"Algunos van de compras, yo me escarifico. Cuando empecé a tener relaciones sexuales, el sexo no era suficiente para mí, mis emociones no eran lo suficientemente fuertes, algo quería salir... Un día, queriendo sentir una fusión aún más intensa, cogí un cuchillo y acuchillé a mi novio... luego él me acuchilló a mí también. Era un tipo realmente bueno, un tipo agradable que no era del tipo amenazante o violento. Tuvimos este particular intercambio... Estábamos cubiertos de sangre y podía sentir mi corazón acelerado."*

La biografía de Jolie también cuenta que durante una sesión sadomasoquista, Jolie pidió a su pareja que le hiciera un corte en la barbilla, una pequeña cicatriz que permanece hasta hoy. Dice: "Quería que me ayudara y me frustró porque no podía ayudarme. La escarificación obviamente no pudo ayudarla, de hecho casi la mata. En particular, hubo un accidente en el que Jolie se cortó el cuello y el estómago y luego se grabó una cruz en el brazo. Acabó en urgencias y más tarde dijo: "Casi me corto la yugular"."[548]

Así pues, Angelina Jolie fue sexualizada desde los 4 años, y más tarde fue "adepta" a las escarificaciones sangrientas... Algunos terapeutas reconocerán claramente aquí los signos que sugieren fuertemente que Angelina Jolie fue víctima de abusos sexuales en su primera infancia. Abusos que podrían haber escindido su personalidad y la siguiente declaración parece confirmar que sufría estados disociativos desde su infancia: *"Cuando era niña, no tenía mi propio*

---

[548] *Angelina Jolie - The Biography: The Story of the World's Most Seductive Star* - Rhona Mercer, cap.1, 2009.

"Yo". A medida que crecía, vivía a través de personajes que interpretaba perdiéndome en diferentes partes de mi personalidad. "

Otro ejemplo es el del actor David Carradine, que fue encontrado muerto en la habitación de un hotel de Bangkok a la edad de 72 años. El teniente general Worapong Siewpreecha dijo que el actor fue encontrado con *una cuerda atada al cuello y otra a su órgano sexual, ambas atadas juntas y colgadas del armario.* Una práctica sadomasoquista consistente en privar al cerebro de oxígeno para aumentar el efecto del orgasmo, un "juego" que resultó fatal...

En la industria del entretenimiento no faltan ejemplos de comportamientos totalmente desquiciados y autodestructivos, un mundo en el que los límites entre ficción, realidad, locura y cordura parecen no existir ya. Un mundo donde el drama y el horror se escriben no sólo en los escenarios de ficción, sino también en las vidas de sus actores... Pero, ¿es posible que algunas de las más grandes estrellas del cine y la canción estén poseídas o influenciadas por entidades demoníacas? ¿Sirven como médiums de ciertas fuerzas espirituales que influyen en su creatividad o en sus actuaciones escénicas, consciente o inconscientemente? ¿Es el "trato con el diablo" sólo una leyenda?

El estatus del hombre en este universo material es temporal y, como hemos visto, puede ser influenciado por entidades vinculadas a otras dimensiones. El Antiguo y el Nuevo Testamento están llenos de ejemplos en los que los ángeles intervinieron en los asuntos humanos bajo la dirección de Dios. Pero la Biblia también habla de la presencia indeseada y constante de *demonios* o del *diablo, es* decir, de entidades espirituales caídas que influyen negativamente en los seres humanos. La Biblia describe las diferentes dimensiones en las que residen estos seres: "A *los ángeles que no han conservado la dignidad de su rango, sino que han abandonado su propia morada, los ha mantenido encadenados perpetuamente en las profundidades de las tinieblas, esperando el gran día del juicio. "* Judas 1:6

Aparte del aspecto bíblico, objetiva y racionalmente, no podemos negar hoy que la industria del entretenimiento en su conjunto propaga una imagen de decadencia e inmoralidad basada en la violencia, el sexo, las drogas y el materialismo exagerado... Como un espejo, nuestra sociedad occidental refleja hoy el contenido de estos *programas de* entretenimiento infundidos permanentemente en los medios de comunicación.

¿De dónde viene este espíritu de decadencia? ¿Se está infundiendo en nuestro mundo a través de entidades que utilizan a ciertos seres humanos como médiums para encarnar una subcultura y así influir en toda la humanidad? ¿Son estos medios "agentes" de la contrainiciación que trabajan para profanar la Creación (conscientemente o no)? El capítulo 6 ya nos ha dado el comienzo de una respuesta a estas preguntas...

En 2011, la cantante Ke$ha se bebió la sangre de un (presunto) corazón de res en el escenario durante el *Future Music Festival* de Sídney. Su sangrienta "actuación", en la que levantó el corazón por encima de su cabeza para que la sangre fluyera hacia su boca, fue un ejemplo de su canción *Cannibal*... Kesha Rose Seber permaneció en el escenario cubierta de sangre durante más de 45 minutos ante miles de personas que la aclamaban.[549] Obsérvese que la portada de su álbum *Cannibal* muestra su rostro con una lágrima que lo divide verticalmente en dos, un simbolismo clásico en la industria del entretenimiento que representa la división de la personalidad.

En 2014, en el Festival *SXSW* de Austin (Texas), Lady Gaga se vomitó encima, literalmente y por voluntad propia. Durante esta "actuación de choque", la artista Millie Brown tragó un líquido verdoso y luego se metió los dedos en la garganta para vomitar el contenido de su estómago sobre la Gaga semidesnuda. Todos en una posición sexualmente explícita en un caballo mecánico....

La cantante Miley Cyrus es cada vez más provocativa y sexualmente perversa. En noviembre de 2015, durante un concierto en Chicago para el lanzamiento de su nueva gira, Miley Cyrus llegó al escenario casi desnuda, ¡luciendo un gigantesco consolador en su entrepierna! Con este atuendo se presentó ante sus fans, muchos de los cuales eran menores de edad e incluso preadolescentes.

El objetivo es que todas estas prácticas desviadas, perversas y recurrentes no se conviertan en algo escandaloso y que poco a poco formen parte de nuestra cultura... Recordemos que Lady Gaga es la estrella del pop más popular del mundo y que sus "actuaciones" y comportamientos calan en millones de jóvenes. Por ejemplo, Gaga ha realizado sesiones fotográficas vestida con auténtica carne roja cruda, o con cuernos implantados en la frente, instantáneas muy difundidas en todo el mundo y lamentablemente aclamadas.

Un empleado del hotel Chicos Intercontinental de Londres declaró al periódico *The Sun*: "Lady Gaga dejó una gran cantidad de sangre en la suite durante su estancia este verano. El incidente se comunicó al conserje, al que se le pidió que hiciera la vista gorda". Otra fuente dijo: "Todo el mundo en el hotel está convencido de que Lady Gaga se dio un baño de sangre, o al menos, utilizó toda la sangre para un disfraz o su aparición en el escenario".

Para algunos, esto es simplemente un asunto de risa... y muchos verán en estos actos extremos sólo una provocación con fines publicitarios: para crear un *zumbido en la* prensa *rosa* y en Internet. Pero este tipo de "actuaciones artísticas" completamente desquiciadas se multiplican y se vuelven cada vez más extremas, como una carrera hacia la inversión de los valores morales y el colapso de una civilización. *L'ordo ab chao*... El orden a través del caos o del caos al orden... Todo está claro para los que todavía tienen ojos para ver. La inversión de valores está en marcha...

- Pero el espíritu dice expresamente que en los últimos días algunos se apartarán de la fe y se aferrarán a espíritus seductores y a doctrinas de demonios. 1 Timoteo 4:1
- Ay de los que llaman al mal bien y al bien mal; que convierten la oscuridad en luz y la luz en oscuridad; que convierten lo amargo en dulce y lo dulce en amargo. Isaías 5:20

---

[549] "Ke$ha protagoniza una sangrienta sorpresa en el Future Music Festival, bebe sangre de un corazón" - *The Daily Telegraph*, 2011.

- Sabed que en los últimos días vendrán tiempos difíciles. Porque los hombres serán egoístas, amantes del dinero, jactanciosos, orgullosos, blasfemos, rebeldes a sus padres, ingratos, sacrílegos, insensibles, implacables, calumniadores, desenfrenados, crueles, enemigos del bien, traidores, impulsivos, hinchados de orgullo, amando su propio placer más que a Dios. Mantendrán la forma externa de la piedad, pero negarán su poder. Aléjate de esos hombres. 2 Timoteo 3:1-5.

¿Son algunas de las grandes estrellas del mundo del espectáculo los médiums de una fuerza superior? La pregunta merece ser formulada y las declaraciones de algunos artistas parecen iluminarnos al respecto, como veremos a continuación...

¿Qué es la mediumnidad? El psicólogo y médium Jon Klimo define el trance mediúmnico como: "La comunicación de información a un ser humano desde una fuente que existe en otro nivel que la dimensión física que conocemos, y que no proviene de la mente del médium."

Existen dos formas de mediumnidad o canalización: la canalización intencional y la canalización espontánea. La canalización intencional ocurre cuando una persona busca voluntariamente hacer contacto y ser poseída por entidades, en estos casos los espíritus suelen esperar el permiso antes de entrar en el cuerpo. En la canalización espontánea, los espíritus toman el control del cuerpo cuando lo desean, y el individuo queda entonces a su merced.

Ambos tipos de canalización pueden adoptar muchas formas. Puede ser una pérdida total o parcial de la conciencia durante el trance. También puede hacerse a través del sueño, donde los espíritus influyen en el individuo en sus sueños y pesadillas. Otra forma de mediumnidad es el automatismo, en el que la entidad toma el control de una parte del cuerpo, generalmente la mano, para hacerla escribir o pintar, esto se llama escritura o pintura automática. En un trance mediúmnico se puede escribir, pintar, cantar, bailar, componer música e incluso dar discursos y enseñanzas en forma de conferencias. El médium también puede oír las palabras dictadas en su mente, esto se llama "clariaudiencia", una facultad auditiva paranormal. Una cosa que hay que recordar es que cualquiera que sea la forma de canalización y el resultado obtenido, se reconoce que sin estas entidades demoníacas, el médium no tiene estrictamente ningún poder.[550]

El médium Jon Klimo confirma que los estados mediúmnicos están influenciados por entidades externas: "Si tu mente puede actuar sobre tu propio cerebro, entonces algo similar de naturaleza no física también puede ser capaz de actuar sobre tu cerebro, haciendo que escuches voces o tengas visiones. Una entidad puede hablar o escribir controlando su cuerpo de la misma manera que usted suele controlarlo con su mente."[551]

---

[550] *Cult Watch: What You Need to Know about Spiritual Deception* - John Ankerberg, John Weldon, 1991.

[551] *Channeling: Investigations on Receiving Information from Paranormal Sources* - Jon Klimo, 1987.

"Los dioses no se comunican directamente con los mortales, sino a través de espíritus intermedios. El mortal necesita figuras para comunicarse con los dioses, y así el demonio se convierte en la figura necesaria... una fuente que da lugar a sacrificios, iniciaciones, conjuros, profecías, adivinaciones, hechizos mágicos y poemas sagrados." Platón[552]

"De la misma manera, la musa inspira a los hombres porque están inspirados y poseídos... No es a través del arte o del conocimiento que se dice lo que se dice, sino a través de la posesión." Sócrates[553]

Manteneos constantemente abiertos a los demonios que os susurran al oído. El término "demonio" tiene un significado antiguo que se acerca al "espíritu guía", a la "musa inspiradora". Anton Lavey [554]

"Hay tres métodos principales para invocar una entidad (...) El tercero es el método teatral, quizás el más atractivo de todos; en cualquier caso, es seguro que atrae al temperamento del artista, ya que se dirige a su imaginación a través de su sentido de la estética." Aleister Crowley[555]

La Biblia nos enseña que la canalización de espíritus no es más que una posesión demoníaca, aunque los médiums *de la nueva era* prefieren hablar de "cooperación mutua" entre la entidad y el *canal*. Parece que muchos artistas canalizan intencionadamente o no entidades en su proceso creativo, ya sea en la escritura de guiones, la composición de canciones, la actuación o la representación escénica.

Precisemos que el interés del Príncipe de este mundo y de su ejército no es elevar espiritualmente a la masa humana, sino hacerla caer con él... En nuestro tiempo, esta industria del entretenimiento que propone sus numerosos medios es utilizada contra la salud espiritual del ser humano aunque también puede infundir y divulgar una parte de la verdad sobre nuestra situación actual... La ambigüedad está ahí, por un lado esta industria hunde las conciencias para desviarlas y envilecerlas, pero por otro lado puede igualmente despertar a la gente a través de su extremismo materialista, decadente y enfermizo, empujando así al individuo a cuestionarse y a desprenderse de ella para volver a lo divino. Además, esta industria destila permanentemente un conocimiento oculto simbólico en sus producciones, de hecho todo se exhibe para aquellos que aún tienen ojos para ver: *"No hables de ello, muéstralo"*.

Una Ley de este gran teatro es dejar que la Verdad brille a pesar de la apariencia de oscuridad y confusión, para permitir que se cumpla el libre albedrío. Dios no permite que se suprima el acceso a la Verdad a pesar de este *bullicio* y caos ambiental que intenta desviar y controlar la conciencia humana. La guerra es espiritual, consiste en desviar la conciencia del conocimiento de

---

[552] *El demonio y el ángel: en busca de la fuente de inspiración artística*, Edward Hirsch, 2003.

[553] *Actors and Acting* - Toby Cole, Helen Krich Chinoy (Eds.), Three Rivers Press, 1995.

[554] *Iglesia de Satán* - Anton Lavey, p.110.

[555] *Libro 4* - Aleister Crowley, 1980.

MK ULTRA – ABUSO RITUAL Y CONTROL MENTAL

Dios. El control mental de las masas es el *modus operandi de* los hechiceros controladores... pero deben permitir el acceso a la Verdad, no tienen elección.

He aquí una impresionante serie de citas que muestran cómo la posesión demoníaca está más presente que nunca en nuestro mundo, y en particular entre las estrellas influyentes del mundo, tanto en la industria del cine como de la música. "(En los estudios de John Livingstone Nevius:) Wang Yung-ngen de Pekín observó que personas que no tenían ninguna habilidad para el canto se convertían en cantantes de talento cuando eran poseídos, y otros sin habilidad natural para la poesía podían componer fácilmente rimas cuando estaban bajo la posesión de una entidad."[556]

➤ Cine:

- Rudolph Valentino:
En los años 20, el actor Rudolph Valentino y su esposa Natasha eran adeptos al ocultismo y practicaban el espiritismo: *"Todas las noches Natasha celebraba una sesión de espiritismo para pedir ayuda al mundo de los espíritus en su creatividad. Entonces, con papel y bolígrafo en la mano, entraba en trance y empezaba a escribir. Una vez mecanografiado, el trabajo se entregaba al director al día siguiente."[557]*

- Mae West:
En los años 30, la actriz Mae West, conocida como la Reina del Sexo e incluso la Estatua de la Libido, dijo una vez: "Cuando estoy bien, estoy muy bien, pero cuando estoy mal, estoy aún mejor".

Su trabajo ha contribuido a derribar los valores bíblicos de Norteamérica. El contacto de West con el mundo de los espíritus dio lugar a una exitosa producción de guiones. Guiones que la catapultaron a la escena cinematográfica. Se dejaba poseer por entidades y pasaba tardes enteras en lecturas psíquicas. Uno de sus familiares, Kenny Kingston, dijo: *"Cuando se enfadaba porque nadie podía tener una idea para un guión, se paseaba por su habitación diciendo: "¡Fuerzas! fuerzas! venid a ayudarme a escribir un guión". Empezaba a oír voces y a ver imágenes de una historia que se desarrollaba ante ella. Mae llamaba entonces a una taquígrafa, y durante horas, tumbada en su cama en estado de trance, dictaba las cosas tal y como se las transmitían los espíritus."[558]*

- Marilyn Monroe:

---

[556] *"Posesión demoníaca: un simposio médico, histórico, antropológico y teológico"* - John Warwick Montgomery, 1976.

[557] *Madam Valentino* - Michael Morris, Abbeville Press, 1991.

[558] *Guía del vidente Kenny Kingston para la salud y la felicidad* - Kenny Kingston, (Windy Hill), 1984.

El famoso símbolo sexual del siglo XX era conocido por entrar en trances profundos. Kenny Kingston dijo que *"atrae al mundo de los espíritus para que la guíen"*.[559]

La propia Marilyn Monroe dijo: "Jekyll & Hyde... Más que dos, soy muchas personas. A veces me sorprenden, ¡ojalá fuera sólo yo!"[560]

Lloyd Shearer escribió: "Antes de cada toma, Marilyn cerraba los ojos y entraba en un profundo trance."[561]

Marilyn Monroe dijo: "Hollywood es un lugar donde te pagan 50.000 dólares por un beso y 50 centavos por tu alma"."

- James Dean:

James Dean era otro conocido practicante de lo oculto. Reconoció públicamente: *"Tengo un buen conocimiento de las fuerzas satánicas."*[562]

Su gran amigo Dennis Hopper dijo de él: "Se transformó totalmente cuando la cámara empezó a rodar. De repente se convertía en el personaje... Salían cosas extrañas de él."

El consejo de James Dean a Dennis Hooper sobre el trabajo con el mundo de los espíritus era sencillo: *"Déjate llevar"*.

De hecho, James Dean creía que otra entidad habitaba en él cuando actuaba, lo describió así: "como si hubiera dos personas en la misma piel... una telescópica y la otra por detrás... la que estaba dentro parecía ir a la deriva por la superficie de la piel."

- Peter Sellers

El actor británico Peter Sellers, conocido por su papel en la serie La Pantera Rosa, dijo: "Es un poco como ser un médium y abrirse y decir: quiero que un personaje habite en mi cuerpo o se haga cargo para poder producir lo que quiero producir."[563]

Cuando le preguntaron a Sellers: "¿Oyes su voz igual que la mía ahora? Dijo: "Sí, absolutamente, tan claro como esto. Una voz muy clara, como si alguien hablara pero aquí (señalando su cabeza). A veces llamo para que me echen una mano y otras veces sucede así. Puede ocurrir en cualquier momento, realmente en cualquier momento. (...) Juego como un médium si quieres, dejo que el personaje venga a través de mí..."

Peter Evans, biógrafo de Peter Sellers, describirá cómo "el demonio empezó a habitar su cuerpo. Todo empezó a cambiar en él. No era sólo su forma

---

[559] *Todavía hablo con...* - Kenny Kingston, Valerie Porter, Seven Locks Press, 2000.

[560] *Diosa: La vida secreta de Marilyn Monroe* - Anthony Summers, 1996.

[561] Ibid.

[562] *James Dean, El Rey Mutante: una Biografía* - David Dalton, 2001.

[563] *Peter Sellers: La máscara detrás de la máscara* - Peter Evans, 1980.

de caminar y de pararse, no era sólo su voz, sino sus expresiones, sus ojos, sus gestos... todo era diferente."

- Robin Williams:

En 1999, el propio actor Robin Williams declaró al periodista de *US Weekly* James Kaplan que se abría a la posesión cuando estaba en el escenario: "*¡Sí! Literalmente, es como una posesión. De repente estás en ello, y mientras tocas frente al público, te llega esa energía que empieza a fluir en ti... Pero también hay algo más, es la posesión, en un momento dado te habrías quemado por ello. Pero algo te da poder ahí dentro. Es el Dr. Jekyll y el Sr. Hyde, puedes convertirte en esta otra fuerza. Quizá por eso no tengo que interpretar a personajes malvados (en el cine), en el escenario puedes cruzar esa línea y luego volver.*"

En el mismo artículo, James Kaplan añadía: "Con un don para la imitación y la improvisación que roza la posesión demoníaca, Williams podía incluso acercarse al arte de su ídolo Jonathan Winters, un hombre cuyo genio le llevó una o dos veces a cruzar la línea de la locura".

Se descubrió que Robin Williams se suicidó en 2014.

- Leonardo DiCaprio:

La directora de *Total Eclipse*, Agnieszka Holland, dijo del actor Leonardo DiCaprio: "Leo es como un médium. Abre su cuerpo y su mente para recibir mensajes sobre la vida de otra persona." [564]

El padre de Leonardo DiCaprio dijo de su hijo: "Creo que Rimbaud era quizás un médium, quizás fue visitado por extraterrestres, ¡y creo que Leo también tiene esa capacidad!"

En su libro Leonardo Di Caprio: The Modern Day Romeo, Grace Catalano dice: "Con Leo, puedes ver surgir a treinta personas en un día."

- Marion Cotillard:

En 2014, la actriz Marion Cotillard dijo sentirse poseída por *el fantasma de Édith Piaf*. En una entrevista con el periódico británico *The Guardian*, la actriz francesa dijo que se había involucrado tanto en su papel de Édith Piaf que podía oír la voz de la cantante y se sintió perseguida por su fantasma durante ocho meses. Dijo que había intentado todo para deshacerse de él. "*Intenté el exorcismo con sal y fuego. También viajé a Bora Bora para escapar de ella. Fui a Machu Picchu en Perú, participé en ceremonias chamánicas para limpiarme. Finalmente, me di cuenta de por qué no podía dejarla ir. Fue abandonada por su madre. Su mayor temor era estar sola.*"[565]

---

[564] *Leonardo DiCaprio* - Nancy Krulik, 1998.

[565] "Marion Cotillard se sintió poseída por el fantasma de Edith Piaf" - ici radio-canada.ca, 2014.

➤ Música:

Para introducir este apartado, tomemos el ejemplo del compositor Giuseppe Tartini, un violinista italiano del periodo barroco que escribió más de 400 obras. Su pieza más famosa se titula "*Devil's Trill Sonata*". La historia de esta creación musical comienza en un sueño... Se dice que Tartini contó al astrónomo francés Jérôme Lalande que el diablo se le apareció en un sueño y le pidió que fuera su sirviente. En su sueño, al final de la lección, se dice que Tartini le dio al diablo su violín para que probara su destreza, el diablo entonces comenzó a tocar con tal virtuosismo que Tartini se quedó sin aliento. Cuando el compositor se despertó, sacó inmediatamente lápiz y papel para escribir la sonata del diablo, intentando desesperadamente recuperar lo que había escuchado en su sueño. Aunque su composición tuvo finalmente mucho éxito y fue muy apreciada por el público, Tartini se lamentaba de que aún estaba lejos de lo que había escuchado en su sueño. Lo que había escrito era, según sus propias palabras, *"tan inferior a lo que oía, que si pudiera subsistir por cualquier otro medio, habría roto mi violín y abandonado la música para siempre".*[566]

Cyril Scott, el *"padre de la música británica moderna"*, fue un eminente compositor, poeta y escritor en vida. También estudió teosofía y se interesó por el uso de la música en el ocultismo. Dos de sus libros, *The Influence of* Music *on History* and *Morals* y *Music: Its Secret Influence Throughout the Ages, fueron* recibidos a través de la canalización de uno de sus guías espirituales teosóficos. En el segundo libro, Scott afirma que, a raíz de su contacto con este espíritu, se *interesó especialmente por la evolución de la música occidental.* Scott estaba convencido de que *los grandes iniciados* (del mundo de los espíritus) *tienen vastos e importantes planes para el futuro musical.* ¿Cuál es ese plan? Se trata de utilizar la música como un medio oculto a través del cual se pueden desarrollar estados alterados de conciencia, ciertas habilidades psíquicas y un estrecho contacto con el mundo espiritual. Scott explica que *"la música del futuro se utilizará para poner a la gente en estrecho contacto con los Devas (espíritus), de modo que puedan recibir la influencia benéfica de estos seres asistiendo a conciertos en los que se haya utilizado un tipo de sonido apropiado como invocación (...) La música científicamente calculada puede lograr dos objetivos: el de invocar a los Devas y el de estimular las facultades psíquicas del oyente, que se abrirá entonces a la influencia de estos espíritus."*

Cyril Scott concluye su libro citando las palabras de su guía espiritual: "Hoy, al entrar en esta nueva era, buscamos, principalmente a través de la música inspirada, iniciar el espíritu de unificación y hermandad, y así acelerar la vibración de este planeta."[567] Estamos en medio de una nueva era...

---

[566] *Le Violon: les violonistes et la musique de violon du XVIe au XVIIIe siècle* - Arthur Pougin, 1924, p.106-107.

[567] "La música y su influencia secreta a través de los tiempos" - Cyril Scott, 2013.

- Elvis Presley:

En una de las biografías de Elvis titulada *"Si* puedo *soñar*: la *propia historia de Elvis"*, Larry Geller escribe que el propio cantante famoso reconoció que recibía ayuda del mundo espiritual. Según Geller, que era el consejero espiritual de Elvis, Presley siempre llevaba libros consigo cuando viajaba. Entre sus libros favoritos estaban *"Isis Unveiled"* de la teósofa Helena Blavatsky, *"Autobiografía de un yogui"* de Paramahansa Yogananda, *"La enseñanza secreta de todas las épocas"* del masón Manly P. Hall, *"La Curación Esotérica"* de Alice Bailey, *"El Evangelio Acuariano de Jesús el Cristo"* de Levi H. Dowling y los seis volúmenes de *"Vida y Enseñanzas de los Maestros del Lejano Oriente"* de Baird T. Spalding. Spalding. Por lo tanto, Elvis Presley fue *uno de* los primeros *New-Ageer*, un gran admirador de la teósofa Blavatsky, que en su momento publicó la revista *Lucifer*. Le gustaba tanto el libro de Blavatsky *"El camino del silencio"* que a veces incluso leía partes del mismo en el escenario, y también lo utilizó como inspiración para su propio grupo de gospel *"Voice"*.[568]

El periodista Steve Dunleavy recogió algunas de las declaraciones del guardaespaldas de Elvis, Red West: ''Elvis Presley estaba a horcajadas sobre su micrófono en una posición muy sugerente... se agitaba con movimientos compulsivos como si estuviera poseído por el espíritu de un extraterrestre. Para Red West, Elvis estaba poseído: "Tenía algún tipo de poder especial, tenía poderes psíquicos, Elvis me lo demostró muchas veces."[569]

Su biógrafo Larry Geller también dijo: "Elvis cree que está trabajando bajo la égida de los maestros... y que ellos le están ayudando... En la mente de Elvis, su vida está divinamente dirigida por los maestros y seres iluminados, entidades ascendidas que vivieron hace eones. Realmente creía que había sido elegido para ser un Cristo moderno."

El propio Elvis admitió: "Siempre he sentido una mano invisible detrás de mí. Oigo esa misma voz y creo que es la de mi hermano (fallecido). Eso es lo que pienso. Escucho esta guía que dirige toda mi vida. Por eso estoy aquí y por eso hago esto. No es casualidad. (...) Elvis dijo que "su misión" era utilizar su "nombre e influencia" para introducir a la gente en el "mundo espiritual" a través del cual era utilizado. Dijo que esta "Voz" le utilizó como "canal" para llegar a millones de personas a través del "lenguaje universal de la música" (...) Un día en el futuro, veremos cómo reaccionará el ministerio de Dios cuando vea que la "vieja edad" empieza a desmoronarse... Espero ver esta Nueva Edad..."[570]

Según Gary Herman, autor de "Rock and Roll Babylon" (2002), el propio Elvis "reconoció que había un elemento diabólico en su éxito."

- Little Richard:

---

[568] *Elvis* - Albert Goldman, 1981, p.436.

[569] *Elvis: ¿Qué pasó?* - Steve Dunleavy, 1977.

[570] *Si puedo soñar: la propia historia de Elvis* - Larry Geller, 1990.

El famoso cantante estadounidense y pionero del rock'n'roll dijo: "El rock'n'roll no glorifica a Dios. No se puede beber del manantial de Dios y del manantial del diablo al mismo tiempo. Soy uno de los pioneros de esta música, uno de sus constructores. Sé de qué está hecho porque yo lo construí."[571]

Richard también testificó: "Fui dirigido y comandado por otro poder. El poder de la oscuridad... Un poder que muchos creen que no existe. El poder del diablo, de Satanás (...) Mi verdadera opinión sobre el Rock n' Roll, y he hablado mucho de ello en los últimos años, es la siguiente: creo que este tipo de música es demoníaca... Muchos de los ritmos de la música actual provienen del vudú, de los tambores vudú. Si estudias la música y sus ritmos, como hice yo, verás que esto es una realidad. Creo que este estilo de música aleja a la gente de Cristo. Es contagioso."[572]

- Jimi Hendrix:

"Puedo explicar las cosas mucho más fácilmente a través de la música. Así hipnotizas a la gente... y cuando tienes a la gente en su punto más débil, puedes predicar en su subconsciente lo que quieres." LIFE, octubre de 1969

"El señor sabe que soy un niño vudú." Jimi Hendrix - Voodoo Chile, 1968

El interés de Jimi Hendrix por el espiritismo produjo la canción *'Voodoo Chile'*. Kwasi Dzidzornu, alias Rocky Dijon, un conguero de origen ghanés cuyo padre era sacerdote vudú y que a menudo tocaba junto a Hendrix, dijo: *"Una de las primeras cosas que le pregunté a Jimi fue de dónde había sacado el ritmo vudú... Muchos de los ritmos que Jimi tocaba con la guitarra eran muy a menudo los mismos que mi padre tocaba en las ceremonias vudú. La forma en que Jimi bailaba al ritmo de lo que tocaba también me recordaba las danzas ceremoniales al ritmo que mi padre tocaba para Oxun, el dios del trueno y el rayo. Esta ceremonia se llama "Voodooshi".*[573]

Para Hendrix, "cosas como la brujería y la imaginación, que son una forma de exploración, han sido prohibidas por la sociedad y etiquetadas como malvadas. Esto se debe a que la gente tiene miedo de descubrir todos los poderes de su mente."[574]

El productor de Hendrix, Alan Douglas, dijo: "Una de las cosas más importantes de Jimi era lo que creía... Él creía que estaba poseído por un espíritu, y yo también lo creo. Tuvimos que lidiar con eso todo el tiempo (...) él realmente lo creía y luchaba todo el tiempo."

---

[571] *The Dallas Morning News*, Little Richard, 10/1978, p.14A.

[572] *The Life and Times of Little Richard* - Charles White, 2003.

[573] *Scuse Me While I Kiss The Sky* - David Henderson, p. 251.

[574] *Jimi* - Curtis Knight, Prayer Publishers Inc. Nueva York, 1974.

Su amante Fayne Pridgeon dijo de Hendrix: "Solía decir que un demonio o algo estaba dentro de él, ya sabes que no sabía qué le hacía actuar de la forma en que lo hacía y qué le hacía decir lo que decía, las canciones y demás, simplemente salía de él (...) Seguía diciendo: 'No sé lo que me pasa'. Realmente no lo entiendo. Sabes que solía agarrarse el pelo o ponerse delante del espejo y gritar. ¡Dios mío! Era tan triste cuando gritaba... Fue quizás el primer hombre o quizás el único que vi llorar, me rompió el corazón cuando lloró así... Me pareció que estaba muy atormentado, totalmente desgarrado y que estaba realmente obsesionado por algo muy malo. A veces me preguntaba: "Como eres de Georgia, seguro que conoces a alguien que exorciza demonios."[575]

- Los Beatles:

John Lennon dijo: "Cuando la música real llega a mí, no hay nada que hacer porque soy como un canal. Me siento como un templo vacío lleno de muchos espíritus, cada uno de los cuales pasa a través de mí, cada uno de los cuales me habita por un tiempo y luego se va y es reemplazado por otro."[576]

La esposa de Lennon, Yoko Ono, también dijo: "Eran psíquicos, no eran conscientes de todo lo que decían, pero les llegaba."[577]

Así describe Paul McCartney cómo recibió una de sus canciones más famosas: "La música de 'Yesterday' se me ocurrió en un sueño. La melodía estaba completa. Hay que creer en la magia. Yo mismo no sé ni leer ni escribir música."[578]

John Lennon dirá algo muy parecido: "Es increíble, esa melodía (nota del editor: la canción 'In My Life') me vino a la cabeza en un sueño. Por eso no pretendo saber nada. Creo que la música es muy mística."[579]

El baterista de la banda, Ringo Starr, dijo sobre la canción "Rain": "Sentí que era otra persona la que tocaba."

El publicista de los Beatles, Derek Taylor, dijo en una entrevista con el Saturday Evening Post: "Es increíble, absolutamente increíble. Aquí están estos cuatro chicos de Liverpool, son duros, son blasfemos, son vulgares, pero han conquistado el mundo. Es como si hubieran fundado una nueva religión. Son completamente anticristos. Quiero decir que yo también lo soy, pero son tan anticristos que hasta me chocan, cosa que no es fácil."[580]

El San Francisco Chronicle del 13 de abril de 1966 publicó esta declaración de John Lennon: "El cristianismo va a desaparecer, va a disminuir

---

[575] De la película *"Jimi Hendrix"*, entrevista con Fayne Pridgeon, citada en *Heartbeat of the Dragon*, p. 50.

[576] Revista *People*, 22 de agosto de 1988, p.70.

[577] The Playboy Interviews with John Lennon and Yoko Ono, Berkeley, 1982.

[578] Paul McCartney, entrevista con Larry King Live, CNN, junio de 2001.

[579] *The Beatles As Together* - John Lennon, Reader's Digest, 2001.

[580] *Saturday Evening Post*, 08/1964, p. 25.

hasta desvanecerse. No quiero discutir sobre ello. Tengo razón y el futuro lo demostrará. Ahora somos más populares que Jesucristo. No sé qué desaparecerá primero, el Rock'N'Roll o el cristianismo."

- David Bowie:

Bowie, que era un gran admirador del satanista Aleister Crowley, declaró a la revista Rolling Stone en 1976: "El rock siempre ha sido la música del diablo (...) Creo que el rock'n'roll es peligroso (...) Siento que estamos proclamando algo más oscuro que nosotros mismos."

En su canción "Quicksand" canta: "Estoy cerca de la Aurora Dorada, vestido con el traje de Crowley (...) No soy un profeta ni un hombre de la edad de piedra, sólo un mortal con potencial sobrehumano."

En la biografía de Angie Bowie (su ex esposa) se cuenta que en 1976 dijo: "Mi mayor interés es la Cábala y Crowley. Ese mundo oscuro y algo tenebroso del lado travieso del cerebro."

En 1983, en una entrevista con la revista Musician, David Bowie dijo: "Tenía un interés más que pasajero por la egiptología, el misticismo y la Cábala. En ese momento parecía perfectamente obvio que era una respuesta a la vida. Toda mi vida se estaba convirtiendo en un extraño mundo de fantasía nihilista de inminente fatalidad, personajes mitológicos y totalitarismo futuro."

- Michael Jackson:

El icono mundial de la cultura pop Michael Jackson dijo: "Tengo una habitación secreta, oculta por una pared y llena de espejos. Ahí es donde hablo con Lee... ahí es donde oigo su voz y siento su presencia a mi lado. Es como mi ángel de la guarda. Incluso me dio permiso para grabar su canción favorita "I'll be seeing you".[581]

A Michael Jackson le apodaron *"Bambi"* o *"Peter Pan"* porque no quería crecer, encerrándose en un "país de las hadas". Un país imaginario ilustrado en particular en el desarrollo de su rancho *Neverland* en un verdadero parque temático. Este hombre sufrió enormemente, probablemente a causa de una infancia muy traumática.

He aquí otra de sus declaraciones muy explícitas sobre el fenómeno de la posesión: "Cuando salgo al escenario, hay una magia repentina que viene de la nada y se apodera de mí, y cuando el espíritu se apodera de ti, pierdes el control de ti mismo."[582]

En una entrevista televisiva, Oprah Winfrey le preguntó por su costumbre de ponerse la mano en la entrepierna cuando bailaba, y Jackson respondió: *"Es un fenómeno subliminal. Es la música la que me hace hacerlo, no es*

---

[581] *Michael Jackson* - Psychic News, 14/02/1987.

[582] Teen Beat: un homenaje a Michael Jackson, 1984.

premeditado, sucede espontáneamente. Me convierto en un esclavo del ritmo.[583]

Jackson también dijo: "Muchas veces, cuando estoy bailando, me he sentido tocado por algo sagrado. En esos momentos, siento que mi espíritu se eleva y me convierto en uno con el todo."[584]

Al igual que en el caso de los Beatles, la mediumnidad de Michael Jackson también se producía a través de los sueños: "Me despierto del sueño y pienso: ¡Vaya! Salgo del sueño y digo: 'Vaya, ponlo por escrito'. Todo es extraño, oyes las palabras y todo está ahí delante de tus ojos. Siento que en algún lugar, en algún sitio, todo está hecho y yo sólo soy un mensajero para el mundo. *Rolling Stone*, febrero de 1983."

- Jim Morrison:

El cofundador y teclista de la famosa banda The Doors, Ray Manzarek, dijo: "Jim era auténtico... No era un showman. No era un animador, era un chamán. Era un hombre poseído."

En Siberia, cuando el chamán está preparado para entrar en trance, todos los aldeanos están con él y tocan cualquier instrumento que puedan para ayudarle a entrar en trance... Lo mismo ocurre con los Doors cuando tocamos en directo... "Creo que es nuestro estado con la droga lo que nos hace entrar en trance más rápido... Es como si Jim fuera un chamán eléctrico y nosotros la banda que acompaña a este chamán eléctrico, martilleando el tempo detrás de él. A veces no queremos entrar en esos estados, pero la música martillea sin cesar, y poco a poco se impone..."[585]

En un poema, Jim Morrison escribe que se encontró con el espíritu de la música tras una intensa descarga de energía al ver una aparición del diablo en un canal de Venecia... Vi a Satán o Sátiro... Una sombra carnal de mi mente secreta.[586] Morrison admitió que bebía para acallar las constantes voces de los demonios.

El amigo y fotógrafo de los Doors, Franck Lisciandro, dijo: "Jim bebe para calmar las incesantes voces de demonios, fantasmas y otros espíritus que exigen su liberación... Bebe porque hay demonios y voces que gritan en su cabeza y ha encontrado la manera de sofocarlos con el alcohol."[587]

- Carlos Santana:

Santana ha declarado que canaliza un espíritu para crear su música, en un artículo de la revista *Rolling Stone* de marzo de 2000, leemos: "*Metatron es un*

[583] *The Evening Star* - Oprah Winfrey entrevista a Michael Jackson, 1993.

[584] *Dancing The Dream* - Michael Jackson, 1992.

[585] *Aquí nadie sale vivo* - Jerry Hopkins y Daniel Sugerman, 1995, pp. 157-60.

[586] *Jim Morrison busca a Dios* - Michael J. Bollinger, 2012.

[587] *Break On Trought: The Life and Death of Jim Morrison* - Riordan & Prochnicky, 2006.

ángel. Santana mantiene un contacto regular con él desde 1994. Carlos está sentado de cara a la pared, con las velas encendidas y un bloc de notas amarillo a su lado, preparado para las comunicaciones que van a llegar (...) Es un poco como recibir faxes (...) Meditas con velas e incienso y cantas... y de repente oyes esa voz que te dice: 'Escribe esto...' (...) Metatrón quiere algo de mí, y yo sé exactamente lo que es. Las personas que escuchan música están conectadas a un nivel superior de sí mismas. Por eso me divierto tanto con este álbum, porque es una invitación personal de mi parte a la gente: recuerda tu divinidad (...) La energía de los ángeles y de los demonios es la misma energía, depende de cómo la uses. Es un combustible (...) Hay una emisora de radio invisible que captaron Jimi Hendrix y Coltrane, y cuando la has captado, canalizas esa música. "

Santana también dijo: "A veces hago cosas con la guitarra que ni siquiera sabía hacer. En realidad, no sé cómo hacerlo, simplemente pasa por mí. Es uno de los estados más altos que alguien puede alcanzar."

- John Mc Laughlin:

John Mc Laughlin, de la Mahavishnu Orchestra, declaró: "Una noche estábamos tocando y, de repente, el espíritu entró en mí, y toqué... pero ya no era yo quien tocaba." - Circus, abril de 1972 "Cuando dejo que el espíritu me posea, es un placer intenso. Mi papel como músico es hacer que todo el mundo sea consciente de su propia divinidad." - *Newsweek*, marzo de 1972

- Los Rolling Stones:

Keith Richards, de los Rolling Stones, no sólo dijo: *"Nos inspiramos en nuestras canciones como en una* sesión de espiritismo", sino que declaró a *Los Angeles Times* que su canción *"Demon"* era autobiográfica y que él mismo estaba poseído por cuatro demonios. En la canción *"Demon"*, Richards canta: *"Es como una masa. Demonio en mí, demonio en mí. Vive en mí, el demonio en mí."*

- Led Zeppelin:

El famoso Jimmy Page, que era un devoto seguidor del satanista Aleister Crowley, creía que era utilizado como vehículo por espíritus demoníacos. Otros miembros de Led Zeppelin admitieron haber experimentado la "escritura automática: *Él* (nota del editor: Robert Plant) *decía a menudo que podía sentir que su pluma era empujada por una autoridad superior. "*[588]

Robert Plant y Jimmy Page afirman que no saben quién escribió su canción de culto/oculto *'Stairway to Heaven'.* Robert Plant dijo: *"Pagey escribió los acordes y los tocó para mí. Así que estaba sosteniendo este pedazo de papel con un lápiz, y por alguna razón estaba de muy mal humor... Entonces, de*

---

[588] *Hammer of the Gods*, Stephen Davis, 2001, p. 262.

repente, mi mano comenzó a escribir palabras... Luego me senté mirando esas palabras y casi me caí de mi asiento. "[589]

- Brian Wilson:
El compositor de los mayores éxitos de los Beach Boys dijo una vez: "Hacemos brujería, intentamos hacer música de brujas".[590]

Wilson reconoció abiertamente que a él también le atormentaban las voces en su cabeza. Nick Kent escribió sobre él: "Esas voces en su cabeza, no dicen nada claro, son un susurro oscuro y fantasmal en los recovecos profundos de su cerebro."[591]

Brian Wilson era amigo del criminal satanista Charles Manson, del que llegó a decir: "El brujo es Charley Manson, que es amigo mío. Se cree Dios y el Diablo. Canta, toca y escribe poesía, y tal vez un día sea artista de Brother Records."[592]

El presidente de *Warner Brothers Records*, Larry Waronker, dijo que había conocido al menos cinco personalidades diferentes que habitaban *el* cuerpo de Brian Wilson: *"Hay mucha gente aquí, conocí cinco personalidades diferentes."* - *Rolling Stone*, agosto de 1988

- Fleetwood Mac:
La cantante de Fleetwood Mac, Stevie Nicks, a quien la revista Rolling Stone apodó "la rubia sacerdotisa de lo oculto", dijo en una ocasión: "Es increíble, a veces cuando estamos en el escenario siento que hay una presencia que entra a mover las piezas... No tenemos ningún control sobre ello y es algo mágico." - Circus, abril de 1971

- Kurt Cobain:
En su libro Kurt Cobain, Christopher Sandford escribió: "Kurt tenía muchos demonios internos, muchas debilidades y problemas físicos (...) Era una personalidad tímida y al mismo tiempo agresiva, luchaba con los demonios que le acosaban y atormentaban." En abril de 1994, Kurt Cobain, adicto a la heroína, se suicidó de un disparo en la cabeza, dejando una carta de despedida dirigida a Boddah, su amigo imaginario de la infancia... A Kurt Cobain se le conoce como miembro del infame Club de los 27 años, un grupo de músicos famosos que murieron a los 27 años, como Brian Jones, Jimi Hendrix, Janis Joplin y Jim Morrison.

- Tori Amos:

---

[589] Ibid.

[590] *The Dark Stuff: Selected Writings on Rock Music* - Nick Kent, 2002.

[591] Ibid.

[592] Ibid.

La cantante Tori Amos dijo: "Creo que la música viene de otras dimensiones, sería arrogante pensar que se puede crear música sólo por uno mismo, hay una cocreación en marcha. No sé con quién, pero es un hecho que todos tenemos acceso a ese grifo (...) Siento que es algo muy bonito que vengan y utilicen mi cuerpo para transmitir lo que quieren. Es una energía, una fuerza que viene a visitarme."[593]

Tori Amos declaró a la revista SPIN en 1996: "Quiero casarme con Lucifer (...) No veo a Lucifer como una fuerza maligna (...) Siento su presencia y su música. Siento que viene y se sienta en mi piano. Incluso escribió una canción llamada "Padre Lucifer" que comienza con las palabras: "Padre Lucifer, nunca pareciste tan cuerdo..."

- D'Angelo

En junio de 2012, el cantante D'Angelo declaró a la revista GQ: "¿Sabes lo que dicen de Lucifer, antes de ser expulsado? Cada ángel tiene su especialidad que es alabada. Dicen que puede tocar todos los instrumentos con un solo dedo y que la música es simplemente genial. Era excepcionalmente hermoso, Lucifer, el ángel que era. Pero luego bajó al infierno. Lucifer era temible. Hay fuerzas que actúan y no creo que muchos de estos cabrones que hacen música hoy sepan de estas cosas. Es profundo, lo sentí, sentí que fuerzas externas me influenciaban. Es una herramienta psíquica muy poderosa en la que estamos involucrados. Aprendí desde muy joven que lo que cantábamos en los coros era tan importante como la labor del predicador. Cantar es un ministerio en sí mismo. El escenario es nuestro púlpito, podemos utilizar toda esa energía así como la música, las luces, los colores y el sonido. Pero hay que tener cuidado..."

En 2014, en el *Red Bull Music Academy Festival* de Nueva York, D'Angelo concedió una entrevista a Nelson Georges en la que dijo que es el *"espíritu"* lo que le infunde en el proceso artístico. El cantante dice que se entrega *a un poder superior y se convierte en un médium a través del cual actúa este "espíritu"*. La cuestión es qué tipo de espíritu es...

- Nicki Minaj:

Cuando escribo rap, mi cerebro no piensa, no piensa en absoluto. Sólo tienes que dejarte llevar sin pensar y simplemente sucede'' ... Esta declaración puede ser realmente sonriente viniendo de la bimbo Nicki Minaj...

En 2010, en el documental *de la MTV "My Time Now"*, Nicki Minaj dijo tras bajarse del escenario después de un concierto, cuando le preguntaron cómo estaba: *"¡Ni siquiera lo sé! Estuve como en trance todo el tiempo."*

- Beyoncé:

En 2004, la revista *Rolling Stone* publicó un artículo titulado: *"Beyonce: una mujer poseída - Beyonce está retenida por un espíritu tan poderoso que*

---

[593] Revista *Axcess* Volumen 2, Número 2; p.49.

incluso tiene un nombre: ¡Sasha!" Como vimos anteriormente en este capítulo, es su alter personalidad llamada *Sasha Fierce* la que vive *dentro de ella.*

Beyoncé también habla de sus estados de trance cuando está en el escenario, en una entrevista con la revista *Marie Claire* en 2008, describió lo que parece ser un trance disociativo durante los conciertos: *"Tengo experiencias extracorporales. Si me lastimo la pierna o me caigo, no siento nada. Estoy en un estado especial, ya no presto atención a mi cuerpo ni a mi cara."*

En 2013, Beyoncé dijo a Amy Wallace de la revista GQ: "Es como un apagón. Cuando estoy en el escenario, no sé lo que está pasando: estoy en otro lugar. El artículo concluye con una cita de la estrella: "Soy mucho más poderoso de lo que mi mente puede procesar o incluso comprender."

En una entrevista de 2010 en BET TV, Beyoncé dijo: "Sasha es mi alter-ego. Cuando la gente me conoce y habla conmigo, suele esperar ver a Sasha, pero en realidad soy mucho más reservada que ella, no es nada de eso. En los camerinos ya no estoy porque es Sasha la que emerge, ella puede hacer ciertas cosas que a mí normalmente me daría vergüenza hacer, aunque yo intente comportarme de esa manera, no funciona, por mí mismo no funciona. También recuerdo que, justo antes de salir al escenario, levanté las manos al cielo y fue como si algo se activara dentro de mí y entonces supe que iba a ganar un premio BET."

- Ke$ha:

Ke$ha ha declarado que ha tenido varias experiencias sobrenaturales que han influido en su álbum *Warrior*. En una entrevista con Ryan Seacrest, reveló que *"se acostó con un fantasma"* (íncubo: demonio masculino que se supone que adopta un cuerpo para abusar sexualmente de una mujer dormida) y dijo que esta relación sexual inspiró su último single *"Supernatural"*: *"Es una canción sobre experiencias sobrenaturales... pero eróticas. Tuve algunas experiencias con lo sobrenatural... No sé su nombre, ¡era un fantasma! Soy muy abierto al respecto."*

- Lady Gaga:

Lady Gaga aprendió de su madre que los sueños extraños y las pesadillas pueden ser rituales secretos... Gaga ha revelado que sus pesadillas inspiran su música, sus vídeos y sus actuaciones. En 2010, contó a la revista *Rolling Stone* un sueño aterrador que tiene de forma recurrente: *"Este fantasma me arrastra a una habitación, y hay una joven rubia a la que le desgarran los brazos y las piernas con cuerdas... Nunca veo cómo la cortan, pero la veo gemir. Entonces el fantasma me dice: 'Si quieres que deje de hacerle daño y si quieres que tu familia esté a salvo, tienes que cortarte la muñeca'. Creo que debe tener una herramienta de corte enferma. Y hay esta miel... Quiere que mezcle esta miel en una crema y luego la extienda sobre la herida y el vendaje. Cuando salgo de este sueño, abro los ojos y no hay nada parecido a mi alrededor... Y mi madre me dijo: "¿No es esto un ritual illuminati?"*

Gaga dijo que recurrió a su amigo y consejero espiritual, el renombrado Deepak Chopra, para que la ayudara a interpretar un sueño en el que se come un corazón humano...

- ¡Esto es aterrador! El diablo está tratando de llevarme... ¡Depak, soy una buena chica!

- Eres muy creativa, mi Gaga. Deberías poner esto en un videoclip...

- Supongo que, a su manera, me está enseñando a respetar y honrar mi locura. Es parte de lo que soy (...) Tengo sueños morbosos pero los pongo en evidencia. Gran parte de mi trabajo es un exorcismo para los fans, pero también para mí."[594]

La joven cantante Gaga ha declarado a la revista *Vanity Fair* que cree que el espíritu de su difunta tía está dentro de ella... Cree que el espíritu de su tía Joanne fue "transferido" al vientre de su madre, dijo: *"Cuando nací, fue casi como si llevara su asunto inacabado. Era una poeta y pura de corazón, una bella persona. Murió virgen (...) Y uno de mis guías me dijo que podía sentir que tenía dos corazones en el pecho, y eso es lo que pienso también."*[595]

En 2011, Gaga también declaró a la revista *Bazaar* que ella no escribió su canción *'Born This Way'*, sino que el fallecido diseñador de moda británico Alexander McQueen le pasó la letra de la misma. De hecho, Lady Gaga y McQueen, que se suicidó en 2010, eran muy amigos: *"Todo está planeado, justo después de que él muriera escribí 'Born This Way'. Creo que está en el cielo moviendo los hilos de la moda, siendo el titiritero y planificándolo todo..."* Dice Gaga...

Un artículo *del Herald Sun* de 2010 informaba de que Lady Gaga cree que la persigue un fantasma llamado "Ryan" y que la sigue por todo el mundo en sus giras. Dice que la presencia constante la aterroriza. Un miembro de su equipo declaró al periódico *Daily Star*: *"Lleva meses diciéndonos que hay un fantasma llamado 'Ryan' que viaja con ella por el mundo (...) No ha hecho nada especialmente violento ni aterrador, pero a ella le asusta su presencia. Es muy espiritual y es una persona en sintonía con el mundo espiritual, pero todo esto está yendo demasiado lejos, incluso para ella."*

Gaga incluso contactó con una vidente y celebró una sesión de espiritismo para comunicarse con la entidad y decirle que se fuera. Lady Gaga parece estar obsesionada con el mundo de los espíritus, a sus 24 años ya había gastado decenas de miles de dólares en "cazafantasmas", incluyendo un dispositivo que mide los campos electromagnéticos para detectar espíritus...[596]

- Para concluir:

---

[594] "The Broken Heart and Violent Fantasies of Lady Gaga" - Neil Strauss, *Rolling Stone*, 2010.

[595] "Lady GaGa: Mi tía vive dentro de mí" - digitalspy.co.uk, 2010.

[596] "Lady Gaga celebra una sesión de espiritismo para librarse de un fantasma" - *Herald Sun*, 11/2010.

MK ULTRA – ABUSO RITUAL Y CONTROL MENTAL

Resulta abrumadoramente claro que muchas de las celebridades del mundo son náufragos emocionales, psicológicos y espirituales, que llevan o han llevado vidas caóticas, morbosas y destructivas de desenfreno. Muchas de las grandes estrellas del mundo acaban muriendo antes de tiempo y en circunstancias similares (el carácter oficial de la muerte debe tomarse a veces de forma condicional en estos casos), he aquí algunos ejemplos:
- Whitney Houston: sobredosis
- Heath Ledger: sobredosis
- Phillip Seymour Hoffman: sobredosis
- Jim Morrison: sobredosis
- David Carradine: asfixia
- Michael Jackson: sobredosis
- Robin Williams: asfixia
- Cory Monteith: sobredosis
- Kurt Cobain: bala en la cabeza
- Jimi Hendrix: sobredosis.
- Janis Joplin: sobredosis
- Marilyn Monroe: sobredosis
- Anna Nicole Smtih: sobredosis
- Amy Winehouse: sobredosis
- Brittany Murphy: sobredosis
- etc...

Los trastornos alimentarios, los trastornos obsesivo-compulsivos (TOC), los trastornos bipolares y *fronterizos, los* trastornos histriónicos (narcisistas) de la personalidad, la depresión y los trastornos disociativos de la identidad conforman el triste abanico de afecciones psicológicas de los famosos de la industria del espectáculo. ¿Qué tienen todos en común para sufrir tanto? ¿Cuál es el origen de este malestar?

El psicoterapeuta y sexólogo francés Patrick Dupuis tal vez arroje luz sobre esta cuestión con lo que llama la *"Violencia Inicial"*, es decir, la fuente que genera la perversidad, la violencia y la autodestrucción: "*Sin viento no hay tormenta, sin traumas infantiles no hay depresión, ni fobias, ni perversiones. Ningún sistema motriz natural es capaz de generar violencia por sí mismo sin estar sometido a una restricción violenta (abuso, forzamiento, control, presión) del entorno... El Homo sapiens no tiene un instinto destructivo ni una pulsión de muerte, como ningún otro animal de la tierra. Sólo tiene un instinto de construcción que es reversible en su contrario bajo el efecto de un choque traumático. El dispositivo psíquico que llamo instinto de construcción (del yo y del mundo) es reversible en su contrario (en un instinto de destrucción) bajo el efecto de graves perturbaciones ambientales que llamamos traumas infantiles. El término perversión describe este proceso de inversión, que es un proceso dinámico (y no una propiedad natural de la perversidad), pero la mayoría de las veces no relacionamos el comportamiento violento o perverso con la violencia que lo generó, y esto se debe a la falta de una teorización válida del proceso, y también a la ley del silencio que todavía pesa sobre este tipo de violencia oculta."*[597]

Este caos y malestar omnipresente en la industria del entretenimiento tiene necesariamente sus raíces en un pasado traumático, pero también en una estrecha relación con el ocultismo y el mundo de los espíritus.

¿Son los traumas de la infancia el precio a pagar por el acceso al genio creativo, a ciertos poderes psíquicos, a la capacidad de abrirse fácilmente al mundo de los espíritus a través de la disociación y la posesión y, en última instancia, a la gloria? Un niño consagrado a Satanás desde su nacimiento, que ha sufrido repetidos abusos rituales traumáticos, se convierte a su pesar en un ser estrechamente vinculado a los demonios... Navegará entre el mundo de los humanos y el de los espíritus en estados disociativos, estados alterados de conciencia provocados por las drogas, el alcohol, la música, pero también por la violencia sobre sí mismo o sobre los demás...

Su doble personalidad y la programación MK sólo aumentarán su capacidad para canalizar la inspiración de un *"Más Allá"* para servir como medio de puente aquí en la tierra, promoviendo así la agenda para el establecimiento del gobierno luciferino. Un humano entregado a Lucifer/Satán desde su nacimiento, disociado y escindido por el trauma, está muy abierto a la posesión demoníaca (que no necesariamente implica *caminar por el techo y escupir clavos*), servirá como esclavo humano para transmitir la cultura luciferina a esta tierra a través de la mejor herramienta: la industria del entretenimiento... Esto sin escapar del caos interior, la autodestrucción y el sacrificio final del esclavo. El Príncipe de este mundo necesita agentes/esclavos sobre el terreno para influir eficazmente en el conjunto de la humanidad, para transmitir la doctrina - subcultura luciferina- y para ello la industria del entretenimiento es la plataforma de propaganda por excelencia.

c/ ¿El pacto con el diablo?

Varios famosos han declarado públicamente que han *vendido* literalmente *su alma al diablo* por la fama y la fortuna... Por supuesto, todo esto puede llevar a una sonrisa, ya que el mundo secular está hoy en día totalmente cerrado a tales ideas.

El libro de Joseph Niezgoda *'The Lennon Prophecy, A New Examination of the Death Clues of the Beatles'* (*La profecía de Lennon, un nuevo examen de las pistas sobre la muerte de los Beatles*) ha armado un rompecabezas para demostrar que John Lennon hizo un trato con Satanás a cambio de fama y fortuna. Joseph Niezgoda, un fanático de los Beatles de primera generación que ha leído todos los libros que se han escrito sobre la famosa banda de rock, ha encontrado un amor por la música, pero también por Satanás...

---

[597] *"La violencia inicial"* - Patrick Dupuis, mondesfrancophones.com, 2010.

Niezgoda introduce su libro con la famosa frase de Lennon a su amigo Tony Sheridan a mediados de los 60: *"Vendí mi alma al diablo"*. A continuación, describe cómo este grupo de músicos, formado por jóvenes ingleses, acabó alcanzando la fama mundial...

Niezgoda cita la fecha del 27 de diciembre de 1960 como inicio del pacto. Esa noche, los Beatles tocaban en el *Town Hall Ball Room* de Litherland, Inglaterra. En aquel momento, Lennon era sólo un cantante de rock de veinte años en un grupo mediocre comparable a muchas otras bandas. Pero esa noche, los Beatles provocaron una reacción increíble del público, completamente diferente a otras veces: mientras tocaban, el público saltó inesperadamente al escenario y todas las chicas empezaron a ponerse histéricas. Esto no había ocurrido nunca, pero se convertiría en un comportamiento sistemático más adelante. Y así, de la noche a la mañana, nació *la Beatlemanía*. Los cuatro jóvenes músicos y cantantes recuerdan esa noche como el punto de inflexión en sus carreras. ¿Se había hecho el pacto en el solsticio de invierno, unos días antes? ¿Se había hecho el pacto en el solsticio de invierno unos días antes, preparando así a la multitud para la reacción totalmente exagerada del 27 de diciembre? Una fecha recordada como el "aniversario de la *Beatlemanía*".

Niezgoda también señala que este concierto marca el inicio del comportamiento abiertamente anticristiano de John Lennon. Varias de las biografías de Lennon informan de numerosas profanaciones públicas sin otro propósito aparente que blasfemar de Jesucristo.

Veinte años después, el 9 de diciembre de 1980, Mark David Chapman disparó cinco veces con un revólver a John Lennon frente al famoso edificio Dakota de Nueva York, donde él y su esposa Yoko Ono tenían un piso (en el mismo piso donde se rodó la película de ocultismo *El bebé de Rosemary*, de Roman Polanski). Lennon murió poco después del ataque. Mark Chapman afirmó más tarde que una *"voz en su cabeza"* le había ordenado matar a Lennon, insistiendo: *"Hazlo, hazlo, hazlo..."*. Cinco años después, mientras estaba en prisión, Chapman pidió ser exorcizado por un sacerdote, y más tarde afirmó que se había librado de cinco o seis demonios.

Una gran parte del libro de Niezgoda investiga las "pistas" dejadas por los propios Beatles en las portadas de los discos y en su música. Pistas que conducen a lo oculto. Para apoyar su tesis, Niezgoda investigó sobre brujería, misticismo, numerología, anagramas, etc. Afirma que las pistas sobre la muerte de Lennon se revelan en las portadas de los álbumes *Rubber Soul, Yesterday and Today, A Collection of Beatles Oldies, Sgt. Pepper's Lonely Hearts Club Band, Yellow Submarine, Magical Mystery Tour,* pero también en los álbumes en solitario de Lennon como *Imagine* y *Walls and Bridges*.

La portada del álbum de 1966 de los Beatles "*Yesterday and Today*" no revela nada sobre la muerte de John Lennon, pero sí muestra explícitamente que la banda estaba involucrada en el satanismo. La portada, bautizada como *"The Butcher's Cover"*, muestra a los Beatles posando con batas blancas de carnicero con grandes trozos de carne cruda en el regazo, así como un muñeco de bebé decapitado... Esta foto tan espeluznante es una clara referencia a los sacrificios de niños en los rituales satánicos. No se trata de una obra de arte vanguardista ni de una broma de mal gusto, como afirman algunos fans de los Beatles.

Niezgoda también informa de algunas letras de canciones que revelan la misteriosa predicción de la muerte de John Lennon, así como su conexión con Satanás. Sus canciones se le transmitían a menudo en sueños, sobre todo las de mayor éxito. En una de sus últimas canciones, *"Help me to help myself"*, parece que se dio cuenta de que había llegado su hora. La canción comienza con la siguiente frase: *"Bueno, me he esforzado mucho por seguir vivo, pero el ángel de la destrucción no deja de acosarme desde todas partes. Pero sé en mi corazón que en realidad nunca nos fuimos..."*. Al final de la canción, se oye a Lennon susurrar: *"Ya veo, ya veo.* Como señala Niezgoda, no hay nada en su libro que no sea ya de dominio público. Todo lo que ha hecho es unir las piezas para revelar el tema del ocultismo y la gran probabilidad de que los Beatles recibieran ayuda sobrenatural en su ascenso a la fama.[598]

En diciembre de 2004, el célebre Bob Dylan concedió una entrevista a Ed Bradley para el programa de televisión *60 Minutes* (*CBS*), de la que se ofrecen algunos extractos:

- **Bradley**: ¿Por qué sigues? ¿Por qué sigues aquí?
- **Dylan**: Es una cuestión de destino, hice un buen trato con ella... hace mucho tiempo y... estoy llegando al final.
- **Bradley**: ¿Qué caso es este?
- **Dylan**: Para llegar a donde estoy ahora.
- **Bradley**: ¿Puedo preguntarte con quién has hecho este "buen trato"?
- **Dylan**: (Risas) Con... Ya sabes, el Comandante en Jefe.
- **Bradley**: ... de esta tierra?
- **Dylan**: De esta tierra, y del mundo que no podemos ver.

Aquí, cuando Bob Dylan habla del *Comandante en Jefe,* se refiere a Lucifer, Comandante en Jefe de los ángeles caídos (demonios), el Príncipe de este mundo. Una entrevista edificante en la que también afirma:

- **Bradley**: ¿Alguna vez ha mirado hacia atrás en sus producciones y ha dicho: "¡Vaya, esto me sorprende! ''
- **Dylan**: Solía hacerlo, pero ya no lo hago. No sé cómo llegué a escribir estas canciones.
- **Bradley**: ¿Qué quieres decir con eso?
- **Dylan**: Todas esas primeras canciones fueron escritas como magia... Oscuridad al romper el mediodía, sombras hasta la cuchara de plata, una hoja hecha a mano, el globo del niño" Bueno, intenta sentarte y escribir algo así, hay una magia en ello... y no es el tipo de magia de Siegfried y Roy, ¿sabes? Es un tipo diferente de magia penetrante. Y sabes, lo hice, lo hice por un tiempo.

El famoso rapero Kanye West dijo en el escenario: "Vendí mi alma al diablo, sé que es un trato podrido, pero viene con algunas sorpresas como una comida feliz."

---

[598] "El pacto de John Lennon con Satanás" - Margaret C. Galitzin / La profecía de Lennon - Joseph Niezgoda.

Katy Perry bromeó en una entrevista: *"Quería ser la Amy Grant de la música. Pero no funcionó, así que... vendí mi alma al diablo."* .... Ahora es una estrella mundialmente conocida, con un clip en particular que se refiere directamente a la programación de MK, más adelante.

Roger Morneau, autor de *Un viaje a lo sobrenatural*, pasó varios años en una secta canadiense dedicada al espiritismo y a la adoración de demonios. En 1995, en una entrevista en vídeo con Dan y Karen Houghton, del *Centro de Investigación Hart*, Morneau relató las palabras de un famoso músico de jazz con el que cenaba en una fiesta:

Si quiero poder, voy directamente a su fuente. ¿Cómo crees que me hice tan famoso? Le dije: "Debe tener suerte." Dijo: "La suerte no existe. O hay algún poder trabajando para ti en alguna parte, o no estás avanzando en este mundo..." Luego hablamos del culto a los espíritus (...) Me dijo que los llamados espíritus de los muertos son demonios. "Son ángeles caídos, seres hermosos (...) Adoramos a los espíritus. Adoramos a Lucifer y a todos sus ángeles. Todos son tan hermosos como cuando fueron expulsados del Cielo (...) Así que estamos en una guerra, el bien contra el mal. Somos los malos, pero no somos tan malos. Veo este caso como las fuerzas del bien y del mal, una persona cree en Dios, la otra cree en Lucifer, es como la política."

La ex-estrella del porno Shelley Lubben testificó en el Club 700 (Out of Pornography and Into the Light - CBN): "Tan pronto como la cámara empezó a rodar, fue como si Satanás viniera a mí... Casi podía ver al diablo diciéndome: 'Ves Shelley, ahora todo el mundo te va a querer, te voy a hacer famosa". El productor se quedó asombrado: "¿Dónde has encontrado a esta chica? Inmediatamente pasé de ser un aficionado a un profesional haciendo películas para adultos con estrellas del porno. Me estaba destruyendo, había perdido mi feminidad, había perdido toda mi personalidad en el porno."

Esto es lo que cuenta sobre su primer día en el plató en 1992: "Nada más entrar, sentí como si una oscura presencia satánica me invadiera. Era aterrador, oscuro, no tenía nada que ver con la prostitución. Sabía que estaba en el territorio de Satanás. Era como la última frontera de Satanás. Pensé: Dios mío, no puedo creer que esté haciendo esto. Shelley siguió adelante y su carrera despegó, la fama y el dinero pronto se convirtieron en una obsesión..."

4 - MARILYN MONROE: LA PRIMERA ESCLAVA CON CONTROL MENTAL DE HOLLYWOOD

Marilyn Monroe es quizás la figura más icónica de la cultura estadounidense y el símbolo sexual más reconocible de todos los tiempos. Sin embargo, detrás de la sonrisa fotogénica de Marilyn había una persona frágil que fue explotada y sometida al control mental de poderosos "amos".

Marilyn Monroe es el símbolo sexual por excelencia, que encarna todo lo que representa Hollywood: el glamour y la ostentación. Su icónico personaje de rubia sensual revolucionó para siempre la industria del cine y, aún hoy, este icono influye enormemente en la cultura popular.

Aunque Marilyn representa todo lo que es glamuroso en Hollywood, la inquietante historia de su vida privada también representa el lado oscuro de Hollywood... Marilyn fue manipulada por "médicos mentales" de alto nivel que controlaban todos los aspectos de su vida y le robaron su alma. Su muerte a la temprana edad de 36 años es uno de los primeros *misterios de la muerte de una celebridad* en la cultura popular. Aunque hay muchos hechos que apuntan a un asesinato, su muerte sigue siendo clasificada como un *"probable suicidio"*.

Mientras que muchos biógrafos explican que las desgracias de Marilyn se originaron únicamente por "problemas psicológicos", el conjunto de los hechos de su vida combinados con el conocimiento del lado oscuro de Hollywood revelan algo aún más oscuro: Marilyn Monroe fue una de las primeras celebridades sometidas al control mental de Monarch. A través de traumas y de un programa psicológico, Marilyn se convirtió gradualmente en una marioneta de alto nivel para la élite estadounidense, incluso llegó a ser la modelo presidencial de JFK.

Cuando la programación de Monroe se deterioró y comenzó a hundirse, algunos dicen que fue *"arrojada del tren de la libertad"*, término con el que se designa a los esclavos de los que se deshacen cuando ya no son útiles para sus amos (y potencialmente peligrosos por las revelaciones que podrían hacer).

Marilyn, cuyo verdadero nombre era Norma Jeane, fue declarada tutelada por el Estado a la edad de 11 años. Nunca conoció a su padre y su madre era psicológicamente muy inestable. Por ello, la niña fue colocada en numerosas casas de acogida, orfanatos y otros hogares. Estuvo en varias casas de acogida, orfanatos y otros hogares, donde fue maltratada y abusada sexualmente. Esta juventud inestable y traumática la convirtió en una candidata ideal para el control mental, incluida la programación Beta (esclavitud sexual). Estos niños que ya no tienen familia son presa fácil, están a merced de adultos no identificables y, por tanto, son objetivos de la Red.

Norma Jeane comenzó su carrera como stripper en Los Ángeles, donde conoció a un tal Anton LaVey (que más tarde fundó la Iglesia de Satán). Según Fritz Springmeier, el propio LaVey era un programador de MK y la joven Norma Jeane se convirtió en una de sus esclavas sexuales, al igual que Jayne Mansfield (actriz y cantante). Mansfield y Monroe tenían mucho en común: las dos eran "rubias exuberantes", el modelo de mujer al que se atribuye la sexualización de Hollywood; las dos trabajaron (*playmates*) para la revista *Playboy*; las dos tuvieron un "affaire" con el satanista Anton LaVey; las dos tuvieron un "affaire" con Robert F. Kennedy y JFK (el asunto era en realidad hacer de "modelos presidenciales"); ambos murieron en la treintena.

La transformación física de Norma Jeane en la icónica Marilyn Monroe comenzó cuando se unió a la agencia de modelos *Blue Book*. Se sometió a la cirugía plástica, a un cambio de color de pelo y, finalmente, a un cambio de nombre... Una transformación radical que le permitió aceptar muchos papeles en el cine. Fue en 1956 cuando cambió oficial y legalmente su nombre de Norma Jeane por el de futuro icono mundial: Marilyn Monroe. Un fuerte acto simbólico que, en términos de control mental, representa la supresión de su personalidad original, para permitir que su personalidad alterada exista plenamente. A partir de ese momento, *Marilyn* sólo era lo que sus controladores querían que fuera.

Como revelan sus biógrafos, Marilyn tenía poca o ninguna libertad personal. Sus amos la aislaron para controlarla mejor y evitar que personas ajenas la ayudaran a tomar conciencia de que estaba siendo manipulada. Las únicas personas con las que tenía contacto eran sus psiquiatras y sus maestros. La prueba de que estos individuos fueron las únicas personas en la vida de Marilyn es que heredaron casi toda su fortuna. Monroe consultaba a los psiquiatras casi a diario, ¿eran sesiones de condicionamiento y programación? Una cosa es segura, ella estaba empeorando a medida que estas sesiones aumentaban en frecuencia.

En 1955, durante su estancia en el *hotel Waldford Astoria* de Nueva York, escribió un poema titulado "*The Surgeon Story*". En él, describe cómo fue drogada y "*abierta*" (¿cirugía mágica?) por Lee Strasberg (su "mentor") y Margaret Hohenberg (su psiquiatra). Este relato suele describirse como un simple recuerdo de una pesadilla relatada por Marilyn, pero algunos investigadores sostienen que se trata en realidad de la descripción de una sesión de control mental. Describe que la operación no le molestó, porque estaba preparada para ello, ¿estaba en un estado de disociación y trance? También menciona el hecho de que *sólo* podía ver "*blanco*", lo que podría referirse al aislamiento sensorial (un método utilizado en MK-Ultra). Una vez "*abierta*", los médicos sólo encontraron en ella un "*fino serrín, como el que sale de una muñeca de trapo*". Marilyn se ve a sí misma como una muñeca vacía, típica de una esclava MK que ha perdido el contacto con su personalidad original. Este es el texto titulado "*La historia del cirujano*":

Strasberg - es el mejor y más competente cirujano para abrirme, a lo que no me opongo ya que la Dra. H. me preparó para ello - me anestesió y además es la que diagnosticó mi caso y está de acuerdo con lo que hay que hacer - una operación - para devolverme a la vida y curarme de esta terrible enfermedad o lo que sea (...). me ha anestesiado para intentar aliviarme médicamente, Strasberg me abre - y después de que todo en la habitación se vuelva BLANCO, de hecho no puedo ver a nadie, sólo objetos blancos - me abren - Strasberg y la chica Hohenberg - y no hay absolutamente nada ahí dentro - Strasberg está profundamente decepcionado pero aún más asombrado intelectualmente de haber podido cometer tal error. Pensó que iba a encontrar mucho más de lo que había esperado encontrar... y en cambio no había absolutamente nada - desprovisto de cualquier criatura humana viviente - lo único que salió fue un aserrín muy fino - como el que se encuentra dentro de las muñecas Raggedy Ann (muñeca de trapo) - y el aserrín se derrama por el suelo y la mesa, Dr. H. Está desconcertada porque de repente se da cuenta de que se enfrenta a una nueva situación en la que el paciente... existe desde el vacío extremo. Strasberg ve cómo sus sueños y esperanzas para el quirófano se quedan en el camino. El Dr.

H. tiene que renunciar a sus sueños y esperanzas de un tratamiento psiquiátrico duradero - Arthur está decepcionado - Abandonado.[599]

Se dice que Marilyn Monroe tuvo dos embarazos que acabaron en aborto. Aunque sus biógrafos afirman que se trata de abortos involuntarios, otras fuentes afirman que en realidad fueron inducidos. Lena Pepitone, que fue la criada, costurera y confidente de Marilyn Monroe, escribió un libro en el que relata que la estrella le dijo: *"No te lleves a mi bebé. Me lo arrebataron... y nunca lo volveré a ver''.* El libro revela que Marilyn no había abortado sino que se llevaron a su bebé, una práctica común en el MK-Ultra y el satanismo.

En el apogeo de su carrera, Monroe se relacionó con el presidente estadounidense John F. Kennedy. Algunos historiadores han descrito esta relación como una mera "aventura", pero probablemente se la utilizaba como "maniquí presidencial", una esclava para el "placer" de los presidentes y otros notables.

Adam Gorightly, en su libro An Interpretation of Kubrick's *Eyes Wide Shut* escribe: "Estos maniquíes presidenciales habrían sido utilizados por artistas y políticos como juguetes sexuales: marionetas controladas por la mente y programadas para realizar diversos actos perversos a instancias de su amo manipulador. Se supone que Marilyn Monroe fue la primera esclava sexual de la Monarquía que alcanzó el estatus de "celebridad".

Los últimos meses de la vida de Marilyn Monroe se caracterizaron por un comportamiento incoherente y por varias relaciones "íntimas" con personas con poder. Como esclava Beta, también fue utilizada sexualmente por personas de la industria. En el libro de June Dimaggio *"Marilyn, Joe & Me"*, la autora describe cómo se vio obligada a estar al servicio de ancianos y tuvo que disociarse completamente de la realidad (un aspecto importante de la programación de MK) para poder realizar actos repulsivos: *"Marilyn no podía permitirse emociones cuando tenía que acostarse con viejos arrugados para sobrevivir en el negocio. Tuvo que protegerse prácticamente "desconectándose" de sus emociones durante esos momentos, como si estuviera representando un papel para salir del horror de la situación. Cuando estos ricos magnates de alto nivel eran dueños de su cuerpo y su alma, ella no podía vivir por su cuenta. En aquella época, me dijo, llegaba a casa agotada de las sesiones fotográficas y le llamaban poderosamente los viejos, lo que le ponía la piel de gallina. Después de algunos de los horrores de estas sesiones de sexo, se quedaba en la ducha durante más de una hora. Quería borrar la terrible experiencia que acababa de sufrir."*

En 1962, Marilyn comenzó el rodaje de *Something's Got to* Give, pero era tan inestable psicológicamente que acabó siendo despedida y demandada por la *20th Century Fox* para obtener una indemnización de medio millón de dólares. En su libro *Goddess: The Secret Lives of Marilyn Monroe*, Anthony Summers relata que el productor de la película, Henry Weinstein, dijo que el comportamiento de Marilyn durante el rodaje era horroroso: *"Muy pocas*

---

[599] Traducción de *Eyael* de pensinemutine.eklablog.com.

personas viven aterrorizadas. Todos experimentamos ansiedad, tristeza y angustia, pero esto era puro terror animal."

Fue su psiquiatra Ralph Greenson quien la encontró muerta en su habitación el 5 de agosto de 1962. Aunque su muerte fue clasificada como un *"probable suicidio"* por envenenamiento con barbitúricos, todavía sigue siendo una de las teorías más debatidas de todos los tiempos, ya que, de hecho, hay muchas pruebas que apoyan la teoría del asesinato. Se han destruido tantas pruebas que es difícil no creer en un encubrimiento. Jack Clemmons, el primer agente de la policía de Los Ángeles que investigó la escena de su muerte, redactó un informe en el que afirmaba que tenía claras sospechas de asesinato. Tres personas estaban presentes en la casa de Marilyn Monroe en el momento de su muerte: su ama de llaves Eunice Murray, su psiquiatra el Dr. Ralph Greenson y su médico de cabecera el Dr. Hyman Engelberg. La investigación sobre la muerte de Monroe reveló que el Dr. Greenson llamó a la policía más de una hora después de que el Dr. Engelberg lo declarara muerto. El comportamiento de las tres personas presentes en el lugar de los hechos fue descrito como "incoherente". Esto recuerda mucho a las circunstancias de la muerte de Michael Jackson, cuya vida puede compararse en muchos aspectos con la de Marilyn Monroe, sobre todo en el hecho de que era su entorno el que gestionaba su vida de la A a la Z... como preciosas muñecas de la industria del espectáculo (lo mismo ocurre con Britney Spears y muchas otras...).

Marilyn Monroe se convirtió rápidamente en un destacado icono mundial que representaba el lado sexy y glamuroso de Hollywood, pero también se convirtió, en el infame mundo del MK-Ultra, en el símbolo de la Programación Beta. Hoy, más que nunca, las jóvenes estrellas criadas en la industria del entretenimiento han seguido sus pasos (como si todo estuviera previsto para ellas). Estas jóvenes, manipuladas por los "entrenadores", son llevadas a la fama y a la fortuna. Mujeres que, por lo general, han sido sometidas a un control mental desde una edad temprana, lo que ha provocado posteriormente brotes psicóticos y, a veces, incluso una misteriosa muerte prematura. Sistemáticamente, estas celebridades son puestas en escena en algún momento de su carrera para encarnar la imagen de Marilyn Monroe, como si fuera una necesidad enfermiza de quienes manejan los hilos de hacer un punto para revelar simbólicamente la esclavitud del MK. Hay una gran cantidad de vídeos o fotos de grandes estrellas que encarnan la mítica imagen de Marilyn Monroe. Son demasiados para que sea una coincidencia, y en algunos casos, el parecido no es sólo estético, tan similares son los destinos trágicos...[600]

5 - CANDY JONES: "EL CANDIDATO DE MANCHURIA"

---

[600] "La vida oculta de Marilyn Monroe, la primera esclava de control mental de Hollywood" - Vigilantcitizen.com

El caso de Candy Jones es uno de los casos más documentados de control mental en la industria de la moda. ¿Cómo llegó una famosa modelo estadounidense a ser sometida a los experimentos de control mental de la CIA? En 2001, el periodista Colin Bennett escribió un artículo para la revista *Fortean Times*[601] exponiendo todo el asunto:

Para todo el mundo era conocida como la modelo americana más famosa de los años 40. Pero llevó una vida secreta como Candidata de Manchuria trabajando para el servicio secreto durante la Guerra Fría. Colin Bennett analizó este caso de personalidad múltiple y control mental hipnótico.

El 31 de diciembre de 1972, en un lujoso piso de Nueva York propiedad de unos amigos abogados, el famoso locutor de radio Long John Nebel, de 61 años, se casó con Candy Jones, de 47 años, una modelo de fama internacional. Los invitados a este feliz evento tendrían sin duda mucho que hablar.

John Nebel era el Arthur William "Art" Bell de la época, y su programa de radio nocturno tenía una audiencia de millones de personas, pero esa noche su cabeza no estaba en el Watergate ni en Vietnam... Acababa de casarse con una mujer cuyo rostro había sido portada de once de las principales revistas del país en el espacio de un mes en 1943. Durante la ofensiva del Pacífico en la Segunda Guerra Mundial, las fotos de Candy Jones en traje de baño de lunares adornaban los interiores de los barcos, los tanques y las trincheras.

Fue un matrimonio muy rápido arreglado sobre la base del amor a primera vista, por lo que Nebel no conocía bien a su esposa. Durante la recepción, notó por un breve momento que ella había perdido toda su exuberancia y encanto natural. Su voz se convirtió en la de otra mujer y su postura, habitualmente fluida, se volvió rígida. La velada continuó en un restaurante chino llamado "Ho Ho", donde Nebel volvió a notar la transformación; era como si le incomodara la decoración, los espejos y las velas chinas. Cuando llegó la hora de irse a la cama, Candy volvió a hablar con esa extraña voz que Nebel había escuchado antes en la noche. Lo que era aún más alarmante era el hecho de que esta extraña personalidad de Candy tenía una actitud completamente diferente hacia él. Parecía cruel, burlona y fría. Cuando Nebel le pidió que explicara esto, Candy se sorprendió; de hecho, no había notado la aparición de otra voz o personalidad. Sin embargo, unas semanas después de su matrimonio, finalmente le confió a Nebel que una vez había trabajado para el FBI durante un tiempo, añadiendo misteriosamente que podría tener que volver a abandonar la ciudad sin dar ninguna explicación. Nebel se preguntó entonces si había una conexión entre la otra personalidad de Candy y esos extraños viajes que decía haber hecho para el FBI.

Candy Jones, cuyo verdadero nombre es Jessica Wilcox, nació en 1925 en Atlantic City, Nueva Jersey. Creció hasta convertirse en una hermosa joven rubia de 1,93 metros. Su típico rostro de reina de hielo americana, como el de Grace Kelly, Jayne Mansfield y Marilyn Monroe, estaba muy de moda en aquella época. Aunque creció en un entorno bastante acomodado, su padre maníaco-

---

[601] *Manchurian Candy* - Colin Bennet, *Fortean Times* 148, 07/2001.

depresivo (bipolar) y su madre abusaron de ella. Su padre, separado de su madre, le aplastó una vez los dedos con un rallador de nuez moscada. Su madre le pegaba tanto en las piernas que Candy tenía que llevar medias gruesas para ocultar las marcas. No se le permitía estar con otros niños y su madre la encerraba a menudo en una habitación oscura. Fue en este cuarto oscuro donde la pequeña Candy, presa del pánico, desarrolló una serie de personajes imaginarios para hacerle compañía. En la oscuridad de su prisión, visualizó a estos personajes apareciendo en los pocos reflejos de un gran espejo de pared. El nombre de una de sus amigas mágicas era Arlene, que más tarde desempeñaría un papel crucial en la vida de Candy. A diferencia de los demás personajes de este mundo fantástico, Arlene no desapareció cuando Candy se hizo adulta. Creció y maduró con ella, como una personalidad secundaria. La personalidad de Arlene era una especie de espejo de la de Candy. Tenía rasgos de la madre de Candy: era dura, despiadada, sarcástica y cruel, con una voz pequeña y chillona muy diferente a la de Candy.

Fue esta voz la que Nebel escuchó por primera vez el día de su boda. Cuando era ella misma, Candy era la más cariñosa, encantadora y sociable de las mujeres. Pero cuando era Arlene, podía volverse peligrosamente viciosa, e incluso una noche intentó estrangular a su nuevo marido de forma militar y profesional. Nebel pronto se dio cuenta y concluyó, no sin razón, que la mente de su nueva esposa estaba muy perturbada. A Candy parecía aterrorizarle todo lo chino, también tenía un gran miedo a los médicos, psiquiatras y dentistas, así como a las drogas en general. Las drogas eran lo que más temía Candy, siempre que oía hablar de ellas, la "protectora" de Candy, Arlene, declaraba con vehemencia que esas cosas nunca debían entrar en "su" cuerpo.

Nebel descubrió que los cambios de personalidad de Candy tenían una larga historia, y su investigación le llevó directamente al corazón de una organización de la que muchos de sus oyentes le habían hablado durante años: La Agencia Central de Inteligencia (CIA) de los Estados Unidos de América. Nebel asumió entonces un gran riesgo, ya que llevaba muchos años practicando la hipnosis como aficionado y decidió poner a Candy en un ligero trance para hacerle algunas preguntas y grabar las respuestas. Este fue el comienzo de una de las historias más sorprendentes de nuestro tiempo, tal y como se cuenta en el libro de Donald Bain *The Control of Candy Jones*.

En 1945, mientras recorría las bases militares estadounidenses en Filipinas, Candy cayó enferma y fue ingresada en el Hospital del Golfo de Leyte. Allí conoció a un tal Dr. Gilbert Jensen (este es un seudónimo elegido por Donald Bain por razones legales. Bain dijo que Nebel le confió que sabía muy bien quién era ese médico y que había pensado muchas veces en matarlo). Este joven médico le recetó entonces inyecciones de vitaminas, que probablemente le salvaron la vida, o al menos su aspecto físico. A continuación, Jensen le dejó su tarjeta y le dijo que esperaba seguir en contacto con ella. Varios años después de este suceso, volvería a encontrarse con el Dr. Jensen, con consecuencias desastrosas...

En 1946 se casó con el rey de la moda Harry Conover, que más tarde fue encarcelado por fraude. El matrimonio terminó en divorcio en 1959, dejándole la custodia de sus tres hijos y una agencia de modelos en Nueva York. En 1960, un viejo conocido de Candy, un general retirado del ejército, la visitó en la agencia para pedirle un pequeño favor. Quería que ella permitiera al FBI usar su agencia como apartado postal. Ella aceptó e incluso se ofreció a entregarles el correo cuando él estuviera de viaje de negocios. En aquel momento, ella consideraba este acuerdo nada más y nada menos que como una actividad patriótica. No tenía ni idea de lo que le esperaba.

Uno de los primeros encargos de este general (de nombre desconocido) fue entregar una carta a un hombre en San Francisco en uno de sus viajes. Este hombre era el Dr. Gilbert Jensen, a quien ella sólo recordaba vagamente. Cenó con este hombre el 16 de noviembre de 1960, un día que marcaría su vida para siempre. Jensen le reveló que ahora trabajaba para la CIA y que tenía una oficina en Oakland. Le dijo a Candy que, si lo deseaba, podía involucrarse más en los asuntos secretos de inteligencia, añadiendo que podría ser lucrativo para ella. Con sus tres hijos en colegios públicos, Candy se estaba quedando sin dinero y aceptó la oferta.

Lo primero que hizo Jensen fue hipnotizar a Candy. Al hacerlo, descubrió la otra personalidad de "Arlene". Luego reforzó esta personalidad mediante el uso de técnicas hipnóticas e inyecciones intravenosas de drogas experimentales. Consiguió que Arlene se convirtiera en una personalidad destacada en la mente de Candy, de modo que pudo enviarla (con la voz y el comportamiento de Arlene) a diversas misiones, tanto nacionales como internacionales. El cambio de Candy a Arlene fue radical, además del cambio de personalidad, voz y comportamiento, llevaba una peluca y un maquillaje específico. Jensen quería crear el "mensajero perfecto", aquel que no pudiera revelar nada sobre el mensaje a transmitir, ni de dónde venía, ni quién lo enviaba, incluso bajo tortura.

Esta operación fue amplia y muy bien organizada. Candy, como Arlene, la zombi virtual, viajó a campos de entrenamiento, bases militares e instalaciones médicas secretas por todo Estados Unidos. Recibió formación en todos los ámbitos de la acción encubierta, incluido el manejo de explosivos, el combate cuerpo a cuerpo, las armas improvisadas, el camuflaje y la comunicación. Arlene aprendió a matar con sus propias manos, fue condicionada para resistir el dolor y entrenada para resistir las técnicas de interrogatorio. Jensen, que se enorgullecía de su trabajo, la promocionó dentro del ejército en varias ocasiones como un éxito "narco-hipnótico", la guerrera perfecta. Un punto importante para Jensen era demostrar que el condicionamiento era tan profundo que Arlene podía incluso suicidarse a la orden. Para que te hagas una idea de los valores morales de las personas que participan en este tipo de programas, Jensen puso una vez una vela encendida en la vagina de Candy sin que ésta reaccionara con miedo o dolor. Lo hizo ante 24 médicos en un auditorio de la sede de la CIA en Langley, Virginia.

Candy, como Arlene, fue enviada a Taiwán al menos dos veces en una misión de prueba para entregar sobres. Allí la torturaron con porras eléctricas para ver si se rompía, cosa que no ocurrió. La sexualidad perversa parece haber sido una parte importante de este plan de programación mental. A menudo la ponían desnuda en una camilla, la hipnotizaban y la torturaban en diferentes partes del cuerpo. Fue sometida a interrogatorios coercitivos "tipo Gestapo" y a abusos sexuales por parte de mujeres en contra de su voluntad. El abuso sexual fue realizado bajo hipnosis por el propio Jensen.

Por supuesto, nada de esto formaba parte de la llamada lucha contra el comunismo. Era más bien un ejemplo de lo que Churchill llamaba "ciencia pervertida" que operaba en un servicio de inteligencia. Las técnicas de hipnosis y programación mental utilizadas en Candy Jones procedían de la investigación táctica y estratégica estadounidense realizada en Vietnam, al igual que la saturación de bombardeos innecesarios, el uso de defoliantes, etc. Los estadounidenses habrían hecho bien en ceder más sus conocimientos y experiencia de lo que hicieron en el pasado. A los norteamericanos les hubiera convenido dar a los vietnamitas televisores japoneses gratuitos para que se durmieran, esa hubiera sido la salida fácil. Pero quizás estemos hablando de algo más siniestro que un arma fallida de la guerra fría. Armas que fracasaron contra los comunistas, pero ¿fracasaron cuando se volvieron contra el propio Estado americano? Mark Chapman, Shiran-Shiran, John Hinckley, James Earl Ray y Lee Harvey Oswald son la prueba de que había otros "Dr. Jensensens" trabajando en América.

Jensen sabía que estaba corriendo grandes riesgos. No podía estar seguro de que Arlene no surgiera inesperadamente en cualquier momento de la vida cotidiana de Candy. A pesar de sus precauciones, por supuesto esto sucedió, sin lo cual nada de esto habría sido conocido por el público. Candy no tenía ni idea de que hubiera hecho ningún viaje ni nada más allá de sus visitas a Jensen y sus entregas de correo. Eso era todo lo que sabía, todo lo demás era una completa amnesia. Una vez terminados su viaje y su misión, Jensen la sacaría de su trance y volvería de nuevo a su vida cotidiana.

Conocemos esta historia por las cintas de audio de las sesiones de hipnosis en las que Nebel entrevistó a Candy. Cuando a Candy le pusieron estas cintas, no podía creer que hubiera sido sometida a las cosas que describía Arlene. A partir de estas numerosas cintas grabadas a lo largo de varios años, Donald Bain (el autor de "El control de Candy Jones") ha articulado hábilmente los cuatro complejos personajes de Arlene, Nebel, Jensen y Candy. Arlene es una abstracción en la cabeza de Candy, Nebel un personaje real y Jensen un personaje que permanece en las sombras. Este drama se vio reforzado por la acumulación de pruebas de que Jensen había existido realmente y probablemente se dedicaba al tipo de actividades que Candy/Arlene había descrito. A mediados de los años 70, Nebel enfermó de cáncer y, molesto por la historia de Candy y la sospecha de que había visto a Jensen varias veces más en secreto durante su matrimonio, pensó firmemente en vengarse. Le dijo a Bain que iba a matar a Jensen, pero Bain consiguió disuadirle.

Al igual que "America in Trance-Formation" de Cathy O'Brien y "Paperclip Dolls" de Annie McKenna, el libro de Bain es una producción brillante. Sin tener en cuenta el marco comercial habitual, ha dedicado una enorme cantidad de tiempo a extraer toda la historia de Candy Jones de cientos de cintas de audio. El trabajo se realizó a lo largo de varios años, pero faltaba la voz del propio Jensen, por lo que hubo que reconstruir la información sobre él a partir de los diálogos grabados. Aunque sólo era una figura sombría, Nebel estaba convencido de que había suficientes pruebas externas para demostrar que era mucho más real que Arlene.

El problema más difícil era eliminar las numerosas barreras colocadas como capas de cemento por Jensen en la mente de Candy. Nebel a menudo intentaba hacerse pasar por Jensen durante las sesiones de hipnosis; sin embargo, Arlene siempre se daba cuenta de esta táctica y se lo hacía saber. A Arlene le gustaba Jensen, mientras que a Candy no le gustaba nada. Nebel también pretendía ser el alter ego de Arlene. Candy se sentía mucho más cómoda hablando de sí misma de esta manera, y reveló mucha información sobre las actividades de este Dr. Jensen.

Donald Bain sugiere que Candy, como Arlene, realizó muchos más encargos experimentales para Jensen que nunca se descubrieron. También acudió a la agencia de Candy para comprobar, con la ayuda del director comercial, los horarios de asistencia durante los años sesenta. Durante un periodo de 10 años, se descubrió que Candy se ausentaba a menudo bajo el pretexto de "viajes de negocios" para los que no figuraba ninguna empresa. Fragmentos de estos viajes surgieron bajo hipnosis, en una ocasión dijo que tenía que entregar un rifle para Jensen.

(...) Pero lo que más preocupaba a Nebel antes de su muerte eran los intentos de la CIA y de Jensen por contactar con Candy. Al parecer, sus aventuras tuvieron lugar entre 1960 y 1971, pero Bain dijo que no podía estar del todo seguro de que no continuaran. El valiente Nebel murió de cáncer poco después de la publicación del libro de Bain. Murió sin haber encontrado todas las respuestas que buscaba sobre la vida secreta de su esposa. Tuvo algo de consuelo durante un breve tiempo, ya que empezó a arrancar la máscara de los controladores ocultos de Estados Unidos. Al igual que otras personalidades glamurosas, Candy Jones se adentró sin saberlo en el misterio del poder elitista, que se niega constantemente. Si Jayne Mansfield cayó presa de las fuerzas del consumismo y Marilyn Monroe fue víctima de las intrigas del alto Estado, Candy Jones fue sin duda una de las víctimas tanto de la inteligencia estadounidense como de las instituciones médicas y psiquiátricas. Ambas cosas dieron lugar al revigorizado complejo militar-industrial estadounidense en las décadas de 1950 y 1960.[602]

Incluso en la edad adulta, estas mujeres de gran talla como Candy Jones siguen siendo niñas de cuento, al igual que los jóvenes modelos Jon Benet Ramsey y Sylvia Plath. Probablemente se eligió a Candy no sólo porque se la consideraba fácilmente hipnotizable, sino también porque era una de las primeras muñecas mediáticas, una especie de prototipo. Estados Unidos siempre ha sido el líder mundial en el control mental y los sueños ilusorios, desde la televisión hasta los muebles para casas de muñecas. Como las muñecas, las

[602] *The Mind Manipulators* - Alan Scheflin y Edward Opton, 1978 / *Operation Mind-Control* - Walter Bowart, 1978.

personas se convierten en autómatas, y todo tipo de experimentos y profundos cambios sociales hacen de este semitransporte de la mente un estado natural.

Es posible que Jensen haya participado en los primeros experimentos como parte del programa MK-Ultra. El primer marido de Candy Jones ya la había convertido en una "supermuñeca", un tema perfecto para Jensen. La conclusión de Bain es que Jensen trabajaba para el sector de la inteligencia, pero que también puede haber tenido un proyecto mucho más complejo. Si Candy representa la imaginación inocente, situada entre el mundo de Julio Verne y George Adamski, Jensen representa el lado oscuro de la ciencia. Este es el oscuro mundo de Auschwitz que, como sabemos, estaba dirigido por una comunidad de científicos, médicos e industriales.

Al igual que Marilyn Monroe, Candy Jones puede haber sido víctima de las primeras investigaciones del ejército estadounidense sobre lo que ahora se llama "armas no letales". Tal vez la noción de "Gran Hermano", como la de los mineros del carbón, se ha convertido finalmente en algo arcaico y obsoleto, y tal vez Orwell estaba equivocado y Huxley tenía razón. El placer ilimitado y barato, sin dolor ni sufrimiento, es el arma definitiva para doblegar la voluntad del pueblo sin derramar una gota de sangre.

(...) John Nebel debió de preguntarse cuando su vida dio un cierto giro con Candy Jones. Durante muchos años, este locutor de radio neoyorquino había escuchado a muchos oyentes que le llamaban para contarle esas cosas que Candy describía ahora cuando estaba en trance... En cuanto Nebel escuchó la voz de Arlene, entró en el mundo del trance americano. Un mundo en el que las heridas de entrada se convierten en heridas de salida y en el que las últimas horas de Jack Ruby como hombre libre siguen siendo tan enigmáticas como las últimas llamadas de Marilyn Monroe... o los misteriosos viajes de Candy Jones.

6 - EL SIMBOLISMO DEL MK-MONARCA
EN LA INDUSTRIA MUSICAL

Los signos y los símbolos gobiernan el mundo, no las leyes ni las palabras - Confucio

La industria musical juega un papel importante, es una poderosa herramienta de adoctrinamiento de las masas y hay mucho más que dinero en juego... La música que se ofrece/impone al pueblo es una herramienta de control tan poderosa como el sistema escolar o las noticias diarias de la televisión. Este tipo de ingeniería social moldea y forma las actitudes y valores de toda una juventud. De ahí el interés por gastar millones de dólares en la promoción constante de nuevas estrellas mundiales idolatradas por millones de jóvenes. Al igual que los niños de los cultos satánicos/luciferinos son programados desde una edad temprana, la juventud del mundo también está sometida a un control mental sistemático. Aunque es mucho menos directo y coercitivo que el abuso ritual, no es menos eficaz para condicionar las mentes.

Muchos de los clips que se ven millones de veces en la plataforma de vídeos *YouTube* son, de hecho, sólo representaciones simbólicas del proceso de programación mental de Monarch basado en el trauma. Estas producciones se refieren simbólicamente a un proceso psicológico que es el desdoblamiento de la personalidad, el objetivo final de MK-Monarch. Los mismos símbolos son utilizados sistemáticamente por la élite luciferina para promover su *cultura* decadente y caída entre los laicos. Lo hacen infundiendo el simbolismo del control mental en producciones de alto nivel, ya sea en la industria del lujo, la moda y las producciones musicales con clips que contienen múltiples lentes. La noción de personalidades múltiples y de "alter-egos locos" se está convirtiendo en algo *muy cool* y se está extendiendo entre los ídolos de relumbrón. El objetivo es crear una *cultura MK* hegemónica e ineludible con una estética y unos símbolos que ya son omnipresentes en los medios de comunicación, todo ello envuelto en un entretenimiento atractivo y adictivo. Inconscientemente, la generación más joven asocia este ocultismo vulgarizado y simplificado con algo positivo, con una moda, con un modelo a seguir. Los símbolos luciferinos, como el triángulo y el ojo único, aparecen cada vez más en el mundo secular. Aclamamos, reclamamos y consumimos estas sugerencias demoníacas, y así validamos inconscientemente toda una cultura luciferina como algo bueno para nosotros. Nos gusta nuestra música, nos gustan nuestros programas de televisión, nuestros dibujos animados y nuestros videojuegos, nos gustan los contenidos que muy a menudo muestran claramente una naturaleza luciferina. Como resultado, nuestro libre albedrío elige deliberadamente consumir la sopa del diablo, porque es tan dulce...

En marzo de 2014, un anuncio de *la BBC* que promocionaba *"Match of The Day"* (un partido de fútbol) contenía varios flashes que representaban triángulos con un ojo en el centro. Los destellos duraban una fracción de segundo, durante la cual podían quedar grabados en la mente de los espectadores. ¿Qué sentido tiene que aparezcan símbolos masónicos de forma tan aleatoria en un anuncio de partidos de fútbol? Pero ¿qué otra cosa podemos esperar de una cadena de televisión que durante años protegió a un individuo como Jimmy Savile? Un monstruo que violó a cientos de niños...

A *la MTV* también le gusta insertar sistemáticamente simbología masónica oculta en sus anuncios. El grupo *MTV* ha instalado sus estudios de Toronto en una antigua logia masónica.

La *iHeartRadio Ultimate Pool Party* de Miami Beach es uno de esos grandes encuentros que sirven para impregnar el subconsciente de la juventud de un simbolismo particular. En junio de 2013, durante el concierto de Ke$ha, la pantalla gigante emitió durante una hora destellos y series de imágenes hipnóticas basadas en triángulos, ojos, pentagramas y otros simbolismos típicamente masónicos y luciferinos.

Las fotos de moda y las portadas de las revistas están llenas de la simbología del tuerto Lucifer, al igual que se ve cada vez más en la ropa de nuestros principales comerciantes.

Otro ejemplo es el videoclip *"Where Are U Now"* de Justin Bieber, construido con una multitud de dibujos que reflejan la imagen del joven cantante, cada uno de los cuales aparece durante una fracción de segundo en la pantalla. Resulta que en estos cientos de ilustraciones que aparecen sobre Bieber, encontramos muchas cruces invertidas en medio de su frente, o pirámides masónicas con el ojo único, el 666, imágenes que se repiten a lo largo del clip. Puede ser una ironía malsana, pero se diga lo que se diga, se trata de un clip que destella subliminalmente el simbolismo luciferino, un clip que se ve millones de veces, imprimiendo directamente estas imágenes en la mente de los jóvenes. En definitiva, como muchos ya se han dado cuenta, todos estos *"guiños"* no son más que la impregnación del culto luciferino mundial en la cultura popular y laica. Precisemos aquí que no se trata de demonizar la geometría y el triángulo equilátero por ejemplo, esta gente no ha inventado nada, sólo se apropia de códigos y símbolos.

Nuestro espíritu es la ciudadela en la que el Espíritu de Dios desea trabajar con nosotros por la eternidad, pero Satanás intenta hacer suya esta ciudadela para convertirla en su trono... Hay que elegir ante esta industria corruptora y corruptora, la plataforma perfecta por la que Satanás puede llegar a las masas para agitarlas, manipularlas y pervertirlas; aquí citamos a Alejandro Dumas: *"Dios pesca las almas con sedal, Satanás las pesca con red"*.

La industria musical conoce bien la pauta de alimentar a una juventud impresionable que demanda contenidos cada vez más extremos. A medida que el público se vuelve más y más insensible a las cosas que están sucediendo, los clips se vuelven más y más explícitos en exponer abiertamente el tema del control mental basado en el trauma sin ninguna censura, a pesar de que es probablemente la práctica más despreciable del mundo. El mundo de los esclavos de la Monarquía queda así claramente expuesto en unos clips en los que aparecen la violencia, la tortura, el abuso sexual y la humillación, por no hablar de las drogas, todo ello presentado como algo *cool* y de moda... Se trata de nuevo de ingeniería social, de control mental global.

¿Qué puede ser más apropiado que el formato "vídeo musical" y la gran libertad artística que permite para dar rienda suelta a la difusión masiva de conocimientos ocultos apenas disimulados por la simbología y emitidos en bucle en los canales de televisión y en la web, las 24 horas del día? Los mismos códigos se inyectan incansablemente en estas producciones... No es una casualidad, se nos cuenta una historia de forma velada si aún tenemos ojos para ver... Una de las cosas más ocultas de este mundo es, por tanto, un conocimiento que paradójicamente es el más difundido diariamente en las narices de millones de personas que desconocen totalmente lo que se les transmite de forma más o menos directa. Probablemente sea una forma de arrogancia o de humor negro, o también una manera de que la humanidad valide inconscientemente estas prácticas innobles como algo positivo. El hecho de que el proceso de control mental de los monarcas esté codificado simbólicamente en algunas de las mayores producciones mediáticas del mundo (música, cine, moda), es un serio indicio de que se trata de una práctica no marginal, aplicada sistemáticamente en las más altas esferas de nuestra sociedad. Pero también es una forma de divulgar masivamente un conocimiento oculto en este gran teatro, donde finalmente todo se exhibe a plena luz del día... Hay Leyes por encima de las leyes de este mundo que la "religión sin nombre" debe respetar imperativamente.

Por ello, los vídeos musicales e incluso algunas películas son un medio ideal para revelar visual y simbólicamente algo mucho más profundo que una simple canción de tres o cuatro minutos. Según la creencia oculta de la Orden Luciferina, el *yo superior* sólo puede comunicarse a través del mito, el simbolismo o la música, para penetrar eficazmente en el inconsciente. En otras palabras, no hables de ello, muéstralo... Este hermetismo impregna sistemáticamente las grandes producciones cinematográficas y musicales: *"hablar sin hablar, mostrar sin mostrar y ocultar sin esconder"*, un arte muy sutil que la industria del entretenimiento persigue con celo. Todo este simbolismo MK se difunde masivamente en el mundo secular para que la gente *vea sin ver y oiga sin entender*. Los brujos-controladores se creen dioses, y por ello transmiten su "luz" de forma más o menos codificada con producciones de entretenimiento que contienen dobles sentidos y símbolos explícitos que transmiten una doctrina oculta que finalmente queda expuesta a los ojos de millones de profanos. Esta divulgación indirecta les permite comprometer a las masas para que no podamos decir *"Dios mío, no lo sabíamos"*. Así, respetan de alguna manera la Ley del Libre Albedrío y la capacidad de elección propia cuando exponen claramente las cosas más despreciables.

En el caso de la pedocriminalidad institucional, aceptar las mentiras sistemáticas y abandonar así a las pequeñas víctimas a su suerte, mientras las evidencias son cada vez más flagrantes, convierte a las personas en cómplices morales de estos crímenes al no reaccionar y permitir que se produzcan... La ingeniería social permanente y la negación de las personas de la corrupción y las atrocidades cometidas por la élite gobernante, que ahora son más evidentes que nunca, son dos puntos clave sobre los que se basa este precario equilibrio. Un equilibrio que garantice que la opinión pública no se vuelque por completo, y que al mismo tiempo la comprometa... porque está claro que hoy en día todo se revela y se expone para aquellos que deciden buscar por sí mismos emancipándose de los programas de ingeniería social.

Pero volvamos a la industria musical y sus vínculos con el MK-Monarca. En la introducción del vídeo *"Mary The Night"*, Lady Gaga ofrece un monólogo que define con bastante claridad la situación de una víctima bajo control mental. Explica "artísticamente" los traumas por los que pasó para convertirse en una *superestrella*. El clip muestra a Lady Gaga tumbada en una camilla empujada por dos enfermeras, describiendo cómo percibe su triste realidad: *"Cuando miro hacia atrás en mi vida, no es que no quiera ver las cosas exactamente como sucedieron, es que prefiero recordarlas de forma poética. Y para ser honesto, la mentira de todo esto es mucho más honesta, porque la inventé. La psiquiatría nos enseña que el trauma es probablemente el último asesino. Los recuerdos no se reciclan como los átomos y las partículas en la física cuántica. Pueden perderse para siempre. Mi pasado es un cuadro inacabado y, como el pintor, tengo que rellenar todos los agujeros feos para embellecer el lienzo. No es que sea deshonesto, es que odio la realidad...*

Varios de los clips de gran presupuesto presentan sistemáticamente el mismo simbolismo, como la representación del artista como una muñeca rota, un maniquí, un autómata o una marioneta de hilo y el escenario que representa el "mundo interior" del esclavo. El proceso de disociación y escisión suele representarse mediante el paso por un espejo o la ruptura del mismo, lo que significa que no hay vuelta atrás o que la programación se ha roto; el arco iris tiene el mismo simbolismo que el paso por el espejo. El ojo único luciferino u "ojo que todo lo ve" es muy común, así como los gráficos que representan la dualidad como el damero blanco y negro... y por supuesto encontramos la mariposa Monarca recurrente en estas producciones, como firma. Los pentagramas y las cabezas de cabra, las máscaras, las pirámides, son también símbolos clásicos que impregnan esta subcultura luciferina... No hablar de ella, mostrarla... y así impregnar la cultura popular profana para corromperla indirectamente.

He aquí algunos ejemplos de producciones especialmente explícitas, e invito al lector a descubrir estos clips por sí mismo en Internet, donde también hay análisis mucho más detallados de su contenido simbólico. Es obvio que una interpretación simbólica puede parecer muy subjetiva, pero un cierto conocimiento de los procesos de MK nos permite identificar indicadores claros, sobre todo cuando encontramos los mismos códigos, la misma imaginería simbólica utilizada sistemáticamente en muchas producciones de gran presupuesto.

- Empecemos con el vídeo de la canción *"Self Control"* de Laura Branigan de 1984, que es el precursor de los vídeos de simbolismo de control mental. A primera vista, la canción, que fue un *éxito* internacional, cuenta la historia de una chica a la que le gusta el ambiente nocturno. Pero es el vídeo el que revela el aspecto importante de la canción. Muestra a la cantante siendo acosada por un hombre enmascarado, todo ello combinado con simbolismo para hacer de esta producción un homenaje a la élite oculta, una celebración de su práctica más sádica: el control mental de los monarcas. En 1984, cuando se estrenó este clip, la industria musical estaba empezando a adoptar el formato de vídeo como herramienta de promoción y el clip de *Self Control* supuso una revolución en la industria del entretenimiento. Este vídeo no representa la vida nocturna del fiestero medio, nos muestra claramente a una mujer que pierde su voluntad y su libre albedrío a manos de un amo sin rostro. El estribillo lo resume perfectamente:

Tú te llevas mi "yo".
Tomas el control sobre mí
Me haces vivir sólo para la noche
Antes de que llegue la mañana, se dice la misa
Tú te llevas mi "yo".
Tomas el control sobre mí

En este clip, el mundo nocturno es una metáfora de la disociación. Las primeras imágenes nos muestran una muñeca de pelo castaño que simboliza a Laura Branigan. Luego la vemos preparándose para su salida nocturna, con extraños personajes a su alrededor que parecen surgir de la nada: cuando se pasa la mano por el pelo, la siguiente imagen muestra a una persona a su lado pasándose la mano por el pelo. El clip representa lo que pasa por la cabeza de Laura, mostrando sus personalidades alternativas. La siguiente escena muestra a la joven comenzando su noche, está en la calle de pie frente a un escaparate que contiene dos maniquíes flotando horizontalmente en el aire, una excelente manera de representar a una esclava disociada del MK. Entonces aparece un hombre enmascarado en la parte trasera de un coche de lujo, su amo, la élite oculta. La siguiente escena muestra a Laura bailando en una discoteca mientras aparece de nuevo el enmascarado, con varias máscaras agrupadas en el fondo, simbolizando que los propios programadores y amos de la esclavitud tienen una personalidad disociada. Extrañamente, Laura decide seguir a la extraña e inquietante figura. Ella le sigue porque ya no tiene control sobre sí misma, la letra del segundo verso describe perfectamente el estado de un esclavo MK a merced de su amo cuando se encuentra en un estado de disociación, aquí simbolizado por el "mundo de noche":

Durante la noche, ningún control
A través de la pared, algo atraviesa
vestida de blanco mientras caminas por la calle de mi alma
Una noche sin peligro, vivo en el bosque de mi alma
Sé que la noche no es lo que parece
Tengo que creer en algo
Así que me convenzo de que esta noche nunca terminará

Laura no puede luchar contra la voluntad del enmascarado, que finalmente la lleva a una orgía, una parte del clip que recuerda a la famosa escena de la película *Eye Wide Shut* en la que los personajes enmascarados tienen sexo en un castillo. En esta escena, Laura es llevada simbólicamente al mundo subterráneo y oculto de la élite, donde es utilizada como esclava sexual. En efecto, vemos al enmascarado desnudar a la joven, que parece estar en un estado alterado de conciencia, para ser liberada en la *"fiesta"*. Esta escena muestra claramente a una mujer utilizada como esclava sexual en una orgía elitista.

De vuelta a casa, Laura se da cuenta de que no está segura en ningún sitio, ni siquiera en su habitación, donde hay personas enmascaradas que abusan de ella. En esta escena final, el hombre "sin rostro" también está presente en el dormitorio y abusa de Laura. El clip termina con una imagen muy simbólica: un primer plano de la muñeca que introduce el clip. Pero aquí su vestido está desgarrado, su pelo es un desastre y uno de sus ojos está cerrado, un guiño a Lucifer.

Esta producción, estrenada en los inicios de la era del vídeo musical, ya contenía todas las características y códigos de un clip representativo del MK. Treinta años después, los mismos escenarios, códigos y simbolismos siguen presentes. Hoy más que nunca, vemos a las jóvenes estrellas cantando sobre su control mental en vídeos musicales que celebran el sistema MK de la "religión sin nombre".[603]

- El clip *"Wide Awake"* de Katy Perry comienza mostrándonos a Katy sentada en su camerino, mirándose en un espejo, mientras se quita la peluca: una representación del cambio de alter. Esta primera escena introductoria simboliza la disociación que la lleva a un mundo de fantasía, que no es otro que su mundo interior... De hecho, es a partir de este momento cuando el clip cambia a otra realidad mostrando a la estrella vagando en su mundo interior representado por un oscuro laberinto lleno de callejones sin salida y trampas. No parece saber qué camino tomar en su propia mente y se ve atrapada en las diversas trampas que le tiende el programador. Katy se da cuenta de que no saldrá del laberinto sin el elemento principal, el que le fue arrebatado cuando fue programada, es decir, su verdadera naturaleza, lo que realmente es. Entonces aparece una niña que viene a su encuentro, lo que representa la oportunidad de reconectar con su personalidad original, que se convertirá entonces en su guía para encontrar el camino hacia la libertad. La siguiente escena muestra a Katy y a la niña de la mano en un pasillo lleno de espejos, sin que la niña aparezca en los espejos, lo que significa que no es real, sino sólo una parte de la psique de Katy. En esta escena, vemos que el vestido de Katy está completamente cubierto de mariposas... que saldrán volando en una nube cuando Katy finalmente rompa uno de los espejos para escapar de este mundo interior, de esta programación.

La siguiente escena contrasta totalmente con el mundo de fantasía del laberinto, salimos de la cabeza de Katy y volvemos a una triste realidad: Katy aparece totalmente destrozada en una silla de ruedas en lo que parece ser un hospital psiquiátrico, todavía con la niña a su lado y una última mariposa revoloteando sobre ella. Dos hombres con cabeza de cabra montan guardia ante las puertas de salida del hospital, y es la niña quien los hace desaparecer dando un pisotón en el suelo para liberar a Katy de este universo psiquiátrico.

Al final del clip vemos a esta misma niña entregándole a Katy una mariposa Monarca, entonces descubrimos que la niña se llama Katheryn (el verdadero nombre de Katy Perry, su personalidad original). De vuelta a su camerino, Katy se da cuenta al abrir la mano de que le han regalado una mariposa que deja escapar, esta mariposa nos lleva del camerino al escenario para un nuevo concierto... es decir, el bucle se completa y el clip nos devuelve al punto de partida. Katy, que parece haber ido en busca de la conquista de sus "demonios", está de vuelta en su personaje de "estrella pop sexy", un puro producto de la industria musical. Los clips "Monarch" representan a menudo esta noción de bucle sin fin.

- El clip *"Walking On Air"* de Kerli también es muy explícito, ya que muestra el proceso de programación a través del simbolismo de la niña que se

---

[603] "Self Control" de Laura Branigan: un espeluznante vídeo de los 80 sobre el control mental - vigilantcitizen.com, 2015.

convierte en una muñeca sujeta por hilos, como una marioneta. El comienzo del clip nos muestra a un extraño personaje que le trae un regalo a Kerli, una muñeca a su semejanza. Una muñeca que Kerli lleva dentro de una casa que representa simbólicamente su mundo interior. Podemos ver que en esta casa, Kerli y este muñeco (un alter ego) están constantemente vigilados por un gran ojo que los escruta a través de una pantalla de televisión. El hecho de que sean observados por una pantalla de televisión, en lugar de ser observados por ellos mismos, es representativo de las inversiones sistemáticas practicadas en el control mental. Los programadores hacen todo lo posible para que el niño se sienta constantemente vigilado y controlado. En este clip, las inversiones están por todas partes: la nieve sale de un paraguas, el horno congela el pollo, mientras que la nevera se utiliza para cocinarlo. En otra escena, la inversión de los valores del placer y el dolor se representa simbólicamente cuando Kerli se tumba en una cama con un colchón hecho de grandes piedras. La confusión entre el dolor y el placer es parte de la programación del MK. Es en este lecho de guijarros donde Kerli deja escapar lágrimas (que simbolizan su dolor) que se convierten en... mariposas. Vemos entonces que el extraño personaje del principio del clip, probablemente el programador, aparece al "otro lado" de un espejo colocado junto al lecho de piedras, ordenándole por señas que atraviese el espejo para reunirse con él... El paso por el espejo será la finalidad de la transformación. La siguiente escena nos muestra a la muñeca Kerli, que ha alcanzado la mayoría de edad y se ha convertido en una marioneta manipulada por un muñeco gigante que lleva la mariposa Monarca en su bandolera. La escena final muestra a este muñeco gigante cortando los hilos de la marioneta Kerli con un cincel y encerrándola en una caja. Vemos entonces a la joven Kerli despertando en su casa preguntándose por los hilos que cuelgan de sus muñecas... Descubrimos entonces que Kerli está de hecho encerrada en esta caja sostenida por las manos del muñeco gigante, siempre con esta noción de bucle sin fin, una especie de mise en abyme o fractal.

- El clip de 'Fjogur Piano' de Sigur Ros es difícil de entender porque es imposible extraer una narrativa coherente de él, como la mayoría de esos clips de 'Monarch' que parecen a primera vista herméticos y misteriosos. Es el contenido simbólico el que les da un significado real. Este clip describe de forma pictórica y simbólica el bucle interminable de la vida de un esclavo de la Monarquía, con la amnesia, la violencia y las drogas que lo acompañan. El comienzo de esta producción nos muestra a un hombre y una mujer en una cama, despertando en medio de una habitación extraña, están muy confundidos y no parecen saber qué les pasó el día anterior. Además, están rodeados de mariposas Monarca meticulosamente dispuestas en su cama. La habitación en la que se encuentran muestra marcas de marcos en las paredes, más tarde veremos que estas marcas son las de marcos que contienen colecciones de mariposas. La pareja se despierta con todo tipo de marcas y moratones en el cuerpo, están desconcertados, no parecen saber la causa. Es entonces cuando entran en escena dos oscuros personajes que vienen a por la "pareja", empezando por vendarles los ojos y darles piruletas que contienen escorpiones, símbolo de las drogas psicotrópicas, el hombre y la mujer chupan con avidez estos caramelos mostrando que son adictos a ellos. A continuación, los dos controladores conducen a la pareja fuera de la habitación simplemente soplando sobre ellos, sin ningún contacto físico, simbolizando el control mental autosuficiente para dirigir a los esclavos sin tener que usar la fuerza. La siguiente escena muestra a la pareja en la parte trasera de un coche ficticio, "conducido" por los controladores y colocado frente a una pantalla de cine que muestra imágenes que hacen parecer que realmente se están moviendo. Esta escena ficticia del coche se relaciona con la disociación, el proceso de empujar la mente del sujeto para que se desconecte de la realidad, es decir, para que se transporte a algún lugar pero nunca físicamente. Tras esta extraña escapada, se vuelve a la habitación... ahora llena de marcos con colecciones de mariposas, la mujer blande con rabia uno de estos marcos que contiene una mariposa ante las narices del hombre, como si quisiera hacerle entender algo: "*Mira, somos esclavos de la Monarca*". De repente, la mujer desaparece de la habitación y el hombre se queda solo. Esta es otra pista de que probablemente se trata de una doble personalidad y que la mujer y el hombre son en realidad una misma persona dividida. El hombre entra entonces en cólera y rompe un espejo con el puño, simbolizando el intento de romper la programación, y luego destroza la habitación hasta que la mujer reaparece. Entonces comienza a golpearla y a escarificarla, en efecto una escarificación autoinfligida. Finalmente la pareja se va a dormir... y es entonces cuando vemos a los dos controladores oscuros entrar de nuevo en la habitación para limpiar y poner todo en orden. El clip termina con la misma imagen con la que empezó: la pareja se despierta de nuevo confundida, sin saber la causa de todas las cicatrices. Otro día en el bucle sin fin que es la vida de un esclavo de la Monarquía.

- El vídeo "*Prison Sex*" de Tool, cuyo tema es la repetición de la violencia sexual por parte de las víctimas, tiene un simbolismo relacionado con los muros amnésicos traumáticos y la recuperación de la memoria. El vídeo muestra a un pequeño maniquí siendo desmembrado y torturado por un inquietante ser, una especie de humanoide de goma negra. El clip muestra a este pequeño maniquí tuerto encerrado en un gran cubo formado por una multitud de cajones que representan sus recuerdos, en los que busca para comprender su estado ruinoso. Poco a poco, se reconecta con los recuerdos que le permiten acceder al niño que una vez fue. En este clip de animación, no es la mariposa Monarca sino su oruga la que firma la producción, saliendo de uno de los cajones... Aquí también, el clip termina con la noción de bucle sin fin y de fractal: el cubo compuesto por una multitud de cajones en el que está encerrado el pequeño maniquí, no es en realidad más que el interior del cajón de otro cubo mucho más grande compuesto, como el primero, por una multitud de cajones, etc.

- El clip "*Shatter Me*" de la violinista Lindsay Stirling también es 100% MK-Monarch. Representa el proceso de disociación y desdoblamiento de la personalidad a través del simbolismo de una bailarina *humano-mecánica* encerrada en un globo de cristal y que busca escapar. También en este caso la imagen del espejo roto y el desdoblamiento de la mujer mecánica que estalla literalmente en mil pedazos es simbólicamente muy explícito. Más aún cuando las mariposas Monarca revolotean a lo largo del clip. En estos clips de "Monarch", la duplicidad es sistemática, la canción *"Shatter Me"* trata de la liberación del miedo... Pero su simbolismo comunica exactamente lo contrario: expone claramente el proceso de subyugación de un esclavo de la programación MK.

- El clip *"A Study in Duality"* de Candy Brooke también es pura propaganda implícita del MK-Monarch. Un clip que resume lo que realmente es toda esta industria: una combinación de ocultismo y MK destinada a degradar y deshumanizar. El clip se basa en el concepto de dualidad que presenta la "chica buena" frente a la "chica mala", un tema especialmente apropiado para MK-Monarch. La producción muestra a una mujer con una mariposa Monarca en la boca, una imagen fuertemente simbólica intercalada con destellos cuasi-subliminales de tortura, como una cara separada por la boca y los párpados; una clara reminiscencia de la imaginería de la película *La Naranja Mecánica*. Imágenes estremecedoras que aluden a las torturas infligidas para inducir los estados disociativos necesarios para el control mental. ¿Por qué estas imágenes de tortura aparecen sólo durante una fracción de segundo en este clip? ¿Por qué estos horrores subliminales van acompañados de imágenes de una mujer con una mariposa Monarca en la boca? ¿Por qué se elige esta especie de mariposa tan a menudo? Otra escena de este clip muestra a un verdugo enmascarado y vestido con una bata negra metiendo a una mujer, obviamente robotizada, en una bañera con un equipo de transfusión intravenosa a su lado, lo que sugiere que algo terrorífico está a punto de suceder. Este es el tipo de simbolismo ocultista totalmente espeluznante y deshumanizado que está impregnando cada vez más la cultura popular a través de la industria del entretenimiento.

- Los clips *'Zombie'*, *'Mirrors'* o *'Wonderland'* de Natalia Kills también propagan una decadencia ligada al MK-Monarch. Muestran a la *artista* como una mujer maltratada, humillada y controlada por fuerzas invisibles. En el clip *"Mirrors"*, se la ve forzada a atravesar un espejo. En el clip *"Zombie"* la vemos atada a una mesa en lo que parece ser un laboratorio donde está siendo torturada por un torturador invisible, acompañada de imágenes explícitas que muestran cabezas de maniquí que cubren su cara y la sustituyen, los maniquíes desmembrados también contribuyen a la oscura atmósfera de esta producción. El clip *"Wonderland"* destaca la droga que permite *seguir al conejo blanco por la madriguera...*

- El vídeo *"Brick by Boring Brick"* de Paramore cuenta la historia de una niña que busca su verdadero "yo" detrás de un muro que ha construido en su conciencia. El tema de la canción nos dice que este muro es la creencia en los "cuentos de hadas" que hay que romper. La niña se pasea con las alas de la mariposa Monarca colgando de su espalda en un castillo que representa su mundo interior. En este castillo la vemos reflejada en múltiples espejos engañosos. De nuevo, hay referencias sistemáticas a *"Alicia en el País de las Maravillas"*.

- Los clips *"Love Me"* de Lil' Wayne, *"Work B*tch"* de Britney Spears y *"Change Your Life"* de Iggy Azaela glorifican explícitamente la programación Beta, es decir, la esclavitud sexual.

- El vídeo de *'Price Tag'* de Jessie J muestra a la cantante como una ridícula marioneta sujeta por hilos o un autómata en una caja de música.

- El vídeo de *'21st Century Girl'* de Willow Smith es pura propaganda babilónica donde la mariposa Monarca acompaña a la chica como un relevo que pasa de generación en generación.

- El vídeo *"Style"* de Taylor Swift representa sutilmente el trastorno de identidad disociativo al jugar con dos personajes que se reflejan mutuamente, siempre con esta noción de división y ruptura.

Esta subcultura morbosa del MK no se limita al mundo occidental. En Asia, el popularísimo K-pop (pop surcoreano) utiliza exactamente los mismos códigos:

- El clip *''Insane''* de A-JAX nos muestra a un joven hospitalizado en un pabellón psiquiátrico y sometido a hipnosis, el simbolismo de la disociación y el desdoblamiento es muy significativo y repetitivo, sobre todo, una vez más, por el paso a través del espejo.

- El clip *'Hate You'* de Ladie's Code también es muy explícito. Muestra a dos niñas totalmente deshumanizadas y robotizadas, representadas como muñecas o marionetas sujetas por hilos y manipuladas por un "entrenador".

- El vídeo de *"Waiting"* de Andamiro (la *Lady Gaga* coreana), que, bajo la apariencia de una canción sobre el desamor de una chica y un chico, representa en realidad la relación entre el amo y el esclavo Monarch, como suele ocurrir, es el simbolismo del vídeo el que revela algo mucho más pesado que la simple letra de la canción. También en este caso, la mariposa firma la producción.

- El tema de Muse de 2015 *"The Handler"* es una de las producciones más explícitas sobre el control mental de los Monarcas que se han realizado, tanto por la letra como por el simbolismo del vídeo, con sus evidentes mariposas Monarcas. *Handler* es un término que se utiliza a menudo para describir al que manipula y maneja al esclavo MK, un término difícil de traducir al francés y que significaría: entrenador, manipulador o amo, el que *"sostiene la correa"*. Aquí está la letra de la canción, que a primera vista parece una canción de amor, pero cuyo fondo se refiere directamente a la relación entre un esclavo MK y su amo, toda la ambigüedad está ahí, una representación del síndrome de Estocolmo:

> Fuiste mi opresor
> Y fui programado para obedecer
> Ahora eres mi manipulador
> Y cumpliré todas tus exigencias
> Déjeme en paz, debo desvincularme de usted.
> Admira mi trance-formación
> Y tienes el poder de hacer lo que quieras
> Mi mente estaba totalmente perdida
> Y mi corazón una máquina fría e insensible
> Ya no dejaré que controles mis sentimientos
> Y ya no haré lo que me digan
> Ya no tengo miedo de caminar solo
> Déjame ir, déjame ser
> Debo liberarme de tu agarre
> Nunca más me poseerás

Es interesante informar aquí también de la letra de la canción *"I Get Out!"* de Lauryn Hill:

> Voy a salir, voy a salir de todas tus cajas,
> No puedes retenerme con estas cadenas, voy a salir,
> El Padre me ha liberado de esta esclavitud,
> Conociendo mi condición, esto es por lo que tengo que cambiar,
> Sus apestosas resoluciones no tienen nada que ver con una solución,
> pero aléjame de la libertad y mantén tus contaminaciones,
> No puedo soportar más tus mentiras,
> No quiero intentarlo más,
> Si muriera, oh Señor,
> Por eso elegí vivir,
> Ya no quiero que me comprometan, ya no puedo ser intimidado,
> No voy a simpatizar más,
> Porque ahora entiendo que sólo quieres utilizarme
> Hablas de amor y me engañas
> Nunca pensaste en liberarme
> Pero con la misma rapidez olvidamos que nada es seguro
> Pensaste que iba a quedarme ahí y sufrir
> Su plan para hacerme sentir culpable no está funcionando, me está suprimiendo hasta la muerte
> Por ahora elijo la Vida, hago sacrificios
> Si todo tiene que ir, entonces vamos
> Así es como elijo vivir
> No más compromisos
> Te veo antes de que te disfraces
> Cegando a través de este control mental
> Robando mi alma eterna, ablandándome con lo material
> Para mantenerme como esclavo, pero me las arreglo
> Lo que ves es en lo que te convertirás
> Oh, no has visto nada todavía
> No me importa si estás molesto
> Mira y no distorsiones la verdad
> Y tus sentimientos heridos no tienen excusa

Para mantenerme en esta caja, la cerradura psicológica
Reprimir la verdadera expresión, cimentar la represión
La organización de este engaño masivo
Aunque nadie puede curarse
No respeto su sistema
No quiero proteger su sistema
Cuando hablas no escucho
Deja que mi Padre lo haga
Déjenme salir de estas cadenas,
Todas estas tradiciones matan la libertad
Acabo de aceptar lo que has dicho
Manteniéndome entre los muertos
La única manera de saber es caminar para aprender, aprender y crecer
Pero la fe no crece rápidamente, y todos te creyeron
Mientras que usted tenía la única autoridad
Sólo seguido por la mayoría
Que tiene miedo de la realidad
Este sistema es una farsa
Más vale que seas inteligente para salvar tu alma
Y escapar de este control mental
Te pasas la vida sacrificándote por este sistema de muerte
¿Dónde está la pasión en este modo de vida?
¿Estás seguro de que es a Dios a quien sirves?
Comprometidos con un sistema
Cada vez menos bueno, aunque te lo mereces
¿Quién hace estas escuelas? ¿Quién hace estas reglas?
Una condición animal, oh mantenernos como esclavos
Oh, sal de este purgatorio social...

7 - EL SIMBOLISMO DEL MK-MONARCA
EN LA INDUSTRIA CINEMATOGRÁFICA

Algunas producciones cinematográficas también muestran el simbolismo del control mental de los monarcas. Al igual que en el caso de los vídeos musicales, se trata de identificar las diferentes tramas de lectura que contienen todas estas producciones.

Veamos primero la película *"Trouble jeu"* (*Escondite* en V.O.) estrenada en 2005. Esta película ha sido muy criticada negativamente por su extrañeza, se ha calificado de ilógica con un final considerado absurdo. Resulta que esta película no se puede entender del todo sin conocer el elemento clave en el que se basa, es decir, el control mental basado en el trauma: MK-Monarch. De forma simbólica y teatral, esta película describe este despreciable proceso. La mariposa Monarca vuelve a aparecer regularmente en esta producción para confirmar su triste temática.

La película trata de una niña llamada Emily que ha presenciado el suicidio de su madre y sufre graves síntomas traumáticos. Su padre, David (interpretado por Robert De Niro) decide ayudar a su hija dejando su consulta de psiquiatra y trasladándose al campo con ella para cuidarla a tiempo completo. El comportamiento de Emily se vuelve cada vez más preocupante ya que dice tener un nuevo amigo llamado Charlie con el que se divierte mucho. David cree que se trata de un amigo imaginario creado por Emily para hacer frente a su trauma. Sin embargo, algunas de las cosas horribles que están sucediendo en la casa, como el gato que se encuentra ahogado en la bañera, empiezan a ser muy preocupantes, sobre todo porque Emily afirma que Charlie es el responsable. Charlie también matará a la novia del padre. En una escena en la que vemos a David patrullando la casa en busca de un posible asesino, se da cuenta en un breve destello de perspicacia de que él mismo es el "famoso" Charlie. La película revela que este Charlie es en realidad otra personalidad del padre de David, que desconoce por completo su existencia. Es esta personalidad alterada, Charlie, la que traumatiza y manipula a la pequeña Emily y comete horribles crímenes.

Esta producción muestra la relación entre un verdugo programador y su esclavo, en este caso un psiquiatra totalmente disociado que programa a su propia hija. Los propios programadores suelen tener profundos trastornos disociativos. La escena final de la película nos muestra un dibujo de la pequeña Emily representándose a sí misma con dos cabezas en un solo cuerpo... una imagen simbólica que revela que es disociada y múltiple.

La película de animación *"Coraline"* (2009) también es una producción que remite simbólicamente a la programación de MK-Monarch. Hay que tener en cuenta que la niña que pone la voz a Coraline es Dakota Fanning, que interpretó el papel de la niña en la película *"Trouble Jeu"* que acabamos de describir.

Desde el principio, los títulos de crédito resumen claramente todo el proceso: vemos unas ominosas manos metálicas que restauran una vieja muñeca para convertirla en una nueva. Su antigua vestimenta está completamente cortada, está literalmente vuelta del revés como un calcetín, el relleno interior es retirado y reemplazado por arena. Se le cambia el pelo, los ojos y se le cose ropa nueva. La creación de esta nueva muñeca simboliza la creación de una personalidad alternativa.

Coraline es una niña que acaba de mudarse a una nueva casa con sus padres. Es infeliz y se aburre constantemente porque sus padres no le prestan la atención que le gustaría. Mientras explora su nuevo hogar, descubre una pequeña puerta que conduce a una versión alternativa de su realidad, un lugar donde sus padres son divertidos y le prestan mucha atención. Encontramos aquí el mismo tema que en *"El Mago de Oz"* o *"Alicia en el País de las Maravillas"*, es decir, un personaje principal de niño que se aburre en su vida cotidiana y entra en un mundo extraño, maravilloso y mágico. En *Coraline*, la niña atraviesa una puerta que la impulsa a una especie de vórtice que le da acceso a la ''maravillosa'' realidad alternativa, al igual que Alicia atraviesa el espejo: el simbolismo del proceso disociativo, la desconexión de una determinada realidad. En esta realidad alternativa, sus "otros padres" llaman a Coraline *"nuestra muñequita"* y le dicen que si acepta que le cosan botones en los ojos, pronto *"verá las cosas a su manera"* y podrá quedarse con ellos para siempre... Coserle botones en los ojos significa que se convertirá permanentemente en la marioneta del programador ejecutor, que entonces, como dice la película, *"devora su alma"*.

Pero Coraline rechaza esta propuesta y la ilusión del otro mundo se rompe... Vemos a la "otra madre" entrar en cólera mostrándola en su verdadera luz. Coraline ve por fin el verdadero aspecto de su "otra madre", una especie de monstruo esquelético con manos metálicas, precisamente las que hizo la muñeca en los créditos iniciales. Toda la película se basa en esta mano amenazante, que representa al programador manipulando a la niña y engañando su psique con un mundo creado desde cero gracias al paso por la pequeña puerta: el proceso disociativo.

En 1985, Disney produjo la película *"Regreso a Oz"*. Aunque la mayoría de los espectadores esperaban una secuela lógica del famoso *Mago de Oz* de 1930, esta película sorprendió a muchos al mostrar a la pequeña Dorothy encerrada en un escuálido hospital psiquiátrico, atada a una camilla para recibir terapia de electroshock... Esta producción de Disney muestra explícitamente la situación de una niña sometida a un control mental basado en el trauma

El principio de la película muestra a Dorothy encontrando una llave con el símbolo de Oz, una llave que representa la clave de su personalidad original. La siguiente escena muestra esta misma llave en manos de un psiquiatra al que ha sido llevada para un tratamiento de electroshock (por problemas de sueño)... este psiquiatra que ahora tiene la llave podrá convertirse en su programador.

Mientras Dorothy observa la máquina que va a ser utilizada para el electroshock, ve en una ventana de cristal no su reflejo sino el de otra niña, de hecho, esta máquina es la *puerta a* su alter personalidad llamada "Ozma". La siguiente escena muestra a Dorothy atada a una camilla a punto de recibir descargas eléctricas, pero justo en ese momento se produce un corte de luz... Sin embargo, el resto de la película sugiere claramente que Dorothy ha sufrido un profundo trauma que le ha hecho disociarse de la realidad, ya que es a partir de este momento cuando la película se traslada a un mundo imaginario. En efecto, Dorothy vuelve entonces al mundo mágico de Oz, un mundo que representa su psique disociada y totalmente manipulada por el programador (el psiquiatra). Es su alter personalidad Ozma quien la recibe en su camilla y la lleva a la tierra de Oz...

A continuación, emprende una especie de búsqueda a través de este mundo alternativo. Una escena especialmente inquietante es el encuentro entre Dorothy y la bruja Mombi, que no es otra que la enfermera jefe del hospital psiquiátrico. En esta escena, vemos cómo la bruja lleva a Dorothy a una habitación llena de cabezas de mujer, alineadas detrás de vitrinas y observando a la niña por el rabillo del ojo... Es entonces cuando la bruja Mombi se quita su propia cabeza, como si desenroscara un juguete, y la sustituye por una de las muchas otras cabezas presentes detrás de las vitrinas. Esta escena es puro simbolismo de MK-Monarch, la colección de cabezas representa las diferentes personalidades que pueden surgir.

El objetivo final de la programación MK es la división de la personalidad básica en múltiples alteraciones, y eso es exactamente lo que nos muestran las últimas escenas de esta película. Vemos a la pequeña Dorothy, todavía en el mundo de Oz, en su mundo interior, mirándose en un gran espejo que no refleja su propia imagen, sino la de Ozma, la otra niña que representa su otra personalidad. La escena muestra a Dorothy acercándose al espejo, cogiendo la mano del "reflejo de Ozma" y tirando de ella a través del espejo para que sea de "carne y hueso" ante ella. El espejo que refleja otra identidad es un fuerte símbolo del MK-Monarca. La otra personalidad de Dorothy, Ozma, atraviesa el espejo y se convierte en realidad. Así, la programación de Dorothy se completa, su alter programado está presente en su mente dividida, Ozma es ahora parte de Dorothy...

La última escena muestra a Dorothy de vuelta a casa en el mundo real. Vuelve a descubrir a Ozma mirándose en el espejo de su habitación. Esto confirma que su personalidad se ha dividido y que ahora es múltiple y programada.

En esta producción, Disney ha introducido un gran número de elementos que la convierten en un auténtico *himno* del MK, incluso más explícito que *"El Mago de Oz"*.

En su película *"Death Proof"* (2007), Quentin Tarantino hace una clara referencia al MK-Monarch, un triste guiño... No hables de él, pero muéstralo...

A primera vista, esta producción parece ser ni más ni menos que un homenaje a las viejas películas de serie B, pero incorpora algo muy explícito que no es trivial.

Pero antes hay que remontarse a una película de 1977 titulada *"Un espion de trop"* (*"Telefon"* en V.O.) que presenta a unos personajes bajo control mental del MK-Ultra que son provocados por un poema recitado durante una llamada telefónica. Tras esta llamada para sacar a relucir una personalidad alterada preprogramada, estas personas entran en un estado de trance para llevar a cabo misiones kamikaze sobre diferentes objetivos.

Aquí está el poema que se utiliza para activar los esclavos programados:

El bosque es encantador, oscuro y profundo,
Pero tengo promesas que cumplir y kilómetros que recorrer antes de dormir,
Recuerda... (nombre de la personalidad alterada), los kilómetros que hay que recorrer antes de dormir.

En su película *"Death Proof"*, Quentin Tarantino se encargó de utilizar exactamente el mismo poema. En una escena, vemos cómo un hombre se acerca a una joven y le ofrece una cerveza mientras le dice *"Salud mariposa"*, y luego comienza a recitar el mismo poema MK palabra por palabra...

Tarantino toma el poema exacto que desencadena los esclavos del MK en la película de 1977 *"Telefon"* y lo adapta a su manera en 2007. Mientras que en *"Telefon"* el poema se utiliza para desencadenar atentados suicidas con control mental, en *"Death Proof"* el poema se utiliza para desencadenar la programación Beta, la esclavización sexual de una joven. Y para confirmar que se trata de una referencia al MK-Monarca, Tarantino ha elegido la palabra *"mariposa"* como código de acceso a la alter personalidad, teniendo este poema la originalidad de variar según el alter al que se dirija... *"Recuerda 'mariposa', millas antes de dormir"*...

La siguiente escena muestra a la joven apuntada iniciando un baile erótico frente a este hombre sentado en una silla en medio de un bar. Esta mujer, que no lo conocía de antes, acaba abandonándose en sus brazos...

He aquí un fragmento de diálogo de la película de 1977 *"Telefon"*, en el que Charles Bronson se refiere directamente al proyecto MK-Ultra para crear Candidatos de Manchuria:
- Dígame, Borzov, ¿quién es el agente más secreto del mundo?
- ¿El que se las arregla para permanecer eternamente en secreto?
- Por supuesto, pero el que los supera a todos es el agente ideal, el que no sabe que es un agente.

8 - SUPERATLETAS BAJO CONTROL MENTAL

La industria del entretenimiento también incluye el deporte de alto nivel y los métodos de control mental también se aplican para entrenar a *los superatletas...* El campeón es como un soldado de élite cuya fuerza física y psíquica debe ser óptima en un mundo donde *"el espectáculo debe continuar"*, donde las actuaciones deben ser cada vez más espectaculares. El deporte de alto nivel es un verdadero negocio del espectáculo y los resultados deben sobresalir año tras año para satisfacer al público y a los patrocinadores. En este contexto, es fácil entender por qué el MK se utiliza también en el ámbito del deporte.

En su autobiografía, Cathy O'Brien relata cómo un individuo con personalidad múltiple puede tener habilidades físicas extraordinarias, especialmente en lo que respecta al sueño y al hambre. El cambio de una personalidad alterada a otra "reiniciará el reloj" de alguna manera, es decir, el reloj biológico será diferente de un alter a otro y, por lo tanto, las sensaciones de hambre y fatiga variarán según el alter que controle el cuerpo. Se trata de un fenómeno difícil de entender debido a las necesidades biológicas básicas del cuerpo físico, al igual que es difícil comprender cómo un alterado puede ser el único que siente los efectos de una droga.

Los esclavos MK pueden funcionar con muy pocas horas de sueño o con una alimentación muy limitada, lo que significa que sus mentes, sus cerebros, permanecen en un estado fácilmente controlable, fácilmente hipnotizable. Cathy O'Brien, que sigue el protocolo MK-Monarch desde su infancia, también describe que cuando se entrenaba para correr, su entrenador le inducía un trance para que no tuviera sentido del tiempo ni de la distancia. Los métodos de control mental le facilitaron deshacerse del dolor y la fatiga al instante. Este fenómeno provoca una resistencia excepcional en los sujetos de MK, ya sea en el deporte o en el ejército.

Cathy O'Brien afirma que algunos jugadores de béisbol estadounidenses están controlados por códigos de teclas y otros activadores. Según ella, los miembros del equipo *de los Dodgers* estaban bajo control mental y condicionados a ganar o perder según las apuestas y los deseos de sus propietarios. Brice Taylor afirma que el mismo equipo *de los Dodgers* (entrenado entonces por Tommy Lasorda) fue recompensado con esclavas sexuales (tanto mujeres como niños) según sus resultados deportivos...

Un hecho poco conocido es que la famosa tenista Serena Williams tiene varios alter, uno de los cuales se llama "Psycho-Serena", el alter presente en la pista de tenis, la *superatleta*. Parece que la tenista número uno del mundo ha desarrollado un trastorno de identidad disociativo. En el documental biográfico *"Venus y Serena"* (2012), revela y enumera sus diferentes alteraciones ante la cámara: *"Sí, realmente tengo diferentes personalidades y diferentes actitudes. Ahí está Psycho-Serena, siempre está en la cancha, se entrena, está en el juego, es increíble, es una superatleta. Está "Summer", ella me ayuda mucho, por ejemplo cuando tengo que escribir una carta larga o para otras cosas, es "Summer" quien lo hace. Y hay otra chica, Megan, que es una cachonda, no puedes seguirle el ritmo. También está "Taquanda", es una dura, no es cristiana (risas), es del gueto. Estuvo en el US Open en 2009* (nota del editor: el reportaje muestra entonces un clip de un partido en el que se ve a "Taquanda" insultando vulgarmente y amenazando violentamente a un recogepelotas). *En ese partido en particular, yo no estaba allí, pero recibí los comentarios."*[604]

Esta última afirmación - *"yo no estaba allí"*- significa que no recuerda esa escena de enfado porque no era "ella" la que estaba jugando ese partido del US Open, lo que demuestra que realmente hay muros amnésicos entre sus diferentes alter. Serena afirma claramente en este documental biográfico que tiene varias personalidades independientes, por lo que tendría un trastorno de identidad disociativo, algo común a los esclavos del MK.

Durante un partido en Wimbledon en julio de 2014, Serena, considerada por muchos como la mejor tenista de todos los tiempos, apareció en la pista completamente desorientada, sin saber literalmente cómo jugar al tenis o incluso cómo sujetar una pelota, una escena totalmente increíble. *Los* titulares de los periódicos decían: *"increíble incomodidad", "desorientada e incapaz de sostener una pelota", "rozando lo ridículo"*... La Federación de Tenis de Estados Unidos afirmó que la jugadora *"sufría un virus"*, sin dar más detalles... pero entonces, ¿por qué entró en la pista para hacer el ridículo de esa manera? ¿O fue el alter ego *de Psico-Serena el que* no estuvo ese día?

¿Sabías que Tiger Woods, el mejor golfista de todos los tiempos, tiene amnesia durante las competiciones y es incapaz de recordar sus mejores golpes?

Eldrick Woods es hijo de Earl Woods, antiguo coronel y boina verde de las Fuerzas Especiales en Vietnam. Eldrick recibió el apodo de "Tigre" por un soldado vietnamita que luchó junto a su padre. Tiger empezó a jugar al golf a los dos años. Apareció en *The Mike Douglas* Show en 1978, donde el pequeño demostró su swing limpio. Tiger Woods fue una estrella infantil desde muy joven, adorado por los medios de comunicación y destinado a convertirse en el mejor, del mismo modo que el cantante Michael Jackson. Un ex golfista y comentarista de la *Asociación de Golfistas Profesionales de América* (PGA) dijo que Woods fue *programado por su padre.*

De hecho, su increíble habilidad para el golf desafía la lógica, las normas y las estadísticas. Pero, ¿se debe esto sólo a la hipnosis utilizada en él? El padre de Tiger participó en operaciones psicológicas y de control de la memoria de los soldados cuando estaba en el ejército, sobre todo en Vietnam. Earl Woods

---

[604] "Venus y Serena - Descubre la verdad detrás de las leyendas" - Maiken Baird, Michelle Major, 2012.

decidió utilizar las mismas técnicas con su hijo y encargó a un psiquiatra militar, Jay Bunza, que reprogramara a Tiger como si fuera un ordenador. Bunza trabajó en un extraño proyecto para hipnotizar a Tiger antes de sus partidos de golf. En entrevistas, Tiger ha declarado que se olvida por completo de secciones enteras de ciertas competiciones. En el documental *Tiger's Prowl: His Life,* revela: *"Tengo esos momentos de desmayo, no me acuerdo. Sé que estuve allí, pero no recuerdo cómo jugué (...) Es como un trance, dejo que mi subconsciente juegue y no sé cuál será el resultado. Hay muchas tomas en las que no recuerdo nada. Sólo recuerdo haberme preparado, haber sacado el palo de la bolsa y demás, pero una vez que golpeo la pelota no recuerdo haberla visto salir... Es algo muy extraño."*

Las técnicas de Jay Bunza produjeron resultados extraordinarios, pero ¿cómo es posible que Tiger no recuerde sus tiros más maravillosos?

En 2008, el ex atleta "multifuncional" Herschel Walker reveló que padecía un trastorno de identidad disociativo. Lo explica con detalle en su libro *"Breaking Free*: My Life with Dissociative *Identity Disorder".*

Ese mismo año, la cadena estadounidense *ABC News le dedicó* un reportaje.[605] Se ha informado de que Walker es una auténtica leyenda del deporte: jugó en el equipo de fútbol americano de *los* Georgia *Bulldogs* en la década de 1980, estableció varios récords mundiales de atletismo y ganó el famoso Trofeo Heisman en 1982. Pero Walker afirma ahora que no fue *él* quien ganó el famoso trofeo en su momento. Un campeón que jugó 15 temporadas de fútbol americano, que incluso fue bailarín en el *Ballet de Fort Worth,* un hombre de negocios, una figura pública, un marido, no es ninguna de esas cosas, dice: *"Son personalidades que pueden hacer diferentes cosas por ti. En la competición, soy una persona totalmente diferente."*

Herschel Walker dice que su alter llamado *"Warrior"* se encargó de los partidos de fútbol americano soportando todo el dolor que pudiera surgir del violento contacto físico. El alter *"Héroe"* es la figura pública y mediática, mientras que el papel del alter *"Centinela"* era proteger a sus amigos y familia. En 1983 el atleta se casó con Cindy Grossman, hoy la pareja está separada y Cindy dice: *"Al principio era un comportamiento muy extraño (...) él tenía la capacidad de ocultar eso porque creo que todos los alters en su interior estaban centrados en el fútbol.* Cuando su carrera y sus competiciones terminaron, Cindy dice que el sistema subconsciente interno de su marido empezó a desquiciarse: *"Empecé a descubrir los alteradores (...) Noté los cambios en su voz, a veces se quedaba ronco y decía cosas extrañas, como si no supiera quién era yo. Me llamaba "Miss Lady". Es difícil de explicar, incluso su cara cambiaría. Lo primero que pensé fue que tenía el diablo dentro de él. No pedía necesariamente un exorcismo, sólo intentaba obtener respuestas (...) Creo que tiene muchos altercados, pero no sé cuántos, no puedo decirlo, pero he conocido a varios."*

Cuando su carrera deportiva terminó, Walker cuenta cómo sus alter personalidades empezaron a tomar el control de forma anárquica. A partir de ese

[605] Herschel Walker: "Dile al mundo mi verdad" - Bob Woodruff, *ABC News,* 2008.

635 |

momento comenzó a desarrollar una fascinación morbosa por las armas y la muerte. Escribe en su libro: *"El placer visceral que me produce ver el impacto y luego el rociado de sangre del cerebro es como los fuegos artificiales.* Ha estado a punto de asesinar con una pistola varias veces, incluso contra su mujer: *"Me puso la pistola en la cabeza y me dijo: Te voy a volar los sesos".* Debí de tener la fuerza de Dios en ese momento porque le miré a los ojos y le dije: 'Adelante, aprieta el gatillo, yo sé a dónde voy, pero ¿tú sabes a dónde vas? Había alguien fundamentalmente equivocado frente a mí."*

Walker nunca ha negado haber amenazado a su mujer de esta manera, pero dice que no lo recuerda. Durante una sesión de terapia con su esposa, el Dr. Jerry Mungadze, su terapeuta, dijo que vio surgir una alter personalidad totalmente enfurecida que literalmente quería matar a todos los presentes. El Dr. Mungadze informa: *"Sus ojos cambiaron. Los ojos que surgieron no se preocuparon por mí, y cuando dijo que iba a matarme, le creí de inmediato... No era Herschel, era un alter ego enfurecido.* Finalmente, ese día, Walker desvió su ira haciendo un agujero en la puerta del armario, y entonces surgió otro altercado, esta vez un chico joven: *"Tenía un dolor terrible porque acababa de romperse la mano."* Herschel tampoco recuerda esta escena violenta, pero deja claro que tiene que lidiar con todas estas cosas y que su enfermedad no es una excusa para la violencia. Después de 8 años de terapia, sin ninguna medicación, tiene mucho más control sobre sus personalidades alteradas.

CAPÍTULO 10

PROPAGANDA Y TÉCNICAS OFENSIVAS Y DEFENSIVAS DE LA RED

Los delitos contra los niños prosperan gracias a una conspiración de silencio e intimidación. Esperamos que algún día los pedófilos sean detenidos y procesados. Pero, ¿qué se puede hacer cuando esos mismos delincuentes tienen el control del sistema judicial? Injusticia holandesa: cuando los traficantes de niños gobiernan una nación. Injusticia holandesa: cuando los traficantes de niños gobiernan una nación, 2012)

Qué desgracia para aquellas personas que actúan en secreto para ocultar sus planes al Señor. Preparan sus asuntos en la sombra. Dicen: ¿Quién puede vernos? ¿Quién sabe lo que estamos haciendo? - Isaías 29:15

Bienaventurados los que tienen hambre y sed de justicia, porque serán saciados. - Mateo 5:6

1 - REDES ELÉCTRICAS

Definamos primero la palabra "red". Es un término derivado de la palabra latina *"retis"*, plural *"retes"*, *"rets"*, que significa *"red"*. El término *"rets"*, utilizado casi siempre en plural, significaba una red para capturar aves, peces o caza. En sentido figurado, significaba un artificio por el que se apodera de alguien o de su mente. En términos científicos, es un conjunto de puntos que se comunican entre sí.

La palabra "red" se define actualmente, entre otras cosas, como

- Un conjunto organizado cuyos elementos, dependientes de un centro, están distribuidos en varios puntos.

- Una organización clandestina cuyos miembros trabajan en contacto entre sí.

Las redes son una agrupación de entidades (individuos, asociaciones, organizaciones diversas, etc.) que están conectadas entre sí. Las redes se despliegan en muchos ámbitos: la política, la judicatura, los medios de comunicación, la religión, el ámbito científico y médico, el asociacionismo, el deporte, etc. El objetivo de estas redes es reunir al máximo número de personas y crear puentes de una red a otra. Estas redes pueden ser más o menos aparentes e incluso estar totalmente ocultas. Este sistema de funcionamiento no es en sí mismo algo negativo, y suele ser muy eficaz. Sin embargo, vivimos en una época en la que las redes elitistas se utilizan simplemente para esclavizar a una masa de seres humanos en la base de una gran jerarquía piramidal. Las conexiones entre estas diferentes redes, como la masonería (las diversas logias luciferinas), las organizaciones mafiosas y ciertas comunidades sectarias y religiosas, están a la cabeza de lo que puede llamarse una "meta-red" que parece estructurar nuestra sociedad actual. Una meta-red organizada para controlar y manipular la sociedad a todos los niveles, de manera global, para establecer un *Nuevo Orden Mundial*, el reino del "dios civilizador y liberador": Lucifer.

La masonería es una de las organizaciones que ha construido la red más poderosa y extensa. En efecto, sus miembros están presentes en todos los continentes y en todos los ámbitos, incluidos los círculos más influyentes: política, justicia, ayuda humanitaria, inteligencia, medios de comunicación, educación, sanidad, policía, etc. La masonería forma actualmente una especie de estructura de nuestra sociedad, una malla que pasa por los bancos, la administración pública (impuestos, seguridad social, etc.) hasta la educación nacional y los tribunales (dos puntos esenciales). Funciona como una correa de transmisión que se encarga de transmitir la información de una sección a otra cuando es necesario. Se trata, por tanto, de una red que atraviesa toda la sociedad, con múltiples ramificaciones y peones que pueden moverse en función de las cuestiones en juego.

Una de las características de estas sociedades secretas, pero también de los servicios de inteligencia y de los proyectos gubernamentales clasificados, es mantener una compartimentación de la información dentro de la red. De hecho, cada individuo de la red sólo recibe lo que es *"bueno saber"*, es decir, sólo tendrá acceso a lo que necesita saber para hacer su *trabajo*. Permanecen totalmente ajenos a la globalidad del proyecto o proyectos, recibiendo sólo lo estrictamente necesario en términos de información para el trabajo que están realizando a su nivel. Así es como describe Mark Phillips esta noción de compartimentación sistemática de la información: "De hecho, la "necesidad de saber" es una frase utilizada oficialmente por la CIA y otras agencias del "alfabeto" como el FBI, la NSA y la DIA. Básicamente, significa que sólo se le dice lo que "necesita saber" para llevar a cabo su parte de una operación sin que sea plenamente consciente de para qué está trabajando. En mi caso, creía que el gobierno estaba desarrollando el control mental para librar a la sociedad de la delincuencia y las enfermedades mentales. Nadie consideró necesario decirme que el propósito era realmente controlar a la población, crear las máquinas de guerra sobrehumanas de las "Fuerzas Especiales" o utilizarlas para torturar y brutalizar a personas inocentes (...) No tenía ni idea de nada de esto. Estaba concentrado en "mi parte" y entusiasmado con las perspectivas, y no se me ocurrió ni por un momento que podría estar contribuyendo a la mayor amenaza a la que se ha enfrentado la humanidad."[606]

---

[606] *Por motivos de seguridad nacional* - Cathy O'Brien & Mark Phillips, 2015, p.186.

Frente a estas redes, en particular las masónicas, es difícil establecer una noción de contrapoder, ya que los miembros (los *hermanos)* están sistemáticamente presentes en cada organización y en cada partido político llamado opositor... Todo ello sabiendo que todos han jurado servir a los mismos intereses ocultos (los del GADLU, el *Gran Arquitecto del Universo*) y cubrirse sistemáticamente en caso de problemas. No importa el partido político ni la gravedad de los delitos de los que se les incrimine, el juramento de lealtad a un "hermano" siempre es lo primero... No se puede hablar, por tanto, de independencia y neutralidad en lo que respecta a la justicia francesa, hoy totalmente infiltrada por la red masónica. Los masones se hacen sistemáticamente favores entre ellos, un "hermano" de la logia siempre estará antes que un lego, por lo que estamos ante una especie de conflicto de intereses masónico generalizado, extremadamente dañino para nuestra sociedad y para el buen funcionamiento de una verdadera justicia que se supone que se imparte en nombre del pueblo. Cuando asumen sus funciones, cada magistrado y cada abogado juran impartir justicia con equidad a todos los ciudadanos. La pregunta que se plantea hoy es la siguiente: ¿el juramento masónico, esa solidaridad sistemática entre "hermanos", no obstaculiza la manifestación de la verdad en muchos procesos judiciales? Cabe señalar que Italia e Inglaterra obligan a los profesionales del derecho a declarar su pertenencia a cualquier obediencia masónica, lo que lamentablemente no ocurre en Francia.

Los miembros de las redes ocultas también pueden manipularse mutuamente por diversos intereses. La técnica del "retorno del ascensor" permite responsabilizar a las personas a las que uno ha "hecho un favor" en el momento oportuno. La información comprometedora que contienen los archivos pesados también permite mantener una presión y un chantaje constantes sobre los miembros de la red. Los archivos pueden incluso incluir trampas reales (como fotos o vídeos tomados durante una situación sexual en la que se introducen niños) para mantener un chantaje y control constantes sobre la persona. Como dice el refrán: *"todos se agarran por los pelos"*, *por no* decir por los c..... Los miembros de la red están condicionados a obedecer y callar, ya que suelen estar todos involucrados en negocios sucios. Muchos sufren trastornos disociativos relacionados con su primera infancia, lo que les lleva a perpetuar actos despreciables, lo que refuerza los registros que sirven para controlarlos y mantenerlos en silencio. Es un círculo vicioso en el que reina la ley del silencio.

El tráfico de influencias de estas redes es especialmente virulento en la judicatura, y con razón... Hubert Delompré, administrador del sitio deni-justice.net, denuncia, por ejemplo, los signos masónicos insertados en ciertas cartas que circulan entre los magistrados. Estos signos (denominados triponctuación) indican al destinatario que lee la carta que debe prestar especial atención al párrafo situado entre dos de estos signos. Esto significa que el contenido es vinculante para todos los "hermanos" y que deben hacer todo lo posible para que el mensaje tenga éxito, esté o no justificado el juicio. Esto es lo que se conoce como tráfico de influencias y cuando las cartas contienen este tipo de signos, el juicio siempre acaba en una condena contra el lego. Chantal Arnaud (ardechejustice.fr) habla en estos casos de *"sentencias masónicas"*, es decir, de informaciones y acusaciones falsas por parte de los propios jueces, que se toman la libertad de escribir cualquier cosa. Según ella, estas prácticas, relativas a ciertos magistrados, pueden ser atacadas por falsificación, ya que las manipulaciones son tan flagrantes. Estas malas prácticas llegan incluso a hacer desaparecer ciertos documentos del expediente como prueba. Realmente hay aberraciones en las sentencias que se dictan en nombre del pueblo sin que nadie pueda reaccionar, ya que todo esto ocurre en los tribunales, muchas veces a puerta cerrada... y por los propios magistrados. La dificultad de estas vergonzosas sentencias es que se imponen de facto, ya que la magistratura encarna "la ley". Por lo tanto, es muy difícil para un ciudadano de a pie contrarrestar estas acciones de un sistema judicial que impone una apisonadora casi inexpugnable, intimidatoria y amenazante. El término generalmente utilizado por los medios de comunicación para suavizar estas aberraciones es: *"disfunción judicial"*... No se trata de disfunciones sino de una organización que no deja lugar al más mínimo error...

Este mundo de la justicia es un mundo corporativista donde secretarios, alguaciles, abogados, jueces, fiscales, comen juntos, salen juntos y se casan entre ellos... Este mismo funcionamiento lo encontramos en el mundo político y periodístico. Así que todos se protegen, es una especie de casta por encima del pueblo. La estructura piramidal de la sociedad no es algo nuevo, pero el problema es el tráfico de influencias y los conflictos de intereses que asolan la sociedad, ya sea a nivel jurídico, mediático, político o farmacéutico... Cuando el sistema judicial abusa claramente de su poder, es hora de dar la alarma. Todas las decisiones judiciales se dictan en nombre del pueblo francés, por lo que las *"disfunciones"* y otros *"errores"* judiciales deben ser juzgados a su vez por el pueblo francés para condenar y destituir a estos magistrados que abusan de su poder. Algunos llaman a este sistema de corrupción: *"La República de los Amigos"*; pero ¿deberíamos decir *"La República de los Hermanos"*?

Lo perverso de estas redes es el secreto con mayúsculas, es una jerarquía paralela, un poder invisible. En el documental de France 5 *"Grand-Orient: les frères invisibles de la république"*, el francmasón Alain Bauer declara sin tapujos ante una cámara que *"lo que se estudia en una logia el lunes se convierte en una propuesta de ley el viernes y en una ley la semana siguiente, el proceso, aunque lo acelere por el bien del tema, es extremadamente rápido porque todo es lineal"*.

Fred Zeller, que fue jefe del Gran Oriente de Francia de 1971 a 1973, declaró: "La influencia de la masonería es quizá más importante que bajo la tercera o cuarta república, se sitúa en otro nivel. No hay asociación, agrupación o sindicato en el que no se encuentren masones y en los más eminentes puestos de responsabilidad. (Archivo de vídeos de INA.fr)

2 - FUNCIONAMIENTO DE LA RED CUANDO UN PADRE PROTECTOR DA LA ALARMA

Los numerosos casos relacionados con la pedofilia han ayudado a determinar cómo trabaja la Red para encubrir sistemáticamente el caso y, finalmente, recuperar al niño o niños que están en el centro del caso.

Todo comienza con una denuncia presentada por el progenitor protector (normalmente la madre, que sigue confiando plenamente en el sistema judicial de su país) que descubre que su hijo o hijos están siendo víctimas de abusos sexuales por parte del padre (o de otros miembros de la familia). A partir de ahí, se identifica a esta familia y se suele archivar la primera denuncia sin más, pero en Francia esto suele llevar a la colocación del niño en la ASE (Aide Sociale à l'Enfance). El juez, ignorando totalmente las pruebas de maltrato que el padre protector aporta en su expediente, colocará al niño en un hogar. Según el informe del comité del CEDIF sobre la protección de la infancia: *"El alejamiento de los niños de sus familias se ha convertido en un verdadero fenómeno social en Francia. Por otro lado, los escándalos poco publicitados en torno a los internamientos involuntarios también demuestran que los servicios sociales pueden convertirse en el instrumento de la desgracia de los niños, mediante intervenciones torpes y a veces malintencionadas. Además, como reconoce el Sr. Pierre Naves, Inspector General de Asuntos Sociales, la mitad de las colocaciones decididas no están justificadas."*

Algunas fuentes afirman que los consejos generales reciben varios miles de euros al mes de nuestros impuestos por cada niño acogido por la ASE. En Francia, las colocaciones abusivas no dejan de aumentar... ¿por qué razón?

Como vimos en el capítulo 7, los niños acogidos son objetivos ideales para la red, especialmente los que padecen trastornos disociativos como consecuencia de abusos sexuales. Son las víctimas de segunda clase, no están destinadas a puestos de élite. El padre protector es ignorado, o incluso privado de sus derechos hacia el niño, porque los *"peritajes psicológicos"*, realizados por miembros de la red, servirán para desvalorizar su palabra. Si el padre insiste volviéndose demasiado virulento (sobre todo si está aislado socialmente), puede ser sometido a un internamiento psiquiátrico abusivo, permitiendo así que su salud mental se arruine por el tratamiento químico de choque (véase el caso de Patricia Poupard). Todas estas decisiones arbitrarias pasan por los tribunales, que como hemos visto están gangrenados. Si el maltratador no forma ya parte de la "familia", se llegará a un acuerdo con él: a cambio de la inmunidad, tendrá que "prestar" a su hijo a la red. Todo este proceso se ve amparado por las sucesivas intervenciones de diversos "pararrayos" (servicios sociales, pseudoasociaciones de protección de la infancia, abogados sinvergüenzas, etc.) cuya función es canalizar el caso para que se suprima y no se convierta en una amenaza para la red (la noción de "pararrayos" se definirá más adelante).

Se puede ver que estos métodos para aislar al niño del progenitor protector y, en general, acabar con el niño en manos del progenitor maltratador, funcionan perfectamente gracias a un sistema de red, una máquina bien engrasada, cuyos miembros están todos conectados y conocen perfectamente las medidas a tomar en los casos de delitos de pederastia. De hecho, el proceso es siempre el mismo, el objetivo es primero conseguir el padre protector:

- Se arruina por el costo de los procedimientos interminables, para gran alegría de los abogados involucrados.

- Aislado, es visto como un loco y un mal padre... y cuando la red masónica se involucra, se encuentra en situaciones en las que incluso la administración parece perjudicarle a todos los niveles. Se pone en marcha una forma más o menos sutil de acoso social.

A continuación se presenta una visión general de lo que se ha encontrado en los casos de abuso infantil (a través de la repetición sistemática de los protocolos):

- No se realiza ninguna investigación seria para verificar las acusaciones del niño (la denuncia suele desestimarse).

- No hay protección para las víctimas y los padres que denuncian los abusos.

- No hay un examen médico apropiado del niño (incluyendo una resonancia magnética del tracto inferior o una anoscopia).

- La palabra del niño negada sistemáticamente. El asunto Outreau se utiliza ahora sistemáticamente para afirmar que no se puede confiar en la palabra de los niños: véase el libro del periodista Jacques Thomet *Retour à Outreau: contre-enquête sur une manipulation pédocriminelle*.

- No hay estadísticas sobre la violación (y desaparición) de menores. De hecho, este tema parece tan tabú que no se dispone de cifras sobre el número de niños violados, el número de condenas y el número de casos que han sido desestimados.

- Silencio total de los medios de comunicación sobre el tema tan sensible de los casos de abuso de menores.

3 - LA ESTRATEGIA DEL PARARRAYOS

En su libro *"L'affaire Vincent: au cœur du terrorisme d'état"* (2010), el activista francés Christian "Stan" Maillaud, ex-gendarme, describe una técnica que denomina *"estrategia del pararrayos"*. Es un método de infiltración para recuperar y canalizar archivos sensibles con el fin de encubrirlos. Así es como Stan Maillaud define estos métodos:

La "estrategia del pararrayos" es sencilla, prácticamente imparable, y se emplea sistemáticamente en los casos de delitos de pederastia, o en cualquier caso que pueda alterar el orden de la delincuencia organizada (ed. nota: la Red).

Consiste en el establecimiento de una farsa ingeniosa cuyo objetivo es interferir en cualquier defensa, ya sea jurídica, comunicativa o de otro tipo, que emprendan o puedan emprender las víctimas o sus familiares. Las acciones en cuestión deben entonces canalizarse y dirigirse, al igual que la atención y el debate público, en una dirección que no amenace profundamente los intereses del crimen organizado. El terreno preferido en el que el crimen organizado quiere confinar a las víctimas y a sus familias es, obviamente, su farsa judicial extendida por nuestras sociedades pervertidas.

Así, el "pararrayos" suele ser en forma de auxiliares de la justicia, pero también de asociaciones, siendo la combinación de ambas la más eficaz para la delincuencia organizada. En cuanto a estas asociaciones, u otras organizaciones cívicas, existen, por un lado, las que han sido creadas de la nada por el crimen organizado -como la famosa "Child Focus", una supuesta asociación contra la delincuencia pedófila patrocinada por el "propio" rey belga- y, por otro lado, las que tienen un origen sincero pero que se ven rápidamente infiltradas por verdaderos agentes del crimen organizado.

El objetivo de las operaciones es entonces sobresalir en la ilusión, para engañar a todas las víctimas y familiares de las víctimas, así como al público en general, y atraer a su red al mayor número posible de víctimas en busca de la ayuda que les es negada por la farsa judicial y política.

Y cuando se trata de ilusionismo, los impostores sólo tienen una opción de procedimientos, dominar las reglas del campo de juego amañado, y no tener más estados de ánimo o sentido moral que los criminales a los que sirven y protegen. Así es común ver las imposturas de las asociaciones cometidas en ceremonias o galas benéficas donde el champán -¡de Rothschild! - Los pasteles y los petits fours agasajan generosamente a asambleas enteras de notables adinerados, más bien como las manifestaciones que pretenden combatir la pobreza y el hambre en el mundo. Con las subvenciones que fluyen como el agua para estas asociaciones, estas pomposas fiestas son de rigor en la más espesa obscenidad y cinismo (...)

En lo que respecta a los funcionarios de los tribunales, en el contexto en el que nos encontramos hoy, su profesión es en esencia una perfecta farsa, al igual que la judicatura en general. Porque para no arriesgarse a ser inhabilitado, ningún abogado se aventura a afrontar en profundidad los excesos delictivos de una institución a la que, por otra parte, está sometido, sino que de hecho se limita a tratar sólo los síntomas. Cada abogado es sólo una pieza del tablero de ajedrez amañado y lo sabe, una pieza "maestra", sin la cual ya no sería abogado. Porque un buen abogado, en nuestro contexto real de impostura judicial y social, es un abogado "muerto", es decir, que ha caído en desgracia con la institución y no sobrevivirá mucho tiempo por falta de clientes; o un abogado inhabilitado o a punto de serlo, o un abogado que renuncia valientemente a su sombrero.

Por supuesto, lo mismo ocurre con cualquier magistrado, pero aquí sólo estoy tratando la estrategia de los pararrayos, es el auxiliar servil de la justicia el que está en el punto de mira, porque aparte del hecho que acabo de plantear, sobre la profunda deshonestidad de tal profesión en el estado actual de nuestra institución judicial y de nuestra sociedad, hay que temer la propensión que los abogados tienen voluntariamente a servir de pararrayos para su defensa. Muchos están acostumbrados a este tipo de maniobras, en las que una oscura negociación con la parte contraria, con un fiscal o un presidente de tribunal, interviene a tus espaldas para definir el resultado de tu caso. El crédulo cliente, la mayoría de las veces, no ve que lo están engañando, y es víctima de las ilusiones de una verdadera obra de teatro en la que su asistente legal se desborda con efectos melodramáticos para hacerle creer que defiende ferozmente su causa...

4 - EL "SÍNDROME DE LA FALSA MEMORIA" Y SÍNDROME DE "ALIENACIÓN PARENTAL"

El síndrome de la falsa memoria es una teoría según la cual la memoria puede ser fabricada o "contaminada" por recuerdos ilusorios. Esta teoría, inventada por el antiguo pastor luterano Ralph Underwager, suele utilizarse para defender a los padres acusados de incesto. Muchos terapeutas han sido demandados por implantar falsos recuerdos en sus pacientes, convirtiéndose así en los agresores en lugar de los abusadores. En la mayoría de los casos, se trata de un ataque a la palabra de la víctima adulta cuando recuerda los abusos sexuales sufridos durante la infancia. Este *"síndrome de la falsa memoria"* no es un diagnóstico reconocido, ni por la Asociación Americana de Psiquiatría ni por la OMS (Organización Mundial de la Salud). El término "síndrome" es completamente inapropiado porque esta teoría no describe ningún conjunto de síntomas que pueda utilizarse para establecer un diagnóstico real. Sin embargo, aún hoy, los "expertos en falsos recuerdos" acuden a los tribunales para desacreditar la palabra de las víctimas. Richard J. Lowenstein (presidente de la *Sociedad Internacional para el Estudio de la Disociación*) declaró en 1992: *"No conozco ninguna investigación o descripción clínica que valide empíricamente la existencia de dicho síntoma. El síndrome de falsa memoria es un síndrome sin signos ni síntomas (las características definitorias de un síndrome)".*

En una entrevista concedida a la revista holandesa de pedofilia *"Paidika: The Journal of Paedophilia"* sobre el tema de "amar a los niños", el Dr. Ralph Underwager invitaba claramente a los pedófilos a afirmar con orgullo sus opciones sexuales: *"Los pedófilos pierden mucho tiempo y energía defendiendo su elección. No creo que un pedófilo tenga que hacer eso. Los pedófilos pueden defender con orgullo y valentía su elección. Pueden decir que lo que quieren es encontrar la mejor manera de amar. También soy teólogo y como tal creo que es la voluntad de Dios que haya cercanía, intimidad y unidad de la carne, entre las personas. Un pedófilo puede decir: 'Esta cercanía también es posible para mí según la elección que he hecho. (...) Lo que creo es que los pedófilos pueden decir que la búsqueda de intimidad y amor es su elección. Pueden declarar con valentía: "Creo que esto es, de hecho, parte de la voluntad de Dios"."*[607]

Ralph Underwager, antiguo director del *Instituto de Terapias Psicológicas* de Minesota (EE.UU.), era llamado regularmente a declarar ante los tribunales, donde atacaba sistemáticamente la credibilidad de las personas que hacían acusaciones de abusos sexuales. En 1993, acudió a declarar a Francia, en Aix en Provence, para defender a los miembros de la secta *"La Famille"* (ex *Hijos de Dios*) que estaban siendo investigados por *"proxenetismo agravado, violencia voluntaria contra menores, secuestro y corrupción de menores"*. Los 22 miembros de la secta fueron absueltos en parte gracias a Underwager.

Ralph Underwager es el fundador oficial de la *Fundación del Síndrome de la Falsa Memoria*. Esta fundación, que no es una organización científica competente en el ámbito de la psiquiatría, recibe regularmente solicitudes de asistencia en casos de pedofilia que implican recuerdos traumáticos,

---

[607] Joseph Geraci: Hollida Wakefield y Ralph Underwager - *Padaika: Journal of Paedophilia*, Vol.3, N°1, 1993.

especialmente los relacionados con abusos rituales satánicos. Cuando Underwager y otros miembros fundadores de la *FMSF fueron* acusados ellos mismos de pederastia, Underwager se vio rápidamente obligado a dimitir y fue sustituido por Pamela Freyd, que afirma ser víctima de las falsas acusaciones de abuso sexual que su hija, Jennifer J. Frey, hace contra ella y su marido. Su hija, profesora de psicología en la Universidad de Oregón, acusó públicamente a sus padres en una conferencia titulada *"Controversias en torno a los recuerdos recuperados de* incesto *y abuso ritualista"*. Conferencia pronunciada en agosto de 1993 en Ann Arbor, Michigan (EE.UU.). La madre recurrió entonces al psiquiatra Harold Lief (miembro de la junta directiva *de la FMSF*) para que diagnosticara el "trastorno" de su hija: según este psiquiatra, las parejas heterosexuales no violan a sus hijos y los recuerdos reprimidos de los abusos sexuales no existen, por lo que el caso está cerrado...

En 1995, en una conferencia de terapeutas agrupados en la *Sociedad para la Investigación, el Tratamiento y la Prevención del Abuso Ritual y de Cultos*, Walter Bowart (autor *del* libro *Operación Control Mental*) declaró que la *FMSF*, toda esa gente que trabaja para hacer pasar los recuerdos traumáticos y disociativos por *"falsos recuerdos"*, fue una creación de la CIA diseñada para desacreditar y desinformar a la comunidad de la salud mental, y que sirvió principalmente para silenciar a las víctimas de los experimentos de control mental del gobierno.

En el mundo francófono, esta teoría del síndrome de la falsa memoria es promulgada principalmente por Hubert Van Gijseghem y Paul Bensoussan. Estos *"expertos"* intervienen en numerosos casos judiciales para exponer esta teoría a magistrados, policías o trabajadores sociales. Van Gijseghem utiliza regularmente el *"síndrome de alienación parental"* (PAS) para defender a los padres acusados de abusos sexuales... Otro *"síndrome"* sin base científica, inventado por el pedófilo Richard Gardner. De hecho, para Gardner, las actividades sexuales entre adultos y niños forman parte del repertorio natural de la actividad sexual humana. Incluso cree que la pedofilia puede mejorar la supervivencia de la especie humana al servir a *"fines procreativos"*. Según él: *"La pedofilia ha sido considerada la norma por una gran mayoría de personas a lo largo de la historia del mundo (...) es una práctica extendida y aceptada por, literalmente, miles de millones de personas"*. Gardner cree que los niños tienen un comportamiento sexual espontáneo y pueden iniciar encuentros sexuales *"seduciendo"* al adulto.[608]

Richard Gardner define el Síndrome de Alienación Parental: el SAF es un trastorno específico de los niños, que se produce casi exclusivamente en las disputas por la custodia, en el que uno de los progenitores (normalmente la madre) condiciona al niño a odiar al otro progenitor (normalmente el padre). Los hijos suelen ponerse del lado del progenitor que realiza este condicionamiento, creando su propia cábala contra el padre.

---

[608] *Acusaciones verdaderas y falsas de abusos sexuales a menores* - Richard Gardner, 1992.

Esto significa culpar a la madre de cualquier problema en la relación del padre con el niño, con el objetivo de remediarlo aumentando el contacto del niño con el padre y reduciendo el contacto con la madre. Todo esto viene obviamente impuesto por las decisiones judiciales. Esta es una de las razones por las que en los casos de maltrato infantil, el padre protector que denuncia el maltrato se ve desbordado por los tribunales y se le retira la custodia de su hijo, que pasa automáticamente a manos del presunto maltratador.

Sherry Quick, abogada y presidenta de la *Coalición Americana para la Concienciación sobre el Abuso* (ACAA), informa de que los jueces "tienden a creer sistemáticamente" a los expertos designados por los tribunales cuando dicen que la madre fabricó las acusaciones de abuso infantil y luego "lavó el cerebro" del niño para que creyera en el abuso con el fin de vengarse del ex marido... Si la madre persiste en sus pretensiones, se la percibe como obsesiva e inestable y puede llegar a ser internada en un hospital psiquiátrico, mientras que la custodia de los hijos será otorgada al padre...

En resumen, la teoría PAS de Gardner y sus diversas escalas para distinguir entre informes verdaderos y falsos de abuso sexual infantil no se basan en la ciencia y no han sido reconocidas por la mayoría de los expertos en abuso infantil. En lugar de someter sus teorías a una evaluación científica, Gardner publica la mayoría de sus trabajos a través de su propia editorial o en revistas no científicas. Dado que las teorías de Gardner se basan en sus propias observaciones clínicas -no en datos científicos-, deben interpretarse en el contexto de sus atípicas opiniones sobre la pedofilia y de lo que él llama el clima de histeria que rodea a los casos de abuso sexual infantil. Las teorías de Gardner se basan en su presunción de que no hay nada intrínsecamente malo en las relaciones sexuales entre un niño y un adulto, y en su creencia de que hay una epidemia de falsas acusaciones de abuso sexual hechas por esposas vengativas en disputas por la custodia. Gardner persiste en estas creencias a pesar de la gran cantidad de pruebas clínicas y experimentales que demuestran lo contrario. Esto no quiere decir que tales alegaciones sean siempre exactas o que los padres nunca intenten manipular a sus hijos en las disputas por la custodia. Sin embargo, todas las pericias psicológicas de las que dependa la seguridad de un niño deben someterse a pruebas empíricas. Cuando una teoría es incapaz de evolucionar y mejorar en respuesta a los descubrimientos de la investigación, abandona el ámbito de la ciencia por el de la ideología y el dogma. Teniendo en cuenta los daños que sufren los niños y sus familias en este ámbito, los profesionales del derecho y de la salud mental deben cuestionar constantemente sus conocimientos para garantizar que las decisiones sobre la custodia se basen en la mejor ciencia disponible, y no en opiniones infundadas, prejuicios o ideologías.[609]

Volvamos a Hubert Van Gijseghem... Fue llamado como "experto" en el tercer juicio de Outreau que tuvo lugar en Rennes en mayo de 2015. Las

---

[609] *¿Tiene el síndrome de alienación parental una base empírica? Una revisión crítica de las teorías y opiniones de R. Gardner* - Stephanie J. Dallam, RN, MScN, médico de atención familiar y trabajador jurídico.

audiencias eran públicas, por lo que muchas personas pudieron asistir a su intervención y denunciar los hechos. Este adepto de la teoría de los "falsos recuerdos" y del SAP ("alienación parental") explicó entonces al bar el mejor medio, según él, de recoger la palabra del niño para que sea lo más fiable posible. Subrayó el hecho de que cuanto más se interrogue al niño *"fuera del marco"*, más se *"contaminará"* su testimonio... Según él, un testimonio recogido por los padres, por los asistentes de la guardería, por un profesor, pero también por las asociaciones de ayuda a la infancia o por un psicólogo no tiene ningún valor y debe evitarse a toda costa... También prohíbe lugares como la casa, el dormitorio o la escuela para escuchar al niño para no establecer un vínculo de familiaridad... Recomienda que el niño sólo sea escuchado en una comisaría, en una única audiencia durante la cual el niño debe sentirse presionado para decir la verdad, *"aquí hay que decir la verdad, el niño tiene que estar impresionado"*, dijo Van Gijseghem, al tiempo que recomendó que los padres no estén presentes durante esta audiencia.

También recomienda que se excluya al padre protector o a cualquier otra persona que pudiera tomar un testimonio perturbador (para la red), ya que éste quedaría automáticamente *"contaminado"* por la interacción del niño con los demás. Según las declaraciones de Van Gijseghem, que se cuida de excluir a cualquier actor ajeno a las instituciones que pudiera escuchar el testimonio del niño, éste tiene que ir él mismo a la comisaría para ser entrevistado una vez por un desconocido... Además, advierte del peligro de utilizar dibujos, juguetes, muñecos o planos para que el niño exprese sus experiencias traumáticas, alegando que la *"investigación científica"* invalida todo esto.

Durante su testimonio en el tribunal, Van Gijseghem utilizará repetidamente el término *"investigación científica frente al hombre de la calle"*, como el flamante estandarte del "experto" que es. ¿Pero de qué investigación científica habla exactamente? No lo sabremos en este tribunal. Van Gijseghem no supo responder al Sr. Forster (abogado de la parte civil) cuando éste le preguntó el título de su tesis doctoral de la que no había encontrado rastro... Forster también le enfrentó a toda una serie de estudios e investigaciones contradictorias en relación con sus frívolas teorías sobre la recogida de la palabra del niño y los falsos recuerdos. Ante estas contradicciones, Van Gijseghem no tuvo nada que decir y guardó silencio, ya que el trabajo de este hombre es realmente muy controvertido en los círculos de la psicología infantil.

Van Gijseghem explicó que los padres, los profesores y los terapeutas tienen que estar totalmente excluidos para validar correctamente la palabra del niño. Dijo: *"Existe el riesgo de que el niño acabe diciendo tonterías... El niño empezará a contar cuentos de hadas, rituales satánicos, sacrificios, canibalismo, etc... mitos que no sabemos de dónde vienen..."* Van Gijseghem desacredita así todo lo relacionado con los abusos rituales traumáticos, invalidando estos testimonios por el hecho de que el niño *se escapa* porque su memoria ha sido *contaminada* por los adultos: se trata pues de falsos recuerdos, el caso está cerrado, no tiene sentido investigar...

Van Gijseghem también afirma que una historia verdadera tenderá a disminuir en detalles, mientras que una historia falsa se volverá más y más detallada con el tiempo, pero de nuevo no elabora sobre la investigación y las fuentes detrás de estas afirmaciones. Sin embargo, los recuerdos traumáticos pueden resurgir con el tiempo con un detalle sensorial cada vez mayor, lo que hace que el testimonio sea cada vez más completo. Pero según él: *"los recuerdos reprimidos son el resultado de una reconstrucción no realizada, la persona rellena los huecos con recuerdos falsos."*

Pero si hay *"agujeros"*, es porque hay amnesia traumática, y la amnesia traumática significa recuerdos ocultos que pueden ir más atrás en el tiempo. Se trata de fracciones de recuerdos que hay que reconstituir como un rompecabezas para integrarlos y verbalizarlos dentro de un marco cronológico: éste es el reto de los testimonios de los supervivientes, que son atacados precisamente porque no pueden dar cuenta precisa y cronológica de los hechos. Así es como los supervivientes que sufren trastornos disociativos graves se encuentran totalmente desacreditados, por desgracia...

Es clásico en este tipo de casos plantear el estado psicológico de la víctima disociada para desacreditar su testimonio. El diagnóstico de trastornos disociativos debería ser, por el contrario, una prueba más en el expediente para apoyar el hecho de que la víctima ha experimentado efectivamente un trauma severo, o incluso el control mental en el caso de un trastorno de identidad disociativo. Lógicamente, ante trastornos disociativos graves (como consecuencia de un traumatismo severo), la investigación debería ser más exhaustiva y no descartar...

Durante el juicio, Van Gijseghem admitió claramente ante el presidente del tribunal que no era competente en ciencias neurobiológicas ni en psicotraumatología, aunque son precisamente estas áreas de investigación las que permiten comprender el funcionamiento de los recuerdos traumáticos vinculados a los estados disociativos.

Hoy en día nos encontramos con una situación en la que la judicatura parece desconocer totalmente la psicotraumatología, y la magistratura no parece querer actualizarse en estos conocimientos que, sin embargo, son imprescindibles para entender y tratar correctamente los casos de maltrato infantil. Parece que todo lo que esté remotamente relacionado con los trastornos disociativos y los recuerdos traumáticos no debería tener ningún crédito en los casos de abuso sexual infantil. Se hace todo lo posible para sofocar y desacreditar este campo de investigación, especialmente cuando estas cuestiones se plantean en un tribunal penal... Lo último que necesitamos es abrir la caja de Pandora en medio de un tribunal.

Por lo tanto, existe una guerra de la comunicación, o más bien una *"guerra de la memoria"*, con respecto a la investigación científica que nos permite entender cómo funciona el cerebro ante el trauma. En consecuencia, se está produciendo una desinformación y ocultación de información para evitar que estos estudios se difundan ampliamente y se enseñen en las facultades de medicina, lo que podría acabar pesando en los tribunales (véase la conclusión del capítulo 5).

Por lo tanto, el tratamiento de las víctimas con vistas a su recuperación se ve afectado por toda esta "negligencia" institucional. Esto es lo que dijo la psicotraumatóloga Muriel Salmona sobre este tema: *"El problema de los poderes públicos es que por un lado luchan contra la violencia, han aprobado leyes recientes, como la ley de incesto en febrero de 2010; pero normalmente estas leyes deberían haber incluido la información y la formación de los médicos, porque los médicos no están formados en todas las nuevas investigaciones y todos los nuevos conocimientos que tenemos. También habría que crear centros de atención, es decir, deberíamos poder acoger a las víctimas, ¡pero no se hace nada! Y aquí, necesitamos absolutamente una gran voluntad política para poder atender a las víctimas. Atender a las víctimas significa realmente evitar el sufrimiento, evitar el agravamiento de las desigualdades, evitar las situaciones de marginación, exclusión, angustia... Y un punto importante: significa evitar la repetición de la violencia. Cuando se ha sido víctima de la violencia, se puede volver a serlo (...) Pero una de las formas de autotratamiento es también la violencia contra los demás (...) La violencia contra los demás es una droga, y en una sociedad desigual puede haber personas designadas como víctimas preparadas, disponibles para utilizarlas y "drogarse" con ellas."*[610]

Durante el juicio de Outreau 3 en Rennes, la psicoterapeuta Hélène Romano declaró en Europe1: Es una gran pena porque hay recomendaciones sobre la audición de los niños y adolescentes que no se aplican en absoluto o apenas se aplican en la actualidad por falta de medios y voluntad, porque se dice que escuchar a los niños ya no sirve de mucho...[611] La farsa del primer juicio de Outreau, en 2004, contribuyó en gran medida a anclar en la opinión pública que los niños "mienten y dicen tonterías" con respecto a los abusos sexuales.

5 - CENTRARSE EN LA HERRAMIENTA DE INTERNET (CIBERPOLICÍA)

Hay miles de sitios web de pedofilia y millones de archivos de pornografía infantil que circulan por Internet. Por ello, los gobiernos, los medios de comunicación y las asociaciones se centran en la web, creyendo que es ahí donde se concentra toda la delincuencia pedófila. Interpol y casi todas las policías nacionales están creando unidades de vigilancia de Internet. Las campañas públicas se dirigen sistemáticamente a dar a conocer la pederastia en la red, manteniendo así la idea de que todo el problema es conocido y que, por tanto, los gobiernos están dando las respuestas necesarias a esta lacra. No cabe duda de que hay que detectar, eliminar y castigar los contenidos pedófilos en la red, pero la cuestión de la lucha contra la pedofilia no puede limitarse sólo a Internet...

El activista belga Marcel Vervloesem se refiere a la atención que el gobierno presta a Internet, mientras que las redes reales y no las virtuales

[610] Muriel Salmona - *UPP Femmes debout*, mesa redonda sobre la violencia contra las mujeres, 2011.

[611] Hélène Morano, Europe-Midi, *Europe 1*, 19/05/2015.

continúan sus actividades sin ninguna preocupación judicial: *"Las fotos que acaban en Internet se han producido primero. El niño fue violado en el momento en que se tomó la foto y no es Internet quien viola a los niños. Los autores que violan a los niños y producen este material, son los violadores y son los que ponen sus fotos en Internet. Esto es lo que siempre he dicho al Congreso Internacional, siempre les he dicho que no debemos tratar el problema de Internet. No, no es internet quien viola, no es internet quien tortura, no, los niños que aparecen en internet han sido víctimas de estas prácticas. ¿Quiénes son los autores de estas prácticas? Eso es lo importante, Internet no es importante. Eso es lo que dije en el Congreso de Holanda, frente a los abogados internacionales, aclaré esta posición y les dije: '¡No! Internet es el final de la cadena, antes de eso el niño es violado, torturado o lo que sea, y después se publica la foto difundiéndola en Internet, ese es otro paso (...) Cuando se ven reportajes en la televisión, siempre se escucha: 'Hemos descubierto una red de pedofilia en Internet'. ... ¡Eso es una tontería!"*[612]

De hecho, el núcleo del problema son los productores de estos materiales de pornografía infantil que violan, torturan y matan a los niños. Cuando la ciberpolicía ataca las redes virtuales de Internet, está atacando a los consumidores de imágenes y vídeos, no al núcleo de la red de pedofilia, que no es virtual sino real. Los pedófilos más peligrosos, como Marc Dutroux, no suelen estar conectados a Internet.

Además, Internet es una red global sin regulación alguna, un iceberg cuya parte sumergida (la *dark web*, donde los internautas circulan bajo total anonimato) contiene las prácticas más innobles del ser humano. Por lo tanto, desde el punto de vista técnico, los pocos sitios cerrados por las autoridades son sólo una gota en el océano, otros diez florecerán al día siguiente. La lucha contra los delitos de pederastia no es virtual, las redes de pederastia no son virtuales. Esta estrategia gubernamental de centrarse en Internet es también una especie de pararrayos para que las fuerzas policiales se centren en lo virtual, dejando el campo libre a los verdaderos productores de pornografía infantil organizados en redes. Como vimos en el capítulo sobre los abusos rituales, los testimonios de las víctimas de estas redes satanistas denuncian muy a menudo que las violaciones, torturas y asesinatos son fotografiados y filmados. Sin embargo, es evidente que la policía no rastrea el origen de todas estas atrocidades, su función no es desmantelar la red de pederastia, ya que los contenidos digitales difundidos en Internet son sólo el final de la cadena.

6 – "SEGURIDAD NACIONAL"

En Estados Unidos se firmó la *Ley de Seguridad Nacional* en 1947 para reorganizar las fuerzas armadas y los servicios de inteligencia. Su principal objetivo era proteger los secretos militares y empujar a la CIA a una "guerra

---

[612] *Las redes del terror* - Stan Maillaud y Janet Seemann, 2010.

secreta" contra los soviéticos: la Guerra Fría. Esta legislación fue el inicio del encubrimiento de plomo que hoy, más que nunca, permite encubrir todos los proyectos "sensibles" del gobierno, como los programas de control mental. Al amparo de esta "seguridad nacional" se desarrollaron proyectos como Bluebird, Paperclip, Artichoke, MK-Ultra, etc. Toda la investigación psicotrónica también está cubierta por la *Ley de Seguridad Nacional*, lo que hace imposible revelar públicamente (oficialmente) nada sobre estos programas. Con las diversas enmiendas que se le han ido añadiendo a lo largo de los años, incluida la de Reagan en 1984, el gobierno de EE.UU. es ahora capaz de ocultar y censurar todo lo que quiera... Simplemente escondiéndose detrás de las dos palabras: "seguridad nacional", así de sencillo. Es una auténtica cortina de humo tras la que algunos miembros del gobierno ocultan los crímenes cometidos contra civiles inocentes. El control mental es, sin duda, la práctica más escandalosa que debe ocultarse a los ciudadanos a toda costa gracias a lo que la *Ley de Seguridad Nacional* ha convertido: un aberrante abuso de poder. El secreto de la información, o la retención de información, es una excelente forma de ejercer el poder. Así, este gobierno tiene carta blanca para violar las leyes del país y los derechos de sus ciudadanos.

El ejemplo más elocuente de para qué puede utilizarse la Ley de *Seguridad Nacional* es el caso de Cathy O'Brien, víctima del MK-Monarch. Este caso demuestra claramente cómo funciona el sistema, bloqueando literalmente cualquier recurso legal a pesar de la cantidad de pruebas acumuladas -algunas de las cuales fueron proporcionadas por los funcionarios del FBI en el caso O'Brien- que deberían conducir lógicamente a investigaciones, juicios y condenas, y finalmente a una revelación pública por parte de los medios de comunicación de todas estas actividades de control mental oculto. El compañero de Cathy O'Brien, Mark Phillips, dijo que su país no había sido capaz de resolver el problema en términos de justicia, se le dijo repetidamente *que nunca podría obtener justicia debido a la "Seguridad Nacional"*.

Esta "seguridad nacional" también plantea un problema en términos terapéuticos, ya que todo el conocimiento sobre los trastornos disociativos, la programación MK y la desprogramación está censurado, bloqueado. Por lo tanto, ciertos conocimientos y tecnologías son inaccesibles para los terapeutas y las víctimas. Este abuso de poder también permite interpretar la ley de una manera determinada y sofocar los testimonios de los supervivientes, siempre por razones de "seguridad nacional". El acceso a los tribunales de las desafortunadas víctimas también se ve obstaculizado por la astucia de los numerosos "expertos" judiciales que hacen todo lo posible por desacreditarlas.

Por lo tanto, al verse privada de los beneficios de los numerosos descubrimientos aportados por la investigación del Departamento de Defensa y las tecnologías que ha desarrollado, la medicina psiquiátrica todavía se encuentra en la curva de aprendizaje en cuanto al establecimiento de protocolos de atención al paciente de última generación. En otras palabras, los propios actores psiquiátricos se están convirtiendo en el segundo grupo de víctimas del control mental/informativo.

La profesión de la psiquiatría está ahora en crisis y se encuentra en la clásica encrucijada entre el fracaso y el éxito. Parece que el camino hacia el éxito mediante la aplicación de las tecnologías actualmente disponibles está bloqueado POR RAZONES DE SEGURIDAD NACIONAL.

Como resultado directo del manejo del secreto de la investigación psiquiátrica por parte del Departamento de Defensa y de las prácticas federales de retención de información resultantes, los profesionales de la psiquiatría están a la defensiva contra sus pacientes, los tribunales y, más recientemente, los grupos de defensa de intereses especiales. Estos grupos lanzan ataques contra los profesionales de la psiquiatría con el objetivo de destruirlos. Organizaciones bien financiadas con programas muy dudosos, como la Fundación de la Falsa Memoria (FMF) y la Iglesia de la Cienciología, han denunciado públicamente la profesión psiquiátrica. *América en plena transformación* - Cathy O'Brien & Mark Phillips, 2012, p.61

Cathy O'Brien también describe cómo el juez del tribunal de menores que resolvió el caso de su hija -también víctima de abusos rituales y de la programación MK- cerró la puerta a los medios de comunicación y al público con el argumento de la "seguridad nacional", mientras se producían escandalosas violaciones de diversas leyes. Cathy O'Brien escribe sobre la situación de su hija en el marco de *la Ley de Seguridad Nacional* lo siguiente *"A pesar de una protesta pública que ha crecido hasta incluir una amplia gama de organizaciones internacionales de derechos, así como numerosos documentos/carta al Gobernador(s) de Tennessee, de los cuales he recibido copias, Kelly todavía tiene que ser concedido su derecho a un proceso de reeducación especializado para los abusos probados de control mental que ha sufrido desde su nacimiento, a través de la operación 'MK-Ultra' financiada por el gobierno de los Estados Unidos. El puñado de delincuentes que dirige nuestro país, nuestra información y, posteriormente, nuestro sistema de justicia "penal", se niega a proporcionar los antídotos tecnológicos conocidos -aunque clasificados- para un problema que no quieren admitir que existe. Más de 70.000 documentos (desclasificados), diversas pruebas, vídeos, historiales médicos, declaraciones juradas y otros testimonios de información privilegiada del gobierno -que son sólo una parte de lo que Mark y yo hemos acumulado a lo largo de los años- establecen la realidad del abuso de control mental que Kelly y yo sufrimos en "MK-Ultra". Por lo tanto, es absolutamente inexcusable que estos encubrimientos continúen o, como Andy Shookhoff, el único "juez" involucrado en este caso, declaró durante una audiencia en el tribunal de menores de Nashville, Tennessee, que "la ley no se aplica en este caso **debido a la Seguridad Nacional**". Tras una década de varias asfixias, Kelly fue liberado por el Estado de Tennessee sin tratamiento. Colocada en un entorno seguro, ahora está a la espera de la rehabilitación que tanto necesita. "*[613]

Mark Phillips dice que cuando entregaron el expediente con todas las pruebas al juez Andy Shookhoff, éste se levantó y dijo: *"No conozco ninguna*

---

[613] *América en medio de la transformación* - Cathy O'Brien & Mark Phillips, 2012, p.369.

ley para su caso". El juez dijo entonces en audiencia pública: *"Las leyes no se aplican en este caso por razones de seguridad nacional"*. *Esta fue* una declaración bastante sorprendente que se hizo delante de todo el público de la sala, incluyendo docenas de abogados y muchos ciudadanos y periodistas... Así que la gente sabía de qué iba el caso. Para Mark Phillips, significaba que este juez había validado de alguna manera su caso y quizás incluso había salvado sus vidas. Este juez declaró públicamente que el gobierno de EE.UU. tiene la responsabilidad de encubrir este caso y no tener que justificarlo... Fue en este momento cuando Mark Phillips y Cathy O'Brien se dieron cuenta de que nunca podrían obtener justicia en ningún tribunal estatal o penal de EE.UU. Sin embargo, esta declaración oficial y pública del juez fue un gran paso adelante. (Para más información sobre este caso, véase el Apéndice 2)

Lo cierto es que la Ley de Seguridad Nacional se ha interpretado claramente no para preservar la integridad de los secretos militares, sino para proteger actividades delictivas de máxima gravedad. Estaríamos actuando constitucionalmente al derogar esta ley y sustituirla por las normas ya existentes para la conducta de los militares en materia de Seguridad Nacional, normas que no vulneran los derechos constitucionales de los ciudadanos estadounidenses ni los de sus aliados.[614]

Según Mark Phillips, todos los países que tienen un tratado de paz con Estados Unidos están sujetos a los términos de la *Ley de Seguridad Nacional* de 1947. Esto significa que la cuestión de la programación del MK sigue bajo un espeso manto de secretismo en muchos países...

7 - SUBVERSIÓN SEXUAL

Este tema merecería un libro propio, ya que el asunto es muy importante y hay mucho que decir. Lo que sigue es un intento de exponer este fenómeno reciente (que comenzó a mediados del siglo XX), que tanto invierte los valores morales como intenta corromper a los niños impregnando la sociedad con todos los "caprichos" de la subcultura luciferina: donde el incesto y la pedofilia son una herencia que se perpetúa de generación en generación...

Esta *cultura de la pedofilia y de la hipersexualización* se va impregnando poco a poco en la cultura popular para que las relaciones sexuales entre adultos y niños sean aceptables y habituales, y finalmente se legalicen. También observamos que las condenas contra los pedófilos son cada vez más leves año tras año, una laxitud por parte de las instituciones judiciales que indica que estos delitos son cada vez menos graves... ... Cuando se trata de tener en cuenta la dignidad del niño (su palabra y su sufrimiento), esto es algo que hoy en día se deja totalmente de lado y con razón, el niño se está convirtiendo poco a poco en un *bien de consumo* en nuestra sociedad de consumo que ha ido a la deriva...

---

[614] Ibid p.24.

Este tema tan pesado es realmente una píldora muy dura de tragar, sin embargo, ¡todavía estamos a tiempo de abrir los ojos!

a/ Alfred Kinsey

Alfred Charles Kinsey fue profesor de entomología y zoología. Se hizo famoso tras publicar dos importantes estudios sobre el comportamiento sexual de hombres y mujeres. En 1948 publicó 'Sexual Behavior in the Human Male' y en 1953 'Sexual Behavior in the Human Female'. En 1947, fundó el Instituto de Investigación Sexual de la Universidad de Indiana en Bloomington, que posteriormente pasó a llamarse Instituto Kinsey de Investigación en Sexo, Género y Reproducción (que sigue activo en la actualidad). Fue en este instituto donde Alfred Kinsey emprendió la recopilación de miles de datos para escribir su infame informe sobre la sexualidad de los adultos... pero también de los niños. Según los datos del Instituto Kinsey, cientos de niños e incluso bebés fueron utilizados en investigaciones sobre sexualidad.

El objetivo de los estudios de Kinsey y de las personas que financiaron su "investigación científica" era normalizar una serie de comportamientos que siempre se habían considerado socialmente inaceptables, como el adulterio, la sodomía, el incesto y la pedofilia. Estos estudios también pretendían demostrar que estos comportamientos estaban mucho más extendidos de lo que el público percibía, por lo que eran mucho más aceptables...

El Instituto Kinsey no es ni más ni menos que una operación de ingeniería social. Todos sus "estudios" sobre la sexualidad estaban destinados a infundir en la sociedad estadounidense una propaganda financiada, entre otros, por la Fundación Rockefeller. De hecho, los informes elaborados por el Instituto Kinsey (en los años 50) fueron el punto de partida de la revolución sexual (o liberación sexual), que afectó tanto a los adultos como a los jóvenes, ya que influyeron definitivamente en los programas de educación sexual en las escuelas. Alfred Kinsey es uno de los precursores de la sexualización temprana.

Tras publicar sus dos informes sobre la sexualidad humana, Kinsey comenzó a viajar por Estados Unidos dando conferencias en universidades y a políticos. Rápidamente se convirtió en la principal autoridad en materia de sexualidad y fue aclamado como "el principal experto mundial en sexualidad humana". Su objetivo es, en particular, modificar las leyes relativas a los delincuentes sexuales y a la educación sexual de los niños. El modelo de derecho penal que se adoptó después de 1955 se basó, entre otras cosas, en las investigaciones de Kinsey. Sus trabajos no sólo influyeron en los programas de educación sexual para niños, sino que también influyeron en las leyes estadounidenses, especialmente en lo que respecta a la protección de mujeres y niños, así como en la reconsideración del encarcelamiento de los pedófilos.

Kinsey afirmó, por ejemplo, que los niños son 100% orgásmicos desde su nacimiento y que pueden beneficiarse de las relaciones sexuales con adultos, incluso del incesto. Abogaba por rebajar la edad de consentimiento, pero en realidad pretendía legalizar por completo la "pedofilia". Por ejemplo, afirma en sus estudios que "hay que enseñar a los niños la educación sexual lo antes *posible, ya que están sexualizados desde el nacimiento (...)* Hay *que enseñarles la masturbación heterosexual y homosexual".* Según la Dra. Judith Reisman, la principal denunciante de los falsos informes Kinsey, también afirmaba que los delincuentes sexuales rara vez repiten los abusos y, por tanto, no debían ser encarcelados, sino puestos en libertad condicional.

Aquí están los tipos de resultados extremos anotados en los estudios de Kinsey en forma de tabla: se dice que un niño de 4 años ha tenido 26 orgasmos en 24 horas. El Dr. Reisman se pregunta legítimamente dónde y en qué circunstancias pudo Kinsey obtener esa información. En la tabla 31, Kinsey afirma que los datos se basan en observaciones de 317 sujetos masculinos. Luego, en la página 177 del informe sobre el comportamiento sexual masculino, Kinsey escribe: *"El orgasmo en una niña de 4 meses está incluido en nuestro informe..."* ¿Cómo podría alguien reconocer algo así en un bebé de 4 meses? Kinsey también escribe: *"Entre los niños prepúberes y entre las niñas pequeñas, el orgasmo no se reconoce fácilmente, en parte debido a la falta de eyaculación."*[615]

La pregunta es a qué llamó este hombre un orgasmo. En la página 161 de su informe sobre el comportamiento sexual del hombre, describe específicamente lo que considera un orgasmo en estos niños: *"Un proceso gradual y a veces prolongado, que conduce al orgasmo, que implica convulsiones violentas de todos los cuerpos, respiración rápida, gruñidos o gritos violentos, con a veces abundantes lágrimas (especialmente en los niños pequeños)."* También afirma que hay seis categorías de lo que considera un orgasmo infantil: gritos, dolor histérico (sobre todo en los niños más pequeños), convulsiones, que el niño golpee al *"compañero"* (utiliza la palabra compañero para referirse al violador), etc. Para Kinsey, todo esto formaba parte de los orgasmos y le servía para elaborar sus humeantes informes.

Kinsey tenía muy claro que todos estos datos sobre los niños eran proporcionados por *"observadores adultos"*, definidos como pedófilos por los miembros de su propio equipo. El Dr. Bankroft, del Instituto Kinsey, dijo que siguiendo el ejemplo de su mentor, el Dr. Dickinson, Kinsey entrenó a sus propios depredadores, hombres que recogían datos sobre lo que es pura y simplemente el abuso sexual de niños, incluso de bebés.

En 1990, en el programa de *Phil Donahue, la Dra.* Judith Reisman se enfrentó al Dr. Clarence Tripp, un estrecho colaborador de Kinsey. Dijo en el programa: *"Creo que ahora deberíamos hablar del caso de los niños, porque se mezclan muchas cosas. No debemos precipitarnos... Queremos saborearlo, ¡porque es maravilloso! Es una delicia.* Judith Reisman dijo en el programa: *"¿Sabes lo que me dijo el Dr. Gebhard? Me escribió una carta, que tengo a disposición de quien la quiera, en la que explica que "¡se utilizaron técnicas orales y manuales con los niños! Si lo que digo está mal, ¡demándame!"*

Esta carta fue escrita en marzo de 1981. En él, el Dr. Gebhard explica de dónde proceden los datos sexuales de los niños. En esta carta admite que se

---

[615] Sexual Behavior in the Human Male - Alfred Kinsey, p.159.

emplearon muchos pedófilos para recoger información para los informes Kinsey. Escribe: *"Dado que la experimentación sexual con bebés y niños es ilegal, tuvimos que buscar otras fuentes, algunas eran padres, otras eran enfermeras o profesores de escuela, u hombres homosexuales (...) uno de ellos era un hombre que había tenido muchos encuentros sexuales con hombres, mujeres, niños y bebés, y al tener una orientación científica, guardaba registros detallados de cada encuentro (...).Algunas de estas fuentes iban acompañadas de pruebas escritas, fotografías y a veces películas (...) Las técnicas empleadas eran la automasturbación del niño, las escenas de sexo entre niños y el contacto sexual manual u oral entre adultos y niños. "*

La carta de Gebhard refuta completamente las teorías pedófilas del Dr. Bankroft, pero coincide perfectamente con lo que Kinsey había escrito en su informe sobre el comportamiento sexual masculino. Geibhard menciona en su carta que las fotos y las películas fueron enviadas directamente a Alfred Kinsey, lo que explica el triste descubrimiento que hizo la directora de su instituto, June Reinisch... En 1984, en *Newsweek*, Reinisch declaró que había descubierto una colección de pornografía pedófila dentro del propio instituto que era tan repugnante que no podía seguir mirándola.

En 1998, en el reportaje "Historia secreta: los pedófilos de Kinsey" (Yorkshire TV), Gebhard dijo: "También hay una organización de pedófilos en este país, cooperaron con nosotros, y en el caso de algunos de ellos que obviamente no fueron encarcelados, nos dieron información. El Dr. Reisman cree que la organización de pedófilos a la que se refiere Geibhard fue lo que más tarde se convirtió en NAMBLA (una asociación estadounidense que aboga por el amor entre hombres y niños). Hasta el día de hoy, organizaciones pro-pedófilas como NAMBLA se refieren sistemáticamente a los estudios de impostores de Kinsey para hacer sus afirmaciones y trivializar la pedomanía."

En el mismo informe, el Dr. Clarence Tripp afirma: "La pedofilia es algo inexistente, y lo que más odiaba (Kinsey) era que la gente utilizara palabras como 'abuso infantil'. ¿Qué es eso? Nadie lo sabe (risas) ¿Abuso de niños? ¿Hablamos de tirarle de las orejas o de pegarle con un tubo? ¿O estamos hablando de hacerle un poco de cosquillas? ¿Pone usted "acariciar" y "atacar" en la misma cesta? Como dijo Kinsey: "Con este tipo de paranoia, se hace más daño al niño que todos los pedófilos del mundo juntos".

Según las investigaciones que se han hecho sobre este triste individuo, él mismo era un enfermo pervertido. Las tendencias sadomasoquistas de Alfred Kinsey han sido documentadas por muchos biógrafos, entre ellos James Jones, quien informa de que Kinsey se circuncidó una vez con una navaja en una bañera sin anestesia. James Jones también informa de que, después de que la Fundación Rockefeller le concediera la financiación, *"Kinsey fue al sótano, ató una cuerda a un tubo y el otro extremo alrededor de su escroto, luego se subió a una silla y saltó"*. Su abuso sexual autoinfligido fue claramente identificado en el momento de su muerte. Oficialmente, Kinsey murió de un ataque al corazón, pero sería vergonzoso decir que el padre de la revolución sexual mundial murió a causa de una automutilación.

Para concluir con respecto a este impostor, observamos que era un gran admirador del satanista Aleister Crowley. Tras publicar sus "famosos" informes sobre la sexualidad masculina y femenina, Kinsey viajó al extranjero para estudiar la sexualidad en varios países. Según Wardell Pomeroy, coautor de Kinsey, éste también buscaba el documento *"Un objeto preciado, los diarios de Aleister Crowley"*. Pomeroy escribe que dos semanas después de que Kinsey fuera a Inglaterra a buscar el documento, fue a Sicilia a visitar el "templo" que Crowley había construido allí, la Abadía de Thelema, donde practicaba rituales satánicos. Kinsey incluso intentó adquirir los *Diarios Mágicos* de Crowley para su instituto.[616] Hay que tener en cuenta que Aleister Crowley fue expulsado de Italia porque se le acusó de pedofilia, con sacrificios incluidos.

Alfred Kinsey legitimó la revolución sexual, lo hizo académicamente pero de forma acientífica, el verdadero motivo no era la ciencia sino un plan de ingeniería social bien orquestado para cambiar la moral de todo un país... y por implicación de todo el mundo occidental, siendo Estados Unidos la cultura influyente que salpica al mundo. Uno de sus biógrafos, Jonathan Gathorne-Hardy, dijo: *"Es realmente interesante cuando te adentras en él, es un verdadero plan social enfermizo... No sólo quería un poco más de tolerancia de la sexualidad, es algo mucho más monstruoso. Fue un poderoso plan social perfectamente orquestado por las personas que trabajaron junto a él."*

b/ Sexualización temprana

Alfred Kinsey es el precursor de la sexualización precoz, que hoy adopta la forma de educación sexual que se impone a los niños a edades cada vez más tempranas, sobre todo en los programas escolares.

En un folleto titulado *"Documento sobre las bases de la educación sexual"*, publicado por la Universidad Pedagógica de Suiza Central (PHZ), se afirma que el trabajo de Kinsey ha tenido éxito y se está aplicando en los programas escolares: "En *contraste con las opiniones más bien hostiles sobre la sexualidad que prevalecían en la primera mitad del siglo XX, la mayoría de los puntos de vista sobre el desarrollo sexual en el curso de la vida se basan ahora en los conocimientos científicos y tienen una visión favorable de la sexualidad. Reconocen que los niños y los adolescentes son seres sexuales (...) Desde la infancia, los seres humanos son seres sexuales con necesidades específicas para su edad y formas individuales de expresión. Así, por ejemplo, los bebés experimentan el placer por primera vez a través de la succión y el amamantamiento. La curiosidad y la experimentación sexual no aparecen en la pubertad, sino que existen desde la infancia, en los niños y en las niñas, en diferentes formas según la edad (...).Una de las tareas importantes de la escuela es proporcionar a todos los niños y jóvenes esta oportunidad de aprender sobre la sexualidad, los roles de género y las relaciones de género, explicando los*

---

[616] *Kinsey: Crímenes y Consecuencias la Reina Roja y el Gran Esquema* - Judith Reisman, 1998.

cambios sociales o el sentido común de la sociedad, para que puedan acceder a los valores y normas de nuestra sociedad (...) La escuela complementa las tareas educativas de los padres o cuidadores en el ámbito de la educación sexual. Tiene un papel importante en la transmisión de normas y valores sociales."

La educación sexual no es un problema en sí misma, sino que es la edad en la que es obligatoria en el ámbito escolar lo que constituye un verdadero problema. La moda general de la educación sexual para los niños es empezarla en el jardín de infancia. Este folleto oficial suizo destinado a establecer las bases de la educación sexual en las escuelas contiene una tabla con una lista de las etapas del desarrollo psicosexual de los niños. Se observa que los niños de cuatro años tienen *"reacciones similares al orgasmo"*, o *"placer en la exposición y el juego genital"*, pero también *"interés erótico en los padres"*. El documento afirma que un niño de 5 años practica *"juegos de rol como el de tener relaciones sexuales"*.

Esto es lo que dice el folleto sobre los educadores sexuales que se encargan de "formar" a los niños en las escuelas: *"En el contexto de la capacitación de los alumnos, la transmisión de temas de salud y derechos sexuales y reproductivos o el conocimiento de las ofertas psicosociales regionales es de importancia primordial. Estos especialistas transmiten los conocimientos pertinentes en el contexto de la educación sexual de forma valiosa y sostenible. Tienen una sólida formación científica, conocimientos técnicos actualizados, materiales de educación sexual y conceptos didácticos probados en el trabajo con jóvenes y adolescentes."*

Estos educadores sexuales tendrían, pues, una *"sólida formación científica (valiosa y duradera)"*, basada en los trabajos de figuras como Alfred Kinsey. Se trata de todo un programa que pretende que los comportamientos marginales y delictivos sean aceptados como norma, continuando así la revolución sexual en marcha, cuya continuación es la teoría de *género*. La teoría del género consiste en enseñar a los más pequeños (y a los mayores) que no son ni niños ni niñas, sino que les corresponde decidir su sexo... Todo ello en nombre de la *igualdad* y la *libertad*, conceptos muy queridos por las logias masónicas, muy activas en el ámbito de la educación nacional... De hecho, los "educadores especializados" en el ámbito de la educación sexual (a menudo procedentes de asociaciones LGBT -Lesbianas, Gays, Bi, Trans-) no son más que el último eslabón de la cadena. Estos programas se organizan en los rectorados y ministerios, que aplican las decisiones tomadas aguas arriba en las logias masónicas que controlan completamente el estado republicano.

Daniel Keller, Gran Maestre del Gran Oriente de Francia, dijo a una comisión del Senado en marzo de 2015: "Gracias por su invitación y por recordarme que presido una obediencia con más de 50.000 miembros. Como probablemente sepa, el Gran Oriente de Francia cuenta en sus filas con un gran número de actores del mundo de la educación, ya sean profesores o todos aquellos que participan en actividades extraescolares, desde la escuela primaria hasta la universidad. Consideramos que la escuela pública es el pilar y el crisol de la República." Regla básica: el condicionamiento hacia una determinada ideología debe comenzar en la primera infancia...

c/ Hiper-sexualización

También hay un fenómeno que se está desarrollando cada vez más, que es la hipersexualización de niños y adolescentes. La *sexualización precoz pretende* "educar" a los niños desde muy pequeños en materia de sexualidad, mientras que *la hipersexualización* pretende hacerlos físicamente deseables, para *"adultizarlos" en* cierto modo.

Sylvie Richard Bessette (profesora de sexología en la Universidad de Quebec en Montreal) define la hipersexualización como: *"El uso excesivo de estrategias centradas en el cuerpo para seducir".* El problema es que hoy en día, en algunos ambientes, los niños son sometidos a estas prácticas, especialmente en los concursos de "Mini-Miss", donde las niñas son vestidas y maquilladas para parecer "mujeres en miniatura". Adoptan códigos de seducción no acordes con su edad (contoneos, guiños, etc.). Las niñas se convierten así en objetos de deseo a pesar de ellas mismas.

La psicoanalista Monique de Kermadec escribe sobre los concursos de Mini-Miss: "Su imagen está excesivamente erotizada con trajes de mujer joven. Esto puede conducir a problemas de autoimagen durante la adolescencia y, en ocasiones, a trastornos alimentarios como la anorexia. Y este daño es aún mayor cuando la niña se pone en situación de seducción ante el público. Las sonrisas pícaras y otros guiños burlones sexualizan el comportamiento de forma anormal."[617]

A nivel mundial, la hipersexualización impregna toda la sociedad, sobre todo a través de la industria del espectáculo, que pone en escena a vedettes cada vez más desnudas, haciendo bailes cada vez más explícitos desde el punto de vista sexual, incluso pornográficos (Miley Cyrus, Beyoncé, etc., muñecos MK destinados precisamente a transmitir esta hipersexualización a los jóvenes). Los clips y las representaciones escénicas son vistos por millones de niñas cuyo subconsciente está impregnado de todas estas cosas. Una de las grandes tendencias de nuestra sociedad decadente es la hipersexualización.

En el documental canadiense "Sexy inc, nos enfants sous influence" (2007), la sexóloga Francine Duquet afirma: "En los últimos cinco o seis años hemos asistido a una verdadera pausa en la que se nos bombardea con más mensajes sexuales. Los niños reciben esto como si fuera normal. Además, cuando se trata de niños o adolescentes en particular, están en una edad en la que quieren ajustarse a la norma. Quieren ser como sus ídolos, quieren ser populares y la idea de popularidad es un concepto importante en la adolescencia. Hoy en día, ser popular significa estar de moda. Tienes que tener algún tipo de energía sexual, tienes que desprender algo sexual. Pero a los 11 o incluso a los 14 años, no es ni mucho menos evidente... Así que vemos el mimetismo: me visto igual, hago lo mismo... También está todo este fenómeno de la moda, excepto la moda en este momento para niños, que es preocupante a ciertos niveles porque la ropa se erotiza, especialmente para las niñas."

---

[617] *Una presión demasiado fuerte para soportar* - actu-match / www.parismatch.com, 14/01/2009.

Los programas de ingeniería social se centran especialmente en la sociedad del mañana: es decir, en el control de la conciencia (y especialmente del subconsciente) de los niños y adolescentes de hoy. Vemos claramente esta propaganda de hipersexualización cuando los medios de comunicación animan constantemente a los niños a convertirse en mujercitas u hombres, especialmente en los anuncios de la industria de la moda o los cosméticos. Un ejemplo típico es el de la pequeña Thylane Lena-Rose Blondeau (hija de la presentadora de televisión Véronika Loubry y del futbolista Patrick Blondeau) que posó en 2011, con 10 años, para la revista *Vogue*. Unas imágenes impactantes que se han convertido en el típico ejemplo de hipersexualización de un niño.

Ahora hay prendas sexys tipo tanga en tallas de chica, que no tienen pechos, pero que también se ofrecen sujetadores. Hay incluso *zapatillas de tacón* para bebés... Se ha abierto un nuevo mercado, y los pedófilos lo están disfrutando...

d/ Propaganda pro-pedofilia

Paralelamente a la educación sexual precoz y a la hipersexualización de nuestros hijos, existe una propaganda pro-pedófila cuyo objetivo es infundir progresivamente una cierta trivialización y tolerancia de estas actividades delictivas en nuestra sociedad. Hoy los paedocriminales tienen sus días internacionales: *el Día Internacional del Amor Chico* para los "amantes de los chicos" y *el Día de Alicia* para los "amantes de las chicas".

Creadas en 1998, estas jornadas internacionales cuentan con sus propios logotipos y eslóganes, signos distintivos y un vocabulario particular que conforman una verdadera "cultura pedófila", esgrimiendo trabajos "científicos" como los de Alfred Kinsey para justificar sus graves desviaciones. También tienen sus propios foros de intercambio en Internet, que pueden ser muy moderados en lo que dicen, mientras que algunos son mucho más virulentos, sobre todo en la *web oscura*.

La propaganda pedófila también aparece en las revistas (por ejemplo, *Lolita*) y en algunos periódicos, en particular en el diario *Libération*, que el 10 de abril de 1979 publicó un alegato de Gabriel Matzneff y Tony Duvert a favor de los *"amores minoritarios"*. Este mismo periódico publicó en los años 70 una petición para que el Parlamento derogara los artículos de la ley relativos a la mayoría de edad sexual y la despenalización de las relaciones sexuales entre un adulto y un menor de 15 años. Esta petición fue firmada por numerosas personalidades de la época como Jack Lang, Simone de Beauvoir, Louis Aragon, Bernard Kouchner, André Glucksmann, etc.

En 1979, *Libération* llegó a ofrecer una columna completa al pedófilo Jacques Dugé para defender la sodomía en niños. La columna titulada *"Jacques Dugé s'explique"* era una carta abierta al juez de instrucción encargado de estudiar este grave caso, Dugé fue efectivamente procesado por prostitución y abuso sexual de menores. Esto es lo que el pedocriminal escribió en su momento en un famoso diario nacional: *"Un niño que ama a un adulto sabe muy bien que todavía no puede dar, por lo que entiende y acepta muy bien recibir. Es un acto de amor. Es una de sus formas de amar y demostrarlo. Este fue el comportamiento conmigo de los pocos chicos que sodomicé. Y entonces digamos las cosas como son. Le gusta sentir en su cuerpo el miembro viril del que ama, estar unido a él, por la carne. Esto da una gran satisfacción. También tiene la satisfacción de ser complacido por el que le sodomiza, que se mete dentro de él. Esto también le da una gran alegría, porque amar es dar y recibir. Esto puede ser difícil de admitir para los profanos, pero es la realidad."* - *Libération,* 25,26/01/1979.

Fue durante los años 70 cuando esta propaganda pedófila fue más virulenta, aprovechando la revolución sexual entonces en marcha (iniciada por Alfred Kinsey). En mayo de 1977, todavía se podía leer en *Libération:* Nacimiento del "Frente de Liberación de la Pedofilia".

Se acaba de crear un nuevo grupo: la FLIP, cuya plataforma constitutiva puede leer a continuación. ¿Quiénes son? En su mayoría, los lectores de Libération que, a raíz de una carta abierta a los pedófilos en nuestra edición del 9/2/77, nos enviaron una gran cantidad de correos -de los que informamos en una doble página el 24 de marzo del 77 titulada: Relaciones adulto-niño. El 2 de abril de 1977 se celebró una primera reunión en Jussieu con unas treinta personas. Fue una simple reunión de contacto. Es lamentable que las principales preocupaciones fueran de carácter judicial. De hecho, sólo se trataba de reprimir, defender y perseguir a los pederastas. Sin ignorar estas duras realidades, un grupo de este tipo tiene todas las de ganar si amplía su campo de reflexión. Nace la FLIP (Front de libération des Pédophiles). Ya se han puesto en marcha algunos objetivos esenciales:

- Lucha contra la injusticia penal y reflexión crítica sobre la familia y la escuela, a partir de un análisis político de la sexualidad entre menores y adultos.
- Unirse a la lucha de los niños que quieren cambiar su forma de vida y de cualquier grupo político que tenga como objetivo el establecimiento de una sociedad radicalmente nueva donde la pederastia exista libremente.
- Desarrollar una cultura pederástica que se exprese en una nueva forma de vida, y la aparición de un nuevo arte.
- Hablar en los medios de comunicación que le dan los medios y a través de los canales que son apropiados.
- Solidarizarse con los pedófilos encarcelados o con las víctimas de la psiquiatría oficial.

La "tiranía burguesa" convierte al amante de los niños en un monstruo legendario que aplasta las casas de paja. Juntos romperemos monstruos y cabañas de paja.

Hay muchas asociaciones que hacen campaña llevando la palabra de los pedófilos al ámbito público. Su estrategia consiste en minimizar el impacto de los actos de pederastia en los niños, relativizar la noción de menor y de minoría de edad sexual para rebajar la edad legal y, finalmente, trivializar las declaraciones de pederastia. Dos de las mayores asociaciones de este tipo son *NAMBLA* (*North American Man/Boy Love Association*) y *Martijn,* una asociación holandesa para la aceptación de las relaciones sexuales entre adultos y niños fundada en Hoogeveen en 1982. En 2012 se intentó disolver esta última, ya que el tribunal consideró que la asociación, que tiene una página web, ofrecía una *"red digital y social para delincuentes sexuales"*. El tribunal de apelación declaró entonces que los textos e imágenes publicados en el sitio web de la asociación eran legales porque nunca llamaban directamente al sexo con niños. Sin embargo, la asociación era contraria a ciertos principios del derecho neerlandés porque *"trivializaba los peligros del contacto sexual con niños pequeños, hablaba positivamente de dicho contacto e incluso lo glorificaba"*. En 2014, Holanda decidió finalmente prohibir definitivamente las actividades de la asociación *Martijn. El Tribunal Supremo (Hoge Raad), máximo órgano judicial del reino, consideró que la integridad del niño era más importante que el principio de libertad de expresión."*[618]

El principal objetivo de la propaganda pedófila es minimizar las consecuencias de estos actos en los niños. Por ello, las asociaciones recurren a trabajos "científicos" como el informe de Robert Bauserman sobre los efectos de los abusos sexuales a menores. De hecho, este informe considera que las "relaciones sexuales" con los niños no son sistemáticamente perjudiciales para ellos. Bauserman ha sido señalado como un activista que utiliza la ciencia de forma inapropiada en un intento de legitimar sus opiniones y tendencias.

Poco a poco, los pedófilos van ganando terreno, mientras los derechos de los niños se van erosionando. El objetivo final es blanquear a los autores y negar la condición de víctimas de los niños, clasificando finalmente el incesto y la pedocriminalidad como una simple *"orientación sexual"*, al igual que la heterosexualidad o la homosexualidad. Esto es lo que está programado para la sociedad del mañana...

Para concluir este capítulo, volvamos al programa *"Ce soir ou jamais"* de France 3, emitido el 31 de mayo de 2011, con una revista de prensa en la que se retomaban las acusaciones del político Luc Ferry sobre un ex ministro pedófilo que había sido *''cazado furtivamente en Marrakech''*, según sus términos... Durante este programa, el famoso abogado Thierry Lévy se reveló en directo durante un tormentoso y vergonzoso intercambio con la cineasta italiana Cristina Comencini:

- **Thierry Lévy**: Me refiero a la tolerancia en general. La tolerancia es algo que en estos momentos está desapareciendo totalmente. Y hablas de los últimos acontecimientos como si hubieran liberado una situación que estaba bloqueada hasta entonces. Pero el turismo sexual ha sido reprimido durante más de veinte años, con mucha severidad, con mucha dureza, sin piedad. (...) Nos hablas de la belleza del mundo y de la belleza del sexo, pero en lo concreto, en la acción, qué haces, qué haces si no es blandir constantemente el palo, el palo de la moral. Pero sí, ¿qué haces?

---

[618] "Derechos del niño o libertad de expresión, Holanda ha elegido" - Jean-Pierre Stroobants, lemonde.fr, 19/04/2014.

- **Cristina Comencini**: ¡¿En los niños?! Niños... ¡¿La belleza del sexo en los niños?! Pensaba que el debate estaba muy atrasado en Italia, pero me doy cuenta de que en Francia es mucho más ...

- **TL**: (interrumpiendo a su interlocutor)... ¡Por favor! El sexo con los niños... Es un tema del que ya no se puede hablar hoy en día. Ya nadie se atreve a hablar de la sexualidad de los niños (...) Hay una especie de manta de plomo que cae de los rizos rubios (nota del editor: refiriéndose a su interlocutor) sobre toda la sociedad, que prohíbe todo comportamiento un poco diferente, un poco anormal....

- **CC**: ¿¡Un poco diferente!?

- **TL**: Pero claro, y luego volvemos a la pedofilia siempre. La pedofilia es ahora un tema totalmente prohibido, no se puede decir una palabra al respecto sin ser demonizado.

- **CC**: ¿Por qué no hablar de ello? Al contrario, creo que deberíamos hablar de ello...

- **TL**: ¡¿De verdad?!...

- **CC**: Sí, creo que sí...

- **TL**: ¿Y cómo se habla entonces de ello?

- **CC**: Sin decir que es...

- **TL**: (Volviendo a cortarle) ¿Diciendo qué, diciendo qué? ¿Que todos los que se sienten atraídos por los niños son delincuentes? ¿Que los metan en la cárcel para siempre?

- **CC**: Tienes un sistema de hablar muy autoritario y que no permite a la otra persona la libertad de expresarse...

CONCLUSIÓN

Adquiere la verdad, la sabiduría, la instrucción y el discernimiento, y no los abandones - Proverbios 23:23

Sólo hay que proteger los pequeños secretos. Los mayores secretos permanecen protegidos por la incredulidad del público - Marshall McLuhan

El hombre es fuego para la mentira pero hielo para la verdad - Jean de La Fontaine

El silencio se convierte en pecado cuando toma el lugar de la protesta y convierte al hombre en un cobarde - Abraham Lincoln

E l tema del control mental basado en el trauma tiene como núcleo el abuso físico y psicológico de los niños. El Niño está en el centro del ojo de la tormenta que se alimenta de él, es la caja de Pandora que actualmente asola nuestra sociedad... Pureza e inocencia encarnadas en el punto de mira de los brujos-controladores.

De vez en cuando sale a la luz pública un caso de pederastia, normalmente el desmantelamiento de una red cibernética, pero todo esto es el árbol que esconde el bosque...

¿Por qué en Francia el sistema judicial parece proteger sistemáticamente a los violadores de niños en detrimento de los protectores de niños que los denuncian? ¿Por qué en cuanto hay un caso de pedocriminalidad se pone en marcha la apisonadora judicial para aplastar no sólo el caso sino también a las personas? ¿Por qué se llamó al orden a Francia en un informe de la ONU de 2003? Una investigación que fue realizada en Francia por el relator Juan Miguel Petit y que fue presentada en la 59ª sesión de la Comisión de Derechos Humanos de la ONU. Este informe oficial pedía *una investigación urgente por parte de un organismo independiente sobre las deficiencias del sistema de justicia con respecto a los niños víctimas de abusos sexuales y a quienes tratan de protegerlos (...) Dado el número de casos que indican una grave denegación de justicia para los niños víctimas de abusos sexuales y quienes tratan de protegerlos, sería conveniente que un organismo independiente, preferiblemente la Comisión Nacional Consultiva de Derechos Humanos, investigara urgentemente la situación actual.*

Por ejemplo, en la página 14 del informe, se señala que: "El Relator Especial se ha referido a las enormes dificultades a las que se enfrentan las personas, en particular las madres, que presentan denuncias contra quienes sospechan que abusan de sus hijos sabiendo que pueden enfrentarse a acciones por acusaciones falsas, que en algunos casos pueden llevar a la pérdida de la custodia de sus hijos. Algunas de estas madres recurren a los recursos legales hasta que ya no pueden pagar los costes de la asistencia jurídica, momento en el que les queda la opción de seguir entregando al niño a la persona que creen que abusa de él, o buscar refugio con el niño en el extranjero. Incluso parece que algunos jueces y abogados, conscientes de las debilidades del sistema judicial, han aconsejado informalmente a algunos padres que lo hagan. Estos padres se exponen a ser perseguidos penalmente por estas acciones en Francia y, a menudo, en el país al que viajan."

En efecto, como en los dos ejemplos citados en los testimonios franceses del capítulo 4, muchas madres han tenido que huir literalmente de Francia por falta de protección real de la red institucional pedocriminal. ¿Por qué tantas madres son acosadas y perseguidas, incluso encerradas en hospitales psiquiátricos, por haber denunciado con naturalidad la violación de sus hijos? ¿Por qué un expediente tan pesado como el de los archivos de Zandvoort [619]permanece en las cajas del Ministerio de *Justicia*, sin que se haya iniciado ninguna investigación? ¿Por qué una treintena de testigos clave fueron encontrados muertos en el caso Dutroux?[620] Este famoso caso belga es un caso de libro para entender cómo se suprime un caso cuando se empieza a remontar a los *"peces gordos"* de la Red... ¿Por qué todo está orquestado para hacer parecer metódicamente a los niños como mentirosos? ¿Por qué se hace todo lo posible para desacreditar sistemáticamente la palabra de los supervivientes adultos, por ejemplo utilizando el *"síndrome de la falsa memoria"* o apoyándose en sus trastornos psicológicos para anular su palabra? ¿Por qué el campo de la psicotraumatología está tan abandonado por las llamadas instituciones de salud pública? ¿Por qué las consecuencias de los traumas profundos, es decir, la disociación y la amnesia traumática, suelen ocultarse y evitarse en el debate público?

El *consumo* y el *modelado* de niños parecería ser el coto de cierta élite desprevenida, pero también es una máquina institucional bien engrasada que les permite practicar su vicio con total tranquilidad; ¿hasta cuándo?

El informe de la ONU citado anteriormente, que pedía una acción urgente sobre la situación francesa, también nos dice que *en varios casos comunicados al Relator Especial, se informó de que las personas acusadas de cometer abusos estaban estrechamente vinculadas a miembros de la judicatura o a personas que ocupaban altos cargos en la administración pública, que estaban en condiciones de influir en el resultado de los procedimientos en su detrimento, un argumento que también fue presentado por la División Nacional para la Represión de los Delitos contra las Personas y los Bienes ....* Pero según las autoridades políticas, periodísticas, policiales y judiciales, en Francia no hay ninguna red de

---

[619] Véase *Les réseaux de l'horreur* - Stan Maillaud, Janet Seeman, Marcel Vervloesem y *Le livre de la honte* - Laurence Beneux y Serge Garde, 2001.

[620] *30 testigos muertos...* - Douglas De Coninck, 2004.

pederastia, ¡adelante! ... ¿No habría que decir más bien que está en *"buenas manos"*? ...

En el documental de Karl Zéro "Le fichier de la honte" (13ème Rue - 2010), vemos al relator de la ONU, Juan Miguel Petit, declarar: "Ha habido quejas y denuncias concretas de madres que dicen ser perseguidas por grupos, que se pueden comparar con mafias o logias, que organizan la pornografía infantil. ''

El silencio de los *medios* de comunicación franceses sobre todos estos temas es preocupante. Muchos periodistas - a menudo pagados por los contribuyentes - que se supone que nos informan sobre la realidad de nuestra sociedad, parecen ahora participar plenamente en un programa de ingeniería social destinado a mantener a la gente en una determinada realidad comparable a una matriz.

En abril de 2005, François Léotard (ex ministro de Defensa) dijo a los periodistas que tenía enfrente en una importante emisora de radio francesa: *"Creo que usted y sus colegas, si me permite decirlo, subestiman una parte de la actualidad que está completamente bajo el radar, completamente desconocida para los medios de comunicación. Actualmente hay entre 35 y 40.000 personas en Francia que desaparecen cada año... ¡que desaparecen! Es bastante fascinante y nadie investiga estas miles de desapariciones. Hay suicidios que son falsos suicidios, accidentes de coche que son asesinatos, hay gente que se va y no se encuentra porque quería cambiar su identidad... Lo que quiero decir es que hay un mundo oculto, subterráneo, submarino, que básicamente nadie intenta descubrir."*[621]

Cuando François Léotard habla de *"personas que se van y no se encuentran porque han querido cambiar de identidad"*, probablemente podamos incluir en esta categoría a todas las madres que huyeron de Francia para proteger a sus hijos de la persecución pedocriminal institucional. Como bien señaló Juan Miguel Petit en su informe para la ONU.

El 2 de marzo de 2009, Rachida Dati (entonces ministra de Justicia) dio una rueda de prensa con motivo del *"Día del Niño"*. Cuando Aude Chaney, representante de la asociación Estelle *Mouzin, preguntó al* ministro: *"¿Cuántas desapariciones inexplicables, como el caso de Estelle Mouzin, hay en Francia?* Rachida Dati parecía incapaz de dar una respuesta clara a esta sencilla y precisa pregunta. Entonces se dirigió a sus asesores, pero nadie fue capaz de dar una cifra exacta a esta pregunta obviamente muy embarazosa. Una vergüenza palpable se instaló en la sala llena de periodistas y familiares de las víctimas. Es sorprendente que en un país como Francia se ignore el número de niños que desaparecen cada año... o no se haga público porque es demasiado elevado...

Sobre este inquietante asunto, el periodista Serge Garde afirma: "Francia es un país lleno de estadísticas, donde sabemos, por ejemplo, cuántos salmones remontan el Loira cada año, pero no sabemos cuántos niños desaparecen."[622]

---

[621] Les Grandes Gueules - RMC, 7/04/2005.

[622] *Les faits Karl Zéro* - 13ème Rue, 22/05/2009.

En 2001, Serge Garde ya había pedido a un parlamentario que hiciera la misma pregunta a la entonces ministra de Justicia, Marylise Lebranchu, y ésta le había respondido de forma avergonzada: *"No puedo darle cifras, porque... es imposible"*.[623]

El 20 de noviembre de 2001, Marylise Lebranchu declaró ante la Asamblea Nacional que en el año 2000 habían desaparecido 800 niños en Francia, al tiempo que confirmaba que no existen cifras sobre la desaparición de menores.

El número de desapariciones debe ser mucho mayor si se tienen en cuenta los niños extranjeros que desaparecen o los que no se declaran al nacer (sobre todo en las redes). De los 1000 niños extranjeros (en 2001) que llegan sin papeles a Francia, sólo 200 permanecen bajo control social. Los otros 800 desaparecen en el aire.[624]

En el documental de France 3 *"Viols d'enfants: la fin du silence?"*, una niña declaró que había presenciado sacrificios de *"niños pequeños que eran un poco árabes o cosas así"*. En su testimonio en TF1 en 2001, la superviviente Véronique Liaigre declaró: *"Los niños que son sacrificados no son declarados, o son niños extranjeros. En particular, cuando estuve en Agen, eran pequeños africanos, eran negros. En Jallais también vi algunos, en Nanterre también, pero eran niños blancos, niños franceses, pero eran niños nacidos de una violación. ¿Niños nacidos de una violación? Sí, que no había sido declarado. Han dado a luz en la casa de los padres en condiciones abominables. Entonces, en la medida en que no fueron declarados, fueron sacrificados? Eso es..."*

La programación basada en el trauma es como un choque de trenes que da vueltas, como un virus o una mordedura de vampiro que transmite la abominación de generación en generación. Los esclavos están programados para convertirse ellos mismos en abusadores, pero también en programadores. Cualquier persona que sufra abusos sexuales y psicológicos no reproducirá automáticamente el abuso, pero esta función humana de autotratamiento a través de comportamientos anestésicos y disociadores como la violencia contra los demás es explotada hasta el extremo por algunos grupos para perpetuar la abominación de generación en generación. La violencia es una droga, literalmente, crea un estrés extremo que hace que la persona se desconecte mediante una producción repentina de hormonas como la morfina endógena, para anestesiar la carga negativa de su propio recuerdo traumático. Pero estos comportamientos disociativos también recargan esta memoria traumática, haciéndola cada vez más explosiva. Por lo tanto, estos comportamientos

---

[623] "Desaparecidos: ¿qué les ha pasado?" - Karl Zéro, 2014.

[624] "Marylise Lebranchu revela una cifra aterradora 800 niños desaparecidos en 2000" - Serge Garde, *l'Humanité*, 14/12/2001

disociativos se vuelven cada vez más necesarios para los autores y esto crea un verdadero círculo vicioso, una adicción a la violencia, a la destrucción e incluso a la autodestrucción. Estas personas, que pueden calificarse de psicópatas cuya empatía se ha reducido a la nada desde la primera infancia, no tienen en cuenta el dolor de los demás salvo cuando les produce placer...

¿Esto convierte a todos los agresores en víctimas enfermas e irresponsables que repiten patrones destructivos sin posibilidad de hacer otra elección? Una elección siempre es posible a pesar de las enormes dificultades (psicológicas, familiares, presión de la red). Es una cuestión delicada, pero el día que tengamos que ocuparnos realmente de ella, habremos dado un gran paso. Significará que los delincuentes serán identificados y puestos fuera de combate. También significará que la Red sea desmantelada y que se detenga por fin este tren infernal de violencia. Así que sí, podemos preguntarnos por el destino de todas estas personas, pero el juicio final no vendrá ciertamente de la justicia de los hombres.

Sería interesante escanear el cerebro de algunas de nuestras "élites" para ver el estado de su complejo amígdala e hipocampo, estructuras cerebrales que realmente pueden probar con nuestras herramientas científicas que ha habido un trauma profundo en la persona. Los estudios han descubierto que estas estructuras cerebrales tienen un volumen significativamente menor en las personas que han sufrido traumas graves, incluidas las que padecen un trastorno de identidad disociativo. Este conocimiento neurológico sobre la variación de los volúmenes del hipocampo y la amígdala en relación con los traumas graves podría servir, por ejemplo, para validar los testimonios de las víctimas que afirman haber sufrido las peores atrocidades, pero que son incapaces de ofrecer un relato coherente.

Como hemos visto, el sistema judicial desacredita sistemáticamente cualquier testimonio perturbador relacionado con los abusos rituales, alegando el estado mental "perturbado" del testigo, por lo tanto "poco fiable" y, en consecuencia, sin peso en la balanza de nuestra *justicia*... Sin embargo, una resonancia magnética cerebral podría probar y certificar que efectivamente ha habido un grave impacto traumático en esta persona, de ahí que se encuentre en un estado que le impide explicar sus experiencias de forma clara y cronológica. Por lo tanto, tras este examen médico que valida el hecho de que efectivamente hubo un traumatismo profundo que provocó trastornos disociativos graves, las declaraciones de la persona deben estudiarse más detenidamente para llevar a cabo una investigación seria. En cambio, la *justicia* recurre a pseudoexpertos en "falsos recuerdos" que no están formados en psicotraumatología: el caso se cierra así rápidamente...

Es una cuestión complicada, pero el hecho es que la Red intenta ocultar información sobre los avances científicos en psicotraumatología y todos los estudios neurológicos recientes relacionados con el impacto que el trauma puede tener en el cerebro humano. Esto es para que esta información no pueda ser presentada de manera oficial en los tribunales penales para defender a las víctimas de manera efectiva. De hecho, si las universidades de medicina no forman (o forman muy poco) a los estudiantes en todos los descubrimientos recientes en psicotraumatología y procesos disociativos, se hace muy difícil que un abogado pueda poner en el estrado a alguien que pueda explicar estas cosas de forma clara y científica... Cuando se trata de pedir a los *tribunales* que ordenen escáneres cerebrales para demostrar que ha habido un traumatismo grave, son todas las instituciones cerradas las que se interponen. De hecho, está claro que las resonancias magnéticas de las voces inferiores y la anuscopia, que serían exámenes esenciales en los casos pedocriminales, se realizan muy raramente... por lo que una resonancia magnética cerebral es impensable...

La cuestión del reconocimiento de las víctimas permitiría, sobre todo, atenderlas de manera eficaz proporcionándoles las terapias adecuadas.

El fenómeno de la disociación en los niños, explotado deliberadamente por ciertos grupos, es un conocimiento oculto, la piedra angular del secreto y del poder, ya sea en la esfera política, militar, religiosa o mafiosa. Los iniciados son muy conscientes de la importancia que estos estados alterados de conciencia pueden tener para el control mental de un individuo. Por lo tanto, la programación MK no consiste simplemente en crear una esclava sexual, una *superestrella* o una asesina, sino que es sobre todo una herramienta esencial para el control político global.

Fritz Springmeier describe el alcance de esta lacra en nuestro mundo moderno, una afirmación que a primera vista parece alarmante pero que al final resulta bastante esclarecedora para entender algunos de los funcionamientos (y bloqueos) de nuestra sociedad moderna: *"El control mental consiste en infiltrarse y controlar la sociedad desde la sombra. Hay que integrar eso si se quiere controlar una institución como el lobby médico, por ejemplo. Hay que poner a gente segura en los puestos clave, porque un eslabón débil de la cadena siempre se romperá. No puedes permitirte tener eslabones débiles. Si quieres controlar un lobby muy poderoso como el sistema médico, entonces tienes que controlar un espectro muy amplio de cosas como el sistema de hospitales, las escuelas de medicina, la asociación médica, etc. Todo esto requiere esclavos MK en todos los niveles del sistema, en todos los puntos estratégicos. No puede haber eslabones débiles. Por ejemplo, una red de médicos independientes que practiquen la medicina alternativa; entonces hay que controlar el sistema judicial para poder condenar a estos médicos "fuera de la ley". Hay que montar un vasto aparato oculto. Si no se entienden los entresijos de la programación mental, no se puede comprender cómo se puede tener este tipo de control global sobre la sociedad."*[625]

Como ya se citó en el prólogo, el famoso hacker Kevin Mitnick dijo: *"El eslabón débil de cualquier sistema de seguridad es el factor humano"*. Por lo tanto, para asegurar un sistema de dominación global, es imperativo *hackear* las mentes de los peones humanos en posiciones estratégicas detrás de las fachadas democráticas.

Podemos recordar aquí las declaraciones de la Dra. Catherine Gould en 1994 en el documental "In Satan's Name". Podemos recordar aquí las

---

[625] Entrevista con Fritz Springmeier por Wayne Morris – *"Survivors of the Illuminati"*, 1998.

declaraciones de la Dra. Catherine Gould en 1994 en el documental "In Satan's Name": "Ciertamente hay banqueros, psicólogos, gente de los medios de comunicación, también hemos oído hablar de los servicios de protección de la infancia, pero también de los policías... porque tienen interés en estar presentes en todos estos círculos socioprofesionales... Cuando empecé este trabajo, pensaba que las motivaciones detrás de la pedofilia se limitaban al sexo y al dinero, pero a lo largo de mis diez años de investigación empecé a darme cuenta de que las motivaciones son mucho más siniestras... Se abusa de los niños con fines de adoctrinamiento. El abuso ritual de los niños es un protocolo para formatear a los humanos para una secta. Se trata de formatear a los niños que han sido tan abusados, tan controlados mentalmente que se vuelven muy útiles para la secta, a todos los niveles... Creo que el propósito de esto es conseguir el máximo control, ya sea en este país o en otro."

El Dr. Lawrence Pazder también habla de la infiltración sistemática: "A primera vista parecen normales y llevan una vida normal. Están presentes en todos los estratos de la sociedad, en los que se han infiltrado cuidadosamente. Cualquier posición de poder o influencia en la sociedad debe ser considerada por ellos como un objetivo de infiltración. Los verdugos disponen de dinero, muchos tienen posiciones impecables: médicos, ministros, profesiones de todo tipo."

Para establecer tal infiltración en las instituciones y organizaciones diversas, la masonería -la mayoría de cuyos miembros desconocen la actividad de las logias posteriores de alto grado- desempeña un papel esencial que hoy ya no se pone en duda. La red masónica practica una subversión sistemática de los valores cristianos tradicionales en favor de los valores *iluministas* y *humanistas* sustituyendo a Dios por el Hombre; es decir, es la doctrina luciferina, la contrarrevelación o la contrainiciación, aplicada por la Alta Masonería, pero también por otras sociedades secretas iniciáticas de tipo piramidal que forman el conjunto de la Gran Babilonia: "la religión sin nombre".

Esta doctrina luciferina corresponde a las cuatro mentiras que condujeron al pecado original, pretendiendo aplicarlas y anclarlas en la sociedad moderna. En el Jardín del Edén, la serpiente hizo cuatro promesas a Adán y Eva si probaban el fruto prohibido:

- *Se os abrirán los ojos*: se os ha mantenido en una especie de ceguera intelectual para que no podáis ver los misterios de Dios. Satanás dice que puede abrir sus ojos a todas estas cosas ocultas. Los gnósticos buscan esto: *abrir los ojos* para descubrir qué secretos ha ocultado Dios a los hombres.
- *No morirás*: Es la transición de criatura a creador. Si la criatura se vuelve eterna, entonces se convierte en Dios.
- Os *convertiréis en dioses*: La criatura y el Creador también se ponen al mismo nivel. Todas estas ideas están vinculadas a la Gnosis y a la doctrina masónica. La gnosis se refleja hoy en el movimiento *new age*, la nueva era, que propugna la deificación del ser humano que se convierte en un supuesto creador, en un ser divino: *"somos dioses"*.

- *Tú decidirás lo que es bueno y lo que es malo*: Aquí de nuevo la criatura se pone en el lugar de Dios y vemos las tristes consecuencias en nuestra sociedad moderna.

La "famosa" fruta prohibida parece, pues, estar vinculada al conocimiento oculto que promete al hombre el acceso a ciertas dimensiones, a ciertos poderes, al tiempo que desarrolla ciertas facultades. Esto es en parte lo que contiene este libro. Vemos que estas cuatro promesas de Satanás corresponden a lo que las sociedades secretas luciferinas se esfuerzan por aplicar en este mundo desde hace varios siglos, para barrer al Creador y poner a su criatura humana en el centro de todas las cosas con la promesa de deificarlo. La red global luciferina está trabajando así para establecer su dominio para infundir su filosofía y creencia espiritual en toda la humanidad.

Hoy en día, vemos que esta doctrina pasa a primer plano, yendo de la mano de la degeneración programada de nuestra civilización, siguiendo una especie de mesianismo apocalíptico. El luciferismo está representado simbólicamente por dos figuras míticas: Prometeo o Lucifer, considerado por algunos círculos como el benefactor de la humanidad, el dios "civilizador" que lleva la luz (el conocimiento divino) a los humanos ignorantes. Lucifer, el portador de la luz, daría así a los humanos la posibilidad de convertirse ellos mismos en un dios, por sus propios medios. Esta doctrina maligna y engañosa está impregnando poco a poco el mundo moderno para que los profanos adopten estos conceptos de vida y pensamiento caídos contra su voluntad. La rebelión que se llevó a cabo en el Cielo por parte de los ángeles rebeldes continúa en la tierra, y se hace todo lo posible para que arrastre al mayor número posible de humanos. Lucifer quería ser su propio dios y por eso arrastra a las criaturas humanas a su dinámica rebelde prometiendo al hombre alcanzar él mismo el estatus de dios.

Los luciferinos, los satanistas, los neo-gnósticos, los cabalistas, los martinistas, los teósofos de todo tipo, todos tienen esta creencia de que deben evolucionar espiritualmente para obtener el poder y eventualmente la inmortalidad para convertirse en dioses. Pero esto requiere ciertas fuentes de "poder", una reunión con el Ángel Caído para recibir "luz". Los rituales de sangre (magia roja), la magia negra, la demonología, el abuso ritual de niños y la magia sexual son herramientas para acceder a este poder y a estas aperturas a otras dimensiones para recibir *la iluminación*... Los ocultistas más endurecidos, sedientos de poder, caerán en estas prácticas totalmente perversas y demoníacas, más aún si se les promete convertirse en un dios creador en el proceso. Los protocolos de abuso ritual satánico están directamente vinculados a la magia sexual y a los trances disociativos, dos poderosos catalizadores para obtener poder y acceso a otras dimensiones en la búsqueda de la inmortalidad. Los niños sometidos a torturas y violaciones, totalmente disociados y abiertos a otras dimensiones, son explotados como puentes entre dos mundos y como reserva de poder demoníaco. Sirven como médiums, intermediarios que el brujo-abductor utilizará con magia sexual para explotar al máximo esta brecha espiritual que representa el niño en estado de disociación. Es un verdadero robo espiritual, una violación física, energética y espiritual.

La programación de MK basada en la *escisión del alma* simboliza perfectamente la culminación de la búsqueda del hombre luciferino para convertirse en un dios creador. Practicando estos horrores, crea muñecos humanos, cáscaras vacías, gólems que puede llenar y programar según sus propios deseos. Manipula el mundo interior del esclavo a su antojo, como un pequeño dios que manipula a un humano robótico, jugando en esta otra dimensión que es el espacio-tiempo del universo interior de su víctima. Un universo que él arregla a su antojo. La creación de un golem es el objetivo último de los ocultistas luciferinos, cabalistas y satanistas de todo tipo. Lucifer no es un verdadero creador, no es el creador del Cielo ni de la Tierra, por eso se complace en crear en sus víctimas un mundo interior con un cielo, una tierra y un infierno de su propia creación. Organizará este mundo a su manera con un ejército de entidades demoníacas que cooperarán con el programador para controlar a la víctima. Así se establece una especie de trinidad satánica: *el Padre* (el programador), *el Hijo* (el niño "Monarca") y *el Espíritu Santo* (los demonios). Una oscura trinidad que formará la última ofensa a Dios: el sabotaje, la malversación y la explotación de su amada criatura, el ser humano. El sabotaje de la conciencia del hombre para apartarlo de Dios se aplica hoy tanto a los esclavos de MK de la forma más dura como a la humanidad en su conjunto de una forma más difusa pero igualmente abyecta.

Sin las herramientas de control mental basadas en el trastorno de identidad disociativo, las drogas, la hipnosis, la psicotrónica, etc., estas organizaciones ocultas fracasarían en su plan de dominación porque no podrían mantener en secreto sus ruines actos a tan gran escala. Los brujos han comprendido que este método de control mental utilizando el trauma y la disociación es también aplicable a escala social y que es algo necesario para poder gobernar "fácil y tranquilamente". Esto es lo que nos dice William Sargant cuando escribe que *los métodos de las iniciaciones religiosas son a menudo tan similares a las técnicas políticas modernas de lavado de cerebro y de control del pensamiento que una arroja luz sobre los mecanismos de la otra.*

"Ordo ab Chao", el orden nace del caos, es el lema de la masonería, pero también es el corazón de los secretos alquímicos. Esta fórmula puede utilizarse para alcanzar la perfección tanto en el lado bueno como en el malo. Para la mayoría de los masones, se trata sobre todo de una noción de desarrollo personal, un trabajo que consiste en derrotar al *monstruo interior que* siembra el caos, las fuerzas oscuras de la mente y del ego, que hay que combatir y trascender para recuperar el Orden Divino. En alquimia, las dos operaciones más importantes son *"Disolver"* (caos) y *"Coagular"* (ordo). La *disolución* significa la descomposición de los elementos, luego viene la *coagulación*, que consiste en solidificar el elemento disuelto en un nuevo estado, un nuevo orden. Hoy vemos que esta fórmula masónica *Ordo ab Chao*, este trabajo alquímico de descomposición y recomposición, se aplica concienzudamente en los programas de control mental, ya sea a escala individual o colectiva. Actualmente, el *Ordo ab Chao* no se aplica en una dinámica de elevación espiritual, sino en una dinámica de control total (aunque esta situación sirve paradójicamente para crear una elevación espiritual de unos pocos).

El control mental de las masas se consigue desencadenando una "disociación" (caos social) en la que el individuo ya no se identifica consigo mismo, sino que se convierte en la propia sociedad (por ejemplo, los movimientos *"Je suis Charlie"* o *"Je suis Paris"* tras los actos de terrorismo). Esta disociación social está causada por toda una serie de desestabilizaciones de la sociedad que crean las condiciones ideales para establecer un nuevo orden, una nueva estructura social. Es la teoría de la *"tabula rasa"* de Kurt Lewin, Eric Trist y muchos otros...

El lavado de cerebro de un individuo pasa por el borrado, la disolución de su personalidad original para instalar un nuevo sistema interno, lo mismo ocurre con los pueblos: destruir sus raíces, sus valores, sus tradiciones, sus creencias, su familia, incluso su noción de hombre o mujer (teoría de *género*), todo ello para obtener una masa totalmente disociada/desconectada, sin puntos de referencia, infantilizada y maleable a voluntad. El objetivo es construir fácilmente un *Nuevo Orden Mundial*. El lema de crear *el caos para* establecer un nuevo *orden* se aplica, como vimos en el capítulo 7, a los sujetos MK-Monarch que inevitablemente necesitarán al programador para poder volver a funcionar tras el caos psíquico creado voluntariamente en ellos por los traumas. Esta fórmula, como un fractal, la encontramos a gran escala en el caos social actual: para poder volver a funcionar tras el caos que inevitablemente está tomando forma, la sociedad (en un estrés postraumático generalizado) necesitará a los brujos-controladores (los programadores a gran escala) para restablecerse y volver a funcionar en un *Nuevo Orden Mundial*, con una religión mundial luciferina. Este es el proyecto en marcha, y como hemos visto los códigos de esta subcultura luciferina están permeando gradualmente a las masas populares seculares canalizadas psicológicamente en este *Nuevo Orden Mundial*. Un nuevo orden en el que los pueblos y culturas tradicionales (*el viejo mundo*) serán totalmente disueltos... Esta es la "obra babilónica", una programación mental mundial con el transhumanismo en su núcleo. El transhumanismo propugna el uso de la ciencia y la tecnología para mejorar las características físicas y mentales del ser humano, llegando incluso a considerar la vejez como una enfermedad... Se trata de una continuación del proyecto encaminado a la *"deificación luciferina del hombre"*... Pero *la ciencia sin conciencia no es más que la ruina del alma* (François Rabelais).

En 1736, Andrew Michael Ramsey pronunció un famoso discurso, conocido como *"Discurso de Ramsey"*, ante la Logia de Santo Tomás de París. Este discurso reveló claramente el espíritu babilónico de la Orden Masónica, que trabaja para *unir a los súbditos de todas las naciones en una sola hermandad para crear un nuevo pueblo cuya cohesión estará cimentada por los lazos de la Virtud y la Ciencia*. Esto está ocurriendo ante nuestros propios ojos, y es algo que es más visible y comprensible hoy que nunca, a pesar del caos que enmascara los verdaderos problemas espirituales. Nacemos y nos bañamos en esta matriz hasta tal punto que ni siquiera discernimos los entresijos de la misma. Así que hay una verdadera batalla entre dos estandartes, *"la batalla de la ciudad terrenal contra la ciudad celestial"*, entre Babilonia, la ciudad de Satanás, y Jerusalén, la ciudad de Jesucristo, el mundo del pecado contra el mundo de la gracia. No hace falta decir que hay que elegir en esta situación.

El profesor Jean-Claude Lozac'hmeur escribe sobre este *Nuevo Orden Mundial*:

Los escritos de los teóricos más representativos de estas tradiciones ocultistas (Tomás Moro, Francis Bacon, Comenius, Guillaume Postel, Campanella), así como la historia contemporánea, permiten precisar los contornos de este futuro estado totalitario.

De estos datos sabemos:

- que esta civilización (que en un principio iba a ser puramente colectivista) será con toda probabilidad una síntesis de capitalismo y socialismo,
- que se extenderá a todo el mundo,
- Aunque aparentemente democrática, estará dirigida por un déspota que es a la vez "rey" y "sacerdote", rodeado de una nomenklatura privilegiada,
- que en este universo racionalizado la familia y el matrimonio habrán desaparecido,
- que se practique la eugenesia y la eutanasia,
- que la unificación política y económica se complementará con la unificación de las religiones, sustituidas por un único culto, el de la "religión natural" conocida como "de Noé".[626]

La creación de peones MK programados estratégicamente en nuestra sociedad es el requisito previo para la aplicación de estrategias de control mental global para manipular y dominar a la masa. Hoy en día, cada vez más personas se dan cuenta de que nuestra sociedad *camina de cabeza*, que nuestros dirigentes hacen gala de una ilógica (o una lógica inhumana y destructiva) cada vez más burda y descarada, a pesar del embellecimiento mediático. La palabra *"psicópata"* para describir a nuestros gobernantes es cada vez más común en boca de la gente. No cabe duda de que existen graves patologías mentales entre nuestras élites y su infancia es probablemente un factor. Estos graves trastornos psiquiátricos se camuflan detrás de una personalidad que ha sido trabajada en la oscuridad entre bastidores y saneada bajo los focos del gran teatro político-mediático. En su libro '*Dialogues with Forgotten Voices: Relational Perspectives on Child Abuse Trauma and the Treatment of Severe Dissociative Disorders*', Harvey Schwartz explica que la adicción al poder es el resultado de estas subculturas ocultas: *"Aquellos que no han estado expuestos personalmente a estos extremos serán incapaces de comprender plenamente la espiral degenerativa de esta obsesión por el poder. La historia ha demostrado que cuando una persona o un grupo adquiere el poder (Hitler, Idi Amin Dada, Pol Pot, Stalin, por nombrar sólo algunos), un patrón de sadismo extravagante, crueldad gratuita irracional y, en última instancia, violencia exhibicionista destructiva conduce a su explosión y colapso. La historia aún tiene que revelar que esta misma dinámica diabólica actúa fuera del contexto de la guerra y la*

---

[626] *Les origines occultistes de la Franc-maçonnerie* - Jean Claude Lozac'hmeur, 2015, p.184.

política en los grupos criminales que imponen su poder sobre los niños de todo el mundo en forma de abusos inimaginables. "

Durante el abuso ritual, los niños reciben la transmisión de *la "iniciación"*, la "violencia inicial" que los prepara para convertirse en adultos que trabajan para el "lado oscuro". Dado que el proyecto luciferino se extiende a lo largo de varios siglos, y por lo tanto de varias generaciones, el condicionamiento y más aún la programación mental de los hijos de la élite forman un protocolo indispensable. La programación de la lealtad, la fidelidad y la ley del silencio es la base para controlar a estos niños, que están destinados a perpetuar el proyecto globalista luciferino. El objetivo es lograr una sociedad cuyas instituciones y diversos estratos de control estén cerrados y sostenidos con puño de hierro por individuos al servicio de sus demonios interiores... Estos niños, disociados y escindidos desde una edad temprana, tienen un cerebro "recableado" que les da ciertas facultades intelectuales y creativas, pero también un cuerpo energético totalmente abierto al mundo de los espíritus, a la mediumnidad consciente e inconsciente. En el luciferismo, el proceso disociativo se considera un estado de iluminación espiritual que permite el acceso a otras dimensiones.

A estos niños se les da *poder, poder* y *luz*, se convierten en canales utilizados por los ángeles caídos para encarnar y establecer la doctrina luciferina en esta tierra. Así, poco a poco, se ha ido creando un mundo gobernado indirectamente por entidades que existen en otro plano. Entidades que necesitan de seres humanos bien encarnados en carne y hueso para actuar aquí abajo en la materia. De la misma manera que el Espíritu Santo se infunde en ciertos humanos en estado de gracia para inspirarles sabiduría, inteligencia, fuerza, caridad, fe, esperanza... Una fuerza anticristiana, contrainiciática, también puede infundirse en los humanos, más particularmente en aquellos que han tenido las *puertas abiertas de par en par* desde la primera infancia durante su "iniciación" por traumas extremos. Algunos fragmentos de sus almas están totalmente atados y esclavizados al reino caído, al "Príncipe de este mundo". Este proceso es nada menos que una inversión de la santificación. Estos linajes luciferinos, *atados de pies y manos a* los demonios durante generaciones, representan lo subhumano, resultado de esta contrainiciación. El abuso ritual traumático, el sacrificio, la magia, la demonología, la disociación/posesión/*"iluminación"*, el control de los fragmentos del alma, pero también los sitios ceremoniales con una energía telúrica particular, todo este conocimiento oculto es la herramienta que permitirá la conexión con estas entidades caídas que ofrecen a esta jerarquía humana luciferina el poder de establecer un dominio temporal aquí en la tierra.

Estos linajes, poseedores de una sangre particular heredada de un antiguo "pacto" con los ángeles caídos, recrean o despiertan deliberadamente sociedades secretas, escuelas, sectas, por medio de ciertas individualidades especialmente preparadas, que podrían considerarse como un tipo particular de "poseídos" y cargados de poderes necesarios, siempre de naturaleza psíquica, por supuesto, que les permiten provocar, durante un cierto período de tiempo, más o menos largo pero siempre limitado, fenómenos que constituyen el elemento "catalizador" alrededor del cual se crearán estas agrupaciones. "Memoria de la sangre: contrainiciación, culto a los antepasados." - Alexandre de Dànann.

La masonería se refiere a misteriosos *"Maestros"*, ajenos a la humanidad, que inspirarían, a través de la mediumnidad, a ciertos altos iniciados conectados con otra dimensión... Esto con el fin de recibir "oráculos", es decir, información que permita actuar "mejor" en el mundo material. Como ya hemos visto, el francmasón Oswald Wirth fue muy claro al respecto: *"Los Maestros -pues así se refieren a ellos los iniciados- se envuelven en un misterio impenetrable; permanecen invisibles tras la espesa cortina que nos separa del más allá... Sólo trabajan en el tablero de dibujo, es decir, intelectualmente, concibiendo lo que debe construirse. Son las inteligencias constructivas del Mundo, poderes efectivos para los Iniciados que entran en relación con los Superiores Desconocidos de la tradición.*[627] Las inteligencias constructivas del mundo"... guiando a las altas logias masónicas para instaurar el Nuevo Orden Mundial luciferino. Hoy en día, esto está muy claro...

Como hemos visto, en un cerebro en desarrollo, los traumas extremos repetitivos que causan disociación moldearán las vías neuronales y conducirán (bajo *"buena dirección"*) a ciertas habilidades físicas e intelectuales, pero también a facultades psíquicas extraordinarias. Este violento *"desbloqueo espiritual"* abre la puerta al mundo espiritual. Es probable que en ciertos círculos elitistas, el hecho de ser *múltiple,* de tener una personalidad desdoblada en diferentes alter, sea visto como una marca espiritual de calidad, una marca iniciática, *la* marca de la *iluminación* que da la llave de acceso a otras dimensiones. También es la "marca" de la jerarquía luciferina conocida como los *"illuminati".* Es probable que algunos iniciados (o deberíamos decir *"traumatizados"*) con personalidades múltiples puedan dominar su T.I.D. cambiando de personalidad a voluntad y según sus necesidades (véase el caso de Louise, que dominó totalmente su cambio de personalidad - capítulo 5). Los Alters más profundos, vinculados a las actividades de las sectas ocultas, conocen perfectamente el sistema interno y pueden emerger cuando lo deseen, a diferencia de los Alters de superficie que desconocen totalmente el *"fondo".*

Pero, ¿hasta qué punto se puede hablar de superioridad con respecto al humano *corriente,* dado que los métodos "iniciáticos" no son más que dolor, trauma y, finalmente, esclavización a los demonios y al Príncipe de este mundo? Al final, estos infrahumanos siguen atados de pies y manos a las entidades de las que dependen sus poderes y su fuerza. Esta esclavitud luciferina se perpetúa sistemáticamente en una descendencia elegida para establecer un *Nuevo Orden Mundial.* Todo esto se logra en un estado mental de extrema superioridad sobre el pueblo profano y *no iluminado,* que es considerado como ganado que alimenta a "la bestia"... para ser corrompido y abatido a toda costa...

Una cosa que es importante entender es que los niños atrapados y explotados por estas sectas se clasifican en varias categorías. En primer lugar,

---

[627] *La masonería hecha inteligible para sus seguidores* Volumen III - Oswald Wirth, 1986, p.219-130.

están los vástagos de las familias luciferinas influyentes que programan sistemáticamente a su descendencia; en segundo lugar, hay niños que son introducidos en estos círculos a una edad muy temprana y que también están destinados a formar la élite del mañana sin tener un vínculo de sangre con la "Familia". Por último, hay niños que son utilizados literalmente como carne fresca: niños nacidos de una violación y no declarados, niños secuestrados o niños extranjeros, todos ellos destinados a ser abusados, torturados y finalmente sacrificados durante los rituales. Estos niños son utilizados para "iniciar" a los demás niños de la red, considerados los "elegidos", en las prácticas innobles de estos grupos.

Dado que el desdoblamiento de un humano, es decir, la creación deliberada de un trastorno de identidad disociativo, sólo puede realizarse en niños muy pequeños, está claro que éstos se convierten automáticamente en objetivos prioritarios para la perpetuación de la contrainiciación y la *iluminación*. Esta es una gran parte de la explicación de la existencia de las redes *pedófilas*. Redes en las que los miembros implican a sus propios hijos en el proceso de "iniciación", a la vez que implican a los hijos de "segunda clase", que pueden servir tanto de carne fresca como de futuros esclavos MK para el trabajo sucio. Como se dice al principio de la conclusión: el Niño está en el centro de este ciclón devastador...

Ya es hora de desenmascarar esta cadena infernal para que la gente sepa lo que ocurre entre bastidores en este mundo. Estos archivos se suprimen sistemáticamente para no abrir la más mínima brecha en el mayor secreto de la dominación. Potencialmente, todo puede detenerse, por lo que no hace falta decir que en este gran teatro cada uno debe hacer su parte, y que la Providencia tal vez sólo espere el momento oportuno para intervenir.

A pesar del caos y de las constantes cortinas de humo que intentan por todos los medios cegarnos, hoy es mucho más fácil tener una visión global del mundo en el que vivimos que hace 50 años o incluso hace 20. El globalismo, a pesar de todas sus consecuencias negativas, tiene el mérito de darnos la oportunidad de comprender plenamente el mundo en que vivimos.

A medida que la agenda luciferina del *Nuevo Orden Mundial* avanza, se revela inevitablemente y de manera exponencial. El secuestro, la corrupción y el adoctrinamiento de las conciencias se refuerza así en proporción al desvelamiento cada vez más flagrante. Es un efecto de bola de nieve que paradójicamente combina la revelación total con un oscurantismo cada vez mayor, formando el conjunto una especie de *caos* del que la mente humana, afortunadamente, todavía es capaz de discernir los entresijos... si se esfuerza.

La *luz de* esta "religión sin nombre" es ahora tan radiante en nuestro mundo que finalmente está siendo expuesta por lo que realmente es. La palabra *Apocalipsis*, que describe los tiempos en que vivimos, proviene del griego *Apokalupsis* que significa revelación e instrucción. En efecto, hoy "todo está claro" para los que ya no esconden la cara en la negación porque se desprenden de la virulenta propaganda mediática para empezar a reinformarse. Esta noción de desvelamiento, de revelación, a medida que avanza la agenda luciferina, es una ley de la que no pueden escapar: es la gran "exposición" propia del Apocalipsis. Por lo tanto, esta ineludible exposición/revelación es por su cuenta y riesgo, pero no tienen más remedio que llevar a cabo el establecimiento de este *Nuevo Orden luciferino*. Por lo tanto, actualmente se apoyan al máximo en la ingeniería social (control mental de las masas) para corromper y secuestrar la conciencia (y el subconsciente) por todos los medios en un intento de mantener a la sociedad en una determinada matriz, un "capullo confortable" (aunque obviamente cada vez más inestable) que permite infundir todo y cualquier cosa sin problemas, sin que la gente reaccione. Pero también asistimos a un endurecimiento de los *derechos* y *las libertades bajo el* pretexto de la lucha contra el terrorismo; una forma ideal de suprimir todas las opiniones que van en contra de la doxa ambiental mantenida todo el tiempo por *los* medios de comunicación controlados. Los medios de comunicación siembran esta "opinión pública" automáticamente aceptada y crean así el fenómeno de la *presión de grupo*, un fenómeno descrito en el primer capítulo que puede resumirse así: Las ovejas vigilan a las ovejas, el que se aleja del rebaño por ser demasiado crítico con el llamado pensamiento único, se convierte en una oveja negra a los ojos de las demás ovejas. Así, esta presión social constante hace que se tema la exclusión del grupo.

La observación es que las masas están agobiadas por el trabajo, las deudas y la rutina diaria a la que están abocadas, entregándose a la noche frente al televisor, utilizándolo principalmente -e inconscientemente- como herramienta de relajación. *Panem et circenses* (pan y circo/juegos), esta expresión de la antigua Roma es más aplicable que nunca a nuestra sociedad de consumo. Una situación en la que es difícil que las cosas se muevan, ya que la gente está muy esclavizada y carece visiblemente de la voluntad de emanciparse de la sopa "periodística" y del entretenimiento infantilizante y debilitante que se le sirve a todas horas en el *prime time*. Evidentemente, el objetivo es sobre todo la juventud.

El tema de este libro es especialmente difícil de integrar y aceptar, ya que puede alterar todo un paradigma. El tema de una red global *de pedófilos-satanistas que* beben de la inocencia de los niños se está conociendo, y la gente puede ahora entender esta dura realidad con más facilidad que incluso hace 10 años, porque el destape es exponencial. Gracias a todos los investigadores y a los investigadores independientes que han participado o siguen participando en el esclarecimiento y la exposición de este difícil tema para difundir la información a toda costa, muchos de los cuales han perdido sus plumas e incluso sus vidas...

La declaración de la ex fiscal adjunta de Bobigny, Martine Bouillon, a la periodista Élise Lucet durante un debate televisado ilustra muy bien este punto: *"Acabamos de comprender que la pedofilia existe, no podemos comprender todavía que hay cosas aún peores que la pedofilia, yo diría que "simples", y la gente se resiste con toda su fuerza, con toda su fuerza interior."*

Es muy natural que la gente muestre una fuerte resistencia, incluso una negación total, ante el horror absoluto que son la pedocriminalidad, el satanismo y la corrupción masiva de sus gobiernos... Pero es hora de ver con claridad y si no aceptamos todo, al menos debemos hacer nuestra propia investigación para validar o no estos horrores. Sobre todo porque hoy en día todo se revela, sólo gracias a la corrupción generalizada de las instituciones y los medios de comunicación y a la ceguera voluntaria o involuntaria de las personas sometidas a la ingeniería social se mantiene en pie este infame sistema.

Cuanto más se estudie y comprenda un tema por un número creciente de personas, más accesible y comprensible será para las masas porque se *"aclarará"* *de* cierta manera. En efecto, cuanto más se despeja y profundiza un camino de comprensión, más se ensancha para dar acceso a este conocimiento a un número creciente de personas que podrán así comprenderlo mucho más fácilmente que los investigadores iniciales...

Cuanto más circule la información, más gente llegará y más accesible mentalmente será para la mayoría, que podrá integrarla más fácilmente en su paradigma. Obviamente, esta información no está disponible para todo el mundo de repente, pero temas como la pedocriminalidad, el satanismo, la programación MK, etc., serán cada vez más accesibles a las mentes humanas porque algunas personas ya habrán hecho el trabajo de *despejar el camino,* es decir, el trabajo de comprensión e integración.

Tal vez podamos comparar este proceso con la teoría de *los 100 monos:* cuando un número suficiente de individuos ha descubierto algo y lo ha integrado completamente, automáticamente se vuelve más accesible y comprensible para otros individuos de la misma especie. Sin embargo, esto requiere un mínimo de apertura e investigación, ya que el libre albedrío siempre está ahí para permitirnos elegir abrir o cerrar una puerta, pero el camino de la comprensión ya estará despejado y será más navegable que antes... De ahí el empeño de nuestros brujos-controladores en compartimentar la conciencia humana en profundos surcos para que no dirija su atención hacia temas que revelen sus verdaderas herramientas de control, que a pesar de todo se hacen ineludiblemente más evidentes día a día...

Al mismo tiempo, necesitamos la ayuda providencial de Dios para poder avanzar en esta lucha, ya que la parte contraria está apoyada a su vez por poderosas fuerzas de orden sobrenatural. La Red está organizada tanto militarmente (una estricta organización jerárquica) como espiritualmente (un culto al Príncipe de este mundo), a diferencia de los pueblos profanos que han hecho todo lo posible por distraerlos y sobre todo por cortarlos de su relación con Dios... Solos, sin la ayuda de Dios, no somos rivales para esta Red luciferina dominante, que trabaja con entidades espirituales caídas de las que recibe sus directivas y su poder, de ahí el hecho de su dominación actual.

Esta ayuda divina, esta providencia, puede depender del número de humanos que hayan tomado o tomen conciencia de estas cosas y actúen a su nivel para revertir el sabotaje y la corrupción del ser humano que se está produciendo.

La teoría de que una masa crítica consciente es capaz de volcar y desbloquear una situación que antes estaba totalmente cimentada e inextricable se aplica a temas muy pesados, cosas tan impactantes que generalmente son impensables e inimaginables para la mayoría de la gente... Pero cuanto más se comprendan estas cuestiones y sean aceptadas por un número cada vez mayor de personas, más posibilidades habrá de mover las piezas en el tablero de ajedrez; el tablero real, no el de la justicia de los hombres, los masones y las instituciones, que hoy está totalmente amañado.

Si todo un pueblo no está dispuesto a *aceptar* una dura realidad, es decir, a enfrentarse a una pesada verdad que puede perjudicarle por el choque o, peor aún, hacerle caer en una locura caótica, es lógico, desde el punto de vista de la ley divina que debe preservar a los individuos, que sólo acceda a esta información con gran dificultad, si es que lo hace... Cuando las conciencias empiezan a despertar y a emanciparse de la matriz (el control mental de las masas), entonces pueden empezar a acceder a información más o menos molesta.. pero a fin de cuentas salva vidas.

En otras palabras, el Cielo está esperando a que los frutos maduren antes de revelar ciertas cosas, respetando la evolución de la conciencia; a pesar de las fuerzas opuestas que están tratando de impedir que las masas accedan a la información que podría llevarlos a otro nivel de comprensión de la matriz en la que han estado inmersos desde su nacimiento. Así pues, cuanto más se emancipen las conciencias de lo que se les alimenta diariamente en términos de información y acudan a otras fuentes de información, más dispuestas estarán a recibir estas pesadas verdades que, en efecto, pueden ser muy chocantes. A pesar del horror, son cosas que hay que revelar para que el mayor número posible de personas investigue estos temas. Especialmente cuando se trata de niños...

En la actualidad, en términos de información, todo está disponible para aquellos que todavía tienen el tiempo y el coraje de emprender un proceso de emancipación de este sistema basado en el control mental global: Dios no permite que nos quedemos sin recursos para entender el mundo en el que vivimos: esta es una Ley esencial.

El satanismo/luciferismo elitista respeta escrupulosamente esta Ley (no tienen elección) que da eternamente a las almas humanas la oportunidad de acceder a la Verdad. Sólo tienen el poder que Dios les ha permitido durante un período de tiempo limitado, y la guerra que libran en este gran teatro que es nuestro mundo es principalmente contra la conciencia/subconsciente. No pueden censurar todo, así que el objetivo es canalizar la conciencia a través de la propaganda sistemática en los medios de comunicación: el control de la información y la ingeniería social son las principales herramientas para condicionar a la gente. También se plantea la cuestión de la tecnología psicotrónica en cuanto a su capacidad para controlar nuestros cerebros a través de ondas escalares o microondas pulsadas, aplicadas de forma masiva al bañar literalmente a la población con ondas electromagnéticas que pueden influir potencialmente en el cerebro dependiendo del tipo de frecuencia emitida. En cuanto a la fuerte adicción de la población a la red *GSM* (*Sistema Global de*

Comunicaciones Móviles), ya no es necesario demostrarlo, basta con pasear por la calle y el transporte público para darse cuenta...

La Verdad está ahí para los que buscan un mínimo y sobre todo para los que piden ayuda al Cielo. Es una verdadera guerra espiritual y tenemos, a pesar de las apariencias, suficientes recursos para aprender y poder salir de los fangosos surcos montados por la Gran Babilonia con su principal herramienta: el Control Mental. Pero Dios no permitirá que nos quedemos sin recursos para guiarnos a la Verdad y a nuestra salvación. El *Nuevo Orden Mundial* está a pesar de sí mismo sujeto a esta Ley, por lo que no puede censurar la totalidad de las cosas que permiten a las almas humanas acceder a la Verdad. En este gran teatro terrenal, tanto el bien como el mal juegan un papel en la evolución de las almas humanas, como lo describe muy bien el obispo Delassus con estas palabras: *"No saben, o quieren ignorar, que por encima de su amo Satanás, infinitamente por encima, está Dios, Dios Todopoderoso. Creó el mundo para su gloria, la inefable gloria que le será eternamente devuelta por todas sus criaturas, sin excepción, aunque de diferentes maneras, algunas manifestando su bondad, otras manifestando su justicia. Hasta el día de las supremas retribuciones, los deja a su libre albedrío, de modo que tanto el mal como el bien, lo malo y lo bueno, sirven para cumplir los propósitos de su infinita sabiduría (...) Dios permite, somos, por desgracia, testigos de ello, los errores del hombre e incluso la rebelión contra Él, pero hasta un grado que no será superado; Él espera. Todo servirá a sus propósitos, y cuando la prueba haya cesado, todo estará en su lugar; entonces sólo habrá maldad para los culpables obstinados."*[628]

Este libro pretende, en primer lugar, *liberar a los niños de los sótanos*, es decir, luchar a nivel personal contra el pedosatanismo informando a los ciudadanos sobre esta realidad. Por lo tanto, se dirige especialmente a terapeutas, psiquiatras, abogados, magistrados, policías, periodistas, políticos y miembros de asociaciones de protección de la infancia... En definitiva, a todos aquellos que siguen siendo honestos y tienen integridad y pueden hacer que las cosas sucedan a su nivel.

Al mismo tiempo, y esto es esencial, este libro pretende concienciar al lector que aún no lo haya hecho, de que realmente existe una guerra espiritual aquí en la tierra. Si hay una guerra espiritual, tu alma necesita encontrar el camino correcto, el del Señor Jesucristo, que se hizo carne y sangre para nuestra salvación y para reformar todas las atrocidades parcialmente descritas en este libro. Su sacrificio de sangre en la cruz iba a ser el último, el último sacrificio... La gran reforma final del Hijo de Dios frente a todas estas abominaciones.

Para hacer frente a estas generaciones que perpetúan a toda costa la adoración del ángel caído, representando al infrahumano santificado por Lucifer, y por tanto poseedor de una fuerza de orden sobrenatural; santifiquémonos en Jesucristo para entregar también nuestras vidas a una fuerza sobrenatural de oposición indispensable en tal lucha.

---

[628] *La Conjuration Antichrétienne - Le Temple Maçonnique voulant s'élever sur les ruines de l'Église Catholique* - Mgr Henri Delassus, Éd. Saint-Rémi 2008, p.310, 311.

Incluso en estos tiempos aparentemente oscuros, Dios nos da constantemente conocimiento y sabiduría para oponernos y contrarrestar la abominación babilónica.

> *- Pedid, y se os dará; buscad, y encontraréis; llamad, y se os abrirá.* Mateo 7:7

> *- Todo lo que está oculto debe salir a la luz, todo lo que es secreto debe ser revelado.* Marcos 4:22

ANEXOS

ANEXO 1
"TRAUMA Y DISOCIACIÓN EN LA MITOLOGÍA MASÓNICA."

Extractos del libro *"Terror, trauma y el ojo en el triángulo"*,
Lynn Brunet - 2007, p. 64 a 83

El Templo de Salomón se ha interpretado a menudo como una metáfora del cuerpo humano. El autor francmasón Albert Mackey lo confirma cuando escribe: "Las ceremonias de tercer grado en las que un edificio ruinoso representa metafóricamente el deterioro y las dolencias asociadas a la edad del cuerpo humano. Las dos columnas, Jakin y Boaz, representan la entrada al Templo. En la literatura cabalística, estos dos pilares corresponden a los lados derecho e izquierdo del cuerpo con su efecto de espejo (...) Es aquí donde se establece el vínculo con las funciones izquierda y derecha del cerebro humano, que controlan cada una el lado opuesto del cuerpo, es lo que se llama controlateralidad. Estos dos pilares también pueden representar cualidades como la severidad y la clemencia, el concepto de blanco y negro" (nota del editor: algunos altares de la O.T.O. están rodeados por una columna blanca y otra negra), *Adán y Eva, masculino y femenino, etc.* (nota del editor: como vimos en el capítulo 7, estas nociones de controlateralidad y la división de los dos hemisferios cerebrales parecen ser un punto importante en el MK)

El Templo de Salomón estaba destinado a proporcionar un hogar permanente para el Arca de la Alianza, que desde la época de Moisés había sido alojada en una tienda (...) En un plano del Templo de Salomón, representado en un documento masónico titulado "Los dos pilares", el Arca de la Alianza se encuentra en el Santo de los Santos con el altar del incienso al lado. (Nota del editor: Lynn Brunet establece un paralelismo entre el Arca de la Alianza y el tálamo, una estructura en el corazón del cerebro)

La palabra tálamo deriva del griego para designar una "cámara interior", comúnmente utilizada como cámara nupcial. El tálamo está situado en el centro del cerebro, está completamente cubierto por el hemisferio cortical y es la principal puerta que transmite la información sensorial a la corteza cerebral, los principales flujos de entrada a la corteza deben pasar por el tálamo. Como señala Francis Cricks, "la idea de que el tálamo es una clave de la conciencia no es nueva. Su función es mantener en armonía el sistema somatosensorial, así como la actividad mental y emocional del individuo. También observa que una gran parte del tálamo se llama "pulvinar", palabra que originalmente significaba "cojín" o "almohada" (...) otra variante significa "diván sagrado" o "asiento de honor". ¿Podría esta elección terminológica referirse al trono de la gracia del Arca de la Alianza alojada en el Santo de los Santos? Si es así, la colocación del altar del incienso justo al lado del Santo de los Santos podría ser una referencia simbólica al hecho de que el sentido del olfato es el único que no implica un cruce de vías nerviosas entre el cerebro y el cuerpo: el lado derecho de la nariz está conectado al lado derecho del cerebro. La estrecha relación del sentido del olfato con la memoria es bien conocida (...) Cuando Salomón recreó una "casa" para el Arca, colocó los querubines de forma que sus alas tocaran el lado de cada pared. En términos fisiológicos, las alas de los querubines pueden representar simbólicamente los dos lados de la corteza cerebral que tocan el interior de las paredes del cráneo y se encuentran cara a cara en la cámara interna donde reside la conciencia. Visto así, el "Trono de Gracia" podría representar simbólicamente la capacidad del cerebro para organizar el caos, es decir, la masa continua de información sensorial entrante procesada instantáneamente por el tálamo (...) La Cámara Media (que marca el final de la iniciación de los tres primeros grados masónicos: Aprendiz, Compañero y Maestro) y su escalera de caracol son dos importantes símbolos masónicos (...) Mackey escribe que los Compañeros, los trabajadores del Templo, suben por la escalera de caracol para llegar a la Cámara Media. Interpreta esta Cámara Media como el lugar donde se recibe la Verdad y la escalera de caracol como símbolo de la progresión espiritual.

Las investigaciones sobre el tálamo han demostrado que contiene una serie de centros de actividad, llamados "núcleos". El principal se llama "núcleo ventral caudal (o posterior)". El neurólogo Chihiro Ohye escribe que "en el núcleo ventral caudal hay una zona llamada núcleo ventral intermedio que contiene grupos de células dispersas. La estimulación eléctrica de esta parte del núcleo induce una sensación de giro o elevación, una especie de ascensión. (...) La psicóloga Susan Blackmore afirma que algunas experiencias alucinógenas pueden impactar en las células cerebrales produciendo una visión compuesta por rayas en espiral que pueden aparecer como un túnel en la corteza visual. Por lo tanto, en términos fisiológicos, el símbolo de la escalera de caracol puede ser una forma de ilustrar esta sensación física de girar y ascender con esta visión alucinatoria. En cuanto a este lugar donde se recibe la "Verdad", es posible que esta Cámara Media sea un lugar familiar para los que estudian la meditación, una zona del cerebro que no es ni derecha ni izquierda, un estado de calma totalmente centrado donde el individuo puede sentir una sensación de conexión con lo divino...) Situada en algún lugar del tálamo, la habitación interior o "cámara nupcial" puede ser otra forma de representar el concepto místico de matrimonio alquímico (o nupcias químicas), representado como el concepto de hermafrodita, o en términos junguianos, una condición en la que los aspectos masculinos y femeninos de la psique están en total armonía (...)

En términos traumáticos, la leyenda de Hiram puede verse como un texto metafórico que representa lo que sucede fisiológicamente cuando se utiliza el terror para producir la experiencia de la "luz interior". Esta "luz interior" es el sentido de la conciencia cósmica o de la inmortalidad que se alcanza a través de la lenta ascensión espiritual representada en el segundo grado (...) La masonería pertenece a la tradición gnóstica. La figura de Lucifer, el "portador de la luz", la luz de la experiencia mística, está en el centro de esta tradición. La relación entre Lucifer y la psicología del trauma se pone de manifiesto en una obra titulada "La tragedia del hombre", escrita por el húngaro Imre

Madach y analizada por el antropólogo Geza Roheim. Lucifer, que es el personaje central de la obra, se llama "el Espíritu de la Negación". En la obra, Lucifer invita a Adán a volar al espacio (es decir, a desvincularse de la realidad) para escapar de la escoria de la vida terrenal: "el dolor cesará cuando nos hayamos rendido y haya desaparecido el último vínculo que nos une a la Madre Tierra". Esta capacidad humana de escapar del terror y del intenso dolor emocional o físico a través de la negación y la disociación puede haber sido explotada por la masonería para lograr experiencias místicas. Al interferir en el proceso cerebral a través de un trauma físico o psíquico (shock, terror, hipnosis), la mente puede experimentar una alteración del sentido del tiempo y una sensación de intemporalidad (...)

El mito de Isis y Osiris, utilizado en el Rito Escocés, también puede ser una ilustración metafórica del proceso traumático. Mackey escribe que "Osiris fue asesinado por un tifón y su cuerpo fue cortado en pedazos, sus restos mutilados fueron arrojados al Nilo y dispersados a los cuatro vientos. Su esposa Isis, lamentando la muerte y mutilación de su marido, buscó durante varios días las partes del cuerpo y, tras encontrarlas, volvió a ensamblar las piezas para darle un entierro decente. Osiris, así restaurado, se convirtió en una de las principales deidades egipcias y su culto se unió al de Isis, para formar una deidad fértil para la fertilización de la naturaleza" (...) Si interpretamos los personajes Isis y Osiris en términos de estructuras cerebrales, Isis representa el cerebro derecho, los atributos intuitivos, y Osiris representa el cerebro izquierdo, los atributos lógicos y lingüísticos. Los daños causados por un traumatismo pueden provocar problemas de almacenamiento de la memoria en el hemisferio izquierdo y, por lo tanto, pueden afectar a la capacidad del individuo para hablar de los acontecimientos que ha vivido, ya que la transferencia de información desde el cerebro derecho está "mutilada" o fragmentada. Entonces, al individuo le resulta difícil reconstruir los fragmentos de la memoria que son como piezas de un rompecabezas. Podría interpretarse que estos dioses egipcios encarnan este fenómeno de los trastornos de la memoria de la mente fragmentada tras una experiencia traumática (...) Las referencias a la mutilación o automutilación de los dioses mitológicos son abundantes en la literatura mágica y religiosa del antiguo Egipto. Las mutilaciones autoinfligidas por los dioses suelen deberse a tensiones emocionales de diversa índole. Budge señala que en otros escenarios relacionados con el tema de la muerte y la resurrección en el mito osiriano de Horus, hijo de Isis y Osiris, Horus tiene el papel de restaurar la vida en un abrazo, un gesto que recuerda a los "Cinco Puntos de Compañerismo" masónicos. Horus se acercó a Osiris, que estaba en el estado de un hombre muerto, y lo abrazó. Mediante este abrazo le transfirió su propio KA (doble), o parte del poder que habitaba en él. El abrazo es, de hecho, un acto por el que la energía vital se transfiere del abrazador al abrazado. Budge observa que el abrazo también puede ser visto metafóricamente como una restauración de la información en el centro del lenguaje del cerebro izquierdo con el propósito de la curación psíquica después de un trauma importante. Alan Watt, al estudiar el tema del desdoblamiento en el mito de Osiris y otros mitos antiguos, sostiene que el desmembramiento sacrificial de un ser divino es un proceso voluntario, el del autosacrificio. Escribe: "Se deduce lógicamente que donde hay desmembramiento (deconstrucción) al principio, hay reconstrucción al final (nota del editor: Ordo ab Chao o Disolver y luego Coagular) Es el juego cósmico de descubrir lo que está oculto y recordar lo que se ha dispersado. La conclusión de Watt está relacionada con una noción sobre la memoria en los procesos espirituales y el papel de la concentración para reducir los pensamientos dispersos. Yo diría que este mito es aún más apropiado cuando se aplica a la naturaleza de la memoria traumática, su represión y su recuerdo (...) (nota del editor: el masón) Leadbeater sugiere que la iniciación en su forma más pura implica algún tipo de conexión con lo divino y esto es lo que representan los diversos grados masónicos. El "desgarro en fragmentos" sugiere que la iniciación requiere una comprensión del uso de los choques para producir un determinado estado de conciencia, que si se produce correctamente, puede crear la sensación de ser "uno con el universo". Este estado de conciencia es considerado actualmente por el campo médico como un ejemplo de estado disociativo. Casavis, en un análisis del origen griego de la masonería, señala el papel que juega la fragmentación en los Misterios de Osiris. Observa que la planta sagrada de este culto de Misterio era Erica, de la palabra griega 'eriko' que significa 'romper en pedazos'."

Mackey señala que el símbolo egipcio más relevante para la masonería es el del "ojo que todo lo ve", interpretado místicamente como el ojo de Dios, pero también como "el símbolo de la vigilancia y el cuidado divinos del universo". La adopción del triángulo equilátero es un símbolo de la divinidad, que se encuentra en diferentes culturas. Mackey escribe: "Entre los egipcios, la liebre era el jeroglífico de los ojos abiertos, por lo que se supone que este frágil animal nunca cierra sus órganos de visión, siempre está al acecho de sus enemigos. La liebre fue entonces adoptada por los sacerdotes como símbolo de la iluminación mental o luz mística que se revela a los neófitos durante la contemplación de la verdad divina, en el curso de su iniciación. Y así, según Champollion, la liebre era también el símbolo de Osiris, un dios principal, mostrando así la estrecha conexión entre el proceso de iniciación en sus ritos sagrados y la contemplación de la naturaleza divina."

Una de las consecuencias de los traumas graves es un estado conocido como "hipervigilancia". Se trata de un estado de atención constante y miedo agotador, en el que la víctima, como el conejo o la liebre, está constantemente al acecho del peligro. Cuando Osiris resucitó, poseía el "ojo que todo lo ve". Si la reconstrucción de Osiris representa la recuperación de los recuerdos traumáticos, esta capacidad de "verlo todo" puede traducirse como la capacidad de enfrentarse a la muerte o al mal. Estas nociones de enfrentarse a la muerte, la idea del viaje y el renacimiento en los textos masónicos adquieren así un cierto significado con las teorías contemporáneas de la memoria y el trauma.

Desde un punto de vista fisiológico, es interesante observar que las neuronas que parecen estar más asociadas a la conciencia se describen como células piramidales. Podemos establecer un paralelismo con el simbolismo del descubrimiento de Isaac Newton de la descomposición de la luz blanca en los diferentes colores del arco iris a través de un prisma de cristal triangular. El ojo en el triángulo masónico encarna la física de Newton en el sentido de que puede ser una representación visual de la escisión referida a la disociación, la iluminación de la conciencia (...)

Aquí cobra relevancia la filosofía ilustrada del vínculo entre el Terror y lo Sublime descrita por Edmund Burke. Todas las cosas que transmiten terror, dice, "son una fuente de lo sublime, producen la emoción más fuerte que la mente es capaz de sentir". Tal vez esto se haga eco de la investigación neurológica. El lugar donde todas estas funciones parecen coordinarse se llama sistema límbico, que comprende el tálamo, la amígdala, el hipocampo y otras estructuras. Como dice Pierre-Marie Lledo: "Al igual que el limbo en la mitología cristiana, el sistema límbico es el intermediario entre el cerebro neomamífero del cielo y el cerebro reptiliano del infierno." (…)

En el delantal masónico de 21° grado, el Grado Noájico o Prusiano, hay un humano alado que se lleva el dedo índice de la mano derecha a los labios y una llave en la mano izquierda. Esta representación se conoce como la figura egipcia del Silencio (...) En el sistema masónico, la Torre de Babel es una imagen ligada a los recuerdos y al olvido, vinculada a la confusión y a la pérdida del lenguaje. Según los masones: "Pasar delante de la Torre te hace olvidar todo lo que sabes" (...) La figura alada del Silencio en el 21° grado del delantal masónico también puede representar este proceso de disociación. La incapacidad de hablar sobre la experiencia traumática se representa con el dedo índice derecho delante de la boca, ya que la mano derecha está controlada por el cerebro izquierdo, el lado del cerebro que afecta al lenguaje. La mano izquierda (que simboliza el acceso al lado derecho del cerebro donde se almacenan los recuerdos traumáticos disociados) tiene la "llave" para acceder a estos recuerdos (...)

Las historias del Diluvio y de la Torre de Babel pueden interpretarse como otra metáfora de cómo funciona el cerebro durante el trauma. En gran parte de la literatura sobre el trauma, la experiencia se describe como "abandonar el cuerpo", un fenómeno relacionado con el proceso de disociación. Se experimenta una sensación de paz mientras la persona se desconecta psíquicamente del terror, encontrando una forma natural de escapar. La huida del "alma" del cuerpo en situaciones traumáticas está representada por la liberación de la paloma del Arca de Noé y simboliza, en términos fisiológicos, el efecto opioide liberado en el cerebro cuando el terror "inunda" el cuerpo físico (...)Tras el diluvio (del terror), el arco iris (identidad disociada) se convierte entonces en un símbolo de esperanza porque el diluvio del terror se olvida y el individuo puede sobrevivir (...) La vida de los individuos se "divide" psicológicamente tras experimentar algo que podría haberles matado. En los textos cabalísticos, el arco iris también se relaciona con la Vía del Camaleón, el animal que cambia de color según su entorno. Esto está relacionado con el fenómeno de la personalidad múltiple, en el que el individuo es capaz de adaptarse a diferentes situaciones con diferentes personalidades (alteraciones o fragmentos de personalidad). Todo este simbolismo da pie a la posibilidad de

que la historia del Arca de Noé y el Arca de la Alianza puedan corresponder
también a metáforas de procesos relacionados con el cerebro humano (...)

ANEXO 2

TRANSCRIPCIÓN DE UNA CONFERENCIA DE CATHY O'BRIEN Y MARK PHILLIPS: "EL CONTROL MENTAL FUERA DE CONTROL" - 31 DE OCTUBRE DE 1996

Parte 1: Mark Phillips

Gracias a Juan y gracias a todo el foro de *Granada*. Todos ustedes representan lo que espero que ocurra algún día en este país, pero también en el mundo entero. En el pasado has escuchado a muchas personas que te han ilustrado sobre muchos temas. La de esta noche -muy apropiada para Halloween- es probablemente la peor historia que jamás oirás. Pasé mucho tiempo tratando de convencerme de que no podía ser cierto. Pero, lamentablemente, la evidencia es que no se trata sólo de la historia de Cathy O'Brien. Vale la pena señalar que el senador John DeCamp del caso Franklin en Nebraska ha validado y apoya todo lo que van a escuchar esta noche... Además de eso, hay una gran cantidad de información que ha surgido en los últimos tres años. Información que proviene de personas que se han enfrentado directamente al tema. No sólo terapeutas, sino también generales, coroneles de diferentes ramas del ejército, así como miembros de la comunidad de inteligencia que nos han proporcionado toneladas de documentación. Esto no es sólo en apoyo de Cathy, sino también para los cientos de otras personas en el mismo caso... El caso de Cathy O'Brien no es único, ojalá lo fuera, porque si lo fuera, yo no estaría aquí esta noche. De hecho, eso significaría entonces que este problema no está extendido, por desgracia, no es así. Lo que le ocurrió a Cathy O'Brien es algo que ocurre en todo el mundo. Está ocurriendo en las guarderías, está ocurriendo en las familias... y no especialmente en los salvajes apalaches totalmente incultos que han estado practicando el incesto durante años (risas)... Está ocurriendo en un esfuerzo coordinado de la comunidad de inteligencia, de nuevo a nivel global.

Mi papel en todo esto es relativamente sencillo, pero no por ello menos complejo. También voy a dedicar unos minutos a darles información sobre el MK-Ultra (...) No puedo, como Cathy, hablar de otros casos de víctimas, excepto los obvios como Timothy Mc Veight. Pero no hemos estudiado este testimonio, no tenemos pruebas, sólo tenemos la confesión del Sr. McVeight y alguna otra información que apoya este caso.

Pasamos 5 años y medio dando conferencias a las autoridades policiales y a los terapeutas. Esto es lo que nos protege hoy en día. Además, hemos recabado toda la información que hemos podido de otros supervivientes, pero también de las fuerzas del orden, o mejor dicho, de personas que cooperan:

librepensadores, como tú. Sabían que había algo mal en el sistema, pero no entendían qué era.

Te daré algunos datos sobre mí para que entiendas mi viaje con Cathy. Pero nuestra principal preocupación, en lo que nos estamos centrando, es por supuesto hacer llegar esta información a la gente de este país y a todos los demás países que se ven afectados, la pregunta es ¿cuáles no lo están? Esto también concierne a la hija de Cathy O'Brien, Kelly, que ha estado en varias instituciones psiquiátricas desde que tenía 8 años, justo después de que los rescatara. A día de hoy sigue "comprometida". No sé cuántos de ustedes pueden imaginar lo que es ser un niño que ha sido criado en instituciones mentales... Pero les puedo asegurar que no es un espectáculo bonito, incluso si Kelly no es maltratada como lo era antes de ir allí...

El control mental no es algo nuevo, tiene miles de años. *Está* escrito en el *Libro Egipcio de los Muertos* bajo las palabras: *"La fórmula exacta para el control mental basado en el trauma".* Adolf Hitler estaba especialmente interesado en el control mental, se lo había confiado a su mano derecha: Henrich Himmler. La investigación se centró en particular en las familias del norte de Europa que abusan sistemáticamente de sus hijos sexual, física y psicológicamente de generación en generación. Los que leemos la Biblia y entendemos su interpretación de los *"pecados del padre"* entenderemos lo que significan los transgeneracionales. En el caso de estas familias, el maltrato transgeneracional, que comienza en el nacimiento, implica terribles abusos sexuales, físicos y psicológicos por parte de los padres hacia sus hijos, o de otros cuidadores. Adolf Hitler sabía que las personas que son víctimas de tales abusos se vuelven muy "receptivas" al control mental. También desarrollan habilidades increíbles, como una agudeza visual sobredimensionada. Ahora bien, sé que no hace falta ser un genio -perdón por el juego de palabras- para averiguar cómo podemos utilizar a una persona con tales habilidades... Esto se llama *Fuerzas Especiales*. Los individuos que componen estas "Fuerzas Especiales" son controlados con mucho cuidado.

Volvamos a la época en que trabajaba para el Ministerio de Defensa en un proyecto conocido como MK-Ultra. Era exactamente el proyecto que Hitler y Himmler habían iniciado con estos niños maltratados en familias transgeneracionales. En ese momento no vi nada de lo que Cathy O'Brien me informó después, no vi ningún abuso. Lo que vi en el sistema penitenciario y en los hospitales psiquiátricos fueron personas que tuvieron la oportunidad de recuperar sus vidas y sus mentes. Para mí eran cosas positivas y solidarias y realmente creía que este programa MK-Ultra podría llegar a reducir nuestra población carcelaria y psiquiátrica. Esto se debe a que estaba viendo una rehabilitación real sin ningún tipo de trauma. Juré guardar el secreto sobre las cosas que presencié, los equipos que se desarrollaron, y puedo asegurar que de 1967 a 1973, cuando participé en esta investigación como subcontratista del Departamento de Defensa, vi entonces que había un avance tecnológico de 25 o 30 años, cosas que eran totalmente desconocidas en este planeta (...).Me contrataron para este trabajo después de meses y meses de pruebas psicológicas para comprobar mi capacidad de guardar el secreto; luego me dieron un pase del

Departamento de Defensa. Sabía de los estudios de Himmler bajo el mando de Adolf Hitler, sabía que había querido entrenar a gente "muy seria" para colocarla estratégicamente para controlar diferentes áreas en lo que él llamó, y George Bush también llama: el Nuevo Orden Mundial. Como ven, Bush no fue el primero en fantasear con esta aterradora idea de un gobierno totalitario, esclavizando al mundo entero mediante el control mental...

El control mental adopta muchas formas. Todos los presentes en esta sala no caen en esta gran trampa de control y manipulación de la información, y agradezco de nuevo al foro de *Granada que* nos permita hablar aquí, porque necesitamos su apoyo. Este libro (*Transe-Formación de América*) apenas se distribuye en las librerías y los pocos libreros que lo distribuyen tratan directamente con nosotros, para preservar la integridad del contenido y evitar cualquier censura. Inicialmente, este libro se publicó por nuestros propios medios.

Hoy tenemos una oportunidad ante nosotros porque muchas de las personas que Cathy menciona en el libro han sido acusadas por diversos motivos; se enfrentan a cargos, algunos incluso han huido de sus países o han dimitido de sus altos cargos. La corrupción de la que vamos a hablar aquí va mucho más allá de lo que usted sabe (...)

Cathy O'Brien es sin duda una persona extraordinaria, pero puedo asegurar que el pronóstico de recuperación de alguien que ha sufrido abusos extremos antes de los 5 años, antes de que el cerebro esté completamente formado, es muy bueno. Estas personas pueden llevar una vida normal y equilibrada, aunque hayan vivido un periodo de vida con horribles abusos. Esto es lo que más me ha sorprendido. Hoy en día hay muchos supervivientes en diferentes fases de recuperación y Cathy es la única que ha dado testimonio escribiendo un libro. Todo esto ha sido validado y no hemos sido encerrados. Me gustaría que todos en esta sala entendieran que ni Cathy ni yo somos suicidas. Acabamos de volver de Arkansas, Cathy y yo fuimos invitados a pasar cuatro días con los investigadores porque habían identificado un capítulo del libro que pudieron validar. Les dije: *"¡Pasa esto a la prensa!* Pero son personas que considero amigos tuyos y míos... Ahora, si hay agentes de la CIA en esta sala de conferencias, no hace falta que levanten la mano (risas) pero me gustaría que vinieran a verme directamente cara a cara. Especialmente si se trata de socavar lo que estamos haciendo. Porque este proyecto que desarrolló Adolf Hitler, lo desarrollamos nosotros a su vez a través de la Operación Paperclip, que fue la exfiltración de científicos nazis y fascistas de Europa a América después de la Segunda Guerra Mundial. Se infiltraron en nuestras universidades, en nuestras mayores empresas, en la NASA, incluso diría que desarrollaron la NASA... Esta infiltración se hizo en todos los niveles de nuestra sociedad con todo este m****: la pedopornografía, los rituales de sangre así como las viles creencias que implican sacrificios humanos... todo lo que puede traumatizar la mente humana.

Me he acercado a algunos investigadores que dicen que Satanás está detrás de esto... ¡Quiero decirles que también hay personas reales detrás de esto! Trabajé para una aerolínea que estaba involucrada en esto. No tenía ni idea de por qué me había contratado *Capital International Airways*. Fue porque pude callar. La mayoría de los agentes no saben para quién trabajan realmente. Hay más de 86.000 en este país, ahora divida esa cifra entre 50 y verá a qué nos enfrentamos (una media de 1.720 agentes por estado). Este país está plagado de *Gran Hermano...* La KGB (Rusia) nunca tuvo tantos operativos de alto nivel como los que tenemos en este país. El libro de George Orwell *"1984"* fue realmente una oscura profecía hecha realidad.

Mucha gente dice: *"Tenemos que detener este Nuevo Orden Mundial haciéndonos cargo de nosotros mismos"*, pero ya está aquí, estamos en medio de él. Ahora vamos a intentar comprender quiénes son los actores y cuáles son sus herramientas.

El control mental basado en traumas repetitivos para crear un ser humano totalmente robotizado es una de esas herramientas. *Afortunadamente*, hacen falta muchos traumas horribles para llegar a ese nivel de esclavitud. Requiere otros medios además de pulsar un botón o una consola (nota del editor: nada es menos cierto por el momento). Hoy en día, hay material disponible del que no podemos protegernos. Lo sorprendente es que estos dispositivos están al alcance de todos. No entiendo muy bien la filosofía que hay detrás de la construcción de estos generadores. Existe un dispositivo llamado MDD1 que utiliza un sistema de doble bobina que pulsa ondas electromagnéticas que actúan sobre nuestra corteza cerebral deteniendo el pensamiento lógico. Ni siquiera podrías controlar tus talonarios si estas cosas estuvieran encendidas, ni se te ocurriría apagarlas... como tampoco se le ocurriría a Cathy O'Brien huir de su calvario. Esto no es *el síndrome de la mujer maltratada*, no tiene nada que ver con la dependencia económica, tiene que ver con el control mental robótico y hay toneladas de documentación al respecto. *America in Transformation* es la autobiografía de Cathy, escribí la primera parte para introducir el tema. Lo que está en el libro es lo que ella experimentó y podemos probarlo. Cuando se imprimió, teníamos más de 27.000 documentos en 5 carpetas. Hoy tenemos tres toneladas de papeles sobre el tema! (...)

Ahora sé por qué los servicios de inteligencia no me querían como oficial. Ahora sé por qué no me daba cuenta de ciertas cosas... de las que desgraciadamente me doy cuenta ahora... Porque creo que he soplado el silbato de ciertas cosas. Hay muchos denunciantes hoy en día (...) Puedo asegurar que iría en contra de Dios y de lo que soy, si no me levantara aquí y hablara y presentara a Cathy O'Brien para que pudiera contar su historia. (aplausos)

Cathy y yo estamos muy conmovidos por el número de personas que habrían hecho lo mismo que nosotros. La gente nos dice espontáneamente: *"Apreciamos mucho lo que están haciendo"*, o: *"Es difícil de creer, pero voy a leer esto y todos los documentos que lo acompañan. Por* favor, hazlo. Lea las referencias al final del libro, tendrá algunos libros escritos por médicos, oficiales de inteligencia y muchos otros profesionales que presentan cosas relacionadas con lo que Cathy experimentó.

En 1977, el Congreso de los Estados Unidos admitió oficialmente la existencia del programa MK-Ultra, y eso es algo bueno porque no tendría una pizca de credibilidad si no se hubiera revelado públicamente. Si no se hubiera desclasificado, ni siquiera podría decir su nombre en clave aquí delante de ustedes.

En 1977, el Congreso también se ocupó del caso del Dr. Ewen Cameron, fundador de la Asociación Americana de Psiquiatría, un lobby de Washington, que controla lo que los psiquiatras hacen en *nuestras cabezas* cuando tenemos trastornos... La psiquiatría es la más joven de las ciencias de la medicina y es la más primitiva de todas (aplausos). Puede que haya psiquiatras en esta sala, estos terapeutas sabrán exactamente de lo que estoy hablando porque la información que obtienen de su vestíbulo está cuidadosamente vetada / filtrada... La información sobre la rehabilitación de las víctimas del control mental es escasa. Hizo falta un esfuerzo increíble por parte de algunos terapeutas íntegros que fueron demandados porque no querían violar los derechos civiles de sus pacientes (el secreto médico).

La situación de Cathy y la mía era muy diferente porque no soy médico ni psiquiatra, así que no tenía autorización para ejercer ni licencia de protección. Cuando la rescaté el 8 de febrero de 1988, no sabía su nombre, ni su edad, ni siquiera dónde estaba... Había visto este tipo de cosas antes con gente involucrada en el espionaje, así que inmediatamente pensé que Cathy era un topo. Iba vestida como una prostituta, caminaba como una prostituta, pero hablaba como una persona que dirigiría un coro cristiano... Un contraste extremo que no podía entender. Eso fue hasta que obtuve suficiente información de algunas personas relacionadas con la inteligencia en este país, pero también del extranjero.

Estaba desesperado por encontrar por fin un tratamiento adecuado que permitiera liberar a Cathy O'Brien por segunda vez en su vida... la primera vez fue en el momento de su nacimiento y eso fue todo. Cathy O'Brien fue víctima del sistema de abusos más horrible conocido por el hombre. Es el tipo de control mental que Adolf Hitler pensó que podía utilizar en ciertas personas para colocarlas en grandes posiciones de poder, teniendo hilos invisibles para titiritear sus mentes, acciones y palabras. No sé si ahora tenemos políticos así, porque parece que no hay que ponerlos bajo control mental. De hecho, hacen todo lo que los miembros corruptos del Congreso les dicen que hagan. He conocido a varios congresistas, no tienen que ser chantajeados sexualmente, no tienen que ser seducidos por el dinero o las drogas... Simplemente son corruptos... Verás, un psicópata es una persona muy social, son líderes, son dirigentes... Desgraciadamente estos psicópatas no tienen conciencia, es decir, no tienen expresión del alma. No tienen en cuenta el dolor de los demás, excepto cuando les produce placer.

MK-Ultra se construyó con muchos subproyectos, incluyendo el desarrollo del soldado perfecto, o del espía perfecto. Lo que me dijeron es que cubría nuestra seguridad nacional más de lo que podría hacer cualquier soldado o diplomático. Nadie me dijo que estaban siendo utilizados (nota del editor: esclavos MK) para el tráfico de drogas y la prostitución. Nadie me dijo que los utilizábamos para la reproducción, es decir, para proporcionar niños a los jeques, a los líderes mundiales... Nadie me dijo que los utilizábamos para el blanqueo de dinero.

Cuando rescaté a Cathy y a su hija, tardé un año en recuperar mentalmente a Cathy, con mucha ayuda y mucho amor. Los terapeutas no proporcionan todo eso, no pueden amar a sus pacientes, no pueden mantenerlos alejados del teléfono, los periódicos, la televisión, etc. Los pacientes suelen acabar recayendo porque son muy sugestionables. Ven un anuncio de pollo frito y hasta pueden olerlo... Como antiguo ejecutivo de publicidad, soñaba con poder producir esos anuncios. Me esforcé mucho para que alguien dijera: *"Este es un buen anuncio"*, pero nadie babeó al ver mis producciones. Pero usé lo subliminal, usé una forma de neurolingüística. Los que no lo conozcan deberían investigarlo. Tony Robbins es un defensor de la neurolingüística, se la enseñó a George Bush y a Bill Clinton. No es un mal tipo, Tony Robbins es un empresario inteligente y cualquier empresario inteligente conoce el valor de la neurolingüística. Es el lenguaje del inconsciente, bueno para mí es el subconsciente.

El lenguaje del subconsciente contiene códigos, claves y desencadenantes. Llaves que sirvieron para abrir todas las puertas de la mente de Cathy relacionadas específicamente con los abusos que había sufrido. Luego accedí a información como los números de las cuentas bancarias. La gente que trabaja en MK-Ultra sabe muy bien que la desprogramación no es más que un hackeo... Igual que puedo hackear un ordenador, puedo hackear el disco duro de un cerebro humano. Fue este trabajo de *hacking* el que me dio información increíble como los números de las cuentas bancarias. En lugar de ir a saquear esas cuentas bancarias y luego tener que ir a esconderme en el lujo por el resto de mi vida, se las di al FBI. No porque supiera que era dinero sucio o no, sino porque no quería perder la piel. Proporcioné todo lo que aparece en este libro a las autoridades durante un período de tres o cuatro años: a todos los estados federales y a las fuerzas del orden que están directamente implicadas en este caso. También proporcioné los nombres de más de mil organismos y personas. Quería que esto se presentara en el Congreso como ocurrió en 1977, cuando la esposa de un miembro del gabinete canadiense fue internada en un hospital psiquiátrico de Montreal donde ejercía el doctor Ewen Cameron (nota del editor: Velma Orlikow, esposa del político canadiense David Orlikow)... Salió hecha un vegetal... Este miembro del gabinete, cuyo nombre no recuerdo, hizo todo lo posible para tratar de averiguar lo que le había ocurrido a su esposa. La habían sometido a electroshock y otras horribles torturas junto con drogas e hipnosis. Por desgracia, muchas otras personas han sido sometidas a los experimentos del Dr. Ewen Cameron... Algunas se han recuperado bien y estoy en contacto con dos de ellas. Esta gente es muy funcional y uno de ellos va a hacer lo mismo que nosotros en un futuro muy cercano. No sé cuántos han podido recuperarse plenamente como Cathy en este país, porque ningún terapeuta puede dedicar dieciséis o dieciocho horas al día, siete días a la semana a un paciente, mientras viola sus derechos civiles para sacarlo legalmente... ¿Puede sacar legalmente a su paciente de las garras de su(s) amo(s), sacarlo legalmente de esta esclavitud y acceder a los directorios? En uno de estos directorios (el de Cathy) estaba el número de teléfono personal de Bill Clinton. Fue un *trato de* cocaína de 20.000 dólares con Dick Thornburgh... ¡y la lista continúa!

Se trata de un pequeño grupo, una pandilla... Si tomas a toda la población de los Estados Unidos, es una fracción muy pequeña, son estos bandidos los que nos controlan a todos... Son tan minoritarios que te preguntas cómo pueden hacer todo esto (nota del editor: en conexión directa con una fuerza sobrenatural). Uno también se pregunta cómo sobrevive Clinton a todos los ataques contra él. ¿Cómo sobrevivió George Bush a los ataques contra él? Bueno, no lo hizo, dejó el cargo, pero eso no cambió nada. Quien le sustituyó hizo exactamente lo que Bush quería, como implementar el NAFTA (Tratado de Libre Comercio de América del Norte) y el Acuerdo General sobre Aranceles y Comercio (GATT).

Pero ese es su trabajo, el mío y el de Cathy, estar al frente de asambleas de ciudadanos como esta que tienen delante. Queremos asegurarnos de que la información que reciba le suponga un reto suficiente para ir a difundirla, pero también que estudie el tema y hable de él una y otra vez: eso es lo único que queremos. Estoy absolutamente convencido de que la información de este libro llegará a los ojos de los que pueden ver. Al igual que este video filmado aquí en esta conferencia llegará a aquellos que todavía pueden escuchar y ver la verdad. Para que la gente se levante y empiece a preguntar por qué Shiran-Shiran tuvo el mismo psiquiatra que Lee Harvey Oswald o Timothy McVeight. Este psiquiatra (nota del editor: Louis Jolyon West, fallecido en 1999) es muy popular, ejerció en *la UCLA* (Universidad de California en Los Ángeles). También fue la primera persona que me llamó al número de teléfono de mi casa, un número que no figuraba en la lista y con un nombre falso. Justo en el monte, allá en Alaska después de rescatar a Cathy y a su hija.

En aquella época no tenía suficientes contactos para que la gente me informara de lo que no debía hacer por mi cuenta; y en aquel momento estaba fuera de lugar escuchar ese tipo de cosas... Sufrí un trastorno de estrés postraumático porque estaba totalmente abrumado por lo que Cathy y su hija Kelly me estaban contando... Luego mostré esta información a miembros de la comunidad de inteligencia y a otros agentes federales que la validaron, gracias a ellos.

Ahora me gustaría presentar a Cathy O'Brien, la persona que me devolvió la espiritualidad. No era un mal tipo, pero necesitaba un impulso. Estoy orgulloso de haber estado con ella durante más de ocho años.

Parte 2: Cathy O'Brien

Me gustaría agradecerles a todos y cada uno de ustedes por recibirnos aquí esta noche para conocer una herramienta que se está utilizando en secreto para anunciar lo que Adolf Hitler y George Bush llaman el Nuevo Orden Mundial. Estoy hablando de control mental...

He disfrutado hablando con algunos de ustedes esta noche, personas que dicen haber sido sometidas personalmente a control mental o haber sido sometidas por personas cercanas a ellos. El control mental está muy extendido en este país y en todo el mundo.

Estos criminales que dirigen nuestro país operan con la filosofía de *"conocimiento secreto = poder"*. Muchos secretos gubernamentales y reputaciones personales se basaban en la creencia de que no podía ser desprogramado para recordar cosas que se suponía que debía olvidar. Se equivocaron... Por muy inteligentes que sean estos funcionarios, su razonamiento se ve obstaculizado por su propia inmoralidad. No tienen sabiduría, no piensan profundamente y nunca consideran la fuerza del espíritu humano. Nunca se han planteado qué pasaría si un hombre benévolo como Mark Phillips conociera sus secretos y los utilizara para restaurar el espíritu en lugar de controlarlo.

Sé que tuve mucha suerte de haber sobrevivido después de ser víctima del control mental MK-Ultra utilizado por la CIA, la Casa Blanca y el Pentágono: la programación informada por el trauma.

Ahora que he recuperado mis medios y, por fin, mi libre albedrío: testifico. Hablo de todo lo que he presenciado, de todo lo que he visto y oído. Todo lo que he grabado fotográficamente detrás de las escenas de este intento de *Nuevo Orden Mundial*.

Al exponer sus secretos, su poder se erosiona (aplausos).

También hablo en nombre de las muchas víctimas del control mental y de los supervivientes que no pueden pensar por sí mismos para decir lo que saben y lo que han soportado.

Hablo en nombre de mi hija Kelly, que ahora tiene dieciséis años, una verdadera presa política. Actualmente se encuentra en el estado de Tennessee, donde se le ha negado el indulto debido a la influencia política de sus torturadores. Cuenta con Mark y conmigo para hacer llegar el mensaje por ella. Por el bien de Kelly y el tuyo, Mark y yo no hemos escatimado esfuerzos en los hechos y las verdades recogidas en nuestro libro, que fue autopublicado y, por tanto, no fue censurado. Así, encontrará hechos que tiene derecho y necesidad de conocer.

Estas realidades se nos han ocultado durante mucho tiempo bajo el pretexto de la llamada *"seguridad nacional"*. Es este mismo pretexto de la seguridad nacional el que ha impedido que se haga justicia a pesar de todas las pruebas y documentos en nuestro poder. Tenemos más de 27.000 documentos y pruebas: testimonios de funcionarios del gobierno, historiales médicos, mucho más de lo necesario para cualquier proceso legal en este país, incluido el Congreso. Pero este pretexto de seguridad nacional ha bloqueado nuestro acceso a la justicia. Es hora de que la verdad triunfe. Es hora de que estas verdades salgan a la luz en nombre de la humanidad.

Me gustaría empezar por definir el control mental a través de mi experiencia. Me doy cuenta de que lo que viví fue extremo, pero también de que ese control robótico absoluto que soporté es más limitado que el tipo de control mental global que prolifera en la sociedad.

Hay muchos niveles de control mental, como una escalera... En un nivel hay un control robótico total y en otro nivel hay un control mental como el ocultismo que también está proliferando en este país, o el programa *Global Education 2000* donde los niños están perdiendo su libertad de pensamiento y su capacidad de pensamiento crítico. Hay tantos niveles diferentes de la sociedad que se ven afectados por el control mental que es imperativo que toda esta información se difunda.

Mi experiencia como víctima puede aplicarse ciertamente a todas las facetas del control mental y la manipulación de la mente (...) Es un tema que nos concierne a todos, y de repente todo el *Nuevo Orden Mundial cobra* sentido. La erosión de los valores constitucionales, la erosión de la moralidad de este país, se vuelve repentinamente más clara cuando nos damos cuenta de este asunto del control mental global.

Nací en 1957 en Muskegon, Michigan, en una familia que ha practicado el incesto durante generaciones. Lo que significa que mi padre fue abusado sexualmente de niño, mi madre fue abusada sexualmente de niña, y ellos a su vez abusaron de mí... Mi padre ha abusado sexualmente de mí desde que tengo uso de razón. A menudo le he oído decir que empezó a sustituir el pezón de mi madre por su pene cuando yo era apenas un bebé.

Te cuento esto para que entiendas que mi sexualidad está desordenada desde la primera infancia. Se puso en una zona de mi cerebro que se parece mucho a la supervivencia, como el comer y el beber... Te cuento esto para que estés mejor equipado para entender lo que pasa en la sociedad y para llamar a las cosas por su nombre.

Mark y yo damos nombres en nuestro libro, no para poder decir que estuve en la Casa Blanca con fulano, no saco a relucir la parte del glamour. Pero es para saber quién es el problema y dónde está.

Los abusos sexuales que sufrí fueron tan horribles que desarrollé un trastorno de identidad disociativo, que suele llamarse trastorno de personalidad múltiple. Me alegro de que hayan cambiado el término por el de trastorno de identidad disociativo porque describe mucho mejor la compartimentación que se produce cuando una persona soporta un trauma demasiado horrible para comprenderlo.

Aunque no podía entender que lo que mi padre me hacía estaba mal, el dolor y la asfixia de sus abusos eran tan insoportables que desarrollé un trastorno de identidad disociativo. Era imposible de entender, no había lugar en mi mente para lidiar con tal horror. Así que automáticamente compartimenté mi cerebro, pequeñas áreas separadas por barreras amnésicas para bloquear los recuerdos del abuso y que el resto de mi mente pudiera seguir funcionando normalmente, como si nada hubiera pasado... Cuando veía a mi padre en la mesa, no recordaba el abuso sexual. Pero en cuanto se desabrochaba los pantalones, una parte de mí, la parte de mi cerebro que sabía cómo afrontar este horrible abuso se despertaba, era como si se abriera una unión neuronal para que esta parte de mi mente pudiera sufrir a mi padre una y otra vez según fuera necesario... Ciertamente tenía mucha experiencia en este "compartimento cerebral" que se ocupaba del abuso de mi padre, pero no tenía toda la gama de percepción, tenía una percepción muy limitada, una visión muy limitada de las cosas. Por eso me alegro de que ya no se hable en términos de *personalidades* sobre este trastorno.

Construí otro compartimento en mi cabeza para hacer frente a los abusos de mi madre. Su abuso fue principalmente psicológico. Ella misma sufría un trastorno de identidad disociativo y no la hago responsable de sus actos como a mi padre, que era plenamente consciente de lo que hacía. Mi madre, a pesar de su incapacidad para controlarse, estaba destruyendo cualquier vestigio de autoestima que aún pudiera tener. Sus abusos eran tan horribles que creé otro compartimento en mi mente sólo para lidiar con las interacciones insanas que tenía con ella. También desarrollé otro compartimento para lidiar con la pornografía pedófila a la que me sometía mi padre. Se ganaba la vida desenterrando lombrices para pescar, ya que sólo había ido a la escuela primaria, por lo que complementaba los ingresos familiares produciendo pornografía pedófila. Producciones que luego distribuía a través de la red mafiosa local de Michigan.

En ese momento, había una facción criminal en nuestro gobierno que apuntaba a niños como yo para el control mental. Esto se debe a esta compartimentación de la memoria que es algo que consideraron ideal para mantener los secretos del gobierno. Después de todo, si no podía recordar, ¿cómo iba a hablar de ello? Además, las personas con trastorno de identidad disociativo desarrollan una memoria fotográfica tras estas barreras amnésicas. En efecto, el cerebro dispone de un mecanismo de defensa que le hace registrar los acontecimientos relacionados con el trauma de forma extremadamente precisa y detallada. Por poner un ejemplo, los que tengan edad suficiente para recordar el asesinato de John F. Kennedy recordarán exactamente dónde estaban y qué estaban haciendo en ese momento. Fue un acontecimiento que traumatizó a toda la nación y que ilustra cómo la mente registra fotográficamente los acontecimientos que rodean al trauma. Así que detrás de estas barreras de amnesia, tenía una memoria fotográfica que el gobierno consideró perfecta para programar. Podía entregar y recibir mensajes de los líderes, o en mi caso también de los señores de la droga implicados en la financiación de los fondos secretos *del Nuevo Orden Mundial*. Estaban interesados en programarme para que pudiera transmitir mensajes verbalmente. Cuando emitía estos mensajes, transmitía exactamente palabra por palabra lo que me habían dicho, utilizando las inflexiones de voz de mis torturadores, sin ninguna comprensión consciente de lo que estaba diciendo. Yo sólo era una grabadora, que repetía como un loro lo que se había grabado en mi memoria.

Otro aspecto que interesaba al gobierno era que mi trastorno disociativo me quitaba todo sentido del tiempo. Esto se debía a que pasaba de un compartimento a otro en mi cerebro sin recordar lo que había sucedido antes. Por lo tanto, era incapaz de llevar la cuenta del tiempo y su noción era absolutamente extraña para mí. Sin saber lo que estaba haciendo antes, extrañamente no tenía el concepto de fatiga, sin embargo estaba haciendo demasiado... Una persona con un trastorno de identidad disociativo tiene una gran resistencia física, es como una fuerza sobrehumana con la capacidad de seguir indefinidamente. Las personas que padecen este trastorno también desarrollan una agudeza visual muy superior a la media. Por eso se les suele ver con los ojos muy abiertos, pues captan más elementos de su entorno que una persona normal. Esto los convierte en francotiradores perfectos para operaciones de comando o para los servicios de inteligencia. Así que el gobierno estaba muy interesado en desarrollar el control mental.

Así que yo era un *elegido*, un candidato principal para el control mental debido a los repetidos abusos sexuales. Mi sexualidad había sido exaltada, por lo que fui utilizada como esclava sexual y también recibí mensajes de funcionarios del gobierno. Esta facción criminal de nuestro gobierno, tan interesada en las personas con trastorno de identidad disociativo, sabía perfectamente que todos los niños sometidos a la pornografía infantil debían haber soportado traumas tan horribles que estaban destinados a sufrir este trastorno. Por lo tanto, este grupo criminal del gobierno se dedicaba a esta red de pornografía infantil para identificar y captar a niños como yo para sus proyectos. En ese momento, el político relacionado con esta mafia local de Michigan, el político que protegía esta red de pornografía, era Gerald Ford. Este es el mismo Gerald Ford que fue elegido Presidente de los Estados Unidos... Nunca lo vi como un político, lo vi como un violador más, del mismo tipo que mi padre. Porque Gerald Ford también me violó de niña y durante todo el tiempo que estuve bajo control mental, hasta que Mark vino al rescate de mí y de mi hija en 1988.

Gerald Ford no es un pedófilo per se, es lo que yo llamo un *"experimentador sexual"*. Lo intentará todo, a cualquier edad, en cualquier momento, en cualquier lugar... hasta que haya tomado el control. Esto se debe a que tenía una perversión del poder además de tener este interés en el control mental.

Fue Gerald Ford quien vino a casa para explicar a mi padre cómo educarme según las directrices del gobierno. A mi padre le habían pillado enviando pornografía infantil por correo, así que se pusieron en contacto con él para hacerle saber que si me vendía para este proyecto, obtendría inmunidad legal... Desde ese día, mi padre no ha tenido problemas con la ley, gracias a la famosa "Seguridad Nacional".

A mi padre, obviamente, le pareció una idea "maravillosa" y me convenció inmediatamente del proyecto. Pensaba que el gobierno hacía la vista gorda ante los abusos a menores... como yo también. Mi padre siguió criando a sus otros cinco hijos para el proyecto, siete en total. Los demás siguen esperando su libertad mientras hablamos...

Una vez que mi padre aceptó venderme al proyecto, me llevaron regularmente a *la isla Mackimac*, en Michigan. Es un refugio político donde vive el gobernador de Michigan. Es una especie de *Bohemian Grove* (club de ocultismo) donde los políticos se reunían y discutían sobre el *Nuevo Orden Mundial* y el control mental: control mental de las masas, control mental en el sistema escolar, cómo utilizar el ocultismo como trauma base, etc.

Uno de mis abusadores sexuales de la época era el Primer Ministro de Canadá: Pierre Trudeau. Pierre Trudeau es de la fe jesuita, hoy son el brazo armado del Vaticano. Hay una facción criminal dentro de estos jesuitas. Desde luego, no estoy diciendo que todos los católicos sean malos, como tampoco lo son todos los agentes de la CIA o todos nuestros políticos. Todo es bueno y malo. Pero sin embargo, Pierre Trudeau representaba a esa facción criminal de jesuitas católicos que querían el control mental de las masas para convertirse en la Iglesia

Mundial en este *Nuevo Orden Mundial*. El dinero que aportaba esta iglesia financiaba a los controladores del *Nuevo Orden Mundial*.

Otro de mis abusadores sexuales fue el entonces senador de Michigan y más tarde congresista Guy Vander Jagt. Fue este mismo Guy Vander Jagt quien permaneció como jefe del Comité Nacional Republicano e instaló a George Bush en la oficina presidencial.

Fue en *la isla Mackimac*, cuando tenía 13 años, que me entregaron a un senador que se convirtió en mi casero en este proyecto de control mental. Este senador estadounidense era Robert C. Byrd.

El senador Byrd es un demócrata de Virginia Occidental, y de nuevo te darás cuenta de que estoy revelando todos los nombres independientemente del partido político. Tanto los demócratas como los republicanos están involucrados en estas cosas. No se trata de los partidos, sino de quién está a favor de un *Nuevo Orden Mundial* y quién no...

El senador Byrd estaba en el cargo entonces y lo está ahora. Dirigió nuestro Comité de Asignaciones del Senado. Eso significa que él manejaba los hilos de la bolsa de nuestro país y decidía en qué se gastaba el dinero. Sé que entre bastidores el senador Byrd enviaba el dinero a donde beneficiara a los controladores del *Nuevo Orden Mundial*.

Mi padre, que me convenció de este proyecto, por ejemplo, tenía un lucrativo contrato con el ejército para fabricar árboles de levas para vehículos militares. Así es como mi padre se hizo extremadamente rico... para alguien que nunca pasó de la escuela primaria...

Fue el senador Byrd, que se convirtió en mi casero, quien decidiría entonces a dónde iría y cuándo iría; qué operaciones realizaría durante los gobiernos de Reagan y Bush; y a dónde me llevarían para una programación específica de MK. El senador Byrd dirigió toda mi vida.

Fue entonces cuando hice mi primera comunión en la iglesia de *San Francisco de Asís* en Muskegon. Después de esta primera comunión, también me sometí a un ritual llamado *"rito del silencio"*. Este ritual fue dirigido por el diputado Vander Jagt y el rector de nuestra iglesia, el padre Don... un ritual de sangre oculta. Fue tan horrible, fue esta inversión de la misa católica que confundió mi mente porque cuando una persona está funcionando en un nivel subconsciente, está tan traumatizada que la conciencia no encuentra lugar para lidiar con lo que está pasando. El subconsciente no tiene forma de discernir, cuestionar y razonar como lo hace la mente consciente habitual. Y esta inversión de la misa católica en el ocultismo desordenó totalmente mi mente. Fue absolutamente vil... Este ritual de sangre fue tan horrible que mi mente aceptó inmediatamente la manipulación mental a la que me sometieron: lenguaje hipnótico, programación neurolingüística, control mental... Entonces cambió la forma en que mi cerebro funcionaba hasta ahora. Recuerda, esa parte de mi cerebro de la que te hablé, un área que se activó para lidiar con el abuso perpetuo de mi padre... En este ritual cambiaron eso, de modo que ahora podían decidir cuándo, dónde y cómo se abriría y accedería a ese compartimento particular de mi cerebro. Sustituyeron el mecanismo de disparo por códigos hipnóticos: llaves y gatillos, señales manuales. También hay ciertos tonos que pueden abrir estas uniones neuronales y permitir el acceso a los recuerdos compartimentados. A continuación, han rehecho todo esto.

Como resultado de este rito de *"callar"*, también se calló en mi cabeza... Porque hasta entonces oiría mi propia voz discutiendo de un lado a otro con todas estas percepciones diferentes procedentes de los múltiples compartimentos antes de poder formular una decisión sobre cualquier cosa. Recuerdo que antes de este ritual todavía tenía mis propias ideas, tenía la esperanza de que hubiera un lugar en el mundo donde la gente no se maltratara. Tenía la esperanza de tener diez hijos que fueran al menos diez niños en esta tierra que no fueran maltratados... Tenía la esperanza de estas cosas, pero con este ritual perdí mi capacidad de pensar libremente. Incluso había perdido mi capacidad de esperanza. Había perdido por completo mi libre albedrío. Este ritual silenció este debate que aparecía constantemente en mi cabeza y todo lo que podía escuchar en su lugar, en ese momento, eran las voces de mis atormentadores dirigiéndome, diciéndome exactamente lo que debía hacer. Sólo podía seguir robóticamente estas instrucciones para llevarlas a cabo.

Cuando estaba listo para el instituto, el senador Byrd ordenó que me enviaran al Central Catholic College de Muskegon. En aquella época había mucha información de que los católicos llevaban mucho tiempo estudiando los efectos del trauma en la mente humana. Llevaban mucho tiempo estudiando y registrando estas cosas, sobre todo desde la Inquisición española. Esta información enlaza con la investigación sobre Hitler y Himmler que la CIA había emprendido y en la que estaba avanzando. El cruce de la información que iba surgiendo era muy significativo.

La universidad de Muskegon fue el lugar donde se reunió esta información. Fue en Muskegon donde se implantaron los fundamentos y la estructura de *Educación Global 2000*. Hay muchos nombres diferentes para este programa que se aplica en nuestro sistema escolar y que el gobierno impone estrictamente a los niños y jóvenes. La *Educación Global 2000 está* concebida para aumentar la capacidad de aprendizaje de nuestros jóvenes al tiempo que disminuye su capacidad de análisis crítico. Aceptan de inmediato todo lo que se les dice sin cuestionarlo y simplemente se tragan toda la información que reciben.

En el colegio sacaba sobresalientes, se me daba muy bien porque grababa las clases fotográficamente. También me sometí a rituales ocultistas en la capilla de este colegio, como muchos otros estudiantes, no fui ni mucho menos el único. De hecho, en ese momento realmente pensé que todo el mundo estaba involucrado en este tipo de abuso. Todo mi entorno estaba saturado de ello... Este ocultismo, estos traumas, crearon un registro fotográfico de todo lo que estudié en la escuela. No tenía la capacidad de analizarla críticamente ni de utilizarla creativamente, pero todos los datos estaban perfectamente almacenados en mi cabeza.

Fue mientras yo estaba en la universidad cuando Gerald Ford asumió la presidencia. Me habían condicionado durante ese tiempo a pensar que *"no tenía lugar para escapar, ni para esconderme"*. Se trata de una frase específica que sirve para meter en la cabeza de las víctimas del control mental que no hay absolutamente ningún lugar donde huir ni donde esconderse: *"siempre te estamos vigilando"*. Por supuesto, eso es lo que pensé, ¿a quién podía recurrir? Ni mis padres, ni mi iglesia, ni mi escuela, ni los políticos locales... ¡Ni siquiera pude recurrir al Presidente de los Estados Unidos! Me sentí realmente atrapado, que es exactamente lo que quieren para el control mental total. Desde entonces, por supuesto, he descubierto algo totalmente distinto y Mark me enseñó sabiamente durante mi desprogramación que sí tenía a dónde correr: ¡directamente a ellos! ...y que no necesitaba esconderse. Obviamente son ellos los que se esconden, ocultan todos sus abusos utilizando la *Seguridad Nacional* como tapadera.

Después de graduarme en la universidad, el senador Byrd ordenó que me enviaran a Nashville, Tennessee. En ese momento, Nashville estaba muy involucrada en el control mental a través de la industria de la música country, pero especialmente a través de la proliferación de la cocaína de la CIA dentro de la comunidad de la música country. Esto ya estaba en pleno apogeo y la corrupción política en Tennessee estaba alcanzando su punto álgido. La industria de la música country proporcionaba una tapadera para que esclavos controlados mentalmente como yo fueran paseados por el país para distribuir y entregar grandes cargamentos de cocaína de la CIA.

Según mi experiencia, lo que la CIA llama *"guerra contra las drogas"* no es más que la eliminación de sus rivales para hacerse con la industria mundial de la droga (aplausos). Están librando su *"guerra antidroga"* en cada esquina y hoy nuestras calles se han convertido en un baño de sangre.

La industria de la música country servía de tapadera para el tráfico de cocaína, así que el senador Byrd quería que me metiera en el negocio. Al mismo tiempo, Byrd se consideraba una especie de artista y ocasionalmente tocaba el violín en el *Grand Ole Opry*. La primera vez que me enviaron a Nashville, él estaba tocando esa misma noche en esa gran sala de conciertos. A su lado (o más bien detrás de él) estaba un músico llamado Wayne Cox... que más tarde me dijo que tocar música junto a Byrd no era sólo un acompañamiento musical, sino también político. Esa noche, después del *espectáculo*, volví a ser sometido a un ritual oculto. El ocultismo se utiliza con frecuencia como base del trauma para el control mental. ¿Quién puede entender este tipo de trauma? Los rituales de sangre absolutamente horribles son una base perfecta para el trauma necesario para el control mental dirigido a la compartimentación de la memoria. Fui testigo de una escena en la que Wayne Cox asesinó a un indigente en la estación de tren de Nashville, un lugar que en ese momento estaba abandonado y ocupado por personas sin hogar. Le disparó entre los ojos y le cortó las dos manos. Este era el *modus operandi* de Cox para asesinar. Después de este ritual de sangre, este horrible trauma, se decidió que Cox se convertiría en mi primer "maestro", "supervisor", en el control mental MK-Ultra. Como mi "maestro" y "supervisor", Wayne Cox seguiría las directrices e instrucciones del senador Byrd. Sobre todo me hacía pasar por más traumas, los suficientes para satisfacer los muchos compartimentos que el senador Byrd quería crear en mi cerebro para la programación de MK. Esto fue para que luego pudiera realizar varias operaciones durante la administración Reagan/Bush.

Así que a partir de entonces soporté muchos rituales ocultos. En ese momento, Wayne Cox trabajaba directamente bajo la dirección del senador de Luisiana J. Bennett Johnston. Cox me llevó a su casa en Chatham, Luisiana. Bennett Johnston dirigía operaciones de control mental junto con una banda de mercenarios. Estos mercenarios iban y venían a Sudamérica, el comercio de armas era muy activo. Pero lo más importante es que cuando los aviones dejaban a estos tipos en Sudamérica, volvían cargados de cocaína, que luego se distribuía en nuestras calles. Wayne Cox desencadenaba el funcionamiento MK de estos mercenarios mostrándoles la mano cortada de una de sus víctimas, lo que les retrotraía al trauma de un ritual al que ya se habían sometido, haciéndoles acceder a un compartimento específico de su cerebro. También les decía que Bennett Johnston quería que *"se acercaran"*, entonces les daba instrucciones que los chicos seguían al pie de la letra. Así que Bennett Johnston también estuvo involucrado en esto...

En 1978, se acordó que había pasado por suficientes traumas como para hacer una primera prueba, ésta iba a ser mi primera operación. Había llegado una gran cantidad de cocaína en avión y debía entregarla en el estado vecino de Arkansas. En ese momento, el tráfico de drogas en torno a Bill Clinton estaba en pleno apogeo. En ese momento era gobernador de Arkansas. Así que entregué esa cocaína en un aeropuerto en *el bosque de Ouachita* que desde entonces he identificado como el aeropuerto de Mena. También pasé información y una pequeña cantidad de cocaína de las reservas personales de Bennett Johnston a Bill Clinton. Le entregué el paquete e inmediatamente esnifó dos líneas de coca... no era la primera vez que veía a Bill Clinton consumir cocaína. Mis experiencias sexuales con Bill Clinton fueron muy limitadas, a pesar de ser una esclava sexual. Según mi experiencia, Bill Clinton es bisexual, con una fuerte orientación homosexual. Lo vi principalmente involucrado en actividades homosexuales. Tuve mucha más experiencia con Hilary Clinton. Hilary también es bisexual, con una fuerte inclinación homosexual. Ella era la que accedía a mi programación sexual para satisfacer sus perversiones.

También en esa época, Bennett Johnston me sometió a otras manipulaciones mentales que no tenían que ver con lo oculto sino con el tema de los extraterrestres. Estos tipos que manipulaban mi mente y me programaban para el MK, verdaderos criminales a cargo de nuestro país, fingiendo ser dioses, demonios, extraterrestres... Esto era para hacerme sentir totalmente indefenso, para hacerme integrar el hecho de que siempre estaban ahí detrás de mí para hacerme daño. Y funcionó muy bien en ese momento...

Bennett Johnston me dijo que era un extraterrestre. Me dijo que había participado en *el "Experimento Filadelfia"* y que cuando la nave desapareció, él volvió en una nave espacial... Esto está en consonancia con el tema del "espejo de aire/agua" utilizado frecuentemente por la NASA, es una inversión/inversión. Porque, de nuevo, el subconsciente no tiene capacidad de razonamiento. Bennett Johnston me mostró entonces, en el sitio web de *General Dynamics*, una nave furtiva "de alto secreto". Era una cosa triangular que no estaba en ningún libro de texto, de la que nadie hablaba, que no se veía en los periódicos, pero ahí estaba, colgando en el aire delante de mis ojos... Era otro de esos sistemas militares de alto secreto. Para mí, en ese momento, parecía una nave espacial. Nunca había visto nada igual. Así que todo lo que hizo Bennett Johnston estaba relacionado con los extraterrestres para mí. Así que fue fácil conseguir que aceptara la idea de que todo lo que estaba ocurriendo era de hecho perpetrado por extraterrestres. No digo que los extraterrestres no existan, eso sería una estupidez por mi parte, pero lo que digo es que son personas que realmente dicen ser ETs. Si existe una realidad de influencia extraplanetaria, debemos aclarar la desinformación y el control mental que practica nuestro gobierno.

Sé de buena tinta que su plan es hacernos sentir a todos impotentes... bajo la supuesta dominación alienígena y que nuestro *"Día de la Independencia"* se *acerca...* ¡Así que cuidado con eso! Entiendan que estos delincuentes nos están quitando información y tecnología bajo el pretexto de la "Seguridad Nacional". Nos llevan al menos 25 años de ventaja en tecnología. ¿Te imaginas lo que tienen hoy en día? ¿Qué ha pasado en los últimos 25 años? El horno de microondas, los ordenadores, pero siguen progresando y están muy adelantados. Así que cuando dicen: *"¡Es de los extraterrestres!* mostrándonos una tecnología increíble, no caigas en la trampa de sentirte totalmente indefenso. La superstición empieza donde termina el conocimiento, y hace tiempo que estamos aislados de ese conocimiento. La gente siempre ha tenido diferentes creencias y estoy seguro de que cada uno de ustedes tiene diferentes sistemas de creencias. Sea cual sea su sistema de creencias, es imperativo que sepa que estos criminales son humanos, están entre nosotros para hacernos daño. Deben rendir cuentas por sus acciones y sus crímenes contra la humanidad." (aplausos)

En 1980, cuando nació mi hija Kelly. Ella entró en este programa MK-Ultra en una etapa tecnológica mucho más sofisticada que la que yo tuve. Además del trauma, fue sometida a "armónicos" (sistema de programación MK) en los sitios de la NASA desde su nacimiento, antes de que su cerebro tuviera la oportunidad de construirse.

Nada más nacer Kelly, el senador Byrd, sabiendo que yo había quedado suficientemente traumatizado, ordenó que nos trasladaran a ambos a Nashville para operar bajo la administración de Reagan. En esta industria de la música country, nos entregaron entonces a nuestro segundo "maestro", "supervisor", su nombre es Alex Houston. Alex Houston fue ventrílocuo, hipnotizador e intérprete de música country. Realizó principalmente operaciones delictivas para la CIA con el fin de financiar programas clasificados. Se trataba de la distribución de grandes cantidades de cocaína por todo Estados Unidos y Canadá. En ese momento, trabajaba para proporcionarme una cobertura para viajar fuera del país, a Canadá, México y el Caribe, para operaciones delictivas. Mi 'supervisor' (Houston) me llevó a varias instalaciones militares y de la NASA para la programación de MK, para operaciones específicas en las que me vi obligado a participar (...) Involucraron a líderes como el entonces presidente de México, De la Madrid, así como al ex presidente Salinas.

En 1984, se estableció una base de la CIA en Lampe, Missouri, un centro de traumatología que trabaja específicamente en experiencias cercanas a la muerte (ECM). Este sitio se llama *"Swiss Villa Amphiteater"*. Utilizan la industria de la música country para manejar grandes cantidades de cocaína y luego redistribuirla. Lampe, Missouri, está al otro lado del río de Arkansas, y está estrechamente relacionada con las operaciones de venta de coca de Bill Clinton... que estaban en auge en ese momento. También es interesante observar que la operación de Lampe fue el lugar donde la industria del campo fue inteligentemente reubicada, justo en Branson, para estar cerca de la operación de Clinton.

Lampe fue también el lugar donde oí hablar a George Bush y Bill Clinton... Desde mi punto de vista, parecían claramente amigos, no había entonces ningún conflicto político entre ellos. Todo es una cortina de humo para engañar al público. De hecho, no se adhieren a estos "conflictos políticos" porque tienen exactamente la misma agenda, que es la construcción de este *Nuevo Orden Mundial*.

En ese momento, escuché a George Bush decirle a Bill Clinton que cuando los estadounidenses se desilusionen con los republicanos que los conducen al *Nuevo Orden Mundial*, será Bill Clinton, el demócrata, el que será puesto en la oficina presidencial. Todo esto se decidió en 1984. E incluso mucho antes. En 1984 ya se hablaba de estas cosas como un hecho absoluto. En este debate también se habló de los preparativos para el TLCAN (Tratado de Libre Comercio de América del Norte). Cuando George Bush llegó a la presidencia, Salinas se convirtió en presidente de México, y juntos iban a establecer el TLCAN. Este fue el comienzo del control para un *Nuevo Orden Mundial*.

Me obligaron a participar en la creación de este criminal TLCAN. La apertura de la frontera mexicana de Juárez al libre comercio. El libre comercio de las drogas, el libre comercio de nuestros hijos... Las raíces criminales del TLC son absolutamente espantosas... Es interesante que estas jugadas políticas estén ya decididas de antemano.

Una vez desprogramada, me quedé completamente desconcertada cuando me di cuenta de que la gente no tenía conciencia de esto... Era tan obvio para mí... No podía darme cuenta de que la gente no era consciente de la situación y que se había dejado engañar por una cortina de humo, sin haber intentado averiguar lo que realmente ocurría entre bastidores, detrás del velo.

Pero puedo entender que la gente honesta y sincera no piense así, no tiene una mente criminal y su conciencia no está dirigida a ese tipo de cosas. Al igual que estos tipos (criminales elitistas) están limitados en su pensamiento por su inmoralidad, la gente honesta está de alguna manera cegada a este tipo de actividad criminal extrema... Hasta que sus ojos se abren a la verdad.

Las personas que participaron en estas actividades criminales estaban bajo las órdenes de George Bush. No pretendo saberlo todo y no pretendo que George Bush estuviera en la cima de todo, pero era la persona de más alto rango que conocía en ese momento (...) Bush padre era respetado por su gran conocimiento de la construcción del *Nuevo Orden* Mundial. Mira su pasado: George Bush primero empezó con la ONU, luego se convirtió en el jefe de nuestra CIA. Luego dirigió indirectamente nuestro país a través de tres administraciones: la presidencia de Reagan, su propia presidencia y luego la de Clinton. De hecho, tanto Reagan como Clinton responden a Bush padre. El presidente mexicano De la Madrid también responde a Bush padre. (...) El rey

Fadh de Arabia Saudí también siguió las órdenes de George Bush, al igual que el primer ministro canadiense Brian Mulroney.

En 1983, escuché a Ronald Reagan y a Brian Mulroney discutir sobre el *Nuevo Orden Mundial*. De hecho, el senador Byrd actuó como un proxeneta al chulearme ante Reagan cuando asistí a un cóctel en la Casa Blanca.

Ronald Reagan ciertamente nos ahogó a todos maravillosamente. Para los que no quieren creer que está metido en estas cosas, ¡les dijo que era actor! (Risas) E hizo un muy buen trabajo, durante un largo periodo de tiempo. Ese era su papel, eso es lo que debía hacer.

Escuché a Reagan decirle a Mulroney que creía que la única manera de lograr la paz mundial era a través del control mental masivo... Sé por experiencia que no hay paz en la mente bajo control mental. ¿Cómo podría haber paz mundial sin que la gente tenga paz en su mente?

Las ramificaciones del control mental van muy lejos. Bajo el control mental, no hay libertad de pensamiento. Sin libertad de pensamiento, no existe el libre albedrío. Sin el libre albedrío otorgado por Dios, no hay expresión del alma. ¿Qué tipo de *"paz mundial"* podemos conseguir sin libre albedrío, sin expresión del alma y sin espiritualidad?

El control mental en todas sus formas debe ser expuesto para que la gente conserve su libertad de pensamiento. Para que conserven su libre albedrío y la expresión de su alma, su espiritualidad. Cuando las personas tienen un alma y una espiritualidad, son capaces de Amar. Eso es la paz mundial. ¡No control mental! (aplausos)

En 1988 me obligaron a participar en muchas operaciones contra mi voluntad. Cosas que ciertamente nunca habría hecho en mi mente consciente. Supongo que si hubiera tenido una parte de mí dispuesta a hacer estas cosas, el control mental no habría sido necesario. Estoy horrorizada por lo que me obligaron a participar, pero me alivia que esta información salga a la luz, que la gente se pase el libro de mano en mano. Así, de la mano, podemos recuperar nuestro país. Tienes el derecho y la necesidad de conocer esta información, y su control sobre los medios de comunicación no suprimirá la Verdad. La Verdad es necesaria! ... (aplausos)

En 1988 Mark nos rescató a mí y a mi hija Kelly. No podíamos pensar en escapar, no podía pensar en salvar a mi hija en absoluto, como tampoco podía pensar en salvarme a mí mismo. Y todas mis esperanzas y sueños de niña se habían quedado ciertamente en nada... Cuando Mark nos rescató, no teníamos capacidad para esperar encontrar una buena persona, ni siquiera sabíamos que existía. No teníamos la capacidad de confiar en nadie fuera de nuestro entorno (red). Así que no podía decirme que Mark era un buen tipo, pero vi su actitud con sus animales, y aunque no tenía capacidad de razonamiento, de conciencia, algo ocurrió en un nivel sensorial extra. Entonces sentimos cosas muy fuertes. Al fin y al cabo, teniendo en cuenta que sólo utilizamos el 10% de nuestro cerebro, nos habíamos dividido en ciertas partes del mismo, zonas muy receptivas a varios niveles psíquicos, un poco como el instinto animal. Mi hija y yo nos habíamos dado cuenta de que los animales adoraban a Mark. Tenía tres mapaches que había rescatado y le querían mucho, le rodeaban el cuello con sus patas y les daba besos... Para nosotros fue algo muy importante presenciar esto, porque hasta entonces sólo habíamos conocido el maltrato a nuestros animales. Habíamos vivido en un rancho, teníamos perros, gatos, caballos, vacas, gallinas, etc., y todo lo que Alex Houston hacía a nuestros animales era muy importante. Si no hubiéramos participado en las abominaciones, esto le habría pasado a nuestras mascotas, y las queríamos más que nada.

Por favor, tenga en cuenta que los que abusan de los niños a menudo abusan de los animales. Si ves que alguien maltrata a un animal, estate atento. Asegúrate de que sus hijos están a salvo. Nunca he visto una excepción a esta regla.

Así que fue muy revelador para nosotros ver que estos animales querían a Mark. Además, en el momento en que nos rescató, estábamos amenazados por la CIA. Yo tenía 30 años en ese momento, se suponía que me iban a matar como a la mayoría de los esclavos de MK alrededor de los 30 años. Me consideraban "demasiado mayor" para el sexo, por lo que debía ser reprimida. Mark me salvó de una muerte segura y salvó a mi hija de un destino mucho peor que la muerte... Incluso se tomó la molestia de salvar a nuestros animales. Llevó caballos, vacas y pollos a un lugar seguro. Esto tuvo un impacto profundamente positivo en Kelly y en mí, y a partir de ese momento empezamos a confiar en él. Mark nos llevó hasta Alaska con seguridad y serenidad. Mientras nos encontrábamos a salvo por primera vez en nuestras vidas y nos amábamos de verdad por primera vez, los recuerdos del pasado empezaron a llegar en forma de flashes. A través de estos destellos de memoria, empecé a darme cuenta de lo que nos había pasado a mí y a mi hija, especialmente durante los gobiernos de Reagan y Bush.

Al darme cuenta de todo esto, me enfurecí, tuve rabia por lo que había pasado mi hija, por toda la tortura infligida y por la humanidad en su conjunto. Me habría quedado totalmente cegado e inmovilizado por esta rabia si no hubiera sido porque la sabiduría de Mark me dijo que la mejor venganza era la curación completa. Esto es porque a través de esta curación, a través de la grabación fotográfica de todos estos eventos, pude exponer a estas personas por lo que realmente son! Para desenmascarar su plan, para desenmascarar este *Nuevo Orden Mundial*, y también para poder conseguir ayuda para mi hija que lo necesita desesperadamente ahora mismo...

Así que a partir de entonces empecé a escribir mis recuerdos traumáticos. Al ponerlas por escrito, utilizaba una parte de mi cerebro distinta de la verbalización, evitando así lo emocional. Pasar por encima de lo emocional es algo necesario para aportar lógica, para que lo incomprensible sea finalmente comprensible. Me permitió entender y comprender lo que nos había pasado y lo que podíamos hacer con toda esta información.

Kelly no tuvo tanta suerte como yo debido a la programación que sufrió, una programación basada en la armonía. Los recuerdos del trauma y la desprogramación no le permitieron acceder a todas las partes de su cerebro como yo. Este tipo de programación requiere un equipo especial para ayudarla a recuperarse y curarse. Actualmente necesita recibir un tratamiento en sus vías neurales con un equipo armónico. Sin esto, acabó en el Hospital *Humana* de Anchorage, Alaska, en una unidad de cuidados intensivos. En ese momento tenía un dolor horrible y sólo respondía a las intervenciones psicológicas y no a los medicamentos convencionales. Kelly sufre ahora una insuficiencia respiratoria... El control mental ha evolucionado hasta el punto de conocer tan bien los entresijos del cerebro y la mente humana que no sólo pueden programar la mente subconsciente, sino también entrar en la mente primitiva, que es la zona de nuestra mente donde se regulan los reflejos biológicos básicos, como el parpadeo, la respiración y el ritmo cardíaco. Pueden trabajar en ello y poner en marcha programas mortales. En el caso de mi hija, se trata de una insuficiencia respiratoria que hace que no pueda hablar, si es que recuerda algo, nunca se ha visto obligada a hacerlo, pero en el negocio del espionaje puede ocurrir. Mediante el lavado de cerebro, pueden acceder a los recuerdos del espía atrapado. Así que hoy en día los espías ya no tienen que llevar consigo la antigua píldora de cianuro, sino que sufren una insuficiencia respiratoria o cardíaca. Así que ninguna información será transmitida al enemigo, ninguna posibilidad...

Mi hija, seleccionada genéticamente, fue criada y entrenada con control mental para luego introducirse en el negocio del espionaje. Así que ella tenía este programa en su lugar, que luego, por desgracia, se activó. Debido a la asistencia médica que necesitaba, pronto cayó en la detención ilegal e inmoral del estado de Tennessee. Donde permanece hasta hoy... Las violaciones de leyes y derechos que proliferaron en su caso son numerosas.

Tuvimos un fiscal de distrito muy honrado que intervino y le dijo al juez que estaba violando los derechos constitucionales y humanos en el caso de mi hija Kelly. Mientras citaba toda una lista de leyes, el juez le interrumpió para decir: *"Pero las leyes no se aplican a este caso por razones de Seguridad Nacional.* Esto plantea algunas preguntas: ¿Qué tiene que ver la "Seguridad Nacional" con la violación y tortura del cuerpo y la mente de un niño? Especialmente cuando se valida con pruebas y documentos de apoyo.

Por el bien de Kelly y de tantos otros supervivientes del control mental, debemos levantar este velo de "Seguridad Nacional". Debemos conseguir la derogación de la Ley de *Seguridad Nacional* de 1947. (aplausos)

Ya no es "seguridad nacional", sino una amenaza para la nación cuando se utiliza para encubrir un crimen contra la humanidad como es el control mental. Cuando encubre la llamada "guerra contra las drogas" de la CIA, o encubre la venta de nuestro país al *Nuevo Orden Mundial*. Esta "Seguridad Nacional" que no tiene nada que ver con la seguridad de nuestra nación.

Esta "Seguridad Nacional" ha ocultado la información de control mental a todos ustedes durante demasiado tiempo. Debemos difundir esta información. Debemos armar a todo el mundo con conocimientos sobre el MK, porque el conocimiento es nuestra única defensa contra el control mental. Necesitamos obtener información detallada para que todos podamos ser más eficaces en nuestros respectivos campos, para que podamos recuperar el país y, en última instancia, nuestro mundo; por el bien de Kelly; por el bien de todas las demás víctimas y supervivientes del control mental y sé que hay muchas. Por amor a la humanidad tal y como la conocemos. Es la verdad la que nos hace libres. Ayúdanos a difundirlo, gracias. (aplausos)

ANEXO 3

ESCALA DE EXPERIENCIAS DISOCIATIVAS (DES)
LA ESCALA DE EXPERIENCIAS DISOCIATIVAS

La Escala de Experiencias Disociativas (DES) es un cuestionario autoadministrado para adultos. Fue desarrollado por Eve Bernstein Carlson y Frank W. Putnam en 1986. El DES consta de 28 ítems que evalúan la frecuencia de varios síntomas disociativos en la vida diaria del paciente. Esta escala se desarrolló para medir las experiencias de disociación mental en adultos y es la herramienta más utilizada para el estudio de los trastornos disociativos en psiquiatría. Los estados de conciencia alterados bajo la influencia de las drogas o el alcohol no deben considerarse para esta prueba.

El resultado final es una media de las puntuaciones de los 28 ítems, que se divide por 28. Esto da una puntuación entre 0 y 100. La puntuación media del DES para la población general oscila entre 3,7 y 7,8. Los resultados de los pacientes psiquiátricos hospitalizados oscilan entre 14,6 y 17,0. En los Países Bajos, 71 pacientes con trastorno de identidad disociativo obtuvieron una puntuación de 49,4. Los pacientes con una puntuación DES de 25 o más tienen una alta probabilidad de padecer un trastorno disociativo.

Además del DES, también existe el *Inventario Multidimensional de Disociación (*MID), que se basa en el mismo principio pero contiene más de 200 ítems (disponible en Internet). Tanto el DES como el MID no proporcionan un diagnóstico definitivo; sólo con la ayuda de un examen estructurado y exhaustivo se puede identificar o excluir un trastorno de identidad disociativo.

Rodea un número para indicar el porcentaje de veces que te ocurre esto.

1. Algunas personas experimentan mientras conducen o están en un coche (o en el metro o el autobús) que de repente se dan cuenta de que no recuerdan lo que ha pasado durante todo o parte del viaje.

0% Nunca	10%	20%	30%	40%	50%	60%	70%	80%	90%	100% Siempre

2. A veces, las personas que están escuchando a alguien hablar se dan cuenta de repente de que no han oído lo que se acaba de decir (en su totalidad o en parte).

0% Nunca	10%	20%	30%	40%	50%	60%	70%	80%	90%	100% Siempre

3. Algunas personas experimentan estar en un lugar y no tener ni idea de cómo han llegado allí.

0% Nunca	10%	20%	30%	40%	50%	60%	70%	80%	90%	100% Siempre

4. Algunas personas tienen la experiencia de encontrarse con ropa que no recuerdan haberse puesto.

0% Nunca	10%	20%	30%	40%	50%	60%	70%	80%	90%	100% Siempre

5. Algunas personas experimentan el hallazgo de nuevos objetos entre sus pertenencias sin recordar haberlos comprado.

0% Nunca	10%	20%	30%	40%	50%	60%	70%	80%	90%	100% Siempre

6. Algunas personas son abordadas por personas que no reconocen. Estos desconocidos los llaman por otro nombre pero dicen conocerlos.

0% Nunca	10%	20%	30%	40%	50%	60%	70%	80%	90%	100% Siempre

7. Algunas personas tienen a veces la sensación de estar junto a sí mismas o de verse haciendo algo, y de hecho se ven a sí mismas como si estuvieran mirando a otra persona.

0% Nunca	10%	20%	30%	40%	50%	60%	70%	80%	90%	100% Siempre

8. Algunas personas no reconocen a sus amigos o familiares.

0% Nunca	10%	20%	30%	40%	50%	60%	70%	80%	90%	100% Siempre

9. Algunas personas se dan cuenta de que no tienen recuerdos de acontecimientos importantes de su vida (por ejemplo, ceremonias de boda o graduación).

0% Nunca	10%	20%	30%	40%	50%	60%	70%	80%	90%	100% Siempre

10. Algunas personas experimentan la acusación de mentir cuando creen sinceramente que no han mentido.

0% Nunca	10%	20%	30%	40%	50%	60%	70%	80%	90%	100% Siempre

11. Algunas personas tienen la experiencia de mirarse al espejo y no reconocerse.

0% Nunca	10%	20%	30%	40%	50%	60%	70%	80%	90%	100% Siempre

12. Algunas personas a veces experimentan a otras personas, objetos y el mundo que les rodea como algo irreal.

0% Nunca	10%	20%	30%	40%	50%	60%	70%	80%	90%	100% Siempre

13. Algunas personas sienten a veces que su cuerpo no les pertenece.

0% Nunca	10%	20%	30%	40%	50%	60%	70%	80%	90%	100% Siempre

14. Algunas personas experimentan que a veces recuerdan un acontecimiento pasado de forma tan intensa que sienten como si estuvieran reviviendo el acontecimiento.

0% Nunca	10%	20%	30%	40%	50%	60%	70%	80%	90%	100% Siempre

15. Algunas personas experimentan no estar seguras de si las cosas que recuerdan ocurrieron realmente o si sólo las soñaron.

0% Nunca	10%	20%	30%	40%	50%	60%	70%	80%	90%	100% Siempre

16. Algunas personas experimentan estar en un lugar familiar, pero lo encuentran extraño e inusual.

0% Nunca	10%	20%	30%	40%	50%	60%	70%	80%	90%	100% Siempre

17. Algunas personas se dan cuenta de que cuando están viendo la televisión o una película, están tan absortos en la historia que no son conscientes de otros acontecimientos que ocurren a su alrededor.

0% Nunca	10%	20%	30%	40%	50%	60%	70%	80%	90%	100% Siempre

18. Algunas personas descubren que a veces se involucran tanto en un pensamiento imaginario o en una ensoñación que sienten que les está sucediendo realmente.

0% Nunca	10%	20%	30%	40%	50%	60%	70%	80%	90%	100% Siempre

19. Algunas personas descubren que a veces son capaces de ignorar el dolor.

0% Nunca	10%	20%	30%	40%	50%	60%	70%	80%	90%	100% Siempre

20. Algunas personas se quedan con la mirada perdida en el espacio, sin pensar en nada y sin darse cuenta del paso del tiempo.

0% Nunca	10%	20%	30%	40%	50%	60%	70%	80%	90%	100% Siempre

21. A veces las personas se dan cuenta de que cuando están solas hablan en voz alta entre ellas.

0% Nunca	10%	20%	30%	40%	50%	60%	70%	80%	90%	100% Siempre

22. Algunas personas reaccionan de forma tan diferente en situaciones comparables que casi se sienten como si fueran dos personas diferentes.

0% Nunca	10%	20%	30%	40%	50%	60%	70%	80%	90%	100% Siempre

23. Algunas personas descubren a veces que en determinadas situaciones son capaces de hacer cosas que normalmente no son capaces de hacer, con una espontaneidad y facilidad sorprendentes (por ejemplo, deportes, trabajo, situaciones sociales, arte...).

0% Nunca	10%	20%	30%	40%	50%	60%	70%	80%	90%	100% Siempre

24. Algunas personas descubren que a veces no pueden determinar si un recuerdo es algo concreto que hicieron o si es sólo el pensamiento de que iban a hacer esa cosa (por ejemplo, la confusión sobre si realmente enviaron una carta o si sólo pensaron en enviarla).

0% Nunca	10%	20%	30%	40%	50%	60%	70%	80%	90%	100% Siempre

25. Algunas personas no recuerdan haber hecho algo cuando encuentran pruebas de que lo han hecho.

0% Nunca	10%	20%	30%	40%	50%	60%	70%	80%	90%	100% Siempre

26. A veces, algunas personas encuentran entre sus pertenencias escritos, dibujos o notas que deben haber hecho pero de los que no tienen memoria.

0% Nunca	10%	20%	30%	40%	50%	60%	70%	80%	90%	100% Siempre

27. Algunas personas descubren que oyen voces en su cabeza que les dicen que hagan cosas o que comentan las cosas que hacen.

0% Nunca	10%	20%	30%	40%	50%	60%	70%	80%	90%	100% Siempre

28. Algunas personas tienen a veces la sensación de estar viendo el mundo a través de una niebla, de modo que las personas y los objetos parecen distantes o indistintos.

0% Nunca	10%	20%	30%	40%	50%	60%	70%	80%	90%	100% Siempre

ANEXO 4

El cuadro *"Seven Level"* producido por la alter *Key* (Kim Noble)

OTROS TÍTULOS